제목이 말해주는 것처럼, 이 책은 해석학적 물음과 교리에 관한 관심의 만남이다. 저자가 해석학적 탐구에 진지하게 귀 기울이며 그 깨달음을 성경 해석이라는 과제의 맥락에서 소개해온 사실은 우리에게도 익숙하다. 저자는 이 책에서 자신의 이런 관심을 교리와 믿음이라는 보다 신학적이고 포괄적인 문제로 넓혀간다. 잘 걸러낸 해석학적 통찰들을 요긴하게 활용하면서, 또한 성경적 교리와 그 교리를 믿는 것에 관한 오랜 논의들을 폭넓게 아우르면서, 저자는 교회가 형성하고 간직해온 교리들이 담대하고 역동적인 믿음의 내용이자 그 믿음의 표현 방식이라는 사실을 잘 보여준다. 그의 다른 저술처럼, 여기서도 저자의 논의는 광범위하면서도 치밀하다. 하지만 독자로서는 너무 감사하게도, 그는 일반적이고 전략적인 논의에서 멈추는 대신, 자신의 통찰을 교회의 주요 교리들 및 고백의 상황들에 구체적으로 적용하면서 보다 전술적 설명으로 나아간다. 이는 살아 있는 교리, 혹은 교리에 대한 살아 있는 신앙에 대한 저자의 열망이 드러나는 대목이다. 저자와 더불어 묻고 생각하면서, 독자들은 신학적 깨달음뿐 아니라 교회의 교리가 우리를 살리는 진리임을 재발견하는 은혜까지 함께 얻을 수 있지 않을까.　　　　　**권연경** 숭실대학교 기독교학과 교수

티슬턴은 본서에서 기독교 교리의 내용에 대한 해석학의 길을 예비하는 해석학적 토대를 구축하고자 한다. 해석학이 성경 읽기의 자원으로 큰 효력을 발휘하는 것처럼, 교리 해석학적 접근법은 삶을 교리와 연계시키고자 시도한다. 이러한 시도를 하는 데 있어 그는 성경신학, 역사신학, 조직신학, 그리고 철학적 해석학을 그의 경건한 기독교 신앙 안에서 융합시키고자 한다. 이 책은, 교리가 더 이상 삶에 대해 설득력을 가지지 않는 포스트모던 시대에, 해석학을 추상적 이론으로부터 탈피시켜 삶과 연계된 해석학(Life-Related Hermeneutics)으로 정립하고자 한다. 교리에 대한 새로운 이해의 접근법을 제시해주는 탁월한 저서다.

　　　　　　　　　　　　　**김영한** 기독교학술원장, 숭실대학교 명예교수

그리스도인의 믿음과 삶에 있어 교리는 어떤 의미인가? 이 질문은 기독교 역사 전체와 궤를 같이한다. 하지만 오늘날처럼 교리의 본질과 역할에 대한 회의와 무관심이 팽배한 적은 없었던 것 같다. 티슬턴의 『기독교 교리와 해석학』은 현재와 같은 세속화 시대에서 교리가 가지는 의미를 현대 해석학과의 대화를 통해 재발견한 역작이다. 이 책은 교리가 신자들의 삶에 지속적 영향을 미칠 수 있는 변혁적 힘이 있음을 보여줄 뿐만 아니라, 교리의 공동체적 지평을 설득력 있게 제시하고 있다. 교리, 전통, 공동체의 상호 연관성을 성경과 철학적 해석학에 대한 넓고 깊은 지식으로 탁월하게 논증하는 이 책은, 티슬턴이 우리가 신뢰하고 경청해야 할 현대 신학의 거장 중 한 명임을 분명히 보여주고 있다.

**김진혁** 횃불트리니티신학대학원대학교 조직신학 교수

오늘날 대다수의 그리스도인들에게 교리는 난해하고 지루하며 사변적이고 추상적인 것으로 느껴진다. 그래서 교리는 교회 현장에서 주변으로 밀려나거나 아예 무시되고, 삶의 현장에서는 무의미하거나 무능력한 것으로 여겨진다. 1980년 『두 지평』을 출판한 이후로 줄곧, 해석학의 새로운 발전들에 관한 연구에 매진하여 세계적인 명성을 얻은 앤서니 C. 티슬턴은 『기독교 교리와 해석학』을 통하여 해석학과 교리 사이의 공명적인 요소들을 발견하고 상호작용을 추구한다. 이를 통해 저자는 교리가 오늘날 직면하고 있는 총체적 난국을 타개할 수 있는 해결책을 모색하고 제시한다. 그러므로 이 책을 통해 우리는 기독교 신학의 여러 교리들과 신앙의 삶이 어떻게 생생하고도 밀접하게 연관되어 있는지에 대해 번뜩이는 통찰들을 발견할 수 있으리라고 확신한다. 특히 제3부의 17장 기독론, 18장 성령론, 19장의 삼위일체론에 관한 논의는 더욱 그러하다. 아울러 본서와 함께 우리 자신의 기존의 전이해들을 비판적으로 성찰하는 해석학적 반성과 우리를 새롭게 변혁시키는 해석학적 형성을 통해, 진리에 대하여 더욱더 개방적이게 될 것이며 더욱더 풍성한 자유함을 누리게 될 것이라고 기대한다. 이와 같은 확신과 기대감으로 많은 이들이 본서 일독에 도전할 것을 적극 추천한다.

**백충현** 장로회신학대학교 조직신학 교수

지난 50년간 철학의 중심 논의가 된 해석학은 신학에도 많은 영향을 미쳤다. 티슬턴은 누구보다 그 흐름을 일찍이 파악하여 연구를 선도해왔던 뛰어난 신학자다. 그는 이 책에서 철학적 해석학이 성경 해석학을 넘어 신학 전반에 무슨 변화를 가져왔으며 그 바른 방향이 무엇인지를 제시한다. 그리고 이 일을 통해 그는 아우구스티누스와 안셀무스의 "이해를 추구하는 신앙"의 전통을 잇고 있다. 교리는 단지 전해오는 것을 되뇌는 것이 아니라, 우리 시대와 문화 속에서 해석될 때만 비로소 살아 있는 신앙의 토대가 된다. 해석이 실종된 교리는 죽은 정통이 되고 만다. 이 책은 교리가 어떻게 살아 있는 신앙고백이 될 수 있는지를 명쾌하게 보여준다. 티슬턴은 이미 철학적 해석학과 신학을 이어주는 여러 명저를 출판했다. 하지만 이 책은 교리 해석학이라는 신학의 새로운 지평을 열어준다. **신국원** 총신대학교 신학과 기독교 철학 교수

교리는 특정한 교파에 속한 지체들이 서로 "공유"하며 "고백"하는 신앙의 명제적 요약일 뿐만 아니라, 공동체가 "지향하는 삶"의 규범적 방향성을 제시하는 구체적인 기능도 수행한다는 사실은 교리 해석학을 연구한 사람들에게 이미 널리 알려진 이야기다. 이 책에서 앤서니 C. 티슬턴은 요약으로서의 고백과 그 고백을 배태한 삶의 구체성 사이를 읽어내는 작업을 시도하는 것 같다. 이 작업을 하면서 그는 특정한 교파를 지원하는 일은 하지 않을 것으로 예상되며, 다만 어느 교단이 고백하고 신봉하는 교리든지, 그 교리가 내포한 명제적 성격과 그 명제가 내포하는 삶의 구체성과의 상관성을 보여줌으로써 교리 진술의 진정한 의도를 독자와 공유하려고 노력하는 듯하다. 이로써 이 책은 교리의 본질적 의도를 이해하려는 독자들에게 큰 도움을 제공하리라고 생각된다. **유태화** 백석대학교 신학대학원 조직신학 교수

신약 주해와 조직신학을 연관시켜 작업하려는 티슬턴의 노력에 대해서는 늘 감사해 왔다. 하지만 이 책만큼 그것을 잘 드러낸 사례는 발견하기 어려울 것이다. 이 책은 케빈 밴후저가 2005년에 낸 『교리의 드라마』와 함께 교리가 어떻게 현대에도 의미를 전달할 수 있는지를 모색한 귀중한 기여다. 티슬턴은 우리가 궁금해하는 모든 이야기를 하지는 않는다. 예를 들어 칭의에 대한 이야기를 하면서 바울에 대한 새 관점에 대해서 직접적 언급을 하지 않아 우리로 추론할 수밖에 없게 만든다. 그러므로 이 책도 티슬턴의 다른 책들과 같이 상당히 축약적인 성격을 가지고 있다. 물론 우리가 티슬턴의 독특한 교리 해석에 모두 동의해야 하는 것은 아니다. 그러나 이 책은 과연 교리가 어떻게 현대에도 살아 있을 수 있는지를 보여주려는 좋은 시도다 (티슬턴의 표현으로는 "삶과 교리의 연관성"). 따라서 이런 해석에 대한 동의 여부와 상관없이 교리가 현대에도 살아 있고 또 반드시 살아 숨 쉬어야 한다고 주장하는 모든 사람들은 이 책을 읽고 깊이 숙고해야 할 것이다. 티슬턴이 한국을 방문했을 때 그를 맞이하고 그의 강연을 통역한 한 사람으로서, 티슬턴의 중요한 책이 우리말로 출간된 것을 진심으로 환영한다.                **이승구** 합동신학대학원대학교 조직신학 교수


그리스도인의 교리 체계는 이해 가능하고 설명 가능한 그리스도인 및 그리스도인 공동체를 만든다. 또한 자신이 믿는 바에 의해 형성되어가는 그리스도인 공동체는 사회 속에 변혁적 소망을 던진다. 하지만 오늘날 이 땅의 교회는 자신이 믿는 바에 대해 무관심하거나 자신감을 잃어가고 있다. 나아가 교회가 속하여 살아가는 공공사회를 향해 새로운 사회를 위한 변혁적 재형성의 소망을 던지기에 너무나 무기력하다. 그 원인이 무엇일까? 티슬턴의 이 책은 우리의 당면 문제를 그 근원에서부터 파헤치고 있다. 당신은 당신이 믿고 고백하는 바에 의해 형성되어가는 그리스도인인가? 이것이 어떤 함의와 능력을 가지는지 알고자 하는 이는 반드시 이 책을 읽어야한다.                                    **최승락** 고려신학대학원 신약학 교수

『기독교 교리와 해석학』은 해석학 분야에서 일생에 걸쳐 주의 깊고 창의적인 작업을 수행한 풍성한 열매들을 우리에게 제공해준다. 이런 연구 결과가 이 책에 요약되어 있을 뿐 아니라 교리의 주요 영역에 적절하게 적용되고 있다. 티슬턴의 연구는 세심하면서도 창의적이기 때문에 특별히 목회자나 신학생들이 접근하기 용이할 것이다.

윌리엄 더니스 풀러 신학대학원 교수

이것이 바로 티슬턴다운 책이다. 이미 그는 폭넓은 독서와 간학문적인 연구를 통해 해석학과 성경 연구의 본질에 대한 탐구에서 신선한 의미를 제공한 바 있다. 이 책에서는 이런 그의 작업 전체가 기독교 교리에 적용되고 있다. 기독교 교리의 본질에 대한 오늘날의 논의를 이해하고자 하는 이들은 이 책을 통해서 놀라운 자료를 발견할 수 있을 것이며 보다 신실한 삶을 살 수 있게 될 것이다.

윌터 모벌리 더럼 대학교 교수

이 책은 저자와 마찬가지로 끈기 있고, 깊이 있으며, 주도면밀하며, 지적으로 정직한 책이다. 그동안 기독교 교리는 단순한 이론으로 치부되어 자주 소외된 분야였지만, 해석학 이론에 깊이 천착한 학자인 티슬턴은 이 책에서 기독교 교리에 관심을 집중한다. 티슬턴이 우리에게 환기시키는 바는 해석학적 반추가 형성적이라는 것이며, 또한 형성은 변혁을 포함한다는 것이다. 왜냐하면 형성은 타자에 대해 스스로를 개방하는 것을 포함하기 때문이다. 티슬턴은 이 책에서 "교리가 담고 있는 내용을 왜곡하지 않으면서 그것이 가지고 있는 주장을 경청할 수 있는 지평으로서 그 내용의 '타자성'이 무엇을 요구하는가"를 지속적으로 탐구한다.

이안 토랜스 프린스턴 신학교 교수

앤서니 C. 티슬턴은 오늘날 영국 성공회에서 의심할 바 없이 가장 수준 높고 창의적인 사유를 하는 학자 가운데 한 명이다. 그는 존경받는 성서학자일 뿐 아니라 해석학이론을 주도하는 전문가이기도 하다. 이 대작에서 티슬턴은 자신의 두 전문 영역을 보다 포괄적으로 아우른다. 곧 교리의 중요성과, 교리가 성경을 지적으로 읽는 실천에 뿌리를 둔다는 것을 다룬 거대한 조직신학적 글을 통해 그렇게 한다. 『기독교 교리와 해석학』은 식상해져버린 교리에 대한 혼돈과 무관심 속에서 표준이 될 만한 중요한 연구다.

로완 윌리엄스 캔터베리 대주교

지금까지 티슬턴의 책에 대한 찬사에는 이런 형용사가 붙어 있었다. 권위 있는, 포괄적인, 세계관을 변혁하는, 어려우면서도 이해할 수 있는, 엄청난 학식과 적실성을 보여주는, 기독교 전통에 충실하면서도 아주 신선해서 모든 것을 새롭게 바라보게 하는 등등. 그런데 바로 이 책이야말로 앞서 나열한 모든 형용사가 그대로 적용되는 책이다.

톰 라이트 세인트앤드류스 대학교 교수

# THE HERMENEUTICS OF DOCTRINE

Anthony C. Thiselton

이 도서는 김의동·이성애 님의 번역료 후원으로 출판되었습니다.
출판 사역을 위한 기도와 후원에 깊이 감사드립니다.

# 기독교 교리와 해석학

## 교리, 삶, 공동체의 지평융합에 관한 해석학적 성찰

앤서니 C. 티슬턴 지음 | 김귀탁 옮김

Holy
WavePlus

# 차례

지난 30년 동안 학제간 연구를 위한 자료로서 해석학을 탐구하는 데 상당한 진보가 있었다. 이것은 성경을 읽는 방법에 있어서도 지대한 영향을 미쳤다. 그러나 이것은 기독교 교리의 형성과 그것에 대한 우리의 참여에 한두 가지 주목할 만한 경우를 제외하고는 별다른 영향을 미치지 못하고 있다. 나의 목표는 기독교 교리를 지원하는 데 도움을 줄 수 있는 몇몇 해석학적 출발점과 해석학적 통용성을 명백히 제시하는 데 있다. 나는 이러한 목표와 본서에 대한 희망을 이어지는 서론에서 설명하도록 하겠다.

여기서 나는 본서의 타이피스트와 두 교정 담당자에게 진 큰 빚에 대해 감사하고, 이 빚이 왜 그토록 큰지 설명하지 않을 수 없다. 나는 1937년에 상당히 미숙아로 태어났고, 유아기에 뇌수막염을 앓았다. 이 두 가지 이유로 내 시력은 매우 좋지 않았다. 히브리 성경을 읽고자 할 때는 항상 확대경과 안경이 필요했다. 그리고 나는 하나님의 섭리로 서품을 받기 전인 1958년에 서더크의 주교(Bishop of Southwark)가 "이 사람은 교구 사역을 효과적으로 감당하기에는 책을 충분히 읽을 수 없음"이라고 적은 의료기록을 무시하기로 했다.

다년에 걸쳐 이루어진 교정 작업으로 내 눈은 무리하게 혹사를 당했다. 나는 10권의 저서를 직접 손으로 썼다. 이것 때문에 가장 최근 작품인 본서의 경우 타이피스트 캐럴 다킨(Carol Dakin)에게 큰 짐을 맡겼다. 다킨은 지난 6개월 이상의 기간 동안 약 800쪽에 달하는 난필 원고를 해독하는 데 많은 어려움을 겪었다. 마찬가지로 나의 아내 로즈마리(Rosemary)와 친구 세일라 리스(Sheila Rees)도 나의 실수를 바로잡기 위해 교정본의 검토를 맡아주었다. 두 사람은 내 원고에 집중하기 위해 자신들의 시간을 기꺼이 내주었다. 만일 인쇄 상의 오류가 여전히 남아 있다면, 잠재적인 교정자들은 우리의 상황을 감안하고 너그럽게 자비를 베풀어주길 바란다.

독창적으로 사고하는 데 힘쓰는 다른 많은 사람들과 마찬가지로 나 역시 학생들에게 공을 돌리고 감사를 전한다. 본문과 참고 문헌에 인용된 도서 가운데 10권은 셰필드, 더럼, 노팅엄 대학교의 철학박사 학위 후보자들이 나의 감독 아래 쓴 논문의 교정본이다. 현재 나는 노팅엄 대학교에서 MA 과정의 마지막 학년 학생들에게 해석학을 가르치고 있고, 체스터 대학교에서는 MA 과정의 마지막 학년 학생들에게 기독교 신학과 성경 과목을 가르치고 있다. 학생들의 물음과 평가는 가르치는 사람의 사상을 명확히 하고 발전시키는 데 결정적 요소다.

마지막으로 다년 동안 친절한 도움과 우정을 베풀어준 어드만스 출판사의 존 포트(John Pott)에게 진심으로 감사를 전한다. 본서가 우리를 빚어가시는 하나님의 은혜 아래 기독교 신학의 형성과 기독교 교리의 효력을 높이는 데 특별히 공헌하기를 소망한다.

2007년 1월

앤서니 C. 티슬턴

노팅엄 대학교 신학과 종교학 교수
체스터 대학교 신학과 종교학 교수

알림

나의 남편은 본서의 색인과 교정을 마치기 전인 2007년 8월에 심각한 뇌졸중으로 쓰러졌습니다. 교정 작업을 마무리해준 어드만스 출판사의 밀턴 에센버그(Milton Essenburg), 색인 작업에 협력해준 어드만스 출판사의 제니 호프만(Jenny Hoffman), 그리고 엄청난 색인 작업을 완수하는 책임을 감당한 크레이그 놀(Craig Noll)과 홀리 놀즈(Holly Knowles)에게 특별히 감사를 드립니다.

로즈마리 티슬턴

| | |
|---|---|
| BDAG | W. Bauer, J. W. Danker, W. F. Arndt, and F. W. Gingrich, *A Greek-English Lexicon of the New Testament and Other Early Christian Literature*, Chicago: University of Chicago Press, 3d edn. 2000 |
| BDB | F. Brown, S. R. Driver, and C. A. Briggs (eds.), *The New Hebrew-English Lexicon*. Lafayette, IN: Associated Publishers, 1980 |
| FRLANT | Forschungen zur Religion und Literatur des Alten und Neuen Testaments |
| *HTR* | *Harvard Theological Review* |
| ICC | International Critical Commentary |
| *JBL* | *Journal of Biblical Literature* |
| *JSNT* | *Journal of the Study of the New Testament* |
| JSNTMS | Journal for the Study of the New Testament Monograph Series |
| JSNTSS | Journal for the Study of the New Testament Supplement Series |
| *JSOT* | *Journal of the Study of the Old Testament* |
| *JTS* | *Journal of Theological Studies* |
| KEKG | Kritisch-exegetischer Kommentar über das Neue Testament (Göttingen) |
| *Neot.* | *Neotestamentica* |
| NICNT | New International Commentary on the New Testament |
| NIGTC | New International Greek Testament Commentary |
| NTTS | New Testament Tools and Studies |
| SBLDS | Society of Biblical Literature Dissertation Series |
| SBLMS | Society of Biblical Literature Monograph Series |
| *SJT* | *Scottish Journal of Theology* |
| SNTSMS | Society for New Testament Studies Monograph Series |

| | |
|---|---|
| *TDNT* | *Theological Dictionary of the New Testament* |
| *TDOT* | *Theological Dictionary of the Old Testament* |
| WA | Weimarer Ausgabe (Martin Luther) |
| WUNT | Wissenschaftliche Untersuchungen zum Neuen Testament |
| *ZNW* | *Zeitschrift für die neutestamentliche Wissenschaft und die Kunde der älteren Kirche* |

추상적 이론에서
　삶과 연계된 해석학Life-Related Hermeneutics으로

나는 영국의 다섯 군데 대학교에서 가르치고 연구하면서 세 군데 영국 성
공회 교구에서 고시관으로 또는 정경 신학자로 주교들을 돕는 특권을 누
렸다. 이 사역에는 갓 성직 임직을 받았거나 임직 예정인 자들, 그리고 목
회나 목회 훈련에 대한 소명을 알아보기 원하는 자들에 대한 면접이 포함
되어 있었다.

　이에 따라 나는 주기적으로 성직자나 서품 후보자에게 주교 입장에서
성경의 사용, 교리, 예배, 그리고 일상생활에 대한 태도를 물어보았다. 간
혹 소수의 사람들이 교리에 열정적인 태도를 갖고 있었는데, 그 이유는 종
종 그들이 특별히 독창적인 신학자의 작품에 긍정적인 영향을 받았기 때
문이다. 이런 맥락에서 그들이 가장 자주 언급한 인물은 몰트만이었다. 이
와 달리 어떤 이들은 교리를 단지 참된 믿음과 거짓 믿음을 구별하는 표
지를 확립하는 도구로만 보았다. 매우 많은 이들이 교리를 교회가 공인하
는 이론적 진리 체계로서 일상생활에는 거의 또는 전혀 영향을 미치지 못
한다고 인식하는 것처럼 보였다. 반면에 어느 정도 성경적 및 철학적 해석
학의 자원을 소유한 자들은 성경 본문을 깨닫는 것이 자기들의 사고와 일
상생활에 얼마나 큰 형성적 영향을 미칠 수 있는지 매우 큰 기대를 가지
고 있었다.

　이 모든 것은 한 가지 물음을 제기하는 듯했다. 곧 **해석학**과 **교리**의 중

대한 상호작용이 교리가 주변적으로 기능화되고 과소평가되고 삶으로부터 분리되어버린 성향을 개선하는 데 어떤 역할을 할 수 있을까? 또 교리를 단순한 이론으로 치부했던 잘못된 판단에서 해방시킬 수는 없을까?

교리의 본질을 이론적으로만 이해한 두드러진 예가 전직 로마 가톨릭 사제로서 현재는 결혼을 한 한 사람과의 인터뷰에서 잘 드러난다. 그는 확실히 교리를 사제서품을 위한 조건으로서만 생각했으며, 일반 사제가 된 후에는 교리를 완전히 버렸다.

무례를 무릅쓰고 본인의 사례보다 기독교 전통에서 나온 한 사례를 인용한다면, 나는 칼 라너(Karl Rahner)가 느낀 비슷한 실망을 인용하고 싶다. 이어지는 인용은 제2차 바티칸 공의회보다 앞서 나온 것이라는 점을 알아두는 것이 좋다. 라너는 "우리 텍스트의 침체"에 관해 말하면서 사람들이 교리를 자기의 삶과 별로 관련시키지 않고 오히려 "숭배자"로 삼고 있다고 지적한다.[1] 그렇게 되면 교리는 "생생하게 살아 있는 것이 아니다."[2] 교리는 그리스도인의 삶과 거의 무관한 "밀의적인 것"(esoteric)이 되고 만다.[3] 그러나 라너는 교리가 **"이해"**, 특히 "진리"를 체현하고 "사랑"을 실현시키는 **"경청"**(Listening)의 기술 또는 학문이 **되어야 한다**고 결론짓는다(라너 강조).[4]

행동 속에서 "이해하고" "경청하고" "사랑하는 것"과 삶 속에서 "타자"를 존중하는 것은 엄밀히 말해 학계의 주도적인 학자들이 진지하게 확인한 해석학적 탐구의 주요 특징이다. 70여년 동안 출판된 책들을 되돌아보면, 20세기 해석학에서 가장 영향력이 있었던 학자인 가다머(Hans-Georg

---

1) Karl Rahner, "The Prospects for Dogmatic Theology," in Rahner, *Theological Investigation*, vol. 1, trans. C. Ernst (London: Darton, Longman & Todd, 1961), 4; 참조. 1-18.

2) Rahner, "Prospects," 13.

3) Rahner, "Prospects," 16.

4) Rahner, "Prospects," 17.

Gadamer, 1900-2002)는 이렇게 지적한다. "해석학은 무엇보다 **실천** 학문 곧 **이해**의 기술이다.⋯여기서 무엇보다 먼저 실천해야 하는 것은 바로 경청이다. 곧 개념들 속에 들어 있는 사전 결정, 예견, 그리고 흔적들을 민감하게 인식하는 것이다"(티슬턴 강조).[5] 나아가 해석학적 반성은 적절하게 이해되면 **형성적**(formative)이다. 말하자면 해석학적 반성은 형성(문화를 넘어서는 특수한 의미에서의 Bildung을 가리킴)을 낳는다. 따라서 이것은 변혁을 수반한다. 왜냐하면 가다머의 말에 따르면, 해석학적 반성은 "자기 자신과 자신의 개인적인 목적으로부터 거리를 유지하기 위해 **타자라고 불리는 것**에 자신을 개방하는 것"이며, 타자들 혹은 "타자"가 보는 바를 그대로 보는 것을 포함하기 때문이다(티슬턴 강조).[6]

가다머에게 해석학은 또한 **공동체적** 해석과 전해진 **지혜**에 의존한다. 이것은 기독교 교리가 개인의 믿음에 대한 문제일 뿐 아니라 **공동체의 해석**, 전해진 전통, 지혜, 참여, 행동의 문제이기도 한 것과 같다. 가다머는 해석학 탐구의 뿌리를 비코(G. B. Vico)가 공동체와 역사적인 것에 강조를 둔 것에서 찾으며, 데카르트의 무시간적이고 개인 중심적인 합리론과는 반대되는 "**공동감각**"(*sensus communis*)에서 찾는다.[7]

20세기 말에 활동했던 또 다른 주도적인 해석학자 폴 리쾨르(Paul Ricoeur, 1913-2005)도 이와 비슷한 요점을 제시했는데, 우리는 나중에 리쾨르의 견해를 더 상세히 거론할 것이다. 판넨베르크는 교리가 "교회의 합의에 의존하는 것은 아니지만", 그럼에도 불구하고 기독교 교리는 "해당 주제에 관한 상호 주관적 일치"를 가져오는 "지식의 공통성"을 함축한다고

---

5) Hans-Georg Gadamer, "Reflections on My Philosophical Journey," in Lewis E. Hahn (ed.), *The Philosophy of Hans Georg Gadamer* (Chicago, La Salle: Open Court, 1997), 17; 참조. 3-63.

6) Hans-Georg Gadamer, *Truth and Method*, trans. J. Weinsheimer and D. G. Marshall (London: Sheed & Ward, 2d rev. edn. 1989), 17. 『진리와 방법』(문학동네 역간).

7) Gadamer, *Truth*, 19-30.

기독교 교리와 해석학

올바르게 주장한다.[8] 어떤 학자들은 기독교 교리에서 인식론이 차지하는 역할에 대해 매우 조심스러워 하면서도 기독교 교리의 공동체적 본성을 강조한다. 조지 린드벡(George Lindbeck)은 이렇게 말한다. "문화 또는 언어와 마찬가지로 종교[또는 교리]는 주로 개인의 주관성을 표현하는 것이 아니라 그들의 주관성을 형성하는 공동체적 현상이다."[9] 교리는 종교 및 공동체의 전통과 관련되어 있다.[10]

기독교 교회의 모든 주요 전통은 비록 문제에 따라 공동체의 강조점과 성격이 다르기는 해도 공식적으로 교리를 공동체의 언어로 정의한다. 우리는 이에 대한 사례를 가톨릭, 영국 성공회, 장로교회, 감리교회, 그리고 "메노파 고교회"(high church mennonite) 학자들이나 그들의 텍스트(본문)로부터 간단히 인용할 수 있다. 제2차 바티칸 공의회 문서에 따르면, "로마 교황 또는 로마 교황이 포함된 주교단은 교리란…계시 자체와 일치한다고 정의한다."[11] 로마 가톨릭 전통에서 규정된 공동체는 주로 "사도들의 계승자로서의" 주교들이다.[12] 여기서 강조점은 공동체에 있지만, 또한 "계층적" 요소도 강조한다.[13] 내가 25년 이상 위원으로 활동한 영국 성공회 교리 위원회는 기독교 교리의 공동체적 성격을 신학적 원리로 강조한다. 기독교 교리의 공동체적 성격은 특히 우리가 제출한 「교회를 믿음」(Believing in the Church)이라는 보고서에 나타나 있다. 이 보고서에 나는 바

---

8) Wolfhart Pannenberg, *Systematic Theology*, trans. G. W. Bromiley, 3 vols. (Grand Rapids: Eerdmans and Edinburgh: T&T Clark, 1991-1998), vol. 1, 16. 『판넨베르크의 조직신학 1』(은성 역간).

9) George A. Lindbeck, *The Nature of Doctrine: Religion and Theology in a Postliberal Age* (London: SPCK, 1984), 33.

10) Lindbeck, *Doctrine*, 33; 참조. 32-41, 79-88.

11) Austin P. Flannery (ed.), *Documents of Vatican II* (Grand Rapids: Eerdmans, 1975), 380.

12) *Vatican II*, 378-379.

13) *Vatican II, Lumen Gentium*, in Flannery, Documents 369-413.

로 이 특별한 주제를 다룬 논문을 기고했다.[14]

케빈 밴후저(Kevin Vanhoozer)는 자신이 속한 장로교회 전통을 인정하면서, 최근 저서인 『교리의 드라마』(*The Drama of Doctrine*)에서 기독교 교리의 공동체적 성격을 강조한다.[15] 감리교회 전통에서는 리처드 하이두크(Richard Heyduck)가 『현대 교회에서의 교리의 회복』(*The Recovery of Doctrine in the Contemporary Church*)이라는 책에서 교리 전통의 공동체적 중요성을 강력하게 옹호한다.[16] 스탠리 하우어워스(Stanley Hauerwas)는 다양한 전통 속에서 살아왔고 사고했지만, 스스로는 "메노파 고교회" 신자임을 자처한다. 하우어워스 신앙의 뿌리는 연합 감리교회였으나 루터파 대학(Lutheran college)과 가톨릭 학교인 노트르담 대학교(University of Notre Dame)에서 가르쳤다.[17] 하우어워스는 한스 프라이(Hans Frei)의 견해에 기대어, 교리를 "하나님의 내러티브"에 따라 사는 관점에서 볼 뿐만 아니라 "교회가 어떤 종류의 공동체로 하나님의 이야기를 올바로 전해야 하는지"에 초점을 맞추고 있는 것으로 본다.[18]

---

14) Report of the Doctrine Commission of the Church of England, *Believing in the Church: The Corporate Nature of Faith* (London: SPCK, 1981). 이 보고서에서 다음 논문들을 보라. Anthony C. Thiselton, "Knowledge, Myth and Corporate Memory," 45-78; Tom Wright, J. V. Taylor, and V. H. Vanstone, "Where Shall Doctrine Be Found?" 108-158. John Bowker, "Religions as Systems," 159-189도 보라.

15) Kevin J. Vanhoozer, *The Drama of Doctrine: A Canonical-Linguistic Approach to Christian Theology* (Louisville: Westminster/John Knox, 2005), 특히 27-30, 399-457.

16) Richard Heyduck, *The Recovery of Doctrine in the Contemporary Church: An Essay in Philosophical Ecclesiology* (Waco, TX: Baylor University Press, 2002), 51-137.

17) Stanley Hauerwas, *A Community of Character: Towards a Constructive Christian Ethic* (Notre Dame: University of Notre Dame Press, 4th edn. 1986), 6.

18) Hauerwas, *Community*, 1. John B. Thomson, *The Ecclesiology of Stanley Hauerwas: A Christian Theology of Liberation* (Aldershot and London, U.K., Burlington VT: Ashgate, 2003)도 참조하라. 이 작품은 내가 공동으로 감독했던 학위 논문에 기초를 두고 있고, 하우어워스도 이 작품을 호의적으로 받아들였다.

기독교 교리와 해석학

따라서 해석학과 기독교 교리 사이에는 실질적으로 공명을 이루는 요소들이 틀림없이 존재한다. 하지만 교리에 대한 그릇된 개념과 도처에서 일어나는 교리의 주변화는 해석학의 자원들에 대한 진지한 탐구가 제공하는 건설적 답변을 공허한 것으로 만들고 만다. 리처드 하이두크는 교리의 주변화와 등한시에 관한 명백한 증거를 세밀한 자료와 함께 제공한다. 하이두크는 교리가 주변화된 일차 원인을 개인주의와 개인 중심적 인식론의 등장으로 진단한다. 여기서 교리의 추정된 근거는 개인적 "믿음"에 놓여 있는 것으로 인식되고, 이로 인해 교회론이 희생된다.[19] 윌리엄 에이브러햄(William Abraham)도 마찬가지로 널리 만연된 기독교 교리의 "망각"에 대해 말한다.[20]

나는 공동체적 교리가 **개인 중심적** 믿음으로 잘못 환원되었다는 하이두크의 진단을 지지한다. 그렇지만 유감스럽게도 하이두크가 교리에 있어 인식론이 가장 크게 비난받아야 할 죄인이라고 주장할 때, 나는 그의 견해와 결별하지 않을 수 없다. 본서에서 나는 하이두크의 주장을 비판적으로 제시한다. 적절히 수정해서 말한다면 "이해"(Verstehen)는 "지식"(knowledge)을 포함한다. 비록 가다머가 **이해**의 역할만 강조하기는 해도, 슐라이어마허에서 리쾨르와 아펠에 이르기까지 해석학 전통의 대다수 대표자들은 설명(Erklärung)과 이해의 필수적 역할을 함께 강조한다. 이것은 계시와 **공동체적** 지혜(*phronēsis*)로부터 연원하고, 계시와 공동체적 지혜를 통해 전달된다. 우리는 설명과 이해를 통해 해석학의 진리-주장의 핵심에 이르게 된다. 하이두크는 교리를 "해방시키는" 것으로 인식하는 포스트모던 시대의 일부 학자들이 너무 쉽게 인식론을 사회적 또는 교회적 자기 구성의 "수사학"으로 대체시킨다고 본다.

---

19) Heyduck, *Recovery*, 1-50.
20) William J. Abraham, *Waking from Doctrinal Amnesia* (Nashville: Abingdon, 1986).

그러나 하이두크가 교리와 삶을 분리시킬 때 나타나는 파괴적 결과들을 (라너가 했던 것처럼) 강조한 점은 옳다. 교리와 삶을 분리시키게 되면 교리는 단지 이론만을 구성한다는 인상을 남겨놓는다. 버나드 로너간(Bernard Lonergan)은 신학 또는 기독교 교리는 어떤 종류의 좁거나 추상적인 인식론이 아니라 **확대된 인식론**을 요청한다는 사실을 설득력 있게 주장했다. 이 "앎"은 주의를 기울이는 것, 지성적으로 되는 것, 합리적으로 되는 것, 책임을 지는 것을 함축하며 연구, 해석, 역사적 이해, 변증법을 포함한다.[21] 확실히 로너간은 기독교 교리 해석학의 시작에 해당하는 것들을 제공한다.

따라서 전문적 탐구의 이러한 특징들은 엄밀히 말해 해석학적 반성과 경험을 진실하게 규정하는 속성들이다. 지난 40-50년 동안 해석학 문헌의 홍수에 일익을 담당한 사상가들은 성경 해석을 위해 해석학 자원들에 의존할 때 이 국면들을 강조했다. 그러나 이 자원들을 교리와 결부시켜 평행적으로 적용시키는 것은 많은 경우에 뒤떨어진 듯하다. 때때로 살아 있는 질문들도, 태어난 곳으로부터 동떨어져 삶의 시간적 흐름이 제거되면, 자주 정적이고 부동하는 교리적 "문제들"로 바뀌어버린다.

**성경** 해석학은 의미의 단계, 독서 전략, 역사적 거리, 적용, 참여, 형성을 탐구하고, 종종 **끈기 있고 주의 깊은 경청**을 그 특징으로 한다. 텍스트, 공동체, 그리고 전통 사이의 관계는 끊임없이 시야 속에 들어 있다. 과연 이런 **지성의 습관들**이 해석학의 역사적이고 지성적이고 도덕적인 자원들과 함께 기독교 교리를 이해하고 탐구하고 적응하고 적용시키는 일에 활용될 수 있을까?

제1부에서는 해석학적 접근법에 속해 있는 특수한 관점과 방법들을

---

21) Bernard Lonergan, *Method in Theology* (London: Darton, Longman & Todd, 1972), 특히 28-56, 81-84, 155-265, 311-337, 그 밖의 여러 곳. 『신학 방법』(가톨릭출판사 역간).

제시하는 데 심혈을 기울인다. 여기서 초점은 주로 방법론과 해석학적 자원들을 탐구하는 데 있다. 제2부의 목표는 정합성과 체계를 주장하는 관점으로부터 교리 해석학에 대해 제기되는 잠재적 반론들을 예견하는 것이다. 중요한 단서를 붙이기는 했지만 나는 체계의 필요성에 대해 확고하게 찬성한다. 또 진리의 기준으로서 정합성의 중요성도 강력하게 천명한다. 다른 한편으로 나는 "체계"에 대한 다양한 개념들을 서로 구분하고, 정합성의 진정한 필요성과 다성성(polyphony), 변증법, 그리고 교정과 수정과 향상을 인정하는 열린 체계의 역할에 대한 성찰이 균형을 이루도록 심혈을 기울였다.

제3부는 특정 기독교 교리의 내용을 해설하지만, 반드시 **해석학적 출발점, 해석학적 자원들, 해석학적 통용성**의 특수한 관점에 따라 해설한다. 신학적 방법에 대해서 말할 때 그 방법을 구체적인 기독교 교리에 적용하지 않고 말하게 되면 모든 것이 허공에 뜨고 만다. 린드벡, 트레이시, 밴후저, 그리고 비슷한 근거를 갖고 있는 다른 학자들의 널리 인정받는 작품들은 비록 다양한 통찰력을 제공하기는 해도, 그 작품들이 특정 교리의 신학적 내용을 다룰 때 신학 방법에 대한 그 작품들의 설명이 과연 얼마나 액면 그대로 가치 있게 작용할지에 대해서는 미지수로 남아 있다. 방법에 대한 연구는 종종 오페라 없는 전주곡과 같은 것처럼 보일 수 있다.

제3부의 14개의 장은 **두 가지 다른 종류의 이해 지평**을 탐구한다. 그리스도의 사역에 대해 다루는 14.1.에서는 이 두 지평을 서로 명백하게 비교한다. 첫 번째 해석학적 지평은 이해를 추구하는 자들의 최초 **전이해**(또는 이해할 준비) 형성과 관련되어 있다. 이 형성은 해석자와 주제의 **참여 지점**을 확인하려는 시도와 관련된다. 두 번째 해석학적 지평은 첫 번째 지평과 다르다. 두 번째 지평은 **교리 주제의 "타자성"이 요구하는 바를** 하나의 지평으로 규정하고자 한다. 여기서는 타자성의 주장들이 **왜곡없이** 들려지도록 하는 것, 해석자의 이질적인 물음과 개념, 그리고 개념적 세계들이 해석자에 의해 기입되지 않도록 하는 것을 추구한다. 매우 잠정적이고

부적절하고 단편적인 관점에서 보자면, 첫 번째 지평은 주로 소통(전달)의 해석학과 관련되어 있고, 두 번째 지평은 진리의 해석학과 관련되어 있다. 그러나 둘은 상호작용하고 서로가 서로를 이끈다.

나는 다른 조직신학들이 해석학의 차원을 회피했다고 주장하고 싶지는 않다. 오히려 나의 과제는 이 해석학의 차원을 탐구하고자 할 때 연루되는 것이 무엇인지를 명백히 하는 데 있다. 따라서 본서는 **일반적인** "조직신학" 책이 아니다. 본서는 해석학적 물음들이 명백히 교리에 영향을 주고, 교리의 전달과 이해와 진리를 돕는다는 의미에서 기독교 교리의 내용을 탐구한다.

내가 관심을 두고 있는 많은 신학자들 가운데 위르겐 몰트만(Jürgen Moltmann)과 볼프하르트 판넨베르크(Wolfhart Pannenberg)의 작품이 최고는 아니지만 다른 어느 작품보다 더 두드러질 것이다. 이것은 내가 1960년대 말 이후로 그들의 작품에 관심을 갖고, 그들의 작품 속에서 매우 함축적인 해석학적 관심사를 찾아냈기 때문이다. 몰트만은 사람들이 자기들의 삶 속에 적용하고자 하는 "첫 번째" 의사소통 지평에 대해 상당히 민감한 태도를 보여준다. 반면에 판넨베르크는 일관되게 해석학과 진리의 지평에 대한 엄밀한 물음에 관심을 두고 있다. 동시에 두 사람은 각각 해석학적 의미의 지평에 대해 서로 영향을 주고받는다. 필자는 또 발타자르와 라너로부터 바르트, 본회퍼, 윙엘에 이르기까지 모든 전통에 속한 신학자들, 아울러 미국과 영국의 주요 사상가들에게도 의존했다.

해석학적 탐구는 지나치게 손쉬운 일반화나 범주화와 양립하지 않는다. 이 점을 본서의 거의 모든 장에서 강조한다. 그러나 이것 때문에 한 가지 개인적인 평가가 요구된다. 나는 가끔 내 연구에 대해 비판적인 평가가 주어지는 것을 보는데, 내 연구를 "비트겐슈타인"이나 "가다머" 또는 어떤 신학 학파의 "추종자"로 묘사하는 것을 보면 당혹스럽다. 나는 누구도 "따를" 의도가 전혀 없다. 세계 여러 지역의 일부 학자들과 달리 영국의 많은 학자들은 어떤 "학파"에 속한다는 개념 자체를 싫어한다. 나는 몰트만, 판

기독교 교리와 해석학

넨베르크, 가다머, 리쾨르, 비트겐슈타인, **그리고 다른 많은 사상가들**에게 의존한다. 나는 그들의 작품 속에서 내가 말하고 싶은 것을 돕는 자원들, 또는 때때로 더 깊은 통찰력을 갖도록 영감을 주는 아이디어들을 찾아낸다. 이런 상황 속에서 나는 내 자료들을 충분히 기록하고 공개적으로 주장함으로써 신용이 요구되는 곳에 신용을 제공하겠다.

이 점에서 나는 내 작품에 대한 연구로 카디프 대학교(Cardiff University)에서 박사 논문을 쓴 로버트 놀즈(Robert Knowles)에게 감사의 마음을 전한다. 이 논문은 개정되어 『앤서니 티슬턴과 통합 이론의 추구: 해석학의 문법』(*Anthony Thiselton and the Search for a United Theory: The Grammar of Hermeneutics*)이라는 제목으로 출판될 예정이다. 이 책은 영국 길퍼드의 애쉬게이트(Ashgate) 출판사와 적절한 시기에 출판하도록 계약을 맺었다. 놀즈는 나를 어떤 다른 사상가의 이름 아래 분류하고자 하는 자들을 비판하고, 그것은 나의 작품을 오해하는 주된 길이라고 주장했다.

나는 기독교 교리와 관련된 많은 작품들을 제시하는 것보다 세심한 성경 주석의 필요성을 상당히 많이 강조했다. 이것은 교리 **해석학**의 탐구를 위해서 피할 수 없다. 교리 해석학은 "고향 언어 놀이"(home language game)가 조심스럽게 연루되지 않으면 진행시킬 수 없고, 이것은 성경 전문가들의 물음과 성경 언어의 상호작용을 요청한다. 동일한 원리가 개념적 문법의 탐구에도 적용되는데, 그것이 계속되는 역사 전통과 해석들 속에서 발전하고 변화하기 때문이다. 교리의 모든 영역은 성경적 뿌리, 역사적 발전, 실천적인 삶의 의미와 관련되어 탐구되었다. 역사적 연구는 때때로 일률적이지 않은 것으로 나타날 수 있다. 나는 많은 장에서 주된 관심을 교부 시대에 두었다. 그런가 하면 다른 장에서는 중세시대나 종교개혁 시대에 주된 관심을 기울였다. 또 다른 장에서는 슐라이어마허에서 현재에 이르기까지 현 시대에 더 특별한 관심을 두었다. 이것은 개개의 교리를 전면에 부각시키는 다양한 **해석학적** 물음들과 민감성을 반영한다.

이제 나는 제1부로 시선을 옮겨 제3부에서 다룰 기독교 교리의 내용에 대한 해석학의 길을 예비하는 해석학적 토대를 구축할 것이다. 해석학이 성경 읽기의 자원으로 큰 효력을 발휘하는 것처럼, 이 해석학적 접근법이 삶을 교리와 연계시킨다면 이것이야말로 본서에 대한 나의 가장 큰 희망을 넘어서는 것이 될 것이다.

# 제1부

## 교리 해석학을
## 탐구하는 이유

# 1장
## 부유하는 "문제들"에서
## 삶의 해석학적 물음으로

## 1.1. 가다머의 "문제들"과 "발생하는 물음" 사이의 대조

나는 최근에 기독교 교리에 대한 대다수의 설명들이 자신들의 주제를 매우 추상적인 수준에서 접근하고 있다고 말하고 싶지는 않다. 그럼에도 오래된 다수의 작품들이 추상적이고 지나치게 일반적인 태도를 취하는 듯하고, 심지어 오늘날 조직신학이나 교리 분야의 많은 전문가들은 이처럼 교리를 추상적이고 이론적으로 인식하는 태도가 도에 지나칠 정도로 널리 퍼져 있는 것을 당연하게 인정하는 것처럼 보인다.

나의 관심은 대다수의 교리 해설자들보다 교리에 대한 기대와 의무로 독자들을 더 가까이 이끄는 데 있다. 나는 조직신학자들에게 그들이 자기 작업을 어떻게 행하는지에 대해서는 말하지 않을 것이다. 성경 해석학의 최근 연구들을 가능한 병렬적으로 인용하면, 성경에 기록된 **내용**을 바꾸려 하지 않고도 성경 본문을 **읽을** 때 근본적으로 새로운 기대와 가정들이 제공된다. 해석학의 자원들은 단순히 **새로운 눈으로 읽을 것**을 권장한다.

1.1.의 제목에 제시된 대조 혹은 "새로운 눈"은 가다머가 설명한 것처럼 해석학적 이해의 핵심으로 독자들을 인도한다. 가다머는 『진리와 방법』(*Truth and Method*)에서 한 부분을 다음과 같은 두 가지 접근법을 대조하는 데 할애한다. 즉 한쪽에는 부유하는 **"문제들"**(free-floating problems) 혹은 **"문제들의 역사"**와 같은 주제들을 한 단위로 묶어 접근하는 것이 있고, 다른 한쪽에는 "해석학적 경험에 대한 반성을 통해 이 문제들을 **발생하는 물음들**(questions that arise)로 되돌려 변화시키고, **자신의 동기로부터 의미를 도출하는**" 방식으로 문제들의 배후와 그 너머에 도달하는 것이 있

다.[1] "물음과 답변의 논리"라는 제목이 붙은 이 부분은 『진리와 방법』2부의 결정적 요점을 구성한다. 이 부분은 사실상 진리에 대한 물음을 이해와 관련시키고, 영향사(Wirkungsgeschichte)가 인간 이해의 "역사적" 또는 시간적 성격에 미치는 여파에 대한 자신의 개념을 해설한 것이다.[2] 가다머가 "근본적인 해석학적 문제점의 회복"이라고 부르는 것에는 우리가 이미 해석학의 중심 주제로 인정한 "**적용의 과제**"가 포함되어 있다.[3] "적용"은 인간 생활의 일상적인 **특정 요소**들과 관련되어 있고, 오직 구체적인 삶의 양식과 관련해서만 존재한다.

가다머는 다음과 같은 신념에서 콜링우드(R. G. Collingwood)를 따른다. "우리가 답변하고 있는 물음이 무엇인지 이해하되, 그렇게 이해한 것의 의도가 우리 자신의 의도에 반하는 배경으로 남아 있지 않을 때에만" **이해한다**고 말할 수 있다.[4] 이 설명은 처음에 얼핏 보면 애매한 말처럼 들릴 수 있다. 왜냐하면 가다머는 이 문장 속에 다음과 같은 세 가지 특수한 요점을 압축시키고 있기 때문이다. 첫째, 가다머는 주제에 대한 모든 진술이나 일부분이 어떤 **하나의** 물음만을 전제하고 있다고 말하고 싶어 하지 않는다. 그것의 의미는 물음이 어떻게 "**발생하는지**"를 형성하고 조건짓는 물음과 답변의 대화적 연쇄 관계로부터 도출된다. 둘째, 이해의 과정은 하나의 물음 또는 한 단위의 물음들과 관련되어 있지 않고, 진술이나 주제를 일으킨 앞선 문맥에서 나온 물음과 관련되어 있으며, **또한 현재**라는 이해의 지평 안에서 일어난 물음들과 관련되어 있다. 이 물음들은 독자나 해석자들이 **자기들과 함께 가져오는** 물음들이다. 셋째, 이 두 이해의 지평(앞선 문맥과 현재 문맥의 지평들)은 최초에 일어난 물음과 물음의 순환을 **넘어서 움직이는** 하나의 **더 큰** 지평을 구성하기 위하여 융합을 시작할 때 **서로를**

---

1) Gadamer, *Truth*, 377(티슬턴 강조); 참조. 369-379.
2) Gadamer, *Truth*, 341-369.
3) Gadamer, *Truth*, 315(가다머 강조); 참조. 307-341.
4) Gadamer, *Truth*, 374.

　　　　　제1부 교리 해석학을 탐구하는 이유

수정하도록 돕는다.

이 복합적 과정은 주제의 이해에 (그리고 적절한 과정 속에서 또한 주제를 적용하기 위해) 지속적으로 참여하려는 특징을 가진 **흐름** 또는 **움직임**을 형성한다. 가다머는 『진리와 방법』 다른 곳에서 이렇게 설명한다. "현재의 지평은 과거의 지평 없이 형성될 수 없고, **이해는 추정컨대 항상 그 자체로 존재하는 이 두 지평의 융합이다**"(가다머 강조).[5] 그러나 지평의 "융합"은 단지 과정의 한 국면을 나타낼 따름이지, **결코 완결되지 않는다**. 왜냐하면 "거리"는 "순진하게 그 둘을 동화시키는 것으로 좁혀"질 수 없기 때문이다.[6] 단순히 말하면, 이해를 시작할 때 그리고 적응 과정에서 지평은 독자나 해석자가 나아가는 대로 움직이고 확대되는 것이 사실이다. 가다머는 이렇게 지적한다. "지평은 움직이는 사람에 따라서 변한다. 그러므로 과거의 지평은…항상 유동적이다."[7] 이것이 이 대화적이고 변증법적인 과정의 각 단계나 국면의 역사적 위치에 대한 가다머의 인식의 한 부분을 구성한다.[8] 따라서 이 과정은 "**문제들을 물음이 발생하는** 상황으로 되돌려서 변화시키고, **자신의 동기로부터 물음을 도출한다**"(티슬턴 강조).[9] 가다머는 부유하는 "문제들"과 연루되어 있는 모델을 아리스토텔레스가 아닌 칸트의 탓으로 돌린다. 칸트에게 문제들은 그것이 발생했던 상황으로부터 분리되어 추상화되고, 그래서 "하늘에 있는 별처럼" 존재한다.[10] 문제들은 고정적이고, 다른 것에 의존하지 않으며, 부동적이다. 가다머는 문제들과 연루되어 있는 이 모델이 무시간적이고 비역사적인 합리론의 패러다임, "해석

---

5) Gadamer, *Truth*, 306.

6) Gadamer, *Truth*, 306.

7) Gadamer, *Truth*, 304.

8) Anthony C. Thiselton, "The Significance of Recent Research on 1 Corinthians for Hermeneutical Appropriation of the Epistle Today," *Neot.* 40:2 (2006), 91-123에서 이것을 더 깊이 다루었다.

9) Gadamer, *Truth*, 377.

10) Gadamer, *Truth*, 377.

학적 경험"에 비추어 유지될 수 없는 것이라고 결론짓는다.[11]

그러면 이 모든 것을 기독교 교리와 어떻게 관련시킬 수 있을까? 최근의 한 교리 연구가 간단하기는 해도 긍정적 모델을 제공함으로써 이 문제를 어느 정도 예증하는 데 도움을 준다. 후스토 곤잘레스(Justo L. González)의 최근 작품은 다른 많은 작품들보다 좀 더 해석학적으로 기독교 교리에 접근하려는 의지를 예증하는 효과를 가지고 있다.[12] 곤잘레스는 예컨대 기독교의 창조론이 처음 세상의 기원에 대한 물음을 묻는 데서 발생한 것이 아니라 아름다운 세상 속에서 살도록 되어 있는 인간의 생명과 실존에 대한 감사에서, 유한성과 피조성과 하나님에 대한 의존성에 대한 인간의 자각에서, 그리고 하나님의 선물과 세상의 선함에 대한 그분의 인자하심을 찬송하려는 욕구에서 일어난 것이라고 주장한다.[13] 이런 물음과 주제는 또한 하나님의 백성에게 주어진 땅의 청지기로서의 역할을 인정하고, 창조와 구원의 한 하나님에 대한 경배를 약속한다. 곤잘레스는 이렇게 결론짓는다. "요약하면 기독교의 창조론은 대부분의 다른 교리들과 마찬가지로 본래 지성적 의구심에서 나온 것이 아니라 오히려 예배의 경험에서 나왔다."[14] 창조 기사에 나오는 일월성신의 창조는 이스라엘의 이웃 민족들이 천체를 신적 존재로 보는 개념에 반대하는 역할을 했다.[15] "나의 도움은 천지를 지으신 여호와에게서로다"(시 121:2)라는 고백은 창조의 하나님을 구원의 하나님으로 송축한다. 곤잘레스는 이렇게 말한다. "그 의미에 대하여 말한다면, 창조는 절대로 사물들의 시작에 대한 사건을 가리키는

---

11) Gadamer, *Truth*, 377.

12) Justo L. González, *A Concise History of Christian Doctrine* (Edinburgh: Alban, 2006 and Nashville: Abingdon, 2005). 『간추린 기독교 교리사』(컨콜디아사 역간).

13) González, *History*, 35-44.

14) González, *History*, 38.

15) González, *History*, 42. 바벨론의 배경에 대해서는 Bruce Vawter, *On Genesis: A New reading* (New Work: Doubleday, 1977), 38-63을 참조하고, 특히 46-50을 보라.

것이 아니다."[16]

물론 우리는 이런 관점을 너무 극단적으로 몰고 가서는 안 된다. 아마도 이렇게 된 것은 루돌프 불트만(Rudolf Bultmann)에게 책임이 있을 것이다. 나는 초기에 불트만의 해석학을 연구하면서 창조를 인간의 유한성, 하나님에 대한 의존, 자기 참여적인 청지기직과 책임의 표현으로 강조하는 것이 타당하고 건설적인 면이 있지만, 하나님이 존재하는 모든 것의 근거와 원천으로서 창조 행위를 행하셨다는 인식론적 진리 주장을 무조건 자기 자각이나 자기 이해의 단순한 실존적 태도로 환원시켜서는 안 된다고 주장했다.[17] 고전적인 견해로 인정받는 바르트의 판단은 다음과 같다. "만일 하나님이 존재의 주님이시라면…우리의 존재는 비존재의 심연 위에 있는 하나님에 의해서만 유지된다."[18] "심연"(히브리어 תהום, 테홈)에 대한 하나님의 주되심은 창세기 1:2에 나타날 뿐만 아니라 시편 33:6-7과 148:7-8에서도 나타난다. 여기서의 문맥은 하나님의 주되심이 모든 피조물에 미치는 것을 송축한다. 이것은 **무, 폐허, 혼란** 또는 **혼돈**(히브리어 תהו, 토후-창 1:2, 창조에 대해; 신 32:10, 보호와 유지하시는 섭리에 대해; 사 34:11, 파괴와 비존재에 대해)에 대한 하나님의 주되심에도 그대로 적용된다.

곤잘레스는 인간됨과 인간성에 대한 기독교 교리도 해석학적 노선을 따라 상술한다. 19세기의 많은 조직신학들과 달리 곤잘레스는 최초의 그리스도인들에 대하여 이렇게 말한다. "그리스도인들은 어떤 이들이 주장한 것처럼 인간이 영과 육으로 구성되어 있는지 또는 다른 이들이 주장하

---

16) González, *History*, 49.

17) Anthony C. Thiselton, *The Two Horizons: New Testament Hermeneutics and Philosophical Description* (Grand Rapids: Eerdmans and Exeter: Paternoster, 1980), 252-292. 『두 지평』(IVP 역간).

18) Karl Barth, *Church Dogmatics*, I:1, trans. G. W. Bromiley (Edinburgh: T&T Clark, 1975) sect. 10, 389; Karl Barth, *Church Dogmatics*, I:1, trans. G. W. Bromiley, T. F. Torrance, 14 vols. (Edinburgh: T&T Clark, 1957-1975)에서 384-390을 참조하라. 『교회교의학』(대한기독교서회 역간).

는 것처럼 육, 혼, 영 또는 지성…사고로 구성되어 있는지에 대해…특별히 더 관심을 두지 않았다."[19] 찰스 하지(Charles Hodge)는 자신의 저서 『조직신학』에서 "인간의 본질: 성경의 교리"라는 제목을 붙인 부분을 다음과 같은 지적과 함께 시작한다. "성경은…영혼이 실체라는 것,…인간 구성의 본질적 요소는 둘, 오직 둘만 있다는 것을 전제한다."[20] 이것을 지지하기 위해 하지가 인용한 일부 성경 본문은 오늘날 많은 성경학자들의 세밀한 문맥적 탐구에 의해서 쉽게 반박될 수 있다.[21] 하지만 이렇게 주장하는 건 찰스 하지만이 아니다. 오거스터스 홉킨스 스트롱(Augustus Hopkins Strong)은 자신의 저서에 인간 구성의 "이분설"과 "삼분설"에 대한 논의를 포함시킨다.[22] 레이드로(Laidlaw)의 『성경적 인간론』(The Bible Doctrine of Man)은 비록 그가 히브리 시의 병행법과 다른 문학적 특징들의 실례를 하지와 스트롱보다 더 유의하기는 해도, 삼분법과 이분법 그리고 히브리 "생리학"을 설명하는 데 지나치게 많은 분량을 할애한다.[23] 심지어 여러 성경 전문가들도 세심한 해석학이 제시할 수 있는 것보다 마음(לב, 레브), 간(כבד, 카베드), 콩팥(כליות, 켈라요트), 창자(מעים, 메임)와 같은 생리학적 용어에서 나오는 것에 상대적으로 더 큰 비중을 둔다. 휠러 로빈슨(Wheeler Robinson)은 이 용어들이 의식의 중심 지점을 가리키기 위해 **비은유적인** 의미로 사용되고 있다고 주장한다(로빈슨 강조).[24]

이런 탐구가 완전히 잘못된 것은 아니다. 바울이 자신의 서신에서 **육**

---

19) González, *History*, 91.

20) Charles Hodge, *Systematic Theology*, 3 vols. (New York: Scribner, 1871), vol. 2, 43.

21) 예를 들어 단 7:15의 사용.

22) A. H. Strong, *Systematic Theology*, 3 vols. (1907; repr. London: Pickering & Inglis, 1965), vol. 2, 483-488.

23) John Laidlaw, *The Bible Doctrine of Man* (Edinburgh: T&T Clark, 1895), 49-138.

24) H. Wheeler Robinson, *The Christian Doctrine of Man* (Edinburgh: T&T Clark, 1911), 21; 참조. 20-27.

제1부 교리 해석학을 탐구하는 이유

체(그리스어 σάρξ, 사룩스)나 **몸**(그리스어 σῶμα, 소마)과 같은 용어를 사용한 것처럼, 이런 용어의 구체적이고 다양한 의미를 검토하면 많은 유익을 얻을 수 있다. 문제는 이 용어들이 중요한 역할을 하지 못한다는 데 있는 것이 아니라, 어떤 학자들이 이 용어를 그것이 발생했던 사건과 문맥에서 벗어나 사실상 독립적인 "문제들"로 다룬다는 데 있다. 그것들이 "발생하는"(가다머의 용어로) 동기와 배경이 우리의 논의를 어떻게 전개할 것인지에 대해 결정적인 역할을 한다. 최초 그리스도인들이 인간성을 탐구하게 된 지배적인 동기는 인간이 "하나님과 특별한 교제를 갖도록 부르심을 받은" 것에서 **발생했다**고 곤잘레스는 바르게 지적한다. 곤잘레스는 계속해서 이렇게 말한다. "인간은 자기 주변의 세상을 이해할 수 있는 지성을 갖고 있다. 이 점에서 인간은 다른 피조물과 질적으로 다르다."[25] 앞으로 살펴보겠지만, 인간이 하나님과 관계를 맺는 것과 관련해서 **몸**에 대한 물음은 "우리가 무엇으로 지음 받았는가?"라고 묻는 배경에서가 아니라 "기독교의 제자도는 어떻게 공적 영역에서 신뢰할 수 있고 소통할 수 있는가?"라고 묻는 맥락 속에서 "발생한다." 마찬가지로 하나님의 창조에 대한 성찰과 인간이 나머지 창조 질서와 맺는 관계에 대한 성찰은 막연히 기원에 대해서 묻는 데서 "발생하지" 않는다. 이러한 성찰은 하나님의 형상으로 지음받은 인간의 특권과 세상을 다스리고 돌보는 공동 대리 통치자로서의 특권을 송축하는 배경에서 "발생했다"(시 8:3-8; 참조. 창 1:26-27; 9:6; 고후 4:4; 골 1:15; 3:10; 히 1:3도 보라).

확실히 해석학적 지평은 종종 논쟁, 논란, 갈등을 수반하기도 하는데, 또한 이는 교리의 발전을 가져오기도 한다. 어떤 경우에는 갈등이 본래의 지평을 구성할 수도 있다. 예를 들면, 고린도전서 11:17-34과 10:14-22에 나타난 바울의 주의 만찬(곧 성찬) 교리가 그런 경우다. 이처럼 바울이 자기 이전의 전승과 자신의 신학을 언급하는 것은 고린도 교회 안에 팽배해

---

25) González, *History*, 94-95.

있던 오해와 부적절한 관습을 교정하는 역할을 했다. 알리스터 맥그래스 (Alister McGrath)는 최초의 성경 자료 안에 내재되어 있는 잠재적 갈등 요소가 "불가피하게 교리"를 낳았다고 지적한다.[26] 그리고 곤잘레스는 대부분 "자기[아우구스티누스]에게 구원을 베푸신 하나님의 은혜를 찬양하는 찬송"으로 기록된 아우구스티누스(Augustine)의 「고백록」을 예로 제시하면서, 그의 글이 어떻게 펠라기우스와의 치열한 교리 논쟁과 논박으로 이끈 진술들과 교리들을 체현하는지를 명쾌하게 증명한다.[27]

　　테런스 틸리(Terrence Tilley)는 한 걸음 더 나아가 하나님의 은혜와 인간의 부패성에 대한 아우구스티누스의 말이 가진 지위를 재평가한다. 틸리는 이 특수한 요점을 다룰 때, 사실상 교리 해석학을 정형화한다. 틸리는 "아우구스티누스를 신정론자로 이해하는 것은 잘못"이라고 말한다.[28] 틸리는 「하나님의 도성」(The City of God)이 종종 아우구스티누스 신정론의 한 부분으로 인용되지만 이것은 잘못이라고 주장한다. "문제는 유신론의 개연성이 아니라 역사 **해석학**"이라고 그는 설명한다.[29] 물론 「고백록」이 빈번하게 "신정론" 작품으로 인용되기도 하지만, 이 작품은 **하나님의 은혜에 대한 고백, 찬양, 축하의 발화행위**(speech-act)를 구성한다고 틸리는 계속해서 말한다. 「신앙편람」(Enchiridion)만이 엄밀한 의미에서 "변증서"로 간주될 수 있는데, 그렇다고 해도 틸리는 이 책을 "제도와 연계된 선포적 지침"으로 간주한다. "이 책은 논박이나 변증 또는 교회 정책의 필요에 따라 저술된 것이 아니라 그리스도인을 위한…지침의 필요성에 따라 저술되었다."[30] 틸리는 "**교육**"(instruction)의 발화행위가 "**논증**"(argument)의 발

---

26) Alister E. McGrath, *The Genesis of Doctrine* (Oxford: Blackwell, 1990), 4.
27) González, *History*, 99-100.
28) Terrence W. Tilley, *The Evils of Theodicy* (Washington, D.C.: Georgetown University Press, 1991), 115.
29) Tilley, *Theodicy*, 228(티슬턴 강조).
30) Tilley, *Theodicy*, 117.

화행위와 혼동되어서는 안 된다고 주장한다.[31]

계몽주의 시대와 그 이후 시대에 은혜에 대한 철학적 논의라든가, 이와 동등하게 악의 문제에 대한 논의는 아우구스티누스의 다양한 작품들을 추상적이고 일반화된 신학 교리의 정석으로 바꾸어놓았다. 그러나 "신정론은 불평이나 한탄에 답변하지 않는다. 신정론은 죄를 짓고 고통을 겪는 사람들에게 전해줄 것이 없다. 신정론은 순전히 이론적 문제에 대해 귀를 기울이는 추상적인 개인 지성들에게 전해지는 것이다…"[32] 다른 맥락에서 보면 이것이 바로 가다머의 요점이다. "하늘에 있는 별처럼" 고정적이고 추상적인 "문제들"에 대해 말하는 패러다임은 물음과 답변의 **해석학적 변증법** 패러다임과 다르다. 후자의 패러다임은 삶의 동기, 배경, 특수성, 효력을 탐구한다. 곤잘레스와 틸리는 교리 해석학을 어떻게 시작하고 어떻게 성취할 수 있는지에 대해 두 가지 실례(다른 가능한 다수의 실례들 가운데)를 제공한다.


## 1.2. 기독교 신앙고백과 삶의 배경: 신약성경에서 2세기 말까지

신조, 신앙고백, 최초 기독교 교리의 본질에 관한 증거를 보면 교리의 이해가 두드러지게 믿음의 "성향"(dispositional)에 대한 철학적 설명으로 수렴된다는 것을 알 수 있다. 우리는 공통적 내러티브에 참여하는 것을 기초로 이것이 교리의 공동체적 표현에도 똑같이 적용된다고 주장할 것이다. 사실상 교리의 발전에 대한 우리의 이해와 교리, 삶, 행동의 관계에 대한 우리의 이해를 돕기 위해서 믿음의 성향 이론을 진지하게 취하지 않는 것은 놀라운 일로 보인다. 우리는 다음 장에서 믿음의 성향 이론을 특히 비

---

31) Tilley, *Theodicy*, 121(티슬턴 강조).
32) Tilley, *Theodicy*, 229.

트겐슈타인의 후기 사상과 이 주제에 대한 프라이스(H. H. Price)의 체계적인 설명과 관련하여 탐구할 것이다.

그러나 먼저 우리는 신약성경 안에서 포괄적인 신앙고백의 상황과 교리 형식의 등장을 간략히 살펴볼 것이다. 과거 필자의 박사 후보생 가운데 두 명이 신약성경에 나타난 찬송과 신앙고백 형식에 대한 유용한 논문을 썼다. 그 두 사람은 스티븐 파울(Stephen E. Fowl, Sheffield, Ph.D.)과 리처드 브리그스(Richard S. Briggs, Nottingham, Ph.D.)다.[33] 파울은 빌립보서 2:6-11, 골로새서 1:15-20, 디모데전서 3:16하반절을 특별히 주목하면서 이 세 본문에서 찬송이나 신앙고백 **형식**, 그리고 이 형식들의 용도나 **기능**을 구별해야 한다고 주장한다. 폭넓게 보면 이 구별이야말로 비트겐슈타인의 언어에 대한 접근법의 핵심이다. 파울은 이 세 본문이 "기독론적 정의에 익숙해지도록…각자가 가지고 있는 그리스도의 상을 제공하기 위해 사용된 것이 아니"라고 말한다.[34] 다시 말하면 이 본문들은 기독론 교리에 대한 이론적이거나 "**독자적인**" 표현이 아니다. 이 본문들은 주로 교리적 **내러티브**라는 형식적 수단을 통해 적절한 **윤리적 태도와 행동**을 전수하고 배양하는 데 "사용된다." 이들은 "실천적 영향력"을 발휘한다.[35]

리처드 브리그스는 로마서 10:8-9, 고린도전서 12:1-3, 15:3-5, 빌립보서 2:5-11, 히브리서 4:15, 그리고 다른 본문들 속에 나타난 신앙고백을 검토한다. 브리그스는 오스카 쿨만(Oscar Cullmann), 베르논 노이펠트(Vernon Neufeld), 샌더스(J. T. Sanders), 스티븐 파울의 연구, 그리고 요한1서에 나오는 신앙고백의 발화행위에 대한 디트마르 노이펠트(Dietmar Neufeld)

---

33) Stephen E. Fowl, *The Story of Christ in the Ethics of Paul: An Analysis of the Function of the Hymnic Material in the Pauline Corpus*, JSNTSS 36 (Sheffield: Sheffield Academic Press, 1990), Richard S. Briggs, *Words in Action: Speech-Act Theory and Biblical Interpretation, Toward a Hermeneutic of Self-Involvement* (Edinburgh and New York: T&T Clark, 2001).
34) Fowl, *Story*, 197.
35) Fowl, *Story*, 201.

의 중요한 작품에 특별히 의존한다.[36] 브리그스는 이 신앙고백들의 실천적·참여적·1인칭 본질을 강조한다. 브리그스는 다음과 같이 말한다. "가장 중요한 것은 신앙고백의 자기 참여적인 본질이다. 신앙고백은 공약적(commissive) 힘을 가진 강력한 발화행위이지만, 또한 선언적 힘을 갖고 있기도 하다.…신앙고백은 대체로 '예수는 주이시다' 또는 '예수는 그리스도이시다'와 같은 어떤 정의할 수 있는 내용에 대한 위탁을 포함한다. 신약성경에 나타난 신조 형식은 자기 참여의…표시들이다."[37] 브리그스는 발화행위가 사건의 상태에 대한 인식론적 진리-주장을 배제하지 않고, 오히려 이 진리-주장을 **전제한다**고 올바르게 주장한다. 발화행위가 명제적인 진리-주장을 **배제한다**고 생각하는 사람은 이 논쟁에 "거짓된 양극화"를 부여하게 된다. 마지막으로 브리그스는 앨런 리처드슨(Alan Richardson, 노팅엄 대학교의 저명한 전임 교수)이 정확하다고 결론짓는다. "사실들…을 해석하는 것이 기독교 교리의 작업이다. 예컨대 사도신경은 역사적 사실을 강력히 천명한다."[38] 그렇다고 해도 신조와 신앙고백 **역시 자기 참여적인 발화행위**다. 나는 다양한 작품 속에서 많은 세월에 걸쳐 동일한 요점을 강력히 제시했다.[39]

신약성경에 나타난 신앙고백과 신조에 대한 현대 초기의(즉 지난 반세기 동안의) 연구 가운데 하나는 켈리(J. N. D. Kelly)의 고전적 연구서인 『초기 기독교 신조』(Early Christian Creeds) 초판과 함께 오스카 쿨만의 작품이다.[40] 쿨만은 먼저 초기 그리스도인들이 왜 신앙에 대한 공통적인 사도적

---

36) Briggs, *Words in Action*, 183-215.

37) Briggs, *Words in Action*, 214-215.

38) Alan Richardson, *Creeds in the Making: A Short Introduction to the History of Christian Doctrine* (London: SCM, 1935), 7, 9.

39) 이것들은 대부분 1970년에서 오늘날까지 Thiselton, *Thiselton on Hermenrutics* (Aldershot, U.K.: Ashgate and Grand Rapids: Eerdmans, 2006), 51-149에 수록되어 있다.

40) Oscar Cullmann, *The Earliest Christian Confessions*, trans. J. K. S. Reid (London:

정식이나 요약을 필요로 했는지를 묻고, 이어서 어떤 상황이 이 필요를 낳았는지를 탐구한다.[41] 첫 번째 문제에 대해 말하자면, 사도적인 "신앙의 규칙"은 일관성, 정합성, 그리고 결국은 기독교 정체성을 유지하는 역할을 했다. 두 번째 문제로 쿨만은 내가 **단일한** 원인에 과도한 특권을 부여한 것을 거부하고, 대신 "다섯 가지 동시적 원인"을 제시한다. 말하자면 이 다섯 가지 원인은 **세례**와 교리 문답을 통한 가르침, 전례와 설교를 포함한 **예배**, **축사**(exorcism), **박해** 상황, 이단이나 비신자에 대한 **논박**이다.[42] 여기서 쿨만이 세례를 언급한 것은 신약성경에서 빌립이 세례를 베풀며 에디오피아 관리에게 물었던 신앙고백으로 확증된다. "예수 그리스도께서 하나님의 아들이심을 내가 믿노라"(행 8:36-38). 하나의 교회라는 주제를 자세히 해설하는 에베소서도 신앙고백을 포함한다. "주도 한 분이시오 믿음도 하나요 세례도 하나요 하나님도 한 분이시니 곧 만유의 아버지시라. 만유 위에 계시고 만유를 통일하시고 만유 가운데 계시도다"(4:5-6). 신약 시대가 끝난 이후에도 세례와의 연계성은 유스티누스, 이레나이우스, 그리고 다른 초기 자료들 속에 쉽게 나타난다.[43] 3세기에 이르면 세례를 받을 때 주어지는 일련의 물음들에 대한 답변이 작성되었고, 이 답변의 발전은 사도신경에서 절정에 달했다. 쿨만은 (켈리가 그러는 것처럼) 이 배경 속에서 제베르크(Alfred Seeberg)가 초기에 지적했던 것을 언급한다.[44]

쿨만은 고린도전서 15:3-7과 빌립보서 2:5-11을 예배와 설교의 배경 속에서 작성된 신앙고백의 한 실례로 인용한다. 이것을 부분적으로 적용할 수는 있으나 우리는 스티븐 파울이 여기서 형식과 기능의 대조를 이끌

Lutterworth, 1949, 프랑스어판으로부터 번역, 1943). 켈리는 1950년에 초판을, 1960년에 재판을 출간했다. 우리는 1972년 확장판을 고찰할 때 그의 작품을 다룰 것이다.

41) Cullmann, *Confessions*, 8-34.

42) Cullmann, *Confessions*, 18. 19-34에서 상세히 언급함.

43) Irenaeus, *Against Heresies* I:9:4, Justin, *1 Apology* 61.

44) A. Seeberg, *Der Katechismus der Urchristenheit* (Leipzig, 1903; repr. Munich: Kaiser, 1966).

어낸 것을 지적할 것이다. 또한 축사의 배경에 대한 쿨만의 주장이 고정된 공식의 사용을 요청하는 것처럼 보일지라도 그것은 단지 개연성의 수준으로 남아 있을 것이다. 그리스도의 절대적인 주되심에 대한 신앙고백(빌 3:10)은 확실히 축사 상황에 적합하고, 유스티누스 시대(대략 150)에 다음과 같은 신앙고백 형식은 이런 사례의 한 증거가 될 것이다. "모든 피조물의 맏아들로 동정녀에게서 태어나고, 사람이 되셔서 고난을 받으시고, 본디오 빌라도 치하에 십자가에 못 박히고, 죽으시고, 죽은 자 가운데서 살아나시고, 하늘로 올라가신 하나님의 아들의 이름으로 마귀를 굴복시켰다."[45]

가능한 위협이나 박해 배경에 대해서 쿨만은 더 견고한 기반 위에 서 있다. 쿨만은 (다른 많은 학자들과 같이) 이렇게 말한다. "'주 그리스도'(*Kyrios Christos*) 정식은 '주 가이사'(*Kyrios Kaisar*)에 반대하여 박해 시기에 처음 만들어졌다고 보는 것이 가능하다."[46] 휴 윌리엄슨(Hugh Williamson)과 다른 학자들은 이 견해를 지지하고 설명했다.[47] 우리는 때가 되면 쿨만이 제시하는 "원인들"로 되돌아갈 것이다. 이 원인들은 우리의 주장과 맞추어보면 다음 장에서 다룰 믿음의 "성향" 이론과 공동체적 교리에 대한 주장과 매우 긴밀하게 일치한다.

래리 허타도(Larry Hurtado)의 최근 연구도 이 초기 기독교 신앙고백의 다양한 배경에 대해 쿨만이 확인한 것을 매우 폭넓게 확증한다. 허타도는 다음과 같이 제시한다. "(1) 찬송을 부르는 습관, (2) 기도 그리고 이와 관련된 실천, (3) 그리스도의 이름 사용, (4) 예수를 믿는다는 신앙고백, (5) 부활하신 그리스도에 대한 예언적 선포."[48] 허타도 역시 일부 학자들이 그

---

45) Justin, *Dialogue with Trypho* 85:2; 참조. 76:6.
46) Cullmann, *Confessions*, 27-28.
47) Hugh Williamson, *The Lord Is King: A Personal Rediscovery* (Nottingham: Crossway, 1993).
48) Larry W. Hurtado, *One God, One Lord: Early Christian Devotion and Ancient Jewish Monotheism* (London and New York: T&T Clark, 2d edn. 1998), 100. 추가로 Larry W. Hurtado, *Lord Jesus Christ: Devotion to Jesus in Earliest Christianity*

리스도에 대한 헌신을 이후 연대에 귀속시키는 것을 인정하지만, 다수의 신약 본문에 비추어 이 문제를 철저히 설명한다.[49] 허타도가 지적하는 것처럼, 아서 웨인라이트(Arthur Wainwright) 역시 이 문제를 설득력 있게 설명했다.[50]

여기서 잠시 최초의 기독교 신조 또는 기독교의 정체성으로 널리 이해되는 "예수는 주"(고전 12:3)라는 신앙고백을 더 면밀히 살펴볼 필요가 있다. 나는 고린도전서의 그리스어 본문에 대한 상세한 주석에서 부세(Bousset)의 『주 그리스도』를 언급하고 다음과 같이 주석했다. "부세의 작품에서 이끌어낼 수 있는 최고의 사실은 '**예수는 주**'라는 진술이 단순히 묘사적 진술이나 추상적 명제의 '부유하는' 파편이 아니라, 그리스도 중심의 예배와 삶의 양식의 한 부분인 인격적 헌신과 위탁의 발화행위라는 사실을 양식비평에 따라 그리고 화행론(speech-act theory)에 따라 적절히 인정하는 것이다.…게다가…바울도 자신의 주장의 기초를 이 공유된 전통의 전제에 두고 있다."[51] 스코트(C. A. Anderson Scott)의 주장처럼, 이 신앙고백이 "바울의 말처럼 그리스도인이 되려는 사람에게 요구되고, 구원에 참여하기 위한 유일하고 충분한 조건으로(롬 10:9) 요청되는 단 하나의 것이라면", 분명히 이 신앙고백은 이론적이고 지성적인 믿음 이상의 사실을 구성한다.[52] 크레이머(Kramer)는 이 신앙고백을 종종 자기 참여적인 발화로서

(Grand Rapids: Eerdmans, 2005)도 보라. 『주 예수 그리스도』(새물결플러스 역간).

49) Hurtado, *One God*, 101-113, *Lord Jesus Christ*, 여러 곳.

50) Arthur W. Wainwright, *The Trinity in the New Testament* (London: SPCK, 1962), 93-104.

51) Anthony C. Thiselton, *The First Epistle to the Corinthians: A Commentary on the Greek text*, NIGTC (Grand Rapids: Eerdmans, Carlisle: Paternoster, 2000), 926; 참조. Wilhelm Bousset, *Kyrios Christos: A History of the Belief in Christ from the Beginnings of Christianity to Irenaeus*, trans. J. E. Steely (Nashville: Abingdon, 1970), 특히 132-133.

52) C. A. Anderson Scott, *Christianity according to St. Paul* (Cambridge: Cambridge University Press, 1927), 250.

의 "큰소리로 외치는 선포"라고 부른다.[53] 노이펠트는 이 신앙고백에서 자기 참여적이고 위탁적인 발화행위의 1인칭 효력을 포착해낸다. 노이펠트는 이 신앙고백이 "개인적인 믿음의 선언"이라고 말한다.[54]

"예수는 주"라는 신앙고백은 다양한 기능을 수행하는데, 그중 두 가지 기능이 특히 중요하다. 한 가지 기능은 기독교의 정체성과 헌신에 대한 자기 참여적 행위로서의 기치를 선명히 하는 것이다. 따라서 요하네스 바이스(Johannes Weiss)는 이 신앙고백이 의미하는 바가 "실천적 의미에서 그리스도의 종이나 노예의 상관 개념을 통해 가장 분명하게 드러날 것"이라고 지적한다.[55] 주님이신 예수에게 "속한 것" 또는 예수의 보호와 책임 아래 들어가는 것은 자유에 대한 큰 주장이자 찬사라고 불트만은 지적한다. 불트만은 그리스도인이 "이 보호 속에 들어가 자기 자신을 완전히 하나님의 은혜에 복종시켜야 한다"고 말한다(롬 14:7-8).[56] 반면에 다른 한 가지 기능은 사태(state of affairs)가 사실이라는 믿음을 선언하는 것이다. 불트만은 이 기능을 무시한다. 예수는 하나님이 그분을 죽은 자 가운데서 다시 살리시고 주로 높이셨기 때문에 정당한 주님이시다(롬 1:3-4; 빌 2:5-11).

우리가 이제 살펴볼 노이펠트의 작품은 이 보충적인 담화 형태를 올바르게 강조한다. 자기 참여적인 발화행위의 효력은 종종 어떤 사태가 사실인지 또는 어떤 진술이 사실인지에 따라 좌우된다. 교리 해석학은 끊임없이 형성적 또는 자기 참여적인 것과 교리적 진리-주장의 관계를 염두에 둘 필요가 있다. 수많은 변혁적 발화행위의 전제는 공통적인 사도전승, 신

53) Werner Kramer, *Christ, Lord, Son of God* (London: SCM, 1966), 66-67.

54) Vernon H. Neufeld, *The Earliest Christian Confessions*, NTTS 5 (Leiden: Brill and Grand Rapids: Eerdmans, 1963), 144.

55) Johannes Weiss, *Earliest Christianity* (초기 영문판 제목은 *History of Primitive Christianity*), Eng. ed. F. C. Grant, 2 vols. (New York: Harper, 1959), 2, 458.

56) Rudolf Bultmann, *Theology of the New Testament*, trans. K. Grobel, 2 vols. (London: SCM, 1952 and 1955), vol. 1, 331. 『신약성서신학』(성광문화사 역간).

약성경과 초기 교회의 진리-주장들에서 연원한다.[57]

베르논 노이펠트는 1963년에 쿨만이 사용한 것과 같은 제목으로 이 주제를 건설적으로 다룬 작품을 출판했다. 노이펠트는 신앙고백과 신조들에 대한 초기의 연구가 기능이나 삶의 배경이 아닌 내용, 연대, 신빙성에 초점을 맞추고 있다고 지적한다.[58] 노이펠트는 신앙고백에 대한 그리스어 용어들—ὁμολογιά(호몰로기아, 명사)와 ὁμολογεῖν(호몰로게인, 동사)—의 본질과 μαρτυρεῖν(마르튀레인, 증언하다)과 이 의미 범주 안에 있는 다른 단어들과의 관계를 탐구했다.[59] 이어서 노이펠트는 유대교, 바울 서신, 요한복음과 요한 서신, 그리고 공관복음서와 사도행전에 나타난 신앙고백의 사례들을 탐구한다. 바울 서신에 나타난 **호몰로기아**의 삶의 정황은 기독교 공동체의 일상생활의 한 부분인 예배, 세례, 설교와 관련되어 있지만, 또한 때때로 박해의 상황, 복음을 위협하거나 왜곡하고 그로 인해 기독교 정체성의 통합을 위협하는 파괴 세력들에 반대하기 위한 요구와도 관련이 있다고 노이펠트는 결론짓는다.[60] 로마서 10:9, 고린도전서 15:3-5, 빌립보서 2:5-11, 고린도전서 8:6과 12:3과 같은 본문들은 나름대로 이것을 증명하는 역할을 담당한다. 요한1서의 상황은 "거짓 선지자"와 "적그리스도들"의 영향을 더 명확히 증명한다(요일 4:1-3).

쿨만의 연구 못지않게 노이펠트의 연구도 앞으로 주장할 믿음의 성향 이론에 대한 이해의 길을 예비한다. 또한 노이펠트는 신앙고백의 1인칭 발화에서 자기 참여적인 성격을 강조한다. 신앙고백은 **어떤 내용을 선언하는 것이지만, 또한** 1인칭 증언과 위탁의 행위로서 **말하는 자의 색깔을**

---

57) 추가로 A. Eriksson, *Traditions as Rhetorical Proof: Pauline Argumentation in 1 Corinthians* (Stockholm: Almqvist & Wiksell, 1998); Hans von Campenhausen, "Das Bekenntnis im Urchristentum," *ZNW* 63 (1972), 210-253도 보라.

58) Neufeld, *Christian Confessions*, 1-7.

59) Neufeld, *Christian Confessions*, 13-33.

60) Neufeld, *Christian Confessions*, 61. 참조. 60-68.

분명히 하는 역할을 한다.

켈리는 1972년에 초기 기독교 신조들에 대한 고전적인 작품을 발표했다.[61] 켈리는 신조와 신앙고백을 과소평가하는 경향을 환기시키고, 19세기 마지막 25년과 1914년경까지 고전적인 자유주의 학자들이 신약성경 안에서 신조와 신앙고백의 지위에 회의적인 관점을 갖고 있었음을 지적하는 것으로 시작한다. 이 시기에는 아돌프 폰 하르낙(Adolf von Harnack, 1851-1930)과 그와 같은 생각을 가진 자유주의 학자들이 지배했다. 하르낙은 예수의 가르침이 매우 단순한 "핵심" 진리들을 중심으로 주어졌다고 믿었다. 그 내용은 특별히 하나님은 사랑의 아버지이고, 인간은 형제로 살아야 하며, 인간의 "영혼"은 무한한 가치를 갖고 있다는 내용이다.[62] 그는 교리를 발생시키고 발전시킨 가장 강력한 힘이 단순한 복음을 "헬라화"하는 과정에서 주어졌다고 보았다. 이 헬라화 과정에 따라, 추정컨대 예수의 단순한 윤리적 가르침에 형이상학적 구조가 덧입혀졌다. 알브레히트 리츨(Albrecht Ritschl, 1822-1889)은 초기에 주로 교리가 아니라 수준 높은 예수의 윤리에 동기를 부여받은 신자 공동체의 관점에 따라, 복음에 대한 자유주의적 해석을 제공함으로써 이 풍조를 가속화하는 길을 예비했다.[63]

켈리는 신약성경에 나타난 신조와 신앙고백에 대한 이런 설명을 중요하게 다루지만, 무시당한 한 예외로 제베르크의 연구를 인용한다. 또 이 맥락에서 찰스 도드(Charles H. Dodd)의 작품도 긍정적으로 인용한다.[64] 켈리는 하르낙이 성령의 인도를 받은 역동적이고 자발적인 기독교적 교제

---

61) J. N. D. Kelly, *Early Christian Creeds* (London: Longman, 3d edn. 1972).

62) Adolf von Harnack, *What Is Christianity?* trans. T. B. Saunders (London: Ernest Benn, 5th edn. 1958), 54-59, 200-210. 독일어판 제목은 *Das Wesen des Christentums* (1st edn. 1900)이다. 『기독교의 본질』(한들 역간).

63) 리츨의 영향에 대해서는 James Richmond, *Ritschl: A Reappraisal* (London: Collons, 1978), 13-45, 266-314을 보라.

64) Charles H. Dodd, *The Apostolic Preaching and Its Developments* (London: Hodder & Stoughton, 2d edn. 1944).

와 질서 있는 제도 교회 사이를 대조시킨 것은 지나친 견해라고 설득력 있게 주장한다. 켈리는 이렇게 말한다. "신약성경 모든 곳에서 발견되는 권위적인 교리의 전달을 강조하지 않고 넘어가는 것은 불가능하다."[65] 다른 학자들도 비슷한 요점을 제시했다.[66] 제임스 던(James Dunn)이 1998년에 주장한 것처럼 오늘날 바울 서신에서 "사용된 자료의 용도에 대해서는 실질적인 일치가 있다."[67] 헌터, 노이펠트, 클라우스 벵스트(Klaus Wengst), 그리고 다른 학자들을 따라 던도 "케뤼그마와 신앙고백의 정식"이라는 실례 속에 다음과 같은 본문을 포함시킨다. 로마서 1:3-4, 3:25, 4:24-25, 5:6, 8, 7:4, 8:11, 32, 10:9, 고린도전서 6:14, 8:6, 11, 11:23, 12:3, 15:3-7, 고린도후서 4:14, 5:14-15, 갈라디아서 1:1, 4:5, 에베소서 4:5, 빌립보서 2:5-11, 골로새서 2:6, 12, 데살로니가전서 1:10, 4:14, 5:10, 디모데전서 1:15, 2:6, 4:8-9, 디모데후서 2:11, 디도서 3:5-8.[68] 이 본문들은 그리스도와 그의 죽음과 부활에 대한 신앙고백을 담고 있고, 사도전승과 윤리적 교리 문답으로 전수된 신앙고백 정식을 포함하고 있다.

신약성경과 2세기 초에 나타난 신앙고백에 대한 이처럼 포괄적인 설명은 우리로 하여금 믿음의 성향 이론의 논리를 제대로 인식하도록 해주

---

65) Kelly, *Creeds*, 8.

66) Frederick W. Danker, *Creeds in the Bible* (St. Louis: Concordia, 1966), 여러 곳; William A. Curtis, *A History of Creeds and Confessions of Faith in Christendom and Beyond* (Edinburgh: T&T Clark, 1911), 34-43; Ethelbert Stauffer, *New Testament Theology*, trans. John Marsh (New York and London: Macmillan, 1955), 234-254; John Burnaby, *The Belief of Christendom: A Commentary on the Nicene Creed* (London: SPCK, 1959), 1-10.

67) James D. G. Dunn, *The Theology of Paul the Apostle* (Edinburgh: T&T Clark, Grand Rapids: Eerdmans, 1998), 174, n. 66. 『바울신학』(크리스챤다이제스트 역간).

68) Dunn, *Paul*, 174-177; K. Wengst, *Christologische Formeln und Lieder des Urchristentums* (Gütersloh: Gütersloher, 1972); A. M. Hunter, *Paul and His Predecessors* (London: SCM, 2d edn. 1961); 추가로 Neufeld, *Confessions*와 Kramer, *Christ*도 참조하라.

는 특정 배경이나 상황, 그 상황 속에서 발생하는 1인칭의 자기 참여적 발화행위로서의 신앙고백에 대해 쿨만이나 브리그스, 노이펠트가 제시한 길을 추구하지 못하도록 혼란스럽게 만드는 것처럼 보일 수 있다. 또한 우리는 켈리의 작업을 통해 나중에 논의할 믿음이나 교리의 자기 참여적이고 형성적인 표현들이 사태에 대한 보다 체계적이고 기술적인 진리-주장들과 어떻게 관련되는지를 준비할 것이다. 켈리는 "성도에게 단번에 주신 믿음"(유 1:3)과 "바른 교훈"(딤후 4:3; 딛 1:9)과 같이 보다 기술적인 용어 (descriptive terms)로 말하는 본문들을 올바르게 인용한다.[69] 그러나 켈리는 또한 상황적 배경에 대한 물음을 자세히 살피면서, 쿨만이 "세례" 배경에 지나치게 사변적인 관심을 기울인 것은 아닌지, 그리고 매우 이른 시기에 삼위일체 공식이 작성되었다는 것을 인정하는 데 매우 조심스러운 태도를 보이는 것은 아닌지에 대해서만 그와 입장을 달리한다.[70] 켈리는 교리문답, 설교, 논박, 그리고 전례의 배경을 강조한다.[71] 켈리는 매우 많은 학자들이 "덜 복잡한 것이 더 복잡한 것보다 항상 먼저 있어야 하고, 그것은 점진적 발전 노선을 따르는 것이 틀림없다는 진화론적 격언에 매료되어 있다"고 정확히 지적한다.[72] 또한 켈리는 최초의 신앙고백이 내러티브를 사용했다는 것도 환기시킨다.

여기서 우리는 마지막으로 신약성경에 나타난 신앙고백 정식, 특히 요한1서에 나타난 신앙고백의 지위와 기능에 대한 디트마르 노이펠트의 탁월하고도 건설적인 연구를 주목하게 된다.[73] 노이펠트는 "오스틴(J. L. Austin)의 화행론에 대한 수정된 관점으로" 관련 본문들을 검토하고, 이 관

---

69) Kelly, *Creeds*, 8-10; 켈리는 추가로 살후 2:15; 히 3:1; 4:14; 10:23도 인용한다.

70) Kelly, *Creeds*, 13, 26-29.

71) Kelly, *Creeds*, 13-23, 30-99.

72) Kelly, *Creeds*, 27.

73) Dietmar Neufeld, *Reconceiving Texts as Speech Acts: An Analysis of 1 John*, Biblical Interpretation Monograph Series 7 (Leiden and New York: Brill, 1994).

런 본문들에서 그리스도에 대한 고백과 부인의 언어(요일 2:22-23, 26; 4:1-4, 16; 5:6), 적그리스도들에 대한 경고(요일 2:18-22), 소위 "자랑"과 "부인" 슬로건(요일 1:6, 8, 10; 2:4, 6, 9; 4:20)을 다룬 본문들을 포함시킨다.[74] 노이펠트는 이 본문들이 "독자들의 **기대, 발화와 행동을 변화시키는 능력**"을 행사한다고 결론짓는다.[75] 이러한 발화행위는 또한 "저자의 지각, 기술, 자신이 쓴 것에 대한 위탁과 믿음을 함축하고 전제한다. 저자는 예수 그리스도를 증언한다."[76] 이 신앙고백은 수행적이고 참여적이다.

신약성경에 나타난 1인칭 신앙고백에 대한 이런 이해는 속사도 교부와 초기 교부들의 작품 속에 나타난 "신앙 규범"(rule of faith)의 선언과 명백한 연속성을 갖고 있다. 안디옥의 이그나티우스(Ignatius of Antioch, 대략 기원전 104)는 일련의 내러티브 선언문에서 "나는 소망을 둔다"고 선언하는 1인칭 믿음-발화를 연속해서 제공한다. 이그나티우스는 이렇게 선언한다. "예수 그리스도는 다윗의 자손이고, 마리아의 아들이며, 진실로 나시고[그리스어 ἀληθῶς ἐγγενήθη], 먹고 마셨으며, 진실로 본디오 빌라도 아래 박해를 받으시고, 하늘과 땅 위와 땅 아래 있는 자들이 보는 앞에서 진실로 십자가에 못 박혀 죽으셨고[그리스어 ἀληθῶς ἐσταυρώθη καὶ ἀπέθανεν], 또한 그분은 아버지께서 일으키실 때 죽은 자 가운데서 부활하셨고, 그와 같이…아버지께서 그를 믿는 우리를 예수 그리스도 안에서 다시 살리실 것을 나는 소망한다."[77] 이 특별한 실례의 맥락이나 배경은 분명하다. 이그나티우스는 "그분[그리스도]의 고난은 겉보기"(그리스어 τὸ δοκεῖν, 여기서 "가현적"이라는 말이 파생되어 나옴)에 불과하다고 주장하는 비신

---

74) Neufeld, *Reconceiving Texts*, 3, 82-132.

75) Neufeld, *Reconceiving Texts*, 133(티슬턴 강조).

76) Neufeld, *Reconceiving Texts*, 76.

77) Ignatius, *Epistle to the Trallians* 9:1-2 (Loeb Library edn. London: Heinemann, 1912).

자들이 있으나 "겉보기에 불과한 자는 바로 그들이다"라고 덧붙인다.[78] 믿음을 부인하는 것이 그 믿음에 대한 개인의 표현을 발생시킬 수도 있다는 생각은 우리가 2장에서 간략히 살펴볼 믿음의 성향 이론의 한 부분이다.

비록 명시적인 신앙고백 정식으로 증언한 것은 아닐지라도 폴리카르포스(Polycarp, 대략 69-155)는 박해의 상황 속에서, 특별히 임박한 순교의 상황(155년 2월로 추측됨) 속에서 신앙고백을 사용했다고 암묵적으로 증언한다. 폴리카르포스는 자신의 순교를 예감하고, 순교를 기쁘게 준비한다. 폴리카르포스는 총독 앞에 끌려나와 "'주 카이사르'(또는 '카이사르는 주이다')라고 말하는 것이 무슨 해가 있느냐?"는 물음을 받는다. 총독은 폴리카르포스에게 그리스도를 부인할 것을 강요하지만 폴리카르포스는 이렇게 답변한다. "나는 86년 동안 그리스도를 섬겼고, 그리스도는 제게 잘못한 일이 전혀 없습니다. 그런데 어떻게 제가 나의 왕이자 구주이신 그분을 모독할 수 있겠습니까?" 고문이 극렬해지고 폴리카르포스가 왜 자기를 죽이지 않고 지체하는지 묻자 총독의 군사는 이렇게 외친다. "폴리카르포스는 자신을 그리스도인이라고 시인했다."[79] 이것은 엄밀한 교리 정식은 아니지만 믿음의 "성향"(dispositional) 이론(다음 장에서 설명하는 것처럼)에 대한 전형적인 배경을 충분히 예증한다.

이레나이우스(Irenaeus, 대략 130-200)는 「이단 논박」(Against Heresies, 대략 190)에서 신앙고백 정식이나 교리적 신조에 대한 다양한 사례를 선언하고 정식화한다. 주로 발렌티누스(Valentinus)의 영지주의에 반박하는 「이단 논박」 1권에서 이레나이우스는 다음과 같이 선언한다. "교회는…사도들과 그들의 제자들로부터 '전능하신 아버지, 천지의 조물주이신 한 하나님… 그리고 우리 주이신 한 그리스도 예수,…곧 모든 무릎이 꿇을…모든 혀가 시인할…만인에 대한 최후의 심판을 시행하실…우리의 주와 하나님과 구

---

78) Ignatius, *Epistle to the Trallians* 10:1.
79) *Martyrdom of Polycarp* 8-11.

주와 왕'을 믿는 믿음을 받았다."[80] 이레나이우스는 영지주의적 믿음의 위협이 가해지는 구체적인 상황에 대해 말하고, 이에 반대해서 기독교 신조가 일찍부터 형성되었다고 확언한다. 또한 이레나이우스는 교회의 연합을 파괴하는 잠재적인 혼란에 대해서도 말한다.

「이단 논박」3권에서 이레나이우스는 기독교 교리의 성경적 기초를 매우 구체적으로 진술하고, 밀의적이고 내면적인 또는 "개인적인" 영지주의 전통들과는 반대로 교회 전통의 공적인 전수를 매우 명백하게 강조한다. (이것은 믿음을 "내면적" 또는 "사적인" 심적 상태가 아니라 공적 통용성을 가진 성향으로 보는 비트겐슈타인의 견해와도 관련되어 있다.) 이레나이우스는 다음과 같은 공적 전통을 조심스럽게 보존해야 한다고 말한다. "우리는 낮아져 처녀에게서 태어나시고…본디오 빌라도에게 고난을 겪고, 다시 살아나고, 광채 속에 받아들여지고, 영광 속에서 다시 오실…하나님의 아들이신 그리스도 예수로 말미암아…천지의 창조자…심판받을 자들의 심판자이신 한 하나님을 믿는다."[81]

"천지의 창조자이신 한 하나님"을 믿는다는 신앙고백은 다신론적인 믿음을 배제할 뿐만 아니라 다른 두 가지 신앙 체계, 곧 마르키온주의자가 창조의 하나님 또는 데미우르고스와 예수 그리스도의 아버지이신 하나님 사이의 정체성을 구분하는 것과, 영지주의자가 땅의 것을 무시하는 것도 거부하는 역할을 한다. 하나님은 하늘과 땅을 선한 선물로 창조하셨다. 따라서 마르키온의 오류를 지적한 「이단 논박」4권에서 이레나이우스는 특히 창조에 있어 성부·성자·성령의 사역을 서로 연관시키는 신앙고백을 포함시킨다. "만물이 그분에게 속해 있는 전능하신 한 하나님과 만물이 그분으로 말미암아 지음 받은 우리 주 예수 그리스도이신 하나님의 아들을

---

80) Irenaeus, *Against Heresies* I:10:1. 참조. Edward R. Hardy, "Introduction to Irenaeus' *Against Heresies*," Cyril C. Richardson (ed.), *Early Christian Fathers*, Library of Christian Classics (London: SCM, 1953), 343-357.

81) Irenaeus, *Against Heresies* III:4:2.

믿는 충분한 믿음…그리고 모든 세대의 인간과 함께 거하시는[그리스어 σκηνοβατοῦν]…하나님의 영을 믿는 견고한 믿음."[82] 이레나이우스의 작품 속에서 발견되는 다른 짧은 신앙고백들도 공적인 사도전승의 진정성을 강조한다.[83]

알렉산드리아의 클레멘스(Clement of Alexandra, 대략 150-215)는 이레나이우스에 비해 신앙 규범과 사도전승에 대한 관심이 덜하다. 클레멘스가 「스트로마타」(The Stromata)에 짧은 요약 내러티브 신조 또는 신앙고백을 포함시킨 것을 보면, 다양한 믿음을 가진 자를 제외시키기보다는 공동체적 기독교의 정체성을 보다 쉽게 제공한다는 것을 알 수 있다. 사람들이 "우주를 만드시고, 육체를 취하시고, 동정녀의 태에 잉태되시고…그리고 이후에 사실대로 십자가에서 고난을 받고 다시 살아나신 분"에 대해서 들을 때, 어떤 사람들은 이것을 미련한 것(고전 1:18)으로 인식할 수 있으나 다른 사람들은 그것을 진리의 비유로 인정할 수도 있다.[84]

테르툴리아누스(Tertullian, 대략 160-225)는 이레나이우스의 접근법으로 돌아오고, 분명히 "신앙 규범"이라는 말을 사도적 신앙고백 또는 "보편적" 신조를 가리키는 의미로 사용한다. 테르툴리아누스의 「이단에 대한 처방」(De praescriptione haereticorum)은 교회 주교들의 보호를 받은 공적 전통을 통해 전수된, 하나의 참된 교회라는 사도적 교리와 차이를 보이는 믿음 체계들을 공격한다. 테르툴리아누스는 공동체적 신조나 신앙고백을 명시적으로 작성할 수밖에 없었던 배후 상황으로 마르키온주의자가 창조의 하나님과 예수 그리스도의 아버지이신 구원의 하나님을 구분하는 것, 이와 동등하게 영지주의적 가현설과 이원론이 육체와 육체 생활을 신령하지 못한 것으로 간주하고 무시하려 했던 것을 지적한다. 다시 말하지만 이 반

---

82) Irenaeus, *Against Heresies* IV:33:7.

83) Irenaeus, *Against Heresies* V:20:1.

84) Clement, *Stromata* VI:15.

박 형식은 내러티브, 내러티브적인 드라마 또는 내러티브적인 플롯 형식이다. 테르툴리아누스는 다음과 같이 선언한다. "오직 한 하나님이 계시고, 그분은 자신의 말씀으로 만물을 무로부터 만드신 세상의 창조자이시다.…하나님의 말씀은…성령으로 말미암아 그리고 아버지의 권능으로 동정녀 마리아에게서 나시고, 마리아의 태에서 육체가 되신…하나님의 아들로 불린다.…십자가에 못 박히신 하나님의 아들은 사흘 만에 부활하셨고 하늘로 올라가셨다. 하나님의 아들은 아버지 우편에 앉아계시고, 자기 대신 성령을 보내셔서 성령의 권능으로 믿는 자를 인도하신다. 하나님의 아들은…부활 후에…영생에 참여하도록 성도들을 데리러 영광과 함께 다시 오실 것이다."[85]

테르툴리아누스는 「이단에 대한 처방」에서 온 교회의 우주적 또는 보편적 믿음을 칭송하고, **기독교 교리의 공동체적 성격**을 명백히 강조한다. 테르툴리아누스는 아가야의 고린도 교회, 마게도냐의 빌립보와 데살로니가 교회, 아시아의 에베소 교회, 이탈리아의 로마 교회, "그리고 아프리카에 있는 [우리의] 교회"를 언급하며, 모든 교회가 한 교회로서 "우주의 창조주이신 한 주 하나님, 창조주 하나님의 아들로 동정녀 마리아에게서 [태어나신] 예수 그리스도와 육체의 부활을 인정한다"고 선언한다.[86] 이 신앙고백은 "복음서 저자들의 작품[복음서]과 사도들의 작품[서신서]을 하나로 묶는다. 거기서 그녀[보편적 교회]는 믿음을 마신다."[87]

교리의 전개는 「프락세아스 반박」(Against Praxeas)에서 더 깊이 진행된다. 여기서 테르툴리아누스는 삼위일체 정식(필시 마 28:19; 고전 12:4-6; 고후 13:13과 같은 본문과 다른 곳에서 이미 나타나는 것으로서)을 해설할 뿐만 아니라 성경과 사도전승을 기초로 이후의 교리 전개를 예견하고, 삼위일체 내의

---

85) Tertullian, *On Prescription against Heretics*, ch. 13.
86) Tertullian, *Against Heretics*, ch. 36.
87) Tertullian, *Against Heretics*, ch. 36.

관계를 더 엄밀히 설명하려고 애쓴다. 테르툴리아누스는 다음과 같이 말한다. "우리는 오직 한 하나님이 계시다는 것을 믿는다.…이 유일하신 한 하나님은 또한 하나님 자신에게서 나온 아들이며 그분의 말씀이다[즉 아들은 피조물로 지음 받지 않으셨다는 것]. 그로 말미암아 만물이 지음 받았다는 것을 믿는다. 우리는 이 아들이 동정녀 마리아에게 보내심을 받고 그녀에게서 태어난 것―그래서 사람이자 하나님이 되신 것―을 믿는다.… 우리는 이 아들이 성경에 따라 고난을 당하고, 죽고, 장사되고, 또 이후에 아버지로 말미암아 다시 살아나고, 하늘로 돌아가시고, 아버지 우편에 앉아계시며, 산 자와 죽은 자를 심판하러 다시 오실 것을 믿는다. 이 아들은 자신의 약속에 따라 아버지에게서 하늘로부터 보혜사를 보내셔서 성부와 성자와 성령을 믿는 자들의 믿음을 거룩하게 하셨다. 이 신앙의 규칙은 복음이 시작될 때부터 우리에게 주어졌다."[88]

　　알렉산드리아의 클레멘스와 테르툴리아누스의 작품들을 검토하는 것으로 우리는 2세기 말에 도달했다. 이후로 최초의 "조직신학"이 오리게네스(Origen, 대략 1850-254)와 함께 등장한다. 2.3.에서 우리는 첫 세기 말과 2세기에 걸친 이 초기 시대로 돌아갈 것이다. 하지만 2장에서 특별히 믿음의 성향 이론에 비추어 사례들을 탐구할 것이다. 우리는 초기 교리 정식의 동일한 사례들은 반복하지 않고, 다만 2장의 주장에 도움이 되는 것만 인용해 다룰 것이다. 그러나 우리의 주장 전체의 출발점은 이미 충분히 제시했고, 이어서 믿음의 성향 이론으로 시선을 돌릴 것이다.

---

88) Tertullian, *Against Praxeas*, ch. 2.

# 2장
# 믿음의
# 성향 이론

## 2.1. 비트겐슈타인의 심적 상태와 성향적 믿음, 그리고 요한1서의 믿음

믿음의 성향 이론(dispositional account of belief)을 가장 명확하고 체계적으로 설명한 이는 철학자 H. H. 프라이스다.[1] 프라이스는 믿음에 대한 전통적 이론이 믿음을 하나의 "사건"(occurrence) 곧 거의 하나의 심적 사건으로 취급하는 경향이 있다고 지적한다. 한편 최근의 견해들은 믿음을 "성향"(disposition)으로 인식한다. 프라이스는 다음과 같이 말한다. "우리가 어떤 사람에 관해 '그는 그 진술을 믿는다'고 말할 때, 그것은 우리가 그에 관한 성향적 진술을 하고 있다는 것이고, 그것은 만일 이런저런 상황이 벌어지면 그가 거의 그렇게 말하거나 행하거나 느끼게 **될** 것을 묘사하는 일련의 조건적 진술과 동등하다. 예를 들면, **그는 어떤 다른 사람이 그 진술에 대해 의심을 표현하거나 그 진술을 부정하는 말을 들으면** (소리 내어 또는 속으로 은밀하게) **그 진술을 강하게 주장할 것이다.**…만일 $p$가 진실이냐 거짓이냐에 따라 **실제적 차이가 나타나는** 상황이 벌어진다면, 그는 $p$**가 참인 것처럼 행동할 것이다.** 만일 $p$가 거짓이라면 그는 깜짝 놀랄 것이고, 만일 진실이라면 놀라움을 느끼지 않을 것이다."[2]

　　프라이스의 주장을 상세히 다루기 전에, 두 가지 추론이 이 주장의 본질을 명확히 하는 데 도움을 줄 것이다. 첫 번째 추론은 긍정적인 요점인데, 이 요점은 비트겐슈타인이 더 포괄적인 맥락에서 제시했다. 이 추론

---

1) H. H. Price, *Belief*, Muirhead Library of Philosophy (London: Allen & Unwin, New York: Humanities, 1969).

2) Price, *Belief*, 20(티슬턴 강조).

은 믿음에 대한 **1인칭** 발화("나는 믿는다", "우리는 믿는다")와 **3인칭** 발화("그 또는 그녀는 믿는다")의 논리적 불균형과 관련되어 있다. 비트겐슈타인, 프라이스, 댈러스 하이(Dallas M. High)는 이 논리적 불균형 혹은 문법적 차이를 매우 중요하게 여긴다. 두 번째 추론은 부정적 요점이다. 믿음을 "심적 사건"으로 보는 전통적 접근법을 기초로 하면, 우리는 다음 사실을 어떻게 설명할 수 있을까? 예컨대 어찌하여 의식을 잃거나 잠에 빠진 사람들에 대해 "이제 그들은 믿기를 그쳤다"고 말하지 **않는가**? 믿음은 일정 시간 유지될 수 있는 행동이라는 의미에서 참되고 명시적인 지속성을 갖고 있지 않다고 비트겐슈타인은 말한다. 믿음의 기준으로 간주하는 것이 무엇인지 또는 "이 믿음의 결과는 무엇이고, 이 믿음이 우리를 어디로 끌고 가는지"를 묻는 것이 더 명확하다.[3]

"나는 믿는다"는 형식의 1인칭 발화는 단순히 혹은 보다 정확히 대부분의 경우에, 주로 내면의 심적 상태나 과정을 가리키는 것이 아니다. 비트겐슈타인은 장례식에서 "우리는…의 죽음을 애도합니다"라는 1인칭 발화의 논리 또는 "문법"에 대해 탐구한다. 비트겐슈타인은 이렇게 말한다. "그것은 분명 참석자들에게 무엇을 전달하려는 것이 아니라 애도의 뜻을 표현하는 것이다."[4] "나는 믿는다"라고 말하는 것도 마찬가지다. 비트겐슈타인은 계속해서 이렇게 말한다. "나는 나 자신의 말에 대해 다른 사람들과는 전혀 다른 관계를 가진다."[5] "믿는 것은…믿는 사람이 가진 일종의 성향이다."[6] 비트겐슈타인은 이렇게 지적한다. "만일 '거짓으로 믿는 것'을 의미하는 동사가 있다면, 믿는다는 발화의 1인칭 현재 직설법은 아무

---

3) Wittgenstein, *Investigations*, sect. 578; 또한 sects. 571-574도 보라. 『철학적 탐구』(책세상 역간).

4) Wittgenstein, *Investigations*, II:ix, 189e.

5) Wittgenstein, *Investigations*, II:x, 192e.

6) Wittgenstein, *Investigations*, II:x, 191e.

제1부 교리 해석학을 탐구하는 이유

의미가 없게 될 것이다."[7] 다시 말하면 발화는 불가피하게 그 발화의 보증, "배후" 또는 "주위 상황"을 구성하는 **습관, 참여 그리고 행동**의 양식으로 **체현된다**. 발화의 논리적 문법은 이론적일 **수 없다**(될 수 없다는 논리적 의미에서).

두 번째 추론은 비트겐슈타인이 자신의 저서 『쪽지』(*Zettel*)에서 관찰한 내용에서 나온다. 비트겐슈타인은 다음과 같이 말한다. "어느 누구도 우리는 어제 이후로 '중단 없이'…믿었다고 결코 말하지 않는다. 믿음이 중단되었다는 것은 예컨대 잠잘 때와 같이 자신이 믿는 것에 대한 관심이 잠시 사라지는 것을 가리키는 것이 아니라 완전히 믿지 않는 불신앙의 시기를 가리키는 것이다."[8]

프라이스는 이 두 가지 요점 사이의 관계를 다음과 같이 설명한다. "1인칭 믿음 문장과 3인칭 믿음 문장의 차이는 상당히 중요한 철학적 의미를 갖고 있다.…'나는 그것을 *p*로 믿는다'는 발화는('나는 X를 믿는다'는 발화는…훨씬 더)…일반적으로 우리에게 자서전적인 정보 조각을 제공하지 않는다.…[말하는 자]는 어떤 태도를 표현하고 있는 것이다.…때때로 말하는 자는 적대적이거나 회의적인 청중 앞에서 어떤 입장을 취하고 있다."[9] 프라이스는 계속해서 발화(utterance)가 오스틴이 "수행적"(performatory) 성격이라고 부르는 것을 갖고 있다고 지적한다.[10] 종종 "우리는 우리의 말을 듣는 자들에게 우리가 믿는 것을 받아들이라고 권유한다.…그때 우리는 그것을 받아들이면 **정당화**될 것이라고…그들에게 전달하고 있는 것이다"(프라이스

---

7) Wittgenstein, *Investigations*, II:x, 190e.

8) Ludwig Wittgenstein, *Zettel*, ed. and trans. G. E. M. Anscombe and G. H. von Wright (German and English, Oxford: Blackwell, 1967), sect. 85. 『쪽지』(책세상 역간).

9) Price, *Belief*, 29.

10) Price, *Belief*, 30.

강조).[11] 발화는 "보증을 제공하는 속성"을 갖고 있다.[12] 보증의 단계는 "나는 믿는다", "나는 생각한다", "나는 의심한다", "나는 더 생각하겠다…"와 같은 말의 등급이나 범주 속에 함축시킬 수 있다. 말하는 자는 내면의 심적 상태 **자체**를 설명하고자 하는 것이 아니므로, 잠을 잘 때 믿는 것을 멈추었다고 주장하는 것은 타당하지 않을 것이다.

분명 이상의 모든 설명은 쿨만, 베르논 노이펠트, 디트마르 노이펠트, 그리고 다른 학자들이 확인했던 삶의 배경(settings-in-life)이라는 실례들과 면밀하게 일치한다. 확실히 이러한 신약성경 연구는 다음 사실을 보여줄 것이다. 이 배경 속에서 우리는 **믿음에 도전하는 상황**이나 **믿음에 적합한 행동**을 요구하는 상황 속에서 믿음-발화를 표현하고 믿음-발화 "뒤에서 있는" 모든 상황에 **반응하는 성향**으로 **믿음**을 가장 잘 이해할 수도 있다. 만일 기독교 신자가 박해, 악의적인 비판, 세례 서약, 전례 송영과 선포, 복음 선포 또는 오류를 수정할 필요성 같은 상황 속에서 자신의 색깔을 분명히 드러낸다면, 그때야말로 엄밀히 말해 상황에 반응하는 성향이 **명시적이고 활력적이고 공개적으로** 드러나는 순간이다. 반면에 신자가 공적 영역에서 믿음을 명백히 드러낼 것을 요구하지 **않는** 상황 속에서 침묵을 지킨다고 해서 그것이 반드시 불신앙을 함축하는 것은 아니다.

따라서 믿음은 **행동 지향적이고 상황 관계적이며**, 일상생활의 **특수성과 우연성**으로 체현된다. 비트겐슈타인은 믿음, 생활, 행동의 이러한 관계를 "내적" 문법의 하나로 부를 것이다. **행동, 우연성, 특수성, 그리고 체현된 삶의 공적 세계는 믿는다는 것**이 무엇인지를 규정하는 참된 문법의 한 부분을 구성한다. 나는 이어지는 장들에서 이러한 특징들이 교리 **해석학**의 중심에 놓여 있다고 주장할 것이다. 왜냐하면 해석학은 특수성 및 체현된 삶과 관련되어 있을 뿐만 아니라 일관성의 특수한 차원 및 확대된 이

---

11) Price, *Belief*, 30.
12) Price, *Belief*, 31.

해의 지평과도 관련되기 때문이다.

이 출발점은 이제 두 방향에서 더 깊은 탐구를 우리에게 요구한다. 첫 번째 방향은 믿음의 성향 이론이 **"내면"** 및 "내적 상태"와 관련된 물음들에 대한 비트겐슈타인의 독특한 접근법과 밀접하게 연계되어 있다는 점이다. 비트겐슈타인은 자신이 행동주의자라는 비난을 명백히 거부했다. 우리 역시 이 접근법이 믿음을 거의 조건 반사와 같은 인과적 메커니즘 상태로 환원시키기 때문에 거부해야만 한다. 오히려 그 반대가 사실이다. **습관과 "훈련" 또는 전통**이 믿음에 미치는 역할을 인식하는 것은 그것이 **성품의 형성**(formation of character)과 연관되어 도덕적이고 의지적인 차원을 강화시키는 것이다. 우리는 4.2.와 4.3., 계속해서 5장에서 교리를 훈련 및 수행과 연결시켜 드라마로 보는 발타자르, 밴후저, 새뮤얼 웰스(Samuel Wells)의 주장을 긍정적으로 검토할 것이다.

두 번째 방향은 믿음의 성향 이론이 단지 **개인적** 믿음과의 관계보다 **공동체적** 교리와 더 깊이 연루되어 있다는 것이다. 리처드 하이두크는 개인 **중심적** 인식론을 타당하게 비판하는 가운데 현대 서양세계가 "교리를…'**믿음**'으로" 재정의하는 데 있어 개인주의로 나아가고 있는 현실을 깊이 자각했다.[13] 나는 "교리"가 반드시 사람을 믿음으로 초대하고, 확실히 믿을 가치가 있는 진리-주장을 체현하기 때문에 인식론적 지위를 보존해야 한다고 생각한다. 하지만 다른 한편으로 나는 교리 역시 부득불 **공동체적 참여**와 **공동체적 형성**을 수반한다는 하이두크의 주장에도 동조한다. 따라서 우리는 3장과 4장에서 믿음의 성향 이론이 어떻게 공동체적 현상으로서 기독교 교리에 적용되는지를 탐구할 것이다.

**믿음과 믿는 것**에 대한 비트겐슈타인의 설명은 "사적"(private) 언어에 대한 공격과 맞물려 있다.[14] 이 주장의 핵심은 고통과 감각에 관한 언어를

---

13) Heyduck, *Recovery*, 18.

14) 『철학적 탐구』(*Philosophical Investigations*)에서 이 주제에 대한 주된 설명은 비록

포함해서 "내면 상태"에 관한 언어가 단순히 "사적" 성찰이나 "사적" 기억으로부터 그 언어의 통용성을 이끌어낼 수 없다는 것이다. 이런 언어는 공적 영역에서 관찰 가능한 행동 방식에 그것들의 "배후"(backing)와 고향을 두고 있으며, 아울러 규칙화된 언어 용법의 상호주관적인 공통성 속에서만 효과적인 통용성을 확보한다. 이 점에서 방금 개괄한 두 가지 대표적인 문제(즉 믿음에 대한 "행동주의자"의 설명 곧 믿음에 대한 자극-반응 설명을 거부하는 것과, 믿음의 성향 이론을 공동체적 교리에 적용시키는 것)는 사적 언어에 대한 비트겐슈타인의 철학적 사고 속에 면밀하게 수렴된다.

직유, 비유 또는 유비는 적절하게 사용되고 과도하게 적용되지만 않으면 때때로 난해하고 복잡한 개념을 명확히 하는 데 도움을 준다. 따라서 여기서 먼저 비트겐슈타인이 말하는 "상자 속의 딱정벌레" 비유를 언급하며 "사적 언어 논증"(private language argument)을 소개하는 것이 유익할 것이다. 비트겐슈타인은 다음과 같이 말한다.

모든 사람이 자기 자신에 관해 나에게 말한다. 자기는 오직 자기 자신으로부터만 고통[또는 다른 감각, 어쩌면 믿음]이 무엇인가를 안다고!─모든 사람이 각

---

이 주제가 이 책 다른 곳과 비트겐슈타인의 다른 책들에서 다시 나타나기는 해도, 243번에서 시작되어 최소한 317번까지 계속된다. 이 주제에 대해서는 수많은 전문가들의 설명이 있다. 이 자료들을 다 열거할 수 없지만 특히 다음 자료들을 보라. Paul Johnston, *Wittgenstein: Rethinking the Inner* (London & New York: Routledge, 1993); Saul A. Kripke, *Wittgenstein on Rules and Private Language* (Oxford: Blackwell, 1982. 이 책은 Johnston의 책과 다른 견해를 취한다). 『비트겐슈타인 규칙과 사적 언어』(철학과현실사 역간); Fergus Kerr, *Theology after Wittgenstein* (Oxford: Blackwell, 1986), 77-100; O. R. Jones (ed.), *The Private Language Argument* (London: Macmillan, 1971); P. F. Strawson, 3-42, 127-153도 포함; Norman Malcolm, 45-81, 215-226, 다른 학자들의 논문; Rush Rhees, *Discussions of Wittgenstein* (London: Routledge and Kegan Paul, 1970), 55-70; Cyril Barrett, *Wittgenstein on Ethics and Religious Belief* (Oxford: Blackwell, 1991), 111-208; Oswald Hanfling, *Wittgenstein's Later Philosophy* (London: Macmillan, 1989), 88-151.

자 상자 하나씩을 가지고 있고, 그 속에는 우리가 "딱정벌레"라고 부르는 것이 들어 있다고 가정해보자. 아무도 다른 사람의 상자 속을 들여다볼 수 없다. 그리고 모든 사람이 자기는 오직 **자기의** 딱정벌레를 봄으로써만 딱정벌레가 무엇인지를 안다고 말한다—여기서 모든 사람은 자신의 상자 속에 다른 사물을 가지고 있을 수도 있다. 그뿐 아니라, 우리들은 그러한 사물이 계속해서 변한다고 상상할 수 있을 것이다.…그럼에도 만일 이 사람들의 "딱정벌레"라는 낱말이 어떤 사용을 가진다면? 그렇다면 그것은 어떤 한 사물의 명칭으로서의 사용은 아닐 것이다. 상자 속의 사물은 그 언어 놀이에 전혀 속하지 않는다. **어떤 무엇**으로서도 속하지 않는다. 왜냐하면 그 상자는 비어 있을 수도 있기 때문이다. 아니, 우리는 상자 속의 이 사물에 의하여 "약분할" 수 있다. 그것이 무엇이건 간에, 그것은 상쇄되어 없어져버린다. 말하자면 이렇다. 감각 표현[또는 믿음의 표현]의 문법이 "대상과 명칭"의 틀에 따라 구성된다면, 그 대상은 무관한 것으로서 우리의 고찰로부터 떨어져 나간다.[15]

"사적 언어"는 "가르칠 수 없는" 언어다. 왜냐하면 사적 언어는 상호주관적인 공적 세계에서 아직 "통용성"을 갖고 있지 못하기 때문이다. 사적 언어가 착각하고 있는 패러다임은 "나는 오직 나 **자신의** 경우로부터만…안다"는 것이다.[16] 비트겐슈타인은 이렇게 역설한다. "'나는 어쨌든 내 키가 얼마인지 안다'고 말하면서 그 표시로 자기의 정수리 위에 손을 올려놓는 사람을 생각해보라!"[17] 그것은 "마치 어떤 사람이 오늘 아침 신문이 진실을 쓰고 있는지를 확인하기 위해서 같은 신문 여러 부를 사는 것과 같다."[18] 그것은 마치 기계를 조절할 수 있을 것처럼 보이는 손잡이를 돌렸지만, 실제로 "그것은 기계 장치와 전혀 연결되지 않은 단순한 장식품일

15) Wittgenstein, *Investigations*, sect. 293(비트겐슈타인 강조).
16) Wittgenstein, *Investigations*, sect. 295(비트겐슈타인 강조).
17) Wittgenstein, *Investigations*, sect. 279.
18) Wittgenstein, *Investigations*, sect. 265.

뿐이었다."[19] 이 문제는 언어와 개념에 훨씬 더 잘 적용된다. 자신의 여러 후기 저서들에서 비트겐슈타인은 이렇게 선언한다. "만일 여러분이 자신의 심적 사건을 관찰하기 시작하면, 그 사건을 변경시켜 새로운 사건을 만들어낼 것이다. 여기서 전체적으로 주목할 점은 여러분은 그렇게 해서는 안 된다는 것이다."[20]

비트겐슈타인이 대상과 명칭의 틀 및 "공유불가능한" 언어 또는 "사적" 언어와 함께 내면의 상태에 대한 관찰을 부정적으로 보는 것은 공적이고 상호주관적인 행동 세계 속에 내재적으로 "체현된" 느낌, 태도 또는 성향의 언어에 대한 긍정적인 평가를 가져온다. 비트겐슈타인은 이렇게 묻는다. "왜 나의 오른손은 나의 왼손에게 돈을 증여할 수 없는가?"[21] 나의 오른손은 나의 왼손에 지폐나 동전을 쥐어줄 수는 있다. 또 나의 왼손은 영수증을 써서 그것을 나의 오른손에 쥐어줄 수 있다. 그러나 이것은 "증여"가 될 수 없다. 왜냐하면 **증여**는 **상호주관적** 세계 안에서 행위자들 사이에 일어나는 **행동**을 전제하기 때문이다. 어떤 "내면" 상태에 관한 언어는 사람의 행위에서 나온 어떤 기준에 따라 통용성이 좌우된다.[22] 비트겐슈타인은 자신이 단호하게 거부하는 반대 답변을 다음과 같이 예견한다. "당신은 변장한 행동주의자가 아닌가? 당신은 어쨌든 인간의 행동거지 이외의 모든 것이 허구라고 말하고 있지 않은가?"[23] 비트겐슈타인이 정신 과정이 없다고 주장하는 것은 **아니다**. "그것은 마치 우리가 정신 과정들을 부정한 것처럼 보인다. 그럼에도 우리는 그것들을 부정하려 하지 않는

19) Wittgenstein, *Investigations*, sect. 270.
20) Ludwig Wittgenstein, *Wittgenstein's Lectures on Philosophical Psychology, 1946-1947* (Hemel Hempstead, U.K.: Harvester Wheatsheaf, 1988). Ludwig Wittgenstein, *Remarks on the Philosophy of Psychology*, vol. 1 (Oxford: Blackwell, 1980), sect. 643도 참조하라.
21) Wittgenstein, *Investigations*, sect. 268.
22) Wittgenstein, *Investigations*, sect. 269.
23) Wittgenstein, *Investigations*, sect. 307.

다."[24] 비트겐슈타인의 관심사는 "사물을 파악하는 특별한 방법"을 찾는 것이다. 곧 "파리가 파리 병에서 빠져나오는 출구"를 보여줌으로써 개념적 혼동과 혼란을 둘러싸고 있는 잡음을 피하는 것이다.[25]

비록 비트겐슈타인의 사적 언어 논증이 일부 측면에서 종종 논란이 되고 있기는 해도, 또 비트겐슈타인의 다른 많은 철학 사상 역시 논란 속에 있기는 해도, 폴 존스턴(Paul Johnston)은 다음과 같이 올바르게 지적한다. "아직도 어느 정도 인정받고 있는 비트겐슈타인의 업적 한 가지가 있다면, 그것은 소위 사적 언어 논증이다."[26] "사적 언어의 경우 사적인 외관적 정의나 기능의 가능성에 의해 좌우된다."[27] 비트겐슈타인이 지적하는 것처럼, 여기에는 "언어의 매우 많은 무대 장치가 전제되어 있다."[28] 대다수 언어 철학자들이 동조하는 핵심 요점은 **공적 세계에서의 실천**이 중요하다는 것이다. 비트겐슈타인은 이것을 종종 "규칙 따르기"(following a rule)라고 불렀는데, 이는 개인 중심적인 주관적 정당화에 대한 반대 의미로 사용되었고, 이것과 독립적인 어떤 것에 의존하지 않는다.[29]

우리는 2.2.에서 비트겐슈타인의 성찰보다 더 체계적인 프라이스의 설명으로 이동할 것이다. 그러나 그사이에 우리는 고통이나 감각의 논리적 문법과 **믿는 것**의 논리적 문법, 그리고 동등하게 **사랑하는 것**의 논리적 문법에 대한 비트겐슈타인의 대조가 어떻게 이런 특성이나 태도의 성향성, 그리고 이들의 "내적" 관계를 보다 쉽게 이해할 수 있게 해주는지를 제시하려 한다. 특별히 요한1서에서 이런 것들이 어떻게 발생하는지 살펴보려

---

24) Wittgenstein, *Investigations*, sect. 308.

25) Wittgenstein, *Investigations*, sect. 308 and 309.

26) Johnston, *Wittgenstein*, ix.

27) Johnston, *Wittgenstein*, 19.

28) Wittgenstein, *Investigations*, sect. 257.

29) Johnston, *Wittgenstein*, 20-21 참조. 추가로 O. R. Jones (ed.), *Private Language*를 보라; Johnston과 다른 견해에 대해서는 Kripke, *Wittgenstein on Rules and Private Language*, 특히 55-113을 보라.

한다. 비트겐슈타인의 통찰은 요한1서가 집필된 시간과 동일한 담론의 범주 속으로 우리를 이끌어간다.

비트겐슈타인은 『쪽지』에서 이렇게 말한다. "사랑은 감정이 아니다. 사랑은 검증의 대상이 되지만 고통은 그럴 수 없다. 우리는 '그것은 참된 고통이 아니었다. 그렇지 않다면 그렇게 빨리 사라지지 않았을 것이다'라고 말하지 않는다."[30] 반면에 비트겐슈타인이 『철학적 탐구』(*Philosophical Investigations*)에서 지적하는 것처럼, "어떤 사람이 진심 어린 사랑이나 희망을 1초 동안―그 1초에 선행하거나 후행하는 것이 **무엇이건 간에**―느끼는 것이 가능할까?…(미소 짓는 입은 오직 인간의 얼굴 속에서만 미소 짓는다.)"[31] 비트겐슈타인은 이 언어에 중요성, 논리적 문법, 통용성을 제공하는 것은 "주변 상황"(surroundings)이라고 설명한다.

길버트 라일(Gilbert Ryle)이 비트겐슈타인보다 먼저 현대 철학에 "공언"(avowal)이라는 전문 용어를 도입하기는 했어도, 저술가들은 종종 비트겐슈타인이 사용한 독일어 Äusserung이나 Ausdruck(표현, 표출 또는 발화)을 1인칭 발화나 몸짓 문맥에서 **공언**으로 번역한다. 미소 짓는 것, 찌푸리는 것, 눈썹을 치켜드는 것, 찡그리는 것, 손을 흔드는 것, 손을 벌벌 떠는 것 또는 우는 것 등은 말로 표현하는 것 못지않게 또는 그것을 대신해서 정서, 태도, 믿음이나 불신앙, 고통이나 기쁨을 효과적으로 표현할 수 있다.[32] 그러나 몸짓이나 얼굴 표정을 통한 이 공언을 명시적인 전달 **행동**이 아니라 주로 정신 과정에 대한 **보고**라고 주장할 자는 거의 없을 것이다. 우리는 어린아이들을 가르침으로써 점차 눈물, 외침, 아우성 또는 음식을

---

30) Wittgenstein, *Zettel*, sect. 504.

31) Wittgenstein, *Investigations*, sect. 583; 참조. *Zettel*, sect. 53-68.

32) Wittgenstein, *Investigations*, II, 187-189; Ludwig Wittgenstein, *Remarks on the Philosophy of psychology*, ed. G. E. M. Anscombe, G. H. von Wright, and H. Nyman, trans. A. E. M. Anscombe, C. G. Luckhardt and M. A. E. Aue, 2 vols. (Oxford: Blackwell, 1980), vol. 1, sects. 633, 693.

바닥에 던지는 것과 같은 행동을 더 적절한 언어적 행동으로 바꾸어준다. 언어의 용도는 시각적이거나 청각적인 행동을 언어적 행동으로 대체시키는 데 있다. 그러나 초점은 어디까지나 **행동**에 있다.

요한1서의 많은 부분은 믿음에 대한 주장과 행동 또는 행동 방식들 의 관계를 제시한다. 그러나 이 부분은 단순히 위선이나 불성실에 대한 도덕적 경고를 제시하는 것이 아니라 더 큰 문제를 담고 있다. 요한은 독자가 참된 믿음으로 **간주하는 것** 또는 믿음-발화를 행할 때 **결정적으로 중요한 것**을 파악하는 데 도움을 주고 있다. 요한은 "만일 우리는 믿는다 또는 우리는 사랑한다라고 **말하면**, 우리의 행동은 반드시 우리의 말과 일치해야 한다"는 것보다 더 많은 것을 말한다. 우리가 언행일치에 대해서만 말하고 있다면, 요한1서는 단순히 빅토리아 시대의 도덕 문서로 바뀌고 말 것이다. 행동이 믿음-발화나 사랑-발화를 "둘러싸고" 있음을 증명하는 비트겐슈타인의 비유는 기독교 신앙이 무엇인지, 그리고 기독교 신앙은 요한이 전달하고자 하는 제자도와 어떻게 관련되어 있는지를 더 깊이 이해하게 해준다. 디트마르 노이펠트는 이렇게 설명한다. "대립을 융합시키는 집단은 대조되는 두 영역[또는 비트겐슈타인의 말에 따르면 두 가지 "주변 상황"]을 역동적으로 묘사한다.…자신의 고백, 부인, 믿음 안에서, [독자는] 그들이 어느 영역에 속해 있는지를 분명히 한다."[33] 따라서 요한은 이렇게 말한다. "누구든지 하나님을 사랑하노라 하고 그 형제를 미워하면 이는 거짓말하는 자니, 보는 바 그 형제 또는 자매[여기서는 **동료 그리스도인들**을 의미함]를 사랑하지 아니하는 자는 보지 못하는 바 하나님을 사랑할 수 없느니라"(요일 4:20). 여기서 "**할 수 없느니라**"는 말은 **경험적으로** 할 수 없다는 뜻이 아니라 **논리적으로** 할 수 없다는 뜻이다. 베르논 노이펠트는 "시인하다[고백하다]"(그리스어 ὁμολογεῖν)와 "부인하다"(그리스어 ἀρνεῖσθαι)라는 두 용어를 대조시킨다. 이 두 용어는 대조적으로 함께 사용되어 다음과

---

33) Neufeld, *Reconceiving Texts*, 132.

같은 "문법적" 공리를 형성한다. "아들을 부인하는 자에게는 또한 아버지가 없으되 아들을 시인하는 자에게는 아버지도 있느니라"(요일 2:23).[34]

하나님 아버지와의 관계는 아들을 **믿는다**는 주장에 통용성을 부여하는 "주변 상황"으로 작용한다. "만일 우리가 하나님과 사귐이 있다 하고 어둠에 행하면 **거짓말을 하고** 진리를 **행하지** 아니함이거니와"(요일 1:6). 그러면 이것이 왜 **믿음과 행동**에 관한 "문법적" 또는 논리적 발화로 이해되어야 할까? 그렇게 이해되어야 하는 것이 분명한 것은 하나님이 "빛 가운데" 계시고, "빛 가운데 행하는 것"은 하나님과 동행하는 것을 반사하고, 또한 거기서 연원하기 때문이다(요일 1:2).

그리고 이런 접근법은 매우 유명한 또 하나의 문제적인 선언 곧 "그 안에 거하는 자마다 범죄하지 아니하나니"(요일 3:6)와, 이와 평행을 이루는 "하나님께로부터 난 자는 다 범죄하지 아니하는 줄을 우리가 아노라"(요일 5:18)라는 선언의 논리에도 빛을 던져준다. 이 본문들은 "사실"에 관한 경험적 진술일 수 없다. 왜냐하면 저자는 "만일 우리가 죄가 없다고 말하면 스스로 속이고"(요일 1:8)라고 말했기 때문이다. 그리스도에 대한 고정적 믿음을 선언하거나 우리가 그리스도 안에 "거하는" 것을 선언하는 것은, 그렇게 말하는 자가 습관적으로 그리고 의도적으로 죄의 길과 하나님과의 단절을 선택한다면, 결코 통용될 수 없는 **문법적** 공리이다. 어떻게 둘이 동시에 이치에 맞을 수 있겠는가?[35] 그렇다면 저자가 "우리가 말과 혀로만 사랑하지 말고 행함과 진실함으로 하자"(요일 3:18)고 선언할 때 그것은 단순한 도덕적 진술 가운데 하나가 아니다. 여기서 **행동**은 "나는 당신을 사랑한다"는 발화의 의미, 신빙성, 효과적인 통용성의 기준을 제공한

---

34) Neufeld, *Confessions*, 70-71.
35) Stephen S. Smalley, *1, 2, 3 John*, WBC (Waco, TX: Word, 1984), 21을 보라. Smalley는 요한의 일련의 선언들에 대한 반발로 "죄는 내게 아무 효력이 없다"고 반응함으로써 믿음을 망상적이고 자기기만적인 주장으로 만드는 사람을 상상한다. 『요한 1, 2, 3서』(솔로몬 역간).

제1부 교리 해석학을 탐구하는 이유

다. 비트겐슈타인이 진술한 것처럼 우리도 다음과 같이 말할 수 있다. "어떤 사람이 진심 어린 사랑이나 희망을 1초 동안—그 1초에 선행하거나 후행하는 것이 **무엇이건 간에**—느끼는 것이 가능할까?"[36]

요한이 편지를 쓸 당시의 배경이나 "주변 상황"은 속임, 자기기만, 통용성 없는 발화의 사용과 같은 상황이다. "영을 다 믿지 말고 오직 영들이 하나님께 속하였나 분별하라"(요일 4:1). "예수 그리스도께서 육체로 오신 것"을 시인하는 것은 하나님의 임재와 행동, 하나님의 영으로부터 나오고 또 그것을 전제한다(4:2). 이런 의미에서 요한은 이렇게 말한다. "예수께서 그리스도이심을 믿는 자마다 하나님께로부터 난 자니 또한 낳으신 이를 사랑하는 자마다 그에게서 난 자를 사랑하느니라"(요일 5:1). 요한은 이 모든 것이 진리에 대한 "이해", 1인칭 증언, 통용성에 관한 물음을 일으킨다고 결론짓는다(5:20; 참조, 5:9). 따라서 비트겐슈타인의 관점은 다른 근거 위에서 찾아내야만 하는 것들과 결합하는 방식으로 드러난다. 나는 『두 지평』(오래 전인 1980년에 출판함)에서 **파루시아**(그리스도의 재림)를 "기대하는 것"은 어떤 심적 상태를 가지는 것이 아니라 삶 속에서 어떤 태도나 자세 그리고 공적 행위를 함께 취하는 것이라고 역설했는데, 바로 이것을 주장한 것이다.

또한 공적 영역에서 관찰할 수 있는 규칙적 패턴으로 하나님은 "아브라함과 이삭과 야곱의 아버지"로 간주되었고, 이 패턴의 언어적 통용성은 규격화된 또는 "규칙이 지배하는" 문법의 "지지를 받았다"고 주장했다.[37] 그러나 이것이 비트겐슈타인의 신학에 대한 견해를 전체적으로 채택하는 것은 **아니다**. 로버트 놀즈는 나의 접근법이 비트겐슈타인의 것이 아니라 나의 고유한 접근법이라는 것을 결정적으로 증명했다.[38] 내 접근법은

---

36) Wittgenstein, *Investigations*, sect. 583.

37) Anthony C. Thiselton, *The Two Horizons: New Testament Hermeneutics and Philosophical Description* (Grand Rapids: Eerdmans, Exeter: Paternoster, 1980), 379-385, 422-427. 『두 지평』(총신대학교출판부 역간).

38) Robert Knowles, *The Grammar of Hermeneutics: Anthony C. Thiselton and His*

단지 어떤 믿음-발화와 언어, 의미, 이해에 대한 해석학적 접근에 있어 비트겐슈타인의 관점을 명백히 의존하는 정도에서만 엄밀하게 "비트겐슈타인적" 접근법이다. 비트겐슈타인을 완전히 꿀꺽 삼키려고 시도할 정도로 "비트겐슈타인적"인 요소는 거의 없고, 그렇게 할 만큼 소화시킬 수 있는 것도 없을 것이다. 퍼거스 커(Fergus Kerr)는 이렇게 말한다. "남아 있는 큰 문제는 바로 이것이다. 왜 우리는 우리의 세계에서 물러나는가? 왜 우리는…육체에서 후퇴하는가? 이것이 비트겐슈타인의 후기 작품 속에 숨겨진 신학적 안건이다."[39]

## 2.2. 프라이스가 제시한 믿음의 성향 이론과 요나서의 "반쪽-믿음"

우리는 위에서 프라이스가 제시하는 믿음의 성향 이론에 대한 정의를 간결하게 제시했다. 이 이론의 정의는 다음과 같다. "그것은 만일 이런저런 상황이 벌어지면 [신자가] 말하거나 행하거나 느끼게 될 것을 묘사하는 일련의 조건적 진술과 동등하다. 예를 들면, 그는 어떤 다른 사람이 자신의 진술에 대해…그 진술을 부정하는 말을 들으면…자신의 진술을 강하게 주장할 것이다.…그는 그것[믿음]이 참인 것처럼 행동할 것이다.…믿음은 다양한 사건들에서 그 자체를 드러내고 보여준다."[40] 프라이스는 믿음과 믿음의 표현들의 "실천적 결과"를 강조한다. 비트겐슈타인과 마찬가지로 프라이스도 믿음-발화가 갖고 있는 자기 참여적이고 행동 관계적인 성격을 강조한다. 확실히 말하는 자가 믿음을 선언할 때(1인칭 단수형이나 복수형 동사를 사용하여) 이런 발화는 오스틴이 발화행위(speech-acts), 수행적

Search for a Unified Theory (Aldershot, U.K.: Ashgate, 2007).

39) Fergus Kerr, Theology after Wittgenstein (Oxford: Blackwell, 1986), 147.
40) Price, Belief, 20.

발화(performatives) 또는 발화수반행위(illocutionary acts)로 정의한 것에 속해 있다. 1인칭 믿음-발화의 본질은 다양하게 말하는 자의 "서 있는 위치"를 함축하고 전달하는 것이다. 말하는 자는 실제로 발화 안에서 그리고 발화를 통해서 자신이 어디에 "서 있는지"를 보여준다.[41]

오스틴은 "수행적" 발화를 당연하게 "행동의 수행"으로 정의한다.[42] 그러나 문제는 이보다 더 복잡하다. 오스틴은 "발화수반행위"란 "어떤 사실을 말한다는 행위를 **수행하는 것이 아니라 어떤 사실을 말할 때에** 수반되는 행위를 수행하는 것"을 가리킨다고 한다.[43] 오스틴은 여기서 전자 곧 어떤 사실을 말한다는 행위를 수행하는 것을 "발화효과행위"(perlocutions)라 지칭하고, 이것은 발화행위(locutions), 발화수반행위(illocutions)와 함께 의미가 아닌 힘을 가리키는 지시어라고 말한다.[44] 오스틴의 작품은 너무 유명하므로 여기서 굳이 상세히 다룰 필요는 없다. 지금은 오스틴의 접근법을 되풀이하고 언급하는 연구서들이 매우 많다. 이번 장에서 우리의 주된 관심사는 1인칭으로 믿음을 표현하는 발화의 행동 관계적인 성격을 강조하는 데 있다. 그렇다고 해도 우리는 오스틴이 주의 깊게 주장하지만 종종 등한시한 다음 조건들을 결코 무시해서는 안 된다. 그것은 바로 어떤 사태가 사례로 존재하고, 주어진 상황 속에서 그 발화의 통용성을 위해 어떤 구체적인 필수 조건들과 맺는 전제된 관계다.[45]

프라이스는 이 수행적 관점을 채택한다. 프라이스의 지적에 따르면, 1인칭 믿음-발화는 믿음이 머뭇거리고 주저하는 상태에 있거나(말하는 자가 "나는…을 더 믿는다"라고 말할 때와 같이) 또는 믿음이 확고한 자신감이나 신뢰하

---

41) Price, *Belief*, 33.
42) John L. Austin, *How to Do Things with Words*, ed. J. O. Urmson (Oxford: Clarendon, 1962), 6-7. 『말과 행위』(서광사 역간).
43) Austin, *Things with Words*, 99.
44) Austin, *Things with Words*, 100-119.
45) Austin, *Things with Words*, 14-66.

는 사람 혹은 대상을 향해 있거나(말하는 자가 "나는…을 믿는다"고 말할 때와 같이) 자기 참여적인 발화행동으로 존재한다. 프라이스는 믿음이 다양한 형태를 취할 수 있도록 만드는 다양한 상황들을 검토한다. 예를 들면, 어떤 사람은 몇 주나 몇 달이나 몇 년에 걸쳐 일정 기간 동안 "어떤 입장을 취하는" 상황 속에 있을 수 있다. 그런데 믿음의 근거 또는 반쪽-믿음의 근거를 다시 생각해본 후에, 심지어는 후회하며 "나는 더 이상 그것을 믿지 않는다"라고 선언할 수도 있다. 프라이스가 말하고자 하는 바는, 어떤 상황 속에서 "나는 믿는다"라고 말하는 것의 요점이 반드시 매우 높은 확신을 선언하는 것은 아니라는 것이다. 왜냐하면 "만일 어떤 사람이 $p$(프라이스가 우리에게 상기시키는)를 완전히 확신한다고 해도, 그는 단순히 그냥 '$p$'라고 말한 것일 수도 있기" 때문이다.[46] 어떤 문맥에서는 "하나님이 존재하신다"는 진술이 "나는 하나님이 존재하시는 것을 믿는다"라는 진술보다 더 강력한 진술로 보일 수 있다. 그러나 "나는 믿는다"라는 진술은 어떤 문맥에서는 어떤 주장("하나님은 존재하신다")에 대한 진리를 암시할 뿐만 아니라 **"입장을 취하는" 자로서, 말하는 자의 진술에 대한 개인적 확신을 가리키는 역할을 할** 수도 있다.

교리적 선언은 종종 이 방식을 따른다. "우리는…하나님을 믿는다"는 진술은 공동체에 속한 자의 개인적 서약이나 공동체 서약을 가리킨다. 이 진술은 연합적 증언의 발화수반행위로서 신자나 신앙 공동체가 참된 것으로 믿는 이야기로 낭송하기도 한다. 베르논 노이펠트가 주장하는 것처럼 그리고 우리가 앞장에서 지적한 것처럼, 초기 기독교의 신앙고백은 자기 생각을 끝까지 고수하겠다고 다짐하는 개인 서약의 수행적 차원과 인식론적 진리를 천명하는 주장을 함께 가리켰다.

프라이스는 놀라울 수도 있는 "성향적" 믿음의 한 가지 실례를 제시한다. **우리가 믿고 있는 바를 실행하지 않고 어떤 명제를 믿는 것이 가능한**

---

46) Price, *Belief*, 36.

가? 믿음은 우리에게 직면한 새로운 상황을 자각하고 그것을 밖으로 끄집
어낼 때까지 잠재의식 속에 잠복해 있거나 그대로 묻혀 있을 수 있다. 램
지(F. P. Ramsey)를 따라 프라이스는 어떤 명제를 믿는 것은 우리의 전제들
의 저장소에 그것을 추가하는 것이 될 수 있다고 주장한다. 그래서 우리
는 추론할 때 종종 다른 전제들과 함께 그것을 전제로 써먹을 수 있다. 비
트겐슈타인이 『확실성에 관하여』(On Certainty)에서 우리에게 상기시키는
것처럼, 이런 전제들이 존재한다는 것을 알아차리지 못할 수도 있다. 마
치 "철로에서 제거된 것처럼…말하자면 사용하지 않은 철로를 옆으로 돌
려놓은 것처럼 말이다.…그것은 사고의 발판에 속해 있었다. (모든 인간은 부
모가 있다.)"[47] 하지만 그것은 여전히 "우리의 나머지 사고 과정을 거치면서
의미를 얻는다."[48] 프라이스는 우리가 단순히 믿는다고 주장할 수 있는 것
과 달리, "실제" 믿음의 시금석은 이 믿음이 의식적으로 지성 속에 있느냐
에 달려 있지 않고, 믿음으로부터 도출되는 행동 과정 또는 습관적 행동
속에 달려 있다고 주장한다. 예를 들면, 어떤 사람이 말하길 "누구든지 밤
에 잠을 충분히 자지 못하면 낮에 일을 잘할 수 없다고 믿는다"고 해보자.
만일 사람들이 다음 날이 정말 중요한 날이라는 걸 알면서도 새벽 1시 반
까지 브리지 게임을 하면서 놀고, 그것도 주기적으로 그렇게 한다면, 이
믿음을 갖고 있다고 말하는 그들의 주장의 지위는 어떠한가? 여기에 대해
프라이스는 이렇게 말한다. "우리는 매우 자주 사람이 행동하는 방식을 관
찰함으로써 그의 믿음—그가 믿는다고 고백한 믿음과 반대되는 그의 **실
제**(real) 믿음—을 판단한다"(프라이스 강조).[49]

나는 기독교 교리의 발전 과정을 보면 성령의 신격에 대한 믿음과 삼
위일체 안에서 성령의 위치에 대한 표현들이 이와 같은 방식에 따라 전개

---

47) Wittgenstein, *On Certainty*, sect. 211, 212.
48) Wittgenstein, *On Certainty*, sect. 229.
49) Price, *Belief*, 256; 참조. 250-257.

되면서 등장했다고 생각한다. 이에 대한 더 충분한 설명은 2.3.과 제3부에서 다룰 것이다. 18.3.에서 우리는 오리게네스, 아타나시오스(Athanasius), 바실리오스(Basil)가 어떻게 이런 방식의 본보기가 되는지 알아볼 것이다. 오리게네스(대략 185-254)는 성령에 대한 자신의 "실제" 믿음을 정식화하기 위해, 이와 관련된 의식을 불러일으키는 표지들을 제공하는 다수의 공헌 요소들을 기초로 삼았다. 만일 성령이 하나님의 창조 질서의 한 부분인 단순한 피조물이었다면, **예배 행위**를 통해 성령께 찬송과 영광을 돌리는 것은 우상숭배가 될 것이다. 따라서 오리게네스는 이 상황으로부터 성령은 "태어나거나" "창조되신" 분이 아니라는 사실을 믿는 명시적인 믿음을 형성시킨다. 성령은 "태어나시지 않은"(그리스어 ἀγέννητον, 아겐네톤) 분이다.[50] 오리게네스는 성경을 읽을 때 성령의 인도와 지혜를 구한다. 그 이유는 그가 성령을 성경에 영감을 주고 기도를 자극하시는(롬 8:15) 분으로 믿기 때문이다.[51] 일관된 행동은 축적된 사유를 통해 명확해지는 믿음의 진정성을 증명하고, 이로써 바울 안에서 성령이 삼위일체 하나님의 협동적이고 연합적인 사역에서 동역자라는 암묵적 믿음은 명시적 믿음으로 바뀐다.[52]

믿음의 성향성은 아타나시오스와 바실리오스에게서 더 분명히 확인할 수 있다.[53] 「세라피온에게 보내는 편지」(Letters to Serapion, 358-359)에서

---

50) Origen, *De Principiis* IV:1:8. 『원리론』(아카넷 역간); Greek, J.-P. Migne (ed.), *Patrologia Graeca* (Paris, 1857-1866), vol. 11, 357C. Justin, *Dialogue* 5:4; Greek, Migne, *Patrologia Graeca* vol. 6, 488B; Irenaeus, *Against Heresies*, IV:28:1 (Migne, *Patrologia Graeca*, vol. 7, 1105A)도 참조하라.

51) Origen, *De Principiis* I:3:2-3, *Commentary on John*, 2:10 (Migne, *Patrologia Graeca*, vol. 14, 125D).

52) Origen, *De Principiis* I:5:3-5; 오리게네스는 특히 고전 12:3-7을 인용한다.

53) 이 주제에 대한 많은 유용한 자료들 가운데 특히 다음 자료를 보라. Michael A. G. Haykin, *The Spirit of God: The Exegesis of 1 and 2 Corinthians in the Pneumatomachian Controversy of the Fourth Century*, Supplement to *Vigiliae Christianae* 27 (Leiden and New York: Brill, 1994), 전체.

아타나시오스는 **성령은 피조물**(그리스어 κτίσμα, 크티스마)**에 불과하다는 명시적 주장에 대응하는 것이 반드시 필요하다고 생각했다.** 믿음이 부정될 때, 여기에 공개적으로 대응했던 고전적 실례 가운데 하나가 바로 성향에 대한 것이다. 아타나시오스는 성령의 신격과 인격을 믿는 믿음의 정식을 그때까지 공식적으로 나타난 어떤 것보다 더 명확하게 제시한다. 아타나시오스는 "만일 성령이 피조물이었다면" 삼위로 분류되지 않았을 것(οὐ συνετάσσετο τῇ Τριαδι, 우 쉬네탓세토 테 트리아디)이라고 답변한다. 삼위 전체가 한 하나님이시기(ὅλη γὰρ θεός ἐστι, 홀레 가르 테오스 에스티) 때문이다.[54]

바실리오스의 「성령론에 대하여」(On the Holy Spirit, 대략 373)도 똑같이 바실리오스 자신의 견해 및 기독교 교리와 양립하지 않는 믿음—즉 성령은 단순한 피조물로서 창조 질서의 한 부분이라는 명시적 믿음—에 대응해서 공개적인 **반응**으로 집필되었다. 바실리오스는 그때까지 형성되었던 것보다 더 명확하게 믿음의 정식을 제시한다. 이때 바실리오스는 삼중의 **"영광송"**이라는 송영을 사용해서 관례적인 **기독교의 행동**을 표현했다. 나아가 바실리오스는 성령의 발출에 대한 명시적인 개념을 고린도전서 2:12에 암시적으로 들어 있는 논증으로부터 호소하고, 성령의 "주되심"에 대한 명시적인 지위는 고린도후서 3:17에 암시되어 있는 것으로부터 확립한다.[55] **이처럼 도전적이고 부정적인 상황들이 잠재적이고 암묵적인 상태로 있던 믿음을 명시적인 정식과 신앙고백으로 이끌어내는 역할을 한다.**

프라이스는 신자가 적절한 믿음-발화나 행동을 수행하기 위해 끌어내는 지식과 이해 또는 확신의 저장소를 가리키는 의미로 "성향"이라는 말

---

54) Athanasius, *Letters* 1:7; Greek, Migne, *Patrologia Graeca*, vol. 26, 569C.

55) Basil, *On the Holy Spirit* 12; 28; 16:37; 24:56 (Greek, Migne, *Patrologia Graeca*, vol. 32, 117A-172C); 또한 *Against Eunomius* 1:14, 3:6 (Migne, *Patrologia Graeca*, vol. 32, 544B, 664C).

을 사용한다.[56] 이것은 사실에 대한 지식을 포함할 수도 있고, 사람이나 상황을 인식하고 이해하는 방법을 포함할 수도 있다. 나는 다음 장에서 이것이 해석학 전통 속에서 "설명"(Erklärung)과 "이해"(Verstehen)를 포괄한다고 주장할 것이다. 또한 이것은 증언에 의존할 수도 있다. 기독교 교리의 경우에는 사도적 증언과 사도전승의 전수에 의존한다. 이 성향 저장소는 신자가 공적 영역에서 적절한 태도를 표명하고 적절한 발화와 습관적 행동을 수행함으로써 과감하게 그 저장소에 자신을 맡길 때 효력을 발휘하고 중요하게 된다. 이 맥락에서 단순한 "심적 상태"는 단지 믿음에 대한 주장의 진정성에 견고한 통용성을 제공하기는커녕 오히려 (비트겐슈타인의 비유를 빌린다면) 그것과 아무 상관이 없는 장식품과 같다. 비트겐슈타인의 말에 따르면 단지 내면 상태만을 지시하는 것은 "그저 개인적으로" 표면적인 정의를 제공하려는 것과 같다.

프라이스는 때때로 "믿는 것"(believing in)은 "믿음"(belief that)에 사람의 개인적 서명과 시인 또는 평가를 덧붙이는 것과 같다고 말한다. 종종 "믿는 것"은 "믿음"에 따라 계산될 수 있지만, 그것은 문제의 믿음에 "중요성을 덧붙이는" 추가와 함께 이루어진다.[57] "단순한"(bare) 믿음을 합리적인 믿음보다 더 높이고 여기에 특전을 주려는 불트만의 시도에도 불구하고, 믿음은 지식이나 다른 믿음들의 지원을 받을 수 있다.[58] 판넨베르크는 불트만의 단순한 믿음을 "손쉽게 믿는" 믿음에 불과한 것으로 간주하고, 월터스토프(N. Wolterstorff)는 단순한 믿음을 "합리성"이 없고 도덕적 또는 지성적 "자격"을 결여할 수 있는 믿음으로 간주한다.[59] 믿음이 정당화될 수

---

56) Price, *Belief*, 42-91.

57) Price, *Belief*, 76.

58) Price, *Belief*, 92-129.

59) Wolfhart Pannenberg, *Basic Questions in Theology*, vol. 2, trans. G. H. Kehm (London: SCM, 1971), 1-64; Nicholas Wolterstorff, *John Locke and the Ethics of belief* (Cambridge: Cambridge University Press, 1996); 참조. Price, *Belief*, 112-129.

있는지에 대한 여부는(성향 접근법에 따라) 신자가 그 기초에 따라 말하고 행동할 수 있는 일련의 조건적 진술이 개연성이 있는지, 합리적인지 또는 증명되는지, 아니면 그 진술들이 성취되지 못하는 반사실적 조건문인지에 따라 좌우될 것이다.[60] 따라서 프라이스는 믿음의 성향 분석이 인식론의 이슈를 무시하거나 배제하지 않는다는 것을 분명히 한다(하이두크에게는 실례지만). 동시에 프라이스는 "믿음"을 이론적이고 추상적인 범주에서 제거하고, 상호주관적인 행위와 행동의 공적 영역 속에 둔다.

나아가 성향은 습관 및 성품과 밀접하게 관련된다. 비트겐슈타인에 따르면 성향은 "훈련"(training)과 관련되어 있다. 우리는 교리를 드라마로서 탐구할 때, 그리고 훈련에 대한 비트겐슈타인의 견해와 새뮤얼 웰스의 습관 및 즉흥적 행위에 대한 견해 사이의 관계를 탐구할 때 이 주제로 돌아갈 것이다. 때때로 정당화나 확증을 기다리고 있는 믿음은 인내와 결단의 덕을 요구할 수 있다. 개인이나 공동체는 자기들이 옳은 길에 서 있다고 믿을 수 있으나 상당히 오랫동안 과연 그 길이 옳은지에 대한 어떤 표지판도 나타나지 않을 수 있다. 그러나 그는 그 믿음이 반드시 확증되리라는 희망을 계속 품고 있다. 분명히 이것은 종말론적 확증이 임할 때까지 굳게 믿음 안에 거하라는 권면(특히 히브리서에서)과 병행한다.[61] 믿음은 순례와 양립할 수 없는 것이 아니다. 프라이스는 이렇게 말한다. "우리의 믿음은 우리가 의심과 무지로 요동하는 모래 속에 박아놓은 기둥과 같다."[62]

마지막으로 믿음은 "매우 다양한 방식으로 표출되거나 실현되는 다면적 성향이다. 믿음은 행동…속에서뿐만 아니라…희망과 두려움 같은 정서적 상태로 또는 의심, 놀람, 확신의 감정으로…그리고 추론으로…표출되거나 실현된다.…이처럼 다양하게 믿음은 명제에서 명제의 결과에 이르기

---

60) 이것은 프라이스의 "마치 …인 것처럼 행동하기"(acting as if; *Belief*, 267-289)와 어느 정도 병렬 관계에 있다.
61) Price, *Belief*, 293.
62) Price, *Belief*, 293.

까지 '널리 펼쳐진다.'"[63] 이런 의미에서 "이 '내면 생활'(inner life)은 중요하다.…결국 믿음-표현의 다면성은 믿음에 대한 가장 흥미롭고 중요한 사실 가운데 하나다." 프라이스는 계속해서 이렇게 말한다. "만일 'A'가 어떤 믿음을 고수한다면, A의 역사 속에서 일어나는 **별개의** 수많은 사건들은… 그가 그 믿음을 고수한다는 사실로 말미암아 결합되거나 설명할 수 있는 것이 된다"(프라이스 강조).[64]

요나서는 프라이스가 "반쪽 믿음"(half-belief)으로 부르는 것을 포함해서, 이처럼 다양한 성향적 믿음과 불신앙의 "표현"에 대한 두드러진 실례를 제공한다. 요나는 적극적으로 "여호와의 얼굴을 피하려고" 도망치고자 애쓴다(욘 1:3). 그러나 다신론을 따르는 선원들이 실제로 증언을 요구하자 요나는 정통적인 신앙 모드로 태도를 바꾼다. 요나는 이렇게 선언한다. "나는…바다와 육지를 지으신 하늘의 하나님 여호와를 경외하는 자로라"(1:9). 요나는 과연 무엇을 **믿는가**? 만일 하나님이 편재하고 주권적인 창조자라면, 요나가 배를 타고 먼 나라로 가는 것으로 어떻게 하나님 앞에서 도망칠 수 있겠는가? 그 다음 내러티브는 요나가 죽기를 바라는 것을 들려준다. "나를 들어 바다에 던지라"(1:12). 곧이어 요나가 바다 깊은 곳으로 던져지자, 그는 정교하고 율동적이고 시적이고 예전적인 히브리어로 이렇게 기도하기 시작한다. "내가 받는 고난으로 말미암아 여호와께 불러 아뢰었더니 주께서 내게 대답하셨고, 내가 스올의 뱃속에서 부르짖었더니 주께서 내 음성을 들으셨나이다.…내가 말하기를 내가 주의 목전에서 쫓겨났을지라도 다시 주의 성전을 바라보겠다 하였나이다"(2:2-4). 요나는 계속해서 이렇게 말한다. "내 영혼이 내 속에서 피곤할 때에 내가 여호와를 생각하였더니…구원은 여호와께 속하였나이다"(2:7-9). 적절한 시점에 화자는 풍자를 사용한다. "여호와께서 그 물고기에게 말씀하시매 요나를 육

---

63) Price, *Belief*, 294.
64) Price, *Belief*, 295-296.

제1부 교리 해석학을 탐구하는 이유

지에 토하니라"(2:10). 요나는 **다른 상황들이 아니라 어떤 상황들 속에서만 효력을 발휘하는 믿음**을 갖고 있다. 프라이스가 요나를 언급하지는 않는다. 그러나 그는 "반쪽 믿음"이 "어떤 경우에는" 진정한 신자의 믿음처럼 작용하지만 "다른 경우에는" 전혀 작용하지 않거나 비신자의 관점과 똑같이 작용하는 것처럼 설명한다.[65]

그러나 풍자 내러티브나 요나서는 아직 끝나지 않았다. 요나는 하나님이 주신 사명을 따라 니느웨 성읍에 예언을 선포한다. 하지만 니느웨 사람들과 왕이 티끌과 재 가운데에서 회개하자 "요나가 매우 싫어하고 성냈다"(4:1). 여기서 요나는 무심코 자신의 본심을 드러냈다. 요나는 이렇게 설명한다. "그러므로 내가 빨리 다시스로 도망하였사오니, 주께서는 은혜로우시며 자비로우시며 노하기를 더디하시며…뜻을 돌이켜 재앙을 내리지 아니하시는 하나님이신 줄을 내가 알았음이니이다"(4:2). 이어서 요나는 박 넝쿨 그늘 아래에서 실쭉거린다. 정말 아이러니하게도 화자는 이렇게 선언한다. "하나님 여호와께서 박 넝쿨을 예비하사"(4:6). 그러나 곧바로 "하나님이 벌레를 예비하사 이튿날 새벽에 그 박 넝쿨을 갉아먹게 하시매 시드니라"(7절). 해가 머리 위에서 내리쬘 때, 요나는 또다시 "사는 것보다 죽는 것이 내게 나으니이다"(4:8)라고 부르짖는다. 내러티브 전체에서 요나가 가장 큰 관심을 두고 있고 요나를 움직인 것은 자신의 개인적 존엄과 위로와 명예였다. 요나는 박 넝쿨이 시들자 극도의 분노를 표출한다. 그러나 요나는 히브리 신자, 아니 사실은 사명을 받은 예언자가 아닌가? 하나님은 이렇게 반응하신다. "하물며 이 큰 성읍 니느웨에는 좌우를 분변하지 못하는 자가 십이만여 명이요 가축도 많이 있나니 내가 어찌 아끼지 아니하겠느냐"(4:11).[66]

---

65) Price, *Belief*, 305. 참조. 302-314.

66) 요나서의 풍자 용법에 대해서는 J. C. Holbert, "Deliverance Belongs to Yahweh: Satire in the Book of Jonah," *JSOT* 21 (1981) 59-81을 보라.

요나는 "믿는" 자인가? 요나의 믿음에 대한 성향 분석은 요나가 "반쪽 믿음의 소유자"라는 결과를 보여준다. 어떤 상황에서 요나는 신자다. 하지만 단지 자기 마음에 들 때만 그렇다. 다른 상황에서는 불신앙을 암시하는 행동을 보여준다. 믿음의 성향 분석은 요나의 행동과 공적 행위를 제외시키고 요나의 내면 과정에만 초점을 맞춘 어떤 내러티브보다 진행 상황을 더 분명히 파악하는 데 도움을 준다. 만일 **다양한 상황에서 다양하게 반응하는 성향**에 의존하는 믿음이 공적 영역에서 공개적 행위로 표출되지 않았다면, 이 건방진 예언자의 반쪽 믿음에 대한 독보적인 풍자가 과연 그토록 통렬하게 작용할 수 있었겠는가?

우리는 이번 장의 후기로 프라이스가 믿음의 성향 접근법을 채택한 유일한 사람은 아니라는 점을 지적하려 한다. 물론 프라이스의 접근법이 충분하고 사려 깊은 견해인 것은 사실이지만 말이다. 댈러스 하이는 비트겐슈타인의 믿음-발화 접근법에 따라 "삶", 행위, 공적 영역에 관한 문제들을 다룬다.[67] 하이는 자신의 책 1부에서 의미와 용도, 언어 놀이, 삶의 양식에 대한 후기 비트겐슈타인의 성찰에 대해서 교과서적 접근법을 제공한다. 이어서 2부에서 하이는 믿음-발화에 대한 구체적인 설명을 제시한다.[68] 하이는 우리가 이미 지적한 주요 주장들을 그대로 반복한다. 이런 주장들에는 1인칭 믿음-발화("나는 또는 우리는 믿는다")와 3인칭 믿음-발화("그는 또는 그녀는 믿는다") 사이의 논리적 불균형, 믿음-발화를 공적 수행과 관찰 가능한 행위를 통해 "개인적 지지"를 제공하는 것으로 보는 관점, 믿음-발화를 단순한 심적 사건에 대한 보고로 보지 않는 것 등이 포함되어 있다. 여기서 결론은 하이가 비트겐슈타인이나 프라이스와 똑같이 믿음-발화는 **"신체적" 삶 속에서 언어 외적 요소들에 의존한다**는 점을 증명했다

---

67) Dallas M. High, *Language, Persons and Belief: Studies in Wittgenstein's Philosophical Investigations and Religious Use of Language* (New York: Oxford University Press, 1967).

68) High, *Language*, 133-212.

는 것이다.[69]

믿음을 상세히 설명하는 두 개의 장에서 하이는 "…을 믿는 것"(believing in)이라는 표현을 본래적인 "자기 참여 행위"로 설명한다. 반면에 "…인 것을 믿는 것"(believing that)은 여전히 자기 참여 영역을 수반하지만, 또한 "시험적인 주장 행위"(act of tentative assertion)이기도 하다.[70] 이어서 하이는 전통적인 신조(사도신경과 니케아 신조)의 언어를 기독교의 기본 교리를 경구로 표현한 것으로 설명하고, 이 신조들 역시 믿음-발화의 논리를 갖고 있다고 결론짓는다. 이 신조들은 "논리적으로 확대된" 용도로 기능한다.[71] 이것은 공동체적 믿음 역시 성향적 용어로 이해될 수 있다는 우리의 주장을 준비시켜준다. 하이는 이 신조들이 개인적 "지지" 또는 입장을 취하는 것으로 작용하고, **아울러 추가로 진리-주장을 제시하는 역할도 하지만, 지금까지 확인된 어떤 하나의 언어 기능의 범주나 관찰 가능한 공적 기준에 따라 철저히 규명되지는 않는다**고 사려 깊게 지적한다.

비록 이 신조들이 명백히 신학적으로 확립된 공동체적 교리로서의 지위를 갖고 있다고 명시적으로 언급하지 않아도, 하이는 이 신조들의 발화가 "자기 자신이나 자기 참여를 소멸시킬 수 없다"고 올바르게 주장한다.[72] 이 신조들은 자아를 넘어서, 심지어 공동체를 넘어서 "충분한 근거"를 갖고 있다. 다양한 작품 속에서 나는 불트만이 다음 사실을 제안한 것이 정당하다고 주장했다. 즉 불트만은 그리스도를 "주"라고 부르는 것의 **실천적 통용성**이 신자의 절대적 신뢰와 섬김 속에서 매우 명확하게 드러난다고 주장했다. 하지만 하이는 그리스도의 주되심의 **궁극적 근거**가 어떤 이의 주관적 또는 상호주관적 인정에 있지 않고, 부활하셨을 때 그리스도를 주라고 부르시는 하나님의 행위 속에 있다(롬 1:3-4)고 주장했

---

69) High, *Language*, 133-163.
70) High, *Language*, 165-172.
71) High, *Language*, 173.
72) High, *Language*, 170.

다.[73] 나아가 하이는 "인격" 개념도 마찬가지로 상호주관적 경험과 공적으로 관찰 가능한 현상 속에서 통용성이 발견되지만, 그렇다고 이것이 행동주의자가 설명하는 인격 개념으로 나아가는 것은 아니라고 지적한다.[74]

하이는 "나는…하나님을 믿는다"는 신조 형식이 "타자성(otherness)의 범주를 채택하도록" 우리를 이끈다고 주장한다. 타자성은 마르틴 부버(Martin Buber)가 말하는 것처럼 "'호격 범주'의 특별한 타자성"이라는 말로 가장 잘 표현된다.[75] 그러나 하이는 "나는 믿는다"의 1인칭 수행적 지위는 신앙주의적 믿음 개념을 함축하지 않는다고 올바르게 주장한다. 이것은 "통상적인 사고 규칙들에게는 불명예스러운" 것이다.[76] 판넨베르크의 말에 따르면 믿음-발화는 진리에 대한 주장으로서 "논쟁이 가능하고", 믿음의 성향 이론은 "믿음에 이유를 제시하는 것"과 전적으로 양립할 수 있다.[77] 우리는 특히 8장에서 이 주제로 되돌아갈 것이다. 그동안 프라이스가 지적한 것처럼 그리고 우리가 요나 내러티브의 실례로부터 확인한 것처럼, 어떤 사람이 "실제로" 믿음을 가지게 될 때, 믿음에 대한 성향적 접근은 우리가 그 믿음을 확인할 수 있게 도와준다. 기독교 교리는 삶, 예배, 행동 속에 표현된 이 믿음을 공동체적으로 시인하고 전달한다.


## 2.3. 신약성경에서 교부들의 교리까지: 성향적 반응의 연속성

적어도 바우어(F. C. Baur) 시대 이후로 학자들은 예수 및 바울의 선포 내용

---

73) Athony C. Thiselton, *Thiselton on Hermeneutics: Collected Writings with New Essays* (Grand Rapids: Eerdmans and Aldershot, U.K.: Ashgate, 2006), 51-150.

74) High, *Language*, 174.

75) High, *Language*, 183; 참조. Martin Buber, *I and Thou*, trans. Ronald Gregor Smith (Edinburgh: T&T Clark, 1984, 다양한 다른 판본들).

76) High, *Language*, 186. 187-201도 보라.

77) High, *Language*, 201-212.

과 후기 신약성경 문서들 가운데 소위 "초기 공교회" 작품들, 아니 더 나은 표현으로는 교회론 작품들과 속사도 교부 및 초기 교부들의 작품 사이를 분리시키는 데 심혈을 기울였다. 특히 아돌프 폰 하르낙은 2세기 당시에 전개된 기독교 교리를 "단순한" 예수의 가르침의 헬라화로 보았다.

하르낙에 따르면 예수는 하나님의 아버지 되심, 인간의 형제 관계, 그리고 인간의 무한한 가치 같은 단순한 가르침을 제공했다.[78] 하르낙은 "예수 그리스도의 설교는 대체로…단순하고 평이했다"고 말한다.[79] 하르낙은 바울도 충실하게 "그리스도 중심적"이었고, 예수의 가르침을 확대시켜 율법의 폐지, 일신론, 미래에 대한 소망, 남을 사랑하고 사회적 행복을 촉진시키라는 권면을 더 세밀하게 포함시켰다고 주장한다. 그러나 기독교는 금방 "변질되었다." 하르낙은 이렇게 말한다. "결정적인 것은 복음을 교리로, 그리고 추상적인 종교철학으로 바꾼 것에 있었다."[80] 하르낙은 영지주의의 위협이 영지주의 체계 자체가 아니라 영지주의가 일으킨 반응에 있었다고 주장한다. 하르낙은 "영지주의 체계는 기독교의 심각한 세속화 또는 헬라화를 표상한다"고 선언했다.[81] 영지주의자는 "첫 세기의 신학자였다. 그들은 기독교를 교리(도그마) 체계로 바꾼 최초의 사람들이었다."[82] 하르낙은 이렇게 결론짓는다. "마음의 종교가 관습의 종교의 일부가 된다.… 헬레니즘의 유입으로…2세기의…가장 중대한 사건이 일어났다."[83]

하르낙은 교리에 반감을 갖고 있는 전형적인 자유주의 신학자로서, 예수에 대한 "생생한" 또는 "단순한" 본문과 첫 세기 말과 2세기 교회에서 일

---

78) Adolf von Harnack, *What Is Christianity?* trans. T. B. Saunders (London: Ernest Benn, 5th edn. 1958), 54-59.

79) Adolf von Harnack, *History of Dogma*, trans. from the 3d German edn. by Neil Buchanan, 7 vols. (London: Williams & Norgate, 1897), vol. 1, 61.

80) Harnack, *History of Dogma*, vol. 1, 252.

81) Harnack, *History of Dogma*, vol. 1, 226.

82) Harnack, *History of Dogma*, vol. 1, 227.

83) Harnack, *What Is Christianity?* 145.

어난 교리의 출범을 분리시키려고 애쓴다. 종교개혁 시기와는 다르게 하르낙은 기독교 교리의 역사를 주로(모든 면에서는 아니라고 해도) 비극적 발전으로 본다.[84] 소동이 진정된 후에 하르낙이 미친 지속적 영향으로 말미암아 초기의 신약성경 저자들(하르낙이 초기 연대 작품으로 규정하는 누가-행전의 저자를 포함하여)은 속사도 교부와 초기 교부 신학자들과 정신적 경향이 다르다는 인상이 남겨졌다.

1930년대와 1940년대에 알베르트 슈바이처(Albert Schweitzer)와 마르틴 베르너(Martin Werner)는 "탈종말화"의 과정을 요청함으로써 두 사고 방식 사이의 분리를 확대시켰다. 한편으로 예수와 4대 주요 서신의 저자인 바울은 종말론적 접근법을 주장했다. 다른 한편으로 후기의 바울 또는 "제2의 바울"과 요한은 "초기 공교회 교리"의 발흥을 촉진시켰다. 슈바이처는 예수와 바울이 유대교의 묵시 세계 속에 살았다고 주장했다. "바울은 기독교를 헬라화하지 않았다."[85] 그럼에도 불구하고 슈바이처는 바울이 이 헬라화의 **길을 예비했고**, 곧 "기독교의 헬라화가 보이지 않게 일어났다"고 계속 말한다.[86] 그리하여 종말론이 제거된 변형된 기독교가 나타났다. 이것은 성령과 성례를 통한 그리스도의 임재 교리로 대체되었다. 급기야 이런 교리가 이그나티우스(「에베소 사람들에게 보내는 편지」[Epistle to the Ephesians] 11:1), 폴리카르포스(「빌립보 사람들에게 보내는 편지」[Epistle to the Philippians] 5:2), 파피아스(「교회사」[Historia Ecclesiastica] 3:39), 그리고 유스티누스(「트리포와의 대화」[Dialogue with Trypho] 28:2)에게서 **나타난다**.[87] 성령과 성례에 대한 이중적 강조는 아마 요한의 작품들에서 그 표현이 발견될 것

---

84) Alister E. McGrath, *The Genesis of Doctrine: A Study in the Foundations of Doctrinal Criticism* (Oxfoed: Blackwell, 1990), 149, 맥그래스는 하르낙의 비교를 "고질적인 퇴행성 질환"으로 설명한다.

85) Schweitzer, *The Mysticism of Paul the Apostle*, trans. W. Montgomery (London: Black, 1931 [독일어판은 1930]), 334.

86) Schweitzer, *The Mysticism*, 336.

87) Schweitzer, *The Mysticism*, 336-337. 참조. 338-359.

제1부 교리 해석학을 탐구하는 이유

이다.[88]

1941년 독일에서 처음 출판된 마르틴 베르너의 『기독교 교리의 형성』(*The Formation of Christian Dogma*)은 이 주제에 대한 "일관된 종말론적" 접근법을 상세히 설명했다.[89] 베르너는 "파루시아의 지연으로 말미암아 종말론적 계획[즉 예수의 종말론적 계획]과 실제 역사 과정 사이에 모순이 나타나기 시작했다"는 슈바이처의 전제(불트만이 반복한)를 자신의 연구의 출발점으로 삼았다.[90] 파루시아의 지연으로 말미암아 기독교의 메시지에 "탈종말화"가 일어났다. 새 창조에 대한 종말론적 기대, 절박성, 소망 대신에 "기독교는 세상을 보존한다"는 새로운 교리가 등장했다.[91] 베르너는 보편적 교리가 너무 부정적이고 자의적이었다고 반발하면서 이단이 "여러 세기 동안 일반적 현상이 되었다"고 주장한다. 이때 교리는 이단들에 대한 일련의 반응 외에 다른 것이 아니었다.[92] 두 진영 모두 참된 바울을 제대로 알거나 파악하지 못했고, 다만 "문제가 된 바울에 대한 새로운 해석"만을 알고 이해했다.[93] 이 견해는 1934년에 처음 등장한 발터 바우어(Walter Bauer)의 『최초 기독교의 정통과 이단』(*Orthodoxy and Heresy in Earliest Christianity*)과 공명을 이룬다.[94] 바우어는 "이단"이 특히 소아시아, 에데사, 그리고 이집트에서 보통 인정되는 것보다 훨씬 더 심각하게 만연해 있었다고 주장한다. 반면에 "정통" 기독교는 로마와 더 긴밀하게 연계

---

88) Schweitzer, *The Mysticism*, 359-375. 슈바이처는 요 3:22-26; 4:1-2; 6:47-60; 13:7-8; 20:21-23을 인용하고, 후기 연대를 가정한다.

89) Martin Werner, *The Formation of Christian Dogma*, trans. S. G. Brandon (London: Black, 1945), 9ff.

90) Werner, *Formation*, 22.

91) Werner, *Formation*, 43.

92) Werner, *Formation*, 48-52.

93) Werner, *Formation*, 55.

94) Walter Bauer, *Orthodoxy and Heresy in Earliest Christianity*, ed. Robert A. Kraft & Gerhard Krodel, 부록 George Strecker (London: SCM, 1972, Philadelphia: Fortress, 1971).

되어 있었다.

어떤 면에서 하르낙, 슈바이처, 베르너의 주장은 증거 부족으로 거의 유지되기 어려웠다. 많은 학자들이 이 주장을 가차 없이 비판했다. 다른 누구보다 마르틴 헹엘(Martin Hengel)은 유대교와 헬레니즘이 독자적인 범주로 존재한 적이 없었다는 것을 증명했다.[95] 알리스터 맥그래스는 형이상학의 전제가 된 진리 이론들에 의존하면서도 형이상학을 거부하는 하르낙의 자기 모순적인 태도와 함께, "근대의 가치들"이 하르낙의 평가를 어떻게 통제하고 있는지 증명했다.[96] 터너(H. E. W. Turner)는 베르너의 전제가 "초기 교회와 신약성경 자체의 신학과 경험을 근본적으로 개조시킨다"는 사실을 상세히 제시한다.[97] 이에 대해서는 다른 비판들도 인용될 수 있으나 그 비판들을 다루는 것이 이 부분에서 우리의 주장의 주된 목적은 아니다.

여기서 제시하고자 하는 주된 요점은 **믿음의 성향 이론이 이 문제들에 대한 다른 빛을 던져준다**는 것이다. 하르낙과 베르너가 파급시킨 가설의 가장 치명적인 결과는, 심지어 그들의 이론이 의심에 부쳐졌을 때에도, 신약성경이 속사도 교부와 교부들의 교회에 대한 사상 세계와는 완전히 다른 세계에 속해 있다는 인상을 남겨놓았다는 것이다. 물론 신약성경은 **독창성**이 있고, 하나님이 본문을 통해 말씀하시는 것을 듣는 경험이 이후의 어떤 문헌과 비교해도 질적으로 차이가 있는 것은 사실이다. 이것은 정경의 형성을 회고해보면 알 수 있다. 그러나 이것은 하르낙이 제시한 것과는 다른 요소다. 이것은 예수 그리스도의 인격과 사역에 대한 "사도 집단"의

---

95) Martin Hengel, *Judaism and Hellenism: Studies in Their Encounter in Palestine during the Early Hellenistic Period*, trans. John Bowden (London: SCM, 1974). 『유대교와 헬레니즘』(나남 역간).

96) McGrath, *The Genesis of Doctrine*, 148; 참조. 146-151.

97) H. E. W. Turner, *The Pattern of Christian Truth: A Study of the Relations between Orthodoxy and Heresy in the Early Church* (London: Mowbray, 1954), 22.

유일한 증언과 관련되어 있다. 이것이 기독교 교회가 "**수용**"의 시대를 넘어 신약성경의 독특한 지위를 "정경"으로 (창조하지 않고) **인정하게 된** 이유다.

　신약성경이 교리를 포함하고 있지 않다는 것은 사실이 아니다. 또한 초기 교회 교부들의 신학적 정식들이 신약성경과는 거의 무관한 "헬라화된" 추상 개념 또는 형이상학적 사변이라는 것도 사실이 아니다. **믿음의 성향 이론을 이해하게 되면 신약성경 안의 신앙고백들과 영지주의자든 마르키온주의자든 또는 예수 그리스도에 대하여 가현설 견해를 취한 자들이든 간에, 이후 "이단들"의 주장에 대응하여 만든 믿음의 정식 사이에 명백한 연속성이 있다는 것이 드러난다. 믿음의 성향 이론은 어떤 사람이 기독교 신자들이 경청하는 믿음을 부인하거나 믿음을 왜곡시키거나 믿음을 공격할 때, 믿음을 엄밀하게 말로 표현하는 것이 가능하다고 주장한다.**

　기독교 교리가 "단순히" 이단들의 퇴치를 위한 목적으로 등장했다는 베르너의 개념은 현대의 철학적 담화에서 거론되었던 것처럼 그저 믿음의 본질에 대한 오해를 드러낼 뿐이다. 만일 믿음의 표현과 전달이 시간을 거치면서 좀 더 "헬레니즘적인" 방식으로 재개념화되었다면, 이는 그와 동일한 철학적 분석이 개연적인 방식으로 예견될 수 있을 것이다. 그것은 의심하는 자, 부인하는 자, 또는 탐구하는 자가 가장 쉽게 이해할 수 있는 말로 믿음을 **전달하는** 필수적인 해석학적 관심을 드러낸다.

　신약성경에서 초기 기독교 교리로 이동하는 "전환"에 문제점이 있다는 지적은 신학 분야에 (전부는 아니더라도) 크게 스며들어 있었기 때문에, 하르낙이나 더 급진적인 슈바이처 및 베르너와 같은 자유주의 학자들만이 이 "문제"에 목소리를 높인 것이 아니라, 중도적이거나 보수적인 학자들도 이 문제에 관심을 갖고 있었다. 최근에 세 명의 학자, 곧 하워드 마셜(I. Howard Marshall), 케빈 밴후저, 스탠리 포터(Stanley Porter)는 공동으로 "성경에서 신학으로의 이동"이라는 부제목이 붙은 작품을 썼다.[98] 이 책에

---

98) I. Howard Marshall, with Kevin J. Vanhoozer and Stanley E. Porter, *Beyond*

서 마셜은 비록 첫 장에서 "교리"보다 "적용"에 대해 더 많은 말을 하는 것처럼 보이기는 해도, 해석학의 중요성을 강조하는 것으로 설명을 시작한다.[99] 그리고 둘째 장에서는 "성경으로부터 교리를 전개하는 문제"에 대한 접근법을 제시한다.[100] 이에 대해 마셜은 긍정적으로 "성경 전체에 교리가 펼쳐져 있다"고 주장한다.[101] 그러나 마셜은 교리의 전개가 성경만으로는 "불완전하다"는 사실을 인정하면서도 속사도 교부의 작품이나 초기 교부 시대의 작품들을 전혀 다루지 않는다.[102]

마셜이 이 주제에 미친 더 큰 공헌은 『신약신학』(New Testament Theology)에서 나오는데, 특히 방법론에 대한 연구를 주목할 수 있다.[103] 마셜은 신약성경 안에 신학적 구성이 펼쳐져 있다고 지적한다. 그는 이것을 반대하는 레이제넨(H. Räisänen)의 주장에 대한 발라(P. Balla)의 비판을 지지한다. 마셜은 신약성경 연구와 조직신학 사이의 어떤 분리도 거부하고, 신약성경 안에는 "신조와 신앙고백 같은 것들이 들어 있다"고 지적한다.[104]

밴후저는 이 문제를 다룬 문헌이 비교적 적다고 주장한 마셜의 제안을 받아들여서 데이비드 켈시(David Kelsey), 조지 린드벡, 알리스터 맥그래스와 다른 학자들의 작품을 인용한다. 그리고 이들은 모두 본서에서 중요하게 다루어지는 학자들이다.[105] 그럼에도 밴후저는 이 분야가 전체적으로 "상상할 수 있는 것 가운데 가장 힘든 지성적 과제 중 하나"라는 포터의

---

the Bible: Moving from Scripture to Theology (Grand Rapids: Baker Academic, 2004).

99) Marshall, Beyond the Bible, 11-32.

100) Marshall, Beyond the Bible, 45. 참조. 33-54.

101) Marshall, Beyond the Bible, 44-54. 참조. 64.

102) Marshall, Beyond the Bible, 78. 참조. 55-79.

103) I. Howard Marshall, New Testament Theology: Many Witnesses, One Gospel (Downers Grove, IL: InterVarsity Press, 2004), 17-48. 『신약성서신학』(크리스챤다이제스트 역간).

104) Marshall, New Testament Theology, 43.

105) Kevin Vanhoozer, "Into the Great 'Beyond,'" in Marshall, Beyond the Bible, 87.

지적에 이의를 제기하려는 인상을 주지는 않는다.[106] 그 책의 설명이 가진 과제의 복합성, 어려움, 절박성은 찬성하지만, 신약성경과 2세기 후반 사이의 전환기와 관련하여 이 문제의 다양한 실제 기본 요점들을 탐구하는 데에는 다소 미온적이었다고 요약하는 것이 완전히 부당한 평가는 아닐 것이다. 이것은 비판이 아니다. 그러나 이것은 이 문제가 단순히 추상적으로 다루어질 수 있는 문제가 아님을 시사한다. 우리에게 요구되는 것은 다음과 같다. (1) 문제의 현상을 설명하는 데 좀 더 포괄적이고 훌륭한 가설(우리는 이어지는 장들을 통해 이 가설을 믿음의 성향 이론으로 본다), (2) 속사도 교부와 초기 교부 시대의 교리 정식과 신약성경의 신앙고백 간의 더 명확한 비교(우리는 이 비교를 이번 장 마지막 몇 쪽을 통해 매우 간략하게 본보기로 예시하고, 상세한 설명은 3부에서 제공할 것이다).

(1) **설명적 가설과 개념 형성**에 대해 말하자면, 만일 믿음이 부정되거나 왜곡되는 상황에 맞추어 공적으로 **반응하는 성향**이라면, 로마의 클레멘스(Clement of Rome)와 이그나티우스가 편지를 수단으로 믿음의 공식을 제시하고, 유스티누스가 「변증서」(*Apologia*)를 통해 믿음의 관념을 형성하며, 이레나이우스가 「이단 논박」이라는 제목 아래 다섯 편의 논문을 쓰거나 테르툴리아누스가 「마르키온 반박」(*Against Marcion*)을 통해 다섯 편의 논문을 쓰고, 또 「헤르모게네스 반박」(*Against Hermogenes*), 「발렌티누스주의 반박」(*Against Valentinians*), 「프락세아스 반박」(*Against Praxeas*)과 다른 작품들을 통해 다수의 논문을 쓰는 것에 대해 우리가 놀랄 이유는 없다. 권력의 역학 관계나 정적 현상에 관심을 두고 이 작품들을 단순히 부정적 반응의 일환으로 간주하는 것은 잘못이다.

속사도 교부들의 작품에서 이레나이우스와 테르툴리아누스의 작품에 이르는 기간 동안 교리는 새로운 상황에서 일련의 **성향적 반응**의 형태를

---

106) Stanley Porter, "Hermeneutics, Biblical Interpretation and Theology," in Marshall, *Beyond the Bible*, 121.

취했다. 그것은 특정 **내용**이 지배하는 불균형 없이, 이미 구약성경과 신약성경 전승에서 신앙고백의 주제들이 신학의 각 분야들과 엄밀하게 관련되어 있는 상황이다. 소수의 특징적인 또는 **이후의** 사례들 속에서만 신앙이 "발생하는 물음"이 아닌 "부유하는 문제들"에 호소하기 시작할 때, 교리는 그것의 우연성, 시간성, 서사성, 삶 연계성, 그리고 성향적 특징을 상실할 위험에 처한다. 그렇게 되면 어떤 면에서 교리는 추상적 체계를 향해 나아가기 시작한다. 이것은 **정합성**으로서의 체계를 비판하는 것이 아니다. 정합성으로서의 체계는 교리 형성에 필수적이다. 나는 8.3.에서 **체계**의 다양한 관념들을 설명하고, 확장이 불가능한 **폐쇄** 범주로서의 체계와 증명할 수 있는 믿음의 전달을 위한 메커니즘이나 장치로서의 체계를 구분할 것이다. 여기서 두 번째 체계는 3세기와 4세기 신학자들이 유사 플라톤주의나 헬레니즘적인 존재 개념을 사용할 때 일어나는 문제점과 밀접하게 관련되어 있다. 이러한 존재 개념은 존재론적 진리-주장을 촉진시키는 유일한 방법도 아닐뿐더러, 성경의 내용과도 일치하지 않는다.

(2) 1세기 말과 2세기에 등장한 작품들의 **특정 내용**에 대해 말한다면, 서로 다른 두 경향이 있다는 것을 확인할 수 있다. 확실히 오늘날과 같이 신약 시대 이후에도 종종 교회는 오류를 범할 수 있기 때문에, 특정 사실에 대한 일탈, 편향, 치우친 관심이 일어났다. 때때로 "특정 사실"에 대하여 독불장군과 같은 태도를 취하는 사례들, 수시로 망상적인 관심을 갖는 사례들이 쉽게 발견된다. 발터 바우어는 이에 대한 다양한 물음을 제기했다. 사실상 바우어는 "이단들"이 소아시아, 이집트, 에데사에서 번성하는 동안 "정통파"가 주로 사도전승이 아니라 클레멘스에서 노바티아누스(Novatian)에 이르는 로마 교회에 의해 규정되었다는 사실을 보지 못하는 것은 특정한 회고적 관점으로만 비추어보기 때문은 아닌지 묻는다.

만일 바우어의 가설이 타당하다면, 신약 시대와 속사도 교부 및 초기 교부 시대 사이에 견고하고 안정적인 연속성이 존재했다는 우리의 주장은 의심에 부쳐져야 할 것이다. 바우어는 이렇게 말한다. "로마에 있는 교회는…처음부터 기독교 안에서 '정통파' 운동의 힘의 중심이자 주된 원천이었다."[107] "마르키온주의자, 유대 그리스도인, 발렌티누스주의자, 몬타누스주의자가 연합 전선을 구축하는 것은 상상도 할 수 없었기" 때문에, 이단 기독교는 발을 붙일 수 없었다.[108] 바우어는 주장하길, 소아시아의 갈라디아 지역은 이단으로 유명했고, 소문에 의하면 빌립보와 데살로니가 지역은 영지주의가 발을 붙였다고 한다. 여기서 신학 발전의 본질은 권력과 권력 게임의 문제로 규정된다.

1930년대 그리고 최근까지 일부 학자들에게 직접적인 영향을 미쳤음에도 불구하고, 다수의 학자들은 바우어의 의심스러운 논증에 침묵했다. 터너는 베르너를 비판할 때와 마찬가지로 바우어도 날카롭고 설득력 있게 비판한다.[109] 예를 들어 터너는 에데사에 대하여 "우리는 아무것도 모르고 있고, 단지 추측할 수 있을 뿐이다"라고 말한다.[110] 「이집트인의 복음서」(*The Gospel of the Egyptians*)와 「히브리인의 복음서」(*The Gospel of the Hebrews*)는 "파편화된 운동들을…보여준다."[111] 터너는 바우어가 문제를 지나치게 단순화하고, 사전에 구축해놓은 자신의 이론에 맞게끔 추정 증거를 강조했다고 결론짓는다. 다양한 비평과 평가는 1971-1972년 영문판 부록 2에 포함되어 있다.

두 번째 경향이 더 중요하다. 특정 교리 주제들은 사도 진영의 신학에서 발견된 것, 곧 이레나이우스가 "신앙 규범"으로 부르는 것을 충실하게 반영한다. 확실히 정경은 일관된 복음을 다양한 목소리로 말한다. 7.3.에서 우리는 다양한 목소리로 말하는 이 중대한 현상을 미하일 바흐친(Mikhail Bakhtin), 한스 우르스 폰 발타자르(Hans Urs von Balthasar), 그리

---

107) Bauer, *Orthodoxy and Heresy*, 229.
108) Bauer, *Orthodoxy and Heresy*, 231.
109) Turner, *The Pattern of Christian Truth*, 39-80. 참조. 26-35.
110) Turner, *Pattern*, 41.
111) Turner, *Pattern*, 51.

고 보수주의 학자인 번 포이스레스(Vern Poythress)를 언급하며 다룰 것이다.[112] 또한 여기에 폴 리쾨르도 추가해야겠다. 그러나 이 전환기에 교리 **내용**에 관한 용어들은 "터널"을 지나가는 시기로서 종종 부당하게 과장되고 신화화되었다. 하지만 이 시기는 하르낙, 슈바이처, 베르너와 같은 학자들, 또 레이제넨(7.3.에서 다룸)이 우리에게 설명하는 것보다 더 폭넓고 안정적인 연속성을 보여준다.

만일 헬레니즘의 형이상학과 이후의 다른 정신구조에 관한 주장에 진실이 있다면, 이것은 주로 하나님의 불변성 및 절대성과 같은 교리에 적용되고, 아울러 이와 관련된 기독론적이고 삼위일체론적인 정식에도 어느 정도 적용될 것이다. 이런 주장들은 일반적으로 성경의 내용과 맞지 않는 사변적이고 정적인 "존재" 개념을 전개하기 위하여, 윙엘이 주장하는 "사건"(event)의 초월성 개념 또는 판넨베르크와 몰트만이 주목하는 역동적이고 시간적인 내러티브 지평을 희생시킨다. 우리는 이 문제를 19.1.에서 삼위일체 하나님을 다룰 때 설명할 것이다. 그러나 그리스도 사역의 핵심 교리, 곧 속죄와 부활 교리는 통상적으로 "먼저 받은 것"(고전 15:3)이라 불리는 바울 이전의 전통을 구성하고, 이는 2세기 말과 그 이후까지도 크게 변하지 않는다. 아울러 창조 교리, 하나님의 형상, 인간의 상태, 인간의 죄, 그리고 성령의 인격과 사역에 대한 개념들에 대해서도 일반적으로 똑같이 주장될 수 있다. 곧 이 교리들은 신약성경의 신앙고백과 직접적인 연속

---

112) 참조. Mikhail Bakhtin, *Problems of Dostoevsky's Poetics*, ed. and trans. Caryl Emersson (Minneapolis: University of Minnesota Press, 1984). 『도스또예프스끼 시학의 제(諸)문제』(중앙대학교출판부 역간); Hans Urs von Balthasar, *Truth Is Symphonic Aspect of Pluralism*, trans. Graham Harrson (San Francisco: Ignatius, 1987); Vern S. Poythress, *Symphonic Theology: The Validity of Multiple Perspectives in Theology* (Phillipsburg, NJ: Presbyterian and Reformed, 2001); Ricoeur, *The Conflict of Interpretations: Essays in Hermeneutics*, ed. Don Ihde (Evanston: Northwestern University Press, 1974)도 참조하라. 『해석의 갈등』(아카넷 역간).

성을 갖고 있다.

(i) **그리스도의 사역**에 대해 말하면 다음과 같다. 로마의 클레멘스(대략 96)는 그리스도의 죽음을 하나님의 뜻에 따라 우리를 위하여 자신의 피를 흘리신, 곧 "우리의 육체를 위하여 자신의 육체를 그리고 우리의 생명을 위하여 자신의 생명을"(τὴν σάρκα ὑπὲρ τῆς σαρκὸς ἡμῶν καὶ τὴν ψυχὴν ὑπὲρ τῶν ψυχῶν ἡμῶν, 텐 사르카 휘페르 테스 사르코스 헤몬 카이 텐 프쉬켄 휘페르 톤 프쉬콘 헤몬) 내놓으신 그리스도의 사랑의 열매로 간주한다.[113] 클레멘스는 이렇게 말한다. "그리스도의 피를 응시합시다. 그리고 그 피가 우리의 구원을 위해 쏟아졌으므로 그리스도의 아버지께서 보배롭다는 것을 깨달읍시다."[114] 「바나바 서신」(The Epistle of Barnabas)은 이사야 53:7을 그리스도의 대속적 죽음을 이해하는 배경으로 인용한다. "우리는 그리스도의 피가 뿌려짐으로 말미암아, 죄 사함을 통해 거룩하게 되었다"(ἐν τῷ αἵματι τοῦ ῥαντίσματο αὐτοῦ, 엔 토 하이마티 투 란티스마토스 아우투).[115] 그리스도는 "우리의 죄를 위한 제물"이시다.[116] 폴리카르포스(대략 69-155)는 베드로전서 2:22, 24을 인용하고 해설한다. "나무 위에서 우리의 죄를 자신의 몸에 짊어지신 그리스도는 죄가 없으셨고…우리가 살 수 있도록 우리를 위하여 모든 것을 감당하셨습니다."[117] 안디옥의 이그나티우스(35-107)는 고린도전서 1:18-25을 인용하고 해설한다. "십자가는 믿지 않는 자들에게는 수치스러운 것(σκάνδαλον, 스칸달론)이지만 우리에게는 구원과 영생입니다."[118]

유스티누스는 십자가를 우리의 구원을 위한 하나님의 뜻으로 본다.[119] 유스티누스는 갈라디아서 3:13에서 바울이 신명기 21:23과 27:26을 인용

---

113) *1 Clement* 49:6.
114) *1 Clement* 7:4.
115) *Epistle of Barnabas* 5:1; 참조. 5:2; 5:5.
116) *Epistle of Barnabas* 7:3.
117) Polycarp, *Epistle to the Philippians* 8:1; 참조. 1:20.
118) Ignatius, *Epistle to the Ephesians* 18:1.
119) Justin, *Dialogue* 95:2.

하는 것의 요점을 다음과 같이 해설한다. "비록 십자가에 못 박히는 자들에게는 율법 속에 저주가 놓여 있을지라도, 하나님의 그리스도로 말미암아 구원받는…모든 자에게는 어떤 저주도 놓여 있지 않다."[120] 16.1.에서 우리는 「디오그네투스에게 보내는 편지」(Epistle to Diognetus), 사르디스의 멜리토, 이레나이우스, 알렉산드리아의 클레멘스, 그리고 테르툴리아누스로부터 실례들을 추가로 인용할 것이다.[121]

(ii) **창조론**에 대해 말하면 다음과 같다. 「디다케」(Didache)는 성경의 전승을 따라 전능하신 하나님이 인간의 즐거움을 위하여 만물(그리스어 τὰ τάντα)을 창조하셨다는 사실을 강조한다.[122] 타티아노스(Tatian)는 하나님을 "창조자…지각하고 볼 수 있는 것들의 아버지"로 부른다.[123] 유스티누스는 창조자가 아버지와 주가 되신다는 것과 만물은 그리스도로 말미암아 창조되었다는 것을 확증한다.[124] 이레나이우스(대략 130-200), 알렉산드리아의 클레멘스(대략 150-215), 그리고 테르툴리아누스(대략 160-225)는 하나님이 **무로부터**(ex nihilo) 만물을 창조하셨다는 그들의 믿음을 표현했는데, 이는 창조자가 예수 그리스도의 아버지가 아니라 데미우르고스라고 주장하는 영지주의자에 맞서는 믿음의 성향적 반응을 보여준 것이다. 이레나이우스는 성경과 신조 사이에 다리를 놓는다. "하나님은 세상의 창조자…천지의 조물주이시다."[125] 테르툴리아누스는 창조의 함축적 의미를 상세히 설명한다. "하나님은 우주를…물질로부터…또는 하나님으로부터

---

120) Justin, *Dialogue* 95:1-2, 96:1; 참조. 91:4.
121) 특히 다음 자료들을 참조하라. Irenaeus, *Against Heresies* IV:6:2; V:1:1; V:2:1; V:17:2-3; Clement, *Paedagogus* 1:5; *Stromata* IV:7; Tertullian, *Against Marcion* III:8.
122) *Didache* 10:2-3.
123) Tatian, *Orations* 4.
124) Justin, *Apology* II:6:1.
125) Irenaeus, *Against Heresies* II:9:1.

제1부 교리 해석학을 탐구하는 이유

창조하시지 않았다."[126] 우리는 10장에서 추가로 증거를 인용할 것이다.

(iii) **하나님의 형상으로 지음 받은 인간**에 대해 말하면 다음과 같다. 로마의 클레멘스(대략 96)는 창세기 1:26-27을 충실하게 강해한다.[127] 이레나이우스는 신약성경을 따라 "그리스도 예수 안에서" 예정된 하나님의 형상의 "회복"을 고대한다.[128] 테르툴리아누스도 이레나이우스를 따라 하나님의 형상(히브리어 צֶלֶם, 첼렘)과 하나님의 모양(דְּמוּת, 데무트)과 같은 성경 용어를 명확히 설명한다.[129] 우리는 11장에서 이에 대해 더 상세히 설명할 것이다.

(iv) **죄와 타락 개념**에 대해 말하면 다음과 같다. 타티아노스는 인간이 죄로 말미암아 하나님의 형상을 상실했다고 주장한다.[130] 알렉산드리아의 클레멘스와 이레나이우스는 죄를, 하나님과 인간을 "불쾌하게 하는 것"(그리스어 προσκόπτω, 프로스콥토)으로 이해한다.[131] 이레나이우스는 죄를 하나님과의 관계를 깨뜨리고 고통(라틴어 dolor)과 죽음(mors)을 가져오는 것으로 이해한다.[132] 테르툴리아누스는 "영혼"(라틴어 anima)의 유사-물질적인 견해에 기초를 둔 죄의 전달에 대해 "영혼 유전" 견해를 주장함으로써 확실히 성경의 내용을 넘어간다. 그럼에도 죄는 죄를 저지른 한 개인의 차원을 넘어서는 것이라고 이해한다.[133] 우리는 12-13장에서 이 문제를 상세히 다룰 것이다.

여기서 다른 교리 주제들에 대해 각 장에서 다룰 실례들을 굳이 추가

---

126) Tertullian, *Against Hermogenes* 15:1, 17:1; 참조. *Against Marcion* II:2.

127) *1 Clement* 33:4 (그리스어 τῆς ἑαυτοῦ εἰκόνος).

128) Irenaeus, *Against Heresies* V:19:1; 참조. V:16:2; V:21:10; V:34:2.

129) Tertullian, *On Baptism* 5; 참조. Irenaeus, *Against Heresies* V:6:1.

130) Tatian, *Orations* 7.

131) Clement, *Stromata* 2:2; Irenaeus, *Against Heresies* V:16:3.

132) Irenaeus, *Against Heresies* V:34:2.

133) Tertullian, *On the Soul* 5-6.

로 예시할 필요는 없을 것이다. 이 부분은 특수한 목적을 수행한다. 곧 믿음의 성향 이론과 조명되고 촉진된 교리 해석학은 성경책에서 초기 기독교 교리로 넘어가는 전환에 빛을 던져준다는 사실을 제시하는 것이 목적이다. 신약 시대를 바로 뒤따르는 최초의 기독교 작품들은 최소한 위에서 언급한 주제들을 볼 때, 우리가 성경에서 발견하는 신앙고백과 근본적으로 다른 사고방식을 반영하고 있지 않다.

# 3장
## 삶의 양식, 체현, 장소

## 3.1. 이스라엘의 삶에 나타난 공동체적 신앙고백과 성경에 나타난 체현

우리는 이미 신약성경과 초기 교회의 신앙고백이 통상적으로 전달되고 수용된 사도적 증언이나 교리를 공유하는 **공동체적** 믿음-발화(communal belief-utterances)라는 사실을 지적했다. 우리는 다음 장에서 이 공동체적 국면을 더 깊이 고찰하고, 거기서 교리는 세상 속에서 그리고 이스라엘과 교회의 삶 속에서 행하신 하나님의 행동의 내러티브 및 드라마의 집단적 기억과 공동체적 기념으로 이해될 수 있다고 주장할 것이다.

이번 장에서 우리의 목표는 세 가지 관련 주장을 확립하는 것이다. 첫째, **공동체적** 믿음-발화는 앞장에서 언급된 개인적 믿음의 표현에 있는 것이 아니라 **삶의 상황과 행동 속에 깊이 스며들어** 있다. 이것은 이스라엘이 역사적 삶의 배경 속에서 자기들의 집단적 믿음의 낭송, 기념, 축하, 그리고 다른 다양한 표현들을 행하는 것에 적용된다. 둘째, 이스라엘과 사도 시대 교회 공동체에서 나온 많은 공동체적 신앙고백은 **사건의 내러티브**를 배경으로 등장한다. 이 점에서도 공동체적 신앙고백은 **역사적 삶과 행동** 속에 스며들어 있다. 셋째, 믿음의 성향 이론은 이 공동체적 실례들 속에 작용하여 당대의 신앙 공동체와 이후 세대의 신앙 공동체의 1인칭 **자기 관여, 적극적 참여, 찬성 또는 "입장을 취하는 것"**을 뒷받침한다. 이 공동체들은 비록 시공간적으로 서로 분리되어 있다고 해도 **동일한 내러티브를 공유함으로써** 그리고 동일한 기본 사건들을 반복해서 말해줌으로써, 이를 자기들의 입장을 드러내고 자기들의 정체성을 표시하는 존재로 인식한다.

유대교와 랍비 사상 속에서 아침과 저녁에 **쉐마**(*Shema*)를 암송하는 것은 신명기 6:4의 "이스라엘아, 들으라! 우리 하나님 여호와는 오직 유일한 여호와이시니"(히브리어 שמע ישראל יהוה אלהינו יהוה אחד, 쉐마 이스라엘 야웨 엘로헤이누 야웨 에하드)라는 말씀 "배후에 놓여 있는" 자기 정체성에 대한 참여적 행위와 실천적 자기 관여를 구성한다. 랍비들의 **쉐마** 권고는 신명기 6:7에서 연원한다. "네 자녀에게 부지런히 가르치며…누워 있을 때든지 일어날 때든지 이 말씀을 강론할 것이며." 성구함(phylacteries)을 매는 관습은 신명기 6:8의 명령을 그대로 반영한다. "너는 또 그것을 네 손목에 매어 기호를 삼으며 네 미간에 붙여 표로 삼고." 마빈 윌슨(Marvin Wilson)은 다음과 같이 올바르게 지적한다. "**쉐마**는 신학적 고백이다. 유대교의 **가장 독보적인 신조다**.…유대교 공동체는 이 암송을…유대교 신앙의 본질을 증언하는 특별한 수단으로 간주했다.…순교자와 순교자로서 임종의 자리에 있는 자들 역시 **쉐마** 선포를 실천했다."[1] 우리가 여기서 히브리어 본문을 인용한 것은 영어 번역에 논란이 있기 때문이다. 한 실례를 들면, 고든(C. H. Gordon)은 이 본문을 "여호와는 우리의 하나님이시고, 여호와는 '하나'이시다"라고 번역한다.[2]

따라서 신앙고백의 **공동체적** 국면은 특별히 구약성경에서 폰 라트(Gerhard von Rad)가 50년 전에 "다시 말하기"(retelling)로 간주한 것을 구성한다. 폰 라트는 구약성경에서 "다시 말하기는 가장 적합한 신학적 담화로 남아 있다"고 말한다. 폰 라트는 사도행전 7:2-53에 나오는 스데반의 설교를 신약성경에 나타난 다시 말하기의 한 실례로 인용한다.[3]

---

1) Marvin R. Wilson, "*Shema*," in *Dictionary of Old Testament Theology and Exegesis*, ed. W. A. VanGemeren, 5 vol. (Carlisle: Paternoster, 1997), vol. 4, 1217; 참조. 1217-1218.

2) C. H. Gordon, "His Name Is 'One,'" *Journal of New Eastern Studies* 29 (1970) 198-199; R. W. L. Moberly, "Yahweh Is One: The Translation of the *Shema*," *Supplements to Vetus Testamentum* 41 (1990) 209-215도 참조하라.

3) Gerhard von Rad, *Old Testament Theology*, trans. D. M. G. Stalker, 2 vol. (Edinburgh and London: Oliver & Boyd, 1962), vol. 1, 121.

비록 **쉐마**가 이스라엘의 삶 속에서 교리적 신앙고백의 전형적인 사례를 구성한다고 해도, 성경은 다른 많은 사례도 포함하고 있다. 일반적인 중요성과 학자들의 합의로 볼 때, "내 조상은 방랑하는 아람 사람으로서 애굽에 내려가 거기에서 소수로 거류하였더니"라는 말씀으로 시작되는 신명기 26:5-9은 신앙고백 형식으로 체현된 구원 이야기를 서술한다. 이 형식은 다음과 같이 계속된다. "여호와께서 강한 손으로 **우리**를 애굽에서 인도하여 내시고…**우리를 이곳으로** 인도하사 이 땅을 **우리에게** 주셨나이다"(티슬턴 강조). 여기서 "**우리**"는 분명히 이 고백을 하는 자들을 "**그 자리에" 있었던 적극적 참여자들처럼, 이 내러티브 자체 속으로** 끌어들이는 역할을 한다. 폰 라트와 라이트(G. E. Wright)는 신명기 6:20-24에 나오는 유월절 내러티브의 낭송에도 엄밀하게 동일한 논리가 적용된다고 지적한다. "후일에 네 아들이 네게 묻기를 우리 하나님 여호와께서 명령하신 증거가 무슨 뜻이냐 하거든, 너는 네 아들에게 이르기를 **우리가** 옛적에 애굽에서 바로의 종이 되었더니 여호와께서 권능의 손으로 **우리를** 애굽에서 인도하여 내셨나니…"[4] 폰 라트는 다음과 같이 말한다. "이 고백들은 철저히 신앙고백적이다. 이 고백들은 족장 시대에서 정복자들에게 이르기까지 구원 역사 속에서 일어나는 주요 사건들을 되풀이한다.…사도신경에서처럼,…가르침의 암시는 전혀 없고…[하지만] 하나님의 행위에 대해…하나님을 높이는…교육받은 송축에 대한 암시가 있다."[5]

이처럼 구약성경의 신앙고백이 자기 참여적인 기능을 갖고 있다고 강조한다고 해서, 전적으로 20세기 중반의 성경신학 운동과 연계된 "구원사"(salvation-history) 접근법의 특별한 방법과 관점으로 돌아가는 것은 아니다. 신약성경 저자들도 이와 동일한 공동체적·자기 참여적 관점을 증

---

4) 참조. G. Ernest Wright, *God Who Acts: Biblical Theology as Recital* (London: SCM, 1952), 71; Von Rad, *Theology*, vol. 1, 121.

5) Von Rad, *Theology*, vol. 1, 122.

언한다. 바울신학에 나타난 주의 만찬의 유월절 배경, 곧 "공동체적 구원 내러티브에 참여하는 것"은 엄밀히 말해 "주의 죽으심을 선포하는 것"(고전 11:26)이 바울 당시 교회의 예배에서 핵심적으로 행해지는 신앙고백 형식이었다는 것을 확증한다. 호피우스(O. Hofius)와 린하르트(F. J. Leenhardt)는 예수께서 "이것은 내 몸이니"라고 선언하신 말씀이 무엇을 의미하는지에 비추어 유월절의 언약적이고 참여적인 내러티브 배경을 핵심적인 의미 구조로 정확하게 이해했다. 또 기독교 신자들은 그 내러티브에 참여함으로써 그의 죽음을 집단적으로나 개인적으로 "선포"하고 성찬식에 참여하여 그 의미가 무엇인지 바르게 이해했다.[6] 한 흑인 영가가 이 주제를 표현한 것처럼, 이때 신자들은 십자가 죽음을 증언하는 데 참여하는 자로서 "거기에" 있었다. 나는 오래전에 이 접근법을 주장했고, 그것을 고린도전서 그리스어 본문 주석에서 더 깊이 전개했다.[7]

미쉬나(Mishnah)에 따르면, "모든 세대의 남자는 마치 애굽에서 **탈출한 사람처럼** 자기 자신을 간주해야 한다"(*m. Pesahim* 10:5. 티슬턴 강조).[8] 린하르트는 이렇게 설명한다. "모든 자가 그 큰 구속에 참여해야 했다.…과거가 현재를 만나 서로 결합한다." 예수께서 "이것은 너희 조상들이 광야에서 먹었던 연합의 떡이니"라고 말씀하지 않고, "이것은 내 몸이니"라고 말씀하신 것은 "획기적인 혁신"이다.[9] "기념하는 것"은 참여의 차원을 갖고 있다. 믿음의 성향 이론에 따라 신자들은 자기 자신을 그리스도의 십자가 죽

---

6) O. Hofius, "The Lord's Supper and the Lord's Supper Tradition: Reflections on 1 Cor, 11:23b-25,'" in B. Meyer (ed.), *One Loaf, One Cup: Ecumenical Studies of 1 Cor. 11 and Other Eucharistic Texts* (Macon, GA: Mercer University Press, 1993), 75-115; F. J. Leenhardt, "This Is My Body," in Oscar Cullmann and F. J. Leenhardt, *Essays on the Lord's Supper* (London: Lutterworth, 1958), 39-40.

7) Thiselton, *First Epistle*, 848-899, 특히 871-888.

8) 가장 쉽게 입수할 수 있는 본문은 Herbert Danby (ed.), *The Mishnah: Translated from the Hebrew with Notes* (Oxford: Clarendon, 1933), 151이다.

9) Leenhardt, "This Is My Boby," 39-40.

제1부 교리 해석학을 탐구하는 이유

음이라는 구원의 사건 "현장"에 있는 자로 간주하여 **적극적 참여자**의 태도를 **끝까지 고수하고** "주의 죽으심을 전한다." 확실히 베르논 노이펠트가 덧붙인 것처럼, 그들은 **또한** 그 사건의 **내용**도 증언한다. 신약성경에 나오는 주의 만찬 관련 본문들과 나란히 미쉬나 페사힘(*Mishnah Pesahim*) 10:1-7과 유대교의 유월절 「하가다」(*Haggadah*), 특히 「하가다」 8을 함께 읽는 것보다 이것을 더 명확히 깨닫게 해주는 것은 없다.[10]

앤더스 에릭손(Anders Eriksson)은 바울 당시 교회 공동체의 삶과 사상의 공통적 전제로 사도적 정식들을 공유하는 것이 중요함을 매우 유용하게 증명했다.[11] 사도적 정식들은 "바울의" 전통만은 아니고(한스 리츠만의 지나치게 사변적인 주장과는 반대로), 고린도전서 11:17-26에 의존하는 **공통적 사도전승**이다. 에릭손은 1903년에 나온 알프레트 제베르크의 작품으로부터 에두아르트 노르덴(Eduard Norden), 에른스트 로마이어(Ernst Lohmeyer)의 작품, 최근의 노이펠트, 한스 폰 캄펜하우젠(Hans von Campenhausen), 클라우스 벵스트의 작품, 그리고 우리가 1장에서 암시했던 페르디난트 한(Ferdinand Hahn)의 작품에 이르기까지 이 분야의 연구사를 추적한다.[12] 에릭손은 이렇게 말한다. "그 전통들은…바울과 고린도 교회 교인들 간의 공통 근거로 작용하고, 그러므로 '실제 사실'로 의존할 수 있다."[13] 우리는 이미 1장에서 신약성경의 공동체적 신앙고백들과 2세기의 일부 신앙고백들의 다양한 실례를 고찰했다.

이상의 설명은 **개인들**에 대한 "**믿음**"의 **성향 이론**이 **교리의 공동체적·집단적 표현들**과 어떻게 관련되어 있는지의 문제를 제시하는 데 주로 도

---

10) 간소한 판본은 Cecil Roth, *The Haggadah: New Edition with Notes, Hebrew and English* (in parallel, London: Soncino, 1934).

11) Anders Eriksson, *Traditions as Rhetorical Proof: Pauline Argumentation in 1 Corinthians*, Coniectanea Biblica, New Testament Series 29 (Stockholm: Almqvist & Wiksell, 1998).

12) Eriksson, *Proof*, 76-80.

13) Eriksson, *Proof*, 33.

움을 주었다. 비트겐슈타인과 프라이스가 쉽게 인정하는 것처럼 확실히 어떤 국면들은 기쁨, 경외, 상상 또는 기억의 감각들이나 경험들을 수반할 수 있는 효력을 갖고 있기는 해도, 교리의 공동체적·집단적 표현들 역시 일차적으로는 "내면 상태"나 "정신 과정"에 초점을 두고 있지 않다. 그러나 이 특성들이 믿음의 성향 이론에 관한 주요 주장들을 손상시키지는 않는다. **성향 접근법에 대한 이 철학적 분석의 목적은 기독교 교리 또는 공동체적 믿음을 공적 영역에서 상호 협력적인 방식으로 살고 행하는 성향적 반응 및 마음의 습관과 연계시키는 불가분의 내적인 논리적 문법을 증명하는 것에 있다.** 이제 신약성경에 나타난 이 "육체적 삶"의 차원으로 시선을 돌려보자.

신약성경을 연구할 때 다수의 학자들은 "몸"(그리스어 σῶμα) 안에 그리스도의 생명이 살고 있다는 바울의 개념이 **공적 영역**에서 하나님께 신뢰와 순종의 반응을 보여주기 위한 매개체 또는 무대로서 "**체현된 자아**"(embodied self) 개념에 대해 결정적인 중요성을 갖고 있다고 올바르게 지적했다. 에른스트 캐제만(Ernst Käsemann)은 이 원리를 매우 통찰력 있게 제시한다. 캐제만은 데카르트 철학에서 인간을 육과 영의 두 "요소"로 분리해서 보는 이원론 개념이 일반적으로 신약성경의 내용과는 맞지 않는다고 바르게 주장한다. 또한 캐제만은 루돌프 불트만이 바울의 **몸**에 대해서 설명할 때, 사람은 "자신을 행동의 객체로 만들거나 어떤 일을 일으키는 주체로 경험할 수 있다"고 설명하는 것에 문제가 있다고 보고 이런 견해를 거부한다.[14] 대신 캐제만은 이렇게 말한다. "바울에게 '몸'은…**우리 자신이 속해 있고**, 창조주께서 우리에게 주신 최초의 선물이라는 의미에서 우리가 책임을 지고 있는 **세상의 한 부분**을 의미한다. '몸'은 일차적으로 개인의 관점에 따라 생각되고 해석되는 것이 아니다. 바울에게 몸은 사

---

14) Rudolf Bultmann, *Theology of the New Testament*, trans. K. Grobel. 2 vols. (London: SCM, 1952-1955), vol. 1, 195.

람이 그의 세상됨 속에[즉 **세상의** 일부가 되는 것 속에] 있음을, 그러므로 **의사소통** 능력 속에 있음을 가리킨다."[15]

다시 말하면 사람들이 "육체적 존재"로 들어가 있는 "세상"의 공적 영역은 상호주관적 행위와 인격적 상호작용을 위한, 의미와 이해의 소통을 위한, 그리고 다른 사람들을 존재하는 그대로 판단하고 인정하는 능력을 위한 조건과 필수적 통용성을 제공한다. 따라서 "세상 속에 있는 우리 존재의 현실"은 공적인 상황 속에서 **표현할 수 있고 소통할 수 있는** 기독교적 신앙과 순종을 만든다. 캐제만은 계속해서 이렇게 말한다. "하나님을 섬기기 위해 수행된 **일상 세계 속에서, 그리고 그리스도인의 육체적 순종 속에서** 그리스도의 주되심은 **가시적으로 표현되고,** 오직 이 가시적 표현이 우리의 삶 속에서 인격적 형태를 취할 때만 전체 사실이 복음의 메시지로 **신뢰할 수 있는 것이 된다**"(티슬턴 강조).[16]

이것이 바로 바울이 "몸(σῶμα)은⋯오직 주를 위하여 있으며 주는 몸을 위하여 계시느니라"(고전 6:13)는 원리를 크게 중시하는 이유다. 바울이 고린도 교회에 "너희 몸으로 하나님께 영광을 돌리라"(고전 6:20)고 명령할 때, 그는 통전적인 인간을 가리키고, 특별히 이것이 그들의 행실과 삶의 양식에 관건임을 언급한다. 캐제만은 자아의 참된 "체화"(embodiment)야말로 창조자 하나님이 자기 백성들의 유익을 위하여 **선물로** 주신 실존 양식이라는 사실을 폭넓게 강조한다. 구원의 범주 안에서 믿음, 생각, 제자도를 **따라 사는 것은 가시적이고 유형적이고 실제적이고 육체적인 실존 양식을 취한다.** 곧 **성향과 습관과 행동으로** 나타난다. 이렇게 나타나지 않으면 삶은 아무것도 아니다. 따라서 고린도전서 6:12-20에서 전체적으로 제자도를 위한 체화의 의미가 발견된다. "너희 몸은 그리스도의 수족과 기관

---

15) Ernst Käsemann, "On the Subject of Primitive Christian Apocalyptic," in E. Käsemann, *New Testmant Questions of Today*, trans. W. J. Montague (London: SCM, 1969), 135; 참조. 108-137.

16) Käsemann, "Apocalyptic," 135.

이다(15절), 너희 몸은 성령의 전이다(19절), 그러므로 너희는 육체적 삶을 사는 방식을 따라 하나님께 영광을 돌려라."[17] 바울은 로마서에서 이 주제를 반복한다. "너희 몸을 하나님이 기뻐하시는 거룩한 산 제물로 드리라"(롬 12:1).

얼핏 보면 문제의 초점이 인간의 "물리적 특성"에 있는 것처럼 보일 수 있다. 건드리(Gundry)는 "소마(sōma)의 물리적 측면"의 중요성이 고린도전서 6:14-20의 "육체"(σάρξ)와 근접한 것으로 강조되었다고 주장한다.[18] 그러나 캐제만의 자아 개념은 "세상"에서 관찰할 수 있고 가시적이고 지성적이고 소통 가능하고 확실한 삶을 공유하는 것으로서, 이 논증과 바울의 평행 본문들에 대한 보다 충실하고 포괄적인 개념을 제공한다. 건드리의 주장이 "잘못된 것"은 아니지만 충분히 포괄적이지는 못했다. 예를 들어 번(B. Byrne)은 이 본문들에서 신체성의 중요한 특징으로 "인격적 의사소통"을 강조한다.[19] 고린도전서 6:18(불법적인 성관계를 통해 자신의 몸을 더럽히는 죄를 범하는 것)의 난해함은 성관계가 생물-물리학적 관계 이상일 뿐만 아니라 어떤 새로운 실재에 대해 의사소통적이고 공약적이라는 사실을 제시한다. 또한 로더에 따르면 이는 새로운 실재에 대한 창조라는 사실을 암시한다.[20] 어쨌든 고린도전서 6:1-20에서 "몸"과 관련된 바울의 관심사는 성행위 이상의 문제들을 함축한다. 바울의 관심사는 권력의 교활한 사용(고전 6:1-8)과 소유 또는 부에 대한 탐욕(고전 6:8)과 긴밀하게 관련되어

---

17) Thiselton, *First Epistle*, 458에 나오는 나의 번역. 이 구절들에 대한 주석은 458-482에서 다루어진다.
18) Robert H. Gundry, *Sōma in Biblical Theology with Emphasis on Pauline Anthropology*, SNTSMS 29 (Cambridge: Cambridge University Press, 1976), 68.
19) B. Byrne, "Sinning against One's Own Boby: Paul's Understanding of the Sexual Relationship in 1 Cor 6:18," *Catholic Biblical Quarterly* 45 (1983) 608-616.
20) William Loader, *The Septuagint, Sexuality, and the New Testament: Case Studies on the Impact of the LXX in Philo and the New Testament* (Grand Rapids: Eerdmans, 2004), 90-92.

있다.[21]

기고자로 참여한 영국 성공회 교리 위원회의 최근 보고서에서, 나는 권력, 돈, 성, 시간과 같은 것들이 그리스도인의 모든 영역과 모든 사람들이 "중대한 관심사"라고 여기는 일상생활을 정밀하게 구성한다고 지적했다.[22] 먼저 **권력**에 대하여 말해보자. 약자에게 권력이 있느냐 없느냐의 여부는 매우 중요하다. 또 영향력이 있는 자가 자신의 권력을 책임 있게 사용하는지 아니면 타자를 억압하고 조종하는 데 악용하는지도 큰 문제다. 권력은 예수께서 "권위와 능력으로" 가르치고 행하셨을 때와 같이(눅 4:36; 참조. 마 7:29; 막 1:22) 살려주는 역할을 할 수도 있다. 예수의 어머니 마리아는 하나님의 능력에 대해서 "권세 있는 자를 그 위에서 내리치셨으며 비천한 자를 높이셨고"(눅 1:52)라고 고백한다.

이어서 돈에 대하여 말해보자. 공관복음서를 비교해보면, 누가는 사람들이 돈을 사용하는 것에 대해 특별한 관심을 갖고 있는데, 특히 그것을 제자도에 대한 주장의 진정성을 판단하는 "공적" 척도로 본다. 이것은 구원의 공적·"육체적"·역사적 본질에 대한 누가의 특수한 이해의 한 단면이다. 이것은 너무나 분명하기 때문에 필하우어(P. Vielhauer)는 이 특징에 의존해 "누가와 바울의 간격"을 크게 과장하고, 누가는 상대적으로 현재의 실존적 권면에만 관심을 갖고 있는 것으로 보았다.[23] 누가는 로마 제국 치하의 유대 국가와 유대 종교 관리들의 공적 직분에 따라 삼중의 연대표기를 사용함으로써 그리스도께서 세상에 오신 사건을 부각시킨다(눅 3:1-2).

---

21) 바울이 그리스도인이 세상 법정에 소송을 제기하는 것을 금하는 것은 조작을 행하거나 재판관에게 뇌물을 줄 수 있는 상황 곧 가난하거나 힘이 없는 동료 신자들보다 더 쉽게 이득을 취할 수 있는 상황을 전제로 한다. Thiselton, *First Epistle*, 418-438을 보라.

22) Doctrine Commission of the Church of England, *Being Human: A Christian Understanding of Personhood with Reference to Power, Money, Sex, and Time* (London: Church House Publishing, 2003).

23) P. Vielhauer, "On the 'Paulinisms' of Acts," *Studies in Luke-Acts*, ed. L. E. Keck, J. L. Martyn (London: SPCK, 1968), 37. 참조. 33-50.

곧 누가는 예수의 사역과 관련된 지리적 특징을 추적하고(참조. 9-19장의 여행 이야기), 공적 사건들에 대한 증인의 역할을 강조한다(1:2-4). 누가는 부자에게는 화를 선포하고 가난한 자에게는 복을 선포하는데(6:20-26), 이런 맥락에서 두 빚진 자, 어리석은 부자, 망대를 세우는 자, 부자와 나사로, 므나 비유 등을 포함시킨다(눅 7:40; 12:20; 14:28; 16:20-25). 자선과 관련된 언급들도 많이 나온다(11:41; 12:33). 누가는 마가복음을 따라 헌금함에 두 렙돈을 넣은 가난한 과부의 이야기를 서술한다(21:1-4; 참조. 막 12:41-44).[24] 사람들은 돈지갑을 어떻게 처리하느냐에 따라 그들의 주장에 대한 진정성, 즉 신자됨의 진정성(두 가지 의미에서)을 판단한다. 사람들은 공적 영역에서 믿음의 성향을 표출한다.

영국 성공회 교리 위원회의 보고서로 돌아가 보자. 이 보고서에서 우리는 돈이 많으면 자기 자신의 가치를 과대평가하려는 유혹에 빠질 수 있고, 반면에 가난하면 우리와 다른 사람들 모두를 과소평가하는 착각에 빠질 수 있다고 지적했다.[25] 화폐 신용 제도는 가능한 선택과 인간의 번성을 현실화시킴으로 상상하지 못했던 또 다른 세계에 문을 열어놓았다. 그러나 신용의 확대는 또한 위험 없는 삶이라는 환상을 믿도록 우리를 속이고, 우리가 알지 못하는 미래를 기초로 현재를 너무 과신하도록 만들 수

---

24) 1950년대 이후로 누가 연구의 개요에 대해서는 Anthony C. Thiselton, "'Reading Luke' as Interpretation, Reflection and Formation," in Craig Bartholomew, Joel B. Green, Anthony C. Thiselton (ed.), *Reading Luke: Interpretation, Reflection, Formation*, Scripture and Hermeneutics Series 6 (Carlisle: Paternoster, Grand Rapids: Zondervan, 2005), 3-17을 보고, 3-52을 참조하라. 또 누가의 관심사에 대해서는 다음 자료들을 보라. Joel B. Green, *The Theology of the Gospel of Luke* (Cambridge: Cambridge University Press, 1995); R. Maddox, *The Purpose of Luke-Acts* (Edinburgh: T&T Clark, 1982); Robert J. Karris, "Poor and Rich: The Lukan Sitz im Leben," in C. H. Talbert, *Perspective on Luke-Acts* (Edinburgh: T&T Clark, 1978), 112-125; Luke T. Johnson, *The Literary Function of Possessions in Luke-Acts*, SBLDS 39 (Missoula: Scholars Press, 1977).
25) Doctrine Commission, *Being Human*, 62.

있다.[26] 현재 연금 제도의 위기는 작게나마 이것을 암시한다. 돈은 욕망의 충족을 가능하게 할 뿐만 아니라 종종 더 교묘하게 욕망의 범주를 지나치게 크게 조성하고 재조정하고 확대시킨다.[27] 20세기 후반과 우리가 살고 있는 지금 21세기에 화폐와 실제 부의 생산 간의 벌어진 간격은 부분지급준비금 보유 은행제도의 폭발적인 증가와 함께, 돈에 의해 형성된 시장뿐만 아니라 점차 돈 자체를 상품으로 하는 시장도 확대되도록 만들었다. 또한 이 모든 것은 세계 금융 시장에서 형성된 거대한 개인적·공동적 위기를 크게 고조시키고, 펜을 한 번 긋거나 컴퓨터를 한 번 클릭할 때 무수한 사람들에게 엄청난 부 아니면 끔찍한 가난을 가져오는 잠재력을 갖고 있다.

아가서는 **사랑**을 모든 인간적 특성 가운데 가장 강력한 특성으로 칭송한다. "사랑은 죽음같이 강하고…사람이 그의 온 가산을 다 주고 사랑과 바꾸려 할지라도 오히려 멸시를 받으리라"(아 8:6-7). 그러나 사랑은 단순히 말의 문제가 아니다. 우리는 영국 성공회 교리 위원회 보고서에서 다음과 같이 썼다. "성관계는 상호 참여적인 관계다. 주고받음, 욕구와 즐거움, 통제력 상실과 자기 복종, 서로에 대한 책임의 수락을 내포한다."[28] 그러나 다른 의미에서 볼 때 타락한 세상에서는 위험성이 매우 크다. "성적 결합은 기쁨과 성취일 수 있지만 고통과 실망일 수도 있다. 최악의 경우에는 잔혹함과 타락의 자리가 된다."[29]

사랑은 인간이 독존하지 않고 다른 존재들과 깊이 관계를 맺도록 선택하신 하나님에게서 나온 것이다. 따라서 성은 하나님의 선물이고, 성관계는 가장 넓은 의미의 사랑에서 보면 성례가 될 수 있다. "우리의 몸은 우리의 영성에 방해가 되는 것이 아니라 오히려 영성의 한 부분이 될 수 있

---

26) Doctrine Commission, *Being Human*, 72-75.

27) Doctrine Commission, *Being Human*, 67.

28) Doctrinc Commission, *Being Human*, 86.

29) Doctrine Commission, *Being Human*, 86.

다."[30] 그러나 다른 것에 개방되면 위험이 찾아온다. 또한 성은 우리 시대의 우상 가운데 하나가 되었다. 성적 매력은 종종 사랑의 관계의 범주에서 제외될 수 있다. 성관계는 교활한 힘의 대상과 깊은 실망의 원천, 심지어는 고통의 원인이 될 수 있다. 성적 행위와 행동의 상호주관적 세계는 힘이나 돈의 세계와 같이 모든 것이 커다란 위험을 수반하는 문제 영역이 된다. 그러나 즐거움을 일으키든 고통을 일으키든 이 모든 것은 우리의 믿음, 태도, 가치, 교리가 실제로 미치는 범주에 통용성을 제공하는(비트겐슈타인의 의미에서) "육체적" 영역의 한 부분을 구성한다(캐제만의 의미에서). 이 모든 것은 이런 식으로 유효한 통용성을 갖는다. 위르겐 몰트만은 하나님이 자신의 "사적인" 세계를 떠나 타자를 만나려고 자기 보호의 "내적" 세계를 떠나시는 개방성을 예리하게 지적한다. "고통을 겪으실 수 없는 하나님은 사랑도 할 수 없다."[31] 우리는 여기서 시간에 대한 설명은 다루지 않고, 다음 장에서 다룰 것이다.


## 3.2. 기독교 전통 속에 나타난 체현, 탈체현, 장소

우리는 해석학적 탐구에서 "삶"과 "삶의 양식"이 맡고 있는 역할로 곧 돌아갈 것이다. 그러나 먼저 지적할 점은, 신약성경에서 우리가 확인한 믿음과 교리의 "육체적" 또는 "공적" 이해가, 적어도 이것이 신약성경 자체의 지평 안에서 이해될 때에는 모든 종교적 믿음의 특징으로 당연하게 여겨져서는 안 된다는 사실이다. 신약성경 저자들은 자기들의 이해를 구약성경에서 이끌어내고, 그렇게 얻은 이해를 더 깊이 전개한다. 하지만 고대 세계

---

30) Doctrine Commission, *Being Human*, 90.
31) Jürgen Moltmann, *The Trinity and the Kingdom of God*, trans. Margaret Kohl (London: SCM, 1981), 38. 『삼위일체와 하나님의 나라』(대한기독교서회 역간).

에서 플라톤 이후로 많은 그리스 철학자들은 몸이나 육체성에 대해서 전혀 다른 평가를 제공하고, 또 2세기와 3세기 영지주의 작품들은 육체적인 것이나 현세적이고 물질적인 것에 강도 높은 적대감을 갖고 있었다. 마르키온주의자의 사상도 이런 부정적 평가를 갖고 있는데, 그것은 마르키온이 예수 그리스도의 아버지와 구약성경의 창조주를 분리시킴으로써, 캐제만이 올바르게 제시한 참된 전제 곧 몸은 하나님이 창조자로서 인간에게 주신 좋은 선물로 존중되고 소중히 여겨져야 한다는 사실을 손상시켰기 때문이다.

하르낙이 "헬라화"의 결과에 관해 포괄적인 견해를 제시했다고 해도 그리스 사상을 하나로 묶어 제시하는 것은 위험하다. 소크라테스 이전 철학자들은 플라톤이 받은 유혹, 곧 "단순한 이데아로서의 존재가…초감각적 영역으로 높아지고" 그로 말미암아 이원론적 "분리 곧 '코리스모스' (chōrismos)"가 일어난 것으로 보는 관점에 굴복하지 않았다고 하이데거는 강력히 주장한다.[32] 확실히 플라톤은 몸과 물질세계에 대하여 대체로 부정적인 태도를 갖고 있다. 하지만 이것도 과장되어서는 안 된다. 플라톤은 자신의 초기 작품 특히 「파이돈」(Phaedo)에서 영혼의 임무가 몸과 몸의 요구로부터 벗어나고 저항하는 것에 있다고 본다.[33] 그러나 스켐프(J. B. Skemp)는 이것을 너무 중시해서는 안 된다고 경고한다. 스켐프는 이렇게 설명한다. "심지어 플라톤의 철학 속에서 몸을 끌어내리는 것은 사실 영혼의 통제에 대한…자기주장을 즉각 만족시키려는 시도로 해석되어야 한다."[34] 플라톤은 후기 작품들에서 초기의 날카로운 이원론을 수정했다. 그러나 일반적으로 몸과 물질에 대한 부정적 관점을 여전히 견지하고 있었

---

32) Martin Heidegger, *An Introduction to Metaphysics*, trans. Ralph Manheim (New Haven and London: Yale University Press, 1959), 106. 『형이상학 입문』(문예출판사 역간).

33) Plato, *Phaedo* 66B 66C. 『파이돈』(이제이북스 역간).

34) J. B. Skemp, *The Greek and the Gospel* (London: Carey Kingsgate, 1964), 85.

다. 물질세계는 영과 이데아 세계에 대한 저급하고 불완전한 복사판 이상의 세계가 될 수 없었다. 아리스토텔레스와 많은 스토아 학자들은 자아에 대해 더 복잡하면서 보다 통일된 견해를 갖고 있었다. 그러나 스토아 학자들은 일반적으로 프뉴마(pneuma)에게만 "신적 불꽃"(divine spark)을 귀속시켰다. 어떤 이들은 몸(때로는 영혼과 함께하지만 정신이나 영과는 함께하지 않는)을 아파테이아(apatheia, 감정적 힘으로부터의 해방)의 계발을 저해하는 것으로 간주했다. 몸이 아니라 오직 πνεῦμα(프뉴마) 또는 νοῦς(누스, 정신)만이 죽을 때 전체와 다시 결합될 수 있었다.

영지주의 저술가들은 더 급진적이고 포괄적인 이원론을 견지했다. 영지주의자 가운데 신적 말씀이 **육신**이 되었다고 저술하거나(요 1:14) "너희 몸으로 하나님께 영광을 돌리라"(고전 6:20)고 주장한 자는 아무도 없었다. 2세기와 3세기 초반의 영지주의 작품들은 빛이나 영(πνεῦμα, 프뉴마)의 초월적 영역과 육체나 질료(ὕλη, 휠레)의 영역 사이의 근본적인 분리를 증언한다. 영지주의에 따르면 **육체**로 존재하는 인간의 자아는 구원받을 수 없다. 오직 영만이 **그노시스**(영지)로 말미암아 구원받을 수 있다. 계시된 진리는 오직 비밀 의식을 통해 입회한 자에게만 설명되는 밀의적인 비밀로 전수된다. 이 진리는 공적이고 공개적인 전통의 한 부분으로 접근할 수 있는 것이 아니다. 계시와 **그노시스**는 공적 영역에서 일어난 사건들에 대한 내러티브가 아니라 아포리즘, 추상적 체계 또는 신화의 형태를 취한다. 만일 그것들이 기독교 복음서의 내러티브에 담겨 있다면, 영지주의 저술가들은 그것을 완전히 "영적인" 용어로 해석한다.

일부 영지주의 작품들은 어느 정도 신약성경에 나오는 용어를 사용한다. 영지주의 지도자 발렌티누스의 명상록 「진리의 복음서」(The Gospel of Truth)는 신적 지혜, 신적 말씀, 신적 영광, 신적 사랑에 대해 말한다.[35] 발

---

35) *Evangelium Veritatis* 23:18-26, Kendrick Grobel, *The Gospel of Truth: A Valentinian Meditation on the Gospel, Translation from the Coptic and*

렌티누스는 이렇게 말한다. "이것은 아버지의 자비로 말미암아 전수자에게 계시된 복음으로, 은밀한 비밀 곧 예수 그리스도를 통해 그들에게 조명된 것이다. 그것이 그들에게 길을 주었고, 그 길이 진리다."[36] 「진리의 복음서」에는 "복음", "아버지", "비밀", "예수 그리스도", "조명하다", "길", 그리고 "진리"라는 말이 나온다. 그럼에도 새뮤얼 라우칠리(Samuel Laeuchli)가 주장하는 것처럼 이 말들의 의미는 신약성경과 완전히 다르다. 왜냐하면 의미를 결정하는 관점 또는 문맥이 근본적으로 다르기 때문이다.[37]

영지주의 저술가들은 특별히 요한복음에 의존한다. 그러나 동시에 "'지상의 예수'는 거부한다."[38] 영지주의 저술가들은 이때 복음의 "단순한" 의미를 배제하는 해석 과정을 거쳐 그렇게 한다. 일레인 페이절스(Elaine Pagels)는 이렇게 말한다. "복음서 본문을 비롯하여 **어떤** 본문의 문자적 표현은 단지 내적 의미의 외적 표상만을 제공한다. 그것은 말로 표현할 수 없는 진리를 은유적 형태로 담고 있다."[39] 이런 의미에서 의미는 "숨겨진" 상태로 존재하고, 입회자의 공동체 안에서 엄밀하게 "막연한" 통용성을 갖고 있는 경우를 제외하고는 **거의** "사적" 언어와 같다. "공적" 진리에 의존하는 것은 있을 수 없다. 이레나이우스는 영지주의 가르침을 논박하기 위해 자신이 요한복음에 대한 영지주의자의 거짓 주석을 폭로하지 않을 수 없었다고 말한다.[40] 라우칠리는 이렇게 지적한다. "익숙한 성경 개념들

---

*Commentary* (London: A. & C. Black and Nashville: Abingdon, 1960) 88의 본문과 주석.

36) *Evangeliem Veritatis* 18:12-20, Grobel, *Gospel*, 48-50.

37) Samuel Laeuchli, *The Language of Faith: An Introduction to the Semantic Dilemma of the Early Church* (London: Epworth, 1062), 15-93. Elaine H. Pagels, *The Gnostic Paul: Gnostic Exegesis of the Pauline Letters* (Philadelphia: Fortress, 1975)도 참조하라.

38) Elaine Pagels, *The Johannine Gospel in Gnostic Exegesis: Heracleon's Commentary on John* (Nashville and New York: Abingdon, 1973), 15.

39) Pagels, *Johannine Gospels*, 15-16.

40) Irenaeus, *Against Heresies* IV:11:7.

은…표면적인 성경 용어들의 의미를 반전시키는 열쇠를 쥐고 있다."[41] 정말 중요하게도, "성육신은 없다! 성육신이 있는 것처럼 보인다고 해도, 그것은 단지 '추락'에 불과하다."[42]

영지주의 본문들의 추가 사례를 폭로하고 싶은 유혹이 있지만 이것은 우리의 주된 주장에서 벗어나는 일이 될 것이다. 이 주제를 다루는 데에는 다수의 기준이 있다.[43] 우리의 목적은 성경, 특히 신약성경, 초기 교부 저술가들, 그리고 주된 기독교 교리가 행동과 삶 속에 새겨져 있는 신앙고백과 일치하고 개인적 믿음 및 공동적 교리의 성향 접근법과 양립한다는 것을 증명하는 데 있다. 그러나 이것이 유사-플라톤주의자, 영지주의자, 가현설주의자의 믿음-주장과 진리-주장의 이해 안에서는 당연한 것으로 여겨지지 않는다. 확실히 플라톤주의가 물려준 유산은 통속화된 기독교에 머물러 있다. 하이데거는 프리드리히 니체(Friedrich Nietzsche)의 저주와 같은 비판을 이렇게 반영한다. "[정신적인 것과 육체적인 것 사이의] 틈 속에 기독교는 고정되었다.…니체가 사람들에게 기독교는 플라톤주의라고 말한 것은 옳았다."[44]

그렇다고 해도 이것은 신약성경의 기독교도 아니고, 사도전승을 수호하고 전수한 초기 교부들의 기독교도 아니다. 우리는 이미 앞에서 요한1서에서 신앙고백이 "예수 그리스도께서 육체로 오신 것"(요일 4:2)이라는 말씀

---

41) Laeuchli, *Language*, 43.
42) Laeuchli, *Language*, 47.
43) Hans Jonas, *The Gnostic Religion* (Boston: Beacon, 2d rev. edn. 1963); R. McL. Wilson, *The Gnostic Problem* (London: Mowbray, 1958); Bertil Gärtner, *The Theology of the Gospel of Thomas* (London: Collins, 1961); 다른 많은 본문집 가운데 다음 작품들을 보라. Grobel, *The Gospel of Truth*, Werner Foerster, *Gnosis: A Selection of Gnostic Texts*, trans. R. McL. Wilson, 2 vols. (Oxford: Clarendon, 1972); Edgar Hennecke, *New Testament, Apocrypha*, ed. Wilhelm Schneemelcher, trans. R. McL. Wilson, 2 vols. (Philadelphia: Westminster, 1963).
44) Heidegger, *Metaphtsics*, 106.

의 진정성을 재는 기준을 포함한다고 이야기했다.[45] 불트만은 그것을 "부인하는 자"에 대해 이렇게 설명한다. "그들은 그리스도께서…역사적 예수로 나타나신 것을 부인한다.…그러므로 여기에 가현설 문제가 있는 것으로 보인다."[46] 안디옥의 이그나티우스는 예수의 공생애와 계보에 관한 사실을 신앙고백에 충분히 포함시킨다. "예수는 **하늘과 땅과 지옥이 다 보는 가운데**(βλεπόντων τῶν ἐπουρανίων καὶ ἐπιγείων καὶ ὑποχθονίων, 블레폰톤 톤 에 푸라니온 카이 에피게이온 카이 휘포크토니온) 진실로 태어나고, 먹고 마시고,… 진실로 십자가에 못 박히고 죽으셨으며, 또 진실로 죽은 자 가운데서 부활하셨다"(티슬턴 강조).[47] 이그나티우스는 이렇게 덧붙인다. "만일 어떤 사람이…자기는 단순히 겉모양만 고난을 받았다(τὸ δοκεῖν πεπονθέναι αὐτόν, 토 도케인 페폰테나이 아우톤)고 말한다면…왜 나는 사슬에 묶여 있을까?"[48]

이레나이우스는 세 가지 면에서 이 전통을 따른다. 곧 이레나이우스는 예수 그리스도의 육체적 인간성, 기독교 전통의 "공적" 성격, 성경에 대한 역사적-문법적 또는 "공적" 해석을 인정한다. 따라서 이레나이우스는 사투르니누스(Saturninus)가 예수 그리스도의 참된 탄생과 참된 육체를 부인하는 것을 반박한다.[49] 이레나이우스는 베드로의 첫 번째 설교 이후부터의 사도전승을 "은밀한" 또는 "사적" 전통이 아니라 공적이고 공개적인 보고의 문제로 보고 추적한다.[50] 또 발렌티누스주의자에 반대하면서, 성경이 사전에 형성된 어떤 교리를 옹호하기 위해 밀의적인 방식으로 처리되는 것이 아니라 사도전승에 따라 합리적인 정합성의 기준에 개방되어 있

---

45) 참조. Neufeld, *Reconceiving Texts*, 113-132.

46) Rudolf Bultmann, *The Johannine Epistles*, trans. R. P. O'Hara and others, Hermeneia (Philadelphia: Fortress, 1973), 62.

47) Ignatius, *Epistle to the Trallians* 9:1-2.

48) *Epistle to the Trallians* 10:1.

49) Irenaeus, *Against Heresies* I:24:2.

50) Irenaeus, *Against Heresies* III:12:1-15:3.

는 것으로 해석한다.[51] 테르툴리아누스도 사도전승을 받아들인다. 그는 무지하거나 혼란한 데미우르고스가 질료를 창조했다는 영지주의 신화에 조롱을 퍼붓는다.[52] 그는 성경을 왜곡하고 조작하며, 몸을 비합리적으로 멸시한다는 이유로 마르키온과 다른 사람들을 비난한다.[53] 단순히 심적 상태와 "내면"에만 관심을 두는 다른 접근법들과 달리, 성경과 초기 기독교의 주요 교리는 행동, 신체, 공적 세계에 중요한 지위를 부여한다.

지금까지 여기서 언급된 것과는 다른 신학적 배경이기는 해도, 데이비드 브라운(David Brown)은 부분적으로 교부 시대와 중세 시대가 체현과 장소에 강조점을 두고 있다는 사실을 추적한다.[54] 그의 책에 붙여진 "인간 경험을 교정함"(Reclaiming Human Experience)이라는 부제목은 다음과 같은 브라운의 관심사를 암시한다. 즉 교회는 우리가 신적 현존과 행동을 경험할 수 있는 예상 통로를 좁히는 경향을 갖고 있다. 브라운은 인간 생활의 모든 국면과 활동이 (가장 넓은 의미에서) 성례적으로 또는 상징적으로 신적 현존과 행동에 대한 경험 수단이 될 수 있다고 믿는다. 자신의 책 서론에서 브라운은 이렇게 말한다. "하나님은 어떤 식으로든 자연과 동산에서, 건물과 장소에서, 음악과 몸 속에서도 발견되는데…지금은 이것이 크게 상실되었다."[55] 브라운의 이 책은 『하나님과 몸의 은혜』(God and Grace of Body)로 불리게 될 다른 책으로 넘어가는 **도중에** 쓴 중간 보고서다.[56] 브라운은 이렇게 주장한다. "스포츠, 드라마, 유머, 춤, 건축, 장소, 집이…모두 하나님을 만날 수 있는…많은 활동 가운데 일부다."[57] 이 주장의 부분

---

51) Irenaeus, *Against Heresies* I:8:1-2.
52) Tertullian, *Against the Valentinians* 15-24; *Against Hermogenes* 22-37.
53) Tertullian, *Against Heretics* 40, *Against Marcion* I:24-25.
54) David Brown, *God and the Enchantment of Place: Reclaiming Human Experience* (Oxford: Oxford University Press, 2004).
55) Brown, *Place*, 2.
56) Brown, *Place*, 407.
57) Brown, *Place*, 9.

적인 신학적 기초는 정통 신학에서 "성례"의 변화된 용도나 이해를 설명
하고 성상들의 역할을 탐구하는 것에서 나온다. 브라운은 플라톤주의도
단순히 육체적인 것을 무시한 것은 아니라고 주장한다. 심지어 이 사실은
「파이돈」에도 나타나는 것으로 보인다. 플라톤은 「향연」(Symposium)에서
인간의 몸의 아름다움을 칭송한다.[58] 브라운이 중기 플라톤주의의 긍정적
영향을 강조하는 것이 신빙성이 있는지는 잘 모르겠지만, 다른 것들은 판
단할 수 있다. 그러나 요지는 공적 영역과 일상생활에 대한 물음들을 포괄
적인 신학 틀 속에 둔다는 것이다.

최근에 존 인지(John Inge)가 쓴 『기독교 장소 신학』(A Christian Theology
of Place) 역시 "장소"의 특수성과 연계되어 있는 특수한 관점에 따라 기독
교 제자도의 일상생활과 행동의 중요성을 역설한다.[59] (보다 일반적이고 추상
적인) "공간"(space)과 달리, "장소"(place)는 그리스도인에게 하나님에 대한
경험과 실제 삶의 특수성을 강조한다. 인지는 서양 사상이 특히 우리의 장
소 의식을 둔화시키는 "공간의 균일화"를 통해 장소의 특수성을 해체시키
는 경향이 있다고 주장하고, 하이데거와 푸코에서 시작해 데이비드 하비
(David Harvey)와 앤서니 기든스(Anthony Giddens) 같은 사상가들을 폭넓게
인용한다.[60] 인지는 월터 브루그만(Walter Brueggemann)의 저서 『성경이 말
하는 땅』(The Land)에 특별히 의존하여 오늘날 크게 만연되어 "우리의 공
통적 인간성을 망가뜨리는" 익명성, 무근성(rootlessness), 일반적 추상화를
반대하고, 땅과 장소가 구약성경의 중심 주제라고 주장한다.[61] 인지는 "여
호와, 백성, 장소는 불가분리적으로 얽혀 있다"고 설명한다.[62] 장소는 하나

---

58) Brown, Place, 62.

59) John Inge, A Christian Theology of Place (Aldershot, U.K.: Ashgate, 2003).

60) Inge, Place, 21. 참조. 5-32.

61) Inge, Place, 35. 참조. 33-58. Walter Brueggemann, The Land: Place as Gift, Promise and Challenge in Biblical Faith (London: S.P.C.K 1928)도 보라. 『성경이 말하는 땅』(기독교문서선교회 역간).

62) Inge, Place, 40.

님과 하나님의 백성 모두와 "관련되어" 있다.[63]

신약성경은 하나의 가능한 긴장을 반영한다. 한편으로 신약성경은 장소에 대해 날카로운 관심을 보여준다. 특히 누가-행전이 그렇다. 동시에 신약성경은 때때로 지상의 장소 자체보다 만남의 "장소"로서 그리스도에게 초점을 맞추기를 좋아한다. 그렇다고 해도 그리스도는 "**육화된**(enfleshed) **말씀**"(요 1:14)과 **체현된**(embodied) 그리스도로서 무대에 등장한다. 그분의 "육체"는 그분의 행위와 말씀을 삶 속에 완전히 체현시키는 매개체다(히 5:7). 인지는 "장소(place)와 장소 상실(placelessness, 보편성) 간의 지속적 긴장 관계"를 언급하는데, 여기서 그리스도의 성육신은 특수성을 강조한다.[64] 앞으로 살펴보겠지만, 이것은 특수성과 보편성 또는 정합성 사이에서 독특한 해석학의 변증법이 되도록 해준다. 장소에 대한 이런 성경적 관점은 "성례로서의 성육신" 개념을 위한 길을 준비한다고 인지는 주장한다.[65] 데이비드 브라운과 마찬가지로, 인지도 장소와 특수성이 갖고 있는 성례로서의 의미를 탐구한다. 그리스도의 육화된 인격은 **체현**(embodiment)에 대한 증언이다. 불가시적 은혜는 **가시적인 것과 유형적인 것 그리고 일상적인 것**을 통해 성례적으로 매개되고 유지된다.[66] 따라서 "장소"의 중요성은 은혜가 성례의 고전적 정의에 맞추어 가시적이고 체현된 형태로 나타난다는 원리를 확대시킨다. 인지는 윌리엄 템플(William Temple)도 "하나님의 계획 속에 있는 물질과 장소의 실재"에 비추어 이 점을 강조했다고 지적한다.[67]

---

63) Inge, *Place*, 47.

64) Inge, *Place*, 54.

65) Inge, *Place*, 59. 참조. 59-90.

66) 추가로 Karl Rahner, *The Church and the Sacraments* (New York: Herder & Herder, 1963)와 E. Schillebeeckx, *Christ: The Sacrament of Encounter with God* (London: Sheed & Ward, 1963)도 보라.

67) William Temple, *Nature, Man, and God* (London: Macmillan, 1935), 478; Inge, *Place*, 64에 인용.

우리는 다음 장에서 시간성(temporality)과 시간(time)을 탐구할 것이다. 그동안 살펴본 세 가지 사유의 노선은 기독교 교리가 삶, 행동, 체현과 관련되어 있음을 암시한다. 이 세 가지 사유의 노선은 이스라엘과 초기 교회의 신앙고백이 가진 삶의 배경, 내러티브 배경 속에 나타난 개인적 믿음과 공동체적 교리의 성향성, 그리고 성경과 기독교 신학에 나타난 체현과 장소의 중요성이다. 이 세 가지는 당연히 교리를 해석학 영역으로 더 가까이 이끌고, 무엇보다 먼저 특수성, 우연성, 삶, 상호주관성, 행동과 관련되어 있다.

## 3.3. 해석학에서 "삶"과 "삶의 양식": 딜타이, 아펠, 비트겐슈타인

우리는 체현 및 공적 세계에 대한 이레나이우스와 영지주의자 간의 논쟁 속에서도 **해석학**이 이미 전면에 부각되었음을 확인했지만, 이제는 철학적 해석학에서 "삶"과 "삶의 양식"이 맡고 있는 역할로 돌아가 고찰할 것이다. 이번 장에서 우리는 교리에 접근하는 독자들이 보다 적절한 해석학적 사고방식과 기대감을 갖도록 해석학 이론에서 다루는 자원들을 이끌어내는 데 주력할 것이다. 해석학 탐구의 역사적 전통을 보면, 딜타이는 슐라이어마허의 주요 계승자로서 슐라이어마허의 자리를 대신하지만, **"삶"**(Leben), **역사**와 역사적 이해, **사회 제도**, 개인적 또는 공동체적 **행동**을 더 크게 강조한다. 그렇다고 해도 많은 이들이 딜타이는 슐라이어마허가 초점을 맞춘 "내면" 과정에서 충분히 벗어나지 못했다고 주장한다(나는 다른 곳에서 슐라이어마허에 대한 이 비판은 너무 과장된 것이라고 주장했다).[68] 딜타이는 슐라이어마허보다 체현과 공적 영역을 훨씬 더 강조한다. 하지만 딜타이가 이 점을 충분히 강조하지 않았다는 칼-오토 아펠(Karl-Otto Apel)의 정교한 비판을

---

68) Thiselton, *New Horizons*, 204-228, 특히 558-563.

고찰할 것이다. 아펠은 "삶의 양식"에 대한 비트겐슈타인의 강조가 딜타이 해석학의 이러한 부족함을 보충하는 데 큰 도움이 된다고 주장한다.

빌헬름 딜타이(Wilhelm Dilthey, 1831-1911)는 "삶"(Leben)을 "이해" (Verstehen)의 지배적 범주로 간주한다. 딜타이는 합리론자인 데카르트와 라이프니츠, 경험론자인 로크와 버클리와 흄, 심지어는 칸트와 헤겔의 비판철학 등의 철학 전통을 지나치게 "정신 중심적인" 또는 사변적인 것으로 간주하고 그것을 인간생활 전체의 근거로 삼기에는 불충분하다고 주장한다. 딜타이는 이 철학 사상가들을 언급하며 "'인식 주체'(knowing subject)의 정맥 속에는…**참된 피가 흐르지 않는다**"고 말한다.[69] 심지어 헤겔이 역사와 "역사적 이성"의 중요성을 명민하게 인정한 것도 사실은 **정신 곧 영** (Geist)의 이해에 특권적인 역할을 부여한 것이라고 주장한다. 딜타이는 명백히 그리고 의식적으로 삶(Leben)을 헤겔이 정신(Geist)에게 부여했던 역할과 대응을 이루는 특징적 요소로 삼는다. 해석학적 반성은 **생생한 경험** (Erlebnis)과 함께 시작된다. 딜타이는 이 원리를 언어와 텍스트에 적용시켰을 뿐만 아니라 사회 제도와 공동 관습을 이해하는 데에도 적용시켰다.[70]

따라서 딜타이의 "이해"(Verstehen) 개념은 얼핏 보면 믿음을 내면적 정신 사건으로 보는 개념에 대해 철학적 경고를 하는 것처럼 보인다. 딜타이는 자기 지식과 이해는 내면 상태에 대한 내적 성찰(introspection)을 통해서가 아니라 **공적 영역에서 펼쳐지는 삶의 역사적 흐름**을 통해 온다고 주장한다.[71] 공적으로 확인되는 삶은 성격, 습관, 행위의 유사점과 차이점들

---

69) Wilhelm Dilthey, *Gesammelte Schriften*, Bd. 5: *Die Geistige Welt: Einleitung in die Philosophie des Lebens* (Leipzig and Berlin: Teubner, 1927), 4(티슬턴 강조).

70) 딜타이에 관해서는 Anthony C. Thiselton, *New Horizons in Hermaneutics: The Theory and Practice of Transforming Biblical Reading* (Grand Rapids: Zondervan and Carlisle: Paternoster, 1992), 247-253을 참조하라. 『해석의 새로운 지평』(SFC 역간).

71) Wilhelm Dilthey, *Gesammelte Schriften*, Bd. 7: *Die Aufbau der Geschichtlichen Welt in den Geisteswissenschaften* (Leipzig and Berlin: Teubner, 1927), 206;

을 드러내주는데, 이는 타자를 이해하기 위한 준거 틀을 제공한다. 딜타이는 한 실례로 우리는 루터의 사상과 믿음을 루터의 심리가 아니라 그의 편지, 논쟁, 논박, 행동에 대한 공적 기록을 통해 "이해하게" 된다고 주장한다. 여기서 우리는 루터의 권력과 에너지를 루터의 **행동 속에서** 포착한다.[72] 이것은 딜타이가 "역사적 이성"의 육체적인 성격을 삶의 정황 속에서 역사적으로 조건화된 것을 포괄하는 것으로 이해하는 인식의 한 부분이고, 이로써 딜타이는 헤겔을 넘어선다. 우리는 다른 사람들과 맺고 있는 "삶의 관계"를 통해서만 "타자"를 이해한다. 이것은 사회적·역사적 삶의 실제적 "상관성"(Zusammenhang)을 통해 나타난다. 딜타이의 사상은 1883년에 쓴 『정신과학 입문』(Einleitung in die Geisteswissenschaften)에서 보여준 개인 지향적 관점에서 이후에 저술한 『정신과학에서 역사적 세계의 건립』(Der Aufbau der Geschichtlichen Welt in den Geisterwissenschaften)에서 보여준 "사람들이 공통적으로 갖고 있는 것"에 관한 공동체적·제도적 관심으로 조금 더 발전했다.

이 기초에 따라 딜타이는 한편에 대응, 유비 또는 일반성을 놓고, 다른 한편에 독특성, 특수성, 우연성을 놓고 해석학적 변증법을 구성한다. 우리는 다음 장에서 이 변증법을 기독교 교리의 해석학을 위한 모델로 탐구할 것이다. 무엇보다 먼저 딜타이는 해석학의 기초가 "논리적 추상화가 아니다"라고 주장한다.[73] 딜타이는 인간 사유와 믿음의 "내적" 삶이 "항상 객관화되고 관찰 가능한 사건"의 용어로 바뀐다고 본다.[74] 이것은 우리가 앞에서 옹호한 다양한 공적 배경 속에서 믿음을 성향으로 설명하는 이론과 비

---

Wilhelm Dilthey, *Selected Writings*, ed. and trans. H. P. Rickman (Cambridge: Cambridge University Press, 1976), 279.

72) Dilthey, *Gesammelte Schriften*, vol. 7, 215-216.

73) Dilthey, *Gesammelte Schriften*, vol. 5, 336; "The Development of Hermeneutics," *Selected Writings*, 262을 보라.

74) Zygmunt Bauman, *Hermeneutics and Social Science: Approaches to Understanding* (London: Hutchinson, 1978), 32.

견되는 것으로 볼 수 있다.

그럼에도 가다머와 아펠은 여기서 딜타이를 유효하게 비판함으로써 적절한 해석학을 파악하는 데 있어 어느 정도 경고를 제공한다. 가다머는 딜타이가 해석학을 정신과학(Geisteswissenschaften) 곧 예술, 인문학, 사회학과 같은 "인문과학"을 위한 일종의 유사-학문으로 만들려는 경향이 있다고 공격한다.[75] 가다머는 이렇게 말한다. "딜타이는 유한하고 역사적인 인간이 특정한 시간과 장소에 매여 있다는 사실이 인문과학에서 지식의 가능성에 대한 근본적인 장애물이라는 것을 고려하지 않았다. 역사의식은 인문과학에서 객관성을 가능하게 만들어 역사의식 자체의 상대성을 넘어서는 것으로 가정되었다."[76] 딜타이는 칸트의 **선험적** 형식에 해당되는 "역사적" 등가물을 너무 금방 찾아내고, 인과적 관련성과 일반화되고 통일화된 패턴을 너무 많이 찾아내는 경향이 있다. 가다머는 딜타이가 인간 가치의 영역에 과학적 진보의 관념을 집어넣을 수 있다고 주장하는 정도라고 말한다.[77] 딜타이는 또 헤르더(J. G. Herder)에게서 발견되는 낭만주의 개념, 곧 텍스트는 그 텍스트를 낳은 정신의 살아 있는 불꽃과는 거리가 먼 단순히 객관화된 "저장소"에 불과하다는 개념에도 지나치게 동조적인 태도를 보여준다.

그러나 이번 장의 논증 안에서는 가다머의 비판보다 아펠의 비판이 훨씬 더 중요하다. 아펠은 자신의 정교한 논문인 "비트겐슈타인과 해석학적 이해의 문제"(Wittgenstein and the Problem of Hermeneutic Understanding)에서 슐라이어마허, 드로이젠, 딜타이, 비트겐슈타인 사이의 연속성과 차이, 특히 딜타이와 비트겐슈타인의 연속성과 차이를 추적한다.[78] 아펠은

75) Gadamer, *Truth*, 231-242.

76) Gadamer, *Truth*, 234.

77) Hans-Georg Gadamer, *Hermeneutics, Religion, and Ethics*, trans. J. Weinsheimer (New Haven and London: Yale University Press, 1999), 67.

78) Karl-Otto Apel, *Towards a Transformation of Philosophy*, trans. G. Adey and D.

딜타이의 해석학, 특히 역사와 역사적 이해에 대한 딜타이의 관심의 두드러진 특징에도 불구하고, "해석학적 이해의 이론은 공감할 수 있는 추체험(Nacherleben)이나 인쇄된 글을 매개로 해서 표현되는 다른 사람의 창조적 행위(또는 행동이나 제도)의 정신 구조에 따라 확인될 수 있는 것이 아니다"라고 주장한다.[79] 아펠은 이런 "정신 과정" 또는 심리적 상태가 딜타이에게는 그것들을 상쇄시키기 위해 관찰 가능한 삶과 행동을 강조하기 때문에 매우 중요하다고 생각한다. 게다가 해석학적 이해는 객관화된 삶과 행동을 **묘사하거나 관찰하는** 문제가 **아니라 그것에 참여하는** 문제다.

따라서 아펠은 **삶의 양식, 상황적 배경, 언어 놀이**에 대한 비트겐슈타인의 탐구가 딜타이 사상의 약점을 "대신할" 수 있는 접근법을 구축한다고 주장한다.[80] 아펠은 믿음에 관해 다룬 앞장에서 우리가 비트겐슈타인의 "주변 환경"(surroundings)으로 설명한 것을 확대하고 예증한다. 비트겐슈타인은 의미와 이해에 관한 물음이 "특별한 언어 놀이 **밖에서**"(비트겐슈타인 강조) 제기되면 혼란을 초래할 뿐이라고 주장했다. "언어 놀이"는 "**언어와 언어로 짜여진 행동**으로 구성된 **전체 언어**"(티슬턴 강조)를 가리키는 비트겐슈타인의 전문 술어다.[81] "해가 뜬다"는 표현은 그 말에 짜 넣어진 행동이 여행자 팸플릿을 편집하는 자의 행동이냐, 아니면 천문학에 종사하는 자의 행동이냐에 따라 통용성에 차이가 있을 수 있다. 여행자 팸플릿에서 그 말의 의미는 명백히 실제적 효력을 갖고 있다. 천문학에서는 그 말이 "거짓말"은 아니지만, 대부분의 천문학적 배경에서는 아마 무의미한 말일 것이다.[82] "정확하다"는 말은 목수나 가구 제조자의 작업에서는 적어도 0.5밀리미터의 오차를 함축할 것이다. 하지만 지구와 태양의 거리에 대

Frisby (London and Boston: Routledge & Kegan Paul, 1980), 1-45.

79) Apel, *Transformation*, 27.
80) Apel, *Transformation*, 7, 22-35.
81) Wittgenstein, *Investigations*, sects. 47 and 7.
82) Apel, *Transformation*, 22.

해 이 말을 사용할 때에는 이런 오차가 함축되어 있지 않을 것이다.[83] 언어 놀이나 삶의 양식 밖에서, 또는 언어 외적인 상황 속에서 의미에 대해 묻는 것은 "겉도는 엔진"과 같은 일을 하는 것이라고 비트겐슈타인은 주장한다.[84]

아펠은 "언어 놀이에서 언어 용법과 삶의 양식의 상황적 지시 관계를 융합시키는 것"이 핵심 요소라고 선언한다.[85] 언어-삶-행동이 융합된 포괄적인 단위 속에서만 언어적 발화는 의미의 통용성을 얻는다. 따라서 비트겐슈타인이 "어떤 하나의 언어를 상상한다는 것은 어떤 하나의 삶의 양식을 상상하는 것이다(eine Lebensform vorstellen)"라고 지적한 것을 다르게 생각할 수는 없다.[86] "언어를 **말하는 것**이 어떤 **활동**의 일부, 또는 삶의 양식의 일부다"(첫째는 비트겐슈타인 강조, 둘째는 티슬턴 강조).[87]

아펠은 이것이 **해석학**의 중심이라고 주장한다. 아펠은 이렇게 말한다. "언어 놀이 모델은 넓은 의미에서 '어떤 것의 의미'(meaning something)의 한 국면을 이루는 직접적 세계(상황적 세계) 이해와 좁은 의미에서 세계에 대한 직접적인 이해 안에 놓여 있고, 인간의 행동과 행위들로 표현되는 의도에 대한 '해석학적' 이해를 함께 함축한다."[88]

비트겐슈타인이 이해라고 생각하는 것이 무엇인지는 몇 가지 사례들을 살펴보면 더욱 분명하게 밝혀진다. 만일 어떤 사람이 수학 문제나 공식을 붙들고 씨름하다 깨달았다면, 그 사람은 "드디어 어떻게 되는지 알겠다"고 말할 것이다. 그러나 이 말은 일차적으로 내면의 심리 상태를 가리키는 보고는 아니다. 그것은 이제 이후의 행동이 가능하게 된 것을 암시한

---

83) Wittgenstein, *Investigations*, sect. 88.
84) Wittgenstein, *Investigations*, sect. 88.
85) Apel, *Transformation*, 23.
86) Wittgenstein, *Investigations*, sect. 19.
87) Wittgenstein, *Investigations*, sect. 23.
88) Apel, *Transformation*, 24.

다. 그것은 정신 과정 **자체**가 아니라 실력과 수행에 대한 것이다.[89] 그러나 비트겐슈타인은 이것이 행동주의가 아니라는 점과 자기는 행동주의자가 아니라는 점을 힘써 강조한다.[90] 비트겐슈타인은 정신 과정이 있음을 의심하지 않는다. 그러나 이해의 **문법**은 정신 과정에 **초점을 맞추고 있지** 않다. 비트겐슈타인은 "이제 나는 어떻게 되는지 알겠다"라는 반응에 대해 다음과 같이 말한다. "그 말을 '심적 상태의 기술'이라고 부르는 것은 우리를 아주 오도할 것이다—오히려 여기서 그것은 하나의 '신호'라고 불릴 수 있을 것이다."[91] 비트겐슈타인이 공적 "문법"과 행동주의(그가 거부하는 견해)를 세밀하게 구분하는 것은 『철학적 소견들』(Philosophical Occasions)의 여러 본문에 분명히 나타나 있다.[92]

비트겐슈타인을 가다머와는 긴밀하게 연결시키지만, 객관화된 현상들을 **묘사하는** 딜타이의 개념으로부터는 떼놓는 또 한 가지 요소가 있다. 아펠은 두 국면을 충분히 확인하고 이렇게 말한다. "우리는 언어 놀이 전체에 대한 초연한 묘사가 아니라 오히려 언어 놀이에 참여하는 것을 전제해야 한다. 왜냐하면 비트겐슈타인 자신의 원칙에 따르면…의미의 이해는 통상적으로 기능적인 언어 놀이의 틀 안에 존재하기 때문이다."[93] "의미의 이해는 항상 언어 놀이에 **참여하는 것**을 전제한다"(아펠 강조).[94]

여기서 **참여**가 묘사로 대체된다면, **행동**과 "육체성"의 국면은 사라질 것이다. 이것 때문에 비트겐슈타인을 근본적으로 다원론자나 신앙주의자로 간주할 필요도 없고, 또 그렇게 간주해서도 안 된다. 비트겐슈타인은

89) Wittgenstein, *Investigations*, sects. 179, 180, 321; 참조. 154, 308.

90) Wittgenstein, *Investigations*, e.g., sects. 307-308, 318.

91) Wittgenstein, *Investigations*, sect. 180.

92) Ludwig Wittgenstein, *Philosophical Occasions: 1912-1951*, ed. J. Klagge, A. Nordmann (Indianapolis and Cambridge: Hackett, 1993), 50, 98-99, 297, 339-340, 342-345.

93) Apel, *Transformation*, 28.

94) Apel, *Transformation*, 31.

소통과 이해가 "인간의 공통적 행동"에 의존하는 것으로 볼 수 있는 사례를 몇 가지 제시한다.[95] 나는 다른 곳에서 비트겐슈타인을 다원론자로 보는 해석에 반대하는 주장을 펼쳤다. 특히 "통약불가능한"(incommensurable)이라는 말을 다양한 언어 놀이에 미심쩍게 적용하는 것에 대해 반대했다. 나아가 아펠 역시 비트겐슈타인에 대해서 이런 견해를 견지하지 않는다.[96] 마찬가지로 가다머도 구경꾼으로서가 아니라 "놀이로서 놀이"에 참여하는 것을 말한다. "축제는 기념될 때에만 존재한다." "구경꾼의 지위를 잊을 때" 참여가 일어난다.[97] "놀이는 놀이하는 자가 놀이에 빠졌을 때에만 목적을 달성한다"고 가다머는 평가한다.[98] 그러나 비트겐슈타인은 **또한** 언어 놀이를 "비교 대상"으로 볼 여지를 남겨놓고, "언어학적 요소의 은밀한 비중"도 인정한다.[99] 나아가 아펠은 가다머와 달리 "추상화"를 비판적 과제로 남겨둔다. 우리는 해석학적 참여와 형성이 비판적 평가, 아니 심지어는 신학적 "학문"과 어떻게 관련되어 있는지에 대한 이 특수한 국면을 8장에서 탐구할 것이다.

다수의 사례들(비록 전부는 아닐지라도) 속에서 의미, 소통, 이해와 관련된 "삶", 행동, 체현의 필수적인 역할을 강조하고, 이것이 언어 이론 속에서 어떻게 전개되는지를 추적하는 것은 지금 우리의 목적에서 크게 벗어난다. 다만 여기서 우리는 한 가지 사례를 인용하는 것으로 그칠 것이다. 최근에 발화행위 이론과 실용주의 분야에서는 페넬로페 브라운(Penelope Brown)과 스티븐 레빈슨(Stephen C. Levinson)이 주창한 "공손 이론"(Politeness Theory)이 주목할 만한 발전을 보여주고 있다.[100] 이 접근법

---

95) Wittgenstein, *Investigations*, sect. 206.
96) Thiselton, *New Horizons*, 396-400.
97) Gadamer, *Truth*, 116, 124, 128.
98) Gadamer, *Truth*, 102.
99) Wittgenstein, *Investigations*, sect. 130, *Zettel*, sect. 447.
100) Penelope Brown and Stephen C. Levinson, *Politeness: Some Universals in Language Usage*, Studies in Interactional Sociolinguistics 4 (Cambridge:

의 핵심은 사회적·공식적 공손을 다양한 문화에서 공통적인 "체면 세우기"(face-saving) 소통의 반성적 동기로 삼는 것이다. 이 접근법의 많은 부분은 대화적 함의(conversational implicature)에서 나온다.[101] 여기서 이 접근법을 상세히 설명할 수 없지만 다만 의미, 이해, 의사소통 사건에 접근하기 위해서는 이 접근법의 부가적 전문 용어들(체면을 위협하는 행위, 체면을 세우는 행위, 발판, 상대적 중요성, 습관, 현장)이 간과할 수 없는 체현의 중요성을 가리킨다고 언급하고 넘어가겠다.

이번 장은 기독교의 전통, 교리, 해석학, 성경 연구, 철학적 분석에서 이론부터 실천에 이르기까지 요점들을 하나로 융합시키고자 했다. 모든 요점이 한 방향을 암시한다. 우리는 최근에 조지 패티슨(George Pattison)이 발표한 기독교 교리 연구에 주의를 기울이는 것으로 이번 장을 마치고자 한다. 패티슨은 첫째로 교리가 해석학을 함축하고, 둘째로 행동과 육체성을 함의한다고 주장한다. 패티슨은 교리에 대해 정통적이든 성경적이든 급진적이든 또는 신정통적인 접근법이든 상관없이 "아주 중요한 사실이 간과되고 있다"고 주장한다.[102] 그것은 바로 기독교 교리를 "실천, 활동, 행함"으로 말하는 경우가 거의 없다는 것이다.[103] 교리의 함축적인 해석학적 본질은 "이해"의 문제, 그리고 삶과의 구체적인 관계 문제를 일으킨다.[104] 패티슨은 다른 곳에서 키에르케고르에 대해 쓴 부분에 호소하는데, 그는 교리를 "열려져 있는 의사소통의 과정"으로 본다. 또한 이것은 "그 내용"(the what)뿐만 아니라 "그 방법"(the how)을 알고 이해하고 소통하는 데

Cambridge University Press, 1987).

101) Stephen C. Levinson, *Pragmatics* (Cambridge: Cambridge University Press, 1983); Geoffrey Leech, *The Principles of Pragmatics* (London and New York: Longman, 1983). Gillian Brown, George Yule, *Discourse Analysis* (Cambridge: Cambridge University Press, 1983)도 참조하라.

102) George Pattison, *A Short Course in Christian Doctrine* (London: SCM, 2005), 5.

103) Pattison, *Doctrine*, 6.

104) Pattison, *Doctrine*, 9.

있어 중요한 역할을 수행한다.[105] 교리 속에는 **변증법**이 나타나는데, 그것은 특히 교리가 **구체적 상황**과 관련되어 있기 때문이다. 앞에서 주장한 것처럼, 하나님은 오직 하나님을 통해서만 알려지고, 하나님은 인간의 **삶** 속에서 행동하는 살아계신 하나님이다.[106] 우리는 교리를 통해 "하나님과의 대화에 참여할" 수 있다.[107]

---

105) Pattison, *Doctrine*, 11.

106) Pattison, *Doctrine*, 19-45.

107) Pattison, *Doctrine*, 41.

**4장**

교리 해석학:
시간과 공동체 내러티브의 해석학

## 4.1. 시간, 시간성, 내러티브: 살아계신 하나님

저명한 주요 조직신학자들 사이에서 오직 하나님만이 진정한 기독교 교리의 근거와 원천이라는 사실은 익히 인정되고 있다. 칼 바르트(Karl Barth)는 다음과 같은 고전적인 정식을 제공했다. "하나님은 오직 하나님을 통해서만 알려진다."[1] "하나님은 오직 하나님에 의해서만 알려질 수 있다.⋯우리는 전적 의존 속에 있을 때, 순전한 제자도와 감사 속에 있을 때 하나님을 알게 된다."[2]

이것은 단지 "바르트주의자"만의 출발점은 아니다. 판넨베르크는 이렇게 말한다. "하나님을 아는 지식은 하나님에 의해 가능하게 된, 그러니까 계시로 말미암아 가능하게 된 지식이다. 이 지식은 신학 개념 자체의 기본 조건 가운데 하나다. 그렇지 않으면 하나님을 아는 지식의 가능성은 논리적으로 생각할 수 없다. 그것은 하나님에 대한 참된 관념과 모순될 것이다."[3] 교리는 원리상 "하나님이 친히 권한을 부여하신 하나님에 관한 담화"다.[4] 판넨베르크는 예수 그리스도가 "유일한 터"(고전 3:11)라고 덧붙인다. 하지만 이것은 "하나님의 실재에 대한 논쟁 가능성"을 배제하지 않는다.[5] 칼 라너는 이렇게 말한다. "신학은 예수 그리스도 안에서 주어진 하나님의 계시에 대한 인간적 반성 과정 속에 있고, 이것으로부터 교회의 민

---

1) Barth, *Church Dogmatics*, II:1, sect. 27, 179.
2) Barth, *Church Dogmatics*, II:1, 183; 참조. "The Hiddenness of God," 179-204.
3) Pannenberg, *Systematic Theology*, vol. 1, 2.
4) Pannenberg, *Systematic Theology*, vol. 1, 7.
5) Pannenberg, *Systematic Theology*, vol. 1, 61.

음에 대한 반성도 일어난다."[6] 근대 이전 시대에는 교리에 대한 이와 동일한 출발점이 교부 저술가들, 토마스 아퀴나스(Thomas Aquinas), 그리고 장 칼뱅의 작품 속에서 폭넓게 표현되었다.[7]

이것을 교리와 해석학의 관계에 대한 우리의 주장과 상관이 있는 것으로 볼 수 있을까? 이런 이해가 해석학은 기독교 교리를 이해하는 데 있어 거의 아니 전혀 역할을 못한다는 것을 암시하는가? 만일 교리가 하나님에게서 온 명백한 계시에 기초하고 있다면, 해석학적 탐구의 특징이라 할 수 있는 애매성, 잠정성, 우연성, 특수성과 같은 것에 어떤 여지가 있을 수 있겠는가?

앞에서 지적한 것처럼, 판넨베르크는 "하나님에 의해 가능하게 된" 지식은 그것 때문에 "논쟁"의 여지가 사라지는 것이 아니고 오히려 다양한 해석이 있을 수 있다고 주장한다. 바르트는 "하나님에 관한 말들을 비판하고 교정하는 데 있어 교회가 맡고 있는 역할과…신학은 오류 가능한 인간의 작업"이라는 것을 충분히 인정한다.[8] 나아가 계시와 기독교 교리는 **시간적 틀과 배경 안에서 주어진다**. 바르트가 표현한 것처럼, 구약성경은 "기대의 시간"에 대해 증언하고, 신약성경은 "회상의 시간"을 되새긴다.[9] 곤잘레스는 이렇게 설명한다. "교리는…대대로 교회가 하나님에게서 들은 것을 분명히 하고자 힘쓴 결과물이다.…교회의 삶에서 가장 흔히 범하는 오류 가

---

6) Karl Rahner, *Theological Investigations*, 22 vols. (English, London: Darton, Longman & Todd and New York: Seabury/Crossroad, 1961-1991), vol. 13 (1975), 61.

7) Thomas Aquinas, *Summa Theologiae*, Latin and English, Blackfriars edn., 60 vols. (London: Eyre & Spottiswood, New York: McGraw & Hill, 1963), Ia, Q. 2, arts. 1-3,『신학대전』(바오로딸 역간); John Calvin, *Institutes of Christian Religion*, trans. H. Beveridge, 2 vols. (London: James Clarke, 1957), I:1:1-3.『기독교강요』(생명의말씀사 역간).

8) Barth, *Church Dogmatics*, I:1, sect. 1, 3-4.

9) Barth, *Church Dogmatics*, I:2, sect. 14, 45.

운데 하나는…교리와 하나님을 혼동하는 것이다."[10] 교리는 종종 새로운 도전들에 대한 반응으로(우리가 믿음의 성향 이론을 분석하면서 확인한 것처럼) 또는 가변적인 언어나 상황을 배경으로 전개된다. 그러나 또한 교리는 하나님이 **살아계시고 역동적이고 활동하는 분이기에, 살아 있고 역동적이고 활동적인 형태를 취한다.** 만일 교리가 하나님의 본질을 반영하고 궁극적으로 하나님에게서 나오는 것이라면, **교리는 인간 역사 속에서 행하시는 하나님 못지않게 "살아 있고" 시간성과 관련될 것이다.** 출애굽기 3:14에서 하나님의 부분적인 자기 계시는 다음과 같은 방식으로, 즉 히브리어 동사가 시간적으로 확장된 효력을 가진다는 것을 인지할 때 가장 적절하게 번역된다. "나는 있을 자로 있을 자라"(I will be who I will be, 히브리어 אהיה אשר אהיה, 미래에 효력을 미치는 미완료)[11] 70인역의 번역은 이 말의 의미를 분명하게 전달하지 못했다. "나는 있는 자로 있는 자다"(I am who I am). 이 번역은 다음과 같은 의미를 함축할 것이다. "나는 자족적이고 불가해한 존재다." 차일즈(Childs)는 이렇게 설명한다. "하나님의 본질은 정적 존재나 영원한 임재가 아니며, 그렇다고 단순히 역동적 활동도 아니다. 오히려 이스라엘의 하나님은 특정한 역사적 순간에 자신의 존재를 알리고, 언약 백성을 구속하심으로써 자신의 궁극적 존재를 자신의 활동으로 확증하신다."[12]

해석학적 탐구의 **특수성, 우연성, 시간성**은 기독교 교리의 진리-주장, 의미, 삶과 연계된 차원들을 탐구하는 데 적절할 뿐만 아니라 필수적인 요소들이다. 교리가 궁극적으로 하나님에게서 연원한다고 말하는 것은 교리가 추상적이고 무시간적이고 개념적으로 순수한 분야로 존재한다고 주장하는 것과는 완전히 거리가 멀고, 오히려 교리의 주제가 시간적이고 내러티브적인 성격을 가지고 있음을 뒷받침한다.

---

10) González, *History*, 7.

11) Brevard S. Childs, *Exodus: A Commentary* (London: SCM, 1974), 76; 참조. 60-89.

12) Childs, *Exodus*, 88.

나는 어떤 경우에 가능한 오해를 피하기 위해 **시간**(time)이라는 말보다 부담이 더 큰 **시간성**(temporality)이라는 말을 사용했다. 시간성(특히 하이데 거가 사용한 Zeitlichkeit라는 말)은 시간의 가능성을 위한 초월적 근거를 가리킨다. 이 말은 하나님은 "인간적" 시간에 제약받는 분이 아니며, 그렇다고 시간과는 아무 관계가 없는 존재라는 의미에서 "무시간적인" 분도 아니라는 진리를 인정하기 위해 사용된다. 비록 "하나님의" 시간은 "인간적" 시간과 동등하지 않고, 하나님은 시간의 초월적 근거로서 시간성과 관계를 맺기는 해도 **목적, 지속, 주기, 속도, 사건성**을 특징으로 하는 행동들을 통해 세상과 상호작용하신다.[13] 의미와 진리는 "무시간적으로" 하나님과 관련되는 것이 아니다. 판넨베르크는 이렇게 말한다. "하나님의 진리는 논리적 필연성의 결과가 아니다.…[하나님의 진리는] 그 자체로 미래에 새롭게 증명되어야 한다.…오직 신뢰만이 하나님의 진리를 예견할 수 있다."[14]

마찬가지로 칼 라너도 하나님으로부터 나오는 계시의 개념, 즉 원리상 명확하면서 동시에 사건이나 "사건 상황"(happening)과 같은 인간의 시간적 삶의 조건들 속에 들어가는 계시 개념을 함께 전개하려고 한다. 라너는 이렇게 설명한다. "계시는 일정한 수의 진술들, 숫자적 총계의 전달이 아니라…**일어나는**(happens) 어떤 일 속에서 하나님과 인간 사이에 오가는 역사적 대화다. [계시는] 하나님에 관한…지속적 '사건'과 관련되어 있다."[15] 교리는 "**반드시** 역사 과정의 매개를 통해…존재해야 한다"(라너

---

13) Anthony C. Thiselton, "Hermeneutics Within the Horizon of Time: Temporality, Reception, Action," 특히 "Natural Time, Clock time and Human Time: Temporality, Hermeneutics and Theology," in Roger Lundin, Clarence Walhout, and Anthony C. Thiselton, *The Promise of Hermeneutics* (Grand Rapids: Eerdmans, Carlisle: Paternoster, 1999), 183-20을 보라.

14) Wolfhart Pannenberg, "What Is Truth?" Pannenberg, *Basic Questions in Theology*, trans. G. H. Kehm, 3 vols. (London: SCM, 1971-1973), vol. 2, 8; 참조. 1-27.

15) Rahner, "The Development of Dogma," *Theological Investigations*, vol. 1, 48; 참조.

강조).[16] 결국 교리는 한정적 진리("명제가…설명될 수 있는 방법")와 "살아 있고 성장하는…믿음의 자각"이라는 변증법, 곧 라너가 "균형"(balance)이라 부르는 것을 반영한다.[17]

찰스 스칼리즈(Charles Scalise)는 이 변증법을 해석학과 기독교 교리 또는 신학에 있어 관계의 중심 요소로 올바르게 인식한다. 스칼리즈는 이 변증법을 종말론의 맥락 속에 둔다. 완전히 실현된(overrealized) 종말론은 하나님(그리고 교리)을 "이미 정의된" 존재로 간주한다는 점에서 오류일 것이다. 이 종말론의 관점에서 하나님은 마치 느슨한 목적도 없는 것처럼 전적으로 "명제적 계시의 하나님"이 되고 만다. 이런 종말론은 열린 체계가 아니라 폐쇄 체계다. 반면에 일방적인 미래주의 종말론은 과정신학의 하나님과 비슷하게 그분을 "아직 정의되지 않은" 존재로 생각할 위험이 있다.[18] 스칼리즈는 위르겐 몰트만과 에버하르트 윙엘(Eberhard Jüngel)의 접근법이 이러한 유효한 변증법을 유지시키려고 애쓰는 견해로 보고 긍정적으로 언급한다. 몰트만은 이렇게 주장한다. "기독교는 앞을 내다보면서 앞을 향해 나아가고…그러므로 현재를 변화시키는…종말론이다."[19] 약속은 미숙한 성취로서의 "추정"과 미성취에 대한 미숙한 예견으로서의 "절망" 모두 반대하는 입장을 취한다.[20]

이 모든 것은 기독교 교리의 개념들을 **내러티브**나 **드라마**로 탐구하기 위한 무대를 설치한다. 만일 교리가 부분적으로라도 내러티브나 드라마

---

39-77.

16) Rahner, *Investigations*, vol. 1, 47.

17) Rahner, *Investigations*, vol. 1, 76.

18) Charles J. Scalise, *Hermeneutics as Theological Prolegomena: A Canonical Approach*, Studies in American Hermeneutics 8 (Macon, GA: Mercer University Press,1994), 118-21.

19) Jürgen Moltmann, *Theology of Hope*, trans. J. Leitch (London: SCM, 1967), 16. 『희망의 신학』(대한기독교서회 역간).

20) Moltmann, *Hope*, 23.

로 파악될 수 있다면, 해석학 이론의 직접적 타당성은 거의 자명한 것이 된다. 폴 리쾨르의 3부작 『시간과 이야기』(Time and Narrative)는 20세기 말에 나온 해석학과 내러티브에 관한 최고의 작품 가운데 하나다. 리쾨르는 내레이션이 "의미를 함축하고", 해석학적 탐구를 요청한다고 말한다.[21] 해석학은 시간적 논리, 플롯, 내러티브 구조, 내러티브 정합성, 목적(telos)과 같은 이슈들에 의해 각기 맡은 역할들을 탐구한다. 내러티브의 정합성과 연속성은 부분적으로 지성이 수행하는 "세 가지 기능: 기대…주의…그리고 기억의 기능"에 의존한다. 이 기능들은 상호작용을 통해 시간적인 구성(emplotment)의 희망을 가능하게 만든다.[22] 기독교 교리는 역사 속에서 일어난 하나님의 구원 행위에 대한 기억, 이 과거의 구원 행위와 연속선상에 있는 하나님의 현재 행위에 대한 주의, 그리고 하나님의 약속의 종말론적 성취에 대한 신실한 기대와 면밀하게 관련되어 있다. 1980년에 나는 영국 성공회 교리 위원회에 "지식, 신화, 그리고 집단적 기억"이라는 제목 아래 교리의 공동체적 본질을 다룬 논문을 제출했다.[23]

리쾨르는 아리스토텔레스가 **뮈토스**(mythos, 리쾨르는 이 말을 "구성"과 거의 동등한 의미로 사용한다)를 하나의 체계 속에서 "사건들을 조직하는 것"(그리스어 ἡ τῶν πραγμάτων σύστασις, 헤 톤 프라그마톤 쉬스타시스)이라고 본다고 지적한다. 그러나 이것은 **정적이고 폐쇄적인 명제 체계가 아니고, 미래에 대해 열려 있고 시간적으로 조건화된** 체계다.[24] 여기서 강조점은 마치 무시간적 체계를 구성하는 것처럼 연역적이거나 귀납적인 논리에 있지 않다. 구성은 **시간과 행동**에 따라 "**표현을 만들어내는**(poiēsis) 역동적" 의미로 이

21) Paul Ricoeur, *Time and Narrative*, trans. K. McLaughlin, D. Peliauer, 3 vols. (Chicago and London: University of Chicago Press, 1984-1988), vol. 1, 20. 『시간과 이야기』(문학과지성사 역간).
22) Ricoeur, *Time*, vol. 1, 19, 20.
23) Thiselton, "Knowledge, Myth and Corporate Memory," *Believing in the Church*, 45-78.
24) Aristotle, *Poetics* 50A.15; Ricoeur, *Time*, vol. 1, 33에서 인용.

제1부 교리 해석학을 탐구하는 이유

해되어야 한다.[25] 아리스토텔레스는 내러티브에 나오는 행위자들을 주로 수동적 의미의 "인물"로 보지 않고 오히려 "행동에 참여하는 사람들"로 본다.[26] 리쾨르는 이 행동과 시간성의 논리를 "시간과 영원의 변증법"을 반영하는 "시간화 단계들의 위계"라고 바꾸어 말한다.[27]

리쾨르는 다음과 같이 선언한다. "플롯의 구성은 행동 세계에 대한 전이해, 이 세계의 의미 있는 구조들, 상징적 자원들, 그리고 시간적 성격에 기반하고 있다."[28] 리쾨르는 『시간과 이야기』 처음 세 장에서 자신이 하이데거와 해석학적으로 공명하는 여러 지점들을 제시한다.[29] 첫째, 하이데거의 경우처럼 모든 해석과 의미에 대한 물음은 **시간의 지평 안에서** 이루어진다. 둘째, "가능성"에 대한 하이데거의 철학적 이해는 리쾨르에게 가능성의 특수한 의미를 형성시킨다. 마찬가지로 시간성(Zeitlichkeit)도 하이데거나 리쾨르에게 시간의 **가능성**에 초월적 근거를 제공한다.[30] 셋째, "가능성"은 또한 투사된 미래의 **가능한 플롯과 가능한** "세계"의 **발견적이고 상상적인 시나리오**를 지시한다. 이것은 리쾨르가 "상징은 생각을 **낳는다**" 는 격언으로 정식화한 그의 초기 사상을 반영한다.[31] "상징은 한없는 주석을 낳는다."[32] 상징(단어의 차원에서), 은유(문장의 차원에서), 구성(내러티브의 차

---

25) Ricoeur, *Time*, 33.

26) Aristotle, *Poetics* 48A, 1; Ricoeur, *Time*, vol. 1, 35.

27) Ricoeur, *Time*, vol. 1, 28.

28) Ricoeur, *Time*, vol. 1, 54.

29) Ricoeur, *Time*, vol. 1, 60-64, 83-87.

30) Martin Heidegger, *Being and Time*, trans. J. Macquarrie, E. Robinson (Oxford: Blackwell, 1962, rpt. 1973), Division II, sects. 61-83, 특히 3, 4장, 349-423. 『존재와 시간』(까치 역간). 해설은 Thiselton, *The Two Horizons*, 181-187을 보라.

31) Paul Ricoeur, *The Conflict of Interpretations: Essays in Hermeneutics*, ed. Don Ihde (Evanston: Northwestern University Press, 1974), 288; *Freud and Philosophy: An Essay on Interpretation*, trans. D. Savage (New Haver and London: Yale University Press, 1970), 543(티슬턴 강조). 『해석에 대하여』(인간사랑 역간).

32) Paul Ricoeur, *Interpretation Theory: Discourse and the Surplus of Meaning* (Fort

원에서)은 단순히 **사전 생각을 반영하는** 것이 아니다. 그것들은 생각을 **창조하고 확대시키고 현실화한다.**[33]

"플롯" 또는 "구성"은 반전, 갈등, 놀람, 복잡성, 희망, 좌절, 성취를 허용한다. 이것들은 (이론적 사상이 아니라) 기독교 교리가 상호작용하는 인간 **삶**의 참된 요소다. "거대 내러티브"(비록 리오타르가 제시한 의미에서는 아니지만)는 하나님이 세상을 다루시는 것을 자세히 말할 수 있다. 반면 "작은" 내러티브는 여정이나 내러티브를 **도중**(en route)의 것으로 규정하는 해석의 애매함과 필요성에도 불구하고, 특정 사건과 사람들의 척도에 따라 신적 행위의 전유를 묘사할 수 있다. 여기에는 리쾨르가 "계급의 위계"(hierarchy of levels)라고 부르는 것을 위한 여지가 있다.

따라서 많은 신학자가 기독교 교리의 본질을 내러티브, 드라마 또는 드라마틱 내러티브에 맞춰서 설명하려고 애쓴 것은 그리 놀라운 일이 아니다. 의심할 것 없이 이에 대한 한 가지 동기는 특히 19세기 말에 찰스 하지 같은 신학자들이 제시한 모델의 정적이고 단조로운 특징을 각성시키려는 의식으로부터 나왔다. 하지는 이렇게 말했다. "기독교 신학자의 의무는 과학자와 동일한 규칙의 인도를 받아…하나님이 계시하신 모든 사실을 확인하고 수집하고 결합하는 것이다."[34] 당시 예일 대학교가 새로운 관념들에 빠져 있는 동안, 하지는 프린스턴 신학교의 학장으로서 "이 신학교가 새로운 관념에 절대로 빠지지 않은 것"을 매우 흡족해했다.[35] 그러나 우리의 통찰은 더 적극적인 근거를 갖고 있다. 알리스터 맥그래스는 교리를 내러티브로 구성하고 싶은 충동이 논란의 여지없이 "성경 내용 자체

---

Worth: Texas Christian University Press, 1976), 57. 『해석이론』(서광사 역간).

33) 리쾨르의 상징과 은유 이론에 대한 해설은 Thiselton, *New Horizons*, 344-358을 참조하라.

34) Hodge, *Systematic Theology*, vol. 1, 11.

35) A. A. Hodge, *The Life of Charles Hodge* (New York: Arno, 1969), 521부터 Baird William, *History of New Testament Research*, 3 vols. (Minneapolis: Fortress, 2003), 2 vol.에 인용됨.

　제1부 교리 해석학을 탐구하는 이유

의 내러티브 성격"에서 나온다고 지적한다.[36] 이러한 일반적인 요점은 너무 명백하기 때문에 군이 확증을 필요로 하지 않는다. 계속 증가하는 연구 결과의 홍수로 내러티브, 드라마 또는 드라마틱 내러티브 장르에 대한 주의가 환기되었고, 여러 학자들이 신약성경 안에서 복음서 저자 요한의 신학과 기독론의 엄선된 수단으로 이 장르의 중요성을 강조했다. 그중에서 앨런 컬페퍼(R. Alan Culpepper)의 작품이 널리 알려져 있고, 데렉 토베이(Derek Tovey)의 작품도 추가할 수 있다. 나는 더럼 대학교에서 철학 박사 담당 지도교수로 이 논문을 감독했다.[37] 이 두 작품은 특히 제라르 주네트(Gérard Genette)와 시모어 채트먼(Seymour Chatman)과 같은 문학 이론가들의 내러티브 이론과 내러티브 해석학에 의존한다.

성경 연구 분야에서 내러티브 해석학은 로버트 알터(Robert Alter), 웨슬리 코트(Wesley Kort), 로널드 티만(Ronald Thiemann), 스티븐 크라이테스(Stephen Crites), 메이르 스턴버그(Meir Sternberg), 그리고 다른 학자들의 새로운 관점과 함께 1980년대에 폭발적인 인기를 끌었다.[38] 신학적 관점에서 보면, 조지 스트롭(George Stroup)과 한스 프라이는 내러티브를 기독교 공동체의 정체성과 관련시켜 연구했다. 스티븐 크라이테스와 스탠리 하우어워스는 인간의 경험과 인간성을 내러티브의 원초적 성격으로 강조했다.

---

36) Alister E. McGrath, *The Genesis of Doctrine: A Study in the Foundations of Doctrinal Criticism* (Oxford: Blackwell, 1990), 4.

37) R. Alan Culpepper, *Anatomy of the Fourth Gospel: A Study in Literary Design* (Philadelphia: Fortress, 1983). 『요한복음 해부』(요단출판사 역간); Derek Tovey, *Narrative Act in the Fourth Gospel*, JSNTSS 151 (Sheffield: Sheffield Academic Press, 1997).

38) 예컨대 다음 자료들을 보라. Robert Alter, *The Art of Biblical Narrative* (New York: Basic Book, 1981). 『성서의 이야기 기술』(아모르문디 역간); Wesley A. Kort, *Story, Text and Scripture: Literary Interests in Biblical Narrative* (University Park, PA, London: Pennsylvania State University Press, 1988); Meir Sternberg, *The Poetics of Biblical Narrative: Ideological Literature and the Drama of Reading* (Bloomington, IN: Indiana University Press, 1985).

니콜라스 월터스토프는 내러티브의 "투사된 세계"와 그 세계의 자기 참여적인 역동성을 그 세계의 재형성, 삶의 변화, 형성적 성격과 함께 독자를 단순한 관찰자가 아니라 적극적인 참여자로 이끄는 "세계"로 연구했다.[39] 우리는 다른 장들, 특히 3장에서 딜타이, 아펠, 가다머, 비트겐슈타인과 관련하여 이 참여적 차원을 다루었다.

## 4.2. 드라마틱 내러티브로서의 기독교 교리: 한스 폰 발타자르

국제적 명성을 가진 신학자 가운데 한스 폰 발타자르는 다른 신학자들보다 기독교 교리의 모델로서 **드라마**(drama)와 **드라마적 긴장**(dramatic tension)의 명시적 역할을 밝히는 데 힘썼다. 가톨릭교회 전통에 속해 있음에도 불구하고 발타자르는 그리스도 안에 있는 하나님의 계시를 통해 창세 이후로부터 현재를 거쳐, 그리고 잠정적이기는 하지만 마지막으로 종말에 이를 때까지, 웅대한 역사 과정 속에서 펼쳐지는 하나님의 역동적이고 목적 있는 행동을 강조하는 바르트의 견해에 영향을 받았다. 발타자르는 약속과 은혜라는 지속적인 역사적 내러티브의 뼈대 안에서 바르트의 삼위일체와 기독론적 집중을 공유한다. 발타자르는 5권짜리 『하나님의 드라마: 신학적 드라마 이론』(Theo-Drama: Theological Dramatic Theory) 제1권 첫 부분에서, "대대로 우리에게 전해진 신학의 결함 때문에 최근 몇 십 년

---

39) George Stroup, *The Promise of Narrative Theology* (London: SCM, 1984 [John Knox, 1981]); Hans Frei, *The Eclipse of Biblical Narrative: A Study in Eighteenth and Nineteenth Century Hermeneutics* (New Haven: Yale University Press, 1974). 『성경의 서사성 상실』(한국장로교출판사 역간); Nicholas Wolterstorff, *Divine Discourse: Philosophical Reflections in the Claim That God Speaks* (Cambridge: Cambridge University Press, 1985), 특히 1-129, Stanley Hauerwas, *A Community of Character*(티슬턴 강조)

사이에 새로운 접근법과 방법이 요구되었다"고 지적한다.[40] 전통적 형식
과 모델은 위험스럽게도 "선전 문구"와 "표어"를 너무 손쉽게 사용하는 경
향이 있다. 최근의 모델은 이 문제점을 잘 깨닫고 있으나 그 문제점을 해
결하는 데에는 미온적인 것처럼 보인다. 발타자르는 이렇게 말한다. "모두
가 신학을 합리적 추상화의 모래 언덕 위에 단단히 고정시켜놓고는 다시
움직이기를 바라보고만 있다."[41] 그럼에도 창조적인 사고의 징조들이 있
다. 한스 큉(Hans Küng)은 제2차 바티칸 공의회 이후로 신학의 새로운 패
러다임을 향한 움직임의 징조가 있었다고 믿는다.[42] 데이비드 트레이시
(David Tracy)는 해석과 해석학에 대한 중대한 전환이 이런 새로운 패러다
임의 출발을 예고한다고 믿는다.[43] 최근에 복음주의 개신교 신학자들 가
운데, 케빈 밴후저와 새뮤얼 웰스가 교리와 윤리에 대한 이 드라마 중심
접근법을 탐구했고, 우리는 그들의 작품을 아래에서 살펴볼 것이다.[44]

　　발타자르가 교리의 역동적 모델의 발전을 인정하기는 해도, 이 모델
을 확인하기 위한 20세기 후반의 다양한 시도들이 포괄성이나 균형을 결
여하고 있다는 이유로 완전히 만족하지는 않는다. 발타자르는 이런 일곱
가지 모델들을 탐구한다. 우리는 "사건들"(events)을 모델로 사용하는 것을
긍정적으로 보고, 라너도 이 모델을 사용한다. 이 모델은 계시의 "번개 같
은 섬광"과 같은 성격을 정당화하지만, 발타자르의 견해로 보면 그것은 정

---

40) Hans Urs von Balthasar, *Theo-Drama: Theological Dramatic Theory*, trans. G.
Harrison, 5 vols. (San Francisco: Ignatius, 1988-1998), vol. 1, *Prolegomena*, 25.

41) Balthasar, *Theo-Drama*, vol. 1, 25.

42) Hans Küng, "Paradigm Changes in Theology," in Hans Küng and David Tracy
(eds.), *Paradigm Change in Theology: A Symposium for the Future* (Edinburgh:
T&T Clark, 1989), 3-33. 『현대신학은 어디로 가고 있는가』(한국신학연구소 역간).

43) David Tracy, "Hermeneutical Reflections in the New Paradigm," in Küng and
Tracy, *Paradigm Change* 34-62.

44) Vanhoozer, *The Drama of Doctrine* (위에서 인용함), Samuel Wells, *Impro-
visation: The Drama of Christian Ethics* (London: SPCK, 2004).

통적 합리론과 자유주의적 합리론 모두에게 크게 악용될 여지를 남겨놓는다.[45] "역사"를 강조하는 모델 역시 불충분하다. 왜냐하면 역사는 기독교 교리 속에 내재하는 "극적 긴장"을 보존하거나 전달하지 못하고 무덤 덤하게 이해될 수 있기 때문이다.[46] "정통실천"(orthopraxy)을 강조하는 모델은 행동, 체현, 일상적 인간 생활의 국면에 올바르게 집중한다. 확실히 이것은 교리의 특징을 잘 서술하지만 너무 쉽게 교리를 윤리로 환원시키거나 전환시킬 수 있다.[47] 또 우리는 "대화"도 하나의 모델로 추가하게 되는데, 이 모델이 **공동체적 이해**에 주안점을 두는 점은 올바르다. 하나님은 말씀하고 하나님의 백성은 하나님을 "아빠"로 부른다. 확실히 교리는 독백 이상이고, 특히 공동체적 책임을 함축한다. 하지만 이 모델도 더 큰 그림의 한 부분에 불과하다.[48] "정치신학"은 기독교 교리의 한 특수 영역을 차지하고 있다. 그러나 교리는 정치신학을 넘어선다. "미래주의" 신학은 교리의 종말론적 국면을 차지하고 있다. 하지만 이것 역시 쉽게 자유주의적인 유토피아 사상, 아니면 정반대로 묵시 사상으로 전락한다.[49]

마지막으로 일곱 번째 모델에서 우리는 발타자르의 드라마, 드라마적 긴장, 그리고 내러티브 모델에 더 가까이 다가가게 된다. 이 모델은 특히 내러티브 문법과 행동의 네트워크 안에서의 **역할** 개념을 중시한다. 그러나 구조주의의 맥락과 같은 어떤 맥락에서는 내러티브 문법이 "역할"을 너무 고정적이고 형식화된 것으로 만들었다. 반면에 기독교 교리에서는 역할이 하나님의 행위와 인간적 행위의 포괄적이고 복합적인 개념들로 "흘러넘친다." 우리가 기독교 교리에도 속해 있는 어둠과 악의 진정한 실

---

45) Balthasar, *Theo-Drama*, vol. 1, 25-28.
46) Balthasar, *Theo-Drama*, vol. 1, 28-31.
47) Balthasar, *Theo-Drama*, vol. 1, 31-34.
48) Balthasar, *Theo-Drama*, vol. 1, 34-37.
49) Balthasar, *Theo-Drama*, vol. 1, 37-46.

재들과 씨름하려면 이런 구조적 범주를 넘어서야 한다.[50] 너무 구조화되며 고정되며 형식화된 접근법은 부적절한 것으로 판명될 것이다.

발타자르는 기독교 교리에서 **드라마적 긴장** 현상을 정당화하기 위한 탐구가 단순히 교리의 내용을 바꾸는 것으로는 목표를 달성할 수 없다고 주장한다.[51] **변증법**이 작동을 시작해야 한다. 게다가 드라마로서의 교리는 "세계무대" 위에서 펼쳐져야 한다.[52] 기독교 전통에 속해 있지 않는 일부 학자들, 특히 핀다로스(Pindar)와 아리스토텔레스 그리고 후기의 에픽테토스(Epictetus)는 세계무대에서의 행동 또는 활동에 대해 이런 의식을 갖고 있었다. 확실히 사도 바울은 고린도전서 4:9에서 이런 종류의 언어를 사용했는데, 4:8-13의 아이러니한 문맥에 비추어보면 그것은 특별히 중요하다.[53] 내가 직접 번역한 9절을 인용하면 다음과 같다. "하나님은 죽음을 예정하신 자로서 우리 사도들에게 대단원의 막을 보여주시려고 하신 것으로 내게는 보인다. 왜냐하면 우리는 세상, 천사, 그리고 인간의 눈에 구경거리가 되었기 때문이다."[54] 이 은유는 "죄수, 죄인 또는 전문 검투사들이 원형 경기장으로 행렬을 지어 들어오는 것을 가리킨다. 그리고 이때 사도들은 죽을 때까지 책임을 지고 싸워야 한다.…고린도 사람들은 구경꾼으로…관람석에 앉아 있다.…드라마가 깊어지면 마지막으로 운명의 죄수가 죽기 위해 등장한다."[55] 나는 4:13후반절을 다음과 같이 번역했다. "말

---

50) Balthasar, *Theo-Drama*, vol. 1, 46-50.

51) Balthasar, *Theo-Drama*, vol. 1: "Theology and Drama," 125-134.

52) Balthasar, *Theo-Drama*, vol. 1: under "World Stage," 135-257.

53) Balthasar, *Theo-Drama*, vol. 1, 136-151.

54) Anthony C. Thiselton, *The Frist Epistle to the Corinthians: A Commentary on the Greek Text*, NIGTC (Grand Rapids: Eerdmans and Carlisle: Paternoster, 2000), 344; Anthony C. Thiselton, *1 Corinthians: A Shorter Exegetical and Pastoral Commentary* (Grand Rapids: Eermans, 2006), 73-74의 번역. 『고린도전서』(SFC출판부 역간).

55) Thiselton, *First Epistle*, 360.

하자면 우리는 모든 사람이 발로 짓밟는 세상의 찌꺼기가 되었다."[56] 고린
도 교회 교인들은 단순히 구경꾼으로서 가장 좋은 자리에서 빈둥거리며
아무 상관이 없는 자처럼 갈채를 치거나 비판을 하고 있다.

최근의 한 작품에서 웰본(L. L. Wellborn)은 바울이 드라마와 드라마적
심상을 사용하는 것에 대한 상세한 설명을 제공한다. 특히 웰본은 "바울이
십자가…그리고 사도들의 고난에 관해 말할 때 사회적 억압의 지배를 받
았다"는 점을 크게 강조한다.[57] "왜냐하면…그리스도의 십자가에서 하나
님은 아무것도 그리고 아무도 인정하지 않으셨기 때문이다.…바울이 바보
역할을 자처한 것은 깊은…계책이다."[58] 웰본은 바울이 고린도전서 4:8-
13뿐만 아니라 고린도후서 11:1-12:10과 빌립보서 3:12-4:3에서도 연극
과 드라마에서 이끌어낸 은유를 사용한다고 주장한다. 웰본은 이 주장을
지지하기 위해 추가로 문헌을 인용한다.[59] 또한 웰본은 사도행전 18:3에
서 무대 장치를 만드는 자나 소품을 만드는 자의 의미를 내포시키기 위해
바울의 직업을 σκηνοποιός(그리스어 스케노포이오스, R. 호크에 따르면 이 말은 가
죽 세공인을 가리키는데도 불구하고 보통 천막 만드는 자로 번역된다)로 지칭하는 것
도 그런 경우라고 주장한다.[60] 바우어-댄커-안트-킹그리치의 『그리스어
사전』(Greek Lexicon) 3차 결정판에서 댄커(F. W. Danker)는 천막 만드는 자
가 성경 문헌 이외에서는 적절한 사전적 지지가 없고, 누가의 독자는 누
가가 사도행전 18:3에서 사용한 그 말을 "연극과 관련된 어떤 것으로" 이

---

56) Thiselton, *First Epistle*, 344.

57) L. L. Welborn, *Paul, the Fool, of Christ: A Study of 1 Corinthians 1-4 in the
    Comic Philosophical Tradition*, JSNTSS 293 (London and New York: T&T Clark
    International Continuum, 2005), 3.

58) Welborn, *Paul, the Fool*, 250.

59) Hans Windisch, *Der zweite Korintherbrief*, KEKG (Göttingen: Vandenhoeck &
    Ruprecht, 1024), 316, 349; D. J. Williams, *Paul's Metaphors-Their Context and
    Character* (Peabody, MA: Hendrickson, 1999).

60) Welborn, *Paul, the Fool*, 11-12.

해할 때 가장 자연스럽다고 주장한다.[61] 웰본이 언급하는 "희극적 철학 전통"은 소크라테스식 변증법, 풍자, 무언극, 그리고 드라마적 긴장에 의존하는 전통을 반영한다.

발타자르는 여기서 바울의 문헌을 상세히 탐구하지 않고, 대신 드라마로서 교리가 드라마적 긴장뿐만 아니라 특히 축제 문맥에서 송영으로 이어지는 **찬양**을 구체화한다고 강조한다. 발타자르는 제1권 나머지 부분에서 드라마의 상연 요소들을 탐구한다.[62]

발타자르는 제2권의 본론 부분을 **해석학**에 할애한다.[63] 발타자르는 이렇게 말한다. "모든 신학은 신적 계시에 대한 해석이다. 따라서 전체적으로 신학은 오직 해석학이어야 한다.… 하나님은 자신을 해석하신다." 그리고 신학은 "세상에 대한 하나님의 계획에 대해 포괄적 개요와 세부 사실에 해석을 제공하는 것"을 포함하고, "이 지식은 해석학적 지식이다."[64] 다양한 의사소통 양식들이 성령을 통해 이해할 수 있게 된다. 그리고 이것은 해석학의 보편적 지평을 통한 탐구를 요청한다. 이는 하위 장르가 드라마이거나 교향곡이거나 간에 사실로 남아 있다. 발타자르는 일상생활 속에서 "통상적인 이해의 지평"이 부적절할 수 있으나 그것이 확대될 수 있다는 사실은 인정한다. 우리는 이미 이 원리가 가다머에게서 핵심적인 지위를 차지한다고 지적했고, (여기에 더 추가할 수 있다면) 판넨베르크도 마찬가지다. 유효한 신학적 해석학은 **시간 속에서** "회고적" 이해를 체현하고, 또한 종말론적인 신적 약속을 기초로 **"전망적"** 투사를 체현할 것이다.[65]

---

61) W. Bauer, F. W. Danker, *A Greek-English Lexicon of the New Testament and Other Early Christian Literature*, trans., ed., and rev. W. F. Arndt, F. W. Gingrich, F. W. Danker (BDAG) (Chicago: University of Chicago Press, 3d edn. 2000), 929.

62) Balthasar, *Theo-Drama*, vol. 1, 259-478.

63) Balthasar, *Theo-Drama*, vol. 2, *Dramatis Personae: Man in God*, 91-171.

64) Balthasar, *Theo-Drama*, vol. 2, 91.

65) Balthasar, *Theo-Drama*, vol. 2, 94-95(티슬턴 강조).

지금은 난해한 발타자르의 사상을 더 깊이 해설하려고 애쓸 때가 아니다. 그러나 우리의 연구를 진행하기에 앞서 발타자르가 견지하는 드라마로서의 교리 개념이 『하나님의 드라마』 제3권에서 그리스도의 인격과 드라마틱한 사역을 통합적 전체로서 해설하는 결정적 단계에 도달한다고 지적할 필요는 있다. 이 단계는 복음과 기독교 교리 속에서 핵심적인 위치를 차지하고, 발타자르(바르트, 판넨베르크, 몰트만도 함께)는 그것을 확고하게 삼위일체 구조 안에 둔다. "그리스도 사건 자체 안에서" 드라마적 "긴장"이 일어난다.[66] 십자가 교리, 더 정확하게 십자가 자체는 구원 사건과 구원 과정에서 "외적"이지 않다. 이 드라마는 예수 그리스도라는 "시간"의 절정에 초점을 맞춘다. 요한복음은 이 내러티브 관점을 강조한다(요 2:4; 4:21; 5:25; 7:30; 8:20. 특히 12:23, 27; 13:1; 16:32; 17:1).[67] 이러한 드라마적 긴장을 가진 전체 드라마는 "하나님의 깊은 마음속에 있는 드라마"에서 연원한다. 하나님의 깊은 마음속에 있는 드라마에서 하나님은 아버지로서 사명을 감당하도록 아들을 "보내시고", 아들은 부활과 승천이라는 절정의 사건으로 높아지기 전에 심지어는 지옥 입구까지 내려갈 정도로 아버지에게 "순종한다."[68] 세상에서 펼쳐진 하나님의 구원 행위의 드라마는 삼위일체 하나님의 삶에 대한 "더 높은" 드라마 또는 "초-드라마"를 반영한다.

발타자르 사상의 유명한 해석자인 벤 콰시(Ben Quash)는 발타자르의 6권짜리 저서 『주의 영광』(The Glory of the Lord)에서 5권짜리 저서 『하나님의 드라마』로 나아가는 이 이동이 "명상으로부터 선교로 영성이 전환되는 이냐시오의 태도를 거친 후에, 제자도를 낳는다"고 말한다.[69] 또한 콰시는

---

66) Balthasar, *Theo-Drama*, vol. 3, *Dramatis Personae: Persons in Christ* (San Francisco: Ignatius, 1992), 117.
67) 참조. Balthasar, *Theo-Drama*, vol. 3, 122.
68) Balthasar, *Theo-Drama*, vol. 3, 119.
69) Ben Quash, "Hans Urs Von Balthasar," David F. Ford (with Rachel Muirs), *The Modern Theologians* (Oxford: Blackwell, 3d edn. 2005), 112; 참조. 106-123.

『세상의 심장』(*Heart of the World*)에서 이것을 발타자르의 기독론과 올바르게 연계시킨다. "이 드라마는 영원하신 아들의 수난(십자가에서 마음속으로 외치신 부르짖음과 함께), 지옥으로 내려가시고 부활의 생명에 들어가심을 포함한다. 바로 이 사건들 속에서 인간적 행동과 모든 인간적 자유의 조건인 삼위일체 하나님의 내적 삶이 상호관계의 충분한 깊이 속에서 드러난다."[70] 분명히 위르겐 몰트만의 신학이 보여준 것처럼, 우리는 전통적으로 당연시되고 너무나 보편적으로 이해해왔던 "하나님의 불변성"과 같은 추상적 정식들에서 떠나 신적 본질과 개방적인 사랑에 대한 역동적이고 "인격적인" 이해로 옮겨갔다.[71]

벤 콰시는 『신학과 역사의 드라마』(*Theology and the Drama of History*)에서 드라마로서의 교리에 대한 자신의 독특한 접근법을 제시했다.[72] 콰시의 연구는 주로 발타자르와의 대화로 진행되고, 헤겔과 바르트 그리고 그들 각자의 역사에 대한 접근법과의 대화로도 진행된다. 해석학 전통에 따라 콰시는 교리의 형성과 전개의 잠정성과 교정 가능성을 강조한다. 그러나 콰시는 "영국 성공회 사고방식을 가진 영국 성공회 신학자"로서 이런 글을 쓴다.[73] 교리의 진행 상태 또는 "정착"을 이룰 수 있으려면 새로운 역사적 환경에 비추어 교정이 필요할 것이다. 또한 영국 성공회의 신학과 이 장들의 주장과 일치되게, 콰시는 발타자르보다 특수성에 더 큰 강조점을 둔다. 콰시는 발타자르가 "역사적 특수 사실들을 습관적으로 등한시한다"

---

70) Quash, "Balthasar," 113.

71) Jürgen Moltmann, *The Trinity and the Kingdom of God*, trans. Margaret Kohl (London: SCM, 1981), 21-61; Jürgen Moltmann, *The Crucified God: The Cross of Christ as the Foundation and Criticism of Christian Theology*, trans. R. A. Wilson and John Bowden (London: SCM, 1974), 200-290. 『십자가에 달린 하나님』 (한국신학연구소 역간).

72) Ben Quash, *Theology and the Drama of History*, Cambridge Studies in Christian Doctrine (Cambridge: Cambridge University Press, 2005).

73) Quash, *Drama of History*, 8.

고 비판한다.[74] 발타자르가 유비적 패턴을 찾아내는 데 지나치게 열심이라는 쾌시의 비판을 볼 때, 우리는 가다머가 베티를 비판하는 것을 상기하게 된다. 그러나 또다시 쾌시는 이것이 해석학 이론에 의존하는 것이 아니고, 토마스 아퀴나스와 가톨릭 신학의 **존재의 유비**(*analogia entis*)와 더 크게 관련된다고 믿는다.

드라마, 드라마적 긴장, 드라마적 "세계"와 같은 주제들은 가다머의 철학적 해석학과 리쾨르의 내러티브 해석학에서 똑같이 한 자리를 차지하고 있다. 예술과 "세계성"(worldhood)에 대한 가다머의 관념은 부분적으로 초기와 후기 하이데거의 정식 위에 세워져 있다.[75] 서사적 내러티브, 서정적 내러티브, 드라마 또는 대화와 같은 관념들은 부분적으로 헤겔의 철학에서 연원하고, 발타자르와 쾌시는 이 특징을 주목한다. 헤겔은 이렇게 주장한다. "서사시는 그 자체로…제시된 세계의 완결이라는 의미에서 보편적인 것…이전에 직접 제시된 본질적 존재 양식에 대한 기억을 포함한다."[76] 서사시의 내용이 바로 "행위" 또는 "드라마"다.[77] 그러나 서사시나 드라마는 "타자"를 향하고 있다. 비극에서는 개인이 자기의 일방적 의지 때문에 파멸을 자초한다. 왜냐하면 그는 어쩔 수 없이 스스로에 반대되는 행위의 흐름에 굴복하기 때문이다.[78]

신학적 관점에서 보면 드라마와 관련된 이런 문제들이 발타자르와 쾌

---

74) Quash, *Drama of History*, 196.

75) Heidegger, *Being and Time*, 3장, 91-148; Martin Heidegger, "The Origin of the Work of Art," *Heidegger: Poetry, Language, and Thought*, trans. A. Hofstadter (New York: Harper & Row, 1971), 특히 32-37. 15-87도 보라; Martin Heidegger, *On the way to Language*, trans. P. Hertz (New York: Harper & Row, 1971), 111-136. 『언어의 도상에서』(나남출판 역간); Gadamer, *Truth*, 84-129, 476-477도 참조하라.

76) G. W. F. Hegel, *The Phenomenology of Mind*, trans. with Notes by J. B. Baillie (New York: Harper & Row, 1967), 732. 『정신현상학』(한길사 역간).

77) Hegel, *Phenomenology*, 733.

78) Hegel, *Phenomenology*, 736-745.

시의 작품 속에서뿐만 아니라 케빈 밴후저, 새뮤얼 웰스, 리처드 하이두크를 비롯한 최근의 복음주의 저술가들 속에서도 광범위하게 발견된다.


## 4.3. 케빈 밴후저의 정경적-언어적 접근법에 나타난 드라마로서의 교리

교리와 드라마의 문제를 미국 상황에 맞추어 다룬 것을 제외하면(예컨대 린드벡에 대한 실질적인 비판적 설명과 하지 및 "명제주의"의 유산에 대한 설명을 포함하여), 케빈 밴후저의 저서 『교리의 드라마』(*The Drama of Doctrine*, 2005)는 부분적으로 발타자르 작품의 패턴과 주제를 거의 그대로 따른다. 그리고 밴후저는 성경적 기초에 대한 확고한 강조와 "정경적-언어적 접근법"(the canonical-linguistic approach)을 상세히 설명하고, 복음주의 세계와 대화에 들어간다.[79] 밴후저는 자신의 실질적인 내용을 다음과 같은 말로 시작한다. "복음—예수 그리스도 안에서 하나님이 은혜로 행하시는 자기 전달—은 본질적으로 드라마틱하다."[80] 이 관점을 등한시하는 것은 교리를 무디고 빈약하고 하찮은 것으로 간주하는 만연된 인식의 **전체** 요소는 아닐지라도, 한 요소를 구성한다. "교리는 일반 그리스도인들의 삶과 사고 속에서 더 이상 의미 있는 역할을 행하지 못하고 있다.…교리와 신학에 대한 주장들은 끝났다.…포스트모던 시대에는 많은 사람들에게 '느끼는 것이 곧 믿는 것이다.'"[81]

그러나 밴후저는 교리가 이해와 진실한 삶을 사는 데 필수불가결한 요소라고 주장한다. 교리는 교회의 행복에 결정적이다. 밴후저는 이렇게 말한다. "교리는 삶과 아무 상관이 없는 것이 아니라 오히려 지혜로운 삶의

---

79) Kevin J. Vanhoonzer, *The Drama of Doctrine: A Canonical-Linguistic Approach to Christian Theology* (Louisville, KY: Westminster/John Knox, 2005). 『교리의 드라마』(부흥과개혁사 역간).

80) Vanhoozer, *Drama*, xi.

81) Vanhoozer, *Drama*, xi.

계획 속으로 교인들을 인도함으로써 교회를 돕는다."[82] 바로 이것이 보다 명백한 교리 해석학을 위한 우리 주장의 주요 주제였고, 우리는 이 주제로 다시 돌아갈 것이다. 밴후저는 이렇게 말한다. "추상적 이론의 문제와 거리가 먼 교리, 그것이 사실상 삶의 **본질이다**"(티슬턴 강조).[83] 이것은 로완 윌리엄스(Rowan Williams) 대주교가 주장한 신학의 세 차원, 곧 찬송 또는 송영으로서의 신학, 의사소통과 의미로서의 신학, 참된 증언과 거짓 증언을 구별하기 위한 비판으로서의 신학과 조화를 이룬다.[84] 나아가 이것은 발타자르의 강조점 및 교리 해석학의 필요성과도 일치한다.

밴후저는 삶과 실천을 강조하는 자신의 관념을 교회 출범 초기에 기독교를 "길"(the Way)로 묘사한 것과 결합시키고, 거룩함을 사랑(엡 5:2)과 지혜(골 4:5; 참조. 출 18:20; 신 28:9; 시 1:1; 119:1; 128:1; 롬 8:4; 갈 5:16; 요일 1:7; 계 3:4) 안에서 "하나님과 동행하는 것"으로 보는 성경적 및 청교도적 개념에서 연원하는 교리의 역동적 본질과 결합시킨다.[85] 밴후저는 "이론에서 극으로"라는 부분을 다음과 같은 선언으로 올바르게 시작한다. "교리는…**진리를 삶의 방식으로 체현하는 것**을 추구하고", 활력적이고 자기 참여적인 성격을 가진 제자도는 "예수의 진리와 생명을 위해 말과 행동을 관련시키는 근본적으로 드라마틱한" 그리스도인의 길을 수반한다.[86]

밴후저는 교리가 **본** 것에 대한 반응 곧 "우리가 보고 들은 바"(요일 1:3)에 대한 반응이고, 행동의 관점에서 보면 **살아 있는 수행**이라고 주장한다. 그는 "교리가 명제적 진술이나 정적 규칙이 아니라 생명력을 주는 드라마틱한 지침"이라고 설명한다.[87] 그는 더 구체적으로 "기억된 과거는 플롯을

---

82) Vanhoozer, *Drama*, xii.

83) Vanhoozer, *Drama*, 2.

84) Rowan Williams, *On Christian Theology* (Oxford: Blackell, 2000), xiii.

85) Vanhoozer, *Drama*, 14.

86) Vanhoozer, *Drama*, 15(티슬턴 강조).

87) Vanhoozer, *Drama*, 18.

통해 표현된다"고 덧붙이고, 이것은 명제의 형태를 취할 수 있다고 말한다.[88] 우리는 이 모든 것이 **내러티브 해석학**의 주제들을 포함한다고 지적할 수 있다. 또한 해석학적 관점은 밴후저가 계속해서 교리는 동등하게 이론과 실천의 도랑, 주석과 신학의 도랑을 극복했다고 설명하는 말 속에도 함축되어 있다.[89]

밴후저는 린드벡의 모델이 성경 정경에서 교회 공동체로 너무 쉽게 이동하는 것에 대해 조심할 필요가 있음을 지적하려고 자신의 "정경 대본"(canonical script, 성경에서 언어가 갖고 있는 용도를 가리키는 말) 개념을 유용하게 활용한다. 이것은 성경의 확정적 지위를 존중하려는 그의 **명백한** 관심과 그의 연구가 교회 연합적인 배경을 가지고 있음에도 불구하고, 확실히 린드벡의 연구가 쉽게 간과할 수 없는 문제임을 보여준다. 예를 들어 린드벡은 "말하자면 세상이 텍스트를 흡수하는 것이 아니라 텍스트가 세상을 흡수한다"고 말한다.[90] 또 이렇게도 말한다. 신자들은 성경에서 이야기를 찾아낼 뿐만 아니라 "이 이야기에서 성경의 이야기를 만들어야만 한다.… 존재, 진, 선, 미를 정의하는 것이 성경에서 증명되는 종교다."[91] 누구든 이 이상을 넘어갈 수 없다. 따라서 밴후저는 "전통이나 관습은 절대로 기독교 신학의 최고 규범이 될 수 없다"고 말함으로써 린드벡이 이에 대립할 의도가 있었던 것은 아닌지 의심한다.[92] 밴후저와 린드벡 모두 하나님의 계시는 **세상을 다루시는 하나님에 대한 확대된 내러티브**를 상세히 제시한다는 사실을 강조한다.

앞에서 확인한 것처럼 공동체적 신앙고백과 찬송들은 종종 구약과 신

---

88) Vanhoozer, *Drama*, 18.

89) Vanhoozer, *Drama*, 21.

90) George A. Lindbeck, *The Nature of Doctrine: Religion and Theology in a Postliberal Age* (Philadelphia: Westminster, London: SPCK, 1984), 32-41.

91) Lindbeck, *Nature of Doctrine*, 118.

92) Vanhoozer, *Drama*, 22.

약성경에서 내러티브 형태를 취한다. 톰 라이트(N. T. Wright)는 다음과 같이 말한다. "바울 사상이 가지고 있는 내러티브적 측면은…바울에 대한 '새 관점'으로 알려진 것에서 핵심 요소 가운데 하나다.…그것은 확실히 바울의 사상을…교리와 **대립하는** '이야기'의 세계로 환원하지 않는다"(라이트 강조).[93] 부분적으로 리쾨르의 견해를 따라, 밴후저는 여기서 "수행되어야" 할 "플롯" 개념을 강조한다. 밴후저는 발타자르의 "포괄적인 우주적 드라마"(all-embracing cosmic drama)라는 주제를 반영한다. 그러나 이 주제를 명백히 "복음주의" 신학 속에 두고 있다. 밴후저는 이렇게 말한다. "복음주의 신학은 관념과 정보들을 단편적인 조각으로 다루지 않고, 신적 수행(divine doings) 곧 하나님의 등장과 퇴장을 보여주는 포괄적인 우주적 드라마로 다룬다."[94]

특히 발타자르의 연구에 비추어볼 때 이 관점은 복음주의 신학에만 배타적으로 적용되는 것은 아니다. 다른 많은 학자들 가운데 라이트(G. E. Wright)는 일찍이 성경 역사의 통일적 범주(오늘날에는 너무 지나치게 통일화된 범주)에 대하여 설명했다. 한편 이런 관점은 최근의 여러 소장파 복음주의

---

93) N. T. Wright, *Paul: Fresh Perspectives* (London: SPCK, 2005), 7; 참조. 7-13. 『톰 라이트의 바울』(죠이선교회 역간). 특히 다음 자료들을 보라. Bruce W. Longenecker (ed.), *Narrative Dynamics in Paul: A Critical Assessment* (Louisville and London: Westminster John Knox, 2002); Richard B. Hays, *The Faith of Jesus Christ: The Narrative Substructure of Galatians 3:1-4:11* (Grand Rapids: Eerdmans, 1983, 2d edn., 2002). 『예수 그리스도의 믿음』(에클레시아북스 역간); N. T. Wright, *The New Testament and the People of God*, vol. 1 of *Christian Origins and the Question of God* London: SPCK and Minneapolis: Fortress, 1992), 특히 121-44을 보라. 『신약성서와 하나님의 백성』(크리스챤다이제스트 역간). 또한 N. T. Wright, *Jesus and the Victory of God*, vol. 2 of *Christian Origins and the Question of God* London: SPCK and Minneapolis: Fortress, 1996). 『예수와 하나님의 승리』(크리스챤다이제스트 역간). 추가로 Vanhoozer, *Drama*, 30-31과 N. T. Wright, "How Can the Bible Be Authoritative?" *Vox Evangelica* 21 (1991) 1-20, 특히 10-16도 참조하라.

94) Vanhoozer, *Drama*, 39.

학자들의 사상을 반영한다. 또 밴후저가 드라마틱한 행동을 포함해서 인간의 언어를 통한 신적 전달로서의 하나님의 말씀, 그리스도로서의 하나님의 말씀, 복음 선포 안에 있는 하나님의 말씀, 그리고 성경으로서의 하나님의 말씀 사이에서 행동의 연속성을 추적한 것은 옳다.[95]

밴후저는 톰 라이트와 다른 학자들에 의해 정식화된 초창기와 최근의 내러티브 패턴과 드라마 패턴을 따른다. 이들은 "발화행위"(speech-acts)에 대한 바르트의 신학적 배경과 "행위언어"(deed-words)에 대한 발타자르의 신학적 배경을 반대한다.[96] 예수의 말과 행동은 하나님 나라를 드라마로 연기한다. 예수와 바울은 하나님의 드라마를 창조의 드라마(제1막), 이스라엘의 포로기 드라마(제2막), 예수 그리스도 안에 있는 결정적이고 적극적인 하나님 말씀의 드라마(제3막)를 거쳐 이제 복음과 복음 교리에 참여하는 자들이 발견하는 교회 시대의 드라마(제4막)로 막을 넘긴다. "전체 5막으로 이루어진 신적 드라마"의 마지막 **대단원**은 종말에 이르러 절정에 달할 것이다.[97]

밴후저는 신적 드라마에 대한 신학과 교리의 본질에 대한 보다 실질적인 내용을 다루는 장에서 신적 의사소통의 행동을 주로 **약속 행동**의 전달로 제시한다. 하나님의 언약적 약속은 "사명" 곧 "하나님의 아들과 성령의 사명" 속에서 그 표현이 발견된다.[98] "드라마는 **체현된 인격적 관계**에 따라 진행된다"(밴후저 강조).[99] 왜냐하면 교회는 단순한 청중이 아니라 그 자체로 드라마틱한 행동에 **참여하는 자**이기 때문이다. 신약 다음 시기, 2세기 교회는 마르키온이 하나님이자 예수 그리스도의 아버지이신 분이 만

---

95) Vanhoozer, *Drama*, 44-45.

96) Wright, *Paul: Fresh Perspectives*, 7-13, Wright, *Christian Origins and the Question of God*, vol. 2, *Jesus and the Victory of God*, 130. 위에서 인용한 다른 자료들을 보라. 참조. Vanhoozer, *Drama*, 52.

97) Vanhoozer, *Drama*, 57.

98) Vanhoozer, *Drama*, 63-73.

99) Vanhoozer, *Drama*, 77.

물을 창조하셨다는 교리를 거부하고, 구약성경을 유일하신 하나님의 계시로 보지 않으며, 하나님 백성의 연속적인 내러티브로서 이스라엘과 교회의 연속성을 인정하지 않는 것을 정죄함으로써 처음 세 "막"의 드라마 내러티브의 연속성을 결정적으로 재확립했다. 이 드라마를 **이해하려면** 해석 또는 **해석학**이 필요하다.

자주 학자들은 마치 비인격적이고 전지한 내레이션의 음성을 흉내 내려고 애쓰는 것처럼 조직신학 또는 교리를 작성한다. 여기서 밴후저는 다시 한 번 발타자르의 견해에 의지해 헤겔까지 거슬러 올라가는 구분, 곧 담론의 독백적이고 선언적인 모델을 반영하는 서사적 내러티브와 표현이 보다 풍부한 서정적 내러티브, 그리고 한 사람의 음성 이상을 말하는 대화적 내러티브의 구분을 제시한다. 만일 서사적 내러티브 문체가 한 음성을 갖고 선언적으로 말한다면, 이것은 경쟁적인 음성들과 경쟁적인 해석들을 불러들일 수밖에 없다.[100] 이때 각각의 음성은 **자기만의** 해석을 명확하고 포괄적이고 절대적인 것으로 만들고 싶은 유혹을 받는다. "명제주의자의 신학"이 특히 이 유혹에 넘어가기 쉽다. 분명히 밴후저는 이렇게 말한다. "명제주의적 신학은 최악의 경우에 성경을 **탈드라마화 하는** 죄를 범한다"(밴후저 강조).[101] 비록 밴후저가 명제들에 대한 보다 세밀한 설명을 제공함으로써 인식론적 진리-주장의 역할을 회복시키려고 애쓰기는 해도, 찰스 하지는 이 점에 있어 특별한 비판을 받는다.[102]

『교리의 드라마』 2부는 계속해서 발타자르가 자신의 저서 제2권에서 다루는 것 곧 **해석학을** (발타자르의 책 내용으로 거의 도배하듯) 다룬다. 사실 밴후저는 **해석학**이라는 말을 거의 사용하지 않는다(색인에서 그 말은 단지 세 번 언급한 것으로 되어 있다). 그러나 밴후저는 "말씀과 교회"라는 제목의 장을 시

---

100) Vanhoozer, *Drama*, 85-86.
101) Vanhoozer, *Drama*, 87.
102) Vanhoozer, *Drama*, 88-91.

작하면서, 사도행전 8:26-39의 "가사로 내려가는 길"에서 겪은 경험에 의지한다. 이 경험은 에티오피아 내시가 이사야서 본문에서 읽는 것을 **이해하는지** 여부로 시선을 돌린다(행 8:30).[103] 에티오피아 내시는 본문을 **해석해주는** 어떤 사람이 필요했고 그 일을 빌립이 하는데, 빌립은 초기 기독교 전승이나 사도들의 신앙 규범과 일치되게 본문을 해석해 주었다고 밴후저는 지적한다. 여기서 밴후저는 해석의 역할, 텍스트의 지위, 전승의 타당성, 읽는 자가 속해 있는 공동체, 성령의 활동을 비롯해 해석학 탐구의 여러 가지 핵심 요소들을 열거한다. 그럼에도 불구하고 『교리의 드라마』 나머지 부분에서 밴후저의 가장 깊고 넓은 관심사는, 첫째로 성경 정경에 관한 문제, 둘째로 교회의 공동체적 삶에 관한 문제들이다.

우리는 밴후저의 접근법과 지금 우리가 다루는 이 장들 사이의 공통적인 강조점을 실제로 제시할 수 있다. 우리는 다음과 같은 사실들을 밴후저와 공유하고 있다. 곧 교리의 중요성 및 교리에 대한 현재의 비극적인 등한시나 명백한 무능력에 대한 공통적 염려, 예배에서도 표현되는 삶의 실천으로서 교리에 대한 공통적 강조, 정경에 입각하여 규정된 성경책의 기초 및 교리와 지속적이고 발전적인 전통의 연속성에 대한 공통적 확신, 언약적 약속이 신적 의사소통 행동과 기독교 신학의 핵심에 있다는 것과 이것이 세상 속에서 신적 발화행위에 대한 통용의 근거라는 공통적 믿음, 교리가 수행으로부터 나오고 다시 습관을 일으키는 형성이라는 공통적 이해, 그리고 일관된 플롯을 체현하는 내러티브의 시간적 논리 등이다. 드라마라는 말을 적용시키면 교리의 역동적이고 긴장감 있는 본질은 현저하게 가시적인 것이 된다.

그러나 미래의 진보에 대한 우리의 주제와 관심사를 이끄는 사유의 맥락은 분명 밴후저와 상당한 차이가 있을 것이다. 밴후저는 "믿음의 실천"(believing practice)과 "실천적 믿음"(practical belief)에 대해서 올바르게

---

103) Vanhoozer, *Drama*, 116-150.

말하지만, 나는 이것이 함축하는 것이 신약성경과 2세기 교회의 신앙고백들을 믿음의 성향 이론의 맥락 속에 둘 때 매우 명확하게 드러날 것이라고 주장하는 바이다. 확인된 주제들이 설득력을 가지려면 보다 포괄적인 사유의 맥락이 필요하다. 교리와 실천의 관계는 "교리를 따라 사는 것" 이상의 문제다. 물론 교리를 따라 사는 것만으로도 족하기는 하다. 성경적 체현의 개념은 성경책에 가득 차 있고 성경과 기독교 전승에서 성육신, 성례 신학, 시공간의 중요성, 영지주의 사상과의 대립, "몸"에 대한 신약성경 연구, 공적 영역, 그리고 다른 많은 방법들을 통해 드러나는 특별한 사고 양식으로부터 나온다.

밴후저는 교리에 있어서 해석학의 역할을 강조하지만 내러티브에 관해 리쾨르를 언급할 때를 제외하고는 해석학을 상세히 진술하지 않는다. 나는 부분적으로 새뮤얼 웰스에게서 이끌어낸 습관과 수행의 지위가 유용하다고 생각한다. 하지만 6장에서는 비트겐슈타인의 후기 사상에 나타난 "훈련", 이해, 그리고 행동의 관계가 교리에 통용성을 부여하는 실제 효력을 제공한다고 주장할 것이다. 밴후저는 건설적인 다양한 통찰을 제공하지만, 종종 이 통찰들이 포괄적 문맥과 어떻게 이어지는지에 대한 상세한 설명을 결여하고 있다.

나는 일반적으로 이러한 건설적이고 유용한 연구에 대부분 동의하면서 세 가지 다른 부차적인 단서들을 덧붙이고자 한다. 첫째, 어떤 그림이나 은유가 갖고 있는 문제점은, 너무 의지하게 되면 그것이 우리를 속일 수 있다는 것이다. 밴후저는 하나님을 드라마 속 연기자 또는 배우라고 말한다. 따라서 밴후저는 하나님도 모든 배우들과 같이 "등장"과 "탈출" 곧 퇴장하는 순간을 갖는다고 말한다. 밴후저는 "복음의 하나님은 자신이 원하는 대로 오고갈 자유가 있다"고 말한다.[104] 그러나 우리가 무대에서 사라진 하나님의 **부재**(absence)를 가리키기 위해 연기자의 그림을 적절하게 제공

---

104) Vanhoozer, *Drama*, 40.

할 수 있을까? 마르틴 루터, 위르겐 몰트만, 코르넬리스 미스코테(Kornelis Miskotte), 그리고 다수의 다른 학자들은 모두 하나님의 부재와 하나님의 **"숨어계신"**(hiddenness) 시간을 적절하게 대조시킨다.[105] 하나님의 부재와 하나님의 숨어계심은 같은 개념이 아니다. 몰트만은 이렇게 말한다. "숨어계심은…앞에 놓여 있고 약속으로 충만한 가능성의 열린 영역으로…밀고 들어간다."[106] 미스코테는 이렇게 주장한다. "하나님의 숨어계심을 선언하는 것은 본질상 하나의 신앙고백이다.…즐거운 기억으로 충만하고 복된 약속으로 가득 차 있는 하나님의 숨어계심은 말하자면 우리를 부재의 현존(presence of an absence)으로 에워싸고 있다."[107] 그러나 만일 하나님이 부재를 택하신다면 이것은 사실이 아니다. 루터파 학자인 제임스 앳킨슨(James Atkinson)은 "숨어계심 곧 침묵"이 "하나님이 존재하지 않는 것"과는 전혀 상관이 없다고 말한다.[108] 이 차이는 하나님의 자유를 손상시키지 않는다. 왜냐하면 언약을 통해 하나님은 예수 그리스도께서 "내가 세상 끝날까지 너희와 항상 함께 있으리라"(마 28:20)고 약속하신 것처럼 자신의 언약 백성과 함께 계시겠다고 서약하셨기 때문이다. 교리의 드라마 모델은 유용하지만, 그 그림은 "우리를 포로로 잡아둘 수 있다."[109]

둘째, 나는 더욱 엄밀하게 문제들을 정의함으로써 "명제주의" 논쟁이라 불리는 것을 뒤로 밀어두려는 밴후저의 시도를 기꺼이 지지한다. 나는 2002년 테네시 주 잭슨에 있는 유니언 대학교에 제출한 한 논문에서 이와 매우 비슷한 논증을 했다. 그러나 다음 두 가지 요점은 밴후저가 재정립한 요점보다 훨씬 더 중요하다고 생각한다. 첫째로 우리는 성경 전체에 걸쳐

---

105) Martin Luther, *The Bondage of the Will*, trans. J. I. Packer, O. R. Johnston (London: Clark, 1957), 169-171.

106) Moltmann, *Theology of Hope*, 213.

107) Kornelis Miskotte, *When the Gods Are Silent*, trans. J. Doberstein (London: Collins, 1967), 51.

108) James Atkinson, *Faith Regained* (Leiden: Deo, 2005), 203.

109) Wittgenstein, *Investigations*, sect. 115.

등장하는 명제, 은유 또는 시의 역할을 일반화할 수 없다. 관건은 저자가 어떤 장르를 사용하고 있고, 논의 중인 본문의 목적이 무엇인지, 그리고 이 본문이 "닫힌" 본문인지 또는 "열린" 본문인지에 달려 있다. 두 번째로 그 논문에서 나는 만약 찰스 하지 전통에 속한 학자들이 "존재론적"이라는 말을 명제와 명제의 형태에 대한 다양한 담론으로 빠지지 않고 성경적 진리-주장을 가리키는 의미로 사용했다면, 그들이 진정으로 추구했던 것이 보다 잘 표현되었을 것이라고 주장했다.[110] 은유는 다른 곳에서 (밴후저와 같이) 주장한 것처럼 여전히 비판적인 문제로 남아 있다. 나의 감독 아래 비트겐슈타인의 그림 이론으로 대학원 연구 논문을 시작한 자넷 마틴 소스키스(Janet Martin Soskice)는 은유가 인식적 진리-주장을 타당한 것으로 만들 수 있음을 증명했다.[111] 나는 앞장에서 잘못 파악된 하지와 호러스 부쉬넬(Horace Bushnell)의 대립 관계를 언급했다. 이것은 비교적 최근까지 미국에서 벌어진 보수주의자와 자유주의자 간의 논쟁에 치명적인 결과를 가져왔다.

셋째, 이미 앞에서 지적한 것처럼 밴후저는 자신의 "정경적-언어적" 교리 접근법을 마치 조지 린드벡의 "문화적-언어적" 교리 모델의 수정판인 것처럼 제시한다. 북미의 학자들 가운데 어떻든 린드벡과 상호작용하지 않고 교리의 본질을 제시하는 자는 별로 없다. 린드벡과 프라이와 같은 소위 예일 학파나 데이비드 트레이시의 시카고 학파를 이처럼 빈번하게 통례처럼 언급하는 것은 유럽 학자들에게는 당혹스러운 일로 보인다. 특히 그들의 독창적인 작품 대부분이 20년 전에, 어떤 경우에는 그보다 훨

---

110) Anthony C. Thiselton, "Biblical Authority in the Light of Contemporary Philosophical Hermeneutics," in Anthony C. Thiselton, *Thiselton on Hermeneutics: Collected Works and New and Essays* (Grand Rapids: Eerdmans and Aldershot: Ashgate, 2006), 625-642.

111) Janet Martin Soskice, *Metaphor and Religious Language* (Oxford: Clarendon, 1985).

씬 더 이전에 등장했기 때문에 더욱 그렇다.[112] 이 두 학파의 학자들은 가치에 대한 문제들을 우리 앞에 안건으로 제시했지만, 지금은 다른 안건들이 그 문제들을 압도해 주의를 끌고 있다. 2005년에 등장한 밴후저의 책은 확실히 린드벡보다는 발타자르의 건설적인 사유에 훨씬 더 크게 의존하고 있다.

그럼에도 밴후저는 린드벡의 작품에 시간을 할애할 충분한 이유를 갖고 있고, 자신의 접근이 "문화적-언어적 모델과 공통점이 많다"는 사실을 인정한다.[113] 확실히 린드벡과 밴후저는 부분적으로 "인식적-명제적"(cognitive-propositional) 교리 모델에 대해서는 만족하지 못하며, 최소한 교리의 본질에 대하여 **포괄적** 설명을 제공하는 "경험적-표현적"(experiential-expressive) 모델에 대해서는 더 큰 불만을 드러낸다. 둘 다 경험적-표현적 모델을 구자유주의 신학에서 연원한 것으로 간주하고, 빈약하고 목적에 부적합한 모델로 본다. 한편 밴후저는 린드벡이 궁극적으로 교리의 성경적 기초보다 교회 관습과 관련된 "규칙"에 더 큰 비중을 둔다고 주장한다.

비록 린드벡이 문법과 언어 그리고 행동적 실천에 대한 비트겐슈타인의 후기 사상에 의존하기는 해도, 명백히 **특수 사례**를 주목하고 **일반화와 일반성을 피해야** 한다는 비트겐슈타인의 경고에 따라, 자신이 택한 세 가지 모델(인식적-명제적 모델, 경험적-표현적 모델, 문화적-언어적 모델)의 범위와 사전 적용을 지나치게 확대시킨다. 거의 한 세기 동안 학자들은 불트만의 실패작인 서술 대 요청/의지의 이분법 또는 칼 뷜러(Karl Bühler)가 언어를 인식적 용법, 표현적 용법, 의지적 용법으로 구분한 지나치게 일반화된 언어 삼분법의 주위를 맴돌았다.[114] 그러나 지난 75년 동안 우리는 비트겐슈타

---

112) 밴후저는 *Drama*, 16-33에서 자신의 설명을 소개한다. 린드벡은 *The Nature of Doctrine*, 32-41에서 자신의 모델을 소개한다.

113) Vanhoozer, *Drama*, 16.

114) Karl Bühler, *Sprachtheorie: Die Darstellungsfunktion der Sprache* (Jena:

인의 후기 사상을 통해 언어 사용이 (삼중적이 아니라) **다중적**이고, 언어 용법은 **중복될** 수 있으며, 다수의 기능을 **동시에** 수행할 수 있다는 것을 알게 되었다. 린드벡 안에 있는 다양한 선물 가운데 하나는 "문화적-언어적 대안"(Cultural-Linguistic Alternative)이라는 말이다.[115] 한 가지 답변은 언어의 다원성이 문화적-언어적 모델 안에서 인식되었다고 주장하는 것일 수 있다. 이 경우에는 이 답변이 꽤 그럴듯한 "대안"이다. 그렇지 않으면 우리는 동일한 질서가 아닌 다른 분류나 설명의 논리적 범주들에 대해 말해야 한다.

나는 여기서 밴후저가 "틀렸다"고 주장하는 것이 아니다. 밴후저가 선택한 부제목은 그가 새로운 안건으로 이동하려고 최선을 다했는데도 불구하고, 우리가 이 진부한 안건을 계속 다루어야 함을 함축하고 있다. 우리는 린드벡이 교회에 우선권을 두었는지 아니면 성경에 우선권을 두었는지 고민해서는 안 된다. 결국 린드벡과 밴후저 모두에게 내가 가지고 있는 걱정은 비슷하다. 두 사람은 어느 정도 탁월하고 건설적인 통찰들을 제공했으나 그 통찰을 실제로 중요한 것으로 만들지는 못했다. 밴후저의 경우에는 이 부족함이 대부분 해석학에 해당된다. 밴후저는 우리에게 성령의 역할, 사도전승의 역할, 교회의 역할, 정경 본문의 역할, 그리고 심지어는 "타자성"에 대해서도 얼마간 정보를 제공한다. 그러나 이 가운데 어느 것도 해석학 이론과 실천의 자원으로 사용되지 못한다. 그래서 이 책이 이 간격의 일부를 채우는 역할을 하길 바란다.

---

Fischer, 1934).

115) Lindbeck, *Nature of Doctrine*, 32.

**5장**
해석학과 교리에서
형성, 교육, 훈련

## 5.1. 가다머, 리쾨르, 베티에 나타난 형성, 교육, 훈련

요즘 성경 해석학에 대하여 글을 쓰는 이들이 성경 본문(텍스트)의 형성적 영향력과 변혁적 효과를 강조하는 것은 매우 흔한 일이다. 데이비드 켈시, 조지 린드벡, 프랜시스 영(Frances Young)은 모두 켈시가 표현한 것처럼, 기독교의 경전으로서의 성경 본문이 "**사람들의 정체성을 형성시켜 그들을 결정적으로 변혁시키는**" 역할을 한다고 주장한다(켈시 강조).[1] 나는 "변혁적 성경 읽기의 이론과 실제"라는 부제목을 달고 있는 『해석의 새로운 지평』(*New Horizons in Hermeneutics*) 전체에서 이것을 주장했는데, 여기서 **변혁**이라는 말은 두 가지 의미를 다 갖고 있다.

그러나 학자들이 일반적으로 기독교 교리에 관해 이런 형성적 효력과 변혁적 효력을 주장하는지는 그리 명확하지 않다. 한 예외가 필립 터너(Philip Turner)인데, 터너는 토머스 크랜머(Thomas Cranmer)가 그렇게 본 것처럼, 영국 성공회 교리의 독특한 기초는 "핵심 교리들"을 추상적으로 수집하는 것에 있지 않고, "질서 있는 공동체를 위한 실천적인 '삶의 조직자'로서…성경을 읽고 기록하고 배우고 내면에 소화시킴으로써 **형성되고 활성화된**…신실한 삶"으로 표현된 예배와 삶에 대한 공동체적 헌신의 "형성력"(formative power)에 있다고 설득력 있게 주장한다.[2] 중요한 것은 교리의

---

1) Davld Kelsey, *The Uses of Scripture in Recent Theology* (London: SCM, 1975), 91. 또한 Lindbeck, *Doctrine*, 118; Frances Young, *The Art of Performance: Towards a Theology of Holy Scripture* (London: Darton, Longman & Todd, 1990).
2) Philip Turner, "Tolerable Diversity and Ecclesial Integrity: Communion or Federation?" in *The Journal of Anglican Studies* 1:2 (2003) 32; 참조. 24-26.

"전례적이고 **형성적인 배경**"이라고 터너는 주장한다.[3] 얼핏 보아 해석학적 탐구와 기독교 교리 사이에 존재하는 긴장 관계(특수성 대 정합성, 잠정성 대 참여성)가 무엇이든 간에 둘 다 **형성적**이고, 둘 다 이해, 삶, 성품의 **형성**을 목표로 한다.

가다머가 제시하는 형성이라는 말의 의미로 볼 때 철학적 해석학도 형성에 관심을 둔다. 가다머는 Bildung(형성)이라는 개념에 의존하는데, 그는 이것을 단순히 **문화**(culture)와 동일하게 다루지 않는다. **문화**는 "자신의 능력이나 재능을 계발하는 것"의 문제다. 그러나 해석학의 맥락에서 Bildung은 우리에게 그 이상의 의미를 전달한다.[4] 가다머는 이렇게 말한다. "Bildung에 해당되는 라틴어 단어는 *Formatio*로, 이는 다른 언어들과 관련이 있다. 예컨대 영어에는(샤프츠베리에서) '형식'[form]과 '형성'[formation]이 있다. 독일어에서…'조성'[Formierung]과 '구성'[Formation]은 '형성'[Bildung]이라는 단어와 오랜 시간 경쟁 관계에 있었다."[5] 이것은 인간의 "형상"(Bild)의 변화를 추구하는 개념을 전달한다. 동시에 **형성**은 세움이라는 **교육적 목표**도 전달한다. 해석학적 탐구의 핵심은 "타자"에게 문을 여는 법, 자기 나름대로 "타자"를 존중하는 법을 배우는 것에 있다. 그러므로 해석학적 탐구는 "자기와 다른 것을 인정하는 법을 배우는 것"이다. 이것은 궁극적으로 **지혜**(*phronēsis*)의 계발로 나아가고 그것을 포함한다.[6] "교육받은"(Gebildete) 인간은 단순히 "솜씨", 자격, "기술"(*technē*)의 습득이 아니라 성격 형성 과정에 의존한다.

해석학과 전통, 역사, 세계 문학 "고전"의 회복 사이의 관계는 기독교 교리에서 성경을 비롯한 고전적인(교부들의 작품을 포함한) 신학 전통의 회복과 병행해서 중요한 역할을 한다. 가다머에 대한 탁월한 연구서를 쓴 조지

---

3) Turner, "Tolerable Diversity," 36(티슬턴 강조).
4) Gadamer, *Truth*, 11.
5) Gadamer, *Truth*, 11.
6) Gadamer, *Truth*, 14. 20-22.

아 윈키(Georgia Warnke)는 이렇게 지적한다. "교화의 관점에서 볼 때 중요한 것은 '진리의 소유'가 아니라 우리 자신의 계발이다."[7] 형성은 여전히 "타자에게 자신을 개방하는 것" 즉 단순히 "과정"이 아니라 진리에 자신을 개방하는 것을 함축한다.[8]

이 점에서 가다머의 접근법은 키에르케고르의 접근법과 긴밀하게 공명을 이룬다. 키에르케고르는 이렇게 말한다. "단순히 결과 자체만을 갖고 있는 자는 그 결과를 소유하지 못한다. 왜냐하면 그는 **그 길을** 갖고 있지 못하기 때문이다"(키에르케고르 강조).[9] 키에르케고르는 후기의 한 작품에서 다음과 같이 지적한다. "객관적 강조점은 **무엇이** 말해지느냐(WHAT is said)에 있고, 주관적 강조점은 그것이 **어떻게** 말해지느냐(HOW it is said)에 있다.…이 '어떻게'는 무한자에 대한 열정이다.…[그것은] 엄밀히 말해 주체성이고, 따라서 주체성이 진리가 된다"(키에르케고르 강조).[10] "내적인 것"에 대한 그의 언급에도 불구하고, 키에르케고르는 여기서 내적인 심적 상태에 관심을 두지 않고, 변혁적 특징을 갖고 있는 적극적 **참여**에 관심을 두고 있다. 주체성은 단순히 정보를 흡수하는 "제3자로 둔감해지는 것"이 아니라 "자기 속에서 날카로워지는 존재"를 의미한다.[11] 이런 의미에서 소통, 이해, 그리고 적극적 주체성은 **형성**과 **훈련**을 함축한다. 마찬가지로 가다머도 대학의 독자적 지위에 따라 교수와 학생은 공조해서 "우

---

7) Georgia Warnke, *Gadamer: Hermaneutics, Tradition and Reason* (Cambridge: Polity, 1987), 157. 『가다머』(민음사 역간).

8) Gadamer, *Truth*, 17; 참조. 11(티슬턴 강조).

9) Søren Kierkegaard, *The Concept of Irony*, trans. L. M. Capel (London and New York: Collins, 1966), 340.

10) Søren Kierkegaard, *Concluding Unscientific Postscript to the Philosophical Fragments*, trans. D. Swenson and W. Lowrie (Princeton: Princeton University Press, 1941), 181.

11) Søren Kierkegaard, *The Journals of Søren Kierkegaard*, ed. and trans. A. Dru (Oxford: Oxford University Press, 1938), 533.

리 자신의 삶을 형성시키는 가능한 길들을 찾는 것을 배운다"고 선언한다.[12] 이것은 존 헨리 뉴먼(John Henry Newman)의 『대학의 이념』(*The Idea of a University*)을 떠오르게 한다. 대학과 대학 교육의 목표는 "지성(mind)을 열고 지성을 교정하고 지성을 단련시키고 지성이 알 수 있게 하고…총명(sagacity)을…지성에 적용하도록 하는…" 것이다. 뉴먼은 대학 교육이 사회나 교회에서 "써먹기 위한" 단순히 기술적이고 실용적인 자원이 아니라고 말한다. 대학 교육의 가치는 "덕의 계발만큼 명료하게…덕 자체가 목적인 것"이라고 덧붙인다.[13]

따라서 해석학에 있어 **형성**은 성격 형성, 판단, **훈련**, **습관**, 그리고 인간 행위와 같은 어휘에 속해 있다. 가다머는 헤겔의 견해에 따라 형성이 자아 편에서 볼 때, 자아가 덧없는 현재 순간의 특수성을 초월할 수 있게 하는 깨달음의 연속성을 전제하고 배양하는 것이라고 지적한다. 형성이 자아에게 "직접적이지 않은 것, 생소한 것, 기억에 속해 있는 것"을 다룰 능력을 부여한다.[14]

비트겐슈타인은 **훈련**(Abrichtung)이 **이해**를 가능하게 만드는 데 필수적인 역할을 한다고 생각한다. 예를 들어 이해하는 법과 일련의 명령을 준행하는 법을 터득하는 것은 "훈련을 통해 학습된다."[15] 여기서 외견상 자기 모순적인 변증법이 작용한다. 한편으로 훈련 제도에서 안정된 어떤 규칙성은 배경막을 제공하고, 거의 "전통"과 같은 지위를 차지한다. 이 기초 위에서 이해의 연속성과 해석의 습관이 발생한다. 그러나 다른 한편으로 배운 것을 "실현하는" 존재의 우연적이거나 특수한 각각의 실례는 독특하

12) Hans-Georg Gadamer, *Hans-Georg Gadamer on Education, Poetry, and History: Applied Hermeneutics* (Albany, NY: State University of New York Press, 1992)

13) John Henry Newman, *The Idea of a University* (New York and London: Longmans, Green, 1947), 108.

14) Gadamer, *Truth*, 13-14.

15) Wittgenstein, *Investigations*, sect. 86.

면서도 반복되지 않는 형태를 취하고, 종종 독립적인 판단이나 심지어는 "즉흥적인 판단"을 요청하기도 한다. 비트겐슈타인은 이렇게 말한다. "그 [배우는 자]가 **이해에 이를 가능성**(die Möglichkeit der Verständigung)은 [이 특수한 사례에서] 독립적으로 (계속) 그것을 써나가는 데 달려 있을 것이다"(비트겐슈타인 강조).[16] 이해의 기준은 이해하는 자가 "이제 어떻게 계속하는지 알겠다"라고 선언할 때 어떤 배경 속에서 성취된다.[17]

이것은 가다머가 말하는 전통과 수행의 변증법과 병행한다. 동일한 종류의 두 게임은 동일한 규칙을 따를 것이고, 동일한 작품을 연주하는 두 연주는 동일한 악보를 따를 것이다. 그러나 두 게임이나 두 연주는 서로를 똑같이 되풀이하지는 못할 것이다. 아니 그렇게 해서는 안 된다. 경우에 따라 게임이나 예술은 예측할 수 있는 반복을 멈출 것이다.[18] 가다머는 이렇게 말한다. "예술의 존재는…표현 속에서 일어나는 존재 사건의 한 부분이고, 본질상 놀이로서의 놀이(play as play)에 속해 있다."[19] 확실히 가다머의 다음과 같은 설명은 비트겐슈타인의 훈련, 이해, 적용에 대한 견해와 거의 비슷하다. "행동을 이끄는 지식은 우리가 할 일을 선택해야 하는 구체적 상황에 의해 요구되는 것이지, 배우거나 숙달시킨 어떤 기술에 의해서 숙고와 결정의 임무를 면하게 할 수는 없다."[20] 가다머를 해석하는 데 있어 최고의 전문가인 조지아 윈키와 조엘 바인즈하이머(Joel Weinsheimer)는 "이해와 적용"(윈키) 또는 "적용에 따른 이해"(바인즈하이머)라는 제목으로 가다머에 대한 탁월한 해설을 제공한다.[21]

---

16) Wittgenstein, *Investigations*, sect. 143.
17) Wittgenstein, *Investigations*, sect. 179. 참조. sect. 151.
18) Gadamer, *Truth*, 110-129.
19) Gadamer, *Truth*, 116.
20) Han-Georg Gadamer. *Reason in the Age of Science*, trans. F Lawrence (Cambridge, MA: MIT, 1981), 92. 이 인용문은 "Hermenetics as Practical Philosophy"에서 나왔다. 『과학 시대의 이성』(책세상 역간).
21) Warnke, *Gadamer*, 91-106; Joel C. Weinsheimer, *Gadamer's Hermeneutics: A*

"이해"에 대한 이런 설명 역시 "**형성**"의 문제인가? 비트겐슈타인이 "나는 그의 **직관 방식**(seine Anschauungsweise)을 바꾸었다"(비트겐슈타인 강조)고 말한 것은 엄밀히 말해 이해(Verstehen)에 대한 이런 "해석학적" 설명의 맥락에서 "훈련"의 효력을 지적한 것이다.[22] 이후에 언어철학에서 사용된 용어들을 보면(예컨대 존 설[John Searle]과 조나단 컬러[Jonathan Culler]를 통해), 배우는 자의 언어나 개념 **능력**이 크게 확대되었다.[23] 가다머의 용어에 따르면, 형성은 **새 지평이 참여할 자리가 만들어지도록 이해의 사전 지평의 확장**을 포함한다.[24] "발생하는" 것(가다머) 또는 "떠오르는" 것(비트겐슈타인)은 관련 당사자의 관점을 형성시키는 결정적인 효력을 갖고 있다.

폴 리쾨르 역시 만약 그것이 참된 것이라면, 해석학적 경험을 인간 행위자에게 형성적 효력을 미치는 것으로 간주하는 것 같다. 개인의 의식이 단순히 개인적인 자기반성(예를 들어 데카르트의 철학 전통이 범했던 종류의 반성)에 갇혀 있을 때, 이 의식은 "나르시시즘"의 위험에 빠지고 "진리에 대한 저항"을 일으킨다.[25] 리쾨르는 프로이트와 융을 비판적으로 전유해서 인간 자아에 오류가 있고 자기 속임에 빠질 수 있으며, 동시에 자아가 스스로를 숨기는 자아의 강요된 장벽으로부터 분리된다고 봤다. "**의식의 텍스트 밑에**" 놓여 있는 또 다른 "**텍스트**"가 있다(리쾨르 강조).[26] "주체는 우리가

---

*Reading of Truth and Method* (New Haven and London: Yale University Press, 1985), 184-199.

22) Wittgenstein, *Investigations*, sect. 144.

23) Jonathan Culler, *Framing the Sign: Criticism and Its Institutions* (Oxford: Blackwell, 1988), 95; John Searle, *Intentionality: An Essay in the Philosophy of Mind* (Cambridge: Cambridge University Press, 1983), 19-20, 144-159에서 존 설의 "배경"에 대한 관련 개념을 참조하라. 『지향성』(나남 역간).

24) Gadamer, *Truth*, 355-379, 특히 348-362.

25) Paul Ricoeur, *Freud and Philosophy: An Essay on Interpretation*, trans. D. Savage (New Haven and London: Yale University Press, 1970), 427.

26) Ricoeur, *Freud*, 392.

174      제1부 교리 해석학을 탐구하는 이유

그럴 것이라고 생각하는 주체가 결코 아니다."[27] 단순한 **자기성찰**은 이 속임의 장벽을 돌파하지 못할 것이다. 그러나 "타자"에 대한 진정한 해석학적 참여는 이 우상숭배적인 자기 속임의 발작을 잠재우고, 고립적 자아를 넘어섬으로써 타인과 관계를 가질 수 있는 "상호주관적" 자아를 **재형성하고**(re-form), 또 **형성하기**(form) 시작할 것이다. 형성적 자기 정체성은 "내러티브 정체성"을 획득하는 배경 속에서 일어난다. 이것은 "즉시 **동일성**과 관련해서는 차이성 속에서, **타자성**과 관련해서는 변증법적 관계 속에서" 나타난다(리쾨르 강조).[28] 해석학적 탐구와 해석학적 훈련의 목적은 속이는 자아가 만들고 부여하는 나르시시즘적인 자기 투사를 극복하는 데 있다. 리쾨르는 이렇게 말한다. "**우상은 죽어야 한다.** 그래야 상징[자체를 넘어 다른 것을 지시하는]이 살 것이다."[29]

이 형성 과정 속에서 "상징은 생각을 낳는다."[30] 상징은 지금 여기서의 의미를 넘어서는 의미의 다원성 혹은 심지어 의미의 무한성을 불러내서 암시적으로 전달한다. 따라서 상징은 "타자"에게 열려 있는 자아의 재형성 과정 속에서 고립된 자아의 본래 지평을 확대시킬 수 있다. "설명"의 비판적 축과 "이해" 또는 복원의 해석학적 축에 대한 각각의 기둥들은 죽음과 부활의 변혁적 힘과 같이 거의 함께 작용한다. 리쾨르는 이렇게 설명한다. "의식의 관점을 포기함으로써 시작된 해석은 의식을 제거하는 데 도움이 되지 않지만, 사실 근본적으로 의식의 의미를 새롭게 한다. 명확히 부정되는 것은 의식이 아니라 애초부터 완전히 자기 자신을 알고 있다는 허식 곧 **의식의 나르시시즘**이다."[31] 리쾨르가 『타자로서의 자기 자신』(*Oneself*

---

27) Ricoeur, *Freud*, 420.
28) Paul Ricoeur, *Oneself as Another*, trans. Kathleen Blamey (Chicago and London: University of Chicago Press, 1992). 『타자로서의 자기 자신』(동문선 역간).
29) Ricoeur, *Freud*, 531.
30) Paul Ricoeur, *The Conflict of Interpretations: Essay in Hermeneutics*, ed. Don Ihde (Evanston, IL: Northwestern University Press, 1974), 288.
31) Ricoeur, *Conflict*, 323-324.

*as Another*)에서 주장한 것처럼, 데카르트 철학의 자아 모델은 단순히 "잘 못된 것"이 아니라 변증법적 보충과 재형성을 요하는 것이다. 곧 개인화는 "기본적인 개별화"를 넘어서는 복합적 과정이다.[32]

따라서 **형성**을 교육과 관련된 맥락 속에 두는 가다머와 같이, 리쾨르도 이 형성 과정을 어린아이에서 어른으로 "**자라가는**" 과정에 비유한다. 인간은 교육을 받을수록 타인뿐만 아니라 사회 제도 그리고 자신이 속해 있는 전통과 역사의 의미와 상호작용을 갖는다. 리쾨르는 이렇게 말한다. "사람이 어린아이에서 어른이 되는 일은 어떻게 일어나는가?…비유와 상징이 이 성장, 이 성숙을 이끈다.…여기서 성장 자체는 두 해석 체계의 교차…곧 제도의 구조, 기념물, 예술 작품, 문화 속에서 재발견되어야 하는 활동으로 나타난다."[33] 이 교육의 길은 내성적인 자기반성이 아니라 "타자"와의 만남을 통해 간접적으로 이루어진다. 리쾨르는 두 번째 논문 "상징의 해석학, II"를 "**이드**(*id*)가 있었던 곳에 **자아**(*ego*)가 있을 것이다"라는 프로이트의 유명한 말을 인용하는 것으로 끝맺는다.[34]

대표적인 해석학 이론가인 에밀리오 베티(Emilio Betti, 1890-1968)는 가다머와 리쾨르 다음으로 중요한 인물이고, 하버마스(Jürgen Habermas), 야우스, 아펠과 어깨를 나란히 하는 학자로서, 철학적 해석학과 텍스트 해석학에서 가장 독창적인 사상가 6인 안에 들어갈 것이다. 베티는 영어권 세계에서는 별로 유명하지 않은데, 그 이유는 부분적으로 그의 방대한 두 권짜리 저서 『해석에 대한 일반 이론』(*Teoria Generale della Interpretazione*)이 이탈리아어로만 출판되고(1955), 독일어 번역판은 축약판으로 출판되었으며, 영어 번역판은 아예 출판되지도 않았기 때문일 것이다.[35] 비코의 초기

---

32) Ricoeur, *Oneself as Another*, 27-55.
33) Ricoeur, *Conflict*, 324-325
34) Ricoeur, *Conflict*, 334.
35) Italian, 2 vols. (Milan: Giuffre, 1955); German, Emilio Betti, *Auslegungslehre als Methodik der Geisteswissenschaften* (Tübingen: Mohr, 1967, abridged in one

전통을 이어받아, 베티는 **공동체적** 이해 개념에 특별한 관심을 둔다. 슐라이어마허, 딜타이, 가다머, 리쾨르를 따라, 베티 또한 **이해**(Verstehen)의 개념과 과정을 탐구한다. 가다머와 같이 베티도 경청하는 것과 "받아들이는" 것, 말하자면 "감수성"(Empfänglichkeit)을 계발시키는 열린 마음을 포괄하는 "개방적 정신 상태"(Aufgeschlossenheit)의 중요성을 강조한다.[36] 딜타이나 가다머와 마찬가지로, 베티도 해석자와 해석자가 이해하고자 하는 것이 똑같이 해석자 자신의 역사 속 위치에 따라, 그리고 해석자 자신이 처한 각각의 역사적 지평에 따라 조건화된다는 것을 인정한다.

베티는 해석자가 "이해"를 위해 텍스트의 **이면에 다가가야** 한다거나 인간 제도의 형성을 이끈 것이 무엇인지 파악하기 위해 그 제도의 이면으로 나아갈 필요가 있다고 주장한다는 점에서, 가다머보다는 슐라이어마허나 딜타이에 더 가깝다. 그러나 베티는 이것이 심리적 과정이 아니라 **역사적** 또는 **재구성적** 과정이라고 주장한다. 베티는 슐라이어마허가 심리적 차원에 의존하는 것을 비판하지만, 그가 단순히 원자적 또는 분석적 해석을 반대하고 "전체적" 해석에 주목한 점은 인정한다. 이 점에서 비트겐슈타인과 더 가까운 베티는, 이해가 발화나 제도를 발생시키는 **삶의 양식에 대한 평가**를 함축한다고 주장한다. 해석의 목표에는 이해되어야 할 텍스트나 현상 뒤에 놓여 있는 사상의 맥락, 공적 사건, 역사적 과정을 재구성하는 것이 포함된다.

베티는 최소한 두 가지 면에서 가다머와 확연히 차이가 있다. 첫째, 베티는 해석학적 탐구를 언어학이나 기호학과 통합시키는 데 주력한다. 베티는 가다머와 달리 "과학"을 경계하지 않고, 잠정적인 **분류화**(typifications)와 등급화를 기꺼이 시도한다. 둘째, 베티는 세 가지 주요 해석 양식 곧 인

---

volume). 더 짧은 압축판은 E. Betti, *Die Hermeneutik als allgemeine Methodik der Geisteswissenschaften* (Tübingen: Mohr, 1962).

36) Betti, *Allgemeine Auslegungslehre*, 21.

식적 해석, 표현적 해석, 규범적 해석을 각각 구분한다. (1) "인식적" 해석 양식은 텍스트의 의도된 의미를 사회적 삶의 양식과 역사적이고 역동적인 삶의 맥락 안에서 파악하는 것 또는 "재-인식하는"(re-cognize) 것을 추구한다. (2) "표현적" 해석 양식은 해석자가 다른 사람을 이해시킬 수 있는 말로 "다시-표현할"(re-present) 수 있도록 이해되어야 할 것을 이해하는 데 목표가 있다. 이 해석학적 임무는 **대변자나 교육자**의 임무가 된다. (3) 규범적 해석 양식은 텍스트를 특수한 상황에 **적용하는 것**을 추구한다. 그러나 이 적용의 과제는 가다머의 견해와 달리 "올바른" 해석의 규범, 표준 또는 기준을 공식화해야 하는 책임을 동반한다. 가다머와 같이 베티도 법적이고 신학적인 해석학에 의존해 "적용"의 중요성을 증명하지만, 가다머와 달리 타당하거나 수용할 만한 적용의 기준을 제시하는 것은 반드시 필요하고 적절하다는 추론을 이 비교로부터 이끌어낸다.

이 세 가지 해석 과정의 각 국면은 모두 **형성적** 효력을 갖고 있다. 이해하기를 바라고, 그 이해를 전달하기 원하며, 그 이해를 적절하게 적용하기를 바라는 자는 그로 말미암아 어떤 새로운 것 즉 "타자"에게 자리를 내주기 위해 "더 멀리 나아간다." 베티 저서의 독일어판 번역자는 베티의 사상을 전달하기 위하여 "타자"를 번역할 때 "낯선" 것, "생소한" 것, "나 아닌 것"이라는 뜻으로 Fremd라는 단어를 사용한다. 이것은 단순히 "새로운 정보"에 자리를 내주는 문제가 전혀 아니다. 이것은 "다른 정신" 또는 다른 사고방식을 창조하는 문제다.[37] 이렇게 재-형성된 사고방식은 **성품**의 특성이나 덕에 의존한다. 곧 이것은 **타자에 대한 경청, 포용, 인내, 존중**을 포함하고, 궁극적으로 상호 이해를 함축한다. 이 모든 것에 **교육적** 차원이 존재하는 것은 명백하다. 그래서 베티는 해석학이 엄밀히 말해 대학교에서 필수 과목이 되어야 한다고 주장하는데, 그 이유는 "해석학적 **훈련**"이 공동체가 상호 존중, 공통적 이해, 조화 속에서 더불어 살도록 돕는 이 모

---

37) Betti, *Allgemeine Auslegungslehre*, 307.

든 특성을 포함하기 때문이다.

가다머나 리쾨르와의 명백한 차이에도 불구하고, 베티는 그들(그리고 슐라이어마허와 딜타이)과 전이해, 해석학 영역, 변증법과 물음, 이해해야 할 것을 탐구하는 일의 초월적 차원 등을 고려하는 "해석학적 규칙들"(hermeneutical canons)을 공유한다. 베티와 가다머가 "타자"에 대한 개방성을 말하는 곳에서 리쾨르는 나르시시즘이라는 우상 파괴에 대하여 말한다. 비트겐슈타인 역시 "상처를 받을 용기가 있는 자만이 괜찮은 사유를 할 수 있다"고 지적할 때, 자기 부인까지는 아니더라도 자기 훈련 요소를 받아들인다. 이 모든 주요 사상가들에게 해석학적 이해는 단지 도구적이거나 기술적인 자료의 단순한 보고나 주입 또는 전달이 아니라 형성을 포함한다는 사실을 진술하거나 암시한다.

## 5.2. 비트겐슈타인의 사상에서 훈련과 적용, 웰스의 사상에서 훈련과 수행

성품 형성과 "적용"의 이러한 변증법은 기독교 교리와 윤리의 본질에 대한 최근의 어떤 재정식화와 상당히 유사하다. 한 가지 두드러진 실례는 우리가 앞서 드라마의 맥락에서 지적한 새뮤얼 웰스의 최근 작품이다. 웰스가 한편에는 습관, 훈련 또는 형성을 두고, 다른 한편에는 수행이나 "즉흥적 행위"(improvisation)의 예측할 수 없는 본질을 두고 서로 대조시킬 때, 비록 수행이 훈련을 기초로 해서만 가능하게 된다고 해도, 유력한 병렬관계가 발생한다. 웰스의 책에서 "습관 형성"이라는 장이 여기에 대한 유용한 출발점을 제공한다.[38]

웰스는 습관과 훈련의 역할을 윤리(그리고 함축적으로 교리)와 관련시켜 소개하면서, 워털루 전투(Battle of Waterloo)의 승리가 이튼의 운동장에서

---

38) Samuel Wells, *Improvisation: The Drama of Christian Ethics*, 23-85.

시작되었다는 웰링턴 공작의 유명한 말을 언급한다. 웰링턴의 요점은 이튿날에 **성품 형성, 훈련, 사고와 행동 습관**이 있었기 때문에, 이것이 이후에 워털루 전투에서 판단과 행동을 취해야 할 순간에 군사들에게 결정적인 역할을 했다는 것이다. 웰스는 이렇게 지적한다. "도덕적 삶은 워털루보다 이튿날에서 더 많이 형성되었다.…윤리의 핵심은 성품 형성에 있다."[39] 웰스는 "도덕적 노력의 시간은 형성과 훈련의 시간"이라고 덧붙인다.[40] 윤리적 담론에서 이 접근법은 최근에 부활한 "덕" 윤리와 상응한다. 덕 윤리는 벤담의 공리주의의 결과론적 윤리와 칸트의 의무론적 윤리를 반대하고, 플라톤과 아리스토텔레스의 윤리로 되돌아가고자 한다.

웰스는 예배에 함께 참여하고 성경을 함께 경청하는 것이 성품을 형성하는 행동 습관을 낳는다고 주장한다. 중보기도는 인내, 오래 참음, 타인의 자리에 자신을 두는 것과 같은 덕을 형성하는 데 유용하다. 세례 의식은 하나님 앞에서 죽을 때 빈손 들고 나아가는 태도와 그리스도와의 동일화 행위에 있어 그리스도의 죽음과 부활에 참여하는 태도를 길러준다. 성찬 곧 주의 만찬에서 평화를 공유하는 것은 타인과 화목한 관계를 이루며 살고 공동의 사명과 헌신에 따라 협력하며 사는 습관을 배우게 된다. 성찬의 떡과 포도주에 참여하게 되면 그리스도의 형상으로 자라기를 바라는 습관이 길러진다. 놀이를 하는 것처럼 예배도 자신만의 규칙과 관례를 갖고 있다. 웰스는 이것을 이튿날 운동장의 훈련장과 비교하고, 여기서 종말론적 성취를 바라본다. 웰스는 "천국은 예배의 놀이가 현실이 될 때 온다"고 말한다.[41] 이러한 지성의 습관과 훈련은 윤리적 판단과 행동뿐만 아니라 기독교 교리와도 관련되어 있다. 웰스는 "즉흥적 훈련은 예배와 제자도에 대한 유비"라고 말한다.[42] 한편으로 즉흥성과 수행은 공동으로 인

---

39) Wells, *Drama*, 73, 74.
40) Wells, *Drama*, 75.
41) Wells, *Drama*, 85. 참조. 82-85.
42) Wells, *Drama*, 85.

정된 대본이 있는 배경 속에서 일어난다. 이것은 넓게 보면 성경 및 합의된 교리 전통에게 주어진 것에 상응한다. 다른 한편으로 웰스는 셰넌 크레이고-스넬(Shannon Craigo-Snell)의 "리허설"(rehearsal) 개념을 가져와 이렇게 지적한다. "크레이고-스넬의 리허설과 수행 개념은 해석학의 한 형태로…텍스트와 전통이 새로운 상황 속에서 공동체를 통해 어떻게 실현되는지와 관련되어 있다. 그것은 그 드라마의 과정 속에서 내러티브의 새로운 본보기와 새로운 국면을 창출하고, 행동, 반성, 텍스트 및 전통과의 새로운 만남과 같은 해석학적 순환에 기여한다."[43] 해석학에 대한 책에서 나는 웰스와 크레이고-스넬이 사용한 **실현하다**(realized)라는 말을 **현실화하다**(actualized)라는 말로 사용하곤 했다.[44]

적절한 행동의 기반은 결정과 행동의 한 순간에 모든 사고와 노력을 투자하는 것이 아니라 다른 곳에 있다고 웰스는 주장한다. 그것은 바로 "하나님이 자기 백성을 다루시는 방법에 대한 이야기에 꼭 맞게 인식되는 곳" 즉 사전 형성적 기반 속에 있다. 여기서 무엇보다 관건이 되는 것은 "포괄적인 이야기에 비추어" 행동하는 것이다.[45] 내가 1981년 영국 성공회 교리 위원회 보고서에서 주장한 것처럼, 과거에 대한 공유된 기억은 단지 현재에만 반응하는 일시적 순간보다 더 근본적이다.[46] 웰스는 즉흥성과 "재통합"(reincorporation)의 관계를 탐구하고, 이 관계를 "기억"에 의존시킨다. 웰스는 이렇게 말한다. "재통합의 핵심 요소는 기억이다. 기억

---

43) Wells, *Drama*, 66. 웰스는 Shannon Craigo-Snell "Communal Performance, Rethinking Performance Interpretation in the Context of *Divine Discourse*," *Modern Theology* 16:4 (2000) 475-494, 특히 479-482을 인용한다. 여기서 "리허설" 개념은 체현된 공동체적 배경 속에서 역할들이 시험되고 검증되고, 상호작용이 이루어지는 순간으로 이해된다.

44) Thiselton, *New Horizons*, 11-12, 31-32, 63-68, 517-519.

45) Wells, *Drama*, 130, 131

46) Thiselton, "Knowledge, Myth, and Corporate Memory," *Believing in the Church*, 45-78.

이 독창성보다 훨씬 더 중요하다. 즉흥 행위자는 미래를 창조하는 일로 시작하지 않고, 과거에 반응하고 과거에 새 힘을 불어넣어 이야기를 구성한다.…즉흥 행위자는 찌르면 뒤를 돌아본다."[47] 웰스는 즉흥적 행위자의 태도와 (특히 윤리의 맥락에서) "결과주의자"의 태도를 대조시킨다. 결과주의자는 과거를 무시하고 그저 미래만 바라보는 경향이 있다. 그러나 웰스는 계속해서 결과주의자가 말하는 이야기가 너무 단편적이라고 지적한다. 확실히 역사적 또는 기억된 과거나 종말론적 미래는 마땅히 받아야 할 적절한 대우를 받지 못하고 있다. 벤후저나 다른 학자들처럼 웰스도 세상을 다루시는 하나님을 5막으로 이루어진 연극으로 비유하는 톰 라이트의 개념을 언급하면서 이렇게 말한다. "결과주의자는 5막에 대해서는 아무것도 모르고 1막으로 이루어진 연극 속에 살고 있다. 미래에 대한 결과주의자의 인식은 만물의 최종적 결론을 거의 설명하지 못한다."[48]

웰스가 옹호한 접근법은 해석학적 깊이가 매우 깊다. 이 접근법은 이해의 개념을 다음과 같이 제시한다. 이해는 "포괄적 배경 속에 두는 것"이며(슐라이어마허), 현재를 살아 있는 전통 안에서 재통합하는 것이고(가다머), 훈련과 습관의 관계를 탐구하는 것이다(가다머와 비트겐슈타인). 그리고 "적용"은 사전에 미리 형성할 수 있는 것이 아니라, 습관과 독립적으로 "진행되는" 능력의 변증법으로부터 발생하는 것으로 이해한다(비트겐슈타인과 가다머). 판단 습관과 "훈련"의 기초 위에서 비트겐슈타인은 이해의 기준(예를 들어 수학에서 절차와 공식을 이해하는 것)을 "이제 어떻게 계속하는지 알겠다"와 같은 외침 속에서 표현되는 것으로 인식한다.[49] 이 문단에서 비트겐슈타인의 성찰은 그가 명확히 "교육"(Erziehung)과 "훈련"(Abrichtung)이라고 부르는 것에 놓여 있다.[50] "이해" 또는 "규칙 따르기"로 간주하는 것을 결

---

47) Wells, *Drama*, 147, 148
48) Wells, *Drama*, 148.
49) Wittgenstein, *Investigations*, sect. 179; 참조. sect. 138-242.
50) Wittgenstein, *Investigations*, sect. 189, 201.

　　　　제1부 교리 해석학을 탐구하는 이유

정하는 일은 힘들고 복잡하다. 왜냐하면 이것은 "**실제 경우**"가 **아니면** 분명히 드러나지 않기 때문이다. 비트겐슈타인은 "여기서 모든 것은 '하나의 실천'"이라고 설명한다.[51] 그러므로 "적용(Anwendung)은 이해의 한 기준으로서 남아 있다."[52] 사람의 훈련, 습관, 개념과 실천에 의존해서 교사는 "기타 등등"이라고 말할 수 있다.[53] 가르침이나 훈련은 실례들을 인용할 수 있지만 또한 "**실례들을 넘어 지시할**" 수 있다.[54] 웰스의 해석학 곧 "수행"(현실화)이 어떻게 훈련과 관련되어 있는지에 대한 그의 설명은 엄밀히 말해 이해(Verstehen), 실천(Praxis), 적용(Anwendung)의 관계에 대한 비트겐슈타인의 설명과 관련되어 있는 것으로 보인다.

『문화와 가치』(*Culture and Value*)에서 비트겐슈타인은 냉철하게 반례를 제시한다. 어린아이는 무지하므로 카드 뽑기 게임을 할 때 "훈련과 기억"의 역할을 이해하지 못할 것이다. 비트겐슈타인은 다음과 같이 말한다. "철학자들은 종종 어린아이가 종이에 아무렇게나 휘갈겨 어떤 표시를 한 다음 어른에게 '이게 무엇일까요?'라고 묻는 것처럼 행동한다. 말하자면 다음과 같은 일이 일어난다. 곧 어른은 여러 번에 걸쳐 어린아이를 위해 그림을 그린 다음, '이게 사람이다', '이게 집이다' 등으로 말한다. 이에 어린아이는 아무렇게나 몇 가지 표시를 하고 이렇게 묻는다. '그럼 **이것**은 무엇일까요?'"[55] 이 어린아이의 물음은 무의미하다. 왜냐하면 그것은 훈련과 기억에 의존하는 과정의 규칙과 분리되었기 때문이다. 한 지점에서 비트겐슈타인은 이 원리를 신학의 이해, 실천, 적용에 적용시킨다. 비트겐슈타인은 다음과 같이 말한다. "두 사람이 각각 자기는 하나님을 믿는

51) Wittgenstein, *Investigations*, sect. 202.
52) Wittgenstein, *Investigations*, sect. 146.
53) Wittgenstein, *Investigations*, sect. 208.
54) Wittgenstein, *Investigations*, sect. 208.
55) Ludwig Wittegenstein, *Culture and Value*, Germ. and Eng. trans. Peter Winch, ed. G. H. von Wright (Oxford: Blackwell, 2d edn. 1978), 17. 『문화와 가치』(책세상 역간).

다고 말할 때 동일한 사실을 의미한다는 것을 어떻게 아는가? 그리고 동일한 물음이 삼위일체 사상을 믿는 믿음에도 적용된다. **어떤 특수한** 말이나 어휘의 사용을 주장하고, 다른 말이나 어휘의 사용은 금지하는 신학은 어떤 사실도 더 분명하게 만들어내지 못한다(칼 바르트). 누군가 말한 것처럼 신학은 말로 전하는 몸짓이다.···이 말에 의미를 부여하는 것은 **실천**(die Praxis)이다."⁵⁶⁾

이 모든 것은 이해, 실천, 적용의 관계에 대한 가다머의 견해와 매우 가깝다. 우리는 행동에 맞추어 우리의 이해를 적용시키는 법을 **미리** 명시할 수 없다. 왜냐하면 이것은 우리가 "타자"를 만나기 **전에** 타자에 대해 포착한 이해가 이미 주어졌음을 함축할 것이기 때문이다. 가다머의 견해에 따르면, **적용**은 해석학 탐구의 근본 요소로 존재한다. "음악과 드라마의 경우에는 수행적 해석"이 결정적이고, 그것은 "**오직 수행될 때에만 진정한 실존을 얻는다.**"⁵⁷⁾ "이해는 항상 이해되어야 할 텍스트가 해석자의 현재 상황에 적용되는 것을 포함한다.⁵⁸⁾ 따라서 가다머는 **이해**(subtilitas intelligendi), **해석**(subtilitas explicandi), **적용**(subtilitas applicandi)으로 세분하는 역사적 낭만주의의 구분을 **거부한다**. 왜냐하면 가다머는 그것들은 분리될 수 없다고 주장하기 때문이다. 웰스의 비유를 빌려 말한다면, 그것은 필요한 훈련을 전혀 완수하지 못한 군대를 전쟁터로 보내는 것과 같을 것이다. 그래서 가다머는 이처럼 적용을 강조하기 위해 베티와는 다른 방향에서 법적이고 신학적인 해석학 모델에 호소한다.⁵⁹⁾

---

56) Wittgenstein, *Culture*, 85.
57) Gadamer, *Truth*, 310(티슬턴 강조).
58) Gadamer, *Truth*, 308.
59) Gadamer, *Truth*, 310-311.

## 5.3. 비트겐슈타인과 가다머의 사상에서 교육에 대한 추가 사실 및 교리와의 상관성

법적이고 신학적인 해석학을 해석학적 이해의 포괄적인 실례를 위한 패러다임으로 보는 가다머의 호소는 법과 신학적 교리 안에 있는 **실천과 판단의 연속성**을 구체화하는 전통의 역할을 전제한다. 이것들은 실천이나 판단이 새로운 상황에 직면해서 확장될 수 있는 틀을 제공해준다. 영미법에서 법적 의제(legal fiction)에 대한 적용이 유용한 실례를 제공할 수도 있을 것이다.[60] 만일 법이 새로운 상황에 엄격하게 적용될 수 없다면, 어떤 특수한 상황 속에서 의외의 사태가 벌어지면, 사건을 예상된 적용의 범주 안에 두기 위해 가상의 범주가 지정되어야 할 것이다. 그러나 이때에는 새로운 판단이 이루어져야 한다.

여기서는 **습관과 훈련**이 중심 문제가 된다. 에드워드 팔리(Edward Farley)는 기독교 신학 안에서 지혜에 기반을 둔 행동과 실천을 **습관**으로 부른다.[61] 의학과 심리학의 맥락에서 보면, **습관**은 보통 특수한 "육체적 구조"(문자적으로 심신 형성)를 가리키고, 이것은 통합체로서의 인간을 의미한다. 이 말은 피에르 부르디외(Pierre Bourdieu, 1930-2002)의 사회적 인간학의 맥락에서 훨씬 더 큰 적합성을 갖고 있다고 할 수 있다. 부르디외는 비트겐슈타인(메를로-퐁티와 함께)이 자신의 사상에 미친 영향을 인정하고, 사람들이 참여하는 **삶의 양식**을 기초로 역사적으로 형성된 사람의 **행동 성**

---

60) Owen Barfield, "Poetic Diction and Legal Fiction" (1946), in Max Black (ed.), *The Importance of Language* (Englewood Cliffs, NJ: Prentice-Hall, 1962); 또한 repr. in *Essays Presented to Charles Williams* (London: Oxford University Press), 106-127.

61) Edward Farley, "Theory and Practice outside the Clinical Paradigm," in Don S. Browning, *Practical Theology* (San Francisco: Harper & Row, 1983), 23, 30; 참조. 21-41.

향을 가리키는 뜻으로 **아비투스**(*habitus*)라는 말을 사용한다.[62]

『융의 교리 해석학』(*Jung's Hermeneutic of Doctrine*)이라는 연구서에서 클리퍼드 브라운(Clifford Brown)은 인간의 **습관**, 안정성, 통합의 관련성을 확인한다. 브라운의 논의에 따르면, 융은 기독교 교리가 "아직 어리고 허약한 그리고 끊임없는 **분열**의 위험 속에 있던 의식을 보호하고 육성시킬 필요"를 충족시키는 "지속적 **안정성**"을 제공하기 때문에, 기독교 교리에 대한 존중을 계발하고 보존했다(티슬턴 강조).[63] 융은 습관, 훈련, 습관화, 견실한 규칙이 **성격, 의지, 욕구**를 일관되고 질서 있고 건전한 전체로 통합시키고 형성시키는 역할을 한다고 파악한다. 디모데전서 1:10에 나오는 "건전한[바른] 교리"(AV/RJV) 또는 "건전한 가르침[교훈]"(NRSV, REB, NJB)은 동사 ὑγιαίνω(휘기아이노) 곧 **건강 상태가 좋다**는 말의 동족 형용사를 사용한다(그리스어 ὑγιαίνουσα διδασκαλία, 휘기아이누사 디다스칼리아). 윌리엄 마운스(William D. Mounce)는 "장로는 건전한 교훈을 가르칠 수 있어야 한다"(딛 1:5; 참조. 딤전 5:17)고 말한다.[64]

페데리토 아파레스(Pederito A. Aparece)는 비트겐슈타인의 작품에서 이해, 훈련, 규칙 따르기, 그리고 적용의 중요성을 교육철학과 교수법에 적

---

62) Pierre Bourdieu, *Language and Symbolic Power*, ed. J. Thompson, trans. G. Raymond (Cambridge, MA: Harvard University Press, 1991), 1-42. 『언어와 상징권력』(나남 역간); *Outline of a Theory of Practice*, trans. R. Nice (Cambridge: Cambridge University Press, 1977). 참조. "Bourdieu and the Social Conditions of Wittgenstein's Language and Grammar," *International Journal of Applied Philosophy* 12 (1996) 15-21.

63) Clifford A. Brown, *Jung's Hermeneutic of Doctrine: Its Theological Significance*, AARDS 22 (Chico, CA: Scholars Press, 1981), 1-3, 105.

64) William D. Mounce, *Pastoral Epistles*, WBC 46 (Nashville: Thomas Nelson, 2000), 42; 참조. C. K. Barrett, *The Pastoral Epistles* (London: Oxford University Press, 1963), 42; J. N. D. Kelly, *The Pastoral Epistles* (London: Black, 1963), 50; 둘 다 "건전한"(wholesome)으로 번역한다.

제1부 교리 해석학을 탐구하는 이유

용한 탁월한 논문을 썼다.[65] 아파레스는 **훈련, 습관, 이해**를 세밀하게 분석하는 마지막 부분에서, 비트겐슈타인이 개념적 혼동, 논리적 문법의 잘못된 사용, "심적 경련"(mental cramp)을 야기하는 잘못된 유비의 적용 등을 무릅쓰고 이 연구를 치료 목적으로 추구했다는 것을 우리에게 상기시킨다.[66] 가다머와 공명을 이루는 진술로, 비트겐슈타인은 이렇게 선언한다. "**하나의** 철학 방법은 존재하지 않는다. 그러나 물론 방법들은 존재한다. 흡사 다양한 치료법들처럼." 비트겐슈타인은 이렇게 덧붙인다. "철학자는 문제를 마치 질병처럼 다룬다."[67] 만일 질병이 어떤 "수행"을 행할 사람의 능력을 해치는 병이라면, 사람들의 건강을 회복시키는 것은 **이해**를 비롯하여 적절한 인간적 활동을 하도록 그들의 능력과 힘을 회복시키는 것이다.

아파레스의 논문에서 가장 중요한 국면은 비트겐슈타인이 **가르침 및 배움**과 관련해서 훈련, 습관, 전통, 삶의 양식, 그리고 "이해"에 대해 제시한 견해다. 그러나 아파레스만 이 부분을 연구한 것은 아니다. 이전에 내가 노팅엄 대학교에서 지도한 철학박사 지원자이자 대만 신학교의 학장인 린훙신(Lin Hong-Hsin) 박사 역시 이 국면을 성공적으로 연구했다.[68] 린훙신은 훈련과 **실천**이 비트겐슈타인의 이해 개념의 중심이고, 따라서 교육 개념의 중심이라고 결론짓는다.[69]

아파레스는 새뮤얼 웰스가 한편에 습관, 훈련, 지혜를 두고, 다른 한편에 즉흥성과 수행을 둔 다음 이 둘의 변증법을 주장하는 것이 비트겐슈타

---

65) Pederito A, Aparece, *Teaching, Learning, and Community: An Examination of Wittgenstein Themes Applied to the Philosophy of Education*, Tesi Gregoriana 22 (Rome: Pontifical Gregorian University, 2005).

66) Aparece, *Teaching*, 39-46, 155-193.

67) Wittgenstein, *Investigations*, sect. 133, 255.

68) Hong-Hsin Lin, *The Relevance of Hermeneutical Theory in Heidegger, Gadamer, Wiittgenstein, and Ricoeur for the Concept of Self in Adult Education* (Nottingham Ph.D. diss., 1998년 8월), 특히 154-188(비트겐슈타인에 대한 부분).

69) Hong-Hsin Lin, *Relevance*, 특히 176-177.

인 사상의 특징과 매우 가깝게 그리고 합리적으로 대응 관계에 있다고 봤다. 비트겐슈타인은 언어 능력에 대한 관찰을 배경으로 가르침과 배움에 관심을 둔다.[70] 비트겐슈타인은 "나는 어떻게 가르치는가?"라고 묻는다. 특히 배우기 원하는 자가 아직 적절한 개념을 갖고 있지 못하다면, 가르침 (Unterricht)에서 "기타 등등"(und so weiter)과 같은 표현들이 어떻게 중요한 역할을 하겠는가?[71] "우리는 이 말의 의미를 어떻게 배웠는가(gelernt)?"[72] 아파레스는 다음과 같이 지적한다. "학생(Schüler), 선생(Lehrer), 가르침 (lehren), 배움(lernen), 훈련(Abrichtung), 설명(Erklärung), 수업(Unterricht), 이해(Verstehen), 그리고 다른 단어들과 같은 기본적인 교육 용어들이 비트겐슈타인의 후기 작품들 속에서 발견된다."[73] **훈련**과 **설명**이라는 두 중요 용어 가운데 **훈련**은 설명의 기초이고, 두 용어의 차이는 근본적 중요성을 갖고 있다.[74]

길버트 라일은 **훈련**(training, 비트겐슈타인이 이 말에 붙이는 의미에서)과 연습(drill, 유사-행동주의자가 말하는 의미에서) 사이를 적절하게 구분한다.[75] **연습**은 단순한 반복과 되풀이를 통해 **습관화시키는** 것과 같고, 자극-반응 또는 행동주의 교육철학에 속할 것이다. 반면에 훈련은 보다 유연하고 혁신적이고 비판적이며, 학생이 **자신의 판단을 독립적으로 행하도록** 자극한다. 훈련의 "문화적" 국면(가다머도 Bildung에 대한 설명에서 함축하고 있는 것처럼)은 "특수한 삶의 양식(Lebensform) 속에 더 깊이 적용하도록…그리고 참여하도록 준비시키는 것으로, 사람이 삶의 양식 속에 들어가는 것"을 함축한

---

70) Aparece, *Teaching*, 90-92.
71) Wittgenstein, *Investigations*, sect. 208.
72) Wittgenstein, *Investigations*, sect. 77.
73) Aparece, *Teaching*, 92.
74) Aparece, *Teaching*, 93-94.
75) Gilbert Ryle, *The Concept of Mind* (London: Hutchinson, 1949, Penguin Books, 1963), 42. 『마음의 개념』(문예출판사 역간).

다.[76] 이것은 웰스가 이튼 운동장과 워털루 전투에 각기 부여하는 개별적인 역할과 매우 비슷하다. 믿음의 성향 이론에서처럼 학생이 파생적인 또는 새로운 상황에 반응하고 대응하는 방법은 이해의 기준으로 작용할 것이다. 이해의 맥락에서 보면 학생은 다음과 같이 외칠 수 있다. "이제는 할 수 있어", "이제는 이해해", "이제는 계속할 수 있어." 그러나 이것들은 비트겐슈타인의 "문법"에 따르면 "심적 과정"이 아니다. 이것들은 "좋은 출발"과 더 흡사하다.[77]

설명(Erklärung)은 이해와 다른 역할을 하고, 이것은 리쾨르와 카를-오토 아펠이 제시하는 **설명**의 역할과 전혀 차이가 없다. 주류 해석학 전통(가다머는 아니지만) 속에서 설명은 **오해를 막는** 결정적 억제 역할을 하지만, 창조적 **이해**를 만들어내지는 못한다. 비트겐슈타인이 "모세의 정체성"을 실례로 제시하는 "설명"을 인용하면서 아파레스는 "설명은 오해를 제거하거나 피하도록 돕는다"고 지적한다.[78] 반면에 **이해**를 창출하는 데 도움을 주는 가르침은 "실천, 관습, 제도"를 낳는 삶의 양식에 참여하는 것에 달려 있다.[79] 교육과 형성은 규정적인 또는 기계론적인 의미에서가 아니라, 융이 공동체적 교리의 통합적 "안정성"으로 지칭한 어떤 규칙 속에 있을 때 "편안하게" 된다는 의미에서, "규칙을 지키는" **습관**과 관련되어 있다. 웰스와 가다머는 그것을 **지혜** 전통 및 습관과 연계시킨다.[80] 비트겐슈타인은 "규칙"에 대한 설명에서 다음과 같이 지적한다. "나는 그에게 **예**들과 **실습**을 통해서⋯가르칠 것이다"(durch Beispiele und durch Ubung gebrauchen lehren, 비트겐슈타인 강조).[81] 아파레스는 이렇게 지적한다. "우리는 **실천**에

76) Aparece, *Teaching*, 95.
77) Wittgenstein, *Investigations*, sects. 151-155.
78) Aparece, *Teaching*, 100; Wittgenstein, *Investigations*, sect. 87을 인용함.
79) Aparece, *Teaching*, 105.
80) 참조. Wittgenstein, *Investigations*, sects. 196-208.
81) Wittgenstein, *Investigations*, sect. 208.

이르기 위하여 훈련을 필요로 한다"(아파레스 강조).[82]

또한 사람을 가르치고 이해시키기 위해서는 "**교육받은 사람**"(Gebildete, 이 단어는 Bildung과 동계 단어다)이 될 필요가 있다는 확신을 공유한다는 점에서 비트겐슈타인의 이해(Verstehen) 개념은 가다머의 개념에 더 가깝다. 교육받은 사람은 이미 충분히 구비된 사람은 아니지만 **훈련**(Abrichtung)을 받은 사람이다.[83] 가다머는 "해석학적으로 훈련받은" 의식 또는 해석학적 "경험"을 통한 각성의 계발을 말한다.[84] 교육철학에서 이것은 두 극단을 피하도록 해준다. 곧 교육과 이해에 대해 순전히 지시적이고 합리주의적이고 "주입적인" 개념을 피하고, 또 유사-행동주의의 자극-반응 철학과 절차를 피하게 해준다. 린훙신도 이 점을 강조했다.[85] 제프 애스틀리 (Jeff Astley)는 이 점을 더 깊이 전개했다.[86] 애스틀리는 주입식 교육이 반드시 어린아이가 스스로 생각하는 능력을 키우는 것을 멈추게 하는 것은 아니라고 주장한다. 이 견해는 용어에 대한 협소하고 기계론적인 정의에 의존한다. 그럼에도 그것은 확실성의 탐구에 대해 과대권위주의 및 과대평가로 바뀔 뿐만 아니라, 매우 특별히 그리고 매우 분명히 학습 효과를 미리 규정할 위험성이 있다. 한편으로 교육은 "**올바른**" 믿음을 기르기 위해 애쓰는 지혜에 대한 문제다. 다른 한편으로 교육은 자기비판과 창조성에 관한 문제다. 애스틀리는 이렇게 말한다. "문화나 전통의 길로 이끄는 형성적 과정은 불가피하게 어린아이 교육의 주요소다."[87] 애스틀리는 형성이 성품 형성, 윤리적 태도, 삶의 실천과 같은 영역을 포함하고, 단순히

---

82) Aparece, *Teaching*, 108; 참조. Wittgenstein, *Investigations*, sects. 185, 198, 208.

83) Gadamer, *Truth*, 9-19; Wittgenstein, *Investigations*, sect. 86.

84) Gadamer, *Truth*, 300-324, 346-362.

85) 교육철학에 관해서는 Hong-Hsin Lin, *Relevance*, 20-53, 222-254을 보라. 또 가다머에 관해서는 128-153, 비트겐슈타인에 관해서는 171-188을 보라.

86) Jeff Astley, *The Philosophy of Christian Religious Education* (Birmingham, AL: Religious Education Press, 1994), 33-107.

87) Astley, *Education*, 73; 참조. 44-77.

정보나 지식을 전달하는 것이 아니라고 덧붙인다. 해석학의 **설명** 및 **이해**에 대응하여, 교육도 어느 정도 비판적 기능과 형성적 기능을 **함께** 갖고 있다. 이 두 기능 가운데 형성적 기능이 더 중요할 것이다. 애스틀리는 이렇게 지적한다. "형성적 교육은 전인교육이다(또는 전인교육이 되어야 한다).⋯ 형성적 교육은 배우는 자 안에 인식력을 형성시킬 뿐만 아니라 성과와 과정으로서 태도, 성향, 가치, 정서, 그리고 삶의 양식도 형성시킨다."[88] 베티와 같이 애스틀리도 이 형성적 기능을 "수용적" 이해를 일으키는 것으로 본다. 하지만 동시에 교육은 "비판적 평가"에 영향을 미치는 합리적 "사고" 과정도 포함한다.

애스틀리는 이 형성적 과정들 가운데 "성향"(dispositions)을 언급한다. 이번 장의 전체 주장, 특히 5.3.마지막 부분의 주장은 2장에서 다룬 믿음의 "성향" 접근법의 한 가지 기준을 명확히 하는 것이다. 시간적 지속은 원리상 어떤 "심적 과정"(예를 들어 의사는 우리에게 얼마나 오랫동안 아팠는지 물을 수 있다)에 귀속시킬 수 있지만, 이해하는 것과 믿는 것은 통상적으로 이와 똑같은 방법으로 기능하는 것이 아니다. 만일 어떤 사람이 "당신은 얼마나 오랫동안 신자였느냐?"라고 묻는다면, 이것은 대체로 지속되거나 중단된 심적 과정을 가리키는 것이 아니라, 그리스도인이라는 입장을 표명하거나 교인이 되는 것과 같은 공적 현상에 적용될 것이다. 믿는 것, 배우는 것, 이해하는 것은 삶 및 실천과 융합되어 있다. 비트겐슈타인은 『쪽지』(Zettel)에서 고통과 사랑에 대하여 말하는 상상적인 두 사례를 비교해 보라고 요구한다. 우리는 어떤 사람이 "당신을 매우 사랑한다. 오, 정말이다. 그런데 지금은 사라지고 없다"라고 말하는 것을 상상할 수 있는가? 반면에 "우리는 '그것은 진정한 고통은 아니었다. 그렇다면 이처럼 빨리 사라지지 않았을 것이다'라고 말하지 않는다."[89] **"사랑은 느낌이 아니다."** 믿

---

88) Astley, *Education*, 85.
89) Wittgenstein, *Zettel*, sect. 504.

는 것과 같이 사랑하는 것도 각각의 경우에 어쩌면 "친절한 입, 친절한 눈"을 포함하여, 언설을 "지지하는" 온갖 몸짓, 태도, 행실, 그리고 행동으로부터 통용성을 이끌어낸다.[90] 몸짓의 범주를 길버트 라일은 전문적인 철학 용어인 "공언"(avowals)으로 지칭하고, 비트겐슈타인은 단순히 "주변 환경"(surroundings)이라 부른다.

**따라서 형성적 과정과 형성적 교육은 훈련을 포함하고, 습관과 실천의 계발을 함축한다.** 철학적 관점에서 보면, 이것을 인정하는 것은 인간 생활의 본질에 대한 뿌리 깊은 전제들을 탐구하는 비트겐슈타인의 관심사 일부를 구성한다. 여기서 교육과 훈련은 고정되고 안정된 태도 혹은 사고방식을 확립한다. 비트겐슈타인은 세상이 단지 50년 동안 존재했다고 믿는 어떤 사람을 만난다고 생각해보자고 제안한다. 이 사람에게 다른 것을 "가르치는" 것은 단순히 세상에 대해 아주 손쉬운 어떤 "설명"을 제공하는 것 정도가 아니라, 그 사람의 세계관(Weltbild)을 "…일종의 **설복**(Überredung)을 통해" **변화시키는** 문제일 것이다.[91] 이런 **형성적** 과정은 하나의 고립된 믿음에 대한 정보를 포함하는 것이 아니라 공유된 믿음과 실천의 전체 네트워크를 재형성하는 것을 포함한다. 때때로 이것은 점진적 과정일 수 있다. 따라서 형성은 절대로 피상적일 수 없다. 비트겐슈타인은 다음과 같이 지적한다. "철학할 때 우리는 사고의 질병을 **끝장낼** 수 없다. 그것은 그 자연적 과정을 따라야 하고, **점진적** 치료가 정말 중요하다(이것이 바로 수학자가 이처럼 빈약한 철학자인 이유다)"(비트겐슈타인 강조).[92]

비트겐슈타인이 비유로 세계관(Weltbild)을 **변화시키는** 것에 대해 말하는 것을 들으면, 우리는 가다머와 베티가 말하는 "타자에 대한 개방성" 개

---

90) Wittgenstein, *Zette*, sects. 504-506.
91) Ludwig Wittgenstein, *On Certainty-Über Gewissheit*, ed. G. E. M. Anscombe, G. H. von Wright, Ger. and Eng. (Oxford: Blackwell, 1969), sect. 262; 동일한 실례가 sect. 92에도 나온다. 『확실성에 관하여』(책세상 역간).
92) Wittgenstein, *Zettel*, sect. 382.

념을 상기하게 된다. 이 개방성의 의미는 (가다머의 표현에 따르면) "어떤 것들은 나를 반대한다"는 사실을 인정하는 것이다.[93] 만일 "나를 반대하는" 것에 반응이 일어난다면, 형성, 재형성 또는 재형성화를 통한 변화가 일어날 것이다. 그러므로 여기서 성경은 하나님의 말씀이 "우리의 반대자"로 우리 앞에 있을 때 가장 큰 형성적 효력을 갖고 우리에게 말씀한다는 마르틴 루터의 경험을 상기하게 된다.[94] 이것이 정확히 비트겐슈타인이 다음과 같이 말했을 때(이 경구를 다시 한 번 인용하겠다.) 염두에 둔 원리다. "상처를 받을 용기가 있는 자만이 괜찮은 사유를 할 수 있다."[95] 재형성에 개방적인 태도를 갖는 것은 고통스러운 일이지만 결국은 건강을 가져다줄 것이다.

이러한 고찰이 기독교 교리의 형성적 본질에 적용되는가? 그렇지 않다고 보기는 어려울 것 같다. 우리는 데이비드 켈시와 프랜시스 영이 성경의 형성적 능력에 대해 평가하는 것과, 필립 터너가 토머스 크랜머는 교리를 특히 공동체 전례와 예배에서 체현될 때 삶과 인격에 형성적 역할을 하는 것으로 보았다고 지적하는 것을 언급하면서 이번 장을 시작했다. 전체 국교회 연합에서는 아니지만 영국 성공회에서는 성경 다음으로 공동기도서가 교리의 핵심 원천으로 사용되었다. 이것은 대륙의 종교개혁자들이 보다 분명하게 연결시켰던 "올바른 믿음"에 대한 신앙고백 형식의 인식적 내용보다는 실천 및 삶의 양식과 불가분리적으로 연결되어 있다.

믿음의 성향 이론과 체현에 대해 다룬 장들은 이번 장의 주장을 위한 신학적 해석학의 기초로 작용했다. 이번 장에서 주장한 새로운 전환점은 안정적인 교리의 전통을 보여준 것이다. 이 전통은 혁신적 사고와 행동을 억제시키기거나 즉흥적 수행을 방해하기는커녕, 오히려 참된 근거를 제

---

93) Gadamer, *Truth*, 361

94) Gerhard Ebeling, *Introduction to a Theological Theory of Language*, trans. R. A. Wilson (London: Collins, 1973), 17에서 인용.

95) Norman Malcolm, *Ludwig Wittgenstein: A Memoir*, 40으로부터 위에서도 인용.

공해준다. 오직 확고한 공동체적 정체성을 구비한 전통 안에서만 독불장군과 같은 특이성 및 자기방종과 구별되는 건설적인 "독립적 수행"이 있을 수 있다. 그러나 이번 장은 이 요점이 특별한 신학적 주장에만 의존하지 않는다는 것을 보여주었다. 우리는 비트겐슈타인의 사상에 따라 "규칙 따르기"와 삶의 양식에 참여하는 것, 그리고 가다머의 사상에 따라 전통 안에 서 있는 것이 어떻게 믿음, 이해, 실천, 수행을 명료하게 일으키는 관점을 제공하는지 확인했다. 그러나 이것 말고도 문제는 더 있다. 왜냐하면 우리가 가다머, 리쾨르, 베티의 사상을 통해 지적한 것처럼, 고립적 자아의 나르시시즘적인 지평 너머에 있는 것에 문을 열 때, 새로운 자아에 형성적 효력을 갖는 새 지평을 경험하는 것이 가능해지기 때문이다. 공유된 공동체적 믿음의 방식으로 규정된 안정적인 삶의 양식 안에서 형성적 변화와 성장을 높이는 것이 기독교 교리의 과업이다. 교리는 중요하지 않고, 억압적이며, 단순히 이론적인 것에 불과하다는 생각은 이번 장뿐 아니라 다른 장들의 취지에도 반할 것이다.

제1부 교리 해석학을 탐구하는 이유

# 6장
## 타자성과 도발의 해석학을 통한 형성

## 6.1. 타자와의 만남을 통한 형성: 야우스의 수용과 도발

한스 로베르트 야우스(Hans Robert Jauss, 1921-1977)는 수용사(reception history)를 설명하는 맥락에서 "타자성"(otherness)과 "도발"(provocation) 개념을 탐구한다. 야우스는 예전에 하이데거와 가다머의 학생이었다. 그래서 역사 속에서, 특히 문학사 속에서 두 사람의 위치를 출발점으로 삼아 텍스트 이해에 접근한다. 야우스는 1966년 이후 콘스탄츠 대학교에 신설된 학제간 연구 센터(multidisciplinary research center)를 세우는 데 참여했다. 또한 1967년에는 "문학 이론에 대한 도전(또는 도발)으로서의 문학사"(*Literaturgeschichte als Provokation der Literaturwissenschaft*)라는 제목으로 취임 강연을 했고, 그 결과 국제적인 명성을 얻었다.[1]

야우스는 특별히 역사 속에서 사람의 제한된 위치로 말미암아 조건 지어진 존재를 가리키는 역사성(Geschichtlichkeit) 개념을 연구의 출발점으로 삼는다. 그러나 야우스는 가다머를 뒤이어 다른 형태 또는 수정된 형태로 영향사(Wirkungeschichte) 개념을 전개한다. **가변적인 상황은 텍스트의 연속적 읽기와 다시 읽기에 영향 또는 효력**을 미친다. 이런 텍스트 속에는 성경, 교리 또는 문학 본문들이 포함될 수 있다. 반대로 **텍스트의 효력도 상황에 영향**을 미치기 때문에 텍스트에 대한 연속적 재해석은 독자의 **기대지평을 재형성시키는** 역할을 한다. 영향사는 양면적이거나 쌍방향적이다.

---

1) Hans Robert Jauss, *Toward an Aesthetic of Reception*, trans. T. Bahti, Theory and History of Literature 2 (Minneapolis: University of Minnesota Press, 1982), 3-45에 영어 번역이 나온다.

야우스는 마르크스주의 문학 이론, 특히 동독에서 시행되었을 때와 같이 문학과 해석의 역사적 차원을 인정한다고 주장한다. 그러나 야우스는 마르크스주의 문학 이론은 유사-실증주의적이고 인과적인 방법으로 또는 순전히 역사적인 방법으로 사회에 대한 사회적 패턴에 지나치게 치우쳐 있다고 주장한다. 반면에 문학적 형식주의는 관심사를 텍스트 안에 있는 내재적 힘으로 너무 좁게 제한시킨다. 둘 다 제한된 통찰을 제공하지만, 서로 간에 보완할 필요가 있고, 영향사 곧 영향의 역사를 두 상호 방향에서 작용하는 것으로 설명할 것을 더 깊이 요청한다. 곧 **텍스트가 독자와 사회에 형성적 영향을 미치지만, 가변적인 상황 역시 텍스트 읽기에 효력을 미친다.**

취임 강연에서 야우스는 수용 이론 프로그램에 대해 일곱 가지 전제를 가정한다. 콜링우드 및 가다머와 마찬가지로, 야우스도 "닫힌 과거" 개념을 거부한다.[2] 수용사 속에는 "새것의 생산과 옛것의 재생산 사이에" 변증법이 발생한다.[3] 사전 및 사후 텍스트 읽기는 연속성을 드러내지만, 초기 및 후기 독자들의 경험을 연계시키는 불변적인 인과관계는 나타나지 않는다.

(1) 첫 번째 전제에서 야우스는 문학사에 새롭게 초점을 맞추면 단순히 **사건 이후의** "문학적 사실들"을 구성하려는 "역사적 객관주의"의 피상적 성격이 드러난다고 주장한다. 중요한 것은 "문학 작품에 대한 **독자의 사전 경험**"이다(티슬턴 강조).[4] 야우스는 이 요점을 예증하고 부각시키기 위해 러시아 형식주의에서 중요한 개념을 끌어들인다. 그것은 **낯설게 하기**(defamiliarization) 또는 소외(estrangement) 개념이다. 텍스트 읽기는 판에 박히거나 자동적이거나 "수동적인" 일이 될 수 있다. 그러나 **불시에 나타**

---

2) Jauss, *Reception*, 5.
3) Jauss, *Reception*, 12.
4) Jauss, *Reception*, 20.

제1부 교리 해석학을 탐구하는 이유

나는 갑작스러운 **방해**가 있으면, 독자는 낯설거나 익숙하지 않은 것과 씨름하려 함으로써 수동적 읽기가 적극적 참여로 바뀔 것이다.[5] **낯설게 하기**는 본문을 전유하고 이해하는 새로운 방법에 자리를 내주기 위해, 관찰하고 인식하고 이해하는 통상적 방법을 억제시킨다. 이 말은 처음에 슈클로프스키(V. Shklovsky)의 형식주의 문학 이론에서 전문적인 용어로 등장했고, 나는 이 용어를 『해석의 새로운 지평』에서 다루었다.[6]

이런 사건은 지속적이지만 또한 "가변적인 경험의 지평" 안에서 "수동적 수용에서 능동적 수용으로, 공인된 미학적 규범에서 그 규범들을 능가하는 새로운 성과로…반전이 있는…연속성 속에 들어간다"고 야우스는 설명한다.[7]

(2) 이것은 야우스의 두 번째 전제로 이끈다. 그는 이렇게 말한다. "독자의 문학적 경험은…각 작품에 대해 일어나는 객관화할 수 있는 **기대 체계** 안에서 [벌어진다]."[8] 야우스에게는 "기대"(expectation), 특히 "기대 지평"(horizon of expectation)이 결정적인 핵심 용어다. 각 기대 지평은 사전의 "전이해"(야우스의 말)뿐만 아니라 "기대가 나타나는 역사적 순간" 즉 기대가 생기는 순간과 관련되어 정의되고 형성된다. 하지만 기대 지평은 금방 재형성되거나 변할 수 있다.[9] 텍스트의 **형성적** 효력은 독자의 기대가 좌절되거나 변할 때 작용할 수 있다. 텍스트는 독자를 만나고, 그때 독자는 놀라움의 경험을 갖는다. 다른 한편으로 어떤 상황에서는 읽고 이해하는 습관이 확증되고, 심지어는 강화될 수도 있다.

(3) 야우스의 세 번째 전제는 연속적인 읽기 경험의 문학적이고 미학적인 차원과 특별히 더 관련되어 있다. 독자는 텍스트의 문학 형태와 텍

---

5) Jauss, *Reception*, 16.
6) Thiselton, *New Horizons*, 117-118.
7) Jauss, *Reception*, 19.
8) Jauss, *Reception*, 22(티슬턴 강조).
9) Jauss, *Reception*, 22.

스트의 영향을 음미하거나 전유할 수 있고 또는 충격을 받아 오히려 저항할 수도 있다. 그러나 독자의 지평은 변함없이 **재구축, 변화, 그리고 재형성**을 겪고 있다. 야우스는 이렇게 말한다. "문학 작품은…첫 독자의 기대를 만족시키고 능가하고 실망시키고 또는 논박한다.…[이것이] 그 작품의 미학적 가치의…기준을 제공한다."[10]

(4) 야우스의 네 번째 전제는 가다머의 문답 논리 개념에 명백히 의존하고 있다. 다루고 있는 텍스트는 어떤 종류의 물음에 대한 답변을 암시하는가? "재구성"은 해석학적 맥락과 상관없이 단순히 역사적 상황을 재구성하는 것 이상의 의미를 함축하고 있다. **도발** 또는 **도전**이라는 주요 개념이 여기서 더 명확하게 등장하기 시작한다. 야우스는 다음과 같이 선언한다. "어떤 작품이 과거에 만들어지고 받아들여진 기대 지평을 재구성하게 되면…우리는 텍스트가 답변을 제공했던 물음을 제기할 수 있고, **그리하여 당대의 독자가 그 작품을 어떻게 이해했는지를 발견할 수 있다.**"[11] 이것은 의심할 것 없이 텍스트를 너무 쉽게 시대정신에 동화시키는 "현대화된" 이해를 "교정시킨다." 야우스는 과거의 지평과 현재의 지평 사이의 긴장 관계를 "상쇄시키지 못하는" 것에 관한 가다머의 설명을 거의 그대로 되풀이하면서, 이렇게 지적한다. "그것은 작품에 대한 이전 이해와 현재 이해의 해석학적 차이를 보도록 이끈다."[12]

(5) 야우스의 다섯 번째 전제는 지속적 상황 속에서 지속적 읽기와 연계된 지속적 이해 방식의 역사적 차원 및 과정을 더 깊이 설명한다. 그것은 "이해의 역사적 전개"에 대하여 설명한다.[13]

(6) (7) 야우스의 여섯 번째와 일곱 번째 전제는 가치중립적인 "표현"과 반대되는 "활력적 실천"(lived praxis) 개념으로 나아간다. 이 마지막 두

---

10) Jauss, *Reception*, 25.
11) Jauss, *Reception*, 28(티슬턴 강조).
12) Jauss, *Reception*, 28.
13) Jauss, *Reception*, 32.

제1부 교리 해석학을 탐구하는 이유

전제는 문학적 텍스트의 "**사회적 형성 기능**"을 강조한다(야우스 강조).[14] 이 일곱 가지 전제의 해설을 보면, 분명히 **형성**에 관심을 두고 있다.

데이비드 트레이시는 자신의 해석학을 설명할 때 **도발** 개념을 활용한다. 트레이시는 작품이 어떻게 "독자 안에 기대와 물음을 자극함으로써 공유할 수 있는 의미를 창출하는지" 설명한다.[15] 트레이시는 가다머와 리쾨르를 다양하게 언급하지만 야우스는 언급하지 않는 것으로 보인다. 트레이시는 **도발**이라는 말을 야우스보다 가다머가 사용한 의미에 더 가깝게 사용한다.[16] 만일 이 작품이 "고전"이라면, "지속적인 해석과 적용을 끊임없이 요구하는" 물음을 낳을 수 있다고 트레이시는 주장한다.[17] 이 모든 것 역시 자극의 형성적 기능과 효력의 한 부분이다. 데이비드 트레이시의 작품에 대해서는 다음에 간략히 살펴볼 것이다.

야우스도 "고전"이 지속적으로 기대 지평을 자극한다고 주장한다. 이 자극으로 말미암아 고전은 독자의 지평을 **확대시키고 재형성하고**, 독자가 어떻게 생각하고 어떻게 살지에 대해서 변혁적인 효력을 미친다. 다른 작품들에서 야우스는 더 멀리 나아간다. 그는 콜링우드, 바흐친, 가다머와 같이, 변증법뿐만 아니라 대화도 탐구한다. 그는 "독백"이 다른 음성을 존중하거나 경청하지 않고 독자의 안건, 물음, 개념적 틀을 타자에게 강요함으로써 "타자"를 침묵시킬 우려가 있다고 주장한다. 독백은 "닫힌" 담화 또는 정적 체계의 징후다. 야우스는 독백적인 "신화" 장르와 히브리-기독교 성경의 대화 장르 간의 대조를 강조한다. 창세기 3:9을 보면, 하나님은 아담에게 "네가 어디 있느냐?"라고 물으신다. 또 욥기를 보면, 욥이 "어찌하

---

14) Jauss, *Reception*, 45.
15) David Tracy, *The Analogical Imagination: Christian Theology and the Culture of Pluralism* (London: SCM, 1981), 129.
16) Tracy, *Imagination*, 특히 99-153.
17) Tracy, *Imagination*, 129.

여?"라고 묻는다(욥 3:11-12, 20; 10:18, 20; 13:24).[18]

이 맥락에서 야우스는 자신의 "타자 해석학"을 소개한다. 야우스의 **타자** 개념은 가다머와 베티, 리쾨르에게서 각각 발견한 두 요소를 결합시킨다. 가다머 및 베티와 같이, 야우스도 자아의 관점을 통해 타자를 보지 않으며, 또 타자에게 자아의 개념적 기대와 범주를 부여하지 않고, **타자의 관점에 따라** 타자를 이해하는 것을 충분히 고려하면서 **타자를** 생각한다. 그리고 리쾨르와 같이 자기를 이해하기 위한 촉매로 **타자를** 이해한다. 야우스는 가다머보다 훨씬 더 강하게 "지평 융합"(Horizont-verschmelzung)에 이르는 것이 현실적으로 불가능하다고 주장하면서, "타자"는 **자아의 지평 속으로 충분히 동화될 수 없고, 또 그렇게 동화되어서도 안 된다**고 지적한다. 둘 사이에 환원 불가능하게 남아 있는 것은 동화가 아니라 지평의 차별화다. **소외와 도발**(또는 차별을 기초로 경험하게 된 도전)은 야우스의 "**타자성의 해석학**"(hermeneutics of alterity)의 한 부분이다. 앞에서 인용한 루터의 격언과 같이 우리가 매우 생소하고 거북스럽고 도전적이고 또는 도발적으로 만나는 것은 무엇이든 가장 창조적이고 형성적이고 변혁적이고 삶을 변화시키는 효력을 갖고 있다.[19]

오르몬 러쉬(Ormond Rush)는 야우스의 "타자성(alterity)의 해석학"이 신학적 해석학 또는 교리 해석학에 적합하다는 것을 설득력 있게 그리고 깊이 있게 증명했다. 러쉬는 자신의 저서 전반부에서 야우스의 사상을 해설한 다음, 교리 문제로 시선을 돌린다. 러쉬는 그릴마이어(A. Grillmeier)나 콩가르(Y. Congar)의 사상에 나타난 "수용" 개념과 "교리의 수용"에 대해 검

---

18) Hans Robert Jauss, *Question and Answer: Forms of Dialogic Understanding*, trans. M. Hays, Theological History of Literature 68 (Minneapolis: University of Minnesota Press, 1989), 51-94.

19) Hans Robert Jauss, *Wege des Verstehen* (Munich: Fink, 1994), 11-28. 추가로 Hans-Ulrich Gehring, *Schriftprinzip und Rezeptionsästhetik: Rezeption in Martin Luther's Predigt und bei Hans Robert Jauss* (Neukirchen-Vluyn: Neukirchener, 1999)도 보라.

토하고, "교리 해석학"이라는 제목 아래 마지막 장을 끝낸다.[20] 그릴마이어는 신학적 수용을 "신학의 지속적인 해석학적 과제"로 본다.[21] 그릴마이어는 칼케돈 신조의 기독론을 언급하면서 해석학 자체의 업무와 같이, 어떤 의미에서 수용은 결코 끝이 없으며, 각 세대는 근본 진리를 이해하고 그 진리를 새롭게 말하는 것을 인정해야 한다고 주장한다.[22]

러쉬는 야우스가 교리의 지속적 읽기의 맥락에서 주장하는 지평의 융합과 차별화의 변증법을 "보다 깊은 의미의 지속적 발견이라는 풍성한 복수성 속에" 둔다.[23] 또한 러쉬는 철학적 해석학과 신학적 해석학이 신학적 텍스트를 해석하는 특수 업무를 서로 포함하고 있다는 리쾨르의 주장을 지지한다.[24] 또한 데이비드 트레이시가 전개한 해석학의 "대화 모델"에 대해서도 다른 모델들과 나란히 역할을 부여한다.[25] 그리고 이렇게 결론을 맺는다. "신학의 과제는 해석학적 과제다. 즉 과거에서 나온 신학적 텍스트를 오늘을 위해 해석하는 것이다."[26]

여기서 우리는 러쉬의 주장의 신학적 핵심으로 나아간다. 물음과 "차별화"(differentiation)의 중요성과 함께 타자에 대한 개방성은 "신적 타자성"(Divine Alterity)의 전제로부터 연원한다.[27] 이것도 야우스의 주관심사에

---

20) Ormond Rush, *The Reception of Doctrine: An Appropriation of Hans Robert Jauss' Reception Aesthetics and Literary Hermeneutics*, Tesi Gregoriana, Serie Teologia 19 (Rome: Pontifical Gregorian University, 1997), 교리 해석학에 대해서는 277-336을 보라. 그릴마이어에 대해서는 127-147, 콩가르에 대해서는 147-161을 보라.
21) Rush, *Reception*, 146.
22) A. Grillmeier, "The Reception of Chalcedon in the Roman Catholic Church," *Ecumenical Review* 22 (1970) 383-411.
23) Rush, *Reception*, 280.
24) Rush, *Reception*, 283.
25) Rush, *Reception*, 284.
26) Rush, *Reception*, 286(티슬턴 강조).
27) Rush, *Reception*, 291-315.

매우 가깝다. 야우스는 중세의 텍스트들을 특별히 언급하면서, "지나간 과거의 타자성"뿐만 아니라 (러쉬와 같이) "하나님의 놀라운 타자성"에 대해서도 말한다.[28] "타자성"은 "수직적 타자성"(하나님에 대한 타자성)과 "통시적 타자성"(과거에 대한 타자성)을 함께 포괄하고 있다. 러쉬는 이렇게 말한다. "은혜로 받은 구원의 '놀랄 만한 타자성'과 이와 대조적으로 고난, 공격, 주변화를 경험하는 부정적 타자성(공시적 타자성)이 있다."[29] 그리고 이렇게 결론을 맺는다. "그러므로 타자성은 하나님을 이해하는 지평과 과거를 이해하는 지평, 이 두 긍정적이고 부정적인 인간 경험에서 의미를 이해함에 있어, 타자 또는 낯선 상태를 이름 짓는다."[30]

러쉬가 설명한 것처럼, 이것은 수용되는 것이 "외부로부터" 온다는 그릴마이어의 "외적" 수용 개념과 일치한다. 신학적 언어로 말하면, 이것은 **선물과 선물을 주시는 자**, 혹은 신적 은혜라는 말로 이해될 수 있다. 러쉬는 이렇게 말한다. "참된 수용은 수용 대화에서 각 당사자가 **그 과정에서 변화된 것에 개방적일 때 일어난다**"(티슬턴 강조).[31] 이것은 적용 또는 참여적인 적용을 함축한다.

이것은 교리의 본질과 매우 밀접하게 관련되어 있다. 러쉬는 계속해서 이렇게 말한다. "교리는 세대에서 세대로 이어지면서 지평에 따라 이해되고 해석되고 적용되고 변화된다.…**과거에 형성된 교리는 제한적인 인간적 기대 지평을 자극하고 궁극적으로 변화시키는 기능을 한다**."[32] 러쉬는 야우스가 한때 "타자"로 인식된 것을 상투적이고 다루기 쉽고 평범하고 놀랍지 않은 것으로 되돌리는 부정적 경향을 의식하고 있다고 지적한다. 야

---

28) Hans Robert Jauss, "The Alterity and Modernity of Mediaeval Literature," *New Literary History* 10 (1978-1979) 182-183; 참조. 181-229; Rush, *Reception*, 297.
29) Rush, *Reception*, 299.
30) Rush, *Reception*, 300.
31) Rush, *Reception*, 302.
32) Rush, *Reception*, 308(티슬턴 강조).

우스는 심지어 시를 수용할 때 "긴장, 놀람, 실망, 아이러니"가 있는 경우에도, 도발과 도전이 순화되고 줄어들기 때문에 이해가 다시 익숙해지고 "규범화될" 수 있다고 설명한다.[33] 이런 상황 속에서 **전통의 "다시 읽기"는 필수적인 일이 된다.** 성경과 교리는 놀람과 타자성의 차원들을 회복시키는 "다시 읽기"(rereadings)를 요청한다. 이것은 교리 해석학의 과제 가운데 하나다.

밴후저는 『교리의 드라마』에서 "형성"에 관한 부분을 짧게 포함시킨다. 그 부분에서 밴후저의 주된 초점은 야우스의 견해 곧 타자성의 해석학에 의지하지 않고, 교리를 드라마로 비유하는 자신의 은유로부터 추론하는 데 있다. 그러나 야우스의 접근법과 공명을 이루고 있는 요점들도 나타난다. 밴후저는 "정보에 대한 심적 동의는 그 자체로 우리의 삶에 결정적 영향을 갖고 있지 않다"라는 요점을 반복하는 것으로 설명을 시작한다.[34] 이것은 야우스의 관점 및 변화를 겪든 겪지 않든 예측 가능한 기대 지평을 갖고 "수동적" 읽기를 평가하는 키에르케고르의 관점과도 비슷하다. 나는 『해석의 새로운 지평』에서 비록 밴후저의 작품을 언급하지는 않았지만 이 문제를 명확히 다루었다. 밴후저는 야우스를 전혀 언급하지 않았다. 그리고 키에르케고르도 한두 문맥에서 지나가듯이 언급하고 있다.[35]

또한 밴후저는 우리가 비트겐슈타인에 대한 논의와 "치료법"을 설명할 때 지적한 분야에 관심을 둔다. 그는 교리가 "제자들을 영적으로 합당한 자가 되도록 돕는다"고 주장한다.[36] 그리고 이렇게 선언한다. "교리는 우

---

33) Jauss, "The Poetic Text within the Change of Horizons of Reading," *Reception*, 145, 147.

34) Vanhoozer, *Drama*, 370.

35) Thiselton, *New Horizons*, 272-279, 특히 563-566. 유용하고 건설적인 내용과 인상적인 명칭 색인에도 불구하고, 밴후저는 자신의 주장에 기여하는 초기 관념과 자료를 인정하는 부분에서 상당히 부분적이고 지엽적인 것 같다. 심지어는 발타자르의 *Theo-Drama*를 약간 언급하기는 해도 매우 인색하게 다루는 것처럼 보인다.

36) Vanhoozer, *Drama*, 373; 참조. 374-380.

리가 그리스도를 따르도록 우리의 사고와 정신, 곧 **의사소통 행위의 습관적 패턴과 성품을 형성함으로써** 영적 적합성을 구비하는 데 기여한다"(티슬턴 강조).[37] 또 이렇게 말하기도 한다. "습관은 어떤 종류나 방식의 사고 및 행위에 대한 성향 또는 경향이다."[38] 밴후저가 다른 문맥들에서 비트겐슈타인만을 언급한다고 해도, 이 요점의 타당성은 훼손되지 않는다.

따라서 밴후저는 이 장 전체에서 우리가 제시한 것처럼 형성, 습관, 행동, 성향을 올바르게 함께 묶으며, 이것들을 **지혜**와 연결한다. 또한 그것은 가다머가 다루는 이번 장의 주제와도 연결된다. 계속해서 밴후저는 보고 지각하는 "습관" 역시 그 그림에 속해 있다고 말한다. 그는 이렇게 말한다. "**교리는…우리가 타계적인—말하자면 종말론적인—관점으로 세상을 볼 수 있도록 상상력에 의존하는…습관이다**"(밴후저 강조).[39] 이것이 아마 밴후저가 타자성의 해석학을 의지하거나 해설하는 것과 가장 가까울 것이다. 내가 말한 교리 해석학과 밴후저의 접근법 사이에는 어느 정도 공통 근거가 존재한다. 예컨대 우리 둘 모두 다른 공통 자료뿐만 아니라 새뮤얼 웰스의 최근 작품까지 간단히 의존했다.

그러나 앞장에서 언급한 것(예컨대 하나님의 부재에 대한 추론에 의문을 제기했던 것) 말고도, 나와 밴후저 사이에는 두 가지 중대한 차이가 있다. 첫 번째 차이는 비트겐슈타인, 이안 램지(Ian Ramsey), 그리고 다른 학자들의 작품을 읽을 때, 나는 **하나의 모델이나 그림으로부터**, 말하자면 드라마로서의 교리 모델로부터 많은 사실을 추론하는 것에 무척 조심한다는 것이다. 나는 이것을 다른 많은 그림이나 자원 가운데 **하나**로 본다. 둘째로 나는 해석학 이론과 실천에서 발견되는 무척 다양한 자원들에 의지하려고 애쓴다. 그중에서 특히 가다머, 리쾨르, 베티, 야우스, 비트겐슈타인, 아펠, 하버

---

37) Vanhoozer, *Drama*, 376.
38) Vanhoozer, *Drama*, 376.
39) Vanhoozer, *Drama*, 377.

마스의 이해 이론들과 발화행위 이론 그리고 교리의 본질에 대한 신학자들과의 폭넓은 대화에 의지했다.


## 6.2. 형성, 해석학, 교리에서 공적 담화: 트레이시와 고전

데이비드 트레이시(1939-)는 로마 가톨릭 전통에 속한 학자로 해석학 이론, 특히 가다머와 리쾨르의 접근법이 기독교 신학에 미치는 영향을 진지하게 탐구한다. 사회학자 피터 버거(Peter Berger)와 같이 유형화와 범주화에 익숙한 이들은 트레이시를 조지 린드벡과 한스 프라이가 속한 예일 학파가 아니라 슈베르트 오그덴(Schubert Ogden)과 랭던 길키(Langdon Gilkey)와 함께 시카고 학파의 대표자로 간주한다. 그의 주된 신학적 스승은 애초에 해석학 이론에서 인식론적 차원을 중시하던 버나드 로너간이었음을 지적하는 것이 아마 더 유용할 것이다. (최근 몇 년 동안 트레이시가 오그덴과 함께 로너간이 주장하는 것보다 더 다원주의적인 방향으로 움직이기는 했지만 말이다.) 트레이시가 유비를 강조하는 것은 그의 가톨릭적 뿌리, 그리고 대다수 가톨릭 신학과 가까운 토마스주의의 배경과 공명을 이룬다.

영국 신학계는 "학파"로 범주화하는 것을 항상 적대시하고 의심했다. 이런 반응이 나오는 이유는, 부분적으로 개인 사상가가 다른 사상가들과 한 집단으로 묶이지 않는 것이 더 가치가 있기 때문이다. 그리고 학파 분류가 종종 유치한 교훈적 목적에 기원을 두고 있기 때문이기도 하다. 예컨대 니콜라스 월터스토프의 저술 활동과 참고 문헌을 세밀하게 살펴본다한들 과연 그를 한스 프라이와 한 학파로 묶을 수 있을까? 또 다른 한편으로 이는 대다수 영국 대학들(독일이나 미국의 일부 대학들과 달리)이 같은 대학 안에서도 학생들(박사 과정이나 대학 과정에 있는)이 다양한 견해에 노출되도록 노력하기 때문이다.

잠시 본제에서 벗어나 이런 말을 하는 이유는, 만일 내가 어떤 특정 주제를 트레이시와 공유한다면, 이것은 린드벡의 교리에 대한 접근법의 특정 국면들을 매력적인 것으로 또는 그렇지 않은 것으로 발견하는 것과 아무 상관이 없기 때문이다. 관련 문제(그것이 그렇다고 증언한 것처럼)를 "예일 학파 대 시카고 학파"의 문제로 소개하는 것은 개인 사상가들의 기고 논문을 개념화하고 **이해하는** 법을 미리 결정하는 것으로 진정한 해석학적 접근법에 반하는 일이다. 놀랍게도 한스 프라이처럼 지성적이고 사려 깊은 신학자도 한 책의 제목을 『기독교 신학의 유형』(*Types of Christian Theology*)으로 정하고 한 장의 제목을 "신학의 다섯 가지 유형"으로 정했다.[40] 결국 신학의 다섯 가지 유형은 다섯 명의 신학자, 즉 카우프만(Kaufman), 트레이시, 슐라이어마허, 바르트, 그리고 필립스(D. Z. Phillips)를 가리키고 있다. 그러나 이 개인 사상가들을 서로 경합하고 지배권을 가진 "학파들"의 창건자로 삼기 위해 은밀하게 미리 정해놓은 범주에 끼워 넣거나 경계가 모호한 어떤 "형태" 속에 억지로 끼워 넣는 것이 과연 신학이나 해석학에 도움이 될까? **"학파"에 들어가는 것은 독립적 사상을 포기하는 것이고,** 복잡한 논쟁을 유효한 선택들보다 더 적은 수의 **미리 정해진 선택으로 축소시키는** 것이다. 신학에서 이처럼 환원적이고 논란을 일으키는 방법을 진단해낸 것은 임레 라카토스(Imre Lakatos)의 사상을 활용하는 낸시 머피(Nancey Murphy)의 주된 공헌이었다. 비록 머피와 얼마간 차이가 있음을 확인하기는 해도, 우리는 이것을 8.4.에서 상세히 다룰 것이다.

　이 책에서 나의 주장은 트레이시의 강력한 해석학적 특징들, 특히 트레이시가 교리를 형성적 효력을 가진 것으로 강조하는 것과 일치한다. 물론 나는 린드벡이 교리를 실천으로 강조하고, 비트겐슈타인의 언어와 삶의 양식에 대한 견해를 활용하는 것에 대해서도 어느 정도 공감대를 갖고 있다. 그러나 어떤 경우에도 나는 그의 사상 체계 전체를 받아들이지 않는

---

40) Hans Frei, *Types of Christian Theology* (New Haven, CT: Yale University Press, 1992), ch. 4, 28-55.

다. 심지어는 우리가 **형성**이나 **실천**에 대하여 말할 때 그 용어들의 엄밀한 의미도 그대로 받아들이지 않는다. 나는 1970년대 말 이후로 주로 가다머가 사용했던 용어에 비추어 지평이라는 은유나 모델에 의존했다. 트레이시도 **지평**을 중시한다. 그러나 결국 우리 모두에게 지평이라는 말이 에드문트 후설(Edmund Husserl)과 하이데거에게서 연원하기는 해도, 트레이시의 작품 속에서는 그 말은 특별히 버나드 로너간에게서 처음 나오는 말로 되어 있다. 트레이시 역시 교리의 형성적 능력을 정당화하고, "근본"(fundamental)신학과의 관계를 탐구하는 데 깊은 관심을 갖고 있다.

현대 가톨릭 신학에서 사용되고 있는 용어들의 특징적 의미에 따라 트레이시는 또한 **근본**신학과 **조직**신학을 구분한다. "근본"신학은 변증론 곧 증명과 "논증"을 다루는 문제를 포함하고, "조직"신학은 교회와 더 긴밀하게 관련되어 있고, 대략 우리가 사용하는 **교리**라는 말과 대응을 이룬다. 이 장에서 우리의 주장은 교리의 **형성적** 힘이 어떻게 기독교 신학의 **진리-주장**을 검토하거나 확립하는 것과 관련되어 있는지 탐구하는 이 동일한 관심사를 공유한다. **증명, 논쟁, 정합성** 그리고 논리적 추론의 역할을 근본신학에 할당하는 한편, **드라마, 내러티브, 해석학을 교회론**(하이두크와 같이), 또는 "**문법**"과 **실천** 문제에(린드벡과 같이) 할당하는 것이 정말 괜찮을까? 나는 원리상 이 구분이 인위적이기는 하지만, 동시에 설명과 이해의 적법한 해석학적 구분을 거칠게나마 반영하고 있음을 곧 주장할 것이다.

이번 장에서 내가 주장하는 것처럼, 트레이시도 **공적신학**의 중요성을 강조한다. 그러나 트레이시는 근본신학, 조직신학, 실천신학이 제공하는 가설, **각기 다른 이 세 청중**의 필요에 따라 형성되는 가설을 가정하는 것으로 방금 언급한 문제의 해결책을 추구하는 경향이 있다. 확실히 트레이시는 **의미**에 대한 **해석학적** 물음과 **진리**에 대한 **인식론적** 기준의 날카로운 구분을 기초로 근본신학에 대한 로너간의 "기초적" 접근법에 유보적인 입장을 취한다.

신학의 본질에 대한 트레이시의 주요 세 작품 가운데 첫 번째 작품인

『질서를 위한 복된 격노』(Blessed Rage for Order)는 세속화로 말미암아 많은 사상가들이 "믿음의 위기"에 대하여 글을 썼던 1970년대에 나왔다. 내가 여기서 제시하는 관점으로 볼 때, 이 작품이 트레이시의 나중 두 작품보다 덜 건설적이라는 점을 지금 언급하는 것이 좋겠다. 트레이시는 빅토리아 시대 이후로 **믿음의 위기**로 지칭되었던 것이 "지금은 **인식적 주장의 위기**로 지칭될 수 있다"고 주장한다.[41] 1930년대의 에이어(A. J. Ayer)와 브레이스웨이트(R. B. Braithwaite)로부터 1950년대에 이르기까지 많은 비판적 학자들이 종교언어는 인식적 관점에서 진실이나 거짓으로 입증될 수 없고 정서적 의미만을 전달한다고 주장했다. 트레이시도 이 논쟁을 잘 알고 있으며, 그래서 이안 램지, 프레더릭 페레(Frederick Ferré), 막스 블랙(Max Black)에게서 실마리를 얻어 모델들의 필요성에 대한 진술을 시작한다.[42]

1970년대 다수의 유신론 학자들이 기독교 신학의 진리-주장을 인식적 의미가 함축된 합리적 기초 위에 두려고 심혈을 기울였다. 이것이 이 첫 번째 책에서 트레이시의 관심사의 배경을 이룬다. 1971년에 안더스 니그렌(Anders Nygren)은 자신의 초기 연구의 근거를 다시 이동시켜 신학이 비판적이고 "객관적인" 논증을 다룬다는 의미에서 "과학적"일 수 있는지의 문제와 씨름했고, 동시에 신앙이 신앙으로서 말할 수 있게 만들었다. 니그렌은 신학을 거의 관념의 역사로 바꾸어놓은 "동기 연구"(motif research) 방법을 시도했다.[43] 니그렌의 로마서 주석과 『아가페와 에로스』(Agapē and Eros)의 다양한 통찰에도 불구하고, 홀(Hall)이 다음과 같이 지적한 것은 적절했다. "니그렌은 때때로 독자를 과학의 장점을 믿는 매우

---

41) David Tracy, Blessed Rage for Order: The New Pluralism in Theology (New York: Seabury, 1975), 5.

42) Tracy, Blessed Rage, 22-25

43) Anders Nygren, Meaning and Method: Prolegomena to a Scientific Philosophy of Religion and a Scientific Theology (London: Epworth, 1972).

순진한 신자로 생각한다."[44] 로너간과 판넨베르크는 과학에 대하여 이런 순진한 관점을 취하지 않았지만, 그럼에도 기독교 신학의 인식적 진리-주장의 신빙성과 관련된 문제를 붙들고 씨름했다. 두 사람 모두 이해(Verstehen) 문제에 더 큰 지위를 부여했다. 하지만 정합성, 지식, 진리의 문제도 다루었다. 판넨베르크는 이 문제에서 분명하게 "과학"을 독일어 Wissenschaft의 의미와 연결해서 연구했다.[45] 로너간은 해석학적 이해의 역할을 인정했으나 그 역할을 매우 포괄적인 인식론의 틀 안에 두었다.[46]

트레이시는 『질서를 위한 복된 격노』에서 이 문제의 다른 두 측면의 관계를 놓고 씨름했다. 트레이시는 방법, 의미, 이해를 탐구한다. 슐라이어마허, 딜타이, 리쾨르, 아펠을 보면, 이것은 부분적으로 설명(Erklärung)과 이해(Verstehen)의 관계에 대한 문제다. 트레이시는 로너간이 이런 문제에 대해서 "주의를 기울이고, 지성적이고, 합리적이고, 책임을 지는 존재가 되라, 계발하라, 그리고 필요하다면 변하라"라는 격언으로 정식화한 자기 초월 모델을 탁월하게 제시한다고 인정한다.[47] 처음 세 가지("주의를 기울이고, 지성적이고, 합리적인 존재가 되라")는 특히 비판적 인식론 또는 **설명**과 관련되어 있다. 뒤의 세 가지("책임을 지라, 계발하라, 그리고 필요하다면 변하라")는 특히 해석학 또는 **이해**와 관련되어 있다("주의를 기울이는 것"도 해석학의 특징 가운데 하나이기는 하다). 그럼에도 트레이시는 한 가지 단서를 붙인다. 로너간은 여전히 계몽주의 시대의 "기초주의"(foundationalism)에 매우 가까이 서 있는가?

앞에서 우리는 린드벡과 프라이가 너무 쉽게 신학과 신학자들을 사전

---

44) Thor Hall, *Anders Nygren* (Waco, TX: Word, 1978), 209.
45) Wolfhart Pannenberg, *Theology and the Philosophy of Science*, trans. F. McDonagh (Philadelphia: Westminster, 1976).
46) Bernard Lonergan, *Insight: A Study of Human Understanding* (New York: Harper & Row, 1978) and *Method of Theology*(위에서 인용함).
47) Tracy, *Blessed Rage*, 12; Lonergan, *Method*, 53-55, 231-232.

에 정해놓은 애매한 "유형"에 따라 분류하는 것에 실망했음을 언급했다. 트레이시는 신학의 세계에 엄청난 풍요로움을 가져오기는 했지만, 그 역시 린드벡이나 프라이와 거의 같은 일을 했다. 트레이시는 신학의 다섯 가지 "모델"을 다음과 같이 간략히 제시한다. (1) 특별히 가톨릭 전통과 관련된 정통신학 모델, (2) 슐라이어마허와 하르낙의 구자유주의 신학 모델, (3) 바르트의 신정통신학 모델, (4) 토머스 알타이저(Thomas Altizer)의 "하나님의 죽음" 신학 형태를 가진 급진신학 모델, (5) 수정된 상관의 원리에 의지하고 라인홀드 니버(Reinhold Niebuhr), 칼 라너, 폴 틸리히(Paul Tillich)와의 연속성을 어느 정도 반영하는 "수정주의"신학 모델.[48]

예일 학파와 시카고 학파 출신의 신학자들이 시험과 검증을 거쳤으나 별로 해석학적이지 않은 방식으로 일반화된 "입장들"을 정의한 후, 자신이 가장 선호하는 입장을 가장 마지막에 기술하는 것(마치 이것만이 유일한 대안이고 나머지는 다 부적절한 것처럼)은 매우 유감스럽다. "시카고" 학파와 "예일" 학파 사이에 추정되는 온갖 차이에도 불구하고, 이것은 엄밀히 말해 교리의 본질에 대한 린드벡의 작품과 프라이의 다섯 가지 신학 "유형"을 규정하는 분류 방법이다. 린드벡은 세 가지 범주를 제시한 후, 그 가운데 문화적-언어적 모델을 다른 두 모델의 부적절함이 드러날 때까지 대기시켜 놓는다. 그리하여 이 선호된 모델(문화적-언어적 모델)은 마치 경쟁적인 소비주의가 신학을 **이해하는** 유일한 길인 것처럼 신학을 구하러 뛰어든다.

따라서 트레이시도 이제 자신이 끝까지 선호한 마지막 모델의 주요 특징을 제시한다. "공통의 인간 경험", "비판적 상관성", 그리고 역사와 해석학이 "포스트모던 의식과 재해석된 기독교" 사이의 "기본적인 화해"를 정당화하는 것으로 생각되는 요소들이다.[49] 여기서 마지막 요소(역사와 해석

---

48) Tracy, *Blessed Rage*, 24-34.
49) Tracy, *Blessed Rage*, 32-33.

학)는 현재 우리의 관심사인 **형성**과 잘 부합한다. 그렇지만 우리는 이 모델을 전체적으로 어떻게 평가해야 할까?

얼핏 보면 이 모델은 해석학을 강력한 특징으로 부각시키는 것처럼 보인다. 트레이시는 이렇게 말한다. "기독교 신학자는…**최소한** 기독교의 원리가 되는 텍스트의 표현들에서 중심 메시지를 확인할 수 있는 해석학적 방법을 찾아내야 한다"(트레이시 강조).[50] 그러나 이것은 타자, 타자성, 거리라는 참된 해석학적 차원을 축소시키고, 인간의 지평과 타자로서의 하나님 지평 사이의 미숙한 동화 혹은 완전한 동화를 회피한다. 야우스와 러쉬는 **만일 해석학적 만남이 진지하게 변혁적인 것이 된다면,** 이것이 **본질적**이라는 것을 보여주었다. 트레이시가 이 첫 작품(『질서를 위한 복된 격노』)만 썼더라면, 상대적으로 교리 해석학에 대해서는 별로 기여하지 못했을 것이다. 확실히 이 작품은 70년대에 저술되었음에도 불구하고 완연히 "60년대"의 체취를 갖고 있다. 트레이시 자신을 포함해서 이 시대에는 누구나 "세속" 정신에 관한 자유주의적 신화를 갖고서 메마른 시대를 뛰어넘고자 했다.

트레이시는 두 번째 주저 『유비적 상상력』(The Analogical Imagination)에서 **형성, 변혁**, 그리고 **교리 해석학**의 문제로 훨씬 더 가까이 나아간다. 반면에 후기 작품 『다원성과 모호성』(Plurality and Ambiguity)은 후기의 성숙한 해석학적 접근법을 견고히 한다. 이 세 번째 주저 역시 의미와 형성에 대한 해석학적 물음들과 정합성, "과학", 진리에 대한 물음들 간의 관계를 다시 다룬다.[51]

트레이시의 두 번째 주저 『유비적 상상력』은 많은 부분이 "**조직신학**"

---

50) Tracy, *Blessed Rage*, 49.

51) David Tracy, *The Analogical Imagination: Christian Theology and the Culture of Pluralism* (London: SCM, 1981); David Tracy, *Plurality and Ambiguity: Hermeneutics, Religion, Hope* (London: SCM, 1987). 『다원성과 모호성』(크리스천 헤럴드 역간).

에 관심을 두고 있다. 여기서 그는 이 조직신학을 전통적인 로마 가톨릭에서 사용하는 **근본신학**과 반대로, 우리가 사용하는 **교리**라는 말의 의미와 매우 비슷하게 정의한다(이미 지적한 것처럼). 트레이시는 이렇게 말한다. "**근본신학**"은 "주로 학계에서 연구되는 것이 아니라 대중에게 제시되는 것"이고, "**조직신학**" 역시 "도덕적이고 종교적인 담화와 행동의 공동체로서의 교회 안에서 연구되는 것이 아니라 주로 대중에게 제시되는 것"이며, **실천신학**도 마찬가지로 공중 사회 또는 "더 정확히는 어떤 특수한 사회적·정치적·문화적·목회적 활동의 관심사"와 주로 관련되어 있다.[52] 교리 혹은 조직신학의 주된 관심사는 그 능력이 "항상 현존하고 드러나고 **변혁적인**" 것으로 파악되는 것을 "**재해석**"해서 그 능력을 강화시키는 데 있다고 트레이시는 결론짓는다(티슬턴 강조).[53] 한편 "**근본신학**"은 판넨베르크의 관심사인 "논쟁 가능한" 신학에 관한 진리 기준과 답변을 포함한다. **실천신학**은 다른 두 신학과 겹치고, 당대의 **실천** 개념과 역할에 대한 가다머와 위르겐 하버마스의 해석학적 논쟁에 영향을 미친다.[54] 신학은 공동적이고 상호 학문적인 분야가 되어야 한다.[55]

트레이시의 주장은 특별히 가다머와 관련해서 "고전"의 준-규범적 지위를 설명할 때 매우 건설적인 주장이 된다.[56] "'해석학적'이라는 말은 대화에서 이 실현된 이해 경험을 가장 잘 묘사한다"고 트레이시는 선언한다.[57] 여기서 참여와 물음 과정이 근본적인 역할을 담당한다. 트레이시는 "**타자성**" 개념에 더 가까이 다가가, 진정한 대화는 "단지 **우리 자신의 자아상에 관한 통상적인 두려움이 죽을 때** 가능하다.…이해는 상호주관적 공

---

52) Tracy, *Imagination*, 56-57(트레이시 강조).
53) Tracy, *Imagination*, 57.
54) Tracy, *Imagination*, 73.
55) Tracy, *Imagination*, 81.
56) Tracy, *Imagination*, 99-153.
57) Tracy, *Imagination*, 101.

유가 가능하고, 공적이고, 확실히 역사적인 활동으로서의 진정한 대화 속에서 **일어난다.**"[58]


## 6.3. 형성적 능력으로서의 교리에 대한 보다 명시적인 언어: 평가와 비판

트레이시는 형성의 의미를 함축하는 여러 가지 중요한 용어들을 사용한다. 이 용어에는 **참여, 해석학, 공공성**(즉 체현된), **자아상의 죽음**이 있고, 심지어는 **도발**도 포함된다. 트레이시는 간접적으로 **타자**를 향한 개방성에 대해 말한다. "모든 고전은 독자가 그 고전의 주장에 주목하도록 기꺼이 **자극받을** 때만 고전으로서 살아 있다."[59] 따라서 해석자가 고전에 대하여 제기한 **물음**은 "시간적 지평" 안에서 **영향사**에 따라 형성된다.[60] 트레이시는 이렇게 결론짓는다. "당대의 모든 조직신학[즉 모든 교리]은 근본적으로 해석학적 신학으로 이해될 수 있다."[61] 독자는 "텍스트 자체에 주의를 기울이도록 요구받는데, 이는 자신의 현재 지평이 혼란스럽게 되고 자극받고 도전받게 된다는 것"을 인정해야만 한다.[62] 트레이시는 야우스를 언급하지는 않는다. 그러나 야우스와 매우 비슷하게, 텍스트의 형성적 영향력을 놀라움의 경험으로 묘사하는데, 이는 기대가 반전되고, "우리가 '다른 어떤 것이 사실일 수도 있다'는 생각으로 깜짝 놀라게 될" 때 발생한다.[63] 야우스는 아마도 미국 문학 이론의 광범위한 분위기 속에서 배제됐

---

58) Tracy, *Imagination*, 101(티슬턴 강조). 트레이시는 여기서 Hans-Georg Gadamer, *Dialogue and Dialectic: Eight Hermeneutical Studies on Plato* (New Haven, CT: Yale University Press, 1980)을 암시한다.

59) Tracy, *Imagination* 102(티슬턴 강조).

60) Tracy, *Imagination*, 103.

61) Tracy, *Imagination*, 104.

62) Tracy, *Imagination*, 105.

63) Tracy, *Imagination*, 107.

을 것이다. 트레이시의 연구 배후에 있는 인물은 가다머. 그러나 앞에서 확인한 것처럼, 트레이시가 말하는 "도발"은 가다머와 야우스가 말하는 것과 같은 의미를 전달하지 않는다.

"고전"은 고전을 판단하는 기준에 맞게 텍스트, 사건, 심상, 의례, 인물 또는 상징이라는 형식을 취할 수 있다. 고전은 일시적이지 않고 지속적이며, 의미의 과잉 또는 잉여를 전달하는 영향력 있는 진리로 인정받는 것을 가리킨다. 고전이란 "인정받은" 것이고, **미메시스**(모방)의 "세계"를 창조하거나 투사하는 폭로의 사건으로 기능한다고 트레이시는 말한다. 분명히 말하면 이것은 폴 리쾨르의 "의미의 잉여"(surplus of meaning)의 해석학과 유사하고, 램지의 드러냄의 사건 개념과도 유사하다.[64] 트레이시는 "고전은 독서의 모험을 기다리는 도발로 유지된다"고 선언한다.[65] 클로드 제프레(Claude Geffré)가 『해석의 위험』(The Risk of Interpretation)에서 상기시키는 것처럼, "위험"이라는 심상 역시 적절한데, 이 책 또한 트레이시와 공통적인 근거를 어느 정도 반영한다.[66] 제프레는 다음과 같이 말한다. "지식으로서의 신학에서 해석으로서의 신학으로 이동하는 것은 기독교 메시지의 의미를 생산하는 자리이자 그 메시지의 진실함을 증명하는 자리인 기독교적 실천의⋯등장과 분리될 수 없다. 그러므로 신학은 하나님의 말씀에 당대의 해석을 제공하는 해석학으로 정의될 수 있다."[67]

트레이시는 해석학의 표준적인 개념 요소들을 몇 가지 반복하는데, 이 요소들은 특히 리쾨르의 사상 속에서 발견된다. 이 요소들은 설명과 이해, 의심과 회복, 전이해와 수용, 전통과 변혁, 나의 전이해의 초월, 그리고 대

---

64) Tracy, *Imagination*, 113.
65) Tracy, *Imagination*, 115.
66) Claude Geffré, *The Risk of Interpretation: On Bring Faithful to Christian Tradition in a Non-Christian Age*, trans. David Smith (New York: Paulist, 1987).
67) Geffré, *Risk*, 19.

화와 **실천**과 포괄적 이해의 모델과 같은 것들이다.[68] 리쾨르나 월터스토프와 같이, 트레이시도 "가능한 세계들"과 "삶의 양식들"에 대해 말한다. 교리는 "해석과 적용을 필요로 하고…독자 안에 기대와 물음을 자극함으로써 공유하게 되는 의미를 인정한다."[69] 트레이시는 "고전"에 대해서 논의한 결론 부분에서 교리의 신학자가 다섯 단계의 과정을 거치는 것으로 본다. 그 다섯 단계란 전이해 단계, 종교적 고전의 주장 앞에 서는 단계, 그 주장과 대화를 시작하는 단계, 그 주장의 영향이나 효력의 역사를 반성하는 단계, 이 과정을 공적 영역에 전달하는 단계다.

트레이시가 형성과 변혁을 강조하는 것은 "종교적 고전의 해석"이라는 장에서 훨씬 더 상세히 설명된다. 그는 신학자들이 신학과 교리의 고전적 텍스트의 의미와 진리를 위험하게 해석해야 한다고 주장한다. (왜냐하면 고전의 영향사 곧 영향의 역사가 고전을 이해하고 평가하려는 우리 자신의 노력의 지평을 구성하기 때문이다.) 그 장 마지막 부분의 해설에서 트레이시는 이렇게 지적한다. "**해석학**은 단순한 논쟁 속에 현존하는 **지배하고 통제하려는 이러한 의지에 정확하게 도전하고, 그 도전으로 말미암아 그 주제가 우선권을 갖는 대화에 모든 참여자들이 들어가도록 만든다.**"[70] 엄밀히 말하면 이것이 가다머가 『진리와 방법』에서 제시하려는 요점이다. 트레이시는 우리가 예술이나 문학의 고전보다 종교적 고전을 해석할 때 위험의 수준이 높아진다고 덧붙인다. 해석의 과제는 한계가 있고 역사적이지만, "폭로하는 것"이 무엇보다 중요하다. 따라서 "종교적 고전"이라는 제목의 장에서 트레이시는 계시, 진리, 한계 상황을 고찰한다. 선언하는 말은 종종 예언적으로나 윤리적으로 "낯설게 말하는 초점과 힘"을 갖고 나타날 수 있다.[71]

68) Tracy, *Imagination*, 118-124.
69) Tracy, *Imagination*, 129.
70) Tracy, *Imagination*, 178, n. 1(티슬턴 강조).
71) Tracy, *Imagination*, 215.

기독교 전통이나 기독교 교리에서 그리스도 사건에 대한 개인적 반응은 어느 정도 오류 가능한 인간의 왜곡에도 불구하고 **공동체적** 반응이 되고, 본래 사도적 증언의 충실함은 역사적 전통 안에서 그리고 역사적 전통을 통해 전달된다. "설명"은 교정 역할을 담당해야 하고, 이 역할에는 역사적 재구성이 포함될 수 있으며, 사회-과학적 방법들도 이 설명에 기여할 수 있다. 그러나 탈신화화나 탈이데올로기화를 포함해서 다른 해석학적 자원들도 적합하다고 트레이시는 덧붙인다.[72] 트레이시는 리쾨르, 아우어바흐(Eric Auerbach), 한스 프라이 그리고 다른 학자들과 같이, 기독교 고전과 관련되어 있고 "거리두기"와 심화를 함축하고 있는 내러티브의 해석학에 참여한다.[73] 트레이시는 기독교 교리의 원천과 기초에 대한 설명에서 기독교 전통과 해석의 기초를 정경의 범주 안에서 추적할 수 있는 역사적 사실과 함축적 동기 속에 두기 위해 신약학의 특수 사실들을 사용한다. 트레이시는 이렇게 말한다. "십자가는 부정적인 것의 힘, 고통, 심각성, 치욕을 드러낸다. 곧 삶의 현실인 갈등, 파멸, 모순, 사랑의 괴로움을 드러낸다."[74] 부활은 "바울의 '흘러넘침의 논리'―'…보다 훨씬 더'의 논리로 나아가는 진정한 미래의 여정을 입증하고 확증하고 변혁시키며, 또 소망의 기초를 세운다."[75]

　　해석학은 트레이시의 관심의 핵심에 놓여 있는데, 그것은 "모든 해석이 초점으로 삼는 하나의 중심적 해석이 없기" 때문만은 아니다.[76] 성경이나 교리의 본문에 접근할 때 하나의 단일한 물음은 절대로 있을 수 없다. 개인들(아퀴나스, 칼뱅, 슐라이어마허 또는 헤겔)이 만들어낸 "체계들" 말고, 소위 조직신학 또는 교리는 "체계"를 만들지 않고 다만 "조립" 작업을 하는 것으

---

72) Tracy, *Imagination*, 238-241.
73) Tracy, *Imagination*, 249-265.
74) Tracy, *Imagination*, 281.
75) Tracy, *Imagination*, 283.
76) Tracy, *Imagination*, 346.

로 그친다.[77] 그러나 어떤 상징과 교리들은 단순히 "거기" 있다. 하나님, 그리스도, 은혜, 죄, 계시, 창조, 종말론과 같은 개념들은 비록 이에 대한 반응의 범주가 다양하기는 해도 단순히 거기 있다. 트레이시는 교리의 역동적인 효력으로 시선을 다시 돌린다. 이것은 "교리 그 자체를 드러내는 것이 아니라 능력의 현존"을 드러낸다.[78] 해석학의 진리와 같이 조직신학이나 교리도 부적절하거나 불완전할 수 있다. 하지만 상대적으로 시대 상황에 대해서는 충분하며, 일관성과 실존적 의미를 통해 검증받는 것에 열려 있다.[79] 트레이시는 조직신학이나 교리는 하나님이 은혜와 사랑으로 자기를 나타내시는 것을 제시한다고 결론짓는다. 이것은 자아에 대한 이해뿐아니라, 요구하고 치료하는 능력으로 **자아의 형성과 재형성**도 제공한다.[80]

트레이시는 『다원성과 모호성』(*Plurality and Ambiguity*)에서 해석학적 이론과 해석학적 실천을 명확히 하나로 묶는다. 좋은 이론은 "우리의 현재 경험에서 나오는 추상화와 그것의 풍요로움을 함께 갖고 있다"고 그는 말한다.[81] 리쾨르와 같이 트레이시도 고전적인 텍스트는 의미의 "과잉"(excess) 또는 (리쾨르의 말로 하면) 의미의 잉여를 낳고, 이후 시대에 지속적이거나 영속적인 적합성을 갖고 있다고 주장한다.[82] 텍스트의 영향력을 학자 개인이 주장하는 학문적인 "사적 재산"의 일부로 제한함으로써, 이 텍스트 둘레에 울타리를 치는 것은 텍스트를 제약하고 축소시키는 것이다. "유비적 상상력"을 사용하면 우리 너머로 신호를 보내게 된다. 하지만 (유비와 같이) "차이성 안에 유사성"을 낳는다. 트레이시는 이처럼 형성적이고 변혁적인 영향력을 강조하며, "대화란 **우리가 텍스트에 물음을 허용함**

---

77) Tracy, *Imagination*, 373.
78) Tracy, *Imagination*, 374.
79) Tracy, *Imagination*, 407.
80) Tracy, *Imagination*, 429-438.
81) Tracy, *Plurality*, 9.
82) Tracy, *Plurality*, 12.

으로써 스스로 모험 속에 들어가면, 그때 비로소 일어난다"고 설명한다.[83]
고전 텍스트(구약성경과 신약성경)와 고전 인물(예수와 바울)에 참여하면, 쌍방
향적이고 대화적이고 상호주관적인 형성적 소통행위가 시작된다.

나아가 트레이시는 논증 역시 상호주관적이고 쌍방향적이라고 지적
한다. 논증은 정합성과 합리성을 시험할 수 있지만 수사학에 대한 논증은
포기해야 한다. 확실히 해석학과 "과학" 사이에는 우리가 상상하는 것만
큼 긴장이 크지 않다. 자연과학이 지금 "탈실증주의 단계"에 들어가 있는
시기임을 감안하면, 가다머의 해석학에서 부각되었던 "방법"에 대한 비판
은 그리 절박하지 않다.[84] 트레이시는 "모든 자료는 탈가치적인 것이 아니
라 이론 의존적"이라는 것을 강조하기 위해 양자이론(quantum theory)이나
퀘이사(quasars)의 익숙한 영향과 모든 실험에 과학적 해석자의 역할이 인
정되고 있음을 지적한다.[85] 그는 또 "과학은 다시 역사적이고 해석학적인
학문이 되었다"고 결론짓는다.[86] 심지어는 문학비평가도 "논증, 이론, 설
명, 방법의 임시 중단"을 요청한다.[87] 이것들은 단지 "모든 대화를 모든 텍
스트와 연계시킬" 수 있을 뿐이다.[88] 이것은 다음 장에서 우리가 설명하는
것을 준비시키는 역할을 한다.

트레이시가 『유비적 상상력』과 『다원성과 모호성』에서 기독교 교리의
해석학적 차원을 강조하는 것은, 비록 『질서를 위한 복된 격노』에 관해 강
력한 단서를 붙였다고 해도, 우리가 이 부분에서 제시하는 주장과 어느 정
도 부합한다. 그럼에도 트레이시의 신학에 대한 관점의 어떤 국면들은 우
리의 관점과 공통점이 없다. 특히 두 가지 요소가 접근법의 차이를 명확히

---

83) Tracy, *Plurality*, 20.
84) Tracy, *Plurality*, 33.
85) Tracy, *Plurality*, 33.
86) Tracy, *Plurality*, 33.
87) Tracy, *Plurality*, 41.
88) Tracy, *Plurality*, 46.

보여준다. 첫째, 우리는 트레이시가 "자율"(autonomy)을 굉장히 긍정적으로 평가하는 것에 동조하지 않는다. 판넨베르크가 올바르게 주장한 것처럼, 아우구스티누스는 인간의 부패성을 자기 영광을 추구하는 자아에 비추어 이해했고, 이것은 "자아를 중심에 두고 다른 모든 것을 목적이 된 자아의 수단으로 사용하는 의지의 자율"로 표현될 수 있다.[89] 다양한 맥락에서 "자율"은 기독교 신학보다 칸트와 세속적 계몽주의에 더 크게 의존한다. 둘째, 트레이시는 폴 틸리히가 "궁극적 관심"(ultimate concern)으로 부른 태도나 함의와 같은 것을 반영함으로써, 모든 경험을 너무 쉽게 "종교적" 경험으로 지칭한다.[90] 나는 다른 곳에서 틸리히가 일관되게 궁극적 관심에 대한 존재론적 관념과 심리학적 관념 사이로 미끄러져 들어간다고 주장했다.[91] 이 비판은 상관관계의 방법에 대한 과도한 열정에서 나온 유보의 항목 아래로 들어갈 것이다. "예일" 학파와 "시카고" 학파를 구분하는 만연한 관례가 지극히 단순화된 슬로건의 범주 밖에서 어떤 정당성을 갖고 있다면, 그것은 프라이가 상관의 원리에 기초를 둔 기독교 교리의 모델을 거부하는 것에 비추어볼 때 정당하게 작용한다.[92]

만일 이것이 **관련 당사자에게** 궁극적인 것을 의미하는 것으로 이해된다면(틸리히가 그렇게 이해하는 것처럼), "궁극적인" 것으로 역할을 하는 것이 무엇이든 반드시 기독교적이거나 종교적인 것은 아니다.[93] 틸리히는 다음과 같이 말한다. "'하나님'은…사람이 궁극적으로 관심을 두는 것을 가리키는 이름이다. 이것은 먼저 하나님으로 불리는 존재가 있고, 이어서 사

---

89) Pannenberg, *Systematic Theology*, vol. 2, 243.

90) Tracy, *Blessed Rage*, 108; 참조, 91-109.

91) Anthony C. Thiselton, "The Theology of Paul Tillich," *Churchman* 88 (1974) 86-107.

92) Frei, *Types of Christian Theology*, 33-34, 61-69; 참조. 70-91.

93) Paul Tillich, *Systematic Theology*, 3 vols. (Chicago: University of Chicago Press, 1951-1964, London: Nisbet 1953-1964), vol. 1, 234, 267; 참조. 234-279. 『조직신학』 (한들출판사 역간).

람이 그 존재에 대해 궁극적인 관심을 가져야 한다는 요청을 의미하는 것이 아니다. 이것은 사람이 궁극적으로 관심을 두는 것이 무엇이든 그것이 그에게 신이 된다는 것을 의미한다."[94] 그것은 틸리히가 캘리포니아 대학교에서 학생들과 나눈 대화를 보면 분명하다. 이때 틸리히는 즐겁게 이렇게 말한다. "궁극적 관심은 이 말의 독일어 번역어와 같이, 일부러 애매함을 함축시킨 말이다. 이 말은 한편으로는 **우리가** 궁극적으로 관심을 두는 것을 가리키고…다른 한편으로는 우리의 궁극적 관심의 **대상**을 가리킨다"(틸리히 강조).[95]

그럼에도 트레이시는 세 가지 중요한 목표를 달성한다. 첫째, 트레이시는 기독교 **교리**에 종사하려면 **해석학 이론의 자원**이 필요하다는 점을 인정한다. 물론 트레이시가 가다머와 리쾨르 그리고 하버마스에게 특별히 의존하고, 아펠, 베티, 야우스는 중요하게 다루지도 않고, 심지어 비트겐슈타인은 이 문맥에서 거의 언급하지도 않지만 말이다. 둘째, 트레이시는 **형성에 있어 차이점과 유사점 그리고 타자성의** 역할을 포함하여, 해석학적 이해의 **형성적 효력**이 삶, 사상, 구체적 행동 속에 미치는 것을 예증한다. 트레이시는 인식론과 관계를 끊지 않으면서 삶과 실천을 강조한다. 셋째, 트레이시는 리쾨르와 같이, 그러나 가다머와는 반대로, 해석학과 교리에서 **설명과 이해**에 긍정적 역할을 부여한다. 다음 장에서 우리는 교리의 "설명적" 축이 "논증", "진리-주장" 그리고 심지어는 "과학"으로서 교리의 본질에 대한 형성적·해석학적 이해와 어떻게 관련되는지 보다 분명하게 다룰 것이다. 만일 교리가 **논증**, 일관성의 기준, 심지어는 **"과학적"** 차원까지 포함한다면, 이것은 관련 요소가 **내러티브, 드라마** 그리고 **발화행위**에

---

94) Tillich, *Systematic Theology*, vol. 1, 234.
95) Paul Tillich, *Ultimate Concern: Dialogues with Students*, ed. D. Mackenzie Brown (London: SCM, 1965), 11; 7-18, 24-25, 72-74, 182-187도 보라. John P. Clayton, *The Concept of Correlation: Paul Tillich and the Possibility of a Mediating Theology* (Berlin: Walter de Gruyter, 1980)도 보라.

의존하는 것과 함께, **"이해"**, **"적응"**, **"적용"**이라는 측면에서 환원적인 효력, 아니 사실은 파괴적인 효력도 갖고 있지 않겠는가?

가다머는 이 차원이 해석학에 불리하게 작용한다고 주장할 것이다. 한편 리쾨르와 아펠은 여기서 슐라이어마허 및 딜타이와 일치되게, 오직 비판적 거리두기와 설명적 축만이 이해와 적응이 자기를 긍정하는 "나르시시즘"(리쾨르의 말)의 위험성과 함께 단순한 경신(credulity)으로 전락하지 않도록 예방할 수 있다고 주장한다. 폴 리쾨르는 "거리두기가 이해의 조건"이라고 설명하고, "설명과 해석은 막연하게 대립되면서 조화된다"고 덧붙인다.[96] 교리의 언어에서 해석학적 축은 다만 자기 투사적이고 자기 구성적인 교회론에 대해서 인식론과 진리의 배반으로 보일지도 모르겠다. 한편 교리가 추상화와 "과학"을 포함할 수 있고 또 포함해야 한다는 개념을 용인한다고 해서, 가다머가 해석학을 사전에 구축된 "방법"의 폭정으로부터 해방시킨 것이나 비트겐슈타인이 일반화 관념을 공격하고 특수 사례를 옹호한 것을 손상시키는 것으로 작용하겠는가?

---

96) Paul Ricoeur, *Hermeneutics and the Human Sciences*, ed. and trans. J. B. Thompson (Cambridge: Cambridge University Press, 1981), 144, 164; 참조. 131-164. 다음 자료들도 보라. Ricoeur, *Freud and Philosophy*, 20-36, 112-134, 230-260; Paul Ricoeur, *The Conflict of Interpretations: Essay in Hermeneutics*, ed. Don Ihde (Evanston, IL: Northwestern University Press, 1974), 287-334. 추가로 Karl-Otto Apel, *Understanding and Explanation* (위에서 인용함) 여러 곳을 보되, 특히 11-79과 Schleiermacher, *Hermeneutics*, 205-208도 보라.

# 제2부

## 가능한 반론에 대한 답변

7장
해석학과 교리의 변증법:
정합성과 다성성

## 7.1. 정합성과 우연성: 가능한 긴장의 원천?

여기까지 이르는 동안 우리는 왜 교리 해석학을 탐구하고 정식화할 필요가 있는지 그 이유를 제시했다. 25년이 넘도록 전개된 성경 본문의 해석학에 대한 최근의 통찰이 증명한 것처럼, 우리는 이것이 교리의 본질에 대한 지각에 영향을 미쳐 형성적 효력이 나타나기를 바라는 희망을 피력했다. 성경 읽기의 형식과 기대는 변했다. 우리가 기독교 교리에 접근할 때 갖는 기대와 지각들에 대해서도 병행적인 변화를 예상할 수 있을까?

이 희망이 난관이나 반론에 직면하지 않을 것이라고 추정하는 것은 순진한 판단일 것이다. 한스 큉과 데이비드 트레이시는 신학과 교리 연구에 있어 "패러다임의 변화"를 요청한다. 두 학자는 이 변화 안에 지금까지 전통적 교리가 갖고 있었던 것보다 더 깊은 해석학 및 인간 생활과의 관계가 필요하다는 사실을 포함시킨다.[1] 그러나 두 사람은 이해의 문제에 있어서 더 세련된 모델이 필요하다는 것을 인정하는 동시에, 이 모델이 어떻게 성취될 수 있는지, 또 신학이 과학으로서의 지위를 가질 수 있는지에 대한 물음을 포함해서, 그것이 "지식"에 대한 보다 전통적인 관심사와 어떻게 연결될 수 있는지, 그리고 한편으로는 인간 생활의 연속성, 전통, 정합성, 다른 한편으로는 인간 생활의 불연속성, 다원성, 특수성에 관한 복잡한 물음들과 어떻게 관련될 수 있는지를 미해결 상태로 남겨둔다.[2]

---

1) Hans Küng and David Tracy (eds.), *Paradigm Change in Theology: A Symposium for the Future*, trans. Margaret Kohl (Edinburgh: T&T Clark, 1989), 3-62, 특히 35-57.
2) Küng, "Paradigm Change in Theology," in Küng and Tracy, *Paradigm Change*,

매튜 램(Matthew Lamb)은 패러다임 변화에 대한 큉과 트레이시의 작품을 다룬 세 번째 기획 논문에서, 이론과 실천의 변증법이 지닌 문제점을 명확히 제시한다. 그는 이렇게 말한다. "일상적 담론은 이성, 진리, 비판, 과학과 같은 일반 원칙들을 객관성에 귀속시키지만, 신화…[와] 종교와 같은 일반 원칙들은 주관성에 귀속시키는 경향이 있다."[3] 만일 교리가 제도적으로 또는 교회적으로 정의된 "객관적" 진리 체계로 인식된다면, 교리 해석학이 동반하는 형성적·변혁적 역할을 담당할 여지가 있을 수 있을까?

매튜 램이 이러한 이분법을 도전 없는 상태로 놔두지는 않는다. "해석학은…자연과학의 본래적 특징"이라고 주장하는 데까지 그는 나아간다.[4] 그러나 이론과 실천의 관계에 관한 물음은 복합적이라는 것을 증명한다. 그리고 정합성과 합리성 그리고 주체와 객체의 관계를 설명하면서, 자연스럽게 파울 파이어아벤트(Paul Feyerbend), 하버마스, 아펠, 칼 포퍼(Karl Popper), 토머스 쿤, 마이클 폴라니(Michael Polanyi), 임레 라카토스, 버나드 로너간과 같은 학자들의 사상 속에 나타난 "과학"과 "지식"의 지위를 어느 정도 상세히 제시한다.[5] 우리는 이 사상가들을 대부분 다음 두 장에서 다룰 것이다.

해석학과 기독교 교리 양쪽 진영에서 이 두 분야의 연대성에 대한 관심이 표출되었는데, 여기서 이 두 분야의 차이성을 타협하는 일이 벌어질 수 있다. 프리드리히 슐라이어마허(Friedrich Schleiermacher, 1768-1834)의 가장 특출한 공헌 가운데 하나는, 해석학이 독립적인 비판 학문의 한 분야로서 자기 발로 서는 것이 허용되지 않는다면, 그것이 비판적이고 창조적

---

18-21, 29-33; Tracy, "Hermeneutical Reflections in the New Paradigm," ibid., 43-56.

3) Matthew Lamb, "The Dialectics of Theory and Praxis," in Küng and Tracy, *Paradigm Change*, 69; 참조. 63-109.

4) Lamb, "Dialectics," 75.

5) Lamb, "Dialectics," 63-86.

인 자원으로 신학을 섬길 수 없다고 주장한 것이다. 과거에 신학자들은 자기들이 **이미 파악한** 성경 본문의 이해를 정당화하기 위해 매우 빈번하게 "해석학"에 도움을 청했다고 그는 주장한다. 이 학문은 신학자나 언어학자들이 이미 이해했다고 생각한 것을 정당화하는 **도구적이고 회고적인** 방법으로 간주되었다.

슐라이어마허는 이런 과정으로 인해, 해석학이라는 학문이 신학에서 자기 독립적인 수사적 도구가 되지 못한다면 신학을 섬길 수 없다는 사실이 무력화된다고 주장한다. 슐라이어마허는 "해석학을 사고하는 기술의 하나"라고 선언한다.[6] 해석학은 "듣는 것"을 포함하고, "자신의 정신 구조로부터" 벗어나는 것을 포함한다.[7] 해석학은 단순히 **"잘못된-이해"**를 교정하는 데 관심이 있는 것이 아니라 이해를 **창출하는 데** 관심을 갖고 있다.[8] 따라서 그는 "특수 해석학은 오직 일반 해석학에 입각해서만 이해될 수 있다"고 말한다.[9] 그러나 슐라이어마허는 신학자들이 가지고 있는 불안 역시 가능하면서도 이해할 만한 것이라고 본다. 그는 온전한 이해란 원리적으로 무한한 "전체"에 대한 이해를 전제로 한다고 주장한다. 그는 이렇게 설명한다. "전체에 대한 잠정적인 파악은…반드시 불완전할 것이다.…처음에 전체에 대한 우리의 파악은 단지 잠정적이고 불완전하다."[10] 슐라이어마허는 계속해서 "심지어는 작품에 대한 우리의 최초 개념이 바뀐 후에도, 우리의 이해는 여전히 잠정적인 것에 불과하다"고 말한다.[11] 그는 "단지 의미 없는 텍스트의 경우에만, 우리가 처음 읽을 때 이해하는

---

6) Friedrich Schleiermacher, *Hermeneutics: The Handwritten Manuscripts*, ed. H. Kimmerle and trans. J. Duke and J. Forstman; American Academy of Religion Text and Translation 1 (Missoula, MT: Scholars Press, 1977), 97.

7) Schleiermacher, *Hermeneutics*, 42, 109.

8) Schleiermacher, *Hermeneutics*, 41, 49.

9) Schleiermacher, *Hermeneutics*, 67.

10) Schleiermacher, *Hermeneutics*, 200.

11) Schleiermacher, *Hermeneutics*, 203.

것으로 만족하게 된다"고 말한다.[12] 그렇다면 기독교 교리의 많은 해설자들이 이런 잠정적인 이해로 과연 만족하겠는가?

젠스 짐머만(Jens Zimmermann)은 이 점에서 기독교 교리의 형식을 양보하지 않고, 독특한 "신학적" 해석학의 한 사례를 제공한다.[13] 짐머만은 기독교 해석과 기독교 교리가 "하나님과의 교제"라는 공동 목표를 갖고 있다고 올바르게 주장한다.[14] 그러나 짐머만은 칸트와 슐라이어마허 이후부터 철학적 해석학이 "말씀을 침묵시키는 결과"를 가져왔다고 주장한다.[15] 그는 다음과 같이 말한다. "철학적 해석학은 세속화가 완전히 긍정적인 발전이라는 환상으로 인해 괴로움을 겪는다. 왜냐하면 세속화는 근대 이전의 요소를 제거하고 하나님에 대한 언급이 없는…해석법을 허용하기 때문이다."[16] 이런 일반화는 너무 포괄적이고, 게다가 짐머만의 슐라이어마허에 대한 해설은 엄밀한 정확성에 입각하면 의심받을 수 있다. 희한하게도 "해석자가 텍스트에 대해 갖는 우월성"은 엄밀히 말해 철학적 해석학의 지배적 주제가 **아니다.** 가다머, 베티, 리쾨르는 오히려 그 반대를 확립하고자 한다. 물론 이런 경향이 19세기 성서비평의 전반적인 특징이기는 하다. 이상하게도 이런 논박에도 불구하고, 짐머만은 하이데거와 가다머의 사상이 "유효한 해석 이론의 자원들을 갖고 있다"고 주장한다.[17] 심지어는 이렇게 덧붙이기까지 한다. "가다머는 신학적 해석학의 회복에 유용한 동지다."[18] 짐머만은 해석학의 보편성을 옹호한다는 이유로 슐라

---

12) Schleiermacher, *Hermeneutics*, 113.
13) Jens Zimmermann, *Recovering Theological Hermeneutics: An Incarnational-Trinitarian Theory of Interpretation* (Grand Rapids: Baker Academic, 2004), 여러 곳.
14) Zimmermann, *Theological Hermeneutics*, 18.
15) Zimmermann, *Theological Hermeneutics*, 135-293.
16) Zimmermann, *Theological Hermeneutics*, 18.
17) Zimmermann, *Theological Hermeneutics*, 160.
18) Zimmermann, *Theological Hermeneutics*, 161.

제2부 가능한 반론에 대한 답변

이어마허를 비판함에도 불구하고, 정확하게 같은 작업을 하는 가다머는 칭찬한다.[19]

여기서부터 짐머만은 이번 장에서 내가 제시한 다양한 관심사를 계속해서 지지한다. 짐머만은 "체현되지 못한" 지식을 공격하면서, 가다머가 "신학적 해석학의 회복에 가능한 최고의 출발점을 제공한다"고 주장한다.[20] 짐머만은 "성육신적" 해석학을 찬성한다는 점에서 이 장들에서 내가 제공하는 관심사와 많은 점에서 공통 근거를 갖고 있다.[21] 짐머만은 이 맥락에서 자크 데리다(Jacques Derrida)와 존 카푸토(John Caputo)의 접근법에 대하여 어느 정도 지혜로운 유보를 드러낸다. 그는 "급진적 해석학"이 "마귀와 함께 춤을 추는" 것으로 구성된다고 말하는데, 이는 부당한 과대 진술이고, 나는 이러한 방식으로 표현해서는 안 된다고 생각한다.[22] 이런 과대 진술이 그의 책에서 가끔씩 등장하곤 한다.

결국 "철학적 해석학에 대한 반론"은 [철학적 해석학 전체가 아니라] **단지 어느 한 종류의 철학적 해석학에 대한 반론**으로 판명된다. 흥미롭게도 짐머만은 이런 종류의 해석학에서 가다머와 하이데거의 해석학은 제외시킨다(하이데거의 해석학을 제외시킨 것은 놀랍다). 짐머만은 리쾨르를 단지한 번만 언급하는데, 그것도 직접 언급하는 것이 아니라 놀랍게도 장 그롱댕(Jean Grondin)의 사상에 기여한 인물로 인용하면서 잠시 언급한다. 비트겐슈타인도 한 번만 언급하는데, 그 역시 직접 언급하는 것이 아니라 가다머의 사상에 기여한 인물로 인용하면서 잠시 언급한다. 아펠, 베티, 야우스, 밴후저, 그리고 트레이시는 전혀 언급되지 않는 것으로 보인다. 이 모든 것에 비추어보면, 짐머만이 "철학적 해석학"의 범주를 어떻게 이해하는지 파악하기가 쉽지 않다.

---

19) Zimmermann, *Theological Hermeneutics*, 161.
20) Zimmermann, *Theological Hermeneutics*, 179.
21) Zimmermann, *Theological Hermeneutics*, 150, 274-284.
22) Zimmermann, *Theological Hermeneutics*, 252-258.

결국 우리는 해석학 이론과 기독교 교리의 양립을 불가능하게 하는 유일하게 심각한 원천이 해석학에서 판단의 **잠정성**(provisionality)과 **교정성**(corrigibility)에서 나온다고 생각할 수 있을 것이다. 그러나 개신교 전통을 보면, 보수주의 개신교나 자유주의 개신교 모두 **교회의 유오성**(fallibility) 교리를 분명하고 명백하게 표현했다. 그러므로 보수주의 개신교는 이 점에서 교회의 **교도권**(magisterium)을 주장하는 로마 가톨릭 전통의 교리와 대조된다.[23] 자유주의 개신교는 인간의 모든 사상에 오류가 있다고 본다. 영국 성공회 주류 전통을 보면, 공동 기도서는 "총회는 오류를 범할 수 있고, 심지어는 하나님에게 해당되는 사실에 있어서도 때때로 오류를 범했다"고 단순하게 진술한다.[24] 특히 다수의 개신교 교리가 엄밀하게 교리 구성의 기초로서 성경 본문의 의미와 적용에 관한 판단에 의존할 때, 교리가 해석학적 판단보다 과연 오류가 적겠는가?

반면에 로마 가톨릭교회 전통은 로너간이나 트레이시 같은 개인 사상가들을 통해서뿐만 아니라 공식 선언문 안에서도, 가다머와 리쾨르 그리고 철학적 해석학의 참여를 장려한 교리적 수용을 충분히 인정한다. 교황청 성서위원회 문서인 「교회의 성서 해석」(The Interpretation of the Bible in the Church, 1993)은 교황 요한 바오로 2세의 승인과 베네딕트 16세(당시에는 요제프 라칭거 추기경)의 감독 아래 발표되었다.[25] 이 문서에서 "해석학적 물음"이라는 제목이 붙은 부분을 보면 "철학적 해석학"이라는 표제 아래 슐라이어마허, 딜타이, 하이데거, 가다머, 리쾨르의 작품이 언급되고, 그들이

---

23) 상세하지만 매우 논쟁적인 고전은 George Salmon, *The Infallibility of the Church* (London: John Murray, 1888, 2d edn., 1890)다.

24) The Book of Common Prayer, Thirty-Nine Articles of Religion, 조항 XXI.

25) Joseph A. Fitzmyer (ed.), *The Biblical Commission's Document "The Interpretation of the Bible in the Church": Text and Commentary* (Rome: Editrice Pontificio Instituto Blblico, 1995); Pontifical Biblical Commission, *The Interpretation of the Bible in the Church* (Sherbrooke, QC: Éditions Paulines, 1994)의 본문도 보라.

교회, 성경, 신학에 끼친 가치와 유익을 칭송한다. 이 보고서는 다음과 같이 진술한다. "현대 해석학은 역사적 실증주의와 자연과학 분야에서 사용된 순수 객관적 기준을 성경 연구에 적용하려는 유혹에 대한 건전한 반응이다."[26] 이 보고서는 계속해서 이렇게 진술한다. "성경 해석학이 모든 문학적·역사적 텍스트에 적용되는 일반 해석학의 한 부분이기는 해도, 특별히 독특한 한 분야를 구성한다."[27]

이것이 교리에 적용되는가? 이 보고서는 성경주석과 조직신학의 관계에 대한 부분도 포함한다. 이 보고서는 각 분야의 전문 학자들 간에 "긴장"이 있다는 사실을 인정한다. 왜냐하면 "각 분야의 관점이 사실상 다르고, 또 당연히 달라야" 하기 때문이다.[28] 신학자의 역할이 "더 체계적"이긴 해도, 신학자들은 성경책을 "교리적 전제들을 확증하는 데 써먹는 **증거 구절**(*dicta probantia*)의 저장소로 간주해서는 안 된다. 최근에 신학자들은 문학 및 역사적 배경의 중요성을 더 날카롭게 의식하게 되었고…주석가들과 연합하여 연구할 준비가 잘 되어 있다."[29] 여기서 첫 번째 요점은 해석학의 참된 본질에 관한 슐라이어마허의 관심사를 강조한다. 두 번째 요점은 교리 자체의 해석학적 본질을 강조한다. 이것은 이 보고서가 텍스트의 **영향사**(*Wirkungsgeschichte*), 페미니즘 접근법, 정경적 접근법, 그리고 교부들의 주석 사용을 긍정적으로 평가하는 것으로 확인된다.[30] 요약하면 "전체적으로 성경과의 대화는…요즘 세대와의 대화와 대등해야 한다. 이 대화는 연속성의 관계의 확립을 의미할 것이다. 또한 차이성의 인정도 함축할 것이다."[31]

---

26) Fitzmyer, *Document*, 109; Biblical Commission, *Interpretation*, 73도 보라.

27) Fitzmyer, *Document*, 116; Biblical Commission, *Interpretation*, 77도 보라.

28) Fitzmyer, *Document*, 166; Biblical Commission, *Interpretation*, 110-111도 보라.

29) Fitzmyer, *Document*, 168; Biblical Commission, *Interpretation*, 111도 보라.

30) Fitzmyer, *Document*, 79-81, 96-101, 142-150. Biblical Commission, *Interpretation*, 55-57, 66-69, 93-97도 보라.

31) Fitzmyer, *Document*, 141. Biblical Commission, *Interpretation*, 92도 보라.

이것은 영국의 가톨릭 신학자 니콜라스 래쉬(Nicholas Lash)가 제시한 구체적인 요점과 완전히 일치한다. 『초점의 변화』(Change in Focus)에서 래쉬는 라너와 스킬레벡스(Schillebeeckx)의 초기 작품 이후로, "해석학의 문제점"에 얼마나 "관심이 증가했는지"를 증명한다.[32] 나아가 래쉬는 버나드 로너간이 "우리가 있는 곳에서 시작하는 것"(즉 특수성과 우연성을 존중하는 것)과 "모든 것을 서로 간의 관계 속에서 보는 것"(즉 그것들의 정합성에 입각하는 것)을 결합시킨다고 주장한다.[33] 이후 한 논문에서 래쉬는 해석학적 "이해"의 과제가 릴레이 경주에서 순서대로 바통을 건네주는 경주자들처럼, 성경주석가와 조직신학자에게 독자적으로 해당되는 두 "단계"로 나누어질 수 없다고 설득력 있게 주장한다. 신학적 과제는 함께하고 공유되며, "묘사" 단계와 "평가" 단계로 나누어지지 않는다.[34] 조직신학 및 교리의 정합성에 대한 적합한 관심과 해석학 및 성경주석의 특수성에 대한 특별한 관심 사이에 긴장이 있다고 추정하는 것은 실제적이 아니라 표면적이다. 왜냐하면 해석학에서는 이해가 언어, 상황, 텍스트와 같은 세부 사실에 대한 주목과 이 세부 사실이 전제로 하는 "전체"에 대한 잠정적 이해의 변증법을 함축하는 것이 자명하기 때문이다. 이 요점을 상세히 설명하는 것은 『두 지평』(특히 해석학과 신학에 대한 부분)과 『해석의 새로운 지평』(특히 슐라이어마허 부분과 바울 본문에 대한 해석 부분)에서 이미 상술한 내용을 반복하는 것이 될 것이다.[35]

슐라이어마허는 이 두 축을 해석학의 중심으로 함께 묶는다. 한편으로 "오직 역사적 해석만이 신약성경 저자들이 시공간 속에 뿌리를 박고 있는

---

32) Nicholas Lash, *Change in Focus: A Study of Doctrinal Change and Continuity* (London: Sheed & Ward 1973), 136.
33) Lash, *Change in Focus*, 137.
34) Nicholas Lash, "What Might Martyrdom Mean?" Nicholas Lash, *Theology on the Way to Emmaus* (London: SCM, 1986), 79; 75-92도 보라.
35) Thiselton, *Two Horizons*, 104-114 외; *New Horizons*, 204-247.

것을 정당화할 수 있다."[36] 다른 한편으로 "온전한" 이해는 원리상 "언어에 대한 온전한 지식"과 "사람에 대한 온전한 지식"을 필수적으로 요청한다.[37] 게다가 의미의 생성은 언어 선택에 의존하기 때문에 "우리는 저자의 처분에 맡겨져 있는 온갖 가능성들을 알아야 한다."[38] 요약하면 "온전한 지식은 항상 명백한 범주를 함축한다. 곧 각 부분은 오직 그것이 속해 있는 전체에 따라서만 이해될 수 있고, 그 반대도 마찬가지다."[39]

『해석의 새로운 지평』에서 나는 일부 학자들이 나중에 그의 접근법을 비판하기는 했어도, 크리스티안 베커(J. Christiaan Beker)가 이런 관점에 따라 바울 주석과 바울 신학에 접근했다고 지적했다. 바울 연구사를 보면, 다양한 학자들이 바울 사상의 "중심 주제"가 무엇인지를 찾아본 것이 사실이다. 마르키온은 바울 사상의 중심 주제를 유대교 율법으로부터의 자유로 보았다. 알베르트 슈바이처는 종말론으로 보았다. 루돌프 불트만과 존 로빈슨(John A. T. Robinson)은 인간 또는 "몸"에 대한 신학으로 보았다. 앤더슨 스코트는 "구원"으로 보았다. 샌더스(E. P. Sanders)는 널리 알려진 "언약적 신율주의"(covenantal nomism)로 보았다. 이 모든 것에 따라 웨인 믹스(Wayne Meeks)는 바울을 "기독교 목회자"로 말하게 되었다.[40]

베커는 다음과 같이 굳게 확신한다. "바울에게 '중심 주제'는 단순히 불변의 교리로 강요되어야 하는 고정되고 동결된 메시지가 아니다. 바울에게 전통은 항상 해석된 전통이다."[41] "중심 주제"를 찾는 것이 다른 모든 것을 주변으로 밀어낸다는 것을 함축하지 않는다. 그러나 바울 자신은 모범적인 해석학 패턴을 확립한다. "바울 자신의 명백한 인정으로 볼 때, 중

---

36) Schleiermacher, *Hermeneutics*, 104.

37) Schleiermacher, *Hermeneutics*, 100.

38) Schleiermacher, *Hermeneutics*, 91.

39) Schleiermacher, *Hermeneutics*, 113.

40) 이 자료들은 Thiselton, *New Horizons*, 242-247에 기록되어 있다.

41) J. Christiaan Beker, *Paul the Apostle: The Triumph of God in Life and Thought* (Edinburgh: T&T Clark, 1980), 33.

심에 있는 것은 '십자가에 못 박히고 부활하신 그리스도'의 유일한 복음"
이다. 그리고 이 복음이 "인간적 상황의 온갖 특수성과 다양성 속에서 성
육신적[즉 체현된] 깊이와 적합성을 이뤄낸다."[42] 베커는 이렇게 말한다.
"바울의…해석학은 복음의 일관된 중심과 복음에 수반된 해석의 끊임없
는 상호작용으로 이루어져 있다."[43]

　한편으로 우리의 주장에 주어질 수 있는 유일한 "반론"은 신학으로부
터 후퇴한 성경신학, 단편적인 유사-실증주의 접근법을 지지하면서 철학
적 해석학의 주된 공리들을 궁극적으로 거부하는 일단의 성경신학에 의
존하는 것처럼 보인다. 그리고 다른 한편으로 이 반론은 고정되고 정적이
고 폐쇄적인 체계를 지향하는 조직신학의 구시대적인 방식도 만족시키지
못하는 것으로 보인다. 실제로 이 두 극단은 근거를 상실한 듯하다.

　조직신학 편에서 보면 볼프하르트 판넨베르크보다 정합성에 더 큰 강
조점을 둔 학자는 거의 없었다. 판넨베르크는 "**정합성으로서의 진리**가 참
된 모든 것에 대한 상호동의"를 함축한다고 말한다(판넨베르크 강조).[44] "기
독교의 진리를 일반적으로 인정된 기준으로 변증하는 것"은 적법하고 필
수적인 관심사다. 그렇지 않으면 기독교의 진리는 대학에서 거의 발을 붙
일 수 없었을 것이고, "이것은 기독교적 진리 이해에 심각한 패배를 불러
올 것이다."[45] 그럼에도 판넨베르크에게 기독교 교리의 진리는 "완결된"
체계를 의미하는 것이 아니다. 첫째, 모든 진리는 종말에 실현될 때까지
**잠정적** 진리로 존속한다. 엄밀히 말해 판넨베르크와 헤겔의 가장 큰 차이
점은 바로 이 점에 있다. 둘째, 만일 진리가 **지속적 역사** 속에서 행하시는
살아계신 하나님에게서 나온 것이라면, 교리의 진리와 하나님의 진리는
"**'우연적** 방법으로' 계시된다.…**우연적** 사건들이 역사적 경험의 기초다.…

42) Beker, *Paul*, 35.
43) Beker, *Paul*, 11.
44) Pannenberg, *Systematic Theology*, vol. 1, 21.
45) Pannenberg, *Theology and the Philosophy of Science*, 13.

하나님의 진리는…[비록] 하나님의 진리가 다른 모든 진리를 포괄한다고 해도…미래에 새롭게 스스로를 증명해야 한다."[46]

## 7.2. 공동체적·우연적·해석학적 접근법은 인식론을 배제하는가?

볼프하르트 판넨베르크는 『조직신학』(*Systematic Theology*) 바로 첫 부분에서 하나님에 대한 지식이 "하나님으로 말미암아 가능하게 되는" 지식이라고 주장한다. 하나님에 대한 지식은 "계시"로 전달되는 "지식"이다.[47] 그러므로 판넨베르크는 비록 교회의 동의가 교리의 발전에 한 역할을 하기는 해도, 교리의 진리가 "진리에 대한 단순한 합의 이론"에 의존하는 것은 아니라고 올바르게 주장한다.[48] 교회의 합의가 기독교 교리를 창출하는 것이 아니다. "기독교의 신적 **진리**에 대한 확신이 기독교 교회의 지속적 존속을 확립하고 정당화할 수 있다."[49]

이것은 1장에서 제안했던 다른 특징 곧 리처드 하이두크의 『교리의 회복』의 내용과 정면으로 충돌한다. 우리는 하이두크가 교리의 탈역사화를 공격하고 교리의 내러티브 성격을 옹호하며, 특히 교리는 단순히 개인주의적인 신앙 체계들의 집합체가 아니라 **공동체적** 현상이라고 주장하는 것과 함께, 주류 교회들 속에서 일어난 교리의 주변화(marginalization)를 수정하려고 시도하는 것에 진심으로 박수를 보냈다.

그러나 2장에서 우리는 하이두크가 공동체의 **실천**과 반대로, "**믿음**"을 개인들에게 귀속시키는 것에 대해서 심각하게 유보하고 있음을 보여주었

---

46) Pannenberg, "What Is Truth?" Pannenberg, *Basic Questions in Theology*, vol. 2, 8(티슬턴 강조).
47) Pannenberg, *Systematic Theology*, vol. 1, 2.
48) Pannenberg, *Systematic Theology*, vol. 1, 12-16, 24-26.
49) Pannenberg, *Systematic Theology*, vol. 1, 7(판넨베르크 강조).

다. 그는 "개인주의"가 다음과 같은 관점에 의존한다고 주장한다. "교리는 '믿음'으로 재정의되어야만 한다."[50] 우리가 2장에서 믿음의 성향 이론을 다룬 목적 가운데 하나는 진정한 믿음과 실천적 습관에 대해서 근거 없이 주장된 대조 관계가 전적으로 인위적이고 논리적으로 유지될 수 없음을 증명하는 데 있었다. 이것은 야고보서의 메시지 가운데 한 부분일 뿐만 아니라, 비트겐슈타인의 성찰에도 포함된 사실이다. 나는 『두 지평』에서 야고보서를 이렇게 읽어냈다.[51]

또한 하이두크는 "인식론"을 필연적으로 "기초주의" 및 "근대성"과 관련시키고, 기독교 교리를 공개적으로 논쟁할 수 있는 진리-주장이 아니라 교회론에 기초한 것으로 인식함으로써 더러운 물속으로 비틀거리며 뛰어들고 말았다. **이 재앙적인 발걸음은 "인식론"을 "기초주의자의 인식론"과 동일화한 것에서 기인한다.** 하이두크는 "기초주의자의 인식론은 일반적이고 보편적인 것을 위해서 특수하고 국지적인 것을 주변화한다"라고 말하면서, 만일 교리가 역사와 연계된다면, 역사적 이해가 인식론과 상호작용하기에는 "너무나 번잡하고 다변적이고 신뢰할 수 없으며, 무엇보다 너무 우연적인 것으로 확인된다"고 말한다.[52]

그러나 지금까지 이번 장의 취지는 정합성과 우연성의 이러한 대조가 지나치게 과장되고 있다는 것을 증명하는 데 있었다. 우리가 성서학의 우연성에 대해 베커를 상기하든 조직신학의 정합성을 이야기한 판넨베르크를 상기하든, 두 사람은 각각 정합성과 우연성의 유효한 변증법을 존중한다. 이에 대한 더 좋은 본보기는 영국 신학자 리처드 보컴(Richard Bauckham)이다. 보컴은 기독교 신학의 전문가로 활동을 시작했으나 신약학 분야로 옮겨갔다. 보컴은 성경과 기독교 교리를 하나님이 세상

---

50) Heyduck, *Recovery*, 18.
51) Thiselton, *Two Horizons*, 422-427.
52) Heyduck, *Recovery*, 19.

제2부 가능한 반론에 대한 답변

을 다루시는 것에 대한 일관된 기사 또는 심지어 "웅대한 내러티브"(grand narrative)를 체현하는 것으로 이해한다. 그럼에도 기독교적 내러티브는 리오타르(J.-F. Lyotard)가 거부하고 정죄한 "웅대한 내러티브"는 **아니라는** 것을 보컴은 증명한다. 리오타르는 "전체주의적인", 그러므로 압제적인 내러티브를 공격한다. 보컴은 마르크스주의 경제학, 인본주의적인 세계 자본주의에 대한 프로이트주의 관점, 그리고 과학적 진보의 신화를 이런 종류의 "웅대한 내러티브"의 한 실례로 제시한다.[53] 기독교의 내러티브는 이와 다르다. 왜냐하면 성경과 기독교 교리가 창조 당시부터 세상 끝 날까지 세상을 다루시는 하나님에 대하여 포괄적인 내러티브를 제공한다고 해도, 이 드라마와 함께 성경은 **특수한 시대**에 **특수한 지역**의 **특수한 사람들**에 대한 "작은 내러티브"도 제공하기 때문이다. 일관성과 우연성의 변증법적 상호작용이 성경 본문의 특징이다.

따라서 인식론에 대한 하이두크의 반감은 단순히 특수성, 우연성, 삶의 양식이 공동체적 교리의 특징을 구성한다는 정당한 인식에 기인하지 않는다. 교리와 해석학은 정합성과 우연성의 변증법에 여지를 남겨두고 양분을 제공한다. 그리고 하이두크를 위험한 길로 이끄는 두 가지 요소가 더 있는 것으로 보인다. 첫 번째 요소는 특히 북미에서 일부 학자들이 "**기초주의**"**라는 포괄적인 용어** 아래 느슨하게 일반화하는 것을 논박하고 공격하는 데 거의 강박적인 집착을 보이는 것으로부터 나온다. 이것은 근대성과 느슨하고도 무비판적으로 연결되는데, 이는 마치 기초주의를 보류하는 사람은 또한 근대성도 거부하고, 따라서 포스트모던 사상으로 간다고 주장하는 것과 같다.

두 번째 요소는 **공유된 공동체적 내러티브**와 공유된 공동체적 교리는 **공동체의 정체성의 표지**가 된다는 적법한 통찰력에 너무 치우친 해석으

---

53) Richard J. Bauckham, *Bible and Marxism: Christian Witness in a Postmodern World* (Carlisle: Paternoster, 2003), 89.

로부터 나온다. 이러한 통찰력은 그 자체로는 타당하다. 그러나 그것은 교회론이 전통적으로 인식론이나 검증할 수 있는 진리-주장들이 차지했던 자리로 들어간다는 사실을 함축하는 데까지 확대된다. 믿음의 정당한 자격에 관해 말할 엄두를 내지 못하는 포스트모던 시대의 분위기 속에서, 기독교 교리의 타당성은 더 이상 "이것이 사실이다"에 의존하지 않고 "우리가 누구인지 보라!"에 의존한다. 교리에 대한 존중의 "회복"이라는 하이두크의 목표는, 판넨베르크가 교리의 주장이 세상과 대학에서 신빙성을 갖고 있다고 묘사하는 것에서 후퇴하는 희생을 치르고 얻어낸 것이다. 그리하여 교리는 교회의 정체성의 표지 외에 다른 것이 아니게 된다. 하이두크는 "교회론은 신학에서 자기 자리를 되찾는다"고 선언한다.[54] 그러나 진리나 교회론에는 이것 이상의 것이 있다.

말할 필요도 없이 이것은 20여 년 전에 형성되고, 비교적 적은 분량의 설명에 비하면 놀라운 영향력을 가진, 린드벡이 선호하는 세 번째 교리 모델과 완전히 부합된다. 하이두크는 이렇게 말한다. "린드벡의 모델은 개인주의(직접적으로) 및 인식론(간접적으로)과의 연계성을 깨뜨린다. 문화와 언어는 사회 제도다.…교회 공동체가 교리로 제시하는 것은 명제처럼 **보인다**(하이두크 강조). 그러나 그 교리는 객관적 실재에 관한 것이 아니라 오히려 1차 발화를 규제하는 데 사용된 2차 발화다."[55] 비록 린드벡이 "자신을 탈자유주의자로 자리매김한다고 해도,…린드벡은 인식론의 탈중심화를 추구한다는 점에서…그리고 그의 언어철학으로 보아 포스트모던주의자다."[56] 따라서 하이두크는 "인식론과 개인주의"를 공격한다는 점에서 린드벡을 자신의 동지로 간주한다.[57]

하이두크의 주장이 갖고 있는 주된 문제점은 그가 긍정적이고 건설적

---

54) Heyduck, *Recovery*, 29.
55) Heyduck, *Recovery*, 27-28, 29.
56) Heyduck, *Recovery*, 33.
57) Hcyduck, *Recovery*, 36.

인 주제와 의심스러운 주제를 다룰 때, 마치 전자가 필수적으로 후자를 포함하고 있는 것처럼 함께 묶는 데 있다. 따라서 한 중요한 장에서 하이두크는 마치 그것이 인식론에 대한 "포스트모던" 사상의 대안인 것처럼, 드라마와 내러티브로서의 교리 모델과 화행론 모델을 추천한다. **나는 30년 이상 화행론을 형성적이고 성경주석과 교리에 적합한 모델로 추천했지만, 추천할 때마다 이 이론의 유효한 통용성은 실제로 사실이 되는 어떤 사건들의 상태에 의존한다고 일관되게 주장했다.** 이 연구의 일부는 『티슬턴의 해석학』(*Thiselton on Hermeneutics*)의 화행론을 다루는 부분에서 지금도 확인할 수 있다.[58] 교회론에서 포스트모던의 공격과 함께 결합된 또 다른 "구성적" 특징으로는 공동체, 내러티브, 드라마, 형성, 체현, 행동, 특수성, 역사와 같은 것이다. 나는 이 모든 긍정적 특징을 지지하지만, 그것은 인식론의 종언, 진리-주장의 시험 또는 오스틴(J. L. Austin)을 "포스트모던주의자"로 여겨 영국의 옥스퍼드와 같은 지위로 높여 놀라운 위엄을 부여하는 것과는 아무 관련이 없다.[59]

이 모든 설명에서 심각한 혼란을 초래하는 가장 나쁜 원천은 **기초주의**라는 말을 너무 느슨하고 애매하고 엉성한 의미로 사용하는 것에 있다. 그 말이 너무 악용되기 때문에 나는 **통약불가능성**(incommensurability)이라는 말과 함께, 일반적으로 강의실에서 말하는 자가 자신이 그 말을 어떤 의미로 사용하는지 어느 정도 엄밀하게 정의하지 않으면 사용하지 못하도록 금지시킨다. 나는 『간추린 종교철학 사전』(*Concise Encyclopedia of the*

---

58) Thiselton, *Thiselton on Hermeneutics*, "Part II, Hermeneutics and Speech-Act Theory," 51-150 (1974-2004/5). 또한 *Scottish Journal of Theology* 23 (1970) 437-468에 푹스에 관한 논문을 포함시켰다.

59) 명시적으로 이런 표현이 없다면, 오스틴은 "포스트모던 언어철학[단수형]의 항목 아래 포함된다(Heyduck, *Recovery*, 57-67). 이 항목에는 비트겐슈타인도 들어간다. 나는 필립스(D. Z. Phillips)가 구두로 비트겐슈타인과 오스틴이 전적으로 그리고 전체적으로 달랐다고 말하며, 웨일스 사람의 열정으로 비트겐슈타인 편을 들어 옹호한 것을 상기한다. 확실히 둘의 기질, 열정, 주제는 전혀 달랐다.

*Philosophy of Religion*)에서 어느 정도 이 문제의 실마리를 풀어보려 애썼다.[60] 데카르트 안에 있는 **합리론** 사상의 철저한 또는 "강경한" 기초주의와 존 로크 안에 있는 **경험론** 사상의 "온건한" 기초주의를 구분하는 것이 필수적이다. 데카르트는 "절대로 의심할 수 없는" 진리, "너무 확실해서 회의론자도 결코 흔들 수 없는 진리"를 추구했다.[61] 이것은 "나는 생각한다, 그러므로 나는 존재한다"(*cogito ergo sum*)라는 명제를 포함하는 "자명한" 지식과 관련된 기념비적인 논증의 한 부분을 구성한다.[62]

확실히 데카르트는 명시적으로 "기초들"에 대해 말한다. 『성찰』(*Meditations*, 1641)에서 데카르트는 단순한 의견이나 편견 또는 환영적인 믿음과 반대로 "확실한" 진리를 확인하려는 목적으로, 이미 또는 이전에 믿었던 모든 것을 의심에 부치기 위해 마련한 증명을 정식화한다. 거기서 데카르트는 **개인적** 자의식 곧 "코기토"(나는 생각한다)와 함께 증명을 시작한다. 이 생각하는 자아는 인간 이성이 믿을 만하다는 것을 보증하기 위해 하나님이라는 관념을 발견해낸다. 이성을 통해 발견된 이 "확실한 사실"은 "명석판명"한 것으로 생각된다. 데카르트는 때때로 전통과 의견들에 대해서 의심의 방법을 끊임없이 관철시킨 것으로 생각된다. 실제로 데카르트는 다음과 같이 말한다. "우리는 평생에 한 번은 모든 것을 뒤엎고, 다시 올바르게 기초부터 시작해야 한다.…그러면 남아 있는 것은 의심할 여지가 없는 것 말고는 아무것도 없다."[63] 하이두크는 자신이 **기초주의**로 부르는 것을 순전히 연역적 추론 방법과 결합시킨다. 그러나 가다머가 지적한 것처럼 데카르트는 "하나님"과 도덕적 가치는 이 사전 의심의 영역에서

60) Anthony C. Thiselton, *A Concise Encyclopedia of the Philosophy of Religion* (Grand Rapids: Baker Academic, Oxford: Oneworld, 2002), 106-107.
61) René Descartes, *Discourse on Method*, Part IV, 53-54. 데카르트 작품의 표준 영문판은 René Descartes, *The Philosophical Writings of Descartes*, ed. and trans. J. Cottingham 외, 3 vols. (Cambridge: Cambridge University Press, 1984-91)이다.
62) Descartes, *Method*, 53.
63) Descartes, *Meditations* (La Salle: Open Court, 1901), Part II, 31.

제외시킨다.[64]

　그럼에도 데카르트는 합리론 전통에 속해 있는 "강경한" 또는 "고전적"
기초주의를 대표한다. 이 확실성들은 형식 논리학 또는 순수 수학의 영역
에 속해 있는 것만큼 절대적인 확실성이다. 경험론 전통 속에서 절대적
확실성은 최후를 맞는다. 존 로크는 **합리론**(rationalism)**이 아니라 합리성**
(reasonableness)을 촉진시킨다. "확실성"(certainty)은 증명에 대한 증거의 지
지가 "합리적인지" 여부에 달려 있는 상대적 문제가 된다. 심지어 『인간오
성론』(*Essay concerning Human Understanding*) 첫 부분에서도 로크는 자신
의 목적이 "믿음, 의견, 동의의 근거 및 단계와 함께 인간 지식의 확실성과
범주"를 탐구하는 데 있다고 말한다.[65] 로크는 데카르트가 "본유 관념"에
기초해서 찾고자 했던 확실성과 같은 종류의 추구를 거부한다. 또한 합의
에 기초한 확실성도 확실성은 아니다.[66]

　로크의 『인간오성론』 제4권은 1-3권과 성격이 다른데, 그 사실이 최
근까지 종종 간과되었다. 그러나 니콜라스 월터스토프가 최근에 "합리적
인"(reasonable) 또는 "자격 있는"(entitled) 믿음 개념을 해설하기 위해 이 부
분을 재해석했다.[67] 월터스토프는 이렇게 말한다. "로크는 우리 모두가 자
기 자신이 믿는 것에 대하여 책임이 있다는 전제와…이성이 우리의 인도
자가 되어야 한다는 전제를 깊이 전개하고 옹호한 최초의 인물이었다."[68]
로크는 "자격 있는 믿음 이론"(a theory of entitled belief)을 우리에게 제시한
다.[69] 그러나 로크가 의미하는 "이성"은 "우리의 지식의 확대를 위해" 시중

64) Gadamer, *Truth*, 279.

65) John Locke, *An Essay concerning Human Understanding*, ed. Peter H. Nidditch
　　(Oxford: Clarendon edn., Oxford University Press, 1975 [1690]), I:1.

66) Locke, *Essay*, I:2:3.

67) Nicholas Wolterstorff, *John Loke and the Ethics of Belief* (Cambridge: Cambridge
　　University Press, 1996).

68) Wolterstorff, *John Locke*, xiv.

69) Wolterstorff, *John Locke*, xv.

드는 이성이다.[70] 형식 논리학의 삼단논법을 통해 활동하는 연역적 이성은 지성의 "확대"에 도움이 안 되고, 오히려 지성을 한정시키고 방해할 수 있다.[71] 이성과 합리성에 대한 로크의 개념은 데카르트의 추상적 이성 개념보다 로너간의 통찰과 이해 개념, 아니 어쩌면 기독교 학자들의 "지혜" 개념과 훨씬 더 공통점이 많다. 로크는 믿음이 "이성 위에"(above reason) 있는 것과 관련될 수 있음을 인정한다.[72] 그럼에도 "합리적 믿음"은 증거에 대한 책임 있는 평가와 합리적인 것의 특성을 비롯한 **다수의 기준들**을 포함한다. 여기에는 광신적인 경건주의의 주장은 당연히 배제되겠지만, 합리적이고 논쟁 가능한 믿음의 근거는 배제되지 않을 것이다.

앨빈 플랜팅가(Alvin Plantinga)와 니콜라스 월터스토프는 "개혁파 인식론"(Reformed Epistemology)이 데카르트 전통에 서 있는 "고전적이고", "좁은" 또는 "강경한" 기초주의의 과장된 주장에 반대하여 일어났다는 데 동조한다.[73] 또한 개혁파 사상가들은 유사-실증주의 경험론에 반대하여 "좁은" 또는 "냉정한" 증거주의도 거부한다. 만일 증거주의가 "강경한" 기초주의의 "기본" 명제들을 고수한다면, 이 기본 명제들은 감각 자료에서 직접 나와야 할 것이다. 그러나 일반적으로 논쟁의 주제는 클리포드(W. K. Clifford)가 충분하거나 "불충분한" 증거로 부른 것에 집중되어 있다. 심지어 하나님을 믿는 믿음도 "강경한" 기초주의 전통에서는 적절하게 "기본"이나 근본이 될 수 없다. 그러나 다른 의미에서 보면 유신론자에게 하나의 명백한 유신론적 믿음보다 어떤 명제가 과연 더 "기본"이 될 수 있겠는가? 따라서 플랜팅가는 합리성의 기준을 유지하고 있는 "온건한" 또는 "넓은" 기초주의를 제안하지만, 하나님을 믿는 믿음이 의존하는 것으로 말해지는

---

70) Locke, *Essay*, IV:17:2.
71) Locke, *Essay*, IV:17:4-7.
72) Locke, *Essay*, IV:18:7.
73) Alvin Plantinga and Nicholas Wolterstorff, *Faith and Rationality* (Notre Dame, IN: University of Notre Dame Press, 1983).

"기본" 믿음 개념은 거부한다. 이보다 앞서 월터스토프는 기초주의의 형식에 대해서는 어떤 형식이든 많은 단서를 붙여놓았지만, 1990년대 중반과 후반에는 초기에 보여준 고전적 기초주의에 대한 공격은 "너무 피상적이었다"고 믿게 되었다.[74) 월터스토프는 로크 안에 "깊이"가 있고, 로크는 그것을 보고 있었다고 선언한다.

하이두크가 "기초주의", 인식론, 근대성을 함께 묶는 것은 단순히 이 모두를 거부하고, 싸잡아 부적합한 것으로 몰아세우려는 것이다. 그러나 하이두크만이 미세하지만 결정적인 이러한 내용의 구분에 충분한 주의를 기울이지 않은 것은 아니다. 예를 들어 스탠리 그렌츠(Stanley Grenz)도 대중적인 작품 『포스트모던주의 입문』(A Primer of Postmodernism)은 말할 것도 없고, 덜 세밀한 작품인 『기초주의를 넘어』(Beyond Foundationalism)에서, 그리고 철저하고 매우 수준이 높은 『사회적 하나님과 관계적 자아』(The Social God and the Relational Self)에서까지도, 앞에서 언급한 이 구분을 적당히 처리하고 만다.[75) 반면에 복음주의 전통 안에 있는 여러 작품들이 이 구분을 사려 깊고도 탁월하게 탐구한다. 그중의 하나가 제이 우드(W. Jay Wood)의 『인식론』(Epistemology, 1998)이다. 또 다른 작품으로는 제임스 베일비(James Beilby)가 플랜팅가의 인식론에 대해 쓴 『신학으로서의 인식론』(Epistemology as Theology, 2005)이 있다. 그리고 세 번째 작품은 웬첼 후이스틴(J. Wentzel Huyssteen)의 『후기기초주의 신학』(Postfoundationalist Theology)이다.[76)

---

74) Wolterstorff, *John Locke*, xi.
75) Stanley J. Grenz and John R. Franke, *Beyond Foundationalism: Shaping Theology in a Postmodern Context* (Louisville: Westminster John Knox, 2001). 참조. Grenz, *The Social God and the Relational Self* (Louisville: Westminster John Knox, 2001). 우리는 이 책을 9.1.과 11.2.에서 적극적으로 언급할 것이다.
76) W. Jay Wood, *Epistemology: Becoming Intellectually Virtuous* (Downers Grove: InterVarsity Press and Leicester: Apollos, 1998), 77–104; James Beilby, *Epistemology as Theology: An Evaluation of Plantinga's Religious Epistemology*

그러나 우리는 다음과 같은 근본적인 불일치 때문에 어쩔 수 없이 하이두크의 주장에 가담하게 되었다. (1) 한편으로 교리 해석학은 하이두크가 추천하는 거의 모든 특징들을 인정한다. 그 특징들은 공동체, 체현, 내러티브, 드라마, 실천, 지혜, 공동체 정체성, 상호작용 공동체로서 교회의 지위, 비트겐슈타인과 가다머, 그리고 그들의 "참여" 해석학의 중요성, 포괄적인 이해 이론의 배경 속에서 교리의 중요성 회복이다. (2) 다른 한편으로 이 가운데 어느 것도, 만일 그것이 인식론으로부터의 퇴각, 여론의 합의 또는 사회적 진리 이론, 포스트모던 사상에 대한 무비판적 적용을 함축한다면, 추천되거나 인정될 수 없다. 신약성경으로부터 이레나이우스, 클레멘스, 오리게네스, 아우구스티누스, 아퀴나스, 칼뱅으로 이어지는 전체 기독교의 주류 전통은 판넨베르크의 다음 공리를 지지한다. "오직 기독교의 신적 진리에 대한 확신만이 교회의 지속적 실존을 확립하고 정당화할 수 있다."[77]

포스트모던 사상 속에서 리처드 로티(Richard Rorty)와 같은 학자들은 다원주의 시대에 "해석학"을 일종의 "모방"의 전략으로 제시하기 때문에, 이 요점을 강조하는 것은 더욱더 필수적이다. 로티는 "진리"에 대한 주장이 신실용주의적 의미를 제외하면 어떤 의미에서도 결코 유지될 수 없다고 본다. 심지어 비교적 초기 작품인 『철학 그리고 자연의 거울』(*Philosophy and the Mirror of Nature*, 1979)에서 로티는 마지막에서 두 번째 장의 제목을 "인식론에서 해석학까지"로 붙였다.[78] 거기서 특별히 로티는 다음과 같이 주장한다. "나는 해석학을 인식론에 대한 '지속적 주제'로 삼지 않는다."[79]

---

(Aldershot, U.K.: Burlington, VT: Ashgate 2005); J. Wentzel van Huyssteen, *Essays in Postfoundationalist Theology* (Grand Rapids: Eerdmans, 1997), 특히 73-90.

77) Pannenberg, *Systematic Theology*, vol. 1, 7.

78) Richard Rorty, *Philosophy and the Mirror of Nature* (Princeton, NJ: Princeton University Press, 1979), 315-356. 『철학 그리고 자연의 거울』(까치 역간).

79) Rorty, *Mirror*, 315.

확실히 로티가 전통적 진리 개념을 크게 공격하는 것은 이 단계에서는 진리 대응론을 공격하는 것이다.[80] 로티는 "해석학"을 논쟁적인 단어로 사용하고, "해석학은 고전적 인간상에 맞춰서 '진리에 이르기 위한 방법'이 아니다"라는 의미로 가다머를 해석한다.[81] 그러나 "해석학은 우리가 더 이상 인식론적이지 않을 때 붙드는 것"이라고 로티는 덧붙인다.[82] 해석학은 앎 또는 이해가 아니라 "교화" 또는 "모방"과 더 큰 관련이 있다. 여기서 로티는 자신이 형성(Bildung)을 가다머에게서 빌려와 설명하고 있다고 생각하는 듯하다. 그러나 가다머는 이 용어를 단순히 어떤 능력을 수행하는 것 이상의 의미를 가지는 것으로 사용했다. 우리는 5장(5.1.과 5.3.)에서 이 개념을 살펴보았다.

어떤 이들이 곧바로 지적한 것처럼, 로티가 가다머(그리고 비트겐슈타인)를 해석하는 것은 의심을 받을 만하다.[83] 가다머는 확실히 데카르트와 라이프니츠의 개인주의와 "강경한" 기초주의를 거부하고, 또 로크와 버클리와 흄의 개인주의와 결탁된 인식론도 거부한다. 그러나 가다머는 비코, 샤프츠베리, 그리고 해석학 양식을 **진리**에 적용시키는 최근의 많은 사상가들을 통해 고전적 로마 문화의 **공동감각**(sensus communis)과 공동체적 이해(Verstehen)를 추구하는 그리스 철학의 "실천적 지혜"(phronēsis) 개념으로 돌아간다. 가다머에 따르면 진리는 로티가 말하는 **신실용주의적·기능적·도구적** 진리 개념을 내포하고 있는 것으로 이해되지 않는다. 이것은 심지어 로티가 의존하는 철학자인 윌리엄 제임스(William James)와 존 듀이(John Dewey)의 전통과도 다르다. 원키는 가다머와 로티의 한 가지 공통

---

80) Rorty, *Mirror*, 332, 333-342.

81) Rorty, *Mirror*, 357.

82) Rorty, *Mirror*, 325.

83) Warnke, "Hermeneutics and the 'New Pragmatism,'" in Warnke, *Gadamer*, 139-166, Jane Heal, "Pragmatism and Choosing to Believe," in Alan Malachowski (ed.), *Reading Rorty* (Oxford: Blackwell, 1990), 101-114.

점이 "지식은 '발견' 형식이 아니라 '고안' 형식에 더 가까운…전통에 속해 있다"는 주장이라고 설명한다.[84] 그러나 "해석학은 로티가 그렇게 보는 것과 달리 주관주의적인 것이 아니다.…로티는 가다머가 **사태**(die Sache)를 강조하는 것을 간과한다."[85] 원키는 이렇게 결론짓는다. "형성(Bildung)과 어떤 종류의 지식의 관련성은 근본적이다."[86] 가다머는 "판단"을 단순히 실용적 관점에서가 아니라 적절한 것과 부절적한 것 또는 옳은 것과 그른 것을 구별할 수 있는 지식의 한 형식으로 사용한다.

우리는 이 주제를 로티의 후기 저서에서 찾아볼 시간이 없다. 나는 여러 논문에서 이 문제를 다루었고, 그중 얼마는『티슬턴의 해석학』의 포스트모던 사상 부분에 들어 있다.[87] 『진리와 진보』(Truth and Progress)로 절정을 이룬『철학 논문들』(Philosophical Papers, 전3권)을 보면, 비록 어떤 면에서는 근본적으로 개혁하고 공동체에 대해 더 많이 말하기는 해도 지식과 진리에 대한 로티의 접근법은 크게 변하지 않는다. 세 번째 책의 내용은 "더 이상 **세상이 존재할 수 있는 방식**은 없기" 때문에 "실재를 올바르게 이해하는 것"과 같은 과제는 존재하지 않는다는 진술로 요약할 수 있다.[88] 로티는 윌리엄 제임스의 실용주의적 진리 이해를 찬성하며 다음과 같이 언급한다. "진리는 믿음의 방식으로 그 자체로 선하다고 증명하는 것에 붙여진 이름이다."[89] 그러나 후기 작품들 속에 더 분명히 나타나는 특

---

84) Warnke, *Gadamer*, 141.

85) Warnke, *Gadamer*, 146.

86) Warnke, *Gadamer*, 159.

87) Thiselton, *Thiselton on Hermeneutics*, Part VI, "Philosophy, Language, Theology, and Postmodernity," 523-681; 로티에 관한 주요 논문은 "Two Types of Postmodernity," my Presidential Paper for the Society for the Study of Theology (1998), 581-606; 하지만 나는 "A Retrospective Reappraisal"(1995), 663-681에서 내 주장을 수정하고 보완했다.

88) Richard Rorty, *Truth and Progress: Philosophical Papers 3* (Cambridge: Cambridge University Press, 1998), 25.

89) Rorty, *Truth*, 21.

징은 로티가 **공동체**를 강조한다는 것이다. 이 공동체는 "자민족 중심주의"(ethnocentric)라는 용어로 정의된다. 즉 자유주의적 다원주의 사상가들이 "나와 같은", 아니 더 나은 표현으로는 "우리와 같은" 공동체라고 말하는 것이다. 만일 진리가 단순히 정당성의 문제라면, "그 자체로 선하다고 증명하는 것"에 관한 물음은 **누구에게** 제기될까? 로티의 관점에 따르면, 그것은 오직 우리의 "지역" 공동체일 수밖에 없다. 이것은 결국 하이두크가 말하는 교회 공동체와 대응을 이루는 무신론자의 견해로 귀착된다. 포스트모던 관점에서 보면 **"나의" 공동체를 넘어** 호소할 수 있는 다른 법정은 **존재하지** 않는다.

나는 다른 곳에서 이것이 온건한 자유주의적 다원주의를 촉진시키는 것으로 나타나지만, 실제로는 **다른** 공동체를 위한 진리가 "나의" 공동체 또는 "우리의" 공동체 형태로 정의되고 이해되고 계산되는 권위주의적이고 조작적인 전략으로 바뀔 위험이 있다고 주장했다. 실용적이고 공동체 기초적인 해석학을 특별히 "미국적" 해석학(로이스, 제임스, 듀이를 통해 설명되는)으로 보는 로버트 코링턴(Robert Corrington)의 날카롭고 탁월한 진단에 따르면, 잠시 동안이지만 리처드 보컴이 "세상의 미국화"(Americanization of the world)라고 부른 것이 어쩌면 이 실용적-공동체적-철학적 뿌리에 의존하고 있는 것은 아닌지 의심하는 것이 완전히 어리석은 일은 아니다.[90] 최소한 그것은 하이두크가 인식론을 교리나 해석학에서 떼놓은 것이 어느 정도 논쟁에 문이 열려 있다는 것을 암시한다. 그것은 칼 바르트가 "교회다운" 신학과 교리에 본질적인 것으로 주장한 측면 곧 자기비판의 능력을 포함한다. 교리 해석학을 촉진시키는 것은 인식론과 관련하여 또는 기독교 교리의 진리-주장의 지위에 대해서 수용할 수 없는 결과를 수반하는

---

90) Robert S. Corrington, *The Community of Interpreters: On the Hermeneutics of Nature and the Bible in the American Philosophical Tradition*, Studies in American Biblical Hermeneutics 3 (Macon, GA: Mercer University Press, 1987). 참조. Bauckham, *Bible and Mission*, 89.

것이 아니다.

이번 장에서 다룬 각주에서 복음주의와 개혁파 전통 안에 있는 많은
학자들(앨빈 플랜팅가와 니콜라스 월터스토프 외에도)이 인식론의 지위에 대해
담담한 태도를 갖고 있다고 지적하는 것은 가치가 있다. 우리는 이에 대
한 한 가지 건설적 사례로 휘튼 대학의 제이 우드의 『인식론』을 이미 언
급했다. 우드는 이 책에서 윤리적 책임 및 윤리적 덕과 관련하여 인식론
의 지위에 대한 주제를 탐구하고, 거기서 "강경한" 기초주의와 자신이 "온
건한" 기초주의라고 부르는 것 사이를 구분한다.[91] 우드는 "속기 쉬움, 완
강한 고지식함, 닫힌 마음, 지성적 부정직함"을 피하면, 인식론에 참여하
는 것은 "지혜, 이해, 예지, 진리에 대한 사랑"과 관련된다고 올바르게 주
장한다.[92] 이 유용한 작품은 정합성, 증거주의, 개혁파 인식론에 대한 부분
을 포함하고 있다.[93]

## 7.3. 변증법, 체계, 다성성, 그리고 정경에 대한 다른 이해: 바흐친

우리는 "변증법"이라는 말을 다양한 문맥에서 사용했는데, 특히 이번 장
에서는 정합성과 우연성 간의 변증적 관계를 가리킬 때 사용했고, 또 다
성적 의미와 관련해서도 한두 번 사용했다. 그러나 미하일 바흐친(Mikhail
Bakhtin, 1895-1975)은 전통적 맥락에서, 예컨대 플라톤, 헤겔 또는 마르크
스의 맥락에서, 대부분의 경우에 **변증법**이라는 말의 사용에 관해 깊은 의
구심을 갖고 있다. 바흐친은 그들이 말하는 변증법이란 결국 "단성적인"
것, 말하자면 두 개의 "분리된 사상"을 **단일한** "사상 체계" 속에서 자라는

---

91) Wood, *Epistemology*, 77-104, 위에서 인용함.
92) Wood, *Epistemology*, 7.
93) Wood, *Epistemology*, 105-119, 162-174.

것과 결합시키는 것에 불과하다고 주장한다.[94] 바흐친은 단성적인 담화가 텍스트, 전달자, 텍스트의 저자와 분리될 수 있는 생각이나 언명, 또는 명제로 구성된다고 주장한다.[95] "이런 생각들의 내용은 실질적으로 그 원천에 영향을 받지 않는다."[96]

많은 경우 **변증법적** 기능이라는 말을 사용할 때, 그것은 단일한 담화 안에서 두 보충적인 요점을 함께 묶는 것에 그치고, 서로 다른 두 행위자가 표현한 두 관점의 극적 긴장 관계를 유지시키지는 못한다는 것을 부인할 수 없다. 플라톤의 초기 대화편을 보면 소크라테스는 물음과 답변의 변증법을 사용한다. 그러나 이것들은 사전 결정과 목표 없이 "발생한" 물음과 답변의 과정이 아니라 **논증**을 통해 거짓된 견해를 폭로하기 위한 탐구 장치 이상인가? 바흐친은 초기 소크라테스의 대화가 "진리에 관한 인간 사고의 대화적 본질"을 존중한다는 사실을 인정한다. 여기서 진리는 사전에 묶여지거나 미리 만들어져 있는 것이 아니다. "진리는 집단적으로 진리를 추구하는 사람들 사이에서 태어난다."[97] 그러나 플라톤은 나중에 소크라테스의 대화를 "단성화시킴으로", 결국 그것을 당연한 진리의 교리문답처럼 만들어버렸다. 플라톤에게 변증법은 온전한 의미에서의 변증법이 아니다. 이런 변증법은 사전에 구축해놓은 사상 체계로 작용하는 것으로 그친다.

아리스토텔레스의 변증법에 대한 글들을 보면, 그것은 아리스토텔레스의 관점을 강력히 **논증하는** 수사적 장치 외에 다른 것이 아니다. 아리스토텔레스 이후로 변증법이라는 말은 매우 경멸적인 말이 되고, 종종 2

---

94) Mikhail Bakhtin, *Problems of Dostoevsky's Poetics*, ed. and trans. Caryl Emerson (Minneapolis: University of Minnesota Press, 1984), 93.
95) Bakhtin, *Problems*, 80; 또한 Morson, Gary Saul and Caryl Emerson, *Mikhail Bakhtin: Creation of a Prosaics* (Stanford, CA: Stanford University Press, 1990), 235도 보라.
96) Morson and Emerson, *Mikhail Bakhtin*, 235.
97) Bakhtin, *Problems*, 110.

세대 소피스트(네로 통치 이후로 기원후 230년경까지 활동했던 그리스 학자들을 가리 킴-역자 주)의 공허한 수사법에 대한 타당성을 의심하는 데 사용되었다. 변 증법이라는 말은 거의 사라졌으나 피히테(J. G. Fichte, 1762-1814), 이후에 특히 헤겔(G. W. F. Hegel, 1770-1831), 쇠렌 키에르케고르(Søren Kierkegaard, 1813-1855), 칼 마르크스(Karl Marx, 1818-1883)가 이 말을 복원시켰다. 헤겔 과 마르크스에게서 우리는 분리된 사상을 "체계"로 함께 묶는 실례를 발 견한다.[98] 그러나 바흐친은 헤겔과 마르크스의 "변증법"을 궁극적으로 "대 화적" 변증법이 아니라 "단성적" 변증법으로 간주한다. 왜냐하면 대체로 그들의 "체계"는 "**단일한** 의식에―원리상 충분한 지적 능력을 가진 **어떤** 의식에―포괄되거나 충분히 포함될" 수 있기 때문이다.[99]

이것은 교리 해석학의 가능성을 탐구하는 우리의 시도에도 상당히 중 요하다. 만일 바흐친의 견해를 주목하고 존중한다면, 여기서 세 가지 주요 한 결과가 따라 나온다. 첫째, 참된 대화로서의 담화는 **집단적, 상호주관 적, 서로 책임을 지는 사람들의 공동체를 통해** 이루어지고 "소유된다." 바 흐친이 어린 시절에 속해 있었고 러시아 문화 속에 깊이 유포되었던 러시 아 정교회의 배경에서 보면, **소보르노스트**(*sobornost*) 곧 **연대성으로 함께 묶인 공동체** 개념은 다성적인 음성과 일관된 집단성의 상호작용을 강조 한다. 이것은 사도 집단의 다원성을 통해 이전되고, 주교나 장로들의 집단 과 전체 하나님의 백성을 통해 전달된 기독교 교리의 **공동체적** 성격과 일 치한다. 해석학 역시 공적 영역에서 공유된 언어와 삶의 양식을 전제로 하 는 이해의 관점에 의존한다. 교리는 단일한 사람이 만들어내고, 교회의 연 합적 예배와 삶과 분리되어 개인들에게 전달되는 단성적 담화의 문제가 아니다.

둘째, 바흐친은 대화적 담화의 **참여자** 국면과 단성적 담화의 관찰자

---

98) Bakhtin, *Problems*, 93.
99) Morson and Emerson, *Mikhail Bakhtin*, 236.

지위를 구분한다. 키에르케고르도 주장한 것처럼, 주체성과 분리된 언어와 소통은 미리 포장되거나 형성된 일단의 객관적 명제들을 너무 쉽게 제공하고, 그리하여 사람은 그 명제를 검토하여 자기를 연루시키지 않고 동조나 거부를 표현할 수 있게 된다. 키에르케고르는 인생을 거는 일에 함축된 참여적 차원을 이야기하면서, 제삼자가 되었을 경우에는 이런 행동을 피하게 된다고 말한다.[100] 키에르케고르는 이렇게 말한다. "단순히 결과 자체만을 갖고 있는 사람은 누구든 그것을 소유하지 못한다. 왜냐하면 그는 그 길은 갖고 있지 못하기 때문이다."[101] 바흐친은 다음과 같은 경구를 남긴다. "오직 오류만이 개별화한다."[102]

셋째, 바흐친은 **진정한 다성적 음성의 상호주관성**을 변증법, 대화 또는 다성성(polyphony)의 패러다임으로 간주한다. 바흐친 연구의 권위자로 인정받는 모슨(Morson)과 에머슨(Emerson)은 "다성적 음성"(polyphonic voice) 개념을 쉽게 바흐친에게 귀속시키는 일이 너무 빈번히 일어나고, 또 그렇게 할 때 엄밀함이 결여된다고 통탄한다. 모슨과 에머슨은 이렇게 말한다. "다성성은 바흐친의 가장 흥미롭고 근원적인 개념 가운데 하나다. 그런데 바흐친이 한 친구에게 말한 것처럼, 유감스럽게도…다성성은 '다른 어떤 개념보다 더 크게 오해를…불러일으켰다.'"[103] 모슨과 에머슨의 지적에 따르면, 바흐친은 다성성을 정의한 적이 결코 없고, 바흐친 자신이 "다성성을 고안해낸 사람은 도스토예프스키라고 분명히 말한다."[104] 다성성은 "대화적" 담화나 진리의 대화적 의미를 전제로 한다. 그러나 다성성은 말의 언어적 스타일의 다양성만을 가리키는 바흐친의 용어 **헤테로글로시아**

---

100) Søren Kierkegaard, *The Journals of Søren Kierkegaard*, ed. and trans. A. Dru (Londo: Oxford University Press, 1938), 533.

101) Søren Kierkegaard, *The Concept of Irony*, ed. and trans. H. V. Hong, E. H. Hong (Princeton, NJ: Princeton University Press, 1989), 340.

102) Bakhtin, *Problems*, 81.

103) Morson and Emerson, *Mikhail Bakhtin*, 231.

104) Morson and Emerson, *Mikhail Bakhtin*, 231.

(*heteroglossia*)와 동의어가 아니다. 모슨과 에머슨은 계속해서 다성성은 저자의 관점과 참여를 배제하지 않는 동시에 정합성도 배제하지 않는다고 지적한다.[105] 그러나 다성성은 시각이나 관점의 변화를 포함한다. 다성성은 "체계"와 상대주의 또는 혼돈 사이에서 활동한다. 바흐친은 이렇게 말한다. "다성적 접근법은 상대주의와 공통점이 전혀 없다.…상대주의와 교조주의는 똑같이 대화를 필요로 하지 않거나(상대주의), 대화를 불가능하게 만들거나(교조주의) 함으로써 모든 진정한 대화를 배제한다."[106]

이것이 이 책의 주장에 왜 그토록 중요한가? 하나의 실마리는 바흐친이 도스토예프스키의 『까라마조프 씨네 형제들』(*The Brothers Karamazov*)을 단순히 **한 권의 책**으로 간주하지 않았다는 모슨과 에머슨의 설명에서 나온다. 그러나 엄밀히 말해 **성경 정경**의 경우에는 이것이 사실이다. 바흐친은 정합성 있는 진리는 "의식의 다원성을 요청하고…잠재적 사건으로 가득 차 있고…다양한 의식 속에서 태어나는" 것을 생각하는 것이 가능하다고 주장한다.[107] "잠재적 사건" 개념은 그 자체의 실존 계기로 말미암아 소멸되지 않고, 이런 의미에서 "종료되지 않는" 시간적 과정 안에서 특수성을 내포한다. 기독교 전통과 교리를 발생시킨 성경 정경의 발전과 그것의 **정합적 다원성**으로서의 연속성은 교리 해석학의 성격을 특징짓는 그러한 정합성-속-다원성을 반영한다. 교리 **해석학**은 교리가 단지 단성적인 담화가 되지 않도록 예방한다. **교리** 해석학은 해석학이 상대주의적인 해석학이 되지 않도록 예방한다. 바흐친이 지적한 것처럼 상대주의나 교조주의는 대화적 담화를 차단하고 훼손한다.

한스 폰 발타자르 역시 다성적 담화, 또는 그가 선호하는 말로 표현하면 "교향악적 진리"(symphonic truth)의 중요성을 주목한다.[108] 발타자르

---

105) Morson and Emerson, *Mikhail Bakhtin*, 232-233.
106) Bakhtin, *Problems*, 69 (Morson and Emerson, *Mikhail Bakhtin*, 233에 인용됨).
107) Bakhtin, *Problems*, 819 (Morson and Emerson, *Mikhail Bakhtin*, 236에 인용됨).
108) Hans Urs von Balthasar, *Truth Is Symphonic: Aspects of Pluralism*, trans.

는 악기들 간의 차이가 최대한 두드러지게 나타나야 하는 교향악단 비유와 함께 설명을 시작한다. 각 악기는 완전히 차별화된 음색을 유지한다.[109] 오케스트라는 "다원주의"여야 한다. 오늘날 "기독교의 진리는 교향악과 같다"는 것을 유념해야 한다고 발타자르는 지적한다.[110] 하나님은 언약의 약속에 신실하신 분이시다. 동시에 하나님은 주권적 자유를 갖고 자신을 계시하시는 분이다. 하나님을 아는 지식을 통해 우리는 하나님이 **어떤 분이신지**보다 하나님이 **누구신지**에 대해 더 깊이 말할 수 있게 된다. 하나님은 심판과 은혜로 행하시고 역사, 율법, 예언을 통해 다양하게 말씀하시기 때문에 "진술의 다원성이…나타난다."[111] 이 진술들은 실제로 세상을 다루시는 하나님을 미리 적절히 규제하고 사전에 함께 묶을 수 없다. 눈물과 즐거움이 하나님과의 관계의 특징이다.

발타자르는 그리스도의 인격을 교향악적 진리의 패러다임으로 본다. 한편으로 그리스도는 단일한 진술 단위로 "범위가 정해질" 수 없는 "무한한" 진리를 포용하신다. 다른 한편으로 그리스도는 "역사를 통해 알려진 하나님의 모든 개인적 자기 계시를 더 높이 통합하시고,…진리를 조직하는 초점이자…중심이시다."[112] 우리가 바흐친과 성경 정경에 대해 말한 것과 일치되게, 다성성 또는 변증법은 통일성과 정합성을 갖고 있으나, 그렇다고 그것이 정적이고 단성적이고 환원적인 통일성은 아니다.

이상의 성찰은 또한 **변증법, 체계, 다성성, 정경**과 같은 용어를 사용할 때 논리적이고 의미론적인 규명을 위한 필요성에 새로운 빛을 던져준다. **이 규명은 교리 해석학에 관한 가능한 반론이나 난제에 답변하는 데 기여**

---

Graham Harrison (San Francisco: Ignatius, 1987), 7-15, 37-64; Poythress, *Symphonic Theology*, 69-91을 참조하라.
109) Balthasar, *Truth*, 7.
110) Balthasar, *Truth*, 15.
111) Balthasar, *Truth*, 24.
112) Balthasar, *Truth*, 34.

7장 해석학과 교리의 변증법: 정합성과 다성성　　　255

한다. 왜냐하면 해석학적 탐구가 조직신학과 긴장 관계 속에 있다는 주장은 **체계**에 대한 사전 이해에 의존할 수 있기 때문이고, 또한 예컨대 헤이키 레이제넨(Heikki Räisänen)의 주장 곧 신학적 구성은 신약 **정경** 안에서 발견되는 다원성과 "모순들"을 기초로 진행시킬 수 없다는 주장은 바흐친과 발타자르에게서 발견되는 정합성 및 대화적 담화에 대한 정밀한 이해를 회피하기 때문이다. 확실히 "정경비판"이나 "정경적 접근법"과 관련된 모든 세부 사실을 보류 없이 찬성하고 싶진 않지만, 이런 연구는 성경 정경에 대한 호소를 근거 없이 비판하는 태도를 유용하게 교정시킨다. 바흐친의 접근법은 기독교 교리의 발생과 발전에 "정경"이 얼마나 적합한지를 더 잘 파악하도록 돕는다.[113] **변증법**에 대한 훈련된 탐구도 교리 해석학의 **자기 연루적인 또는 참여적인** 차원에 대한 적절한 이해를 촉진시킨다.

**체계**(system)는 해석학과 신학 분야의 논쟁에서 적어도 세 가지 다른 의미로 사용된다. 어떤 학자들에게 이 말은 **종결된** 또는 **닫힌** 사상 체계를 의미한다. 우리는 이런 사용에 대해서 더 이상 탐구할 필요가 없다. 왜냐하면 교회의 오류가능성, 종말의 미래적 성취, 그리고 위에서 확인한 다른 요소들의 근거에 대한 설명에서 이런 사용을 제외시켰기 때문이다. 키에르케고르는 분명히 헤겔이 이런 식의 체계를 함축한다고 간주한다. 키에르케고르는 좌절당한 탐구자로 자신을 가장하고서 이렇게 말한다. "만일 내가 체계에 눈을 고정시킬 수만 있다면, 기꺼이 그 앞에 예배하며 절하는 다음 사람이 될 것이다.…한두 번 나는 거의 무릎을 꿇을 뻔했다. 그러나 마지막 순간에…'이제 진실하게 내게 말하라. 그것은 완전히 끝나지 않았는가?'…라고 신뢰하는 마음으로 호소했을 때…나는 똑같은 답변을

---

113) Craig Bartholomew et al. (eds.), *Canon and Biblical Interpretation*, Scripture and Hermeneutics Series 8 (Grand Rapids: Zondervan, 2006, Carlisle: Paternoster, 2007). Anthony C. Thiselton, "Canon, Community and Theological Construction," 1-30도 포함.

들었다. '아니, 확실히 끝나지 않았다.'"[114] 키에르케고르의 이 풍자는 순전히 논리적 체계는 항상 "닫힌" 또는 완결된 체계일 것이라는 확신에 의존한다. 만일 체계가 인간 생활을 다룬다면, 그것은 단지 계속 진행하는 상태에 있을 수밖에 없다. 키에르케고르는 이렇게 선언한다. "논리적 체계는 가능하다.…[그러나] 실존적 체계는 불가능하다."[115]

"최종적" 또는 절대적 체계로서의 체계와 정합성으로서의 체계 사이의 한 가지 주요 차이점은 부분적으로 헤겔의 체계에서 변증법, 부정, 타자성이 행한 각각의 역할을 키에르케고르나 바흐친에게서 나타나는 역할과 대조시켜 보면 더 깊이 규명된다. 『종교철학 강의』(Lectures on the Philosophy) 제1권에서 헤겔은 "보편성의 계기", "특수성의 계기 또는 차별성의 영역", "차별성 또는 예배의 폐지"라는 세 개의 짧은 단원을 제공한다.[116] 종교의 보편성은 "확실히 첫째 자리를 차지한다.…**사고는 사고 자체를 사유한다.** 객체는 보편적이고, 그것은 적극적인 사유다"(헤겔 강조).[117] "특수성"은 보편적인 것의 영역 **안에** 있으나 그 자체를 외적으로 드러낼 때 "보편성의 극단에 위치하는 타자를 구성한다.…사고할 때 나는 절대자를 유한한 모든 것 위로 들어올린다. 그것은 무한한 의식이면서 동시에 유한한 의식이다."[118] 헤겔은 다음과 같이 말한다. "이 움직임 또는 과정은 단순히 즉자(itself)에 대해 객체가 되는 신 개념, 즉 이데아 개념이다. 우리는 이것을 '하나님은 영'이라는 표현에서 통상적으로 사고하는 언어로 이미 갖고 있다. 영은…오직 즉자에 대해 객체가 될 때만, 곧 '타자' 속에 있

---

114) Søren Kierkegaard, *Concluding Unscientific Postscript to the Philosophical Fragments*, W, Lowrie 외 번역 (Princeton, NJ: Princeton University Press, 1941), 97-98.

115) Kierkegaard, *Concluding Unscientific Postscript*, 99, 107.

116) Georg W. F. Hegel, *Lectures on the Philosophy of Religion*, trans. E. B. Spiers, J. B. Sanderson, 3 vol. (London: Kegan Paul, Trench, Trübner, 1895), vol. 1, 61-75.

117) Hegel, *Lectures*, 61.

118) Hegel, *Lectures*, 63.

는 즉자를 즉자로 바라볼 때만 영이다."[119]

헤겔은 이 움직임을 **동일성과 차이의 변증법**이라는 관점으로 이해한다. 이 움직임은 부정을 통한 분리와 부정의 부정을 통한 매개를 포함한다. 그러나 "타자"(other)는 어떻게 "타자"(the Other)의 타자성(the otherness)인가? 변증법은 "지양"(das Aufheben)으로 설명이 된다. 헤겔은 종종 aufheben이라는 동사가 **끌어올린다**라는 의미로 사용된다고 분명히 말하는데, 이는 또한 **폐지, 동화, 흡수**를 의미한다. 가장 명확한 실례가 『종교철학 강의』 제3권에 나온다. 거기서 헤겔은 예수 그리스도의 죽음을 하나님의 특수성으로 묘사할 뿐만 아니라 하나님의 부정으로도 묘사한다. 헤겔은 이렇게 말한다. "따라서 예수 그리스도의 죽음은 가장 극단적인 형태의 **유한성**일뿐 아니라 동시에 자연적 유한성의 **폐지와 흡수**다."[120] 헤겔은 또 이렇게 선언한다. "하나님은 죽으셨다. 하나님은 죽으신다.⋯하나님은 자신을⋯죽음의 죽음으로⋯유지하신다. 하나님은 다시 살기 위해 오셨고, 그래서 사물들이 바뀐다."[121] 이것은 변증법이나 타자성이나 차이가 키에르케고르와 바흐친이 염두에 두고 있는 역할을 유지할 수 없는 체계다.

이상의 설명은 헤겔의 사상 속으로 너무 깊이 탈선해 들어갔다고 말할 수 있을 만큼 길지는 않다. 우리는 이상의 설명을 통해 **체계**의 세 가지 의미를 구별하는 데 도움을 받는다. 방금 언급한 의미 말고 다른 두 가지 의미에서 보면, **체계**는 여전히 진정한 다양성과 특수한 종류의 다원성을 잴 수 있는 능력을 갖고 있다. 이것이 바로 해석학 내에서 특수성을 규정하는 종류의 체계이고, 기독교 교리는 분명히 이 공간을 마련해두었다.

우리는 이 두 번째 의미의 체계를 탐구했다. 말하자면 **정합성으로서의**

---

119) Hegel, *Lectures*, 66.
120) Hegel, *Lectures*, vol. 3, 93(티슬턴 강조).
121) Hegel, *Lectures*, 3권, 91.

체계를 특히 볼프하르트 판넨베르크의 신학과 관련시켜 탐구했다. 우리는 판넨베르크가 진리의 정합성(신학 안에서뿐만 아니라 더 광범위하게 다른 분야들에 있어서도)에 큰 비중을 두지만, 역사의 진행 속에서 하나님의 진리의 우연한 "새로운 증명"에도 자리를 남겨둔다고 지적했다. 판넨베르크는 **잠정성**과 놀라움에 충분한 자리를 남겨두지 않는 헤겔의 접근법과 자기 자신을 명백히 분리시킨다.

체계라는 말의 세 번째 가장 중요한 의미는 **체계이론**에서 나오고, 탈콧 파슨스(Talcott Parsons)과 위르겐 하버마스의 사상 속에서 그 고전적 형태를 발견할 수 있다.[122] 파슨스의 후기 작품 속에서 그리고 더 특별히는 하버마스의 작품 속에서, 체계에 대한 관심은 **안정성, 정체성, 경계성을 유지하는 자기 규제적인 유기체**에 대한 관심이다. 하버마스는 체계를 "초복합적 환경과 관련해서 자기들의 경계를 유지할 수 있는 것"으로 말한다.[123] 파슨스는 후설의 현상학을 확대시켜 선험적 타당성을 갖고 있다고 추정되는 인간의 사회 행동에 대한 "객관적" 설명을 가능하게 만드는 사회학 이론을 구성한다. 파슨스는 후기 작품에서 체계이론을 사용하여 인간의 사회 행동의 습관적 연속성을 설명한다. 비록 파슨스가 "이해"(Verstehen)의 문제를 자신의 사회이론으로 끌어들이려고 시도한 것은 사실이지만, 해석학에 공헌했다고 볼 수 없을 만큼 그의 접근법은 유사-실증주의적 객관주의로 너무 멀리 방향을 바꾼다.

하버마스는 초기 작품인 『인식과 관심』(*Knowledge and Human Interests*)에 나타나고, 가다머와 벌인 논쟁에서 확증되는 것처럼, 해석학 이론의 주요 대표자 가운데 한 명이다. 하버마스는 이해와 진리의 관계, 그리고 이

---

122) Jürgen Habermas, *The Theory of Communicative Action: The Critique of Functionalist Reason*, trans. T. McCarthy, 2 vols. (Cambridge: Polity, 1987). 『의사소통행위이론』(나남출판 역간); Talcott Parsons, *The Social System* (Glencor, Ill.: Free Press, 1951).
123) Habermas, *Communicative Action*, vol. 2, 225.

해와 진리의 타당성의 선험적 조건을 붙들고 씨름한다. 나는 『해석의 새로운 지평』 두 부분을 하버마스의 작품을 다루는 데 할애했기 때문에, 여기서 이 설명을 다시 다룰 필요는 없을 것이다.[124] 하버마스는 체계로서 특정한 장소를 점유하고 있는 **생활세계**(life-world) 개념을 통해 해석학의 특수성과 우연성에 대한 자신의 견해를 개진한다. 확실히 말하면 파슨스에 대한 하버마스의 비판은 주로 파슨스(그리고 파슨스 이전의 막스 베버)이 인간의 행동에 대해 지나치게 과학적이고 유사-실증주의적이고 객관화된 설명에 이르려고 하면서, 생활세계와 "분리된" 체계를 갖고 있다는 데 집중되어 있다. "전통의 구조"나 "문화적 가치체계"가 인간을 위한 개인적 삶의 역사와 집단적 형태의 역사에 따라 대행자와 행위자로서 상호인격적 및 상호주관적 관계를 규제한다고 말하는 것으로는 충분하지 않다.[125]

하버마스는 사회 통합에 있어 **생활세계** 역시 "체계로서 객체화"된다는 사실을 인정한다. 그러나 이것은 **오직** 체계와 생활세계가 "분리되지" 않고 상호적이고 호혜적으로 작용할 경우에만, 사회적·해석학적 분석으로서 건전함을 유지하고 타당성을 보존할 수 있다.[126] 하버마스는 역사적으로 제약을 받는 인간 이성의 본질을 크게 강조하고, 하이데거와 가다머처럼 (그리고 다른 전통에 속해 있는 로너간처럼) 이성을 도구적·기술적·기능적 의미 이상의 의미를 갖고 있다고 이해한다. 하버마스의 연구는 해방적이고 도덕적 차원을 가지고 있다. "근대"의 국가 지향적이고 정부 주도적인 문화의 억압적 특징은 체계와 생활세계의 점진적 분리를 토대로 강화된다.[127] 고대의 씨족, 가문 또는 부족과 같은 소규모 배경에서라면, 인간의 생활세계가 관료체계로 동화되는 것은 쉽지 않았을 것이다.

그럼에도 체계는 공동체적 경계, 사회 질서, **안정성을 보존하는** 기능

---

124) Thiselton, *New Horizons*, 378-393.
125) Habermas, *Communicative Action*, vol. 2, 140-148, 225-234.
126) Habermas, *Communicative Action*, vol. 2, 233-234.
127) Habermas, *Communicative Action*, vol. 2, 153-197.

을 한다. 우리는 앞에서, 특히 융이 지적한 것처럼, 체계는 **교리**의 기능도 갖고 있다고 지적했다. 2세기와 3세기에 성경에 기반을 두고 세워진 사도적 교회의 **공동체적 정체성**은 이레나이우스와 테르툴리아누스가 "신앙규범"으로 부른 것에 따라 공적으로 식별될 수 있었다. 그리스도인들의 일상적 경험은 팽창되고 변화되는 그들의 생활세계를 통해 교리 "체계"를 확대시키거나 발전시켰다. 그러나 생활세계와 체계 간의 상호작용은 인정할 수 있는 **이 초지역적 교회**로서의 집단적 정체성의 연속성을 보증했다. 영국 성공회 교리 위원회의 1981년 보고서에서 우리는 이런 맥락에서 체계이론에 호소했다. 이런 분위기는 존 보커(John Bowker)가 처음으로 주도하기 시작했다.[128]

보커는 "우리 삶을 통제하는…기관, 관료제―맹목적 헌신을 강요하는 것―…"을 크게 의심하는 자들에게 동조를 표현함으로써 하버마스의 입장과 거의 유사한 설명을 시작한다.[129] 그러나 체계는 에너지가 흐르는 통로를 제공한다. 이 통로를 통해 정보가 보호되고 조직화된다. 종교에서 "체계는 핵심적으로 중요하다고 믿어지는 정보(구원과 관련된 정보)를 보호한다." 체계의 지속성과 연속성은 "경계에 대한 어떤 의식 곧 체계가 무엇인지, 누가 그 체계에 속해 있는지…그리고 그 체계가 어떻게 환경과 관련되는지를 표시하는 어떤 방법"을 요구한다.[130]

심지어 인간의 유기체도 연속성과 변화라는 이중적인 유기적 메커니즘을 갖고 있다. 유전자형은 동일성과 연속성을 보존한다. 표현형(유전자[군]에 의해 발현된 형질의 형)은 다양화를 낳는다. 비록 "경계"에 대한 참된 개념이 억압적이거나 제한적인 것처럼 보일 수는 있으나, "경계가 없으면 우

---

128) John Bowker, "Religions as Systems," in Doctrine Commission of the Church of England, *Believing in the Church: The Corporate Nature of Faith* (Carlisle, U.K.: SPCK, 1981), 159-189.

129) Bowker, "System," *Believing*, 159.

130) Bowker, "System," *Believing*, 161.

리는 체계를 갖지 못한다."[131] 기독교 교회와 같은 기관에서 하위 체계는 목회나 성례신학의 다양한 패턴으로 발전하는 일이 충분히 일어날 수 있다. 하지만 방법들의 근본적 분리가 있고 새 체계가 발전되지 않는 한, 거기에는 주된 체계의 한 부분으로서 하위 체계를 동일한 것으로 만드는 가족 유사성이 충분히 남아 있다. 리처드 후커(Richard Hooker)는 다음과 같은 사실을 우리에게 상기시킨다. "만약 교회가 모든 사람에게 '하나님의 영이 자기에게 계시하신다'고 상상하는 것을 따르도록 허가증을 주었다면, 혼돈이 일어날 것이고…이로 말미암아 그가 소속된 교회에 완전한 혼란 외에 어떤 다른 결과가 일어날 수 있겠는가?"[132]

따라서 교리 해석학의 안건 속에는 정합성으로서의 "체계"(위에서 증명한)뿐만 아니라 역사의 진행, 경험, 그리고 해석학적 생활세계와 상호작용하는 데 있어 경계나 정체성을 표시하는 규정으로서의 "체계"가 포함될 자리가 있다. 완결된 "최종" 체계 개념은 배제된다. 그러나 정합성과 보편성이 속해 있는 한편과, 우연성, 특수성, 다양성, 다성성이 속해 있는 다른 한편의 상호작용이 참되거나 상상적인 변증법을 구성하는지에 대해 말할 필요성도 약간은 있을 것이다. 우리는 바흐친의 사상 속에서 정합성과 다양성의 관계와 성경 정경 속에서 정합성과 다양성을 비교해보는 것으로 여기서 다룬 우리의 주장을 결론짓고자 한다.

우리는 변증법적 담화의 "정합성"에 대한 바흐친의 개념이 매우 복합적이라는 것을 확인했다. 헤겔이나 마르크스처럼, 그것은 다양한 힘이나 관점의 종합과는 아무 관련이 없다. 많은 학자들이 차이를 하나로 묶는 끈으로서 소보르노스트, 연대성 또는 공의회성(conciliarity) 개념에 의존함에도 불구하고, 노팅엄 대학교 동료 교수인 말콤 존스(Malcolm Jones)는 도스

---

131) Bowker, "System," *Believing*, 171.
132) Richard Hooker, *Of the Laws of Ecclesiastical Polity*, 7th edn., arr. John Keble and rev. R. W. Church, 3 vols. (Oxford: Clarendon, 1888), Preface, 1:1.

토예프스키 안에 나타난 다성성에 대한 바흐친의 견해에 따라, 일부 학자들(여기서는 아브릴 피만[Avril Pyman])이 도스토예프스키 안에 있는 소보르노스트의 다성적 형태를 유감스럽게도 **미해결된** 개념으로 인식한다고 지적한다.[133]

카트리나 클라크(Katrina Clark)와 마이클 홈퀴스트(Michael Holmquist)는 바흐친이 초기에 알버트 아인슈타인(Albert Einstein)의 연구로 말미암아 일어난 새로운 과학 모델과 과학철학의 가변성에 영향 받은 것을 소개함으로써 바흐친의 사상 속에 나타난 정합성과 차이의 가능한 **관계**에 대하여 흥미로운 빛을 던져준다.[134] 물리학에 대한 아인슈타인 자신의 관심은 차이의 복합적 통일성, 시간과 공간의 관계, 시간적 동시성의 문제에 집중되어 있었다. 단지 다양한 관점 체계들은 개념적 통일성을 가져오는 두 종류의 다른 사건들을 허용한다. **차이는 차이로서 상대화된다. 하지만 차이의 가능한 통일성은 실제적인 것이 아니라 잠재적인 것으로 남아 있다. 그러나 각각의 "다른" 실재는 "타자"(the Other)와의 관계를 배제하고 "그것 자체"일 수 없다.** 왜냐하면 오직 타자와의 관계 속에서만 그 의미가 드러날 수 있기 때문이다. 최근의 연구를 보면 마이클 홈퀴스트는 더 깊이 나아간다. 그는 바흐친이 상트페테르부르크에서 보낸 초기 시절에 막스 플랑크(Max Planck), 아인슈타인, 닐스 보어(Niels Bohr, 또한 신칸트주의)에게 관심을 가졌던 것을 언급하고, 비록 이 영향이 직접적이거나 명시적이지는 않아도 "대화식 토론법(dialogism)은 상대성의 한 형태"라고 설명한다.[135] 동작

---

133) Malcolm Jones, *Dostoevsky and the Dynamics of Religious Experience* (London: Anthem, 2005), 41.

134) Katrina Clark and Michael Holmquist, *Mikhail Bakhtin* (Cambridge, MA: Harvard University Press, 1984), 69-70, 277; Tzvetan Todorov, *Mikhail Bakhtin: The Dialogical Principle*, trans. W. Godzich, Theory and History of Literature 12 (Minneapolis: University of Minnesota Press, 1984), 14-24도 참조하라.

135) Michael Holmquist, *Dialogism: Bakhtin and His World* (London, Mew York: Routledge, 1990), 20; 참조. 5-6, 21, 25, 116-117, 156-162.

은 오직 다른 신체와 대화를 가질 때만 의미를 갖는다. 우리는 인식적 시 공간 속에서 다른 중심들로부터 세상과 서로를 존중한다. "따라서 바흐친 에게 '존재'는 단순히 하나의 사건이 아니라 **공유되는 한 사건이다**. 존재 는…항상 공존(co-being)이다."[136]

대화적 담화와 때때로 다성적 음성을 경청해야 할 필요성에 대한 이 러한 이해는 성경 정경에 대한 몇몇 전통적 "난제들"에 새로운 빛을 던진 다. 예를 들어 레이제넨이 "건전한 학문의 규칙에 반하는" 방식으로 망상 적인 통일성을 요청한다는 이유로 브레바드 차일즈(Brevard Childs)와 페 터 슈툴마허(Peter Stuhlmacher)를 공격할 때, 그의 반론은 피상적이고 억지 스러운 주장으로 간주된다.[137] 레이제넨은 "신약성경이 신학적 모순으로 가득 차 있는 것으로 판명되었기 때문에" 우리는 신약성경에 기초를 두고 기독교 교리를 구성할 수 없다고 믿는다.[138] 레이제넨은 "평범한 주석"과 "신학적 종합" 또는 "신약신학들" 사이에는 방법론적 간격이 존재한다고 주장한다.[139]

그러나 "모순"이라는 말은 단지 하나의 학문 분과(역사적·현상학적 성경 비 평학) 안에서 폭넓게 연구하는 것처럼 보이는 저자가, 자신이 가진 지평의 협소함을 무심코 드러낼 뿐이다. 또한 이 말은 정경이 제삼자의 비참여적 인 발언에 좌우되고, 단일한 지성의 범주로 중재되거나 환원될 수 있는 단 성적인 담화보다 더 나은 다른 것일 수 있는지를 탐구하는 데도 무능력해 보인다. 더 정확히 문제를 표현한다면, 레이제넨은 신학적 구성은 단지 정 경이 이처럼 단성적인 성격을 갖고 있을 때에만 타당성 있게 구축될 수 있 다고 믿는 것처럼 보인다. 그러나 이런 가정이 우리가 2장에서 믿음의 성

---

136) Holmquist, *Dialogism*, 25.
137) Heikki Räisänen, *Challenges to Biblical Interpretation: Collected Essays 1991-2000*, Biblical Interpretation Series 59 (London, Boston: Brill, 2001), 231.
138) Räisänen, *Challenges*, 229.
139) Räisänen, *Challenges*, 229.

향 이론에 대해 제시한 내용과 어떻게 일치하는가? 예리한 철학적 깨달음을 가진 사람이라면, 이런 가정은 "건전한 학문의 규칙에 반할" 것이라고 주장하지 않을까? 레이제넨의 논문집이 영향사(Wirkungsgeschichte)에 대한 건설적인 논문과 전통 및 경험에 대한 다른 논문을 포함하기 때문에, 그리고 다른 곳에서 상당한 통찰력을 보여주는 연구도 있기 때문에, 그가 이런 맹점을 드러내는 것은 더욱 놀랍다.[140] 반면에 피터 발라(Peter Balla)는 레이제넨의 많은 방법론적 가정들을 하나씩 반박하고 공격하는 작업을 성공적으로 수행한 것으로 보인다.[141]

나는 최근에 쓴 논문 "정경, 공동체, 그리고 신학적 구성"(Canon, Community and Theological Construction)의 주장을 되풀이하고 싶지 않다. 이 논문은 2005년 6월에 로마의 폰티피칼 그레고리안 대학교(Pontifical Gregorian University)에서 개최된 영국 성공회 전문가 회의의 발표 논문집 『성경과 해석학』(Scripture and Hermeneutics Series)에 수록되었다.[142] 나는 거기서 브레바드 차일즈, J. T. 샌더스, 롤프 렌토르프(Rolf Rendtorff), 그리고 제럴드 셰퍼드(Gerald Sheppard)와 같은 학자들이 성경의 다형성(pluriformity)을 존중하고, 현대의 성경 비평 방법을 거부하지 않는다는 요점을 강조하기 위해 1차 자료들을 충분히 인용했다. 이 학자들은 본문, 전통, 신앙공동체의 관계에 대해 역동적이고 역사적이고 변증법적인 이해를 반영한다. 이 학자들은 특별한 전통들이 그 전통들 자체의 힘으로 말한다는 것을 인정한

---

140) Räisänen, *Challenges*, 251-282.

141) Peter Balla, *Challenges to New Testament Theology: An Attempt to Justify the Enterprise* (Peabody, MA: Hendrickson, 1997), 특히 86-209.

142) Anthony C. Thiselton, "Canon, Community and Theological Construction," in *Canon and Biblical Interpretation*, ed. Scott Hahn and others, Scripture and Hermeneutics Series 7 (Grand Rapids: Zondervan, 2006, Carlisle: Paternoster, 2007), 1-30. 예컨대 Brevard Childs, *Old Testament Theology in a Canonical Context* (Philadelphia: Fortress and London: SCM, 1985); idem, *Exodus: A Commentary* (London: SCM, 1974)를 보라.

다. 그러나 이 학자들은 또한 다른 차원에서, 바흐친의 말을 빌려 말하면, 상호주관적인 목소리의 다원성이 어떤 단일한 음성을 초월하여 **함께** 말하는 내용을 "들으려고" 애쓴다.

여기서 교리 해석학에 대한 두 가지 요점이 특별히 중요하다. 첫째, 정경은 1-4세기 가운데 세 번째 세기에 인위적으로 작성되어 결정이나 허가를 기다리는 일단의 책이 결코 아니다. 정경은 하나님으로부터 나온 이 "음성들"이 첫 세기 이후로 교회와 세상에 말할 때에 들려진 것으로 간주된다. 둘째, 우리가 앞에서 언급한 『정경과 성경 해석』(*Canon and Biblical Interpretation*)의 나머지 논문을 보면, 관련 학자들은 자기들이 인위적 조화를 시도하지 않고 특수한 음성의 통합을 존중한다는 것을 증명하고, 매우 다양한 관점의 상호작용을 통해 **서로 다른**(그러나 모순되지 않는) 음성이 **함께** 말하도록 한다. 따라서 전도서와 욥기는 다른 형태로 간주되지만 또한 서로 보충하는 관계에 있고, 신명기와 잠언은 섭리에 대한 철학을 그들 각자의 관점에 따라 다룬다. 트렘퍼 롱맨(Tremper Longman)과 라이언 오다우드(Ryan O'Dowd)는 지혜 문헌의 모든 부분이 똑같지 않으며, 이 장르 안에 속한 다양한 전통이 각기 다양한 상황을 전달한다는 것을 증명한다. 고든 맥콘빌(Gordon McConville)은 오경 안에서 언약서, 성결법전, 신명기 율법의 특징적 주제를 확인한다. 반면에 고든 웬함(Gordon Wenham)은 시편 안에서 다양한 "음성"을 구별해낸다.[143]

이 가운데 어느 누구도 성경이 너무 "모순적"이어서 기독교 **교리**의 발생과 발전의 기초로 삼을 수 없다고 주장하지 않는다. 틀림없이 그들은 교리의 발전에 대해서 일련의 부유하는 "문제들"이 아니라 "발생하는 물음"을 제기한다. 교리 해석학의 관점 안에서, 이 안건은 **생활 속에서 일어나 해석학적으로 동기를 부여받은 물음**으로서 역할을 하고, 각 음성이 일으키는 신학적 전통의 발전은 **체현된** 삶의 양식 속에서 추적될 것이다. 이제

---

143) 이들은 이 논문집에 포함된 논문의 저자들이다.

남아 있는 궁극적 목적은 이 다성적 음성이 **똑같이 다양한** 상황을 갖고 있는 이후 세대의 독자에게 **형성적 효력**을 갖도록 하는 것이다.

**8장**

"과학"으로서의 교리가 여전히 해석학적이면서
형성을 증진시킬 수 있을까?

## 8.1. 토랜스의 사상에서 과학, 신학적 과학, 해석학적 형성

우리는 교리의 정합성에 대한 기준의 적합성을 다루었고, 해석학 안에 "설명"(Erklärung)과 이해(Verstehen)라는 두 축이 함께 속해 있다는 것을 확인했다. 전자 곧 설명의 축은 리쾨르가 의심의 해석학으로 부르는 비판적 또는 "검토하는" 차원이고, 후자 곧 이해의 축은 리쾨르가 회복의 해석학으로 부르는 창조적·형성적 차원이다.[1] 슐라이어마허는 명백히 이 두 축 가운데 비판적 국면은 비교와 합리적 탐구의 "남성적" 원리로 묘사했고, 창조적 국면은 상호 인격적 이해의 "예감적"·"여성적" 원리로 묘사했다. 슐라이어마허는 이 두 원리가 서로를 보충한다고 주장했다.[2]

철학적 해석학의 역사를 보면, 비록 가다머가 이 문제에 있어 다른 목소리를 내고 결과적으로 모든 것을 이해(Verstehen)로서의 해석학 아래 두기는 해도, 설명과 이해라는 이 두 접근법은 서로를 손상시키는 것이 아니라 상호 보완적인 업무를 담당한다는 것이 확인된다. 그러나 이 "설명적"·비판적 차원은 전통적 개념의 "과학"을 교리에 적용시키는 것을 허용하는가? 우리는 "과학"과 "과학적"이라는 말이 이 맥락에서 내포한다고 생각될 수 있는 의미를 더 세밀히 정의할 필요가 있다. 분명히 말하면 과학적 **방법**을 사용하는 것이 "과학적"·실증주의적 **세계관**을 전제하거나 함축

---

1) Pannenberg, *Systematic Theology*, 1 vol., 16-26; *Basic Questions in Theology*, 1 vol., 1-27, *Theology and the Philosophy of Science*, 326-345; Ricoeur, *Hermeneutics and the Human Sciences*, 145-164; *Interpretation Theory*, 71-88; 참조. Apel, *Understanding and Explanation*, 여러 곳.
2) Schleiermacher, *Hermeneutics*, 150-151.

하는 것은 아니다. 이 점은 대다수 종교철학 연구자의 원칙이고, 폴 리쾨르는 지그문트 프로이트의 사상을 해석하면서 이 유효한 구분을 암시한다.[3] **경험 자료**를 이해하기 위한 목적으로 어떤 기계론적 **방법**을 사용하는 것은 모든 실재에 기계론적 **세계관**을 가정하는 것과는 차이가 있다. 이는 마치 모든 것이 예외 없이 기계론적·실증주의적 관점에 따라 충분히 설명될 수 있다는 것을 함축하는 것과 같다. 유신론자는 이러한 관점을 환원주의라고 정확하게 봤다. 과학적 방법을 과학적 세계관으로 확장시키는 근거들은 우리를 과학적 방법의 한계를 넘어 실증주의 형이상학으로 들어가도록 이끌고, 그리하여 범주 오류에 빠지게 만든다. 해석학과 양립할 뿐만 아니라 해석학적 노력과 형성적 이해를 명확히 인정하고 심지어는 요청하기 위한 방법으로 신학적 과학(theological science)을 이해하는 것이 가능하다는 사실을 밝히기 위하여, 우리는 토머스 토랜스의 주장을 간략히 살펴보고, 버나드 로너간의 연구를 더 상세히 고찰할 것이다.

토마스 토랜스(Thomas T. Torrance, 1913-2007)는 신학적 과학과 자연과학 양자에 대해 심도 있는 해석학적 개념을 제공한다. 이때 토랜스는 신학적 과학과 자연과학이 "동일한 기본 문제점을 갖고 있다"고 지적한다. 이 기본 문제점은 다음과 같다. "우리는 진정으로 우리 자신을 넘어 우리의 사고와 진술을 어떻게 제시하는가, 우리는 **그 그림 속에 우리 자신을 왜곡시키지 않고 집어넣는** 실재에 대한 지식을 어떻게 얻고, 그럼에도 모든 면에서 **인간 주체의 충분하고 통합적인 지위를** 어떻게 보존할 것인가?"[4] 내가 강조한 말들은 가다머의 "방법"에 대한 의심의 결정적 이유를 요약하고 있다. "과학"을 종종 실증주의 지평 안에서, 단순히 가치중립적 방법으로 경험 대상들을 인식하는 과정으로 보는 오래된 개념은 20세기 과학적

---

3) Ricoeur, *Freud and Philosophy*, 230-154, 375-418.

4) Thomas F. Torrance, *Theological Science* (London, New York: Oxford University Press, 1969), xvii.

탐구의 발전 이후로는 더 이상 통용되지 않는다.[5] 주체성과 객체성의 문제에 대해서 토랜스는 계속해서 이렇게 말한다. "지식의 **가능성**과 관련된 진정한 비판적 물음은 **추상적으로**가 아니라 오직 **구체적으로, 선험적으로**가 아니라 오직 **후험적으로** 제기될 수 있다"(토랜스 강조).[6]

말만 놓고 보면 토랜스는 가다머에게서 나온 해석학 원리와 충분히 일치하지만, 사실은 여기서 키에르케고르의 사상에 의존한다. 토랜스는 이렇게 말한다. "키에르케고르는 물음을 일으킬 수 없는 것을 매개로 물음에 대답하는 것은 거짓이고, 그러므로 오직 실재를 낳을 수 있는 실재로부터 추상화의 가능성에 관해 물음을 제기하는 것은 잘못이라고 주장했다."[7] 과학이라는 말에 자연과학을 적용시키든 신학적 과학을 적용시키든, 여기서 우리는 과학과 과학적 방법의 참된 본질에 대한 근본적 요점으로 인도를 받는다. 토랜스는 다음과 같이 선언한다. "객관성을 객체에 대한 초연함, 공평함, 무차별을 의미한다는 통상적 견해와 구분하는 것이 중요하다. 말하자면 우리가 조용히 그리고 감정에 치우치지 않고 객체를 성찰하도록 객체로부터 나와 따로 서 있는 태도, 곧 우리의 헌신이 우리의 판단을 왜곡시키지 않도록 방해하거나 심지어 우리의 주관성이 대상에 영향

---

5) 가능한 다수의 자료들 가운데 예컨대 다음 자료들을 보라. Arthur R. Peacocke, *Creation and the World of Science* (Oxford: Clarendon, 1979), 특히 52-77; Arthur Peacocke, *Theology for a Scientific Age: Being and Becoming-Natural and Divine* (Oxford: Blackwell, 1990), 1-43; Robert J. Russell, Nancey Murphy, and C. J. Isham (eds.), *Quantum Cosmology and the Laws of Nature: Scientific Perspectives on Divine Action*, (Berkeley, CA: Center for Theology and the Natural Sciences, Vatican City: Vatican Observatory Publications, 2d edn., 1996), 특히 1-34과 여러 곳; Harold K. Schilling, *The New Consciousness in Science and Religion* (London: SCM, 1998), 15-119; Ian G. Barbour, *Religion and Science: Historical and Contemporary Issues* (London: SCM, 1998), 115-251; John Polkinghorne, *Science and Theology: An Introduction* (London: SPCK and Minneapolis: Fortress, 1998), 1-48.

6) Torrance, *Theological Science*, 1.

7) Torrance, *Theological Science*, 2.

을 미치는 것을 배제하기 위하여 객체와 적극적 관계를 갖는 것을 정지시키는 태도 말이다."[8]

이상의 내용은 많은 부분이 "이해" 현상에 대한 가다머의 탐구와 공명을 이룬다. 토랜스가 적극적 참여 관계에 대해 말하는 곳에서 가다머는 사전에 주어진 지평과 이전에 주어진 전통에 비추어 참여와 역사적 유한성, 그리고 사전 판단에 대해서 말한다. 비록 토랜스가 "타자성"을 신적 초월성과 신적 거룩함의 관점에서 더 명시적으로 진술하기는 해도, 가다머, 야우스, 리쾨르, 트레이시의 사상 속에는 어느 정도 "타자성"에 관한 관심이 나타나 있다. 토랜스는 하나님을 아는 것과 관련해서 다음과 같이 말한다. "하나님은 자신과 교제하도록 우리를 이끄실 때에도 이 신적 타자성 속에서, 오직 자신과 우리를 구분하고 자신을 알려주시는…방법으로 우리에게 자신에 대한 지식을 제공하신다.…하나님은 우리가 자기 자신을 아는 지식에 숙달하는 것을 거부하지 않고, 우리가 자신의 신적 자유에 근거를 둔 지식의 가능성을 억누르거나 교정하기 위해 행하는 모든 시도를 거부하고 반대하시는 우리의 주인으로 존재하신다…."[9] "하나님을 그분의 거룩하심을 따라 아는 것은 우리의 인간적 주관성이 그 주관성을 무한히 초월하는 것을 향해 크게 열리고 높이 나아가는 것을 의미한다."[10] 만일 가다머의 언어를 사용해서 말한다면, 우리의 지평은 비록 거리두기의 필수적인 단계는 항상 남아 있더라도, **형성적 효력을 갖고 타자에 참여할 때 확대되고 초월되며 재형성되었다**고 말해야 한다.

토랜스는 특히 상대성 이론이나 양자역학과 같은 분야를 포함해 자연과학의 발전이 미친 영향을 세밀하게 고찰한다. 자연과학의 발전에는 과학적 의식 구조의 근본적 변화도 포함되었다. 아인슈타인은 시간과 공간

---

8) Torrance, *Theological Science*, 35.
9) Torrance, *Theological Science*, 53.
10) Torrance, *Theological Science*, 53.

에 대한 뉴턴과 칸트의 개념으로부터 파생되는 문제들을 붙들고 씨름했다. 반면에 맥스웰(Maxwell)과 러더퍼드(Rutherford)의 연구로 핵물리학이 발전함으로써 닐스 보어와 같은 물리학자는 "고전 물리학과 역학 속에 깊이 새겨진 전체 지식 구조의 변화를 끝까지 파헤쳤다."[11] 이로써 추상적 객관주의는 심각한 비판에 직면했다. 아서 에딩턴(Arthur Eddington), 마이클 폴라니, 폰 바이체커(C. F. von Weizsäcker)는 "우리가 안다는 사실 자체가 분명히 우리의 앎의 대상에 들어가기 때문에, 인격적 요소가 어떻게 불가피하게 과학적 지식 속에 스며드는지를 성공적으로 증명했다"고 토랜스는 말한다.[12] 이것은 인간 주체가 진리의 내용에 대한 판단을 주제넘게 왜곡시키는(가다머가 "방법"과 같이 간절히 피하려고 애쓴다는 의미에서) 존재라는 것을 함축하는 것은 아니다. 그럼에도 토랜스는 베르너 하이젠베르크(Werner Heisenberg)의 유명한 말을 인용한다. "자연과학은 자연을 단순히 묘사하고 설명하는 것이 아니다. 자연과학은 자연과 우리 자신의 상호작용의 한 부분이다."[13]

토랜스는 계속해서 다른 측면을 제시하면서 상대성 이론과 양자 물리학, 특히 상보성(complementarity) 개념이 과학의 통일성에 크게 공헌했다고 말한다. "이 상보성은 오펜하이머가 진술한 것처럼, '물리적 경험에 관해 말하는 다양한 방법은 각기 타당성을 갖고 있고 필수적일 수 있다.…그렇지만 어느 하나를 적용시키는 상황에 일률적으로 다른 것을 적용시킬 가능성은 전혀 없을 정도로 서로 간에 배타적인 관계에 있을 수도 있다는 것을 인정한다.'"[14]

---

11) Torrance, *Theological Science*, 92-93.
12) Torrance, *Theological Science*, 93.
13) Werner Heisenberg, *Physics and Philosophy: The Revolution in Modern Science* (London: Allen & Unwin, 1959), 80; 참조. Karl Heim, *The Transformation of the Scientific World View*, trans. N. H. Smith (London: SCM, 1953).
14) Torrance, *Theological Science*, 111.

그러면 이런 복합성에 비추어서 우리는 자연과학에 있어 그리고 특히 신학이나 교리에 있어 "과학"의 본질을 어떻게 이해해야 할까? 토랜스는 자연과학의 과학적 방법에 대한 자신의 재평가에 비추어 "과학적" 신학의 다섯 가지 기준을 다음과 같이 제시한다.

(1) 첫 번째 기준은 "객체(곧 하나님-역자 주)가 철저히 주도권을 갖고 있다는 것이다.…하나님을 아는 지식은 **인식론적 전환**을 수반한다"(토랜스 강조). 이것은 방법에 대한 가다머의 공격을 신학적 형태로 제시한 것이고, 해석학적 탐구의 본질과 완벽하게 일치하는 것이다. 인간 주체로서 우리는 사고의 객체이신 하나님에게 듣기 전에 먼저 말함으로써 이해를 왜곡시킬 수 있는 어떤 사전 범주나 고정된 지평을 부여해서는 안 된다. 제임스 로빈슨(James Robinson)은 가다머의 해석학(그리고 바르트로부터 푹스에 이르기까지 신학적 해석학)을 엄밀히 이런 관점에서 소개한다. 로빈슨은 이렇게 말한다. "주체가 객체를 심문하는 전통적 주객 관계의 움직임은 만일 주체가 객체를 지배하고 자신의 대답을 그 객체에게서 얻는다면, 이는 크게 잘못된 것이다. 왜냐하면 이제 주체를 물음 속에 두는 것은 바로 객체―이제부터 주체로 불리게 될 것―이기 때문이다."[15] 하나님은 말씀하고 인간은 듣는다. 폭넓고 정교한 해석학적 인식론의 전통이 지닌 영향은 이런 인식론이 오로지 칼 바르트에게서 연원한다는 잘못된 개념을 바로 잡는 데 도움을 준다. 잘못된 개념이란 마치 이것만이 그것을 의심하거나 무시하는 근거를 제공하는 것처럼 생각하는 태도를 말한다.

(2) 신학적 과학의 두 번째 필수 기준은 신학과 교리의 "객체"에 대한 **인격성**을 인정하는 데서 나온다. 이 객체는 바로 "인격이자 말씀"이신 예

---

15) James M. Robinson, "Hermeneutics Since Barth," in James M. Robinson and John B. Cobb Jr. (eds.), *New Frontiers in Theology: 2, The New Hermeneutic* (New York and London: Harper & Row, 1964), 23-24; Robert W. Funk, *Language, Hermeneutic and Work of God* (New York and London: Harper & Row, 1966), 10-18도 참조하라.

수 그리스도이시다.[16] 신학적 해석자와 그리스도의 관계는 "대화" 구조 안에서 펼쳐진다. 여기서 우리는 독백적 담화와 대화적 담화에 대한 바흐친의 성찰(7.3.에서 다룸)을 상기하게 된다. 그러나 그것은 또한 하이두크가 인식론과 하나님과의 교제의 분리는 인위적 본질이라고 주장한 사실을 알려준다. 사실 하나님과의 교제는 칼뱅만이 아니라 동방 교부들도 성경과 교리에 참여하는 것의 목적으로 강조한 것이다. 토랜스에 따르면 인식론과 하나님과의 교제의 분리는 책임 있고 그리스도 중심적인 기독교 교리 안에는 존재하지 않았다. 간접적이긴 해도 이 사실은 해석학적 담화의 다면성을 강조하는 폴 리쾨르의 개념으로 더 깊은 지지를 받는다. 성경과 교리에서 이것은 교훈적 진술과 예언적 선언을 포함할 뿐만 아니라 기도, 송영, 애가, 시편 찬송, 내러티브의 찬양도 포함한다.[17]

(3) "과학적" 신학 또는 교리의 세 번째 기준은 이런 대화와 교제 개념을 확대시키는 것이다. 하나님의 말씀은 가능한 "대상의 객관성" 및 하나님의 영광과 대응을 이루는 "대화 공동체"를 창조한다. 하나님은 오직 인간적 형태로 "우리의 공간과 시간 속에서" 자신을 주님으로 증여하신다.[18] 이 부분은 우리가 교리 **해석학**을 **형성적, 공동체적** 그리고 **체현된** 것으로 본 장들의 내용과 충분히 일치한다.

(4) "과학적" 신학의 네 번째 기준은 "우리의 인간성 안에서 우리를 위한 하나님의 자기 객체화로서 예수 그리스도의 **중심성**"에서 나오고, 이것이 신학적 **정합성**을 촉진시키는 의미를 해설한다. 그리고 이 신학적 정합성은 "오직 그리스도와의 관계를 통해서만" 나타나며, 절대로 "독립적 원리로 추상화되거나 전환될 수 없다."[19] 교리의 정합성은 모든 신학을 궁극

---

16) Torrance, *Theological Science*, 133-135.
17) Paul Ricoeur, *Essays on Biblical Interpretation*, ed. Lewis S. Mudge (London: SPCK, 1981 and Minneapolis: Fortress, 1980), 73-118.
18) Torrance, *Theological Science*, 136.
19) Torrance, *Theological Science*, 138.

적으로 그리스도에게 관련시키는 것에 달려 있다. (만일 교리가 우리와 하나님의 대화를 통한 만남을 제외시킨다면) 교리의 정합성은 진정성을 상실하게 된다.

(5) 토랜스가 제시하는 과학적 신학의 다섯 번째 기준은 과학이 그 대상과 조화를 이루기 위한 필요성에 관해 그가 앞에서 제시한 요점을 반복하려는 경향이다. 그러나 비판과 자기비판의 차원(우리가 포괄적으로 "설명"과 관련시킨)은, 예수 그리스도의 성육신의 "역사적 객관성"을 감안하면, 필수적인 지위를 유지하고 있다고 토랜스는 덧붙인다. 이 국면은 다른 국면들을 손상시키지 않는다.

"신학적 과학"의 본질에 대한 이상의 모든 주장은 "과학적" 신학을 굳건하게 **형성적·변혁적·체현된·역동적 교리로 인정할 뿐만 아니라 적극적으로 육성하는** 해석학적 관점 안에 둔다. 『신학적 과학』(*Theological Science*)에서 토랜스가 정의하는 것처럼, "과학적" 접근법은 변혁적 효과를 배제하지 않고 오히려 전수한다.


## 8.2. 버나드 로너간의 사상에서 정합성, 인식, 형성, 해석학

버나드 로너간(1904-1984) 역시 해석학적 이해와 기독교 신학의 맥락에서 변화된 "과학"의 본질에 대한 이해에 기여한다. 로너간은 해석과 이해를 추구하는 체계 안에서, 그리고 이성적이고 합리적인 판단에 이르고자 하는 관점 안에서 "지평" 개념을 중시했다. 우리가 그 안에서 인식하고 상상하고 탐구하고 반성하고 해석하고 판단하는 가운데 이미 주어진 지평은 "단순한 현실주의"가 제시할 수 있는 것보다 더 복합적인 인식과 판단 과정을 제공한다. 로너간은 단순한 지각적 지식관을 비판한다. 로너간이 세상을 알고 이해하는 방법으로 순수한 복합성을 인정하는 것은 그가 "고전" 과학과 "현대" 과학을 유효하게 구분하는 것과 밀접하게 연계되어 있다. "고전" 과학은 **확실성**을 추구했다. "현대" 과학은 **개연성**에 맞추어 작업한다. 아리스토텔레스의 접근법을 포함해서, 고전 과학은 **고정된 대상**이나 본질에 맞춘 작업의 가정에 따라 진행되었다. 현대 과학은 **변화**와 발전의 포괄적 결과들을 전제로 한다. 해석학적 관점에서 보면, 현대 과학은 **지평의 변화**의 영향과 역할을 인정한다.

로너간의 걸작 『통찰: 인간의 이해에 대한 연구』(*Insight: A Study of Human Understanding*)는 신학적 방법을 다룬 두 주요 작품 가운데 하나로, "신학의 해석학"에 대한 거의 최초의 작품이라 할 수 있다.[20] 프레더릭 크로우(Frederick Crowe)가 주장한 것처럼, 『통찰』에서 로너간은 신학적 방법이 첫째는 "과학 혁명의 압도적 진보"로 말미암아 촉진되었고, 둘째는 토마스 아퀴나스 신학의 해석과 관련된 가톨릭 사상의 논쟁과 함께 칸트 철학을 받아들이는 결정적 전환으로 말미암아 촉진되었다고 본다. 이 두 분야는 모두 인식론에 있어서 핵심적인 물음을 다룬다.[21] 경험 자료를 수집하고 "조사하는" 뉴턴 시대의 패러다임과 연결된 과학적 탐구의 노골적인 경험적 모델은 20세기 과학의 진보에 비추어보면 명백히 부적합하고 단순하다. 이 "고전적" 과학관은 개인 중심적이고, 철학적으로는 데카르트에서 흄에 이르는 합리론과 경험론 시대를 반영했다. 심지어 칸트도 자신의 새로운 비판적·선험적 물음에 맞추어 지각을 출발점으로 삼는 데 있어 흄의 뒤를 따랐다. 최근의 과학적 탐구 모델들은 **공동체적·협력적·역사적** 특징이 강하고, **해석**과 **인간의 판단**에 대해서는 상대적이다.

로너간은 『통찰』을 1949년에서 1953년까지 썼다고 한다. 그는 이렇게 말한다. "합리론과 경험론 철학자들은…칸트의 비판 철학에서 서로 상쇄된다.…현재의 일은…지식을 설명하는 것이다."[22] "전통적인 기계론에

---

20) Bernard J. F. Lonergan, *Insight: A Study of Human Understanding* (New York and London: Harper & Row, 1978 [Longman, 1957]; *Method in Theology* (London: Darton, Longman & Todd, 1971).

21) Frederick E. Crowe, *Lonergan* (London: Geoffrey Chapman, 1992), 62.

22) Lonergan, *Insight*, xvii, xix.

서 상대성으로, 전통적인 결정론에서 통계 법칙으로 전환된 것"의 중요성은 먼저 "수학과 수리 물리학의 적합성"에서 명확한 표현을 찾을 수 있다.[23] 따라서 로너간은 『통찰』 1장에서 수학에서의 지식을 탐구한다. 콜링우드나 가다머같이 로너간도 "물음"에서 시작한다. "순수한 물음이 통찰보다 먼저다.…아리스토텔레스가 모든 과학과 철학의 출발점으로 주장한 것은 바로 놀라움이다."[24] 만일 우리가 양수와 덧셈표를 탐구하면 "더 높은 관점, 확실히 연속적인 더 높은 관점들의 필요성"에 도달한다.[25] 결론적으로 추상화를 시도할 때 우리는 "의미 있는 것은 보고 부적합한 것은 피하게" 된다.[26]

『통찰』 2-5장은 선택, 작용, 적합성, 설명, 공식화, 특성화, 개연성의 과정들, 그리고 장소와 시간이 충분한 역할을 하는 통계적 탐구의 사용을 포함해서, 경험적 방법의 **발견적 구조**를 탐구한다.[27] 로너간이 통계 분석은 자료 **선택**, 적합성에 관한 **판단**, 그리고 결과적 **해석**에 의존한다고 주장한 것은 가다머가 만연한 가정들에 반대하여, 통계는 심지어 경험 과학 분야에서도 **해석학의 보편성**을 예증한다고 주장했을 때 확인한 요소들과 정확히 대응을 이룬다.[28]

『통찰』 6-8장에서 로너간은 이 원리를 "공동감각"(common sense)이라는 현상에 적용시킨다. 공동감각적 지각 행위의 맥락에서 보면, 우리는 모든 것이 오로지 지각에 따라 또는 "주의 깊게 보는 것"에 따라 결정된다고 당연히 추정할 수 있다. 그러나 심지어 이처럼 매우 간단한 상태에서도 인식 행위를 통해 자료를 해석하고 판단하는 일이 연루되어 있다고 로너간은 지적한다. 로너간은 "삶의 모든 발걸음 속에 지성"이 개입되어 있는 현

---

23) Lonergan, *Insight*, xxi.
24) Lonergan, *Insight*, 9.
25) Lonergan, *Insight*, 15-19.
26) Lonergan, *Insight*, 30.
27) Lonergan, *Insight*, 33-172.
28) Lonergan, *Insight*, 56-79. Gadamer, "The Universality of the Hermeneutical Problem," Gadamer, *Philosophical Hermeneutics*, 3-17도 참조하라.

제2부 가능한 반론에 대한 답변

상에 대해 말한다.[29] 이것은 "주의 깊게 보는 것"을 넘어선다. 그 이유는 다음과 같다. "그것은 종종 이해하고, 요점을 붙잡고, 문제를 보고, 함축된 의미를 파악하고, 노하우를 습득하기 위한 준비…아르키메데스로 하여금 '유레카!'라고 외치게 만든 행위와 연루되어 있다. 왜냐하면 통찰은 항상 똑같이…만일 재확인한다면, 우둔함과 어리석음의 실례의 발생과 대조되는 것으로 드러났기 때문이다."[30]

공동감각은 "지성적 발전"이라고 로너간은 주장한다.[31] 상상력과 지성은 반성과 비판적 판단을 이끄는 계획된 행동 과정을 표현하는 일에 협력하고, 이것은 단순히 생물물리학적인 과정이나 기계론적인 과정이 아니라 드라마 또는 드라마틱 내러티브의 "지향성"과 더 유사하다.[32] 인간은 예술가이자 지성적 존재다. 예컨대 인간은 보온과 보호를 위해서뿐만 아니라 주변 사람들에게 자신의 "얼굴"이나 존재 양식을 부각시키기 위해 옷을 입는다. 태초부터(가다머도 지적하는 것처럼) "공동감각"은 공동체의 상호주관적 세계를 전제하고, 그 세계 안에서 상호작용한다. 인간은 자신의 인간적 본성에 따라 "상호주관적인 자발적 행동과 지적으로 고안된 사회 질서"에 연루된다.[33] 우리는 법과 체계의 틀 안에서 "사물들"을 만난다.[34]

여기서 로너간은 아는 자(knower)의 판단, 반성적 이해, 그리고 자기 긍정을 다루는 중심적인 세 장(9-11장)으로 나아간다.[35] 개념, 정의, 사고

---

29) Lonergan, *Insight*, 173.

30) Lonergan, *Insight*, 173. 이 요점에 대한 로너간의 유용한 접근법은 Francis Schüssler Fiorenza, "Bernard Lonergan," in *Modern Christian Thought*: vol. 2, *The Twentieth Century*, ed. J. C. Livingston, F. Schüssler Fiorenza (New Upper Saddle River, NJ: Prentice Hill, 2d edn., 2000), 214-221에서 찾아볼 수 있다.

31) Lonergan, *Insight*, 175.

32) Lonergan, *Insight*, 188-189.

33) Lonergan, *Insight*, 215. 참조. 211-244.

34) Lonergan, *Insight*, ch. 8, "Things," 245-270.

35) Lonergan, *Insight*, 271-347.

의 대상은 충분하지 않다. "우리는 판단하기 위하여 생각한다."[36] 인식 과
정은 누적적이고 복합적인 과정이다. 인식은 "의식의 단계들"을 포함한다.
의식의 첫 번째 단계가 대상의 **지각**과 관련되어 있다면, 인식의 두 번째
단계는 통찰하는 순간에 대상의 표현 속에서 **이해할 수 있는 패턴**을 주목
하는 것이다. 인식의 세 번째 단계에서 "**합리성**은 사고 대상의 충분한 근
거를 추구하므로 곧 반성이다. 합리성은 **충분한 근거**를 발견한다.…균형
잡힌 **판단**은…**주체 속에서** 합리성의 지배력을 증언한다."[37] 로너간은 다
음과 같이 선언한다. "따라서 사실은 경험의 정확성, 정확한 지성의 결정
성, 합리적 판단의 절대성을 결합시킨다.…그것은 감각, 지각, 상상, 탐구,
통찰, 명확한 서술, 무조건적인 것의 파악, 그리고 판단이 다양하게 보완
하며 기여하는 예견된 통일성이다."[38]

　로너간은 자신의 인식론과 칸트 인식론의 다섯 가지 차이점을 추적하
고, 더 많은 차이점을 상대주의 접근법으로부터 추적한다.[39] 이런 기초에
따라 많은 학자들이 로너간을 "비판적 실재론"(critical realism)의 옹호자로
간주한다.[40] 로너간은 칸트에게 동조하여 주체의 역할이 인식 과정에서
결정적이라고 주장하지만, 또 칸트와 달리 상호주관적 공동체와 무조건적
"실재"의 주된 역할도 강조한다.

　로너간은 『통찰』 1-11장에서 심지어 자연과학도 매우 **해석학적**이라
는 사실을 증명한다. 로너간은 가다머보다 더 긍정적이고 적극적이고 집
중적인 대화의 맥락에서 이 사실을 증명한다. 로너간은 단순히 추상화, 일
반성, 가치중립적 객관성을 비판하는 것으로 그치지 않는다. 로너간은 해
석, 이해, 판단이 "과학적" 탐구 과정 자체뿐만 아니라 사람들과 하나님에

---

36) Lonergan, *Insight*, 273.
37) Lonergan, *Insight*, 323(티슬턴 강조).
38) Lonergan, *Insight*, 331.
39) Lonergan, *Insight*, 339-347.
40) Francis Schüssler Fiorenza, "Lonergan," 214-216.

관한 포괄적인 탐구 안에 존재한다는 것을 증명한다. 『통찰』 후반부에서 로너간은 변증법에 대한 자신의 탐구를 형이상학 분야로 확대시키고, 헤겔의 변증법과 진리와 윤리에 대한 포괄적인 물음을 탐구한다. 그러나 이 물음은 사실상 나중에 나온 그의 주저 『신학 방법』(Method in Theology)과 중복된다. 이제 간단히 이 책을 살펴보자.

『신학 방법』의 접근법은 『통찰』에 묘사된 패턴을 따르지만, 이 패턴을 신학이나 교리에 적용시킨다. 신학은 "경험" 이상의 것에 관심을 둔다. 슐라이어마허 때문에 그리고 조지 린드벡이 "경험적-표현적" 교리 개념을 낳은 것으로 간주한 자유주의 전통 때문에, 많은 학자가 경험을 1차 "소여"(given)로 본다. 그러나 **우리가 경험을 해석하고, 이해하고, 판단과 실천적 결단으로 이끌 때까지 "경험"은 무엇일까?** 로너간에게 결정적인 것은 우리가 의식적이고 의도적인 행동의 진실을 밝히는 선험적 방법을 갖고 시작한다는 것이다. 로너간에게 선험적 탐구는 두 가지 물음을 일으킨다. 나는 "알" 때 무엇을 하고 있는 것인가? "나는 그것을 행할 때 무엇을 아는가?"[41] 느낌, 판단, 믿음을 탐구할 때, 로너간은 탐구가 어떤 "선험적 법칙"을 따라야 한다고 결론짓는다. 이 법칙들은 다음과 같다. "주의를 기울이라, 지성적이 되라, 합리적이 되라, 책임을 지라."[42] 이것은 **초문화적 틀을** 위한 탐구의 한 부분이고, 이 틀은 가변적인 문화 속에서 각기 새로운 유행에 흔들리지 아니할 것이다. 로너간은 이 인식 과정이 연속적이고 누적적 과정이라고 주장한다. 앎과 이해의 더 높은 단계는 낮은 단계를 "지양한다." 로너간은 이 특수한 과정을 "기능적 특수성"으로 부른다.[43]

이제 우리는 그동안 제시한 주장과 관련해서 중요한 지점에 이르게 되었다. 로너간은 『통찰』에서 **"과학"**과 **형성**의 관계에 대해 다루고, 과학

---

41) Lonergan, *Method*, 25.
42) Lonergan, *Method*, 55.
43) Lonergan, *Method*, 125-145.

과 형성은 갈등 속에 있기는커녕 오히려 다른 과정을 보충한다는 것을 증명했다. 이제 로너간은 『신학 방법』에서 약간 다른 어휘를 사용하기는 해도 "설명" 및 "이해"와 관련된 병행 사례를 밝힌다. 로너간은 서로 보완적인 이 두 신학적 국면을 **"선언하는 것"**(또는 "설명하는 것")과 **"입장을 취하는 것"**(또는 "이해하는 것")으로 부른다. "선언하는 것"에는 조사, 설명, 해석, 역사, 변증법이 포함된다. **입장을 취하는 것**에는 기초, 교리, 조직신학, 소통 또는 다시 말하면, **이해와 형성적 행동**이 포함된다. 그러나 이 두 접근법 사이의 차이는 주로 내용이 아니라 방법의 차이다. 로너간은 교리에 대해서 다음과 같이 올바르게 말한다. "교리는 이미 **기독교적 삶**의 한 부분을 이루고 있는 것을 주제로 삼는다"(티슬턴 강조).[44] 이것은 본서 제3부에 대한 우리의 목적을 설명해줄 것이다.

따라서 신학적 방법은 조사로 시작되고, 그 다음에 해석이 온다. 해석학의 주요 전통과 마찬가지로 로너간도 우리는 전이해를 필수적으로 갖고 텍스트나 물음에 다가간다고 주장한다. 로너간은 이렇게 말한다. "텅 빈 머리 원칙은 순진한 직관주의에 의존한다. 텅 빈 머리 원칙은 해석자에게 복잡한 업무와 씨름하지 말고…자신의 견해를 잊으라고 명령한다."[45] 이런 종류의 이론적 "객관성"은 망상에 기초가 놓여 있다. 유일한 "객관적" 자료는 일련의 표지들이다. 이 표지들을 이해하려면 "해석자의 경험, 지성, 판단"이 요구된다.[46] 경험이 적고 지성의 "계발"이 적을수록, 그리고 판단의 "형성"이 적을수록 잘못 이해할 가능성도 그만큼 더 커지는 법이다. "해석학 분야의 정복은 **이해**에 달려 있다."[47]

로너간은 슐라이어마허로부터 가다머와 리쾨르에게 이르는 해석학 전통 속에서 발견되는 "이해" 개념에 찬동한다. 로너간은 다음과 같이 말한

---

44) Lonergan, *Method*, 144.
45) Lonergan, *Method*, 157.
46) Lonergan, *Method*, 157.
47) Lonergan, *Method*, 159.

다. "이해하는 것은 논리적 연역이 아니다. 이해하는 것은 앞부분을 읽을 때 깨달았던 이해에 살을 붙이고 적합하게 하고 수정하는 데 각각 새로운 부분을 사용함으로써 전체의 의미 속으로 전진하는 자기 수정적인 학습 과정이다."[48]

로너간은 "해석학"을 미국 문학 이론가와 독일 신학자들을 위해 따로 남겨둔 어떤 비의적인 분야로 간주하기를 거부한다. 로너간은 이 해석학적 과정이 "우리가 우리 자신의 공동감각을 획득하는 방법일 뿐만 아니라 다른 사람들의 공동감각에 대한 이해를 획득하는 방법"이라고 주장한다.[49] 이것은 저자와 텍스트를 이해하는 데 적용되고, 이때 지시적 의미도 제자리를 차지하게 된다. 그러나 이것이 이 이해가 완전하지는 않더라도 항상 결정적임을 암시하는 것은 아니다. 로너간은 우리가 끊임없이 노력할 필요가 있다고 주장한다. 그는 프리드리히 슐레겔(Friedrich Schlegel)의 다음 격언을 지지한다. "고전은 결코 충분히 이해되지 못하는 작품이다. 그러나 교육을 받거나 교육하는 자들은 항상 고전을 통해 더 배우기를 원해야 한다."[50] "문맥"은 "한 단위의 물음과 답변들이 맞물려 있거나 서로 얽혀 있는 것"이다.[51]

역사와 역사적 탐구는 **삶과 연계된** 교리나 신학의 내용을 정당화할 뿐만 아니라 그것이 보다 넓은 사회적 맥락 속에서 이해되도록 자리매김해준다. 역사는 동시대 인들이 알 수 없는 것에 대한 배경을 제공해준다. 로너간은 이렇게 설명한다. "대부분의 경우에 동시대인들은 앞으로 어떻게 될지 모르고 있다.…사건의 실제 과정은 사람들이 의도한 것에서 일어날 뿐만 아니라 사람들이 빠뜨리거나 잘못하거나 행하지 못하는 것에서도

---

48) Lonergan, *Method*, 159.
49) Lonergan, *Method*, 160.
50) Lonergan, *Method*, 161; Gadamer, *Truth*, 290, 각주 218에도 인용됨.
51) Lonergan, *Method*, 163.

일어난다."[52] 역사 연구는 코페르니쿠스적 혁명을 이루었고, 역사적 상상력에 의존해 비판적이면서 건설적인 것이 되었다. 로너간은 가다머에 기대어 "계몽주의와 낭만주의라는 전제 없는 역사의 이상"은 폭넓게 거부되었다고 주장한다.[53] 역사가는 주어진 "지평" 안에서 작업한다.[54]

**변증법** 역시 이 과정에 속해 있다. 변증법은 조사, 해석, 역사적 탐구로부터 도출되어 상충되는 결론을 탐구한다. 지평은 "그 사람이 가진 시야의 한계"다. 그러나 사람이 움직일 때 "앞에서는 물러나고 뒤에서는 차단하면서 지평이 움직인다. 따라서 서 있는 지점이 다르면 지평 역시 다르게 존재한다."[55] 서로 다른 지평은 상호보완적일 수 있다. 예를 들어 기술자, 의사, 법률가, 그리고 교수들은 각기 관심이 다른 "세계"를 갖고 있을 수 있으나 원리상 **각자 타자를 포함하기 위해 관심을 확대시킬 수 있다.** 여기서는 "통약불가능성"이라는 극단적 개념에 호소하지 않는다. 또한 지평은 발전 과정이나 도정의 연속적 단계만큼 다를 수 있다. 이때 지평의 각 단계는 이전 단계를 전제할 수 있다. 지평은 확실히 **변증법적** 관점에서 서로 다를 수 있다. "한 지평에서는 알 수 있는 것이 다른 지평에서는 알 수 없는 것일 수 있다. 한 지평에게는 참된 것이 다른 지평에게는 거짓일 수 있다."[56] 그럼에도 전체 상호작용 과정은 유기적 성장 과정으로 전환될 수 있다. 우리의 지식의 발전은 조정, 재형성, 그리고 대통합이 가능하다.

로너간이 **기초, 교리, 체계화, 소통**이라 부르는 것은 인식론적 자원으로부터 **"입장 취하기"** 단계로 우리를 이끈다. 교리에서는 이것이 신앙고백, 믿음-발화, 1인칭 발화행위 형태를 취할 수 있다. 여기서 신학은 "훨씬

---

52) Lonergan, *Method*, 179.
53) Lonergan, *Method*, 223.
54) Lonergan, *Method*, 220-233.
55) Lonergan, *Method*, 235.
56) Lonergan, *Method*, 236.

더 인격적 자세"를 취한다.[57] 그것은 더 이상 다른 사람들이 믿거나 행한 것에 대한 서술의 문제가 아니다.

**기초**에 대한 내용은 로너간의 책에서 아마 가장 논란이 많다. 왜냐하면 21세기 초반에는 "강경한" 또는 "고전적" 기초주의에서 벗어남으로써 "교리, 체계화, 소통…의 기초를 추구하는" 개념 자체가 크게 의심을 받게 되었기 때문이다.[58] 반면에 로너간이 초기에 **충분한 근거, 합리성, 책임 있는 믿음**에 의존한 것은 우리가 앞장에서 이미 다룬 기초주의에 대한 "온건한" 입장, 즉 비데카르트적 입장에서 크게 벗어나지 않는다. 틀림없이 로너간도 "기초"를 확실히 다른 두 가지 의미가 작용하는 것으로 볼 것이다. 기초는 "일단의 전제 곧 논리적으로 1차 명제의 단위로" 작용할 수 있다.[59] 성경은 이런 기초로 작용할 수 있다. 반면에 기초는 또한 "신학자가 살고 있는 인간적 현실의 중대한 변화"를 확인하는 것으로 이해될 수 있다.[60] "회심"은 한 "뿌리 집단"에서 다른 뿌리 집단으로 이동하는 것을 함축한다. 프랜시스 쉬슬러 피오렌자(Francis Schüssler Fiorenza)는 여기서 유용한 설명을 제공한다. 피오렌자는 이렇게 말한다. "로너간의 기능적 특수성의 분할에 있어 중대한 전환점은 기초의 수준에 있다. 무언가를 따르는 것에 기초를 제공하는 것은 바로 사람의 결단이다.…도덕적 회심은…지평의 변화를 통한 근본적 자기초월을 함축한다."[61] 만일 독자가 "기초"를 다룬 11장의 주장을 받아들인다면, 교리, 체계화, 소통에 대한 주장은 주저 없이 따를 수 있을 것이다.

일부 비판자들은 로너간이 여기서 모든 것을 결단(decision)으로 밀어붙이고 있다고 주장한다. 우리는 이 논쟁에 휩쓸릴 필요가 없다. 하지만 이

---

57) Lonergan, *Method*, 267.
58) Lonergan, *Method*, 267.
59) Lonergan, *Method*, 269.
60) Lonergan, *Method*, 270.
61) Francis Schüssler Fiorenza, "Lonergan," 219.

맥락에서 로너간은 은혜에 대한 반응과 하나님 사랑의 힘에 대해서도 말하고 있다는 사실을 지적하고자 한다. 우리의 주장과 직접 관련되어 있는 것은 로너간이 성경 및 신학적 이해에 있어서 해석학적 참여의 **형성적·변혁적** 효력을 명백히 강조한다는 것이다. 『해석의 새로운 지평: 변혁적인 성경 읽기의 이론과 실천』에서는 이것을 핵심 관심사(제목 그리고 특히 부제목이 암시하는 것처럼)로 삼았다. 나아가 로너간의 두 책은 **"과학적"** 신학의 충분한 보충적 성격과 **"입장을 취하는"** 1인칭(복수) 발화행위로서 교리의 형성적 역할을 전개하고 유지한다. 로너간이 "충분한 근거"와 "합리성 있는" 믿음에 대해 묻는 것은 설명(Erklärung)과 이해(Verstehen)의 변증법 속에서 "설명"이 행하는 "검토적"·비판적 역할의 한 부분을 구성한다. 로너간은 심지어 "과학적" 신학도 만일 매우 포괄적이고 엄격하고 정교한 인식론의 틀 속에서 이해된다면, 삶에 대해서 충분히 해석학적이고 형성적일 수 있다는 점을 증명했다.

## 8.3. 정합성, 체계, 학문적 진리 기준: 판넨베르크

볼프하르트 판넨베르크(1928-2014)는 "신학의 학문적 지위"와 신학을 "대학에서 가르치는 학문 속에 포함시킬 권리"가 최소한 부분적으로 "일반적인 인정 기준에 따라" 그 진리를 변증하거나 논쟁할 수 있느냐에 달려 있다고 본다.[62] 이런 전통은 13세기까지 거슬러 올라갈 수 있다. 신학 또는 교리의 학문성은 한편으로 신학 또는 교리가 "학문성의 공통 기초에 따라 다른 분야와 외적 관계를 갖는 것"을 함축하고, 다른 한편으로 신학 또는 교리 자체의 내적 조직이 일관된 단위의 하위 분야들로 질서 있게 이해되

---

62) Pannenberg, *Theology and the Philosophy of Science*, 13.

는 것을 함축한다.[63] 판넨베르크는 헤르만 디엠(Hermann Diem)이 바르트 전통 안에서 신학을 "교회의 학문"(kirchliche Wissenschaft)으로 간주하는 견해가 신학의 학문적 지위를 주장하는 근거로는 전혀 적합하지 않다고 본다.

그러나 "학문"(science)은 결코 실증주의적인 진리 기준이나 의미의 기준과 어떤 타협도 수반하고 있지 않다. 판넨베르크는 논리실증주의와 결부된 입증 기준을 설명하고 그 기준을 거부한다. 그리고 경험적 탐구는 추측, 모델, 가설 과정을 통해 진행된다는 칼 포퍼의 견해에 동조를 표한다.[64] 그러나 심지어 포퍼의 반증 원리도 역사적으로 조건화된 체계를 벗어나 독립적으로 적용될 수 있는 보편적 기준으로 간주될 수는 없다. 토머스 쿤(Thomas Kuhn)의 패러다임이라는 용어의 의미도 마찬가지다.[65] 이것은 기독교 신학에서 결정적인 중요성을 갖고 있는 역사적 재구성에도 똑같이 적용된다. 판넨베르크는 이렇게 말한다. "검증 가능성과 반박 가능성을 위해서 역사적 가설에 요구될 수 있는 것은 모두 구성에 있어 최대로 가능한 명확성을 구축하는 것이고, 따라서 특수한 역사적 재구성은 그 주요 가정 및 증거의 선택과 함께 다른 가설과 분명히 구별될 수 있다."[66] 퍼스(C. S. Peirce)의 오류가능설과 가까운 과학관은 두 가지 요소를 제시한다. 첫째, 가다머와 로너간이 주장하는 것처럼 입증이나 반증은 **해석과 독립적으로** 일어날 수 없다. 둘째, 판넨베르크의 견해에 따르면 "궁극적" 진리와 의미는 "오직 실재 전체 및 인간 경험의 전체 배경과 연계되어야만 발견될 수 있다."[67] 존 힉(John Hick)도 "종말론적 입증" 개념을 탐구할 때 어느 정도 이것을 암시한다.[68]

---

63) Pannenberg, *Science*, 5. 그 내적 조직에 대해서는 346-440을 보라.
64) Pannenberg, *Science*, 32-43.
65) Pannenberg, *Science*, 50-58.
66) Pannenberg, *Science*, 67.
67) Pannenberg, *Science*, 70.
68) John Hick, *Faith and Knowledge* (London: Macmillan, 2d edn., 1988), 175-199.

판넨베르크는 물질과학과 정신과학(Geistes-wissenschaften)의 관계를
설명하는 가운데, "삶의 부분 간의 관계"를 포함하여, 의미는 "전체"와 관
련해서 변한다는 딜타이의 해석학 원리를 소개한다.[69] 그러나 기독교 신
학에서 이 "전체"는 트뢸치에게 중심 개념이었던 것과 같이 내재적 목적
개념이 아니라 오히려 하나님 나라의 종말론에 의해 규명된다.[70] 판넨베
르크는 가다머와 하버마스(다른 차이에도 불구하고)가 "인과법칙에 따른 설
명은 인간 세계의 특수하지만 본질적인 측면 곧 의미의 지각에 대한 측면
을 다룰 수 없다"고 동조하는 해석학의 역할에 대하여 설명한다.[71] 따라서
"법칙에 입각한 과학적 설명은 단지 특수한 이해의 한 형태, 아니 사실은
'파생적 형태'에 불과하다."[72] 따라서 "설명"은 때때로 "세계에 대한 익숙
하고 널리 통용되는 이해의 관점을 뚫고 나올" 필요가 있다.[73] 이런 의미
에서 종종 사건을 가설적 법칙 아래 두는 연역적-법칙적 주장은 "본질상
설명이 전혀 아니다."[74] 심지어 체계이론도 새로운 이해의 길을 준비하는
것이 아니라 이미 알려진 것을 규명하거나 유지하는 것과 더 크게 관련되
어 있다. 체계이론은 "부분"을 의미의 한 패턴 속에 집어넣는 것을 촉진시
킬 수 있다. 여기서 결론은 **해석학적** 결론이다. "**이해**는 관점 안에서 작용
하고", **어떤** 문맥에서 **설명**은 이해의 틀을 제공할 수 있다. "그러나 이해가
반드시 설명을 전제로 하는 것은 아니다."[75]

　　그 다음 증명 단계는 제목인 "해석학: 의미를 이해하는 방법론"에 분명
히 나타나 있다.[76] 판넨베르크는 다음과 같은 설명으로 시작한다. "해석학

69) Pannenberg, *Science*, 78.
70) Pannenberg, *Science*, 110. 참조. 103-116.
71) Pannenberg, *Science*, 125.
72) Pannenberg, *Science*, 137.
73) Pannenberg, *Science*, 139.
74) Pannenberg, *Science*, 142.
75) Pannenberg, *Science*, 153.
76) Pannenberg, *Science*, 156-224.

의 목적은 의미를 이해하는 데 있고, 의미는 이 맥락에서 삶이나 경험의 구조 안에서 부분을 전체와 관련시키는 것으로 이해되어야 한다."[77] 판넨베르크는 아리스토텔레스와 스토아학파로부터 플라키우스와 슐라이어마허를 거쳐 딜타이, 가다머, 베티에 이르기까지 해석학적 탐구의 발전을 개관한다. 판넨베르크는 비록 베티에 대해서는 몇 가지 단서를 붙이기는 해도, 베티의 연구가 가다머의 연구보다 더 큰 객관성을 위한 탐구를 특징으로 한다고 인정한다. 판넨베르크는 다음과 같은 근거로 가다머를 특히 비판한다. "가다머는 특별히 인간과 세계의 관계에 대한 언어의 표상적 기능을 표현하는 진술의 구성적 중요성을 인정하지 않는다."[78]

판넨베르크는 "해석학적 신학"이라는 주제를 다룰 때, 루돌프 불트만, 에른스트 푹스(Ernst Fuchs), 게르하르트 에벨링(Gerhard Ebeling)의 실존주의 관점을 주로 염두에 두고 있는 것 같다(물론 이들의 영향만 있는 것은 아니다). 이들은 모두 하이데거의 영향을 반영한다. 따라서 다시 한 번 판넨베르크는 당연히 이 실존주의 운동을 "사태에 대한 진술이나 주장의 역할을 평가절하하는 운동"으로 본다.[79] 말하는 자의 발언 "내용"은 진술이나 주장의 관점에서 볼 때 말하는 자와 분리될 수 있어야 한다. 나아가 판넨베르크는 자연과학에서 실증주의가 한 방향으로 치우쳐 "좁혀진" 것처럼, 실존철학도 다른 방향으로 치우쳐 "좁혀졌다"고 주장한다.

판넨베르크는 계속해서 변증법과 해석학이 전체와 부분의 상호관계와 공통적인 관심을 공유한다고 말한다. 하버마스는 오직 개인적인 저자나 독자의 정신을 넘어서서 포괄적·심층적·사회적 구조와 관련되어 있는 "심층 해석학"의 이러한 상호작용을 건설적으로 탐구한다. 판넨베르크는 하버마스의 관심사가 해석학적 순환과 개념 형성 사이의 관계에 있다는

---

77) Pannenberg, *Science*, 156.
78) Pannenberg, *Science*, 168.
79) Pannenberg, *Science*, 177-179. 참조. 169-184.

것을 인정한다. 과학에서 "말하는 자의 의도가 그의 발화를 이해하는 유일하고도 배타적인 배경은 아니다. 그 발화는 청자가 듣는 순간, 각 청자와 함께 다른 배경 속에 들어간다."[80] 의미는 대상관계와 배경관계를 포괄하고, 이것은 "전통적으로 반대 해석의 기초를 형성한 진리 개념의 두 측면 [곧] 대상과의 대응과 정합성 또는 합의와 두드러지게 일치한다."[81] 판넨베르크는 단순한 합의에 의한 접근법을 거부하면서도, 대응 접근법 또한 "우리와 동일한 언어를 말하는" 다른 사람의 판단에 대한 위탁이 없다면 유익하게 기능할 수 없다는 것을 인정한다(상기 인용 부분).

판넨베르크는 신학의 역사에서 신학이 "학문"으로 작용했다는 것의 의미를 탐구한다. 토마스 아퀴나스는 아리스토텔레스의 유명한 말 곧 지식 자체를 추구하는 "순수" 학문은 "사용을 위한" 학문보다 "차원이 높다"는 말을 인용하고, 신학을 "순수" 학문 속에 포함시켰다. 반면에 둔스 스코투스(Duns Scotus)와 오컴의 윌리엄(William of Ockham)은 신학을 하나님을 아는 지식의 "실천적" 학문으로 보았고, 루터도 이 길을 따랐다. 17-19세기에 신학의 지위에 왜곡과 전환이 일어난 것을 여기서 우리가 설명할 필요는 없다.[82] 헤겔과 슐라이어마허의 신학에 대한 각기 다른 평가는 너무 유명하므로 여기서 굳이 반복할 필요가 없을 것이다. 기독교를 특정 역사를 가진 특정 공동체와 관련되어 있는 종교로 보는 기독교의 "역사적" 성격은 19세기 중반에 굳게 확립되었고, 곧이어 "종교"와 "신학"에 관한 논쟁이 무대를 지배하게 되었으며, 오늘날에도 형태를 달리하여 여전히 나타나고 있다. 판넨베르크는 기독교의 진리에 대한 물음이 **"모든 분야의 인간 경험에 관한 진리"로 탐구되지 않으면** 학문적 관심의 대상이 될 수 없다는 자신의 확신을 다시 천명한다.[83] 진리의 주된 기준으로서 **정합성**과 해석학

---

80) Pannenberg, *Science*, 211.
81) Pannenberg, *Science*, 219.
82) Pannenberg, *Science*, 236-255.
83) Pannenberg, *Science*, 264(티슬턴 강조)

적 이해의 관점에 대한 **보편성**의 중요성은 이 결론을 유지하는 데 강력한 이유를 제공한다.

그렇다고 해도 신학은 단순히 학문이 아니라 "**하나님**에 관한 학문"이 다.[84] 판넨베르크는 다음과 같이 지적한다. "오늘날에는 특히 하나님의 실재가 단지 신자와 신학자들의 발언 속에서만 언급되는 것으로 보인다. 이것은 전통적인 형이상학적 신론을 붕괴시킨 결과다. 그러나 하나님의 실재가 신자와 신학자들의 하나님의 실재에 대한 주장과 구별될 수 없다면, 이 주장은 더 이상 주장으로 진지하게 취해질 수 없다."[85] 판넨베르크는 숄츠(H. Scholz)가 제시한 두 가지 학문 기준을 인정한다. 첫 번째 기준은 진술의 함축 의미에 대한 평가이고, 두 번째 기준은 최소한의 요청으로서 정합성의 원칙이다. 이 두 기준은 진정으로 인식적 내용을 전달해야 한다. 판넨베르크는 이렇게 결론짓는다. "역사 현상 속에 모든 것을 결정하는 실재가 존재하는 것은 그 현상 속에 내재되어 있는 전체 의미를 분석하는 것으로 연구될 수 있다."[86] 나아가 신학의 내적 조직과 관련해서, "진리 연구는 본래 체계적이다.…진리를 찾는 연구는 진리의 통일성에 대해 체계적이어야 한다."[87] 조직신학의 특수한 하위 분야 안에서 기독교 텍스트 전통의 전제와 함축 의미는 **명확히 밝혀지고**, 또 **적절한 문맥** 속에 놓여져야 한다.[88]

판넨베르크의 『신학과 과학철학』(*Theology and the Philosophy of Science*)의 주된 주장에 대한 이러한 간략한 요약은 신학의 본질에 대한 판넨베르크의 큰 관심을 보여준다. 지면의 부족으로 여기서는 더 이상 기독교 신학이 종교 신학의 맥락 속에 포함되어 있다는 판넨베르크의 견해에 대한 설

---

84) Pannenberg, *Science*, 297-345.

85) Pannenberg, *Science*, 329.

86) Pannenberg, *Science*, 338.

87) Pannenberg, *Science*, 347.

88) 이 설명은 플랑크(G. I. Planck)와 관련된다. Pannenberg, *Science*, 405.

명을 살펴볼 수 없다.[89] 여기서 우리의 주관심사는 이 관심이 우연성, 특수성, 체현, 공동체, 그리고 특히 기독교 교리의 형성 및 변혁적 성격에 대한 우리의 강조를 손상시키는지, 아니면 이 강조와 대립 관계 속에 있는지, 또는 있다면 어느 정도인지에 있다. 우리는 여기서 심각한 대립 관계가 없다는 것을 확인한다.

첫째, 신학과 교리는 **하나님**에게 기반이 놓여 있고, **신자와 신학자 속에서 발견되는 하나님에 관한 경험**의 표현과 동일한 범주가 아니라는 판넨베르크의 주장은 변혁적 교리의 근본 조건을 구성한다.[90] 왜냐하면 "교리"를 이미 "경험" 속에 내재되어 있는 것으로 환원시키면, 교리는 변혁적인 것이 아니라 자기 긍정적인 것으로 그치고 말 것이기 때문이다. 판넨베르크가 트뢸치의 "내재적" 신학과 하나님 나라의 종말론을 대조시키는 것은 부분적으로 이와 병행 관계를 보여준다.[91] 판넨베르크는 이렇게 말한다. "모든 존재를 하나님과 관련시켜 이해하는 것은 신학의 과제에 속한다."[92] 만일 성령이 "안에"(within) 계시면서 또한 **"너머"**(beyond)에 계신 분이라면, 변혁은 "내가 서 있는 곳"의 기초에 대한 **자기 발생적 변화가 아니다.** 이것은 그리스도("너머"에서 내게 오시는 분)가 내가 있는 곳에서 나를 **만나신다는** "성육신" 신학과 동등하면서도 타당한 진술에서 나오는 다른 요점이다. "경험"에 대한 로너간의 복합적 분석은, **그리스도와의** 만남이 항상 그러한 만남을 **구성한다고 추정되는 경험**과 동일하지는 않다는 사실을 경고하고 있다.

디트리히 본회퍼(Dietrich Bonhoeffer)는 판넨베르크의 전통과 전혀 동일하지 않은 전통에 서 있다. 하지만 본회퍼도 단순한 자기 긍정의 비생산적인 결과를 강조한다. 본회퍼는 다음과 같이 말한다. "내가 하나님을

---

89) Pannenberg, *Science*, 358-371과 다른 곳.
90) Pannenberg, *Science*, 329.
91) Pannenberg, *Science*, 103-116.
92) Pannenberg, *Basic Questions in Theology*, vol. 1, 1.

발견할 곳을 결정하거나 아니면 하나님이 발견될 곳을 하나님이 결정하도록 하거나 둘 중 하나다. 만일 하나님이 어디 계실지 말하는 자가 나라면, 나는 항상 거기서 어떤 면에서 내게 일치하고, 내게 동조하고, 내 본성에 알맞은 하나님을 발견할 것이다. 그러나 하나님이 어디 계실지 말하는 자가 하나님이라면, 그것은 처음에는 내게 별로 알맞지 않은…곳이 될 것이다. 그곳은 바로 그리스도의 십자가다."[93] 무엇보다 **진리**는 형성적이다. 만일 이것이 심지어 교회가 일으킨 자기 발생적 진리-주장이라면, 리쾨르가 "나르시시즘"(이미 앞에서 다룬 용어)이라 부른 것으로 남을 것이다.[94] 바로 이런 이유 때문에 나는 돈 큐핏(Don Cupitt)의 후기 작품에 대한 비판에서 일반적으로 내가 사용하는 전형적인 표현보다 더 강력한 표현을 사용했다.[95] 자기 투사적인 "하나님"은 형성적이고 변혁적인 교리의 원천이 될 수 없다.

둘째, 판넨베르크는 명백히 딜타이, 가다머, 베티, 하버마스의 해석학 전통과 관련되어 있는 의미와 이해에 대한 해석학적 이론을 제공한다. 분명 판넨베르크는 딜타이, 가다머, 불트만, 푹스, 에벨링, 하이데거가 주장이나 진술을 평가절하하는 것을 공격한다. 그러나 여기서 판넨베르크는 가다머와 핵심 요점을 공유하는데, 그것은 말하자면 **이해 지평의 확대와 확장** 가능성이다.[96] 만일 교리와 신학이 "모든 것을 하나님과 관련시켜 이해하는 것"을 추구한다면, 신학적 의미의 지평은 작은 문맥, 흥미, 관심의

---

93) Dietrich Bonhoeffer, *Meditation on the Word*, trans. D. M. Gracie (Cambridge, MA: Cowley, 1986), 44-45.

94) Ricoeur, *Freud and Philosophy*, 129-132, 277-278, 특히 426-427; *The Conflict of Interpretations*, 242-243도 보라.

95) Anthony C. Thiselton, *Interpreting God and the Postmodern Self: On Meaning, Manipulation and Promise* (Edinburgh: T&T Clark and Grand Rapids: Eerdmans, 1995), 81-110.

96) Pannenberg, *Science*, 166-167, 118-205, 333-378; Pannenberg, *Basic Questions in Theology*, vol. 2, 1-27; vol. 3, 1-79, 192-210도 참조하라.

의미를 포괄할 정도로 확대될 것이다. 이것이 흄과 판넨베르크 각각의 지평은 "통약불가능하다"는 낸시 머피의 주장을 우리가 별로 신뢰하지 못하는 이유다.[97] 이 주제는 다음 부분에서 다룰 것이다. 판넨베르크는 설명과 이해를 다루면서, "우리를 놀라게 하는 어떤 것"이 설명을 필요로 하는 이유가 "엄밀히 그것이 익숙하고 널리 통용되는 이해의 틀을 뚫고 나와…이미 알려진 것의 틀 안에서는 이해할 수 없기 때문"이라고 지적한다.[98] 우리는 "새로운 관점"을 받거나 발견한다. 이것은 엄밀히 우리가 형성의 관점에서 탐구한 해석학적 경험의 한 종류다.

셋째, 판넨베르크는 자신의 작품 전체를 통해 부활과 종말론을 크게 강조한다. "그리스도의 형상을 본받는 것"(롬 8:29)과 일치되게 기독교적 변혁의 원동력을 제공하는 것은 엄밀히 말해 미래 속으로 뛰어드는 것에 있다. "장래에 어떻게 될지는 아직 나타나지 아니하였으나 그가 나타나시면 우리가 그와 같을 줄을 아는 것은"(요일 3:2). 판넨베르크는 **시간적** 차원과 관계없이 하나님을 "완전성을 가진 존재"(*ens perfectissimum*)로 보는 개념에 의심을 제기한다. "미래의 힘으로서 하나님은 현재 가까이 있는 사물이나 대상이 아니시다.…인간은 오직 적극적 변혁을 통해…이미 갖고 있는 것을 항상 다시 뒤에 남겨두는 방법으로만 하나님의 영광 속에 참여할 것이다."[99] 판넨베르크는 만물의 완성을 언급하며 이렇게 말한다. "신자들의 영화는…신적 영광의 빛으로 말미암아 변화되는 것이고, 성령으로 말미암아 성부 및 성자와의 영원한 교제 속에 들어가는 것이다."[100]

넷째, 사실상 모든 해석학적 탐구는 구별되지만 상호보완적인 **설명**

---

97) Nancey Murphy, *Theology in the Age of Scientific Reasoning*, Cornell Studies in the Philosophy of Religion (Ithaca, London: Cornell University Press, 1990), 43-44.

98) Pannenberg, *Science*, 139.

99) Pannenberg, "The God of Hope," *Basic Questions*, vol. 2, 242, 248; 234-249.

100) Pannenberg, *Systematic Theology*, vol. 3, 626; 참조. 622-646.

과 **이해**의 과제를 전제로 한다. 판넨베르크의 주관심사는 **진리**, 그리고 진리-주장을 기꺼이 시험하는 것이다. 그러나 우리는 이미 로너간의 연구를 통해 "**사실들**" 및 "**사실을 진술하는 명제들**"이라는 측면과 **문맥, 관점, 이해의 지평**이라는 다른 측면을 서로 날카롭게 그리고 엄밀하게 대조할 수 없다는 것을 확인했다. 체계, 일관성, 명제, 진리-주장, 진리 기준에 대한 판넨베르크의 관심이 아무리 굳건하다고 해도, 판넨베르크의 연구는 **해석학적** 연구로 깊이 존재한다. 계시는 단순히 하나님 안에 있지 않고 지속적인 역사의 말씀-사건들 속에 간접적으로 존재하므로, 그리고 진리는 종말에 완전히 드러날 때까지 잠정적이기 때문에, 진리와 이해, 그리고 그것들의 관점은 역동적이고 시간적이고 육체적이고 우연적이고 잠정적인 것으로 남아 있을 뿐만 아니라, 아울러 정합적이고, 하나님 안에 근거가 놓여 있다. 요약하면 **의미**는 "**대상-관계**와 **문맥-관계**라는 두 용어로 두드러지게…**진리** 개념 국면들과…대응을 이룬다."[101] 판넨베르크의 3권짜리 『조직신학』(*Systemtic Theology*)은 『신학과 과학철학』보다 훨씬 더 분명하게 이것을 실제로 예증한다. 이것은 곧 제3부에서 증명될 것이다.


## 8.4. 과학의 연구 프로그램에 관한 제안: 라카토스와 머피

낸시 머피는 임레 라카토스의 접근법과 그의 "연구 프로그램"(research program) 개념을 해설하고 추천하는 과정에서 신학 방법에 대한 판넨베르크의 견해를 다룬다. 머피는 판넨베르크의 연구에 대한 세 가지 평가를 제공한다.

첫째, 머피는 판넨베르크 신학 방법의 여러 가지 특징을 인정한다. (i) 판넨베르크는 역사를 성경이 포함된 다양한 텍스트와 삶의 양식으로 동

---

101) Pannenberg, *Science*, 219 (티슬턴 강조).

화시키려는 기초 위에서, 광범위하게 자연신학과 "계시"신학을 날카롭게 구분하길 거부한다. (ii) 판넨베르크는 "신학을 위한 과학적 방법의 채택"을 요구한다. (iii) 판넨베르크는 신학 또는 교리를 단순히 "기독교 종교의 학문"(science of the Christian religion)이 아닌 "하나님의 학문"(science of God)으로 본다.[102] 머피는 이 세 가지 특징을 칭찬한다.

둘째, 그러나 머피는 토머스 쿤의 말에 따라, 흄의 체계와 판넨베르크의 체계는 "통약불가능하다"는 것을 근거로 판넨베르크가 데이비드 흄의 경험론을 비판하는 것은 실패라고 주장한다.[103] 아마 판넨베르크의 비판은 자기 자신의 체계 밖에서는 효과를 발휘할 수 없거나 "자신의 체계에 일치시킬" 수 없었을 것이다.

셋째, 머피는 애매한 칭찬을 곁들여 인정하는 말로, 만일 판넨베르크가 자신의 방법과 접근법을 라카토스의 연구 프로그램의 방법과 접근법으로 바꾸었다면, "판넨베르크의 체계는 신학적 연구 프로그램(만약 우리가 과학적 성공에 대한 판넨베르크 자신의 기준을 무시한다면)으로 불릴 때 [좋아] 보인다"고 결론짓는다.[104]

판넨베르크는 이런 주장에 적극적으로 그리고 너그럽게 반응했다. 판넨베르크는 이렇게 말한다. "나는 이 설명에 어떤 문제도 제기하지 않는다. 만일 내가 『신학과 과학철학』을 썼던 1970년 당시에 라카토스의 연구를 활용할 수 있었다면,⋯그 개념을 기꺼이 사용했을 것이다."[105] 반면에 판넨베르크는 라카토스의 접근법을 신학적 설명의 관점을 위한 "체계적 구조"로 비교적 만족스러워 하지만, **방법** 문제에 대해서는 라카토스의 접

---

102) Murphy, *Theology in the Age of Scientific Reasoning*, 208-209.

103) Murphy, *Theology*, 47, 43-50.

104) Murphy, *Theology*, 178.

105) Wolfhart Pannenberg, "Theological Appropriation of Scientific Understandings," in C. R. Albright, J. Haugen (ed.), *Beginning with the End: God, Science, and Wolfhart Pannenberg* (Chicago: Open Court, 1997), 430.

근법에 그리 쉽게 동조할 수 없다는 신념을 갖고 있다.[106]

그러면 낸시 머피는 어떤 근거로 라카토스의 "연구 프로그램" 개념이 신학을 위한 것이라고 말하는가? 머피는 과학철학과 종교철학을 모두 공부한 배경을 가지고 있다. 과학철학에 대한 머피의 박사 논문 지도 교수는 파울 파이어아벤트였다. 머피의 후속 연구 속에는 파이어아벤트에게서 이끌어낸 다수의 특징을 찾아볼 수 있을 것이다. 머피는 교리의 옹호자들이 종교철학에 대한 전문 지식이 거의 혹은 전혀 없을 때 신학이 빈약해진다고 올바르게 파악했다. 머피가 파이어아벤트의 격언을 다음과 같이 개작한 것은 유효적절하다. "신학 없는 종교철학은 공허하다. 종교철학 없는 신학은 맹목적이다." 물론 여기서 **맹목적**이라고 말하는 것이 과장이기는 해도, 이 말은 격언이므로 용납할 수 있다.[107] 그러나 그 다음 요점은 더 큰 물음을 불러일으킨다. 파이어아벤트가 비트겐슈타인에 대해 지나치게 다원주의적 해석을 하는 것에 비추어보면, 머피의 작품 속에서 "통약불가능성"(incommensurability)이라는 말이 발견되는 것이 놀랍지 않다. 머피가 많은 학자보다 더 포스트모던 사상에 우호적으로 접근하는 것은 부분적으로 이 용어를 너무 쉽게 사용하기 때문일 것이다.

머피는 신학에서 빈번하게 벌어지는 수많은 논쟁적 "입장들"의 무익함을 잘 인식하고 있다. 머피의 최근 작품 『자유주의와 근본주의를 넘어』(*Beyond Liberalism and Fundamentalism*)는 이 점을 포괄적 맥락에 따라 제시한다.[108] 머피는 신학과 교리가 종종 "신랄함과 진부함을 특징으로 하

---

106) Pannenberg, "Theological Appropriation," 431. 이 대화는 비록 일부 학자들이 판넨베르크에 대한 그녀의 특정 설명에 단서를 붙이기는 해도 Jacqui A. Stewart, *Reconstructing Science and Theology in Postmodernity: Pannenberg, Ethics and the Human Sciences* (Aldershot, U.K. and Burlington, VT: Ashgate, 2000), 140-146의 해석학 맥락 속에 놓여 있다.

107) Murphy, *Theology*, xii.

108) Nancey Murphy, *Beyond Liberalism and Fundamentalism: How Modern and Postmodern Philosophy Set the Theological Agenda*, Rockwell Lecture Series

는" "자유주의와 보수주의"의 "양당체계"로 너무 쉽게 환원되는 것을 올바르게 통탄하는데, 특히 그것은 그녀가 이 "입장들"이 [지금] 문제가 있는…철학적 입장의 인도를 받는다고 보기 때문이다.[109] 『자유주의와 근본주의를 넘어』에서 머피가 붙인 장의 제목이 암시하는 것처럼, 끝없이 반복된 대안들 곧 "경험 또는 성경", "묘사 또는 표현", "내재 또는 개입"은 정적이고 매우 진부하고 미리 포장된 안건을 전제한다.[110] 칸트와 슐라이어마허의 설명은 "근대성"을 소생시켜 자유주의에 힘을 주었고, 리드와 프린스턴 신학은 보수주의 신학의 배후에 놓여 있는 힘이었다고 머피는 주장한다.

여기서 머피의 두 번째 책을 평가하는 것은 우리의 현재 주장의 범주를 넘어서는 일이 될 것이다. 그러나 내친 김에 이처럼 개략적인 묘사가 미국의 신학뿐만 아니라 세계 다른 지역의 신학에도 그대로 적용되는지 물어보아야 한다. 영국의 보수주의 신학자 가운데, 모든 독창적 관념을 전복적인 것으로 간주한 찰스 하지에게 매력을 크게 느낀 학자는 거의 없었다. 영국에서는 종종 그의 철학이 뻔하고 따분한 것으로 간주되었다. 유행에 뒤떨어진 철학이 너무 자주 신학의 의제를 확립했다는 사실에 전심으로 동의한다면, 여기에는 "반기초주의"("강경한" 기초주의와 "온건한" 기초주의를 별로 구분하지 않는)와 "포스트모던주의"라는 깃발을 흔들며 서둘러 구조를 요청할 다른 스타일의 철학이라는 힌트 이상이 있는가? "포스트모던"이라는 말은 단지 이런 문제의 안건에 대한 칸트/슐라이어마허/리드의 통제를 벗어던지는 것을 내포하는 것도 아니고, 단순히 높은(후기) 근대성의 웅대한 내러티브/신화론을 피하는 것도 아니다. 이 말은 다원주의, 단편화, 실용적이거나 도구적인 그리고 "국지적인" 합리성 이해, 그리고 그 밖에 다

---

(London and New York: Continuum/Trinity Press International, 1996).
109) Murphy, *Beyond Liberalism*, 1.
110) Murphy, *Beyond Liberalism*, 11-82.

른 많은 개념으로의 특별한 전환도 내포한다.[111] 머피의 두 번째 책 2부의 안건은 머피가 제시하는 것만큼 정말 정직한가?[112]

그중 어느 것도 그녀의 첫 번째 책에서 라카토스에 대해서 다루었던 머피의 기본적인 논지에 대한 건설적인 가치를 떨어뜨리지 않았고, 그것과 연결된 그녀의 주장이 두 번째 책으로 옮겨갈 필요성도 충분했다. 머피는 라카토스의 "연구 프로그램"에 동조함으로써 신학이 끝없이 "입장들", "학파들", 양극화 그리고 논쟁 방식에 사로잡히는 것을 탈피시키기 위해 심혈을 기울인다. 나는 나의 신학적 소명이 **창조적 탐구**(머피와 라카토스가 "발견적" 접근법이라고 말하는 것)를 제공하려고 힘쓰는 것에 있다고 생각하기를 좋아한다. 비록 때때로 비판과 변증의 의무가 그리 달갑지 않다는 것을 부인하지는 않지만, 이것은 목회 서신의 기독교적 의무와 명령에 부합하는 필수적인 과제다.[113] 얼핏 보면 라카토스의 연구 프로그램은 교리 해석학과 이상적으로 일치하는 것처럼 보인다.

임레 라카토스(1922-1974)는 헝가리의 한 유대인 가정에서 태어났다. 라카토스는 적어도 한동안은 칼뱅주의에 빠져 있었다.[114] 그는 수학, 물리학, 철학을 공부했고 부다페스트에서 공부를 마쳤다. 그는 마르크스주의 정책에 적극적이었고, 게오르그 루카치(Gyorgy Lukács)의 연구 학생이었다. 라카토스는 1949년에 모스크바 대학교를 탐방했으나 스탈린 정통주의를 "수정주의"로 낙인찍었다. 1953년 스탈린의 죽음과 함께 라카토스는 30

---

111) Anthony C. Thiselton, *Thiselton on Hermeneutics: Collected Works and New Essays*, Contemporary Thinkers on Religion (Aldershot, U. K.: Ashgate and Grand Rapids: Eerdmans, 2006), Part 6, 537-682을 보라.

112) Murphy, *Beyond Liberalism*, 85-153.

113) Anthony C. Thiselton, "Academic Freedom, Commitment, and the Morality of Christian Scholarship," reprinted from 1982 in *Thiselton on Hermeneutics*, 685-700을 보라.

114) 라카토스의 생애에 대한 요약은 Brendan Larvor, *Lakatos. An Introduction* (London and New York: Routledge, 1998), 107에 나타나 있다.

대의 나이에 수학 분야에서 개연성 이론을 연구함으로써 학자로서 중대한 경력을 쌓기 시작했다. 그가 1954-1956년에 마르크스주의 **체계**와 인식론에 대해 물음을 제기한 것은 우연이 아니다. 그는 1956년에는 불운한 헝가리 반란을 지지했고, 러시아 군대의 주둔과 함께 비엔나로 도피하고 이어서 영국으로 피신했다. 라카토스는 케임브리지 대학교의 킹스 칼리지에서 경험론 철학자인 브레이스웨이트의 지도 아래 철학박사 학위 취득을 위한 연구를 시작했다. 나중에 라카토스는 자신의 사상을 수정하고, 「증명과 논박」(*Proofs and Refutations*)이라는 논문을 발표했다. 그는 1960년에 런던 경제 대학에서 칼 포퍼를 만났고, 거기서 50대 초반인 1974년에 죽을 때까지 연구했다.

라카토스의 독창적인 많은 개념들은 『증명과 논박』에 나온다.[115] 라카토스는 자신이 **논박**이라는 말로 표현한 **반증**(falsification)이 수학뿐만 아니라 과학에서도 주된 역할을 맡고 있다고 주장했다. 라카토스는 반증에 대한 꾸준한 연구를 통해 공리를 **거부하지** 않고, 공리의 점진적 **정밀함과 개선**을 촉진시켰다. 라카토스는 칼 포퍼와 토머스 쿤이 각기 주장한 보다 날카로운 경계를 가진 과학철학의 이론을 넘어서는 것에 목표를 두었다. 위에서 주장한 것처럼, 반대자들을 반박할 요점을 계산하기보다는 오히려 **정밀함과 개선**에 초점을 맞춘 이러한 모델은 분명히 기독교 신학에도 요구되는 것이다. 특히 교리가 기독교적 협력을 요구하는 공동체적 작업이 될 때 그러하다.

이것은 라카토스가 앨런 머스그레이브(Alan Musgrave)와 공동으로 편집한 논문집에 발표한 긴 논문인 "과학적 연구 프로그램의 반증과 방법론" (Falsification and the Methodology of Scientific Research Programmes)에서 가장

---

115) Imre Lakatos, *Proofs and Refutation: The Logic of Mathematical Discovery*, ed. J. Worrall, E. Zahar (Cambridge: Cambridge University Press, 1976, 1963-1964에 내용 추가). 『수학저 발견의 논리』(아르케 역간).

명확한 표현이 발견된다.[116] 이 논문집은 1965년에 런던에서 개최된 과학 철학 국제회의의 의사록을 기록하고, 다른 누구보다 토머스 쿤, 스티븐 툴 민(Stephen Toulmin), 칼 포퍼, 그리고 파울 파이어아벤트의 논문을 수록하 고 있다. 나는 이 작품에 의존하여 영국 성공회 교리 위원회의 1981년 보 고서인 『교회를 믿음』(*Believing in the Church*)에서 기독교 교리에 있어 지 식의 집단적 기초를 상술했다.[117]

토머스 쿤은 과학 이론과 전제의 기초가 되는 **사회적·역사적 요소**에 주의를 기울였다. 이 논문집은 비록 개정되기 전 초판을 인용한 것이 안타 깝기는 해도 이제 굳이 반복할 필요가 없을 정도로 유명해진 쿤의 『과학 혁명의 구조』(*The Structure of Scientific Revolutions*)를 자주 인용했다. 라카 토스와 머스그레이브가 편집한 1970년 논문집에 들어 있는 쿤의 첫 번째 논문(Logic of Discovery or Psychology of research?)은 여러 가지 면에서 포퍼 의 견해를 반대한다. 쿤은 과학자가 자신의 진술을 "하나씩" 시험하고, "관 찰과 실험을 통해 경험에 반하는" 가설들을 시험한다는 취지에서 포퍼의 『과학적 발견의 논리』(*Logic of Scientific Discovery*) 첫 장을 인용한다.[118] 쿤 은 사실상 이 첫 장의 내용이 진부하다고 말하지만, 그 안에서 애매함을 찾아낸다. 사회적이고 역사적인 맥락에서 보면, "통상적으로" 연구할 때 "과학자는 현재의 이론을 게임 규칙으로 **전제해야 한다.**…다만 과학자의 개인적 추측이 시험된다.…이 시험은 특별한 종류의 시험이다."[119] 결국 유력한 일단의 **공인된 규칙** 또는 **지배적 모델** 곧 패러다임이 "시험"을 구

---

116) Imre Lakatos, "Falsification and the Methodology of Scientific Research Programmes," Imre Lakatos and Alan Musgrave, *Criticism and the Growth of Knowledge* (Cambridge: Cambridge University Press, 1970).

117) Thiselton, "Knowledge, Myth, and Corporate Memory," 특히 "The Corporate Foundations of Knowledge," in *Believing in the Church*, 45-78, 특히 49-59.

118) Thomas S. Kuhn, "Logic of Discovery or Psychology of Research?" in Lakatos and Musgrave, *Criticism and Growth*, 4. 참조. 1-23.

119) Kuhn, "Logic," 4-5(쿤 강조).

성하는 것을 제한하고 제약한다. 참된 중심적 담화는 "오직 장(field)의 기초들이 다시 위험에 빠지는 위기의 순간에만 나타난다."[120] 기존의 패러다임이 보급되는 것은 "이 패러다임을 적용하는 자들이 기준을 공유하고 있음"을 의미한다. 그러나 이 기준은 특정 시간과 특정 집단의 사람들에 따라 상대적이다. 쿤은 "이것이 칼 [포퍼] 선생이 '반증'이 작용해야 한다고 말하는 배경이다"라고 지적한다.[121]

쿤의 『과학 혁명의 구조』보다 이 첫 번째 논문을 주로 다룬 이유는 이 논문이 포퍼와 라카토스의 반응에 대한 직접적 배경을 제공하기 때문이다. 나아가 쿤의 책(『과학 혁명의 구조』)은 다른 곳에서 끊임없이 요약되고 반복되었다.[122] 라카토스는 포퍼와 쿤에게 대응할 때 오류가능주의를 설명하는 것으로 시작한다. 라카토스는 다음과 같이 말한다. "여러 세기 동안 지식은 증명된 지식을 의미했다.…아인슈타인이 제공한 결과로 말미암아 형세가 다시 역전되었고, 지금은 과학적 지식이 증명된 지식이라는 것 또는 증명된 지식일 수 있다는 것을 믿는 철학자나 과학자가 거의 없다. 동시에 지적 가치의 전체 구조가 파괴되었고, 그러므로 다른 구조로 대체되어야 한다는 것을 깨닫는 자도 거의 없다."[123]

고전적 경험론자는 상대적으로 그들이 "확고한 사실"로 표현한 작은 단위의 "사실적 명제"만 공리로 받아들였다고 라카토스는 지적한다. 비록 이런 이론이 귀납논리로 증명될 수 있다고 생각한 이가 거의 없기는 해도, 고전적 경험론자는 "확고한 사실"이 "보편적 이론을 논박할" 수 있다고 주

---

120) Kuhn, "Logic," 6-7.
121) Kuhn, "Logic," 15.
122) Thomas S. Kuhn, *The Structure of Scientific Revolutions* (Chicago: Chicago University Press, 2d rev. edn. 1970 [1st edn. 1962])를 보라. 『과학혁명의 구조』(까치 역간). 추가로 Thomas S. Kuhn, *The Essential Tension: Selected Studies in a Scientific Tradition and Change* (Chicago: University of Chicago Press, 1977)도 보라. 여기서 쿤은 자신의 1962년 견해를 수정한다.
123) Lakatos, "Methodology," Lakatos and Musgrave, *Criticism and Growth*, 91-92.

장했다.[124] 그러나 요구된 이런 종류의 귀납논리를 확립하는 것이 논리적으로 불가능하다면, "모든 **이론은 똑같이 증명할 수 없는**" 것으로 판명된다(라카토스 강조).[125] 포퍼의 연구에 따르면, 심지어 **개연성**도 이론의 지적 정당화에 이바지할 수 없게 된다. 따라서 포퍼에 따르면, "교리적 반증주의"는 모든 이론을 똑같이 **추측** 이론으로 간주한다. 확실성을 갖고 증명할 수 있는 것은 "거짓된 것을 거부하는 것"이 전부다.[126] 여기에 함축된 의미는 지식의 **성장**이 "확고한 사실들"의 도움을 받아 이론을 거듭 무너뜨리는 것에 달려 있다는 것이다.

그래서 라카토스는 비판으로 시선을 옮긴다. 라카토스에 따르면 "교리적 반증주의"는 두 가지 거짓된 가정에 의존한다. 첫 번째 가정은 "이론적·사변적 명제와 사실적·관찰적(또는 기본적) 명제 사이에 자연적·심리적인 경계선이 있다는 것이다.…두 번째 가정은 만일 어떤 명제가 사실적·관찰적(또는 기본적) 명제의 심리적 기준을 만족시킨다면, 그것은 사실들로부터 **증명된**…참된 명제라는 것이다.…**그러나 이 두 가정은 거짓이다.**"[127] 특히 **포퍼의** 기본원리에 입각해서 이것이 분석적 진술로서 거짓으로 입증될 수 있는 것을 포함한다면, 포퍼에게 "과학적인" 것으로 간주되는 것의 "경계 기준"을 가다듬기 위해 노력하는 것은 문제를 완화시키는 것이 아니다. "어떤 사실적 명제도 실험을 통해 증명될 수 없다. 명제는 오직 다른 명제로부터 파생될 수 있을 뿐이다."[128] 여기서 우리는 "원점"으로 되돌아간다.[129]

이 비판의 두 번째 단계는 "**방법론적** 반증주의자"(methodological

---

124) Lakatos, "Methodology," 94.
125) Lakatos, "Methodology," 95.
126) Lakatos, "Methodology," 96.
127) Lakatos, "Methodology," 97-98(티슬턴 강조).
128) Lakatos, "Methodology," 99.
129) Lakatos, "Methodology," 103.

falsificationist)의 전략을 "교의적 반증주의자"(dogmatic falsificationist)의 전략과 분리시키는 것이다. 방법론적 반증주의자는 거부(rejection)와 논박(disproof)을 분리시키기 때문에 그들은 오류가능주의자이다. 그러나 결단(decisions)이 이 방법론에서 중요한 역할을 할 때만 바로 강력한 비판주의와 오류가능주의를 결합시키는 것이 가능하다(라카토스 강조).[130] 방법론적 반증주의자가 소위 비합리주의의 다른 대안을 피하기 위해 그 땅속으로 자신의 발을 들여놓을 때 결단이 일어난다. 물론 이 입장을 다듬기 위한 작은 규모의 다수의 전략이 남아 있다. 라카토스는 이 전략을 "세련된 방법론적 반증주의"라고 부른다.[131] 그러나 라카토스는 이 문제가 근본적으로 잘못 생각한 것이라고 주장한다. 라카토스는 이렇게 말한다. "여기서 문제점은 '이론'이 '사실'과 충돌할 때 어떤 일이 일어나느냐가 **아니다**. **오직 '단일-이론적인 연역 모델'**만이 이런 충돌을 함축할 것이다. 한 명제가 '사실'이냐 또는 '**이론**'이냐의 여부는…우리의 방법론적 결단에 달려 있다.…다원주의 모델에서는 '이론과 사실 사이에' 충돌이 있는 것이 아니라, 높은 차원의 두 이론 곧 사실을 제공하는 **해석적 이론**과 사실을 설명하는 **설명적 이론** 사이에 충돌이 있다"(라카토스 강조).[132] 이것은 정경 안의 "모순"이 소위 신학적 구성을 불가능하게 만든다는 레이제넨의 잘못된 견해에도 충분히 적용될 수 있다.

이로 말미암아 우리는 해석학적 문제의 보편성에 대한 가다머의 논문의 관점으로 가까이 다가가는가? 라카토스는 이렇게 선언한다. "**문제는 어떤 이론은 '확고한' 사실을 제공하는 해석적 이론으로 간주하고, 또 어떤 이론은 사실을 '시험적으로' 설명하는 설명적 이론으로 간주하느냐에 있다**"(라카토스 강조).[133] 라카토스는 이렇게 덧붙인다. "어떤 이론도 사건

---

130) Lakatos, "Methodology," 112.
131) Lakatos, "Methodology," 122.
132) Lakatos, "Methodology," 129.
133) Lakatos, "Methodology," 129.

의 상태를 **미리** 명시적으로 제공하지 않는다."[134] "우리는 우리의 비판적인 연역적 모델 속에…**모든** '배경 지식'을 명료화하거나 포함시킬 수 없다."[135] 가다머는 이렇게 말한다. "통계로 확립된 것은 사실에 대해서 말을 하는 것처럼 보인다. 하지만 이 사실이 답변하는 어떤 물음이나, 다른 물음이 제기될 때 말하기 시작하는 어떤 사실은 **해석학적인 물음이다. 오직 해석학적 탐구만이** 이 사실과 **이 사실로부터 나오는 결과**의 의미를 정당화할 것이다."[136] 마찬가지로 가다머도 소정의 해석학적 내용 혹은 틀의 타당성이나 적정성은 이해 행동 또는 이해 과정 자체에 따라 미리 결정될 수 없다고 주장한다. 5장에서 우리는 이 요점을 가다머와 비트겐슈타인에게서 나온 다수의 실례와 함께 다루었다. 가다머는 이렇게 말한다. "행동으로 이끄는 지식은 우리가 선택해야[결단해야] 하는 구체적 상황으로 말미암아 요구되고…어떤 학습된 또는 숙달된 기술로도 숙고와 결단의 과제를 대신할 수 없다."[137] 5장에서 우리는 훈련과 습관의 역할을 비트겐슈타인과 새뮤얼 웰스의 사상에 나타난 결단과 수행의 역할과 비교했다.

나는 지금 라카토스가 제시한 주장이 가다머나 비트겐슈타인이 제시한 주장과 똑같다고 주장하는 것이 아니다. 다만 라카토스의 주장이 가다머와 비트겐슈타인의 접근법과 공명을 이루는 **해석학적** 방법이라고 주장하는 것이다. 라카토스는 "**연구 프로그램**"에 대한 자신의 주장을 위해서 그 길을 정비했다. 내 생각으로는 이것 때문에 본서를 시작할 때 제시한 근본적인 대조, 곧 "**문제들**"과 "**발생하는 물음**"의 대조가 과학철학에서도 병행해서 나타난다.

---

134) Lakatos, "Methodology," 130(티슬턴 강조).

135) Lakatos, "Methodology," 132(라카토스 강조).

136) Gadamer, "The Universality of the Hermeneutical Problem," *Philosophical Hermeneutics*, 11(티슬턴 강조); 참조. 3-17.

137) Gadamer, *Reason in the Age of Science*, 92; 또 *Truth and Method*, 110-129, 특히 116을 보라.

라카토스는 한 이론이 경쟁하는 다른 이론과 동시에 놓여 있다는 개념으로부터 벗어난다. 라카토스는 발견에 대해서 다음과 같이 말한다. "그것은 하나의 이론이 아니라 연속적 이론을 포함하고,…이러한 이론의 연속은 보통 그 이론을 **연구 프로그램** 속에 집어넣는 두드러진 연속성으로 말미암아 서로 연관되어 있다."[138] 라카토스는 이렇게 결론짓는다. "발견의 논리는 연구 프로그램 방법론의 틀이 아니면 만족스럽게 설명될 수 없다."[139]

이 방법론은 연구 방법이 피해야 할 것 곧 라카토스가 "부정적 발견법"(negative heuristic)으로 부르는 것과, 연구 방법이 추구해야 할 것 곧 라카토스가 "긍정적 발견법"(positive heuristic)이라 부르는 것을 명료하게 밝힌다. 현재 유효한 모델이라든가 이론에 따라 설명될 수 없는 논박이나 반증은 프로그램의 **거짓됨을 입증하지 못하고, 부정적 발견법**으로 작용할 것이다. 변칙은 라카토스가 이론이나 가설의 "보호대"로 부르는 것에 변화를 일으킬 수 있다. 난제 해결 방법을 계발하는 방법에 대한 제안이나 암시도 긍정적 발견법을 구성한다. 연구 프로그램은 부분적으로 "발견 능력"에 따라 성공한 것으로 또는 부분적으로만 성공한 것으로 간주될 수 있다.[140] 라카토스는 뉴턴, 프라우트(Prout), 보어, 러더퍼드, 마이컬슨(Michelson)의 연구와 관련하여 수학과 물리학에서 이끌어낸 자신의 연구 프로그램이 유효한 통용성을 가지고 있다는 수많은 실례를 제공한다.[141]

라카토스는 지식의 지속적 성장을 이끄는 연구 프로그램의 "발견적 능력"을 다시 한 번 강조하는 것으로 자신의 긴 논문을 결론짓고, "정당화주의자"가 고립된 이론으로부터 추구하는 "순간적 합리성"의 주장을 거부한다.[142] 라카토스 논문의 마지막 여섯 페이지는 그가 쿤-포퍼 논쟁에서 어

---

138) Lakatos, "Methodology," 132.
139) Lakatos, "Methodology," 132.
140) Lakatos, "Methodology," 137; 참조. 132-137.
141) Lakatos, "Methodology," 138-173.
142) Lakatos, "Methodology," 174-177.

느 편에 서 있는지를 상세히 언급한다. 쿤이 과학 성장의 연속성을 강조하는 것은 옳지만, 과학 성장의 합리적인 재구성의 가능성을 철저히 배제하는 것은 옳지 않다. 핵심적인 진술에서 라카토스는 이렇게 지적한다. "**쿤의 견해에 따르면 논리는 전혀 있을 수 없고 다만 발견의 심리학만 있을 뿐이다**"(라카토스 강조).[143] 포퍼는 "**기초에 대한 오래된 문제를 오류가능한-비판적 성장에 대한 새로운 문제**"로 대체했다(라카토스 강조). 라카토스는 이 프로그램을 한 단계 더 깊이 발전시키려고 애썼다.[144]

낸시 머피는 신학 방법의 중대한 자원에 관심을 가졌다. 경쟁적인 이론들의 성숙하지 못한 다툼보다 창조적 발견과 지식의 성장에 더 강조점을 두는 것은 신학에 결정적으로 중요하다. 6장에서 나는 사상가들을 폭넓은 "유형"의 분류 상자 안에 집어넣는 관습이 경쟁적인 "학파"에 따라 신학을 생각하는 사고방식으로 이끌 위험성이 있다고 주장했다. 심지어 린드벡, 프라이, 트레이시도 이 "비해석학적" 사고방식의 유형을 제공하는 데 죄가 전혀 없었던 것은 아니라고 통탄했다. 라카토스와 머피는 교리의 **과학적** 절차와 합리성에 관한 논쟁을 건설적으로 조명한다. 이 공헌으로 우리는 토머스 쿤이 지치고 피곤하게 패러다임에 의존하는 것과, 지금 21세기에는 폐기되어야 하는 쿤-포퍼 논쟁을 지루하게 반복하는 것에서 **벗어나게** 된다.

이것의 중요성을 암시하는 한 가지 실례는 로티에게서 나온다. 로티의 잘못된 시도는 지나치게 실용적이고 "지역적인"(local) 내용으로 전통적인 의미로 사용된 모든 용어들 속에서 진리를 증발시켜버린 것이다. 로티는 "오래된 문제들을 옆으로 밀어내는 새로운 철학적 패러다임"으로 신실용적이고 포스트모던한 설명을 지지하기 위해, 쿤이 철학의 역사 속에서 찾아낸 과학적이거나 지성적인 패러다임들의 "사회화"(또는 라카토스의 말에 따

---

143) Lakatos, "Methodology," 178.
144) Lakatos, "Methodology," 179.

르면 "심리화")에 의존하려 한다.[145] 그러나 우리는 로티가 지나치게 다원주의적 관점에 따라 비트겐슈타인을 해석하는 것을 제인 힐(Jane Hill)이 비판한 것과, 또 로티가 불충분하게 "합리적" 관점에 따라 가다머를 해석하는 것을 원키가 비판했다는 것도 이미 지적했다. 이 논쟁은 로티를 넘어 진행되었다. 그러나 로티 자신의 전제들에 따르면 "진보"가 전부다.

우리가 신학에서 부정적 발견법과 긍정적 발견법을 특별히 제안하는 머피의 구체적인 주장에 동조하는지 아닌지에 상관없이, **발견법**(heuristics)에 따라 신학 프로그램을 형성시키는 참된 개념은 건설적인 유익을 제공한다.[146] 비록 "경쟁적인" 연구 프로그램의 개념이 남아 있다고 해도, 이것은 다음 두 개념 사이에서 사려 깊게 중도를 걷도록 이끈다. (i) 하나는, 주로 사회적이고 지역적인 요소들이 지배적인 패러다임의 계승을 유도하는 쿤의 개념이다. 이 개념에서는 논증할 수 있고 진정성 있는 합리적이고 과학적인 기준이 실용적인 포스트모던 사상에 동화되어 주변화될 위험에 놓여 있다. (ii) 다른 하나는, 머피가 『근본주의와 자유주의를 넘어』에서 주장한 것처럼, 교리를 과거의 논쟁 속에 가두어 놓고 케케묵은 안건들로 억압당했던 고정된 "입장들" 간의 단순화된 논쟁적 대결이다. **새로운 관점에 따라** 교리나 신학의 "합리성"과 "과학"에 대한 다양한 역할과 의미를 조심스럽게 재검토하는 것은 오래전부터 현안이었다.

그럼에도 머피의 제안은 틀림없이 우리에게 세 가지 난점 또는 풀리지 않는 애매함을 남겨놓는다. (i) 첫 번째 난점은 데카르트와 합리론 전통으로부터 물려받은 "강경한" 또는 "고전적" 기초주의와, 최근에 월터스토프가 **"합리적인"** 또는 **"자격 있는"** 믿음이라는 용어로 존 로크의 사상을 복원하면서 설명한 "온건한" 혹은 "완화된" 기초주의의 차이를 명백히 다루지 않은 것에서 나온다. 나는 7장에서 이 구분의 중요성을 강조했다. 라

---

145) Rorty, *Philosophy and the Mirror of Nature*, 264.
146) Murphy, *Theology*, 183-197을 보라.

카토스가 주장하는 맥락에서 보면, 온건한 기초주의는 오류가능주의와 일치한다. 그러나 강경한 기초주의는 오류가능주의와 일치하지 않는다. 나는 제이 우드가 『인식론』에서 여기에 대해 연구한 것을 언급했다. 현재의 배경에서 보면, 제임스 베일비의 『신학으로서의 인식론』(Epistemology as Theology)과 후이스틴의 『후기기초주의 신학』(Essays in Postfoundationalist Theology)이 머피의 주장과 관련해서 이 구분이 근본적이라는 사실을 강조한다.[147] 베일비는 이렇게 설명한다. "**고전적** 기초주의에 대한 플랜팅가의 **반론**이 **기초주의 전체에 대한** 반론은 아니라는 것을 파악하는 것이 중요하다."[148]

머피가 한편으로는 제임스 맥클랜던(James McClendon)과 같은 학자들의 "반기초주의"(nonfoundationalist) 접근법은 칭찬하고, 다른 한편으로는 자기 준거적인 포스트모던 내러티브 신학과 합리적으로 교리를 지지하기 위한 타당한 기준에 대해서 적절한 비판을 제공하는 것은 불안정하다.[149] 후자는 성경에 근거하면서 다른 지식과 일치하는 과학적 기준을 만나게 해준다. 여기서 후자는 확실히 머피의 라카토스에 대한 의존과 더 부합하는 것으로 보인다.

(ii) 여기서 나는 두 번째 보류로 나아가게 되는데, 그것은 아마도 해석과 판단의 차이에 대한 반영이다. 이것은 흄의 경험론에 대한 판넨베르크의 비판이 판넨베르크의 사고 체계와 흄의 사고 체계가 "**통약불가능하기**" 때문에 잘못이라는 머피의 판단에서 나온다.[150] 머피는 판넨베르크가 이 문제에 대해서 **더 크거나 포괄적인 진리와 의미의 지평**을 갖고 있는지, 그

147) James Beilby, *Epistemology as Theology: An Evaluation of Plantinga's Religious Epistemology* (Aldershot, U.K. and Burlington, VT: Ashgate, 2005), 45-67; J. Wentzel van Huyssteen, *Essays in Postfoundationalist Theology* (Grand Rapids and Cambridge: Eerdmans, 1997), 73-90.

148) Beilby, *Epistemology*, 47.

149) Murphy, *Theology*, 200-204; 참조. van Huyssteen, *Essays*, 79-80.

150) Murphy, *Theology*, 43-48.

리하여 **포괄적인 범주의 자료와의** 일관성에 따라 주장을 전개하는 것으로 말해질 수 있는지를 세부적으로 설명하지 않는다. 나는 라카토스가 "통약불가능성"이라는 말을 좋아하는지 어떤지는 모르겠지만, 그것이 쿤, 로티, 그리고 특히 파울 파이어아벤트에게는 보다 적절한 용어라고 본다. 확실히 머피는 이렇게 말한다. "파울 파이어아벤트의 관점에 따르면 두 체계는 **통약불가능하다**"(머피 강조).[151] 머피가 알고 있는 것처럼 이 말은 자기모순 없이는 앞으로 나가지 못하는 것을 의미한다. 이 말은 각 "패러다임"이나 "지역적" 체계가 다른 것과 명료하게 소통할 수 있게 하는 **충분한 공통 언어와 개념적 문법을 완전히 결여하고 있는 상태**를 의미한다. 그러나 판넨베르크의 신학을 이런 용어로 규정하는 것은 거의 불가능하다. 시릴 바레트(Cyril Barrett)는 비트겐슈타인이 말하는 언어 놀이가 어떤 점에서는 "통약불가능하다"는 식으로 후기 비트겐슈타인을 해석하는 사람들에 대해서 정확하게 지적했다. 그는 이 이해가능성(intelligibility)의 간격이 "**번역불가능성**"(untranslatability)을 전제할 것이라고 주장한다.[152] 바레트는 이렇게 말한다. "개념적 상대주의에 대한 중대한 시금석은 번역가능성 또는 번역불가능성이다."[153]

파울 파이어아벤트의 이름이 이 지점에서 나타나는 것은 결코 우연이 아니다. 우리는 지금 (1999년 이후로) 합리성의 기준에 대해서 각기 차이를 드러내는 파이어아벤트와 라카토스의 인상적인 대응 관계에 근접했다. 이 두 사상가는 오류가능주의자다. 이들은 포퍼나 쿤을 철저히 따르지 않는다. 그러나 파이어아벤트는 라카토스에게 (1967년 12월에) 이렇게 말한다. "어떤 면에서 당신은 나보다 훨씬 더 낫고, 그래서 당신이 부럽다. 당신은 진리와 같은 어떤 것을 믿고, 진리에 도달하는 방법에 대해서도 어느 정

---

151) Murphy, *Theology*, 44.
152) Cyril Barrett, *Wittgenstein on Ethics and Religious Belief* (Oxford: Blackwell, 1991), 146.
153) Barrett, *Wittgenstein*, 147.

도 알고 있다.…그렇지만 지금 나는 뭐가 뭔지 모르겠다."[154] 라카토스가 파이어아벤트의 급진적인 개념적 상대주의에서 기꺼이 벗어나기를 바라는 마음은 그의 저서 『수학, 과학, 그리고 인식론』(Mathematics, Science, and Epistemology)에서 충분히 확증된다. 파이어아벤트의 편력은 그의 저서 『방법에 대한 도전』(Against Method)의 "아나키즘에 대한 논제" 부분과 다른 곳에 나타나 있다.[155]

이 요소들로는 판넨베르크의 체계가 흄의 체계와 통약불가능한지에 대한 특수한 물음에 우리의 답변을 확고하게 결정할 수 없다. 그러나 이 요소들은 초상황적인 합리성을 어느 정도 적절하게 신뢰하는 자들보다는, 급진적 다원주의자나 사회적 실용주의자가 보다 쉽게 사용하는 특정한 통약불가능성 개념에 대해서 특별히 주의할 것을 제안한다. 나는 다만 이 말의 특수한 적용에 반대하여 회의적인 물음표를 던진 것이다.

(iii) 세 번째 불안감은 만약 내가 후이스틴과 머피를 정확하게 이해했다면, 후이스틴의 불안감과 차이가 없다. 나는 데카르트와 세속적 합리론의 "높은" 근대성, 소위 과학적 실증주의의 "근대성" 그리고 관련 세계관의 지배가 물려준 속박적이고 비생산적인 유산에 대한 머피의 진단에 전적으로 공감한다. 그러나 이 특수한 **형태**의 "근대성"**으로부터의** 전환과 **탈근대성**(포스트모더니티)**으로의** 전환을 동일시하는 것은 불합리한 추론

---

154) Imre Lakatos and Paul Feyerabend, *For and Against Method: Including Lakatos's Lectures on Scientific Method and the Lakatos-Feyerabend Correspondence*, ed. M. Motterlini (Chicago and London: University of Chicago Press, 1999), 121.

155) Imre Lakatos, *Mathematics, Science, and Epistemology: Philosophical Papers*, ed. J. Worrall, Gregory Currie, 2 vols. (Cambridge: Cambridge University Press, 1978), vol. 2, 110, 136-137. 추가로 다음 자료들도 보라. Paul Feyerabend, *Against* Method (London: Verso, 3d edn., 1993), 158; Paul Feyerabend, "Theses on Anarchism," Lakatos, Feyerabend (ed.), *For and Against Method*, 113-118; "Consolations of the Specialist," Lakatos and Musgrave, *Criticism and Growth*, 197-230. Larvor, *Lakatos*, 82-85도 참조하라.

(*non sequitur*)이다. 탈근대성은 **이러한** 형태의 "고답적인" 근대성으로부터 해방될 필요를 인정하는 것 그 이상의 사실을 무한히 포함하기 때문이다.

나는 다른 곳에서 탈근대성 현상을 상세히 다루었다. 특히 "탈근대성의 두 가지 형태"가 각각 두 가지 특수한 방식으로 신학과 기독교 교리에 손상을 가하고 있다고 지적했다. 리처드 로티와 스탠리 피시(Stanley Fish)에게서 예증된 것처럼 미국의 탈근대성은 "지역 공동체"와 그 공동체의 실천에 실용주의적 자기 긍정을 일으킨다. 이 탈근대성은 해석학을 파괴하는데, 그 이유는 "타자(the Other)에게서 듣는 대신" 자체의 공동체가 구성한 진리 기준을 타자들(others)에게 부여하기 때문이다. 합리적·윤리적 정당성 없이 이 탈근대성은 "자유주의적 다원주의"와 관용의 신뢰를 주장하지만, 모든 기준이 우리를 배출한 공동체와 관련하여 자기 지시적이기 때문에 위험스럽고 기만적인 사회-정치적 제국주의를 일으킨다.

유럽의 포스트모더니즘은 처음에 진리-주장을 권력의 위장된 이득으로 폭로함으로써 자기비판의 여지가 있는 것처럼 보였다. 그러나 "지역적인"(local) 것의 위상이 높아지면 결국 해석학적 대화의 가능성에 대한 급진적 회의주의가 일어난다. 리오타르는 강자에 의한 약자의 순응이 해석학적 대화의 "가면"을 통해 더 가속화된다고 믿는다. 나는 1998년에 영국 신학연구협회의 기조 논문에서 이 두 비판을 언급했지만, 최근에 『티슬턴의 해석학』에 실린 "회고적 재평가"라는 글에서 이 주제를 다룬 과거 7편의 논문을 다루면서 이 비판을 더 날카롭게 수정했다.[156] 머피는 비록 포스트모던 사상 자체를 칭송하지 않아도 매우 폭넓은 표제 아래 비트겐슈타인, 오스틴, 맥클랜던을 비롯하여 자신이 건설적인 사상가로 간주하는

---

156) 두 논문은 각각 Thiselton, *Thiselton on Hermeneutics*, 581-606, 663-682에 수록되어 있다. 이 기조 논문은 처음에 Marcel Sarot, *The Future as God's Gift: Explorations in Christian Eschatology* (Edinburgh: T&T Clark, 2000), 9-39에 수록되었다. 신학과 탈근대성을 다룬 다른 다섯 편의 논문은 *Thiselton on Hermeneutics*, 537-581과 607-663에 수록되었다.

많은 사상가를 제시한다. 그녀가 다른 용어에 대해서는 무척 엄격한 태도를 취하면서도 "기초주의"와 "포스트모던"이라는 두 용어를 매우 느슨하게 사용한 것은 놀랍다.[157] 그것은 논증의 전개에 불필요하게 혼란스러운 애매함을 덧붙이는 것처럼 보인다.

그럼에도 모든 것을 다 말한 다음, 머피는 새로운 투입을 필요로 하는 중대한 논쟁의 영역으로 라카토스를 건설적으로 끌어들인다. 무엇보다 먼저 이 장의 주장과 관련해서, 라카토스는 사실상 "과학적" 담화 안에서 피할 수 없는 진리-주장의 해석학적 차원에 이르게 되는 효과를 강조한다. 이것은 해석적 판단의 필연성을 인정하는 것이다. 대다수 해석학 이론가와 마찬가지로 라카토스도 "오류가능주의자"의 판단의 잠정성을 인정하지만, 이 판단을 비합리적인 것으로 간주하지는 않는다. 라카토스는 교리 해석학과 일치되게, 폐쇄 체계와 반대되는 **"발견적"** 프로그램을 강조한다. 우리가 해석학에 "과학적" 담화를 적용시키는 것과 관련해서 예상되는 어려움에 "답변"을 제시할 필요성은 없지만, 라카토스의 연구 프로그램은 이 접근법을 적극적으로 장려하는 것으로 보인다.

---

157) van Huyssteen, *Essays*, 83-90도 참조하라.

제3부

# 기독교 교리의
# 주요 주제

The Hermeneutics of
Doctrine

9장
인간됨의 해석학을 위한
다양한 이해의 지평

## 9.1. 이해의 지평: 첫 번째 실례, 관계성의 해석학

이번 장은 지금까지 우리가 해석학 및 신학 방법에 대해 탐구한 부분과 기독교 교리의 내용을 해석학적 이해의 지평과 관련시켜 조명하는 이후의 내용 사이에 전환점을 제공한다. 분명 이어지는 장은 또 다른 이름으로 분류되는 조직신학이라기보다는 특정한 교리 **해석학**을 제공한다. 그럼에도 **인간성**(humanness)이나 **인간됨**(being human)의 교리(전통적으로 "인간론"으로 부르는 분야)는 해석학에서 이해의 지평에 대한 다양한 물음을 불러일으킨다. 분량이 상당히 많기 때문에 이 물음은 따로 한 장을 차지할 것이다. 또한 이번 장은 일련의 교리를 상세히 고찰하는 제3부로 들어가는 적절한 전환점을 구성한다.

해석학 이론에서는 적절한 이해의 지평 개념이 결정적인 역할을 한다. 이것은 두 가지 면에서 그럴 수 있다. 첫째, 어떤 이해의 지평은 기독교 교리의 담화라는 범주 안에서 의미나 개념적 문법의 혼란을 피하는 데 있어, 그리고 진리의 적용을 수월하게 촉진시키는 데 있어 틀림없이 근본적인 역할을 한다. 우리는 언어의 "고향" 배경("home" setting)이나 언어 놀이(language game) 안에서 혼란을 최소화하며 언어를 사용한다는 비트겐슈타인의 개념과 폭넓은 유비를 제안할 수 있다. 혼란을 일으키는 언어는 고향을 떠나 **"일 없이 놀 때"** 발생한다.[1] 비트겐슈타인은 이렇게 말한다. "이 낱말은 자신의 원래 **고향**인 언어 놀이에서 실제로 늘 그렇게 사용되는가? **우리가** 하는 일은 낱말들을…그것들의 일상적인 사용으로 다시 돌려보내

---

1) Wittgenstein, *Philosophical Investigations*, sect. 38 (비트겐슈타인 강조).

는 것이다."[2] 부유하는 **문제들**은 때때로 언어가 고향에서 벗어나 사용될 때 혼란을 일으킨다. 이것은 본서를 시작할 때 언급한 가다머의 유명한 대조, 곧 "부유하는 문제들"과 "발생하는 물음"의 대조를 부각시킨다.

마찬가지로 해석학적 지평은 2차 배경 속에서 2차적인 요점을 파악하는 데에도 사용될 수 있다. 최소한 "고향"이라고 가정했던 지평은 다른 "낯선" 지평과 어떻게 관련될까, 또는 어떻게 상호작용할까? 다른 탐구자들은 이 지평을 그들이 부유하는 "문제들"로 인식할 수 있는 것을 탐구하기 위해 자기들에게 사전에 "주어진 것"으로 삼을 수 있다. "이해의 지평"의 1차 의미는 의미나 진리와 관련되어 있으나 2차 의미는 의사소통과 관련되어 있다.

만일 여기서 우리의 관심사가 교리가 아니라 단순히 "성경신학"을 구축하는 데 있다면, 우리는 탐구를 오직 첫 번째 문제 곧 해석학적 "고향" 지평을 형성하는 것으로 한정시켜야 할 것이다. 그러나 앞에서 다룬 판넨베르크와 로너간에 대한 설명이 암시하는 것처럼, 우리는 기독교 교리를 탐구할 때 공적 세계에서 나타나는 다양한 지평을 반드시 다루어야 한다. 이 지평들 가운데 어떤 것은 성경과 기독교 교리의 "고향" 지평 안에서 일어나고, 또 어떤 것은 무신론 사상 안에서 또는 유사-성경적이거나 유사-기독교적인 언어를 사용하는 것으로 보이지만 실제로는 다른 이해의 지평에서 나오는 전통 속에서 일어난다. 이번 장(생각하건대 이후의 대부분의 장들과 달리)은 **인간됨** 교리의 해석학에 대한 예비적 요점을 제시하기 위해 단순한, 아니 사실은 단순화한 실례를 다음과 같이 선택할 것이다.

(1) 첫 번째 실례는 다음과 같다. **인간됨** 또는 인간성에 대한 적절한 **이해는 인간과 하나님에 대한 관계적·상호적 이해와 자아에 대한 관계적 이해에 의존하는가?**

기독교 교리에 대한 진정성 있는 다수의 설명은 인간됨의 의미에 대한

---

2) Wittgenstein, *Philosophical Investigations*, sect. 116.

적절한 이해가 **인간과 하나님의 관계 또는 관계적 존재로서의 인간을 충분히 설명하는 해석학적 지평에 달려 있다**는 사실을 전제한다. 종종 이것은 창조주 하나님과 관련해서 인간의 피조성(creatureliness)의 언어로 표현된다. 동시에 이것은 단순히 인간의 유한성과 인간 자아 외의 다른 힘에 대한 의존성 이상의 사실을 암시할 것이다. 몰트만과 판넨베르크는 창조주와의 이런 관계를 **사랑받는** 관계로 올바르게 제시한다. 몰트만은 간명하게 이렇게 설명한다. "우리는 하나님이 '자유롭게'(out of freedom) 세상을 창조하셨다고 말할 때 즉시 '사랑으로'(out of love)라는 말을 덧붙여야 한다."[3] 판넨베르크는 이 요점을 다음과 같이 상술한다. "하나님이 하나님 자신의 본성의 어떤 내적 필연성에 따라 세상을 창조하신 것이 아니라는 사실은 하나님이 창조주로 활동하실 때 갖고 계시는 자유에 대한 기독교적 이해의 본질적 요소다.…세상 창조는 하나님의 사랑의 한 표현이다.… 세상의 참된 실존은 하나님의 선하심에 대한 표현이다."[4]

기독교 신학의 다른 대표자들은 이 관계성을 다양한 방식으로 제시할 것이다. 예를 들어 어떤 학자들은 하나님의 형상으로 지음 받은 인간의 역할을 강조한다(창 1:26-27). 이레나이우스, 테르툴리아누스, 오리게네스, 락탄티우스(Lactantius)를 비롯한 다수의 초기 교부들이 이 지평 안에 들어 있다. 어떤 교부들은 하나님의 형상과 모양 사이의 구분을 중시한다. 이레나이우스, 테르툴리아누스, 오리게네스는 **형상**(히브리어 צֶלֶם, 첼렘)을 인간의 신적 창조를 가리키는 개념으로 보고, **모양**(히브리어 דְּמוּת, 데무트)은 인간의 잠재성이나 운명, 말하자면 인간이 (인간으로서) **될 수 있는** 상태를 가리키는 개념으로 본다.[5] 반면에 대다수 현대 주석가들은 형상과 모양을 히브

---

3) Jürgen Moltmann, *God in Creation: An Ecological Doctrine of Creation*, trans. Margaret Kohl (London: SCM, 1985), 35; 참조. 13-40, 57-60, 215-275.

4) Pannenberg, *Systematic Theology*, vol. 2, 19, 21.

5) Irenaeus, *Against Heresies* III:23:2, V:38:1-2; Tertullian, *Against Marcion* II:4, *On Baptism* 5; Origen, *On First Principles* III:4:1.

리어 대구법의 한 실례로 이해한다. 말하자면 사실상 동의어로 본다.[6] 오리게네스는 이렇게 말한다. "첫 창조에서 인간은 하나님의 **형상**의 존엄성을 받았지만, **모양**의 성취는…하나님을 본받음으로써…최후의 완성까지 진행된다."[7] 락탄티우스는 "인간은 하나님의 형상이므로" 우리는 "적절한 것"(현대의 말투로 하면, 인간에 대한 적절한 존중 의식)을 입고 있다고 주장한 최초의 인물로 등장한다.[8]

**인간됨**에 대한 이해가 인간을 **하나님과의 관계 속에서** 이해하는 것에 달려 있다는 원칙은 칼뱅, 슐라이어마허, 바르트, 판넨베르크, 몰트만, 발타자르, 라너, 그리고 다른 많은 학자의 작품 속에 나타나 있다.[9] 최근에는 레론 슐츠(F. LeRon Shults)가 『신학적 인간학의 개혁』(*Reforming Theological*

---

6) 참조. Bruce Vawter, *On Genesis: A New Reading* (New York: Doubleday, 1977), 54-57; Claus Westermann, *Genesis 1-11: A Commentary*, trans. J. J. Scullion (London: SPCK, 1984), 154-155.

7) Origen, *On First Principles* II:4:1; trans. from *Sources Chrétiennes*, vol. 268, ed. H. Crouzel & M. Simonetti (Paris: Cerf, 1980).

8) Lactantius, *The Divine Institutes*, VI:10:1.

9) J. Calvin, *Institutes*, I:1:1-3; Friedrich Schleiermacher, *The Christian Faith*, trans. H. R. Mackintosh and J. S. Stewart (Edinburgh: T&T Clark, rpt. 1989), 238-354. 『기독교신앙』(한길사 역간); Barth, *Church Dogmatics*, III:2, sects. 43, 19-54, 44, 55-202, 45, 303-324; Pannenberg, *Systematic Theology*, vol. 2, 9-21과 다른 곳; Moltmann, *God in Creation*, 13-40, 57-60, 215-279; Jürgen Moltmann, *Man: Christian Anthropology in the Conflicts of the Present*, trans. John Sturdy (London: SPCK, 1974), 1-21, 105-117; Hans Urs von Balthasar, *Theo-Drama*, vol. 2, 175-334, 특히 335-430, vol. 3, 283-292, 447-461; Karl Rahner, *Foundations of Christian Faith: An Introduction to the Idea of Christianity*, trans. W. V. Dych (New York: Crossroad, 1978, 2004), 24-106. 『그리스도교 신앙입문』(분도출판사 역간). 추가로 다음 자료들도 보라. G. C. Berkouwer, *Man: The Image of God*, trans. D. W. Jellema, Studies in Dogmatics (Grand Rapids: Eerdmans, 1962), 여러 곳; Otto Weber, *Foundations of Dogmatics*, trans. D. R. Guder, 2 vols. (Grand Rapids: Eerdmans, 1983), vol. 1, 529-580; Helmut Thielicke, *The Evangelical Faith*, trans. G. W. Bromiley, 3 vols. (Grand Rapids: Eerdmans, 1974), vol. 1, 312-404.

*Anthropology*)에서 이 원칙을 새롭게 강조했다.[10] 슐츠는 아리스토텔레스로부터 중세 시대의 부흥을 거쳐 데카르트, 로크, 그리고 사실상 헤겔에게 이르는 다른 학자들의 사상까지, "실체"에 대한 철학적 전통의 결과를 추적한다. 칸트는 자신의 범주의 주요 목록에 "관계"라는 하위 범주를 추가함으로써 새로운 관점의 출발을 보여주었고, 슐츠는 이것을 "중대한 조정"으로 간주한다.[11] 헤겔은 결정적으로 더 나아갔고, "궁극적 관계성 곧 무한자와 유한자의 관계에 대한 엄격한 반성"을 시도했다.[12] 키에르케고르 역시 헤겔과의 잘 알려진 차이점에도 불구하고 관계성을 핵심 개념으로 보았다고 슐츠는 주장한다.

슐츠는 퍼스, 마르틴 하이데거, 장-폴 사르트르(Jean-Paul Sartre), 화이트헤드(A. N. Whitehead)를 통해, 그리고 당연히 유대인 철학자인 마르틴 부버와 엠마뉘엘 레비나스(Emmanuel Lévinas)를 통해 관계성이라는 주제를 더 적극적으로 추적한다. 이 주제는 기독교 교리에 결코 이질적인 것이 아니었으며 오히려 그 반대였다. 관계성 주제는 바로 성경 전통의 핵심에서 나온다. 슐츠는 "관계성은 오랫동안 기독교 신학의 주요소였다"고 말한다.[13] 슐츠는 자신의 현재 과제를 "후기 근대의 인간학적 자기이해에 응답할 수 있도록 돕고자 성경 전통의 관계적 사고방식을 복원하고 재형성하는 것"으로 본다.[14]

슐츠는 자신이 그렇게 암시하거나 상상하는 것과 달리, 이 과제에 종사한 유일한 사람이 아니다. 한 실례를 든다면, 스탠리 그렌츠도 "관계성"의 주제, 무엇보다 명시적으로 삼위일체 신학에 근거한 이 주제를 책 전체

---

10) F. LeRon Shults, *Reforming Theological Anthropology: After the Philosophical Turn to Relationality* (Grand Rapids & Cambridge, U.K.: Eerdmans, 2003), 여러 곳.

11) Shults, *Reforming*, 21; 참조. 11-34.

12) Shults, *Reforming*, 24.

13) Shults, *Reforming*, 33.

14) Shults, *Reforming*, 33.

의 핵심 주제로 채택했다.[15] 나아가 (슐츠가 지적하는 것처럼) 바르트나 몰트만이나 판넨베르크도 인간에 대한 그들 각자의 설명에서 관계성을 중심에 두지 않았다고 비난받을 수는 없다. 개혁파 신학의 관점에 따라 글을 쓴 슐츠는 칼뱅도 관계성을 중심적 위치에 두었음을 예증한다. 슐츠는 칼뱅이 "하나님을 아는 지식이 없으면 자아에 대한 지식도 없다"는 널리 알려진 말 외에도 관계성에 대하여 상당히 많은 말을 했다고 지적한다. 칼뱅은 이 지식이 상호적 지식이라고 주장한다. "자기에 대한 지식이 없으면 하나님을 아는 지식도 없다." 그리고 하나님을 알고 우리 자신을 알 때만 인간은 "하나님의 위엄" 앞에 선다고 칼뱅은 덧붙인다.[16] 또한 슐츠는 특히 슐라이어마허, 바르트, 판넨베르크를 자신의 대화 파트너에 포함시킨다. 슐츠는 슐라이어마허가 "상호성"(reciprocity)을 강조한 사실이 타당함에도 불구하고, 특히 비전문가에게 이 사실은 부당하게 등한시되거나 오해를 받았다고 주장한다.[17]

나는 슐라이어마허에 대한 슐츠의 평가에 동조할 마음이 있다. 노팅엄 대학교에서 강의할 때 나누어준 내 강의계획표에는 슐츠가 슐라이어마허의 『기독교신앙』(The Christian Faith)을 설명하는 "타자와의 관계 속에 있는 이해" 부분(즉 6-11)이 맨 앞에 있었다.[18] 또한 나는 슐라이어마허의 『종교론』(On Religion: Speeches to Its Cultured Despisers), 『해석학』(Hermeneutics), 『성탄축제』(Celebration of Christmas)에도 이 상호성 주제가 나타나 있음을 지적했다. 『종교론』에서 슐라이어마허는 "체계에 대한 비참한 사랑"을 거부하는데, 그 이유는 그것이 "낯선 것을 거부하고" "타자"를 설명에서 제외시

---

15) Stanley J. Grenz, *The Social God the Relational Self: A Trinitarian Theology of the Imago Dei* (Louisville London: Westminster John Knox, 2001).

16) Calvin, *Institutes of the Christian Religion*, I:1:1-3(슐츠는 F. L. 배틀즈의 번역을 사용한다); Shults, *Reforming*, 1.

17) Shults, *Reforming*, 97-116.

18) Schleiermacher, *Christian Faith* (2d edn.), 26-60.

키기 때문이다.[19] 슐츠가 지적하는 것처럼, 『기독교신앙』에서 핵심 요점은 2부에서 인간 의식에 대한 "설명"이 "하나님-의식"과의 관계에 달려 있다고 주장하는 것이다. 슐라이어마허는 이렇게 말한다. "우리는 하나님-의식이…우리의 자기의식을 고통으로 판단할 때마다 죄 의식을 갖는다."[20] 반면에 (아래에 나오는) 13.3.에서 나는 슐라이어마허의 "타락"과 인간의 죄의 본질에 대한 설명을 따로 다루었다.

슐츠는 신학적 인간학이 은혜의 복음을 명료하게 제시한다고 결론짓는다. 그것은 성령으로 말미암아 인간이 하나님의 사랑의 결정체인 위엄하신 그분의 임재 속에서 안식할 수 있도록 이끄는 은혜의 복음이다. **결론적으로 신학적 인간학은 인간 교리의 해석학적 이해의 지평을 확립하는데 힘쓴다.** 왜냐하면 인간을 이해하는 것은 **"절대타자"와의 관계 속에서** 이해가 이루어지지 않으면 적절할 수 없기 때문이다. 슐츠는 다음과 같이 결론짓는다. "이 절대타자(the Other)는…다른 사람과의 상호작용을 통해 얻는…인간적 '타자'(the other)의 황홀한 매력과 분리될 수 없고,…이 안에서 자아와 타자의 경계가 탐구되고 협의되고 위반되고 구체화된다."[21]

그러나 이 해석학적 지평은 인간의 상태에 대한 대다수 무신론적 탐구 지평과는 다르다. 이 해석학적 지평은 "낯선" 이면에 익숙한 출발점을 포함할 수 있다. 예컨대 "의료 기술의 지평 안에서 **인간됨**을 구성하는 것은 무엇인가?"와 같은 물음을 포함할 수 있다. 발생학 연구의 발전으로 우리는 태아의 지위에 대해 묻게 되었고, 이런 물음은 (반드시는 아니지만) 종종 생명-물리학 이해의 지평 안에 머물러 있다. 생명-물리학적 물음은, 예컨대 인간됨의 **가능한** 출발점이 되는 "원시선"(primitive streak: 배아 발달 단계에

---

19) Friedrich Schleiermacher, *On Religion; Speeches to Its Cultured Despisers*, trans. John Oman (London: Kegan Paul, Trench, Trübner, 1893), 55. 『종교론』(대한기독교서회 역간).

20) Schleiermacher, *Christian Faith*, sect. 66, 27; 참조. Part II, sect. 62-105, 259-475.

21) Shults, *Reforming*, 2.

서 초기에 형성되는 구조-역자 주)이 언제 출현하는지와 같은 물음처럼, 기독교적·유신론적 지평 안에서도 결정적인 중요성을 갖고 있다. 생명-물리학적 차원에서는 원시선이 인간의 신경계 형성의 가장 원초적 단계의 필수 조건을 제공하는 것으로 볼 수 있다. 그러나 생명의 시작과 관련된 포괄적 물음들에 대한 생명-물리학의 중요성은 여전히 모든 면에서 조심스러운 평가를 필수적으로 요청한다.

노화와 생명의 종결과 관련해서 제기되는 병행 물음들 역시 종종 엄밀하게 생명-물리학의 관점에 따라 답변된다. 이것은 특히 인간이 존엄한 삶을 사는 데 필요한 많은 통상적 능력을 잃어버린 상황에 적용된다. 만일 어떤 사람이 외적 자극에 반응할 수 없는 것처럼 보이고 사실상 식물인간 상태에 빠진 것으로 인정된다면, 생명 유지 장치를 끌 수 있는지, 또는 끌 수 있다면 언제 끌 수 있는지를 무엇이 결정하는가? 언제 생명을 연장시키는 약물의 투여를 중단하고 사전에 안락사를 시행할 수 있을까? 서명 동의의 존재나 "삶의 의지"는 이런 상태에서 "인간됨"의 의미가 무엇인지에 대한 논쟁에 영향을 미치는가? 이 논쟁은 유신론적 맥락이나 무신론적 맥락에서 어떤 근거에 따라 "인간의 존엄성" 개념을 포함시키는가?

**기독교적·신학적 이해의 지평은 항상 자연주의적·단순한 생명-물리학적 이해 방법보다 더 포괄적이다. 절대로 그 폭이 더 좁지 않다.** 생명-물리학적 물음들도 분명히 포함되어야 하지만, 그렇다고 이 물음들이 기독교적 이해의 지평을 **철저히** 규정하는 것은 **아니다.** 결과론적 윤리 역시 거의 당연하게 의무론적 물음의 **포괄적** 지평 안에 놓여질 필요가 있다.

어떤 학자들은 기독교 인간 이해의 지평은 자연주의적 지평이나 생명-물리학만을 고집하는 지평과 **통약불가능하다**고 주장하는 것처럼 보인다. 그러나 특히 포스트모던 사상에 지나치게 치우친 자들은 이 말을 너무 가볍고 쉽게 사용하는 경향이 있다. 여러 해 동안 나는 영국의 보건당국이 설치한 인간 수정 및 배아 관리국의 위원으로 봉사하는 권한을 가졌다. 이 관리국의 위원들은 병원을 감시하고, 치료 면허와 연구 면허 자격을 평가하고, 사전에 윤리 문제를 연구하며, 의회의 인간 수정 및 배아 관리 법(1990년)의 일상 업무를 감독하는 것 외에도, 공적 생활의 광범위하고 다양한 집단 및 이익 단체와 대화를 나누고 그들의 말을 경청할 의무도 갖고 있었다. 이런 집단과 이익 단체에 참여하는 이들은 손해를 끼치든 안 끼치든, 태아로 형성된 최초의 순간부터 모든 태아를 절대적 생명권을 가진 온전한 인간으로 간주하는 "낙태 반대" 집단으로부터, 고질적인 유전병을 치료하기 위한 소망으로 배아를 "보관하는 데" 필사적인 노력을 보여주는 연구 과학자들, 불임 치료에 필사적으로 매달리는 환자들, 그리고 다양한 사전 대책을 강구하는 임상의들에 이르기까지 매우 광범위했다. 나는 이 모든 사례 속에서 성경적·기독교적 이해의 지평과 **어떤** 식으로든 진취적이고 협상적인 대화가 불가능할 정도로 **근본적으로** 다른 지평을 찾지 못했다. 어쨌든 정부가 지명한 21명의 관리국 위원들은 (적어도 내가 그곳의 위원으로 있는 동안에는) 안정되고 정통한 공적 생활을 위해 책임 있는 해석학적 경청, 민감성, 대화로 이루어진 훌륭한 모델을 제시했다. 그러나 우리가 수시로 외부 압력 단체를 만났을 때 이것이 항상 사실은 아니었다.

관리국 위원들은 어떤 물음에 대해서는 "타자"의 지평 안에 서 있어야 했다. 예를 들어 완전하지 못한 태아를 가능하면 "지우기"를 바라는 장애인의 지평, 또는 부모로서의 권한과 은사를 갈망하는 고뇌 어린 부모의 지평 속에 들어가려고 하지 않으면, **해석학**은 깨지기 쉽고 추상적이고 선험적인 체계로 대체되고 만다. 우리는 이미 제2부 8.3.에서 교리와 관련해서 체계의 다양한 형태와 역할을 설명했다. 그러나 이 지평은 결정적이거나 절대적인 것이 아니다. 예컨대 정확한 동의가 주어지지 않으면 치료가 불가능할 때 개인의 슬픔을 핑계로 탄원하는 것에 굴복하게 되면, 미래의 사례들, 아니 사실은 미래 세대의 행복과 관련된 미래 시나리오의 지평 밖으로 나가게 되고, 현재의 한 가지 강경한 사례가 미래의 다른 사람들에게 상상할 수 없는 결과를 가져오는 결정적 요소가 될 수 있다. 그러나 여기서 우리는 해석학의 핵심으로 나아간다. 왜냐하면 그것이 엄밀히 말해 등한시된 슐라이어마허의 격언의 요점이기 때문이다. "해석할 때 우리는 우리 자신의 사고방식에서 벗어나 저자의[여기서는 타자의] 사고방식 속으로 들어가야 하는 것이 본질이다."[22]

이것은 딜타이가 부당하게 비판받은 자신의 개념 곧 타자의 경험을 "다시 경험하거나" "다시 살려면"(nacherleben) "다른 사람의 정신생활" 속으로 들어갈 수 있도록 상상, 느낌, 공감, 열망, 그리고 융통성의 힘을 계발해야 한다는 개념을 제시했을 때 염두에 두었던 것이다. 우리는 "공감"(Hineinversetzen)과 "입장 바꾸기"(Transposition)를 통해 다른 사람에 대한 지각과 판단을 형성하는 이해의 지평을 공유하게 된다.[23]

그렇다고 해도 이러한 이해의 지평 가운데, 어떤 것이 통약불가능하다는 견해를 거부한다고 해서, 이해 지평의 "발생지"가 낯선 지평을 만날 때 이해의 방해물이 종종 나타난다는 것을 부인하는 것은 아니다. 방해물은 양편 모두에서 인식될 수 있다. 종종 지평의 중첩이 있을 수 있다. 그렇다고 해서 내가 제1부와 제2부에서 거듭 천명한 것처럼, 이 중첩이 지평의 동화를 의미하지는 않는다. 우리는 "분쟁"(differend)에 대해서 패배주의적이고 근본적으로 회의적인 주장을 제기한 리오타르가 설득력 없다고 생각한다. 리오타르에 따르면, 분쟁의 대화 속에서 어떤 이의 "관용구"는 은밀한 폭력이라고 불리는 것 속에서 타자에 의해 불가피하게 동화되고 억제될 것이다.[24] 이것은 베티, 가다머, 리쾨르가 공유하고 있는 의미로 보면, 해석학은 단순히 속이는 것에 불과하다는 포스트모던 사상의 주장과 근본적으로 다른 것이 없다. 이런 주장은 본서에서 언급된 수많은 주요 사상가를 순진한 망상을 갖고 연구하는 자로 배제할 것이다.

여기서 해석학적 이해와 상호참여에 대한 하나의 스펙트럼이 나타난

---

22) Schleiermacher, *Hermeneutics*, 42

23) Dilthey, *Gesammelte Schriften*, Bd. 7, 213-214.

24) Jean-François Lyotard, *The Differend*, trans. G. van den Abbeele (Manchester: Manchester University Press, 1990).

다. 이 스펙트럼의 적극적인 목적에 따르면, 슐라이어마허와 딜타이가 지나치게 "심리학적으로 생각한다"고 의심하는 이들에 반대해, 폴 리쾨르는 상상력과 함께 다음과 같은 이해의 확장을 열어줌으로 "가능세계"를 상상할 수 있다고 상기시킨다. "상황이 있는 곳은 어디서나 **축소되거나 확대될** 수 있는 지평이 존재한다"(티슬턴 강조).[25] 도널드 캡스(Donald Capps)는 리쾨르의 해석학 모델을 목회적 돌봄 사역과 상담에 건설적으로 적용시킨다.[26] "거리"라는 개념이 두드러지는 곳에서(또한 목회 상담의 맥락에서) 스펙트럼의 목적에 대해, 데보라 훈싱거(Deborah van Deusen Hunsinger)는 바르트가 신앙의 유비를 존재의 유비로 바꾸기를 거부한 것을 강조하는데, 이는 자기 지식으로 진입하기 위한 지점으로 신적 **은혜**의 주도적인 역할을 강조하기 위함이다.[27] 훈싱거는 신학과 문화가 "같은 품속에 거할 때도 논리적으로는 다양한 상태로" 존재한다는 한스 프라이의 견해를 인용한다.[28]

이해의 지평이 멀리 떨어지기 시작하는 곳에서(돌이킬 수 없을 정도는 아니라고 해도), 기독교 교리의 해석학은 지평들이 사실상 중첩되는 양 지점(비록 이 지점들이 완전히 하나로 수렴되지 않더라도)과 또 기독교 교리의 폭넓고 포괄적인 이해의 지평 안에서 일어나는 특징적 이해를 동일시하려고 할 것이다.

그러나 이것은 특히 폴 틸리히에게게서 발견되는 것처럼 "상관관계의 원리"(principle of correlation)에 호소하려는 것이 **아니다**. 상관관계의 원리는

---

25) Ricoeur, "The Task of Hermeneutics," in *Hermeneutics the Human Sciences*, 62.

26) Donald Capps, *Pastoral Care Hermeneutics* (Philadelphia: Fortress, 1984), 18-25(리쾨르에 대한 부분), 37-60, 목회적 돌봄에 대해서는 여러 곳을 보라.

27) Deborah van Deusen Hunsinger, *Theology Pastoral Counseling: A New Interdisciplinary Approach* (Grand Rapids: Eerdmans, 1995), 113-121; 참조. 122-150.

28) Hunsinger, *Theology*, in "An Afterword to Eberhard Busch's Biography of Barth," 6에서 인용.

최소한 다섯 가지 어려움에 직면한다.[29] 첫째, 상관관계의 원리는 활동하고 확대되는 지평에 따라 작용하지 않고 정적인 경향을 갖고 있다. 둘째, 상관관계의 원리는 "물음들"이 인위적으로 왜곡되거나 예상되는 신학적 "답변"으로 "유도된다"고 틸리히의 비판자들이 재빠르게 지적한 것처럼, 일반화된 모형론으로 작용한다. 셋째, 상관관계의 원리는 모든 것을 "더 근접한 것"으로 환원시키거나 스펙트럼과 중첩되는 목적으로 환원시킨다. 그리고 "거리"를 전혀 두지 않고, 지평의 "발생지"가 "낮선" 지평과 근본적으로 다르다는 것에 대해서 거의 비중을 두지 않는다. 넷째, 더 신학적이거나 덜 신학적인 이해의 지평들은 **전체 상호성** 속에서 서로를 제약해야 하는가? 이것은 두 번째 비판과 충돌한다. 틸리히는 이렇게 말한다. "상관관계의 방법은 **상호의존 관계** 속에서 실존적 물음과 신학적 답변을 통해 기독교 신앙의 내용을 설명한다."[30] 다섯째, 해석학적 지평은 종종 개념적 문법에 적합하지만, 틸리히는 거의 완전히 융의 심리학과 유사-자연주의 언어 철학에 기초를 둔 개념 이전의 상징(pre-conceptual symbols) 단계에서 작업한다.[31]

틸리히는 신적 초월성과 타자성을 자기 나름의 방식으로 정당화하려고 애쓴다. 확실히 틸리히가 모든 것을 상징에 기초를 두는 것은 엄밀히

---

29) "다섯 가지"가 전부는 아니다. 나는 틸리히가 역사를 과소평가하는 것은 언급하지 않았다.

30) Tillich, *Systematic Theology*, vol. 1, 68(티슬턴 강조).

31) Paul Tillich, "The Religious Symbol," S. Hook (ed.), *Religious Experience Truth* (Edinburgh: Oliver & Boyd, 1962), 301-322. 잘 알려진 비판자들 가운데 케네스 해밀턴(Kenneth Hamilton)은 틸리히가 기독교의 복음 속에서 특징적으로 "기독교적이고" 케뤼그마적인 것을 일소해버렸다고 주장한다. Kenneth Hamilton, *The System the Gospel* (London: SCM, 1963). 해밀턴은 이렇게 말한다. "틸리히의 체계를 전체적으로 보게 되면 기독교 복음과 양립할 수 없음을 알 수 있다"(227). 이것은 과장된 진술일 수 있으나 틸리히의 상관관계의 방법에 관한 정당한 불안을 표현한다. T. A. O'Meara and C. D. Wetsser (eds.), *Paul Tillich in Catholic Thought* (London: Darton, Longman & Todd, 1965)도 참조하라.

말해 그가 "가장 완전한" 존재로서의 하나님에 대한 개념적 언어는 부적절하다고 믿기 때문이다. 틸리히는 이렇게 말한다. "최상급의 말들이 하나님에게 적용되면 그것은 접미사가 되고 만다. 그 말들은 하나님을 다른 모든 존재보다 더 높이기는 하지만 다른 모든 존재의 차원으로 끌어내린다."[32] 반면 전통적 언어는 "하나님의 무한성을 단순히 유한자의 범주의 확장에 불과한 유한성으로 변형시킨다."[33] 어쨌든 틸리히의 상관관계의 방법은 이해의 지평과 관련해서 기독교 인간관에 영향을 미친 기독교 사상가의 범주에 그를 집어넣기를 상당히 조심스럽게 만든다. 버나드 마틴 (Bernard Martin)은 틸리히에게 동조적인 해설자이지만, 그의 전문 연구서인 『폴 틸리히의 인간론』(Paul Tillich's Doctrine of Man)은 틸리히가 칼뱅, 바르트, 몰트만, 판넨베르크, 그리고 어쩌면 슐라이어마허와도 참으로 거리가 먼 곳에 있음을 보여준다. 인간의 유한성은 **주로 하나님과의 관계 속에서 정의되는 것이 아니라** "인간의 존재가 비존재에 의해 제약된다는 사실"로 정의된다.[34] "인간 존재의 기본 구조"는 하나님과의 관계성에 대한 언어로부터 나오지 않고 "자아와 세상의 상관관계" 속에서 발견된다.[35] 반면에 다니엘 밀리오리(Daniel Migliore)는 다음과 같이 말한다. "하나님에 대한 지식과 우리 자신에 대한 지식은 서로 얽혀 있다. 우리는 새로운 자아 인식에 충격을 받지 않으면 하나님을 알 수 없다. 또 하나님이 누구신지에 대한 새로운 자각이 없으면 우리의 참된 인간성에 대해서도 알 수 없다."[36]

---

32) Tillich, *Systematic Theology*, vol. 1, 261.

33) Tillich, *Systematic Theology*, vol. 2, 6.

34) Bernard Martin, *Paul Tillich's Doctrine of Man* (London: Nisbet, 1966), 92; 참조. 92-111.

35) Martin, *Man*, 83; 참조. 83-92. 마틴은 Tillich, *Systematic Theology*, vol. 1, 182-189 을 인용한다.

36) Migliore, *Faith Seeking*, 120. 『기독교 조직신학 개론』(새물결플러스 역간).

## 9.2. 이해의 지평: 두 번째 실례, 공동체적 틀의 해석학

하이두크가 우리에게 상기시킨 것처럼(위에서), 개인주의의 최고 표지는 서양에서 17세기 이후부터 20세기 말 근대 후기까지 나타나는데, 그 표지는 오늘날도 여전히 강력한 유산으로 남아 있다. 19세기 말에 개인주의는 특히 하르낙의 "인간 영혼의 무한한 가치" 개념과 함께 자유주의 개신교 사상을 지배했다. 사회과학 분야에서는 스티븐 루크스(Steven Lukes)가 이에 대한 유용한 역사적·철학적·사회학적 연구를 제공했다.[37]

반면에 20세기 초반의 성경 연구 상황을 보면, 다수의 성경학자가 특히 구약성경 초반부에 나타나는 "집단적 연대성"(corporate solidarity)의 중요성을 강조했다. 어떤 학자는 이 점을 강조하기 위해 특히 여호수아서, 사사기, 사무엘상하서에 나오는 구절을 인용했다. 1926년에 요한네스 페데르센(Johannes Pedersen)은 부주의한, 아니 사실은 과장된 말로 이 점을 표현했다. 그는 개인이 몸의 경계를 훌쩍 뛰어넘어 가족의 몸과 가족의 재산, 부족과 부족의 양식을 결합시키는 "정신적 전체"(psychic whole)를 형성시키는 힘의 중심으로 간주되었다고 주장했다.[38]

이런 과장되고 의심스러운 말은 약 50년 이후에 반발을 불러일으켜 비판을 받았다.[39] 하지만 그동안에는 이 말이 이스라엘 백성의 삶에 대한 20세기 초의 관점을 반영했다. 1911년에 휠러 로빈슨은 네 가지 현상, 곧 피의 복수, 수혼제(남편이 죽으면 아내가 남편의 형제와 재혼하는 일-역자 주), 아버지

---

37) Steven Lukes, *Individualism* (Oxford: Blackwell, 1973), 여러 곳.

38) Johannes Pedersen, *Israel: Its Life and Culture*, 2 vols. (London and Copenhagen: Oxford University Press, 1926).

39) John W. Rogerson, "The Hebrew Conception of Corporate Personality," *JTS* 21 (1980) 1-16; rep. in B. Lang (ed.), *Anthropological Approaches in the Old Testament* (Philadelphia: Fortress, 1985), 43-59. 로저슨은 주로 로빈슨을 겨냥한다. 추가로 J. R. Porter, "The Legal Aspects of Corporate Personality in the Old Testament," *Vetus Testamentum* 15 (1965) 361-368도 보라.

의 사면, 그리고 집단 책임에 의존하여 이 강조점을 예증했다.[40] 로빈슨은 피의 복수 관습(삼하 14:7; 15:3; 21:1-14)과 특히 수혼제(신 25:5)를 통해 "인간은 그의 죽은 형제와 동일한 존재로 간주되었다"(수혼제의 의미에 따를 때)라고 단정했다.[41] 아버지가 아들이나 딸의 목숨을 처리할 절대적 권리(창 22장, 아브라함; 창 42:37, 야곱; 삿 11:29-30, 입다)를 갖고 있는 것은 자녀의 개인적 지위를 의심하게 만드는 역할을 했다. 현대인의 귀에 더 중요하게 들리는 요점은, 아간의 죄에 대한 책임을 이스라엘 전체가 짊어지고 아간의 죄의 후속적 결과가 지파, 씨족, 가족 전체에까지 미치는 이야기(수 7:24-26)가 집단적 **책임**에 대한 로빈슨의 견해를 확증하는 것처럼 보였다는 것이다.

로저슨(Rogerson)은 휠러 로빈슨이 집단적 대리 개념과 집단적 책임 개념을 혼동하고 있다고 지적한다. 집단적 대리 개념은 시편과 종의 노래(사 42-63장)에서 "나"와 "우리"를 교차적으로 사용하는 표현에서 발견된다.[42] 그러나 로빈슨과 페데르센은 불필요하게 레비-브륄(Lévi-Bruhl)과 같은 학자의 인간학에 따라, 이 주제를 고대 이스라엘의 "원초적" 정신의 영향에 귀속시킨다. 심지어 오브리 존슨(Aubrey Johnson)은 이 주제를 시간과 공간에 따라 집단적으로 "확대된" 인격성에 귀속시킨다.[43] 이 주제는 1970년대 중반까지 구약학을 지배해왔다.

그러나 보다 온건한 형식으로 새롭고 의심스러운 인간학에 호소한다고 해서 **인류 또는 이스라엘의 공동체 및 집단 개념의 역할, 그와 나란히 개인에게 강조점을 두는 개념**의 역할이 소멸되는 것은 아니다.[44] 현대 서

---

40) H. Wheeler Robinson, *The Christian Doctrine of Man* (Edinburgh: T&T Clark, 1911), 27-30.

41) Robinson, *Man*, 29.

42) Otto Eissfeldt, "The Ebed-Jahweh in Isaiah xl-lv," *Expository Times* 44 (1933) 261-268.

43) A. R. Johnson, *The One and the Many in the Israelite Conception of God* (Cardiff: Cardiff University Press, 1961).

44) Hans Walter Wolff, *Anthropology of the Old Testament*, trans. Margaret Kohl

구의 **개인주의야말로** 모든 성경 전통에게는 **낯선 지평**이다. 한스 볼프 (Hans Wolff)는 믿음을 고백하는 내러티브에서 "나"와 "우리"를 교대로 사용하는 것에 주의를 기울인다. "내 조상은 방랑하는 아람 사람으로서 [그가] 애굽에 내려가…애굽 사람이 **우리를** 학대하며 **우리를** 괴롭히며…**우리가 우리** 조상의 하나님 여호와께 부르짖었더니…**우리를** 애굽에서 인도하여 내시고…여호와여 이제 **내가** 주께서 **내게** 주신 토지 소산의 만물을 가져왔나이다"(신 26:5-10).[45]

이스라엘 역사의 다른 시기를 보면, 대체로 개인의 운명이 곧 그의 백성의 운명이었다고 볼프는 계속해서 말한다. **개인** 자신이 먼저 사회에서 퇴출된 자로 나타난다(아간처럼; 수 7:24-26, 또는 "이스라엘 안에서 행해지지 않은" 어떤 일을 행하는 자처럼; 신 17:12). 볼프는 시편 25:1-21에 대해 이렇게 설명한다. "여기서 '외롭고'(야히드, 16절)라는 말은 분리와 고립의 불행을 의미하고, 비참과 고통을 함축한다."[46] 사무엘상 21:1에서 "어찌하여 네가 홀로 있고 함께하는 자가 아무도 없느냐?"에 대해 볼프는 이렇게 덧붙인다. "여기서 '홀로'(레바드)는 분리된 것, 차단된 것과 같은 의미를 갖는다. 왜냐하면 '바드'는 전체에서 잘려나간 부분을 가리키기 때문이다."[47]

그럼에도 개인은 또한 부르심 받고 택함 받은 자로 나타날 수 있다. 아브라함은 부르심을 통해 무리와 분리된다. "너는 너의 고향과 친척과 아버지의 집을 떠나…"(창 12:1). 야곱 이야기도 마찬가지다. "큰 외로움에 대해 말한다.…(창 32:24, 25, 29)…선택에 대한 모든 이야기는 무엇보다 먼저 떨어져 분리되는 것에 대한 이야기다."[48] 예레미야는 예언자 사역을 위해 부

---

(London: SCM, 1974), 214-222을 보라. 『구약성서의 인간학』(분도출판사 역간).

45) Wolff, *Anthropology*, 216(볼프 강조).

46) Wolff, *Anthropology*, 217; A. Weiser, *The Psalms: A Commentary*, trans. H. Hartwell (London: SCM, 1962)는 시 25편을 "외로운 삶의 고요함으로 구성된…진지한 경건함 속에 있는 수동적 영혼의 애가"로 부른다(23).

47) Wolff, *Anthropology*, 217.

48) Wolff, *Anthropology*, 219.

르심을 받을 때 조롱거리가 되어 배척당하는 짐을 홀로 감당한다(렘 20:7-8). 에스겔 예언자도 마찬가지다(겔 2:3-5).

발터 아이히로트(Walter Eichrodt)는 에스겔의 부르심에 대해 다음과 같이 설명한다. "이 특별한 사람을 예언자로 선택한 것 자체가 사실상 인간적인 모든 추측과 반대된다.…하나님의 사자는 적의, 경멸, 그리고 실제적인 육체적 부상에 직면할 것을 각오해야 한다."[49] 이런 실례들을 보면, 하나님은 사람들을 **개별적으로** 다루신다. 하지만 이것은 현대 서구의 **개인주의**와는 완전히 거리가 멀다.

신약성경도 대체로 "사람들"에 대하여 이 강조점을 공유하고 있다. 톰 홀랜드(Tom Holland)가 최근에 바울에 대해 쓴 작품의 주된 전제는 바울의 "서신은 하나님이 한 그리스도인을 위해 행하셨거나 행하고 계시는 것에 대한 내용이 아니고, 자신의 언약 백성인 교회를 위해 행하셨거나 행하고 계시는 것에 대한 내용이라는 것"이다.[50] 50년 전에 존 로빈슨은 주로 바울의 **몸**($\sigma\hat{\omega}\mu\alpha$, 소마)이라는 말의 용법에서 바울과 바울 서신의 "집단적" 이해와 설명을 이끌어냈다. 존 로빈슨은 이 개념의 기원이 아마도 다메섹 도상에서 바울이 그리스도를 만날 때 "네가 어찌하여 **나를** 박해하느냐?"(행 9:4-5과 22:7-8)라며 그리스도를 계시했던 사건이라고 추적하면서, 그리스도인은 "**개별자로 존재하는 것이 아니라 기독교 공동체로 존재한다**"고 보았다(로빈슨 강조).[51] 로빈슨은 "몸의 **지체**"(그리스어 $\mu\acute{\epsilon}\lambda\eta$, 멜레)라는 말이 서양의 개인주의 배경 안에서 크게 오해되고 있다고 지적한다. 한 단체의 "지체"는 이 단체에 서명하고 단체의 기능에 참여하는 개인이다. 바울에게 그

---

49) Walther Eichrodt, *Ezekiel: A Commentary*, trans. C. Quinn (London: SCM, 1970), 61-62.

50) Tom Holland, *Contours of Pauline Theology: A Radical New Survey of the Influences on Paul's Biblical Writings* (Fearn, Scotland: Mentor/Focus, 2004), 40. 『바울신학개요』(크리스챤다이제스트 역간).

51) John A. T. Robinson, *The Body: A Study in Pauline Theology* (London: SCM 1952), 58; 78-79도 보라.

리스도의 "지체"는 "그리스도 안에 있는" 유형적 집단의 구성 요소다. 따라서 나는 고린도전서 주석에서 μέλη(멜레)를 일반적으로 그리스도의 **수족**(limbs)으로 번역했다.[52]

이 주제에 대한 신약 전문가들의 상세한 연구를 추적하는 것은 지금 우리의 주된 목적이 아니다. 마거릿 미첼(Margaret Mitchell)과 데일 마틴(Dale Martin)은 바울이 몸을 사회정치적·집단적 용어로 표현하는 것의 중요성을 강조하지만, 라이오넬 손턴(Lionel Thornton)은 근본적인 초개인적 차원으로서의 **교제** 또는 **공동체적 참여**(κοινωνία, 코이노니아)를 강조한다. 알베르트 슈바이처에서 현대에 이르기까지 많은 학자가 **"아담 안에서"** 그리고 **"그리스도 안에서"**라는 말이 가지고 있는 집단적 차원을 강조한다(롬 5:12-20; 고전 15:22, 23, 49-52; 참조. 롬 8:1-2 그리고 다른 곳).[53] 요하네스 바이스(Johannes Weiss)는 "그리스도 안에서"라는 말의 다양한 의미를 구분하지만, 그 가운데서 "그리스도에게 속한, 그리스도 및 **형제들과 함께 매인**"을 1차적인 의미로 간주한다(티슬턴 강조).[54] 제임스 던(James Dunn)은 바울에게 나타난 "그리스도 안에서"의 의미를 설명한 후에 이렇게 결론짓는다. "우리는 복음을 통해서뿐만 아니라…또한 우리를 하나로 묶는 그리스도에 대한 공통적 경험을 통해서 공동체의 정체성을 이해하는 것에 대하여 말하는 것을 거의 피할 수 없다."[55]

---

52) Anthony C. Thiselton, *The First Epistle to the Corinthians: A Commentary on the Greek Text*, NIGTC (Grand Rapids: Eerdmans and Carlisle: Paternoster, 2000), 989-1013.

53) M. M. Mitchell, *Paul and the Rhetoric of Reconciliation* (Tübingen: Mohr, 1991); Dale B. Martin, *The Corinthian Body* (New Haven, CT and London: Yale University Press, 1995), 3-61, 94-105; L. S. Thornton, *The Common Life in the Body of Christ* (London: Dacre, 3d edn., 1950), 1-187, 253-355; Albert Schweitzer, *The Mysticism of Paul the Apostle* (London: Black, 1931).

54) Johannes Weiss, *Earlier Christianity*, trans. F. C. Grant, 2 vols. (New York: Harper, 1959), vol. 2, 469.

55) James D. G. Dunn, *The Theology of Paul the Apostle* (Edinburgh: T&T Clark and

제3부 기독교 교리의 주요 주제

이것은 근대 서구의 개인주의와 다른 "세계"에 속해 있다. 또한 이것은 개인 및 개인적 자율성의 **권리**에 대한 계몽주의 이후 시대의 언어에서 나온 것과도 다르다. 이것은 "권리"(rights)에 대한 존 로크의 지평과 개인 영혼의 가치를 중시하는 하르낙의 관점 안에 있는 자유주의 개신교 학자들의 지평과 어느 정도 중복된다는 것을 부인하지는 못한다. 그러나 이런 이해의 지평이 **인간됨**의 본질에 대하여 제기하는 물음은 **성경 및 기독교의 뿌리와는 전혀 다르고 낯설다.** 비록 국가와 국민 간의 상호적 의무 개념이 고대 세계에서 연원한 것이 틀림없다고 해도, 자연권이나 사회계약에 따라 전제되는 권리 개념은 사실상 17세기와 18세기에 이르러서야 나타난다. 그러므로 그것은 인간됨에 대한 역사적 기독교 교리의 한 부분이 아니다.

토머스 홉스(Thomas Hobbes, 1588-1679)는 "권리"를 개인이나 전체의 이익을 위해 왕이나 정부에게 자발적으로 권리를 이전시킨 것에 기초를 두고 있다고 이해했다. 홉스는 인간이 매우 이기적이기 때문에, "자아의 평안과 방어를 위해서는" 국가의 개입을 인정할 필요가 있다고 믿었다.[56] "권리"는 인간의 존엄성에 기초하지 않는다. 왜냐하면 문명화된 정부와 사회에 대한 억제 장치가 없다면, (홉스의 유명한 말처럼) 인간의 삶은 "고독하고 가난하고 잔인하고 허탄해지기" 때문이다.[57]

존 로크(1632-1704)는 기독교 교리의 지평으로 한 걸음 더 가까이 나아간다. 로크는 사람들이 "다른 사람의 권리를 침범하는" 것을 억제시키기 위해 "자연법"에 호소한다.[58] 그러나 로크는 철학자로서뿐만 아니라 기독

---

Grand Rapids: Eerdmans, 1998), 401. 『바울신학』(크리스챤다이제스트 역간).

56) Thomas Hobbes, *Leviathan*, ed. M. Oakshott (Oxford: Blackwell, 1960), I:14; II:17. 『리바이어던』(나남출판 역간).

57) Hobbes, *Leviathan*, I:13.

58) John Locke, *Two Treatises of Government* (1790), ed. P. Laslett (Cambridge: Cambridge University Press, 1988), II:2, sect. 6-8. 『통치론』(까치 역간).

교 유신론자로서 글을 썼다. 로크의 작품은 바울 서신에 대한 세밀하고 상
식적인 해설을 담고 있고, 두 번째 작품인『통치론』(Treatise of Government)
에서 로크는 자연법에 호소할 뿐만 아니라 인간이 "전지전능한 조물주의
작품이라는" 사실에도 호소했다. 이것은 "생명, 자유, 재산"에 대한 개인의
"권리"에 대해 다른 기초를 제공한다.[59]

그러나 로크의 견해는 애매하다. 로크의 주장은 한편으로 하나님에 대
한 기독교 전통과 언어 속에 굳게 서 있고, "분별력 있는" 영국 성공회 신
학자 리처드 후커의 "질서" 사이의 관용의 균형에 관심을 둔다. 그러나 다
른 한편으로 자연법은 때때로 단독적인 본유 관념으로서의 특징을 갖고
있는 것으로 보인다. 월터스토프는 여기서 "로크 이론의 깊은 균열"에 대
해 정확하게 말한다.[60]

많은 이들이 토머스 제퍼슨의 독립선언문 작성에는 샤프츠베리와 허
치슨의 독립적 "도덕감각"(moral sense) 이론도 공헌했지만, 로크의 공헌이
컸다고 본다. 처음에 "권리" 개념은 기독교 유신론과 세속적 계몽주의 사
상의 인류 평등주의적이고 실용주의적인 정책의 경계 사이에 불안정하게
서 있었다. 세월이 흐르자 후자가 전자에 대해 확고한 지배권을 갖게 되었
다. 헬무트 틸리케(Helmut Thielicke)가 지적하는 것처럼 정의에 기반을 둔
"권리"는 확실히 그리스-기독교 전통의 유산을 반영하지만, 정치적 맥락
에서는 "인간 중심적 내용으로 가득 차" 있고, 실용주의적 자기이득과 이
데올로기를 섬기는 결과로 나아갔다. "왜냐하면 모든 것이 우리가 그것을
바라는 **방식**에 달려 있기 때문이다."[61]

로저 런딘(Roger Lundin)의 견해를 인용해서 색번 버코비치(Sacvan

---

59) Locke, *Two Treatises*, II:2, sect. 6.
60) Nicholas Wolterstorff, *John Locke and the Ethics of Belief* (Cambridge: Cambridge University Press, 1996), 138; Locke, *Two Treatises*, II: 5-6을 보라.
61) Helmut Thielicke, *Theological Ethics*, ed. W. H. Lazareth, 3 vols. (Grand Rapids: Eerdmans, 1979), vol. 2: *Politics*, 67-68.

Bercovitch)와 로버트 벨라(Robert Bellah)는 미국에서 18세기 후반 경건주의로부터 19세기 중반 세속적 진보주의로 굳건히 이어지고, 결국은 실용주의적이고 어느 정도 세속화된 개인주의로 전락하는 과정을 추적한다. 버코비치는 이렇게 말한다. "이 과정은 미국의 현재를 신성화시켰고,…이 신성한 역사를 제약 없는 세속적 진보를 상징하는 은유로 번역했다."[62] 나는 『티슬턴의 해석학』에서 이 원천을 다루었다.[63]

유신론적 근거를 떠나 추상적 개인의 권리에 독자적이거나 실용적인 관심을 둔 사상의 등장은 당연히 유럽의 계몽주의가 가져온 결과 가운데 하나다. 스코틀랜드의 프랜시스 허치슨(Francis Hutcheson, 1694-1746), 특히 영국의 제레미 벤담(Jeremy Bentham, 1748-1832)은 개인의 권리에 대한 관심의 기초를 "공리의 원리"에 두었다. 벤담은 개인의 권리를 완전히 결과론적 관점에 따라 정의했다. 이 정의에 따르면 "자신의 이익이 관건인 사람의 행복을 늘이거나 줄이는 것"이 윤리에 대한 근본적 비판의 기준이었다. 이 정의는 정부뿐만 아니라 "사적 개인의 모든 행동"에도 적용되었다. 벤담은 공동체를 "개인들로 구성된 집단"으로 보았다.[64] 밀(J. S. Mill)은 벤담에게 "세상은 항상 자신의 개별적 이익이나 즐거움을 추구하는 사람들의 집단"이라고 지적했다.[65] 이 점에서 벤담은 현대 개인주의의 등장에 결

---

62) Sacvan Bercovitch, *The Rites of Assent: Transformation in the Symbolic Construction of America* (New York: Routledge, 1993), 147; 참조. Robert Bellah, *Habits of the Heart: Individualism and Commitment in American Life* (Berkeley, CA: University of California Press, 1985, 1996), 특히 56-62; Roger Lundin, *The Culture of Interpretation: Christian Faith and the Postmodern World* (Grand Rapids: Eerdmans, 1993), 특히 140-141.

63) Thiselton, *Thiselton on Hermeneutics*, 589-592.

64) Jeremy Bentham, *An Introduction to the Principles of Morals and Legislation* (1789), ed. J. H. Burns and H. L. A. Hart (London: Methuen, 1982), 2, sect. 7. 『도덕과 입법의 원칙에 대한 서론』(아카넷 역간).

65) John Stuart Mill, "Essay on Bentham," in Mill, *Dissertations and Discussions* (London: Routledge, n.d.), vol. 1, 362.

정적 역할을 하고 있다.

그럼에도 임마누엘 칸트(Immanuel Kant, 1726-1804)는 개인 의지의 절대적인 자율성에 전적으로 의지함으로 만들어진 도덕적 동기와 의지를 통해 개인의 자율성을 가장 깊은 도덕적 차원에 둔다.[66] 선의지 외에 선한 것은 아무것도 없다. 비록 한편으로 칸트가 인간은 다른 어떤 목적을 위한 수단이 아니라 목적 그 자체로 다루어져야 한다는 격률을 제시하기는 했어도, 애정, 사랑, 또는 여기서 사용된 의미로 관계성의 상호 인간적 관점에 대한 여지는 조금도 남겨놓지 않았다. 다만 개인에게 주어진 의무의 정언명령만이 절대적인 도덕적 지위를 갖고 있다. 낭만파 시인 프리드리히 실러(Friedrich Schiller)는 이에 대한 비판을 다음과 같은 풍자시에 담았다.

"나는 기꺼이 친구들을 섬기겠지만 슬프게도 애정 때문에 그렇게 한다.
따라서 나는 의심으로 괴롭고, 덕에는 이르지 못했다."
"이것이 너의 유일한 자원이다. 너는 완강하게 친구들을 싫어해야 하고,
그러면 너는 법이 명하는 것을 혐오하며 행할 수 있을 것이다."[67]

판넨베르크는 "자율" 개념(이러한 개인주의적 의미에서)이 인간됨에 관한 기독교적 이해의 지평과 얼마나 거리가 먼지를 증명한다. 그는 이렇게 지적한다. "자연 질서를 위반하는 일에서 아우구스티누스는 의지의 자율을 발견했다. 그것은 중심에 자아를 두고, 다른 모든 것을 목적으로서의 자아에 대한 수단으로 사용한다. 이것은 교만인데, 교만은 자아를 모든 것

---

66) Immanuel Kant, *Groundwork of the Metaphysics of Morals*, trans. Mary Gregor (Cambridge: Cambridge University Press, 1998). 『윤리형이상학 정초』(아카넷 역간).
67) 독일어 운율을 대략 영어 운율에 맞춘 이 시는 J. S. MacKenzie, *A Manual of Ethics* (London: University Tutorial Press, 1929), 159에서 인용한 것이다.

의 원리로 삼고, 그리하여 자아 자체를 하나님의 자리에 두는 것이다."[68] 이런 식의 "자율"은 하나님과의 관계 속에서 주어지는 성숙한 인간의 자율과 다르다. 우리는 "내가 마땅히 되어야 할 존재"가 될 필요가 있다. 하지만 이 과정 속에서 "우리는 너무 쉽게 우리의 독립성을 우리가 우리 자신을 하나님의 자리에 두는 자율의 형태로 삼을 수 있다."[69] 근본적으로 판넨베르크는 이렇게 말한다. "**우리의 유한성을 초월하는 지평을 자각하고 다른 사물 및 다른 존재와 '특별한' 관계가 되는 것은 우리의 인간적 삶의 양식의 본질에 속해 있다.…이에 대한 표현이 '세계에 대한 개방성'이다.**"[70] 『신학적 관점에서 본 인간론』(*Anthropology in Theological Perspective*)에서 판넨베르크는 반대로 "자아의 자아 자체에 대한 반대"를 자아의 파괴와 왜곡의 관점 속에 두고, 인간의 운명을 "외심성(exocentricity)에 대한 하나님의 목적…곧 **타자를 위해** 현존하는 존재에 둔다"(티슬턴 강조).[71]

제인 록우드 오도너반(Jane Lockwood O'Donovan)은 인간의 권리에 대한 이야기를 유엔의 「세계 인권 선언」(1948)과 관련시켜 더 깊이 전개한다.[72] 「세계 인권 선언」은 다음과 같은 구절을 담고 있다. "모든 사람은 사회의 일원으로서 사회보장을 받을 권리가 있다"(22조). "모든 사람은 식량, 의복, 주택…등을 포함해 자신과 가족의 건강과 행복에 적합한 생활수준

---

68) Pannenberg, *Systematic Theology*, vol. 2, 243.
69) Pannenberg, *Systematic Theology*, vol. 2, 265.
70) Pannenberg, *Systematic Theology*, vol. 2, 229(티슬턴 강조).
71) Wolfhart Pannenberg, *Anthrology in Theological Perspective*, trans. M. J. O' Connell (London and New York: T&T Clark/Continuum, 1985, 2004), 85.
72) Joan Lockwood O'Donovan, "A Timely Conversation with The Desire of Nations in Civil Society, Nation and State," in Craig Bartholomew, J. Chaplin, Robert Song, and Al Wolters (eds.), *A Royal Priesthood: A Dialogue with Oliver O'Donovan, Scripture and Hermeneutic Series*, vol. 3 (Grand Rapids: Zondervan and Carlisle: Paternoster, 2002), 377-394. 특히 379-384. Oiver O'Donovan, *The Desire of Nations: Rediscovering the Roots of Political Theology* (Cambridge: Cambridge University Press, 1996), 특히 276-284도 참조하라.

을 누릴 권리가 있다"(25조). 여기서 인간의 권리는 의무나 근거에 관한 어떤 포괄적인 이해 지평으로부터 분리된 채, 필요와 **이익**에 대한 진술이 되고 말았다. 틸리케의 말에 따르면 정의에 기초한 권리 개념은 "자신의 기원을 가지고" 있는데, 그 "믿음의 토양으로부터 떨어져 나간" 것이다.[73]

틸리케는 "사람이 그것[권리]을 바라는 **방식**은 자기 이득에 대한 인간 중심적이고 실용주의적인 기준으로 **빠지게** 된다"고 말한다.[74] 오도너반은 정부가 이런 식의 선언을 이행하려고 할 때 나타나는 실제 결과를 추적하고, 그 결과가 "사회적인 도덕 행위의 효력을 허약하게 만들고", "사회 안에 적합한…도덕적·영적 이해"를 손상시키는 것을 통탄한다.[75] **기독교적 이해의 지평 안에 주로 기원을 두고 있었던 것이 다른 근거를 가진 개인주의 및 청구와 이익의 철학 속으로 떨어져 나갔다.** 오도너반은 이들이 기껏해야 기독교 복음의 "흐릿한 그림자"를 반영할 따름이라고 결론짓는다.[76] 올리버 오도너반(Oliver O'Donovan)도 마찬가지로 개인적인 고난의 문제를 포함해서 다수의 도덕적 문제가 연이어 전환되는 것을 두고, "사회가 개인적 소원으로 방향을 바꾼 것"이라고 말한다.[77] "자연권"은 곧 개인의 "자기 보존"을 위한 자율적 자기이익 문제로 전환되었다.[78] 그러나 "권리"에 대한 윤리는 여기서 우리가 더 깊이 들어갈 수 없는 복잡한 영역에 문을 열어놓는다.[79]

---

73) Thielicke, *Ethics*, vol. 2, 67.
74) Thielicke, *Ethics*, vol. 2, 68(틸리케 강조).
75) Joan Lockwood O'Donovan, "Conversation," *Royal Priesthood*, 392. 오도너반의 주장은 복합적이고, 부분적으로 "시민 국가" 관념에 내재하는 변칙 및 모순과 관련되어 있다. 우리의 관심은 단순히 기독교 전통에 중심적인 이해 지평으로부터의 분리를 지적하는 것보다 더 특수한 것이다.
76) Joan Lockwood O'Donovan, "Conversation," 391.
77) Oliver O'Donovan, *The Desire of Nations*, 276-277.
78) Oliver O'Donovan, *The Desire of Nations*, 278.
79) 예컨대 H. L. A. Hart, "Are There Any Natural Rights?" *Philosophical Review* 64 (1995) 175-191을 참조하라.

## 9.3. 이해의 지평: 세 번째 실례, 인간의 상태에 대한 해석학

19세기 말 빅토리아 시대의 도덕주의에 대한 반동으로 일어난 20세기 중반과 후반의 윤리가 가장 심각한 의미에서 인간의 죄에 대한 설명을 사실상 안건에서 제외시킨 것은 이해할 수 있다. 아우구스티누스의 신학이나 개혁파 신학에서 사용한 "전적 부패" 같은 말들이 그 의미에 대한 왜곡된 가정 때문에 일부 진영에서 이 안건을 등한시하는 결과가 더 촉진되었을 것이다. 9.3.의 제목에서 나는 "인간의 상태"를 단지 인간의 행동과 관련된 피상적·도덕주의적 의미가 아니라 가장 심각한 신학적 의미로 사용했다.

많은 교회에서 설교나 담화가 인간의 죄를 철저히 언급한다고 해도, 인간의 "오류"에 대해서 너무 자주 말하고, **개인적 행동**이나 태만의 죄에 초점을 맞추는 경향이 있었다. 심지어 일부 전례 신앙 고백도 때때로 인간의 상태보다는 개인의 범행이나 태만의 행위에 초점을 맞추고 있다. 어떤 이들은 여전히 「아침과 저녁 기도를 위한 공동 기도서」의 순서에 나오는 다음과 같은 "죄의 고백"(General Confession)을 골칫거리로 간주한다. "우리 안에는 건전한 것이 하나도 없나이다. 하오나 오, 주여! 비참한 죄인인 우리에게 긍휼을 베풀어주소서." 어떤 이들은 성찬식에서 "공통 기도서"를 낭송하는 것을 훨씬 더 끔찍한 것으로 간주한다. "우리는 우리의 다양한 죄와 악을 통탄합니다.…죄의 짐을 감당할 수 없나이다."

한편 종종 전체 예배에서 "죄 지음"에 관한 낭송을 사소하게 여기는 것은 정반대 방향에서 당혹감을 일으킬 수 있다. 인간적 자기모순, 소외, 속박은 도덕주의적 결함의 문제로 환원되었다.

판넨베르크는 이상의 모든 배경에 대해 사려 깊게 다음과 같이 말한다. "원죄 교리의 쇠퇴로 죄의 개념을 죄의 **행위** 속에 두게 되었고, 결국 죄의 개념은 **개인의** 행위로 전락했다"(티슬턴 강조).[80] 판넨베르크는 이렇게 주장한다. "비참은 인간 생활의 목적인 하나님과의 교제를 박탈당한 자들의 운명이다.…우리가 하나님에게서 멀어질 때 인간의 비참이라는 말을 사용하는 것이 '상실'이라는 말을…사용하는 것보다 더 낫다. '비참'이라는 말은 우리가 하나님과 멀어져 있는 것을 잘 요약하고 있다."[81]

만일 이것이 인간의 상태에 관한 타당한 이해의 지평이라면, 어떤 이들은 이 지평이 최근에 현대 서구에서 성행하는 개인주의와 실용적 진보주의에 따라 배양되고 형성된 이해의 지평과 근본적으로 다르므로, 두 지평 사이에 해석학적 다리가 건설될 수 없다고 주장할 수 있다. 그러나 확실히 말하면, 이 두 지평은 서로 공통분모가 없거나 협상할 수 없는 것으로 간주되어서는 안 된다. 나는 비트겐슈타인의 언어 놀이들 사이든, 또는 판넨베르크와 흄의 각각의 지평 사이든 간에 공통분모가 없다고 즉각 결론짓는 것은 옳지 않다고 이미 지적했다. 죄의 신학에 대한 폭넓은 범주를 보면, 이레나이우스와 테르툴리아누스 시대로부터 오늘날에 이르기까지 대화의 가능성이 충분히 존재했다.[82] 더욱이 죄의 다양한 개념은 하나님의 은혜의 다양한 개념과 밀접하게 관련되어 있다.

실제로 기독교 **밖의** 전통을 보면, **포스트모던** 관점의 등장으로 인간됨에 대한 매우 다양한 설명의 길이 준비되었다. 1960년대와 1970년대의 손쉬운 낙관주의의 견해도 서로 다르고, 1970년대와 1980년대의 신실용주의와 진보주의의 견해도 서로 다르다. 심지어 교회 밖에서도, 라인홀드 니버와 그리고 같은 입장 속에 있는 다른 학자들의 신학적·사회윤리적 작품

---

80) Pannenberg, *Systematic Theology*, vol. 2, 234.

81) Pannenberg, *Systematic Theology*, vol. 2, 178-179.

82) 예컨대 다음 자료에 나타난 역사적 개관을 보라. N. P. Williams, *The Ideas of the Fall and Original Sin: A Historical and Critical Study* (London and New York: Longmans, Green, 1929); Reginald S. Moxon, *The Doctrine of Sin: A Critical and Historical Investigation into the Views of the Concept of Sin Held in Early Christian, Mediaeval and Modern Times* (London: Allen & Unwin, 1922).

속에서 집단적·구조적인 인간 상태의 날카로운 분석에 대한 새로운 관심이 일어났다. 니버는 자기기만과 속임수가 얼마나 쉽게 공동체적 기관과 사회 안에서 파괴적 태도와 실천을 촉진시키는 데 적극적인 역할을 할 수 있는지를 증명했다.[83]

20세기 말과 21세기 초에 많은 사람은 사회와 일상생활 속에서 **현재 자기들의 행복에 공헌하거나 몰락을 일으키는 힘을 통제하는 데 취약했고 영향력을 빼앗겼다**고 느꼈다. 사람들은 자기들의 통제를 넘어서는 세력에 맞서 자기 힘을 결집시키는 데 무력할 때, 좌절과 분노를 느낀다. 따라서 분노는 **비난의 문화**를 낳고, 그 결과 **소송**의 증가를 가져온다. 그러나 30년 전에 우리가 "공정한 생활"이라고 불렀던 것에 대하여 "보상"을 끊임없이 요구하는 것은 다른 사람들이나 공동체적 기관의 악한 행위나 악한 존재에 대한 문화적 인식(실제적이든 상상적이든)을 전제로 한다. 의사, 교사, 그리고 지방 관리들은 이전보다 법에 고발당할 위험성이 더 크다. 그러나 더 빈번하게 사람들은 익명의 "그들"에 대해 격노한다. 이 익명의 "그들"은 약자들이 자신을 혜택 받지 못한 희생자로 인식하도록 만든 사태의 책임자다. "구별"(discrimination)이라는 말은 대체로 지혜로운 식별 또는 사려 깊은 평가라는 본래의 일차적 의미를 상실해버렸다. 이 말은 주변인과 약한 자의 희생을 가리키는 말이 되어버렸다.

위장되고 확산된 익명의 권력의 해석학에 대해 매우 통렬한 작품을 쓴 비범한 학자가 바로 미셸 푸코(Michel Foucault, 1926-1984)다. 푸코는 사회과학의 해석학으로 부르는 것을 통해 최초로 사회의 억압하는 권력 문제에 접근한다. 조셉 로즈(Joseph Rouse)는 이것을 "인식 배경"(epistemic context)이라 부른다. 이것은 우리가 사회과학과 이와 관련된 기관들이 주장하는

---

83) Reinhold Niebuhr, *Moral Man and Immoral Society* (London: SCM, 1963 [New York: Scribner, 1932]), 특히 1-230. 『도덕적 인간과 비도덕적 사회』(문예출판사 역간).

지식이나 행사하는 힘의 참된 흔적을 이해하기 위한 것이다.[84]

일찌감치 역사의 영역에서 권력은 투명했고, 왕이나 부족장과 같은 인물에게 권력이 집중되었다고 푸코는 주장한다. 그러나 20세기 후반에 권력은 숨겨진 "미시적 실천들"을 통해, 특히 사회 노동자, 정신과 의사, 교사, 의사, 그리고 "유능한" 관료와 사회과학자의 "인도적인" 노력을 통해 작동한다. 너무나 유명해서 외울 정도로 폭넓게 인용되는 한 문장에서 푸코는 이렇게 말한다. "권력은…어디서나 오기 때문에 어디에나 있다."[85] "사회복지" 관련 직업들이 처음에는 고상해 보이지만 곧 권력을 추구하고, 형성적 권력을 행사한다. 푸코는 이 권력의 행위자가 "흰 가운을 입고 미소를 짓고" 있는 것에 대해 말한다.

일상의 실용적인 삶 속에서, 특히 정보 기술의 유례없는 발흥과 함께 교사, 의사, 사회과학자, 관료들은 정보나 "지식"을 쉽게 정리하고 처리할 수 있다. 교도소, 병원, 군대와 같은 기관에서 이런 지식은 명백하게 권력으로 작용한다. 이것은 최근에 전자 형태의 자료와 관련해서 의회나 정부가 "정보 공개법"을 제정함으로써 어느 정도 완화되었다. 그러나 푸코는 권력 효과의 깊은 **해석학적** 차원을 염두에 두고 있다. 사회과학자가 전문 용어와 개념적 문법을 **형성하고**, 분류와 유형을 조직하고, 정보의 흐름 속에서 "지식"으로 **간주할 것**을 결정하는 **방법**이 사회에 사는 사람들의 **정체성**과 삶의 양식을 형성한다. "인식의 장"(epistemic fields) 즉 지식으로 간주되는 것들의 인식된 영역은 푸코가 권력의 "전략적 제휴"로 부르는 것, 곧 개인들을 관료 "제도"의 사전 범주화와 가치 체계의 희생자로 만드는 결과를 제공한다.

---

84) Joseph Rouse, "Power/Knowledge," in Gary Gutting (ed.), *The Cambridge Companion to Foucault* (Cambridge: Cambridge University Press, 1994), 93-94; 참조. 92-114.

85) Michel Foucault, *History of Sexuality*, vol. 1: *An Introduction*, trans. R. Hurley (New York: Pantheon, 1978 [French, 1976]), 93. 『성의 역사 1』(나님출판 역간).

어느 누구도 이 통제를 피할 수 없다. 왜냐하면 이러한 제도 속에는 합리적 대화와 증명의 여지가 거의 또는 전혀 없기 때문이다. 사실상 증명과 이성은 설득, 압력, 사회의 "명령"을 통해 권력의 레토릭으로 전락한다. 푸코는 공무 집행이나 군사 복무와 같은 권력의 공개적 사용과 "움직임, 몸짓, 태도"를 통한 "교묘한 강제"를 구분한다.[86] 적절한 "감독"은 "개인들의 행위를 지휘하고 평가하고 판단하기 위해…이 개인들이 어디에 어떻게 위치를 점유할지 지정해준다.…그것은 알고 숙달하고 사용하는 데 목표를 둔 과정이다." 그러나 이 과정은 점차 위장되고, "다양하고 자동적인 익명의 권력으로 조직화된다."[87]

초기의 한 작품에서 푸코는 특별히 "정상성"(normality) 개념과 광기 개념과 관련된 언어 문법 또는 "분류"의 해석학적 차원을 탐구했다. 우리는 광기를 정신과 의사의 치료나 통제를 받아야 할 정신병으로 인식하는 것이 "자연스럽다"고 추정하는 경향이 있다. 그러나 초기 작품에서 푸코는 무척 다양한 광기의 **개념** 또는 논리적 문법에 대한 역사적 전개를 추적한다. 고대 세계의 사회는 광기를 "동물적이고" 비인간적인 지성과 동등한 것으로 또는 다른 맥락에서 신들의 영감을 받은 것의 한 표지로 간주했다. 17세기와 18세기의 "고전적" 합리주의 시대에 광기는 인간을 짐승의 지위로 전락시키고, 그래서 치료하기보다는 격리시키고 억제시켜야 할 도덕적 과실로 간주했다. 주로 포스트모던 시대의 인식론(아니 더 엄격하게 말하면 반-인식론)에 따라, 푸코는 이 모든 광기의 징조를 완전히 **사회 구조**의 한 부분으로 간주했다. "정신병"은 19세기 개혁자들이 "날조해낸" 것이다.[88]

---

86) Michel Foucault, *Discipline and Punish*, trans. A. Sheridan (New York: Pantheon, 1977 [French, 1975]), 137.『감시와 처벌』(나남출판 역간).

87) Foucault, *Discipline*, 143, 177.

88) Michel Foucault, *Madness and Civilization*, trans. R. Howard (New York: Pantheon, 1965 [프랑스어 초판은 1961]).『광기의 역사』(나남출판 역간); 참조. Gary Gutting, "Foucault and the History of Madness," in Gutting, *Foucault*, 47-70.

그러나 일단 급진적인 사회 구성주의에 문이 열리자 오늘날에는 분명히 인간 생활의 정의를 사회학자, 사회과학자, 정치가, 의학 연구 과학자, 관료들이 결정하는 것처럼 보인다. 푸코는 정상성 또는 "정상적인 것"의 모든 개념을 이런 세력이 규정하는 것으로 본다. 푸코는 단호하게 성적 "규범"과 성적 일탈을 이 이해의 지평 속에 함께 포함시킨다. "고전주의"시대에 성범죄자는 부르주아 가문을 보호하기 위해 따로 분류되고 격리되었다고 푸코는 주장한다. 동성애의 사회적 지위의 변화에 대해 말한다면, 20세기 말이 되어서야 비로소 게이 관계를 "심리적 특성"의 관점에서가 아니라 특수한 **"삶의 양식"**으로 이해하는 것이 **가능하게** 되었다고 푸코는 주장한다.[89]

우리는 개념과 그 개념의 문법이 사회적으로 **조건화된다는** 것을 부인할 수 없다. 푸코는『말과 사물』(*Les mots et les choses*, 영역본 제목은 *The Order of Things*-역자 주)과『성의 역사』(*History of Sexuality*)에서 개념들의 역사를 개관함으로써 이것을 증명한다.[90] 그러나 이것은 사회 **구성**의 급진적 형태들과는 차이가 있다. 이 형태들은 다수의 언어 철학자로부터 비판을 받을 뿐만 아니라, 세상 속에 있는 어떤 속성이 객관적으로 주어져 있음을 전제로 하는 연구 전통 속에서 과학자 및 기술자에게도 비판을 받는다. 심지어 이것은 사람 사이의 안정된 규칙성으로부터도 비판을 받는다.

푸코의 견해가 보여주는 것처럼 사회적 구성을 "전체화하는" 관점은 그 자체로, 다른 학자들이 지적한 것처럼, 매우 일반화된 반-포스트모던의 "웅대한 내러티브"로 간주될 수 있다.

한편 수시로 일어나는 사회의 방향 "전환"에 대한 푸코의 진단은 중요

---

89) Foucault, "Friendship as a Way of Life," in S. Lotinger (ed.), *Foucault Live: Interviews 1966-1984* (New York: Semiotext(e), 1989). Arnold J. Davidson, "Ethics as Ascetics," in Gutting (ed.), *Foucault*, 125에서 인용.

90) Michel Foucault, *The Order of Things*, trans. A. Sheridan (New York: Random House, 1970).『말과 사물』(민음사 역간).

하다. 역사는 불연속성과 연속성을 함께 낳는다. 교도소, 학교, 병원과 같은 사회 기관과 건강, 온전한 정신 상태와 관련된 과학적 규범은 그 자체로 역사적 제약을 받지만, 개인의 삶을 결정적으로 통제한다. 푸코의 말을 빌리면, 사람은 개인적 취약점 때문에 사람의 통제에서 벗어나 있는 사회적 힘의 통제 앞에서 "고분고분한 몸"이 된다.[91] "우리는 어떤 삶과 욕구의 양식에 따라 판단되고 정죄되고 분류되고…운명 지어진다."[92]

이것은 인간의 해석학을 어디로 이끌까? 20세기 말에 일어난 권력의 본질에 대한 이러한 역사적이고 사회적인 여행을 통해 우리는 다음과 같이 가정된 대조에 관한 최초의 반응을 교정할 수 있을지도 모른다. 즉 죄를 교회 전통 밖에서 개인적인 미성숙이나 실패의 행위로 보는 개념과, 집단적이고 구조적이고 공동적인 영역을 갖고 있는 **인간의 상태로** 보는 성경 전통의 대조가 그것이다. 인간을 개인의 통제에서 벗어나 집단적으로 권력의 속박 아래 있는 존재로 보는 대다수 포스트모던적 이해는 오직 개인 "영혼"의 무한한 가치에 대해서만 말하는 천박한 자유주의 신학의 낙관주의보다 오히려 성경적 관점에 더 부합한다. 확실히 1960년대와 1980년대 초반에 예전(liturgies)이 급격하게 교정된 것은, 모든 것을 통제된 사적 언어로 보며 개인의 능력을 긍정한 낙관주의가 매우 덧없으며 일시적인 국면에 지나지 않는다는 것을 반영한다고 볼 수 있다. 성경의 전통과 왜곡된 의지를 강조하는 아우구스티누스의 견해는 인간의 상태를 현실적으로 이해할 때, 아마 많은 사람들이 20세기 말과 21세기의 처음 10년이 되기 전에 상상할 수 있었던 것보다 덜 "낯선" 것으로 판명될 것이다.

따라서 성경의 전통과 초기 기독교의 교리 속에서 그리고 현재까지 이르는 교리의 역사 속에서, **인간됨**과 관련하여 나타나는 이해의 지평들에

---

91) Foucault, *Discipline*, 138.
92) Michel Foucault, *Power/Knowledge: Selected Interviews and Other Writings, 1972-1977*, ed. Colin Gordon (New York: Random House, 1981), 93.

대해 좀 더 면밀하게 고찰할 때가 되었다. **인간의 상태**에 대한 주제는 이후로 두 장(10-11장), 아니 이 제목 아래 왜곡된 욕구의 발작 아래 예속되어 있는 인간도 포함시킨다면, 네 장(10-13장)에 걸쳐 고찰할 필요가 있다. 그 이유는 인간의 상태에 대한 해석학적 함축 의미가 무척 다양하기 때문이다. 우리는 다음 장(10장)에서 인간의 상태를 해석하는 이해의 지평으로서 창조를 더 면밀하게 살펴보는 것으로 설명을 시작할 것이다.

창조:
인간의 상태를 해석하기 위한 이해의 지평

## 10.1. 성경 전통에 나타난 이해의 지평으로서의 창조

우리는 앞장(9장)을 시작할 때, 인간에 관한 기독교적 이해의 지평을 형성하는 데 있어 하나님과 인간의 상호관계가 중요하다는 사실을 언급했다. 그리고 초기 교부들의 작품으로부터 칼뱅, 바르트, 판넨베르크의 작품, 그리고 최근의 슐츠의 작품에 이르기까지, 다수의 작품들 속에 이 강조점이 나타난다는 것도 언급했다. 거기서 우리는 밀리오리의 다음과 같은 평가를 상기했다. "하나님이 누구신지에 대한 새로운 자각이 없으면 우리의 진정한 인간성에 대해서도 알 수 없다."[1]

이 문제는 세 영역을 배경으로 더 엄밀하게 규정된다. 이 세 영역이란 인간은 **하나님의 피조물**이라는 개념, 인간은 **하나님의 형상으로 지음 받았거나** 지음 받는다는 교리, 왜곡 없는 **"참 인간"**으로서 **하나님의 형상**을 지니신 그리스도에 관한 성경적·교리적 표현을 말한다.

창조에 관한 표현의 해석학적 출발점은 종종 과거의 행위보다는 **현재**와 관련된 행위에 더 큰 강조점을 둔다. 다수의 시편을 보면, 하나님의 창조 행위는 세상의 창조에 적용될 뿐만 아니라 현재 화자(시편 기자)의 창조에도 적용된다. "주께서 내 내장을 지으시며…내가 주께 감사하옴은 나를 지으심이 심히 기묘하심이라"(시 139:13-14). 바이저(Weiser)는 이렇게 말한다. 시편 기자는 창조 개념을 "자신의 인격에 적용시키고…찬송은 경외와 신뢰를 담아 '증언'을 표현하는 형태를 취한다.…여기서 시편 기자는 하나님의 놀라운 역사에 대해 그분을 찬양함으로써 하나님을 증언하는 일 외

---

1) Migliore, *Faith Seeking*, 120.

에 다른 일을 할 수 없다."[2] 곤잘레스는 이스라엘과 교회의 창조에 대해 말하기 위한 전형적인 해석학적 배경을 설명하는 가운데 이렇게 말한다. "예배에서 하나님을 창조주로 찬양한 것으로 보아 창조는 그들에게 중요한 사건이었다."[3]

밤하늘의 별과 햇살이 가득한 낮의 찬란한 광채에 대해 가슴 벅찬 경이를 표현하는 시편 8편은 널리 알려진 명성과 사용에 있어서뿐만 아니라 창조주 하나님께 찬양과 영광을 돌리는 힘과 시적 심성에 있어서도 시편 139편을 확실히 능가한다. "사람이 무엇이기에 주께서 그를 생각하시며, 인자가 무엇이기에 주께서 그를 돌보시나이까!"(시 8:4). 시편 기자는 이렇게 선언한다. "주의 이름이 온 땅에 어찌 그리 아름다운지요, 주의 영광이 하늘을 덮었나이다.…주의 손가락으로 만드신 주의 하늘과 주께서 베풀어 두신 달과 별들을"(시 8:1, 3). 그러나 깜짝 놀랄 만한 이 모든 광채 속에서, 하나님은 인간에게 "영화와 존귀로 관을 씌우셨고…주의 손으로 만드신 것을 다스리게 하셨다"(시 8:5-6). 시편 8편은 다음과 같은 감탄사를 반복하는 것으로 끝마친다. "여호와 우리 주여, 주의 이름이 온 땅에 어찌 그리 아름다운지요!"(시 8:9).

피조물과 인간을 평가하는 해석학적 지평은 무엇보다 **하나님에 대한 찬양과 태도**로 가장 잘 형성된다. 신학자들이 유행어 같지만 추상적 용어인 **관계성**(relationality)이라는 말을 사용할 때, 해석학적 원동력은 하나님에 **대한 태도**의 "나-당신" 관계에서 시작된다. "관계성"이라는 말의 핵심에 직접 놓여 있는 것은 이것 외에 다른 어떤 것도 아니다. 리쾨르는 우리가 이 "2인칭을 향한 움직임"보다 우위에 너무 쉽고 수월하게 예언적인 선포 담화 또는 교훈적인 명제 담화를 둔다고 말한다. 리쾨르에 따르면, "고

---

2) Weiser, *Psalms*, 804-805.
3) Justo L. González, *A Concise History of Christian Doctrine* (Nashville: Abingdon, 2005), 38.

양된 영혼이 누군가에게 감사를 표현하는 시편에서…인간의 말은 탄원이 된다. 그것은 2인칭으로 하나님께 전해진다."[4]

리쾨르는 마르틴 부버와 가브리엘 마르셀(Gabriel Marcel)의 관심사가 기독교 신학 안에 한 자리를 차지하고 있음을 알고 있었다. 물론 그가 모든 것이 이 "만남"에 따라 규정되도록 만들려고 하지는 않았지만 말이다. 그럼에도 지혜 담화의 간접 전달 그리고 선언과 내러티브의 역할과 나란히, "찬송" 담화도 고유한 자리를 갖고 있다. 여기서 창조와 창조된 인간에 대한 언어는 단지 기원에 대한 역사적 호기심을 만족시키기 위해 묻는 물음이라기보다 나-당신 관계의 담화 속에 있는 일차 지평을 전제로 한다.

그럼에도 창세기 1:1-2:4과 2:5-25의 병행적인 두 창조 기사는 자기 관여적인 현재 국면을 포함할 뿐만 아니라 시공간, 우주, 인간이 하나님의 자유로운 결정에 따라 존재하게 된 때, 곧 "인간적" 시간이 시작되었을 때 행해진 하나님의 행동을 되돌아보는 것도 포함한다. 다른 누구보다 몰트만과 판넨베르크가 우리에게 상기시키는 것처럼, 세상과 인간을 창조하기로 하신 하나님의 주권적이고 제약 없는 선택은 **하나님의 사랑**의 한 표현이었다. "우리는 하나님이 '자유롭게' 세상을 창조하셨다고 말할 때 '사랑으로'라는 말을 즉각 덧붙여야 한다."[5] 이것은 하나님이 어떻게 자신을 인간과 관련시키기로 하셨는지에 대한 지평 속에서 인간됨이 무엇인지를 이해하는 장소가 필요하다는 것을 더 깊이 표현한 것이다. 한스 볼프는 관계성 또는 **관계**가 관례적으로 "야웨문서"(이 말이 하나의 전통을 가리키든 연대와 기원에 대한 특수한 견해를 가리키든지 간에) 자료에 귀속된 창세기 2:4-25의 전통으로부터 나온다고 주장한다.[6]

---

4) Ricoeur, "Toward a Hermeneutic of the Idea of Revelation," in Ricoeur, *Essays in Biblical Interpretation*, 89.

5) Moltmann, *God in Creation*, 35; 참조. Pannenberg, *Systematic Theology*, vol. 2, 19, 21.

6) Wolff, *Anthropology of the Old Testament*, 93-95.

이 전통은 인간의 **하나님**, **짐승들**, 그리고 "**다른**" **인간들**(남자와 여자, 여자와 남자)과의 관계뿐만 아니라 **땅과의** 관계에 대해서도 말해준다. 인간은 하나님과 가깝다. 왜냐하면 하나님이 "생기를 그[인간의] 코에 불어넣으셨기" 때문이다(창 2:7하). 또한 인간은 "철저히 땅에 속한" 존재다. 왜냐하면 "땅의 흙으로" 지음 받았기 때문이다(창 2:7상).[7] 그러나 다른 성경은 이 기사를 취할 때 단순한 피조성에서 신적 **사랑**과 긍휼로 지평을 옮긴다. 하나님은 인간이 얼마나 허약하고 취약한 존재인지를 아시기 때문이다. 인간은 "티끌로 돌아갈" 위험 속에 있지만(시 90:3), 하나님은 "우리의 체질을 아시며 우리가 단지 먼지뿐임을 기억하신다"(시 103:14). 시편 103편은 전체적으로 찬양시다. "내 영혼아 여호와를 송축하라, 내 속에 있는 것들아 다 그의 거룩한 이름을 송축하라.…그가 네 모든 죄악을 사하시며 네 모든 병을 고치시며 네 생명을 파멸에서 속량하시고 인자와 긍휼로 관을 씌우시며"(시 103:1, 3, 4). 야웨는 "…긍휼히 여기시나니 이는 그가 우리의 체질을 아시며 우리가 단지 먼지뿐임을 기억하심이로다"(시 103:13-14).

두 개의 창세기 전통은 서로 다르지만 이는 모순이 아닌 두 해석학을 반영한다. "야웨문서" 전통은 과거에 대한 내러티브를 제시할 수 있으나 또한 현재에 대한 의미도 충분히 갖고 있고, 시편 기자는 이 전통을 취한다. 다른 본문들도 "**타자**"와의 관계, 즉 **사회적** 존재로서의 인간관계를 취한다. 하나님은 인간을 외롭고 고독한 존재로 지으시지 않았다. 이 주제는 9.2.에서 이미 다루었다. "사람이 혼자 사는 것이 좋지 아니하니 내가 그를 위하여 돕는 배필을 지으리라"(창 2:18)라는 전제는 하와의 창조로 직접 나아가지 않고, 먼저 "각종 들짐승과 공중의 각종 새"를 지으시는 것(창 2:19)으로 나아간다. 여기서 학자들은 짐승들의 창조가 바로 다음에 놓여진 것을 두고 이것은 "잘못된 시작"을 표시한 것이라고 해석하거나, 또는 짐승들이 인간과 같은 물질("흙", 창 2:19)로 지음 받은 것은 "짐승들이 사람

---

7) Wolff, *Anthropology*, 93.

과 매우 가까운 위치에 있다는" 것을 함축한다는 뜻으로 다르게 해석하기도 한다.[8] 우리가 어떤 견해를 취하든 간에 주된 요점은 (바우터의 말에 따르면) "인간의 사회적 본질을 염두에 두고 있다"는 것이다. 인간은 외로운 개인으로 존재하는 것이 아니라 하나님, 동료 인간, 그리고 동물계와 **관계**를 누리는 존재로 살아간다.

창세기 2:23의 "내 뼈 중의 뼈요, 살 중의 살이라"는 극적인 감탄사는 남자와 여자가 함께 누릴 수 있는 친근함과 친밀함을 암시한다. 창세기 2:19과 2:24에 대한 "언어학적" 주석은 각각 동료 인간 간의 상호인격적 관계가 동물계와의 관계보다 훨씬 더 가깝다는 것을 암시한다. **사람**(히브리어 אדם, 아담)은 짐승 및 새들과 마찬가지로(19절) **흙**(히브리어 אדמה, 아다마)으로 지음 받았다. **남자**(히브리어 איש 이쉬)는 친근성과 상보성 또는 유사성과 차이성 모두에 있어 **여자**(히브리어 אשה, 이샤)와 관련되어 있다.

우리는 주석을 할 때 적절한 의미 외에 다른 의미를 추론하지 않도록 조심해야 한다. 그러나 이 야웨문서 전통은 특히 칼 바르트, 디트리히 본회퍼, 그리고 다른 학자들이 다른 성경 본문(예. 고전 11:3-16) 및 기독교 교리와 일치시켜 전개하는 남-여 관계성을 함축한다.[9] 바르트는 이렇게 말한다. "남자는 여자와, 여자는 남자와 타자 곧 동료 인간으로서 최고의 관계를 갖는다.…남자와 여자의 만남은 그들의 모든 대립, 관계, 서로 끌리는 힘, 상호 간의 언급에 있어…반드시 하나는 다른 하나를 동반한다.…여기서 인간성은…타자를 위한 마음의 자유에 적절한 초점이 있다.…이 영역에 대해 아무것도 모르는 것은 나와 당신에 대해 그리고 나와 당신의 만남에 대해, 그러므로 인간에 대해 아무것도 모른다는 것이다.…인간 존

---

8) Vawter, *On Genesis*, 74은 전자의 해석을 지지한다. Wolff, *Anthropology*, 94은 후자의 해석을 지지한다. 인용문은 그 견해들 각각에서 나온 것이다.

9) Barth, *Church Dogmatics*, III:1, sect. 41, 2, 183-206, sect. 41, 3, 288-329; Dietrich Bonhoeffer, *Creation and Fall, Temptation: Two Biblical Studies* (London: SCM, 1959), 40-43, 63-69. 『창조와 타락』(대한기독교서회 역간).

재는 남성과 여성의 존재를 넘어서지 않는다."[10] 볼프는 이런 설명이 구약성경에 직접 나온다고 주장한다. 볼프는 이렇게 말한다. "남자와 여자가 함께할 때에만 인간은 온전하고 유용한 존재가 된다."[11]

반면에 창세기 1:1-2:4의 "제사장"문서는 모순은 아니지만 서로 다른 관점을 반영한다. 비록 "땅이 '혼돈하고 공허하며'"(히브리어 ובהו תהו, 토후 와 보후)라는 말이 "실재" 또는 실체를 가리키는 의미로 해석되어서는 안 된다고 해도, 하나님의 창조 능력은 혼돈의 장소 속에서 질서를 가져온다. 창세기 1:1-2:4은 마르둑이 티아마트 여신의 몸을 사용하여 원초적 혼돈과 싸우는 바빌론 창조 신화 「에누마 엘리쉬」(Enuma elish)의 내용과 같은 이원론적 투쟁을 암시하지 않는다.[12] 예를 들어 "리워야단"(히브리어 לויתן, 레비아탄; 욥 41:1; 시 74:24; 104:26; 사 27:1), 또는 "바다 뱀 혹은 "용"(히브리어 תנין, 탄닌; 시 74:13; 사 51:9. 참조. 그리스어 δράκων, 드라콘; 계 12:3-17; 20:2)을 언급하는 본문의 문맥을 보면, 신적 투쟁을 강조하는 것이 아니라 절대적인 신적 주권을 강조한다.[13] 심지어 판넨베르크도 바르트가 **무로부터**(ex nihilo) 신적 창조를 설명할 때, "무"(nothing)가 아닌 "무성"(nothingness)을 사용하는 것에서 유보를 드러내는데, 이는 영원한 반정립 혹은 이원론을 조금이라도 뒷문으로 들여보내지 않도록 하기 위함이다.[14]

이해의 지평들을 "듣는" 것에 대한 두 가지 해석학적 장애물이 때때로

---

10) Barth, *Church Dogmatics*, III:2, sect. 45, 288, 289.

11) Wolff, *Anthropology of the Old Testament*, 95.

12) 고대 근동 지방의 창조 신화에 대해서는 James B. Pritchard, *Ancient Near Eastern Texts Relating to the Old Testament* (Princeton, NJ: Princeton University Press, 2d edn. 1955), 3-155, 특히 60-72, 104-106.

13) 차일즈는 *Myth and Reality in the Old Testament* (London: SCM, 1960, 2d edn. 1962), 31-43에서 "깨어진" 신화의 범주를 유용하게 설명한다. 바빌로니아 자료에 대한 추정된 의존을 비판하는 것은 W. G. Lambert, "A New Look at the Babylonian Background of Genesis," *JTS* 16 (1965) 287-300과 Alan R. Millard, "A New Babylonian 'Genesis' Story," *Tyndale Bulletin 18* (1967) 3-18을 보라.

14) Pannenberg, *Systematic Theology*, vol. 2, 14.

대두되었다. 첫 번째 장애물은 창세기 1:1-2:25의 지위를 "신화"로 가정하고, 이 본문을 수시로 바빌론 신화 자료에 귀속시킨 것이다. 두 번째 장애물은 창세기 2:5-25과 1:1-2:4에 대한 "야훼문서" 전통과 "제사장문서" 전통 간의 "모순"은 화해가 불가능하다고 주장하는 것이다.

어떤 가정도 안전한 기초 위에 세워져 있지 않다. 첫째, 우리는 브레바드 차일즈가 성경 본문 안에서 심상의 **원천** 및 **형태**와 심상의 **기능** 사이를 구분하는 "깨어진" 신화 개념을 언급했다(각주 13). 둘째, 조지 케어드 (George B. Caird)는 차일즈의 견해에 입각하여 **의미론적** 관점에서 신화에 대한 상세한 설명을 제공했다. 케어드는 학자들이 성경을 해석하는 데 있어 **신화**라는 말을 사용할 때 그 안에서 최소한 일곱 가지 특별한 의미를 구별해낸다. 결론적으로 케어드는 "그것이 신화인가?"라는 물음이 "신화"라는 말의 세밀한 의미론적 탐구에 기초하지 않으면 진부하고 무익한 물음이라고 주장한다. 케어드는 이렇게 말한다. "내가 제시할 전제는…신화와 종말론은 구약과 신약성경에서 역사적 사건들의 신학적 해석을 위한 은유 체계로 사용된다는 것이다."[15]

이론상 어떤 이들은 신화를 (예컨대 공동체 전통 속에 내재되어 있는 자기 관여적인 언어로) 매우 폭넓게 정의함으로써 이 본문들이 "신화"이든 아니든 간에, 해석학적 통용성에 거의 문제가 없도록 만들 것이다. 그러나 폰 라트는 신화라는 말의 매우 구체적인 의미를 언급하면서 이렇게 말한다. "이스라엘은 창조와 구원 역사를 실제로 연계시킬 수 있었다. 하지만 그것이 현재 생각되는 신화의 의미로서는 아니다." 반면에 오토 아이스펠트(Otto Eissfeldt)는 "진정한 신화는 최소한 두 신을 전제로 한다"고 주장한다.[16] 신

---

15) George B. Caird, *The Language and Imagery of the Bible* (London: Duckworth, 1980), 219.

16) Gerhard von Rad, *Old Testament Theology*, trans. D. M. G. Stalker, 2 vols. (Edinburgh: Oliver & Boyd, 1962), vol. 1, 136. 『구약성서신학』(분도출판사 역간); Otto Eissfeldt, *The Old Testament: An Introduction*, trans. P. R. Ackroyd (Oxford:

화의 이런 개념들이 창세기에는 적용되지 않는다. 따라서 신화의 문제는 가짜 문제로 판명된다. 왜냐하면 그 내용이 오늘날에도 여전히 말해진다거나 교리에 적합한 것이 될 수 있다고 주장하는 것은 일종의 해석학적 장애물로 작용하기 때문이다. 성경적 이해의 지평들이 가지고 있는 능력을 오늘날의 세계에 전달하기 위해 굳이 의심될 만한 자료로 추정된 낯선 기원들을 과장해서 제시할 필요는 전혀 없다.

두 번째 해석학적 장애물로 추정된 것은 창세기의 두 전통 사이의 "모순"에 관한 진술과 관련되어 있다. 그리고 이것은 종종 창세기와 현대 과학의 "모순"에 대한 비난과도 짝을 이룬다. 앞에서 지적한 것처럼, "모순"에 대한 주장은 입체적이거나 다성적인 내러티브를 제시하기 위해 빈번하게 **보충적인** 전통들을 다루는데, 이 전통이 포함하고 있는 문학적 기법에 대한 보다 정교한 평가로부터 나오는 것이 아니라 고대의 "자료들"에 대한 혼란 때문에 종종 발생한다. 로버트 알터는 사무엘상 16:1-14과 17장 배후에 놓여 있는 문학 전승을 언급하며 이 요점을 엄밀히 제시한다. 사무엘상 16:1-14은 **하나님의 작정**과 하나님의 주권이라는 관점에 따라 다윗의 기름 부음과 왕권을 묘사한다. 사무엘상 17장은 하나님의 목적을 충족시키고 결국은 그분의 작정을 만족시키는 일련의 인간적 사건들에 강조점을 두는 미시적 내러티브의 "떠들썩한 혼돈"을 묘사한다.[17]

창세기 1:1-2:4의 "제사장문서" 전통은 인간이 특권적 지위를 가졌다는 관점과 우주와 세상에 대한 **우주적 관점**을 염두에 두고 있다. 야웨문서 전통의 관점은 인간과 하나님의 **관계성** 그리고 인간과 그 동료들과의 **관계성**을 탐구한다. 그럼에도 볼프는 이 두 전승은 "세 가지 본질적 요점에 있어 하나"라고 말하며 이렇게 지적한다. "인간은 짐승과 근접해 있다.…

---

Blackwell, 1966), 35.

17) Robert Alter, *The Art of Biblical Narrative* (New York: Basic Books, 1981), 154. 참조. 147-153.

인간은 짐승과 차이가 있다. [그리고] 남자와 여자가 함께할 때에만 인간은 온전하고 유용한 존재가 된다."[18]

추정된 모순들에 대하여 말한다면, 우리는 여기서 좀 더 상세히 언급한 미하일 바흐친의 사상과 간략히 언급한 발타자르의 교향악적 진리를 돌아보게 된다. 어떤 문제는 단순히 카메라의 한 화면에 담기에는 너무 크고 복합적이다. 확실히 하나님의 창조를 선포하는 다성적인 또는 다원적인 음성은 창세기 1:1-2:25로 한정되지 않는다. 칼 바르트는 창조론을 단지 "성경 첫 부분에" 제시되는 것으로만 이해하고, 모든 것을 이 "말뚝"에 묶어놓으려고 애쓰는 것은 "성경의 중앙에서" 증언하고자 하는 것에 눈을 감는 것이라고 지적한다.[19] 바르트에 따르면 여기서 "중앙"은 욥기, 시편, 이사야서의 풍부한 창조 관련 본문만이 아니라 예수 그리스도로 말미암은 만물의 창조에 대한 신약성경의 증언도 가리킨다. 구약성경에서 "천지"는 그리스도의 창조 행위로 말미암아 지음 받은 "만물"이 된다(그리스어 τὰ πάντα, 타 판타; 요 1:3; πάντα δι᾽ αὐτοῦ ἐγένετο, 판타 디 아우투 에게네토; 엡 3:9; 골 1:16; 히 1:3; 계 4:11; 최소한 셋 또는 그 이상의 특수한 전승들).

발타자르도 한 음성의 환원적인 단성음과 "교향악"의 조화로운 다성음을 구분한다. 성경의 "모순들"이 신학적 구성을 방해한다는 레이제넨의 유감스러운 주장은 다수의 이해 지평들을 공평하게 다루는 데 능숙한 문학적·교리적 성찰을 통해 보면 헛된 주장으로 드러난다.[20]

제사장문서 전통은 질서와 다양한 신적 창조 행위를 설명하고, 또 구약과 신약성경의 다른 본문들이 취하는 "새로운 관점"을 강조한다. **창조하**

---

18) Wolff, *Anthropology*, 95.

19) Barth, *Church Dogmatics*, III:1, sect. 40, 23, 24.

20) Hans Urs von Balthasar, *Truth Is Symphonic: Aspect of a Christian Pluralism*, trans. G. Harrison (San Francisco: Ignatius, 1987), 13, 37-73, 85-87, 여러 곳. 전혀 다른 맥락에서 성경 본문의 다양성과 일관성을 다루는 것은 Gabriel Josipovici, *The Book of God: A Response to the Bible* (New Haven, CT and London: Yale University Press, 1988)을 참조하고, 창 1:1-2:25에 대해서는 특히 53-74을 보라.

다라는 동사(히브리어 ברא, 바라; 창 1:1; 1:21; 1:27; 2:3)는 오로지 하나님을 주어로 해서만 사용되는데(약 46회), 반 리우벤(Raymond Van Leeuwen)은 이 말이 신학적으로 "과부하가 걸린" 말이 되었다며 염려한다.[21] 그럼에도 특별히 이 말은 새로운 것을 만든다는 의미를 전달하고, 이 국면은 이사야 42:5-7, 43:2 그리고 특히 65:17에서 표현된다.

또 제사장 전통은 하나님의 영(NRSV, "하나님의 바람", 창 1:2, 히브리어로는 רוח אלהים, 루아흐 엘로힘, 바람 또는 영)을 통해 기독교 창조론의 토대를 놓고, 하나님의 말씀을 통해서도 토대를 제공한다(창 1:3, "하나님이 이르시되…"; 또한 창 1:6, 9, 11, 14, 20, 24, 26).

비록 푀르스터(Foerster)가 이 히브리어 동사가 **무로부터의 창조**(creatio ex nihilo) 교리를 전달한다고 주장하기는 해도, 반 리우벤은 이 견해를 거부한다. 반 리우벤은 이 말이 "우주의 절대적 시작을 암시하고, 아울러 실재를 존재하도록 하는 데 있어 하나님의 절대적 주권"을 가리킨다고 주장한다.[22] 제사장 전통은 자신의 자유롭고 주권적인 뜻에 따라 창조하시고, 물질을 자신이 원하시는 대로 존재와 힘으로 나누고 "분리하시는" 하나님의 초월성을 강조한다. 야웨문서 전통은 이 초월적 관점을 토기장이가 토기를 굽는 것처럼 물질로 형체를 만드시는 하나님에 대한 내재적 관점으로 보충한다. 그러나 이 내재적 관점은 하나님의 주권을 축소시키는 것이 아니라(렘 18:1-11), 오히려 하나님의 주권을 확대한다.

두 전승에 대한 이상의 모든 요소와 성경의 나머지 부분에서 이 요소들이 창조와 맺고 있는 관계에 비추어보면, 현대의 지질학 또는 생물학과의 차이에 대한 물음은 확실히 진부하게 보일 것이다. 심지어 창세기에서

---

21) Raymond C. Van Leeuwen, "ברא," *New International Dictionary of Old Testament Theology and Exegesis*, ed. Willem A. VanGemeren, 5 vols. (Carlisle U. K.: Paternoster, 1997), vol. 1, 728-735, 특히 731: "어근으로서 'B-r-'는 독특하게 신학 용어가 아니다"(732).
22) Van Leeuwen, "ברא," *Dictionary*, 732.

도 이 두 전승은 "어떻게?"라는 과학적 물음을 던지지 않고, 하나님의 목적과 질서와 사랑 그리고 인간의 피조성과 관계성에 초점을 맞춘다. 존 폴킹혼(John Polkinghorne)은 이렇게 말한다. "과학은 본질상 '어떻게?'라는 물음 곧 '사물들은 어떤 수단을 통해 생기는가?'라고 묻고 이 물음에 대답하고자 한다. 반면에 종교는 본질상 '왜?'라는 물음 곧 '일어나고 있는 일 배후에 의미와 목적이 있는가?'라고 묻고 이 물음에 대답한다."[23]

폴킹혼은 더 나아가 경험 대상 또는 사건들에 대해 말하는 것과 하나님의 행동에 대해 말하는 것은 언어 양식이 다르다고 주장한다. 하나님은 "우리를 초월하신다. 그리고 하나님을 파악하는 우리의 능력을 초월하신다.…신학의 언어는 상징의 언어다"라고 폴킹혼은 말한다.[24] 이것이 모든 신학 진술에 적용될 수는 없지만, 첫 창조와 같은 영역에 대해서는 사실이다.[25] 이 모든 것에도 불구하고 제사장문서 전통은 세계 창조를 형식들의 연쇄 관계로 묘사한다. 곧 빛과 어둠, 물과 뭍(땅), 채소와 별, 물고기와 새, 땅의 짐승과 인간이 순차적으로 창조된 것으로 묘사한다. 판넨베르크는 이렇게 적절하게 지적한다. "현대 과학은 어느 정도 이 순서를 바꿀 수 있다. 그러나 연쇄 관계에 매우 큰 일치가 있는 것은 정말 놀랍다."[26] 이 연쇄 관계에서 우리가 기대하는 것보다 별이 나중에 나오는 것은 당연히 이스라엘 이웃 민족들 가운데 성행한 다신론 종교들과 관련해서 보면, 별이

23) John Polkinghorne, *Quarks, Chaos, and Christianity: Questions to Science and Religion* (London: Triangle, 1994), 5-7. 『쿼크, 카오스 그리고 기독교』(SFC 역간). Ian G. Barbour, *Issues in Science and Religion* (London: SCM, 1966), 23-26도 보라.
24) John Polkinghorne, *Science and Creation* (Boston, MA: Shambhala, 1988), 94.
25) 추가로 다음 자료들을 보라. Robert J. Russell, Nancey Murphy, C. J. Isham (ed.), *Quantum Cosmology and the Laws of Nature: Scientific Perspectives on Divine Action* (Berkeley, CA: Center for Theology and the Natural Sciences, 2d edn., 1996), 특히 93-138; John Polkinghorne, *Science and Theology: An Introduction* (London: SCM and Minneapolis: Fortress, 1998), 특히 25-48; I. G. Barbour, *Religion in the Age of Science* (London: SCM, 1990).
26) Pannenberg, *Systematic Theology*, vol. 2, 116; 참조. 117-122.

신적 지위를 갖고 있지 않다는 것을 분명히 하려는 목적을 가진다. 별은 단지 등불 또는 계절의 표시에 불과하다.[27]

따라서 창세기 1:1-2:25의 두 전승이나 창세기 1:1-2:4의 진술 형태는 현대 과학에 대해 해석학적 소통의 이해의 장애물이나 낯선 이해의 지평을 구성하지 않는다고 판명된다. 확실히 신적인 **창조성**의 "**새로움**"을 강조하는 것은 개인이나 심지어 인류 자체가 인간의 행복과 운명을 좌우하는 통제력을 상실한 상황 속에서 인간의 경험을 적절하게 말하는 것이다. 확실히 지구 온난화와 엄청난 경제적·사회적·이데올로기적 세력과 같은 현상들은 **단순한 교정이나 자기규제보다 더 큰 종류의 창조적 변화를 요청한다.** 기독교 인간론의 핵심에는 하나님이 새 창조를 통해 새 생명을 부여하고, 새 탄생을 제공하며, 새 출발을 일으키실 수 있다는 믿음이 놓여 있다. "하늘을 창조하고…사람들에게 생명을 주시는…" 그리고 이스라엘(또는 종)을 일으켜 "민족들의 빛이 되게 하고, 눈먼 자들의 눈을 여시는" 분은 바로 **하나님**이시다(사 42:5-7). "새 하늘과 새 땅을 창조하실" 수 있는 분은 **자신의 창조성을 증명하신 하나님**이다(사 65:17).

사도 바울은 이 논리를 가져와 고린도전서 15장에 적용한다. 죽은 자의 부활은 새로운 창조 행위와 비견할 수 있다. 바울은 로마서 4:17에서 이 관점을 표현한다. "그[아브라함]가 믿은바 하나님은 죽은 자를 살리시며 없는 것(그리스어 τὰ μὴ ὄντα, 타 메 온타)을 있는 것으로 부르시는 이시니라." "죽은 자들이 어떻게 다시 살아나며 어떠한 몸으로 오느냐?"(고전 15:35)라는 물음에 대한 답변은 먼저 창조와 다양한 실존 양식을 창조하시는 하나님의 능력에 대한 비유를 통해 주어진다. "육체는 다 같은 육체가 아니니 하나는 사람의 육체요 하나는 짐승의 육체요 하나는 새의 육체요 하나는 물고기의 육체라.…해의 영광…달의 영광…별의 영광도 다른데 별과 별의 영광이 다르도다. 죽은 자의 부활도 그와 같으니"(고전 15:39-42상).

---

27) Pannenberg, *Systematic Theology*, vol. 2, 117.

나는 고린도전서를 상세히 주석하면서 "바울의 전체 주장의 요점"이 고린도전서 15:34("하나님을 알지 못하는 자가 있기로")에 나온다는 바르트의 견해를 반복해서 언급했다. 부활 실존 양식의 가능성과 개연성을 믿는 믿음의 근거는 "창조주로서의 하나님의 주권적 능력과 지혜에서 이미 예증된 것처럼, **하나님의 무한히 풍성한 자원**이다.…죽은 자는 자신의 '**생명을 일으키는 데**' 기여할 수 없다."[28] 각각 그 자신이나 그 자신의 몸(그리스어 ἴδιον σῶμα, 이디온 소마)을 주시기로 한 자유롭고 주권적인 하나님의 결정은 "하나님이 택하신 대로"(NRSV; 그리스어 καθὼς ἠθέλεσεν, 카토스 에텔레센, 고전 15:38)라는 말로 표현된다.[29]

신약성경의 수많은 본문이 창조 교리를 직접 담고 있다. 예컨대 고린도전서 11:2-6을 보면, 바울은 한편에는 성의 구별성과 상보성을 두고 다른 한편에는 성의 호혜성과 상호의존성을 두면서, 이 두 편의 복합적인 변증법을 정교하게 제시한다. 바울은 이 변증법을 창조 "질서"에 대한 지평, 종말론적 약속에 대한 지평, 고린도 교회의 상황과 세상에 대한 증언의 지평, 이 세 가지 이해 지평의 상호작용에서 이끌어낸다.[30]

"삼위일체 하나님"의 창조 행위와 예수 그리스도의 "중보하시는" 창조자로서의 역할에 대한 강조는 신약성경의 다양한 신학적 음성들 속에서 명백하고 명확한 지위를 차지하고 있다. 요한복음 신학에서 로고스이신 예수 그리스도는 만물의 창조자시다. πάντα δι' αὐτοῦ ἐγένετο("만물

---

28) Thiselton, *First Epistle*, 1256(티슬턴 강조). Karl Barth, *The Resurrection of the Dead*, trans. H. J. Stenning (London: Hodder & Stoughton, 1933), 18도 참조하라.

29) Thiselton, *First Epistle*, 1264-1265은 부정과거 용법에 대한 설명을 담고 있다. 에드워즈(T. C. Edwards)는 그것이 목적적이고 주권적인 행위를 내포한다고 바르게 주장한다. 즉 "하나님이 바라신 대로"가 아니라 "하나님이 의도하신 대로"다.

30) Thiselton, *First Epistle*, 811-848. Judith Gundry-Volf, "Gender and Creation in 1 Cor. 11:2-16: A Study of Paul's Theological Method," in J. Adna, S. J. Hafemann, and O. Hofius (ed.), *Evangelium, Schriftsauslegung, Kirche: Festschrift für Peter Stuhlmacher* (Göttingen: Vandenhoeck & Ruprecht, 1997), 151-171도 보라.

이 그로 말미암아 지은바 되었으니", 요 1:3). 바울 신학을 보면, 그리스도께서 δι'
αὐτοῦ ἐγένετο("만물이 그로 말미암고", 고전 8:6하; 참조. 골 1:15하-17)이시다. 히
브리서의 신학을 보면, 하나님이 그리스도로 말미암아 세상을 창조하셨
다. δι' οὗ καὶ ἐποίησεν τοὺς αἰῶνας("또 그로 말미암아 모든 세계를 지으셨느
니라", 히 1:2하; 참조. 히 2:10). 여기서 전치사 δια는 이상의 모든 언급 속에서
소유격으로 나타나고, 다만 히브리서 2:10에서 예외적으로 목적격(δι' ὅν)
으로 사용되었다.

다른 많은 학자 가운데 특히 바르트, 몰트만, 판넨베르크는 이러한 기
독론의 중요성과 중심성을 강조한다. 다른 곳에서는 삼위일체적 창조 행
위의 중요성이 강조되며, 이러한 강조점이 그들의 근본 토대가 된다.[31] 그
러나 교부들을 보면 이 강조점이 특별히 성령의 신격을 확립하고 삼위일
체 교리를 해설하는 문맥에서 등장한다. 따라서 이 국면에 대한 상세한 설
명은 18.2.와 19장에서 다룰 것이다. 그러나 이 문제에 대한 바르트의 특
별한 관심은 예비적으로 미리 지적해야 한다. 한편으로 바르트는 이렇게
말한다. "창조의 목표는 역사다.…하나님은 자기 아들 곧 말씀을 위하여
피조물을 원하고 창조하신다."[32] 다른 한편으로 창조는 하나님의 사랑과
은혜의 표현일 뿐만 아니라 역사 속에서 그리스도로 말미암은 하나님의
은혜의 목적을 성취하기 위한 선결 조건이다.[33]

우리는 이것에 대한 성경의 증언을 확인한다. 폰 라트는 포괄적인 측
면에서 이렇게 말한다. "창조는 신학적으로 구원사와 관련되어 있다.…이
스라엘이 실제로 창조와 구원사를 연계시킬 수 있었던 것은 중대한 업적
이었다. 그러나 그것이 신화적인 용어는…아니다."[34] 이것은 특별히 이사

---

31) Barth, *Church Dogmatics*, III:1, sects. 40-41, 3-329; Moltmann, *God in Creation*,
특히 8-10, 94-103, 여러 곳; Pannenberg, *Systematic Theology*, vol. 2, 20-59.
32) Barth, *Church Dogmatics*, III:1, sect. 41, 59.
33) Barth, *Church Dogmatics*, III:1, sect. 40, 26-27.
34) Gerhard von Rad, *Old Testament Theology*, vol. 1, 136.

　　　　　제3부 기독교 교리의 주요 주제

야 40-65장에 나타나 있다. 하늘을 창조하신 하나님은 "너를 창조하고 너를 만드신 분이다." 따라서 "너는 두려워하지 말라, 내가 너를 구속하였다"(참조. 사 42:5; 43:1; 44:24하-28). 폰 라트는 이 주제를 이사야서 말고도 시편 74편, 89편 및 다른 곳에서도 찾아낸다.[35] 이 모든 것은 그대로 이 부분의 마지막 세 번째 **해석학적** 요점, 곧 예수 그리스도와 기독교 교리의 하나님은 **새 일**을 행하시고 그리스도로 말미암아 그리고 성령을 통해 신적 은혜와 **사랑**을 기초로 새 일을 행하시는 분이라는 것을 강조한다.

## 10.2. 이레나이우스에서 바르트에 이르기까지
### 인간의 상태를 이해하기 위한 지평으로서의 창조

이레나이우스 이전까지 속사도 교부들과 초기 변증가들은 창조에 대한 신앙고백을 언급하기는 해도 교리의 시작 단계에는 아직 이르지 못했다. 「디다케」(*Didache*, 대략 1세기 말)는 창조를 찬양의 문맥에서 언급한다. "거룩하신 아버지, 당신에게 영광이 영원히 있나이다. 전능하신 주여, 당신은 당신의 이름을 위하여 만물(τὰ πάντα, 타 판타)을 창조하고, 사람들에게 양식과 음료를 주어 즐기게 하심으로써 그들이 당신께 감사하도록 하셨나이다."[36] 유스티누스(대략 100-165)는 하나님을 "아버지, 창조자, 주님"으로 부르고, 만물이 그리스도로 말미암아 지음을 받았다고 선언할 때 구약과 신약의 전통을 반영한다.[37]

　　그러나 마르키온과 초기 영지주의 분파가 성경 전통에 반하는 주장을 확산시키기 시작하자, 우리가 설명한 믿음의 "성향" 이론에 맞게 교리를

---

35) Gerhard von Rad, *Old Testament Theology*, vol. 1, 137-139.
36) *Didache* 10:2-3 (Greek, Loeb Classical Library, Apostolic Fathers 1, ed. K. Lake [London: Heinemann, 1965], 324).
37) Justin, *Second Apology* 6:1; Greek, Migne, *Patrologia Graeca*, vol. 6, 453A.

간명하게 정식화하는 작업이 촉진되었다. 마르키온은 데미우르고스가 세상을 창조했고, 예수 그리스도의 아버지인 하나님의 정체성은 구약성경과 유대교의 하나님의 정체성과 분리된다고 주장했다. 영지주의 저술가들은 경쟁적인 세력들 간의 투쟁의 결과로 피조물이 생겨났다는 급진적 이원론을 제창했다. 선과 악, 정신과 물질, 영과 육체적 형태 간의 급진적 이원론을 요청하는 이해의 지평 안에서, 영지주의자는 악을 인간의 의지에 귀속시키지 않고 물질이나 영적 영역에 대한 단순한 무지에 귀속시킨다.[38] 영지주의자는 **전능하신** 하나님에게 **사랑을 받는 것**에 대한 보증을 동반하는 창조 개념과는 반대로, 인간은 육체적 상태에 갇혀 있고 "구원"은 이 상태에서 벗어나고 탈출하는 문제라고 믿었다.

확실히 이런 견해는 이레나이우스, 테르툴리아누스, 히폴리투스가 기독교의 교리적 믿음으로 형성시킨 것과 반대되는 "낯선" 이해의 지평들이다. 기독교 교리는 하나님을 유일한 창조자로 인정하고, 몸과 "인간적" 시간을 하나님의 선한 선물로 간주했다. 반면에 다수의 영지주의 "영성" 체계는 육체적 생활과 육체적 관계에 대한 무관심을 주장했다. 설상가상으로 구원은 사유화되어 내적이고 개인적인 것이 되었다. 「도마복음서」(Gospel of Thomas)는 다음과 같은 **예수의 어록**을 담고 있다. "예수께서 말씀하시되, '홀로 있고 선택받은 자는 복이 있나니, 너희가 천국을 찾을 것임이요.'"[39] 개르트너(Gärtner)는 이것을 "거의 영지주의 신조"라고 부른다.[40] 존재론적 원리로서 **프뉴마**(영)와 **휠레**(질료)는 서로 반대된다.[41] 우리는 유대교 전승이 영지주의에 반대하여 최종적으로 구약의 전통을 언급했을 것이라고

---

38) 영지주의 체계에 대한 표준적인 설명은 Hans Jonas, *The Gnostic Religion* (위에서 인용됨), 42-99, 130-146, 206-237에서 확인할 수 있다.

39) *Gospel of Thomas, Logion* 49.

40) Bertil Gärtner, *The Theology of the Gospel of Thomas*, trans. E. J. Sharpe (London: Collins, 1961), 198.

41) *Gospel of Truth*, 31:1; *Exc. ex Theodosius* 51:1.

예상할 수 있다. 그러나 로이 윌슨(Roy Wilson)이 상기시킨 것처럼 이집트와 시리아에서 유대교는 이시스와 아스타르테 제사와 접촉하게 되었고, 이로 말미암아 유대교-영지주의 혼합 사상의 길이 마련되었다. 윌슨은 관련 자료들을 제시한다.[42]

기독교의 사도적 교리 주창자들은 처음부터 창조에 대한 관점을 견지하고 영지주의 이원론과 반대되는 인간관을 고수했다.[43] 이레나이우스와 테르툴리아누스는 영지주의 관념들과 반대로 유일하신 창조주 하나님을 믿는 자기들의 믿음을 분명히 선언한다.

이레나이우스(대략 130-200)는 이원론적 원리로서 소위 "영원하고 태어나지 않은" 선재하는 "아이온"(Aeon)을 "하나님"과 나란히 놓는 영지주의 개념을 공격한다.[44] 이레나이우스는 이렇게 말한다. "하나님은 세상의 창조자시고, 그리스도인(그리고 다른 사람들)은 천지의 조물주이신 한 하나님을 찬송하고 기린다."[45] 테르툴리아누스와 같은 사상을 주장한 이레나이우스는 무로부터의 창조 교리를 명확히 확립한 최초의 인물로, 선재하는 질료 또는 "다른 신"의 행위를 요청하는 것은 성경을 크게 왜곡하고 오해하는 사상에 의존한다고 주장했다.[46] 이레나이우스는 "피조물이 데미우르고스로 말미암아 어머니를 통해 형성되었다"고 주장하는 영지주의 "이단"을 거부한다.[47] 이레나이우스는 성경 전통과 일치되게, 하나님이 자신의 선

---

42) Roy McL. Wilson, *The Gnostic Problem: A Study of the Relations between Hellenistic Judaism and the Gnostic Heresy* (London: Mowbray, 1958), 37-49, 여러 곳.

43) 교부들의 영지주의 믿음에 대한 증거를 설명하는 것은 Werner Foerster, *Gnosis: A Selection of Gnostic Texts*, 1권: *Patristic Evidence*, trans. R. McL. Wilson (Oxford: Clarendon, 1972)을 보라.

44) Irenaeus, *Against Heresies* I:1:1.

45) Irenaeus, *Against Heresies* II:9:1.

46) Irenaeus, *Against Heresies* II:10:1-4.

47) Irenaeus, *Against Heresies* I:17:1; Greek, Migne, *Patrologia Graeca*, vol. 7, 637A.

하심을 나타내려고 피조물을 창조하셨다고 천명한다.[48]

테르툴리아누스(대략 160-225)는 믿음이 부인되거나 공격당할 때, 믿음을 천명하는 것으로 반응하는 성향에 대해서 훨씬 더 명확한 본보기를 제공한다. 예상대로 테르툴리아누스는 "전능하신 하나님"이 "우주의 주권자와 조물주"라는 사실을 부인하는 마르키온을 공격한다.[49] 그러나 헤르모게네스(Hermogenes)와 맞설 때 테르툴리아누스는 (이레나이우스와 같이) 무로부터의 창조 교리를 정식화한다. 질료는 하나님과 같이 영원한 효력을 미치지 못한다. 하나님은 우주를 자기 자신의 유출로 창조하시지 않는다. 하나님은 "유일하신 하나님으로, 그분과 함께 공존하는 다른 존재는 존재할 수 없다."[50] 하나님은 우주를 "질료로부터…혹은 하나님으로부터" 창조하신 것이 아니다.[51] 테르툴리아누스는 창세기 1:1-27뿐만 아니라 요한복음 1:3과 다른 신약 본문에 의지하여 "만물은 무로부터 창조되었다"고 결론을 내린다.[52] 테르툴리아누스는 냉정하게 헤르모게네스가 질료를 "자기 자신과 같은 상태" 곧 "혼돈하고 형체가 없고 공허한" 상태를 갖고 있는 것으로 본다고 덧붙인다.

기독교적 창조론이 아무런 일탈 없이 온전한 과정을 거치며 전개되었다는 것은 결코 정확한 말이 아닐 것이다. 예를 들어 오리게네스는 선재하는 질료 개념으로 되돌아갔다.[53] 반면에 초기 교부들은 본서에서 해설한 것과 다른 창조 견해를 격렬하게 반대했다. 예컨대 히폴리투스(Hippolytus)는 영지주의 창조 교리를 근본적으로 멀리한다.[54] 아타나시오스(대략 296-

---

48) Irenaeus, *Against Heresies* IV:38:3; Greek, Migne, *Patrologia Graeca*, vol. 7, 1107B.

49) Tertullian, *Against Hermogenes* II:2.

50) Tertullian, *Against Hermogenes* 17:1.

51) Tertullian, *Against Hermogenes* 15:1.

52) Tertullian, *Against Hermogenes* 45.

53) Origen, *De Principiis* II:4.

54) Hippolytus, *Refutation of All Heresies* VIII:2-3.

373)와 대 바실리오스(대략 330-379)가 활동하는 시기에 이르면, 우리는 다음과 같은 확고하고 분명한 근거 위에 서게 된다. 이 사상가들은 창조주와 피조물의 명확한 대조를 강조하는데, 특히 예수 그리스도나 성령이 "지음 받은" 존재가 아니라는 사실뿐 아니라, 우주의 신적인 공동 창조자라는 사실도 강조한다.[55] 우리는 성령론을 탐구할 때 "삼위일체"와 관련된 이 본문들로 다시 돌아갈 것이다.

초기 교부들이 영지주의자의 견해에 반대해서 전개한 하나님의 선하심과 세상의 선함에 대한 변증, 그리고 히포의 아우구스티누스(354-430)가 마니교 사상에 반대해 전개한 세상을 향한 하나님의 선하심에 대한 변증 간에는 폭넓은 병행 관계가 존재한다. 마니교는 죄의 원천을 인간의 육체에 두었다. 아우구스티누스는 죄의 원천이 인간의 의지 속에 있다고 주장한다.[56] 반면에 아우구스티누스는 마니교에 반대하여 다음과 같이 단호하게 천명한다. "모든 자연은 선하다"(Omnis natura bonum est).[57] "악은 하나님에게서(ex Deo) 나오는 것도 아니고, 하나님과 영원히 공존하는 것도 아니며, 선하신 하나님이 선하게 창조하신 우리의 본성의 자유의지에서 나온다."[58] 하나님은 **무로부터** 우주를 창조하셨다. 하나님은 미분화된 연속체를 창조하시지 않았다.

아우구스티누스는 때때로 "충만의 원리"(principle of plenitude)로 불리는 것에 비추어 하나님은 자신의 사랑과 선하심으로 무한히 복잡하고 다양한 성격을 가진 우주를 창조하셨다고 주장한다. 당연히 이것은 어떤 것에

---

55) Athanasius, *Epistles to Serapion* 1:21-27 (Greek, Migne, *Patrologia Graeca*, vol. 26, 581A-593C; Athanasius, *Against the Arians* 1:18 (Migne, *Patrologia Graeca*, vol. 26, 49A) and 2:27 (*Patrologia Graeca*, vol. 26, 204A); Basil, *On the Holy Spirit* 10:24 (Migne, *Patrologia Graeca*, vol. 32, 109D-112B); 16:38-40 (Migne, *Patrologia Graeca*, vol. 32, 169B-172C).

56) Augustine, *City of God*, XII:6.

57) Augustine, *Enchiridion*, IV:13.

58) Augustine, *Confessions*, VII:3, 4, 5.

대해서는 불공평하거나 불평등하지만, 차별화와 "질서" 곧 **배열**(*ordinatio*)
이 세상의 심미적인 창조의 한 부분임을 암시할 것이다.[59] 우리는 그늘이
없는 햇빛을 가질 수 없다. 우리는 태워버리는 불 없이 따스하게 하는 불
을 가질 수 없다.[60] 세상은 악이나 허물을 범할 **가능성**에 대한 **잠재성**을
제공할 수 있다. 그러나 세상은 선하고, 복을 베푸시는 원천이신 하나님을
찬양한다. "오, 너희 모든 여호와의 피조물아, 여호와를 찬송하라."

　아퀴나스도 같은 맥락에서 폭넓게 피조물과 피조성에 대하여 말한
다.[61] 아퀴나스는 아브라함의 하나님이자 그리스도 안에서 자신을 드러
내신 아버지, 곧 창조주가 만물의 "제일원인"(*prima causa*)이자 "최종원
인"(*finalis causa*)이라고 덧붙인다.[62] "하나님은 효과적이고 모범적이고 최
종적인 모든 것(*omnium rerum*)의 원인이시다."[63] 세계 창조는 삼위일체
하나님의 행위다. 아퀴나스는 이렇게 말한다. "우리는 니케아 신조를 통
해 아버지가 **보이는 모든 것과 보이지 않는 모든 것의 창조자이시고, 아**
**들로 말미암아 모든 것이 지음 받았으며, 성령은 주님이자 생명을 주시는**
**분**"이라고 고백한다.[64] 이 모든 것은 "각기 모두 그의[하나님의] 속성들
곧…지혜…긍휼…엄청나게 풍성한 선하심에서 나온다"(*ad misericordiam*
*et bonitatem se superabunditer diffundentem*).[65] 창세기는 우리에게 하나님
이 빛과 어둠을 "나누셨다"는 것과 그 외의 것들에 대해 말한다. "그러므로
사물의 분리와 다수성은 하나님에게서 나오고" 그러기에 모든 것이 "매

---

59) Augustine, *City of God*, XI:23.
60) Augustine, *City of God*, XII:4.
61) Thomas Aquinas, *Summa Theologiae*, Ia, Q. 44-47. 간접적으로 Qq. 48-49 (Latin
　　and English: Blackfriars edn., vol. 8, ed. Thomas Gilby).
62) Aquinas, *Summa*, Ia Q. 44, art. 1-3, 4 (Blackfriars edn., vol. 8, 5-23).
63) Aquinas, *Summa*, Ia Q. 4, art. 4 (Blackfriars edn., vol. 8, 23).
64) Aquinas, *Summa*, Ia Q. 45, art. 6:1 (Blackfriars edn., vol. 8, 51).
65) Aquinas, *Summa*, Ia Q. 45, art. 6:3 (Blackfriars edn., vol. 8, 55).

우 좋았다."[66] 아퀴나스는 이렇게 덧붙인다. "결론적으로 하나님의 지혜는 우주의 온전함을 위해 사물의 구별성과 불균일성을 일으킨다."[67] 마지막으로 아퀴나스는 악을 인간의 의지와 관련시켜 "어떤 선의 부재"(*quaedam absentia*) 또는 적극적 속성의 "결여"(*sicut privatio*)로 정의하는데(이 부분은 아우구스티누스를 따르지만) 악의 잠재적인 시작은 세상의 다양성과 "불균일성"(inequality)에 두었다.[68] 아퀴나스는 악의 기원을 명백히 인간의 의지 속에 두는 데 있어서는 아우구스티누스를 의지하지만, 세상의 다양성의 불가피한 결과에 대해서는 아리스토텔레스를 의지한다.[69]

둔스 스코투스와 오컴의 윌리엄 사이에는 미묘한 견해 차이가 나타난다. 하지만 우리는 여기서 우리의 주된 요점을 염두에 두어야 한다. 종교개혁자들은 슐츠와 다른 학자들이 말하는 것처럼 신적 관계성에 따라 인간성을 이해하는 해석학 지평을 크게 강조하기는 해도, 성경으로부터 교부들에 이르는 주류 기독교 교리 속에 나타난 모든 특징을 지지했다.

칼뱅은 하나님께서 "무로부터" 창조했다는 개념을 지지한다.[70] 하나님의 창조는 "인간에 대한 하나님의 아버지 같은 인자하심"을 반영한다.[71] 하나님은 천사들을 창조하셨으나 마귀의 사악함은 창조가 아니라 타락에 기인한 것이다.[72] 칼뱅은 인간이 하나님의 형상으로 지음 받은 것(우리가 간단히 짚고 넘어간)을 크게 강조한다.[73] 또한 하나님은 세상을 "인간의 행

---

66) Aquinas, *Summa*, Ia Q. 47, art. 1, 2 (Blackfriars edn., vol. 8, 93, 95).

67) Aquinas, *Summa*, Ia Q. 47, art. 2 (Blackfriars edn., vol. 8, 99).

68) Aquinas, *Summa*, Ia Q. 48, art. 1, 3 (Blackfriars edn., vol. 8, 109, 117).

69) Aquinas, *Summa*, Ia Q. 49, art. 1:1, Q. 48, art. 2 (Blackfriars edn., vol. 8, 117, 113).

70) Calvin, *Institutes*, I:15:5.

71) Calvin, *Institutes*, I:14:2 (Beveridge edn., vol. 1, 142).

72) Calvin, *Institutes*, I:14:4-6, 16 (Beveridge edn., vol. 1, 144-146, 152-153).

73) Calvin, *Institutes*, I:14:3-4 (Beveridge edn., vol. 1, 162-165). 추가로 Thomas F. Torrance, *Calvin's Doctrine of Man*, 35-82을 보라.

복을 위해" 창조하셨다고 단호하게 주장한다.[74] "하나님은 인간을 위해·만물을 창조하셨다."[75] 하나님은 자신의 사랑에 대한 명백한 증거로 가득 차 있는 경이로운 우주를 창조하셨고, 이것은 인간에게 "탄원, 찬양, 사랑"을 자극하고 불러일으킨다.[76]

피조된 인격인 인간은 이성, 지성, 의지를 부여받은 존재로서 자신의 인간성을 존중하도록 요구받는다. 인간은 하나님의 영광을 반영하고 그분의 형상을 반사하도록 예정되어 있다. 토랜스는 이렇게 말한다. "칼뱅의 견해에 따르면 창조와 섭리 속에서 인간론 전체의 열쇠는 하나님의 한량 없는 은혜에 대한 반응으로 감사를 표현하는 관념이다. 하나님의 속성들에 대한 감사의 찬송이 솟아오르지 않는다면, 우리는 창조론을 절대로 이해할 수 없다."[77] 인간은 존엄성을 부여받았으나 "무로부터" 창조되었다.[78] 결론적으로 칼뱅은 소통과 계시적 행동 속에서 하나님의 말씀을 통해 **전달받는** 인간의 특별한 능력을 강조함으로써 현대신학의 한 가지 핵심 주제를 예견한다. 피조된 인격으로서 인간은 "주제넘은 호기심을 갖고" 하나님께 다가가는 것이 아니라, 하나님이 우리를 자기에게 가까이 이끄시고 자기와 소통하실 때 "자신을 성찰하도록" 하신다.[79]

이 강조점은 20세기 신학에서 두드러진 요소가 되었다. 19세기에 프리드리히 슐라이어마허는 이 중심 주제를 "세상은 하나님에 대한 절대의 존 속에 있을 때만 존재한다"는 말로 강조했다.[80] 그러나 슐라이어마허는 아우구스티누스, 아퀴나스, 칼뱅, 바르트와 달리, 삼위일체 교리가 하나님

---

74) John Calvin, *Commentary on the Psalms*, trans. A. Golding et al., 3 vols. (London: Tegg, 1840), vol. 1, 72, 시 8:6 관련 부분.

75) Calvin, *Institutes*, (Beveridge edn., vol. 1, 157).

76) Calvin, *Institutes*, (Beveridge edn., vol. 1, 157).

77) Torrance, *Calvin's Doctrine*, 25; Cavin, *Institutes*, I:2:1-3; I:14:20-22.

78) Calvin, *Institutes*, (Beveridge edn., vol. 1, 166).

79) Calvin, *Institutes*, (Beveridge edn., vol. 1, 57).

80) Schleiermacher, *The Christian Faith*, Part I, sect. 36, 142.

에 대한 이 절대의존 경험을 전제로 하지 않는다고 주장했다.[81] 창조는 오로지 하나님의 활동에 의존하고 "무로부터" 일어난다. 질료는 하나님과 독립적으로 존재하지 않았다.[82] 세상을 창조하기로 하신 하나님의 결정은 완전히 자유로운 결정으로 "자유로운 **작정**을 통해" 이루어졌다.[83] 그렇기는 해도 "하나님에 대한 절대의존은 이 모든 것이 자연의 상호의존성에 따라 조건화되고 결정된다는 견해와 완전히 부합한다."[84] 슐라이어마허는 기독교 교리를 자연과학과 조화시키는 데 관심을 두고, 이것을 성취하기 위하여 "우리는 절대적으로 초자연적인 것에 대한 관념을 포기해야 한다"고 주장한다.[85]

만일 슐라이어마허의 『기독교신앙』(The Christian Faith) 1부로 우리의 관심을 제한한다면, 우리는 슐라이어마허가 날카로운 해석학적 각성을 갖고도, 심지어는 자기 자신도 "애매함"을 인정하는 창조 기사에 대하여 자명하고 거의 동어반복적인 설명만을 제공하는 것처럼 보이는 것에 놀랄 것이다. 그러나 슐라이어마허는 『기독교신앙』 2부에서 인간의 종교적인 죄 의식과 은혜에 대해 명확히 밝힌다. 앞에서 우리는 슐츠가 이것을 하나님에 대한 "관계성"의 관점에 따라 중대한 공헌으로 간주한다는 것을 지적했다. 한편 이것이 슐라이어마허의 **창조론**에서 직접 연원하는지의 여부는 가장 좋게 보아도 애매하고, 가장 나쁘게 보면 의심스럽다. 여기서 우리는 슐라이어마허의 해석학적 각성이 당시 여전히 이신론의 영향을 받던 "종교를 멸시하는 문화인들"과 헤겔의 사변적 주제에 사로잡혀 있던 다른 자들에게 초점이 맞추어져 있었음을 상기할 필요가 있다.

영국의 여러 현대 학자들은 보다 고전적 관점을 회복시키는 데 힘썼

---

81) Schleiermacher, *The Christian Faith*, Part I, sect. 37, 144.

82) Schleiermacher, *The Christian Faith*, sect. 41, 152, 153.

83) Schleiermacher, *The Christian Faith*, sect. 41, 156.

84) Schleiermacher, *The Christian Faith*, sect. 46, 170; sect. 47, 178-184.

85) Schleiermacher, *The Christian Faith*, sect. 47, 183.

다. 조지 패티슨은 창조를 하나님의 "자기표현 또는 자기전달 행위"로 이해한다. 패티슨은 "창조주와 피조물의 구별을 유지하고…그것을 기독교적 사고의 특징으로 삼아야 한다"고 덧붙이기는 하지만, 하나님과의 **교제**와 **관계**를 위한 조건을 제공하는 분은 하나님이라고 올바르게 덧붙인다.[86] 알리스테어 맥퍼딘(Alistair McFadyen)은 다음과 같이 주장한다. "기독교 교리에서 창조는 최초의 허용(letting-be)과 함께 시작된다.…[이것은] 하나님이 택하신 대화-파트너십의 배경 안에서 이해되어야 한다. 하나님의 선택은 인간을 **위한** 선택이다. 말하자면 인간이 진실로 참된 존재인 이유는 하나님의 대화-파트너이기 때문이다."[87] 맥퍼딘은 다음과 같이 덧붙인다. "은혜가…감사를 만나면…인간 생활은 뒤틀림 없는 구조를 갖게 된다."[88]

콜린 건톤(Colin Gunton)은 더 상세히 분석한다. 건톤은 기독교 창조론이 다음 여섯 가지 요소를 포괄한다고 주장한다. (i) 전체 삼위일체 하나님의 행위, (ii) 무로부터의 창조, (iii) 하나님의 사랑의 표현으로서의 창조, (iv) 하나님과 세상 및 인간 간의 상호작용 관계, (v) 신적 보존의 개념, (vi) 역사 및 구속 사역과의 연속성.[89]

칼 바르트는『교회교의학』에서 창조를 설명할 때 이 요소를 모두 포함시킨다. 특히 바르트는 그리스도, 성경, 설교 속에 담긴 하나님의 말씀을 통한 신적 전달을 크게 강조하기 때문에 하나님과 인간의 언약 관계를 창

---

86) George Pattison, *A Short Course in Christian Doctrine* (London: SCM, 2005), 50-51(티슬턴 강조). 52-73도 참조하라.
87) Alistair I. McFadyen, *The Call to Personhood: A Christian Theory of the Individual in Social Relationships* (Cambridge: Cambridge University Press, 1990), 20.
88) McFadyen, *Personhood*, 21.
89) Colin Gunton, "The Doctrine of Creation," in Colin Gunton (ed.), *The Cambridge Companion to Christian Doctrine* (Cambridge: Cambridge University Press, 1997), 141-144. 145-157도 참조하라.

374　　　　　제3부 기독교 교리의 주요 주제

조의 목표로 설명한다. 바르트는 이런 의미에서 언약을 창조의 "내적" 기초로 불렀다.[90] 그러나 하나님의 언약적인 은혜의 목적 역시 그분의 세상 창조에 대한 자유로운 결정의 사전 조건을 구성한다. 따라서 이 보충적 의미에서 언약은 또한 창조의 "외적" 기초를 구성한다.[91] 바르트는 이렇게 말한다. "피조물은 자기 자체의 근거와 시작이 아닌 것처럼 자체의 목표와 목적도 아니다.…피조물의 운명은 전적으로 피조물에게 말씀하고 피조물을 보살피시는 분인 창조주의 목적 안에 놓여 있다.…창조주는 영원부터 피조물을 사랑하셨기 때문에…피조물을 바라고 받아들인다."[92]

비록 바르트가 『교회교의학』의 다양한 설명을 통해 창조를 언약과 연계시킨다고 해도, 또 『교회교의학』 III/1에서 언약을 §41의 주요 제목과 주제로 삼는다고 해도, 바르트의 창조론의 다른 국면을 애매하게 만들 정도로 언약 주제가 지나치게 강조되지 않도록 조심해야 한다. 몰트만과 판넨베르크는 이 언약 국면을 신랄하게 비판한다. 몰트만은 바르트의 **기독론적이고 삼위일체적인 이해의 지평**은 열렬히 지지하고 찬성하지만, 바르트가 개혁파가 제시하는 "작정의 논리적 순서(ordo decretorum)를 취하지 않고, '영광'이 아니라 '언약'을 창조의 내적 근거로 삼았다"며 유감을 표한다.[93]

판넨베르크는 "태초라는 출발점으로부터, 아니 오히려 태초의 배후에 놓여 있는 하나님의 미리 아심이라는 관점에 따라" 하나님과 세상의 관계를 보는 것을 너무 지나치게 강조하는 것에 대해 유보적이다.[94] 판넨베르크는 이것이 "부당하게 의인화되고", 시간적으로 조건화된 방식에 따라 하나님의 미리 아심 개념을 지나치게 문자적으로 이해한 것이라고 주장

---

90) Barth, *Church Dogmatics*, III:1, sect. 41:3, 228-329.

91) Barth, *Church Dogmatics*, III:1, sect. 41:2, 94-328.

92) Barth, *Church Dogmatics*, III:1, sect. 41:2, 94, 95.

93) Moltmann, *God in Creation*, 81.

94) Pannenberg, *Systematic Theology*, vol. 2, 143.

한다. 판넨베르크는 왜 창조 행위가 언약이라는 중간 개념을 거치지 않고 "직접 하나님의 사랑의 표현으로" 작용할 수 없겠느냐고 묻는다.[95] 자기 아들을 내어주신 하나님의 사랑(요 3:16)은 확실히 세상을 창조하실 때 보여주신 사랑과 본질상 차이가 없다.

바르트가 창조를 해석하기 위해 적용시키는 가장 두드러진 이해의 지평은 삼위일체의 구조, 관계성, 참 인간으로서의 그리스도, 참 인간성의 증명을 포함한다. 이 지평은 바르트가 인간을 하나님의 형상으로 지음 받은 존재로 다루는 것에 속해 있고, 우리는 이것을 11장에서 다룰 것이다. 창조는 하나님의 은혜의 영역 및 행동과 분리되어 있지 않다. 하나님은 창조주이자 생명을 유지시키는 분이므로, 바르트는 하이델베르크 교리문답을 다음과 같이 인용한다. "그러므로 나는 하나님이 전능하신 하나님…신실하신 아버지로서…나의 몸과 영혼의 모든 필요를 채우고, 눈물 골짜기에서 내게 보내는 모든 악을 선으로 바꾸실 줄을 의심하지 않고 신뢰합니다."[96]

## 10.3. 최근의 "해석학적" 신학에 나타난 창조: 몰트만과 판넨베르크

이번 장 첫 번째 부분(10.1.)에서는 특별히 성경 전통 속에 나타난 인간의 상태를 이해하는 데 있어 창조의 역할을 살펴보았다. 두 번째 부분(10.2.)에서는 이레나이우스에서 바르트에 이르기까지 창조론의 역사적 전개를 살펴보았다. 이 두 부분에서 다룬 내용을 보면, "해석학적" 지평은 적절한 이해의 지평들에 따라 기독교적 이해를 형성시킨다는 의미에서 암묵적이고 내적인 견해들이었다. 그러나 몰트만과 판넨베르크의 견해는 특별히 한 걸음 더 앞으로 나아간다. 왜냐하면 두 사람의 해석학적 관심사는 보다 명확하

---

95) Pannenberg, *Systematic Theology*, vol. 2, 144.
96) Barth, *Church Dogmatics*, III:1, sect. 40, 39, *Heidelberg Catechism*, 제26문을 인용.

고 의식적으로 전개되기 때문이다. 나아가 두 사람이 창조론이 **기독교 전통과 다른 전통**에 미친 영향과 통용성을 **상호교차적으로** 다루기 때문이기도 하다. 두 사람은 기독교 교리의 의미를 아직 제대로 이해하지 못한 이들이 **이해 가능한 맥락**에서 창조론을 쉽게 전달할 수 있도록 도와준다.

일부 다른 학자들도 이 과제에 관여하지만, 몰트만과 판넨베르크야말로 오늘날 신학자들 가운데 가장 명확하게 이 해석학을 정식화한 학자일 것이다. 우리는 마지막 지점에서 존 매쿼리(John Macquarrie), 알리스터 맥그래스, 한스 큉, 존 폴킹혼의 접근법을 아주 간단하게 언급할 것이다.

위르겐 몰트만과 볼프하르트 판넨베르크는 해석학적 자원으로 창조와 인간의 상태에 접근한다. 몰트만은 처음부터 인간 생활의 가변적 패턴들과 관련해서 가변적 이해의 지평들을 제시하는 데 심혈을 기울였다. 그의 자전적 반성들을 보면, 몰트만은 일찍부터 이 해석학적 관심사를 추구했다.[97] 몰트만의 창조론은 성경 전통의 시야에 대한 증언을 조금도 축소시키지 않으면서 동시에 이 전통으로부터 우리 시대의 문제를 분명히 전달하는 주제를 뽑아낸다. 이러한 실례에는 생태학의 위기, 세상에 대한 기계론적 접근이 아닌 유기적 접근의 필요성, 그리고 오늘날 기독교 전통 안팎에서 "발생하는 물음들"과 공명을 이루는 다른 특징이 포함되어 있다.[98]

몰트만은 "미래로 향하는 관점 안에서" 성령의 역동적 역사로 말미암아 일어나는 창조, 새 창조, 종말론적 완성의 합목적적 연속성을 추적한

---

97) Jürgen Moltmann, "My Theological Career," in Jürgen Moltmann, *History and the Triune God: Contributions to Trinitarian Theology*, trans. John Bowden (London: SCM, 1991), 165-182. 『삼위일체와 하나님의 역사』(대한기독교서회 역간); 참조. Jürgen Moltmann, *Experiences of God* (London: SCM, 1980), 특히 1-18; Moltmann, *The Crucified God*, 1-6. 추가로 Jürgen Moltmann, *God for a Secular Society: The Public Relevance of Theology*, trans. Margaret Kohl (London: SCM, 1999)를 보라. 『세세 속에 있는 하나님』(대한기독교서회 역간).

98) Moltmann, *God in Creation: An Ecological Doctrine of Creation*, 위에서 인용.

다.[99] 그러나 또한 이것은 인간의 상태를 해석하기 위한 이해의 한 지평이다. 몰트만은 이렇게 말한다. "우리가 생태 위기라고 부르는 것은 단순히 인간의 자연 환경의 위기가 아니다. 그것은 인간 자체의 위기다."[100] 몰트만이 성령의 창조적 행위를 강조하는 것은 인간 생활의 갱신과 긴밀하게 관련되어 있는데, 이는 삼위일체 하나님의 사역과 관련시켜 제시하기 때문이다. 몰트만은 이렇게 말한다. "창조는 삼위일체적인 과정이다. 곧 성부 하나님이 성령 안에서 성자를 통해 창조하신다."[101] 몰트만은 이 문맥에서 바실리오스 대제의 기본 원칙을 인용한다. 계속해서 그는 이렇게 말한다. "이 영[성령]은 존재하는 모든 곳에 부어진다.…그러면 이 영은 [부어진] 그곳을 보존하고 살리며 새롭게 한다."[102] 성령은 생명의 원천 곧 신적 샘이다.[103]

몰트만은 폭넓게 지지를 받는 정통적 교리, 곧 **"하나님과 세상의 차이"**에 대한 기독교 교리를 양보하지 않고 주장한다(몰트만 강조).[104] 하나님은 단순히 내재적인 생식력으로 간주되시는 분이 아니다. 그럼에도 하나님과 세상의 관계에 대한 기계론적이고 인과적인 모델은 "일방적이다." 하지만 하나님은 피조물을 보존하고 만들고 온전하게 하실 뿐만 아니라 "상호성"의 여지가 있는 관계 속에서 피조물에 내주하고 동정하고 참여하고 즐거워하신다.[105] 서방 곧 라틴 교부들보다는 동방 곧 그리스 교부들의 사상의 전형적인 특징인 **페리코레시스**(상호 침투)라는 말은 성령과 삼위일체에 대

99) Moltmann, *Creation*, 8. 참조. 7-13, 60-65, 94-103, 276-296.

100) Moltmann, *Creation*, xi.

101) Moltmann, *Creation*, 9.

102) Moltmann, *Creation*, 10.

103) Moltmann, *The Spirit of Life: A Universal Affirmation*, trans. Margaret Kohl (London: SCM, 1992), 8-14, 39-47, 114-119, 269-289도 보라. 『생명의 영』(대한기독교서회 역간).

104) Moltmann, *Creation*, 13.

105) Moltmann, *Creation*, 14.

한 몰트만의 연구에서 중요한 용어다.

이것은 유기적 내재주의로 환원되지 않는다. 몰트만은 제사장문서 전통이 히브리어 ברא(바라)를 사용해서 "하나님의 창조 활동은 어떤 유비도 없다"는 사실을 암시한다고 상기시킨다.[106] 하나님은 자유롭고 주권적인 선택을 통해 세상을 창조하셨다. "창조는 최고 존재로부터의 유출로 생각될 수 없다.…하나님은 사랑으로…세상을 창조하셨다."[107] 인간은 땅에서 하나님의 형상을 지니는 운명을 공유하고 있고, "하나님의 **형상**인 남자와 여자는 창조주와 대응을 이루고 있다.…이 대응은 곧 **관계의 유비**다."[108] 우리는 2장에서 이 주제를 다루었다.

몰트만은 하나님의 무로부터의 창조 행위 속에 함축되어 있는 "자기제한"(self-limitation) 또는 "자기철회"(withdrawal)를 독특하고 감동적인 방법으로 자세히 설명한다. 이 주제는 바르트와 브루너(Emil Brunner)에게서도 발견되지만, 그들은 요점을 다르게 표현한다. 몰트만은 이렇게 말한다. "쿠사의 니콜라우스(Nicholas of Cusa), 하만(J. G. Hamann), 프리드리히 외팅거(Friedrich Oetinger)…에밀 브루너, 그리고 다른 학자들은 모두 하나님이 창조를 허락하셨을 때, 이것이 그리스도의 십자가에서 가장 깊은 지점에 도달한 신적 자기 낮아짐의 첫 번째 행위였다고 보았다."[109] "하나님 밖에서"(*extra Deum*)를 생각하는 유일한 방법은 "하나님 자신에 의한 자기제한을 가정하는 것"이다.[110] 몰트만은 이렇게 설명한다. "하나님은 단순히 어떤 것을 생기게 하는 것으로 창조하는 것이 아니다.…**하나님은 허용하고 양보하심으로써 그리고 자신을 철회하심으로써 '창조하신다.'**"[111] 이렇게 "자기

---

106) Moltmann, *Creation*, 73.

107) Moltmann, *Creation*, 75.

108) Moltmann, *God in Creation*, 77.

109) Moltmann, *God in Creation*, 87.

110) Moltmann, *God in Creation*, 86.

111) Moltmann, *God in Creation*, 88(티슬턴 강조).

를 제한하는" 사랑은 빌립보서 2:5-11에서 하나님이 그리스도 안에서 "자기를 비우시는 것"으로 표현된다. 이 주제는 맥퍼딘, 폴킹혼, 윌리엄 밴스톤(William Vanstone)을 포함하여 다수의 영국 학자에게서도 발견된다.[112]

몰트만은 **최초의** 창조에는 사전 조건이 전혀 없다고 말한다. 곧 최초의 창조는 **무로부터의 창조**(creatio ex nihilo)다. **역사 속에서 일어나는 창조**는 재앙을 정복함으로써 일어나는 "고된" 구원의 창조이다. 영광의 나라의 **종말론적 창조**는 최종적으로 "죄와 죽음의 정복, 곧 무(Nothingness)의 멸절에서 나온다.…또한 하나님이 창조하기로 한 결심을 고수하는 것은 구원하기로 한 결심…곧 무의 멸절(annihilatio nihili)이라는 구속의 약속을 의미한다."[113] 아우구스티누스와 아퀴나스도 하나님의 세상 창조에 대해 말하게 되면 악에 대한 물음이 제기된다는 것을 익히 알고 있었다. 몰트만은 이 "무"를 고질적인 해석학적 문제의 하나로 보고 아우슈비츠 및 히로시마와 연결시킨다. 우리는 창조 과정 속에 포함되어 있는 모든 것을 하나님이 아들 안에서 자기 자신을 드러내시는 것과 분리시킬 수 없다. 하나님은 "자신의 영원한 존재 속으로 무(Nothingness)를 끌어들이기 위해 십자가에서 그것을 멸절시키셨다."[114]

그러므로 바르트가 바르게 주장한 것처럼, 창조는 "죽은 자에게 생명을 주시는 하나님"에 대한 신학의 한 부분이다. 여기서 우리는 삼위일체적 창조론이라는 새로운 강조점으로 나아가게 된다. 창조에 성령의 능력이 역사한다. 그러나 몰트만은 올바르게 이렇게 지적한다. "성령은 항상 자기 자신이 아니라 성자와 성부 하나님을 지시한다."[115] 또한 몰트만은 『삼위

---

112) John Polkinghorne (ed.), *The Work of Love: Creation as Kenosis* (London: SPCK and Grand Rapids: Eerdmans, 2001), 특히 43-65, 90-106. 『케노시스 창조이론』(새물결플러스 역간). 이 책은 밴스톤에게 기념으로 헌정되었다. McFadyen, *Personhood*, 17-44도 참조하라.

113) Moltmann, *God in Creation*, 90.

114) Moltmann, *God in Creation*, 93.

115) Moltmann, *God in Creation*, 97. 참조. 94-103.

일체와 하나님 나라』(*The Trinity and the Kingdom of God*)에서 삼위일체 하나님의 창조와 하나님의 자기제한을 탐구한다.[116]

판넨베르크는 창조가 인간의 상태를 지각하는 렌즈가 되는 최소 네 가지 이해의 지평을 정식화한다. 이 지평은 모두 현대 사상과 성경 및 교리 전통의 핵심 사이에 통로를 만드는 해석학적 다리를 제공한다.

첫 번째 통로는 하나님의 창조 능력과 하나님이 **인간 역사 속에서** 그리고 세상 역사 속에서 행하시는 **새 창조**, 곧 그분의 구원 사역 간의 연속성을 추적한다. 두 번째 통로 또는 다리는 **보존**이라는 주제를 취한다. 이 주제는 부패, 유한성, 시간의 약탈에 대한 물음 및 염려와 관련되어 있다. 칼 바르트는 하나님이 우리를 "비-존재의 심연"에서 끌어낸다고 말했지만, 판넨베르크는 이러한 견해가 "비-존재"에게 하나님과 분리된 이원론적 실재의 지위를 부여하지는 않을까 염려하여 유보한다.

세 번째 이해의 지평은 "질서"(order) 또는 "정연성"(orderedness)이라는 개념이다. 앞에서 지적한 것처럼, 이 개념은 아우구스티누스와 아퀴나스의 견해에서 일익을 담당한다. 과학 분야에서는 혼돈, 무질서, 우연에 대해, 그리고 사회-정치적 배경에서는 아나키즘과 급진적 다원주의에 대해 새로운 관심을 보이고 있는 오늘의 현실 속에서, 질서에 대한 갈망은 그 자체로 새로운 절박성으로 대두되고 있다. 안전을 보장받으며 사는 자들만이 무질서와 혼돈을 미화시킬 것이다.

네 번째 통로로 판넨베르크는 특히 행동주의적 인간관이 가지고 있는 피상적 성격을 폭로하면서 피조된 인간성과 인간 주체성과의 연계성을 추적한다. 우리는 이 네 가지 이해의 지평 또는 관점을 각각 다음과 같이 보다 확장해서 설명할 수 있다.

(1) 창조는 주권적이고 자유로운 하나님의 행위로서 내재적인 신적 유

---

116) Jürgen Moltmann, *The Trinity and the Kingdom of God: The Doctrine of God*, trans. Margaret Kohl (London: SCM, 1981), 105-114.

출의 내적 필연성과 절대로 양립할 수 없다. 판넨베르크는 이렇게 말한다. "하나님과 피조물의 구별을 방해할 것은 아무것도 없다."[117] 또 다음과 같이 말한다. "성경은 매우 자유롭게…다양한 하나님의 행위들, 예컨대 하나님이 자기 백성들로 하여금 보게 하시는(참조. 시 77:12) 많은 행위(시 78:11. מלילות)와 하나님의 크신 행위(시 106:2, נבורות)에 대하여 말한다."[118] 하나님의 창조 능력이 일으키는 "새 일"은 새 창조 및 부활의 약속과 연속선상에 있다(사 43:19; 45:7; 고전 15:35-44).[119] 하나님은 창조와 새 창조에서 자신의 주권적 능력을 자유롭게 행하기로 선택하셨기에 "세상의 창조는 하나님 사랑의 한 표현이다." 이는 새 창조, 그리스도 안에서의 구원, 부활에 대한 약속에서도 마찬가지다.[120] 판넨베르크는 창조와 새 창조가 동일한 창조 및 형성 능력의 결과일 뿐만 아니라, 성자 하나님 안에서 그리고 성자 하나님을 통해 표현된 **동일한 하나님 사랑**의 결과라고 주장한다.

(2) 비록 "변함없는 보호"라는 의미는 아닐지라도, 또한 판넨베르크는 보존을 하나님의 창조의 한 요소로 본다. 보존은 "본래적으로 주어진 실존을 넘어서 살아 있는 사건, 지속적 창조, 변함없이 새로운 창조적 형성이다.…따라서 창조, 보존, 지배는 하나의 연합체를 형성한다."[121] **보존은 인간을 해석하고 이해하는 데 필수적인 또 하나의 이해 지평이다.** 성경 전통 안에서 노아와 맺은 약속(창 9:8-17)과 "땅의 순환" 유지에 대한 약속(시 96:10) 같은 하나님의 언약 내용은 보존의 주제를 설명해준다. 영국 성공회의 공동 기도서는 "오 하나님, 모든 인간의 창조주이자 보존자이신 하나님…"이라는 기도를 포함한다. 판넨베르크의 신학에 따르면 참 인간성은 특히 하나님의 신실하심의 불변성 및 약속과의 관련성 속에서 확인된

---

117) Pannenberg, *Systematic Theology*, vol. 2, 33.
118) Pannenberg, *Systematic Theology*, vol. 2, 8.
119) Pannenberg, *Systematic Theology*, vol. 2, 12-19.
120) Pannenberg, *Systematic Theology*, vol. 2, 20-21.
121) Pannenberg, *Systematic Theology*, vol. 2, 34; 참조. 35-46.

다.[122] 또한 이 전통은 아우구스티누스에서 그레고리우스를 거쳐 아퀴나스로 이어지는 것으로 추적될 수 있다.

이러한 보존 주제는 단지 기독교 전통을 넘어서 인간의 상태를 해석하는 지평까지 제공한다. 변화와 쇠퇴 현상 역시 **철학적** 주제로 남아 있다. 우리는 이 주제가 플라톤이 우연성을 고민했던 것으로부터 키에르케고르, 하이데거, 그리고 다른 실존주의 학자들의 두려움, 걱정, 불안과 같은 실존주의 개념을 거쳐 열역학 제2법칙이나 엔트로피 법칙과 관련된 물리학의 우주론적 관점으로 이어지는 것을 확인할 수 있다.[123]

오늘날 이 보존 국면은 **사회-정치적인** 주제도 구성한다. 핵무기로 세계를 폭파시키거나 생화학적 수단으로 인간의 건강을 파괴하는 국가들이나 극악한 테러리스트 집단의 힘은 보존 주제에 통렬함과 적합성을 부여한다. 이런 것들 외에 생태학의 관점에서 지구 온난화와 같은 심각한 위기도 생각이 깊은 사람들에게는 "보존"이 중요한 안건으로 자리 잡게 할 것이다. 판넨베르크는 가장 넓은 캔버스 위에 보존에 대한 그림을 그린다. "보존은 [인간 및 피조물의] 활동의 전제 조건이다. 피조물은 또 활동하기 위해서 하나님의 협력을 필요로 한다."[124]

지금은 많은 이들이 19세기의 진화론에 입각한 인문주의적인 세속적 진보주의와, 20세기 동안 성행한 미국의 낙관주의적 실용주의를 피상적이고 공허한 사상으로 인식하고 있다. 급진적 포스트모던 탈구성주의적

---

122) Pannenberg, *Systematic Theology*, vol. 2, 40.

123) Søren Kierkegaard, *The Concept of Dread*, trans. M. Lowrie (Princeton: Princeton University Press, 1944). 『불안의 개념』(한길사 역간). *The Sickness unto Death*, trans. W. Lowrie (Princeton: Princeton University Press, 1941). 『죽음에 이르는 병』(한길사 역간); Martin Heidegger, *Being and Time*, trans. J. Macquarrie and E. Robinson (Oxford: Blackwell, 1973), 특히 sect. 40, 225-228. 『존재와 시간』(까치 역간). 은하의 미래에 대해서는 A. R. Peacocke, *Creation and the World of Science* (Oxford: Clarendon, 1979), 326-332을 보라.

124) Pannenberg, *Systematic Theology*, vol. 2, 37.

"진보"의 위장과 활동에도 불구하고, 실용주의와 진보주의의 사고방식은 사양길에 접어든 것으로 보인다.[125] 다시 말해 판넨베르크의 말을 인용하면, "우리 시대의 역사적 사고 속에는 섭리의 자리가 사라졌으나 아울러 진보에 대한 의심도 존재한다."[126] 판넨베르크가 "판에 박힌 일의 둔화 효과"로 부르는 것은 보존과 새 창조에 대해 비판적인 물음을 일으킨다.[127] 이 물음을 포괄하는 이해의 지평은 이 물음을 배제하는 지평과 다르게 "인간"을 해석한다.

(3) 아우구스티누스와 아퀴나스를 따라 판넨베르크도 창조론을 질서 및 **정연성**과 관련시킨다. 아퀴나스와 같이 판넨베르크도 창조론을 창조 질서 안에 있는 사물과 사건의 다양성, 차이, 구별과 관련시킨다. "창조된 실재는…피조물의 다수성이다."[128] 사건의 패턴은 통일성과 정합성뿐만 아니라 차이와 구별도 반영한다. 시간은 이 상호작용의 근본적 국면에 기여한다. "시간의 비가역성"으로 말미암아 "사물과 사건의 독특한 성격은 가능해지고, 또한 그것은 패턴과 잠재적 통일성도 보여준다."[129]

판넨베르크는 창조와 시간을 연구하는 데 상당히 심혈을 기울인다. 판넨베르크는 시간과 공간이 하나님의 영이 자신의 창조적이고 형성적인 행위와 능력을 보여주는 선물이라고 주장한다.[130] 우리는 이미 창세기 1:1-2:3의 "제사장"문서에 나타난 창조 기사의 연쇄적 순서에 대한 판넨베르크의 설명을 언급했다.[131]

어떤 이들은 "정연성"을 하나님에게서 온 선물로 너무 쉽게 당연시 할

---

125) 참조. Richard Rorty, *Truth and Progress: Philosophical Papers*, vol. 3 (Cambridge: Cambridge University Press, 1998), 특히 1-42.

126) Pannenberg, *Anthropology*, 503.

127) Pannenberg, *Systematic Theology*, vol. 2, 46.

128) Pannenberg, *Systematic Theology*, vol. 2, 61; 참조. 61-76.

129) Pannenberg, *Systematic Theology*, vol. 2, 65.

130) Pannenberg, *Systematic Theology*, vol. 2, 76-84, 84-115.

131) Pannenberg, *Systematic Theology*, vol. 2, 115-136.

수 있다. 그러나 무정부 상태, 불안정 상태, 질서 붕괴에 직면한 사람들, 심지어 자연과학 속에서 질서와 무질서 또는 불확실성 간의 상호작용에 직면한 사람들은 그렇게 할 수 없다. 이해의 지평으로서 "질서 있는" 시간과 장소는 창조주의 신실하심의 한 표현으로 인식될 수 있다. 형식적 질서에 너무 익숙해서 둔감해진 탓에, 질서의 파괴에 대해서 "흥분" 외에 다른 태도를 보여주지 않는 자들은 인간 조건의 개선, 아니 지속에 질서가 얼마나 필수적인지를 볼 수가 없다.

하나님이 바다의 경계를 제한하시는 것에 대해서 히브리인들이 가지고 있는 경이로움은 지구 온난화의 장기적인 결과들을 재발견하도록 해주는 역할을 할 수 있다. 21세기 우리의 문명은 인간의 발전에 필수적인 바다의 경계와 질서 있는 기후를 더 이상 당연히 여길 수 없게 되었다. 그러나 "질서"는 바다의 정해진 경계(욥 38:4-17)뿐만 아니라 새 창조의 종말론적 정연함(고전 15:23; 참조. 고전 15:20-28, 38-45)에서도 확인된다. "질서"는 하나님의 선물로 남아 있다. 판넨베르크는 창조를 가능한 한 가장 넓은 의미의 이해 지평으로서 종말론의 배경 속에 둔다.[132]

(4) 또한 피조된 인간성이 함축하고 있는 것은 인간이란 초월적 합리성이 결여된 자극-반응 메커니즘 외에 다른 것이 아니라는 **행동주의적** 이론에 대한 거부다. 특히 『신학적 관점에서 본 인간론』(*Anthropology in Theological Perspective*)에서 판넨베르크는 왓슨(J. B. Watson)과 스키너(B. F. Skinner)의 환원주의적 행동주의의 성격을 폭로한다. 오늘날에는 도구적 이성과 초월적 이성 각각의 역할에 대해 서로 경쟁하는 주장들이 보다 치열한 차원에서 논쟁을 벌이고 있다고 추정할 수 있다. 액면 그대로 말하면, 초기의 행동주의자가 인간을 동물과 유사한 존재로 보았다면, 최근의 행동주의자는 인간을 컴퓨터나 로봇과 비슷한 존재로 본다. 판넨베르크는

---

132) Pannenberg, *Systematic Theology*, vol. 2, 136-174. 참조. Pannenberg, "Eschatology and the Experience of Meaning," *Basic Questions*, vol. 3, 192-210.

미드(G. H. Mead)에서 하버마스, 헬무트 플레스너(Helmuth Plessner), 아놀드 겔렌(Arnold Gehlen)에 이르는 최근 학자들의 사회학 이론 또는 사회 이론을 정밀하게 설명한다.[133]

판넨베르크는 이 설명을 위해 하나님의 형상에 대한 문제를 다룬다. 마찬가지로 나도 환원주의적 자아 이론에 대한 간략한 고찰을 하나님의 형상을 다룬 11장(11.3.)으로 미루었다.

몰트만과 판넨베르크는 우리가 지금 다루고 있는 주제에 대해서 시사적이고 건설적인 해석학적 접근법을 예증하는 데 상대적으로 많은 지면을 할애했다. 그러나 이 두 사람만이 이 주제를 연구하는 데 심혈을 기울인 것은 아니다. 예컨대 존 매쿼리도 인간 조건의 의미가 갖고 있는 해석학적 중요성을 제시하기 위해 창조 모델을 탐구한다.[134] 과거에 내가 감독한 철학 박사 후보자였던 조지나 몰리(Georgina Morley)는 매쿼리 신학의 이 부분을 건설적이고 비판적인 입장에서 추적했다.[135] 이 연구에서 두드러진 주제는 하나님의 자기희생 개념이다. 알리스터 맥그래스는 『과학적 신학』(A Scientific Theology) 제1권 "자연" 부분에서 해석학적으로 적합한 창조론을 상술한다.[136]

특별히 한스 큉은 자신의 전반적인 작품을 통해 기독교의 창조론을 간결하게 해설할 뿐만 아니라 수많은 일반인이나 무신론자까지도 관심을 갖고 있는 창조와 인간성에 관해 물음을 제기한다.[137] 큉은 성경 및 교

---

133) Pannenberg, *Anthropology*, 28-42. 더 폭넓게는 43-79을 보라.

134) John Macquarrie, *Principles of Christian Theology* (London: SCM, 1966), 200-218.

135) Georgina Morley, *The Grace of Being: John Macquarrie's Natural Theology* (Bristol, IN: Wyndham Hall, 2001); U.K. edition, *John Macquarrie's Natural Theology: The Grace of Being* (Aldershot: Ashgate, 2003).

136) Alister E. McGrath, *A Scientific Theology*, vol. 1: *Nature* (Edinburgh, New York: T&T Clark, 2001), 특히 135-240, 또한 여러 곳.

137) 예컨대 Hans Küng, *Does God Exist? An Answer for Today*, trans. E. Quinn

리적 창조 주제를 우주론적 물음과 관련시켜 다룬다. 여기에는 "빅뱅" 가설이 포함되고, 은하계의 스펙트럼 선들이 적색편이(red shifts) 현상을 보임으로 우리들의 우주가 여전히 팽창하고 있다는 에드윈 허블(Edwin P. Hubble)의 결론이 탐구된다. 큉은 이렇게 지적한다. "모든 방사선과 모든 물질은 형언할 수 없을 정도로 극미한 크기와 최대의 밀도와 열을 가진 원초적 불덩어리로 압축되었던 출발 시점이 있었다."[138] 큉은 양성자, 중성자, 전자, 양전자의 등장, 수소와 헬륨으로 이루어진 원자의 구성, 1964년에 펜로즈(A. A. Penrose)와 윌슨(R. W. Wilson)이 발표한 정교한 이론, 그리고 1992년에 미국 연구 위성 COBE가 발견한 것들을 더 상세히 해설한다.

그러나 큉은 성경적이고 기독교적인 창조론의 의미나 진리를 찾기 위해서 이런 이론들에 의존하지는 않는다. 큉은 "하나님의 고향"을 절대로 과학 이론 속에서 찾으려고 시도하지 **않는다**. 큉은 다음 시나리오 곧 기독교 창조론을 사고-실험으로 이해할 수 있도록 만드는 **가능한** 이해의 지평을 탐구하고 있다. 큉은 다음과 같은 기독교 교리를 고수한다. "선하신 하나님은 모든 사람의 기원이다.…하나의 전체로서 세상과 밤, 물질, 하등 피조물, 인간의 몸과 성을 포함한 개별적인 세상은 근본적으로 선하다.… 창조 과정의 목표는 인간이다.…인간은 자기 주변의 환경을 보살필 책임이 있다."[139]

영국 사상가들 가운데 존 폴킹혼, 토마스 토랜스, 피콕(A. R. Peacocke)은 해석학적 기능을 병행적으로 수행하는 시나리오를 탐구한다. 피콕은 과학적 세계관의 변화(제2부에서 다룬)와 우연적 환원주의, 진화론, 신적 행

---

(London: Collins/Fount, 1979), 특히 627-654. 『신은 존재하는가?』(분도출판사 역간). Hans Küng, *Credo: The Apostles' Creed Explained for Today*, trans. John Bowden (London: SCM, 1993), 15-29. 『믿나이다』(분도출판사 역간).

138) Küng, *Credo*, 15; 참조. *Does God Exist?* 635-642.

139) Küng, *Credo*, 20; 참조. *Does God Exist?* 630-631, 639-640, 650-659.

위와 인간적 행위와 관련된 문제들을 추적한다.[140] 존 폴킹혼은 해석학에서 익히 인정되고 있는 이해(Verstehen)와 설명(Erklärung)의 큰 대조에 맞추어 "설명의 단계들"을 구별한다.[141] 위에서 지적한 것처럼 폴킹혼은 다양한 종류의 물음을 구분할 뿐만 아니라, 큉과 같이 과학적 이해의 지평안에서 창조에 대한 유신론적 설명을 **증명**과 관련된 시나리오가 아닌 **개연성**과 관련된 시나리오로 숙고한다. 우리는 8장(8.4.)에서 라카토스와 머피에 대해 설명할 때 합리주의적 "확실성"과 오류가능주의자의 "합리성"을 구분해서 설명했다.

예를 들어 폴킹혼은 다음과 같이 주장한다. "우리의 탄소 기반 생활에 필요한 조건들을 충족시키려면 매우 특별한 우주가 요구된다. 이 우주가 실현될지의 맹목적 가능성은 대략 '1조 분의 1'이다. 만일 이 우주가 급속도로 팽창한다면,…그 안에서 일어나는 흥미로운 것은 어떤 것이든 너무 쉽게 약해질 것이다.…만일 이 우주가 너무 느리게 팽창한다면, 그것은 흥미로운 어떤 것이 일어나기 전에 다시 붕괴될 것이다.…한 별 안에서 탄소가 만들어지려면 세 개의 헬륨 핵이 함께 뭉쳐야 한다.…이것은 교묘하다.…또한 탄소만으로는 충분하지 않다. 사람은 생명을 위해 더 많은 요소가 있어야 하기 때문이다."[142] 순전한 우연을 기초로 하면 무신론자가 "운 좋은 일"로 돌릴 수 있는 일은 받아들일 수 없을 정도로 늘어난다. 폴킹혼은 이렇게 말한다. "운 좋은 일들이 늘어난다. 만일 중력의 힘이 좀 더 강해지면 모든 별은 청색 거성이 될 것이다. 반면에 좀 더 약해지면 적

---

140) Peacocke, *Creation and the World of Science*, 52-85, 86-111, 131-186, 그리고 여러 곳. "창조에서 인간의 역할"에 대해서는 294-316을 참조하라.

141) John Poikinghorne, *The Way the World Is* (London: Triangle, 1983), 16-19; *Quarks, Chaos, and Christianity: Questions to Science and Religion* (London: Triangle, 1994); 특히 *Science and Creation: The Search for Understanding* (London: SPCK, 1988)과 *Belief in God in the Age of Science* (New Haven, CT: Yale University Press, 1998)를 참조하라. 『과학시대의 신론』(동명사 역간).

142) Polkinghorne, *Quarks*, 27, 29.

색 왜성이 될 것이다. 태초부터…폭발적 팽창과 중력 수축의 경쟁적인 결과들 사이에는 극미한 작은 균형이 존재했다."[143] 리처드 스윈번(Richard Swinburne)도 좋은 결과에 대해 비슷한 주장을 펼쳤다.[144]

앞에서 우리는 폴킹혼이 자연과학 분야에서 제기된 "어떻게" 관련 물음과 신학 특유의 "왜" 관련 물음 사이를 조심스럽게 구분한다고 말했다. 그렇다고 해도 설명과 이해는 더 세밀한 단계로 구별될 수 있다.[145] 예를 들면 교향악의 감동은 오실로스코프(시간에 따른 입력전압의 변화를 화면에 출력하는 장치-역자 주)를 통해 청각적으로 전달될 수 있다. 파동의 빈도로 소리의 고저를 잴 수 있고, 파동의 구조와 형태가 음색이나 음조의 양을 나타낼 수도 있다. 그러나 예술가나 전문 음악가가 베토벤의 교향악에 대하여 물음을 던지는 것은 청각 기술자의 물음과는 차원이 다를 것이다. 가다머는 자신의 해석학에서 이 요점을 상세히 설명한다. 예술과 공업 기술은 다른 단계의 설명과 이해에 따라 작용한다. 그렇다고 해도 이것이 전혀 "통약불가능하다"는 의미는 아니다. 음악가가 음악을 컴퓨터 모니터에 가시적으로 나타나는 파동 모양의 패턴으로 "환원시킬" 수는 없다고 해도, 고정된 경계 안에서 오실로스코프를 유용하게 사용할 수 있다.

우리가 앞에서 언급한 『케노시스 창조이론』(The Work of Love: Creation as Kenosis)에서 여러 학자들은 신적 "케노시스" 곧 자기 내어줌의 주제를 창조의 참된 구조를 이루고 있는 특징으로 밝혀낸다. 여기서 홈스 롤스턴(Holmes Rolston)은 자신이 선호하는 "십자가형을 당한 자연"(cruciform nature)이라는 말로 "이기적 유전자"에 대해 말한다.[146] 생물학적 과정은

---

143) Polkinghorne, *Science and Creation*, 22.
144) Richard Swinburne, *The Existence of God* (Oxford: Oxford University Press, 1979), 36.
145) 폴킹혼은 *The Way the World Is*, 16-19에서 간단한 실례를 제공한다.
146) Holmes Rolston, "Kenosis and Nature," in Polkinghorne (ed.), *The Work of Love*, 43-65.

"산고"를 통해 "생명이 주어진다." 곧 "항상 산고 속에서 다시 태어난다." "어떤 것은 항상 죽어가고 있고, 어떤 것은 항상 살아나고 있다. '피조물은 다 이제까지 함께 탄식하며 함께 고통을 겪고 있다'(롬 8:22).…그것은 땅에 떨어진 씨앗처럼 많은 열매를 맺는 죽음의 일종이다…"(요 12:26).[147] 아서 피콕은, 육체를 가진 생명체 속에 있는 창조된 질서 안에서 "기쁨과 고통의 표지들은 계속 일어나도록 되어 있고", 이것은 "변화의 원리"가 될 수 있다고 말한다.[148]

여러 가지 중요한 문제를 다루고자 했지만 하나님의 형상으로 지음 받은 인간에 대한 성경 및 교리적 언어를 통해 제기된 물음은 아직 고찰하지 못했기 때문에 뒤로 미루었다. 이에 대해서는 새로운 장에서 다루도록 하자.

---

147) Rolston, "Kenosis and Natute," in *The Work of love*, 58.
148) Arthur Peacocke, "The Cost of New Life," in *The Work of Love*, 31; 참조. 21-42.

**11장**

인간됨: 하나님의 형상, 타자와의 관계성,
육체적·시간적 삶

## 11.1. 인간의 상태를 해석하기 위한 이해의 지평으로서의 하나님 형상: 세상을 위한 지혜와 책임

창조론이 창세기 1:1-2:35로부터만 도출되는 것이 아닌 것처럼, 하나님의 형상에 대한 이해도 창세기 1:26-27로만 도출되는 것이 아니다. 그렇다고 해도 이 창세기 본문에는 적절한 가치가 주어져야 한다. "하나님이 이르시되 우리의 형상을 따라 우리의 모양대로(히브리어 בצלמנו כדמותנו, 베찰메누 키드무테누) 우리가 사람을 만들고 그들로 바다의 물고기와 하늘의 새와 가축과 온 땅과 땅에 기는 모든 것을 다스리게 하자 하시고, 하나님이 자기 형상 곧 하나님의 형상대로(히브리어 בצלם אלהים, 베첼렘 엘로힘) 사람을 창조하시되 남자와 여자를 창조하시고"(창 1:26-27). 창세기 5:1과 9:6은 "하나님의 모양"을 아담의 후손에게 거듭 적용시킨다.

분명히 시편 8:4-6도 비슷한 전통을 반영한다. "…그를 하나님보다 조금 못하게 하시고 영화와 존귀로 관을 씌우셨나이다. 주의 손으로 만드신 것을 다스리게 하시고 만물을 그의 발아래 두셨으니, 곧 모든 소와 양과 들짐승이며 공중의 새와 바다의 물고기와 바닷길에 다니는 것이니이다." 시편 8편은 인간과 동물계가 다른 지위 혹은 최소한 다른 역할을 갖는다고 확증하지만, **첼렘**이나 **데무트**라는 말을 명시적으로 사용하지는 않는다. 한편 리우벤과 같은 학자는 시편 8편이 이런 말을 전제한다고 주장하기도 한다.[1]

---

1) Raymond C. Van Leeuwen, "Form, Image," *Dictionary of Old Testament Theology and Exegesis*, vol. 4, 645.

신약성경은 인간을 하나님의 형상(그리스어 εἰκών, 에이콘; 고전 11:7. 비록 여기서는 ἀνήρ, 아네르, 곧 남자에게 적용시키기는 해도)과 하나님의 모양(그리스어 ὁμοίωσις, 호모이오시스; 약 3:9)으로 지음 받은 존재라고 말한다. 그리고 좀 더 특이한 것은 바울과 히브리서 저자가 그리스도를 하나님의 형상(εἰκών τοῦ θεοῦ, 에이콘 투 데우; 고후 4:4; 골 1:15; 참조. 히 1:3)으로 말하는 것이다. 히브리서 2:6-9은 시편 8:4-6의 신학을 취하지만, 인간은 땅을 다스리도록 되어 있는 자신의 운명을 따르지 못했음에도 불구하고("지금 우리가 만물이 아직 그에게 복종하고 있는 것을 보지 못하고"), "우리가···영광과 존귀로 관을 쓰신 예수를 보니"라고 논증한다. 말하자면 예수께서 자신의 인격으로 참 인간의 운명을 성취하셨다고 말한다. 다른 신약 본문도 인간이 그리스도로 말미암아 오직 파생적으로 "그[하나님의] 아들의 형상을 본받게"(συμμόρφους τῆς εἰκόνος τοῦ υἱοῦ αὐτοῦ, 쉼모르푸스 테스 에이코노스 투 휘우 아우투, 롬 8:29. 마찬가지로 고전 15:49도 "우리가 하늘에 속한 이의 형상을 입으리라"고 말한다. 참조. 고후 3:10; 엡 4:22-24; 빌 3:21; 골 3:10) 될 때 일시적으로 상실된 운명을 되찾을 수 있다고 주장함으로써 이 주제를 확증한다.

궁켈(H. Gunkel)은 기독교 교리와 조직신학에서 **하나님의 형상**(*Imago Dei*)을 구약 본문이 보증하는 것보다 과도하게 강조하는 것에 대해 불만을 토로했다.[2] 그러나 폰 라트는 구약 본문에 하나님의 형상에 대한 암시가 드문 **이유**를 설득력 있게 제시한다. 폰 라트는 이렇게 말한다. "구약 인간론의 핵심 요점은 인간이 하나님 앞에서 먼지와 재에 불과하고, 하나님의 거룩하심 앞에 설 수 없다는 것이다."[3] 따라서 "인간의 신적 모양"은 별로 언급되지 않지만, 그럼에도 "매우 중요한" 사실로 남아 있다. 인간은

---

2) Hermann Gunkel, *Genesis* (Göttingen: Vandenhoeck & Ruprecht, 1910), 99-101.
3) Gerhard von Rad, "Divine Likeness in the OT," in Gerhard Kittel (ed.), *Theological Dictionary of the New Testament* (*TDNT*), trans. G. W. Bromiley, 10 vols. (Grand Rapids: Eerdmans, 1964-1976), vol. 2, 390.

"하나님과 직접적인 관계 속으로 들어간다."[4] 오히려 어려움은 다른 곳에 있다. 이에 대한 언급이 별로 없기 때문에, "구약성경에는 하나님의 모양에 대한 적절한 해석이 될 만한 다른 증거가 전혀 없다."[5]

또한 현대 주석가들은 주로 히브리어 대구법(병행법)을 기초로 이 문맥에서 "형상"과 "모양"이라는 두 용어가 사실상 동의어라고 일반적으로 인정하지만, 다른 누구보다 이레나이우스, 테르툴리아누스, 오리게네스가 이두 용어를 구분하는 전통을 촉진시킨 것은 사실이다.[6] 브루스 바우터(Bruce Vawter)는 דמות(데무트, 모양)의 의미 폭이 매우 넓어서 "막연한 유사점 말고 중요한 것은 없다"는 견해에서부터 "열왕기하 16:10에서처럼 모델, 청사진, 정확한 모사"라는 견해에 이르기까지 다양하다고 지적한다. צלם(첼렘, 형상)은 종종 금지된 형상 또는 우상을 가리키고, 빈번하게 그것이 묘사하는 것을 표상하기 위해 마련된 성경적 이미지를 의미한다.[7]

따라서 **첼렘** 곧 **형상**은 **우상 금지**와 깊이 관련되어 있다(민 33:52; 왕하 11:18; 대하 23:17; 겔 7:20; 단 3:1-15. 또한 조각하거나 새긴 형상 곧 פסל[페셀]을 가리키기도 한다: 출 20:4; 레 26:1; 신 4:16; 5:8). 그러나 **데무트** 곧 **모양**이 병행적으로 사용된다. "그런즉 너희가 하나님을 누구와 같다 하겠으며 무슨 형상(데무트)을 그에게 비기겠느냐"(사 30:18). 데이비드 클라인스(David Clines)는 부분적으로 이 기초에 따라 인간은 하나님의 형상 **"안에서"**(in) 지음 받은 것이 아니라 하나님의 형상 **으로**(as) 지음 받았다고 주장한다. 인간은 땅에서 하나님의 대리자가 되어야 한다. 곧 체현을 통해 "하급 질서에 속한 피조물에 대한 하나님의 지배권"을 보여주어야 한다.[8]

---

4) Gerhard von Rad, *TDNT*, vol. 2, 390.

5) Gerhard von Rad, *TDNT*, vol. 2, 390.

6) Irenaeus, *Against Heresies* V:6:1, V:16:2-3; 참조. IV:Preface, 4 and IV:64:1; Tertullian, *On Baptism* 5; Origen, *De Principiis* III:4:1.

7) Bruce Vawter, *On Genesis: A New Reading* (Garden City, NY: Doubleday, 1977), 55.

8) David J. A. Clines, "The Image of God in Man," *Tyndale Bulletin* 19 (1968) 101,

최근에 쓴 한 조직신학 책에서, 몰트만은 이와 병행을 이루는 견해를
제시했다. 몰트만은 이렇게 말한다. "하나님의 형상으로 지음 받은 인간의
운명을 믿는 믿음을 보호하기 위해 구약성경은 형상을 만드는 것을 금지
한다. 사람은 하나님의 형상이나 모양을 만들어서는 안 된다…(출 20:4). 왜
냐하면 사람 자신, 오직 사람만이 땅에서 하나님의 형상과 모양을 대표하
도록 되어 있기 때문이다."[9]

이와 관련해서 구약성경을 주석해보면, 두 가지 다른 예비적 요점이 나
타난다. 첫째, **남자와 여자가 함께** 하나님의 형상과 모양을 갖고 있다. 바
르트는 이렇게 말한다. "남자와 여자의 이원성 속에서…[인간은] 하나님의
모사와 모방이고,…따라서 남자와 여자라는…이 특수한 이원성 속에서…
하나님의 형상이 반사된다."[10] 바르트는 본회퍼의 『창조와 타락』(*Creation
and Fall*, 독일어판, 1933)이 이 내용을 더 깊이 탐구하도록 자극을 주었다고
말한다.[11] 필리스 트리블(Phyllis Trible)도 각주에서 간략하게 바르트의 견
해를 인정하고, 이 통찰을 더 확고한 주석적 기초 위에 두었다.[12] 그러나
이 통찰은 적어도 나지안주스의 그레고리오스(Gregory of Nazianzus)까지
거슬러 올라간다고 할 수 있다. 나지안주스의 그레고리오스는 하나님이 남
녀의 성 구별을 넘어 계시는 분이라는 추론을 이끌어내기 위해 남자와 여
자는 함께 하나님의 형상으로서 그분을 반사한다는 주장을 제시한다.[13]

---

53-103.

9) Jürgen Moltmann, *Man: Christian Anthropology in the Conflicts of the Present*,
trans. John Sturdy (London: SPCK, 1974), 109. 칼 바르트는 이 관념을 암시한다. 하지
만 "파트너"로서의 인간을 강조하는 것 때문에 빛이 가린다(*Church Dogmatics*, III:1,
sect. 41:2, 183-191).

10) Barth, *Church Dogmatics*, III:1, sect. 41:2, 186.

11) Bonhoeffer, *Creation and Fall/Temption* (위에서 인용함), 40-44, 63-69.

12) Phyllis Trible, *God and the Rhetoric of Sexuality* (Philadelphia: Fortress, 1978),
12-30. 『하나님과 성의 수사학』(태초 역간). 바르트는 각주 74에서 간단히 언급된다.
참조. Barth, *Church Dogmatics*, III:1, sect. 41, 2, 194, 본회퍼 관련 부분.

13) Gregory of Nazianzus, *On the Making of Man*, 16:7-9: 신적인 것이 아니라 육체

둘째 요점은, 고대 근동 지방에서 예컨대 어떤 왕이나 신의 "형상"이 그 왕이나 신이 특정 지역에 대해 갖고 있는 지배적 주권을 나타내기 위해 종종 만들어진다는 것이다.[14] 아우구스티누스가 이런 관점에서 주장을 펼쳤고, 특히 아퀴나스는 하나님의 형상을 "다른 동물보다 우월한 인간의 지위"를 가리키는 것으로 보았다. 물론 아퀴나스는 인간과 동물 사이에 "많은 유사점이나 동일한 형태가 있다"는 것을 인정한다. 그렇다고 해도 "인간이 우월한 것은 이성과 지성(ad rationem et intellectum) 때문"이라고 말한다.[15]

기독교 교리의 역사 안에는 어느 정도 주석적으로 보장된 세 가지 강조점이 있는데, 이 강조점은 각각 오늘날 제기되는 물음과 관련해서 명확한 이해의 지평을 수반한다.

첫째, 많은 이들이 **인간의 이성 또는 인식적 판단 능력**을 인간과 동물계를 차별화하는 특성으로 간주하고, 하나님의 형상으로 지음 받은 것의 한 가지 특징으로 간주했다. 그러나 이것은 하이데거가 "계산적"(calculative) 이성으로 부르는 것이나 하버마스가 "도구적"(instrumental) 이성으로 부르는 것과는 같지 않다. 사회적이고 상호 인격적인 관점에서 보면 인간은 **테크네** 곧 기술이 아니라 **프로네시스** 곧 실천적 지혜의 선물을 가진 존재이고, 이 선물은 단순히 일부 동물이나 전자 기계와 공통적으로 가질 수 있는 정보 수집 능력이 아니라 구약성경의 지혜 문헌에 나오는 삶의 **지혜**를 함축한다. 해석학적 이해의 지평에 따르면 이것은 다음과 같은 물음을 일으킨다. 인간의 자아성(selfhood)은 흄이 말하는 "감정의 노예

적인 것이 "남성과 여성으로 나누어진다"(16:9). 또 "형상"은 "그리스도 예수 안에서" 확인되고 거기서는 "남성이나 여성이 없다"(16:2). 본회퍼의 견해에 관해서는 Ann L. Nickson, *Bonhoeffer on Freedom* (Aldershot: Ashgate, 2002), 48-84도 보라.

14) Wolff, *Anthropology of the Old Testament*, 160-61.

15) Thomas Aquinas, *Summa Theologiae*, Ia, Q. 3, art. 1, Q. 4, art. 3 (Blackfriars eds., vol. 2, 23, 57). 참조. Augustine, *On the Trinity*, 14:6; Aquinas, *Summa*, Ia, Q. 13, art. 6, Q. 45조항 6-7 (Blackfriars eds., col. 3, 57-59, vol. 8, 51-59).

로서의 이성" 개념 이상의 것을 함축하는지, 인식, 상호 인격적 이해, 그리고 판단과 이해의 연속성을 포함하는지에 대한 물음이다.

과거 19세기의 성경 연구는 바울과 다른 저자 속에 나타난 νοῦς(그리스어 누스, 지성)의 역할을 바울에게 낯선 유사 플라톤적 관념론의 용어로 해석하는 경향이 있었다. 홀츠만(H. J. Holtzmann)과 오토 플라이더러(Otto Pfleiderer)는 νοῦς(누스)를 하나님의 영을 만나는 접촉점(Anknüpfungspunkt)으로 해석했다.[16] 라이첸슈타인(R. Reitzenstein)은 바울 속에 범신론을 집어넣고 있다는 비판을 받는 것이 합당할 정도로 관념론적 관점에 따른 영-정신 개념을 지나치게 부각시켰다. 당연히 이런 설명은 바울이 인간 이성에는 거의 가치를 두지 않았다는 의미로 귀착되기 때문에 크게 반발을 샀다. 이에 대해 대체로 보른캄(G. Bornkamm), 로버트 주잇(Robert Jewett), 스탠리 스토워스(Stanley Stowers), 제임스 던 등이 균형을 회복시켰다. 보른캄은 이성이 반드시 "세상 지혜"를 가리키는 것은 아니라고 지적한다. 바울의 설교는 우상으로부터 떠나 "하나님에 대한 참되고 이성적인 지식"으로 돌아서는 전환을 촉구했다.[17] 계속해서 보른캄은 이렇게 말한다. "바울이 이성에 대하여 말하는 것은…설교를 듣는 자가 하나님 앞에서 자신의 죄책을 깨닫도록 하기 위함이다."[18] "바울은 인간 이성과 합리성이 그리스도인의 자기 이해와 삶의 모든 영역에 있어 매우 중요한 역할을 한다고 본다."[19] 바울의 설교 문체는 마치 합리적 판단에 대한 논증이나 호소 없이

---

16) Otto Pfleiderer, *Paulinism: A Contribution to the History of Primitive Christian Theology*, trans. E. Peters, 2 vols. (London: Williams & Norgate, 1877), vol. 1, 47-67.

17) Günther Bornkamm, "Faith and Reason in Paul," in G. Bornkamm, *Early Christian Experience*, trans. Paul Hammer (London: SCM, 1969), 31; 참조. 29-46.

18) Bornkamm, *Early Christian Experience*, 35.

19) Bornkamm, *Early Christian Experience*, 35.

신탁을 선언하는 것처럼 단순한 "계시-발화"의 문체가 아니다.[20] 판넨베르크도 비슷한 사실을 지적한다. "성령을 의지하는 중에도, 바울은 사고와 논증을 아끼지 않고 사용했다."[21]

로버트 주잇은 바울의 인간관에 대한 연구사를 상세히 설명하고, 바울 서신 안에 나타난 관점의 충돌 배경에 비추어 주석적인 결론을 제시한다. 주잇은 바우어에서 존 로빈슨과 데이비드 스테이시에 이르기까지 연구사를 해석학적으로 예리하게 개관해준다.[22] 주잇은 바울이 갈라디아서와 데살로니가서에서 자주 "신령적인" 열광주의자의 주장에 반대하고, 지성(νοῦς, 누스)과 인식적 판단을 사용하는 것을 옹호한다고 결론짓는다. 갈라디아서 3:1에서 바울은 독자들을 "어리석고"(ἀνόητοι, 아노에토이, 자신의 지성을 사용하지 않고) "꾀임을 받은"(ἐβάσκανεν, 에바스카넨, [악한] 눈을 통해 악한 영향을 발하는, 홀리는) 자로 언급한다.[23] 처음에는 은혜의 원리로 시작했으나 나중에 율법으로 돌아가는 것은 비합리적이다. 데살로니가후서 2:2에서 파루시아(주의 재림-역자 주)가 이미 일어났다는 열광주의자들의 주장도 똑같이 비합리적이다. 그들은 "쉽게 마음이"(ἀπὸ τοῦ νοός, 아포 투 노오스) 흔들렸다. 데살로니가전서 5:12, 14과 데살로니가후서 3:15에서 바울은 그들이 올바른 마음을 갖기를(νουθετεῖν, 누테테인) 바란다.[24] 고린도전서 14:5, 13, 15, 19, 24에서 바울은 전의식적인(preconscious) 방언을 반대하고, 하나님을 찬양하기 위하여 **지성을 사용하는 것**에 매우 높은 가치를 부여한다.[25]

---

20) Bornkamm, *Early Christian Experience*, 36.

21) Pannenberg, *Basic Questions*, vol. 2, 35.

22) Robert Jewett, *Paul's Anthropological Terms: A Study of Their Use in Conflict Settings*, Arbeiten zur Geschichte des antiken Judentums und des Urchristentums 10 (Leiden: Brill, 1971), 358-390.

23) Jewett, *Anthropological Terms*, 373-374; 참조. BDAG (3d edn.), 171.

24) Jewett, *Anthropological Terms*, 367-373.

25) Thiselton, *First Epistle*, 1081 1130; Gerd Theissen, *Psychological Aspects of Pauline Theology*, trans. J. P. Galvin (Edinburgh: T&T Clark, 1987), 특히 267-342

스탠리 스토워스는 바울이 이성이나 지혜의 사용을 반대하지 않고, "세상" 이성과 "세상" 지혜의 사용을 반대한다고 설득력 있게 주장한다.[26] 예를 들면 다음과 같다. "고린도전서 1:18-4:21은 믿음과⋯이성을 대립시키기는커녕, 자만과 같은 인식적 악덕뿐만 아니라 새로운 것과 다른 것에 개방성을 결여한 태도도 비판한다."[27] 제임스 던은 바울이 이성을 "신적인 것의 한 조각"으로 보는 그리스 개념과 거리를 두지만, 그런데도 "바울에게는 '지성'의 중요성이 쉽게 증명된다"(롬 7:23, 25; 12:2; 14:5; 고전 14:14-15; 갈 3:1-3)고 올바르게 주장한다.[28]

성경 전통과 기독교 교리의 역사 속에 나타난 이성에 대해 충분히 검토하는 것이 지금 여기서 우리의 목표는 아니다. 그러나 지나가면서 우리는 판넨베르크가 루터의 인간 이성에 대한 비판을 설득력 있게 제시한 것을 지적하지 않을 수 없다. 판넨베르크는 "루터가 비판한 이성(ratio)은 아리스토텔레스-아퀴나스의 이성에 대한 견해"로, 이 견해에 따르면 "이성과 지성은 마치 운동과 휴식처럼 서로 관련되어 있다"고 말한다. 이성에 대한 루터의 날카로운 비판은 다음과 같이 아리스토텔레스와 아퀴나스에게서 발견되는 이성의 기술적 지위에 비추어 이해되어야 한다. "기독교 신앙의 내용은 이런 이성의 **선험적** 원리로부터 도출될 수 없다."[29]

만일 인식적 판단과 지혜에 대한 해석에서 이성을 효율적으로 사용하는 능력이 (다른 무엇보다) 하나님의 형상으로 지음 받은 피조물로서 인간이 갖고 있는 한 가지 능력이라면, 인간됨에 대한 해석학적 이해의 지평이 뚜

---

을 보라.

26) Stanley K. Stowers, "Paul on the Use and Abuse of Reason," in D. L. Balch, E. Ferguson, and Wayne Meeks (eds.), *Greeks, Romans, and Christians: Essays in Honor of J. Malherbe* (Minneapolis: Augsburg, 1990), 253-286.

27) Stowers, "Reason," 261.

28) James D. G. Dunn, *The Theology of Paul the Apostle* (Edinburgh: T&T Clark, 1998), 74; 참조. 73-75.

29) Pannenberg, "Faith and Reason," *Basic Questions*, vol. 2, 55-56; 참조. 46-64.

렷해진다. 인간적 합리성은 정보를 "교묘하게" 사용하는 일과 관련되지 않고, 데이비드 흄과 오늘날 급진적인 포스트모던 사상의 상황적 상대주의가 요청하는 단순한 도구적 이성을 넘어서는 책임 있는 합리성과 관련되어 있다. "합리성" 개념을 전적으로 성, 계급, 교육, 사회적 상황에 의존해서 만든 이론은 인간에게 진정으로 주어진 합리성의 가치를 끌어내린다. 심지어 비트겐슈타인도 삶의 다원성을 타당한 것으로 인정함에도 불구하고, 인간됨이 급진적인 상황적 상대주의를 초월하도록 하는 판단에 어떤 공유된 기초를 제공했다고 믿었다.[30] 우리는 아래에서 인간의 자아에 대한 "환원주의적" 견해를 더 깊이 탐구할 것이다.

두 번째 주제 또한 발생한다. 심지어 창세기 1:26-27과 시편 8:4-6의 주석과 문맥만을 기초로 해도 하나님의 형상에 대한 언어는 동물계와 땅의 자원에 대한 지배권 또는 청지기 직분 개념을 분명히 전달한다. 물론 베스터만(Claus Westermann)이나 다른 학자들은 그 측면을 하나님의 형상의 결과로 주장하기도 한다.[31] 우리 시대의 과학 기술의 폭발적 진보가 양면적 영향을 갖고 있기 때문에 이 두 번째 주제는 매우 직접적이고 민감한 해석학적 문제가 되었다. 한편으로 과학 기술은 많은 사람에게 무한한 에너지 자원, 인간 생명의 획기적 연장, 과거에 인간이 무력했던 파괴적인 힘에 대비할 수 있도록 방도를 제공하는, 자연에 대한 지배를 약속하는 것처럼 보인다. 다른 한편으로 과학 기술은 이전의 약속을 넘어가 현재의 요

---

30) 예를 들어보자. "개는 가책이 없는데도 두려움을 느낄 수 있을까?…오직 과거를 반성할 수 있는 사람만이 회개할 수 있다"(Wittgenstein, *Zettel*, sects. 518-519). 비트겐슈타인은 이렇게 말한다. "인간의 공통적인 행위 방식은 우리가 낯선 언어를 해석하기 위한 준거 체계다"(Wittgenstein, *Philosophical Investigations*, sect. 206). "우리의 판단을 결정하는 것은…인간 행동의 전체적인 움직임이다"(*Zettel*, sect. 567). 단지 다른 행성에서 온 사람만이 사람이 몸을 위아래로 흔들거나 인간의 웃음소리처럼 "뜻 없이 소리 내는 것"을 이해할 수 없을 것이다.

31) Claus Westermann, *Genesis 1-11: A Commentary*, trans. J. C. Scullion (London: SPCK, 1984), 154-155.

구라는 이름으로 미래를 무자비하게 희생시킴으로써, 바야흐로 땅의 자원을 약탈하는 한계에 들어선 것으로 보인다. 말하자면 과학 기술로 인해 잠재적인 자기 파괴의 무기들이 무책임한 행위자들의 손에 쥐어졌다.

라인홀드 니버는 오래전인 1941년, 곧 인간을 파괴하려는 원자폭탄이 투하되기 4년 전에 이러한 내용을 이미 인식하고 있었다. 니버는 다음과 같이 말한다. "때때로 권력욕은 인간의 자연 정복 앞에서 실체를 드러내고, 이때 자연계에 대한 인간의 합법적 자유와 지배는 자연에 대한 단순한 착취로 부패된다. 자연에 대한 인간의 의존 의식과 해마다 자연이 제공하는 풍성한 기적에 대한 진심 어린 감사는 인간의 오만한 독립 의식으로 말미암아 무너진다. 또한 불안정한 자연의 순환과 요구를 극복하기 위해 과도한 열심을 갖고 창고를 채우고 자연의 필요를 넘어서려는 인간의 탐욕적인 착취로 말미암아 무너지고 있다.…권력의지의 형태로 나타나는 탐욕은 특히 현대에는 극악한 죄가 되었다.…이 문화는 끊임없이 육신적 위로와 안전을 삶의 최종 선으로 간주하려는 유혹을 받고 있다."[32] 나와 공동으로 노팅엄 대학교의 철학 박사 과정 학생들을 지도하고 감독한 교수 가운데 마크 로바트(Mark Lovatt)는 이 주제에 대하여 동조적이지만 비판적인 연구서를 썼다.[33]

분명히 이 측면은 인간의 "타락"이 하나님의 형상으로 지음 받은 인간 본래의 창조 또는 의도된 창조를 왜곡시키거나 훼손시켰다는 의미에서 물음을 제기하는 것으로 시작된다. 우리는 이 측면을 12장과 특히 13장에서 다룰 것이다. 기독교 교리의 역사 속에서 [만물의] "지배권"이 선물로 주어진 것은 감사하며 축하할 일이다. 아울러 인간이 종종 너무 쉽게 그것

---

32) Reinhold Niebuhr, *The Nature and Destiny of Man: A Christian Interpretation*, 2 vols. (London: Nisbet, 1941), vol. 1, 203. 『인간의 본성과 운명』(종문화사 역간).

33) Mark F. Lovatt, *Confronting the Will-to-Power: A Reconsideration of the Theology of Reinhold Niebuhr* (Carlisle, U.K.: Paternoster, 2001), 특히 89-112, 151-200.

을 악용한 것은 무거운 책임으로 간주된다. 땅과 동물계에 대한 인간의 책임을 확언하는 내용은 창세기 1:26-27과 시편 8:4-6 외에 창세기 9:1-3에도 나타나 있다. 창세기 9:1-3을 보면 홍수 이후에 새로운 시작이 있고, "땅의 모든 짐승과…모든 새와…바다의 모든 물고기가 너희를 두려워하며 너희를 무서워하리니"(9:2)라고 되어 있다.

교부들 가운데 락탄티우스는 하나님의 형상(그가 사용한 용어는 Dei simulacrum)이 "인간됨의 끈으로 묶여 있는" 동료 인간의 생명을 포함해서, 생명에 대한 존중을 함축하고 있다고 제시한다. 하나님의 형상을 지니고 있다는 사실을 기초로 하면, 인간은 동료 인간을 "보호하고 사랑하고 소중히 여겨야 한다."[34] 아우구스티누스는 이에 대해 그 누구보다 교부 시대의 전형적인 대표자다. 왜냐하면 하나님의 형상으로 지음 받게 되면 "[인간은] 이성과 지성을 부여받아 이 선물을 받지 못한 땅과 공중과 바다의 모든 피조물을 능가할 수 있게 된다"고 지적하기 때문이다.[35] 하나님의 형상은 곧 "지성과 이성"이다.[36]

산업화, 과학 기술, 전자 시대의 발흥이 있기 전에는 세상에 대한 책임의 행사가 신적 능력으로 세상의 합리적 질서를 유지하는 것과 동의어로 간주되었다. 아퀴나스는 "[인간의] 지성과 이성(intellectum et rationem)으로 말미암은 바다의 고기에 대한 지배권"을 특별히 고찰하는 것으로 "하나님의 형상"에 대한 설명을 끝맺는다.[37] 기원전 2세기에는 하나님의 형상으로 지음 받는 창조를 "짐승과 새들에 대한 지배권"을 행사하도록 "하나님과 같은 힘을 부여받는" 것과 연계시켰다(집회서 17:3; 참조. 17:1-13). 제롬 머피-오코너(Jerome Murphy-O'Connor)는 이렇게 설명한다. "[집회서 17장] 3절의 대구법은 여기서 형상이 능력…곧 행동 능력에 따라 생각된다

34) Lactantius, *The Divine Institutes*, VI:1:1; 참조. 10-11장.
35) Augustine, *The City of God*, XII:23:1.
36) Augustine, *Exposition of the Psalms*, Ps. 43:6.
37) Aquinas, *Summa Theologiae*, Ia, Q. 3, art. 1 (Blackfriars edn., vol. 2, 23).

는 것을 보여준다.…이 능력이 나머지 피조물에 대한 인간의 권세의 기초다(2절)."[38]

따라서 이러한 **이해의 지평을 오늘날**의 언어로 말한다면, 한편에는 세상의 질서 있는 발전을 위해 **능력을 행사하라는 하나님의 명령**이 놓여 있고, 다른 한편에는 세상의 선을 **위한 능력**이 자기 확대를 위해 세상을 **지배하려는** 날 것 그대로의 능력으로 바뀌고 미래를 억압함으로 현재를 신격화하려는 유혹이 놓여 있다. 에버하르트 윙엘은 이 문제를 날카롭게 제시한다. "만일 세상이 멸망하지 않으려면, 인간이 계속 다스려야만 한다.…만일 우리가 분별없이 자기중심성에 사로잡혀 포악하게 다스린다면, 우리가 다스리는 것을 멈출 때만큼이나 이 세상은 금방 멸망당하고 말 것이다. 우리가 필요로 하는 것은 스스로를 통제할 수 있는 통제의 형식이다."[39] 동일한 요점을 다른 관점으로 표현하면, 인간은 땅과 땅의 생물과 무생물에 대한 신실한 청지기가 되어야 할 사명에서 무책임하게 벗어날 수 없고, **청지기 직분을 착취**로 전락시켜서는 안 된다.

판넨베르크는 "하나님에게서 나오는 창조적 힘을 공유하고 있는" 인간의 본질과 한계를 탐구함으로써 이 문제를 훨씬 더 심도 있게 전개한다.[40] 판넨베르크는 이 선물을 악하고 무책임하게 사용할 수 있다는 것, 심지어 "하나님의 창조 역사에 창조적으로 참여하는 것이 그 자체로 하나님과 그분의 뜻에 협력하는 것은 아니라는 것"을 인정한다.[41] 판넨베르크는 창세기 1:26-28이 독립성 또는 독립적 판단의 한 단계에 따라 이 창조적 참여에 대하여 책임을 지는 것을 암시한다고 주장한다. 이 본문은 "힘의 지배

---

38) Jerome Murphy-O'Connor, *Becoming Human Together: The Pastoral Anthropology of St. Paul* (Wilmington, DE: Glazier, 1982), 50.

39) Eberhard Jüngel, "Jüngel," in Jürgen Moltmann (ed.), *How I Have Changed My Mind: Reflections on Thirty Years of Theology*, trans. John Bowden (London: SCM, 1997), 11.

40) Pannenberg, *Systematic Theology*, vol. 2, 131.

41) Pannenberg, *Systematic Theology*, vol. 2, 131.

권을 염두에 두고 있는 것이 아니라…(예컨대) 동물들의 지속적 실존에 대한 보살핌을 함축한다…(창 6:19-20)."[42] "하나님의 청지기"가 된다고 해서 "자연에 대한 제약 없는 착취"를 허용하는 백지 위임장이 주어지는 것은 아니다.

의료 기술은 "하나님의 창조 역사에 대한 창조적 참여" 문제에 제한을 가했다. 한 가지 절박한 실례가 인공 수정과 발생학 분야에서 발생했다. 만약 가능하다면, 인간은 어떤 경우에 발생학 분야에서 체외 수정, 줄기 세포의 사용, 날마다 발전하는 기술 진보의 적용을 통해 생명을 공동으로 창조하는 일에 참여할 수 있을까? 일부 그리스도인 학자들은 "공동 창조"의 적법성에 호소하지만, 다른 학자들은 이런 개념을 오직 하나님께만 할 애된 영역을 침범하는 인간의 **교만**(*hubris*)으로 인식한다. 하나님을 위하여 만물을 다스리라는 명령의 경계와 책임은 과연 어디까지일까?

심지어 사회-정치 영역에서도 비슷한 물음이 제기된다. 왕과 다른 지도자들이 신적 명령에 따라 권력을 행사하는 것으로 인식되던 옛 시대가 지난 후에, 일부 학자들은 교회와 국가의 "위계질서"(hierarchy) 개념까지도 거부한다. 세상을 "질서 있게 하는" 원리에 대한 더 충실한 해석은 어떤 것일까? 아우구스티누스, 아퀴나스, 루터는 기독교 전통의 지속적인 핵심 요소를 대표하는가, 아니면 "급진" 좌파에 속한 이 종교개혁자들은 전통의 재해석을 촉구하는 21세기 평등주의자의 통찰을 예견하고 있는가?[43] 정치 윤리 분야든 의료 윤리 분야든 간에, **"하나님의 형상"에 대한 해석학적 지평은 오늘날의 지평에 비판적으로 관여한다.**

---

42) Pannenberg, *Systematic Theology*, vol. 2, 132.

43) 여기서 우리가 제시할 것은 예컨대 오토 베버가 침멀리(W. Zimmerli)를 인용하여 다음과 같이 설명한 것이다. "[인간의] 하나님의 형상으로서의 존재는 '봉건적 지배권으로의 부르심'에서 나타난다"(Otto Weber, *Foundations of Dogmatics*, vol. 1, 560). 급진적인 평등주의 접근법은 Itumeleng J. Mosala, *Biblical Hermeneutic and Black Theology in South Africa* (Grand Rapids: Eerdmans, 1989)에서 찾아볼 수 있다.

## 11.2. 하나님의 형상: 하나님과 동료 인간을 "타자"로 관계 맺기 위한 능력

이제 우리는 "하나님의 형상"에 대한 세 번째 주제에 이르렀다. 오늘날 대다수 학자는 *imago Dei*(하나님의 형상)에 대해서 말할 때, 관계성 곧 타자와 관계 맺는 능력을 **합리적 성격, 즉 합리성**이나 **지배권 곧 책임 있는 청지기 직분**보다 훨씬 더 근본적인 특징으로 강조하는 경향이 있다. 물론 다른 요소도 존재한다. 예컨대 **자유**는 "하나님의 형상"에 대한 기독교 교리사 속에서 나름의 지위를 차지하고 있다. 그러나 이 자유는 결국 우리가 설명을 통해 확인한 세 가지 주된 특징 속에 전제되어 있다. 하지만 여기서 이 자유에 대해 복잡하게 설명하는 것은 우리의 주된 목적에서 벗어나며 우리의 주의를 흩어지게 할 것이다.

칼 바르트는 20세기 말에 다른 신학을 형성시키거나 거기에 영향을 미쳤을 정도로 이 관계성 주제를 독보적으로 설명한다. 우리는 10장에서 인간을 해석하는 이해의 한 지평으로서 "관계성"을 설명할 때 이 요점을 지적했다. 그러나 여기서 이 요점을 더 깊이 탐구하는 것은 가치가 있다. 바르트는 이렇게 말한다. "[하나님은] 모든 비-신성(non-deity) 속에서, 그러므로 자신과 차별화된 존재 속에서…자기와의 관계에 있어 행동과 책임 능력이 있는…참된 파트너가 될 수 있는 존재의 실존을 원하셨다."[44] "하나님-닮음"은 근본적으로 "'나'와 '당신'의 실재 속에서 현실화되는 참된 대면과 상호성 속에서" 나타난다.[45] 바르트는 하나님 자신의 존재 속에 "참되지만 조화로운 자기 만남과 자기 발견, 자유로운 공존과 협력, 열린 대면과 상호성"[46]과 같은 대응적인 사실이 존재한다고 말한다. 바르트는 계속해서 하나님과 인간 사이의 유비는 단순히 나와 당신의 대면을 통한

---

44) Barth, *Church Dogmatics*, III:1, sect. 41:2, 184-185.
45) Barth, *Church Dogmatics*, III:1, sect. 41:2, 184.
46) Barth, *Church Dogmatics*, III:1, sect. 41:2, 185.

실존이라고 말한다. "이런 식으로 그분[하나님]은 인간을 자기 자신과 언약 관계 속에 들어갈 수 있는 파트너로 원하고 창조하신다."[47]

바르트는 이 배경에 따라 남녀 관계에 대하여 독창적인 설명을 제공한다. 관계성은 "하나님의 형상을 자유롭게 반영하는…성의 관계, 곧 남녀의 차이성과 관계성 속에서 특별한 표현이 발견된다.…이것은 성의 관계에…귀속된 특수한 존엄성이고…그[인간]와 하나님 사이에, 그리고 그와 그의 동료 사이에 일어나도록 되어 있는 모든 것의 중대한 패러다임이다."[48]

나아가 바르트는 아퀴나스(와 에밀 브루너의)의 **존재의 유비**(*analogia entis*) 대신, 더 역동적인 **관계의 유비**(*analogia relationis*) 개념을 채택한다. 이에 대하여 조지 훈싱거(George Hunsinger)는 바르트의 견해에서 관계의 유비가 중요한 역할을 하는 것은 분명하지만, 바르트의 사상 전체를 하나의 특수한 유비 교리에 따라 규정하는 것은 너무 지나치다고 경고한다.[49] 바르트의 견해에 따르면, 신적 창조와 하나님의 형상으로 지음 받는 창조가 하나님과 인간 사이의 교통을 **가능하게 하는 조건**을 제공한다.[50] 그러나 **신적 은혜**와 인간의 반응은 역동적이고 결정적인 교통 속에서 함께 작용하여 이것을 **현실화시킨다.**[51]

---

47) Barth, *Church Dogmatics*, III:1, sect. 41:2, 185.

48) Barth, *Church Dogmatics*, III:1, sect. 41:2, 186.

49) George Hunsinger, *How to Read Karl Barth: The Shape of His Theology* (New York, Oxford: Oxford University Press, 1991) 6, 7-20. 추가로 Otto Weber, *Karl Barth's Church Dogmatics: An Introductory Report on Volumes I:1 to III:4*, trans. A. C. Cochrane (London: Lutterworth, 1953), 123-127을 보라. *Church Dogmatics* III:3, sect. 48, 49-57과 Emil Brunner and Karl Barth, *Natural Theology*, trans. P. Fraenkel (London: Centenary, 1946)에서 바르트의 추가 설명도 보라. 『자연신학』(한국장로교출판사 역간). 참조. Clifford Green, *Karl Barth* (Minneapolis: Fortress, 1991), 26-33.

50) 참조. W. A. Whitehouse, "Karl Barth on 'The Work of Creation,'" in Nigel Biggar (ed.), *Reckoning with Barth* (London, Oxford: Mowbray, 1988), 49; 참조. 43-57.

51) Karl Barth, *Anselm: Fides Quaerens Intellectum*, trans. I. W. Robertson (London: SCM, 1960), 26-72도 보라. 『이해를 추구하는 믿음』(한국문화사 역간).

반면에 에밀 브루너는 이렇게 말한다. "존재의 유비 개념—전체 기독교 전통에 공통적인—이 특별히 가톨릭 사상과 신플라톤주의 사상이고, 그래서 기독교 신학에서는 '낯선 몸'으로 거부되어야 한다는 견해는 매우 경솔하고, 부득불 심각한 모순에 빠지는 결과를 가져온다. 창조자가 만드는 것은 무엇이든지 그 속에 창조자의 영의 흔적이 남아 있다."[52] 또 브루너는 하나님 형상의 의미에서 핵심 요소로 관계성의 중요성을 강조한다. "하나님은 거룩하신 사랑으로…나와 자기 자신과의 관계를 내게 보여주신다.…사랑은 오직 그것이 사랑으로 받아들여지는 곳에서만 나누어줄 수 있다.…오직 '나'만이 '당신'에게 답변할 수 있고…자유롭게 하나님께 답변할 수 있다."[53]

이 논쟁의 각 측면 뒤에는 중요한 요점이 놓여 있고, 이 특별한 논쟁에서 이 요점들을 놓쳐서는 안 된다. 바르트는 『교회교의학』 III/1, §41에서 인간의 관계성에 대해 잘 알려진 해설(III:4)의 기초를 놓았다. 인간의 관계성에 대한 해설에서 바르트는 남자와 여자, 부모와 자녀, 가까운 이웃과 먼 이웃의 관계에 대해 설명할 뿐만 아니라, 폭넓은 삶의 존중의 필요성에 대해서도 설명한다. 바르트는 이렇게 주장한다. "인간은 여자 없는 남자, 남자 없는 여자가 될 수 없다.…남자와 남자 사이에 존재하는 그 어떤 차이도 남성과 여성이 서로 완전히 다른 것만큼 깊지는 않다."[54] 단순히 바르트가 이를 추상적으로 일반화하기 때문에, 혹은 마치 그가 "여성성"이나 "남성성"이 각각 다른 성의 성질이나 특성을 다양하게 나타낼 수 있다는 것을 모른다는 듯이 표현한다고 해서, 차이 속에서의 상호성과 호혜성 원리로부터 근본적으로 벗어나는 것은 아니다. 여기서 바르트는 관계의 구조를 제시하는 것이지, 사람들 개인에 대해 선포하는 것이 아니다.

---

52) Emil Brunner, *The Christian Doctrine of Creation and Redemption: Dogmatics II*, trans. Olive Wyon (London: Lutterworth, 1952), 22.
53) Brunner, *Doctrine of Creation*, 55-56; 참조. 55-61, 하나님의 형상 부분.
54) Barth, *Church Dogmatics*, III:4, sect. 54, 118.

확실히 바르트는 슐라이어마허와 로마 가톨릭교회의 교리에서 연원하는 이 주제의 전통에 주의를 기울인다.[55] 남녀 관계 속에서, 남성과 여성은 각각 한계, 제약, 그리고 그들 자신의 피조물로서의 성격뿐만 아니라 자유, 영광, 신비를 함께 발견한다. 이 관계는 "남자의 경우, 그의 인간성 안에 그의 성별을 포함함으로써, 심지어 그의 육체적 본성에서도 참된 인간이 되도록…도전함으로써 남자를 신성하게 한다. 곧 한 몸이 되는 것, 그것은 단순히 한 몸이 되는 것이 아니다."[56]

제약을 받아들이는 것은, 오직 예수 그리스도만이 "참 인간"이라는 바르트의 주장과 밀접하게 관련되어 있다. 이 주제는 우리가 11.3.에서 살펴보게 될 것이다. 한편 바르트의 일부 주장은 오늘날 동성애 관계나 성전환자의 문맥에서 보면, 여전히 논란 속에 남아 있다. 바르트는 이렇게 말한다. "하나님은 [인간이] 진정으로 그리고 온전히 남자 아니면 여자가 되어 어떤 식으로든 자신의 성을 부인하려고 애쓰지 않고, 자신의 성을 인정할 것을 요구하신다."[57] 그러나 다시 한 번 우리는 이것을 특수 사례에 적용시키는 것과 관련하여 조심할 필요가 있다. 예를 들어 성전환 수술에 대해 말한다면, 어떤 이는 성전환 수술이 그동안 오인되었던 참된 성 정체성을 회복시킨다고 주장한다. 하지만 이것 역시 모든 성전환 사례가 아니라 단지 일부 사례에만 적용된다. 우리는 11.4.에서 성 문제를 다시 다룰 것이다.

바르트는 이 이상으로 더 나아가는가? 바르트는 너무 특수적인가? 한편으로 바르트는 남자는 여자보다 우월한 특권이나 이점을 갖고 있지 않고, 여자는 "어쨌든 남자보다 열등하지 않다"고 주장한다.[58] 바르트는 또 다른 시대와 문화가 **남자**와 **여자**의 특징을 규정할 때, 각기 다른 개념을

55) Barth, *Church Dogmatics*, III:4, sect. 54, 121-129.
56) Barth, *Church Dogmatics*, III:4, sect. 54, 132.
57) Barth, *Church Dogmatics*, III:4, sect. 54, 149.
58) Barth, *Church Dogmatics*, III:4, sect. 54, 170-171.

가지고 있었다는 말로 자신의 견해를 크게 양보한다.[59] 다른 한편으로 바르트는 남성적 존재와 여성적 존재의 차이가 어느 쪽에서든 절대로 흐려져서는 안 된다는 것을 의미하는 것은 아니라고 강하게 주장한다.[60] 확실히 바르트는 이렇게 말한다. "남자와 여자의 성적 의존 관계와 상호 관계에 대한 처리와 결합은 명확한 질서에 의해 통제되고, 절대로 혼동되거나 대체되어서는 안 된다."[61] 바르트의 견해에 따르면, 여자는 "그[남자]가 갖도록 되어 있는 주도권에 복종해야 한다."[62] 나는 고린도전서 11:2-16에 대한 폭넓은 주석에서 이 민감한 문제에 대해 조심스럽게 입장을 개진하려고 애썼다.[63]

우리는 11.4.에서 "체현"과 육체적인 삶에 대한 인간의 성을 다루면서 더 비판적인 설명을 제공할 것이다. 여기서 요점은 "타자"와의 만남, 제약의 인정, 그리고 적응과 배움에 대한 호혜적이고 상호적인 참여에 비추어 "관계성" 곧 관계를 갖는 능력을 하나님의 형상의 한 부분으로 탐구하는 것이다. 이것은 복제된 또는 투사된 자아와의 "관계"에 대한 무미건조한 경험과 전혀 다르다. "동일함"은 **관계**의 경험이 되지 못하고, 자아에 대한 나르시시즘적 집착에 불과할 것이다.

마르틴 부버의 『나와 너』(I and Thou)는 관계성에 대한 고전적인 이해를 제공한다. 부버는 "나-너"와 "나-그것"을 단순히 관계(relations)로만 말하는 것이 아니라 자아(selves) 또는 실재(entities)로도 말한다. 부버는 다음과 같이 말한다. "나-너" 관계의 직접적인 배경 속에 있는 인간 "나"와, "기본 지시어 나-그것"의 배경 속에서 덜 인간적인 "나"로 남겨지거나 존재하는 인간 "나"는 서로 "다르다." "…그런 방식으로 '나'는 존재하지 않고, 오

59) Barth, *Church Dogmatics*, III:4, sect. 54, 154.
60) Barth, *Church Dogmatics*, III:4, sect. 54, 154.
61) Barth, *Church Dogmatics*, III:4, sect. 54, 168.
62) Barth, *Church Dogmatics*, III:4, sect. 54, 171.
63) Thiselton, *First Epistle*, 800-848.

제3부 기독교 교리의 주요 주제

직 기본 지시어 **나-너**의 '나'와 **나-그것**의 '나'가 있을 뿐이다. 사람은 '나'를 말할 때, 이 둘 중 어느 한쪽을 가리킨다."[64] 부버는 더 나아가 이렇게 말한다. "관계는 상호성이다. 나의 '너'는 내가 '너'에게 행하는 것만큼 내게 행한다."[65] "대상에 대한 언어는 단지 실제 생활의 한 면만을 포착한다.…태초에 관계가 있다."[66] 다시 말하면 인간의 자아는 "너"로서 "타자"와 관계를 맺을 때, **다른 종류의 자아**로 변화된다. 이런 자아는 세상에서 거리를 두고 타자를 "대상"으로 단순히 반성하는 자아와 다르다.

주체 대 주체의 관계는 호혜성, 대화, 상호성, 그리고 "타자"에 대한 존중을 길러준다. 비-관계적인 "나"는 온전한 "인간"이 아니라고 부버는 주장한다. 무엇보다 하나님은 "영원하신 당신"이다. 하나님은 결코 인간적 반성의 단순한 대상이 아니라 항상 우리에게 말씀하는 주체이시다.[67] 부버의 사상은 여기서 로젠츠바이크(Franz Rosenzweig)와 레비나스를 포함한 다른 유대인 철학가의 사상과 공명을 이룬다.

20세기 말에는 거의 모든 주요 학자가 "하나님의 형상"에 대하여 글을 쓸 때 "관계성" 문제를 핵심적 특징으로 제시하는 경향이 있었다. 밀리오리는 이렇게 말한다. "**하나님의 형상으로 지음 받은 것은 인간이 자신의 참된 정체성을 다른 인간 및 다른 모든 피조물과의 공존 속에서 찾는다는 것을 의미한다**"(밀리오리 강조).[68] 인간의 실존은 "개인주의적 실존이 아니라 공동체적 실존이다." 부버를 인용하며 밀리오리는 "우리는 대화 속에서

---

64) Martin Buber, *I and Thou*, trans. Walter Kaufman (New York: Scribner, 1970), 53, 54. 『나와 너』(문예출판사 역간).

65) Buber, *I and Thou*, 67.

66) Buber, *I and Thou*, 69.

67) 추가로 다음 자료들을 보라. Martin Buber, *Between Man and Man*, trans. R. Gregor Smith (London: Collins, 1961); Steven Kepnes, *The Text as Thou: Martin Buber's Dialogical Hermeneutics and Narrative Theology* (Bloomington, IN: Indiana University Press, 1993).

68) Migliore, *Faith Seeking Understanding*, 125.

산다"고 덧붙인다.[69] 밀리오리는 바르트가 관계성을 강조하는 것은 인정
하지만, 그가 남성의 주도권과 리더십을 강조하는 것에 대해서는 폴 주잇,
페미니즘 학자 로즈마리 류터(Rosemary Radford Ruether)와 레티 러셀의 반
대 견해를 인용하며 유보한다.[70]

스탠리 그렌츠도 최근에 "삼위일체 신학을 인간론까지" 확대시켜 "사
회적" 삼위일체 교리를 인간의 관계성에 적용하는 작품을 썼다.[71] 그렌츠
는 주체 대 주체 관계로서의 인간 자아 개념이 마르틴 부버, 마이클 폴라
니, 존 맥머레이(John Macmurray)와 같은 학자들에게 나타나는데, 이것은
더 깊이 탐구할 가치가 있다고 주장한다. "사회적" 삼위일체로서의 삼위일
체 하나님은 인간의 자아를 해석하는 이해의 지평을 제공한다.[72] 그렌츠
는 헤겔이 삼위일체 신학에 미친 영향을 평가하는 것으로 설명을 시작하
지만, "세 주체성으로서의 하나님"을 강조하는 사상은 헤겔을 지나 성 빅
토르의 리샤르(Richard of St. Victor)와 카파도키아 교부들에게까지 거슬러
올라간다고 주장한다.[73]

그렌츠는 바르트가 하나님을 "세 인격"으로 언급하지 않는 것을 유감
으로 생각한다. 바르트가 그리스도께서 "또 다른 인격"이셨다면 하나님의
아들로서의 그리스도는 아버지의 자기 계시가 되거나 될 수 없었을 것이
며, 일신론은 삼신론이 되고 말았을 것이라고 주장하는 것은 옳다. 그렌츠

69) Migliore, *Faith Seeking Understanding*, 126.
70) Paul Jewett, *Man as Male and Female* (Grand Rapids: Eerdmans, 1975);
    Rosemary Radford Ruether, *Sexism and God Talk: Towards a Feminist Theology*
    (Boston: Beacon, 1983). 『성차별과 신학』(대한기독교서회 역간); Letty Russell, *The
    Future of Partnership* (Philadelphia: Westminster, 1979). 『인간화』(이화여자대학
    교출판부 역간).
71) Stanley J. Grenz, *The Social God and the Relational Self: A Trinitarian Theology
    of the Imago Dei* (Louisville and London: Westminster John Knox, 2001), 10.
72) 이것이 그렌츠의 저서 I부, 23-137의 광범위한 주제다.
73) Grenz, *Social God*, 29-36.

는 비록 라너가 자신의 주장을 주로 신적 불변성에 기초하여 해설함에도 불구하고, 그 역시 "사회적" 삼위일체 관념에 대해서 지분이 있다고 주장한다.[74] 그럼에도 그렌츠는 판넨베르크와 몰트만이 이 분야에 있어 바르트와 라너를 비판하는 것에 주로 의존한다.[75]

몰트만은 그렌츠의 책이 등장하기 20여 년 전에 인간의 자아에 대한 신학을 삼위일체 신학과 관련시켰다. 그의 주저 『삼위일체와 하나님 나라』(The Trinity and the Kingdom of God)에서 몰트만은 이렇게 말한다. "현대의 주체성 중심 문화는 자아를 자신의 포로로 만들고, 단순히 자아에 **자기 반복과 자기 확언**을 제공하는 것으로 그치는 '나르시시즘의 문화'로 전락할 위험에 빠진 지 이미 오래되었다."[76] 몰트만은 특히 헤겔과 피히테가 하나님을 단순히 "절대 주체"로 설명하는 것은 완전히 이 문제를 탈피하지 못한 것이라고 믿는다. "실체의 삼위일체"는 "사회적 삼위일체 교리"의 전개가 아니라 단지 "세 존재 양식"을 인정하는 것에 불과하다.[77] "관계"와 "공동체"에 대한 이해는 삼위일체로서의 하나님을 더 충분히 이해할 때 일어난다. 몰트만은 신적 불변성과 무감정성에 대한 "형이상학적" 개념을 단호하게 비판한다. 몰트만은 "고난당할 수 없는 하나님은 사랑도 할 수 없다"고 역설한다.[78]

몰트만은 이 출발점을 확대시키고 옹호한다. 몰트만의 관계적 접근법의 핵심은 그가 신약성경에 의존하는 것으로 요약된다. "신약성경은 **교제의 관계**이자 세상을 향해 열려 있는 성부와 성자와 성령의 관계를 내러티

---

74) Karl Rahner, *The Trinity*, trans. Joseph Donceel (London: Burns & Oates, 1970). 라너에 관해서는 Karen Kilby, *Rahner: Theology and Philosophy* (London: Routledge, 2004)를 보라.

75) Grenz, *Social God*, 41-51.

76) Moltmann, *The Trinity*, 5(티슬턴 강조).

77) Moltmann, *The Trinity*, 13-19.

78) Moltmann, *The Trinity*, 38; 참조. 39-60.

브 안에서 선포함으로써 하나님에 관하여 말한다."[79] 성자의 "보내심"은 로마서 8:3-4, 갈라디아서 4:4, 그 외 다른 곳에 나타나 있다. 몰트만은 십자가에서 "'하나님'은 '하나님'에게 버림받으신다.…만일 성부께서 성자를 버리신다면, 성자는 단순히 아들 자격만 상실하는 것이 아니다. 성부도 아버지로서의 자격을 상실 하신다"고 선언한다. 십자가에서 "하나가 다른 하나를 묶는 사랑은 분리시키는 저주로 바뀐다. 성자께서 여전히 아들이신 것은 오직 버림받고 저주받은 분으로 있을 때다. 성부께서 여전히 아버지로 존재하시는 것은 오직 성자를 버리고 포기하시는 분으로 있을 때다. 사랑의 전달과 사랑의 반응은…똑같이 죽음의 고통과 고뇌로 바뀐다."[80]

몰트만은 바르트와 관련해서 이렇게 지적한다. "세 가지 존재 양식으로 자신을 계시하시는 하나님은 더 이상 자신의 계시 상태, 곧 성령 안에서 주체성을 전개할 수 없다. 성령이 오로지 성부를 성자와 하나로 묶는 공통적 사랑의 끈이다."[81] 바르트는 신적 주권에 초점을 둔 이해의 지평 안에서 "삼위일체 교리"를 일신론으로 제시한다. 라너 역시 "'통속적 삼신론'의 위험"을 사벨리우스주의(양태론적 단일신론-역자 주)보다 더 큰 위험으로 간주한다. 그렇지만 몰트만은 라너가 통속적 삼신론을 인정할 위험 속에 있다고 생각한다.[82]

우리는 19장에서 삼위일체 교리를 다룰 것이다. 그러나 여기서 우리는 판넨베르크도 똑같이 하나님의 신격의 연합 안에서 인격의 자기 구별을 수용한다는 사실을 지적할 수 있다. 판넨베르크는 한 하나님의 본질에서 삼위일체 하나님의 인격의 "다양성"으로 나아가는 것이 불가피하게 양태론이나 종속설을 이끈다는 이유로 거부한다.[83] 여기서 출발점은 예수

---

79) Moltmann, *The Trinity*(티슬턴 강조); 참조. 65-90.

80) Moltmann, *The Trinity*, 80.

81) Moltmann, *The Trinity*, 142.

82) Moltmann, *The Trinity*, 144.

83) Pannenberg, *Systematic Theology*, vol. 1, 298; 참조. 259-336.

그리스도 안에 있는 하나님의 계시다. 이것은 **"삼위일체 관계의 구체적 형식으로서 성부·성자·성령의 호혜적 자기 구별"**을 포함한다(판넨베르크 강조).[84] 판넨베르크는 이렇게 선언한다. "엄밀하게 자기 자신과 성부 하나님을 구별하심으로써…그분[예수 그리스도]은 자신을 하나님의 아들이자 자기를 보내신 아버지와 하나라는 것을 보여주셨다(요 10:30)."[85] 아버지는 오직 아들과의 관계 속에서만 아버지가 된다.[86] 구원 경륜의 역사 속에서 성경 및 기독교 전통은 "삼위일체 하나님의 세 인격이 서로 의존하신다는 것을 인정한다.…삼위 내 관계에 있어 각 인격은 그들의 신격뿐만 아니라 인격과 관련해서도 서로 의존하다."[87]

분명히 판넨베르크와 몰트만은 그렌츠의 『사회적 하나님』(Social God, 2001) 배후에서 주도적 영향력을 행사하고 있다. 그렌츠가 판넨베르크와 몰트만의 "하나님의 형상"에 대한 접근법, 바르트와 라너에 대한 비판, 그리고 카파도키아 교부들과 동방교회가 제시한 **페리코레시스**(perichoresis)의 회복을 자신의 견해에 적용시킨 것은 바로 이 영향력을 반영한 것이다.[88] 몰트만과 같이 그렌츠도 관계성을 통해 나르시시즘을 방비하는 안전장치를 제공하려고 한다. 또 판넨베르크와 그의 공적 역사에 대한 강조점을 따라 그렌츠도 "내면성"에 부당하게 사로잡히는 것을 방비하는 안전장치를 제공하려고 애쓴다. 그렌츠는 이 점에 있어 존 지지울라스(John Zizioulas)와 다른 동방 정교회 저술가들이 외부 지향적 "교제"에 초점을 맞추는 것과 달리, 아우구스티누스는 그렇지 못해 문제가 있다는 것을 인정한다.[89] 그렌츠는 캐서린 라쿠나(Catherine Mowry LaCugna)의 설명을 인

---

84) Pannenberg, *Systematic Theology*, vol. 1, 308.

85) Pannenberg, *Systematic Theology*, vol. 1, 310.

86) Pannenberg, *Systematic Theology*, vol. 1, 310.

87) Pannenberg, *Systematic Theology*, vol. 1, 329.

88) 참조. Grenz, *Social God*, 10-11, 33-37, 43-55, 162-240.

89) Grenz, *Social God*, 63-64; 참조. 51-57. John D. Zizioulas, *Being as Communion: Studies in Personhood and the Church*, Contemporary Greek Theologians 4

용한다. "아우구스티누스 전통 속에서 인격성은 주로 개인 의식과 관련되어 있다.…하나님을 향한 영혼의 여행은 내면의 여행이다.…이것은 인간성의 사회적·공동체적·타자 지향적 성격을 확인하는 것을 더 어렵게 만든다."[90]

많은 학자와 마찬가지로 그렌츠도 데카르트, 로크, 그리고 다른 합리론자와 경험론자 속에서 이런 개인적 경향의 기원을 찾는다. 여기서 윌리엄 템플 대주교가 그의 유명한 사회적 자각과 함께, 데카르트의 고립적 출발점을 어쩌면 "유럽 역사에서 가장 불행한 순간"이라는 엄청난 "실책"(faux pas)으로, "홀로 온실 안에 갇혀 있는" 것으로 묘사했음을 상기하는 것은 가치가 있다.[91]

그렌츠는 이렇게 말한다. "자율적 자아를 철학적 안건의 중심 주제로 높이는 것은…근대의 '선험적 허례'를 낳았다."[92] 우리는 앞에서 하이두크의 『교리의 회복』을 설명하면서, 교리를 허약하게 만드는 이런 개인주의의 결과를 추적했다. 또한 사도 바울은 주로 집단적이고 공동체적 관점에 따라 생각했다는 사실도 지적했다. 크리스터 스텐달(Krister Stendahl)은 유명한 논문 "사도 바울과 서양의 내성적 양심"에서, 이 특수한 문제에서 바울과 아우구스티누스 간에 엄청난 차이가 있음을 강조한다.[93] 그렌츠는 종교 분야에서 "영적" 여행의 치료 및 심리학 모델을 포괄적으로

---

(Crestwood, NY: St. Vladimir's Seminary Press, 1984)와 John D. Zizioulas, "Human Capacity and Human Incapacity: A Theological Exploration of Personhood," *Scottish Journal of Theology* 28 (1975) 401-448도 보라. 『친교로서의 존재』(삼원서원 역간).

90) Catherine Mowry LaCugna, *God for Us: The Trinity and Christian Life* (San Francisco: Harper, 1992), 247. 『우리를 위한 하나님』(대한기독교서회 역간).

91) William Temple, *Nature, Man, and God* (London: Macmillan, 1940), 57.

92) Grenz. *Social God*, 72.

93) Krister Stendahl, "The Apostle Paul and the Introspective Conscience of the West" (1961, 1963), repr. in K. Stendahl, *Paul among Jews and Gentiles* (London: SCM, 1977, Philadelphia: Fortress, 1976), 78-96.

의존하는 것을 염두에 두고 이 내면성과 개인주의의 결과의 폐해를 지적한다.[94]

영적 성장에 대한 신학 또는 해석학 모델과, 목회 상담 및 개인주의적이고 "내면적인" 치료 모델 사이에서 벌어지고 있는 갈등은, 확실히 오늘날 우리로 하여금 많은 물음을 제기하는 이해 지평의 한 부분을 구성한다. 찰스 거킨(Charles Gerkin)은 목회 상담의 "치료" 모델이 상호 인격적인 신학적 행동의 "해석학" 모델과 대립한다고 비판한다.[95] 최근에 성경 해석학에서 해석의 공동체성을 타당하게 강조함에도 불구하고, 어떤 이들은 심지어 "자전적"(autobiographical) 성경 읽기라는 소위 "새로운" 해석학적 패러다임으로 되돌아갔다.[96] 반면에 그렌츠는 "자전적" 자아, 자기 신뢰적인 자아, 완고한 자아, 그리고 개인주의적인 주체성에 대한 비판을 수행한다. 이러한 자아는 삼위일체적인 관점에 따라 하나님의 형상을 반영하는 관계적이고 책임적인 자아를 소멸시킨다.[97]

그렌츠는 아우구스티누스의 다수의 작품 속에 개인주의적인 "내적" 자아와 관계적 자아의 흔적이 상충하면서 함께 등장한다는 것을 인정한다. 그러나 그렌츠는 관계적인 **하나님 형상**(*imago Dei*)의 "탄생"이 종교개혁자들과 함께 이루어졌다고 주장한다. 근본적으로 이는 루터(다른 종교개혁자들과 함께)가 "모든 구원론적인 공명(resonances)을 인간 외부에 두기" 때문이다.[98] 종교개혁자들의 강조점은 본래의 하나님 형상과 모양이 인간의 죄로 말미암아 "상실되었다"는 믿음 안에서 회복되고 재창조된 하나님의 형

94) Grenz; *Social God*, 82-97.

95) Charles V. Gerkin, *The Living Human Document: Re-Visioning Pastoral Counseling in a Hermeneutical Mode* (Nashville: Abingdon, 1983); David Capps, *Pastoral Care and Hermeneutics* (Philadelphia: Fortress, 1984)도 참조하라.

96) Ingrid Rosa Kitzberger (ed.), *Autobiographical Biblical Criticism: Between Text and Self* (Leiden: Deo, 2002).

97) Grenz, *Social God*, 98-137.

98) Grenz, *Social God*, 163.

상에 놓여 있었다.[99]

우리는 12장과 13장에서 인간의 죄로 말미암아 하나님 형상의 어떤 면이 어떻게 "상실되었는지"에 대한 문제를 다룰 것이다. 루터와 칼뱅에게 이것은 복합적인 문제였다. 하지만 그렌츠는 루터와 칼뱅의 주된 강조점 이 "인간의 타락한 상태"가 아니라 "둘째 아담이신 그리스도 안에서 주어진 회복"에 있었다고 바르게 결론짓는다.[100] 이 강조점에 따라 루터와 칼뱅은 "하나님의 형상"을 "인간 본성의 정적 구조"로 보지 않고 "하나님과 올바른 관계 속에 서 있는 인간, 그리고 그로 말미암아 신적 존재를 반사하는 인간"이라는 개념으로 새롭게 평가했다.[101]

데이비드 케언스(David Cairns)는 브루너의 연구가 20세기 중반에 이르러 이 분야에 엄청난 영향을 미친 것으로 간주한다.[102] 키에르케고르와 같이 브루너도 하나님의 형상에 관한 언어의 핵심을 "사랑은 오직 그것이 사랑으로 받아들여지는 곳에서만 나누어줄 수 있다"는 격언으로 파악한다.[103] 하나님은 이것을 가능하게 만드는 인간의 자유를 바라고, 그것으로 인간에게 책임을 부여한다. 따라서 브루너는 이렇게 말한다. "책임은 인간 존재의 불변적인 구조의 한 부분이다."[104] 그러나 인간은 하나님께 영광을

---

99) 루터의 견해는 복잡하다. 타락한 인간성은 "죄의 지배권" 아래에 있다(Martin Luther, *The Bondage of the Will*, 278-284). 그러나 Martin Luther, *The Disputation concerning Man*(그렌츠가 언급하는)에서 루터는 비록 선험적 지식이 아니라 후천적 지식을 위한 것이기는 해도, 타락 이후로 인간 이성은 상실된 것이 아니라 오히려 "확증되었다"고 주장한다(전제 9와 10). 그러나 인간은 속임을 당하고 마귀의 권능 아래 놓여 있다(전제 18-25).

100) Grenz, *Social God*, 169(바울은 "마지막" 아담을 선호한다; 고전 15:45).

101) Grenz, *Social God*, 170.

102) Davil Cairns, *The Image of God in Man* (London: SCM, 1953), 146; Grenz, *Social God*, 175-177; 참조. Brunner, *Doctrine of Creation*, "The Image of God and Creation," 55-61.

103) Brunner, *Doctrine of Creation*, 56.

104) Brunner, *Doctrine of Creation*, 57.

돌리지 않고 자기 영광을 추구함으로써 하나님의 형상을 "상실한다."[105] 오직 예수 그리스도만이 "참된" 인간, 참된 **하나님의 형상**이다. 그리스도를 통하여 "사람은 다시 한 번 하나님의 근원적 사랑의 말씀을 받는다. 그 때 다시 한 번 신적 형상(Urbild)이 사람 속에 반영된다. 오직 그때만 상실된 형상이 회복된다."[106]

브루너는 이렇게 주장한다. "하나님의 형상은 **자존적 실체로서가 아니라 관계로** 인식된다."[107] 하나님의 형상은 "신적 영에게서 나온 '불꽃'"처럼 "사람이 **자기 속에**…소유하는" 어떤 것이 아니다.[108] 한 가지 설명 모델로, 브루너는 **인간을 항상 하나님에 대하여 책임을 지고 해명할 수 있는 존재로서 하나님 앞에 서 있게 하는 "형식적"** 하나님의 형상과 **인간의 관계를 충분히 실현시킬 "실질적"** 하나님의 형상을 구분한다. 형식적 책임은 "상실될 수 없다." 그러나 육체적인 운명은 "상실된 운명"이 될 수 있다.[109]

그렌츠는 하나님의 형상을 기독론적이고 종말론적인 관점에 따라 설명하고, "차이"와 "결합"을 남녀 관계에 적용한다. "남성과 여성"이 되는 것은 "성적으로 차별화된, 따라서 관계적인 피조물"이 되는 것이다.[110] 그렌츠는 이렇게 결론짓는다. "성별이 인간 정체성의 핵심에 놓여 있다."[111] "차이"와 "결합"은 함께 삼위일체로서의 하나님의 본성을 반영하고, 또 삼위일체적 관계성을 비추거나 반사하는 것으로 참된 인간성의 본질도 반영한다. 우리는 11.3.과 11.4.에서 성 문제로 돌아갈 것이다.

맥퍼딘의 『인간성으로 부르심』(The Call to Personhood)은 그렌츠의 관심사와 크게 병행을 이루고 있다. 그러나 놀랍게도 이 책에서 브루너, 판넨

---

105) Brunner, *Doctrine of Creation*, 58.
106) Brunner, *Doctrine of Creation*, 59.
107) Brunner, *Doctrine of Creation*, 59(티슬턴 강조).
108) Brunner, *Doctrine of Creation*, 60(브루너 강조).
109) Brunner, *Doctrine of Creation*, 61.
110) Grenz, *Social God*, 269.
111) Grenz, *Social God*, 301.

베르크 또는 몰트만과의 대화는 거의 나타나지 않는다. 맥퍼딘은 하나님의 형상이 "전형적으로 남성과 여성"이고, 인간 생활은 "수직적" 및 "수평적" 차원에서, 말하자면 하나님 및 동료 인간과의 "대화 생활"이라고 거듭 역설한다.[112] 하나님의 형상이 존재론적 차원에서는 "영속적이고 불멸적인 구조"다.[113] 기독교의 타락 이해는 실제로 "인간의 의사소통의 구체적 조건이 크게 왜곡된" 것으로 간주한다.[114] 하나님 형상의 회복은 하나님 은혜의 상호 인격적인 삼위일체 구조를 반영한다.

맥퍼딘은 하나님의 형상과 인간성을 해석하는 이해의 지평이 **부르심**과 **소통**으로 구성된다고 본다. 더 구체적으로 말하면 맥퍼딘의 "주관심사는 개인의 정체성을 반응에 따라 묘사하는 것이다."[115] 이 반응은 **제자도의 부르심에 대한 반응이고, 책임을 받아들이는 것에 대한 반응이며, 사회적 형성에 참여하는 것에 대한 반응**이다. 우리가 3장에서 이미 다루었고, 11.4.에서 다시 다룰 주제를 그대로 반영하여 맥퍼딘은 이렇게 말한다. "사회생활과 의사소통은 **육체성**에 기반이 놓여 있고, 상호 인격적 소통은… **사회적 세계 속에 굳게 정박되어 있는**…사회·육체적 활동이다."[116]

이러한 육체성과 관계성의 주제들은 참된 인간의 패러다임으로 작용하는 그리스도와 긴밀하게 관련되어 있다. 판넨베르크는 이 문제를 다음과 같은 말로 확인한다. "**오직 영원하신 아들의 성육신에 비추어볼 때만**… 피조물과 창조주의 관계는 **인간성 속에서 궁극적인 최종 실현**을 발견한

---

112) Alistair I. McFadyen, *The Call to Personhood: A Christian Theory of the Individual in Social Relationships* (Cambridge: Cambridge University Press, 1990), 39.

113) McFadyen, *Personhood*, 41.

114) McFadyen, *Personhood*, 43.

115) McFadyen, *Personhood*, 47.

116) McFadyen, *Personhood*, 77(첫 번째 강조는 티슬턴, 두 번째와 세 번째 강조는 맥퍼딘).

다고 말할 수 있다."[117] 데이비드 포드(David Ford)는 이 주제를 상호 인격적 관계의 맥락에서 자세히 설명한 바 있다.[118]

## 11.3. 하나님의 형상과 체현된 인간 생활의 선물이신 그리스도

만일 하나님의 형상으로서의 세상이라는 시공간적 조건 속에서 하나님이 인간에게 자신의 신성과 자아를 반영하도록 정하셨다면, 칼 바르트의 다음과 같은 언명은 타당하다. "예수는 하나님이 원하시는 그대로 지음 받은 사람이다. 우리 안에서 참된 인간성을 구성하는 것은 그리스도 안에 있는 참된 인간성에 달려 있다. 하나님에 대한 우리의 잠재적이고 현실적인 관계뿐 아니라 우리의 인간성 자체도 전적으로 예수에게서 파생된다."[119] 예수 그리스도는 참된 인간의 패러다임이다. 인간은 그리스도가 없으면, "자기 자신과 모순되게 가장 신실하지 못한 태도로 자신의 창조자인 하나님과 반대편이 된다"고 바르트는 믿었다.[120] 그러면 인간 자체는 어떻게 하나님의 형상으로서 하나님을 충분히 반영할 수 있을까? 반면에 예수는 "하나님을 위한 사람"이다.[121] 예수께서 "진정한" 사람인 것은 그분이 하나님의 형상을 지니고, 하나님의 존재를 온전히 반영하도록 부르심 받고 선택받았기 때문이다.[122] 바르트가 주장하는 "하나님을 위한 사람"(Man for God)인 예수를 본회퍼가 제시하는 "타자를 위한 사람"인 예수와 대립시키려는 유혹에 빠질 수 있다. 그러나 바르트 역시 예수를 "타자를 위한 사람"

---

117) Pannenberg, *Systsmatic Theology*, vol. 2, 175(티슬턴 강조).

118) David F. Ford, *Self and Salvation: Being Transformed* (Cambridge: Cambridge University Press, 1999).

119) Barth, *Church Dogmatics*, III:2, sect. 43, 50.

120) Barth, *Church Dogmatics*, III:2, sect. 43, 26.

121) Barth, *Church Dogmatics*, III:1, sect. 44:1, 55(하위단원의 제목).

122) Barth, *Church Dogmatics*, III:2, sect. 44:3, 132-202, 특히 160-170.

으로 묘사한다.[123] 바르트는 이렇게 말한다. "예수께서 자기 자신을 동료 인간들과 묶는 연대성은 참으로 실제적이다."[124]

이런 견해는 바르트나 바르트주의 전통으로 한정되지 않는다. 제롬 머피-오코너는 이렇게 말한다. "인간의 참되고 본질적인 본성을 찾기 위하여 그[바울]는 자신의 동시대인들을 주목하지 않고 **그리스도를 주목한다. 왜냐하면 오직 그리스도만이 진정한 인간성을 체현하셨기 때문이다**"(티슬턴 강조).[125] 머피-오코너는 그리스도께서 하나님의 형상이라는 개념을 증명하기 위해 다양한 신약성경 본문에 의지한다. "[그리스도는] 보이지 아니하는 하나님의 형상이시요"(골 1:15). "그리스도는 하나님의 형상이니라.···예수 그리스도의 얼굴에 있는 하나님의 영광을 아는 빛···"(고후 4:4-6). "그는 근본 하나님의 본체시나 하나님과 동등됨을 취할 것으로 여기지 아니하시고···"(빌 2:6-7).

한 주석가는 다소 대중적인 빌립보서 주석에서 앨런 리처드슨이 그리스도를 "반대 아담"(Adam in reverse)으로 부른 것을 부각시키고, 하나님 형상의 회복자로 드러내기 위해 아담과 그리스도에 대한 각 내러티브의 병행 목록을 만들어 제시한다. 어떤 목록에는 다음과 같은 병행 사실이 적혀 있다. "하나님의 형상으로 지음 받아···하나님처럼 되고···사람들과 같이 되셨고···." 다른 목록은 이와 대조적이다. "명성을 얻으려고 애쓰는 것"은 "명성을 얻지 못한 것"이다. "자기를 높이는 것"은 "자기를 낮추는 것"과 반대다. "죽음에 대한 불순종" 대 "죽음에 대한 순종···하나님이 그를 높이셨다."[126]

---

123) Barth, *Church Dogmatics*, III:2, sect. 45:1, 203-222.
124) Barth, *Church Dogmatics*, III:2, sect. 45:1, 211.
125) Murphy-O'Connor, *Becoming Human Together*, 45.
126) F. C. Synge, *Philippians and Colossians: Introduction and Commentary*, Torch (London: SCM, 1958), 245. 리처드슨은 이렇게 말한다. "그리스도는 아담이 일으킨 손해를 복원하신다"(245).

"총괄갱신"(ἀνακεφαλαίωσις, 아나케팔라이오시스)이라는 주제에서 부분적 병행이 발견될 수 있는데, 이것은 특히 이레나이우스와 아타나시오스에게서 두드러진다. 이레나이우스의 논리가 바울의 논리와 똑같지는 않으나, 그는 "우리가 아담 안에서 상실한 것, 말하자면 하나님의 형상과 모양을 그리스도 예수 안에서 회복할 수 있다"고 말한다. 그리고 훨씬 더 명백하게는 "말씀이신…주님은 자기 안에서 아담을 복원하셨다"고 말한다.[127] 아타나시오스에게는 "총괄갱신"이 이레나이우스만큼 명백히 드러나지 않는다. 그러나 많은 교부 전문가는 복원이라는 관점이 아타나시오스의 사상 배후에 놓여 있다고 말한다. 아타나시오스는 골로새서 1:15을 명시적으로 언급한다. 거기 보면 그리스도께서 하나님의 형상이고, 이것은 하나님의 형상을 지니고 있는 인간성이 파괴되자 인간에게 추가적인 선물로 제공된 것임을 암시한다.[128]

하나님 형상의 담지자이자 "반대 아담"이신 그리스도에 대한 주제를 가장 명백하게 담고 있는 증거 본문은 히브리서 2:5-13이다. 이 본문은 시편 8:4-6에 반영된 이해의 지평 안에서 그리스도의 승리를 설명한다. "아담"은 땅을 정복하거나 땅에 대한 책임을 감당해야 하는 인간의 소명을 성취하지 못했다. 그러나 **예수 그리스도는 참된 인간됨의 소명의 모든 국면을 성취하셨다.** 참된 인간성은 적극적인 청지기 직분의 수행을 포함했을 뿐만 아니라 **시공간의 제약**을 받아들이는 것도 포함했다. 따라서 첫째, 예수는 **고난을 통하여** 인간적 **온전함**을 "배우셨다"(참조. 그리스어 παθημάτων τελειῶσαι, 파테마톤 텔레이오사이, 2:10; 참고. πάθειν…μάθειν, 파테인…마테인, 격언). 둘째, 심지어 예수의 경우에도 인간성은 **하나님에 대한 의존**을 필수적으

---

127) Irenaeus, *Against Heresies* V:19:1, V:21:10; 참조. V:16:2; V:34:2. N. P. Williams, *The Ideas of the Fall and of Original Sin* (London and New York: Longmans, Green, 1929), 196-198도 참조하라. 윌리엄은 이 두 본문을 "총괄갱신" 관념의 고전적 진술로 부른다(197, n. 3). Tertullian, *Against Marcion* V:17:1도 보라.

128) Athanasius, *On the Incarnation* 3, 4, 12.

로 요구한다(13절). 셋째, 예수는 새 인간성의 **창시자 또는 원형**(ἀρχηγός, 아르케고스, 10절)이다. 넷째, 시편 8:4-6에 예시된 대로 참된 운명을 성취하신 예수는 죽음의 고난을 받으심으로 말미암아 **영광으로 관을 쓰고**, 다른 사람을 기꺼이 형제라고 부르신다(9절과 11절).[129] 해롤드 애트리지(Harold W. Attridge)는 "기독론적 패턴"에 대한 주석에 보충 주해를 포함시키고, 거기서 히브리서 2:10-18을 "성육신과 성육신의 결과를 파악하는 '고전적' 기독교 모델"이라고 부른다.[130]

"참된" 인간으로서 예수는 "하나님을 위한 사람"과 "타자를 위한 사람"(바르트와 본회퍼가 그렇게 말하는 것처럼)이다. 그러나 또한 성육신하신 말씀으로서 예수는 **선물이자 제약받는 존재이므로 육체성, 체현, 시간성**의 패러다임이기도 하다. 히브리서는 **시간적 성장과 경험**(히 2:10; 5:8), 하나님을 **"의지함"**이 요구되는 **시공간적 조건**에 대한 예속(2:13), **"혈과 육"**의 연약함을 지니신 것(2:14), 그리고 확실히 **"모든 면에서 그의 형제들과 같이"** 되셨다는 점에서 예수의 **"온전하심"**에 대하여 말한다. 여기에는 시험과 유혹도 포함된다. "하지만 죄는 없으셨다"(2:17, 18; 4:15). "그는 육체에 계실 때에 자기를 죽음에서 능히 구원하실 이에게 심한 통곡과 눈물로 간구와 소원을 올렸고⋯그가 아들이시면서도 받으신 고난으로 순종함을 배워서"(히 5:7-8).

3장에서 우리는 해석학의 **자기 참여, 우연성**, 그리고 의미의 공적 기준의 맥락에서 성경에 나타난 **"체현"**을 다루었다. 더 "결정적인 것"은 단순한 "내면성"이 아니라 육체적 생활 속에서 믿음을 표현할 때 자신의 "입장을

129) Anthony C. Thiselton, "Hebrews," in *Eerdmans Commentary on the Bible*, ed. J. D. G. Dunn, J. W. Rogerson (Grand Rapids: Eerdmans, 2003), 1457에서 더 상세히 설명되었다. 참조. 1451-1482. 추가로 William L. Lane, *Hebrews*, 2 vols. (Dallas: Word Books, 1991) 42:67을 보라.

130) Harold W. Attridge, *The Epistle to the Hebrews*, Hermeneia (Philadelphia: Fortress, 1989), 79.

취하는 것"이다. 기독교의 사도전승은 비밀스러운 영지주의 전통과 달리 공적 세계에 개방적이었고, 단순히 사적이고 내적인 세계에 빠져 사회적 이고 육체적인 세계를 무시하지 않았다. 앞에서 인용한 것을 반복하는 대 가를 치르더라도 우리는 여기서 캐제만의 정의를 다시 상기해야 한다. "바 울에게 '몸'은…**우리 자신이 속해 있고**, 창조주께서 우리에게 주신 최초의 선물이라는 의미에서 우리가 책임을 지고 있는 **세상의 한 부분**을 의미한 다."[131] 이런 식으로 **세상의** 한 부분이 되는 것은 우리의 "**의사소통 능력**" 을 포함하며, 또한 이것이 우리로 인정되고 간주된다고 캐제만은 올바르 게 덧붙인다. 따라서 "**일상 세계 속에서…육체적 순종**"은 그리스도의 주 되심을 **이해할 수 있고 신뢰할 수 있는** "**가시적 표현**"으로 만든다. 그것은 복음을 "**신뢰할 수 있는 것**"으로 만든다.[132]

이번 장에서 나는 "**큰 지분**"(high stakes)이라는 말을 **확대된 기회, 책임, 이해 능력, 신뢰성, 그리고 육체적·시간적인 삶의 양식이 가져오는 취약성** 을 가리키는 의미로 사용하고자 한다. 사람들은 홀로 있을 때 "보일" 때와 다르게 행동할 수 있다. 가시성은 관계성의 일상적인 교류를 **보다 구체적 이고 투명하게**, 또 보다 실제적이고 지속적인 영향을 가진 것으로 만든다.

"인간의" 시간이라는 하나님의 선물은 옳거나 그른 순간에 행동하도록 선택을 부여하고, 증가하는 활력과 성장 경험을 제공함으로써 이권을 크 게 높이지만, 동시에 노화의 취약성도 증가시킨다. 경건주의자는 개인적 믿음과 신조에 "따라 사는 것"을 말하고, 야고보서는 이것 외에 다른 어떤 종류의 믿음이 진정한 믿음인지 혹은 진정한 믿음일 수 있는지를 묻는다 (약 1:12, 19-27; 2:14-26; 3:9-18; 4:4-10; 5:8-11).

이것은 장황하게 설명하는 것이 진부해 보일 정도로 성경과 기독교 전 통의 중심 요소다. 그러나 일부 철학 사상의 전통은 이성과 "내면의" 인간

---

131) Käsemann, *New Testament Questions of Today*, 135.
132) Käsemann, *New Testament Questions of Today*, 135; 참조. 136-137.

정신을 육체적이고 시간적이고 물리적이고 우연한 것보다 더 높인다. 바울은 기독교 제자도의 맥락에서 이성과 이성의 역할을 높이 평가한다. 하지만 "**몸에서**" 행해지는 일의 중요성도 강조한다(고전 6:12-20). 데일 마틴은 플라톤주의자 및 스토아주의자, 사도 바울, 그리고 "영혼(정신)과 육체의 경계가 데카르트에 의해 다시 변경된" 이후, 몸에 대한 각기 다른 견해를 상세히 설명한다.[133] 몸에 대한 기독교의 재평가는 십자가로 말미암아 주어진 재평가와 함께 시작된다. "십자가에 못 박힌 죄수를 존경받는 헌신의 인물로 만드는 것은 통상적 가정과는 철저히 반대되었다."[134]

그럼에도 일부 초기 교부는 다른 견해로 되돌아갔다. 테르툴리아누스는 이렇게 주장한다. "우리는 영혼(라틴어 *anima*)이다." "영혼(*anima*)이 없으면 우리는 시체에 불과하다."[135] 바울이 몸(σῶμα, 소마)과 육(σάρξ, 사륵스)을 강하게 대조시킴에도 불구하고, 테르툴리아누스는 한편으로는 영과 혼만 보고, 다른 한편으로는 "육"만 본다. 테르툴리아누스는 "나는 사람 속에서 다른 실체는 보지 못한다"고 말한다.[136] 어떤 교부에게는 영혼을 신적 존재로 간주하는 플라톤의 유산이 여전히 배경 속에 잠복되어 있었다.[137] 오리게네스는 분명히 "피조물이 다 탄식하며 함께 고통을 겪고 있는 것"과 "썩어짐의 종노릇하는 것"(롬 8:21-22)을 "몸 외에 다른 어떤 것이 아니라고" 말한다.[138] 오리게네스는 그리스도가 영혼뿐만 아니라 "육체도 소유하셨다"는 사실을 인정하지만, 그의 설명은 곧바로 영혼이나 영을 찬미하는 것으로 나아간다.[139] 육체의 질병이나 상처로 고통을 겪는 일은 죄의

---

133) Dale B. Martin, *The Corinthian Body* (New Haven, CT and London: Yale University Press, 1995), 4.
134) Martin, *Corinthian Body*, 59.
135) Tertullian, *Against Praxeas* 5.
136) Tertullian, *Against Marcion* V:16.
137) Plato, *Republic* 611E. 『국가』(서광사 역간).
138) Origen, *De Principiis* I:7:5.
139) Origen, *De Principiis* II:8:2.

행위와 관련되어 있다.[140] 그러므로 오리게네스의 견해에 따르면, 결국 육체적·"통상적" 몸이 "신령한" 몸으로 다시 살아날 때(고전 15:44), 하나님과 연합되는 것은 "영혼"이다.[141]

성경 저자들은 일반적으로 이런 이원론적 방식으로 생각하지 않는다. 대체로 **영혼**으로 번역되는 히브리어 단어 נֶפֶשׁ(네페쉬)가 민수기 9:6, 7, 10에서는 실제로 **시체**를 가리키는 것을 보면, 심신(psychosomatic) 관계는 구분이 애매하다. 판넨베르크는 이렇게 설명한다. "우리는 의식적이고 자의식적인 생명을 단지 육체적 생명으로 알고 있다.…영혼과 몸은 서로에게 속해 있고 서로에게 환원될 수 없는 인간 생명의 통일체의 구성 요소다."[142] 테르툴리아누스와 오리게네스는 전형적인 교부들의 견해와 다른 견해를 취한다. 2세기 기독교 저술가인 아테나고라스(Athenagoras)는, 총체적 인간이 영혼만은 아니므로 부활이 "영혼"에게만 해당될 수 없다고 주장한다.[143] 성경 저자들은 현대 의학과 정신과에서 강조하는 인간의 심신 통일체의 어떤 측면을 예시한다. **신체화**(체현)는 하나님이 보시기에 "심히 좋았"던(창 1:31) 그분의 피조물에게 주신 창조주의 선물 가운데 하나다.

해석학적 이해의 지평은 여기서 두 가지 다른 단계로 나타난다. 한 단계는 데카르트의 합리론적인 이원론 혹은 흄의 경험론적인 환원론에서 벗어나는 전환과 관련되어 있다. 그리고 또 한 단계는 사랑과 성, 권력과 통제, 돈의 사용, 그리고 시간에 대한 인간의 태도와 같은 배경 속에서, 육체적이고 시간적인 인간 생활과 밀접하게 연계되어 있는 "큰 이권"과 관련되어 있다.

우리는 여기서 이원론적이고 자연주의적인 영향 또는 실증주의 전통을 간단하게나마 살펴보아야 한다. 판넨베르크는『신학적 관점에서 본 인

---

140) Origen, *De Principiis* II:10:6.
141) Origen, *De Principiis* III:6:6.
142) Pannenberg, *Systematic Theology*, 2권, 181-182.
143) Athenagoras, *The Resurrestion of the Dead* 15.

간론』(*Anthropology in Theological Perspective*)에서 행동주의의 문제점과 인간의 상태에 대한 다른 환원주의적 설명의 문제점을 폭로한다.[144] 마스칼(Eric Mascall)도 인간의 자아에 대한 자연주의적 설명을 고찰하고, 자연주의적 진화론과 다른 환원주의적 접근법은 인간의 독특성을 충분히 설명할 수 없다고 주장한다.[145] 20세기 초 보수주의 학자 가운데 제임스 오르(James Orr)는 (인정된다면) 하나님의 형상을 "손상시키는" 인간성에 대한 유물론자와 무신론자의 설명에 대한 통렬한 반론을 제시했다.[146]

현대 사상에서는 위르겐 몰트만이 성경적이고 신학적인 인간관을 적절하게 종합하지만, 그는 이것을 무신론 사상에서 일어나는 물음과 연관시킨다.[147] 존 매쿼리는 우리가 인간의 "육체성"을 진지하게 취한다고 해서, 받아들일 수 없는 두 대안인 데카르트나 길버트 라일의 견해에 맡겨지는 것이 아님을 상기시킨다.[148] 칼 라너는 공동체를 세우고 도덕법에 반응할 수 있는 힘을 갖고 있으며, 그리스도 중심의 삶을 살 수 있는 존재로서 인간의 존엄성과 자유에 대해 상술한다.[149] 헬무트 틸리케는 한편으로는 배타적인 생물학적 인간관을 공격하고, 다른 한편으로는 피조물을 신적 존재의 지위로 높이는 견해를 공격한다.[150]

자극-반응 행동주의 시대는 이 사상을 지지하는 것으로 추정되는 논

---

144) Pannenberg, *Anthropology*, 27-79.
145) Eric L. Mascall, *The Importance of Being Human: Some Aspects of the Christian Doctrine of Man* (London: Oxford University Press, 1959), 1-36, 여러 곳.
146) James Orr, *God: Image in Man and Its Defacement in the Light of Modern Denials*, (London: Hodder & Stoughton, 2d ed. 1905), 여러 곳.
147) Moltmann, *Man*, 특히 1-45.
148) John Macquarrie, *In Search of Humanity: A Theological and Philosophical Approach* (London: SCM, 1982), 47-58, 여러 곳.
149) Rahner, "The Dignity and Freedom of Man," in *Theological Investigations*, vol. 2, 235-263.
150) Helmut Thielicke, *Man in God's World*, trans. J. W. Doberstein (London: Clarke, 1967), 37-57.

증의 자기 모순적인 성격 위에 세워졌다. 이것은 왓슨과 스키너의 견해에 모두 적용된다. 만일 "합리성"이 생명-신경학적 과정으로 환원된다면, 이 견해의 옹호자는 어떤 근거로 수사적 논증이 아니라 "합리적" 논증을 제 공한다고 주장할 수 있겠는가? 이런 주장은 에이어(A. J. Ayer)의 논리실증 주의(이후에 수정된 논리실증주의도 함께)를 생각나게 한다. 에이어의 검증원리 나 "검증가능성" 이론은 자신의 기준을 충족시키지 못했다. 논리실증주의 는 경험적으로 검증되지 못했고, 단순히 형식적이고 논리적으로 "내적인" 명제나 동어반복을 구성하는 것에 그쳤다.[151]

그렇다고 해도 데이비드 흄은 캠벨(C. A. Campbell)이나 루이스(H. D. Lewis) 그리고 다른 학자들이 세밀하게 제기한 비판에도 불구하고, 여전히 추종자를 거느리고 있다. 흄은 자신의 경험론적 전제에 기초를 두면서, 자 아는 경험이나 대상에 대한 연속적 지각을 가리키는 것에 불과하다고 주 장한다. 우리는 인상, 관념 또는 정서를 지각한다. 하지만 이것들을 안정 되고 지속적인 자아로 함께 묶는 근원적인 구조는 전혀 없다. 흄은 이렇게 말한다. "나로 말하면, 나는 **나 자신**이라 부르는 것 속에 매우 익숙하게 들 어갈 때, 항상 어떤 특수한 지각이나 다른 지각과 마주친다.…나는 지각이 없으면 나 자신을 결코 포착하지 못하고, 지각 외에 어떤 것도 확인할 수 없다."[152] 흄은 만일 다른 어떤 사람이 **자기 자신**이라고 부르는 지속적 실 재를 지각한다고 주장해도, "내 안에는 이 원리가 전혀 없다"(상기 인용 부분) 고 덧붙인다.

---

151) A. J. Ayer, *Language, Truth and Logic* (London: Gollancz, 2d edn., 1946). 『언 어, 논리, 진리』(나남출판 역간). 열거하기에 너무 많은 다수의 비판자들 가운데 다 음 학자들을 보라. H. J. Paton, *The Modern Predicament* (London: Allan & Unwin, 1955), 32-46; William P. Alston, *Divine Nature and Human Language* (Ithaca and London: Cornell University Press, 1989); Richard Swinburne, *The Coherence of Theism* (Oxford: Oxford University Press, rev. ed. 1997).

152) David Hume, *A Treatise of Human Nature*, ed. L. A. Selby-Bigge (Oxford: Clarendon, 1951), I:4:6, 252. 『오성에 관하여』(서광사 역간).

캠벨은 흄의 지평이 부적합하다는 것을 예증하기 위해 먼저 그 지평 안으로 들어간다. 캠벨은 (예컨대) 9시에 빅 벤이 종을 치는 것을 어떻게 지각할 수 있는지를 설명한다. 우리는 빅 벤이 종을 치는 소리를 듣는다. "잠시 후 나(동일한 주체)는 빅 벤이 다시 종을 치는 소리를 듣는다." 만일 지속적이고 안정된 자아가 없다면, 어떻게 빅 벤이 **아홉** 시에 종 치는 소리를 듣는 것과 그 시계가 **한** 시에 종 치는 것을 아홉 번 지각하는 것과 구분하겠는가? 오직 연속성을 체현하는 안정된 자아만이 **아홉 시에 종을 치는 것으로** 시계의 종소리를 결합시킬 수 있다.[153] 캠벨은 자신의 책 2부에서 하나님의 본성을 다루기 전에, 1부에서 약 200쪽 이상 자아의 연속성에 대한 자신의 주장을 다룬다. 우리가 소개했던 버나드 로너간의 작품과 같이 캠벨도 **인식적 판단**의 필수 조건을 탐구한다. 루이스도 마찬가지로 환원주의자의 설명을 거부하는 한편, 인간 자아의 안정성과 깊이를 예증한다.[154]

캠벨과 루이스는 불필요하게도 관념론자의 "형이상학적" 자아 견해를 기초로 흄에게 대응한다고 주장할 수 있다. 그러나 스트로슨(P. F. Strawson) 의 탁월한 작품인 『개체들』(Individuals)은 다음과 같이 주장한다. **일정 기간 동안 사람들이나 "특수자들"을 확인하는 능력은 인간 자아의 지각과 판단이 정신의 주관적 구성 이상이라는 사실을 전제로 한다. 인격에 대한 개념은 논리적으로 "원초적"이다. 이 개념은 공간적으로 위치할 수 있고 육체성을 가진 존재들의 논리를 인격적 행위와 행동의 논리와 불가분리적으로 결합시킨다.**[155] **육체적 또는 물질적 술어(M-술어)는 동시에 그리고 상호적으로 인격적인 의식-관계적 술어(P-술어)로 서술된다.** 스트로슨

---

153) C. A. Campbell, *On Selfhood and Godhood* (London: Allan & Unwin and New York: Macmillan, 1957), 76.

154) H. D. Lewis, *The Elusive Mind* (London: Allan & Unwin and New York: Macmillan, 1969), 15-44, 237-274.

155) Peter F. Strawson, *Individuals: An Essay in Descriptive Metaphysics* (London: Methuen, 1959), 15-116.

은 **인격들**에 대한 취소할 수 없는 개념적 논리를 해설함으로써, 행동주의와 데카르트의 이원론을 싸잡아 공격한다.[156] 이것은 **육체적이고 시간적인 성격**을 갖고 있음에도 불구하고, 타자와 관련하여 **책임과 인격적 행위**를 요구받는 인간에 대한 우리의 설명에 건설적인 해석학적 이해 지평을 제공한다.

우리가 두 번째로 취하는 해석학적 이해 지평의 공식은 **육체적이고 시간적인** 인간 생활이 "큰 지분"을 갖고 공동체 속에서 사는 것을 위한 전제 조건을 구성 한다는 개념을 통해 나타난다. 어떤 면에서 보면 이것은 의심스러운 개념인데, 왜냐하면 우리는 "육체적인" 배경 외에 다른 배경에서 의식을 경험하지 못하기 때문이다. 그러나 다른 어떤 문맥에서보다 성경 본문에서 **육체적인** 생활은 더 높은 지위를 가지고 있다.

우리가 이미 두 번이나 상기한 것처럼, 캐제만은 육체성을 다른 사람에게 전달될 수 있는, 신뢰할 수 있고 이해할 수 있는 기독교 제자도의 전제 조건으로 본다. 이 맥락에서 바울은 로마의 그리스도인들에게 "너희 몸(그리스어 τὰ σώματα ὑμῶν, 타 소마타 휘몬, 즉 공적 영역에서 가시적인 존재로서 너희 전체 자아)을 하나님이 기뻐하시는 거룩한 산 제물로 드리라"(롬 12:1)고 명령한다.[157] 그들의 기독교적 삶은 구별되고 가시적이고 전달할 수 있는 것으로, "이 세대를 본받지 말고…오직 마음을 새롭게 함으로 변화를 받아야 한다"(롬 12:2).

고린도전서 6:12-20은 훨씬 더 명확한 본보기를 제공한다. "이 본문은 다시 한 번 그리스도인의 정체성과 그리스도인의 삶의 양식 간의 불가

---

156) Strawson, *Individuals*, 특히 98-116.

157) 참조. Charles E. B. Cranfield, *The Epistle to the Romans: A Critical and Exegetical Commentary*, 2 vols., ICC (Edinburgh: T&T Clark, 1975, 1979), vol. 2, 595-601; James D. G. Dunn, *Romans*, 2 vols., WBC (Dallas: Word, 1988), vol. 2, 708-710.『로마서』(솔로몬 역간).

분리성, 그리고 몸과 육체적 행동의 중요성을 예증한다."[158] 고린도전서 5 장과 6:1-11의 연계성도 분명하다. 탐욕, 지배욕, 권력, 그리고 성적 자기 만족을 "엄격히 금하는 경계들"의 문제는 **공적 영역 안에서** 기독교적이거나 비기독교적인 삶의 양식에 대한 확고하고 구체적인 표현을 보여준다. 몸은 "주를 위하고"(고전 6:14상), 주는 "몸을 위한다"(고전 6:14하). "너희 지체"(수족과 기관)는 그리스도의 수족과 기관(μέλη, 멜레)이다(고전 6:15). "너희 몸은…성령의 전인 줄을 알지 못하느냐"(고전 6:19). **"너희 몸으로 하나님께 영광을 돌리라"**(고전 6:20). 일부 후기 대문자 필사본(Uncial MSS)이 "그리고 너희 영으로"라는 말을 덧붙이고 있다는 사실(C³, D², Ψ, 1739mg, 시리아 역본들, 불가타, AV/KJV)은 육체성의 중요성이 전통의 역사 속에서 얼마나 쉽게 간과되거나 심지어 억압될 수 있었는지를 잘 보여준다.


## 11.4. 삶의 지분을 높이는 정서, 성, 그리고 다른 은사들

우리는 이미 **육체성과 시간**을 인간됨의 **"지분을 높이는 것"**이라 말했다. "큰 지분"(high stakes)이라는 말은 영국 성공회 교리 위원회 보고서인 「인간됨」에 나오고, 나는 다른 12명의 위원과 함께 이 보고서에 논문을 기고했다.[159] 존 매쿼리는 『인간성 탐구』(In Search of Humanity)라는 책에서 "큰 지분"을 표현하는 또 다른 방법을 정식화했다. 매쿼리는 이렇게 지적한다. "비록 퇴행 가능성과 뗄 수 없는 관계에 있음에도 불구하고, **육체성** (embodiedness)은 초월 가능성을 제공한다.…인간은…지지와 위협이 동시

---

158) Thiselton, *First Epistle*, 459.
159) Church of England Doctrine Commission, *Being Human: A Christian Understanding of Personhood Illustrated with Reference to Power, Money, Sin, and Time* (London: Church Publishing, 2003), 7-11.

에 존재할 수 있는 물질적 실체로 체현된다."[160]

한편으로 우리는 육체적 삶을 통해 감각 곧 시각, 소리, 촉감, 맛, 냄새, 따스함, 시원한 바람 등을 경험한다. 다른 한편으로 우리는 육체성으로 말미암아 질병, 상처, 죽음, 비인격적 강제력에 대한 종속에 노출된다.[161] 그런데도 구약성경 안에 있는 히브리 사상에서, 특히 영혼이나 영이 스올에 내려가는 배경에서 보면, **육체 없는** 생명은 근본적으로 **쇠락한** 조건 아래 있는 생명으로 생각되었다. 여기서 사람은 "거의 '살아 있다'고 말해질 수 없고", 단순히 "핏기 없고 생기 없이 자신의 이전 자아의 '그늘' 또는 그림자로만 '존재할' 수 있었다."[162] 스올이나 하데스에 있는 자는 "너도 우리같이 연약하게 되었느냐, 너도 우리같이 되었느냐…네 영화가 스올에 떨어졌음이여"(사 14:10-11)라는 말과 함께 "어두운 곳" 혹은 새로 도착한 죽은 사람을 맞이한다. "산 개가 죽은 사자보다 낫다"(전 9:4)는 말씀은 이런 배경에서 나왔다. 이것은 자아가 육체에서 해방되었을 때, 무한한 존엄성과 자유를 갖게 된다는 플라톤의 개념과는 전혀 거리가 멀다.

성경 전통은 오늘날 우리가 심신 생활이라 부르는 복합적 요소와 감정을 가리키기 위해 폭넓고 다양한 말로 "육체적" 삶의 차원을 상세히 설명하고 해설한다. 『구약성서의 인간학』(*Anthropology of the Old Testament*)에서 한스 볼프는 신중하고 비판적인 주의를 기울이면서, 휠러 로빈슨과 페데르센과 같은 초기의 학자들을 매혹시킨 정신-생리학적 용어의 목록을 작성한다. 필요나 욕구의 감각을 의미하는 자아의 측면은 목청, 목 등과 같은 용어의 항목 아래 나온다.[163] 히브리어 단어 בָּשָׂר(바사르) 곧 육체는

---

160) John Macquarrie, *In Search of Humanity: A Theological and Philosophical Approach* (London: SCM, 1982), 47; 참조. 47-58, 83-95.

161) 참조. Macquarrie, *Humanity*, 55.

162) C. Ryder Smith, *The Bible Doctrine of Salvation* (London: Epworth, 2d edn. 1946), 92.

163) Wolff, *Anthropology*, 10-25.

공동체에 속해 있는 인간, "육체적인 측면 속에 있는 인간", 관계 속에 있는 인간, 약하고 취약한 상태 속에 있는 인간을 의미한다(욥 10:4; 대하 32:8; 시 78:38-39; 사 40:6). 그러나 또한 이 말은 민감한 감수성과 동정심의 능력을 가리킬 수도 있다. "내가⋯그 몸에서 돌 같은 마음을 제거하고 살(בשר, 바사르)처럼 부드러운 마음을 주어"(겔 11:19; 36:26).[164] 몸의 내부 기관, 특히 לב(레브) 곧 마음, כליות(킬라요트) 곧 콩팥, מעים(메임) 곧 창자는 감정의 심리적 기능이나 깊이를 의미할 수 있다. "내 간이 땅에 쏟아졌으니"는 "내 눈이 눈물에 상하며 내 창자가 끊어지며"와 병행 관계에 있다(애 2:11). 이 구절은 "헤아릴 수 없는 슬픔"의 의미를 전달한다.[165] "내 마음이 산란하며 내 양심(콩팥, kidneys)이 찔렸나이다"(시 73:21)는 "의심과 정신적 고통의 시간으로 괴로워하는⋯매우 격렬한 영적 감정"의 의미를 전달한다.[166] 창자(bowels)는 깊은 고뇌와 고통 또는 연민과 사랑을 의미할 수 있다(아 5:4; 렘 4:19).

신약성경에서 **사랑**은 일차적으로 감정 상태를 가리키는 의미로 사용되지 않는다. 고린도전서 13:4-7을 보면 사랑은 **타자를 위해 가장 좋은 것을 추구하는 욕구와 의지**의 표현이다. 따라서 바울은 사랑의 힘을 **인내와 인자함**을 보여주는 것(고전 13:4상)으로 정의하고, 시기, 자랑, 자신의 중요성을 의도적으로 높이지 않는 태도(고전 13:4하)를 보여주는 것으로 정의한다. 사랑은 무례하거나 악한 것을 행하지 않는 것과 관련되고(고전 13:5상), 자기 이익에 사로잡히지 않는 것(고전 13:5하)이다. 사랑은 노하거나 성내지 않고, 사람들의 허물을 탓하지 않으며, 진리를 진정으로 기뻐하고, 기꺼이 타인을 돕는 것이다(13:6-7).[167] 고린도전서 13장에서 사랑은 감정이 아니라 관대한 판단, 의지, 행동 습관과 관련되어 있다.

---

164) Wolff, *Anthropology*, 28; 참조. 26-31.

165) Wolff, *Anthropology*, 63-66.

166) Welser, *The Psalms*, 512-513.

167) 이 말은 이 본문에 대한 나의 번역과 주석을 반영한다(Thiselton, *First Epistle*, 1046-1060).

그런데도 다른 많은 본문 속에서 **마음**은 강한 감정과 열망 또는 갈망을 가리킨다. 바울은 마음의 소원과 기도(롬 10:1)에 대해 말하고 "마음의 고뇌에" 대해서도 언급한다(고후 2:4). 또한 마음은 자기 속임이 될 수도 있고, 무의식과 잠재의식에 대한 현대적 개념을 거의 예견한다(롬 2:16; 고전 4:5; 14:25).[168] 하나님의 사랑은 성령으로 말미암아 "우리 마음에" 부어질 때(롬 5:5) 우리 존재의 심층과 관련된다.

다시 한 번 존 매쿼리는 인간의 감정과 관련해서 육체성을 더 좋게 하거나 나쁘게 하는 "큰 지분"에 대해서 상세한 해설을 제공한다. 우리는 감정을 긍정적인 것으로 인정해야 한다. 왜냐하면 감정을 통해 "우리는 어떤 종류든 상황에 더 민감해지는 법을 배울 수 있고, 또 분노와 같은 감정을 통제하는 법을 배울 수 있기 때문이다."[169] 나아가 감정은 내적 기분 이상의 것이라고 매쿼리는 주장한다. 감정은 감정 자체를 넘어서 있는 것을 지시한다. 매쿼리가 다른 곳에서 슐라이어마허와 하이데거를 언급하면서 주장한 것처럼, 감정은 심리적 내용뿐만 아니라 존재론적이고 지시적인 의미도 가지고 있다. 어떤 감정은 긍정적이다. "신뢰, 만족, 기쁨, 애정" 등이 그렇다. 또 다른 감정은 반대로 부정적이다. "의심, 불만족, 슬픔, 원한" 등이 그렇다.[170] 따라서 다음과 같이 말할 수 있다. "감정의 해방은 이성의 비판적인 감독에 종속될 필요가 있다. 그러나 인간의 구원에 대한 우리의 이해는 감정의 증언이 무시되면 크게 빈약해질 것이다."[171] 심지어 "부정적" 감정 가운데 어떤 것은 우리를 건전하고 유익한 행동으로 이끌 수 있다. 이 원리는 몰트만의 감동적이고 통찰력 있는 "하나님의 슬픔"에 대한 내용으로 확대된다.[172]

---

168) Thiselton, *Psychological Aspects*, 59-117, 292-342.

169) Macquarrie, *Humanity*, 56.

170) Macquarrie, *Humanity*, 57.

171) Macquarrie, *Humanity*, 57.

172) Moltmann, *The Trinity and the Kingdom of God*, 36-60, 다른 곳.

나는 이제 "관계성"과 "육체성"을 함께 둘 때 나타나는 이 "큰 지분"에 대한 몇 가지 특수한 문제로 시선을 돌리고자 한다. 분명히 **인간의 성**은 이런 문제와 인간의 본질을 해석하는 해석학적 이해의 지평을 대변한다. 우리는 바르트가 남녀 관계를 통해 관계성과 "타자성"을 강조한 것을 떠올릴 수 있고, 그렌츠가 "결합"과 "차이"에 관해 내린 결론도 떠올릴 수 있다. 그렌츠는 자신의 저서 마지막 4분의 1부분에서 이 주제를 정교하게 제시하면서, 성적 차이와 상호성을 강조한다.[173] 그는 여기서 핵심이 종속이나 계급 질서가 아니라 상호 지지라고 주장한다. 그렌츠는 클라우스 베스터만의 창세기 2:18에 대한 주석을 인용한다. "하나님은 남자가 돕는 배필의 도움이 필요하도록 창조하셨다. 따라서 상호 도움은 인간 실존의 본질적 요소다."[174]

이것과의 병행 관계가 전도서 4:9-10에서 발견된다. "두 사람이 한 사람보다 나음은···혹시 그들이 넘어지면 하나가 그 동무를 붙들어 일으키려니와." 그렌츠는 이것을 육체적 삶과 연결시킨다. "인간이 되는 것은 체현된(육화된) 피조물이 되는 것을 의미하고, **체현**(육체성)**은 남자나 여자가 되는 것을 함축한다.** 그러므로 성은 남자나 여자로 체현된 사람으로서 세상 속에 존재하는 것과 세상과 관련된 다양한 차원을 포함한다."[175] "성은 결합에 대한 독특한 인간적 욕구의 기초를 구성하는 원동력이다."[176]

그렌츠는 모든 사람이 공동체 속에서 온전함을 발견한다는 개념을 포함하는 데까지 이것을 확대시키기는 해도, 성적 존재로서 "인간은 근본적으로 스스로에게 불완전한 존재"라고 주장한다.[177] 삼위일체로서의 하나님은 이러한 불완전성과 결합, 그리고 공동체적 완전성의 변증법을 반영한

---

173) Grenz, *Social God*, 267-336.
174) Westermann, *Genesis 1-11*, 227; Grenz, *Social God*, 275.
175) Grenz, *Social God*, 272.
176) Grenz, *Social God*, 273.
177) Grenz, *Social God*, 280.

제3부 기독교 교리의 주요 주제

다고 그렌츠는 주장한다. 다만 교회는 하나님이 문자적인 의미에서 성별을 가진 존재라는 개념을 올바르게 거절했다고 그는 말한다. "하나님은 남자도 아니고 여자도 아니다.⋯성경의 하나님은 성별을 넘어서 있는 분이다."[178] 그렌츠는 다음과 같은 본회퍼의 관찰을 인용한다. "서로에게 속해 있을 때" 인간의 성에 관한 한 그것의 가장 깊은 표현을 발견할 수 있다.[179] 이 모든 것은 신적 사랑의 역동성에 참여하는 것을 통해 표현된다.[180]

영국 성공회 교리 위원회의 보고서는 이 관점을 일상생활을 위한 실제적 맥락에서 더 깊이 천착한다. 성을 이해하는 모델은 "하나님 자신의 세상에 대한 참여다.⋯하나님은 사랑을 주실 뿐만 아니라 사랑을 원하고 받으신다. 하나님은 자립적이지 않고, 자신이 세상 속에 자신의 파트너로 지으신 다른 존재에게 깊이 참여하기로 정하셨다."[181] 성적 친밀함의 가능성은 "큰 지분"을 가져오는데, 한편으로 성적 친밀함은 "하나님과 하나님의 백성이 경험할 수 있는 서로 안에서의 열렬한 즐거움과 서로에 대한 열렬한 헌신을 표현하는 데 사용되기" 때문이다.[182] 그러나 다른 한편으로 성적 친밀함은 "신실하지 못한 자신의 신부에 대한 하나님의 상처 입은 사랑의 실망과 고통, 심지어 질투와 분노"를 일으킬 수 있다.[183] "성적 참여는 상호적인 참여다. 성적 참여는 주고받는 것, 바라고 즐거워하는 것, 통제 상실과 자기 포기, 서로에 대한 책임의 수락 등을 포함한다."[184] 따라서 "성적 참여에 대한 자기 계시와 자기 포기는 특히 모험적이다." 왜냐하면 고통, 잔인함, 곡해, 착취의 가능성만 있는 것이 아니라 기쁨, 즐거움, 성취의 가

---

178) Grenz, *Social God*, 293.
179) Dietrich Bonhoeffer, *Creation and Fall/Temptation*, 62; 35-38도 참조하라.
180) Grenz, *Social God*, 332.
181) Church of England Doctrine Commission, *Being Human*, 85.
182) *Being Human*, 85.
183) *Being Human*, 85.
184) *Being Human*, 86.

능성도 있기 때문이다.[185] 광야의 위험뿐만 아니라 낙원의 섬광도 있다.

결혼은 이 모험과 큰 지분을 가장 명확하게 보여준다. 바울은 성적 친밀함이 남자에게뿐만 아니라 여자에게도 즐거움을 줄 수 있다는 사실을 인정함으로써(여자의 역할은 일반적으로 남자에게 즐거움을 제공하는 데 있다는 당시의 만연한 견해와는 반대로) 놀라울 정도로 시대를 앞서간다. 바울은 **결혼 관계 안에서 이루어지는 성관계의 상호성과 호혜성**을 강조한다(고전 7:3-6).[186] 고린도전서 7장 첫 부분에서 "남자가 여자를 가까이 아니함이 좋으나"라는 언급은 의심할 것 없이(내 생각으로는) 고린도의 일부 사람들이 사용하던 격언을 인용한 것이다.[187] 바울은 "서로 분방하지 말라(μὴ ἀποστερεῖτε, 메 아포스테레이테, 현재 명령형). 다만 기도할 틈을 얻기 위하여 합의상 얼마 동안은 하되 다시 합하라"(고전 7:5)는 말을 인용하는 것으로 반응한다. 결혼 관계는 심지어 부부 각자의 부모와의 부모-자식 관계보다 우선한다(창 2:24). 남자의 갈빗대를 취해 여자를 창조한 것(창 2:21-22)이 상징하는 바는 우리가 바르트, 본회퍼, 브루너, 그렌츠를 언급하면서 다룬 동일성과 차이를 함께 반영한다.

그럼에도 다시 한 번 언급하면, 많은 결혼이 제공하는 즐거움과 파괴된 세상 속에서 다른 것에 의해 일어나는 어둠이나 고난의 대조는 성적 차원을 포함한 **육체적** 생활과 연루된 큰 지분을 다시 지시한다. 「인간됨」 보고서는 우리 시대의 성에 대한 소비자적 접근법을 다음과 같이 말한다. "성은 우리 시대의 주된 우상 가운데 하나가 되었고", 이처럼 상업 지향적 접근법은 "관계의 범주를 벗어나" 성적 매력을 탐하며, 종종 "성적 쾌락의 개념을 과장해 성적 결합의 실재가 판타지와 관련해 실망스러운 것처럼 보일 수 있도록" 한다.[188]

---

185) *Being Human*, 86.
186) Thiselton, *First Epistle*, 503-510을 보라.
187) 증거에 대해서는 Thiselton, *First Epistle*, 493-502을 보라.
188) *Being Human*, 92.

어떤 이는 성관계를 통해 다른 사람을 교묘하게 지배하는 권력을 행사할 수 있다. 만일 결혼이 이혼으로 끝난다면 고통스럽고 파괴적인 결과가 부부에게만 아니라 자녀, 조부모, 그리고 사회에까지 미친다. 결혼의 상대적 안전감은 더 쉽게 부부 중 한 배우자가 다른 배우자를 당연히 여기거나 다른 배우자에게 일어난 변화나 발전을 싫어하게 만들 수 있다.

성은 행복과 즐거움을 주기 위해서뿐만 아니라, 자아가 "**타자**"와 관련해서 자신의 정체성을 발견하고 계발하도록 돕기 위해 창조주가 베푸신 선물이다. 그렇다고 해도 "**타자**"는 참된 상호성과 호혜성을 전제해야 한다. 시몬 드 보부아르(Simone de Beauvoir)는 1949년에 이렇게 말했다. "인류는 남성이고, 남자는 여성을 여성 자체가 아니라 자기 자신의 상대적 존재로서 정의한다.…남자가 주체다.…여자는 타자다."[189] 그러나 이것은 기독교 신학자들이 말하는 "타자"의 의미가 아니다. 칼 바르트는 이렇게 말한다. "각 성은 타자에게 물음 받은 것을 실현시켜야 한다.…각 성은 어느 쪽이든 자신의 성만으로 만족할 수 없고 또는 성적으로 조건화된 자신의 능력, 필요, 관심, 경향, 기쁨과 슬픔을 부주의하게 성취할 수도 없다. 남자는 여자 때문에 불안정해지고, 여자는 남자 때문에 불안정해진다."[190] 바르트의 견해에 따르면, 결혼은 "진정한 사랑을 얻고자 추구하고 애쓰는 것"에 초점이 있는 삶의 협력 관계 속에서 특수한 남자와 특수한 여자에게 이 경험을 "구체적으로 고정시키고 만드는 것이다."[191]

따라서 성은 하나님의 선물이고, 관계성의 패러다임이다. 이로 말미암아 성은 우리가 타자를 어떻게 대할지 그리고 타자는 우리와의 상호 관계 속에서, 우리와의 차이 속에서 우리를 어떻게 대할지 고민하면서, 관심과

---

189) Simone de Beauvoir, *The Second Sex*, "Introduction," repr. in E. Marks and Isabelle de Courtivron (ed.), *New French Feminism: An Anthology* (New York: Schocken and Hemel Hempstead: Harvester, 1981), 44; 참조. 41-56.

190) Barth, *Church Dogmatics* III:4, sect. 54:1, 167.

191) Barth, *Church Dogmatics* III:4, sect. 54:1, 182, 187.

지분을 확대하고 일으키는 것이다. 그러나 체현(육체화)과 육체성의 배경에서 인간의 성은 이런 종류의 효력을 일으키는 삶의 유일한 차원은 아니다. **세상에 대해 책임을 다하는(또는 세상에 대한 "지배권"을 갖고 있는) 인간의 능력은 동시에 힘의 선물도 수반한다. 또한 힘의 사용은 동료 인간과의 관계 속에서 향상된 관심과 큰 지분의 두 번째 축을 구성한다.**

만일 인간이 **하나님과 유사한 속성을 반영하도록** 정해졌다면, 인간은 사랑을 보여줄 필요가 있을 뿐만 아니라, (우리가 말한 것처럼) **자족적이지 않고…타인들에게 깊이 참여하기로 "선택할"** 필요가 있다. 인간은 하나님이 자신의 법칙을 행하실 때 **모든 피조물의 번성을 위하여 힘과 지혜를 행사하도록** 부름 받았다. "만일 그리스도인이 '신성한 성품에 참여하는 자'(벤후 1:4)라면, 그리고 능력이 신성한 성품에 속해 있는 것이라면, 그리스도인 그리고 잠재적으로 모든 인간은 그 능력을 공유할 수 있다."[192] 그럼에도 파괴되고 타락한 세상 속에서는 "지배권, 곧 한 행위자의 의지의 강제력"도 힘의 남용이나 왜곡의 형태로 나타난다. 반 덴 브링크(Gijsbert Van den Brink)는 세심한 개념적 연구를 통해 우리가 종종 **힘의 위임**(empowerment)으로 부르는 것에서 **지배하는 힘**(power over)과 **섬기는 힘**(power to 또는 power for)을 구분한다. 브링크는 이렇게 말한다. "힘은 일반적으로 여기서[즉 정치 이론에서] 일을 행할(또는 일으킬) 능력이 아니라 사람들을 지배하는 힘으로 생각된다."[193] 한 가지 주요 문제점은 우리가 종종 **사람들을 지배하려는 힘의 욕망을 어떤 일을 성취하기 위한 섬김의 힘**으로 위장하는 것이라고 브링크는 설명한다. 반면에 "우리가 어떤 특수한 결과를 얻기 위해 행사하는 모든 형태의 힘은…'섬기는 힘'에 입각할 때 더욱 적절하게 정식화된다."[194] 그러므로 여기서 개념의 명확한 설명이 요

---

192) Report, *Being Human*, 33.
193) Gijsbert Van den Brink, *Almighty God: A Study of the Doctrine of Divine Omnipotence* (Kampen: Kok Pharos, 1993), 120.
194) Van den Brink, *Almighty God*, 121.

구된다.

반 덴 브링크는 힘이 성향적 개념이라고 주장한다. 즉 힘의 사례들은 통상적으로 그 결과에 따라 지각된다는 것이다. 그러나 힘은 비록 중첩되기는 해도 원인이나 영향력과는 다르다. 또 힘은 권위와도 다르다. 권위는 관계적인 사회 현상이다.[195] 힘을 하나님의 본성에 적용시킬 경우, 반 덴 브링크는 **전능성**이라는 말을 사용할 때 나타나는 다양한 문제를 열거한다. 특히 전능성에 의해 발생하는 논리적 역설은 유명하다. 브링크는 *omnipotens*(옴니포텐스)라는 라틴어로부터 그 의미를 이끌어내지 않고 이 말의 형이상학적 전통에 따라, 그리스어와 성경의 용어인 παντοκράτωρ(판토크라토르) 곧 전능자(Almighty)라는 말(고후 6:18; 계 1:8; 4:8; 11:17; 15:3; 16:7, 14; 19:25; 21:22)이 충분히 더 건설적이고, 우리를 잘못 인도할 가능성이 더 적다는 것을 발견한다.[196]

지금 여기서 사회관계와 정치행동의 역사 속에 나타난 힘의 다양한 개념과 용도를 추적할 시간은 없다. 영국 성공회 교리 위원회 보고서에서 다룬 한 가지 사례는 니콜로 마키아벨리의 『군주론』(1513, 출판은 1532)이다.[197] 그리고 농민반란(1524-1526)에 대한 루터의 확고한 행동도 또 하나의 사례다. 라인홀드 니버는 인간적 힘의 모호함을 예리하게 예증한다. 니버는 이렇게 말한다. "공동 조직의 모든 원리—힘의 조직화와 힘의 균형—는 형제애의 법칙과 모순될 가능성을 포함한다. [그것은] 쉽게 폭정으로 전락할 수 있다.…다시 말해 힘의 균형 원리는 항상 무정부 상태의 가능성으로 가득 차 있다."[198] 마크 로바트(니버에 대한 그의 작품은 이미 언급했다)는 니버의 힘의 신학을 인간의 악을 배경으로 평가하지만, 그럼에도 니버는 이 문제

---

195) Van den Brink, *Almighty God*, 125-134.
196) Van den Brink, *Almighty God*, 134-184; 참조. 204-275.
197) Report, *Being Human*, 42-44.
198) Niebuhr, *The Nature and Destiny of Man*, vol. 2, 267-268.

의 균형에 관해서는 현실주의를 주장한다.[199] 어떤 상황 속에서, 특히 집단적 조직에 있어 "비이기주의는 자기 패배를 부른다."[200]

영국 성공회 교리 위원회의 「인간됨」 보고서에서 우리는 다음과 같은 내용을 수용한다. 하나님은 어떤 사람들에게, 아니 사실은 모든 사람에게 우리나 그들이 선의 확장을 위해 가질 수 있는 힘이 어떤 것이든 행사할 것을 명령하신다. 일부 기독교 공무원들은 거짓 겸손에 따라 자기들이 다른 모든 사람의 문제를 알고 있다고 주장하면서 필요한 조치를 취하지 않을 수 있다. 그러나 하나님은 왕, 사사, 예언자에게 용기 있게 선을 행하라고 명령하셨다.

그럼에도 한편으로 십자가의 능력은 세상의 힘과 완전히 다르다. 바울은 그리스도와 동일한 관점에서 힘을 다시 정의한다. 어떤 단계에서 "능력은 약한 데서 온전하여진다"(고후 12:9). 말하자면 그리스도인은 자신의 자원을 내려놓고 하나님만을 온전히 의지했을 때 온전해진다(고후 1:9). **성이나 육체성과 마찬가지로, 힘도 우리가 어떤 종류의 인간인지에 대해서 이권을 일으킨다.** 반 덴 브링크는 믿음과 같이 힘의 사용도 성향 이론에 따른다는 사실을 우리에게 상기시킨다. 말하자면 힘의 사용도 공적 영역에서 나타난 결과에 따라 명백하고 확실하게 보고 경험할 수 있다는 것이다. 힘은 신뢰로 선용되거나, 아니면 자기 확대를 위해 그리고 약하고 보호받지 못하는 자를 억압하는 데 악용될 수 있다.

문명의 발전으로 우리는 **돈**을 **힘의 도구**로 사용하여 **자아의 안전**을 추구하게 되었다. 성경의 내용은 부의 악용에 대한 경고로 충만하다. 힘 자체와 마찬가지로, 돈도 물품, 땅, 재산을 대신하는 교환 단위로서 인간의 번성에 긍정적으로 사용될 수 있다. 영국 성공회 교리 위원회의 「인간됨」 보고서는 이렇게 진술한다. "돈이 문제가 아니다. 문제는 우리다. 우리를

---

신학적으로 또는 영적으로 규정짓는 것은 돈이 아니라 돈에 대한 우리의 개인적인 태도다."[201] 특히 우리 시대의 한 가지 문제점은 개인의 가치와 값어치를 돈의 체계에 따라 경제적 이득의 정도와 동등하게 여기는 위험에 있다. 사업 거래 과정도 옛날에 기술공이나 농부들이 명백히 보여준 공헌과 반드시 같은 위치에 있지는 않다.

오늘날 가장 극적인 현상은 신용의 폭발이다. 적당히 신용에 의존하여 집을 구입하거나 사업을 확장하는 것은 허용된다. 그러나 오늘날 신용의 폭발적인 증가는 그것이 실현될 수 있든지 없든지 간에 **미래**의 투영에 따라 부를 **현재에** 사용하는 일을 촉진시킨다.[202] 현재는 점차 미래에 저당잡혀 가고, 그것은 관계성, 힘, **그리고 시간** 사이의 연계성을 예증한다. 여러 가지 보험료와 의료 과정에 거액을 사용하는 것은 마치 인간이 노화, 유한성, 죽음의 발생을 근절할 수 있는 것처럼, 「인간됨」 보고서가 "위험 없는 인생의 환상"으로 부르는 것이 가능할 것으로 생각하기 때문이다.[203]

그러나 이 점에 있어 성경 전통과 기독교 교리 사이에는 중대한 연속성이 있다. 성경 전통과 기독교 교리는 가난한 자, 곤궁한 자, 고아, 과부에 대한 관심을 크게 강조한다. 가난한 자는 아무런 경제적 안전이 없이 궁핍의 경계에 살고 있기 때문에 하나님의 특별한 관심 대상이다. "너는 이방 나그네를 압제하지 말며 그들을 학대하지 말라. 너희도 애굽 땅에서 나그네였음이라"(출 22:21). "궁핍한 자들의 탄식으로 말미암아 내가 이제 일어나 그를 그가 원하는 안전한 지대에 두리라"(시 12:5). 야고보는 이렇게 말한다. "정결한…경건은 곧 고아와 과부를 그 환난 중에 돌보고 또 자기를 지켜 세속에 물들지 아니하는 그것이니라"(약 1:27). 여기서 다시 한 번 우리는 믿음의 성향 이론(2.2.에서 소개된)의 중요성을 확인한다. 사람들이 돈

---

201) Report, *Being Human*, 57.

202) Peter Selby, *Grace and Mortgage: The Language of Faith and the Debt of the World* (London: Darton, Longman & Todd, 1997)를 보라.

203) Report, *Being Human*, 74.

지갑을 사용하는 방법을 보면, **육체적 행동 세계에서 그들의 믿음이 어떠한지, 또 그들이 믿음으로 어떻게 사는지를 알 수 있다.**

성, 권력, 돈이 "육체적" 관계성에 대한 관심과 지분을 일으키는 것처럼, **시간의 선물도** 마찬가지다. 매우 분명한 한 가지 실례는 시간의 선물이 없으면, 우리는 "시간적 덕"이라 부를 수 있는 것을 실천하고 보여줄 수 없었을 것이라는 점이다. 예컨대 **신실함**은 이 덕을 행사하고 분명하게 드러내기 위해서 일정한 기간이 경과할 것을 전제한다. 몰트만, 판넨베르크, 리쾨르가 주장하는 것처럼, 시간에 대한 경험은 **기억, 희망, 회상, 신실함, 그리고 약속의** 전제 조건이다.[204]

빠르게 반복되는 소비주의의 출범과 포스트모던 관점의 영향으로 무신론이 지배하는 세상은 하나님이 주신 시간의 선물을 축소시키고, 심지어는 시간의 선물을 저주로 만든다. 오늘날에도 산업이든 상업이든 또는 연구 계획이든 많은 분야에서 많은 사람들이 시간의 희생자로, 마감에 대한 압박을 받고 있다. 무자비한 압박으로 그들은 시간의 원수가 된다. 실업자, 환자 또는 곤궁한 자에게 시간은 무겁게 다가온다. 영국 성공회 교리 위원회의 「인간됨」 보고서는 그리스도인이 이런 경향들 곧 "엄청난 분주함, 새로움에 대한 두려움, 만성적 성급함, 죽음에 대한 부정"에 희생되고 있음을 강조한다.[205]

반면에 인간은 하나님이 주신 시간의 선물을 시간적 덕, 곧 인내와 기다림의 능력, 순경과 역경을 통한 사랑과 도움에 대한 신실함, 숨겨져 있는 미래에 대한 신뢰의 결심과 같은 덕을 계발하는 선결 조건으로 간주한다. "'시간이 걸리는 것'은 사물의 본질의 한 부분이다. 나무는 여러 해가

---

204) 참조. Jürgen Moltmann, *Experiences in Theology: Ways and Forms of Christian Theology*, trans. Margaret Kohl (London: SCM, 2000), 28-42; Pannenberg, *Systematic Theology*, vol. 2, 84-102; 참조. vol. 1, 436-439; Ricoeur, *Time and Narrative*, vol. 1, 52-90, vol. 3, 99-240.

205) Report, *Being Human*, 108.

걸려야 충분한 크기로 자라게 된다.…어린아이가 자라서 성장하려면 많은 세월이 걸린다." 그러나 너무나 자주 우리는 "시계에 지배를 당하는 신세가 된다."[206] 주일과 강림절, 크리스마스, 사순절, 부활절, 승천일, 성령강림절, 삼위일체절, 그리고 다른 절기를 가지고 있는 교회력은 직선적·목적적·지속적 패턴 안에서 시간의 흐름을 종합적으로 제어하는 안정된 주간 리듬을 매년 제공한다.

우리는 이제 바르트, 판넨베르크, 그리고 다른 학자들이 상당히 관심을 두고 있는 나머지 한 가지 물음만 남겨두고 있다. 그 물음은 바로 이것이다. 만일 **시간**이 **공간 및 육체성**과 같이 특별히 창조 질서에 속해 있다면, 이것은 세상이 시간적이고, 하나님은 "무시간적"(timeless)이라는 개념을 함축하는가? 우리는 이 물음을 22.5.에서 다룰 것이다. 여기서는 다만 간략히 예시적인 설명만 하겠다.

만일 하나님이 어떤 절대적인 의미에서 "무시간적인" 분이라면, 하나님이 세상의 실존에 의존하지 않는 한, 하나님의 목적이 어디에서 작용하는지 확인이 어려울 것이다. 성경 전통은 하나님의 행동의 연속성을 인정한다. 그러나 하나님은 시간의 **제약을 받지** 아니하신다. 오히려 하나님이 **시간의 가능성의 근거**다. 그러므로 하나님의 연쇄성, 목적, 그리고 변화와의 관계에 대하여 말할 때, 시간의 **가능성**에 대한 **초월적** 조건을 가리키기 위해 하이데거의 **시간성**(Zeitlichkeit)이라는 말을 빌리는 것이 좋을 것이다.

이 논쟁에 기여하는 두 분야를 추가한다면 물리학과 사회학이다. 아인슈타인 이후로 물리학은 **공간, 시간 또는 체현**의 선물과 **시간**의 선물 사이의 불가분적인 관련성을 암시한다. 이 선물들의 순서에 질적인 차이가 있다고 상상하기는 어렵다. 사회학 연구도 인간이 실제로 시계로 측정되는 연대기적·천문학적 시간과, 사회적·인간적 형성과 조건에 종속되어 있는 "인간적" 시간을 규칙적으로 구분한다는 것을 암시한다. 시계의 시간으로

---

206) Report, *Being Human*, 112, 113.

는 같은 기간인데도 어떤 상황에서는 빠르게 흐르고 다른 상황에서는 느리게 흐르는 것이 사실이다. "인간적 시간"은 권력과 통제의 사회적 도구가 된다. 피고용인은 고용주가 자기를 보는 것을 기다린다. 고용주는 피고용인을 기다리지 않는다. 어떤 이들은 마감을 강요한다. 다른 이들은 마감을 지켜야 한다. 인간적 시간의 구조는 돈과 동일한 힘의 구조를 가지고 있다. 심지어 교회 역시 다른 사람에게 주어진 시간의 규모를 처리하거나 조절하는 것을 볼 수 있다.

그럼에도 시간은 하나님이 주신 선물로, 이 선물을 통해 육체성 이상으로 제자도, 성장, 정직한 덕을 보여준다. 육체적이고 시간적 삶이라는 이 두 차원은 한계의 압박과 신적인 "질서"라는 상황 속에 있음에도 불구하고, 하나님이 관계의 기회를 강화하고 인간됨의 즐거움을 높이시는 방법이다.

이제 하나님의 형상으로서의 그리스도라는 주제가 왜 인간을 해석하는 이해의 지평에 근본적으로 중요한지가 분명해졌다. 예수 그리스도는 시공간의 **제약**에 자신을 충분히 복종시키셨다. 메시아 시험(마 4:1-11; 눅 4:1-13)은 십자가로 천천히 나아가지 않고 사건의 시간을 신속히 위기로 이끌기 위하여 공간, 시간, 고난의 제약을 위반하고 지름길을 택하고 싶은 유혹의 한 패러다임 사례를 구성한다. 이렇게 하는 것이 하나님의 방법 혹은 하나님의 시간에서 메시아의 소명으로 작용하지 않을 것이다. 그러나 하나님의 시간은 짐이 아니다. 그리스도인은 역사와 세상 속에 적용되는 하나님의 목적의 웅대한 시간적 내러티브 안에 서도록 부르심을 받고, 거기서 자신의 정체성과 역할을 이끌어낸다. 이 웅대한 내러티브 안에 일상생활의 "작은 내러티브들"이 속해 있다. 여기서 육체성 또는 체현 그리고 시간은 충만한 삶을 누리는 데 있어서뿐만 아니라, 캐제만이 주장하는 것처럼 기독교 제자도를 의미 있고 신뢰할 수 있고 전달할 수 있는 것으로 만드는 데도 전제 조건을 제공한다.

# 12장

## 왜곡된 욕망의 해석학:
## 인간의 죄의 본질

## 12.1. 죄의 다면적 본질에 대한 전이해를 일으키는 지평들

자유주의 기독교에 속한 교회에서 널리 퍼진 죄 개념과 바울, 아우구스티누스, 칼뱅, 그리고 보수적이거나 전통적인 교회 전통의 죄 개념 사이에는 현격한 차이가 있어 보인다. 9.3.에서 지적한 것처럼, 19세기 말과 20세기 초에 자유주의 신학은 부분적으로 빅토리아 시대의 도덕주의에 대한 반동으로, 그리고 어쩌면 미래의 심판에 과도하게 사로잡혀 있는 현실에 대한 반발에서 절정에 이르렀다. 심지어 1960년대 말까지 교회와 전례는 결국 죄를 잘못된 행위, 실패 또는 부족함으로 다시 정의해서 죄에 대한 신앙고백의 형태를 만들어내고 있었다. 영국 성공회의 1980년 기도서는 완전히 이 경향에서 벗어나 있다. 그러나 이로 인해 뒷문을 통해 부지불식간에 죄에 대한 **도덕주의적**인 관점을 다시 도입하게 되었다. 성경 전통을 보면 인간의 모든 상태가 왜곡된 욕망과 하나님과의 관계의 붕괴를 포함하고 있다.

판넨베르크는 "전통적인 죄, 특히 원죄 개념의 붕괴"에 대해 바르게 말하고, "교리의 쇠퇴"가 죄 개념을 "죄의 **행위**" 속에 두도록 만들었으며, 결국은 죄 개념을 "**개인적** 행위로 환원시켰다"고 설득력 있게 주장한다.[1] 그러나 비록 죄에 해당되는 성경 단어의 일부가 이 개인적 측면에 주의를 환기시키기는 해도(특히 **부족하다** 또는 **과녁에서 빗나가다**를 뜻하는 히브리어 단어 חטא [하타]에 경우에서 보는 것처럼), 다른 단어들 예컨대 **거역하다**는 뜻을 갖고 있는 פשע(파샤)는 인간의 죄의 더 깊은 측면을 파악하도록 만들어준다.

---

1) Pannenberg, *Systematic Theology*, vol. 2, 232, 234(티슬턴 강조).

지금은 교회 안팎에서 인간의 생각과 경험에 대한 새로운 관점이 등장하여 과거 자유주의가 보인 반응을 잠재웠다. 이 새로운 관점은 제1차 세계대전의 결과로 일어난 칼 바르트의 위기의 신학에서 연원할 뿐만 아니라, 20세기 중반 불트만의 인간의 상태에 대한 실존주의적 분석의 사용, 무신론적 실존주의 학자들의 통찰, 인간의 기만성과 유오성에 대한 폴 리쾨르의 견해, 그리고 9.3.에서 지적한 것처럼 **자아를 자신의 통제에서 벗어나 있는 권력의 희생자로 보는 포스트모던 관점**의 발흥에서도 연원한다. 불트만은 다음과 같은 전이해를 제공하는 실존주의 해석학에 의존한다. 즉 "진정성 없는" 실존의 자기 의존적이고 자기 신뢰적인 인간의 상태는 인과적이고 법이 지배하는 과거에 대한 속박으로 말미암는 냉혹한 과정의 덫에 빠지게 된다. 불트만은 이 실존주의 해석학을 19세기 루터주의의 한 사상과 결합시킴으로써, "죄 아래 있는 인간"에 대하여 매우 황폐한 그림을 그린다.[2] 20세기 중반 영국 자유주의의 저명한 주창자 가운데 하나인 데니스 니느햄(Denis Nineham)은 "결론적으로 불트만도 성서주의자"라고 선언하는데, 여기서 "현대 사상"에 대한 니느햄의 견해와 불트만이 조화되지 않는 것을 발견하는 것은 전혀 놀랍지 않다.[3]

불트만은 생애 말엽에 자신과 하이데거의 실존주의적 분석이 너무 "일방적"이었다는 매쿼리의 비판이 타당하다고 인정했다. 그럼에도 불트만은 이렇게 대답한다. "나는 하이데거의 실존 분석으로, 해석학에서 즉 신약성경과 기독교 신앙의 해석에서 결실을 맺었다."[4] 여기서 해석학적 지평은 단순히 어떤 추론이나 공통 어휘를 이끌어내는 문제가 아니다. 해석학은

---

2) Bultmann, *Theology of the New Testament*, vol. 1, 227-269. 19세기 루터주의의 영향에 대해서는 Thiselton, *The Two Horizons*, 212-218을 보라. 더 폭넓게는 205-251을 보라.
3) Denis E. Nineham, *The Use and Abuse of the Bible: A Study of the Bible in an Age of Rapid Cultural Change* (London: Macmillan, 1976), 221.
4) Rudolf Bultmann, "Reply," in Charles W. Kegley, *The Theology of Rudolf Bultmann* (London: SCM, 1966), 275.

이보다 더 깊이 나아간다. 불트만은 헤겔과 딜타이의 초기 철학을 따라 하이데거 안에서 두 현상에 대한 해설의 이중적 자원을 찾아낸다. 첫째, 불트만은 하이데거에게서 **역사성**(Geschichtlichkeit), **역사적 사실성, 또는 역사 과정 안에서 사전에 주어진 사람의 위치로 말미암아 조건화된 근본적인 역사적 유한성** 개념을 이끌어낸다. 둘째, 불트만은 마치 모든 것이 "객관적" 사태와 관련된 것인 양, 아리스토텔레스에게서 물려받은 시공간적 관점에 따라 정식화된 전통을 **탈객관화하려는** 목표를 하이데거에게서 이끌어낸다.

하이데거와 마찬가지로 불트만에게도 **역사성**은 **사전에 주어진 시간적 이해의 지평** 안에서 인간의 "현존재"(Dasein)를 함축한다.[5] **탈객관화**는 다음과 같은 인식을 함축한다. 즉 인간은 독특하게 "내"(Jemeinigkeit)가 **나의 사전 이해, 태도, 결심의 결과**로 구성되는 **실존**(Existenz)으로 특징지어진다. 인간은 거리를 두고 추상적인 관점에 따라 세계를 바라보지 않고, 세계 속에 [던져진] 자신의 "피투성"(Geworfenheit)에 따라, 그리고 세계가 가능성과 예속을 미리 형성시킨 것으로 말미암아 구성된, 자신과 가장 가까운 세계(Umwelt) 안에 이미 "거주하는" 사람으로서 세계를 바라본다.[6] 하이데거는 이렇게 말한다. "인간은 사물도 아니고 실체도 아니고 객체도 아니다.…인간이라는 존재는…우리가 단순히 육체, 영혼, 영의…합계로 계산할 수 있는 것이 결코 아니다."[7] 하이데거는 계속해서 이렇게 설명한다. "따라서 해석학 역시 어떤 존재론적 탐구의 가능성이 의존하는 조건을 연구한다는 의미에서 '해석학'이 된다."[8] 따라서 해석학은 **초월론적** 해석학

---

5) Heidegger, *Being and Time*, Part I, sects. 9-13, 67-90. 더 충분한 설명은 Thiselton, *The Two Horizons*, 143-187, 특히 143-154을 보라.

6) Heidegger, *Being and Time*, Part I, sects. 14-24, 91-148. 참조. Thiselton, *The Two Horizons*, 154-161.

7) Heidegger, *Being and Time*, sect. 10, 74.

8) Heidegger, *Being and Time*, Introduction, Part II, 62.

이다.

하이데거가 말하는 세계는 데카르트나 영국 경험론자가 말하는 이원론적이고 실체적인 세계가 아니다. **현존재**(다시 말하면 미리 주어진 지평과 미리 주어진 "세계" 속에 있는 인간)는 하이데거의 전문 술어로 말하면, "철두철미하게 **피투적 가능성**"이다(하이데거 강조).[9] 인간의 실존적 구조는 "투사"(Entwurf)이고, 이 투사는 과거와 미래의 시간적 차원과 지평이 근본이다. 여기서 하이데거는 최소한 그의 말로 보면 기독교 신학 가까이에 서 있다. "오직 현존재는 자신에게 말하는 바대로 **존재하기** 때문에(또는 다른 방도에서는 그 현존재로 되지 않거나), 현존재는 이해와 함께 자기 자신에게 이렇게 말할 수 있다. '네가 존재하는 그대로가 되라.'"[10]

이에 따라 우리는 **시간**의 지평 한가운데 있는 인간의 상태를 인정하게 될 뿐만 아니라 해석학 분야를 이해와 해석의 도구로 간주할 수 있게 된다.[11] 그 해석학적 구조에서 제외된 벌거벗은 언명 또는 벌거벗은 기술은 "해석의 파생적인 양식"이다.[12]

이외에도 하이데거의 『존재와 시간』(Being and Time)의 핵심 주제에는 현존재의 "타락"(Verfallen), 염려(Sorge), 그리고 두려움(Furcht)을 일으키는 공포 또는 불안(Angst)이 포함된다. **현존재**는 죽음에 직면한다. 또는 "**가능성으로서 죽음에 이르는 존재**"다(하이데거 강조).[13] 이로 말미암아 우리는 시간성(Zeitlichkeit)의 조건, 제약, 가능성 안에서 "진정한 실존적 가능성"과 "존재를 위한 진정한 잠재성"을 반성하고, 또 "진정성 없는 미래"에 대해서

9) Heidegger, *Being and Time*, sect. 31, 183; 참조. Thiselton, *The Two Horizons*, 163-166.
10) Heidegger, *Being and Time*, sect. 31, 186; 참조. 185.
11) Heidegger, *Being and Time*, sect. 32, 188-195; 참조. Thiselton, *The Two Horizons*, 166-168.
12) Heidegger, *Being and Time*, sect. 33, 195-203.
13) Heidegger, *Being and Time*, Part II, sect. 53, 306.

도 반성하게 된다.[14)

불트만은 이 모든 것 속에서 바울이 죄의 권능 아래 있는 인간과 하나님의 은혜 아래 있는 인간을 대조시켜 이해하는 해석학적 지평 또는 개념적 틀을 발견한다. **죄의 권능은 인간적 가능성을 차단하고**, 인간을 과거의 결심과 과거에 지녔던 태도의 포로로 만든다. 바로 이것이 율법 아래 있는 실존이다. 반면에 불트만은 이렇게 말한다. "자유는 참된[진정한] **미래에 의해 자신이 결정되도록**, 미래에 문을 여는 것 외에 다른 것이 아니다. 따라서 성령은 미래의 영으로 불릴 수 있다."[15) 로마서 5-7장에서 바울은 하나님의 진노, 죽음, 율법 아래 속박되어 있는 인간 주제를 해설하고, 불트만은 실존적 해석학에 따라 바울의 해설을 더 지성적이고 설득력 있게 제시한다.

"육신을 따라" 사는 것 또는 육신의 일에 자신의 마음을 두는 것(롬 8:7)은 "자신의 힘과 업적을 통해, 그리고 땅의 것을 사용하여 삶을 획득할 수 있는 존재로 자신의 자아를 신뢰하는 것"이다.[16) 육신을 따라 사는 것은 "자신의 힘을 의지하는 사람의 자기신뢰적인 태도"를 가리킨다.[17) 그러나 그로 말미암아 인간은 "모든 사람을 예외 없이 죄의 속박 아래 떨어뜨리는 죄의 권능" 아래 던져진다(롬 3:23; 참조. 롬 3:9, 19; 골 3:22).[18) 인간은 지금 **사악한 속박의 세력**에 붙잡혀 있다. 율법은 **과거에서 현재에 이르기까지** 사람이 어떤 존재였는지 또는 어떻게 행했는지를 기초로 삼아 작용한다. 성령은 **미래**에 의해 결정되는 존재의 가능성을 제공하고, 인간을 과거의 감옥으로 묶는 인과 관계 밖으로 들어올린다.

---

14) Heidegger, *Being and Time*, Part II, sects. 54-71, 312-423; 참조, Thiselton, *The Two Horizons*, 169-187.

15) Rudolf Bultmann, *Theology of the New Testament*, vol. 1, 335.

16) Bultmann, *Theology*, vol. 1, 239.

17) Bultmann, *Theology*, vol. 1, 240.

18) Bultmann, *Theology*, vol. 1, 249.

하나의 해석학적 **모델로서**(그것도 단지 **한 측면의 모델) 불트만은 다음과
같은 인류의 깨달음에 독창적으로 관여한다. 과거의 태도와 결정이, 그렇
지 않았다면 여전히 그들 앞에 열려 있을 미래의 길은 닫아버렸다는 인식
이 바로 그것이다.** 삶의 이 비극적인 측면은 하이데거뿐만 아니라, 키에
르케고르와 도스토예프스키, 프란츠 카프카(Franz Kafka), 칼 야스퍼스(Karl
Jaspers), 장-폴 사르트르, 알베르 카뮈(Albert Camus)에 이르기까지 실존주
의 전통 속에 있는 다수의 철학자, 예술가, 소설가를 통해서도 탁월하게
제시되었다. 문학을 보면 주인공이 **피할 수 없는 운명** 속으로 계속 끌려들
어가지만, 종종 **자신이 그 운명을 통제할 수 있을 것이라는 환상 아래** 놓
여 있는 것이 비극의 특징이다. 불트만은 죄와 유대교의 율법이라는 좁은
선입관으로 인식될 수 있었던 것을 불운한 인간적 실존의 포괄적인 모델
로 전이시킨다. 그리고 "자신이 가지고 있는 우월한 힘으로" 그것과 맞서
싸우려 하지만 결국 아무런 소용이 없다는 것을 알게 된다. 불트만은 시간
적인 이해의 지평들과 가능성, 염려, 역사성, 존재 양식에 대한 하이데거
의 개념에 의존해, "죄 아래" 있는 인간에 대한 바울의 묘사에 힘, 의미, 신
빙성을 더했다.

그럼에도 그의 접근법은 "일방적"이었기 때문에, **탈객관화**에 사로잡힌
불트만은 새로운 삶의 가능성의 **근거들**을 쇠퇴시키는 역할도 했다. 심지
어 성령도 인간 실존의 한 모델 곧 "미래에 대한 능력" 외에는 적극적인 역
할을 하는 행위자가 되지 못한다. 다시 말하면 이 탈객관화는 묘사, 사건
상태, 공적 역사를 담화, 소명, 상징, 신화로 바꾸어버린 대가를 치렀다. 내
가 (그리고 다른 사람들이) 다른 곳에서 제시한 신화에 대한 불트만의 견해를
여기서 상세히 반복하는 것은 지루한 일이 될 것이다.[19]

그렇지만 이처럼 심각한 비판에도 불구하고 불트만은 바울이 인간의
상태에 대하여 표현하는 어휘를 이해하도록 돕는 해석학을 남겨놓는다.

---

19) Thiselton, *The Two Horizons*, 252-292.

불트만은 이렇게 말한다. "'몸'과 '영혼'은 인간의 **부분**을 가리키는 것이 아니라…오히려 항상 인간 존재의 어떤 특별한 가능성과 관련된 인간 전체를 의미한다."[20]

불트만이 실존주의 해석학을 탐구한 유일한 학자는 아니다. 존 매쿼리는 인간이 "속성"에 관한 사유가 아니라 과거나 미래 지향적인 실존 양식에 따라 사고되어야 한다는 견해를 피력한다.[21] 또한 매쿼리는, 하이데거가 타락한 인간 실존을 설명하기 위해 사용한 죽음을-향한-존재 개념에 의지한다. 매쿼리는 이렇게 말한다. "죽음이 포괄적인 큰 악으로 나타나는 것은 타락한 실존 때문이다. 그러나 진정성 없는 실존에서 진정한 실존으로 전환이 이루어진다고 해도 죽음은 변하지 않는다. 변하는 것은 죽음에 대한 태도다."[22] 이것은 더 이상 죽음에서 도망치거나 죽음을 숨기려고 애쓰는 태도가 아니라 죽음을 받아들이는 것이다. 그렇게 하면 지금까지 현재 순간들의 "무의미한 연쇄성"이 통일성과 잠재적 의미를 얻는다.

폴 틸리히도 신학이 "실존주의로부터 엄청난 선물"을 받았다고 주장한다.[23] 틸리히의 관점에 따르면, 유한성과 인간의 불안에 대한 실존주의적 분석은 신학을 위한 다양한 해석학적 다리 가운데 하나를 제공한다. 한편으로 틸리히는 이 실존주의적 분석을 너무 지배적인 관점으로 삼았고, 그래서 해석학보다는 동화의 과정이 그의 상관관계 방법이 지닌 방법론적 제약 아래 발생했다고 주장할 수 있다. 가다머가 우리에게 경고하는 것처럼, 다른 이해를 드러내는 두 지평은 절대로 전체적인 대응 관계나 일대일 대응을 보여줄 수 없다. 가다머는 이렇게 말한다. "해석학의 과제는 단

---

20) Rudolf Bultmann, *Existence and Faith: Shorter Writings of Rudolf Bultmann*, ed. Schubert Ogden (London: Collins/Fontana, 1964), 153.

21) Macquarrie, *An Existentialist Theology: A Comparison of Heidegger and Bultmann* (London: SCM, 1955, rpt. 1973), 32, 다른 곳.

22) John Macquarrie, *Studies in Christian Existentialism* (London: SCM, 1966), 236.

23) Paul Tillich, *Theology of Culture* (New York: Galaxy, 1964), 126. 『문화의 신학』(대한기독교서회 역간).

순히 두 지평의 동화를 시도함으로써 이 긴장을 숨기는 것이 아니라 의식적으로 이 긴장을 분명하게 하는 것에 있다."[24] 여기서 우리가 지적하고자 하는 바는, 틸리히의 상관관계 방법이 "단순하다"는 것이 아니라, 이것이 지나치게 일반화된 원리로서 기독교 신학의 독특한 특징을 경솔하게 상실하도록 만든다는 것이다. 한스 프라이는 한 걸음 더 나아가 다음과 같이 정확히 지적한다. "여기서 문제는 호환성…애당초 의심스러운 호환성 가운데 하나다."[25] 불트만보다 틸리히가 인간 상태의 내러티브를 훨씬 더 심각하게 **탈역사화** 한다. 틸리히는 창세기 3장의 타락 내러티브를 "인간이 자신의 실존적 소외 상태, 그리고 본질에서 실존으로의 전환을 자각한 것에 대한 가장 깊고 풍성한 표현"이라고 본다. 그러나 틸리히는 발생하거나 발생하지 않을 어떤 사건에 아무렇게나 "헐겁게 맞추는 것"을 용납하지 않는다.[26] 담화의 단계는 초시간적인 상징의 단계다. 동시에 틸리히는 "타락"의 상징을 인간이 "하나님에게서 자신을 분리시키는 힘"을 갖고 있는 것의 결과로 본다.[27] 타락은 "무구함을 꿈꾸는 것"이 끝난 것이다.[28]

확실히 이것은 오늘날 매우 많은 사람의 생각과 공명을 이룬다. 왜냐하면 "운명과 자유, 비극과 책임은 어린 시절부터 모든 인간 속에, 그리고 인간 역사 속의 모든 사회 및 정치 집단 속에 서로 얽혀 있기" 때문이다.[29] 틸리히는 각 측면을 정당화하려고 애쓸 때, 긴장이 수반되는 것을 인식하고 있다. 틸리히는 이 긴장이 아우구스티누스가 마니교와 펠라기우스주의 사이에서 균형을 잡으려 할 때, 루터가 에라스무스의 사상을 거부할 때, 얀센주의자와 예수회 사이에 다툼이 벌어졌을 때, 그리고 자유주의 신

---

24) Gadamer, *Truth and Method*, 306.
25) Hans W. Frei, *Types of Christian Theology* (New Haven, CT: Yale, 1992), 31.
26) Tillich, *Systematic Theology*, vol. 2, 35.
27) Tillich, *Systematic Theology*, vol. 2, 37.
28) Tillich, *Systematic Theology*, vol. 2, 38-41.
29) Tillich, *Systematic Theology*, vol. 2, 44.

학과 신정통주의 신학 사이에서 갈등이 일어났을 때 쉽게 확인될 수 있다고 주장한다. 기독교는 "이 긴장을 피할 수 없다"고 틸리히는 결론짓는다. 하지만 또한 "비극적인 소외의 보편성과 이에 대한 인간의 개인적 책임도 인정해야" 한다고 본다.[30]

9.3.에서 우리는 사전에 주어진 사회경제적 세계 안에서 "위치 구속성"(situatedness) 개념이 자신의 통제를 넘어선 사회적 세력과 구조에 대해, 어떻게 인간의 연약함에 대한 **포스트모던적** 설명을 제공했는지 살펴보았다. 거기서 우리는 정신병리학과 의학에 종사하는 "흰 가운을 입은 사람들이 미소 짓는 얼굴로" 행위 "규범"을 통제하는 것을 비롯하여, 억압적인 관료 세력과 관료주의에 대해 설명하는 미셸 푸코의 견해를 살펴보았다. 리오타르는 여기서 한 걸음 더 나아간다. 리오타르는 자유 민주주의의 "합의"(consensus)는 속임수에 불과하다고 본다. 왜냐하면 그가 부른 것처럼 "분쟁"(differend)은 반대 견해들과의 갈등 속에서 항상 약한 당사자의 언어, 안건, 표현을 강한 당사자 편으로 동화시켜버리는 결과를 가져오기 때문이다. 담론을 "통제하는" 당파, 집단, 또는 사람은 자기들을 불의나 기득권의 희생자로 인식하는 약한 당사자의 편의를 도모하지 않을 것이다.[31] 심지어 "지엽적" 관심을 다루는 "작은 내러티브"도 속이기 위한 기만 전술로 작용한다. 인간은 비합리성, 무질서, 강자의 이익에 취약하다. 이것에 대한 표현은 리오타르가 "이교도의 이상"과 "테러"를 옹호하는 설명에서 발견된다. 여기서 "이교도"는 "규준 없이 진행하는, 불경건함으로 특징지워진 행동 양식"을 가리킨다.[32]

---

30) Tillich, *Systematic Theology*, vol. 2, 45.

31) Jean-François Lyotard, *The Differend: Phrases in Dispute*, trans. Georges Van Den Abbeele (Manchester: Manchester University Press, 1988), 여러 곳. 참조. Jean-François Lyotard, *The Postmodern Condition: A Report on Knowledge*, trans. G. Bennington, B. Massumi (Manchester: Manchester University Press, 1984). 『포스트모던적 조건』(서광사 역간).

32) Bill Readings, *Introducing Lyotard: Art and Politics* (London: Routledge, 1991),

폴 리쾨르는 이런 해석학적 자원에 실질적으로 공헌한다. 리쾨르는 엄밀하게 포스트모던 사상가는 아닐지라도, 가다머와 견줄 만한 해석학의 중요한 주창자일 뿐만 아니라, 현상학 또는 실존주의와 후기 구조주의 포스트모더니즘의 일부 특수한 측면 간에 다리를 놓아준 인물이다. 리쾨르가 이런 운동 사이에서 어떻게 역사적 다리를 놓고 있는지는 그의 "지적 자서전"에 자세하게 설명되어 있다.[33] 1934년과 1939년 사이에 리쾨르는 칼 야스퍼스의 실존주의와 가브리엘 마르셀, 모리스 메를로-퐁티(Maurice Merleau-Ponty), 에드문트 후설의 현상학적 실존주의에 크게 영향을 받았다. 2차 세계대전 당시 독일에서 수용소에 갇혀 있는 동안 리쾨르는 후설, 야스퍼스, 하이데거의 철학에 더 깊이 빠져들게 되었고, 거기서 『의지적인 것과 비의지적인 것』(Voluntary and Involuntary)이라는 작품의 토대를 준비하기 시작했다. 1948년에 리쾨르는 마르셀과 야스퍼스의 철학에 대한 연구를 발표했고, 1950년에는 『의지 철학』(Philosophy of the Will) 제1권, 『의지적인 것과 비의지적인 것』을 출판했다. 이어서 1960년에는 『의지 철학: 유한성과 죄책』(Philosophy of Will: Finitude and Guilt), 1부 『오류 있는 인간』(Fallible Man), 2부 『악의 상징』(The Symbolism of Evil)을 출간했다.[34] 1부 『오류 있는 인간』의 주제는 **인간의 허약함**이 반드시 악은 아니라고 해도 유한한 의지의 필연적 결과였고, 인간의 의지는 잘못을 범할 강력한 힘을 가진 **오류가능성**을 그 특징으로 하기 때문에 악에 가까이 있다는 것이다.

xxxiii; Honi Huber Haber, *Beyond Postmodern Politics: Lyotard, Rorty, Foucault* (New York and London: Routledge, 1994), 15-26.

33) Paul Ricoeur, "Intellectual Autobiography," in Lewis E. Hahn (ed.), *The Philosophy of Paul Ricoeur* (Chicago and La Salle, IL: Open Court, 1995), 3-53.

34) Paul Ricoeur, *Philosophie de la Volonté: Finitude et Culpabilité: I, L'homme Fallible* (Paris: Aubier, 1960), trans. by C. A. Kebley as *Fallible Man* (Chicago: Regency, 1965); II, *La symbolique du mal* (Paris: Aubier, 1960), trans. by E. Buchanan as *The Symbolism of Evil* (New York: Harper & Row, 1967, Boston: Beacon Press, 1969). 『악의 상징』(문학과지성사 역간).

인간은 도덕적 악을 저지르는 데 취약하고 상상, 지각, 의도는 쉽게 악한 상황으로 오도되거나 속임을 당할 수 있다. 데카르트를 반대하고 포스트모던적 관점을 예견하는 리쾨르는, 자아가 자기나 타자에게 투명하지 않다고 주장한다. 사람의 몸, 다른 사람, 양심, 그리고 (그의 후기 작품인『타자로서 자기 자신』에 따르면) 자아도 "타자성"(altérité)이 있다. 2부『악의 상징』에서 리쾨르는 아담의 비극적 신화를 통해 타락의 상징을 포함해 오염, 죄, **죄책**의 상징에 대해 탐구한다. 상징은 "사고를 낳거나" "우리로 하여금 사고하게 만든다."[35] 1965년에 리쾨르는 프로이트에 대한 작품을 출판했다. 이 책에서는 해석학적 자각과 해석학적 해석의 몇몇 측면에 대한 모델을 제공하는 한편, 자아의 애매성과 자기기만 능력도 강조했다. 반성과 행동은 더 이상 초기의 오래된 자유주의 신학이나 정치가 요청했던 단순하고 투명한 현상이 아니다. 인간 자아의 애매함을 인정하는 것이 비록 포스트모던 사상만의 통찰은 아니지만(렘 17:9; 고전 3:18), 포스트모던 사상의 긍정적 통찰 결과 가운데 하나라고 할 수 있다. 또한 리쾨르는 포스트모던 사상의 "전체성"(totality)에 대한 불신이나 다원성에 대한 거부도 공유하고, 해석의 "갈등"을 인정한다.

동시에 리쾨르는 인간 주체의 역할과 인간 자아의 행위를 근본적으로 존중하는 관점도 포기하지 않았다. 반면에 극단적인 포스트모던 사상은 종종 "말하는 주체"의 역할을 무시한다.[36] 1960년대 말과 1970년대의 혼란한 시기에 리쾨르는 파리에서 구조주의 및 후기 구조주의에 관여하고, 라캉(Jacques Lacan) 및 데리다와 세미나를 가졌다.[37] 인간 주체의 중요

---

35) Ricoeur, *Freud and Philosophy*, 543; "Intellectual Autobiography," 17.
36) Julia Kristeva, "The System and the Speaking Subject," *Times Literary Supplement*, 12 October, 1973, 1249-1252; repr. in Toril Moi (ed.), *The Kristeva Reader* (New York: Columbia University Press, 1986), 25-32에서 크리스테바의 데리다 비판 부분을 참조하라.
37) Ricoeur, "Intellectual Autobiography," 17-35.

성은 비록 이 주체가 데카르트 사상이나 경험론에서 말하는 인간 주체와 같은 것은 아니지만, 『시간과 이야기』(Time and Narrative, 3 vols., 프랑스어판, 1983-1985), 특히 『타자로서 자기 자신』(Oneself as Another, 프랑스어판, 1990)에서 다시 등장한다.[38] 리쾨르는 『타자로서 자기 자신』에서 인간 자아의 복합적 성격을 제시한다. 곧 인간 자아의 정체성은 말하고 행동하는 주체로서 자아의 "객관화된" 특징과 관련된 "동일성"(라틴어 idem)을 특징으로 할 뿐만 아니라, 자기정체성(라틴어 ipse; 프랑스어 ipséité) 즉 말하는 자 또는 행위자로서의 자기 지칭을 넘어서는 어떤 것이기도 하다. 프랑스어 단어 même은 **동일성**과 **자아** 사이에서 맴도는 애매성을 인정한다. 양심의 요청과 같은 경험 속에는 거의 "제3의" 자아 또는 "또 다른" 자아가 있다.

오류가능성, 자기기만, 죄책, 유한성, 악에 대한 상징적 이해와 깊이 결합된 인간 자아의 복합적 성격에 대한 이런 견해는 다양한 성경 전통, 그리고 죄, 인간 소외, 파괴와 같은 어휘들을 포괄할 수 있는 이해의 지평을 위한 무대를 마련한다. 죄는 개인적인 실패나 실수와 같은 행위 이상의 문제다. 문제가 되는 것은 인간 자아의 본질이다. 실존주의, 포스트모던 사상, 그리고 리쾨르는 우리가 인간의 상태와 인간의 죄의 본질을 해석하기 위해 적용시키는 초기 이해의 지평을 조절하는 데 도움을 준다.

포스트모던 사상의 모든 측면이 설득력을 갖고 있다는 것은 사실이 아니다. 그러나 포스트모던 사상은 주목할 만한 가치가 있고, 해석학에 건설적이라고 증명된 일부 통찰들을 체현한다. 20세기 말과 21세기 초에 일어난 사회적·정치적·자연적 재앙은 인간의 연약함을 충분히 깨닫도록 만들 뿐만 아니라, 개인의 통제를 넘어서는 구조 및 정치 체제의 압도적 힘을 인정하도록 함으로써 문화에 비옥한 토양을 제공한다. 비주류에 속한 수

---

38) Paul Ricoeur, *Soi-même comme un autre* (Paris: Seuil, 1990), trans. by K. Blamey *as Oneself as Another* (Chicago: University of Chicago, 1992). 『타자로서 자기 자신』(동문선 역간).

많은 사람들에게 억압, 기근, 가난, 실업, 고난, 폭력을 가져온 현상, 즉 악이 급증하는 현상은 20세기 중반보다 지금이 더 명백한 사실일 것이다. 지구 온난화, 테러, 그리고 어떤 면에서 과거의 민족 국가나 군주 국가에서 일어난 시민 질서나 군대 질서의 붕괴와 같은 오늘날의 현상은 20세기 중반과는 다른 사고방식을 배양하고 있다.

특히 세속적 포스트모던 사상이 다양한 진리나 윤리 체계가 **위장된 힘**의 구조였음을 폭로하면서, 18세기에서 19세기 사이에 도덕 기준에 따라 형성된 인간의 죄 개념은 더 이상 생각 있는 사람들에게 쉽게 공감을 얻지 못하고 있다. 현재 풍토에서는 소외, 깨진 관계, 자기 손상, 구조 악, 속임, 희생양, 속박, 비참함 또는 "불행"에 대한 물음이 죄를 실수나 실패로 보는 옛 자유주의의 개념보다 해석학적 이해의 잠재성을 더 깊이 전달한다. 다음 부분 곧 12.2.에서 우리는, 이 점에서 성경이 초기 근대주의의 도덕주의보다 우리 시대에 대하여 더 깊이 있게 말하고 있다는 사실을 확인할 것이다. 특히 우리는 바울과 아우구스티누스가 죄를 **왜곡된 욕구**로서, 그리고 어떤 **거역할 수 없는 결과**, 특히 **깨진 관계**, 깨진 마음, 소외의 결과의 원천으로 강조하는 것을 도외시하지 않도록 조심해야 한다.


## 12.2. 신구약성경에 나타난 죄의 다면적 이해

이런 이해의 지평 안에서 인간의 죄를 과녁에서 벗어나는 것으로 단순하게 설명하는 것은 지나치게 율법주의적일 뿐만 아니라 거짓된 순진함의 해석학을 반영하는 것으로 나타날 수 있다. 구자유주의 신학은 종종 구약성경 및 바울의 가르침과 달리, 소위 "온건한" 예수의 가르침을 기초로 자기들의 견해를 관철시키려 애썼다. 그러나 이 견해는 유지될 수 없다.

우도 슈넬레(Udo Schnelle)은 복음의 시작에 대해 이렇게 말한다. "예수는 세례 요한의 메시지와 함께 시작한다. 세례 요한의 선포는 심판과 회개의 설교다(참조. 마 3:2). 세례 요한에게 복음은 단순히 도덕적 개선의 문제가 아니다. βάπτισμα μετανοίας εἰς ἄφεσιν ἁμαρτιῶν(죄 사함을 받게 하는 회개의 세례; 막 1:4)은 다음과 같은 인간학적 전제를 함축한다. 곧 온 이스라엘의 현재 상태는 '집단적 재앙'이고, 심판을 받아야 할 처지에 있다."[39] "모두가 죄인이다"(눅 13:3).[40] 개인 및 공동체적 죄책에 대한 고백이 주의 기도에 전제되어 있다(마 6:12; 눅 11:4). 용서하지 않는 종의 비유(마 18:23-30)와 바리새인과 세리의 비유(눅 18:10-14)도 동일한 요점을 강조한다.

예수는 인간의 죄와 관련해서 구약 전통과의 연속성을 충분히 유지하고, 바울, 요한, 히브리서 저자도 죄의 다면적 의미를 해설한다. 세례 요한이 촉구하고 예수께서 그대로 반복하는 회개의 의미가 그리스어 μετανοέω의 단순한 어원에는 충분히 반영되어 있지 않다. 어떤 이들은 이 말을 **후회함** 또는 "[회개한] **이후의 마음**"(μετά, 이후, νοῦς, 지성)을 가리키는 뜻으로 번역한다. 반면에 이 말은 비록 **죄를 뉘우치다, 후회하다**를 가리키는 נחם(나함)과 의미가 중복되기는 해도, 통상적으로 **~에서 떠나다, 돌아가다**를 의미하는 히브리어 단어 שׁוב(슈브)에 대한 70인역의 번역을 가리킨다. 벰(J. Behm)은 많은 문맥에서 이 그리스어 단어가 **회심**을 의미한다고 주장한다. 세례 요한은 회심의 필요성과 회심의 세례를 함께 설교했다. 곧 회심은 "죄를 벗어버리는 다양한 노력을 계속 반복하는 것을 뜻한다.…회심은 악랄한 죄인들(눅 3:12-13)이나 이방인(마 3:7이하)에게만 요구되는 것이 아니라 모든 사람에게 요구된다. 회심은 내면으로부터의 변화를 함축한다."[41] 예수는 회심을 "근본적 요청"으로 삼으신다.[42]

---

39) Udo Schnelle, *The Human Condition: Anthropology in the Teachings of Jesus, Paul, and John*, trans. O. C. Dean (Edinburgh: T&T Clark, 1996), 23.

40) Schnelle, *Human Condition*, 24.

41) J. Behm, "μετανοέω and μετάνοια (*metanoia*) in the New Testament," in Gerhard Kittel (ed.), *TDNT*, vol. 4, 1001; 참조. 999-1006.

42) Behm, "μετανοέω" *TDNT*, vol. 4, 1001.

이것은 뷔르트바인(Würthwein)이 구약성경과 랍비 유대교의 사상 속에 나타난 회개와 회심을 이해하는 것과 완전히 일치한다. 예컨대 요엘 2:12은 다음과 같이 분명히 표현한다. "너희는 이제라도 금식하고 울며 애통하고 마음을 다하여 내게로 **돌아오라.**" 이사야 22:12-13도 참조하라.[43] "중요한 것은 악한 본성 자체에서 돌아서는 것이다.…야웨에 대한 회심은…전체 실존이 야웨에게 돌아서는 것으로…야웨를 향해야 한다"[44] (참조. 호 6:1-6; 사 30:15; 렘 34:15). 포로기와 포로기 이후 시대로 접어들면 구약성경에서 שוב(슈브)는 ~**에서 돌아서다**를 의미하기 위하여 מן(민)과 결합된다.[45] 분명히 구약성경, 세례 요한, 그리고 **예수** 안에서 이 모든 것의 전제는 죄가 **행위** 이상의 의미를 갖고 있다는 것이다. 죄는 **자세, 태도, 사고방식 또는 상태**뿐만 아니라 **왜곡된 욕구, 의지, 습관 또는 관심**도 반영한다. 이런 이해는 최근의 연구에서도 확인된다. 예를 들어 머클라인(H. Merklein)은 이렇게 말한다. "공관복음서 안에서 **회개**는 무엇보다 먼저 죄에서 돌아서는 것이다(막 1:4-5).…죄는 이전 것에서 돌아서고…예수의 메시지와 사명을 인정하는 것이다."[46]

성경은 히브리어나 그리스어 본문에서 인간의 죄의 다양한 측면을 표현하기 위해 세 단위의 단어를 규칙적으로 사용한다. 여기서 주목할 측면은 각각 다음과 같다. (i) 행동 또는 실패의 측면, (ii) 종종 태도나 욕구를 수반하는 심각한 결과를 가진 의도적 행동, (iii) 죄악의 결과. 이 차이들은 명시적으로 선언되지 않고 문맥에 의존한다.

(i) 히브리어에서 동사 חטא(하타)는 통상적으로 "잘못을 범하다, 실수…

---

43) E. Würthwein, "Repentance and Conversion in the Old Testament," in Kittel, *TDNT*, vol. 4, 983; 참조. 980-989.

44) Würthwein, "Repentance," *TDNT*, vol. 4, 983, 985.

45) Würthwein, "Repentance," *TDNT*, vol. 4, 986.

46) H. Merklein, "μετανοέω" (*metanoeō*), in Horst Balz and Gerhard Schneider (eds.), *Exegetical Dictionary of the New Testament*, 3 vols. (Grand Rapids: Eerdmans, 1981), vol. 2, 417; 참조. 415-419.

오류를 저지르다, 과녁에서 벗어나다, 길을 놓치다"를 의미한다. 하지만
이 동사의 동계 명사인 חַטָּאת(하타트)는 더 일반적으로 죄나 오류를 가리킨
다(또는 어떤 문맥에서는 속죄제도를 가리킨다).[47] 따라서 잠언은 독자에게 이렇
게 경고한다. "발이 급한 사람은 잘못 가느니라(חוֹטֵא, 호테)"(잠 19:2). 사무엘
상 26:21에서 사울은 다윗에게 이렇게 말한다. "내가 범죄하였도다(חָטָאתִי,
하타티)…돌아오라…내가 어리석은 일을 하였으니 대단히 잘못되었도다."
의미심장하게도 레위기 4:2이하를 보면 "고의성이 없는 죄" 또는 부작위
의 죄를 범하는 일(חֶטְאָה, 테헤타, 레 4:2; 참조. 레 4:22, 27; 5:16; 민 15:27, 28)에 대
하여 말한다. 이 동사는 피엘형으로 손실을 보충하다는 의미를 가질 수 있
다. "내가 스스로 그것을 보충하였으며"(창 31:39). 또 이 동사는 히팔형으로
종종 단순히 과녁을 빗나가다는 의미를 가질 수 있다. "물매로 돌을 던지
면 조금도 틀림이(יַחֲטִא, 야하티) 없는 자들이더라"(삿 20:16). 이런 본문은 죄
를 (때때로 고의성이 없는) 행위나 결점으로 강조하고, 그래서 일부 학자는 죄
가 오로지 지식과 가르침으로 교정될 수 있다는 개념을 지지하는 경향이
있다.

(ii) 히브리어 동사 פָּשַׁע(파샤)는 חָטָא(하타)보다 훨씬 더 강한 의미를 갖
고 있다. 히브리어 사전 BDB(Brown-Driver-Briggs)의 『새로운 히브리어-
영어 사전』(The New Hebrew-English Lexicon, 1980판)은 이 말을 동사 형태에
서는 거역하다, 침해하다로 번역하고, 명사 형태인 פֶּשַׁע(페샤)는 범죄 또는
거역으로 번역한다.[48] 이사야서는 일반적으로 야웨께서 이스라엘에게 제
기하는 소송을 다음과 같은 말로 시작한다. "내가 자식을 양육하였거늘 그
들이 나를 거역하였도다(히브리어 פָּשְׁעוּ, 파셰우)." 부모를 거역하는 자녀는 깨

---

47) F. Brown, S. R. Driver, and C. A. Briggs (eds.), *The New Hebrew and English
Lexicon* (Lafayette, IN: Associated, 1980), 306; 참조. 306-308. 추가로 Richard E.
Averbeck, "חַטָּאת," in W. A. VanGemeren, *New International Dictionary of Old
Testament Theology and Exegesis*, vol. 2, 93-103을 참조하라.

48) Brown-Driver-Briggs, *The New Hebrew-English Lexicon*, 833, cols. i, ii.

진 관계를 낳는 완고한 행동을 저지른다. "페샤"는 전쟁에서 어떤 집단이나 국가가 거역하는 것을 가리킨다(왕상 12:19; 왕하 3:5, 7; 대하 10:19). 그러나 이 말은 특별히 하나님께 대한 거역을 의미한다. 이사야 59:13을 보면 예언자 이사야는 "여호와를 **배반하고**(פשע, 파쇼아) 속였으며 우리 하나님을 따르는 데서 돌이켰다"고 이스라엘을 비난한다. 존 와츠(John D. W. Watts)는 이렇게 설명한다. "**배반하는 것**(פשע)은 봉신이 의무를 이행하지 않는 것을 함축하는 정치적 단어다. 그것은 페르시아에 대한 범죄가 될 것이다. 그러나 이어지는 말들 곧 **부인하는 것**(כחש, 카하쉬)과 **돌이키는 것**(נסוג, 나소그)은 그들의 하나님이신 **야웨**를 반대하는 길로 향하는 것이다."[49] 이 단어의 이런 용법은 예언자들의 전형적인 용법이다(참조. 사 43:27; 호 14:10; 암 4:4). 예언서를 보면, 이 말은 종종 **하나님과의 관계를 완고하게 또는 고의로 깨뜨리는 것**과 하나님과 상관없는 다른 정해진 목표로 잘못 인도받은 욕구에서 나오는 **자기주장 행위**를 가리킨다.

(iii) 죄와 악에 대한 세 번째 히브리어 단어에서 우리는 인간의 상태에 관한 문제의 핵심 속으로 훨씬 더 깊이 들어간다. 히브리어 단어 עון(아온)은 통상적으로 어떤 상태 또는 지위가 내포되어 있는 것으로 보고 **불법, 죄책, 불법에 대한 처벌** 또는 **불법의 결과**의 뜻으로 번역된다.[50] 이 말의 동계 동사인 עוה(아와)는 칼형에서는 **잘못을 행하다**를 의미하지만, 니팔형에서는 **혼란스럽다, 고통스럽다**를 의미하고, 히팔형에서는 **왜곡하다**를 의미한다. 칼형은 사무엘하 7:14에서 나타난다. "그가 만일 죄를 범하면 내가…징계하려니와"(참조. 삼하 19:19; 24:17; 왕하 8:47; 시 106:6). 그러나 욥기 33:37에서 이 말은 더 명확하게 **왜곡하는 것**을 가리킨다. "내가 범죄하여 옳은 것을 그르쳤으나." 이 뉘앙스는 예레미야서에도 나타난다. "이스라엘

---

49) John D. W. Watts, *Isaiah 34-66* (Waco, TX: Word, 1987), 283. 『이사야 하』(솔로몬 역간).

50) Brown-Driver-Briggs, *The New Hebrew-English Lexicon*, 833, col. ii, 731, cols. i, ii.

자손이 애곡하며 간구하는 것이라 그들이 그들의 길을 굽게 하며"(렘 3:21; העוה, 헤에우). 여기서 인간 상태의 슬픔, 깨짐 또는 "비참"은 범죄로 말미암은 손상된 상태로 즉시 파악된다. 잠언 12:8을 보면, 이 히브리어 단어가 이때는 니팔형으로 마음의 상태를 가리킨다. "마음이 굽은 자는 멸시를 받으리라"(NRSV). 예레미야애가 3:9을 보면, 이 동사의 피엘형이 형용사적으로 굽은 길을 의미한다(개역개정은 부사적으로 번역했다. "…내 길들을 굽게 하셨도다"-역자 주).

이상의 설명은 죄와 악에 대한 히브리어 어휘를 다 다룬 것이 아니고, 주된 용어만 골라 개괄적으로 다룬 것이다. 죄나 악에 대한 일반적 용어와 "고의적 잘못", "거역과 배반", "반대"를 가리키는 특수한 은유에 대한 더 깊은 설명은 다른 곳에서 쉽게 확인할 수 있다.[51] 신약성경에서 인간의 죄에 대해 사용한 어휘는 더 폭넓고 신축적이다. 매우 포괄적인 관점에서 보면, "진리의 길에서 빗나가는 것, 오류"를 의미하는 πλάνη(플라네)와 "인간적 또는 신적 정직함의 표준에서 이탈하는 것"을 의미하는 ἁμαρτία(하마르티아)가 얼핏 보면 히브리어 단어 "하타트"와 같이 인간의 죄를 잘못된 행동, 오류, 또는 과녁에서 벗어나는 실패로 보는 개념을 반영하는 것처럼 보인다.[52] 그러나 이것도 너무 성급한 가정일 것이다.

BDAG 3판(2000)은 이런 문제를 남겨놓지 않는다. ἁμαρτία는 단순히 신적이거나 인간적 표준에서 이탈하는 것(일차 의미)만이 아니다. 이 단어는 "죄악 속에 있는 상태, 사악함"도 의미한다.[53] 나아가 이 "죄악 속에 있는 상태"는 집회서 27:10, 로마서 5:12, 6:6, 6:14, 갈라디아서 3:22, 그리고 바울 서신 다른 곳에서처럼 "파괴적인 악한 권능"을 일으킨다. 인간은 "죄에게 종노릇하고"(롬 6:6), 확실히 "죄 아래에 팔릴"(롬 7:14) 수 있다. 심각한

---

51) 예컨대 C. Ryder Smith, *The Bible Doctrine of Sin and the Ways of God with Sinners* (London: Epworth, 1953), 15-36을 참조하라.
52) 이 인용문은 Danker-Bauer's 3d (2000) edn., BDAG, 50-51, 822에서 나온 것이다.
53) BDAG, 51, col. i.

결과를 일으키고 죄인을 "포로"처럼 함정에 빠뜨리는(롬 7:23) 내적 원리, 내적 과정, 또는 죄의 "법"이 있다. 바울뿐만 아니라 다른 신약성경 저자들도 죄(ἁμαρτία)를 인간을 속이고, 그러므로 인간을 "완고하게 하는"(히 3:13) 힘으로 말한다. 심지어 더 단순해 보이는 πλάνη, 곧 **잘못** 역시 "사람이 주체인 미혹, 속임, 기만"을 가리킨다.[54] 유대교 지도자들은 유대인들이 예수께서 죽은 자 가운데서 부활하신 것에 대하여 "속임"을 당하지 않도록 방비하기를 원했다(마 27:64). 바울은 데살로니가 교회에 자신의 설교는 자기기만, 자기이득, 또는 "속임수"에서 나오는 것이 아님을 충분히 확신시킨다(살전 2:3).

ἀνομία(아노미아)는 법의 기준에 못 미치는 행위를 저지른다는 의미에서 단순히 **불법**을 의미한다는 상상을 유발할 수 있다. 그러나 BDAG는 **인간의 상태**나 **인간의 조건**에 따라 이 단어의 의미를 정의한다. 곧 "불법적인 것에 치우치는 상태 또는 조건…불법적 성향의 결과"로 정의한다.[55] 바울은 ἀνομία를 인간의 지체(수족과 기관들)가 종노릇하는 것으로 말한다(롬 6:19). 요한은 죄를 저지르는 모든 사람은 **아노미아**의 죄책이 있다고 말한다(요일 5:19). 데살로니가후서 2:3에 나오는 **"불법의 사람"**은 "모든 것과 숭배함을 받는 것에 대항하여 그 위에 자기를 높이고 하나님의 성전에 앉아 자기를 하나님이라고 내세운다"(살후 2:4).

신약성경에서 사용된 다른 그리스어 용어들은 히브리어 단어 פֶּשַׁע(파샤)와 עָוֹן(아온) 또는 עַוָּה(아와)와 명확히 대응을 이룬다. παράβασις(파라바시스)는 규범에서 벗어나는 것을 의미하지만 또한 **"범죄"**를 의미하기도 한다.[56] 로마서 2:23에서 이 말은 하나님을 욕되게 하는 것을 가리킨다. 로마서 5:14에서는 아담의 범죄를 가리킨다. 그러나 παράβασις는 많은 문

---

54) BDAG, 822, cols. i, ii.
55) BDAG, 85, cols. i, ii.
56) BDAG, 758-759.

맥에서 불법 또는 악을 행하는 습관을 가리키는 παράπτωμα(파라프토마) 보다 "약한" 의미를 갖고 있다. **파라프토마**는 지혜서 10:1과 로마서 5:15, 17-18에서 하나님께 대한 불법을 의미한다. 갈라디아서 6:1도 참조하라. ἀδικία(아디키아)는 불의보다 더 폭넓은 의미를 갖고 있다. 이 단어는 히브리어 단어 פשע(페샤)와 마찬가지로 행위를 의미할 수 있으나, 히브리어 단어 עוה(아와)나 עון(아온)과 마찬가지로, 특히 ἀδίκημα(아디케마)의 형태로 손해나 손상을 가져오는 것을 가리킨다.[57]

물론 비슷한 뜻이나 다른 뜻이 어떻게 문맥의 지배를 받는지 지적하지 않고 어휘를 연구하는 것은 위험하다. 이것은 특정 본문을 이런 잠정적인 일반화와 관련시켜 증명해서는 안 되는 이유이기도 하다. 이 연구를 통해 용어의 신축적인 사용이 드러나기도 하지만, 그 사이에서 용어는 결과를 수반하는 행동으로서의 죄 이해를 **포함해서**, 인간의 죄가 지닌 **다중적이면서 다면적인** 각각의 양상을 강조한다. 하나님과의 교제를 깨뜨린 것이 죄의 첫 번째 자리에 놓여 있고, 이것은 특히 "반역"이라는 개념으로 강조되었다. 그리고 두 번째 자리에는 자기파괴 또는 자아의 왜곡이라는 측면이 놓여 있고, 이것은 특히 עוה(아와)의 니팔형에서 확인되었다. 본스벤(Bonsirven)은 인간의 죄에 대해 이처럼 폭넓은 범주의 어휘를 사용할 때 사도 바울이 **"죄들"**의 목록보다 **죄**(단수형) 또는 죄성에 대하여 말한다고 정확하게 지적했다.[58]

신약성경의 저자들은 선한 욕망(눅 22:15; 빌 1:23; 히 6:11)이나 악한 욕망(막 4:19; 요 8:44; 롬 1:24; 고전 10:6)을 막론하고, **욕망**이나 **욕망들**(ἐπιθυμία, 에피튀미아, 37회)이라는 명사와 이 말의 동사 형태(ἐπιθυμεῖν, 에피튀메인, 16회)를 빈번하게 사용한다. **에피튀미아**는 31회에 걸쳐 나쁜 의미로 사용되

---

57) BDAG, 20-21.
58) Joseph Bonsirven, *Theology of the New Testament*, trans. J. F. Tye (London: Burns & Oates, 1963), 254-262, 275-278. 참조. 52-59.

고, 바울 서신 안에서는 일반적으로 육체(σάρξ, 사륵스)의 욕심을 가리킨다 (롬 13:14; 갈 5:16; 요일 2:16). 그러나 라이더 스미스(Ryder Smith)가 지적한 것처럼, 이런 문맥에서 **욕망**이나 **육체**는, 일반적인 영어 용법에 따르면, 문제의 요점을 조금도 전달하지 못한다. 스미스는 이런 문맥에서 이 그리스어 단어가 욕망의 의도적인 **선택**을 가리킨다는 사실을 보여주기 위해, **사람의 마음이 염두에 두고 있는 것**으로 번역할 것을 제안한다.[59] 매우 많은 연구 문헌이 바울은 고린도전서 10:6에서 **갈망하는 것**을 강조한다고 지적한다. 특히 콜리어(G. D. Collier)는 "악한 일을 갈망하는 것"(ἐπιθυμητὰς κακῶν, 에피튀메타스 카콘, 6절; 개역개정은 "악을 즐거한 것"으로 번역했다-역자 주)이 고린도전서 10:1-13 전체에서 지배적인 의미와 가장 큰 힘을 갖고 있다고 주장한다.[60] 이것은 다음과 같은 판넨베르크의 언급과 일치한다. 즉 아우구스티누스에게 어떤 문제점이 추정된다 하더라도, "기독교의 죄 교리에 대한 아우구스티누스의 중요한 공헌은 그가 **죄와 욕망을 연계시켰던 바울 신학을 그때까지의 누구보다 심오하게 분석한 데** 있다"(티슬턴 강조).[61]

죄와 악에 대한 신약성경의 나머지 용어는 **육체**(σάρξ, 사륵스)라는 말의 특수 용법인데, 여기에는 세심한 이해와 해석이 요구된다. 때때로 육체라는 말은, 생리학적 의미에서는 신체적 육체 외에 다른 것을 가리키지 않는다(고전 15:39, 실체에 속한; "육체는 다 같은 육체가 아니니"). 또한 히브리어 단어 בשר(바사르, 예컨대 1QS 9:4; 갈 4:13을 보라)와 같이 인간적 연약함을 의미하기도 한다. 어떤 본문에서 이 말은 **외적인 것**을 가리킨다(갈 6:12-13; 빌 3:3-4). 이런 용법은 바울 연구 분야에서 널리 지지를 받고 있다.[62] 그러나 바

---

59) Smith, *Doctrine of Sin*, 162.

60) G. D. Collier, "That We Might Not Crave Evil: The Structure and Argument of 1 Cor. 10:1-13," *JSNT* 55 (1994), 55-75.

61) Pannenberg, *Systematic Theology*, vol. 2, 241, 242. 고전 10:1-3에 대해서는 Thiselton, *First Epistle*, 717-749도 참조하라.

62) Alexander Sand, *Der Begriff "Fleische" in den paulinischen Hauptbriefen*, Biblische Untersuchungen h. Otto Kurr, Bd. 2 (Regensburg: F. Pustet, 1967),

울은 육체라는 말을 특히 신학적 관점에 따라 사용하기도 한다. 명백한 신학적 의미와 맥락에서 보면, 육체라는 말은 (불트만에 따르면) "창조주에게서 돌아서는 것…그리고 피조물로 향하는 것"을 가리킨다. "그렇게 하는 것은 땅의 것을 사용하고 자신의 힘과 업적을 통해 자신의 자아를 생명을 얻을 수 있는 존재로 신뢰하는 것이다. 따라서 이런 의미에서 '육체의 일에 마음을 고정시키는 것'은 하나님과 원수가 되는 것이다(롬 8:7)."[63] 불트만은 빌립보서 3:3-7과 다른 곳에 나와 있는 것처럼 **육체를 따라** 사는 것이 "자신의 힘을 의지하는 사람이 자기를 신뢰하는 태도"라고 덧붙인다.[64]

회의적인 사람이라면 불트만이 단순히 "루터교회"의 바울 해석을 자신의 견해로 취하고 있다고 주장할 것이다. 조만간에 우리는 해석자가 너무 빈번하게 이런 식으로 해석한다고 말하는 스텐달과 샌더스의 주장을 고찰할 것이다. 그러나 이 특수한 문제에 대한 문맥적·주석적 증거는 불트만의 견해를 지지하고, 특별히 "루터교회"에 속하지 않은 다른 학자도 주석적 근거에 따라 불트만과 비슷한 결론에 도달한다. "루터교회" 교인은 아니지만 영국 성공회 주교로서 케임브리지 대학교 교수였던 존 로빈슨은 이렇게 설명한다. "육체는…인간의 자족성을 표상한다"(고전 3:21, "사람을 자랑하지 말라"; 고후 1:9, "자기를 의지하지 말고"; 또는 다른 곳에서 "자랑하는 것", καυχᾶσθαι, 카우카스타이).[65]

마찬가지로 감리교 전통에 속한 로버트 주잇도 갈라디아 교회 교인의 상황과 같은 갈등적인 배경 속에서 "육체를 따라" 사는 것이 율법에 대한 순종과 관련되거나, 반대로 율법폐기주의적인 방종과 관련하여 자기 자

---

125-217; Robert Jewett, *Paul's Anthropological Terms*, 49-166; Dunn, *Paul*, 62-70.

63) Bultmann, *Theology of the New Testament*, vol. 1, 239.

64) Bultmann, *Theology of the New Testament*, vol. 1, 240.

65) J. A. T. Robinson, *The Boby: A Study in Pauline Theology* (London: SCM, 1952), 25-26.

신을 신뢰하는 것을 의미한다고 지적한다.[66] 주잇은 여기서 열쇠가 "십자 가를 자랑하는 것과 할례 받은 육체를 자랑하는 것 사이의" 대조에 있다 고 말한다.[67] 이것은 특별히 갈라디아서 6:13-14에서 "그리스도의 십자가 에 대한 자랑(갈 6:14)으로부터 할례 받은 육체에 대한 자랑(6:13)으로 내용 이 바뀌는 것"으로 증명된다. 따라서 육체는 "연약함" 이상의 사실을 의미 한다고 주잇은 말한다. "육체는 자기 자신의 선으로 하나님의 선을 대신 하도록 [인간을] 유혹한다.···육체는 인간이 만족시켜야 하는 욕심의 방 탕한 대상을 표상한다(갈 5:16).···이 대상은 인간을 유혹한다.···이 대상은 인간에게 정확히 율법과 할례가 제공한 것, 곧 생명을 제공하는 것처럼 보인다."[68]

이 접근법은 오늘날의 세계와 관련해서 더 심각하지만 공감적인 해석 학적 이해의 지평을 전제한다. 많은 사람이 어떤 기준이나 규범을 지키는 데 무관심한 소비 중심의 시장 문화에서, 욕망에 대해 말하는 것은 "과녁 을 벗어나는 것"에 대해 말하는 것보다 근대 혹은 탈근대 서구의 대다수 사람의 관심의 중심에 더 가까이 놓여 있다. 더구나 **좌절된 욕망**은 만연해 있는 경험인데, 이는 욕망하는 대상이 힘이 미치는 범주 밖에 있어서가 아 니라, 욕망하고 얻은 것이 약속한 대로 나타나지 않기 때문이다. 예를 들 어 많은 경우에 신용이나 돈을 빌리는 힘은 거의 제약 없이 이루어질 수 있으나, 종종 바라던 어떤 물건의 구입은 단순히 같은 것에 대하여 또는 다른 어떤 것에 대하여 더 큰 욕망을 불러일으킬 뿐이다. 재앙으로 판명되 는 죄의 "삯"에 대한 바울의 언어는 오늘날 미몽과 환멸을 보편적으로 경 험하는 것과 공명을 이룬다(롬 6:23, "죄의 '삯'은 사망이요"). "죄가···나를 속 이고"(롬 7:11).

---

66) Jewett, *Paul's Anthropological Terms*, 95-116.
67) Jewett, *Anthropological Terms*, 99.
68) Jewett, *Anthropological Terms*, 103-104.

12장 왜곡된 욕망의 해석학: 인간의 죄의 본질          471

크리스터 스텐달은 괴로운 양심의 결과를 바울에게 귀속시키는 해석으로부터 바울을 분리시키려고 애쓴다. 이런 견해는 종종 로마서 7:19에서 "내가 원하는 바 선은 행하지 아니하고"에 대한 자전적 이해에 기초하고 있다. 자신의 양심과 치열하게 투쟁하는 루터를 보면, "우리는 정확히 이 지점에서 루터와 바울, 16세기와 1세기의 가장 큰 차이를 식별할 수 있다"고 스텐달은 주장한다.[69] 바울은 자기 자신의 의식에 대해 말하는 곳에서 이렇게 말한다. "내가 자책할 아무것도 깨닫지 못하나"(고전 4:4), "율법의 의로는 흠이 없는 자라"(빌 3:6). 스텐달은 여기서 바울이 죄를 심각하게 취급하는 데 실패했음을 말하는 것이 아니라고 한다. 오히려 인간의 죄는 내면 의식이나 양심의 판결에 달려 있는 문제가 아니라, 잘못된 상태와 하나님과의 잘못된 관계에 대한 객관적 문제라는 것을 암시한다. 오로지 하나님만이 명확한 판결을 내리실 수 있다. 자기 평가는 문제가 있고 믿을 수 없는 안내자이고, 바울은 자기 성찰적 걱정이라는 의미에서 죄책에 사로잡혀 있는 것이 결코 아니다. 나아가 로마서 7:14의 "나"는 집단적인 그리스도인의 경험과 관련해서든 아니면 다른 어떤 것과 관련해서든 집단적 이스라엘 또는 집단적 인류를 암시한다. 스텐달은 이렇게 말한다. "지금까지 ἁμαρτία, 곧 **죄**가 바울의 용어에서 중대하다는 것을 부인할 수 있었던 사람은 아무도 없었다.…바울이 자신의 삶 속에서 주관적으로 죄의 권능을 어떻게 경험했는지 측정하는 것은 훨씬 더 어렵다."[70]

이상의 설명은 적어도 바울 안에서 반드시 괴로워하는 양심에 호소하는 것이 죄 주제에 접근하는 가장 좋은 해석학적 이해의 지평은 아니라는 것을 암시한다. 확실히 바울은 빈번하게 **양심**(συνείδησις, 쉬네이데시스)으로

---

69) Krister Stendahl, "The Apostle Paul and the Introspective Conscience of the West," original in *Harvard Theological Review* 56 (1963) 199-215; repr. in Stendahl, *Paul among Jews and Gentiles* (London: SCM, 1977), 78-96.

70) Stendahl, "Introspective Conscience," *HTR* 56 (1963), 208.

번역된 그리스어 단어를 사용하는데, 많은 바울 전문가들은 이 단어가 양심이 아니라 자기 자각을 의미한다고 주장한다.[71] 비록 이 말이 **양심**을 의미한다고 해도, 바울의 용법은 스토아 사상이나 현대 서구에서 사용하는 통상적 용법과 대응하지 않는다. 바울은 **왜곡된 욕망, 하나님과 깨진 관계,** 그리고 **자기 손상**의 결과에 훨씬 더 큰 관심을 갖고 있다. 바울의 관심은 판넨베르크가 인간의 "**비참**"이라고 부르는 것에 놓여 있다. "'비참'이라는 말은 하나님과 우리의 분리를 잘 요약하고 있다"고 판넨베르크는 지적한다.[72]

이것은 바울에게서만 등장하는 것이 아니다. 우리는 이미 예수의 메시지에서 **~에서 돌아서는 것**과 **~로 돌아서는 것**의 역할을 지적했다. 요한의 문헌은 공관복음서보다 더 날카롭게 이원론 곧 빛과 어둠, 보는 것과 보지 못하는 것, 생명과 죽음, 영과 육, 진리와 거짓 등을 반영한다. "사람들이…빛보다 **어둠**(σκότος, 스코토스)을 더 사랑한 것이니라"(요 3:19; 참조. 요일 1:6). "그가[사탄이] **그들의 눈을 멀게 하고**"(τυφλόω, 튀플로오, 요 12:40; 참조. 요일 2:11). (개역개정은 여기서 "그"를 "하나님"으로 본다-역자 주) "[사람이] 내 말을 지키면 **영원히 죽음**(θάνατος, 타나토스)**을 보지 아니하리라**"(요 8:51-52; 참조. 요 5:24; 요일 3:14; 5:16-17). "**육으로 난 것은 육이요**…"(σάρξ, 사릌스, 요 3:6; 참조. 요일 2:16). **진리의 성령**(ἀλήθεια, 알레테이아, 요 15:26; 16:7-9; 참조. 요 1:14, 17; 3:21; 8:32; 14:6)과 그것에 대한 거부 등이 그런 예다.

---

71) R. A. Horsley, "Consciousness and Freedom among the Corinthians: 1 Corinthians 8-9," *Catholic Biblical Quarterly* 40 (1978) 574-589; Peter D. Gooch, "'Conscience' in 1 Corinthians 8 and 10," *New Testament Studies* 33 (1987) 244-254; P. D. Gardner, *The Gifts of God and the Authentication of a Christian: An Exegetical Study of 1 Corinthians 8-11* (Lanham, MD: University Press of America, 1994), 42-54; Thiselton, *First Epistle*, 640-645; 참조. H.-J. Eckstein, *Der Begriff Syneidesis bei Paulus* (Tübingen: Mohr, 1983), 35-135.

72) Pannenberg, *Systematic Theology*, vol. 2, 179.

20세기 전반에 이 이원론의 기원을 예수의 말씀이 아니라 "그리스 사상", 심지어 영지주의 자료에 두는 분별력 없고 부주의한 주장이 나타났다. 그러나 1948년부터 발견된 쿰란 문서에서 이 이원론의 유사 실례들이 등장하면서, 이런 사변은 매우 미성숙하고 잘못된 주장으로 드러났다.[73] 최근에 이 반증은, 그리스 사상과 유대교 사상의 날카로운 경계가 과거에 당연하게 전제되었던 것만큼 존재하지 않았음을 예증하는 마르틴 헹엘을 위시한 다른 학자들의 연구를 통해 더 깊이 확증되었다.[74]

요한복음을 보면 또한 죄는 빈번하게 기독론적인 배경 속에 놓여 있다. 만일 예수 그리스도께서 **빛**, **생명**, **진리**라면(요 1:3-5; 14:6), 그리스도의 오심은 인간의 죄의 어둠 아래 놓여 있는 세상(요 1:9)에 **빛을 비춘다**(이것이 NRSV의 "계몽하다"[enlighten]보다 더 대표적인 φωτιζω[포티조]의 의미다). **굶주림**과 **목마름**에 대한 은유(요 6:35; 참조. 요 4:10-14)는 **왜곡된** 욕망으로 말미암아 일어난 망상을 강조한다. **파라클레테** 곧 보혜사는 세상의 죄를 책망하심으로써(ἐλέγχειν, 엘렝케인) 예수의 사역을 계속 이어갈 것이다(요 16:8). 요한은 인간의 죄를 우주적·객관적·구조적·기독론적 맥락 속에 둔다. 그리고 이것은 21세기에 공적 관심으로부터 멀어지는 두 상태, 곧 윤리적 규범에 미치지 못하는 것이나 양심이 괴로운 것에 의존하지 않는 이해의 지평

---

73) James H. Charlesworth (ed.), *John and Qumran* (London: Geoffrey Chapman, 1972), 특히 "Johannine Dualism," 18-35을 보라. 진리에 대해서는 1QH 4:14; 6:7-9; 7:14; 11:9-11; 1Qs 1:11-13; 5:10; CD 13:10; 요 8:31-32; 14:6; 16:13-15; 17:16-18을 보라. 사해사본에 명확한 이원론이 나타나 있는 한 실례는 1QS 3:13-4:26; "**진리의 영**"과 "**왜곡의 영**", **어둠**의 원천과 **빛**의 임재, **상벌**의 운명. Charlesworth, *John and Qumran*, 76-106을 보라. 1QS 3:13-4:26에 대한 다른 관점은 A. R. C. Leaney, *The Rule of Qumran and Its Meaning* (London: SCM, 1966), 53-56을 보라. 리니(Leaney)는 1QS 3:18(두 영); 3:20(빛과 어둠); 3:21(속이는 어둠의 천사); 4:4(지혜의 영)을 모두 구약의 뿌리와 함께 인용한다.

74) Martin Hengel, *Judaism and Hellenism: Studies in Their Encounter in Palestine during the Early Hellenistic Period*, trans. John Bowden (London: SCM, 1974). 『유대교와 헬레니즘』(나남출판 역간).

을 다시 제공한다.

히브리서는 얼핏 보면 제의 및 제사와 희생 제사 사건에 좁게 초점을 맞추고 있는 것처럼 보일 수 있다. 그럼에도 다음과 같은 히브리서의 근본 물음과 주제는 인간의 마음속에 깊이 뿌리박혀 있다. 곧 인간이 하나님께 **접근하거나 가까이 나아가려면**(προσέρχομαι, 프로세르코마이) 어떤 조건을 성취해야 할까?(히 10:22) 속죄 제사는 인간이 하나님께 **가까이 나아갈**(ἐγγίζω, 엥기조) 수 있게 하는(히 7:19) 하나님의 은혜의 틀에 속해 있다. 바울이 **소외와 화목의 상호 인격적 관계**에 대해 말할 때, 히브리서 저자는 **하나님의 임재 속에 들어가는 능력** 곧 하나님에 대한 **접근**을 경험하는 능력에 대해서 말한다. 히브리서는 다른 길이 없었다면 인간의 죄가 이 접근을 가로막았을 것이라고 전제한다. 해석학적 관점에서 보면, 인간의 죄를 무지, 실패, 또는 결핍에 따라 표현하려고 애쓰는 구자유주의 신학의 시도는 성경의 다양한 전통에 충실하지 못할 뿐만 아니라, 도덕주의와 율법주의의 개념이 소외, 관계, 속임, 희생, 속박, "비참"에 대한 개념보다 공명을 얻지 못하는 21세기의 관심사와도 부합하지 않는다.

## 12.3. 이레나이우스에서 칼뱅에 이르기까지
인간의 죄에 대한 다양한 이해의 지평

(1) **이레나이우스**(대략 130-202)는 소아시아에서 태어나 이후에 리옹의 주교가 됨으로써 동양과 서양의 전통을 함께 가지게 되었다. 이레나이우스는 인간의 죄와 악을 우주론적 체계나 육체성과 관련시킨 영지주의의 사변에 반대하여, 죄의 문제를 실존적으로 인간의 성장을 가로막는 문제로 보았다. 알렉산드리아의 클레멘스와 같이 이레나이우스도 죄를 인간의 연약함이나 지식의 결여와 연결시키는 경향이 있었다. 13.2.에서 더 충분히 지적하겠지만 이레나이우스는 타락하기 전 아담을 "아직 충분히 성숙하

지 못한…아이"로 인식했다.[75] 죄와 씨름하는 과정은 도덕적 훈련과 성숙한 단계에 도달할 기회를 제공한다. 그렇다고 해도 널리 알려진 이레나이우스의 견해를 여기서 다루지 않고 넘어가는 것은 바람직하지 않을 것이다. 이레나이우스는 첫 사람 아담 안에서 "우리는 [하나님에] **대하여 범죄했다**"(그리스어 προσεκόψαμεν, 프로세코프사멘)고 말한다.[76] 계속해서 둘째 아담 안에서 "우리는 하나님과 화목하게 되었다(ἀποκατηλλάγημεν, 아포카텔라게멘)"고 말한다. 따라서 이레나이우스의 견해에 따르면, 죄는 그리스도의 사역을 통해 화목을 필요로 하는 **하나님과의 깨진 관계를 함축한다.** 나아가 아담의 죄는 죽음(mors)을 가져오는 "그들의 상처의 고통거리"(라틴어 dolor autem plagae est)로 묘사된다.[77] 따라서 이레나이우스가 가르친 "상승적 타락"(Fall upwards)이라는 대중적인 개념은 부분적으로만 진실이고, 다른 점에서는 잘못된 가르침이다.[78]

(2) **테르툴리아누스**(대략 160-220/240)는 영지주의의 우주론적이고 신화론적인 사변적 이원론을 반대했을 뿐만 아니라, 더 구체적으로는 마르키온의 가르침도 반대했다. 마르키온은 율법의 요구로부터의 해방을 강조하는 바울의 복음을 급진적으로 변형시켰고, 예수 그리스도의 아버지이신 하나님을 구약성경과 율법의 하나님과 대립된 존재로 묘사했다. 테르툴리아누스는 이런 마르키온의 견해를 비판했다. 그러나 그렇게 할 때 **인간의 죄에 대해서 율법주의적인 개념을 함축시키는 경향이 있었다.**

---

75) Irenaeus, *Demonstration of the Apostolic Preaching* 12-14.

76) Irenaeus, *Against Heresies* V:16:3 (Greek, Migne, *Patrologia Graeca*, vol. 7, 1168B); 이 번역은 G. W. H. Lampe, *A Patristic Greek Lexicon* (Oxford: Clarendon, 1961), 1174, col. i.

77) Irenaeus, *Against Heresies* V:34:2.

78) 참조. N. P. Williams, *The Ideas of the Fall and of Original Sin*, 195. "교과서" 수준에서 이레나이우스에 대한 가장 영향력 있는 설명은 John Hick, *Evil and the God of Love* (London: Macmillan, 1966), 217-278. 『신과 인간 그리고 악의 종교철학적 이해』(열린책들 역간).

테르툴리아누스는 죄를 **결핍**과 **불순종**으로 보는 개념을 강조하는데, 이는 그가 과거에 법률가였다는 사실을 상기시킬 것이다. 그러나 이것은 단지 그림의 일부에 불과하다. 12.4.에서 제시하겠지만, 테르툴리아누스는 분명 타락에 대해서 말할 때 "영혼 유전설"(traducian doctrine)을 도입했다. 곧 "영혼"(라틴어 *anima*)은 아버지의 영혼에서 나온 파편으로 형성되고, 따라서 부모로부터 자녀에게 "부패성"이 이전된다는 견해를 소개했다. 영혼 유전의 전체 사슬은 아담으로부터 현재에 이르기까지 걸쳐 있다. 테르툴리아누스는 플라톤을 따르는 전통을 반대하고, "영혼"은 유형적 실재라고 주장한다.[79] 테르툴리아누스는 다음과 같이 말한다. "영혼은 처음에 점차 자라…그래서…실체 전체의(즉 영혼의) 배아가 된 아담의 몸과 연합되어 있다(*totius substantiae, ita et condicionis istius semen effecit*)."[80] 따라서 테르툴리아누스가 비록 죄를 불순종과 결핍으로 보는 율법주의 또는 도덕주의적인 측면을 부각시키기는 해도, 타락이라는 배경 속에서는 부패성의 상태나 조건의 유전에 대해서도 말한다.

(3) **알렉산드리아의 클레멘스**(대략 150-215)는 인간의 죄를 세 가지 요소 곧 무지, 연약함, 자유로운 선택의 결과로 본다. 인간은 이를테면 죄의 매력에 끌려 잘못 이끌린다. 하지만 그것은 올바른 이성에 반대된다. 죄는 아담의 타락의 결과가 아니다. 비록 클레멘스는 죄를 무지로 보는 "빈약한" 견해를 견지하고 있지만, 죄는 탐나고 매력적인 것으로 가장한 무엇으로 향하는 **왜곡된 욕망**임을 암시한다.

(4) **오리게네스**(185-254)는 인간의 죄의 본질에 대해서 철저히 체계적인 견해를 제공하지는 않는다. 그러나 부활과 심판에 대한 강론에서 오리게네스는, (현대의 논리적 문법의 언어로) 인간의 죄에 대한 형벌은 외적인 것이 아니라 "내적인" 것이라는 날카로운 통찰을 보여준다. 다시 말하면, 음

---

79) Tertullian, *De Anima* 5-6.
80) Tertullian, *De Anima* 9; 참조. 36.

12장 왜곡된 욕망의 해석학: 인간의 죄의 본질

악을 반복 연습한 "보상"이 단순히 음악을 잘하는 능력인 것처럼, 바울은 인간의 사유에 대해서, "하나님이…사람들의 은밀한 것을 심판하는 그날…고발하며"(롬 2:15-16)라고 말할 때, 오리게네스는 "어떤 고통이 주어지는" 것은 단순히 하나님의 간섭 때문이 아니라 "죄의 유해한 영향 자체" 때문이라고 지적한다.[81]

오리게네스는 갓 태어난 아기를 배경으로 널리 알려진 설명을 제시한다. 심지어 아기조차도 죄에 대한 속죄 제사를 필요로 한다. 왜냐하면 "내가 죄악 중에서 출생하였음이여, 어머니가 죄 중에서 나를 잉태하였나이다"(시 51:5)라고 말하기 때문이다. "사람들은 태어나는 순간부터 잘못된 길로 들어선다."[82]

한편 독창적인 신학자로서의 위치를 갖고 있음에도 오리게네스를 기독교 교리 발전의 중심에 서 있는 자로 간주하는 것은 근거가 없다. 삶의 다양한 상황 안에서의 하나님의 공의를 믿는 동시에 선한 천사와 악한 천사의 존재를 믿는 믿음의 기초 위에서, 오리게네스는 영혼에 대한 플라톤의 철학에 의존해 이런 차이를 설명하려고 **출생 전** "타락"을 가정했다.[83] 유아세례와 유아의 죄의 관계 역시 오리게네스의 각별한 주목을 끌었으나 그의 견해는 여러 번에 걸쳐 변했고, 결국 553년에 콘스탄티노플에서 개최된 제5회 교회 연합 회의에서 그의 신학은 정죄되었다. 12.4.에서 우리는 아담 이후 세대가 아담 안에 "씨앗으로 들어 있다"는 오리게네스의 이론을 고찰할 것이다.[84]

(5) **아타나시오스**(296-373)는 우리를 견고한 기반 위에 올려놓는다. 아

81) Origen, *De Principiis* II:10:4.
82) Origen, *Against Celsus* 50.
83) Origen, *De Principiis* IV:1:16, 23; *Against Celsus* 7:50. 참조. Joseph W. Trigg, *Origen: The Bible and Philosophy in the Third Century* (London: SCM, 1983), 103-115.
84) Origen, *Commentary on Romans* 5; 참조. *Commentary on John*, 20:21.

타나시오스는 죄에 대한 체계적인 설명을 제공하지 않지만, 모든 것을 그리스도와 구속의 맥락 안에서 고찰한다.[85] 일반적으로 아타나시오스는 인간의 죄를 **하나님에 대한 응시를 거부하는 것**으로 본다. 이 견해는 인간의 죄를 도덕적이고 언어적인 관점에 따라 보지 않고, 화목을 필요로 하는 소외 또는 하나님과의 관계 파괴를 일으키는 것으로 보는 성경 전통의 견해를 반영한다. 아담 내러티브는 인간의 죄의 본질에 대한 모델을 제공한다. 곧 죄는 "한 분 참 하나님에 대한 공경과 하나님을 바라는 것에서 떠나는 것"이다.[86] 하나님 대신 다른 것을 더 바라는 왜곡된 욕망은 "익숙해져 습관이 되기 시작했고, 따라서 [죄인은] 이 욕구를 버리는 것을 두려워하게 되었다."[87] 하나님에 대한 "응시"는 "몸에 대한 응시"에게 자리를 내주고, 이 응시에서 쾌락을 취한다. 진실로 죄는 "쾌락과 사랑에 빠지게" 된다.[88]

또한 죄는 "악으로 되돌아가는 것"과 "악이 되는 것"의 문제이고, 이것은 죽음을 일으키며, 아담의 경우처럼 "낙원의 상실"을 가져오는 부패나 "썩음"(φθόρα, 프도라)을 초래한다.[89] 아담의 죄 이후로, 죄는 계속 확대되고 "모든 척도를 넘어간다."[90] 죄는 "율법을 전혀 주목하지 않았다." 그 결과 폭력, 다툼, 전쟁이 이어진다.[91] 아타나시오스는 로마서 1:26-32(참조. 1:18-32)에서, 인간이 하나님에게서 떠나 자기 파괴적인 관습과 습관에 예속당한 결과를 다루는 바울의 고전적인 본문("바울의 타락 개념")을 인용한다.[92]

(6) **니사의 그레고리오스**(Nyssa of Gregory, 대략 330-395)는 카파도키아

---

85) Athanasius, *Against the Asians* II:65-66; I:9:60; *On the Incarnation*, sects. 4-7, 10-11, 20-21.
86) Athanasius, *Against the Heathen* 3:3.
87) Athanasius, *Against the Heathen* 3:4.
88) Athanasius, *Against the Heathen* 4:1.
89) Athanasius, *On the Incarnation* 3:4; 참조. 6:1.
90) Athanasius, *On the Incarnation* 5:3.
91) Athanasius, *On the Incarnation* 5:4.
92) Athanasius, *On the Incarnation* 5:8; 참조. 6:1-10.

교부(12.4.에서 상세히 다룸) 중에서는 타락을 가장 충실하게 설명한다. "아담의 죄"에 대한 그레고리오스의 고찰은 사변적이지 않고 실존적이다. 왜냐하면 아담의 죄는 "우리의 죄"이기 때문이다. 첫 사람들(아담과 하와)이 갖고 있던 하나님의 형상은 자유로운 선택 능력을 포함했지만, 지금 인간은 더 이상 자기 결정 능력을 갖고 있지 못하다고 그레고리오스는 주장한다. 악은 하나님에게서 비롯된 것이 아니라 "[인간의] 의지에서 일어나는 것이다.…어둠은 빛이 제거된 결과다. 뒤틀린 의지는…나은 쪽이 아니라 나쁜 쪽을 택했다."[93] 그레고리오스는 "의지는 자기를 기쁘게 하는 것을…선택한다"고 덧붙인다.[94] "악한 행동을 향한 성향"은 주로 시기에 의해 발생한다.[95] 인간성은 "현재 악한 상태에 있다." 하지만 덕의 선택을 방해하는 힘은 인간의 힘이 아니라 하나님의 힘으로 극복될 수 있다.[96] 이 견해는 초기 교부들의 견해와 아우구스티누스의 견해, 즉 죄를 두려운 결과를 일으키는 왜곡된 욕망으로 강조하는 견해와 연결하는 다리를 제공한다.

(7) **히포의 아우구스티누스**(354-430)는 쉽게 요약할 수 없을 정도로 복잡한 신학을 펼쳤다. 아우구스티누스가 최소한 믿음의 성향 이론과 일치되게 자신의 인생의 여러 단계에서 다양한 반대자와 맞서고, 자신이 격하게 반대하는 자들과 반대되는 주제와 믿음을 강력히 천명했기 때문이다. 그중에서도 아우구스티누스는 두 가지 핵심 주제, 즉 **하나님의 은혜의 우월성과 죄를 속박과 자기 파괴적인 결과로 이끄는 왜곡된 욕망에 대한 이해를 굳게 고수한다.**

이론상 우리가 아우구스티누스의 사상을 정당화하려고 한다면, 필수적으로 아우구스티누스의 전체 사상을 확인해야 한다. 그러나 그렇게 하는 것은 본서의 주된 목적과 거리가 멀다. 그럼에도 여기서는 정확한 해석

---

93) Gregory of Nyssa, *The Great Catechism* (다른 제목, *Oratio Catechetica Magna*), 5.
94) Gregory, *Catechism* 5.
95) Gregory, *Catechism* 6.
96) Gregory, *Catechism* 6.

에 영향을 미치는, 장르상 다양한 차이를 지닌 아우구스티누스의 작품을 지적하지 않을 수 없다. 「고백록」(*Confessions*)은 성경뿐만 아니라 개인적 경험에 근거를 둔 해석학적 출발점을 반영한다. 「하나님의 도성」(*The City of God*)은 하나님과 세상의 역사적 관계에 대한 "공적" 내러티브를 제시한다. 그리고 아우구스티누스의 논문 「자유의지론」(*On Free Will*)은 부분적으로 플라톤 사상에 의존하는 마니교를 비판했다. 「신앙 편람」(*Enchiridion*)은 논쟁과 관련 없는 교훈에 매우 가깝다. 그러나 반펠라기우스주의에 대한 작품들, 예컨대 「자연과 은혜」(*On Nature and Grace*)는 펠라기우스의 타협적인 은혜 교리와 달리, 하나님의 측량할 수 없는 충족성에 대한 배경막으로 강렬하고 어두운 색체로 죄인의 곤경과 속박을 그리고 있다.

아우구스티누스의 견해에 따르면, 죄는 인간의 **의지**에서 근원을 찾을 수 있다. 「고백록」에서 아우구스티누스는 아주 어린 시절에 어른들이 "나의 관심에 종"이 되어주지 않는다는 이유로 그들에게 분개하여 "불순종"한 것을 상기한다. "나는 울음을 터뜨림으로써 어른들에게 보복을 했습니다."[97] 청년 시절 "즐거움을 추구할 때 나를 지배한 단 한 가지 욕망은 단순히 사랑하고 사랑받는 것이었습니다.…나의 비참은 펄펄 끓고 있었고, 나의 충동의 인도를 따르다가 당신[하나님]을 포기했습니다."[98] 아우구스티누스는 왜곡된 욕망의 완고함을 다음과 같이 유명한 말로 상기시킨다. "나는 내가 충분히 갖고 있었던 것을 훔쳤습니다.…내 욕망은…단순히 도둑질하고 나쁜 짓을 저지르는 것이 주는 흥분을…즐기는 것이었습니다.… 이것이 나의 마음이었습니다."[99] 죄는 **왜곡된 욕망**의 문제다.

또한 죄는 사람을 **속박**으로 이끈다. 아우구스티누스는 죄에서 구원하는 데 있어 율법의 무능력에 대한 바울의 가르침(롬 7:5-24)을 자세히 검토

---

97) Augustine, *Confessions*, I:6:8(Henry Chadwick의 번역).

98) Augustine, *Confessions*, II:2:3-4.

99) Augustine, *Confessions*, II:4:9.

한다. 특히 아우구스티누스는 로마서 7:15-17의 "미워하는 것을 행함이라"에 대한 주석을 제공한다.[100] 그는 "내 육신에 선한 것이 거하지 아니하는 줄을 아노니"(롬 7:18)라고 말한 바울과 똑같은 결론을 맺는다.[101] 그 배경 속에는 다수의 동방 교부가 주장한 자유의지에 대한 다른 개념도 놓여 있다. 동방 교부들은 자유를 둘이나 둘 이상의 행동 사이에 어떤 것을 선택하는 능력으로 정의하는 경향이 있었지만, 아우구스티누스는 욕구를 행동으로 실행하는 의지의 해방으로 자유를 정의했다.

목슨(R. S. Moxon)은 이렇게 설명한다. "배교자의 의지에서 유일하게 자발적인 움직임은 죄의 방향 안에서 움직이는 것이다.…외적 도움[은혜]이 없으면…어느 정도 자유의지가 모든 사람 속에 있다고 해도, 죄의 필연성에서 도망치는 일은 있을 수 없었다."[102] 「고백록」에서 아우구스티누스는 이렇게 말한다. "나는 이런 자유를 탄식했지만, 나 자신의 선택의 쇠사슬에…묶여 있었습니다. 원수가 내 의지를 지배하고 있었고, 그래서 내게 쇠사슬을 만들었습니다."[103] 세상은 "달콤한 잠으로 나를 드러눕혀 놓았다." 그리고 하나님은 성경을 통해 "잠자는 자여, 깨어 죽은 자들 가운데서 일어나라"(엡 5:14)고 그를 불렀다. 아우구스티누스는 "잠깐만 더 자도록 내버려 두십시오"라고 말했다. 왜냐하면 그때 아직 그는 "죄의 법에 사로잡힌" 자였기 때문이다(롬 7:23).[104]

(8) 중세에서 종교개혁이 포함된 시기까지 라틴 세계에서는 아우구스티누스의 죄의 교리가 대다수 서구 전통을 지배했으며 최소한 강력한 영향을 미쳤다. **교황 그레고리우스 1세**(Gregory the Great, 대략 540-604)는 비

---

100) Augustine, *Against Two Letters of the Pelagians*, I:10.18.

101) Augustine, *Against Two Letters of the Pelagians*, I:10.19.

102) Reginald S. Moxon, *The Doctrine of Sin: A Critical and Historical Investigation* (London: Allen & Unwin, 1922), 82-83.

103) Augustine, *Confessions*, VIII:5:10.

104) Augustine, *Confessions*, VIII:5:12.

록 아우구스티누스의 "불가항력적" 은혜 개념을 거부하기는 했어도, 대체로 아우구스티누스의 사상을 따랐다. **안셀무스**(Anselm, 1033-1109)는 특히 죄를 "**하나님께 마땅히 갚아야 할 것**(라틴어 *debitum*)**을 갚지 않는 것**"으로 보는 개념으로 설명했다.[105] 이러한 하나님 중심적 측면을 강조할 때 그는 인격성과 관계성을 강조했으나, 마땅히 갚아야 할 것을 갚는 개념은 동시에 율법주의적인 이해를 끌어들였다. 자신이 "훔친" 것을 배상하지 않는 사람은 죄책이 있다(*in culpa*). 빼앗긴 영예는 되돌려져야 한다.[106]

무익한 결과를 초래한 한 가지 분명한 사실이 있었는데, 그것은 안셀무스와 라틴 전통 속에 있는 많은 이들이 **회개**에 해당되는 그리스어와 히브리어 단어를 잘못 번역하거나 잘못 이해했다는 것이다. 성경 본문 속에서 이 말은 "돌아서는 것"(히브리어 שוב, 슈브)을 의미하지만, 이것이 라틴어로는 *poenitentia*로 번역되었고, 이것은 너무 쉽게 "고행" 또는 심지어 "고해성사"로 이해되었다. 확실히 안셀무스는 고해성사가 아니라 오직 그리스도의 사역만이 하나님의 영예에 대해 진 빚을 만족시킬 수 있다고 믿었다. 하지만 마르틴 루터가 이 언어 문제의 핵심을 명확히 언급하고 시정할 때까지 잘못된 이해가 기승을 부렸다.

(9) **토마스 아퀴나스**(1225-1274)는 죄의 본질에 대해서 풍성한 설명을 제공한다. 『신학대전』(*Summa Theologiae*) 1부에서 아퀴나스는 "좋은 습관" 또는 "미덕"(Ia2ae, Qq. 55-70)과 "악한 습관" 또는 "악덕"(Ia2ae, Qq. 71-89)에 대해 설명한다. 여기서 후자는 "죄"(Qq. 71-80), "원죄"(Qq. 81-85), "죄의 결과"(Qq. 86-89)로 나누어진다.[107]

죄는 **자기애에서 나오고, 하나님에게 범하는 죄, 자신에게 범하는 죄, 이웃에게 범하는 죄**로 구성되어 있다.[108] 은혜로 "하나님은 우리를 덕스러

105) Anselm, *Cur Deus Homo*, I:11.

106) Anselm, *Cur Deus Homo*, I:13.

107) Blackfriars edition, vols. 25-27.

108) Aquinas, *Summa Theologiae*, Ia2ae, Q. 72, art. 4.

운 존재로 만들고, 우리를 자신에게로 이끄신다."[109] 죄는 인간이 창조된
이 목적을 거부하고 위반하는 것이다. 죄는 왜곡된 욕망에서 나오고, 이에
따라 "욕망이 클수록 죄도 그만큼 더 커진다."[110] 또한 죄는 "이성의 법칙
에서 벗어나는 것"이다.[111] 죄는 타인과 자아 모두에게 "상처"를 입히지만
타인에게 상처를 입히는 것은 자아를 손상시키는 것보다 더 죄가 크다.[112]
죄는 행위지만 이것은 인간의 **욕망과 의지**에서 나온다.[113]

아퀴나스는 다양한 죄를 그 심각성에 따라 등급을 매기고, 성경 전통
에서 벗어난 "가벼운" 죄와 "치명적인" 죄를 구분한다.[114] 아퀴나스는 아우
구스티누스를 따라 죄와 악을 "선의 결핍"으로 간주하는데, 이는 하나님이
창조하신 "사물"이 죄나 악이라는 개념으로 불리는 것을 피하기 위함이다.
그렇다고 해도 *privatio*(결여, 결핍)로서의 죄는 인간 의지의 왜곡된 욕망에
서 연원한다.[115] 죄는 "습관을 통해" 자랄 수 있다.[116] 교만과 자기애가 "온
갖 악의 출발점"이다.[117] 마지막으로 죄의 **결과**는 세상 질서의 "부패"를 포
함한다. "죄의 얼룩은⋯사람과 하나님을 분리시키고", "형벌의 빚"은 "죄에
서 죄로 떨어지는 것"을 포함할 것이다.[118]

해석학적 관점에서 보면, 아퀴나스는 서방 교회에서 사용된 예배 언어
및 관습과 공명을 이루는 많은 표현과 특징을 구체적으로 제시한다. **하나
님**과 **타인**과 **자아**에 대해 죄를 짓는 것 등이 그런 예다. 또한 생각과 말과

---

109) Aquinas, *Summa Theologiae*, Ia2ae, Q. 62, art. 1.
110) Aquinas, *Summa Theologiae*, Ia2ae, Q. 72, art. 6.
111) Aquinas, *Summa Theologiae*, Ia2ae, Q. 73, art. 7.
112) Aquinas, *Summa Theologiae*, Ia2ae, Q. 73, art. 9.
113) Aquinas, *Summa Theologiae*, Ia2ae, Q. 74, arts. 1, 2.
114) Aquinas, *Summa Theologiae*, Ia2ae, Q. 74, arts. 8-10, Q. 88.
115) Aquinas, *Summa Theologiae*, Ia2ae, Q. 75, arts, 1-4.
116) Aquinas, *Summa Theologiae*, Ia2ae, Q. 78, art. 2.
117) Aquinas, *Summa Theologiae*, Ia2ae, Q. 84, art. 2.
118) Aquinas, *Summa Theologiae*, Ia2ae, Q. 85-87, 특히 Q. 85; art. 3; Q. 86; art. 2; Q. 87, arts. 2-3.

행위로 죄를 짓는 것, 우리가 마땅히 해야 할 사랑으로 하나님을 사랑하지 않는 것, 하나님의 길보다 우리 자신의 길을 더 추구하는 것 등이 그런 예다. 이런 해석학적 출발점은 이 범주를 이해하고 적용시키는 자들과 공명을 이룬다. 그러나 아퀴나스는 특히 자기애나 자기만족에 대한 망상적인 관심에 따라 **왜곡된 욕망**이 자아를 더 깊은 환멸과 실망과 자기 손상에 빠뜨리는 연쇄적 결과를 일으킨다는 아우구스티누스의 통찰(그리고 아우구스티누스 이전 다른 학자들의 통찰)을 더 깊이 적용시킨다.

앞에서 지적한 것처럼 욕망, 욕망의 자극, 욕망의 만족은 모두 소비적이고 시장 지향적인 사회의 증상이다. 아우구스티누스와 아퀴나스는 21세기 초에 서구나 다른 대륙에 만연해 있는 사회적인 큰 특징, 곧 환멸감, 실망감, 좌절감을 합리적으로 설명해주는 단초를 제공해준다.

(10) **마르틴 루터**(1483-1546). 인간의 죄의 본질에 대한 루터의 견해는 율법과 은혜를 나란히 놓는 해석학적 지평을 벗어나서는 파악하기 어렵다. 루터의 이런 견해는 내면적인 자기 검토에서 나오는 것이 아니라, 로마서와 바울의 신학 및 요한의 신학을 새롭게 이해한 결과로부터 나온다. 루터가 로마서를 재발견한 이후에 나온 최초의 작품 가운데 「하이델베르크 논쟁」(*Heidelberg Disputation*, 1518)은 건설적인 출발점을 제공한다. 루터는 이렇게 말한다. "율법은 '이것을 행하라'고 말하지만 결코 행해지지 않는다. 은혜는 '그를 믿으라'고 말하고, 모든 것이 말한 그대로 일어난다."[119] 루터는 이 원리를 「하이델베르크 논쟁」의 28가지 "결론" 부분에서 상술한다. 루터는 바울에게서 뽑아온 일련의 인용과 함께 설명을 시작한다. 율법은 "죄를 더한다"(롬 5:20). 계명이 이르면 "죄는 살아난다"(롬 7:9). 율법은 "죄와 사망의 법"이다(롬 8:2).[120]

---

119) Martin Luther, *The Heidelberg Disputation*, trans. and ed. James Atkinson, in *Luther: Early Theological Work*, Library of Christian Classics 16 (London: SCM, 1962), Thesis 26, 278 (German WA, I, 351).

120) Luther, *Heidelberg Disputation*, Conclusion I, 281.

루터는 사람이 "자기 자신의 힘으로" 얼마나 선을 행할 수 있을지 묻는다. "선을 행하는 자는 없나니 하나도 없도다"(롬 3:12).[121] 성경은 자기 이익이나 죄로 말미암은 동기나 행위가 없으면 인간이 선을 행할 능력이 없다는 것을 분명히 증언한다고 그는 믿었다. "선을 행하고 전혀 죄를 범하지 아니하는 의인은 세상에 없기 때문이로다"(전 7:20).[122] **하나님에게서 영광을 제거하는 것은 무엇이든 "죄악"이다.**[123]

루터는 바울을 인용해 인간은 주제넘게도 자신의 자아에 영광을 돌리는 존재라고 주장한다. "스스로 지혜 있다 하나 어리석게 되어"(롬 1:22).[124] 인간적인 자기 충족은 사람들이 "십자가와 고난을 미워하고…그 둘이 함께 가는 영광을 미워하게" 만든다. **영광의 신학과 십자가의 신학**이 존재하는데, 하나님에 대한 참된 지식이 없는 악한 인간은 "고난보다 일을, 십자가보다 영광을 더 선호한다."[125] "영광의 신학자는 나쁜 것을 좋다고 말하고, 좋은 것을 나쁘다고 말하지만, 십자가의 신학자는 그것을 적절한 이름에 따라 말한다."[126]

루터의 견해에 따르면, 하나님과의 깨진 관계는 단순히 "죄" 자체의 결과가 아니었다. 하나님과의 살아 있는 관계는 오직 은혜로 말미암는 칭의라는 진리를 개인적으로 적용하는 것에 달려 있다. 확실히 갈등과 시험(Anfechtung)은 여전히 그리스도인의 삶의 특징이다. 그러나 의인이자 죄인(simul iustus et peccator)인 그리스도인의 이중적 지위는 "하나님의 은혜에 대한 신뢰를 떨어뜨리는 것이 아니다. 왜냐하면 사람이 천 번이라도 자신의 목숨을 내놓을 수 있을 정도로 안전하고 확실하기 때문이다.…사람

121) Luther, *Heidelberg Disputation*, Conclusion II. 282.
122) Luther, *Heidelberg Disputation*, Conclusion VI, 284.
123) Luther, *Heidelberg Disputation*, Conclusion IX, 288.
124) Luther, *Heidelberg Disputation*, Conclusion XIX, 290.
125) Luther, *Heidelberg Disputation*, Conclusion XXI, 291.
126) Luther, *Heidelberg Disputation*, Conclusion XXI. 291.

은 이 지위로 말미암아 하나님과 하나님의 모든 피조물을 대할 때 감사하고 담대하고 행복하게 된다."[127] 이런 믿음은 은혜와 성령으로부터 연원한다. 인간은 혼자 힘으로 이 믿음을 경험할 수 없다.

1525년에 루터는 에라스무스의 자유의지론에 반대하여 『의지의 속박』(De servo arbitrio)을 썼다. 루터는 이 책에서 성경이 기본 교리나 올바른 행동에 대한 공식을 만들어내지 못할 정도로 애매하지 않다고 주장하는 것으로 설명을 시작한다.[128] 루터는 성경 본문에 대한 에라스무스의 관점을 재검토하고, 이어서 성경 전통에 대한 자신의 이해를 상술한다. 루터는 자유의지의 문제를 제시한다. 그래서 로마서 1:18-32은 "노력할수록 그것 [자유의지]은 그만큼 더 악화된다"는 사실을 보여준다고 주장한다.[129] 계속해서 로마서 3:9이하와 3:19이하는 행위와 권능에 있어 "죄의 보편적 지배"를 증명한다고 역설한다.[130] 죄인으로서 모든 인간은 "하나님의 영광을 결여하고 있다"(롬 3:21-26). 그러나 그리스도인은 그리스도로 말미암아 "하나님 안에서 영광을 누릴" 수 있다.[131] 또한 루터는 요한이 새 탄생의 필요성을 강조한 것도 인용한다.[132] 죄에게 종노릇하는 것은 인간이 죄의 참된 상태에 대한 자각을 결여하고 있는 것으로 더 심화된다.

루터를 비판하는 자들은, 종종 루터가 아우구스티누스의 사상을 "가차 없고 무정한 결정론"으로까지 연장시켰다고 주장한다. 윌리엄스(N. P. Williams)는 논박을 최대한 자제하면서 이렇게 말한다. "루터교인은 칼뱅과 칼뱅의 계승자보다 더 단호하고 더 격렬하다. 에라스무스의 사상에 반대하는 루터의 논문 제목인 『의지의 속박』은 실수의 여지를 조금도 남겨놓

---

127) Luther, *Preface to the Epistle to the Romans* (1522).
128) Luther, *On the Bondage of the Will*, 66-74 (W.A., vol. 18, 606-609).
129) Luther, *Bondage*, 278 (W.A., vol. 18, 760).
130) Luther, *Bondage*, 278-286 (W.A., vol. 18, 760-764).
131) Luther, *Bondage*, 290-291 (W.A., vol. 18, 768).
132) Luther, *Bondage*, 305-307 (W.A., vol. 18, 778-779).

지 않는다."[133] 그럼에도 해석학적 관점에서 보면, 루터는 바울과 요한을 따라 인간의 상태 개념을 하나님의 주권적 은혜와 그리스도의 전충족성의 당연한 결과로 작용하도록 제시한다. 인간의 죄에 대한 다양한 이해는 십자가의 신학과 예민한 해석학적 관계를 유지한다. 루터에 대한 다른 해설도 반대 방향에서 열정적일 것이다.[134] 최근에 로마 가톨릭교회의 주요 신학자 중 여러 학자가 루터에 대해서 긍정적인 평가를 내놓은 것은 루터의 이 신학이 폭넓게 적용되고 있음을 증명한다.[135]

(11) **장 칼뱅**(1509-1564). 『기독교강요』(*Institutes of the Christian Religion*)에서 칼뱅은 연합 신조의 순서를 따라 제3권과 제4권에서 다른 항목을 다루기 전에, 제1권에서는 신론을 제2권에서는 그리스도를 설명한다. 타락, 인간의 죄, 자유의지 부분은 제2권 1-6장에 나올 것이다. 따라서 여기서 **해석학적 문맥**은 그리스도의 인격과 사역을 상술하는 문맥이다. 이 문맥은 바울과 요한, 그리고 교리사를 연구한 많은 사상가의 해석학적 관점을 충실하게 반영한다. 제2권 첫 장에서 칼뱅은 "우리 자신에 대한 지식"의 필요성을 재천명한다. 그러나 칼뱅은 우리 스스로가 자신을 잘못 파악하는 과오와, 인간으로서 우리에 대한 **하나님의 목적**에 비추어 우리 자신을 파악하는 지혜를 구분함으로써, 우리 자신을 아는 지식을 한정시킨다. 칼뱅은 이렇게 말한다. "첫 번째로 그[인간]가 지음 받은 목적을 고찰하고,…

---

133) Williams, *The Ideas of the Fall and of Original Sin*, 433.

134) 참조. Gordon E. Rupp and Philip S. Watson (eds.), *Luther and Erasmus: Free Will and Salvation*, Library of Christian Classics (Philadelphia: Westminster, 1969), 1-32; James Atkinson, *The Great Light: Luther and the Reformation* (Grand Rapids: Eerdmans, Exeter, U. K.: Paternoster, 1968), 11-109; Heinrich Bornkamm, *Luther in Mid-Career*, trans. E. T. Bachmann (London: Darton, Longman & Todd, 1983), 특히 417-458; Philip S. Watson, *Let God Be God: An Interpretation of the Theology of Martin Luther* (London: Epworth, 1947).

135) James Atkinson, *Martin Luther: Prophet to the Church Catholic* (Grand Rapids: Eerdmans and Exeter: Paternoster, 1983), 특히 21-39.

두 번째로 그의 능력, 아니 오히려 능력의 결핍—그가 인식하면 그의 모든 신뢰를 무너뜨리고 그를 혼란으로 뒤덮을 결핍—을 고찰하는 것이 적절한 것처럼 보인다."[136]

아우구스티누스나 루터와 마찬가지로, 칼뱅도 인간에 대한 하나님의 은혜의 주도권과 충족성을 보여주는 것을 목표로 한다. 비판자들은 이 것을 완고한 논리의 적용으로 간주하지만, 이것은 교리를 예배와 송축으로 보는 개념에 동일하게 귀속시킬 수 있다. 칼뱅과 경건주의가 공유하는 언어를 보면, 그것은 "하나님께 영광을 돌리는" 것의 문제로 확인될 것이다. 하나님의 은혜는 필요한 모든 것을 제공한다. 왜냐하면 칼뱅은 바울을 인용하여 "많은 사람이 죄인 된 것같이…은혜도 또한…왕노릇하여…"(롬 5:19-21)라고 말하기 때문이다.[137] 칼뱅은 아담이 타락할 때 일어난 인간의 손실에 대해 말하지만, 다양한 학자가 채택한 다양한 정의를 탐구할 사변적인 목적으로 그렇게 말한 것은 아니다. 칼뱅의 목적은 "육체의 일"이 죄라는 사실을 강조하는 데 있다(갈 5:19; 롬 5:12). "말하자면 육체의 전체 본성은 죄의 모판이고, 그러므로 하나님에 대해 불쾌하고 가증한 것이 될 수밖에 없다[칼뱅은 나중에 롬 1:18-32과 함께 엡 2:3을 인용한다].…죄책이 없으면 정죄도 있을 수 없다."[138] 칼뱅은 "전적부패"의 의미를 가장 충만하게 설명한다. "지성에서 의지까지 사람 속에 있는 모든 것이…육욕으로 오염되고 가득 차 있다."[139]

우리는 13.2.에서 칼뱅이 아담, 타락, "원죄"에 대해 설명하는 것을 고찰할 것이다.[140] 그는 아우구스티누스와 루터와 비슷한 노선을 따라 죄의

---

136) Calvin, *Institutes*, I:1:3, vol. 1, 212.
137) Calvin, *Institutes*, I:1:6, vol. 1, 215.
138) Calvin, *Institutes*, I:1:8, vol. 1, 217-218.
139) Calvin, *Institutes*, I:1:8, vol. 1, 218.
140) Calvin, *Institutes*, I:1:5, vol. 1, 214은 그 말을 명시적으로 사용한다.

결과를 다룬다. 칼뱅은 죄의 "지배권"이 "온 인류에게 미친다"고 말한다.[141] 당연히 "아우구스티누스는 지체 없이 의지를 종으로 부른다"고 그는 설명한다.[142] 많은 이들이 『기독교강요』 제2권 3장을 가장 어려워할 것이다. 칼뱅은 이렇게 진술한다. "의지가 죄에게 종노릇할 때, 그것은 꾸준히 선을 추구하기는커녕 선을 향한 움직임조차 가질 수 없다."[143] 의지는 "죄를 향한 가장 강한 감정에 붙잡혀 있다"(상기 인용 부분). 그러나 칼뱅은 "당연히 악에 이끌리는" 의지는 "그럼에도 자원하여 죄를 짓는다"고도 말한다.[144] 이 논리는 칼뱅이 아우구스티누스와 같이, 자유를 여러 선택들 가운데서 하나를 택하는 능력이 아니라 의지와 행동을 통해 욕망을 충족시키는 능력으로 이해한다는 것을 상기하지 않으면, 모순처럼 보일 수 있다.

이런 해석학적 맥락은 그것이 교리적 추상화로 간주될 때, 즉 "발생하는 물음"이 아니라 하나의 "문제들"로 간주될 때, 매우 거슬리게 보일 수 있는 것을 완화시킨다. 인간의 속박에 대한 이런 견해는 칼뱅이 『기독교강요』 2권에서 해설하는 구속 신학의 맥락 속에서 **발생한다.** 칼뱅이 이사야서 주석에서 다음과 같이 이 문제를 표현하는 것처럼 "우리의 절망적인 비참을 깨닫지 못하면, 결코 우리는 그리스도께서 가져오는 치유가 얼마나 절실하게 필요한지 알지도 못하고, 또 우리가 마땅히 가져야 할 열렬한 사랑을 갖고 그리스도께 나아가지도 못할 것이다.…각 사람은 그리스도의 변호를 받지 않으면, 자신이 정죄당할 존재라는 것을 유념해야 한다."[145] 구속은 인간의 죄의 내용을 해석하는 근본적인 해석학적 의미의 지평으로 존재한다.

---

141) Calvin, *Institutes*, I:2:1, vol. 1, 222-223.
142) Calvin, *Institutes*, I:2:7, vol. 1, 229.
143) Calvin, *Institutes*, I:3:5, vol. 1, 253.
144) Calvin, *Institutes*, I:3:5, vol. 1, 253-254.
145) Calvin, *Commentary on Isaiah*, on 33:6. Timothy George, *Theology of the Reformers* (Nashville: Broadman and Leicester: Apollo, 1988), 213-223도 참조하라.

# 13장
## 타락과 집단적 죄의 해석학

## 13.1. 전통적으로 타락의 신학으로 해석된 성경 본문의 해석학

해석학의 맥락에서 보면, 전통적인 타락 교리의 주된 중요성은 인간의 죄가 행동뿐만 아니라 **인간의 상태와 지위**도 내포한다는 것과, 죄는 종종 구조적·집단적 본질에 속한 심각한 **결과**를 수반한다는 것을 강조하는 데 있다. 만약 왜곡된 욕망의 결과를 소외와 자기모순 **상태**, 그리고 판넨베르크가 모든 행복의 원천이신 하나님과 인간의 관계가 손상되거나 파괴된 것을 인간의 "비참"(misery)으로 올바르게 부른 것까지 추적하지 않는다면, 왜곡된 욕망으로서의 기독교적 죄론도 불완전한 교리로 남게 된다. 판넨베르크는 이렇게 말한다. "따라서 인간 생명의 원천이 되시는 하나님과의 교제를 박탈당한 사람들의 운명은 바로 비참이다."[1]

주석학 역시 전통적으로 "타락"이라는 용어에 대해 충분한 교리적 의미를 지지하기 위해 사용된 신약성경 본문들을 다양하게 평가하는 경향을 띤다. 요한 문헌에서 자아의 길의 맹목성, 자기 속임, 완고한 편애를 강조하고, 바울이 "죄 아래" 있는 인간의 집단적 연대성을 각별히 강조하는 것은 기독교 교리에서 크게 병행 관계에 있는 인간의 곤경과 속박에 대한 그림을 심각하게 보여준다. 그럼에도 **아담**의 타락에 대한 설명이 요한복음이나 공관복음에는 나타나 있지 않고, 바울은 아담이라는 말(그리스어 Ἀδάμ)을 유명한 본문인 로마서 5:14과 고린도전서 15:22, 45에서 언급하는 것으로 그친다. 이 본문들에서 바울의 주된 요점은 "아담 안에서"와 "그리스도 안에서"가 가지고 있는 집단적 연대성을 대조시키는 것이다. 신약

---

1) Pannenberg, *Systematic Theology*, vol. 2, 178.

성경에서 아담에 대한 언급은 디모데전서 2:13, 누가복음 3:58, 유다서 14절에서만 나타나는데, 이 구절들은 타락에 대해서 거의 중요하게 설명하지 않는다. 심지어 구약성경에서도 아담 내러티브 자체를 제외하면 **아담**은 신명기 32:8, 역대상 1:1, 욥기 31:33에서만 나타나고, 이 구절들도 아담의 "타락"에 대해서는 전혀 언급하지 않는다.

그렇다고 해서 이것이 죄의 보편성을 대대적으로 심각하게 제시하는 로마서 5:12-21, 로마서 1:18-32, 그리고 바울 서신의 다른 본문들을 축소시키지 않는다. 여기서 물어야 할 물음은 바로 이것이다. 곧 해석학적 맥락에서 볼 때, 신약성경에 나타난 타락 내러티브의 기능과 취지는 무엇이며, 이레나이우스에서 칼뱅 그리고 현대 신학에 이르기까지 교리적 진술은 이 성경적 관점을 반영하는가?[2]

이레나이우스와 테르툴리아누스 시대 이전에, 죄가 세상 속에 들어오기 이전과 이후 아담에 관한 언급의 주된 원천은 신구약 중간기의 유대교 문헌, 특히 유대교 묵시 문헌 자료였다. 또한 아담에 관한 언급은 첫 세기 이후로는 랍비 전승과 문헌에도 나타나 있다. 한 가지 주된 해석학적 맥락은 악의 기원 및 악에 대한 책임과 관련되어 있고, 이에 대해 (예컨대) 「에스드라 2서」(*2 Esdras*)와 「바룩의 시리아 묵시록」(*Syriac Apocalypse of Baruch*)은 전연 다른 답변을 제공하는데, 후자의 사상의 흐름이 더 사변적이다. 다음 부분(13.2.)에서 우리는 아담의 본래 상태에 대한 전통들(어린아이 같은 무구함 또는 신 같은 능력?)을 고찰할 것인데, 거기서는 묵시 자료와 랍비 자료가 상당한 관심을 끌 것이다.

「에스드라 2서」는 인간을 파괴시키는 죄의 책임을 아담에게 돌린다.

---

2) 에밀 브루너는 다음과 같은 언급은 사실을 과장하는 경향이 있다. "역사적 상"(historic picture)의 지위와 정의는 한스 프라이와 다른 학자들의 "역사-같은"(history-like) 내러티브에 관한 연구 이후로 더 세밀하게 좁혀졌기 때문에, "'첫 사람'에 대한 완전한 역사적 상은 오늘날 우리에게는 최종적으로 그리고 전적으로 파괴되었다"(Brunner, *Man in Revolt*, 85).

제3부 기독교 교리의 주요 주제

"오 아담, 네가 무슨 일을 행했느냐? 비록 죄는 네가 지었지만, 타락은 네게만 미친 것이 아니라 너의 후손인 우리에게도 미쳤도다"(「에스드라 2서」 7:118-119; 참조. 「에스드라 2서」 3:4-5). 반면에 바룩은 다른 관점을 제공한다. "그러므로 아담은 단지 자기 자신의 영혼에 대해서만 원인이다. 그러나 우리 각자는 아담 자신의 영혼을 가진 아담이었다"(「바룩 2서」 54:19). 바룩은 아담이 죄를 세상 속에 가져온 장본인이라는 것과 죄의 생리학적 결과에 죽음이 포함되어 있다는 것을 인정한다(「바룩 2서」 54:15). 그렇지만 전가된 죄나 전가된 죄책 개념은 전혀 갖고 있지 않았다. 「모세의 묵시록」 (*Apocalypse of Moses*)은 짐승들이 인간에게 불순종하는 것을 아담의 타락의 결과로 돌린다(「모세의 묵시록」 10-11장). 인간의 죄가 세상 속에 들어옴으로써 일어난 피조물의 "타락"에 관한 개념은 로마서 8:19-23과 병행한다. "피조물(κτίσις, 크티시스)이 허무한 데 굴복하는 것은…."

N. P. 윌리엄스는 창세기 6:1-4에 나타난 "타락"이 「에녹 1서」(*1 Enoch*) 19:1과 「바룩 2서」(*2 Baruch*) 4:7에 나타나 있고, 또 "욕심으로 인한 세상의 부패"는 유다서 6, 7절과 베드로후서 1:4에 나타나 있다고 주장한다. 그러나 윌리엄스는 바울이 알고 있던 "타락" 내러티브는 창세기 3장의 내러티브가 유일하다고 주장한다. 데이비스(W. D. Davies)가 예증하는 것처럼, 랍비 문헌을 보면 יצר־הרע(예체르 하라) 개념은 "악[을 행하는 것]에 대한 경향"으로서의 죄 또는 "악한 충동"으로서의 죄로 묘사하는 것이 지배적이다. 바울은 이 개념에 익숙했을 것이다. 하지만 그것이 타락 교리를 구성하는 것은 아니다. 또한 선에 대한 충동(예체르 하토브)도 있는데, 여기서 "충동"이라는 말은 넓게 보면 현대의 "동인"(drives) 개념과 동등하다. יצר־הרע(예체르 하라)가 없으면 "아무도 집을 짓거나 아내와 결혼하거나 자녀를 낳거나 거래를 하지 못할 것이다." 하나님의 법이 악한 충동을 기르거나 이끌 수도 있다. 그렇다고 그것이 죄의 기원을 설명하기 위해 인용되지는 않는다.[3]

---

3) 기록된 언급들을 추가로 확인하려면 W. D. Davies, *Paul and Rabbinic Judaism*

여러 바울 전문가들은 바울 서신에서 로마서 1:18-32, 5:12-21, 7:7-13을 "바울의 타락 본문"으로 본다. 확실히 이 세 본문에서 바울은 인간의 죄의 보편성을 긍정한다. 그러나 동시에 이 세 본문에서 바울은 인간의 죄가 어떻게 일어났는지에 대한 이론적 설명을 제공하지 않고 인간의 **현재 곤경**을 강조하는 데 중점을 둔다. **이 세 본문의 해석학적 기능은 하나님의 은혜의 풍성함과 그리스도 안에서 그리고 그리스도로 말미암은 구원의 우주적 의미를 예증하는 것이다.** 이것은 우리가 먼저 인간의 필요를 확립하고 그 다음 하나님의 은혜를 설명하는 소위 루터식 접근법을 따를 것인지, 아니면 그리스도의 오심을 먼저 취하고 그 다음 이것을 유대인과 이방인 각각의 입장과 관련시키는 E. P. 샌더스의 "바울에 대한 새 관점"을 따를 것인지를 묻는 피할 수 없는 문제를 남겨놓는다. 만일 우리가 로마서와 바울을 톰 라이트와 리처드 헤이스(Richard Hays)의 "제3의 물결" 노선, 곧 바울 신학을 세상에 대한 다루심의 내러티브로 인식하는 견해를 따라 해석한다면, 결과는 똑같을 것이다.[4] 각각의 경우에 강조점은 아담과 그리스도를 각각 옛 인간과 새 인간의 패러다임 또는 모델로 세우는 **집단적 연대성**에 놓여 있다.

(1) 이 해석학적 지평 안에서 로마서 1:18-32은 이방인과 유대인을 똑같이, "그리스도 안에" 있지 않으면 죄와 하나님의 진노 아래에 있다고 보는 관점에 근거를 제공한다. 율법은 유대인이나 이방인을 막론하고 인간의 곤경을 해소시킬 수 없는 것으로 간주된다(롬 7:7-24). 이 지평 안에서 "아담 안에" 있는 것은 불행한 연대성 속에 함께 묶여져 있는 것이다. 그리고 "그리스도 안에" 있는 것은 새롭고 구속받은 인간성에 참여하는 것이다. "아담 안에서 모든 사람이 죽은 것같이 그리스도 안에서 모든 사람

---

(London: SPCK, 2d edn, 1955), 20-26을 보라.

4) 간단하지만 탁월한 요약은 N. T. 라이트의 *Paul: Fresh Perspectives*에서 특히 "Fighting over Paul's Legacy: Perspectives Old, New and Different," 13-20을 보라.

제3부 기독교 교리의 주요 주제

이 삶을 얻으리라"(고전 15:22). "또 이 선물은 범죄한 한 사람으로 말미암은 것과 같지 아니하니…한 사람의 범죄로 말미암아 사망이 그 한 사람을 통하여 왕노릇하였은즉 더욱 은혜와 의의 선물을 넘치게 받는 자들은 한 분 예수 그리스도를 통하여 생명 안에서 왕노릇하리로다"(롬 5:16-17).

제임스 던은 바울 서신에 나타난 아담의 역할에 대한 사려 깊은 해설과 소위 "타락" 본문 곧 로마서 1:18-32(참조. 롬 3:23), 5:12-20, 7:7-13(참조. 롬 8:19-22)에 대한 주의 깊은 설명을 제공한다.[5] 던은 이렇게 결론짓는다. "인간은 일어섰다고 생각했을 때 넘어졌고, 지혜로운 것이 아니라 어리석게 되었으며, 우월해지기는커녕 더 비천하게 되었다. 인간은 하나님을 닮는 것을 거부했고…그래서 지금은 될 수 있었던 것을 결여하고 있다.…인간은 크게 파괴된 결속력, 좌절감, 무익함을 나머지 피조물과 공유하고 있다."[6] 비록 창세기 2-3장이 이런 결론을 시사하고 자극하는 자료의 하나로 자리 잡고 있다고 해도, 아담 내러티브는 독립적으로 작용하지 않는다. 반대로 바울의 "타락" 본문의 종합적 목적은 측량할 수 없는 풍성한 은혜를 전달하는 데 있다.[7]

로마서 1:18-32이 「솔로몬의 지혜서」(Wisdom of Solomon) 7:1과 9:2-3, 특히 14:8-31과 15:8-13과 같은 헬레니즘적인 유대교 자료와 내용상 병행을 이루고 있다는 것은 신약 학자들 사이에서 거의 논란이 없다. 사실상 바울은 이방인 가운데 만연한 우상 숭배와 윤리적 율법폐기주의를 공격하는 디아스포라 유대교 회당 설교의 흔한 내용을 되풀이한다. 그런데 바울은 유대교 자료와 병행하는 것처럼 보이지만 오직 마지막 부분에서만

---

5) James D. G. Dunn, *The Theology of Paul*, 79-101.
6) Dunn, *Paul*, 101.
7) C. K. Barrett, *From First Adam to Last: A Study in Pauline Theology* (London: Black and New York: Scribner, 1962); Robin Scroggs, *The Last Adam: A Study in Pauline Anthropology* (Philadelphia: Fortress, 1966); E. Brandenburger, *Adam und Christus: Exegetisch-religionsgeschichtliche Untersuchungen zu Röm. 5:12-21 (1 Kor. 15)* (Neukirchen: Neukirchener, 1962)도 참조하라.

결정적으로 다른 내용을 제공한다. 곧 바울은 "유대인이 이방인보다 더 나은 것이 무엇이냐?"고 묻는다. 그리고 이렇게 선언한다. "그러므로 남을 판단하는 사람아, 누구를 막론하고 네가 핑계하지 못할 것은 남을 판단하는 것으로 네가 너를 정죄함이니…무릇 율법 없이 범죄한 자는 또한 율법 없이 망하고, 무릇 율법이 있고 범죄한 자는 율법으로 말미암아 심판을 받으리라.…율법을 자랑하는 네가 율법을 범함으로 하나님을 욕되게 하느냐…예수 그리스도를 믿음으로 말미암아 모든 믿는 자에게 미치는 하나님의 의니 차별이 없느니라. 모든 사람이 죄를 범하였으매 하나님의 영광에 이르지 못하더니"(롬 2:1, 12, 23; 3:22-23).

바울은 "타락"을 과거의 악의 기원에 대한 설명으로 인용하지 않는다. 다만 예외 없이 찾아낼 수 있는 **인간 죄성의 현재적·포괄적·우주적·보편적 범주를 현재의 단일한 연대성으로** 제시하는 설명으로써 사용한다. 유대인과 이방인은 **똑같이** 그리스도로 말미암은 **하나님의 값없는 은혜**가 없으면 멸망할 운명에 놓여 있다. 따라서 여기서 우리는 로마서 4:4-5을 주목하게 된다. **은혜**의 원리가 모든 사람을 지배하거나 아니면 **행위의** 원리가 모든 사람을 지배하거나 둘 중 하나다. 아브라함 내러티브가 모든 면에서 예증하는 것처럼, 오직 하나님만이 "죽은 자를 살리실" 수 있다(롬 4:17). 만일 누구든지 "유대인"의 모델을 추구한다면, 그는 아브라함이 자기 자신이 아니라 오로지 **하나님의 약속**을 의지했다는 것을 직시해야 할 것이다(롬 4:20).

(2) 이로 말미암아 우리는 여기서 소위 두 번째 바울의 "타락 본문" 곧 로마서 5:12-21로 나아가게 된다.[8] 로마서 4:1-5:11은 생명을 유일하게

---

8) 롬 5:12-21에 대해서는 특히 C. E. B. Cranfield, *The Epistle to the Romans*, ICC, 2 vols. (Edinburgh: T&T Clark, 1975), vol. 1, 269-295을 보라. James D. G. Dunn, *Romans 1-8* (Dallas: Word, 1988), 269-303과 Joseph A. Fitzmyer, *Romans*, Anchor Bible (New York and London: Doubleday, 1992), 405-428도 참조하라. 『앵커바이블 로마서』(기독교문서선교회 역간).

제3부 기독교 교리의 주요 주제

제공하는 주권적이고 자유롭고 살리시는 하나님의 은혜에 대해 상술한다. 그리스도인에게 이것은 "우리가 서 있는 은혜"다. 말하자면 우리를 형성시키는 이해와 형성의 지평을 결정하는 은혜다. 로마서 5:6-11은 은혜가 죄보다 측량할 수 없을 정도로 더 풍성하다는 주장에 길을 열어준다. 로마서 5:15은 명시적으로 "이 [값없는] 은사는 그 범죄와 **같지 아니하다**"고 말한다. 어떤 점에서 이것이 사실인가? 바울은 다음과 같이 답변한다. (1) 사망이 죄로 말미암아 세상 속에 들어왔고, "모든 사람이 죄를 지었으므로 사망이 모든 사람에게 이르렀다"(롬 5:12). (2) 사망은 율법이 오기 이전이나 이후를 막론하고 인간의 실존적인 질서의 특징이었다. "아담으로부터 모세까지 아담의 범죄와 같은 죄를 짓지 아니한 자들까지도 사망이 왕노릇 하였나니"(5:14). (3) 그러나 은혜의 선물은 단순히 죄와 사망의 지배와 같지 않다. 왜냐하면 사망이 "한 사람의 범죄를 인하여" 세상에 들어왔다고 해도(롬 5:15), "하나님의 은혜와 또한 한 사람 예수 그리스도의 은혜로 말미암은 선물은 **많은 사람에게 넘쳤**"기 때문이다(5:15하). 은혜의 선물의 효력은 "더욱" 크고 "넘칠" 정도로 나타난다(5:16-17).

이 모든 것은 타락에 대한 추상적 원리로 보일 수도 있는 것에 대한 이해의 지평을 제공한다. "그런즉 한 범죄로 많은 사람이 정죄에 이른 것 같이, 한 의로운 행위로 말미암아 많은 사람이 의롭다 하심을 받아 생명에 이르렀느니라. 한 사람이 순종하지 아니함으로 많은 사람이 죄인 된 것 같이, 한 사람이 순종하심으로 많은 사람이 의인이 되리라"(롬 5:18-19). 율법이 죄의 증가를 자극할 수 있으나 은혜의 효력이 "더욱 넘쳤고"(롬 5:20), 사망이 지배하는 자리에 **은혜**가 새로운 "왕노릇"을 시작한다(5:21). 다시 말하면 **집단적 연대성이 양쪽으로 갈라진다.** 만일 우리가 "아담 안에" 있는 통상적인 경향을 공유하는 것에 대해 불평한다면, 어떻게 우리는 **더욱 넘치는** "그리스도 안에" 있는 통상적 유익들을 공유하는 것을 기대할 수 있는가?

이 모든 주장에서 "타락"에 대한 자료는 "그리스도 안에" 있는 것이 무엇을 의미하는지를 해설하기 위한 파생적 유비를 구성한다. "그리스도 안에" 있지 **않는** 것이 무엇을 의미하는지에 대한 추론도 추가로 얻게 되겠지만 말이다. 이것은 그리스도와 상관없이 존재하고, 또 존재했기 때문에 아담의 인간성으로 돌아갈 것이다. 기독교 전통 밖에 있는 통상적 가정, 즉 바울과 그리스도인들이 "아담이 죄를 범하고 우리가 대가를 치른다"라고 가르치고 있다는 가정은 바울의 논리와 맞지 않는다. 바울은 "**모든 사람이 죄를 지었으므로** 사망이 모든 사람에게 이르렀느니라"(롬 5:12)고 진술한다.

크랜필드(C. E. B. Cranfield)는 특유의 명민함으로 이 요점을 명료하게 제시한다. 그는 "아담은 오직 자신의 파멸에 대한 책임만을 져야 한다"는 주장이 반론으로 제기될 수 있다고 한 다음, 계속해서 이렇게 말한다. "그러나 이에 대한 답변으로 바울은 이 본문에서 그리스도와 아담의 유사점뿐만 아니라 차이점도 제시하고 있다는 사실이 지적될 수 있다.…바울은 아담으로 말미암아 우리의 것이 되는 죄책 역시도 우리의 죄 지음과는 독립적이어야 한다고 주장한 것이 틀림없다거나…행위로부터 결과가 도출되는 방식이 여기서도 정확하게 병행해야만 하는 것은 아니라고 주장할 권리가 우리에게는 없다."[9] 여기서 주된 강조점은 "하나님의 은혜의 효력과 형언할 수 없는 풍성함에 있다.…20절 후반부에 묘사된 은혜의 승리 자체가 목적이 아니다. 이 승리의 목표는 찬탈자의 죄를 내쫓고, 죄가 왕노릇하는 것을 은혜가 왕노릇하는 것으로 대체시키는 데 있었다."[10] 이것이 로마서 5:12-21의 전체 주장의 해석학을 형성한다. 캐제만은 이렇게 지적한다. "바울이 여기서 일차적으로 말하는 것은 왕노릇하는 권세의 행위와 처벌이 아니라…주재권의 영역에 대한 것이다."[11]

---

9) Cranfield, *Romans*, 278; 참조. Dunn, *Romans 1-8*, 294-298.
10) Cranfield, *Romans*, 288, 294.
11) Ernst Käsemann, *Commentary on Romans*, trans. G. W. Bromiley (Grand Rapids: Eerdmans, 1980), 150; 참조. 139-158. 『국제성서주석 34: 로마서』(한국신학연

(3) 로마서 7:7-13(그리고 7:14-25)은 아담과 "타락"을 명시적으로 언급하지 않는다. 그러나 대다수 바울 전문 학자들은 이 본문에서 "내"가 주로 자전적 개념이라는 해석을 거부한다. 그리고 일부 학자들은 "나"의 정체성이 암묵적으로는 아담에게 귀속된다고 본다. 크랜필드가 지적하는 것처럼, 어쩌면 "바울은 일종의 일반화 용법으로 1인칭 단수형을 사용하고 있는지도 모른다." 그러나 바울은 창세기 3장의 내러티브를 "염두에 두고 있었다."[12] 메토디우스(Methodius), 몹수에스티아의 테오도루스(Theodore of Mopsuestia), 그리고 테오도레투스(Theodoret)는 여기서 바울이 아담의 이름으로 말하고 있다고 생각했다.[13] 그러나 이것이 사실이라고 하더라도, 여기서 해석학적 지평은 구원사 속에서 율법이 맡은 역할과 관련되어 있다. 율법은 하나님이 주신 거룩한 것이지만 죄의 효능을 파기하거나 새 질서를 일으킬 힘은 없다. 제임스 던이 지적한 것처럼, 바울은 구원의 과정이 완성에 도달할 때까지의 종말론적 긴장을 드러낸다.[14]

## 13.2. 타락과 본래 상태? 교부들의 사상과 개혁파 신학

대다수의 교부 저술가는 바울의 해석학을 공유하는데, 이는 "타락" 개념이 하나님의 은혜와 기독론을 포괄적으로 해설하는 범주 안에서 그 역할을 수행하고 있다는 점에서 그러하다. 그러나 어떤 교부 저술가는 이외에도 아담 내러티브에서 논리적 추론을 이끌어내지만 바울이나 다른 성경 전통의 지지를 거의 또는 전혀 받지 못할 결론을 탐구한다. 동시에 극소수의

---

구소 역간).

12) Cranfield, *Romans*, 342, 343; 참조. 340-370.
13) Methodius, *Discourse on the Resurrection*, II:1 (Migne, *Patrologia Graeca*, vol. 18, 296-298).
14) Dunn, *Romans 1-8*, 377; 참조. 375-412.

교부 저술가는 사실상 전혀 타락 교리라고 할 수 없는 견해를 제공한다. 예를 들어 알렉산드리아의 클레멘스는 죄와 죽음의 관련성이나 죄와 선택의 자유에 대한 죄의 영향의 관련성을 보지 못한다. 또는 이 사고의 맥락과 관련된 집단적 연대성의 역할을 알고 있지 못한 것으로 보인다. 여기에는 다음과 같은 여러 논쟁적인 주제들이 등장한다.

(1) **형상과 모양.** 간단히 말해 이레나이우스가 창세기 1:26-27에 나오는 **형상**(히브리어 צֶלֶם, 첼렘, 그리스어 εἰκών, 에이콘)과 **모양**(히브리어 דְּמוּת, 데무트, 그리스어 ὁμοίωσις, 호모이오시스)을 구분한 것은 잘 알려져 있다.[15] 오늘날 대다수 주석가는 이 문맥에서 두 용어를 특히 히브리어 대구법의 맥락 안에서 사실상 동의어로 간주한다. 루터는 이러한 주석상의 문제를 잘 알고 있었다. 루터 이후로는 죄나 타락 교리의 기반을 앞과 같은 추정된 구분에 두려는 시도가 견고한 주석적 기초가 없는 것으로 정당하게 간주되었다.

(2) **"타락" 전 인간의 상태는 미성숙한 순진함**의 상태였는가, 아니면 **"원의"**(original righteousness)의 상태였는가, 아니면 단순히 **정해진 것이 없**는 상태였는가? 거듭 말하지만 교부 시대에 이 문제를 다룬 중요한 사상가는 이레나이우스였다. 이레나이우스는 타티아노스를 따라 "타락" 전 아담은 불완전하고 미성숙한 어린아이로 지음 받았다고 주장했다. 이레나이우스는 이렇게 말한다. "[지음 받은] 인간은 어렸고, 어린아이로 존재했다. 인간은 자라서 충분히 성숙한 상태에 이르러야 했다.…인간의 지성은 아직 충분히 성숙하지 못했고, 따라서 인간성은 속이는 자에게 쉽게 미혹되었다."[16] 그러나 그리스도 역시 "받으신 고난으로 순종함을 배웠다"(히 5:8)

---

15) Irenaeus, *Against Heresies*, V:6:1.

16) Irenaeus, *Demonstration of the Apostolic Teaching* 12, L. M. Froidevaux (ed.), *Sources Chrétiennes* (Paris: Cerf, 1965), vol. 62, 52; 오래된 자료는 *Demonstration of the Apostolic Teaching*을 언급하지 않는데, 그 이유는 이 작품이 불과 20세기 초에 발견되었기 때문이다. *Demonstration of the Apostolic Teaching* 13-14과 *Against Heresies*, IV:64:1도 보라.

는 사실을 감안할 때, "그리스도께서 참된 형상을 보여주셨다"는 개념(이레 나이우스가 인정하는)은 만약 그리스도께서 이 형상을 갖고 있는 것이 미성숙함이나 순진함을 함축한다면[17] 문제가 있는 것으로 보인다. 이런 경우 어떻게 그리스도께서 이런 "형상과 모양"으로 땅에 대한 지배권을 행사하고, **하나님**이 어떤 분이신지를 세상에 보여줄 수 있겠는가? 어떤 이들은 "하나님의 형상"이 그분의 존재의 "가장 충만한" 표상을 보여줄 필요는 없다고 대답하겠지만, 그리스도의 경우에는 이것이 억지처럼 보인다.

슐라이어마허는 이 물음에 대해서 애매한 입장을 취한다. 슐라이어마허는 이렇게 선언한다. "아담은 처음에 죄를 범하기 **전에** 하나님과 분리되었던 것이 틀림없다. 왜냐하면 그렇지 않았다면 어떻게 아담이 자신의 욕망에 빠져 하나님의 명령에 그토록 명백히 불순종할 수 있었겠는가?"[18] 슐라이어마허는 자신이 이런 견해를 견지하는 것은 "자유주의적" 창세기 내러티브 해석에 의존하는 것이 아니고, 자신의 이론 즉 더 높은 종교 의식을 향한 인간의 움직임에 내재되어 있다고 주장한다.[19] 예상대로 슐라이어마허의 "타락"에 대한 견해는 비판자가 많다. 에밀 브루너는 약간 가혹하기는 해도 "슐라이어마허는 죄에 대해서 전혀 다루지 않고 죄의 발전 단계를 다룬다"고 강하게 비판한다.[20]

한편 타락하기 전 아담이 갖고 있었던 "**원의**" 개념에 대해서도 비판이 없는 것은 아니다. 판넨베르크는 이렇게 말한다. "성경신학의 시험대를 거치면 아담의 타락 이전 상태의 온전함에 대한 전통적 교리는 들어갈 자리가 거의 없다."[21] 본래의 "온전한" 형상 개념은 유대교 묵시 문헌과 랍비

---

17) Irenaeus, *Against Heresies*, V:16:2; 참조. III:32:1.

18) Schleiermacher, *The Christian Faith*, 295; 참조. 292-304.

19) Schleiermacher, *The Christian Faith*, 296.

20) Emil Brunner, *Man in Revolt: A Christian Anthropology*, trans. Olive Wyon (London: Lutterworth, 1939), 124.

21) Pannenberg, *Systematic Theology*, vol. 2, 214.

문헌에서 그 표현이 발견된다. 아담은 "제2의 천사"로 창조되었다고 말해진다(「에녹 2서」 30:11). 아담의 몸은 온 세상을 채웠다(「레위기 랍바」 18). 아담이 죄를 범했을 때 "태양의 빛"을 상실했다(「창세기 랍바」 11; 「바바 바트라」 58상; 「예루살렘 타르굼」 창 2:7).[22] 교부들 가운데 암브로시우스(Ambrose)는 "원의"를 제대로 정식화한 최초의 그리스도인 저술가로 널리 알려져 있다. 암브로시우스는 이렇게 말한다. "아담은 낙원에서 천상의 존재였다"(라틴어 *Adam cum in paradiso esset coelestis erat*).[23] 아담은 천상의 은혜로 반짝반짝 빛나는 "천사와 같았고", "하나님과 말을 주고받았다"(*loquebatur cum Deo*).[24]

암브로시우스는 아우구스티누스에게 강력한 영향을 미쳤고, 아우구스티누스에게서 "원의" 개념이 가장 발전하게 되었으며, 이후 이것은 랍비 전승에서 추가로 언급되었을 것이다. 그리스 교부들 가운데 크리소스토모스는 낙원에서의 아담의 상태를 고통 없는 실존으로 설명한다.[25] 아우구스티누스는 타락 전 아담이 탁월한 지적 능력을 소유했고, 이 능력으로 동물들의 이름을 지어주었다고 추정한다(창 2:20).[26] 이 능력은 영적·도덕적 영역으로 확대되었다. "인간의 본성은 처음에 열매가 없고 아무런 죄가 없는 상태로 지음 받았다."[27] 그러나 타락 이후로 흠이 들어왔고, 이것은 "흠이 없으신 창조주에게서 나오는 것이 아니라 자유의지(*liberum arbitrium*)로 말미암아 저질러진 원죄의 형태로부터(*ex originali peccato*) 나온다. 이런 이유로 우리의 죄된 본성은 정당한 형벌을 받도록 되어 있다."[28]

---

22) 이 자료들은 J. Jeremias, "Αδάμ," *TDNT*, vol. 1, 141과 H. L. Strack, P. Billerbeck (ed.), *Kommentar zum Neuen Testament aus Talmud und Midrasch*, 6 vols. (Munich: Beck, 1922), vol. 3, 254과 vol. 4, 892, 964-965에 인용된 것이다.

23) Ambrose, *Exposition: Sermons* 15:36, 시 118편 부분.

24) 이 말은 N. P. Williams, *Ideas of the Fall*, 301에 인용되었다.

25) Chrysostom, *Homily on Genesis*, 16 (Migne, *Patrologia Graeca*, vol. 53, 126-127).

26) 참조. Augustine, *On the Trinity*, 13:7; *On the Literal Meaning of Genesis*, 9:12:20.

27) Augustine, *On Nature and Grace*, 3 (3).

28) Augustine, *On Nature and Grace*, 3 (3), Latin, *Corpus Scriptorum*

아타나시오스도 이 관념에 가까웠지만, 이를 성경 본문으로부터 얼마나 적절하게 추론할 수 있는지에 대해서는 신중한 태도를 보여주었다. 아타나시오스는 아담이 타락하기 전 어린아이 같았다는 이레나이우스의 견해를 분명히 거부한다. 대신 아담이 고도의 지성적·도덕적 능력을 갖고 있었다고 믿는다. 만약 아담이 순수한 마음을 갖고 있지 못하고 이런 성찰 능력이 없었다면 어떻게 하나님과 교제를 누릴 수 있었겠는가? 이것은 거의 원의 교리와 같다. 하지만 아타나시오스는 그것을 명백한 교리로 정식화하는 데는 미온적이다. 죄는 φθορά(프토라)를 가져오는데, N. P. 윌리엄스는 이 맥락에서 "분열"(disintegration)을 가리키는 것으로 해석한다.[29] 아타나시오스는 타락을 부패와 타락의 과정이 시작됐을 때, 특권의 지위에서 본성의 지위로 전락하는 것으로 본다.[30]

종교개혁 이전과 종교개혁 시대에 도미니크회 학자들은 프란체스코회 학자들과 달리 아우구스티누스의 원의 교리를 인정했다. 루터와 칼뱅은 아우구스티누스의 교리를 분명히 보여주었다. 칼뱅은 타락의 결과에 관한 명확한 견해를 갖고 있다. 그는 이렇게 말한다. "이것이 바로 초기 기독교 저술가들이 원죄라는 이름으로 부른 전가된 부패성으로, 이 원죄는 이전에 가졌던 선하고 순결한 본성을 잃어버린 것을 의미한다."[31] 그는 원죄 개념에 대한 "많은 토론"과 논쟁이 있었음을 인정한다. 여기에는 "펠라기우스가 아담이 죄를 범한 것은 단지 자기 자신에게만 해를 끼쳤고 자신의 후손에게는 해를 끼치지 않았다는 불경스러운 허구"도 포함된다. 그러나 그는 계속해서 이렇게 말한다. "그러므로 정통파 사람들, 누구보다 특별히 아우구스티누스는 우리가…모태에서 본질적 부패성을 갖고 태어나…

---

*Ecclesiasticorum Latonorum*, vol. 60, ed. C. F. Urba, J. Zycha (Vienna: Tempsky, 1913), 235.

29) Williams, *Ideas of the Fall*, 260-261.

30) Athanasius, *On the Incarnation*, 6:1; 참조. 3:4, 14, 22:1-2.

31) Calvin, *Institutes*, II:1:5 (Beveridge edition, vol. 1, 214). 참조. II:1:5-11.

'내가 죄악 중에서 출생하였음이여, 어머니가 죄 중에서 나를 잉태하였나이다'(시 51:5)라는 사실을 증명하려고 애썼다.…그러므로 불순한 씨로부터 태어난 우리는 모두…하나님의 눈에 더럽고 오염된 존재로…이미 죄에 오염된 상태로 세상에 태어났다."[32]

칼뱅은 이것을 더 깊이 해설한다. 그는 바울 안에 이러한 관점을 제공하는 해석학적 맥락이 있다고 인정한다. "모든 사람이 죄를 지었으므로…또한 은혜도 의로 말미암아 왕노릇하여"(롬 5:12, 21).[33] 그러나 인간의 본성 전체는 "말하자면 죄의 모판으로…하나님께 가증스러운 것이다.…[죄의 모판은] 끊임없이 새로운 열매를 맺는다."[34] 원죄는 "원의의 결여"라고 말하는 것으로도 충분치 않다. 왜냐하면 그렇게 되면 사실을 효과적으로 말하지 못하기 때문이다. "아담이 의의 원천을 저버린 이후로 영혼의 모든 부분이 죄로 얼룩지게 되었다."[35] 이 부패성은 우리가 "본성"이라고 부를 수 있는 것을 다시 정의한다. 지금 이것은 "부패한 습관"을 포함하는데, 그것은 인간이 "본질상 진노의 자녀"(엡 2:3)이기 때문이다.[36]

오토 베버(Otto Weber)는 "종교개혁자들이 반펠라기우스주의에 반대하여 기본적으로 아우구스티누스의 교리를 회복시켰다"고 말한다.[37] 그러나 베버는 "개혁파 신학"을 옹호함에도 불구하고 이렇게 주장한다. "'물려받은 죄'의 개념은 신학적 해석이다. 여기서 물음은 그 개념이 성경의 증언에 대한 적절한 해석이냐 아니냐다."[38] 베버는 성경의 증언이 명확히 죄의 보편성을 긍정하고, 몇몇 구절 특히 로마서 5:12-21에서는 "본래적 죄악

---

32) Calvin, *Institutes*, II:1:5.
33) Calvin, *Institutes*, II:1:6.
34) Calvin, *Institutes*, II:1:8 (Beveridge edition, 218).
35) Calvin, *Institutes*, II:1:9.
36) Calvin, *Institutes*, II:1:11. 추가로 III:3:13과 IV:15:10을 참조하라.
37) Otto Weber, *Foundations of Dogmatics*, trans. D. L. Guber, 2 vols. (Grand Rapids: Eerdmans, 1981), vol. 1, 602.
38) Weber, *Dogmatics*, vol. 1, 596.

성"뿐만 아니라 "은혜의 보편성"도 긍정한다고 덧붙인다.[39] 베르카워(G. C. Berkouwer)는『교의학』(*Dogmatics*)에서 루터와 칼뱅의 죄 개념에 대해서뿐만 아니라 다양한 종교개혁적 신앙고백의 죄 개념에 대해서도 상세히 해설한다. 베르카워는 인간 죄책의 실재성과 보편성을 강조하지만, 개혁파 신학의 복잡한 사상 속에서 "실재론" 및 "언약적 대표설"과 같은 범주들에 대해서는 유보한다.[40] 판넨베르크는 타락 전 아담의 지위에 관한 사변들에 대하여 올바르게도 유보적인 태도를 취한다. 판넨베르크는 이렇게 말한다. "아담의 타락 전 지위는 사전 증명 없이 단순한 추측으로 그친다. 우리는 하나님의 형상에 관한 신약성경의 어록을 원이야기의 어록과 동일한 차원에 놓고 보는 것일지도 모른다."[41]

(3) **영혼유전설 논쟁.** 해석학에 비추어보면, 영혼유전설과 영혼창조설 각각의 주장에 대한 오래된 논쟁은 성경 전통이 죄 아래 있는 인간의 보편성, 상태, 집단적 연대성을 긍정하는 적절한 이해의 지평 밖에서 발생한다고 볼 수 있다. 기껏해야 이 논쟁은 이해가 아니라 사변적으로 "설명"을 시도하는 것으로 간주될 수 있다. 유전적 전달과 사회 환경의 문제가 더 이상 "영혼"에 대한 사변적 이론에 의존하지 않으면, 이 논쟁의 해석학적 의미는 의심스러운 것이 되고 만다. 물질적 "영혼"에 대한 사변은 어쨌든 성경의 내용과 맞지 않는다.

영혼유전설의 대표적인 옹호자인 테르툴리아누스는 호기심을 끄는 입장을 취한다. 한편으로 테르툴리아누스는 철학으로 오염되지 않은 성경과 사도전승의 사용을 주장한다. 다른 한편으로 영혼유전설을 위하여, 자신이 의존하는 영혼의 물질주의적 관점을 지지하는 스토아 철학에 깊이 의존한다.

---

39) Weber, *Dogmatics*, vol. 1, 596-599.
40) G. C. Berkouwer, *Sin*, trans. Philip Holtrop, Studies in Dogmatics (Grand Rapids: Eerdmans, 1971), 특히 424-430, 441-484, 536-539.
41) Pannenberg, *Systematic Theology*, vol. 2, 214.

테르툴리아누스는 "영혼"(라틴어 *anima*)이 "육체" 또는 유사-물질적 실체, 예컨대 "불같은 숨"(그리스어 πνεῦμα πυροειδές, 프뉴마 퓌로에이데스)과 같다는 스토아 사상의 견해를 전유한다. 테르툴리아누스는 성경의 용어인 "생기"(라틴어 *flatus vitae*)를 취하는 것 같지만, 사실상 성경 저자들과는 다른 방식으로 이것을 천상적 실체로 해석한다. 또한 테르툴리아누스는 자신의 견해의 기초를 오늘날 우리가 자아의 심신 통일체로 부르는 것의 경험적 증거에 두고 있지만, 여기서도 그는 다시 성경에서 말하는 통일적 자아가 아니라 자아의 구별된 "부분들"을 생각했다. 테르툴리아누스는 다음과 같이 말한다. "나는 스토아 학자들에게 도움을 요청한다.…영혼(*anima*)은 육체적 실체다.…[영혼은] 상처와 아픔으로…육체의 고통을 공유한다.…[그러나] 육체 역시 걱정, 고뇌, 또는 사랑으로…영혼과 함께 고통을 겪는다."[42]

이 기초에 따라 테르툴리아누스는 원죄의 유전을 주장하고, 각 세대는 이전 세대의 파생물(*tradux*)이라고 말한다. 테르툴리아누스는 하와가 "아담의 파생물(*tradux*)"이라는 것을 주장하기 위해 아담과 하와의 갈빗대 내러티브(창 2:21-23)를 언급한다.[43]

오늘날 많은 이들이 악한 성향의 전이를 유사-육체적 "영혼" 속에 두는 것이 개념적 범주 오류이거나, 아니면 더 나쁘게 말해, 오직 유전적 전달에 따라 물려받은 성격적 특성에 대한 행동주의적 설명을 받아들이는 것이라고 주장할 것이다. 생물-유전적 관점에 따라 죄를 설명하게 되면, 성경적·기독교적 교리를 반영하지 못할 것이다. 그리스 교부들 가운데는 니사의 그레고리오스만이 영혼유전설을 지지하는 입장을 취한다.[44]

---

42) Tertullian, *Treatise on the Soul* (또는 *De anima*) 5.
43) Tertullian, *Treatise on the Soul* 36; 참조. 6; 추가로 N. P. Williams, *Ideas of the Fall*, 233-245도 보라.
44) Gregory of Nyssa, *De Hominis Opificio* 29 (Migne, *Patrologia Graeca*, vol. 44, 233-234).

이후로 영혼유전설은 19세기 말 일부 조직신학 속에서 유감스러운 혼란을 일으켰다. 한편으로 찰스 하지는 영혼유전설을 설명하고 그것이 성경적 보증을 결여하고 있다고 결론짓는다. 그러나 어거스터스 홉킨스 스트롱은 긴 논쟁을 통해 영혼유전설을 옹호한다.[45] 하지의 관심은 각 세대에 있어 하나님의 행위의 창조적 역할을 옹호하는 데 있었다. 반면에 스트롱은 죄의 보편성을 낳는 요소에 유전적 요소를 포함시키는 데 관심이 있었다. 그러나 여기서 영혼유전설이 성경 저자들이 갖고 있지 않은 "영혼" 개념을 전제한다는 것을 감안하면, 해석학을 위한 물음은 이것이 이런 물음을 불러일으키는 가장 적절한 이해의 지평인지의 여부다. 영혼유전설은 해석학적 맥락에서 진정으로 "발생하는 물음들"이 아니라 부유하는 "문제들"을 제기하는 조직신학자들의 본보기를 보여준다. 반면에 칼뱅은 성경적 지평 안에서 발생하는 물음들을 제시한다고 토랜스는 우리에게 상기시킨다. 그는 이렇게 지적한다. "칼뱅은 은혜의 맥락이 아니면…죄의 교리를 제시하지 않는다."[46] 이것이 신약성경의 해석학에서 진실이다.


## 13.3. 슐라이어마허에서 니버에 이르기까지
현대 사상에 나타난 죄의 해석학

19세기 초 일부 학자들은 전통 신학과는 다른 출발점에서 시작된 인간의 죄와 타락 교리를 제시하는 데 심혈을 기울였다.

  (1) **프리드리히 슐라이어마허**(1768-1834)는 근본적으로 다른 방식으로 죄를 해석했다. 목슨은 슐라이어마허를 "죄의 주제에 접근하는 데 있어 새

---

45) Charles Hodge, *Systematic Theology*, 3 vols. (New York: Scribner, 1871, rpt. Grand Rapids: Eerdmans, 1946), vol. 2, 68-76; 참조. Augustus Hopkins Strong, *Systematic Theology* (London: Pickering & Inglis, 1907), 493-497.

46) Torrance, *Calvin's Doctrine of Man*, 83(토랜스 강조).

로운 방법…즉 죄를 탐구하기 전에, 죄를 계시하는 능력…곧 하나님-의식을 탐구해야 한다는 것"을 정식화한 신학자로 간주한다.[47] 목슨은 계속해서 이렇게 말한다. "죄에 대한 의식은 하나님-의식의 불충분성 때문에 우리 안에서 일어나는 내적 다툼이다."[48]

그렇기는 해도 이것은 두 가지 다른 방식으로 이해될 수 있다. 20세기 초 많은 학자들은 슐라이어마허가 "의식"을 강조하는 견해를 "심리학적" 또는 내면적 접근으로 간주했다. 그러나 매쿼리의 말에 따르면, 1960년대 이후로 "오토의 '피조물 감정'(creaturely feeling), 슐라이어마허의 '절대 의존 감정'(feeling of absolute dependence), 그리고 틸리히의 '궁극적 관심'(ultimate concern)은 존재론적 직접성의 차원을 내포한다"는 평가가 점차 증가했다.[49] 매쿼리는 "감정 상태의 폭로적 성격"에 대해 말한다.[50] 그는 이렇게 설명한다. "만약 우리가 감정이라는 것이…'지성과 의지를 초월하는 것'이라는 사실을 보지 못한다면 우리는 그를 잘못 해석하게 된다.… 감정이 '단순한 느낌' 곧 주관적 정서라는…전제를 받아들이는 것은…잘못이다."[51]

앞에서 지적한 것처럼, 개혁파 전통에 속해 있는 적어도 한 사람의 학자는 슐라이어마허가 의식을 강조하는 것을 옹호한다. 그것이 하나님의 현존이나 행위의 빛 안에 있는 인간 의식, 슐라이어마허 자신의 용어로 하면 "하나님-의식"이라는 이유에서였다. 레론 슐츠는 칼뱅처럼 슐라이어마허에게도 하나님과 인간 자아 사이에 "호혜적 관계성"이 "해석학적 지평"을 제공한다고 주장한다.[52] 슐라이어마허는 "절대 의존 의식" 또는 "절대

47) Moxon, *The Doctrine of Sin*, 198.
48) Moxon, *The Doctrine of Sin*, 199.
49) John Macquarrie, *Studies in Christian Existentialism* (London: SCM, 1966), 37.
50) Macquarrie, *Christian Existentialism*, 41.
51) Macquarrie, *Christian Existentialism*, 32-33.
52) Shults, *Reforming Theological Anthropology*, 97. 97-116도 보라.

제3부 기독교 교리의 주요 주제

의존 감정"이 어떤 것인지를 상세히 검토한다.[53] 이 말의 더 나은 번역어가『기독교신앙』4부의 제목에서 사용되고 있는데, 곧 "절대적으로 의존하는 것에 대한 의식"(schlechthinig abhängig)이다.[54] 거기서 핵심적인 세 단어는 의식[감정](Gefühl), 절대적으로(schlechthinig), 의존(Abhängigkeit)이다. 나는 1992년 슐츠의 책이 나오기 약 10년 전에 쓴『해석의 새로운 지평』에서 슐츠의 해석을 예견했다. 그때 나는 "절대적으로 의존하는 것에 대한 의식"과 "하나님과 관계 속에 있는 것"을 병행해서 설명했다. 나는 "하나님에 관한 지식과 우리 자신에 관한 지식은 서로의 끈으로 함께 묶여 있다는 칼뱅의 격언을 슐라이어마허는 이런 식으로 찬동한 것"이라고 말했다.[55]

슐라이어마허는 죄에 대한 의식이 우리의 하나님-의식의 불충분성에 대한 의식에서 나온다고 말한다. 죄에 대한 의식은 향상이나 고통에 대한 경험으로 일어날 수 있다. 곧 하나님은 우리의 결함, 고난, 또는 고통을 통하여 우리에게 말씀하실 수 있다.『기독교신앙』2부에서 슐라이어마허는 죄에 대한 자각을 하나님의 은혜와 관련시킴으로써 바울이 갖고 있는 의미의 지평에 거의 진입해 있다.

그러나 깊은 애매성 또한 슐라이어마허 작품의 특징이다. 판넨베르크가 지적한 것처럼, 슐라이어마허는 인간 의식의 직접성, 그리고 일반적 상태로서의 "감정"과 그 "너머에" 있는 것 사이의 관계를 "지나치게 단순화했다."[56] 그렇지만 이보다 더 크게 문제가 되는 것은 찰스 다윈과 허버트 스펜서가 주창한 진화론의 영향이 있기 훨씬 이전에, 슐라이어마허가 발전에 대해서 거의 강박적인 관심을 갖고 있었다는 것이다. 바울이나 요한이 죄는 "발전의 저지"라는 개념을 과연 지지할 수 있었을까? 브루너는 우

---

53) Schleiermacher, *The Christian Faith*, Part I, sects. 3-5, 특히 12-13, 17, 20-24.
54) Schleiermacher, *The Christian Faith*, Part I, sect. 4, 12.
55) Thiselton, *New Horizons in Hermeneutics*, 207; 참조. 204-216, 더 광범위하게는 216-236.
56) Pannenberg, *Anthropology in Theological Perspective*, 252-253.

리가 앞에서 슐라이어마허에 관해 부분적으로 지적했던 것을 비판적으로 평가한다. 브루너는 다음과 같이 말한다. "그[슐라이어마허]의 '원죄' 교리는 이와 같다. 곧 새로운 모든 발전 단계에서 인간은 이전 단계의 방해를 받는다는 것이다.…따라서 원죄(Erbsünde)의 문제는…강력한 자연주의적 색조로 물든 관념론적 진화론에 따라 완전히 새로운 방향으로 진행된다.…슐라이어마허는 죄를 전혀 다루지 않고, 대신 발전 단계를 다룬다."[57] 브루너의 진술은 약간 억지처럼 보일 수 있으나 진정성이 있다.

(2) **알브레히트 리츨**(1822-1889)은 죄와 타락에 대한 아우구스티누스의 전통적 견해에 반대하는 접근법을 제시하는 것으로 널리 알려졌다. 그러나 제임스 리치먼드(James Richmond)는 리츨을 주의 깊게 연구한 결과, 리츨을 사실상 펠라기우스주의자로 간주하는 "고정 관념"을 비판한다. 리치먼드는 리츨이 원죄 교리를 거부했으며 "죄책 감정"(guilty feelings) 외에 다른 인간적 죄책을 거의 거부했다는 것, 그리고 죄를 주로 무지로, 또는 단수형 **죄**가 아니라 복수형 **죄들**로 이해했다는 것을 의심한다.[58] 리치먼드는 리츨에 대한 전통적 이미지가 널리 퍼져 있음에도, 그것이 리츨에 대한 희화화라고 간주한다.

리치먼드가 리츨에 대한 관점을 수정해주는 것은 한 가지 점에서 유익하다. 리츨이 죄에 대하여 현대신학에 건설적으로 공헌한 한 가지 중요한 요점은 성경에 나타난 죄의 **집단적·구조적·공동체적** 본질을 다시 강조한 것이다. 리츨의 두 가지 핵심 관심사를 든다면, 하나는 바울 안에 주로 나타난 믿음을 통해 은혜로 말미암아 얻는 칭의였고, 또 하나는 예수의 가르침 속에 주로 나타난 하나님 나라였다.[59] 하나님 나라에 반대되는 것

---

57) Brunner, *Man in Revolt*, 123-124.

58) James Richmond, *Ritschl: A Reappraisal: A Study in Systematic Theology* (London and New York, 1978), 124.

59) Albrecht Ritschl, *The Christian Doctrine of Justification and Reconciliation: The Positive Development of the Doctrine*, trans. H. R. Mackintosh, A. B. Macaulay

은 무엇이든 죄로 정의되고, 이것은 "개인 생활의 관점 안에서…완전히 표현될 수 없다.…죄의 주체는…다른 모든 것과의 상호작용을…수반하는 각 개인의 이기적 행동이…개인들을 공동의 악에 연루되도록 이끈다는 점에서 모든 개인의 총합으로서의 인간성이다."[60] 한편 리츨은 고전적 자유주의의 몇 가지 주제에 사로잡혀 있었던 탓에 부적절한 종말론을 갖게 되었고, 아래에서 살펴볼 것처럼 "내적" 형벌 개념을 견지하기는 했어도, 우리가 22.4.에서 주장하는 것처럼 최후의 심판에 대한 일종의 "객관적" 개념을 가지고 있지 않았다.

놀랍게도 리츨이 1874년에 이신칭의를 강조하는 결론에 도달하게 된 해석학적 지평은, 한 세기 뒤인 1977년 E. P. 샌더스가 처음 제기한 "바울에 대한 새 관점"이라 불리는 견해와 어느 정도 유사점이 있다. 죄의 본질을 이해하기 위한 우리의 출발점은 인간의 곤경이 **아니라** 하나님 나라와 은혜로 말미암아 얻는 칭의가 되어야 한다고 리츨은 주장했다. 샌더스는 인간의 죄와 함께 시작되는 "루터파"의 해석이나 불트만의 방법을 거부한다. 샌더스는 이렇게 말한다. "바울의 사상은 곤경에서 해결책으로 진행되는 것이 아니라, 오히려 해결책에서 곤경으로 진행된다."[61] 그런 다음 샌더스는 다음과 같이 덧붙인다. "대조는 자기신뢰와 하나님에 대한 신뢰 사이에 있는 것이 아니고…그리스도에게 속해 있는 것과 속해 있지 않는 것 사이에 있다.…노력은 죄가 아니다. 죄는 '그리스도 안에서' 발견되는 것(빌 3:9)이 아닌 다른 **어떤** 목표를 향해 나아가는 것이다."[62] 이와 어느 정도 유사하게, 리츨은 인간이 먼저 인간의 죄를 이해하고 그 다음에 용서를 구해야 하는 것은 사실이 아니라고 주장한다. 그는 이렇게 말한다. "죄의 관념

(repr. Clifton, NJ: Reference Book Publishers, 1966), 10-11.

60) Ritschl, *Justification*, 335.

61) E. P. Sanders, *Paul and Palestinian Judaism: A Comparison of Patterns of Religion* (London: SCM, 1977), 443.

62) Sanders, *Paul*, 482.

을 형성시킬 수 있는 유일한 길은 선의 관념과 비교하는 것이다."[63]

이것이 리츨의 신학에 있는 약점을 지적할 출발점이 될 수 있다. 칭의와 믿음을 크게 강조함에도 불구하고, 리츨은 선, 책임, 의무, 도덕적 투쟁과 같은 칸트의 개념에도 영향을 받았다. 신약성경에서 죄는 "악의 나라"에 저항하는 데 무지하거나 실패하는 문제라고 리츨은 주장한다. 그러면 죄는 왜곡된 욕망과 하나님과의 교제의 파괴가 아니라 윤리적인 철학 개념이 되는가? 목슨은 리치먼드가 리츨에 대해서 희화화하면서 그에 대한 "고정 관념"은 그대로 유지된다고 말한 것은 일리가 있다고 한다. 목슨은 이렇게 말한다. "리츨은 전통적인 원죄 관념을 강하게 거부하고, 펠라기우스의 '본보기의 영향'(influence of example)이라는 관념의 전개에 따라 죄성을 설명하려 하며, 그래서 죄를 철저히 인간의 환경 속에서 찾는다.…죄는 세상 속에서 벌어지는 나쁜 본보기와 매우 복합적인 죄 많은 행동으로 말미암아…일반적으로 도덕적 판단 수준이 낮은 것으로 구성된다."[64]

그러나 이 두 평가에는 어느 정도 진실이 담겨 있고, 각 평가는 다른 쪽 평가를 한정시킨다. 리치먼드는 다음과 같은 사실을 성공적으로 증명한다. 리츨은 전통 교리가 때때로 엄밀한 주석의 범주를 넘어가는 것처럼 보이는 것을 염려한다. 예를 들면 "내가 죄악 중에서 출생하였음이여 어머니가 죄 중에서 나를 잉태하였나이다"(시 51:5)라는 말씀은 정형화된 교리가 아니라 신앙고백이다. 그렇다면 이 말씀이 진정으로 아우구스티누스와 다른 학자들이 부여하는 것과 같은 의미를 갖고 있겠는가?[65] 로마서 5:12-21은 특히 아우구스티누스가 그리스어 "모든 사람이"(ἐφ' ᾧ πάντες, 에프 호 판테스)를 라틴어 "모든 사람 안에서"(in quo omnes)로 번역한 라틴어 성경을 사용하고, 그리하여 "생식적 우두머리" 개념(모든 사람은 아담의 인격

---

63) Ritschl, *Justification*, 327.
64) Moxon, *Doctrine of Sin*, 200.
65) Richmond, *Ritschl*, 130.

제3부 기독교 교리의 주요 주제

속에서 죄를 지었다는 것, 롬 5:12; 참조. 5:19)을 함축하고 있다고 볼 때, 과연 이런 의미를 갖고 있는가? 리츨은 교의나 교리가 오직 성경의 명확한 진술에 기초해야 한다고 주장했다. 이것은 리츨의 해석학적 지평에 건설적 지침으로 작용한다. 그럼에도 목슨이 잘 인지하고 있는 것처럼, 리츨은 경험적 관찰과 19세기 중후반의 심리학 및 사회학 이론을 자신의 교리를 작성하는 원천으로 삼는다.

또한 리츨은 죄와 형벌의 관련성을 실존적으로 또는 개념적으로 "내적인" 것으로 해설한다. 우리는 오리게네스가 사실상 이 개념을 명시적으로 언급한 최초의 인물이었다는 점을 이미 지적했다. "형벌"은 하나님의 외적 개입에서 오는 것이 아니라 자기 파괴적 행동 속에, 죄를 범하는 과정 속에 내재되어 있다. 그것은 "덕은 그 자체가 보상"이라는 개념의 부정적 측면인데, 이는 칸트의 생각이 그 배경 속에 들어 있는 것으로 보인다. 이런 점에서 리치먼드는 다수의 보수주의 비판자들이 리츨에 대해 좋게 말하면 일방적이고, 나쁘게 말하면 부당하다고 평가하는 것을 고찰한다. 리치먼드는 "하나님의 형벌 관념이 전혀 없다"는 이유로 리츨을 비판하는 인물로 제임스 오르, 모즐리(J. K. Mozley), 매킨토시(H. R. Mackintosh)를 열거한다.[66]

리츨의 사상 속에 나타난 아담의 특징은 완전히 신화적인 존재이거나 인간 집단의 대표다. 리츨의 "아담" 해석학은 탈객관적이고 실존적인 불트만의 탈신화화 해석을 부분적으로 예견한다. 그리고 리츨은 괴팅겐 대학교에서 자신의 선임자였던 아이히호른(J. G. Eichhorn)의 신화에 대한 연구를 언급한다. 비록 대다수 학자들이 그 결론을 긍정적으로 간주하는 것 같기는 해도, 결국 리츨이 **객관적** 상황으로서의 **죄책**을 주관적 경험으로서의 죄책 **의식**으로 환원시키는지의 여부는 논쟁거리로 남아 있다.

리츨이 견지한 가장 건설적인 단계와 타당한 해석학적 지평은 죄의 집

---

66) Richmond, *Ritschl*, 133.

단적·공동체적 측면을 강조한 것이고, 이것은 바울, 요한, 구약성경에 충실한 것이다.

(3) 반면에 **프레더릭 테넌트**(Frederick R. Tennant, 1866-1957)는 악과 죄에 대한 **철학적·경험적·개인주의적** 설명을 발전시켰다. 이런 점에서 테넌트의 작품은 19세기 초로 시계를 되돌리는 것처럼 보인다. 19세기 말과 20세기 초의 다른 많은 사상가들과 마찬가지로, 테넌트도 자연주의적 진화론에 지나치게 큰 영향을 받고 모든 것을 발전의 관점에 따라 판단하는 유혹에 빠졌다. 인류학에서 인간은 진화의 초기 단계에서 자연적 과정을 거친 피조물이었다는 것과 죄 혹은 옳고 그름에 대한 도덕적 의식은 오직 점진적으로 나타났다는 것을 증명했다고 테넌트는 믿었다. 다시 말해 "아담"은 초도덕적인 유아기 인간의 신화 또는 상징이다.

테넌트는 20세기 초에 죄에 대한 두 권의 책을 썼다. 『죄의 기원과 파급』(The Origin and Propagation of Sin)은 1901-1902년 케임브리지 대학교 헐시언 강좌(Hulsean lectures)의 내용을 책으로 묶은 것인데, 그는 이 책에서 죄를 진화론에 비추어 조명했다. 두 번째 책인 『죄의 개념』(The Concept of Sin)은 1912년에 출판되었다.[67] 이 책에서 테넌트는 죄를 인간이 하나님에 대하여 책임을 져야 하는 "도덕적 불완전성"으로 간주한다.[68] 그러나 이것은 인간의 **상태**와 관련되어 있는 것은 무엇이든 제외시키고, 아담의 형상에 관한 이론들을 배제한다. 테넌트는 "의지, 오직 의지만이" 죄를 짓고, 죄는 삶의 조건이나 사람의 환경에 귀속될 수 있는 것이 아니라고 말한다.[69] **죄**라는 말은 오직 "더 나은 과정이 알려져 있고 또 그것이 가능한

---

67) Frederick R. Tennant, *The Concept of Sin* (Cambridge: Cambridge University Press, 1912), Frederick R. Tennant, *The Origin and Propagation of Sin* (Cambridge: Cambridge University Press, 2d edn. 1908).

68) Tennant, *The Concept of Sin*, 245.

69) Tennant, *The Concept of Sin*, 246.

데도 고의로 나쁜 쪽을 선택하는 사실"에만 적용된다.[70]

　　테넌트의 이 접근법에 대해서는 기본적으로 세 가지 비판이 가해졌다. 첫째, 테넌트는 죄를 도덕주의 및 도덕적 과실과 혼동한다. 아타나시오스의 공식 어디에 죄가 **하나님을 응시하는 것**을 거부하는 것이라고 했는가? 또는 죄가 **하나님과의 교제**의 파괴라고 강조되는가? 빅넬(E. J. Bicknell)이 지적하는 것처럼, 테넌트는 신학자가 아니라 도덕 철학자로서 말한다.[71] 둘째, "죄에 대한 테넌트의 관점은 순전히 개인주의적이다."[72] 빅넬은 성서학 분야와 정치적 사건들, 특히 1914-1918년의 제1차 세계대전에 비추어 "우리는 집단적 책임과 집단적 죄책 관념에 익숙하게 되었다"고 말하는데, 테넌트의 접근법은 "흥미롭게도 시대에 뒤떨어진다"고 지적한다.[73] 셋째, 특별히 테넌트의 책『죄의 기원과 파급』과 관련된 비판이 제기된다. 이 책에서 테넌트는 진화론에 비추어 죄의 교리를 작성하려고 시도했다. 다시 말해 빅넬은 제1차 세계대전과 1923년에 쓴 글에 비추어, "인간은 타락하지 않았다. 인간은 일어서고 있다"는 테넌트의 개념이 과연 경험적으로 보증되는지 의문을 제기한다. 죄의 개념을 진화론을 따라 설명하는 것은 왜곡된 욕망의 지위와 인간과 하나님의 관계를 무시한다.

　　아담의 형상을 "탈신화화" 하는 과정에서 철학자들이 창조주를 직접 대면한 인간과 이런 만남을 결여하고 있는 배경 속에서 등장한 인간이 다를 수도 있다는 가설을 고려하지 않은 것 같다는 점은 놀랍다. 많은 철학적 담론 속에서 유신론 및 무신론 전제들로부터 도출할 수 있는 다양한 추론을 추적하는 것은 연구의 한 부분이다. 빅넬이 지적한 것처럼 이렇게 연구할 때, 아담 내러티브의 역사적 재구성을 요청해야만 하는 것은 아니

---

70) Tennant, *The Concept of Sin*, 247.
71) E. J. Bicknell, *The Christian Idea of Sin and Original Sin in the Light of Modern Knowledge* (London, New York: Longmans, Green, 1923), 32-34.
72) Bicknell, *Christian Idea of Sin*, 32; 참조. 34-37.
73) Bicknell, *Christian Idea of Sin*, 32; 참조. 35.

다.[74] 그러나 자연주의와 인간학이 창세기 내러티브에 대한 포괄적인 평가를 제공할 수 있다고 추정하는 것은 **선험적 실증주의**와 똑같아지는 것이다.

(4) **칼 바르트**(1886-1968)는 "인간의 교만과 타락"을 『교회교의학』 제4권 1, 단원 60에서 다룰 때까지 공식적으로 다루지 않는다. 왜냐하면 바르트는 그리스도에 비추어 오로지 은혜와 심판이라는 맥락 속에서만 죄의 문제를 설명하기 때문이다.[75] **하나님의 형상으로 "참 인간"이신 예수 그리스도의 해석학적 지평 안에서만 인간의 죄의 측면들은 충분히 파악될 수 있다.** 죄는 이 이해의 지평 안에서 오직 하나님이 그리스도로 말미암아 제거하실 수 있는 것으로 나타난다. 오직 성육신과 십자가로 자신을 내어주고 낮아지신 주님이자 종이신 예수 그리스도에 비추어볼 때만, 인간의 죄의 본질은 자충족성, 불신앙, 교만으로 드러나고, 죄가 무엇인지 이해된다.

무엇보다 인간의 죄가 **교만**으로 이해되는 것은 경험적 관찰의 기초 위에서가 아니라, 인간은 자기 자신의 심판을 스스로 정한다는 주장과 관련해서, 심판과 판결과 은혜를 위해 자기 자신을 하나님의 손에 두신 예수 그리스도에 대한 신뢰에 비추어서다. 인간은 심판받는 것을 좋아하지 않지만, 그리스도에 비추어보면 인간의 소외와 속박은 확실히 심판의 결과로 나타난다. 바르트는 이렇게 말한다. "죄를 짓는 인간, 곧 죄인의 속성을 가진 인간이 누구이고 어떤 존재인지는…전체 배경에 대해서 규범적 지위를 갖고 있는 기독론적 통찰에서 나와야 한다."[76] "인간의 타락은…우리가 죄의 본질로 알도록 배운 것, 곧 인간의 교만과 정확히 대응을 이룬다.

---

74) Bicknell, *Christian Idea of Sin*, 98.

75) Barth, *Church Dogmatics*, IV:1, sect. 60, "The Pride and Fall of Man," 358-513; sect. 60:1, "The Man of Sin in the Light of the Obedience of the Son of God," 358-413; sect. 60:2, "The Pride of Man," 413-478; sect. 60:3, "The Fall of Man," 478-513.

76) Barth, *Church Dogmatics*, IV:1, sect. 60:3, 478.

**518**          제3부 기독교 교리의 주요 주제

'교만은 패망의 선봉'이라는 잠언의 말씀은 사실이다."[77]

우리는 **교만**과 같은 **일반적** 범주가 해석학의 우발적 및 특수한 본질과 함께 성경에 나오는 다양한 죄의 모델들을 과연 충분히 정당화할 수 있는 지 의아하게 여길 수 있다. 바르트는 "이 정의가 철저하지 않다"는 것을 인정하고, 이후에 교만을 "하나님의 명령에 대한 파괴", "불법 상태에 들어감", "하나님의 위엄에서 벗어나는…자기소외"와 동일시한다.[78] "인간은 하나님의 명령의 구속적 의미를 무시하고 멸시한다는 점에서…그리고 하나님이 인간 속에 있는 모든 미덕과 선의 원천이라는 확신을 거부한다는 점에서, 죄를 짓는다.…하나님이 바라시는 것은 하나님이 예수 그리스도 안에서 행하신 것 속에 계시된다."[79] 더 구체적으로 말하면, 인간은 하나님과의 언약 관계 속에서 그리고 "하나님에 대해 개방적인" 존재로 지음 받았다.[80] 특히 그리스도 안에서 그리고 그리스도로 말미암아 "화해자 하나님"의 사역은 "우리와 함께하시는 하나님"을 낳는다.[81]

분명히 **교만**이라는 말은 하나님과의 교제의 파괴, 하나님에 대한 불신, 그리고 독자가 『교회교의학』 IV/1에서 확인하는 것처럼 다른 많은 사실을 함축한다. 해석학적으로 매우 계몽적인 바르트 연구의 특징은 화해자 하나님과 "진정한 인간"이신 예수 그리스도에 입각한 이해의 지평이다. 예수 그리스도와의 관계 속에서 교만, 불신, 불신앙, 자기만족, 그리고 하나님과의 교제의 파괴와 같은 다양한 특징적 행위, 욕구, 습관, 상태가 진정으로 무엇인지 파악될 수 있다. 언어적 관점에서 보면, 표제어로서 **교만**이라는 말은 의미의 폭이 너무 넓거나 너무 좁아 보인다. 그러나 신학적 관점에서 보면, 바르트는 이 말이 특히 하나님의 은혜와의 관계 속에서 인

---

77) Barth, *Church Dogmatics*, IV:1, sect. 60:3, 478.

78) Barth, *Church Dogmatics*, IV:1, sect. 60:2, 413, 414.

79) Barth, *Church Dogmatics*, IV:1, sect. 60:2, 414-415.

80) Barth, *Church Dogmatics*, IV:1, sect. 60:2, 421; 참조. IV:1, sect. 57:2, 22-66.

81) Barth, *Church Dogmatics*, IV:1, sect. 57:1, "God with us," 3-21.

간의 죄의 다면적 차원을 드러내는 열쇠를 제공한다는 사실을 정교하게 증명한다.

(5) 에밀 브루너(1889-1966)는 바르트와 근본적으로 두 가지 요점을 공유한다. 첫째, 브루너는 하나님이 인간을 창조하신 목적과 관련해서 죄를 정의하고, 이것이 예수 그리스도 안에서 가장 명확하게 확인된다고 본다. 『반역적 인간』(Man in Revolt)이라는 영어 제목으로 유명한 브루너의 책은 『모순적 인간』(Der Mensch im Widerspruch)의 영문판인데, 이는 하나님의 목적에 대한 "참되고 진정한 인간"의 모순이라는 의미다. 브루너는 이렇게 말한다. "죄로 말미암아 인간은…하나님이 주신 본성을 상실했다."[82] 둘째, 브루너는 계속해서 죄의 진정한 기원이 "인간이 하나님에 대해 독립을 선언하는 것, 곧 하나님의 뜻에 대한 독립으로 인간 자유의 권리를 선언하는 것, 자율적 이성, 도덕, 문화를 구축하는 것…"이라고 말한다.[83] 그는 "이것이 주제넘음, 오만…실제적인 주요한 죄"라고 덧붙인다.[84]

앞서 우리는 리츨이 죄나 악의 집단적·공동체적 본질을 강조하는 것과 테넌트가 얄팍한 개인주의를 주장하는 것 사이의 대조를 지적했다. 브루너는 인간의 죄의 개인적 측면과 집단적 측면의 균형을 정교하고 사려 깊게 제시한다. 한편으로 브루너는 "나는 단지 나 자신에 대해서만 말할 수 있다"고 지적하고, 키에르케고르의 개인에 대한 반성을 높이 평가한다. 다른 한편으로 브루너는 "우리는 연대성으로 함께 묶인 통일체"라고 주장한다.[85] 브루너는 계속해서 이렇게 말한다. "아담의 죄는 하나님과의 친교를 파괴시키고, 동시에 이 죄로 연대성도 끊어진다."[86] "하나님에 대한 반대"는 "서로에 대한 반대"를 낳는다.

---

82) Brunner, *Man in Revolt*, 94.

83) Brunner, *Man in Revolt*, 129.

84) Brunner, *Man in Revolt*, 130.

85) Brunner, *Man in Revolt*, 139-140.

86) Brunner, *Man in Revolt*, 141.

(6) **라인홀드 니버**(1892-1971)는 구조적 죄의 집단적 측면을 탁월하게 포착하고, 그리하여 해방신학이 내세우는 정의와 죄의 문제에 대한 길을 예비한다. 초기에 자유주의 개신교 신학의 사회적 관념들에 관심을 두었던 니버는 산업과 정치 분야의 집단 권력의 가혹한 현실 앞에서, 고수하던 자유주의적 낙관론과 진보주의를 포기했다.[87] 신학적 관점에서 보면, 니버는 칼뱅, 바르트, 브루너, 본회퍼와 유사점을 보여주지만, 구조적 죄의 자기기만에 대한 예리한 분석을 통해 이 주제에 크게 공헌한다.

니버는 이렇게 말한다. "모든 인간 집단 속에는⋯집단을 구성하는 개인들이 그들의 인간관계 속에서 드러내는 것보다 더 심각한 제약 없는 이기주의가 존재한다."[88] 죄와 악은 단순히 사회과학 속에서 일어나는 부적절함이나 잘못에 기인하는 것이 아니다. 결국 "갈등은 불가피하고, 이 갈등 속에서 권력은 권력의 도전을 받도록 되어 있다"고 니버는 지적한다.[89] 모든 사회적 협력은 어느 정도 강제를 필요로 한다. 민주주의의 힘도 실제로는 대다수 사람들이 깨닫는 것보다 더 큰 강제성을 갖고 있다.[90] 국가 또는 대규모 사회 집단이 다른 방법으로 "공통 정신"을 구축할 수 있다고 추정하는 것은 순진한 낭만주의다. 경제가 변하면 권력 소유의 불균형이 나타난다. 존 듀이(John Dewey)와 같은 사회 철학자는 사회나 인간 자아의 복합성을 정당화하지 않는다.

본서에서 제시하는 니버의 분석의 핵심 열쇠는 "모든 인간의 도덕적 삶 속에서 불변적 요소인⋯자기기만과 위선"의 역할이다.[91] 한 가지 주된 실례는 "국가의 부정직함"이다. 국가는 "자국민을 위하여" 다른 국가에 불

---

87) Reinhold Niebuhr, *Moral Man and Immoral Society: A Study in Ethics and Politics* (London: SCM, 1963 and New York: Scribner, 1932).

88) Niebuhr, *Moral Man*, xi-xii.

89) Niebuhr, *Moral Man*, xv.

90) Niebuhr, *Moral Man*, 4.

91) Niebuhr, *Moral Man*, 95.

이익을 일으키는 집단적 자기 이익 행위를 수행할 것이다.[92] "국가의 이기성은 익히 알려져 있다."[93] "이타적인 열정은 국가주의의 저수지 속으로 아주 쉽게 휩쓸려 들어간다."[94] 그러나 이 동일한 원리는 사회적 계급들 편에서도 작동한다. 이 원리는 특히 "권력이…생산 수단의 소유권을 차지할" 때 특권 계급의 이익과 입장을 보호한다.[95] 그러나 "프롤레타리아 계급"이 권력을 차지할 때에는 "도덕적 냉소주의"가 크게 나타난다. 니버는 이렇게 주장한다. "이타주의에 대한 최고의 형식으로서 계급에 대한 충성을 높이는 것은 국가에 대한 충성의 파괴를 자연스럽게 동반한다."[96]

니버는 종교 집단이나 가족 관계도 이 비판에서 열외시키지 않는다. 확실히 정말 무서운 것은 종교 집단이 단순히 자기 긍정과 권력만을 위해 싸우지 않는다는 것이다. 오히려 그들은 추종자들을 "자아에 몰입하도록" 만들 수도 있다. 종교 지도자들은 때때로 "인간 속에 있는 자기중심성"을 이용한다.[97] 사람은 사업이나 일을 할 때 "가족을 위한다"는 명분으로 행위를 할 수 있다. 이 모든 것은 집단적·구조적 차원에서 보면, 위장된 자기 이익을 위한 노력이다. 본회퍼는 개인적 죄책감을 이용하기 위해 설교를 사용하는 것에 대하여 비판하고, 몰트만은 약자의 압제를 이끄는 구조적 불의에 대해 상술한다.[98]

니버는 "죄인으로서의 인간"이라는 주제를 『인간의 본성과 운명』(The Nature and Destiny of Man, 전2권, 1941)에서 신학적 관점에 따라 엄밀하게 제

---

92) Niebuhr, *Moral Man*, 83-112.

93) Niebuhr, *Moral Man*, 84.

94) Niebuhr, *Moral Man*, 91.

95) Niebuhr, *Moral Man*, 114; 참조. 113-141.

96) Niebuhr, *Moral Man*, 152; 참조. 142-168.

97) Niebuhr, *Moral Man*, 54.

98) Dietrich Bonhoeffer, *Letters and Papers From Prison: The Enlarged Edition*, ed. E. Bethge (London: SCM, 1971), 324-329, 339-342. 『저항과 복종』(대한기독교서회 역간); 참조. Moltmann, *The Crucified God*, 291-338.

시한다. 니버는 "개인의 자기중심주의"와 공동체의 "집단적 교만"을 상세히 설명한다.[99] 죄의 뿌리는 "인간의 교만과 권력에의 의지"다. 종교적 차원에서 보면, 죄는 인간이 하나님을 거역하는 것이다. 곧 "인간이 하나님의 자리를 차지하려고 애쓰는 것이다. 도덕적·사회적 차원에서 보면, 죄는 불의다. 거짓으로 교만과 권력에의 의지에 따라 자신을 실존의 중심으로 삼는 자아는 불가피하게 다른 생명을 자신의 의지에 굴복시키고, 그리하여 다른 생명에게 불의를 행한다."[100]

니버는 이런 내용이 로마서 1:18-32에서 바울이 버림받은 세상에 대해 묘사한 것 배후에 놓여 있다고 본다. "미련한 마음이 어두워졌나니"(롬 1:21). 인간은 불안으로부터 자유를 추구하지만, 하나님의 안전한 보장을 신뢰하는 것에서 이 자유를 찾는 것이 아니라, 자기주장과 통제 속에서 찾으려고 한다.[101] "인간은 자신의 우연한 실존에 절대적인 중요성을 부여하려고 할 때 교만에 빠진다."[102] 이것은 인간이 자기 영광을 추구하는 것에 대한 바울의 설명과 일치하고, 아우구스티누스, 루터, 아퀴나스, 칼뱅도 찬성하는 입장이다.[103] 인간적인 자기만족은 어리석은 부자 비유(눅 12:19-20)에서 발견된다. 탐욕은 권력의 한 형태다. 현대의 과학 기술은 인간이 기술력에 숙달되면 불안을 제거할 수 있다고 생각하도록 유혹하는 권력이다. 우리는 앞에서 이것이 "육체를 따라" 사는 것에 대한 바울의 개념을 반영한다고 지적했다.

니버는 "집단이 집단의 목적을 추구할 때, 개인보다 더 오만하고 위선적이고 자기중심적이며 무자비하다"고 주장한다.[104] 니버는 인종적·자연

---

99) Niebuhr, *The Nature and Destiny of Man*, vol. 1, 190-255.

100) Niebuhr, *Nature*, 191.

101) Niebuhr, *Nature*, 195.

102) Niebuhr, *Nature*, 198.

103) Niebuhr, *Nature*, 199. 여기에 예컨대 Augustine, *City of God*, XII:13; XIV:13; Aquinas, *Summa Theologiae*, Ia, Q. 77, art. 4; Calvin, *Institutes*, II:4가 포함된다.

104) Niebuhr, *Nature*, 221-222.

적·사회-경제적 집단의 "자기중심성"을 언급한다.[105] 국가는 우상의 자리를 쉽게 차지하고, 국가의 권세와 요구를 일종의 우상숭배로 높일 수 있다. 또 국가는 "사악한 교만과 우상숭배적인 허례"를 조장할 수도 있다.[106] 예언자들은 이처럼 자신을 하나님의 자리로 높이는 것을 비판했다(사 2:12, 17; 26:3). 능하신 이는 권세 있는 자를 내리치셨으며 비천한 자를 높이셨다(눅 1:52-53).

만일 교만이 삶의 중심을 자아에 두려고 획책한다면, 자아가 욕심에 사로잡히는 일이 육욕에서 나올 수 있다고 니버는 주장한다.[107] 니버는 이 항목 아래에 성적 방탕, 폭식, 무절제, 술 취함, 육체의 욕심에 빠지는 것 등을 포함시킨다. "육욕은 인간이 하나님을 거역한 데서 나오는 이차적 결과다."[108] 육욕에 대한 설명은 바울, 아우구스티누스, 아퀴나스, 루터의 사상 속에서 발견된다. 육욕은 "하나님을 사랑하기보다 자기 자신을 우선적으로 사랑함으로써 모든 피조물과 가변적인 가치들을 과도하게 사랑하는 것"이다.[109]

니버는 구조적 죄의 파괴적 결과, 왜곡된 욕망 속에 있는 구조적 죄의 기원, 하나님에게서 돌아선 구조적 죄의 상태를 탁월하게 설명했다. 이것들은 타당한 이해의 지평이고, 집단적 연대성에 대한 성경의 이해를 정당화한다. 이런 내용을 바울은 로마서 5:12-21의 "아담 안에서"와 로마서 1:18-32에서 인간이 자기의 길을 가는 것으로 설명하고, 로마서 7:7-13과 다른 곳에서는 가르침과 율법의 부적절함 같은 항목 아래 설명한다. 요한이 말하는 "보지 못하는 상태"는 특히 집단적 죄의 관점에서 자기기만의 역할에 대한 니버의 진단을 뒷받침한다. 그러나 이 주제의 어떤 측면에는

---

105) Niebuhr, *Nature*, 222.
106) Niebuhr, *Nature*, 223.
107) Niebuhr, *Nature*, 242-255.
108) Niebuhr, *Nature*, 245.
109) Niebuhr, *Nature*, 247.

추가 설명이나 보충이 필요한데, 이 측면은 특히 일부 페미니즘 학자들에게 비판을 받았다.


## 13.4. 페미니즘 학자에서 판넨베르크에 이르기까지
## 현대 사상에 나타난 죄의 해석학

(7) **니버에 대한 일부 페미니즘의 반응.** 페미니즘 학자들은 니버 연구의 상당 부분에 대한 자기들의 입장을 분명히 표현했다. 1960년대 초 발레리 세이빙(Valerie Saiving)은 여자가 **여성으로서** 받는 유혹이 남자가 **남성으로서** 받는 유혹과 동일하지 않으며, 죄를 교만, 권력에의 의지, 그리고 자기 긍정으로 보는 니버의 진단과 설명은 일반적으로 여자가 아니라 남자에게 적용된다고 주장했다. 세이빙은 만일 여자에 대한 보충 설명이 필요하다면, 그 특징은 "평범함, 산만함, 조직력의 부족, 자기 정의의 타인 의존성" 또는 "자아의 부정"과 같은 말로 더 잘 표현될 수 있다고 주장했다.[110]

1980년 주디스 플라스코(Judith Plaskow)는 예일대 박사 학위 논문에서 당시 폴 틸리히나 니버와 관련된 비판을 상세히 전개했다.[111] 페미니즘 신학 초기에 페미니즘 학자들은 주로 미국에서 나왔고, 니버와 틸리히는 미국 신학에 특별한 영향을 미쳤다. 페미니즘 학자들의 일반적인 주장은 니버와 틸리히가 인간의 죄를 설명하면서 자기들이 강조한 것과 생략한 것을 부당하게 선별했고, 이 선별 과정은 보편적 담화가 아니라 남성 중심적 담화의 안건을 더 쉽게 제시한다는 것이다. 말하자면 여기서 말하는 총괄

---

110) Valerie Saiving, "The Human Situation: a Feminine View," *Journal of Religion* 40 (1960) 100-112.

111) Judith Plaskow, *Sex, Sin and Grace: Women's Experience and the Theologies of Reinhold Niebuhr and Paul Tillich* (Lanham, MD: University Press of America, 1980).

적 경험은 사실상 남성의 경험이라는 것이다. 특히 자기희생을 촉구하는 것은 불균형을 심화시키는데, 왜냐하면 여자들에게는 희생할 "자아"가 별로 없기 때문이다.

다프네 햄슨(Daphne Hampson)은 이 비판에 추가적 내용을 덧붙인다. 햄슨은 특히 독일의 국가사회주의와 미국의 자본주의적인 산업화의 배경 속에서 니버의 공헌을 평가한다. 그러나 죄를 교만과 육욕으로 강조하는 것은 주로 남성 세계에 해당된다. 남자는 여자보다 경쟁심이 더 강하다. 키에르케고르가 니버보다 더 잘 이해한 것처럼, 여자의 죄는 남자보다 더 쉽게 "자기 자신을 제거하기를 바라는" 것이다.[112] 무엇보다 사회 권력과 사회 정의에 관한 지대한 관심에도 불구하고, 인간의 자아에 대한 니버의 주된 이해는 개인주의화의 한 견해로 남아 있다. 니버는 타자와의 관계가 자기 자신의 일부가 된다는 인간의 충분한 사회적·관계적 의미를 결여하고 있다. 인간의 충분한 사회적·관계적 의미는 "단일한 관계성"이 아니라 "본질적 관계성"을 반영한다.[113]

우리는 앞에서 다룬 연구를 통해 칼 바르트와 디트리히 본회퍼의 연구 외에도, 최근 독일의 위르겐 몰트만과 볼프하르트 판넨베르크, 미국의 스탠리 그렌츠, 프랑스의 폴 리쾨르, 영국의 존 매쿼리와 알리스테어 맥퍼딘의 강조점이 이 불균형을 교정하는 데 도움을 주었다고 지적했다. 그러나 이것으로 설명이 다 끝난 것은 아니다. 예를 들면, 그것은 안젤라 웨스트(Angela West), 엘리스 로(Mary Elise Lowe), 그리고 다른 학자들의 작품에서 새로운 형태로 나타났다.[114]

---

112) Daphne Hampson, *Theology and Feminism* (Oxford: Blackwell, 1990), 123.
113) Hampson, *Feminism*, 124.
114) Angela West, *Deadly Innocence: Feminism and the Mythology of Sin* (New York and London: Continuum, 1996); Paul Sponheim, Mary M. Fulkerson, Rosemary Radford Ruether, "Women and Sin: Responses to Mary Elise Lowe," *Dialog* 39 (2000) 229-236.

(8) **폴 틸리히**(1896-1965). 일부 페미니즘 학자들이 니버와 틸리히를 나란히 비판의 대상으로 삼는 것은 이해할 만하다. 왜냐하면 틸리히는 죄를 정의할 때 교만이라는 말을 사용하지 않고 대신 "휘브리스"(그리스어로 "교만"-역자 주)라는 말로 정의하기 때문이다.[115] 틸리히는 "휘브리스는 인간이 자기 자신을 하나님의 영역으로 높이는 것"이라고 말한다.[116] 휘브리스는 "작고⋯평범한" 어떤 것이 아니라 왕, 제사장, 부자, 힘 있는 자를 유혹하는 것이다. 그러나 휘브리스는 비극적인 자기파멸을 일으키고, 신적인 것을 유한한 인간 문화와 피조성에 귀속시킨다.

이것의 포괄적인 배경은 틸리히가 아담과 인간의 "타락"을 "'옛날에' 실제로 일어난 사건으로 보지 않고 보편적으로 인간의 상황에 대한 상징"으로 간주하는 것이다.[117] 이 인간 상황의 핵심은 "실존적 소외"와 "본질에서 실존으로 이동하는 전환"에 있다.[118] 일부 틸리히 비판자들은 이것이 구체적인 내용이 없는 추상적 관념에 불과하다고 주장했다.[119] 그러나 틸리히는 이 주제를 "유한한 자유"의 한 부분으로서 **불안**(Angst)의 실존적 경험이라는 용어로 설명한다. 키에르케고르와 다른 학자들이 인식한 것처럼, 휘브리스는 인간 생활의 비극을 반영한다. 휘브리스는 인간이 "하나님에게서 돌아서고", "자기 자신에게 돌아서는 것⋯그리하여 인간의 의지와 하나님의 의지가 분리되는 것"이라는 점에서 "불신앙"을 함축한다.[120]

무한한 것에서 유한한 것으로 돌아서는 것은 개념상 추상적인 것처럼 보일 수 있지만, 틸리히는 그 의미에 실존적 상징을 제공하려고 애쓴다.

---

115) Tillich, *Systematic Theology*, vol. 2, 56-59.

116) Tillich, *Systematic Theology*, vol. 2, 57.

117) Tillich, *Systematic Theology*, vol. 2, 33.

118) Tillich, *Systematic Theology*, vol. 2, 35.

119) 예컨대 David E. Roberts, "Tillich's Doctrine of Man," in Charles W. Kegley, Robert W. Bretall (eds.), *The Theology of Paul Tillich's Doctrine of Man* (London: Nisbet, 1966), 112-140, 특히 134-140을 보라.

120) Tillich, *Systematic Theology*, vol. 2, 54.

틸리히의 작품 전반에 나타난 한 가지 주된 요점은, 유한한 것 또는 준궁 극적인 것을 궁극적인 것과 혼동하는 것은 **단편적** 실재라는 것이다. 곧 단편적 실재란 마치 부분을 전체처럼 다루는 것이다. 바로 이것이 "악마적인 것"에 대한 틸리히의 이해다. "악마적인 것"은 온전한 실재를 갈라놓고, 전체 대신 "부분"으로 우리를 유혹한다. 여기서 우리는 틸리히가 융(G. Jung)의 영향을 받은 것을 본다. 그러나 죄와 "타락"을 도덕적인 영역으로부터 분리시키려고 애쓰는 가운데, 틸리히는 "죄"가 거의 인간의 유한성을 불가피하게 함축하는 것으로 만든다. 예컨대 틸리히는 유한성과 인간의 죄 또는 악을 매우 명확히 구분하는 리쾨르의 관점을 분명히 결여하고 있다.

(9) **베르카워**(1903-1996). 베르카워는 개혁파 신학의 전통 안에 서 있고, 『인간과 하나님의 형상』(Man and the Image of God) 및 『죄』(Sin)를 비롯해 선별적으로 영어로 번역된 18권에 달하는 교의학 총서를 저술했다. 네덜란드어판 『죄』는 두 권으로 출간되었다. 베르카워의 죄와 타락의 신학은 칼뱅의 신학을 반영하고, 현대에는 바빙크(H. Bavinck)의 신학을 반영한다. 원죄 부분에 대한 설명을 보면, 베르카워는 이원론을 거부하고 아우구스티누스와 칼뱅의 견해를 따라 인간 의지의 역할을 강조하는데, 특히 원죄는 인간 의지가 하나님과 분리됨으로써 "미련하고" "무감각하게" 된 사고방식에서 나오기 때문이다.[121] 베르카워는 로마서 1:18-32과 6:23에서 특별히 언급하는 "죄의 엄중함"을 강조하고, 이 엄중함을 하나님의 은혜의 배경막으로 묘사할 뿐만 아니라 그분의 거룩하심의 전제로도 사용한다.[122] 베르카워는 다양한 형태로 죄를 묘사하는 다수의 성경 용어를 제시한다.

(10) **칼 라너**(1904-1984). 라너는 죄의 본질을 "하나님을 거부하는 선험적 자유의 현실화"로 이해한다.[123] 그러나 인간은 개인적 배경에서만 하나

---

121) Berkouwer, *Sin*, 140; 참조. 130-148.
122) Berkouwer, *Sin*, 234-322.
123) Karl Rahner, *Foundations of Christian Faith*, trans. W. V. Dych (New York: Crossroad, 1978), 115.

님을 거부하는 것이 아니다. 비록 인간이 "자유로운 주체"라고 해도, 이 자유는 분명히 "사람들에 대하여 자기만의 독특한 세계를 구축하는 다른 모든 사람의 자유로운 역사"로 말미암아 제약을 받는다. 또한 이런 "세계"는 "불가피하게 다른 모든 사람의 자유의 역사를 흔적으로 갖고 있다."[124] "원죄"는 죄나 죄책의 생물-물리학적 전달을 함축하지 않는다. 가톨릭교회의 교리에 따라, 라너는 이 전달이 일어난다고 해도 법적 전가나 생물학적 유전이 내포되어 있지 않다고 덧붙인다. 여기서 핵심 요점은 모든 인간은 각자 세상 속에서 자신의 출발점에 대하여 다른 사람에게 제약을 받는 물질성 또는 집단성 안에 살고 있다는 점이며, **만일 "내"가 자유롭다면, 다른 사람들 역시 자유롭다**는 것이다. 여기서 라너는 **해석학적** 성찰을 덧붙인다. 비록 가톨릭교회의 교리가 "원죄"라는 **말**이 표상하는 실재를 보존하고 있다고 해도, 우리는 원죄라는 말을 사용하지 않고도 원죄의 내용 자체에 대해 말할 수 있고 또 말해야 한다. 원죄라는 말은 너무 크게 오도된 개념을 전달하기 때문이다.

(11) **한스 큉**(1928- ). "죄와 죽음", "죄의 비참함", "인간의 파멸"에 대한 큉의 설명은 은혜로 말미암는 칼 바르트의 칭의 신학에 대한 가톨릭교회의 반응을 배경으로 주어진다.[125] 의심할 것 없이 큉은 바울이나 바르트와 같이 **은혜**를 자신의 이해의 지평 중심에 둔다. "사람은 은혜 아래 있으면 있을수록 그만큼 더 자유로운 존재가 된다."[126] 큉은 죄인의 속박 상태가 경시되거나 흐려져서는 안 된다고 주장한다. 확실히 죄인의 속박 상태에 대한 개념은 트리엔트 공의회를 비롯해 가톨릭교회 전통 속에 견고하게 근거를 두고 있다. 성경 역시 죄와 죽음의 신학적 연계성 및 때로는 경험

---

124) Rahner, *Foundations*, 107.

125) Hans Küng, *Justification: The Doctrine of Karl Barth and a Catholic Reflection*, trans. Thomas Collins (London: Burns & Oates and Nelson, 1964), 141-180.

126) Küng, *Justification*, 176.

적 연계성까지도 증언한다. "죄는 언약에서 떨어져 나가는 것, 곧 하나님에게서 떨어져 나가는 것이다. 전체 실존을 하나님의 사랑에 의존하는 인간은 죄로 말미암아 자신의 실존의 근거에서 떨어져 나갔다. 그리하여 인간에게 이 근거는 상실되고 없다."[127]

(12) **존 지지울라스**(1931- ). 예상할 수 있는 것처럼 우리는 그리스 교부들, 특히 아타나시오스의 메아리를 동방 정교회 신학자인 존 지지울라스에게서 발견한다. 그는 이렇게 말한다. "존재론의 관점에서 보면, 타락은 **친교에 의존하기를 거부하는 것** 곧 진리와 친교 사이에 분열이 나타나는 것이다"(지지울라스 강조).[128] 아타나시오스와 마찬가지로 지지울라스도 하나님과의 친교뿐 아니라 동료 인간과의 친교를 언급한다.

지지울라스는 그리스 교부들의 견해에 따라, 타락은 새로운 상황을 일으킨 것이 아니라 피조성 속에 내재된 잠재적 위험을 드러내고 현실화시켰다고 주장한다. 특히 인간은 타락으로 더 이상 서로 간의 친교나 하나님과의 친교에 우선권을 두지 않았다. 이에 따라 "존재론에서 **개인주의**"에 부당하게 초점이 맞추어진다(지지울라스 강조).[129] 결국 타락은 인간 실존을 파괴한다. 아울러 진리와 행동 및 진리와 사랑의 관련성도 붕괴시킨다. 또 타락은 요한 문헌을 비롯해 성경이 강조하는 "진리를 행함"이라는 개념도 상실시킨다. 이처럼 개인주의와 이론적 진리가 이중으로 결합됨으로써 우리는 "개인적 자아"를 "실존의 궁극적 준거점"으로 삼게 되었고, 이것은 성경이 정죄하는 자아를 하나님의 자리까지 높이는 것과 일치한다.[130]

(13) **볼프하르트 판넨베르크**(1928-2014). 바르트와 마찬가지로 판넨베르크도 "인간의 존엄과 비참"에 대한 물음을 합당하게 제기하고, 지적으

---

127) Küng, *Justification*, 146.
128) John D. Zizioulas, *Being as Communion: Studies in Personhood and the Church* (Crestwood, NY: St. Vladimir's Seminary Press, 1985), 102.
129) Zizioulas, *Communion*, 103.
130) Zizioulas, *Communion*, 105.

로 수용할 만한 답변 속에서 해석학적 이해의 지평을 확립한다.[131] 하나님과의 교제는 인간의 운명이고, "성자의 성육신에서 결정적인 현실로 발견된다."[132] 하나님과의 교제는 인간의 존엄과 비참을 이해하는 출발점을 제공한다. 판넨베르크가 선택한 어휘를 보면 이 적절한 해석학적 구조의 근본적 중요성을 납득할 수 있다. **비참**(misery)이라는 용어는 얼핏 보면 우리가 다음과 같은 글을 읽기 전까지 과장된 표현처럼 보일 수 있다. "따라서 비참은 인간 생활의 목적인 하나님과의 교제를 박탈당한 자들의 운명이다."[133] 생명, 은혜, 선한 모든 것의 원천에 참여하고 소통하고 친교를 나누는 존재와 하나님의 은혜와 함께 주어지는 모든 것을 "박탈당한" 존재 사이의 대조는, 비참이라는 단어가 바울이 "진노 아래" 있는 존재라고 묘사한 것을 가리키는 데 적절한 용어임을 암시한다.

그러나 **비참**이 대다수 다른 용어들보다 인간의 사악함에 대하여 더 많은 것을 우리에게 말해주는 또 다른 심원한 이유가 있다. "'비참'은 우리가 하나님으로부터 분리되었다는 사실을 압축적으로 보여줄" 뿐만 아니라, 심지어 "상실"이라는 말보다 더 강력한 의미를 내포하고 있다.[134] 비참이라는 말은 죄의 본질을 행동뿐만 아니라 **상태**와도 관련된, 특히 **소외**의 조건 또는 상태와 관련된 것으로 강조한다. "우리는 우리 자신을 [어떤 행동을 통해] 어떤 사람과 분리시킬 수 있고, 또 **소외의 상태** 속에 둘 수도 있다."[135] 판넨베르크는 신약성경(엡 4:18; 골 1:21)에 나타난 소외로부터 폴 틸리히의 소외에 대한 재해석, 그리고 헤겔과 마르크스의 자기소외 개념으로 이어지는 흐름을 추적한다.

---

131) Pannenberg, *Systematic Theology*, vol. 2, 175-275.

132) Pannenberg, *Systematic Theology*, vol. 2, 176.

133) Pannenberg, *Systematic Theology*, vol. 2, 178.

134) Pannenberg, *Systematic Theology*, vol. 2, 179.

135) Pannenberg, *Anthropology in Theological Perspective*, 267-293. 여기서 판넨베르크는 성경을 비롯하여 마르크스, 프로이트, 브리지트 버저(Brigitte Berger), 틸리히 그리고 다른 학자들의 작품 속에 나타나 있는 소외의 지평을 추적한다.

판넨베르크는 "원죄 교리의 붕괴가 죄의 개념을 "죄의 **행위**"에 정박시키도록 이끌었고, 결국 "**개인적** 행위로 환원되고 말았다"는 것을 분명히 인정한다(티슬턴 강조).[136] 위에서 지적한 것처럼 이로 말미암아 천박한 도덕주의가 판을 치고 있고, 바울과 요한 속에서 그리고 현대 사상가들 가운데, 특히 니버에게서 두드러지게 나타나는 구조적·집단적 죄의 차원이 심각하게 무시되는 경향이 나타나고 있다. 판넨베르크는 "죄"를 단지 인습을 폐지시키는 것으로 간주하는 자들과 니체와 프로이트의 비판에 빌미를 제공해줄 가능성이 있는 피상적인 개인주의와 도덕주의를 상세히 해설한다. 판넨베르크는 기독교가 정반대로 자기 죄책에 대한 내면적인 반성에 사로잡혀 있다고 공격하는 자들에 대하여, "기독교 신앙은 죄의 사실을 만들어내는 것이 아니라 죄의 사실을 전제로 한다"고 선언한다.[137]

그러므로 우리는 여기서 죄와 죄의 파괴적 결과에 대한 책임을 성찰해 보아야 한다. 오늘날 우리 문화는 대체로 모든 악에 대한 비난을 남에게, 때때로 특정한 사람들에게 떠넘길 뿐만 아니라 "되도록이면 사회 제도의 익명의 구조와 압력 속에" 둔다. 그러나 "지금 책임은 … 오로지 우리 자신에게 있다."[138] 성경의 전통은 죄의 파괴적 결과를 강조하는데, 이것은 죄와 악의 온갖 파괴적 힘들이 반드시 모든 사람에게 분명하게 드러나는 것은 아니기 때문에 더욱 중요하다. 이스라엘의 대표적인 예언자들은 때때로 자기 파괴의 비극을 설명할 때나 억압과 불의의 결과를 폭로할 때, 이 죄의 파괴적인 결과를 강조했다. 또 예언자들은 하나님이 죄의 파괴적 결과를 제한하시는 이유, 곧 이 결과를 억제하시는 하나님의 은혜와 보호에 대해서도 선포했다.

판넨베르크는 성경에서 죄에 해당되는 다양한 히브리어와 그리스어

---

136) Pannenberg, *Systematic Theology*, vol. 2, 234.
137) Pannenberg, *Systematic Theology*, vol. 2, 236.
138) Pannenberg, *Systematic Theology*, vol. 2, 237.

어휘들에 적절한 의미를 부여하는 몇 안 되는 현대 신학자 중 한 명이다. 죄는 실패나 과녁을 빗나가는 것을 가리킬 뿐만 아니라 **배교**(히브리어 **페샤**)와 **범죄**를 가리키기도 한다. 성경 저자들은 "마음의 악함"에 대하여 말하고, 깨끗한 마음을 위하여 기도한다(시 51:10; 렘 32:39; 겔 11:19; 36:26). 여기서 우리는 **왜곡된 욕망**으로서의 죄라는 근본 개념으로 나아가게 된다. 판넨베르크는 많은 학자들이 아우구스티누스를 심각하게 비판하는 것을 인정한다. 하지만 그는 이 비판 때문에, 왜곡된 **욕망**이라는 용어로 죄에 대한 바울의 진단을 더 깊이 전개하는 "[아우구스티누스의] 특별한 업적에 우리가 눈을 감아서는 안 된다"고 지적한다.[139] 현대의 많은 학자가 아우구스티누스를 너무 성급하게 처리한다.

나아가 아우구스티누스는 인간의 죄를 "의지의 자율성이라는 관점과 동일시한다. 의지의 자율성은 자아를 중심에 두고, 다른 모든 것은 자아에게 대한 수단처럼 목적을 사용한다.[140] 이 맥락에서 교만은 뒤틀린 욕망을 일으킨다. 교만은 자아를 위해 자아가 바라는 모든 것을 추구한다. 이 점에서 교만은 "과도한 자기 긍정"의 행위, 태도, 습관이 된다.[141] 뒤틀린 욕망은 구조적 원리가 된다. 뒤틀린 욕망은 "자아에 집착하는 것"이 될 수 있다.[142] 어떤 사회적 배경은 뒤틀린 욕망의 파괴적 결과를 크게 높일 수 있다. 그러나 죄는 "우리 속에 거하는 권능이다"(롬 7:17). 죄는 개인의 "마음"에 기원을 두고 있다.[143] 죄는 보편적이다. 하지만 이 보편성을 "사회적 배경"에 귀속시키는 것만으로는 충분하지 않다. 인간의 문제점은 "인간의 1차적 관심사를 자기 자신에게 두는 것이다.…인간은 진정한 정체성을 결여하고 있다.…인간은 자기가 자기 자신으로부터 소외되어 있음을 증명

139) Pannenberg, *Systematic Theology*, vol. 2, 241.
140) Pannenberg, *Systematic Theology*, vol. 2, 243.
141) Pannenberg, *Systematic Theology*, vol. 2, 243.
142) Pannenberg, *Systematic Theology*, vol. 2, 250, 251.
143) Pannenberg, *Systematic Theology*, vol. 2, 256.

한다."[144]

판넨베르크는 우리가 인간의 속박이라는 주제를 피할 수 없다고 주장한다. "우리는 최소한의 한계 안에서만 우리 자신이 될 방법을 선택할 수 있는 것이 전부다."[145] 심지어 이것도 부정적인 결과를 가져온다. 판넨베르크는 이렇게 말한다. "비록 하나님에 대한 관계가 결심의 대상은 아니라고 해도, 오직 하나님이 차지해야 할 자리를 자아에게 둠으로써, 우리를 하나님과 분리시키는 절대적인 자기 의지의 암묵적 형태가 여기서 작용하고 있다."[146] 죄는 우리를 지배하는 "권능"인데, 그것은 죄가 생명을 약속하기 때문이다. 우리는 더 온전한 삶에 대한 희망을 품고 죄를 붙잡는다. 그러나 결국 죄는 죽음 외에 아무것도 아니다(롬 7:11; 참조. 롬 3:23). 판넨베르크는 이렇게 지적한다. "바울이 진술한 것처럼 죄와 죽음의 연계성에 대한 내적 논리는 모든 생명이 하나님에게서 온다는 전제에서 나온다."[147]

판넨베르크는 성경 전통과 신학의 역사, 그리고 다른 사상으로부터 이끌어낸 죄의 교리에 대해 날카롭고 일관적이고 적절한 설명을 제공했다. 판넨베르크의 설명은 다양한 이해의 지평에 대하여 해석학적 적합성과 민감성을 갖고 있다. 이 설명은 우리가 제시하는 역사적 개관에 적절한 정점을 제공한다.

---

144) Pannenberg, *Anthropology in Theological Perspective*, 266.

145) Pannenberg, *Systematic Theology*, vol. 2, 260.

146) Pannenberg, *Systematic Theology*, vol. 2, 261.

147) Pannenberg, *Systematic Theology*, vol. 2, 266; 참조. 265-275.

**14장**
십자가 신학의 해석학과
언어적 통용성

## 14.1. 해석학의 출발점: 두 종류의 이해 지평

십자가에 대한 기독교 선포의 해석학적 출발점을 탐구하는 것은 결코 쉬운 작업이 아니었다. 교리의 **내용**이라는 관점에서 보자면, 바울은 복음의 참된 본질과 복음의 메시지를 십자가라는 관점으로 정의한다. 복음의 메시지는 바로 "**십자가의 도**"(ὁ λόγος ὁ τοῦ σταυροῦ, 호 로고스 호 투 스타우루; 고전 1:18)다. 바울은 갈라디아 교회 교인들에게 인사말을 전하던 도중에 "그리스도께서…우리를 건지시려고 우리 죄를 대속하기 위하여 자기 몸을 주셨으니"라는 말로 인사말을 중단하고, 몇 구절 뒤에서 "우리가 너희에게 전한 복음 외에 다른 복음을 전하면 **저주**를 받을지어다"라고 말한다 (갈 1:4, 8). 그렇지만 바울은 "십자가의 도가 멸망하는 자들에게는 미련한 것"(μωρία, 모리아)이라는 사실을 알고 있다(갈 1:18). "십자가에 못 박힌 그리스도(그리스어에서 관사가 없는 형태, χριστὸν ἐσταυρωμένον, 크리스톤 에스타우로메논)를 전하는 것은 유대인에게는 **거리끼는 것**(σκάνδαλον, 스칸달론)이고 이방인에게는 **미련한 것**"이다(고전 1:23).

기독교 교회 밖에 있는 자들에게 어려움을 일으키는 난제가 오랜 세월 동안 반드시 동일하게 남아 있는 것은 아니다. 마르틴 헹엘의 고전적인 십자가의 죽음 연구는 십자가의 죽음 자체의 거북스러운 성격만이 아니라, 심지어 1세기 당시에는 십자가를 이야기하는 것이 불쾌할 수 있었다는 사실을 탁월하게 설명했다.[1] 헹엘은 이런 메시지를 전하는 것이 미친 짓

---

1) Martin Hengel, *The Cross of the Son of God*, trans. John Bowden (London: SCM, 1986). 이 책은 별도로 출판된 *Crucifixion* (London: SCM, 1976)을 포함하고 있다.

(μανία, 마니아)이라고 표현한 유스티누스의 말을 우리에게 상기시킨다.[2] 십자가는 수치의 상징(αἰσχύνη, 아이스퀴네; 히 12:2)이자, 켈수스의 말을 빌리면 "굴욕적인" 죽음의 표시였다.[3] 그리스와 로마의 역사가들은 십자가에서의 죽음을 노골적인 가학증(사디즘)을 반영하는 잔혹하고 "야만적인" 죽음의 한 형태로 인식했을 뿐만 아니라, 생각의 대상으로 삼기에도 부적합한 것으로 간주했다.[4] 헹엘은 이렇게 지적한다. "공적인 장소에서—교차로, 극장, 높은 곳에서—벌거벗은 희생자를 공개적으로 전시함으로써, 십자가에서의 죽음은 또한 가장 비참한 죽음을 표상했다. 신명기 21:23을 배경으로 삼아, 특별히 유대인은 이것을 매우 잘 알고 있었다."[5]

보다 최근에 L. L. 웰본은 심지어 십자가의 죽음이나 십자가를 언급한 대화만으로도 사회적 오명을 뒤집어써야 했다고 강조했다. 웰본은 이렇게 말한다. "바울이 십자가를 미련한 것이라고 부를 때 그것은 십자가에 못박힌 그리스도에 대한 메시지가 당대의 엘리트들에게는 추잡하고 상스러운 농담으로 간주되었다는 것을 의미한다."[6] 그러나 이것은 다음과 같은 2세기의 표준화된 반응과 비교하면 아무것도 아니다. 어떻게 "신"이 죽을 수 있단 말인가?

몰트만이 통렬하게 지적하는 것처럼, 우리 시대에는 이 문제가 거의 뒤집혀버렸다. 몰트만이 (H. J. 이반트를 인용해서) 말한 것처럼, 십자가는 2천 년 동안 존경으로 채색되었다. "우리는 십자가를 장미꽃으로 장식했다. 우

---

93-188을 보라.

2) Justin, *Apology*, I:13:4.

3) Origen, *Contra Celsum* 6:10.

4) Dio Cassius 7:2; 11:4; 63:13:2; Tacitus, *Annals* 14:33:2; 참조. Hengel, *Cross*, 114-155.

5) Hengel, *Cross*, 179.

6) L. L. Welborn, *Paul, the Fool of Christ: A Study of 1 Corinthians 1-4 in the Comic-Philosophic Tradition*, JSNTSS 293 (London and New York: Continuum, T&T Clark, 2005), 2, 여러 곳.

리는 그런 십자가로부터 구원론을 만들었다. 그러나 그것은…십자가 안에 내재된 쓰라림과는 거리가 멀다.…"[7] 오늘날 십자가의 문제는 확실히 1세기의 문제와는 다르다. 한편으로 십자가의 문제는 앨런 리처드슨이 특수성의 걸림돌로 부른 것에 있었다. 말하자면 **세상**의 구원의 운명이 어찌하여 **나사렛 예수**의 말씀과 행위에 달려 있어야 하는가? 다른 한편으로 십자가의 문제는 **희생**, **심판**, **속죄**, **구속**과 연관된 언어와 논리의 문제다.

그리스도의 십자가의 도와 신학에 대한 해석학적 반성을 해보면, 우리가 **두 가지 다른 이해의 지평**에 연루되어 있다는 사실을 확인할 수 있다. 인간됨과 왜곡된 욕망을 설명하는 장에서 보는 것처럼, 이 두 지평은 따로 설명을 해야 할 만큼 근본적으로 다르지 않다. 이 두 지평을 여기서 제시하면 다음과 같다. (i) **첫 번째** 이해의 지평은 **이해를 추구하는 자들의 최초의 전이해 또는 이해를 위한 준비**와 관련되어 있다. (ii) **두 번째** 이해의 지평은 만일 이해 과정에 왜곡이 들어가거나 곡해가 일어나지 않는다면, **주제의 타자성이 요구하는 것**과 관련되어 있다.

(i) 첫 번째 이해의 지평은 **전이해**(Vorverständnis)의 발견 가능성을 탐구하는 것과 관련되어 있다. 이 전이해는 사람들의 **사전 지평** 혹은 **현존 지평**이 이해되어야 할 내용과의 **중첩 지점** 또는 **참여 지점**을 발견하도록 허락할 것이다. 우리는 어떻게 다음과 같은 사람들, 즉 십자가의 신학과 관련해서 지금까지 자신에게 미지의 영역으로 남았던 것에 고정 지점을 제공하거나 공명을 이루는 이해를 필요로 하는 사람들에게서 이해의 지평을 확인할 수 있을까?

20세기 초중반까지 옛 신약 학자들은 바울과 "헬라파" 교회가 유대교-팔레스타인 환경 속에서 온전한 의미를 갖고 있던 하나님 나라와 "마

---

7) Jürgen Moltmann, *The Crucified God: The Cross of Christ as the Foundation and Criticism of Christian Theology*, trans. R. A. Wilson, John Bowden (London: SCM, 1974), 36.

지막 때"의 시작에 관한 언어를 구원, 영생, 주되심, 신과 함께 죽고 사는 것과 같은 "헬레니즘" 시대의 어휘를 위해 폐기시켰다고 주장하곤 했다. 1913년에 처음 출판되고, 1970년에 영어로 번역된 빌헬름 부세(Wilhelm Bousset)의 『주 그리스도』(*Kyrios Christos*)는 이에 대해 잘 알려진 한 실례를 제공한다.[8] 부세는 최초 그리스도인들이 "인자"를 예수의 주된 호칭으로 사용했으나, "그리스도"나 "인자"는 헬레니즘 토양에서 자명한 통용성을 갖고 있지 못했기 때문에 바울이 세운 교회들은 결국 이 호칭들을 "주"(퀴리오스)라는 호칭으로 대체했다고 주장했다. 부세의 많은 가정들, 특히 유대-팔레스타인과 그리스-이방인 문화 및 지리적 경계 사이의 날카로운 대립 관계에 대한 가정은 최근 학계에서 신뢰를 잃었다. 그중에서도 헹엘이 가장 두드러지게 이것을 의심했고, 하워드 마셜(I. Howard Marshall)도 마찬가지다.[9]

첫 번째 의미에서 오늘날을 위한 이해의 지평을 탐구할 때, 우리는 십자가의 신학을 소외와 속박과 같은 **인간의 "곤경"이라는 측면**과 함께 시작하고, 이 요소가 십자가라는 "해결책"을 이해하기 위한 노력으로 이어지는 "루터파" 전통을 따라 접근할 수도 있고, 아니면 E. P. 샌더스의 견해에 따라 이런 해석학적 과정이 바울에게는 부정확한 것인지를 알아보기 위해 소위 "바울에 대한 새 관점" 논쟁을 살펴보는 것이 적절할 수도 있다. 일부 해석학적 전략들은 전후 관계에 대한 물음과 상관없이 "아담 안에" 있는 것과 "그리스도 안에" 있는 것에 동등하게 적용되는 **인간적 연대성** 개념을 탐구함으로써 십자가의 신학에 접근하고, 이로써 이 두 극단을 피

---

8) Wilhelm Bousset, *Kyrios Christos: A History of the Belief in Christ from the Beginnings of Christianity to Irenaeus*, trans. John E. Steely (Nashville: Abingdon, 1970).

9) Martin Hengel, *Judaism and Hellenism*, trans. John Bowden, 2 vols. (Philadelphia: Fortress, 1974), *Between Jesus and Paul* (Philadelphia: Fortress, 1983).

하고자 한다. 그러나 해석학으로서 더 근본적인 개념은 **우리가 우리 자신을 위해서 할 수 없는 어떤 일을 다른 사람이 우리를 위해 행하셨다는 것**이다. 이것은 인간의 삶 속에서 흔히 겪는 경험이다. 특히 누구나 유아기를 거쳤기 때문에, 이는 어떤 단일한 계급, 인종, 성, 또는 역사 시대나 특별한 일이 아니다. 해방신학의 발흥 및 다양한 독재 정권의 증가와 함께 **억압으로부터의 해방** 역시 구속과 구원의 의미를 쉽게 깨닫게 하는 이해의 문을 열어놓았다.

이것들은 이해의 지평에 대한 **하나의** 본보기를 제공한다. 곧 십자가의 신학에 충분히 참여하는 데 요구되는 **전이해**를 제공할 수 있는 이해의 지평들이다.

(ii) **두 번째 적절한 이해의 지평은, 해당 주제가 다루고 있는 내용을 왜곡시키지 않고 주제에 대한 부적절한 물음을 제기하지 않는 충실한 이해를 위해서 적절한 문맥을 취해야 한다는 지평이다.** 이것은 타자에게 우리 자신의 사전 개념 세계를 강요하지 않고, 본래 그대로 "타자에게 듣는" 것에 관심을 두는 가다머의 관심사 가운데 하나다. 이런 지평을 탐구하는 것은 비록 교리 해석학을 위하여 **둘 다 적합한 해석학적 과제**이기는 해도, 우리가 방금 앞에서 설명한 지평과 동일한 기획은 아니다.

신약성경 저자들은 확고하게 그리스도의 사역에 대한 이해를 **구약성경에 나온 이해의 지평 안에** 두고 있다. 예수 그리스도의 죽음이 속죄 제사에 대한 구약의 전통 속에 얼마나 깊숙이 스며들어 있는지에 대한 이해 없이도 이 죽음이 **희생으로** 해석될 수 있는지, 혹은 21세기 신약성경 독자들이 이 지평 안에 거하는지 하는 물음들을 분리시키는 것은 무익하다. 이보다 더 근본적인 것은 **하나님의 은혜의** 신학이 속죄, 화목, 그리고 관련 개념들에 대한 유명한 논증을 재평가하는 데 가장 유효하다는 것이다. 판넨베르크는 정확하면서도 단호하게 다음과 같이 천명한다. "이후 세대가 전통적 개념들을 이해하기가 어려울 것이라 예상된다는 사실이 **그것을 다른 것으로 대체시키는 충분한 이유가 될 수 없다.** 이 사실이 보여주는 바는, 해석을 통해 이 개념들을 이후 세대에게 열어두고 그 의미를 살아 있도록 유지하는 일이 필수적이라는 것이다. 우리 시대와 같이 세속화된 시대에 사람들이 속죄와 대표(또는 대리)와 같은 관념에 대하여 갖고 있는 문제점은 전통적인 용어들이 어떤 설득력을 상실했다는 데 있는 것이 아니라, **전통적 관념을 해석하는 데 유능한 자들이 자기들의 배경 속에서 충분한 설득력이나 명확성을 갖고 그것을 설명하지 못한다**는 사실에 있다"(티슬턴 강조).[10]

기독교의 가르침과 설교에서 판넨베르크의 이 두 문장보다 교리의 중요성과 교리의 전달을 더 강하게 주장하는 것을 찾아보기는 어려울 것이다. 이는 이어지는 부분에서 이해의 지평의 두 가지 의미 모두를 탐구할 필요를 강조해준다. 두 번째 의미의 **지평**에 있어서 우리는 대표, 대리, 참여와 같은 용어들의 통용성을 유지할 뿐 아니라, 전수되어온 전통들 속에서 이 용어들이 갖고 있던 논리적·개념적 문법을 존중함으로써 이 용어들을 **적절한 역사적 및 논리적-개념적 맥락 안에** 두는 관점을 보존할 필요가 있다. 아울러 우리는 이 용어들과 **하나님의 은혜** 교리와의 관계, 그리고 이 용어들이 속해 있는 **내러티브 역사, 언약, 종말론적 약속**의 방식과의 관계의 결정적 중요성을 존중하고 확인할 필요가 있다.

현재 무엇보다 해석학적으로 가장 민감한 문제는, 지금 언급하고 있는 이 두 종류의 이해의 지평이 **함께** 연루되어 있는 세 가지 종류의 해석의 문제가 아닌가 싶다. 첫 번째 해석의 문제는 "새 관점"에 직면해서 십자가의 신학이 말한 인간 경험의 역할과 관련되어 있다. 이 논쟁은 어떤 **해석학적** 문제들을 일으키는가? 두 번째 해석의 문제는 줄곧 성경이 견지해온 관점이나 지평인 하나님의 은혜를 기준으로 십자가에 관한 모든 해석적 물음에 접근해야 할 해석학적 필요성과 관련되어 있다. 세 번째 해석의 문제는 신약성경에 나타난 그리스도의 사역을 해석하는 데 사용된 다양한

---

10) Pannenberg, *Systematic Theology*, vol. 2, 422.

심상과 관련되어 있다.

(a) "새 관점" 그리고 곤경과 해결책에 관한 논쟁. 물론 "새 관점"이라는 말은 이제 한물갔다. 이 말은 1977년에 바울을 해석하는 데 있어 E. P. 샌더스의 접근법을 가리키는 말로 널리 사용되었다. 어떤 이들은 이 전문 술어가 제임스 던에게서 연원한다고 본다.[11] 샌더스의 관점의 해석학적 측면은 이미 우리가 간략히 언급한 그의 저서 『바울과 팔레스타인 유대교』(*Paul and Palestinian Judaism*)에서 뽑은 다음과 같은 인용문으로 요약할 수 있다. "바울의 생각은 [인간의] 곤경에서 해결책으로 진행된 것이 아니라 도리어 해결책에서 곤경으로 진행된 것으로 보인다.…바울은 '율법 아래' 있는 동안에는 자신을 구원이 필요한 '곤경'을 갖고 있는 자로 인식하지 않았다."[12]

이에 대한 한 가지 이유로, 샌더스는 유대교가 그 자체로 유대교의 율법을 준수한 자들을 위한 은혜의 종교였다고 논증한다. 죄는 "루터파가 말하는" 교만이나 "행위"를 일으키는 율법에 대한 순종에서 나오는 것이 아니라, 언약 밖에서 그리스도를 은혜와 속죄의 수단으로 바라보지 않는 사람들에게서 나온다. 유대인의 "죄"에 대한 바울의 관점은 다른 사람들을 배제하기 위해 율법을 잘못 사용하는 것이었다고 샌더스는 설명한다. 샌더스는 십자가의 도의 출발점이 (불트만의 말에 따라) "죄 아래" 있는 인간이 아니라 그리스도라고 주장한다. 바울의 메시지는 **과거의** 죄에 대한 속죄의 메시지가 아니라 **현재** 그리스도 안에 "참여하는 것"에 대한 메시지다. 바울의 메시지는 "이동"의 신학이다. 곧 그리스도인들은 "아담 안에" 있는 것으로부터 "그리스도 안에" 있는 것으로 이동한다(롬 5:12-21).[13] "바울은 죄와 함께 시작하지 않고…구원의 기회와 함께 시작했다.…바울은 인간에

---

11) James D. G. Dunn, "The New Perspective on Paul," *Bulletin of the John Rylands Library* 65 (1983) 95-122.

12) Sanders, *Paul and Palestinian Judaism*, 443; 참조. 434-447.

13) Sanders, *Paul*, 455-515.

대해서가 아니라 하나님에 관해 설교했다."[14]

이런 견해는 그리스도의 사역에 대한 해석학적 접근법에 어느 정도 딜레마를 던져준다. 본회퍼는 오래전에 구원을 필요나 죄 의식과 동일시하는 접근법, 아니 사실은 그것을 폭로하는 접근법에 물음을 제기했다. 『저항과 복종』(*Letter and Papers from Prison*)에서 본회퍼는 이 접근법에 대해 이렇게 말한다. "내게는 그것이 다 자란 어른을 청소년으로 되돌리는 시도처럼 보인다."[15] 본회퍼는 이 접근법을 채택하는 자들에 대해 이렇게 말한다. "그들은 사람들을 내적 절망으로 이끌고, 그리하여 사냥감이 그들의 손 안에 있다. 이것은 세속화된 감리교다.…평범한 사람은…실존적 절망에 관심을 가질 시간이나 경향이 없다.…기독교 변증이 세상의 성숙함을 공격하는 것은…비열한 일인데, 그것은 사람에게 이질적이고 사람이 충분히 동조하지 않는 목적을 위하여 사람의 연약함을 폭로하려고 시도하는 것이기 때문이다."[16] 본회퍼의 비판은 자신의 "성숙한 세상" 개념을 설명하는 맥락에서 이루어진다.[17]

일부 본회퍼 비판자들은 본회퍼가 복음 전도의 교묘한 조작에 대해서 한 말은 주목할 가치가 있지만, 그 이상의 설명을 너무 지나치게 강조해서는 안 된다고 경고한다. 게르하르트 에벨링은 이렇게 말한다. "만일 내가 실수한 것이 아니라면, 본회퍼의 이름은 그의 마지막 테겔 교도소 편지들 속에서 발견되는 이상한 내용들에도 **불구하고** 오늘날 크게 존경을 받으며 널리 회자되고 있는데, 그 내용들은 그가 초기에 얻은 신망을 결코 파괴하지 못한다."[18] 존 갓세이(John Godsey)는 본회퍼의 마지막 시기를 도

---

14) Sanders, *Paul*, 446.
15) Dietrich Bonhoeffer, *Letters and Papers from Prison*, ed. E. Bethge, trans. Reginald Fuller (London: SCM, 3d enl. edn. 1971), 327 (또한 작은 부피로 편집한 1953 edn. 147).
16) Bonhoeffer, *Letters and Papers*, 326, 327.
17) Bonhoeffer, *Letters and Papers*, 327; 참조. 325-329.
18) Gerhard Ebeling, *Word and Faith*, trans. James W. Leitch (London: SCM, 1963),

제3부 기독교 교리의 주요 주제

전의 시기로 묘사하지만, 본회퍼가 더 이상 "대답"을 듣기 위해 혹은 자기를 보호하기 위해 하나님을 찾는 교회와 세상을 생각하지 않고, 도리어 하나님을 세상의 주님으로 생각했기 때문에 "신학적 분열"의 시기로 설명하기도 한다.[19] 몰트만을 예견하는 본회퍼는, 교회는 오직 "타자를 위하여 존재할 때"만 그 자체로 참될 수 있다고 주장한다.[20] 지나치게 의존적이고 필요를 만족시키는 문화는 미숙한 퇴보로 나아간다. 또한 그러한 문화는 **십자가의 신학**(*theologia crucis*)이 아니라 **영광의 신학**(*theologia gloriae*)으로 전환함으로써 자기 긍정을 조장하고, 그로 말미암아 십자가 자체와 대립하는 정체성을 양성한다.

E. P. 샌더스에게서 시작된 바울에 대한 새 관점에 대해서는 비판자들이 없지 않다. 마르틴 헹엘, 롤런드 데인스(Roland Deines), 프랜시스 왓슨(Francis Watson)은 유대교와 바울에 대한 샌더스의 설명에 대해 결정적이지는 않아도 강력한 비판을 제기했다.[21] 샌더스의 연구는 특별히 더 깊은

---

101-102.

19) John D. Godsey, *The Theology of Dietrich Bonhoeffer* (London: SCM, 1960), 248-249, 270-282. 『디트리히 본회퍼의 신학』(대한기독교서회 역간).

20) Bonhoeffer, *Letters and Papers*, 300, 381 (참조. 요약판 68, 180). Moltmann, *The Crudified God*, 19-20과 Jürgen Moltmann, *The Church in the Power of the Spirit*, trans. Margaret Kohl (London: SCM, 1975), 여러 곳도 보라. 『성령의 능력 안에 있는 교회』(한국신학연구소 역간).

21) Martin Hengel, Roland Deines, *The Pre-Christian Paul*, trans. J. Bowden (London: SCM, 1991). 이 책은 바울 안에 나타난 은혜와 그 은혜로 말미암아 얻는 칭의의 중심성과 십자가가 가져온 반전을 강조하고, 아울러 바울의 해석자로서 아우구스티누스와 루터의 통찰을 옹호한다. Martin Hengel, Roland Deines, "E. P. Sanders, 'Common Judaism,' Jesus and the Pharisees," *JTS* 46 (1995) 1-70은 "가장 낮은 공통분모"와 "현상 유지" 종교의 관점에 따라 샌더스의 포괄적인 유대교 형태를 공격한다. Francis Watson, *Paul and the Hermeneutics of Faith* (London, New York: T&T Clark, Continuum, 2004)는 왓슨이 2002년 9월에 맨체스터에서 개최된 영국신약학회 모임에 제출한 "Not the New Perspective"라는 자신의 이전 논문에 하박국서(1:3; 2:4 등), 소예언서 그리고 다른 구약 본문들에 대한 깊은 비판적 반성과 해석을 포함시켜 발전시킨 작품이다.

단계의 연구와 방법이라는 의미를 내포하기 위해 "새 관점"이라는 말을 만들어낸 리처드 헤이스나 톰 라이트와 연관된 내러티브 접근법에 밀려 나거나 수정되고 있다.[22]

두 번째 의미의 이해 지평, 곧 주제가 요구하는 것과 관련된 지평은 아마 지금도 논란 속에 있을 것이다. 그러나 첫 번째 의미의 이해 지평, 곧 전이해와 관련된 지평에 대해서는 그렇게 말할 수 없다. 갈등, 죄책, 또는 하나님으로부터의 소외에 대한 인간의 경험은 9.1., 11.2., 12.1.에서 주장한 것처럼, 하나님과의 관계 속에 있는 자아를 설명하는 데 있어 필수적인 요소였다. 그리스도의 사역으로 말미암아 주어지는 하나님의 은혜는 아우구스티누스, 루터, 존 웨슬리(John Wesley)와 같이 종종 인용되는 본보기들 속에서 이 경험을 확대시키고 부각시킨다. 루터의 유명한 "탑의 경험"과 같은 인기 있는 경험이 "내면성" 또는 내성의 역할을 과장하거나 희화화하는 경향이 있는 것은 큰 문제가 아니다. 루터가 시편 강의를 준비하고(만일 우리가 그 경험을 1513-1515년으로 본다면), 로마서 1:16-17에 분명히 사로잡힌 것(1513-1515년이든 1518-1519년이든 간에)은 내적 씨름과 함께 루터의 이해를 변화시킨 유력한 요소들이었다.[23] 루터는 다음과 같이 고백한다. "나는 내가 하나님 앞에서 극도로 뒤틀린 양심을 가진 죄인이라고 느꼈다. 하나님이 나의 만족으로 진정되셨다고 믿을 수 없었다. 죄인들을 처벌하시는 의로우신 하나님을 사랑하지 않았고 오히려 미워했으며, 은밀하게…

---

22) 참조, Richard B. Hays, *The Faith of Jesus Christ: The Narrative Substructure of Galatians 3:1-4:11* (Grand Rapids: Eerdmans, 2002); N. T. Wright, *Paul: Fresh Perspectives* (London: SPCK, 2005); *Jesus and the Victory of God* (London: SPCK, 1996).

23) Martin Luther, "Preface to the Complete Edition of Luther: Latin Writings," in *Lutter's Works*, vol. 34, ed. and trans. L. W. Spitz (Philadelphia: Muhlenberg, 1960), 327-338; 참조. John Dillenberger, *Martin Luther: Selection from His Writings, Edited with an Introduction* (New York: Doubleday, 1961), xvii-xviii. 『루터 저작선』(크리스챤다이제스트 역간).

하나님께 화를 냈다.…나는 격렬하고 괴로운 양심으로 격노했다." 계속해서 루터는 "오직 의인은 믿음으로 말미암아 살리라"는 것을 드디어 깨닫게 되었다고 말한다. "그때 비로소 나는 이해하기 시작했다."[24)

존 웨슬리는 1738년 5월 24일에 겪은 경험을 주저하지 않고 말한다. 웨슬리는 그때 자신의 마음이 "이상하게 뜨거워지는 것"을 느꼈고, 그 결과 영혼의 탐색과 의심은 다음과 같은 경험에 자리를 내주었다. "나는 내가 구원을 위해 그리스도, 오직 그리스도만을 신뢰한다는 것을 느꼈다.… 그리스도께서 내 죄, 아니 사실은 나를 제거하셨고, 그렇게 나를 죄와 사망의 법에서 구원하셨다."[25) 이 일은 웨슬리가 루터의 로마서 주석 서문을 읽고 난 후에 일어났다.

빈센트 테일러(Vincent Taylor)는 특히 바울 속에 죄, 속박, 또는 소외에 대한 인간적 경험의 특정 국면과 그리스도의 구원 사역의 국면 사이에 상관성이 있다는 것을 설득력 있게 증명한다.[26) 신약학자들은 바울과 다른 신약성경 저자들이 다양한 심상을 사용하여 십자가의 신학을 해석한다는 것에 동의한다. 그러나 많은 본문이 예수 그리스도의 죽음을 **"우리를 위한"** 죽음으로 말하는 것에서 핵심 주제를 확인하는 것처럼 보인다. 요아힘 예레미아스(Joachim Jeremias)는 이렇게 설명한다. "점차 증가하는 다수의 비교와 비유를 통해 그[바울]는 청자와 독자에게 '우리를 위한' 그리스도의 죽음의 의미를 이해시키려고 애쓴다."[27)

이상의 설명만으로도 유용하지만 더 깊이 나아가 보자. 만일 죄가 구

---

24) Luther, *Luther's Works*, vol. 34, 337.
25) 웨슬리의 작품집은 다수의 판들이 존재한다. 평판이 좋은 판은 F. Baker et al. (eds.), *The Works of John Wesley*, 15 vols. (Oxford: Clarendon and Nashville: Abingdon, 1984 이후).
26) Vincent Taylor, *The Atonement in New Testament Teaching* (London: Epworth, 1940), 114-122.
27) Joachim Jeremias, *The Central Message of the New Testament* (London: SCM, 1965), 36.

조적·집단적 관점에 따라 "아담 안에서" 타락한 집단적 인간의 특징으로
확인된다면, 그리스도의 사역은 "그리스도 안에" 있는 것을 일으키는 마
지막 또는 종말론적 아담의 사역으로 인식된다(롬 5:12-21; 고전 15:22, 23, 45-
49). 인간적 통제에서 벗어나 있는 힘들에 대한 속박 혹은 연약함의 경험
을 통해, 우리는 그것이 이 힘들을 물리치신 승리자 그리스도(골 2:15)와 상
관이 있음을 깨닫는다. 하나님의 진노나 심판에 직면하는 것과 관련된 개
념은 십자가에서 이루어진 그리스도의 사역을 통한 화해의 신학과 연결
된다(롬 5:1-11).

따라서 우리는 그리스도의 구원 사역에 비추어 인간의 곤경에 관한 물
음들에 대답을 제공하는 이해의 지평을 배제할 수 없다. 샌더스의 연구는
두 번째 의미의 이해 지평에 대한 탐구를 존중하도록 이끌지만, 그의 연구
의 타당성은 절대로 자명하거나 비판을 넘어서는 것이 아니다. 캐제만은
이 접근법을 강조하게 되면, 우리는 은혜로 말미암아 얻는 칭의에 대한 바
울의 핵심 관심사를 교회론의 문제로 대체시키는 결과를 가져올 수 있다
고 올바르게 경고한다.

(b) 은혜의 전제와 하나님의 사랑의 본질에 관한 지평. 위의 논쟁보다
훨씬 더 중요한 것은 신약성경 전체가 하나님의 은혜를 자명한 출발점으
로 삼고 있다는 것이다. 그리스도의 사역은 무엇보다 먼저 하나님의 주권
적 사역이고, 하나님이 그리스도 안에서 행하신 행동임을 말한다. "하나
님께서 그리스도 안에 계시사 세상을 자기와 화목하게 하시며 그들의 죄
를 그들에게 돌리지 아니하시고"(고후 5:19). "우리가 아직 죄인 되었을 때
에 그리스도께서 우리를 위하여 죽으심으로 하나님께서 우리에 대한 자
기의 사랑을 확증하셨느니라"(롬 5:8). 예수의 말씀에 대한 요한의 증언도
똑같은 강조점을 전달한다. "하나님이 세상을 이처럼 사랑하사 독생자를
주셨으니 이는 그를 믿는 자마다 멸망하지 않고 영생을 얻게 하려 하심이
라"(요 3:16).

도널드 베일리(Donald M. Baillie)는 2차 세계대전이 일어난 후에 출판

한 영향력 있는 책『그리스도 안에 계신 하나님』(God Was in Christ)에서 그리스도 안에 계신 하나님과 그리스도로 말미암아 주어진 하나님의 은혜의 주제들을 크게 강조했다.[28] 예수의 십자가의 죽음은 "인간으로 하여금…단순히 예수의 사랑이 아니라 하나님의 사랑에 대해 생각하도록 만든다"고 베일리는 말한다.[29] 그는 계속해서 말하길, 우리들은 예수의 죽음이 하나님의 사랑에 대한 신뢰를 제거할 것이라고 예상한다는 것이다. 그런데 그렇게 되지 않은 것은 단순히 예수 그리스도께서 부활로 입증하신 것에 기인한 것이 아니라, "예수 자신의 전체 가르침"과 예수께서 이사야 40-55장의 예언을 자신에게 적용시키신 것에 주로 기인한다.[30] 바울은 이렇게 성찰한다. "자기 아들을 아끼지 아니하시고 우리 모든 사람을 위하여 내주신 이가 어찌 그 아들과 함께 모든 것을 우리에게 주시지 아니하겠느냐"(롬 8:32). 따라서 베일리는 이렇게 주장한다. "이런 신약성경 전체에서 하나님의 진노와 그리스도의 사랑 사이에 대립의 흔적은 전혀 없다."[31]

보수적이고 개혁파적인 또는 경건주의적인 배경을 가진 이들은 보수주의 학자들이 절대로 이 견해를 지지하지 못할 것이라고 의심할 지도 모르겠다. 그러나 모든 면에서 철저히 보수주의자인 레온 모리스(Leon Morris)는 이렇게 말한다. "때때로 그리스도께서 우리를 위해 일하신다는 사실을 강조할 때, 이를 걱정하는 복음주의자들은 자기도 모르는 사이에 신격에 분열을 도입시켰다.…이것은 결단코 성경이 취하는 입장이 아니다."[32] 빈센트 테일러도 비슷한 요점을 강조한다. "그리스도의 은혜의 사

---

28) Donald M. Baillie, *God Was in Christ: An Essay on Incarnation and Atonement* (London: Faber & Faber, 1948).
29) Baillie, *God Was in Christ*, 184.
30) Baillie, *God Was in Christ*, 185-186.
31) Baillie, *God Was in Christ*, 186.
32) Leon Morris, *Glory in the Cross* (London: Hodder & Stoughton, 1966) 46-47; 참조. Leon Morris, *The Cross in the New Testament* (Exeter, U.K.: Paternoster and, Grand Rapids: Eerdmans, 1965), 208-259.『신약의 십자가』(기독교문서선교회 역간).

역이 인간에 대한 성부 하나님의 반대나 증오를 물리쳤다는 사실을 함축하는 속죄론은 바울의 가르침을 왜곡한 것이 틀림없다."[33] 방금 위에서 인용한 신약 본문들은 이 사실을 스스로 말한다. 이것은 이 본문들에 대한 "자유주의적" 해석이 아니고, 본문이 스스로 천명한 사실이다. **속죄와 화목**이라는 용어 사용에 대한 논쟁이 어떤 결론을 제시하는지는 탐구할 영역으로 남아 있다.

베일리는 전이해의 해석학에 세심하게 신경을 썼다. 나는 초기에 다음과 같은 물음을 갖고 이 문제에 회의적으로 접근했던 기억이 난다. 어떤 고결한 아버지가 끔찍한 일을 자신이 직접 하지 않고, 자기 대신 "자기 아들을 보내겠는가?" 내가 이런 생각을 하던 당시에 위르겐 몰트만의 연구는 유용했다. 베일리보다 더 깊게 몰트만은 적절한 답변을 제시한다.

첫째, 몰트만은 포괄적 이해의 지평을 부추기고 자극하는 물음을 다시 제기한다. 몰트만은 『하나님에 대한 경험』(*Experiences of God*)에서 이렇게 말한다. "그리스도의 십자가는 **하나님 자신에게** 진정 무엇을 의미하는가?"[34] 몰트만은 "하나님은 예수의 고난에서 '진지하게' 제시되지 않았는가?"라고 묻는다.[35] 몰트만은 "다른 존재들에 대해서는 아무 관심이 없고 자기 자신만을 영원히 사랑하는 하나님"과 거리를 둔다. 이런 하나님은 우상에 불과할 것이다. 하지만 "십자가로부터 나는 하나님의 삼위일체적인 삶에 다가가는 것을 발견했다."[36] 근대 "예수론"(Jesusology)의 문제는 그의 정체성, 그의 자의식, 그의 사명, 그리고 그의 삶으로 드러나는 삼위일체 하나님의 실재로부터 나사렛 예수를 분리시킨 것이다.[37] 반면에 몰트만은 다음과 같이 말한다. "만일 하나님이 십자가의 죽음을 떠맡으셨다면, 또한

---

33) Taylor, *Atonement*, 110.
34) Jürgen Moltmann, *Experiences of God*, (London: SCM, 1980), 15(티슬턴 강조).
35) Moltmann, *Experiences of God*, 16.
36) Moltmann, *Experiences of God*, 16.
37) Moltmann, *The Crucified God*, 97-98.

삶의 모든 것을 그 자신이 떠맡으신 것이며, 죽음과 율법과 죄책 아래 서 있음으로써 진정한 생명이 되셨다."[38]

이것은 아직 십자가의 신학에 더 깊이 참여해야 할 자들과 공명을 이루는 해석학의 문을 열어놓는다. 오늘날 많은 이들이 "아우슈비츠에서, 히로시마에서, 베트남에서, 9.11 폭파 지점에서 하나님은 어디 계셨는가?"라고 묻는다. 이런 물음에 대해 몰트만은 이렇게 대답한다. "하나님 자신이 겁에 질려 있었다.…심지어 아우슈비츠도 그리스도의 십자가와 같이…성부의 슬픔, 성자의 복종, 성령의 권능으로 시작되었다고 말해야 한다."[39] "하나님은 자기 자신이 퇴출당하는 것을 허용하신다. 하나님은 고난을 겪고, 자기 자신이 십자가에 못 박히도록 허용하고, 십자가에 못 박혀 죽으시며, 그렇게 함으로써 자신의 제약 없는 사랑을 완성하신다."[40] 몰트만은 다른 곳에서 하나님께서 자기 자신이 슬픔을 겪고 고난을 겪는 것을 허용하시는 이유를 "고난 받을 수 없는 하나님은 사랑할 수도 없기" 때문이라고 설명한다.[41]

만일 하나님이 자유로운 주권적 작정을 통해 슬픔과 고난을 감수하기로 **택하셨다면**, 엄밀히 말해 이것은 소위 "성부 수난설 이단"이 아니다. 성부 수난설은 하나님이 자신의 뜻에 반하여 자신에게 고난을 **부과할** 수 있는 어떤 **외적** 힘에 종속될 수 있다는 사실을 부정하지 않는다. 심지어 판넨베르크도 자신이 서술한 엄격한 논리 안에서, "화목 사건에서 하나님이 행하신 행동을 삼위일체적인 관점에서 묘사하는 것"이 가능하다고 말한다.[42] "우리는 고린도후서 5:18-19의 말씀과 로마서 5:10의 수동적 표현을 통해 예수의 죽음 안에서 성부 하나님이 세상과 화해하기 위해 행동하신

---

38) Moltmann, *The Crucified God*, 272.

39) Moltmann, *The Crucified God*, 278.

40) Moltmann, *The Crucified God*, 248.

41) Moltmann, *The Trinity and the Kingdom of God*, 38.

42) Pannenberg, *Systematic Theology*, vol. 2, 437.

것을 깨닫는다."[43] 성자께서 자기를 주신 것과 성부 하나님이 성자를 포기하신 것은 "동일한 사실을 다른 방식으로 말하는 것이다."[44] 그 사건은 "협력" 또는 공동 활동으로 묘사된다. "성자께서 자기를 바치신 것과…성부 하나님이 성자를 내놓으신 것은 동일한 한 사건으로 단일한 과정을 구성한다."[45]

(c) 그리스도의 사역을 묘사하는 다양한 은유와 이미지. 우리는 앞서 이 문제를 충분히 다루었기 때문에 부인할 수 없는 이 요점을 더 지체할 이유가 없다. 여기서 우리는 그리스도의 사역에 대한 다양한 표현의 해석학적 의미에 대해서만 설명할 필요가 있다. 다른 누구보다 이안 램지는 그가 "폭로 상황"(disclosure situations)이라고 부르는 것을 제시하고 전달하기 위해 다양한 이미지, 상징, 은유, 그리고 다른 언어 형태의 전달 효과를 강조했다. 계시와 종교에 사용된 언어가 하나님과 관련된, 그리고 세상에 대한 하나님의 다루심과 관련된 복합적 실재들을 전달할 때, 그 언어는 일상적 용법을 넘어서 "확대된다." 이런 언어는 일상적 어휘(이 경우에는 화해, 해방, 승리, 대리와 같은 말)를 보존하고 있으나, 종종 너무 부자연스러운 의미나 지나치게 문자적인 의미를 무력화하는 데 도움을 주는 다른 것과 연관해서 이 언어를 한정시킨다.[46]

서로를 한정하는 다양한 이미지, 상징, 유비, 심지어 지시적 용어들까지 서로 병렬적으로 배치되는 것은 (램지의 말에 따르면) "드디어 납득하다"(the penny drops) 또는 우리가 "이제는 알겠어!"라고 말하거나 또는 램지가 "아하!" 경험이라고 부르는 것을 갖게 될 때, "생생하게" 이해된다.[47]

---

43) Pannenberg, *Systematic theology*, vol. 2, 438.
44) Pannenberg, *Systematic theology*, vol. 2, 439.
45) Pannenberg, *Systematic theology*, vol. 2, 450.
46) Ian T. Ramsey, *Religious Language: An Empirical Placing of Theological Phrases* (London: SCM, 1957), 특히 19-48.
47) Ramsey, *Religious Language*, 23.

552          제3부 기독교 교리의 주요 주제

때때로 우리는 복잡한 퍼즐을 우리가 처음에 시작했던 조각 대신에 일관된 그림을 제공하는 한 **형태**(Gestalt)로 본다.[48] 이런 단편적 "조각들"은 빈번하게 인간의 언어 가장자리에 놓여 있는 **모델**들로 작용한다. 우리는 모델들을 사용하는 것을 인식적·존재론적 진리-주장을 전달하기 위한 차선책으로 간주해서는 안 된다. 자연과학 분야에서 대부분의 "획기적인 발전"은 최근에 인식적 모델들의 탐구 능력을 통해 이루어졌다.[49] 소스키스는 은유와 모델이 의미 있는 인식적 진리-주장을 제공할 수 있다는 사실을 설득력 있게 주장한다.[50]

콜린 건톤은 『속죄의 사실성』(The Actuality of Atonement)에서 십자가와 속죄 주제에 대한 특별한 공헌을 했다. 건톤은 계몽주의 시대의 합리주의(특히 헤겔)는 마치 개념(Begriff)만이 인식적이고 결정적으로 합리적인 소통을 전달할 수 있는 양, 종교적 "표상들"(Vorstellungen)을 어떻게 무시했는지를 보여준다.[51] 그러나 최근에 폴 리쾨르와 같은 저자들의 작품을 통해 은유의 힘이 복원되었다. 다른 누구보다 잉골프 달페르트(Ingolf Dalferth)와 리처드 보이드(Richard Boyd)는 과학 분야에서 우주의 이해와 관련된 연속적 은유들(예컨대 "장"[field] 은유를 통해 "기계" 은유들이 퇴출됨)이 어떻게 물리학과 생물학의 이해와 발전을 뒷받침하는지를 증명했다.[52] 건톤은 "새로운

48) Ramsey, *Religious Language*, 24.
49) Ramsey, *Religious Language*, 49-71; Ian T. Ramsey, *Models for Divine Activity* (London: SCM, 1973), 여러 곳; Ian T. Ramsey, *Words about God* (London: SCM, 1971).
50) Janet Martin Soskice, *Metaphor and Religious Language* (Oxford: Clarendon, 1985).
51) Colin E. Gunton, *The Actuality of Atonement: A Study of Metaphor, Rationality and the Christian Tradition* (Edinburgh: T&T Clark, 1988), 1-26.
52) Ingolf U. Dalferth, *Religiöse Rede von Gott* (Munich: Christian Kaiser, 1981); Richard Boyd, "Metaphor and Theory Change: What Is Metaphor For?" in A. Ortony (ed.), *Metaphor and Thought* (Cambridge: Cambridge University Press, 1979), 356-408.

언어와 발견은 함께 일어난다"고 결론짓는다.[53] 에버하르트 윙엘은 이 설명을 더 깊이 전개한다.[54]

이것은 건톤의 주장을 더 깊이 따르는 이후의 설명을 예견한다. 건톤은 이미 개괄한 언어 이론을 성경 안에서, 그리고 성경에 대한 각각의 설명 속에서 발견되는 속죄의 다양한 이미지와 사고 양식에 적용시킨다. 이런 설명으로는 하나님의 "승리"에 대한 구스타프 아울렌(Gustaf Aulén)의 설명, 하나님의 공의와 "만족"에 대한 안셀무스와 라틴 교부들의 설명, 히브리서의 "속죄 제사"와 관련된 언어, 그리고 대표, 대리, 삼위 하나님의 사역에 대한 아타나시오스와 다른 학자들의 설명이 있다.

이러한 이미지, 은유, 또는 지시적 용어들은 모두 위에서 제시한 두 종류의 해석학적 지평의 첫째와 둘째 의미 모두에 복합적인 의미 지평을 제공한다. 이제 이 지평들이 전달하는 신학적·교리적 내용을 더 깊이 탐구해보자. 윙엘은 이렇게 선언한다. "예수 그리스도의 십자가는 우리가 하나님께 적용시키는 은유 형성의 근거와 척도이고…하나님에 관한 은유 언어는 우리가 세상의 새로움에 대하여 말할 수 있을 정도로 세상의 지평들을 확대시킨다."[55]

## 14.2. 성경 언어의 경화들: 구속과 구원

경제 통화 시장에서 경화(hard currencies)는 다양한 경제적 활동 속에서 시

---

53) Gunton, *Atonement*, 31.

54) Eberhard Jüngel, "Metaphorical Truth: Reflections on Theological Metaphor as a Contribution to a Hermeneutics of Narrative Theology," in E. Jüngel, *Theological Essays*, ed. John B. Webster, 2 vols. (Edinburgh: T&T Clark, 1989, 1995), vol. 1, 16-71.

55) Jüngel, "Metaphorical Truth," in *Essays*, vol. 1, 65, 71.

간이나 가변적인 조건에 따라 쉽게 변동되지 않는 화폐를 말한다. 반면 연화(soft currencies)는 투자자나 사업자의 눈에 매우 불안정하고, 그래서 국가 경제 안에서 제한적으로 효력을 작용하기는 하지만 일반적으로 그 범위를 넘어서지는 못하는 화폐를 말한다.

얼핏 보면 **은혜**, **구속**, **구원**이라는 말은 그것이 가진 의사소통적 통용성을 종교로 제한시키는, 아니 더 심하게 말해 고대 세계의 종교들로 제한시키는 준전문적인 의미를 갖고 있는 것처럼 보인다. 그러나 이것은 단어의 **사용**에 의한 것이라기보다 그 **어휘**가 낯설기 때문이다. 익숙하지 않은 어휘의 문제점은 용법과 개념적 문법이 합리적으로 명료하게 제공된다면, 적절한 설명을 통해 사라질 것이다. 『두 지평』(*The Two Horizons*)에서 나는 **의미의 공적 기준**에 관한 비트겐슈타인의 관찰을 취하여 이스라엘 전통의 맥락 안에서 경화의 언어들을 보여주었다. 이 경화-언어들의 개념적 문법은 이스라엘의 삶과 역사 속에서 누적적인 공적 지각과 이해의 문제가 되었다. 거기서 나는 다음과 같이 말했다. "예컨대 구속이 무엇인지는 '나의 경험'이 아니라 출애굽기, 광야 여정, 사사기 등에서 되풀이되는 구원의 패턴을 통해 가장 잘 확인할 수 있다. 물론 이 언어 놀이 모델은 이후 역사에 비추어보면 해석학적 순환의 원리에 따라 교정되고 수정된다.…그러나 구약의 역사는 개념들의 설명에 필수적인 출발점을 제공한다."[56]

나는 전통들 속에 있는 의미의 공적 기준과 규칙성에 관한 비트겐슈타인의 성찰에 따라 이 요점을 예증했다. 나중에 우리는 비트겐슈타인을 다시 언급할 것이다. 그러나 그동안에는 특수 사례를 고찰함으로써 좀 더 구체적으로 의미의 통용성을 추적할 것이다.

(1) **구속**, **구속하다**, **구속자**는 히브리어 두 단어 גאל(가알, 동사; 명사, 고엘, 구속자)과 פדה(파다, 동사, 구속하다, 속량하다; 페두트, 추상명사, 속량)에서 그 표현

---

56) Thiselton, *The Two Horizons*, 382.

이 발견된다.[57] 출애굽 사건은 구속의 전형적인 모델이 된다. 왜냐하면 이 사건은 새로운 상황을 일으키기 위해 개입하시는 행위자의 구원 행위로 **말미암아** 애굽에서의 속박과 위험**으로부터** 약속의 땅에서의 새로운 삶과 새로운 정체성**으로** 변화시키는 구속 행위를 **의미하기** 때문이다. 출애굽기 6:6을 보면, 하나님은 "내가…편 팔로…너희를 속량하여(גֹאַל, 가알)"라고 약속한다(참조. 출 15:13). 이 행동 방식은 예컨대 시편 77:15, 106:10에서 예배와 집단적 회고를 통해 송축된다.[58] 이사야는 하나님의 구속 행위를 그분의 약속의 갱신의 근거로 상기시킨다(사 43:1; 44:23; 48:20; 63:9).

이러한 주된 신학적 구원 배경 외에도, 이 두 히브리어 단어는 가족의 기업(레 25:25-28), 가옥(레 25:29-34), 어려움에 빠진 친족(레 47-49장)을 무르는(되사는) 것을 가리키는 경우에도 사용된다. 명사 גֹאַל(고엘) 역시 손해, 형벌, 또는 위험에서 친족을 구속할 수 있는 혈족이나 친척을 가리키는 특별한 용법을 갖고 있다. 가난 때문에 종으로 팔린 이스라엘 사람은 만약 그들의 형제, 숙부, 사촌, 또는 다른 혈족이나 구속자(고엘)가 값을 지불함으로써 종을 되사 속박에서 해방시킨다면, 계속 구속(게울라)의 권리를 보유하게 된다.[59] 일반적으로 구속은 값을 치르는 행위로 **말미암아** 속박이나 위험의 상태에서 행복의 상태로 옮겨지는 것을 의미한다.

속량하다, 구속하다, 또는 구원하다에 해당되는 히브리어 단어 פָּדַה(파다)는 גֹאַל(가알)보다 더 넓은 의미를 갖고 있다. 이 말은 출애굽기 13:13에

---

57) Brown-Driver-Briggs, *The New Hebrew-English Lexicon* (Peabody, MA: Hendrickson, 1980), 145, 804은 많은 표현들을 인용한다. 다음 자료들도 보라. G. J. Botterweck, H. Ringgren, H.-J. Fabry (eds.), *Theological Dictionary of the Old Testament*, vol. 2, trans. J. T. Willis (Grand Rapids: Eerdmans, 1974 이후), 350-355; Kittel, "λύω and Compounds," *TDNT*, vol. 4, 328-335; *Dictionary of Old Testament Theology and Exegesis*, vol. 1, 789-794.

58) 참조. Weiser, *The Psalms*, 532-533, 681.

59) R. Hubbard, "The *gōʾēl* in Ancient Israel: The Theology of an Israelite Institution," *Bulletin for Biblical Research* 1 (1991) 3-19.

서 처음 난 것을 대속할 때 사용된 말이다(참조. 출 34:2). 다윗은 이스라엘 (삼하 7:23)과 자신의 생명(삼하 4:9)을 구속하시는 하나님에 대해 말한다. 신명기는 하나님이 이스라엘을 애굽의 속박에서 구속하시는 전통을 보존한다(신 7:8; 9:26; 13:5). 시편은 이 히브리어 동사의 칼형을 14회에 걸쳐 사용하는데, 특히 "나를 속량하시고…"라는 개인적 탄원의 형식으로 사용한다(시 26:11; 69:18; 119:134). 예언서는 야웨께서 이스라엘을 자기 백성으로 구속하시는 행위를 전통으로 삼는다(사 31:11; 호 7:13; 13:14; 미 6:4).

70인역은 פדה(파다)를 특별히 속전(ransom)의 지불을 가리키는 그리스어 λύτρόω(뤼트로오) 형태로 번역한다. 그러나 신약성경은 예수께서 자신의 죽음을 "많은 사람의 대속물"로 설명하는 마가복음 10:45과 마태복음 20:28에서는 λύτρον(뤼트론)이라는 명사를 사용하고, 제자들이 간절히 기다렸던 속량을 언급하는 누가복음 21:28과 로마서 3:24, 8:23, 고린도전서 1:30, 에베소서 1:7, 14, 4:30, 골로새서 1:14, 히브리서 9:15에서는 ἀπολύτρωσις(아폴뤼트로시스)라는 명사를 사용한다.[60] 또한 신약성경 저자들은 갈라디아서 3:13, 4:5, 에베소서 5:16, 골로새서 4:5에서는 동사 ἐξαγοράζω(엑사고라조)를 사용하고, 요한계시록 5:9, 14:3, 4에서는 ἀγοράζω(아고라조)를 사용하며, 누가복음 4:21, 디도서 2:14, 베드로전서 1:18에서는 λύτρόω(뤼트로오)를 사용한다.[61]

뷕셀(F. Büchsel)은 ἐξαγοράζω(엑사고라조)에 관해 "신약성경에서 이 말은 그리스도의 구속과 해방 행위에 사용된다"고 설명한다.[62] 얼핏 보면 출애굽 사건의 구속 모델이 그대로 유지되는 것처럼 보이고, 예상대로 많은 해방신학자들이 이 국면에 초점을 맞춘다. 따라서 세베리노 크로아토(J. Severino Croatto)는 이렇게 선언한다. "출애굽 사건은 백성들의 관점에서는

---

60) F. Büchsel, "λύω…ἀπολύτρωσις," in Kittel (ed.), *TDNT*, vol. 4, 335-356.
61) F. Büchsel, "ἀγοράζω, ἐξαγοράζω," in Kittel (ed.), *TDNT*, vol. 1, 124-128.
62) Büchsel, *TDNT*, vol. 1, 126.

정치적·사회적 해방의 사건으로 규정되었고…이 사건의 깊은 의미는 신앙의…'신조들' 속에 포함되어 '회고되었다.'"[63] 포괄적인 맥락에서 보면, 출애굽 패러다임은 **구속하다**와 **구속**의 의미를 파악하는 이해 지평의 기본 모델로 남아 있다. 그러나 신약성경 저자들은 구원 모델을 사회학적 모델로 **제시한다**. 이것은 압제하는 주인의 속박에서 새 주인 또는 주님(퀴리오스)의 주되심으로 양도시키는 해방의 모델이다.

이것은 "값의 지불을 통해 속박에서 자유를 얻는" 모델을 더 크게 강조하는 것으로 나타날 수 있다. 아돌프 다이스만(Adolf Deissmann)은 "구속"에 대한 교리 전통의 막강한 힘으로부터 그 의미를 구해내고, 이 모델에 기초해 **자유**에 대한 이해를 강조하려고 헬레니즘 시대의 종교 연구에 의존했다.[64] 다이스만은 델피(Delphi)와 여타 다른 곳, 예컨대 피스쿠스(Physcus, "아테네에게 판매"), 암페시아(Amphesia, "아스클렙피우스에게 판매"), 코스(Cos, "아드라스티아에게 판매")에서 발견된 비문들에 새겨진 내용, 곧 그리스의 신들이 "구입"(purchase)을 통해 노예들을 해방시킨 것을 묘사한 평행 본문들을 인용했다.[65] 이 비문의 통상적 형태는 비준 날짜가 적혀 있으며 이렇게 새겨져 있다. "N. M.은 자유를 위해 z미나의 값에 XY로 불리는 남종을 델피인 아폴로에게 팜."[66] 다이스만은 고린도전서 6:20의 "값으로 산 것이 되었으니"라는 말씀에서 엄밀하게 이 패턴을 본다(참조. 롬 7:20-21; 고전 7:23; 갈 4:1-7; 5:1). 다이스만은 바울이 "비문 기록의 공식"을 사용하고 있다고 결론짓는다.[67]

---

63) J. Severino Croatto, *Exodus: A Hermeneutics of Freedom*, trans. Salvator Attanasio (Maryknoll, NY: Orbis, 1981), 80.

64) Adolf Deissmann, *Light from the Ancient East: The New Testament Illustrated by Recently Discovered Texts of the Greco-Roman World*, trans. L. R. M. Strachan (London: Hodder & Stoughton, 1927), 319, 319-331.

65) Deissmann, *Light*, 319-323에서 실례가 인용된다.

66) Deissmann, *Light*, 322.

67) Deissmann, *Light*, 324.

그러나 최근에 학자들은 다이스만의 주장에 이의를 제기했다. 바울의 신학에서 종의 거래는 **자유를 위해서가 아니라 소유권 이전을 위해** 값을 치른 것과 관련된다. 데일 마틴은 설득력 있게 이렇게 주장한다. "대다수 학자들은 **사다**(ἀγοράζειν, 아고라제인)라는 말이 사회적 해방에 따라 노예에서 구속된 것으로 이해하는 다이스만의 설명은 거부되어야 한다는 사실에 동조했다. 이런 거래에서 가장 흔하게 사용되는 말은 '아고라제인'이 아니라 '프리아스다이'다. '아고라제인'은…일반적으로 한 소유자가 다른 소유자에게 종을 팔아넘기는 것을 가리킨다. 그리스도께서 사람을 값 주고 사실 때, 이 은유의 구원 요소는 더 높은 수준의 속박(그리스도의 종으로서)에 있다."[68] 여기서 핵심 요점은 1세기 중반 로마 세계에서 속박이 **어떠했는가**는 종의 주인(Kyrios), 곧 주인의 본성과 성품 그리고 종을 값 주고 산 목적에 전적으로 달려 있었다는 것이다. 신체가 건강하고 계산 능력이 있고 글을 아는 많은 사람들이 **출세**의 기회로 생각하고 **공정한 주인에게** 자원하여 종으로 팔리는 선택을 했다. 그들은 주인의 보호 아래 살았고, 자유로운 개인으로 살았을 때보다 더 나은 안전과 충분한 공급을 보장받을 수 있었다. 17.1.에서 그리스도를 주님(Kyrios)으로 고백하는 것이 무슨 뜻인지 탐구할 때 이 주장을 상세히 살필 것이다.[69]

여기서 한 가지 단서를 덧붙일 필요가 있다. 교부 시대에 어떤 이들은 속전을 지불받는 당사자가 **누구인지**에 대한 쓸데없는 물음에 집착했다. 그러나 로마의 종과 관련된 거래에서 은유와 말의 사용 사이에 일대일 대

---

68) Dale B. Martin, *Slavery as Salvation* (New Haven, CT: Yale University Press, 1990), 63, xvi-xvii. 다음 자료들도 이를 설득력 있게 주장한다. S. S. Bartschy, *Μᾶλλον Χρῆσαι: First-Century Slavery and the Interpretation of 1 Cor. 7:21* (Missoula: Scholars, 1973), 121-125; C. Wolff, *Der erste Brief des Paulus an die Korinther* (Leipzig: Evangelische Verlagsanstalt, 1996), 131-132. 다른 작품들도 보라.

69) Thiselton, *First Epistle*, 474-479, 544-565과 Thomas Wiedemann, *Slavery: Greece and Rome*, New Surveys 19 (Oxford: Oxford University Press,1977), 특히 1-46을 참조하라.

응 관계는 없다. 이 이미지는 값을 치르는 행위로 **말미암아**(by) 위험으로 **부터**(from) 안전**으로**(to) 이끄는 속량을 가리키는 히브리어 단어 פָדָה(파다) 와 גָּאַל(가알)의 배경 속에 뿌리를 두고 있다. 그리스도 안에 있는 구속의 **대 가는 비용**을 의미하지만 반드시 그런 것은 **아니며**, 여기서도 어떤 제삼자 **에게** 지급된 비용을 가리키는 것이 아니다. 아리우스파는 그리스도께서 아버지이신 하나님 "앞에서 태어나셨다"는 잘못된 추론을 이끌어냄으로 써, **아들**이라는 말이 그리스도에게 적용될 때 **인간** 아들의 경우와 **정확히** 똑같은 의미를 갖고 있다고 추론하는 실수를 저질렀다. 그러나 그리스도 에게 적용된 **아들**(Son)이라는 말은 일상 언어에서 사용하는 **아들**(son)이라 는 말과 의미가 **일부만 일치할 뿐** 정확히 일대일로 대응하는 말이 아니다. 따라서 우리는 이안 램지와 같이 다시 한 번 그리스도로 말미암은 **구속**은 적합한 **모델**이지만, 적당한 **제한 조건**을 갖고 있다는 결론에 이르게 된다. 오리게네스와 니사의 그레고리오스는 속전이 마귀에게 지급되었다고 말 한다.[70] 그러나 나지안주스의 그레고리오스는 이 개념을 단호하게 거부하 고, 대다수 교부들도 이 개념을 인정하지 않는다.[71]

해석학적 관점에서 보면, **구속과 구속하다**는 말의 의미는 공적 세계 에서(출애굽 사건, 이스라엘 역사, 그리스-로마 세계에서) 다양하게 사용된 역사와 전통을 거치며 확립되었다. 그리고 그 의미는 철저히 이런 이해의 지평들 안에서 명료하고 이해할 수 있는 것이 되었다.

(2) **구주, 구원하다, 구원**: 이 용어들이 사용된 통용성도 먼저 이스라 엘 역사의 공적 세계 안에서 등장한다. 그중에서도 초기 본문인 사사기의 내러티브에서 가장 두드러지게 등장한다. 구약 전문가들은 사사기가 사건 의 어떤 반복적 순환을 묘사한다고 일반적으로 인정한다. 한스 큉은 특별

---

70) Origen, *Commentary on Romans*, 2:13; *Commentary on Exodus*, 6:9; 참조. *Commentary on Matthew*, 13:8, 16:8; Gregory of Nyssa, *Great Catechism* 22-26.
71) Gregory of Nazianzus, *Orations* 45:22.

히 사사기 2:13-23에 따라 이 순환을 "타락, 처벌, 인내의 지속적인 교차"로 설명한다.[72] 이 순환은 다음과 같이 작용한다. (i) "이스라엘 자손이 여호와의 목전에 악을 행하여"(삿 2:11), (ii) "여호와께서 이스라엘에게 진노하사 노략하는 자의 손에 넘겨 주사 그들이 노략을 당하게 하시며"(2:14), (iii) "그들의 괴로움이 심하였더라"(2:15), (iv) "여호와께서 사사들을 세우사 노략자의 손에서 그들을 구원하게 하셨으나[히브리어 יָשַׁע, 야샤, 그들을 **건지셨다**]"(2:16), (v) "그 사사가 죽은 후에는 그들이 돌이켜 그들의 조상들보다 더욱 타락하여"(2:19). 동일하거나 비슷한 순환이 사사기 3:7-11에서 반복된다. (i) 이스라엘이 죄를 범한다. (ii) 하나님이 분노하신다. (iii) 하나님이 이스라엘을 원수의 손에 파신다. (iv) 이스라엘이 야웨께 부르짖는다. (v) **하나님이 이스라엘을 구원하는**(יָשַׁע, 야샤; 3:9) **구원자 곧 구주**(מוֹשִׁיעַ, 모쉬아, 야샤에서 나온 말)**를 일으키신다.** (vi) "그 땅이 평온한 지 40년에 그나스의 아들 옷니엘이 죽었더라"(3:11).

연속해서 등장하는 사사들 곧 옷니엘(삿 3:1-11), 에훗(3:15-30), 드보라(4:4-5:31), 기드온(6:1-8:25), 아비멜렉(9:1-59), 돌라(10:1-2), 야일(10:3-5), 입다(11:1-12:7), 그리고 이후로 세 명의 사사 다음에 등장한 삼손(13:1-16:31)은 하나님에 대한 충성을 완고하게 배신한 형벌로부터 이스라엘을 **구원하거나** 건지는 **구주**의 모델 또는 패러다임으로 작용한다. 히브리어 동사 יָשַׁע(야샤)는 히필형으로 **건지다** 또는 **구원하다**라는 뜻을 갖는다. 자동사 또는 재귀적 니팔형으로는 **풍성하게 살다, 넓다, 충분하다**(신 33:29; 사 45:17; 렘 30:7), 또는 ~로부터(מִן, 민) 구원받는 것을 포함하여 **해방되다, 구원받다**(사 30:15; 45:22; 64:4; 렘 4:14; 8:20; 17:14; 시 80:4, 8, 20; 119:117)라는 뜻을 가질 수 있다. 이스라엘을 구원하는 영웅적인 지도자들은 **구원자**(מוֹשִׁיעַ, 모쉬아)로 불린다. 이사야 43:11을 보면 하나님 자신이 **구원자**이시다(참조. 사 45:15, 21; 호 13:4). 어떤 문맥에서 이 동사는 승리를 주거나(삼상 25:26, 33) 승리를

---

72) Küng, *Justification*, 148.

얻는 것(삼상 14:6; 17:47)을 가리킬 수 있다. 동계 명사 ישע(예샤)는 건짐, 구조, 구원, 안전, 또는 복지를 의미한다. 시편 27:1에서 시편 기자는 "여호와는 나의 빛이요, 나의 구원이시니"라고 외친다.[73]

따라서 이스라엘의 삶의 전통은 비트겐슈타인이 언어 놀이 모델로 간주하는 것을 제공한다. "언어 놀이" 모델은 "유사성과 차이성을 수단으로" 우리의 언어 사실에 빛을 던져주는 "비교 대상"으로 작용한다.[74] "구원"은 지나치게 전문적이거나 비의적인 용어가 아니다. 비트겐슈타인은 "우리는 다른 사람들이 놀이를 어떻게 하는지를 구경함으로써 놀이를 배운다"고 지적한다.[75] 해석학적 지평과 물음은 우리가 언어를 "특정 언어 놀이 밖으로" 이동시키거나 "언어가 일 없이 놀 때" "문제들"이 된다. 언어 놀이는 "엔진의 공회전"과 같은 언어의 추상화와 달리, "언어와 그 언어가 뒤얽혀 있는 활동들"로 구성된다.[76] 구약 본문과 이스라엘의 삶은 그리스도의 사역과 관련되어 있는 신약성경의 어휘 및 언어 사용을 이해할 수 있는 공적 이해의 지평을 제공한다.

신약성경에서 구원(σωτηρία, 소테리아)은 약 42회에 걸쳐 사용되고, 그중 정확히 절반은 바울 서신에서, 7회는 히브리서에서, 그리고 4회는 누가복음에서 사용된다. 명사 σωτήρ(소테르) 곧 구주(또는 구원자)는 24회에 걸쳐 나타나고, 때때로 예수 그리스도를 가리키는 말로 사용되기도 하나, 대체로 하나님을 구주로 부를 때 사용된다. 바울 서신에서 구원하다는 파멸

---

73) 이 모든 용어와 분류는 Brown-Driver-Briggs, *Lexicon* (1980 edn.), 446-447에서 나온 것이다. 다음 자료들도 참조하라. Botterweck, Ringgren, *Theological Dictionary of the Old Testament*, 6:441-463; John F. A. Sawyer, *Semantics in Biblical Research: New Methods of Defining Hebrew Words for Salvation* (London: SCM, 1972); W. VanGemeren, *New International Dictionary of Old Testament Theology and Exegesis*, vol. 2, 556-562.

74) Wittgenstein, *Philosophical Investigations*, sect. 130.

75) Wittgenstein, *Investigations*, sect. 54.

76) Wittgenstein, *Investigations*, sect. 38, 7(비트겐슈타인 강조).

하다는 뜻을 가진 동사 ἀπόλλυμι(아폴뤼미) 또는 **상실하다, 멸망하다, 파멸 상태에 있다**는 뜻을 가진 ἀπολλυμαι(아폴뤼마이)의 반대말로 작용한다.[77] 바울 서신에서 이 동사와 이 동사의 분사 형태는 종종 현재 시제로 나타 난다. 따라서 고린도전서 1:18에서 바울은 "멸망하는 자들"(현재 중간태 분사, τοῖς μὲν ἀπολλυμένοις, 토이스 멘 아폴뤼메노이스)과 "구원을 받는 우리"(τοῖς δὲ σῳζομένοις ἡμῖν, 토이스 데 소조메노이스 헤민)를 대조시킨다.

함축적으로 보면 이것은 바울 서신과 신약성경 다른 곳에 나오는 유명 한 "구원의 세 시제"를 암시한다. 앤더슨 스코트는 바울신학에 대한 자신 의 책의 전체 내용을 이 "세 시제"를 방법론적 원리로 삼아 작성했고, 최근 에는 케어드가 『신약신학』(New Testament Theology)에서 한 장을 이와 똑같 은 방식으로 구성한다.[78] 구명정을 탄 사람들이 가라앉는 배에서 구조받 은 것과 같이, 그들은 가라앉는 배를 떠났을 때 구원받았다(과거). 그리고 해안으로 이송될 때, 그들은 구원받는 과정 속에 있다(현재). 그리고 드디 어 육지에 발을 내딛을 때, 그들은 구원받을 것이다(미래). 이 시간적 구분 은 기독교 삶의 양식에 실제적인 중요성을 갖고 있다. 그리스도인들은 미 래의 구원에 대한 약속과 보증에 신뢰를 두고 있고, 그래서 불완전한 교회 와 타락한 세상에서 현재 인식하는 것으로 미래에 완성될 영광을 판단하 지 않는다. 그리스도인들은 자기들이 이미 "도착한" 것으로 생각하는 자들 처럼 오만하게 행동하는 것에 대하여 경고를 받는다(고전 4:8-13). 그리스도 인들의 현재의 순례는 건전하고 즐겁고 자신만만하다. 그러나 동시에 그 리스도인들은 시험에 취약하고, 자기 훈련이 필요하며, 현재의 압박에 대 해서 도움이 요구된다.

---

77) 참조. Foerster Werner, "σῴζω" in Kittel, *TDNT*, vol. 7, 992, 980-1024.
78) C. Anderson Scott, *Christianity according to St. Paul* (Cambridge: Cambridge University Press, 1927, 2d edn. 1961); George B. Caird with L. D. Hurst, *New Testament Theology* (Oxford: Clarendon, 1995), ch. 4, "The Three Tenses of Salvation," 118-135.

## 14.3. 다른 유효한 경화들: 화해, 중보, 나아감

바울이 하나님과의 **화해**(그리스어 καταλλαγή, 카탈라게)에 대해서 말할 때, 히브리서 저자는 하나님의 임재에 **가까이 나아감**(그리스어 προσέρχομαι, 프로세르코마이)에 대하여 말한다. 이 두 용어는 비교적 의미가 명확하다. 21세기의 의미와 1세기 당시의 의미가 거의 동일하다. 이 두 용어는 각각 화해의 상호인격적인 관계나 나아오라는 초대가 이루어지지 못하도록 방해하는 어떤 것이 있음을 전제한다. 이 그리스어 단어는 접두사처럼(αλλάσσω, 카탈랏소가 아닌 알랏소) 전치사를 포함하는 복합어 형태가 아니라 이전 상황을 **다른 상황**(ἄλλος, 다른)**으로 만들다, 변경하다, 교환하다**는 개념으로부터 나온 말이다.[79] **화해**는 이전의 **소외** 상황 또는 **적대** 상황을 전제한다. 그리고 **가까이 나아오라**는 초대는 **배제**나 **거리**가 있는 상황을 전제한다.

비록 **덮다, 속죄하다**를 뜻하는 כפר(카파르)가 때때로 같은 개념을 전달하기는 해도, καταλλαγή(카탈라게)의 엄밀한 언어 계통이 구약성경에서 명시적으로 사용되지 않는 것은 그리 큰 문제가 되지 않는다. 구약성경, 특히 예언서에서 죄는 반역적인 관계의 파괴를 함축하기 때문에, 이 파괴 상황을 바로잡는 관념을 전달하는 다수의 용어들이 **화해** 개념을 함축하고 있다. 그러나 바울은 일상생활에서 악한 감정이 있던 부부, 사이가 벌어진 친구, 법정을 비롯해 다른 인격적·사회적 배경 속에서 서로 다투는 당사자들의 화해를 의미하는 한 용어를 사용함으로써 하나님과의 화해의 신학적 의미를 상세히 제시한다. 화해라는 말은 근본적으로 "중단되거나 깨진 관계

---

79) Friedrich Büchsel, "ἀλλάσσω, καταλλάσσω," in Kittel, *TDNT*, vol. 1, 251; 참조. 251-259; Danker, Bauer, BDAG (3d edn. 2000), 45-46, 521; J. Dupont, *La réconciliation dans la théologie de saint Paul* (Paris and Bruges: Desclée de Brouwer, 1953); Ernst Käsemann, *Perspectives on Paul*, trans. Margaret Kohl (London: SCM, 1971), 32-59; I. H. Marshall, "The Meaning of Reconciliation," in R. A. Guelich (ed.), *Unity and Diversity in New Testament Theology: Essays in Honour of G. E. Ladd* (Grand Rapids: Eerdmans, 1978), 117-132.

를 다시 확립하는 것"을 의미한다.[80]

바울은 하나님이 인간과 화해를 이루실 때 하나님의 주도권과 은혜를 강조하기 때문에, 화해 사건을 사람이 받는 것으로 묘사한다(καταλλαγὴν λαμβάνειν, 카탈라겐 람바네인; 롬 5:11). 바로 이전 구절(롬 5:10)은 주목할 만하다. "곧 우리가 원수 되었을 때에 그의 아들의 죽으심으로 말미암아 하나님과 화목하게 되었은즉"(εἰ γὰρ ἐχθροὶ ὄντες κατηλλάγημεν τῷ Θεῷ διὰ τοῦ θανάτου τοῦ υἱοῦ αὐτοῦ). 인간은 하나님의 **원수**가 되었다고 말한다. 하나님은 "우리가 아직 죄인 되었을 때에" 우리에 대한 자기의 사랑을 확증하셨다(롬 5:8). 칼 바르트는 이 화목을 무엇보다 먼저 **우리와 함께 계시는 하나님**으로 설명한다. 바르트는 "'우리와 함께 계시는 하나님'이 기독교 메시지의 핵심"이라고 말한다.[81] 바르트는 구약적 배경을 가진 이 관계를 주로 언약의 관점에 따라 조명한다. "화해는 하나님과 인간의 언약의 성취다. '화해'는 이전에 존재했으나 붕괴로 위협을 받게 된 교제의 회복 곧 복원이다."[82] 바르트는 언약이라는 단어에서 구약적 배경과의 관계를 보여준다. "화해는 하나님과 인간 사이의 언약의 성취다. '화해'는 분리의 위협 속에 있었지만 이제는 실존하는 교제의 반환이자, 회복이다."[83] "우리와 함께 계시는 하나님"(임마누엘, 마 1:23)은 "깨진 언약의 성취"다.[84] 크랜필드는 로마서 5:10의 논리를 유용하고 명확히 해설한다. 크랜필드는 이렇게 말한다. "여기서 요점은, 하나님이 이미 참으로 어려운 일 즉 경건하지 못한 죄인들이 의롭다 함을 얻게 하는 일을 하셨기 때문에, 우리는 하나님이 그에 비해 매우 쉬운 일 즉 자신의 눈에 이미 의로운 자들을 최후에 자신의 진노에서 구원하는 일을 행하시리라는 것을 굳게 확신할 수

---

80) BDAG, 521.

81) Dunn, *Romans 1-8*, 268-269을 보라.

82) Barth, *Church Dogmatics*, IV:1, ch. 13, sect. 57, 1, 4; 참조. 3-21.

83) Barth, *Church Dogmatics*, IV:1, ch. 13, sect. 57, 2,22; 참조. 22-66.

84) Barth, *Church Dogmatics*, IV:1, ch. 13, sect. 57, 3, 67-78.

있다는 것이다."[85]

계속해서 바르트는 이것은 "하나님의 아들의 낮아지심"을 통해, 곧 "말씀이 육신이 되신" 사건으로서의 성육신이 예수에게 일어남으로써 가능하게 되었다고 말한다. 그것은 "먼 나라에 있던" 인간을 위한 것이었다.[86] 이 그리스어 단어의 유래에 따라, 바르트는 화해를 "교환"으로 이해한다. 인간이 하나님의 의가 될 수 있도록 그리스도 안에서 하나님이 멀어진 자가 되신다. 바르트는 이렇게 설명한다. "예수 그리스도 안에서 하나님의 사랑은 결정적으로, 근본적으로, 그리고 포괄적으로 하나님이 모든 사람과 함께 오시고, 또 모든 사람이 하나님과 함께 오는 것이다.···그것은 하나님이 자신의 값없는 은혜로 인간의 죄를 공격하고 정복하심으로써 이루어졌다."[87]

화해에 대한 더 고전적인 표현이 고린도후서 5:18-20에 나타난다. 『화해』(Reconciliation)라는 저서를 저술하고, 고린도후서 주석을 쓴 랄프 마틴(Ralph Martin)은 특히 선포에 해당하는 표현 어구(예. "대사로서 행하다", "탄원하다", "빌다")에 비추어볼 때 이 본문의 배경과 근거가 "이미 존재하는 전통적 자료"이고, 바울은 이 자료를 고린도 교회의 목회 상황에 적용시켰다고 결론짓는다.[88] 이 본문의 문학적 구조는 본문이 "조심스럽게 준비된 구원론 신조의 한 부분"이라는 것을 암시한다고 마틴은 주장한다. 곧 바울이 온전히 승인한 것이지만 또한 바울 이전에 존재하는 신앙고백 진술의 한 부분이라는 것이다. 이 본문을 주석하면서 마틴은 로마서 5:1-11과의 병행 관계를 지적하고, 이를 바울이 말한 주장의 "진수"라고 부른다. 그리스도의 사랑으로 말미암아 새 질서 곧 "새 피조물의 도래"가 임했다(참조. 고후

---

85) Cranfield, *Romans*, vol. 1, 266.

86) Barth, *Church Dogmatics*, IV:1, ch. 13, sect. 59, 1, 173, 157-210.

87) Barth, *Church Dogmatics*, IV:1, ch. 13, sect. 58, 2, 103.

88) Ralph P. Martin, *Reconciliation: A Study of Paul's Theology* (London: Marshall, Morgan, & Scott, 1981), 94.

5:17).[89]

빅터 퍼니시(Victor Furnish)는 바울이 제시하는 내용이 세 가지 핵심 원리를 표현한다고 주장한다. (i) **하나님**은 세상을 자신과 화해시키셨다. (ii) **그리스도**가 화해의 행위자이시다. (iii) 화해는 죄인들에게 그들의 죄를 **돌리지 않을 것**을 포함한다.[90] 바울은 이 내용을 자신의 목회 상황에 적용하면서 이 화해 행위와 상태가 **새로운 피조물**의 본질을 규정한다고 강조한다(고후 5:17). 그래서 퍼니시는 "바울 사상의 하나님 중심주의가 여기서 분명히 드러난다"고 결론짓는다.[91]

바레트(C. K. Barrett)는 이 화해가 일방적인지(인간이 하나님과 화해한 것), 아니면 쌍방적인지(서로가 상대방과 화해한 것)에 대한 전통적인 신학 논쟁을 세밀하게 추적한다. 바레트는 이렇게 말한다. "화해하는 것은 증오의 관계를 끝내고, 평화와 선의의 관계로 대체하는 것이다. 그것은 증오가 한편에만 존재했다는 것을 반드시 함축하는 것은 아니고, 이 경우에 화해의 주도권이 하나님에게 있었다는 것을 단순히 말하는 것이다."[92]

지금부터 거의 한 세기 전에 활동한 제임스 데니(James Denney)는 인간 편에서 볼 때 화해는 심리적인 선의의 상태보다 훨씬 더 깊은 의미를 갖고 있다는 사실을 힘 있게 강조했다. 바울의 설명을 기초로 데니는 이렇게 주장한다. "신약성경의 의미에서 보면 화해의 역사는 복음이 전파되기 전에…**끝난** 사역이다.…화해의 역사는 하나님이 그리스도 안에서 더 이상 자기 자신과 인간 사이에 장벽이 존재하지 않도록 세상의 죄를 처리하시는 **우리 외부의**…사역이다.…화해는 해야 할 어떤 일이 아니다. 화해는 이

---

89) Ralph P. Martin, *2 Corinthians* (Dallas: Word, 1986), 145-146. 『고린도후서』(솔로몬 역간).

90) Victor P. Furnish, *II Corinthians*, Anchor Bible (New York: Doubleday, 1984), 334.

91) Furnish, *II corinthians*, 335.

92) C. K. Barrett, *The Second Epistle to the Corinthians* (London: Black, 1973), 175.

미 행해진 일이다."[93] 판넨베르크와 다른 많은 학자들은 이 전폭적인 "객관적" 해석에 대하여 경고를 표현한다. 왜냐하면 이 해석은 인간이 하나님과 화해하며 사는 법을 배우는 지속적 사역에 들어가지 않고, 하나님이 인간과 화해했다는 개념을 제공하기 때문이다.[94] 우리는 15.2에서 속죄(expiation)와 화목(propitiation)을 다룰 때까지 이 물음에 대한 확고한 결론을 보류할 것이다. 그러나 데니의 관심은, 화해가 신구약성경에서 확고한 지위를 차지하고 있는 **하나님의 진노 아래** 있는 인간의 문제를 다룬다는 것을 증명하고, 그리스도의 사역의 **전충족성과 단회적인 성격**을 강조하는 데 있다. 존 테일러(John R. Taylor)는 데니의 신학을 십자가 중심의 신학이자 하나님의 사랑의 신학으로 잘 규정한다.[95] 아울러 바레트의 세밀한 주석도 계속 성찰할 가치가 있다.

**중보와 나아감**(mediation and approach) 또는 **접근**(access)에 대한 이미지와 개념적 문법은 히브리서에 한정되는 것은 아니지만 히브리서의 대표적인 특징이다. **구속** 및 **구원**과 마찬가지로, **중보와 나아감**도 공적으로 이해할 수 있는 전통과 이해의 지평을 구약성경 속에 두고 있다. 라이더 스미스는 모세가 출애굽 내러티브에서 중보자로 서 있는 것이 어떤 의미인지를 명확하고 감동적으로 설명한다. 라이더는 모세가 "사회에 속한 사람이 아니었다면 아무것도 아닌 존재"였다고 말한다. 모세의 사역은 절망 직전에 있던 백성에 대한 깊은 고뇌와, 특히 그의 "백성과의 연합"을 반영하는 "대리적" 사역이었다.[96] 모세와 이스라엘 백성의 집단적 연대성은 모세가 하나님 앞에서 "이 백성이 큰 죄를 범하였나이다"라고 인정하고 백성을

---

93) James Denney, *The Death of Christ: Its Place and Interpretation in the New Testament* (London: Hodder & Stoughton, 1912), 145-146.

94) Pannenberg, *Systematic Theology*, vol. 2, 403-416.

95) John Randolph Taylor, *God Loves Like That: The Theology of James Denney* (London: SCM, 1962), 특히 46-62.

96) C. Ryder Smith, *The Bible Doctrine of Salvation: A Study of the Atonement* (London: Epworth, 2d edn. 1946), 27.

위해 하나님의 용서를 구하면서, 놀랍게도 "그렇지 아니하시오면 원하건대 주께서 기록하신 책에서 **내 이름을** 지워버려 주옵소서"라고 덧붙일 정도로 굳건했다(출 32:31-32). 때때로 모세는 이스라엘 앞에서 하나님을 위해 말하는 중보자로 서서, 그분의 계명에 순종하도록 이스라엘 백성을 가르쳤다. 또 다른 때 곧 이스라엘이 죄를 범했을 때 모세는 하나님 앞에서 이스라엘 편을 들어 말하는 중보자로 서서, 하나님께 이스라엘의 주장을 변호했다. 스미스는 다음과 같이 설명한다. "모세는 중보자로 사역할 때 **둘로 나누어져 있는 사람과 같았다.** 모세와 이스라엘 백성과의 연합은 참으로 중요해서 모세는 그들을 위하여 죽을 준비가 되어 있었다. 그러나 모세는 이스라엘 백성과 함께 야웨도 포기할 수 없었다. **구원자들의 특징은 이 두 열정 사이의 긴장이다**"(티슬턴 강조).[97]

사사들이 **구원자**가 어떤 의미인지를 가르치는 패러다임이었던 것처럼, 모세도 **중보**에 대한 언어의 통용성을 위한 패러다임 사례를 구성한다. 그러나 사사들도 하나님과 이스라엘의 중보자로 활동했다. 엘리야도 중보에 대한 패러다임을 제공한다. **예언자**로서 엘리야는 하나님과 이스라엘 백성 "사이에 서서" 하나님의 말씀이 그분으로부터 이스라엘 백성에게 임하도록 "하강적인" 중보 사역을 감당한다. 또한 엘리야는 이스라엘 백성과 나란히 서서 이스라엘 백성을 위해 중보하고, 백성의 말을 하나님께 전달하기 위해 **제사장**처럼 "상승적인" 중보자로 활동한다. 라이더 스미스는 엘리야 역시 "한 사람 안에 두 사람이 있었고, 이 두 사람이 서로 경쟁을 벌였다"고 결론짓는다.[98]

하나님은 모세를 제외하고는 "아무에게도 대면하여 말씀한 적이 없는" 것으로 보인다(신 34:10). 그러나 예언자와 대제사장은 중보 사역을 계속한다. 중보와 신적 초월성 개념이 여러 세기를 거치며 발전한 것처럼, 탈굼

---

97) Smith, *Salvation*, 32-33.
98) Smith, *Salvation*, 33.

시대에 신적 **셰키나**(거처), 신적 **예카라**(영광), 신적 **메므라** 또는 **로고스**(말 또는 발언), 그리고 신적 **호크마**(지혜)는 하나님의 영 및 천사(들)와 함께, 인간이 거룩하신 하나님을 만날 수 있도록 해주는 중보자로 간주된다. 그렇지만 이런 중보 행위는 이미 구약 시대에 나타난다. 우리는 여기서 잠시 회막과 구름 기둥(출 33:7-11), 야웨의 사자(출 14:19: 사 63:9), "여호와의 영광의 형상의 모양"(겔 1:28), 성령(사 63:10-11), 하나님의 말씀(시 107:20: 사 55:10-11), 그리고 하나님의 지혜(잠 8:5-11, 22-30)를 언급할 필요가 있다. 이 모든 행위는 하나님의 행동의 대행 또는 대리로 작용한다. 그러나 이 행위들은 하나님의 임재와 불가분리적이다. 요한복음 서언에서 "말씀(ὁ λόγος, 호 로고스)이…우리 가운데 거하시매(ἐσκήνωσεν, 에스케노센) 우리가 그의 영광을 (τὴν δόξαν αὐτοῦ, 텐 독산 아우투) 보니"(요 1:14)라는 내용을 읽게 되는 것은 결코 우연이 아니다. 하나님의 **영광**의 빛이 예수 그리스도의 얼굴에서 비췬다(고후 4:6). 바울은 하나님의 **지혜**이신 분이 "십자가에 못 박힌 그리스도"라고 선언한다(고전 1:24).

이 모든 것은 한 가지 자명한 공리를 함축하고 있다. 그것은 곧 인간이 하나님의 직접적 임재에 들어가거나 다가갈 "자연적"·**선험적** 권리를 소유하고 있지 않다는 것이다. **중보자가 그 길을 열고, "그 사이에 서 있지"** 아니하면, **하나님께 나아가는 것이 당연하게 여겨질 수 없다.** 변화산에서 하나님의 **영광**은 선택받은 세 명의 인물 곧 **예수, 모세, 엘리야**에게 나타나고 그들 주위를 에워싼다. 주석가들은 대체로 구름 기둥, 신적 음성, 광채 나는 얼굴, 그리고 누가복음에 나오는 영광이 하나님의 **셰키나**를 반영한다는 사실을 인정한다(마 17:2-6: 막 9:43-48: 눅 9:28-36).[99] 비록 많은 이들이

---

99) Donald A. Hagner, *Matthew 14-28* (Dallas: Word, 1995), 490-491; C. E. B. Cranfield, *The Gospel according to St. Mark*, Cambridge Greek Testament (Cambridge: Cambridge University Press, 1963), 294-296; Luke T. Johnson, *The Gospel of Luke*, Sacra Pagina (Collegeville, MN: Liturgical Press/Glazier, 1991), 152-156; Joel B. Green, *The Gospel of Luke*, NICNT (Grand Rapids: Eerdmans,

제3부 기독교 교리의 주요 주제

모세와 엘리야가 각각 율법과 예언자를 대표하는 것으로 믿는다고 해도, 이것은 영광과 고난의 체현으로서의 중보의 함축적 개념을 배제하지 않는다. 이사야 42:1-4, 49:1-6, 50:6-11, 53장에 나오는 고난 받는 종의 역할을 성취하는 것은 그리스도의 중보 행위를 암시한다.

바울은 두 번째 실례로, 모세가 자신의 중보를 효과적으로 만들 수 있으면 기꺼이 자기 목숨을 내놓겠다고 말하는 것을 제시한다. 로마서 9:2-3에 나타나 있는 바울의 심각한 탄식을 보면, 이스라엘과 바울의 동일시는 상당히 크고, 그래서 바울은 "나의 형제 곧 골육의 친척을 위하여 내 자신이 저주를 받아 그리스도에게서 끊어질지라도 원하는 바로라"라고 말할 정도로 이스라엘의 불신앙에 대한 근심이 깊다. 바울은 이스라엘을 위해서 "상승적인" 중보자로 변론하지만, 동시에 하나님을 위해서는 "하강적인" 예언자적 중보자로서 하나님의 심판과 은혜를 선포한다.

그럼에도 히브리서에서 온전한 중보의 신학이 가장 특징적으로 제시된다. 확실히 **중보자**(μεσίτης, 메시테스)라는 특수한 말은 히브리서에서 세 번만 나타나고(히 8:6; 9:15; 12:24), 신약성경 전체에서도 다섯 번 밖에 나타나지 않는다(갈 3:19, 20; 딤전 2:5). 이 말은 랍비 문헌에는 나오지만 정작 구약성경에는 나오지 않는다. 하지만 중보는 모세, 엘리야, 바울, 그리고 다른 사람들에게 전제되며, 하나님의 말씀, 하나님의 지혜, 하나님의 사자, 하나님의 영에도 전제되어 있다. μεσίτης가 나타나는 문맥에서 이 말은 "불화를 제거하거나 공통의 목적을 달성하기 위하여 두 당사자 사이를 중재하는 사람"을 의미한다.[100] 히브리서에 나오는 이 세 구절은 모두 명백히 예수를 "더 나은(또는 새) 언약의 중보자"로 부른다.

중보자로서 예수는 인간이 하나님께 "가까이 나아가는" 것을 가능하

---

1997), 376-385; Joseph A. Fitzmyer, *The Gospel according to Luke, I-IX*, Anchor Bible (New York: Doubleday, 1981), 791-804. 『앵커바이블 누가복음』(기독교문서선교회 역간).

100) BDAG, 634; 참조. A. Oepke, "μεσίτης," in Kittel, *TDNT*, vol. 4, 598-624.

게 만드신다. "그러므로 우리는…은혜의 보좌 앞에 담대히 나아갈 것이니라[또는 접근할 것이니라]"(προσερχώμεθα οὖν μετὰ παρρησίας τῷ θρόνῳ τῆς χάριτος, 히 4:16). 히브리서 1:1-13은 의심할 여지없이 하나님의 아들이신 예수께서 인간에게 하나님을 대표할 수 있는 분이라는 사실을 확립했다. 예수는 예언자와 제사장의 사역을 동시에 이루신다. 하나님은 자기 아들을 통해 결정적으로 말씀하셨다(히 1:2). 나아가 하나님의 아들은 우주의 공동 창조자, 하나님의 영광의 광채 또는 발산, 하나님의 본체의 정확한 형상("하나님의 영광의 광채시오 그 본체의 형상이시라", ἀπαύγασμα τῆς δόξης καὶ χαρακτὴρ τῆς ὑποστάσεως αὐτοῦ, 히 1:3)이시다. 독자는 예수 그리스도께서 하나님을 대표하는 분 "이상의" 존재이심을 의심할 수 없을 것이다. 확실히 하나님의 **아들**로서 예수는 단순히 하나님의 **종**에 불과한 모세를 크게 능가하신다(히 3:1-6).

동시에 예수는 인간과의 연대성 속에 계신다. 예수는 마지막 아담이시다(히 2:5-9). 예수는 인간을 자기 형제로 부르신다(히 2:11). 생애 초기에 예수는 여느 다른 인간과 마찬가지로 자신의 **신뢰**를 하나님께 두어야 했다(히 2:13). 예수는 "범사에 형제들과 같이" 되셨고, "…죄는 없으셨다"(히 2:17; 4:15). 예수는 "심한 통곡과 눈물로" 간구하심으로써 하나님께 부르짖으셨다(히 5:7). 이 모든 것은 새 언약의 큰 대제사장, 곧 하나님과 하나이고 인간과 하나이신 분인 그리스도의 구원 사역에 기초를 두고 있다. 우리는 히브리서의 기독론을 다루는 17.3.에서 이 주제로 다시 돌아갈 것이다.

## 14.4. 신약성경에서 모델과 한정사로 나타난 복합적 개념과 이미지

신약성경이 그리스도의 사역을 해석하기 위해 다양한 이미지를 사용한다는 (위에서 언급한) 예레미아스의 설명은 별로 놀랍지 않다. 왜냐하면 예수의 사역이 지닌 복합적 의미 전달이 어느 **단일한** 모델의 힘을 넘어서기 때문이다.[101] 이러한 기초에 따르면 다음 격언 속에 진리가 들어 있다. "속죄 이론은 그 이론이 인정하는 것에 있어서는 옳고, 부정하는 것에 있어서는 그르다." 마찬가지로 건톤과 판넨베르크도 복합적 모델의 중요성을 강조한다. 이 두 사람은 각각의 모델이 각기 다른 해석의 역사를 낳는다고 지적한다.[102] 그러나 모델들은 단일한 모델을 한정하거나 다른 모델들 속에서 어떤 불필요한 의미를 배제시키는 데 있어 공동으로 작용한다. 포괄성을 주장하는 것처럼 보이는 고립된 모델은 덜 중요해 보이는 다른 해석의 국면들은 희생시키고 특정한 해석의 국면만을 강조할 위험성이 있다. 이것은 램지가 모델(models)과 한정사(qualifiers)에 따라 자신의 접근법을 구성하는 것과 일치한다.

콜린 건톤은 계몽주의 시대 합리론의 편협한 환원주의가 자연과학의 전통적인 관점 아래 인식적 진리-주장과 존재론적 사건의 상황을 전달하는 은유와 모델의 능력을 무시했다고 올바르게 비판한다. 지금은 자연과학에 대한 이런 관점이 지나갔다. 에버하르트 윙엘이 이런 맥락에서 은유를 연구한 것은, 은유가 이런 인식적 진리를 전달하는 데 타당하다는 리쾨르, 건톤, 소스키스, 그리고 다른 학자들의 주장을 확증한다. 게다가 **"간접"** **전달은 상상과 참여를 자극할 수 있고**, 이것은 그리스도의 십자가와 그리스도의 속죄 사역의 언어에도 적합하다. 개럿 그린(Garrett Green)도 참여적이고 자기 관여적인 진리를 전달하는 데 있어 은유와 상상의 역할을 충분히 강조했다.[103]

예레미아스는 그리스도의 사역을 해석하는 데 있어 각각 진리를 전달하고 다른 모델을 한정하는 역할을 하는 네 개의 모델 곧 "주제"를 선정한

---

101) Jeremias, *Central Message*, 31-50.
102) Pannenberg, *Systematic Theology*, vol. 2, 423; Gunton, *Actuality of the Atonement*, 36-43.
103) Garrett Green, *Imagining God: Theology and the Religious Imagination* (Grand Rapids: Eerdmans, 1989), 여러 곳. 『하나님 상상하기』(한국장로교출판사 역간).

다. 그 주제들은 다음과 같이 구분된다. (1) **희생**의 제의적 주제, (2) **취득과 대속**의 사회-경제적 주제, (3) **법정** 범주들의 법적 주제, (4) 예레미아스가 "윤리적 대리"로 부르는 것. 이제 이 주제들을 개관해보고, 15장에서는 이 주제들이 신학적 해석에서 어떻게 **함께** 작용하는지를 탐구할 것이다.

(1) **희생의 제의적 주제.** 희생이라는 용어가 가지고 있는 보다 특수한 의미는 특별히 구약의 레위기 율법 체계에 뿌리를 두고 있다.[104] 또한 이 말은 포괄적인 맥락에서 다른 사람의 유익을 위하여 자기를 내주는 것을 가리킨다. 고린도전서 5:7에서 바울은 그리스도의 죽음을 "우리를 위해 희생하신" 유월절 양으로 말한다(τὸ πάσχα ἡμῶν ἐτύθη Χριστός, 토 파스카 헤몬 에튀테 크리스토스). 여기서 동사 ἐτύθη("희생되셨느니라")로 보면 "유월절 양"(NRSV, REB, NIV)이 "우리의 유월절"(AV/KJV, NJB)보다 더 결정적인 번역이다.[105] (개역개정은 "우리의 유월절 양"으로 번역했다-역자 주). 이 문맥에서 바울은 고린도 교회의 독자에게 그리스도의 희생으로 그들이 과거의 속박에서 해방되어 순수한 삶의 양식을 특징으로 하는 새로운 실존 질서 속에 들어간 것을 상기시킨다. 유월절 희생양과 같이 그리스도께서도 그들을 "그들의 애굽"에서 해방시키셨다.[106]

더 구체적인 의미의 뉘앙스가 로마서 3:24-25에 나타나 있다. 여기서 바울은 그리스도인 독자에게 다음과 같이 선언한다. "그리스도 예수 안에 있는 **속량**으로 말미암아 하나님의 **은혜**로 값없이(as a gift) 의롭다 하심을 얻은 자 되었느니라. 이 예수를 하나님이 그의 피로써 믿음으로 말미암는 **화목제물**(sacrifice of atonement)로 세우셨으니"(그리스어 ὃν προέθετο ὁ Θεὸς ἱλαστήριον διὰ [τῆς] πίστεως ἐν τῷ αὐτοῦ αἵματι, 혼 프로에테토 호 테오스 힐라스테리온 디아 [테스] 피스테오스 엔 토 아우투 하이마티).

---

104) Jeremias, *Central Message*, 32-36.
105) D. O. Wenthe, "An Exegetical Study of 1 Cor. 5:7b," *The Spring Fielder* 38 (1974) 134-160.
106) 참조. Thiselton, *First Epistle to the Corinthians*, 403-408.

우리는 지속적으로 논란이 되고 있는 ἱλαστήριον(힐라스테리온)의 의미에 대해 아직 논쟁할 준비가 안 되어 있다. 왜냐하면 이것은 사전학과 의미론에만 의존해서는 안 되고 오로지 적절한 이해의 지평 안에서만 그 의미를 파악할 수 있기 때문이다.[107] 여기서 요점은 **희생**이 그리스도의 사역이 어떻게 **"우리를 위한"** 것이었는지를 전달하는 다양한 방법 중 하나를 제공한다는 것이다. 나아가 이 단어는 "속죄적인"(expiatory) 또는 "유화적인"(propitiatory) 희생을 가리키는 다양한 언급들 가운데서 다만 하나다(ἱλαστήριον에 대한 우리의 해석에 따르면). 고린도후서 5:21에서 바울은 "하나님이…우리를 대신하여[다시 말해 '우리를 위하여'] [그리스도를] **죄로 삼으셨다**"(그리스어 ὑπὲρ ἡμῶν ἁμαρτίαν ἐποίησεν, 휘페르 헤몬 하마르티안 에포이에센)고 말한다. 다시 말해 이 의미는 논란이 있고, 휘틀리(D. E. H. Whiteley)는 이 구절이 이전의 어떤 속죄 이론에 비추어서도 쉽게 이해할 수 없다고 주장한다.[108] 휘틀리는 ἁμαρτίαν(하마르티안)을 **속죄제**(sin suffering)로 번역하길 주저한다. 한편 레온 모리스는 다른 시각으로 이 구절에 접근하고, 휘틀리의 견해를 단호하게 비판한다. 모리스는 이렇게 말한다. "세상의 어떤 말 재주를 동원하더라도, '죄로 삼으셨다'를 휘틀리가 가리키는 '자신이 인간 본성을 취하셨다'는 의미로 만들 수 없다."[109] 다른 한편으로 퍼니시는 **"속죄제"** 번역(레 4:25, 29에서처럼)을 거부하는데, 그 이유는 비록 이 번역이 이사야 53:6, 9의 "여호와께서는 우리 모두의 죄악을 그에게 담당시

---

107) 다음 자료들을 보라. Cranfield, *Romans*, vol. 1, 203-218; Dunn, *Romans 1-8*, 167-183; Käsemann, Romans, 91-101; Anders Nygren, *Commentary on Romans*, trans. C. C. Rasmussen (London: SCM, 1952), 154-162. 특히 M. Barth, *Was Christ's Death a Sacrifice?* SJT Occasional Papers 9 (Edinburgh: Oliver & Boyd, 1961)와 Leon L. Morris, "The Meaning of ἱλαστήριον in Romans 3:25," *New Testament Studies* 2 (1955-1956) 33-43도 보라.

108) D. E. H. Whiteley, *The Theology of St. Paul* (Oxford: Blackwell, 2d edn. 1974), 136.

109) Morris, *The Cross in the New Testament*, 221.

키셨도다"(참조. 벧전 2:22)의 배경을 반영할 수 있음을 인정함에도 불구하고 문맥에 적합하지 않다고 보기 때문이다.[110]

공관복음서는 그리스도께서 "많은 사람을 위하여 흘리는…[나의] 피"에 대해 말한다(τὸ αἷμά μου…τὸ περὶ πολλῶν ἐκχυννόμενον, 토 하이마 무…토 페리 폴론 에크쿤노메논; 마 26:28. 평행 본문 막 14:24; 눅 22:20). 그러나 이것이 넓은 의미에서 "희생"을 뜻하기는 해도, 레위기의 희생제사에 대한 언급은 명확히 나타나 있지 않다. 마찬가지로 "세상 죄를 지고 가는 하나님의 어린 양"(ὁ ἀμνὸς τοῦ θεοῦ, 호 암노스 투 데우; 요 1:29)이라는 요한의 언급도 당연히 희생 제사의 양을 의미할 수는 있지만, 부분적으로 문맥이 요한의 사상인지 또는 묘사된 내러티브 상황인지에 따라 다른 해석도 가능하다.

그렇지만 히브리서에서는 문제가 다르다. 히브리서의 주장에서는 결정적으로 그리고 단번에 하나님께 나아가는 길을 열어놓기 위해 완전한 제물로서 자신을 희생시키는 대제사장 예수의 개념이 지배하고 있다. "오직 자기의 피로 단번에 성소에 들어가셨느니라"(διὰ δὲ τοῦ ἰδίου αἷματος εἰσῆλθεν ἐφάπαξ, 디아 데 투 이디우 하이마토스 에이셀덴 에파팍스; 히 9:12). 이 본문과 히브리서 9:1-10:18이 희생에 강조점을 두고 있다는 것은 명백하고 틀림없다.[111]

(2) **취득 및 대속과 관련된 언어.** 우리는 이미 14.2.에서 이런 종류의 언어가 가지고 있는 지위를 살펴보았다. 구입하다(사다)라는 뜻을 갖고 있는 동사 ἀγοράζω(아고라조)가 고린도전서 6:20에서 사용된다. "값으로 산 것이 되었으니"(ἠγοράσθητε γὰρ τιμῆς, 에고라스테테 가르 티메스). 이 용어는 "누

---

110) Furnish, *II Corinthians*, 341, 351.

111) M. E. Isaacs, "Priesthood and the Epistle to the Hebrews," *Heythrop Journal* 38 (1997) 51-62; G. Stählin, "ἅπαξ"(*hapax, ephapax*), *TDNT*, vol. 1, 381-384; Anthony C. Thiselton, "Hebrews," in J. W. Rogerson and J. D. G. Dunn (eds.), *Eerdmans Commentary on the Bible* (Grand Rapids: Eerdmans, 2003), 1467-1469.

구에게 값이 지불되는가?"라는 물음을 허용하는 어떤 개념을 함축하기보다는 오히려 구속(속량)의 **대가**를 보여준다는 사실을 지적했다. 또한 이 단어군은 위험 상황이나 압제받는 속박 상태**에서 벗어나** 새 주인(여기서는 예수 그리스도)의 소유권과 보호 **속에** 들어가는 속량 또는 취득을 함축한다는 것도 지적했다. 이 **퀴리오스** 개념은 17.1.에서 더 깊이 다룰 것이다.

(3) **법정** 주제는 형법으로부터 도출된다. 예레미아스는 다음과 같이 설명한다. "우리의 죄악 때문에 형벌의 고통을 겪는 고난의 종에 대한 장, 곧 이사야 53장을 언급하는 모든 본문이 예컨대 로마서 4:25('예수는 우리가 범죄한 것 때문에 내줌이 되고')와 같이 여기에 속해 있다. 특히 인상적인 이미지가…골로새서 2:14에서 사용된다. '우리를 거스르고 불리하게 하는 법조문으로 쓴 증서를 지우시고 제하여 버리사 십자가에 못 박으시고.'"[112] 이것은 그리스도께서 **우리가 받아야 했던 죽음의 형벌을 대신 받으신 것**을 진술한다고 예레미아스는 결론짓는다. **우리의 인간적 죄는 십자가의 죄패**(*titulus*)에 새겨져 있다.

일부 학자들은 이 두 본문(롬 4:25; 골 2:14)에서 **대리** 개념을 말하는 것은 적합하다고 인정하지만, 종교개혁 당시의 전통적 용어인 **형벌 대속**이라는 용어는 거부한다. 그러나 우리는 14.1.에서 **십자가**와 **십자가 죽음**이 범죄 처벌의 개념적 범주에 속해 있음을 확인했다. **형벌적**이라는 말을 사용하는 것에 대한 이런 반감은, 마치 다른 개념은 그 의미를 전혀 가질 수 없는 것처럼 한쪽 측면만이 지나치게 강조될 때만 이해될 수 있다. 마찬가지로 **형벌 대속**이라는 말도 모든 것에 우선하는 이해의 지평, 곧 **하나님의 은혜**라는 적절한 해석학적 지평으로부터 분리된다면 오해받는 개념이 될 것이다. 빈센트 테일러는 사려 깊게 이렇게 지적한다. "누구나 **형벌적**이라는 말보다 더 나은 말을 원하지만, 그런 말을 찾을 때까지 우리는 그 말을 포기해서는 안 된다. 이 말이 양심을 거스르는 방식으로 사용되었다는 것,

---

112) Jeremias, *Central Message*, 36-37.

그리고 이 말이 오랫동안 하나님의 활동보다 도덕적 우주의 불가피한 인과법칙의 작용에 호소함으로써 죄의 결과를 더 잘 받아들일 수 있다는 망상 아래 있었다는 것도 이 말을 버릴 이유가 되지 못한다."[113] 그러므로 테일러는 알브레히트 리츨이 그리스도는 고통을 겪으셨지 형벌을 당하신 것이 아니라고 주장한 것을 거부한다.[114] 그러나 테일러는 한 걸음 더 나아가 **다른 사람들의 처벌에 연루되는 것과 처벌받는 것** 사이를 미묘하게 구분한다.[115]

분명히 갈라디아서 3:13은 로마서 4:25과 골로새서 4:14과 함께 이 법정 범주 안에 들어 있는 본문이다. 일반적으로 학자들은 이 구절을 해석하는 직접적인 관점이 신명기 21:23의 "나무에 달린 자는 하나님께 저주를 받았음이니라"는 말씀의 언급에 있다고 동의한다.[116] 휘틀리는 다시 한 번 이 본문을 그리스도께서 자신을 죄인과 동일시하신 것의 문제로 보지만, 테일러가 언급한 개념적 뉘앙스는 놓친다.[117] 그러나 브루스(F. F. Bruce)는 신명기 27:26을 신명기 21:23과 함께 연구함으로써 그리스어 본문과 신명기 배경에 대해 더 철저한 주석을 제공한다. 브루스는 이렇게 말한다. "바울은 아마도 갈라디아서 3:10에서 신명기 21:23을 인용할 때, 신명기 27:26을 인용해서 흡수하는 방식으로 "저주 아래"(ἐπικατάρατος, 70인역의 κεκατηραμένος보다 더 나은)라는 단어를 사용했을 것이다.…그리스도께서 '당하신' 저주는 그의 백성이 당하는 저주였다.…그리스도께서 죽으신 죽음은 **그의 백성의 죽음이었다.**" 고린도후서 5:21에 대한 C. K. 바레트의 설명을 인용하면서 브루스는 이렇게 결론짓는다. "그분[그리스도]은 통상적으

---

113) Taylor, *Atonement*, 130.
114) Ritschl, *Justification and Reconciliation*, 311-312.
115) Taylor, *Atonement*, 129.
116) Christopher D. Stanley, *Paul and the Language of Scripture: Citation Technique in the Pauline Epistles and Contemporary Literature*, SNTSMS 69 (Cambridge: Cambridge University Press, 1992), 245-248.
117) Whiteley, *Theology of St. Paul*, 137-138; 참조. 83-85.

제3부 기독교 교리의 주요 주제

로 죄의 결과, 하나님과의 단절, 하나님의 진노의 대상으로 하나님과의 관계 속에 서 계신다."[118]

(4) 마지막 네 번째로 예레미아스는 "그리스도의 대리적 순종 속에 놓여 있는 **윤리적 대리**"라는 주제를 확인하고 해명한다. 그러나 그는 바울 서신 안에 이에 대한 실례가 두 본문 곧 로마서 5:18-19과 갈라디아서 4:4-5 외에는 없다고 주장한다. 로마서 5:18-19에서 바울은 "한 사람이 순종하심으로 많은 사람이 의인이 되리라"고 선언한다. 갈라디아서 4:4-5에서는 "그리스도께서 율법의 종인 자들을 구속하기 위하여 율법의 종이 되셨다"고 말한다. 예레미아스는 이 네 가지 이미지와 주제가 모두 차이는 있으나 밑바탕에는 "동일한 의도" 곧 "**우리를 위한**" 그리스도의 사역의 효력을 예증하기 위한 목적이 놓여 있다고 지적한다.[119]

(5) 신약성경에는 다른 주제도 나타나 있고, 이 주제들은 분명히 예레미아스가 선정한 목록을 더 확대시킨다. 잘 알려져 있는 것처럼, 구스타프 아울렌은 구약성경의 "전사"(warrior)에 대한 배경과 신약성경의 승리와 정복에 대한 언급을 통해 **승리**(victory)라는 주제에 주의를 기울인다.[120] 이 주제는 분명히 공관복음서의 한 특징이다. 마가복음 3:27에서 예수는 청중에게 "사람이 먼저 강한 자를 결박하지 않고는 그 강한 자의 집에 들어가 세간을 강탈하지 못하리니 결박한 후에야 그 집을 강탈하리라"고 말씀하신다. 이 말씀의 문맥은 예수께서 악의 세력을 이기심으로써 정복했다는 사실을 보여준다. 확실히 **하나님의 다스림**을 선포하고 재촉하는 메시지의 핵심은 그 자체로 승리 모티프다. 예수는 속박과 죽음에 대한 승리를

---

118) F. F. Bruce, *The Epistle to the Galatians*, NIGTC (Grand Rapids: Eerdmans and Carlisle, U.K.: Paternoster, 1982), 165, 166; 참조. C. K. Barrett, *A Commentary on the Second Epistle to the Corinthians* (London: Black, 1973), 180.

119) Jeremias, *Central Message*, 38.

120) 참조. Gustaf Aulén, *Christus Victor: An Historical Study of the Three Main Types of the Idea of the Atonement*, trans. A. G. Herbert (London: SPCK, 1931, rpt. 1970).

가져오신다. 여기에 예레미아스가 바울 서신에서 특별히 찾아내는 네 번째 모델과 비견되는 중요한 다섯 번째 모델이 있다.

다중적인 모델(multiple-model) 접근법의 중요성은 이안 램지의 모델과 한정사 철학의 맥락에서 지적되었지만, 이것은 최근에 조엘 그린(Joel Green)과 마크 베이커(Mark Baker)가 제시한 신학적 해석에서 더욱 강화되었다.[121] 그린과 베이커는 다음과 같이 말한다. "속죄 신학은 다양한 방법으로 제시될 수 있다. 실제로 기독교가 출범한 이후로 다수의 은유가 기독교 공동체 안에서 사용되었다."[122] 그린과 베이커는 "우리가 텍스트를 '타자'로 여기는 것처럼 우리 자신에 대한 이해를 분산시키는 것", 그것을 본질로 여기는 것이 "이해관계"의 해석학에서 다루는 중요한 주제가 된다는 점을 정확하게 제시했다.[123] 때때로 자기 자신이 속해 있는 교회 전통을 합법화하고 옹호하려는 욕구는 우리가 해석자로서 각각의 개별적인 모델에 어떤 비중을 두는지에 영향을 미칠 수 있다.

그린과 베이커의 연구의 여러 가지 공로 중 하나는 그들이 어떤 성경적 모델의 역할도 **제외시키지 않고**, 오히려 그 반대로 한다는 것이다. 성경의 모델들을 충분히 활용할 때 그리스도의 사역의 진리를 교회와 세상에 가장 잘 전달할 수 있다. 따라서 히브리서와 다른 많은 책을 배제하지 않아야 "희생" 모델이 제외되지 않을 수 있다. 그럼에도 그린과 베이커는 "형벌 대속"(penal substitution) 개념의 난점에 대한 페미니즘 학자들의 관심에 민감하게 대응한다. 그린과 베이커는 "아동 학대"나 "형벌을 가하는 아버지의 그늘"과 같은 뉘앙스에 대해 관심을 표현하는 페미니스트 리타 나

---

121) Joel B. Green and Mark D. Baker, *Recovering the Scandal of the Cross: Atonement in New Testament and Contemporary Contexts* (Downers Grove, IL: InterVarsity Press, 2000).

122) Green and Baker, *Scandal of the Cross*, 109.

123) Green and Baker, *Scandal of the Cross*, 110.

제3부 기독교 교리의 주요 주제

카시마 브록(Rita Nakashima Brock)을 인용한다.[124]

이것이 엄밀히 말해 우리가 다중 모델 접근법과 함께, 위르겐 몰트만이 『십자가에 못 박힌 하나님』과 다른 작품들에서 제시한 이해의 지평을 강조한 이유다. 몰트만의 연구 지평 안에서는 "아동 학대"의 문제가 거의 제기될 수 없다. 그러나 이제 이것은 해석 이슈로 나타나기 시작하는데, 우리는 이 주제를 다음 장에서 다룰 것이다.

---

124) Green and Baker, *Scandal of the Cross*, 91, from Rita Nakashima Brock, "And a Little Child Will Lead Us: Christology and Child Abuse," in Joanne Carson Brown and Carole R. Bohn, *Christianity's Patriarchy and Abuse: A Feminist Critique* (New York: Pilgrim, 1989), 53에서 나옴.

**15장**

그리스도의 사역에 대한 해석학:
성경의 내용을 해석함

## 15.1. 이해와 논리적 문법의 지평: 대표, 참여, 동일시, 대속

그리스도의 사역을 이해하는 방법으로서 **대표**(representation), **참여**(participation), **동일시**(identification), **대속**(substitution)과 같은 용어의 사용과 타당성에 대한 근대의 오래된 논쟁들은 개념상의 혼란이 너무나 커서 오히려 그 가치가 퇴색되고 있다. 특히 **대속**이라는 말을 둘러싸고 많은 논쟁이 벌어지고 있는데, 이 개념부터 먼저 살펴보자.

빈센트 테일러는 "형벌"(penal)이라는 단어의 사용을 옹호하기 때문에 **대속**이라는 단어를 강력하게 유보하는 것이 놀랍게 보일 수도 있다. 테일러는 이렇게 말한다. "그리스도의 사역을 기술하기 위해서는 **대속**이라는 말을 피하고, 그 성격상 **대표**라는 말로 묘사하는 것이 가장 좋다."[1] 휘틀리는 **참여**라는 말을 더 좋아하기 때문에 **대속**에 대해서 비슷하게 유보한다.[2] 그러나 다른 학자들은 **대속**이라는 말이 적절한 자리에 놓이기만 한다면 꼭 필요한 용어라고 올바르게 주장한다. 이런 학자 가운데 하나가 에버하르트 윙엘이다. 윙엘은 "대속의 비밀"(The Mystery of Substitution)이라는 논문에서 하인리히 포겔(Heinrich Vogel)과 대화를 나눈다.[3] 윙엘은 포겔의 신학적 삶에서 핵심적인 위치를 차지하고 있는 것이 예수 그리스도의 대속 사역의 "비밀"이라고 지적하면서 이에 동조한다.[4] 윙엘은 마가복

---

1) Taylor, *Atonement*, 126(티슬턴 강조).

2) Whiterey, *Theology of St. Paul*, 130-137.

3) Eberhard Jüngel, *Ideological Essays II*, ed. J. B. Webster and trans. A. Neufeldt-Fest, J. B. Webster (Edinburgh: T&T Clark, 1995), 145-162.

4) Jüngel, *Essays II*, 147.

음 10:45을 특별히 강조한다. "인자가 온 것은…자기 목숨을 많은 사람의 대속물로[그리스어 λύτρον ἀντί, 뤼트론 안티] 주려 함이니라." 마태복음 26:28과 갈라디아서 3:13에서는 그리스어 전치사가 각각 περί(페리)와 ὑπέρ(휘페르)다.

윙엘은 이 세 전치사가 들어 있는 어구는 "한 사람이 다른 사람을 위하여, 즉 다른 사람 대신 어떤 일을 행하거나 겪는다는 사실을 표현한다"고 말한다.[5] "다른 사람의 **자리**에서 행하거나 고통당하는 것은 그 다른 사람이 사건에서 **면제되는** 부정적 사건이다"(윙엘 강조).[6] 동시에 이 어구는 관련 당사자의 **유익을 위해 베푸는 호의**라는 긍정적 의미를 전달한다. 또한 이것은 "오직 그리스도만"(solus Christus)이라는 신학의 핵심 모티프와 밀접한 관계가 있다. 이 측면은 본회퍼가 대속에 관해 제시하는 것보다 더 충실한 이해를 제공한다고 윙엘은 결론짓는다. 윙엘은 신학적 핵심 공리를 다음과 같이 주장한다. "**예수 그리스도의 인격 속에서 하나님이 우리 인간의 자리를 취하셨다**"(윙엘 강조).[7] 이것은 단지 그리스도의 죽음에만 미치는 것이 아니다. "예수 그리스도의 전 존재가 대속적 실존이다."[8] 슐라이어마허나 불트만은 포겔의 "**그리스도께서 우리를 대신하러 오셨다—그것이 아들의 성육신의 신비이다**"(포겔 강조)라는 간결한 언명을 충분히 지지할 수 없었다고 윙엘은 주장한다.[9] 신약성경뿐만 아니라 니케아 신조도 이렇게 해석되어야 한다. 포겔은 자기 자신이 나지안주스의 그레고리오스가 말한 다음과 같은 격언의 전통 안에 서 있다고 본다. "맡겨지지 않은 것은 또한 구원받지 못한다. 그러나 하나님과 연합되면 또한 구원받을 것이다."[10]

---

5) Jüngel, *Essays II*, 152.
6) Jüngel, *Essays II*, 152.
7) Jüngel, *Essays II*, 155.
8) Jüngel, *Essays II*, 156.
9) Jüngel, *Essays II*, 161.
10) Jüngel, *Essays II*, 161.

제3부 기독교 교리의 주요 주제

주석적이고 신학적인 관점에서 보면 이것은 결정적인 요소로 보인다. 그러나 해석학과 논리적인 의미에서 보면 말해야 할 것이 더 있다. 우리는 8.4.에서 논쟁적 "입장들"이 때때로 적응과 순화를 통해 우리를 논쟁적 "입장들" 너머로 이끌 수 있는 지속적 "연구 프로그램"보다 성과가 크지 않다는 취지로 라카토스와 낸시 머피의 논의를 소개한 바 있다.

나는 이 논쟁의 많은 부분이 그리스도의 사역과 관련된 효과의 두 질서를 구분하지 못해서 생긴 논리적 혼란에 묶여 있다고 생각한다. 우리는 14.1.에서 해석학은 무엇보다 다음과 같은 개념을 포함시켜야 한다고 주장했다. 하나님의 은혜는 "사람이 자기 힘으로 할 수 없는 것을 그 사람을 위해서 성취한다." 이것이 십자가의 의미에 대한 근본 원리다. "죽은" 자는 자기 자신의 생명이나 구원에 도움을 줄 수 없다(22.3.에서 부활에 대한 설명을 보라). 그러나 은혜를 어떻게 받고 적용시키는지에 대한 물음은 다른 차원의 논의를 요한다. 리드(J. K. S. Reid)는 『그리스도 안에 있는 우리의 생명』(Our Life in Christ)이라는 책에서 만연해 있는 개념적 혼란을 아주 날카롭게 진단한다. 리드는 우리가 "그리스도와 그리스도께서 행하신 사역으로 유익을 얻는 자들을 구별하는 어떤 차이점을 정당화하는 데" 필요한 원리를 정식화한다.[11] 예를 들어 리드는 제임스 데니의 관찰을 인용한다. "그리스도는 우리의 죄를 위해 죽으셨다. 그 죽음으로 우리는 죽지 않는다"(데니 강조).[12] 리드는 계속해서 포사이스(P. T. Forsyth)가 이 요점을 훨씬 더 간결하게 표현했다고 말한다. "그분[그리스도]은 우리와 다른 차이점을 통해 우리를 구원하셨다."[13]

그렇기는 해도 포사이스와 데니는 대표, 대속, 참여라는 용어의 적용에 있어 각기 다른 견해를 취했고, 리드는 신속하게 이것을 그들의 공통적

---

11) J. K. S. Reid, *Our Life in Christ* (London: SCM, 1963), 89.

12) James Denney, *Studies in Theology* (London: Hodder & Stoughton, 1894), 126; 참조. Denney, *Death of Christ*, 237.

13) P. T. Forsyth, *The Cruciality of the Cross* (London: Independent, 1909), 85.

출발점으로 채택하여 해석학적 구별과 논리적 구별을 건설적으로 제시했다. 리드는 다음과 같이 말한다. "한편으로…사람들은 예수 그리스도께서 자기를 위하여 취득하신 유익에 참여하고, 그리스도의 사역과 은혜로 말미암아 그렇지 않았으면 자기들의 것이 될 수 없었던 것…용서나 화목 또는 단순히 구원을 소유한 것으로 인정받는다. 여기서 논리적 반대의 법칙이 작용한다. 곧 자기 자신은 그 유익이 필요 없고, 그 유익에 관여할 하등의 이유가 없으신 그리스도께서 우리를 위하여 그 유익을 얻으신다. 신약성경은 이런 유익에 대한 언급으로 가득 차 있다"(티슬턴 강조).[14] 리드는 실례를 더 든다. "그분[그리스도]이 죽으셨기 때문에 우리가 산다. 그분이 고난을 받으셨기 때문에 우리가 즐겁다. 그분이 죄로 간주되셨기 때문에 우리가 무죄한 자로 간주된다. 그분이 정죄를 받으셨기 때문에 우리가 무죄로 석방된다."[15]

그러나 리드는 "다른 편"에 있는 것에 대해서도 명료하게 설명한다. 리드는 다음과 같이 말한다. "우리의 참여가 확실히 다른 대응의 법칙에 종속될 때 발생하는 또 다른 유익이 있다. 곧 그리스도는 자기 자신이 누린다고 말해질 수 있는 어떤 것을 우리에게 베푸신다. 따라서 그분이 사시기 때문에 우리 역시 살 것이다. 그분이 승리하시기 때문에 우리 역시 모든 일에서 승리자가 될 것이다. 그분이 다스리시기 때문에 우리도 그분과 함께 다스릴 것이다 등등."[16] 어떤 유익은 우리를 위해(pro nobis) 있다. 다른 유익들은 우리 안에(in nobis) 있다. 리드는 이 맥락에서 그리스도와 함께 죽고 다시 사는 것에 대해 상당히 많이 말할 수 있었다. 또한 그는 바울의 부활과 구원 신학뿐 아니라, 세례 신학에 있어서도 열쇠가 되는 그리스도와의 동일화를 탐구함으로써 더 깊이 들어갈 수 있었다. 그러나 윙엘과

---

14) Reid, *Our Life in Christ*, 90-91.
15) Reid, *Our Life in Christ*, 91.
16) Reid, *Our Life in Christ*, 91.

같이 리드도 대속이라는 용어를 포기할 수 없다는 사실을 결정적으로 보여준다. 비록 문맥 속에서 **대표, 참여, 동일시라는 용어가 설명을 더 필요로 하는 용어로 작용해서 보충되어야** 하지만 말이다.

**우리 안에**(*in nobis*) 있는 모든 유익을 성령의 역사로 돌리고, **우리를 위한**(*pro nobis*) 모든 유익은 오직 그리스도의 사역으로부터 온 것이라고 지정하는 것은 너무나 단순한 접근이다. 다시 한 번 몰트만과 판넨베르크는 십자가가 특별히 어떤 방식에서 **그리스도의 특별한 사역인 동시에 삼위일체 하나님의 사역**인지를 보여준다.[17] 특별히 그 **참여의 가능성의 근거**는 그리스도의 사역을 통해 이루어지고, 그 **참여의 현실화는 성령의 역사**를 통해 이루어지기는 해도, 이 이해의 관점이나 지평 안에서 **삼위 하나님의 생명에 참여하는 것**이 구원의 중심이 된다. 라이오넬 손턴은 그리스도 안에서의 참여를 설명할 때, 그리스도와의 동일시, 성령의 교제(*koinōnia*)에의 참여, 성부 하나님의 사랑의 참여자, 그리스도의 승리의 공유자, 파생적으로 그리스도의 아들됨에 들어가는 참여자, 그리고 새 탄생과 부활의 참여자에 비추어 설명한다.[18]

우리는 제1부에서 교리 해석학이 드라마와 내러티브의 구체적·우연적·육체적·시간적인 차원을 충분히 고려해야 한다고 주장했다. "동일시"와 같은 용어를 추상적인 신학 용어로 너무 배타적으로 취급하게 되면, 신약성경의 생생하고 역동적이고 극적인 내러티브 안에서 이 용어의 역할이 시야에서 사라지게 되는 위험성이 따른다. 그렇게 되면 이 용어들의 해석학적 통용성은 저하되고 축소된다.

분명히 마가복음 2:15의 "많은 세리와 죄인들이 예수와 그의 제자들과

---

17) Pannenberg, *Systematic Theology*, vol. 2, 405-406, 437-454; Moltmann, *The Crucified God*, 200-290; Moltmann, *The Trinity and the Kingdom of God*, 1-28, 151-177. 다른 작품들도 보라.

18) Lionel Thornton, *The Common Life in the Body of Christ* (London: Dacre, 3d edn. 1950), Part I, 5-220.

함께 앉았으니"와 같은 내용은 "어찌하여 세리 및 죄인들과 함께 먹는가?"라는 바리새인들의 물음과 함께, 예수와 곤궁한 자 및 죄인의 **동일시**를 웅변적으로 말해준다. "건강한 자에게는 의사가 쓸데없고 병든 자에게라야 쓸 데 있느니라. 나는 의인을 부르러 온 것이 아니요 죄인을 부르러 왔노라"(막 2:16-17). "이 사람이 죄인을 영접하고 음식을 같이 먹는다"(눅 15:2). 동일시의 해석학적 통용성은 이처럼 생생하고 극적인 배경 속에서 드러난다.

이 두 본문은 "그리스도의 구원 사역"을 함께 구성하기는 해도, 예수의 십자가 사역만을 특별하게 언급하는 것이 아니라 예수의 사역을 전반적으로 가리킨다고 생각될 수 있다. 내러티브 시간의 해석학은 다르게 제시될 수도 있다. 『서사담론』(Narrative Discourse)에서 제라르 주네트는 연쇄성, 속도, 다시 말하기의 빈도, 지속성의 변동 추이에 따라 내러티브 시간의 전략들을 설명한다.[19] 많은 고전 소설과 인기 있는 탐정 소설은 이런 장치들을 익숙하게 사용했다. 찰스 디킨스(Charles Dickens)의 『위대한 유산』(Great Expectations)과 애거서 크리스티(Agatha Christie)의 탐정 소설의 내러티브를 어떻게 플래시백(회상 장면)이나 플래시포워드(미래에 대한 예시 장면) 없이 모든 사건이 마치 "시계 시간"의 엄격한 연쇄 관계에 따라 일어나는 것처럼, 무미건조한 연대기적 묘사로 채울 수 있겠는가? **내러티브** 시간이 항상 **자연적** 시간의 연쇄 관계나 엄밀한 속도를 따르는 것은 아니다.

마가복음은 예수의 사역과 죽음의 목적에 대한 특별한 요점을 전달하기 위해 속도 변화와 같은 장치들을 사용한다. 마가복음의 앞부분은 속도가 매우 **빠르고** 거의 광포한 속도로 진행된다. 즉시나 **다음**을 뜻하는 그리스어(euthus)는 한 사건 다음에 곧바로 다른 사건이 일어나는 것처럼 빠른 속도를 규정하는 단어다. 그러나 예수께서 예루살렘에 오실 때에는 속도

---

19) Gérard Genette, *Narrative Discourse: An Essay in Method*, trans. J. E. Lewin (Ithaca, NY: Cornell University Press, 1980), chs. 4-6, and Gérard Genette, *Narrative Discourse Re-Visited*, trans. J. E. Lewin (Ithaca, NY: Cornell University Press, 1988), 33-37.

가 느려진다. 웨슬리 코트는 이렇게 말한다. "이(첫) 부분의 속도는 매우 빠르다.···그런데 예수께서 예루살렘을 향해 움직이실 때는 속도가 현저하게 느려진다.···십자가 죽음의 날은···시간마다 세밀하게 조정된다."[20] 요컨대 수난 사건들은 느린 동작으로 묘사된다. 여기서 노리는 의도적인 효과는 예수의 전체 생애와 사역의 절정과 궁극적 초점이 십자가와 수난에 있다는 것을 보여주는 것이다.

따라서 말씀과 행위를 통한 예수의 전체 사역은 **예수와 죄인들의 동일시를 증언한다**. 인자로서 예수는 인간 전체 집단도 대표하신다. 이 생애 과정의 이해를 가능하게 만드는 의미의 지평은 십자가와 부활이다. 이 지평 안에서 **대속, 동일시, 대표, 참여**와 같은 용어들은 서신서로부터 이끌려 나온 "문제점"을 반영하는 단순한 추상적 용어가 아니라 신약성경 전체로부터 생생한 통용성을 이끌어낸다.


## 15.2. 이해와 논리적 문법의 지평: 속죄와 유화

만일 개념적 문법에 대한 설명이 대표, 참여, 동일시, 대속의 의미와 실제 효력을 분명히 하는 데 도움이 될 수 있다면, 이것은 무엇보다 로마서 3:25에서 **속죄, 유화, 죄의 처리 수단** 또는 **속죄소**처럼 다양하게 번역되는 ίλαστήριον(힐라스테리온)의 번역에 관한 고전적 논쟁의 혼란을 잠재우고 질서를 이끌어내는 데 적용될 것이다. 비록 동계 단어 ίλασμός(힐라스모스)가 요한1서 2:2, 4:10에 나타나고, 또 동사 ίλασκομαι(힐라스코마이)가 누가복음 18:13과 히브리서 2:17에서 나타나기는 해도, 신약성경에서 ίλαστήριον(힐라스테리온)은 오직 로마서 3:25과 히브리서 9:25에서만 나

---

20) Wesley A. Kort, *Story, Text and Scripture: Literary Interests in Biblical Narrative* (University Park, PA: Pennsylvania University Press, 1988), 44.

타난다. 성경 영역본과 주석가들은 (롬 3:25의) 이 그리스어 단어를 다음과 같이 다양하게 번역한다. **속죄 제물**(sacrifice of atonement, NRSV, NIV), **화목 제물**(sacrifice for reconciliation, NJB), **죄를 속하는 수단**(means of expiating sin, REB), **속죄**(expiation, RSV), **유화**(propitiation, AV/KJV), **유화의 수단**(means of propitiation, Moffatt), **죄의 처리 수단**(means of dealing with sin, Barrett), **속죄 소**(mercy seat, Nygren).[21]

70인역은 **죄를 덮는다**는 의미를 지닌 כפר(카파르)의 **동계 단어 형태**인 כפרת(카포레트)를 반영한다. 더 흔히 사용되는 피엘형 כפר(키페르)는, 어느 문맥에서는 "덮다, 달래다, 유화하다, 진정시키다"를 의미하고, 명사 כפרת(카포레트)는 출애굽기 25:16, 31:7, 레위기 16:2, 13과 같은 문맥에서는 속죄를 가리키며, 다른 의미로는 지성소에서 **회막** 또는 **속죄소**가 된 증거 궤 꼭대기의 금으로 된 판을 가리킨다(민 7:89; 대상 28:11).[22] 여기서 이 마지막 의미가 히브리서 9:5에 나오는 ἱλαστήριον(힐라스테리온)의 의미다. 성경이 아닌 그리스어 문헌에서 이 동사는 예컨대 어떤 보상이나 선물로 **진정시키거나 달래는 것**과 **속죄하거나 죄를 덮는 것**을 함께 의미한다. 70인역에서 이 말의 의미는 논란이 있으나 많은 이들이 C. H. 도드의 말을 따라, "**진정시키다**"의 의미가 "하나님이 대상인 경우 실제로는 알려지지 않는다"고 말한다.[23]

힐라스테리온에 대한 언어적·사전적 설명은 복잡하다. 때때로 이 설명은 왜곡되기도 하고, (내게는) 불명확한 것으로 보인다. 도드는 하나님을 **진정시킨다**(propitiating)는 개념이 어떤 것이든 간에 그것이 기독교의

---

21) C. K. Barrett, *The Epistle to the Romans* (London: Black, 1957, 2d edn. 1962), 72; Nygren, *Romans*, 156-158. 이 책에서 니그렌은 출 25:22을 언급하면서, **속죄소**를 하나님과 이스라엘 사이의 "만남의 장소"로 묘사한다.

22) Brown, Driver, and Briggs, *The New Hebrew-English Lexicon* (new edn. 1980), 497-498.

23) C. H. Dodd, *The Epistle of Paul to the Romans* (London: Hodder & Stoughton, 1932), 54-56.

은혜 교리를 손상시켰다고 주장하는 학자 가운데 선두 주자다. 도드는 이렇게 말한다. "그러므로 성경의 용법에 따르면, 이 명사(힐라스테리온)는 유화를 의미하지 않고 '죄책을 파기시키는 수단'을 의미할 것이다.…유화(propitiation)는 잘못 이해한 것이다."[24] 논리적 모델은 "더러움을 제거하는…말하자면 살균제와 같은 효력을 [지닌]" 모델이다.[25] C. K. 바레트도 이런 해석을 지지한다. "그리스어의 통상적인 의미에서 '진정시키다'는, 때때로 일어나는 것처럼, 하나님이 이 동사의 주어가 되는 것은 사실상 불가능하다. 하나님이 사람을 진정시키신다고 말할 수 없다. 하나님은 인간을 깨끗하게 하고, 용서하고, 인간의 죄를 속죄하신다(제거하신다). 여기 우리 앞에 있는 단어의 파생어(τήριος에서)는 일반적으로 행동이 수행되는 수단 또는 장소를 가리킨다.…십자가에 못 박힌 그리스도는 '속죄하는 사람'으로 또는 '속죄하는 행위자'로 제시된다."[26]

레온 모리스, 리델보스(H. Ridderbos), 그리고 데이비드 힐(David Hill)은 도드의 견해에 반대하면서 이 구절에 유화의 의미가 담겨 있다고 주장한다.[27] 모리스는 구약 본문을 주석적으로 면밀하게 검토하면서 히브리어 본문과 70인역의 관계를 비롯해 도드의 견해를 낱낱이 파헤친다. 모리스는 "본래적 의미로 보면 유화를 이스라엘의 하나님에게 적용하는 것은 불가능하다"는 도드의 견해를 확고하게 인정하기는 해도, 유화의 의미가 70인역에도 포함되어 있다고 주장한다.[28] 모리스는 최소한 도드가 부적절한 관심을 기울이는 한 가지 신학적 문제를 지적한다. 모리스는 이렇게 말한다. "여기서 진노는 특별히 사랑하는 자들에 대한 진노로 생각될 수 있

---

24) Dodd, *Romans*, 55.
25) Dodd, *Romans*, 54.
26) Dodd, *Romans*, 77.
27) H. Ridderbos, *Paul: An Outline of His Theology* (Grand Rapids: Eerdmans, 1975), 189-190. 『바울신학』(개혁주의신행협회 역간); Leon Morris, *Apostolic Preaching of the Cross* (London: Tyndale, 1955), 136-160, 161-185.
28) Morris, *Apostolic Preaching*, 153.

다.…구약의 유화 개념은 이런 배경에 따라 연구되어야 한다.…이 진노는 자기 자녀를 향한 사랑의 아버지의 진노다.…"[29] 익히 알려져 있는 것처럼, 도드는 하나님의 진노를 "내재적" 관점에 따라 도덕적 우주에서 일어나는 원인과 결과의 과정으로 인식한다. 이것은 유용한 통찰이지만 포괄적인 의미는 갖고 있지 못하다.

셰필드 대학 시절 내 동료였던 데이비드 힐은 세밀하고 균형 잡힌 언어적·신학적 연구를 제공한다. 힐은 관련 문맥에서 그 용어들의 히브리어와 그리스어 용법을 각각 검토하고, 다음과 같이 주장한다. "만일…'유화'의 의미가 받아들여지면, 우리는 죄로 말미암아 발생한 하나님과의 단절에 대한 **인격적** 본질을 정당하게 강조할 수 있다.…하나님의 사랑으로부터 죄의 결과를 피할 수 있는 수단이 나온다."[30] 나아가 로마서 3:25을 해석하는 이해의 지평(나의 용어)은 모든 인간이 하나님의 정죄와 진노 아래 있다는 사실을 중요한 목적으로 삼고 있는 로마서의 첫 부분이다. 힐라스테리온을 속죄일 배경에서 **속죄소**(mercy seat)로 보는 다른 특별한 견해는 히브리서 9:5과는 다르게, "로마서는 레위기의 상징 영역이 작용하지 않는 책"이라는 어려움에 직면한다.[31] 「마카베오 4서」에 이 단어가 등장하는 것 역시 "유화" 해석을 지지할 것이다. 이것이 속죄일 배경보다 더 적절한 배경을 제공할 수 있다.[32]

크랜필드와 제임스 던은 속죄든 유화든 둘 다 배제되어서는 안 된다고 사려 깊게 주장한다. 크랜필드는 도드의 주장이 가진 결함을 드러내고 이렇게 결론짓는다. "하나님이 그리스도를 유화의 희생자로 삼으셨다는 바

---

29) Morris, *Apostolic Preaching*, 159; 참조. 161-185.

30) David Hill, *Greek Words and Hebrew Meanings: Studies in the Semantics of Soteriological Terms*, SNTSM 5 (Cambridge: Cambridge University Press, 1967), 37-38(티슬턴 강조), 23-48.

31) Hill, *Greek Words*, 40.

32) Hill, *Greek Words*, 45-48.

울의 진술의 의미는 하나님이 자신의 자비로 죄인을 용서하고 진정으로 자비를 베풀기 원하셨기 때문에 죄인을 **의롭게 용서하기를 원하셨다**는 것이다. 말하자면 하나님은 그들의 죄를 무조건 용서하시지 않고, **자기 자신의 진정한 자아에 반하기로 작정하고** 그들이 마땅히 받아야 할 의로운 진노의 충분한 무게를 자기 아들의 인격 속에 **두기로 하셨다.**"[33] 이 문제에 대한 크랜필드의 설명은 해박하다.[34]

그러면 제임스 던이 "대안들의 불필요한 양극화"를 통탄하는 것은 정확한가?[35] 이것은 엄밀히 말해 이 용어들에 대한 논리적이고 개념적인 문법의 해석학적 설명이 제기하는 문제다. 도드는 자신의 해석학의 기초를 주로 "하나님 진정시키기"(appeasing God)라는 개념을 어떻게든 피해야 한다는 필요성에 두었다. 그는 이 개념이 하나님의 은혜의 주도권을 박탈한다고 봤다. 그러나 **은혜로부터 전체 과정이 발생한다는 것을 강조하면**, 이것은 아무도 논란을 제기하지 않는 작은 사실이 된다. 한편 "**하나님 자신의 참된 자아에 반하는**" 하나님의 진노, 또는 하나님이 스스로 택하신 유화 속에 포함되어 있다는 크랜필드의 견해는 몰트만이『십자가에 달리신 하나님』(The Crucified God)과『삼위일체와 하나님의 나라』(The Trinity and the Kingdom of God)에서 제시한 이해의 지평, 그리고 그리스도의 사역을 통한 은혜를 **삼위일체적** 행동으로 보는 판넨베르크의 주장 안에서만 이해할 수 있는 것이 된다. 몰트만과 판넨베르크는 모두 이 주제의 해석학에 크게 공헌했고, 이 논쟁이 양자택일의 진부한 궤도에서 벗어나도록 해주었다.

제임스 던이 이 논쟁을 "케케묵은 논쟁"(old dispute)으로 묘사한 것은 어느 정도 정당성이 있다.[36] 그러나 이 논쟁이 "케케묵은" 이유는 "의"(righteousness)라는 말이 이 논쟁 속에서 로마서의 "의"에 대한 루터의

---

33) Cranfield, *Romans*, vol. 1, 217(티슬턴 강조).
34) Cranfield, *Romans*, vol. 1, 205-218.
35) Dunn, *Romans 1-8*, 171.
36) Dunn, *Romans 1-8*, 171.

이해와도 전혀 일치하지 않는 "응보적 정의"(retributory justice)에 관한 논쟁과 너무 쉽게 혼동되기 때문이다. 로마서 3:26에서 "자기의 의로우심을 나타내사 자기도 의로우시며 또한 예수 믿는 자를 의롭다 하려 하심이라"(εἰς τὸ εἶναι αὐτὸν δίκαιον καὶ δικαιοῦντα τὸν ἐκ πίστεως' Ἰησοῦ)는 말씀에 대해서, 많은 보수주의 학자들은 다음과 같은 데니의 설명을 되풀이한다. "하나님은 경건하지 않지만 예수를 믿는 자들을 의롭게 하고, 동시에 하나님이 두드러지게 그리고 현저하게 의로우신 하나님으로 나타나실 수 있게 하는 어떤 일이 벌어진다."[37]

데니는 1차 세계대전이 있기 전인 1912년에 도덕적 권징을 실시하는 강직한 교관의 개념에 대한 작품을 썼는데, 이 작품은 여전히 많은 사람의 지지를 받고 있다. 오늘날 우리는 **하나님의 신실하심**을 더 의미 있게 말할 수 있다. 우리가 앞장에서 다중 모델의 사용에 대해 말하면서 언급한 조엘 그린과 마크 베이커는 찰스 하지가 앞서 제시한 해석에 대하여 시사적인 평가를 제공한다. 그린과 베이커는 하지가 "당대의 형사적 정의 체계의 관점에 따라 성경을 읽고", 오늘날 "아동 학대"와 "가부장제도"에 대해, 특히 페미니즘 학자들 사이에서 민감한 반발을 일으키는 모델에 모든 것을 고정시켰다고 지적한다.[38]

그러나 우리가 사법 체계와 처벌 이론에 큰 강조점을 두는 19세기의 관심사에 따라, 아무리 유화 모델이 그 모델을 **한정시키는** 다른 모델에게 상대적인 것이 될 수 있다고 해도, 그 모델이 제시할 수 있는 **하나님의 자기 일관성과 신실하심**에 관한 모든 문제를 **배제해서는** 안 된다. 하나님의 행위는 그분의 **"이름"**의 성격과 명성에 밀접하게 관련되어 있다. 신명기를 보면 하나님은 자신의 이름을 두실 곳(히브리어 שֵׁם, 셈)을 택하신다(신 12:11; 14:23; 16:11). 하나님의 이름은 공개적으로 하나님의 **영광**과 **의**를 선포한다

---

37) Denney, *The Death of Christ*, 167.
38) Green and Baker, *Scandal of the Cross*, 146; 참조. 91-97, 147-152.

(시 102:15, 21; 103:1; 106:3, 8; 115:1; 사 12:4; 57:15; 63:16).[39] 하나님의 이름은 거룩하게 되고(마 6:9; 평행 본문 눅 11:2) 영광스럽게 되어야 한다(요 12:28). 하나님의 의(히브리어 צדק, 체데크, 그리스어 δικαιοσύνη, 디카이오쉬네)는 때때로 공의를 의미할 수 있지만, NJB는 종종 이 말을 신실함으로 번역한다. "하나님께서 나를 공평한 저울에 달아보시고 그가 나의 온전함(integrity)을 아시기를 바라노라"(욥 31:6). "여호와께서 만민에게 심판을 행하시오니 여호와여 나의 의와 나의 성실함(integrity)을 따라 나를 심판하소서"(시 7:8). 데이비드 라이머(David Reimer)는 이렇게 지적한다. "의는…하나님에 관한 참된 어떤 것…어떤 표준에 일치하는 행동을 가리키는 일종의 약어가 된다."[40] 그렇다면 여기서 의는 "자신에게 참된 것"이라는 개념을 전달할 것이다.

또한 이것은 하나님의 진노에 대한 논리적이고 개념적인 통용성을 이해하는 적절한 지평을 제공한다. 사랑의 반대말이 의미론적으로 진노와 무관하지 않다는 것은 종종 망각되고 있다. 많은 자녀가 자기와 자기 행동에 대한 부모의 관심을 이끌어내기 위해서 일부러 부모의 분노를 자극할 수 있다는 것은 익히 알려져 있다. C. H. 도드는 그것이 인간에 대한 하나님의 태도를 묘사하기 위해서가 아니라 "도덕적 우주 속에서 원인과 결과의" 불가피한 과정을 묘사하기 위해 사용됐다고 주장할 때, 로마서 1:18-32에 나타난 하나님의 진노 개념에 대한 탁월한 통찰과 잘못된 환원주의적 탈인격화를 결합시킨다.[41] 여기서 긍정적 통찰은 때때로 진노의 개념적 문법이 "내재적" 개념이라는 인식이다. 곧 죄는 그 자체로 결과를 일으키고, 하나님은 때때로 개입할 필요가 없이 죄가 스스로의 과정을 거치도

---

39) 탈굼에서 셰키나(Shekinah, 또는 아람어로 더 엄밀하게 말하면 셰킨타, Shekinta)는 "말씀"을 의미하는 메므라(memra)와 "영광"을 의미하는 예카라(yeqārâ)와 함께, 초월적인 하나님의 공적 현현을 가리키는 데 사용되고, 이때 하나님의 이름은 하나님의 성품을 반영한다. Hans Bietenhard, "νομα," in Kittel, TDNT, vol. 5, 243-283도 보라.

40) David J. Reimer, "צדק," in Williem VanGemeren (ed.), New International Dictionary of Old Testament Theology and Exegesis, vol. 3, 746; 참조. 744-769.

41) Dodd, Romans, 23.

록 허용하신다. 그러나 이것만으로는 하나님의 진노의 개념적 문법을 **철저히 묘사할 수 없다.** 자녀의 자기 파괴적인 행동에 대해 **결코** 분노를 보여주지 **않는** 부모가 진정으로 **사랑할 뿐만 아니라 신실하게 사랑을 보여주는** 자가 되겠는가?

하나님의 "질투"(출 20:5; 34:14; 신 4:24)는 자기 백성에 대한 하나님의 절대적인 사랑을 보여주는가? 이것은 부정적인 의미에서 보면 "소유하지" 않는 것이다. 왜냐하면 에스겔 16:42에서 궁극적인 처벌은 하나님이 "내 질투가 네게서 떠나고 마음이 평안하여 다시는 노하지 않는" 것이기 때문이다. 아이히로트는 이렇게 설명한다. "이스라엘은 자기들의 하나님과 하나님의 놀라우신 사랑의 의지를 대면하게 된다.…에스겔은 호세아나 예레미야와 어깨를 나란히 한다.…에스겔이 그토록 대담한 이미지를 사용하는 것을 거부할 수 없다. [이스라엘은]…동일하신 하나님 자신의 사랑에 대한 놀라운 보증에 집중하도록 인도를 받았다.…그[에스겔]는 하나님과의 단절의 깊이가 진보를 위한 온갖 인간적 노력을 헛되게 하고, 사랑과 신뢰의 관계를 깨뜨릴 때 무엇이 드러나는지 깨닫게 하려고 애쓴다."[42] 여기에 신명기 기자의 "낙관주의" 같은 것은 없다. 에스겔은 "지금 견딜 수 없는 압박을 가하고…지금까지의 모든 희망을…산산조각 내는 일단의 긴장들을 폭로한다."[43]

위르겐 몰트만이 제공한 이해의 지평은 도드의 지평보다는 에스겔의 지평에 더 가깝다. 몰트만은 이렇게 말한다. "하나님께 버림받으신 자 안에서 하나님의 가까움을 경험하고, 십자가에 못 박혀 죽으신 그리스도 안에서 하나님의 신성함을 경험하는 것은…완전한 **허무**(nibil)를 폐기시키는 새로운 온전함이다."[44] 오직 "생명에 대한 약속과 비교해보면 죽음의 치명

---

42) Walther Eichrodt, *Ezekiel: A Commentary*, trans. C. Quin (London: SCM, 1970), 210-213.

43) Eichrodt, *Ezekiel*, 212.

44) Moltmann, *Theology of Hope*, 198.

제3부 기독교 교리의 주요 주제

성이 가면을 벗고 드러내는 가혹함"의 "진공" 속에서만 "찬양의 승리"가 나타난다.[45] 다시 말해 생산적인 이해의 지평의 열쇠는 다음과 같은 통상적인 것과 "반대되는 물음"이다. "그리스도의 십자가가 진정으로 하나님 자신을 위한다는 것은 어떤 의미인가?"[46] 루터와 마찬가지로 몰트만도 "하나님의 가시적인 존재는 그리스도의 수난과 십자가"라고 말한다.[47] 하나님은 **영광의 신학**이 아니라 **십자가의 신학**을 통해 경험되어야 한다. 몰트만은 이렇게 말한다. "하나님은 고난을 겪으신다. 하나님은 자신이 십자가에 못 박히는 것을 허용하고, 십자가에 못 박히시며, 이 안에서 하나님의 제약 없는 사랑이 완성된다.…십자가의 죽음은 아들에 대한 사랑과 아버지의 슬픔의 사건으로…삼위일체 안의 사건으로 [일어난다.]"[48] 몰트만은 계속해서 이렇게 말한다. "심지어 아우슈비츠도 아버지의 슬픔, 아들의 복종, 성령의 권능으로 시작된다."[49] 후기의 한 작품에서 몰트만은 슬픔 없는 하나님은 "비인간적인 하나님"이라고 말하고, "고난 받을 수 없는 하나님은 사랑할 수도 없다"고 선언한다.[50]

이러한 진술들의 논리는 위에서 지적한 로마서 3:25에 대한 크랜필드의 설명의 논리와 광범위하게, 그리고 엄밀하지는 않지만 확실하게 관련되어 있다. 하나님은 그들의 죄를 사하지 않고, "자신의 진정한 자아에 반하여 그들이 마땅히 받아야 할 의로운 진노의 충분한 무게를 자기 아들의 인격 속에 두기로 하셨다"고 크랜필드는 말한다.[51] 그렇지만 논리는 똑같지 않다. 왜냐하면 크랜필드가 쉽게 "진노"라고 말하는 것을 몰트만은 하나님의 고뇌, 슬픔, 고통으로 말하기 때문이다. 그렇다고 해도 사랑받는

45) Moltmann, *Theology of Hope*, 210.
46) Moltmann, *Experience of God*, 15.
47) Moltmann, *The Crucified God*, 214.
48) Moltmann, *The Crucified God*, 248-249.
49) Moltmann, *The Crucified God*, 278.
50) Moltmann, *The Trinity and the Kingdom of God*, 38.
51) Cranfield, *Romans*, vol. 1, 217.

자의 자기 파괴적인 의지에 대한 고뇌는 아이히로트가 에스겔 16장을 설명하면서 묘사하고, 바울이 로마서 1:18-32에서 언급한 것으로 보이는 그 긴장과 자기모순을 제시할 것이다.

이 주장을 너무 깊이 추구하는 것은 현명하지 못하며, 조심스러운 제한을 가하는 것이 필요하다. 판넨베르크는 이렇게 주장한다. "세상이 하나님과 화해해야지, 하나님이 세상과 화해해야 하는 것이 아니다."[52] 그러나 삼위일체적인 관점 안에서 그리고 "그리스도 안에 계시는 하나님"(고후 5:19)의 지평 안에서, 십자가에 관한 **모든 것이 하나님의 행위**라는 것을 감안하면, 십자가의 자기모순에 **하나님이 스스로 관여하고** 참여하는 현상은 그분 자신의 은혜로 말미암아 시작된 "하나님의 주도적인" 측면을 거의 **배제하지** 못한다. 인간을 사랑하고 죄를 "의"로 덮는 것은 바울이 "성실함으로 행하라"고 말하는 것, 곧 신명기로부터 신약성경에 이르기까지 모든 언약 전통을 관통하는 약속과 경고를 취소하지 않고 행하는 것과 동등한 표현일 것이다.

로마서 3:26은 은혜의 하나님이 복수심에 불타 희생양을 찾는 교관처럼 행동함으로써 타협하는 것이 아니라, 세상을 자기 자신과 화해시키는 동안, **자신의 약속과 경고에 따라 치를 대가를 친히 떠맡으신다**는 것을 함축한다. 그러나 제임스 던의 말이 옳다. 속죄와 유화는 양자택일을 요구하지 않는다. 만일 우리가 유화(다른 모델들로 제한을 받는)가 가리키는 바를 완전히 **배제하지** 않는다면, 이것 역시 속죄의 **실재를 전제한다**. 그럼에도 속죄 자체는 어떤 것, 특히 그 행동의 **인격적** 차원을 상실할 위험에 있다. 결론적으로 각 용어의 적절성, 적합성, 타당성, 효력은 각 용어의 개념적 문법과 각 용어가 사용되는 **이해의 지평에 달려 있다**.

추가로 언급할 한 가지 요소는 이 속죄 어휘들 속에 **신실함**이 자리를 잡고 있어야 한다는 것이다. 그리스도 안에서, 그리고 그리스도를 통한 하

---

52) Pannenberg, *Systematic Theology*, vol. 1, 437.

제3부 기독교 교리의 주요 주제

나님 자신의 은혜의 행동의 중심성은 종종 "해야 한다"(그리스어 δεῖ, 데이, 반드시 해야 한다)는 동사의 용법과 관련이 있다. 이 용법은 세심한 논리적 해명이 필요하다. 공관복음서에서 예수는 이렇게 선언하신다. "인자가 많은 고난을 **받고**(δεῖ)"(막 8:31; 평행 본문 눅 9:22), "그리스도가 해를 받고(δεῖ)"(행 17:3). 이 말은 성경책 속에서보다 보수주의자가 "하나님은 죄를 처벌**하셔야 한다**"고 받아치는 말처럼, 세간에 벌어지는 논쟁에서 더 빈번하게 사용된다. 만일 이것이 우리를 잘못된 길로 이끌지 않는다면, 여기서 단순한 개념적 해명이 필요하다. 하나님은 어떤 외적 강요도 받으실 수 없다. 따라서 많은 이들이 "하나님은…하셔야 한다"는 문장을 무익한 것으로 거부한다. 그렇지만 이것은 길버트 라일이 설명하고 명확히 규명한 논리적 혼란의 전형적인 한 실례다.[53] "정의가 우리에게…을 하도록 강요한다"고 말할 때, 우리는 추상화를 통해 휘포스타시스(hypostasis) 곧 하나의 원리를 만들어내고 있는 것이다. 그것은 "만일 정당하게 행동하기를 바란다면, 나는…을 행하는 것 외에 다른 길이 없다"고 서투르게 말하는 것과 같다. 마찬가지로 "하나님은…하셔야 한다"거나 "예수는…하셔야 한다"는 말은 항상 조건절에 따라 해석되어야 한다. "만일 하나님이 자신의 약속에 진실하기를 원하신다면, 이미 이 행동 과정을 따르겠다고 서약하신 것이다." 만일 예수께서 자기 아버지가 정해주신 역할에 따라 살고, 성경의 고난 입증 방식을 체현하기 원하신다면, 유일한 과정은 십자가의 길을 끝까지 가시는 것이다. 16.2.에서 살펴볼 것처럼, 안셀무스가 이 견해의 선구자였다. 안셀무스는 "해야 한다"를 "내재적" 적합성과 신적 일관성에 함축된 것을 표현한다고 보았다.

---

53) Gilbert Ryle, "Systematically Misleading Expressions," *Proceedings of the Aristotelian Society* 32 (1931-1932) 139-170, repr. in Antony Flew (ed.), *Logic and Language*, 1차 시리즈 (Oxford: Blackwell, 1951).

## 15.3. "그리스도 안에" 있음:
은혜로 말미암아 믿음으로 얻는 칭의의 해석학

바울 안에서 은혜로 말미암아 얻는 칭의의 의미, 그리고 야고보와 예수에게서 나타나는 동일 주제와 이 의미와의 관계를 이해하고자 할 때 여러 가지 해석학적이고 개념적인 문제들이 제기된다. (1) 의인이고 하나님에게 의롭다고 "간주되는" 사람이 어떻게 동시에 죄인인가? 종교개혁 당시의 격언인 "의인이자 죄인"(simul iustus et peccator) 또는 "항상 죄인, 항상 참회자, 항상 의인"(semper peccator, semper penitens, semper iustus)이라는 말은 얼핏 보면 자기 모순적인 명제처럼 보인다.[54] (2) 만일 모든 것이 "아무 조건 없이" 주어지는 순전한 **은혜**로부터 나온다면, **믿음**의 역할은 도대체 무엇인가? (3) 은혜로 말미암아 얻는 칭의에 대한 바울의 신학은 야고보가 "행함 없는 믿음"을 노골적으로 비난하는 것과 어떻게 관련되는가? "행함이 없는 믿음은 무익하다(ἀργή, 쓸모없는; 약 2:14, 17, 18)." 이것은 "모순"인가? (4) 은혜로 말미암아 얻는 칭의는 이를테면 예수의 가르침과 복음서에는 없는 "바울의" 독특한 교리인가? 나는 『두 지평』에서 이 질문들 가운데 처음 세 가지 물음을 폭넓게 다루었다. 하지만 여기서는 "그리스도 안에 있음"이라는 이해의 지평 안에서 이 물음들을 다루고자 한다.[55] 나는 이전에 "그리스도 안에 있음"이라는 지평 안에서 이 물음들을 적절히 다룬 적이 없었다.

그러므로 우리는 이제 그리스도의 사역에 대한 결과로서, 기독교적 구원 조건의 핵심적인 묘사인 "**그리스도 안에 있음**"에 관한 바울의 언어를 예비적 차원에서 먼저 고찰해야 한다. 순전히 언어적 관점에서 보면, "(예

---

54) 루터의 말에 대해서는 P. Stuhlmacher, *Gerechtigkeit Gottes bei Paulus* (Göttingen: Vandenhoeck & Ruprecht, 1965), 19-23, and Gordon Rupp, *The Righteousness of God: Luther Studies* (London: Hodder & Stoughton, 1953), 225, 255을 보라.
55) Thiselton, *Two Horizons*, 415-427.

수) 그리스도 안에"(ἐν Χριστῷ ['Ιησοῦ])라는 그리스어 어구는 문맥에 따라 여러 가지 사실 가운데 하나를 가리킨다. 요한네스 바이스는 이를 다섯 가지로 구분했다. (i) "그리스도께서 오셨으므로"에 대한 단축어구(롬 3:24), (ii) "아담 안에서"와 평행을 이루는 대표 용법(고전 15:22), (iii) 예컨대 "그리스도 안에서 자랑하라"는 말과 같이 단순한 전치사 어구(고전 1:31), (iv) 도구적 용법(살전 4:1), (v) "내게 능력 주시는 자 안에서 내가 모든 것을 할 수 있느니라"(빌 4:13)와 같은 구절처럼 "신비적" 의미.[56] 아돌프 다이스만은 이 말의 경험적-신비적 의미를 주도적 의미로 삼고자 했다. 하지만 특히 바울이 사용하는 "그리스도 안에"라는 어구의 가장 전형적인 용법은 **모든** 신자에게 적용되므로, 이 의미는 정밀한 조사를 견디지 못한다. 비켄하우저(A. Wikenhauser)는 이렇게 지적한다. "이 연합[그리스도와의 연합]은 바울만 도달했던 것이 아니다. 이 연합은 예외 없이 모든 그리스도인에게 해당된다."[57] 어쨌든 바울은 통상적으로 "신비적" 경험에 관해서는 말을 많이 하지 않았다(고후 12:1-7).

알베르트 슈바이처는 "그리스도 안에"라는 어구를 **그리스도의 죽음과 부활에 참여함으로써 그리스도의 종말론적 지위를 공유한다**는 용법으로 설명했다. 이는 이 어구에 대한 바울의 가장 명확한 신학적 용법을 이해하는 길을 준비했다. "그리스도 안에"는 "죽은 자의 전체 부활이 있기 전 부활의 실존 양식을 취하는 것"을 의미한다.[58] 따라서 대체로 이런 의미에서 바울은 다음과 같이 말한다. "그런즉 누구든지 **그리스도 안에**(ἐν Χριστῷ) 있으면 [그는 혹은 그녀는] 새로운 피조물이라"(고후 5:17). "그러므로 이제 그리스도 예수 안에 있는 자에게는 결코 정죄함이 없나니"(롬 8:1).

---

56) Weiss, *Earliest Christianity*, 2권, 468-469, 각주 포함.
57) A. Wikenhauser, *Pauline Mysticism: Christ in the Mystical Teaching of St. Paul*, trans. J. Cunningham (Freiburg: Herder, 1960), 93.
58) Albert Schweitzer, *The Mysticism of Paul the Apostle*, trans. W. Montgomery (London: Black, 1931), 101; 참조. 101-176.

이것은 분명히 바이스가 대표 용법(representative use)이라고 부르는 것과 중첩된다. "아담 안에서 모든 사람이 죽은 것같이 그리스도 안에서 모든 사람이 삶을 얻으리라"(고전 15:22). 이 대표 용법은 집단적 연대성 개념, 즉 "아담 안에서" 또는 "그리스도 안에서" 갖는 연대성의 특권들(적극적으로)과 책임들(소극적으로)을 공유하는 것을 전제로 한다. 러셀 셰드(Russell Shedd)는 바울 안에 나타난 이 주제를 상당히 상세한 주석과 함께 제시한다.[59] 종교개혁자들이 그리스도의 의로 "옷 입는" 것에 대해 법적 전가나 법적 가정의 언어를 사용하는 것을 비판가들이 비판할 때, 그것이 완전히 옳은 것은 아니다. 바울이 "오직 주 예수 그리스도로 옷 입고(ἐνδύω, 롬 13:14)라고 말하거나 "누구든지…그리스도로 옷 입었느니라"(ἐνδύω, 갈 3:27)고 말할 때, 다른 어떤 의미로 그렇게 말하겠는가? 이 말의 요점은 **그리스도의 상태나 지위로부터 연원하는 상태나 지위**를 내포한다는 것이다. 제임스 던은 바울 서신에서 83회에 걸쳐 등장하는 "그리스도 안에"라는 말의 다양한 용법과 문맥을 고찰하고, 각각의 문맥이 중요하다는 사실을 올바르게 강조한다. 전체적으로 "그리스도 안에"라는 말은 공동체가 "그들을 하나로 묶는 그리스도에 대한 공통적 경험으로부터" 공동체의 의미를 이끌어내는 방식을 가리킨다고 던은 결론짓는다.[60]

그리스도와 함께 죽는 것 그리고 전체 부활이 있기 전에 부활의 실존 양식에 그리스도와 함께 참여한다는 개념은, 슈바이처가 주장하려고 했던 것처럼 은혜로 말미암아 얻는 칭의 개념과 완전히 다른 개념적 문법이 아니고, 엄밀히 말하면 "그리스도 안에 있음"**으로부터 따라 나오는** 것이다. 그리스도 안에 있음은 오직 은혜로 말미암아 믿음으로 얻는 칭의와 연관된 다양한 "문제들"이 이해될 수 있는 대답으로 수용되는 이해의 지평이다.

---

59) Russell P. Shedd, *Man in Community: A Study of St. Paul's Application of Old Testament and Early Jewish Conceptions of Human Solidarity* (London: Epworth, 1958), 126-205.

60) Dunn, *Paul*, 401; 참조. 396-401.

은혜로 말미암아 얻는 칭의를 그리스도와의 연합이라는 맥락 안에서 보는 것에 대하여 한 가지 더 설명할 것이 있다. "아담 안에" 있음과 "그리스도 안에" 있음에 대한 바울의 대조는 근본적으로 두 연대성 또는 두 실존 질서의 **구조적·집단적** 대조다. 그러나 전통적으로 은혜로 말미암아 믿음으로 얻는 칭의에 대한 해석은 지나치게 개인주의적인 해석으로 치우친 경향이 있었다. 새롭고 집단적이고 공동체적이고 보다 "상황적인" 접근법이 특히 호세 미란다(José P. Miranda)가 주창한 해방신학에서 등장했다. 미란다는 로마서 1:18-32의 인간 상태에 대한 바울의 관점이 **아디키아**(*adikia*)의 상태, 곧 억압과 착취가 내포되어 있는 불의나 공동체적 부정의 상태의 관점이라고 주장한다.[61] 율법으로는 이 상태를 바로잡을 수 없다. 그러나 그리스도의 복음과 하나님 나라는 이 상태에 변화를 일으키고, 이때 사회 정의의 회복을 포함해서 "사물들을 올바른 자리에 위치시킨다."[62] 미란다의 주석은 의심의 여지가 있을 수 있다. 예컨대 미란다의 믿음 개념이 과연 바울의 개념인지는 무척 의심스럽다. 그럼에도 미란다는 이 주제에 접근하는 이해의 지평들을 확장시키고, 바울과 구약 예언자들과 예수의 가르침 사이에 밀접한 관계가 있음을 증명했다. 이제 앞에서 언급한 네 가지 물음으로 돌아가 보자.

(1) 첫째, 칭의와 관련된 주요 동사, 곧 δικαιόω(디카이오오)라는 그리스어 동사는 "**호의적인 판결을 내리다, 정당함을 입증하다**" 또는 어떤 문맥에서는 "**사실을 올바르게 하다**"나 "**…를 올바른 관계 속에 두다**"를 의미한다.[63] 이 그리스어 단어와 주로 대응을 이루고 있는 구약성경의 히브리어 단어도 판결을 선언하는 재판관의 행동을 의미한다. צדק(차다크)는 히필

---

61) José P. Miranda, *Marx and the Bible: A Critique of the Philosophy of Oppression*, trans. J. Eagleson (Maryknoll, NY: Orbis, 1974, London: SCM, 1977), 160-172.『마르크스와 성서』(일월서각 역간).

62) Miranda, *Marx*, 201-229.

63) BDAG (3d edn. 2000), 249.

형으로 폭넓게 **정의를 행하다, 의롭다고 선언하다, 정당화하다, 정당성을 입증하다**를 의미할 수 있다.[64] 실천적 관점에서 보면, **정의를 행하는 것은** 종종 사실을 올바른 상태에 두는 것이다. 명사형 δικαιοσύνη(디카이오쉬네) 는 **정의** 또는 **의**를 가리킬 수 있다. 존 지슬러(John A. Ziesler)는 이 명사가 "그 말에 관해서는 '마치'(as if)가 없는 참된 의"를 가리킨다고 주장한다. 동시에 그것은 "관계의 언어이자, 하나님과의 올바른 관계를 의미한다"는 것도 인정한다.[65] 그러면 우리는 "참된" 의와 의로 생각되는 것 사이를 어떻게 판단하는가? 지슬러는 이렇게 지적한다. "만일 하나님이 신자들을 오직 그리스도 안에서 발견된 자로 본다면, 그들을 당연히 의로운 자로 선언하실 것이고—그리스도 안에 있기 때문에, 오직 그리스도 안에서만 그들은 의롭게 되며, 그러므로 무죄 석방되어야 하고, 여기에 허구적인 것은 아무것도 없다."[66]

나는 『두 지평』에서 **종말론적인 관점** 안에서 바라본 신자의 지위와 **율법과 역사 과정**의 관점 안에서 바라본 신자의 지위를 구분했다. 최근에 나는 포괄적인 맥락에서 나의 전임 교수였던 노팅엄 대학교의 저명한 앨런 리처드슨의 견해를 따랐다는 것을 깨닫게 되었다. 리처드슨 역시 그리스도인의 의는 허구가 아니라 참이지만, 주로 **종말론적 지위**를 갖는 의라고 주장한다.[67] 개신교의 해석은 **모순**이라는 프라트(F. Prat)의 주장("거짓된 것이 어떻게 참이 될 수 있는가, 또는 하나님이 어떻게 자신이 거짓으로 알고 있는 것을 참된 것으로 선언하실 수 있는가?")에 반대하여, 나는 **진술들**이 문맥에서 분리될 수 있고 "모순"을 일으킬 수는 있지만, 이것이 특정한 관점, 문맥, 또는 지

64) BDB (new edn. 1980), 842-843.
65) John A. Ziesler, *The Meaning of Righteousness in Paul: A Linguistic and Theological Enquiry*, SNTSMS 20 (Cambridge: Cambridge University Press, 1972), 8.
66) Ziesler, *Righteousness*, 169.
67) Alan Richardson, *Introduction to the Theology of the New Testament* (London: SCM, 1968), 236-240.

평 안에서 **판결적**(verdictive) 언어-행위라고 말할 수 없고, "…을…로 보는"(seeing…as…) "바라봄"(onlooks)이라고도 말할 수 없다고 주장했다.[68] 비트겐슈타인은 "…을…로 보는" 것은 모두 "신호[또는 그림 또는 발화]가 속해 있는 **체계**에" 달려 있다고 지적했다.[69] 어떤 그림을 무질서한 줄들로 보고, 그 다음에 (그것이 무전기와 관련되어 있다고 말했을 때) 그 그림을 회로도로 인식하는 것은 "모순"이 아니다.[70] 나는 비트겐슈타인의 "…을…로 보는 것"의 개념적 문법과 도널드 에반스(Donald Evans)의 "바라봄"의 논리적 문법에 대해서 탐구했다. 에반스는 이렇게 말한다. "'x를 y로 보는 것'은 그것을 어떤 구조, 조직, 또는 체제 안에 두는 것을 함의한다. 이것은 종종 x에 대한…**어떤 상태의 귀속**을 포함한다"(티슬턴 강조).[71]

비트겐슈타인이나 에반스가 지금 다루고 있는 주제를 염두에 두고 있는 것은 아니다. 그러나 비트겐슈타인은 이 주제를 지지하는 다양한 성찰을 제시하고, 에반스도 때때로 다른 "바라봄"(또는 x를 y로 보는 것)이 현재와 "미래의" 구조적 맥락의 차이에서 연원할 수 있다고 덧붙인다. 만일 "그리스도 안에 있음"이 전체 부활에 앞서 그리스도의 부활의 지위를 공유하는 것을 의미한다면, 그리고 바이스가 제시하는 것처럼 "올바른 상태에 두어져 있다거나" "의롭다고 선언한" 하나님의 판결이 엄밀히 말해 "진정한 **종말론적** 행위가 미리 일어나는 것"이라면, 의인과 죄인을 **병렬 배치하는 논리**는 다음과 같이 의미가 **명료해진다.** 곧 신자는 엄밀하게 일상적인 역사적 진행의 지속적 과정이라는 맥락 또는 구조 안에서 그리고 아직 "율법 아래" 있는 어떤 개념과 관련되어 있는 한, **죄인으로 남아 있다.**

---

68) Thiselton, *Two Horizons*, 417; 참조. F. Prat, *The Theology of St. Paul*, 2 vols. (London: Burns, Oates, & Washbourne, 1945), vol. 2, 247.

69) Wittgenstein, *Zettel*, sect. 228(비트겐슈타인 강조).

70) Wittgenstein, *Zettel*, sect. 201.

71) Donald D. Evans, *The Logic of Self-Involvement: A Philosophical Study of Everyday Language with Special Reference to the Christian Use of Language about God as Creator* (London: SCM, 1963), 127; 참조. 124-141.

그럼에도 그리스도인들은 "마지막" 또는 "종말론적" 아담으로서 죽은 자 가운데서 다시 살아나신 "그리스도 안에" 있을 때, **종말론적인 실존의 관점과 지평 안에서 의롭다고 선언되고, 하나님과 올바른 관계 속에 두어지고,** "우리 주 예수 그리스도의 날에 **책망할 것이 없는** 자로"(흠 없는, 그리스어 ἀνεγκλήτους) **그리스도의 지위를 공유한다**(고전 1:8).

이 종말론적 실재는 "앞당겨져" 신자들의 현재 지위의 특징이 된다. 그러나 신자들은 경험적·역사적 관점에서 보면, 여전히 "구원을 향해 가는 도중에" 있고(현재 분사 σῳζομένοις, 고전 1:18), 고린도전서 3:1-14:40에 묘사된 일상적 행위에는 질투, 다툼, 시기, 부적절한 관계, 왜곡된 욕망, 자기만족 등이 포함된다. 그러나 이 죄인들은 "거룩하다." 확실히 그리스도인은 **의인이자 죄인이다.**

(2) 그러나 만일 이 모든 것이 순전히 은사로 주어진다면("네게 있는 것 중에 받지 아니한 것이 무엇이냐?" 고전 4:7; "그러나 이 은사는 그 범죄와 같지 아니하니", 롬 5:15), 어찌하여 **믿음**에 특별한 역할이 주어지는가? 휘틀리는 대중적인 차원에서 때때로 믿음을 "또 하나의 행위"로 간주하는 경향이 있다고 정확히 지적한다. 마치 도덕적 업적과 같은 평범한 카드는 아무 가치가 없고, 믿음이 "영적" 질서의 "행위" 곧 "도덕적" 행위보다 더 높은 질서의 "행위"를 제공하는 비장의 카드를 함축하는 것처럼 말이다. 또한 휘틀리는 바울에게 믿음이 "결단코 행위가 아니었다"고 올바르게 주장한다.[72] **이 문맥에서 믿음이 신자가 의의 선물에 적응하는 것이고, 이것은 "의롭다"거나 "죄책이 없다"는 종말론적 판결을 현재로 앞당기는 효력을 갖고 있다.** 폴 틸리히는 "그것은 **우리가 받아들여진 것**(accepted)을 **받아들이는 것**(accepting)"이라는 자신의 정식으로 이 요점을 간명하게 제시했다.[73]

슈바이처와 바이스는 이 의가 "엄격히 말하면 미래에 속해 있으나" 또

---

72) Whiteley, *Theology of St. Paul*, 162, 164.
73) Tillich, *Systematic Theology*, vol. 3, 238-242.

한 현재에도 효력을 갖게 된다고 지적함으로써 다른 해석자들의 길을 준비한다. 바이스는 이 의를 종말론적 행위의 "사전 확정"(pre-dating)이라고 부른다.[74] 불트만과 바레트는 현재 속에 선포되는 종말론적 판결의 "역설적" 성격에 대해서 말하고 있다.[75] 페터 슈툴마허, 케르텔게(Kertelge), 뮐러(C. Müller) 역시 이 사법적 판결의 묵시적 배경에 주의를 집중한다.[76] "받아들임"에 대한 틸리히의 정식은 우리가 앞에서 제시한 믿음의 성향 이론과 잘 일치한다. 불트만 역시 올바르게 주장하는 것처럼, 믿음은 "지적" 행위가 아니다. 그러나 믿음은 죄책과 하나님의 정죄의 비난(자아, 타인, 또는 어떤 종류의 행위자로 인한)에 **적극적 신뢰와 확신의 반응**을 갖고 **반응하는 성향**을 함축한다. 그리스도 안에 있음이 믿음의 존재론적 근거다. 성향적 반응은 믿음을 **일상생활 속에 적용하는 것**의 한 부분이다. 그러나 신약성경과 바울은 "믿음-"(πίστις)이라는 말을 다양한 의미로 사용한다. 여기서 상술된 개념은 오직 그리스도 안에 있음이라는 배경 속에서 믿음을 사용하는 것과 은혜로 말미암아 얻는 칭의를 적용하는 것에만 해당된다는 것을 상기할 필요가 있다.

(3) 바울의 교리는 외관상 모순으로 보이는 야고보서의 진술과 어떻게 관련되어 있는가? 야고보는 이렇게 말한다. "내 형제들아, 만일 사람이 믿음이 있노라 하고 행함이 없으면 무슨 유익이 있으리요? 그 믿음이 능히 자기를 구원하겠느냐?"(약 2:14). 이처럼 다른 취지의 담론과 날카로운 대조를 보이는 것은 교리에서 **이해의 지평**이 얼마나 중요한지를 증명한다. 야고보서의 **믿음**과 **행위**의 개념적 문법은 다른 해석학적 안건, 다른 물음,

74) Schweitzer, *Mysticism*, 203; Weiss, *Earliest Christianity*, vol. 2, 502.

75) Bultmann, *Theology of the New Testament*, vol. 1, 276; Barrett, *Romans*, 75.

76) Stuhlmacher, *Gerechtigkeit*; Karl Kertelge, *Rechtfertigung bei Paulus: Studien zur Struktur und zum Bedeutungsgehalt des Paulinischen Rechtfertigungs Begriffs* (Münster: Aschendorff, 2d edn. 1967), 112-160; C. Müller, *Gottes Gerechtigkeit und Gottes Volk*, FRLANT 86 (Göttingen: Vandenhoeck & Ruprecht, 1964).

다른 지평에 입각한 바울의 개념적 문법과 전혀 다른 것으로 간주된다. 그 차이가 너무 커서 **모순**이라는 말(용어들이 같은 의미로 사용되는 것을 전제로 하는)을 적용할 수 없을 정도다. 예레미아스는 이 차이를 관심의 차이라고 말하면서 문제를 해결하려 한다.[77]

야고보는 **믿음**이 유일신론의 진리 주장에 지적으로 동의하는 것을 가리킬 때 "오직 믿음"을 비판한다. 이런 의미에서 "귀신들도 믿고 떠느니라"(약 2:19)라고 말한다. 디벨리우스(M. Dibelius)는 이렇게 말한다. "야고보는…여기서 신학적으로 정리된 믿음 개념을 염려하는 것이 아니다."[78] 그러나 다른 "정의"보다는 이 정의에 더 큰 비중이 있다. 야고보가 정죄하는 것은 두 가지 비유 또는 사례(약 2:14-17의 가난한 자에 대한 태도와 2:21-26의 아브라함에게서 나온 논증)가 보여주는 것처럼, 믿음이 **삶과 행동에 대해** 아무런 차이를 낳지 않을 때 "믿음이 있다고 주장하는 것"이라고 피터 데이비즈(Peter Davids)는 설명한다.[79] 다시 말해 이것은 엄밀히 믿음의 **성향** 이론이 폭로하는 것이다. 만일 믿음이나 신념이 실제 행위 속에서 관찰 가능한 "**차이를 낳는**" 실천적 상황이 전혀 없다면, 도대체 믿음이 **어디에 있다**는 말인가? 야고보가 "행위"에 호소하는 것은 1세기 당시의 개념적 문법의 제약 안에서 믿음의 성향 이론을 해설하는 것과 같다. 종말론적 판결을 적극적으로 현재에 **적용시키는** 바울의 언어는 야고보가 제기하는 논란의 맥락 속에는 들어가지 않는다.

바울의 믿음 개념 역시 자기 참여적이다. "의롭게 된" 그리스도인은 어떤 삶을 추구할지를 공적인 영역에서 표현한다. 바울 서신은 그리스도와의 연합 안에서 그리고 그리스도와의 연합을 통해 그리스도와 복음에 적

---

77) J. Jeremias, "Paul and James," *Expository Times* 65 (1955) 358-371.

78) M. Dibelius and H. Greeven, *James: A Commentary on the Epistle of James*, trans. M. Williams, Hermeneia (Philadelphia: Fortress, 1975), 151.

79) Peter H. Davids, *The Epistle of James: A Commentary on the Greek Text*, NIGTC (Grand Rapids: Eerdmans, Carlisle, U. K.: Paternoster, 1982), 119-134.

용된 이 믿음이 어떻게 일상생활 속에서 "육체적인" 제자도의 삶을 "살아내야" 하는지를 폭넓게 전달한다.

(4) 은혜로 말미암아 얻는 칭의 교리가 바울에게만 독특한 것이고 예수의 가르침에는 부재한다는 주장은, 예수에 대한 너무 단순한 오해라는 점에서 놀랄 만하다. 이런 판단 속에 포함되어 있는 잘못된 개념의 정도를 파악하려면, 우리는 "반전 비유들"을 살펴보기만 해도 된다. 이런 잘못된 생각이 발생하게 된 이유 가운데 하나는 순전한 은혜와 소위 "정의"에 대한 인간적 기대의 반전을 다룬 비유들이 주는 본래의 충격을 제거해버린 결과이고, 그것이 2천 년 동안 전통을 지배했기 때문이다.

누가복음 18:9-14을 보면, 예수는 한 바리새인이 기도하러 성전에 올라가 율법을 연구하고, 의식적 오염을 피하고, 토색과 불의를 범하지 않고, 금식을 실천하고, 세밀하게 소득의 십일조를 드릴 수 있었던 자신의 직업, 삶의 양식 또는 "구별된 업무"에 대해 하나님께 감사를 표현한 것에 대해서 말한다. 이 감사는 이해할 만하고 참되다. 다만 서구 기독교 전통이 오래 지속되면서 독자는 바리새인의 태도를 가식적이거나 위선적인 것으로 생각할 수밖에 없게 되었을 뿐이다. 그런데 세리는 "멀리 서서" 눈을 아래로 내리깔고, 가슴을 치며 짧고 간단하게 "하나님이여, 불쌍히 여기소서. 나는 죄인이로소이다"라고 기도하는 모습으로 나타난다. 그리고 이어서 충격적인 말씀이 등장한다. "이에 저 바리새인이 아니고 이 사람이 의롭다 하심을 받고(δεδικαιωμένος) 그의 집으로 내려갔느니라"(18:14). 문학 이론의 용어로 말한다면, 이것은 "낯설게 하기"(defamiliarization)이고, 청중의 기대를 극적으로 반전시킨다.

고린도에 있는 바울의 청중과 마찬가지로 **예수의** 청중에게도 **은혜**는 충격적인 소식이었다.[80] "칭의"를 겸손한 회개의 보상으로 보는 것은 이

---

80) John Dominic Crossan, *The Dark Interval: Towards a Theology of Story* (Niles, IL: Argus, 1975), 101-102. 『어두운 간격』(한국기독교연구소 역간); John Dominic

비유의 취지가 아니다. 이 "죄인"은 단순히 하나님의 긍휼에 자신을 맡기고, 다른 주장은 전혀 하지 않는다. 이 죄인은 "내가 얼마나 딱한지 헤아리소서!"라고 기도하지 않는다.

포도원의 품꾼 비유도 비슷한 해석학적 의미를 가지고 있다(마 20:1-16).[81] 이 비유는 청중이 뙤약볕을 받으며 하루 종일 일한 품꾼이 뒤늦게 와 시원한 저녁 시간에 잠시 일한 품꾼보다 더 많은 품삯을 받을 것이라고 **기대하게** 만드는 말을 들려준다. 그것은 단순히 **정의**의 문제다. **모든** 품꾼에게 하루의 품삯이 주어지는 일이 일어나자 청중 사이에 혼란이 일어난다. 이 비유에서 주인은 "품삯"이 품꾼들의 "일"이나 **받을 자격이 있다**고 생각하는 것을 반영하지 않았다고 설명한다. 이 비유의 핵심 구절은 "내 것을 가지고 내 뜻대로 할 것이 아니냐? 내가 선하므로 네가 악하게 보느냐?"(마 20:15)이다. **은혜**는 정의를 무색하게 만들고, 이것은 고린도전서 1:18-25에서 바울이 선포한 십자가의 "불쾌함"만큼이나 불쾌하다. 에타 린네만(Eta Linnemann)은 이렇게 말한다. "정해진 정의 체계에서 위반의 결과로 나타난 것은 사실 선의 등장이었다."[82]

이 비유들은 예수의 진정한 어록의 기초로 널리 간주되기 때문에, 우리는 이 비유 장르에서 한 가지 실례를 더 인용할 수 있다. 그것은 탕자와 분노하는 형의 비유(눅 15:11-32)다. 크로산(J. D. Crossan)은 누가복음에서 잃어버린 아들의 비유가 잃어버린 동전과 잃어버린 양의 비유(눅 15:1-32)와 배경을 공유한다고 말한다. 말하자면 분개하는 바리새인과 서기관들의 "불평"이 공통 배경이다. "이 사람이 **죄인**을 영접하고 음식을 같이 먹는

---

Crossan, *In Parables: The Challenge of the Historical Jesus* (New York: Harper & Row, 1973), 68-69; Walter Wink, *The Bible in Human Transformation: Toward a New Paradigm for Biblical Study* (Philadelphia: Fortress, 1973), 42-43.

81) 참조. Ernest Fuchs, *Studies of the Historical Jesus*, trans. A. Scobre (London: SCM, 1864), 32-38, 154-156.

82) Eta Linnemann, *Parables of Jesus: Introduction and Exposition* (London: SPCK, 1965), 86.

다." 크로산은 예수가 만든 반응의 핵심을 다음과 같이 포착한다. "너희는 부랑자로 방탕했던 아들이 자기 아버지에게 환대를 받고, 충실하고 순종했던 아들은 냉대를 받는 경우를 상상할 수 있느냐고 예수는 물으신다."[83] 로버트 펑크(Robert Funk)는 이 비유의 해석학적 기능을 다음과 같이 설명한다. "은혜의 말과 은혜의 행위는 청중을 둘째 아들 편과 첫째 아들 편으로, 곧 죄인들과 바리새인들로 갈라놓는다.…청중은 은혜에 의존하는 것이 즐겁기 때문에 즐거워하거나 또는 은혜보다 정의를 원하기 때문에 기분이 상하거나 한다.…그들은 반감을 느낀다."[84]

이상의 실례들은 이 주제에 대해 그리고 은혜의 우선권에 대해 예수와 바울 사이를 분리시키려고 획책하는 시도를 충분히 의심하게 만든다. 새 포도주와 낡은 가죽 부대, 생베 조각과 낡은 옷 비유와 같은 비유들은 바울 못지않게 예수께서도 단순히 개혁이 아니라 새 창조를 선언하신다는 것을 증명한다(막 2:21-22). 그러나 여기서 결정적인 것은 예수의 **행동**이다. 곧 예수는 세리 및 "죄인들"과 식탁 교제를 가지신다. 예수의 행동은 자신의 은혜의 말씀을 확증한다. 그리고 예수의 행동을 가장 빈번하게 비판하는 자들은 바리새인과 서기관들이다. 바울은 충실하게 예수의 말씀과 행동을 반영한다.

"그리스도 안에 있음"이라는 포괄적인 주제는 요한복음 및 요한의 신학과도 병행한다(비록 말은 같지 않을지라도). 신자들의 정체성은 신자들이 그 가지인 포도나무에서 연원하고, 전체로서 이 포도나무는 바로 예수 그리스도**이시다**. 이 가지들은 "내 안에" 있고(요 15:2), 예수 "안에 거한다"(15:4, 5, 7-16). 예수는 "생명의 떡"이고(요 6:35), 신자들은 예수의 "살과 피"를 "먹고 마신다"(6:53). 신자들의 부활은 예수에게서 연원하고(6:54), 신자들은 예

---

83) Crossan, *In Parables*, 74.
84) Robert W. Funk, *Language, Hermeneutic and Word of God* (New York: Harper & Row, 1966), 16, 17.

수로 말미암아 "영원히 산다"(15:58). 대제사장으로서의 예수의 기도를 보면, 신자들은 그리스도 "안에" 있고, 그리스도는 신자들 "안에" 계신다(요 17:10-24).

논리와 개념적 이미지의 차이에도 불구하고 참여, 집단적 연대성, 동일화, 그리고 심지어 대속 개념도 요한에게서 나타난다. 비록 새 탄생이 죽음과 부활을 대신한다고 해도(요 3:3-21), 확실히 요한 안에서도 개혁이 아니라 새 창조란 주제가 두드러진다. 요한복음에서 예수는 이렇게 선언하신다. "인자가 영광을 얻을 때가 왔도다. 내가 진실로 진실로 너희에게 이르노니 한 알의 밀이 땅에 떨어져 죽지 아니하면 한 알 그대로 있고 죽으면 많은 열매를 맺느니라"(요 12:23-24). 이 구절에서든 포도나무 강론에서든 간에 "열매" 비유와 상징으로부터 바울에게 나타나는 "그리스도 안에 있음"과의 긴밀한 공명 관계를 확인하는 것은 그리 어려운 일이 아니다. 두 경우 모두 신자들은 그리스도의 참된 정체성, 운명, 삶, 지위를 공유한다.

여기서 히브리서의 보충적인 내용을 고찰하는 것이 적절할 것이다. 히브리서는 그리스도의 인격과 사역에 대한 반성과 분리될 수 없는 모델을 제시한다. 그러므로 우리는 기독론을 다루는 다음 장에서 히브리서로 돌아갈 것이다.

# 16장

# 속죄 고리의 역사 속에 나타난
# 해석학적 요소

## 16.1. 속사도 교부와 초기 교회 변증가들의 특별한 중요성

이안 헨더슨(Ian Henderson)은 해석학에 있어 두 종류의 해석을 구분한다.[1] 한 가지의 해석 모델은 암호로 기록된 텍스트를 독해하는 것으로 그 성격이 규정된다. 일단 우리가 메시지를 해독하고 나면, 그 원문을 떠날 수 있다. 또 다른 해석 모델은 예술 작품이나 명작을 해석하는 것과 비슷한 종류의 해석이다. 이 해석학적 과정은 원문의 이해를 돕지만 원문은 우리가 끊임없이 되돌아가야 할 열쇠로 남아 있다.

앞에서 우리는 예수 그리스도의 사역을 이해하기 위한 신약성경의 개념적·은유적·유비적인 온갖 전달 형식이 전체적으로 그리고 다양하게 서로를 한정한다고 주장한 바 있다. 그러나 이것이 예수 그리스도의 사역에 대한 교리를 해석하고 전달하는 사도전승의 "핵심"을 어떻게든 희석시켜야 한다는 의미는 아니다. 속사도 교부와 초기 교부들의 작품은 "우리의 죄를 위한" 희생 제물로서 그리스도의 죽음의 대속적 성격을 폄하시키는 경향들과는 달리(대표, 동일화, 참여 주제들과는 함께 가지만), 복음이 유대교 토양에서 그리스-로마 세계의 토양으로 옮겨졌을 때에도(몇몇 예외와 함께), 이 핵심 이해를 두드러지게 반복하고 있다.

(1) 예컨대 기록 연대가 불확실하지만 기원후 70년에서 150년 사이로 추정되는 「바나바 서신」(*Epistle of Barnabas*)은 어느 정도 희생 이미지에 대한 설명을 기대하게 만드는 배경을 제시한다. 「바나바 서신」은 그리스도의 희생에서 그 성취가 이루어진 것으로 보고, 유대교와 동물 희생 제

---

1) Ian Henderson, *Myth in the New Testament* (London: SCM, 1952), 31.

사를 비판한다. 그럼에도 「바나바 서신」은 그리스도의 대속적 죽음의 맥
락에서 이사야 53:5-7을 직접 인용하는 유일한 책일 뿐만 아니라 이보
다 더 깊이 나아간다. 「바나바 서신」에서 우리는 다음과 같은 내용을 본
다. "주님은 자신의 피를 뿌리심으로 말미암아 주어진 죄 사함을 통해 우
리를 거룩하게 하려고 자신의 육체가 완전히 파괴될 때까지 견디셨습니
다"(παραδοῦναι τὴν σάρκα εἰς καταφοράν ἵνα τῇ ἀφέσει τῶν ἁμαρτιῶν ἁγνισθῶμέν
ὅ ἐστιν ἐν τῷ αἵματι τοῦ ῥαντίσματος αὐτοῦ).[2] 이어서 바나바는 이렇게 말한
다. "왜냐하면 성경이 그분[주]에 대해 부분적으로는 이스라엘과 관련시키
고, 또 부분적으로는 우리와 관련시켜 다음과 같이 말하기 때문입니다. '그
가 찔림은 우리의 허물 때문이요, 그가 상함은 우리의 죄악 때문이라. 그가
채찍에 맞으므로 우리는 나음을 받았도다'"(τῷ μώλωπι αὐτοῦ ἡμεῖς ἰάθημεν,
「바나바 서신」 5:2). 이 주제는 사라지지 않고 계속 나온다. "주께서 우리의 생
명을 위하여 고난을 당하셨습니다"(περὶ τῆς ψυχῆς, 5:5). 다른 본문은 그리
스도를 "우리의 죄를 위한 제물"로(ὑπὲρ τῶν ἡμετέρων ἁμαρτιῶν προσφέρειν
θυσίαν), 그리고 그에 따라 창세기 22:1-14에 나오는 이삭 사건의 "모형"
(ὁ τύπος)으로 묘사한다(「바나바 서신」 7:3).

(2) 「클레멘스 1서」(1 Clement)는 정확히 말해 기원후 96년경으로 기록
연대를 산정할 수 있다. 로마의 클레멘스는 교회의 질서와 통일성에 관심
이 많았다. 그러나 클레멘스는 「클레멘스 1서」 49:6에서 그리스도의 사역
을 명시적으로 언급한다. 하나님의 사랑의 선물과 행함 속에 나타난 사랑
(고전 13:6-7)에 대해 상술한 다음, 클레멘스는 이렇게 결론짓는다. "우리를
향하신 사랑 때문에, 우리 주 예수 그리스도는 우리에 대한 하나님의 뜻
에 따라 자신의 피를 흘리셨고, 우리의 육체를 위하여 자신의 육체를(τὴν
σάρκα ὑπὲρ τῆς σαρκὸς ἡμῶν), 우리의 생명을 위하여 자신의 생명을(καὶ τὴν
ψυχῆς ὑπὲρ τῶν ψυχῶν ἡμῶν) 내주셨습니다"(「클레멘스 1서」 49:6). 클레멘스는

---

2) *Barnabas* 5:1.

제3부 기독교 교리의 주요 주제

이렇게도 말한다. "그리스도의 피에 확고하게 시선을 고정시키고, 그 피가 우리의 구원을 위하여 흘리셨기 때문에 그것이 그의 아버지에게 보배롭다는 것을 깨닫도록 합시다."[3]

(3) 서머나의 주교 **폴리카르포스**(대략 69-155)는 자신의 작품에서 신약성경 본문을 빈번하게 인용한다. 만일 이레나이우스가 옳다면, 폴리카르포스는 요한, 이레나이우스, 그리고 아시아와 로마의 다른 지도자들을 연결하는 직접적인 고리다. 「빌립보에 보내는 편지」(To the Philippians)에서 폴리카르포스는 베드로전서 2:22, 24을 인용한다. "우리의 의의 보증(ἀρραβών)이신…그리스도 예수는 '나무에 달려 그 몸으로 우리 죄를 담당하신 분으로(ἀνήνεγκεν ἡμῶν τὰς ἁμαρρίας τῷ ἰδίῳ σώματι ἐπὶ τὸ ξύλον), 죄도 없으시고, 그의 입에서 아무런 죄책도 발견되지 아니하셨으며', 우리가 자기 안에서 살 수 있도록 우리를 위하여 모든 것을 참으셨습니다"(「빌립보에 보내는 편지」 8:1). 이것이 유일한 언급은 아니다. 편지를 시작할 때 폴리카르포스는 우리의 죄를 위하여, 심지어 죽음의 고통까지 "참으신 그리스도"를 하나님이 살리셨다고 말한다(ὑπὲρ τῶν ἁμαρτιῶν, 「빌립보에 보내는 편지」 1:2).

(4) 안디옥의 주교 **이그나티우스**(대략 35-107)는 순교하러 로마로 갈 때 자신의 죽음과 부활을 그리스도와 동일시하는 신학을 숙고함으로써 순교의 열정을 보여주었다. 이그나티우스는 바울의 선언(고전 1:18-25)을 반복한다. "십자가는 불신자들에게는 걸림돌(σκάνδαλον)이지만 우리에게는 구원과 영생입니다"(「에베소에 보내는 편지」 18:1). "하나님의 계획에 따라, 다윗의 후손으로 그리고 성령으로 마리아에게 잉태되신…우리 하나님, 예수 그리스도로 말미암아 옛 나라는 파괴되었습니다…"(「에베소에 보내는 편지」 18:2; 19:3). 흔들리지 않는 믿음의 표지는 "그리스도의 십자가에 못 박히는" 것에 있다고 이그나티우스는 결론짓는다(이그나티우스, 「서머나에 보내는 편지」 1:1).

이그나티우스는 다른 직유와 새로운 은유도 만들어낸다. "하나님이자

---

3) *1 Clement* 7:4; 참조. "주의 피로 말미암은 구속(λύτρωσις)"(*1 Clement* 12:7).

사람이신…한 의사가 있습니다"(「에베소에 보내는 편지」 7:2). 그리스도인들은 "성령을 밧줄로 사용하고, 예수 그리스도라는 발동기를 통해 십자가로 높이 들려 올려질" 수 있다(「에베소에 보내는 편지」 9:1). 이그나티우스는 널리 회자되는 유명한 말에서, 로마에 있는 교회에 자신의 순교를 방해하지 말아 달라고 당부하면서 다음과 같이 말한다. "나는 하나님의 밀이고, 그리스도의 순전한 떡으로 발견될 수 있도록 야수들의 이빨에 가루가 될 것입니다.…그리하여 진정으로 그리스도의 제자가 될 것입니다"(「로마에 보내는 편지」 4:1-2). 그러나 이그나티우스는 더 전통적인 말도 했다. 곧 그리스도는 "우리를 위하여 죽으셨기 때문에, 그의 죽음을 믿기만 하면 당신은 죽음을 피할 수 있을 것이다"라고 말했다(이그나티우스, 「트랄레스에 보내는 편지」 2:2; 참조. 「서머나에 보내는 편지」 6:1).

(5) 초기 변증가들 가운데 **순교자 유스티누스**(대략 100-165)는 기독교 철학자로서 합리적 증거로 믿음을 변증하는 글을 썼다. 그래서 유스티누스가 십자가에 대해 한 말은 특히 주목할 만하다. 유스티누스는 대리적 속죄 교리를 명시적으로 제시한다. 그는 갈라디아서 3:13을 인용하면서 이렇게 말한다. "비록 저주가 십자가에 못 박힌 사람들을 반대하는 율법 속에 있다고 해도('Εν τῷ νόμῳ κατάρα κεῖται κατὰ τῶν σταυρωμένων ἀνθρώπων), 저주받기에 합당한 일을 저지른 모든 자를 구원하시는 하나님의 그리스도 외에는 어떤 저주도 없다."[4] 유스티누스는 이렇게 말한다. "전체 인간이 저주 아래(ὑπὸ κατάραν) 있는 것으로 발견될 것이다."[5] 유스티누스는 먼저 신명기 27:26을 인용하고, 이어서 신명기 21:23도 인용한다. 비록 이 맥락에서 그 역시 이를 유대인들이 예수를 반대한 것에 대한 "저주"의 예언으로 보기는 해도, 유스티누스는 하나님이 일어날 일을 미리 아시고 준비하셨기 때문에 우리의 소망은 오로지 그리스도에게 달려 있다고 결론짓는다.

---

4) Justin, *Dialogue with Trypho* 94.
5) Justin, *Dialogue* 95.

따라서 유스티누스는 하나님이 이 저주를 어떻게 **제거하시는지** 증명한다.[6)]

또한 유스티누스는 대대로 인기 있는 기독교적 헌신의 특징을 상징적이고 은유적인 언어로 작성한다. 모세는 마라의 쓴 물에 "**나무**"를 던지고, 그 결과 쓴 물이 달게 되었다(출 15:23). 의인은 모든 것을 번성하게 만드는 물가에 심긴 "**나무**"와 같다(시 1:3).[7)] 엘리사는 **나뭇가지**를 요단강에 던짐으로써 도끼를 떠오르게 했는데, 이것은 "**나무** 위의 십자가에 못 박혀 죽으심으로써…우리를 구속하신 그리스도와 같다"(「트리포와의 대화」 86). 다른 곳에서 유스티누스는 직설적인 명제적 진술로 돌아간다. "그리스도는 자신의 피로 자기를 믿는 자들을 깨끗하게 하신다."[8)] 그리스도의 수난은 하나님이 인간을 구원하시는 비밀이다.[9)]

(6) 익명의 저자가 쓴 2세기 작품 「디오그네투스에게 보내는 편지」 (*Epistle to Diognetus*)는 그리스도 안에서 하나님이 베푸시는 사랑의 계시를 다루는 네 개의 장(7-10장)을 포함하고 있다. 거기 보면 다음과 같은 고백이 담겨 있다. "그분은 친히 우리의 죄의 짐을 짊어지셨습니다. 그분은 친히 자기 아들을 우리를 위한 대속물(λύτρον ὑπὲρ ἡμῶν)로 내어주셨고, 악인을 위하여 거룩하신 분을, 죄 있는 자를 위하여 무죄하신 분을, 불의한 자를 위하여 의로우신 분을, 썩을 자를 위하여 썩지 아니하실 분을, 죽을 자를 위하여 죽지 아니하실 분을 내어주셨습니다. 그분의 의(righteousness) 말고 다른 어떤 것으로 우리의 죄를 덮을 수 있었겠습니까(τὰς ἁμαρτίας ἡμῶν ἠδυνήθη καλύψαι)? 오직 하나님의 아들 안에서가 아니면 누구에게서 불법적이고 불경건한 우리가 의롭다 함을 얻을(δικαιωθῆναι) 수 있었겠습니까? 오 달콤한 교환이여(ὦ τῆς γλυκείας ἀνταλλαγῆς)! 오 많은 사람의 죄악을 의

---

6) Justin, *Dialogue* 96.
7) Justin, *Dialogue* 86.
8) Justin, *Apology* I:32.
9) Justin, *Dialogue* 74.

로우신 분으로 덮어버리는(κρυβῇ) 예기치 못한 복이여!"[10]

(7) **사르디스의 멜리토**(Melito of Sardis, 대략 190)는 그리스도의 인격을 "본성상 하나님이자 사람"(φύσει θεὸς ὤν καὶ ἄνθρωπος)으로 제시한다. 이어서 멜리토는 그리스도의 사역을 창세기 22:1-10에서 "이삭을 속박에서 해방시키기 위하여" 허락된 숫양의 대속적 유비 또는 모형에 따라 설명한다. "이 숫양은 죽음에 처해져서 이삭을 속량했다. 마찬가지로 주님은 죽임을 당하심으로써 우리를 구원하셨고, 묶이심으로써 우리를 해방시키셨고, 제물이 되심으로써 우리의 대속물이 되셨다."[11]

속사도 교부와 초기 기독교 변증가의 시대는 기독교 교리의 발전이 소위 "터널 시대"라고 불리는 기간 동안 시야에서 거의 사라졌다는 신화를 근절시키는 데 결정적이었다. 이 신화란 이레나이우스(대략 130-200), 알렉산드리아의 클레멘스(대략 150-215), 테르툴리아누스(대략 160-225) 이후로부터 3세기의 히폴리투스와 오리게네스에 이르는 교부 시대가 신약성경 및 사도들의 교리와 다른 견해로 다시 등장했다는 견해를 말한다. 2세기에 나온 「디오그네투스에게 보내는 편지」는 도널드 베일리의 주장과 특히 몰트만의 강조점, 즉 하나님이 예수 그리스도 안에서 그리고 예수 그리스도를 통해 인간의 죄를 짊어지시는 **하나님**이라는 생각을 미리 준비한다. 2세기 변증가들은 이것을 명백히 대속 개념에 따라 상술할 뿐만 아니라 대표, 참여, 자기관여, 동일시와 같은 말을 통해서도 제시했다. "오 얼마나 달콤한 교환인가!"로 시작되는 유명한 말은 루터, 칼뱅, 그리고 종교개혁자들이 죄의 "덮음"과 의의 **선물**을 강조하는 것을 미리 지시한다. 「바나바서신」과 「클레멘스 1서」는 그리스도의 죽음에 대한 참여적이고 대속적인 이해를 제공한다. 희생과 속죄의 신학은 구약 세계에만 속해 있는 당혹스런 주제로 남겨지지 않고 새로운 힘을 갖고 전진한다. 교부 시대의 교회가

---

10) *Epistle to Diognetus* 9.
11) Melito of Sardis, *Fragments* 1, 2.

희생과 속죄의 신학을 형성하는 데 있어 사회-정치적인 압력이 있었다는 환원주의적 주장을 하려고 파워플레이, 정치학, 그리고 그리스-로마 세계로부터 오는 영향을 유사-사회학적으로 설명하기 전에, 이 시대의 주제들을 주의 깊게 살펴보는 것이 좋다.

어쨌든 사도전승과 속사도 교부의 전통은 이레나이우스, 알렉산드리아의 클레멘스, 테르툴리아누스로 계속 이어진다. 예를 들어 이레나이우스는 바울 서신의 본문을 적용시켜 그리스도를 통한 하나님의 사랑과 용서에 대해 말한다. 곧 그분의 사랑과 용서는 "우리가 우리의 빚을 면제받을 수 있도록…나무를 수단으로 해서 '십자가로 그들을 이기심으로'(골 2:15), 우리가 빚진 기록의 흔적을 지워버리셨다"(*per quam 'delevit chirographum' debito nostri, et 'affixit illud Cruci'…per lignum accipiamas nostri debiti remissionem*).[12]

인간이 **나무**로 말미암아 "상실한" 것(창 3:1-7)이 **나무**로 말미암아 회복되고 명백히 나타나게 되었다고 이레나이우스는 말한다.[13] "자신의 피로… [그리스도]는 속박 아래 있던 자들을 위하여 자신을 대속물로 내어주셨다.…전능하신 하나님은…자신의 소유물을…의롭게 구속하셨다.…따라서 자신의 피로 주님은 우리의 생명을 위하여 자신의 생명을, 우리의 육체를 위하여 자신의 육체를 주심으로 우리를 구속하셨다"(*sanguino suo…redimens nos redemptionem semetipsum dedit pro his qui in captivitatem ducti sunt*).[14] 이레나이우스는 이렇게 계속 말한다. "그분[그리스도]은 은혜롭게…자신의 피로 그것[배교]에서 의롭게 우리를 구속하신다"(*suo sanguine redimens nos*

12) Irenaeus, *Against Heresies* V:17:2, 3 (Latin, Migne, *Patrologia Graeca*, vol. 7, col. 1170).
13) Irenaeus, *Against Heresies* V:17:3.
14) Irenaeus, *Against Heresies* V:1:1 (Latin, Migne, *Patrologia Graeca*, vol. 7, col. 1121).

*ab ea...benigne*).[15] 우리는 앞장에서 이레나이우스의 "총괄갱신"(그리스어 ἀνακεφαλαίωσις, 라틴어 *recapitulatio*) 개념의 용법을 살펴보았다.[16]

알렉산드리아의 클레멘스는 지성적 "영지주의"와 지혜 교사로서의 그리스도 개념은 받아들일 수 있다고 강조하면서도, 이삭의 제물 사건 (창 22:1-10)을 우리를 "주의 피로 말미암아 파멸에서 구속하신"(τοὺς αἵματι κυρίου ἐκ φθορᾶς λελυτρωμένους) 속죄 제물로서의 그리스도의 사역을 설명하는 데 적용시킨다.[17] 그리스도는 "자신의 수난을 통해 우리를 살리려고" 고난을 겪으셨다.[18]

테르툴리아누스는 이사야 53장에 나오는 고난의 종의 사역을 인용하여 박해를 피하고 싶어하는 그리스도인 독자에게 다음과 같은 사실을 상기시킨다. "'나무에 달린 자마다 저주 아래에 있는 자'(갈 3:13)이므로, 하나님께서 너희를 위하여 자기 아들을 아끼지 않고, 우리를 위한 저주가 되셨다. 곧 그리스도는 털 깎는 자 앞에서 잠잠한 양같이 입을 열지 아니하고 제물로 끌려가(사 53:7) 채찍으로 등을 맞으시고…십자가의 죽음에 넘겨져서…우리를 우리의 죄에서 구속하셨다.…주님은 자신의 피를 대가로 내놓으신다."[19] 테르툴리아누스는 마르키온에 반대하여 그리스도가 진실로 고난을 당하셨다고 주장하고, 고린도전서 15:3-4에 나오는 바울 이전 전승을 인용한다. "그리스도께서 우리 죄를 위하여 죽으시고…."[20] "그리스도의 죽음 안에…그리스도인이라는 이름의 전체 가치와 열매가 놓여 있다." 만일 이것이 부정되면 "하나님의 전체 사역은 무너진다."[21]

---

15) Irenaeus, *Against Heresies* V:2:1 (Latin, Migne, *Patrologia Graeca*, vol. 7, col. 1124).

16) Irenaeus, *Against Heresies* V:6:2.

17) Clement of Alexandria, *Paedagogus* I:5.

18) Clement, *Stromata* IV:7.

19) Tertullian, *On Flight in Persecution* 12.

20) Tertullian, *Against Marcion* III:8.

21) Tertullian, *Against Marcion* III:8. R. S. Franks, *The Work of Christ: A Historical*

## 16.2. 안셀무스의 접근법이 낳은 해석학적 문제

특히 구스타프 아울렌의 『승리자 그리스도』(Christus Victor)가 출판된 이후로 기독교 사상사 속에서 셋이나 네 가지 주된 "속죄 이론"을 추적하는 것이 거의 관례가 되었다. 이런 근거들은 빈번하게 다루어졌지만, 안셀무스와 종교개혁자들의 경우에는(아벨라르두스와 슐라이어마허의 경우와 같은 정도는 아니더라도) 아직 더 평가할 여지가 남아 있다. 특히 바르트와 발타자르가 안셀무스의 관심사에 동조하면서 명확히 설명한 것에 비추어보면 그렇다.

최근에 이루어진 독창적인 두 연구는 특별히 언급할 만하다. 하나는 위르겐 몰트만이 예수 그리스도의 사명, 심지어 그분의 고난도 **하나님**의 구원 사역으로 남아 있다는 사실을 강조한 것이다. 베일리를 비롯하여 다른 학자들도 이 접근법을 탐구했으나 몰트만처럼 깊이 있게 **참여적이고 삼위일체적인** 이해의 지평 안에서 탐구하지는 못했다. 예수 그리스도의 아버지로서 하나님과 성령의 공동 사역이 그리스도의 구원 행동의 각 단계 속에 깊이 연루되어 있다. 하나님이 마치 한쪽으로 비켜서서 **자기 대신** 일을 행하는 아들을 지켜보는 것처럼 단순히 자기 아들을 "보내시기만" 하는 하나님 개념은 아리우스주의자들이 "아들"이라는 말의 함축 의미를 오해한 것만큼이나 잘못 파악한 것이다. 아마 안셀무스의 접근법은 많은 학자가 암시하는 것과는 다르게 몰트만의 견해와 거리가 그리 멀지 않을 것이다. 이제 곧 안셀무스의 접근법을 살펴볼 것이다.

---

Study of Christian Doctrine (London and Edinburgh: Nelson, 1962)과 같은 작품들이 초기의 자료를 폭넓게 개관하고 있기는 해도, "핵심" 자료의 유용한 수집은 옛날 보수주의 학자의 작품에서 찾아볼 수 있다. Nathaniel Dimock with H. G. Grey, The Doctrine of the Death of Christ: In Relation to the Sin of Man, the Condemnation of the Law, and the Dominion of Satan (London: Stock, 1903), Appendix iii-xcii.

두 번째 독창적인 공헌은 콜린 건톤의 연구였다. 건톤은 다양한 성경적 모델, 은유, 개념들의 다면적인 성격이 주된 모델과 은유들의 기능을 감소시키는 것이 아니라 오히려 **배가시킨다**는 것을 증명했다. 물론 건턴이 이것을 주목하는 유일한 학자는 아니다. 앞에서 이미 언급한 이안 램지의 모델과 한정사에 대한 독창적인 연구는 건톤의 접근법에 풍성한 배경을 제공한다.

많은 학자들이 안셀무스(1033-1109)를 연구할 때 먼저 안셀무스가 묻고 제기하는 물음을 **경청하지** 않고, 처음부터 안셀무스를 "문제들"의 원인으로 대하면서 연구를 시작한다. 교리 **해석학**은 먼저 안셀무스의 물음을 듣고, 그 다음에 안셀무스의 물음을 가장 잘 파악할 수 있는 이해의 지평을 탐구하고, 이어서 신약성경, 기독교 교리사, 그리고 오늘날까지 전개된 그대로 진리의 일관성과 관련시켜 안셀무스의 접근법을 평가할 것이다.

「인간이 되신 하나님」(*Why God Became Man*) 제1권 1장에서 보소(Boso)는 안셀무스에게 다음과 같이 요청한다. "하나님이 전능하신데도 불구하고 인간의 본성을 새롭게 하기 위해서 스스로 인간 본성의 외로움과 연약함을 취하실 어떤 필연성과 이유가 있는지…내게 증명하기를 바란다."[22] 안셀무스는 심원한 이 물음에 쉽게 답변하지 않고, 답변**의 방향으로** 이끄는 어떤 원리를 제시한다. 그 원리가 비신자에게는 결정적인 것처럼 보이지 않겠지만, **하나님에 관한 교리는 그 원리를 요청한다**. 5장에서 안셀무스는 이렇게 말한다. "인간의 구속은 **하나님 외에** 다른 어떤 존재로도 성취될 수 없었는데", 그것은 오직 **하나님**만이 인간의 죄가 입힌 손해를 바

---

22) Anselm, *Cur Deus Homo*, trans. E. R. Fairweather and repr. *Why God Became Man*, E. R. Fairweather (ed.), *A Scholastic Miscellany: Anselm to Ockham*, Ockham, Library of Christian Classics 10 (London: SCM and Philadelphia: Westminster, 1956), 102, 100-193. 『인간이 되신 하나님』(한들출판사 역간).

로잡을 수 있기 때문이다.[23] 아우구스티누스가 선언한 것처럼 인간은 죄의 속박 아래 팔렸다(롬 7:14-23).[24] 그러나 이것은 어떤 이들이 주장한 것처럼, 인간을 지배하는 어떤 "권리"가 마귀에게 주어진 것이 아니라 하나님에게 주어졌고, 오직 하나님만이 인간을 구속할 권리를 가지고 계신다는 사실을 의미한다. 그리스도의 수난이 없었다면, "법조문으로 쓴 증서"(골 2:14)는 우리를 거스를 것이다.[25]

「인간이 되신 하나님」 제1권 8-10장에서 안셀무스는 구속을 촉진시키는 **은혜**로 시선을 돌린다. 과분한 사랑으로서의 은혜라는 의미에 맞춰, 하나님은 본질상 모든 행위에 대하여 적절한 근거로 작용하는 자신의 순전하신 뜻에 따라 "자기를 낮추고 겸손하게 되신다." 성부 하나님은 "자기 아들을 아끼지 아니하시고 우리 모든 사람을 위하여 내주셨다"(롬 8:32). 반면에 성자 하나님은 "자기를 보내신 이의 뜻을 행하려고" 오셨다 (요 6:38).[26]

보소는 그리스도의 자발적인 "순종"에 대해 안셀무스에게 묻는다. 그리스도는 순종을 제공하실 때 어떻게 자유로우면서 동시에 제약적인가? 안셀무스는 이렇게 주장한다. "하나님은 죄가 없으신 그리스도에게 죽기를 강요하지 않으셨다. 하지만 그리스도께서 자유롭게…자신의 순종으로 공의를 지키려고 죽음을 받아들이셨다."[27] "인간을 구원받지 않은 상태로 놔두지 않으려고 그분 자신[그리스도]이 죽음을 겪기로 하자, 성부 하나님은 그분의 죽음을 원하셨다."[28] 「인간이 되신 하나님」 제1권 10장에서 안셀무스는 담론의 우주 속으로 들어간다. 앞에서 우리는 안셀무스가 그

23) Anselm, *Why God Became Man*, Bk. I, ch. 5, 105-106.

24) Anselm, *Why God*, I, 7, 108.

25) Anselm, *Why God*, I, 7, 109.

26) Anselm, *Why God*, I, 8, 110-111; 참조. 마 26:39; 요 14:31; 빌 2:8-9.

27) Anselm, *Why God*, I, 9, 113; 참조. 요 14:31; 18:11.

28) Anselm, *Why God*, I, 9, 115.

리스도의 죽음과 관련해서 "해야 한다"(must)라는 말을 사용하는 것이 내재적 "당위성"을 함축하는 논리적 조건의 형태를 취한다고 주장한 바 있다. 안셀무스는 거기서 하나님이 일관되게 행하기로 선택하시는 것에 내포된 조건들을 해설한다. 하나님은 (예컨대) 신뢰할 수 있고 진실하다고 주장하면서 동시에 거짓말을 "하실 수 없다." 그 "당위성"은 외재적 강제가 아니라 내재적 논리의 당위성이다. 따라서 안셀무스는 이렇게 말한다. "우리는 하나님에게 부적절한 것은 어떤 것도…하나님 안에서 부적당하게 인정될 수 있는 것은 조금도 하나님에게 귀속시키지 못할 것이다."[29]

이제 「인간이 되신 하나님」 제1권 11-15장은 핵심 문제를 상술한다. 안셀무스는 이렇게 말한다. "죄를 짓는 것은 **하나님께 마땅히 해야 할 것을 하지 않는 것과 같다**"(티슬턴 강조).[30] 우리가 진 빚은 하나님의 뜻에 복종하지 않은 것이고, 그러므로 그것은 하나님의 영예에 대한 침해를 포함한다. 하나님의 영예를 적절히 회복시키려면 "영예를 침해당하신 하나님을 기쁘시게 할 일종의 만족을 필요로 한다.…죄를 짓는 자는 누구나 하나님께 자신이 침해한 영예를 갚아야 하고, 이것은 모든 죄인이 하나님께 갚아야 할 배상이다."[31]

이런 맥락에서 "공의"와 "처벌"의 역할을 처음으로 해설한 것은 칼뱅의 "형벌 대속"(penal substitution)적 접근법이 아니라 오히려 안셀무스의 "만족"(satisfaction) 접근법이다. 안셀무스는 이렇게 말한다. "하나님이 어떤 일을 부당하게 행하시는 것은 적합하지 않다.…하나님에게서 빼앗은 것을 그분께 갚지 않는 죄인을 처벌하지 않고 용서하는 것은 하나님의 자유나 자비 혹은 의지에 속해 있지 않다."[32] "하나님이 자신의 존엄성의 영예보

---

29) Anselm, *Why God*, I, 10, 118. 이 문제를 설명하기 위하여 우리가 앞에서 인용한 Gilbert Ryle의 *Dilemmas*에서 "Systematically Misleading Expression"을 참조하라.
30) Anselm, *Why God*, I, 11, 119(티슬턴 강조).
31) Anselm, *Why God*, I, 11, 119.
32) Anselm, *Why God*, I, 12, 121.

다 더 정당하게 유지하시는 것은 아무것도 없다.…빼앗긴 영예는 갚아져야 하고, 그렇지 않으면 처벌이 따를 것이다."[33] 죄인들의 처벌, 곧 죄인들이 하나님께 "빚진" 것을 갚는 것으로 하나님의 영예는 회복된다. 만일 하나님이 자신의 영예를 유지하지 못하신다면, "하나님은 세상을 다스리는 데 실패하신 것처럼 보일 것이다."[34]

「인간이 되신 하나님」 제1권 16-18장은 하나님의 영예와 천사들의 세계 간의 관계를 다루고, 19-24장은 인간의 죄의 심각성과 결과를 정밀하게 다룬다. 그리고 1권 마지막 장과 2권 전체는 하나님의 영예를 회복시키는 "지불"(payment)과 만족이 왜 그리스도로 말미암아 성취되고 충분히 수행되는지를 다룬다. 여기서 논증은 2권 6장에서 핵심 원리의 결정적 전환점에 도달한다. "오직 신-인 만이 인간을 구원하는 만족(배상)을 이룰 수 있다"(티슬턴 강조).[35] 안셀무스는 그리스도의 인격과 사역을 충분히 통합시킨다. "하나님 외에 어느 누구도 이 만족을 이룰 수 없다.…하나님을 제외하고 어느 누구도 만족을 이루어서는 안 된다. 다른 방법으로는 인간이 절대로 만족을 이루지 못한다."[36] 보소는 여기서 자신의 탐구에 대한 보답으로 큰 진리를 깨달은 것에 만족한다고 말한다.

「인간이 되신 하나님」 제2권 7-12장은 이제 참 사람으로서 인간의 대표가 되신 그리스도라는 주제를 설명한다. 그리스도는 죄가 없지만 죄인들과 하나이시다. 그리스도는 참 인간으로서 자신의 생명을 내놓고자 하신다. 마지막으로 2권 13-22장에서 안셀무스는 그리스도의 죽음이 아무리 크고 수가 많더라도, 심지어 죽음과 한 가지일지라도, "모든 죄를 능가한다"는 것을 증명한다.[37] 그리스도의 사역의 효력은 모든 세대에 적용될

---

33) Anselm, *Why God*, I, 13, 122.

34) Anselm, *Why God*, I, 15, 124. 참조. 14, 123.

35) Anselm, *Why God*, II, 6, 150.

36) Anselm, *Why God*, II, 6, 151.

37) Anselm, *Why God*, II, 특히 14-15, 163-165.

정도로 보편적이다. 맨 마지막으로 안셀무스는 "외재적" 필연성과 하나님의 성품에서 흘러나오는 필연성을 구분하는 "당위성" 또는 필연성의 논리로 다시 돌아온다.[38] 이 문맥에서 우리는 안셀무스가 하나님의 존재에 대한 존재론적 논증을 제공한 것을 상기할 수 있다.[39] 안셀무스의 존재론적 논증은 그것이 엄격하게 철학적 논증을 구성하든 안하든 상관없이, 또는 바르트가 주장하는 것처럼 기독교의 신앙고백을 대변하든 안하든 간에, 나중에 데카르트가 은연중에 받아들이지만 칸트와 버트란트 러셀이 비판한 문제, 즉 존재를 술어로 기술하려는 논리적 어려움을 일으켰고, 이를 회피하려다 논리적이고 우연적인 필연성의 지위에 대한 문제를 일으켰다.[40]

안셀무스는 오늘날 "전가된"(imputed) 의 개념을 날카롭게 기각시키는 이들이 간과한 논증을 소개하는 것으로 「인간이 되신 하나님」을 끝마친다. 안셀무스는 이렇게 말한다. "만일 성자 하나님이 자신에게 돌려진 것을 다른 사람에게 돌리기 원하셨다면, 성부 하나님은 정당하게 성자 하나님이 다른 사람에게 그 일을 돌리지 못하도록 하시거나 다른 사람에게 돌려진 그 일을 거부하거나 하실 수 있었을까?"[41] "하나님의 자비는 얼마나 크고 얼마나 정당한가!"[42]

여기서 해석과 이해에 있어 한 가지 주된 문제는 안셀무스가 "하나님 주도적인" 속죄, 유화, 또는 희생의 측면을 크게 강조하는 것이 어느 정도까지 받아들여질 수 있느냐 하는 것이다. 우리는 이 문제를 바울, 특히 로

---

38) Anselm, *Why God*, II, 17, 172-176, ch. 18, 176-179.

39) Anselm, *Proslogion: With a Reply on Behalf of the Fool by Gaunilo*, trans. M. J. Charlesworth (Oxford: Clarendon, 1965); 또 E. R. Fairweather, *Aa Scholastic Miscellany*, 69-93도 보라.

40) Karl Barth, *Fides Quaerens Intellectum: Anselm's Proof of the Existence of God in the Context of His Theological Scheme*, trans. I. W. Robertson (London: SCM, 1960).

41) Anselm, *Why God*, II, 19, 180.

42) Anselm, *Why God*, II, 20, 181.

마서 3:25-26에 나타난 속죄 및 유화와 관련해서 상세히 다루었다. 이 문제는 하나님의 진노를 진정시키는 문제 중 하나로 자주 정식화된다. 앞에서 우리는 오늘날의 지평에서는 바울이 "하나님의 의"(안셀무스 안에서는 매우 폭넓게 "하나님의 영예")라고 표현한 것이 하나님의 **신실하심**(integrity)으로 더 쉽게 이해될 수 있다고 주장했다. 이것은 외재적 강제가 아니라 신적 본성의 내재적 일관성과 일치성에 따라 "적합하다"고 말하는 안셀무스의 개념과 잘 부합할 것이다.

안셀무스는 또 다음과 같은 물음을 과감하게 제기한다. 그리스도 안에 계신 하나님이 어떠한 "전가"의 논리도 고려하지 않고서, 이 취득된 선물의 수혜자로 선택한 사람 누구에게나 그리스도의 대속적 고난이 가져온 선물을 "베푸실" 자유를 갖고 계시는가? 여기서 안셀무스는 몰트만이 제기한 근본적이고 궁극적인 물음을 어느 정도 예견한다. 곧 진리와 의미의 결정적 요소는 다음과 같다. 그리스도의 사역은 **인간에게** 의미 있는 것인가, 아니면 **하나님에게** 의미 있는 것인가? 몰트만은 이렇게 묻는다. "그리스도의 십자가는 하나님 자신에게 무엇을 의미하는가?"[43]

안셀무스를 비판하는 자들은 일률적으로 그의 해석을 문맥적-관계적 이해로 간주한다. 첫째는 테르툴리아누스와 키프리아누스(Cyprian)에게서 나온 "라틴" 사상의 유산으로 말미암아 제한되고, 둘째는 사회-정치 계급 제도 안에서 "더 높은" 계급에 속한 사람들에게 영예를 부여하는 11세기와 12세기의 봉건 제도에 따라 고관들에게 주어진 "영예 등급"(degrees of honour)이라는 개념에 따라 특이하게 제한된 이해로 간주하는 것이다. 이 "라틴" 사상의 유산은 죄를 "빚"으로 보는 테르툴리아누스의 준율법주의 관점으로 되돌아가는 것으로 인식된다. 그러나 이런 비판은 논리적으로 통합된 그리스도의 인격과 사역에 대한 안셀무스의 견해를 충분히 설

---

43) Jürgen Moltmann, *Experiences of God*, trans. Margaret Kohl (London: SCM, 1980), 15; Moltmann, *History and the Triune God*, 122.

명하지 못한다.

예를 들어 프랭크스(R. S. Franks)는 안셀무스의 견해에 대해 세 가지 고전적인 비판을 제기한다. (1) 안셀무스는 사법(private law)에서 피해 당사자가 기쁨을 얻는 것에 의존하는 피해자 배상과 공법(public law)의 관점 사이에서 논리적 혼란을 보여준다. (2) 안셀무스는 추정컨대 공로와 배상의 범주에 호소할 때 일관적이지 못하다. (3) 안셀무스가 그리스도의 인격의 역할에 호소하는 것은 "고대의 주된 용법과 근본적으로 차이가 있다."[44] 그러나 이것들이 진정으로 안셀무스의 재해석이 일으키는 근본 문제들인가?

심지어 다니엘 밀리오리와 같이 박식한 학자도 안셀무스에 대해서 지나치게 단순화된 풍자를 반복한다. "은혜는 만족에 따라 조건적으로 만들어진다."[45] 그러나 앞에서 속죄를 다루면서 지적한 것처럼, **은혜**는 처음부터 "만족"(satisfaction)이라는 행위를 **유효하게** 하는 **근원적 동력**이다. 안셀무스에게 "조건적 은혜가 여전히 은혜인가?"라고 묻는 것은 부당하다. 은혜는 **인간에게 결코** 조건적이지 **않다**. 그리고 우리는 하나님이 **어떻게** 자기 자신의 신실하심을 보존하고 유지하기로 정하시는지에 대한 삼위일체 내의 목적을 "조건"으로 설명하는 것도 자제해야 한다. 안셀무스는 논리적·우연적·내재적·외재적 "필연성"이 가진 미묘한 뉘앙스를 충분히 깨닫고 있다.

최근에 많은 학자를 곤혹스럽게 만든 것은 영예 등급과 관련된 빚의 "등급"이 평등주의적인 사회-정치적 태도에 걸림돌로 보인다는 것이다. 그러나 하나님의 존엄, 위엄, 영광, 영예의 유일성은 안셀무스의 봉건제 유비에 따라 서고 넘어지는 것이 아니다. 더구나 "빚" 개념이 반드시 "율법주의"를 함축하는 것도 아니다. 주의 기도는 "**우리 빚**(our debts)**을 사하여**

---

44) R. S. Franks, *The Work of Christ*, 140-142.
45) Migliore, *Faith Seeking Understanding*, 153.

주옵시고"(ἄφες ἡμῖν τὰ ὀφειλήματα ἡμῶν, 마 6:12, [개역개정은 "우리 죄"로 되어 있다-역자 주])라는 내용을 포함한다. 물론 평행 본문인 누가복음 11:4은 τὰς ἁμαρτίας ἡμῶν 곧 "우리 죄"라는 말로 되어 있기는 하다. 칼 바르트는 이렇게 설명한다. "인간은 하나님의 채무자다. 인간은 빚을 청산할 수 없는 채무자다. 그러므로 하나님이 인간을 용서하셔야 한다.…캔터베리의 안셀무스가 제시한 것(Cur Deus homo, I, 11, 13, 14)은 매우 적절하고 온전하다.… 인간으로서 인간은 **하나님에게 빚을 갚을**(Deo reddere quod debet) 의무가 있다.…이것은 인간이 하나님에게 돌릴 수 있는 가장 큰 영예다.…인간은 하나님을 욕되게 했다.…하나님은 우리 대신 자기 아들을 주심으로써 우리의 죄를 용서하신다."[46]

발타자르는 그리스도의 사역에 대한 안셀무스의 접근법에 대해 해석학적으로 가장 심원한 이해 가운데 하나를 제공한다. 발타자르는 "빚(debere)의 중심 개념"을 재평가한다. 발타자르는 이렇게 말한다. "하나님은 단순히 자유하시다.…만일 하나님이 타락한 인간을 자유롭게(sponte) 구원하기로 결정하신다면, 하나님의 자유는 필연성에 조금도 얽매이지 않는다."[47] 그러나 "인간은 '하나님이 인간의 본성에 따라 만들기로 계획하신 것은 무엇이든 그분에게서 제거했다'는 점에서 하나님의 영광을 침해했다."[48] 인간은 당연히 해야 할 일을 행할 때 하나님을 영예롭게 한다. 그러나 빚과 영예에 관한 이러한 담론의 우주 곧 "소위 만족 교리는 '법률적인 것'과는 아무 관계가 없을 것"이라고 발타자르는 주장한다. 반면에 발타자르는 공의의 하나님 개념에 대해서 심혈을 기울여 자신의 입장을 옹호한다. "공의의 하나님은 그의 죽음이 없이는 죄인을 용서할 수 없는 무

46) Barth, *Church Dogmatics*, IV:1, sect. 60:3, 485-486.
47) Hans Urs von Balthasar, *The Glory of the Lord: A Theological Aesthetics*, trans. A. Louth et al. and ed. Joseph Fessio and John Riches, 6 vol. (Edinburgh: T&T Clark, 1984-1991), vol. 2, *Studies in Theological Style: Clerical Styles*, 245-246.
48) Balthasar, *Glory*, vol. 2, 246-247.

죄한 자의 피를 즐거워하거나 필요로 하실 것이다.…그것은 응보의 문제가 아니라 내적이고 **존재론적인** 연합의 문제다.…여기서 강조점은 언약에…그리고 하나님이 인간을 진정한 당사자로 남아 있게 하는 **자신의 결정에 따라, 자신에게 두신 의무**에 놓여 있다. 그것이 은혜에 대한 이해다."[49] 하나님은 "자유롭게 스스로 얽매이는 분이다.…안셀무스의 이론은 법률적으로 이해될 수 없다"고 발타자르는 주장한다.[50]

콜린 건톤은 발타자르가 자신의 요점을 과장했다고 지적한다. 건톤은 이렇게 주장한다. "안셀무스가 법적 은유에 의존하고 있다는 점으로 보아 그에게 어느 정도 '법률적인' 요소가 있다…."[51] 그럼에도 건톤은 발타자르가 안셀무스의 "진정한 관심사"를 "추상적 공의가 아니라…창조주와 피조물 사이의 관계"로 정확히 이해했다고 인정한다.[52] 그것은 하나님이 **하나님으로서** 세상을 통치하는 신적 통치의 문제다. 중요한 것은 우주의 "질서"다. 이것은 하나님의 은혜의 우선성, 주권, 주도권과 함께, 그리스도의 사역의 교리 해석학을 위한 이해의 지평의 한 부분이다.[53] 에밀 브루너는 안셀무스에게 가벼운 칭찬을 보낸다. 브루너가 보기에, 안셀무스가 그리스도의 십자가에 대해서 **포괄적인** 신학적 해석을 제공하지 못한다는 사실은 부인할 수 없다. 그런데 사실은 오히려 그 반대다. 안셀무스는 속죄에 대한 충분한 이해의 한 부분으로 보존되어야 할 통찰력을 제공하지 않는가? 많은 비판자가 중세의 배경을 부당하게 문맥적-관계적인 배경으로 쉽게 간주하고, 안셀무스의 포괄적인 관심사의 핵심을 놓친다. 안셀무스

---

49) Balthasar, *Glory*, vol. 2, 249-150.
50) Balthasar, *Glory*, vol. 2, 250.
51) Gunton, *The Actuality of Atonement*, 91.
52) Gunton, *Actuality*, 91; 참조. 87-96.
53) 추가로 다음 자료들을 보라. F. R. Fairweather, "Incarnation and Atonement: An Anselmian Response to Aulén's *Christus Victor*," *Canadian Journal of Theology* 7 (1861) 167-175; John McIntyre, *St. Anselm and His Critics: A Re-interpretation of the Cur Deus Homo* (Edinburgh: Oliver & Boyd, 1964).

의 이 관심사는 그리스도의 사역의 해석학에 필수적이다.

## 16.3. 아벨라르두스에서 종교개혁자들과 아울렌까지: 추가 문제와 지평들

아벨라르두스(Abelard, 1079-1142)는 자주 속죄에 대한 "도덕적 감화"(moral influence) 이론 또는 해석의 패러다임을 제공한 해석자로 간주된다. 특히 「로마서 강해」(*Exposition of Romans*)에서 아벨라르두스는 그리스도의 죽음을 속죄나 속량으로 해석하지 않는다. 그리스도의 죽음은 희생 또는 유화(진정시킴) 또는 만족으로 이해되지 않고, 단순히 하나님의 사랑이 최상으로 전시되고 예증된 것으로 이해된다. 그리스도의 죽음의 효력은 **철저히 인간을 향해 있다.** 십자가의 목적은 인간의 마음을 녹이는 데 있었다. 비록 하나님의 지혜가 인간에게 선포하는 것으로 성육신을 보는 알렉산드리아의 클레멘스의 강조점이 반사되기는 해도, 그에겐 하나님의 사랑이 중심 주제다. 그리스도의 사역은 지혜와 이해를 전달한다. 교훈적 목적(이 말은 일반적으로 인정할 수 없을 정도로 애매하다) 때문에 아벨라르두스의 해석은 종종 십자가에 대한 **"주관적인"** 신학적 해석으로 묘사되었다.

아벨라르두스의 「로마서 강해」의 중요 부분에서 뽑아낸 한 발췌문은 영어로 번역된 『스콜라 신학 문집』(*A Scholastic Miscellany*)에서도 편리하게 찾아볼 수 있다.[54] 아벨라르두스는 바울을 따라 은혜를 "자유롭고 영적인 하나님의 선물"로 이해한다.[55] 그러나 그가 직접적으로 제시하는 하나님의 공의 또는 의에 대한 주석은 미심쩍다. 로마서 3:19-26에 대해 아벨라르두스는 이렇게 설명한다. "'하나님의 공의'─즉 **하나님의 사랑**─의 나타내심은….",[56] 아벨라르두스는 시간적 배경을 기초로 이 동의어적 이해(곧 하나님의 공의를 하나님의 사랑으로 보는 것)를 옹호하려고 애쓴다. 계속해서 아

---

54) Peter Abelard, *Exposition of the Epistle to the Romans* (An Excerpt from the Second Book), E. R. Fairweather (ed.), *A Scholastic Miscellany*, 276-287.

55) Abelard, *Exposition*, *Miscellany*, 279.

56) Abelard, *Exposition*, 279.

벨라르두스는 다음과 같이 설명한다. "이 은혜의 때—곧 사랑(*amor*)의 때에…따라서 이 은혜의 때에 하나님의 의에…대하여 말씀하실 때…자신이 먼저 이 의를 어떻게 우리 시대에 인간의 필요를 완전히 만족시키는 사랑(*caritas*)으로 이해하셨는지를 분명히 암시하신다. 그것이 바로 은혜의 때다."[57] 논증의 첫 번째 단계는 의 또는 공의를 사랑(*amor* 또는 *caritas*)과 동의어로 간주하는 것이다.

두 번째 단계는, 그리스도의 죽음이 사탄의 지배로부터의 속량(구속)이라고 주장하는 자들에 대한 비판으로 나아가는 것이다. 반면에 아벨라르두스는 마귀가 인간을 지배할 "권리"를 갖고 있지 않다고 정확히 주장한다. 나아가 그리스도의 죽음은 형벌로부터의 해방을 의미하는 것이 아니다. 아벨라르두스는 다음과 같이 말한다. "어떤 사람이 어떤 일의 대가로 무고한 사람의 피를 요구하는 것은 얼마나 잔인하고 악한 일이며…하나님이 온 세상과 화목하기 위하여 자기 아들의 죽음을 흔쾌히 고려하시는 것은 더더욱 아니다."[58]

세 번째 마지막 결론 단계는 다음과 같다. 아벨라르두스는 이렇게 말한다. "말씀을 통해 그리고 심지어 죽으면서까지 보여주신 모범을 통해, 그분[그리스도]은 사랑으로 우리를 자기 자신과 더 굳게 묶어놓는다. 이로써 우리의 마음은 하나님의 이러한 선물로 불같이 타오르고…[우리는] 조금도 위축되지 않고 그분을 위해 어떻게든 견딜 수 있다."[59] 이 "구속"은 "우리 안에서…죄의 속박에서 우리를 자유롭게 하고…그리하여 우리가 사랑으로 모든 것을 행하도록…깊은 감정(*dilectio*)"의 형태를 취한다.[60] 이런 의미에서 "하나님의 사랑이 성령으로 말미암아 우리 마음에 부어진다"(롬 5:5).

많은 해석자들이 프랭크스가 아벨라르두스에 대해 요약한 다음과 같

---

57) Abelard, *Exposition*, 279.
58) Abelard, *Exposition*, 283; 참조. 280-283.
59) Abelard, *Exposition*, 283.
60) Abelard, *Exposition*, 284.

은 고전적 결론을 지지할 것이다. "아벨라르두스는 전체 구속 과정을 그리스도 안에서 우리를 향하신, 우리 안에 응답을 일깨우는, 하나님의 사랑의 표현이라는 한 가지 명확한 원리로 환원시켰다. 아벨라르두스는 이 원리에 따라 다른 모든 관점들을 설명하려고 애쓴다."[61] 프랭크스는 아벨라르두스에게서 그리스도의 죽음을 희생으로 보는 언급도 간헐적으로 나타나지만, 이것은 속죄 제사가 아니라 단순히 생명을 자발적으로 내놓는 것을 함축한다고 덧붙인다. 아벨라르두스는 "그리스도가 인간 속에 응답하는 사랑을 일으키는 위대한 교사이자 본보기라는 것"을 강조하기 위해 안셀무스의 방향이나 테르툴리아누스로부터 아우구스티누스에게 이르는 안셀무스의 "라틴" 진영 선임자들과 확실히 다른 방향에서 "새로운 길을 열고자" 애썼다고 아울렌은 주장한다.[62]

인간의 마음에 임한 그리스도 안에 계신 하나님의 사랑의 충격은 십자가의 의미에서 중요한 위치를 차지한다. 그러나 다른 누구보다 에밀 브루너는 사실상 아벨라르두스의 해석, 즉 **그리스도의 죽음이 어떻게 어떤 점에서 하나님의 행위인지**를 묻지 않는 해석에 대해 가차 없이 비판한다. 브루너는 이렇게 주장한다. "그리스도의 죽음과 소크라테스의 죽음 사이의 유일한 차이는 원리의 차이가 아니라 정도의 차이다. 예수의 죽음은 숭고하고 고결한 순교이고…최고의 인간적 사랑이다.…하나님의 사랑은 드러난다.…그러나 이렇게 생각하는 사상가들은…하나님이 절대적으로 필요한 어떤 일을 **행하심으로**…실제로 객관적인 거래를 보여주셨다는 생각을 가지고 있지 않다."[63] 브루너가 여기서 말하는 "이런 유형의 사상가들"은 19세기 말, 곧 리츨과 슐라이어마허로부터 소키누스주의자를 거쳐 아벨라르두스까지 거슬러 올라가는 사상 노선을 가리킨다. 여기서 브루너는

---

61) Franks, *The Work of Christ*, 146.
62) Aulén, *Christus Victor*, 112.
63) Brunner, *The Mediator*, 439.

해석학적 물음을 제기한다. "그들이 그리스도의 십자가의 의미를 이해하기를 바란다. 하지만…그들은 십자가를 이해하는 데 완전히 **실패했다.**"[64]

브루너가 말한 몇 줄의 내용으로 아벨라르두스까지 거슬러 올라가는 이 전통을 완전히 기각시킬 수는 없다. 그렇지만 해석학의 문제가 심각하게 대두된다. 처음에는 브루너가 종교를 "합리주의적 관념론"이라고 일컫고, 슐라이어마허가 종교에 대해서 "교양 있는 혐오자"라고 부르는 "자유주의적" 접근법이 보다 쉽게 공감적인 경청을 이끌어내는 것처럼 보일 수도 있다. 그러나 좀 더 깊이 생각해보면, 이 접근법이 이처럼 값비싼 죽음의 **목적**을 진실로 제시하고, 그 죽음이 **하나님**과 어떻게 관련되는지를 제대로 설명할 수 있을까? 대다수 신학생들은 다음과 같은 비판적 비유를 들었을 것이다. 한 낯선 사람이 "내가 당신을 얼마나 사랑하는지 보여주겠소"라고 말하면서 다리 난간에서 뛰어내린다면, 우리는 이런 지나친 행동의 완전한 무의미, **논리**의 결여, 그리고 **비합리성**을 지적할 것이다. 브루너가 주장한 것처럼, 기껏해야 우리는 그 죽음을 예컨대 비극적이지만 영웅적인 죽음으로 간주하는 소크라테스의 죽음 정도로 치부할 것이다. 여기서 난점은 아벨라르두스의 접근법이 성경과 기독교 사상사 속에 스며들어 있는 것을 설명하지 않고 **너무 많이** 남겨둔다는 것이다. 그래서 신뢰를 얻기는커녕 오히려 신뢰를 상실하게 만들어 막다른 골목이 되어 버린다.

게다가 아벨라르두스의 접근법은 근본적으로 해석학적 관심사를 간과한다. 그리스도의 사역을 해석하는 적절한 이해의 지평은 **하나님이 그리스도 안에서 行하신 행위로서의** 지위를 배제할 수 없다. 나아가 안셀무스와 칼뱅의 주장처럼, 그리스도의 사역은 **세상 질서에 대한 하나님의 통치**의 맥락 속에서 펼쳐진다. 따라서 아벨라르두스의 접근법의 참된 목표, 즉 **인간의 도덕적 양심**이 자유의 조정자이신 하나님이 어떻게 행동하시는지

---

64) Brunner, *The Mediator*, 438(티슬턴 강조).

제3부 기독교 교리의 주요 주제

를 좌지우지해야 한다는 목표는, 안셀무스나 종교개혁자들이 야기했다고 주장했던 것보다 훨씬 더 심각한 문제를 뒷문으로 끌어들인다. 아벨라르두스의 접근법에 따르면, 예수 그리스도의 고뇌는 도덕적 **태도**의 지위를 갖게 되고, 바르트, 발타자르, 판넨베르크, 몰트만이 철저하고 설득력 있게 이해한 십자가의 **삼위일체적인** 이해의 지평은 시야에서 사라지고 만다. 교리 해석학은 그리스도 안에서 나타난 하나님의 사랑의 영향에 여지를 남겨놓을 것이다. 그러나 아벨라르두스-소키누스-리츨로 이어지는 전통이 **배제한** 것을 생략하려면, 교리의 심장부를 제거해야 한다.

(3) **종교개혁자들**. 마르틴 루터(1483-1546)는 특히 『갈라디아서 주석』(*Commentary on Galatians*)에서 대리적 속죄 신학에 대한 고전적인 해석을 제공한다. 그러나 루터의 방대한 작품 전체의 안내자로 어떤 특정 작품을 선정하는 데 있어서는 각별한 주의가 요망된다. 「일치신조」(*The Formula of Concord*, 1580)는 루터의 두 「교리문답」(*Catechisms*, 1529)과 「아우크스부르크 신앙고백」(*Augsburg Confession*, 1530) 그리고 루터의 「슈말칼트 조항」(*Schmalkald Articles*, 1937)을 인정했다. 「슈말칼트 조항」 2부는 다음과 같이 선언한다. "첫 번째 주요 조항은 이것이다. 우리의 주와 하나님이신 예수 그리스도는 우리의 죄를 위해 죽으셨고, 우리의 의를 위해 다시 살아나셨다(롬 4:24). 오직 그리스도만이 세상 죄를 제거하시는 하나님의 어린 양이시다(요 1:30). 그리고 하나님은 우리 모두의 죄악을 그리스도에게 두셨다(사 53:4). 모든 사람이 죄를 범했고(롬 3:23), 그리스도의 피로 그리스도 예수 안에 있는 속량으로 말미암아 하나님의 은혜로 그들 자신의 행위나 공로 없이 값없이 의롭다 하심을 얻는다(롬 3:24).…우리는 이 교리를 확신하고 이 모든 것을 의심하지 말아야 한다."[65]

루터가 "형벌" 이론과 "만족" 개념에 충분히 동의하는지에 대해서는 논

---

65) Martin Luther, *The Schmalkald Articles*, trans. W. R. Russell (Minneapolis: Augsburg/Fortress, 1995), II.

란이 있었다. 프랭크스와 필립 왓슨(Philip Watson)은 그리스도의 사역에 대한 루터의 신학에서 "만족" 개념이 거의, 아니 전혀 역할을 하지 않는다고 주장한다. 프랭크스와 왓슨은 루터에게서 "공로"와 함께 "만족"이라는 말의 용법은 단지 당시의 가톨릭 사상 및 율법주의 신학을 반대하는 논쟁의 문맥에서만 나타난다고 주장한다.[66] 아울렌이 강력히 지적하는 것처럼, 루터 역시 "권세들"에 대한 그리스도의 승리 모델에 의존한다.[67]

그럼에도 **대속 모티프**(substitutionary motif)는 지배적 요소로 남아 있다. 루터는 이렇게 말한다. "그리스도는 십자가에 못 박혀 죽으셨을 뿐만 아니라 (위엄하신 하나님의 사랑으로 말미암아) 죄가 그리스도에게 두어졌다.…그리고 그리스도께서 우리의 죄로 옷 입고, 내 죄와 온 세상의 죄로 둘러싸이는 것, 그리하여 그리스도께서 우리의 모든 죄악을 감당하시는 것을 보는 것, 이것이야말로 모든 경건한 자에게 주어지는 유일한 위로다.…만일 그리스도께서 영원부터 세상 죄를 제거하도록 정해진 하나님의 어린 양이라면, 만일 그리스도께서 우리의 죄로…둘러싸여 우리 대신 비난받게 되셨다면,…하나님이 우리의 죄를 우리가 아니라 자기 아들 그리스도에게 두셔서, 그분이 우리 대신 죄의 형벌을 감당하심으로써 우리의 평화가 되고, 그분이 채찍에 맞으심으로써 우리는 나음을 입게 되었다."[68]

한편 루터는 대속의 역할을 강조할 때, 거기서 **그리스도와의 동일시** 또는 그리스도의 사역의 **참여**, 대표, 자기 관여의 측면과 그리스도의 사역의 믿음을 통한 적용의 중심적 역할을 배제하지 않는다. 이것은 1518년의 초기 「하이델베르크 논쟁」(Heidelberg Disputation)에 나타나 있다. "십자

---

66) Philip S. Watson, *Let God Be God: An Interpretation of the Theology of Martin Luther* (London: Epworth, 1947), 188-222; Franks, *Work of Christ*, 288-300.

67) Martin Luther, *Luthers Werke: Briefwechsel, Bd. XI, 1, Januar, 1545-März, 1546*, Kritische Gesamtausgabe (Weimar: H. Böhlaus Nachfolger, 1948), 432-433 (WA 압축판).

68) Martin Luther, *A Commentary on St. Paul's Epistle to the Galatians*, trans. Philip S. Watson (London: James Clarke, 1953), 271.

가에 못 박힌 그리스도 안에 하나님에 대한 참된 신학과 지식이 있다.…하나님은 고난과 십자가 속에서가 아니면 발견되지 않는다."[69] 신자는 십자가의 도와 동일시되고 십자가의 도에 참여한다. 그리스도인은 그리스도의 죽음과 부활을 공유한다. 그렇다고 해도 루터가 표현하는 것처럼, "우리는 우리 자신의 능력으로 그것[죄의 결과와 율법의 '저주']에서 해방될 수 없었기 때문에, [아버지께서] 자신의 독생자를 세상에 보내 모든 사람의 죄를 그분에게 두셨다.…이 수단을 통해 온 세상은 모든 죄에서 벗어나고 깨끗하게 되고, 그리하여 사망에서 해방될 것이다."[70]

칼뱅(1498-1552)은 주로 『기독교강요』 제2권 6-17장과 그의 주석들에서 그리스도의 사역에 대한 자신의 견해를 전개한다. 칼뱅은 근본 원리를 다음과 같이 소개한다. "하나님은 중보자 없이는 옛 백성들에게 호의를 베푸신 적도 없고 그들에게 은혜에 대한 소망을 주신 적도 없다."[71] 칼뱅의 견해에 따르면, 모세와 다윗을 포함한 옛 언약 아래 있던 중보자들의 효과적인 사역은 중보자로서의 그리스도의 사역에 대한 예견에 기초를 놓았다.

구약 시대의 희생제사 제도 역시 그리스도의 희생에서 성취되는 것으로 하나님이 정하고 원하신 것이었다. 그러므로 그리스도의 죽음의 **희생적** 본질과 **중보자**로서의 그리스도의 역할은 여러 가지 다른 것들 가운데 단순히 두 주제 또는 두 이미지가 아니다. 이 두 가지는 그리스도의 사역을 구약성경의 약속의 성취로, 그리고 구약성경에서 **은혜**의 효력을 좌우하는 명확한 하나님의 규례로 이해하기 위한 **패러다임과 같은** "핵심적" 이해의 지평이다.[72]

---

69) Luther, *The Heidelberg Disputation* 20, 21, in *Luther: Early Theological Works*, Library of Christian Classics 16, ed. J. Atkinson (London: SCM, 1962), 291.

70) Luther, *Galatians*, 272 (WA, vol. 40, 437-438).

71) Calvin, *Institutes*, II:6:2 (Beveridge edn., vol. 1, 294).

72) Calvin, *Institutes*, II:6:4, II:7:1-5, and II:9-3.

칼뱅은 이렇게 선언한다. "하나님의 아들이 자원하여 우리의 본성을 취하고, 그것을 아버지의 명령으로 받아들이신 것에 대해 성경이 제시하는 유일한 목적(또는 이유)은 희생자(또는 희생 제물)가 되심으로써 우리에 대한 아버지의 진노를 진정시키기 위함이다."[73] "이 저주[율법과 관련해서는 죄의 저주]에서 우리를 속량하려고 그리스도께서 우리 대신 저주를 받으셨다(신 21:23; 갈 3:13; 4:4과 비교)."[74] 칼뱅은 (위에서 언급한) 리드의 일치의 법칙과 상반의 법칙 간의 구분을 암시하는 언어로 인간은 "범죄…로 죽었"기(골 2:13) 때문에 **오직 그리스도만이 인간을 위해 인간 스스로 할 수 없는 것을 하실 수 있다**고 지적한다. 칼뱅은 이렇게 말한다. "단번에 드려진 그리스도의 영원한 제사가 매일 드려진 이 제사들을 폐지시켰다."[75]

『기독교강요』 제2권 12장에서 칼뱅은 안셀무스의 견해와 별다른 차이가 없이 그리스도의 인격과 사역을 함께 연결시킨다. "필연성"에 대한 문제는 어떤 외적 강제에서 나오는 것이 아니라 "하나님의 작정으로 말미암은" 하나님의 뜻 **안에서** 나온다.[76] 그러나 참 하나님이자 참 인간으로서 예수 그리스도의 사역은 희생의 지평보다는 중보의 지평 안에서 더 근본적으로 등장한다. 칼뱅은 (오시안데르에 반대해서) 지체 없이 히브리서 4:15의 "모든 일에 우리와 똑같이 시험을 받으신 이로되 죄는 없으시니라"는 말씀을 인용하여 그리스도의 참된 인간성을 강조한다.[77]『기독교강요』 제2권 13-14장은 "두 본성" 기독론에 대한 설명을 계속하고, 이어서 15장은 예언자, 제사장, 왕으로서의 그리스도의 삼중 사역을 해설한다.

『기독교강요』 제2권 16장에서 칼뱅은 구속자로서의 그리스도 주제로 다시 돌아온다. 여기서 칼뱅은 그리스도의 사역이 지닌 전충족성과 함께

---

73) Calvin, *Institutes*, II:12:4 (Beveridge edn., vol. 1, 403).
74) Calvin, *Institutes*, II:7:15 (Beveridge edn., vol. 1, 311).
75) Calvin, *Institutes*, II:7:17 (Beveridge edn., vol. 1, 312-313).
76) Calvin, *Institutes*, II:12:1 (Beveridge edn., vol. 1, 400-401).
77) Calvin, *Institutes*, II:12:7 (Beveridge edn., vol. 1, 406), II:13:1-3, 14:1-8.

설명을 시작한다. 칼뱅은 이렇게 말한다. "본질상 정죄받고 죽고 상실된 우리는 그리스도 안에서 의, 해방, 생명, 구원을 찾아야 한다."[78] 16장 6절은 명백히 다음과 같이 진술한다. "그리스도께서 왜 십자가에 못 박히셨는가?" 그것은 "대리로 죄에 대한 저주를 받으신 것이다.…그리스도는 자신의 영혼을 **아샴**(ܐܫܡ), 즉 죄를 위한 속죄의 희생물(사 53:5, 10에서 예언자가 말하는 것처럼)로 바치셨다. 그렇게 죄책과 형벌을 자신에게 두시는 방식으로 우리에게 죄책과 형벌이 전가되지 않도록 하신다.…'그리스도는 우리를 대신하여 스스로 죄가 되셨다'…(고후 5:21)."[79]

이것은 아마 그리스도의 사역에 대한 교리사에서 형벌 대속 신학을 가장 명확하게 제시한 설명일 것이다. 그러나 칼뱅도 마치 할 말이 더 있음을 함축하는 것처럼 "방식으로"(in a manner)라는 말을 포함시키고, 『기독교강요』와 그의 주석들 다른 곳에서 십자가를 짊어지는 것을 그리스도와의 동일시 안에서 설명한다. 칼뱅은 이렇게 말한다. "그들[그리스도인 제자들]은 누구나 '자기 십자가를 져야' 한다(마 16:24)."[80] 그리스도인들은 그리스도께서 그러신 것처럼 역경도 공유해야 한다.[81]

칼뱅의 이해의 지평은 구약성경의 은혜, 율법, 중보, 희생 주제에 따라 형성된 관점이다. 안셀무스와 오늘날 몰트만이 확인한 물음, 곧 "그리스도의 십자가는 하나님에게 어떤 의미였는가?"는 명시적으로 진술된 것이라기보다는 오히려 전제된 것이다. 좀 더 엄밀하게 말한다면, 칼뱅은 그의 대중적인 이미지와는 달리 "해석학적" 신학자가 아니라 성경 강해자였다. 칼뱅은 "교리"가 자신의 주석에서 주해하는 것을 방해하지 못하도록 더욱 열심히 『기독교강요』를 집필했고, 『기독교강요』는 이를 입증했다.

십자가 교리의 해석학은 다음 물음을 필수적으로 질문할 것이다. 곧

---

78) Calvin, *Institutes*, II:16:1 (Beveridge edn., vol. 1, 434).
79) Calvin, *Institutes*, II:16:6 (Beveridge edn., vol. 1, 439).
80) Calvin, *Institutes*, II:8:1 (Beveridge edn., vol. 2, 16).
81) Calvin, *Institutes*, II:8:8-11 (Beveridge edn., vol. 2, 21-24).

하나님의 자기계시와 이스라엘에 대한 하나님의 다루심에서 나오는 개념적 문법의 형성을 감안하면, 우리가 오늘날 그리스도의 사역을 해석하는 적절한 이해의 지평을 확립하려고 할 때 이 규례들은 절대로 취소할 수 없는 패러다임으로 간주되어야 할까, 아니면 없어도 좋은 개념으로 간주되어야 할까? 칼뱅에게 모세의 속죄 제사는 그리스도의 대형(antitype)과 "원형"(archetype)을 해석하고, 또 그렇게 해석되는 모델이다.[82]

(4) **구스타프 아울렌**. 아울렌은 1930년에 웁살라 강좌를 시작하고, 이 강좌는 『승리자 그리스도』(*Christus Victor*)라는 제목으로 출판되었다. 이 책은 널리 퍼져 있던 견해들, 즉 교부 시대는 속죄 신학을 발전시키지 못했고, 속죄 신학의 교리 형성은 안셀무스에게서 시작되어 아벨라르두스에 의해 과감하게 재형성되었고, 이어서 다시 한 번 종교개혁자들, 특히 칼뱅에 의해 재구성되었다는 견해를 비판적으로 검토했다. 아울렌은 이런 재구성을 거부한다. 아울렌은 속죄 교리가 초기 교회에서 형성되었고, 이후 안셀무스, 아벨라르두스, 또는 종교개혁자들은 이 교리에 대한 강조점이 서로 달랐을 뿐이라고 주장한다. 그 핵심에는, 안셀무스가 억누르거나 배제한 주장, 곧 "마귀를 물리친 승리로 그리스도의 사역을 설명하는 오래된 신화적 설명"이 놓여 있다고 아울렌은 주장한다.[83]

아울렌은 안셀무스와 아벨라르두스의 접근법을 각각 "객관적" 속죄 이론과 "주관적" 속죄 이론으로 분류한다. 아울렌은 전자를 "**하나님** 편에서 변화된 태도"라 부르고, 후자는 오직 **인간** 편에서의 태도 변화를 포함한다고 말한다.[84] 아울렌은 많은 사람들이 그랬던 것처럼 지나치게 일반화되고 부주의한 방법으로 이것을 표현하지만, 엄밀히 말해 그것은 정확한 것

---

82) Calvin, *Institutes*, II:16:6 (Beveridge edn., vol. 1, 439).

83) Gustaf Aulén, *Christus Victor: An Historical Study of the Three Main Types of the Idea of the Atonement*, trans. A. G. Herbert (London: SPCK and New York: Macmillan, 1931), 18.

84) Aulén, *Christus Victor*, 18.

이 아니고, 안셀무스와 칼뱅에게 불리하게 작용하는 경향이 있다. 은혜의 해석학적 지평 안에서 보면, 하나님의 태도는 "변하지" 않는다. **하나님의 목적은 은혜로웠고 또 항상 은혜롭다.** 그러나 하나님은 이 은혜를 그리스도의 사역이라는 기초 위에서 세상에 대한 자신의 다루심을 규정하는 의, 일관성, **신실함으로 이행하신다.**

아울렌은 지난 두 세기 동안 이 두 모델, 곧 객관적 모델과 주관적 모델이 공존했다고 말한다. 객관적 모델은 안셀무스와 칼뱅이 대표한다. 주관적 모델은 처음에는 소키누스주의가, 이어서 계몽주의 시대에는 슐라이어마허와 리츨이 대표했다. 계속해서 아울렌은 이 두 모델이 모두 신적 투쟁과 승리로서 속죄의 "드라마적" 주제를 무시한다고 지적한다. 곧 두 모델은 모두 "그리스도—승리자 그리스도—는 세상의 악의 세력 곧 인간을 속박 아래 두고 고통을 겪게 하는 '폭군'과 맞서 싸워 승리하시며, 그 결과 그리스도 안에서 하나님은 세상을 자신과 화해시키신다"는 사실을 무시한다.[85]

아울렌은 이 주제가 속죄를 이해하는 유일한 길이 아니라는 사실을 인정한다. 그러나 이 "드라마적" 견해는 **"연속적인 신적 사역"**으로 묘사되는 특수한 모델이고, **"불연속적인 신적 사역"**으로 묘사되는 그리스도의 사역, 곧 그리스도께서 하나님에게 바쳐진 제물로서 "이루신" 사역과 대조된다(아울렌 강조).[86] 아울렌은 이 두 견해 가운데 첫 번째 견해를 "이원론적—드라마적" 접근법 또는 "고전적" 접근법이라 부르고, 두 번째 견해를 "객관적" 또는 "라틴적" 접근법이라 부른다. 그는 특히 19세기에 이 두 견해를 혼동하는 경향이 있었다고 비판한다.

아울렌은 자유주의 신학자들이 "고전적" 견해를 지나치게 "신화적인"

---

85) Aulén, *Christus Victor*, 20.
86) Aulén, *Christus Victor*, 21-22.

것으로 보았기 때문에 거기서부터 발길을 돌렸다고 주장한다.[87] 이원론은 마귀의 세력에 대해 유신론에 맞지 않는 견해를 제시한 것 같았다. 자신의 관점에 대해 너무 낙관적이게도, 아울렌은 "고전적" 견해로의 급격한 전환을 예고했는데, 첫째는 하르낙과 다른 학자들이 제시한 교리사의 재평가에 비추어서, 둘째는 루터에 대한 재평가에 비추어서 그렇게 한다. 루터는 그가 "객관적" 사고 모델이 아니라 "고전적" 사고 모델 안에 두려고 애쓰는 인물이다. 예상대로 아울렌은 이레나이우스의 신학에 의존한다. 우리는 16.1.에서 이레나이우스의 신학을 간략히 살펴보았다. 아울렌은 이레나이우스에게서 뽑아온 다음과 같은 본문을 "전형적인" 고전적 견해의 내용으로 묘사한다. "전능한 말씀이자 참 인간이신 그리스도는 우리를 자기 피로 정당하게 구속하실 때 포로로 잡혀 있던 자들의 대속물로 자신을 주셨다.…그리스도는 폭력이 아니라 설복으로 자기 자신에게 속한 것을 구속하셨다."[88] 이레나이우스는 분명히 그리스도의 사역의 목적이 "죄를 파멸시키고, 사망을 정복하고, 인간에게 생명을 주시는 것"에 있다고 믿는다.[89] 아담은 "마귀의 소유가 되었고, 마귀는 아담을 자신의 권세 아래 두었다.…[그러나] 사람을 포로로 취한 자는 하나님에게 포로로 잡혔고, 인간은 정죄의 속박에서 해방되었다."[90] 아울렌은 승리 모티프가 "이레나이우스의 사상 중심에 놓여 있다"고 주장한다.[91]

그럼에도 우리는 속사도 교부와 초기 기독교 변증가들을 설명하면서 이레나이우스 역시 다른 속죄 모델을 함께 사용한다고 지적했고, 여기서 승리 모티프가 2세기의 다른 저술가들에게도 가장 두드러진 주제였는지

---

87) Aulén, *Christus Victor*, 26.
88) Aulén, *Christus Victor*, 43; Irenaeus, *Against Heresies* V:1:1. 위에서 설명할 때 부분적으로 인용했음.
89) Irenaeus, *Against Heresies*, III:18:7.
90) Irenaeus, *Against Heresies*, III:23:1.
91) Aulén, *Christus Victor*, 37.

를 물어볼 수 있다. 다른 누구보다 콜린 건톤은 이 접근법이 신약성경 안에서 중심적인 역할을 하는지 의문을 제기한다. 건톤은 웨슬리 카(Wesley Carr)가 아울렌이 의존하는 핵심 본문 가운데 하나인 골로새서 2:13이 과연 그렇게 사용될 수 있는지를 의심한다고 지적한다.[92]

오리게네스, 니사의 그레고리오스, 나지안주스의 그레고리오스를 참조하면 당연히 이 사실은 더 강력해질 것이다. 오리게네스는 자신의 사역과 죽음을 통해 마귀의 권세를 정복하는 분으로 그리스도를 묘사하고, 교회는 여전히 마귀의 세력과의 싸움 속에 있는 것으로 본다.[93] 그러나 사탄에 대한 "지불"(payment)은 절대로 언급하지 않는다.[94] 니사의 그레고리오스는 다소 유치한 낚시 비유를 제시했는데, 이 비유에 따르면 사탄은 십자가에 못 박힌 그리스도의 인간성이라는 미끼를 붙잡았고, 그로 말미암아 사탄은 그리스도의 위장된 신격의 손에 패배를 당한다.[95]

나지안주스의 그레고리오스 역시 그리스도의 죽음을 악한 세력의 패배를 가져오는 것으로 이해했다. 그러나 나지안주스의 그레고리오스는 니사의 그레고리오스가 견지한 사탄에 대한 지불 개념을 매우 단호하게 거부한다. 나지안주스의 그레고리오스는 다음과 같이 말한다. "우리를 위하여 흘려진 그 피는 누구에게 제공되고, 왜 흘려졌는가?…우리는 악한 자의 속박 속에 갇혀 있었고 죄 아래 팔렸다…나의 물음은 이것이다. 곧 이것은 누구에게 제공되었는가? 만일 악한 자에게 제공되었다면, 이런 **교만**(hubris)은 없어져라(φεῦ τῆς ὕβρεω).…**만일 성부 하나님에게 제공되었다면…**하나님 자신으로 이루어진 대속물이…**어떻게?** 인간성은 하나님의 인간성에 의해

92) Gunton, *Actuality of Atonement*, 55; 참조. Wesley Carr, *Angels and Principalities: The Background, Meaning, and Development of the Pauline Phrase 'hai archai Kai hai exousiai*,' NTSMS (Cambridge: Cambridge University Press, 1981), 168-176.
93) Origen, *Against Celsus* 1:31, 7:17, 8:44.
94) Origen, *Commentary on Matthew*, 16:8.
95) Gregory of Nyssa, *Great Catechism* 22-27.

거룩해져야 하고, 그래야 하나님은 우리를 구원하고 폭군을 정복하며 자기 아들의 중보를 통해 우리를 자기 가까이로 이끄실 수 있다."[96]

아울렌은 이런 비판에도 불구하고 "마귀와의 거래 개념이…초기 교회에서 견고하게 확립되어 있었다"고 주장한다. 그러나 이것은 논란이 많은 문제이므로 조심스럽게 다루어져야 한다. 확실히 마귀에 대한 승리는 어느 정도 "견고하게 확립된" 주제다. 하지만 어떤 종류의 승리를 염두에 두고 있는가? 조지 케어드는 요한계시록에서 순교자들의 "승리"가 그리스도에게 충성하기 위해 재산, 지위, 안전, 또는 목숨까지 포기할 때 주어진다고 주장한다. 이것은 다른 종류의 승리다. 케어드는 보다 일반적으로 이렇게 말한다. "사탄의 가장 강력한 인간 지배는 도덕적 타락을 통해 확보된다. 사탄은 '지금 불순종의 아들들 가운데서 역사하는 영'이다(엡 2:2).…사탄은 교회와 국가의 부패한 기관들을 통해 역사한다."[97] "승리"는 죄와 구조적 악의 사악한 순환을 의, 성실함, 사랑으로 변화시키는 점진적 드라마이고, 이것은 아울렌만이 아니라 아벨라르두스의 관점과도 연결되어 있다.

그러나 자신의 목적을 보다 공평하게 만들기 위해 아울렌은 아벨라르두스-소키누스-슐라이어마허-리츨로 이어지는 주관주의 및 자유주의 접근법과 "만족"이라는 용어를 사용했던 안셀무스의 "객관적" 접근법 사이에 중도를 제공하는 것으로 승리 모티프를 인식한다. 아울렌은 구자유주의의 "예수 대 바울" 논증이 각각 "주관적" 모델과 "객관적" 모델을 반영한 것이라고 바르게 비판한다.[98] 예수와 바울은 동일하게 예수 그리스도의 사역을 "많은 사람의 대속물"로(막 10:45), "그리스도의 피로 말미암은 속량"으로(엡 1:7), "모든 사람을 위한 대속물"로(딤전 2:6), 그리고 "영원한 속죄"로

---

96) Gregory of Nazianzus, *Orations* 45:22; 참조. 39:13.
97) George Caird with L. D. Hurst, *New Testament Theology* (Oxford: Clarendon, 1994), 110.
98) Aulén, *Christus Victor*, 77-89.

제3부 기독교 교리의 주요 주제

(히 9:12) 보았다.[99]

그러나 앞에서 지적한 것처럼, 아울렌은 이 접근법의 배타성이나 보편성 어느 쪽도 주장하지 않는다. 예를 들어 아울렌은 히브리서가 그리스도의 속죄 제사를 하나님 자신의 제사 행위인 동시에 하나님께 바쳐진 제물로 간주한다는 것을 인정한다. 물론(논쟁적으로) 이런 이중적 강조가 "라틴식 모델에는 생소하다"고 주장하지만 말이다.[100] 결론적으로 신약성경은 속죄 교리를 "다양하게 변형된 외관적 형태를 갖고" 표현한다는 것을 아울렌은 인정한다. 여기서 그의 목표는 "라틴" 형태나 "자유주의" 형태 중 어느 하나에 특권을 부여하는 것을 부정하는 것이다.[101] 특히 그는 루터를 "고전적" 모델의 강력한 지지자로 간주해야 한다고 주장하려 한다.[102]

여기서 루터에 대한 주장은 어느 정도 진실을 담고 있지만, 동시에 일방적으로 과장된 말로 보인다. 아울렌은 더 견고한 기반 위에 서서 "고전적" 관념이 거의 시야에서 사라졌기 때문에 "객관적" 관점과 "주관적" 관점의 극단적인 양극화 논쟁은 끝났다고 주장한다. 이 두 접근법은 각각 중대한 해석학적 파급력을 갖고 있고, 각각 구별된 이해의 지평 안에서 작용한다. 확실히 **갈등과 승리**는 구원과 그리스도인의 삶의 근본 요소로 남아 있다. 세례 의식에서 "그리스도의 군사로 그의 깃발 아래 싸우는" 이미지를 제거하려는 시도는 건전한 교리라기보다는 올바른 정치에 더 의존하는 것이다. 그러나 갈등 모티프는 신약성경의 해석학적 지평과 맞지 않게 낭만적으로 묘사될 수 있다. 그리고 갈등 주제는 아울렌이 주장하는 것만큼 지배적인 주제로 보이지 않는다. 무엇보다 아울렌은 안셀무스나 칼뱅이 하나님과 인간이 속죄 "거래"에 직접 가담한다는 사실을 강조한다고 주장할 때, 그들의 주장을 공정하게 다루지 않는다. 안셀무스와 칼뱅의 접근법

---

99) Aulén, *Christus Victor*, 89.

100) Aulén, *Christus Victor*, 93.

101) Aulén, *Christus Victor*, 94-96.

102) Aulén, *Christus Victor*, 119-138; 참조. 139-149.

을 손쉽게 "객관적" 접근법으로 단정하는 것은 큰 잘못이다. 여기서 우리는 비트겐슈타인이 전체 철학이나 교리를 감추어버리는 "한 방울의 문법"이 가진 능력에 대해 경고한 것을 상기할 수 있다. 아울렌은 (다른 사람들을 속이는 죄가 없다 해도) 도식적 술어를 지나치게 일반화함으로써 어느 정도는 스스로 속았다. 제1부에서 우리는 해석학적 특수성이라는 관심사 속에서 이에 대해 정식으로 경고한 바 있다.

대리적 희생이라는 주제가 신약성경과 연속성이 있는 유일한 핵심 요소는 아니라고 해도, 속사도 교부와 초기 기독교 변증가의 사상을 개관하면서 우리는 이 주제가 주된 요소라고 주장했다. 또한 리드가 상술한 논리와 일치되게 **대속적** 개념은 동일시, 참여, 대표 개념의 역할을 절대로 **배제하지** 않는다는 것도 지적했다. 오히려 이 개념들은 함께 속해 있다. 이것은 아울렌이 칼뱅을 설명할 때 놓친 부분이지만, 루터에게서는 쉽게 확인한 사실이다.

우리는 아벨라르두스의 접근법을 통해 **하나님의 사랑**이 그 중심에 있음을 상기하게 된다. 더 엄밀하게 말하면 **사랑과 은혜**는 그리스도의 사역에 관한 다른 모든 것을 이해하는 주된 지평을 제공한다. 그러나 이 지평을 강조하게 되면, 첫 단계만 취하고 더 멀리 나가지는 못하게 된다. 안셀무스와 칼뱅은 하나님의 신실하심과 세상에 대한 하나님의 통치 역시 필수적인 이해 지평의 한 부분을 구성한다는 것을 증명한다. 21세기 초에 몰트만은 이 지평을 필요한 방향으로 더 확대시켰다. 몰트만은 이렇게 말한다. "나는 더 이상 그리스도의 십자가가 인간에게 무엇을 의미하는지 묻지 않았고, **아울러** 예수가 '내 아버지'라고 부른 하나님의 아들의 십자가가 하나님 자신에 대해서도 무엇을 의미하는지 묻지 않았다. 나는 골고다에서 벌어진 하나님의 아들의 죽음과 밀접한 관계 속에 있고, 그 아들 안에서 명백하게 드러나는 하나님의 깊은 **고난**에 대한 인식에서 이 물음의 답변을 찾았다. 그것은 무한한 사랑의 고난이다."[103]

"지평"이라는 말의 두 가지 의미를 함께 함축하고 있는 가장 근본적인 해석학적 지평이 여기 있다. 이 지평은 그리스도의 사역 교리를 충분히 하나님의 은혜 교리 안에 그리고 삼위일체 교리 안에 위치시키고, 거기서 이 지평은 신학적 진리와 이해 가능성을 이끌어낸다. 또한 이 지평은 더 깊은 이해를 추구하는 자들이 자기들이 이미 서 있는 위치인 "발생하는 물음들"에 참여할 수 있게 하는 해석학적 전달의 지평도 제공한다.

---

103) Jürgen Moltmann, *History and the Triune God: Contributions to Trinitarian Theology*, trans. John Bowden (London: SCM, 1991), 122. Moltmann, *Experiences of God*, 15도 보라.

17장
기독론에 대한
해석학적 접근

## 17.1. "예수는 주시다":
## 실존적 해석학인가 그리고/또는 존재론적 진리−주장인가?

현대의 기독론 논쟁에서 다루는 "문제들"(problems)을 보면, 때때로 일부 신약 전문가의 담론의 범주와 다수의 조직신학자의 담론의 범주 사이에 깊은 간격이 있는 듯하다. 접근법에서 이런 차이가 발생하는 이유 중 하나는 다수의 신약 전문가들이 나사렛 예수의 말씀과 행위를 추적하기 위해 역사적 재구성을 고려하는 "아래로부터의 기독론"과, 교리의 정식을 삼위일체의 관점에 따라 그리스도의 사명과 인격에 대한 설명에서 시작하는(여기서 성육신은 그리스도의 선재와 회복된 영광 사이의 상태다) "위로부터의 기독론"의 차이와 관련되어 있을 것이다.

따라서 모리스 와일스(Maurice Wiles)는 "하나님이 완전히 자기 자신을 주시는 것에 대하여…두 이야기…곧 인간적 이야기와…신화적 이야기"를 말하는 것이 필요하다고 역설한다. 와일스는 이렇게 계속한다. "우리는 이 두 이야기를 융합시킬 수 있다.…그러나 이 두 이야기를 함께 묶을 필요는 없다. 그렇게 하면 확실히 잘못될 것이다."[1]

"아래로부터의" 기독론과 "위로부터의" 기독론의 차이는 문제에는 기여하지만 문제 전체를 설명하지는 못한다. 다수의 저명한 조직신학자들이 실제로 "아래로부터의" 기독론으로 설명을 시작한다. 그리고 삼위일체

---

1) Maurice F. Wiles, "Does Christology Rest on a Mistake?" *Religious Studies* 6 (1970) 69-76; repr. in S. W. Sykes and J. P. Clayton (eds.), *Christ, Faith and History: Cambridge Studies in Christology* (Cambridge: Cambridge University Press, 1972), 9; 참조. 3-12.

적 기독론이라는 보다 충만한 의미에서 그것을 설명하는 이해의 지평을 가져온다. 이에 대한 가장 두드러진 실례가 판넨베르크의 기독론이다. 판넨베르크는 이렇게 말한다. "성육신 개념은 **예수의 오심과 역사의 함축 의미**를 적절하게 표현한다.…이것은 나사렛 예수의 인간적 및 역사적 실재가 오직 그분이 하나님으로부터 오신 사건에 비춰볼 때만 제대로 이해될 수 있다는 것을 의미한다.…따라서 우리는 아래로부터의 기독론이 고전적인 성육신의 기독론을 완전히 배제하는 것으로 간주할 수 없다."[2] 몰트만도 이렇게 선언한다. "신약성경은 하나님에 대해 말할 때, **내러티브를 통해** 성부·성자·성령 하나님의 관계를 교제의 관계이자 **세상에 대해 열려 있는** 관계로 선포한다."[3]

더 큰 공헌 요소는 신약성경에서 세상 **속에서** 일어나는 초경험적 실재를 묘사하는 모든 시도를 "신화"의 범주에 귀속시키는 것이다. 만일 우리가 실증주의적·자연주의적 **세계관**을 갖고 시작한다면, 신화라는 말은 자기모순이다. 여기서 신화라는 말은 실증주의적 **존재론**을 견지하는 것과 같은 의미가 전혀 아니다. 왜냐하면 불트만과 같은 학자는 **자연주의적 세계 질서 안에서** 하나님의 행동에 대해 말하지 않고서도 하나님을 단순한 인간적 투사 이상의 존재로 말할 수 있기 때문이다.

역사적으로 보면 이것은 부분적으로 하나님을 세상 속에서 행하시는 행위자로 보지 않고 세상의 전제로 보는 칸트의 생각까지 거슬러 올라간다. 부분적으로 그것은 다비트 슈트라우스(David F. Strauss)를 거쳐, 헤겔이 말한 종교의 **표상**(Vorstellung)과 철학의 비판적 **개념**(Begriff) 사이의 대조까지 추적할 수 있다. 슈트라우스는 **신화를**, 전달된 관념들을 내러티브 형태로 표현한 것으로 보았다. 오늘날에는 주로 폴 리쾨르, 한스 프라이, 그리고 다수의 문학 이론가들 덕분에 내러티브의 복합적 형태에 대한 더 깊

---

2) Pannenberg, *Systematic Theology*, vol. 2, 288.
3) Moltmann, *The Trinity and the Kingdom of God*, 64.

은 파악이 이루어졌다. 그러나 일부 신약 전문가들은 여전히 "신약성경이 그리스도-사건을 신화적 사건으로 제시한다"[4]는 불트만의 말을 지지하면서, 불트만이 살았던 20세기 중반에 갇혀 있는 것으로 보인다. 그리스도가 "선재하는 신적 존재로서 하나님의 아들"이라면, "그 정도로 신화적 인물"이다. 또한 그리스도는 "구체적인 역사적 인물"로 묘사되므로, 불트만은 "여기서 우리는 역사와 신화의 독특한 결합을 본다"고 결론짓는다.[5]

나는 다른 곳에서 상당히 세밀하게 불트만이 **신화**를 다양하게 이해하고 있음을 설명했다.[6] 그러나 현재의 주장을 뚜렷하게 하기 위해 우리는 불트만이 신화에 대해 세 가지 구별된 이해를 갖고 있다는 것과, 이 세 가지 이해가 반드시 서로 양립하는 것은 아니라는 사실을 상기할 필요가 있다.

(i) 불트만이 부분적으로 한스 요나스(Hans Jonas)와 마르틴 하이데거에게서 이끌어낸 가장 의미심장한 점은, **비객관화나 탈객관화의 용어로 표현될 수 있는** (또는 표현되어야 하는) **것을 객관화의 언어로 묘사하려는** 시도로부터 나왔다. 만일 불트만이 자신의 계획에 "탈객관화"(deobjectification)라는 이름을 새로 붙였다면, 끝없는 혼란을 피할 수 있었을 것이다. 불트만은 이렇게 말한다. "신화의 진정한 **목적**은 있는 그대로 세상에 대한 객관적인 그림을 제시하는 데 있지 않다.…신화는 실존적으로…해석되어야 한다."[7]

(ii) 신화의 두 번째 이해는 **유비**, 아니 사실은 **비유**의 용법 외에 다른

---

4) Rudolf Bultmann, "New Testament and Mythology: The Problems of Demythologizing the New Testament Proclamation," in Rudolf Bultmann, *New Testament and Mythology and Other Basic Writings*, selected, ed. and trans. by Schubert M. Ogden (Philadelphia: Fortress, 1984) 32; Hans-Werner Bartsch (ed.), *Kerygma and Myth*, trans. R. H. Fuller, 2 vols. (London: SPCK, 2d edn., vol. 1, 1964 and vol. 2, 1962), vol. 1, 34.

5) Bultmann, *New Testament and Mythology*, 32; *Kerygma and Myth*, vol. 1, 34.

6) Thiselton, *The Two Horizons*, 205-292.

7) Bultmann, *Kerygma and Myth*, vol. 1, 10; *New Testament and Mythology*, 9.

것이 아니라는 것이다. 불트만은 이렇게 말한다. "신화학은 이 세상에 비추어 저 세상을 표현하고, 인간 생활에 비추어 신적인 것을 표현하기 위한 비유 용법이다."[8]

(iii) 신화의 세 번째 이해는 개념적·언어적 **형식**(mode) 문제에서 소위 **내용**(content) 문제로 이동한다. 불트만은 이렇게 설명한다. "세상은 중간이 땅, 그 위는 하늘, 그리고 그 아래는 지옥으로 이루어진 3층 구조다. 하늘은 하나님과 천상의 존재들의 거처다."[9] 노팅엄 대학교의 철학자 로널드 헵번(Ronald W. Hepburn)은 이런 식으로 형식에 대한 정의와 내용에 대한 정의를 혼합시킬 때 혼란스럽고 논리적으로 자멸적인 결과가 나타난다는 것을 예증했다.[10]

불트만이 **신화**라는 용어를 사용한 것에 대해서 오랜 세월에 걸쳐 가해진 날카로운 비판은 모리스 와일스와 다른 학자들이 기독론의 맥락에서 이 말이 너무 느슨하고 무익하게 통용되었다고 각성하게 만들었다. 그럼에도 이 신화적 접근법은 그리스도에 관한 **실존적·자기 참여적 언어 이해의 역할**을 지적함으로써 현재 우리가 다루고 있는 해석학적 문제들에 빛을 던져준다. **존재론적 진리-주장에 맞추는 것**은 그리스도에 관한 언어에는 별로 도움이 되지 않는다. 전자는 주로 **해석학**과 관련되고, 후자는 **교리적 진술**과 관련된다.

여기서 우리는 여러 가지 구체적인 실례 가운데 첫 번째 실례를 다룰 텐데, 이 실례는 먼저 **그리스도를 주**(κύριος)**로 고백하는 것**과 관련되어 있다. 제1부에서 우리는 초기의 기독교 **신앙고백**, 특히 초기의 기독교 신조

---

8) Bultmann, *Kerygma and Myth*, vol. 1, 10, n. 2; *New Testament and Mythology*, 42, n. 5.
9) Bultmann, *New Testament and Mythology*, vol. 1, 10; *Kerygma and Myth*, vol. 1, 1.
10) Ronald W. Hepburn, "Demythologizing and the Problem of Validity," in A. Flew and A. MacIntyre (eds.), *New Essays in Philosophical Theology* (London: SCM, 1955), 227-242.

들이 **믿음**을 표현하는 데 있어 주된 역할을 담당했다는 것을 확인했다. 불트만은 요한네스 바이스를 따라 그리스도의 주되심에 관한 언어의 통용성이 **실제로 의미하는** 바는, 적어도 처음에는 기독교 신자가 **그리스도의 종**이 되는 것이 무엇을 가리키느냐에 따라 가장 잘 파악된다고 지적했는데 이는 정확하다. 바이스는 이렇게 말한다. "그것['예수는 주시다'는 신앙고백]이 실제로 종교적 의미에서 어떤 뜻인지는 그리스도의 '종' 또는 '노예'라는 상관 개념을 통해 가장 명확하게 드러날 것이다."[11]

또 다른 학자는 예수를 "주"로 부르는 것이 바울에게는 "복종, 순종, 공경, 신뢰, 감사하는 사랑"을 함축한다고 설명한다.[12] 다른 곳에서 내가 주장한 것처럼, 우리는 1세기나 오늘날이나 종이라는 말이 당연히 갖고 있는 경멸적인 뉘앙스 때문에 잘못 인도받아서는 안 된다. 1세기 로마 세계에서는 종의 성격과 상태가 **종을 소유한 주인의 성품, 종을 구입하거나 구입한 목적, 그리고 집안에서 종에게 부여된 역할에 따라 크게 좌우되었다.**[13]

불트만은 그리스도인의 신뢰, 헌신, 자유의 경험에 따라 그리스도의 주되심이 확인되는 해석학적 지평을 올바르게 주장한다. 불트만은 로마서 14:7-9을 인용한다. "우리 중에 누구든지 자기를 위하여 사는 자가 없고 자기를 위하여 죽는 자도 없도다. 우리가 살아도 주를 위하여 살고 죽어도 주를 위하여 죽나니 그러므로 사나 죽으나 우리가 주의 것이로다. 이를 위하여 그리스도께서 죽었다가 다시 살아나셨으니 곧 죽은 자와 산 자의 주가 되려 하심이라." 불트만은 이 기초에 따라 이렇게 말한다. "신자는…더 이상 '자기 자신에게 속해 있지' 않다. 신자는 더 이상 자신의 삶을 위해

---

11) Weiss, *Earliest Christianity*, vol. 2, 458.

12) N. A. A. Kennedy, *Theology of the Epistles* (London: Duckworth, 1919), 84.

13) Thiselton, *First Epistles to the Corinthians*, 475-479, 534-540, 특히 562-565. 여기서 언급하는 다른 학자들은 Dale Martin, *Slavery as Salvation* (New Haven, London: Yale University Press, 1990), 특히 63-68; Thomas Wiedemann, *Greek and Roman Slavery* (London: Groom Hclm, 1981); *Slavery, Greece and Rome* (Oxford: Oxford University Press, 1997)을 포함시킨다.

자기 자신을 보살피지 않고, 이 보살핌을 버리고 자기 자신을 완전히 하나님의 은혜에 복종시킨다."[14] 이것이 그리스도의 주되심이라는 말의 **자기 참여적·실존적 해석학이다.**

구약성경의 배경도 이 국면과 공명을 이룬다. 바이스와 비어슬리(Beardslee)가 강조하는 것처럼 어떻게든 하나님을 섬기는 것은 그저 자기 자신의 보살핌, 안전, 상황에 대해서만 책임을 지는 단순한 "독립적" 개인이 되는 것이 아니라 더 큰 영예와 자유에 속하는 존재가 되는 것으로 생각되었다.[15] 분명히 비천한 종은 주인의 처분에 따르는 "물건"(라틴어 *res*)에 지나지 않았어도, 저명한 사람의 종은 종종 후원자나 보호자가 없는 "자유로운" 개인보다 더 큰 안전, 영예, 행복, 안정을 누렸다.

그렇다면 **퀴리오스**(*Kyrios*)라는 말은 인식적 내용을 전혀 전달하지 않는가? 이 말에는 존재론적 진리-주장이 전혀 없는가? 분명 제임스 던이 지적한 것처럼 "바울에게는 예수의 주되심이 중심이었다.…바울은 자신의 복음을 예수 그리스도를 주로 선포하는 것(고후 4:5)으로 요약한다.…고린도전서 12:3에서 바울은 영감이 성령으로부터 온 것인지 아닌지를 판단하는 결정적 시금석으로 '예수는 주'라는 신앙고백을 사용한다."[16] "예수는 주"라는 신앙고백은 사실상 그리스도인 됨의 척도로 작용하기 때문에, 이것은 예수 그리스도의 지위에 대한 지성적인 믿음의 동조 이상의 사실을 포함하고 있음이 틀림없다. "예수는 주"라는 신앙고백이 실존적 신앙고백이라는 불트만의 견해는 이 정도로도 확증된다. 그럼에도 이 신앙고백의 의미는 **실존적 관점에 따라 철저히 그리고 낱낱이 정의될 수 없다.** 사도행전 2:36에서 사도들의 초기 설교를 보면 베드로는 오순절에 행한 자신의

---

14) Bultmann, *Theology of the New Testament*, vol. 1, 331.

15) Weiss, *Earliest Christianity*, vol. 2, 459; William A. Beardslee, *Human Achievement and Divine Vocation in the Message of Paul* (Naperville, IL: Allenson and London: SCM, 1961), 98.

16) Dunn, *Paul the Apostle*, 245.

제3부 기독교 교리의 주요 주제

설교를 그리스도의 죽음의 정당성을 그분의 부활 행위에 따라 입증하는 가운데, **"하나님이 주와 그리스도가 되게 하셨느니라"**는 선언으로 결론을 맺었다.[17]

바울 이전에 등장한 전통으로 보이는 로마서 1:3-4은 사도행전 2:36과 평행을 이룬다. 제임스 던은 이렇게 말한다. "주님으로 높여지신 것은 '능력있는' 아들로 지명되신 것인데(롬 1:4), 이는 동전의 다른 면이었다고 말할 수 있다. 따라서 로마서 10:9에서 '예수를 주'로 시인하는 것은 '하나님께서 그를 죽은 자 가운데서 살리신 것'을 믿는 믿음에 대한 공적 표현이었다. 죽은 자 가운데서 부활하심으로 '예수는 주님이시다.' 로마서 14:9도 마찬가지로 [진술한다]. '이를 위하여 그리스도께서 죽었다가 다시 살아나셨으니(*ezēsen*) 곧 죽은 자와 산 자의 주가 되려 하심이라.'"[18] 결정적인 평행 본문은 빌립보서 2:6-11이다. 이 본문은 이렇게 선언한다. "이러므로 **하나님**이 그를 지극히 높여 모든 이름 위에 뛰어난 이름을 주사"(9절).

불트만이 말하고자 하는 것이 현재 유행하고 있는 은사 회복 운동의 노래 가사인 **"우리는 주를 보좌에 세우리라"**는 말과 긴밀하게 평행을 이루고 있는 것은 그가 19세기 루터파 경건주의에 뿌리를 두고 있다는 사실을 상기시킨다. 이것은 실천적 기독교 제자도에서 현금처럼 널리 통용되는 개념을 잘 표현했지만, 그리스도의 주되심이 마치 교회에 의존하는 것인 양 **하나님**이 **"그리스도를 보좌에 세우신다"**는 **존재론적** 진리-주장을 무시한다. 전자 곧 우리가 주를 보좌에 세우는 것은 후자 곧 하나님이 주를 보좌에 세우시는 것 역시 참이 아니라면 공허한 것이 되고 말 것이다.

그뿐 아니라, 최초의 기독교 공동체가 구약성경과 이스라엘의 삶 속에 나타나신 하나님의 구원 행위의 역사 속에서 이 고백의 **연속성과 근거**를

---

17) 이 본문에 대해서는 Oscar Cullmann, *Christology of the New Testament*, trans. S. C. Guthrie and C. A. M. Hall (London: SCM, 1959, 2d edn. 1963), 203-204을 참조하라. 『신약의 기독론』(나단 역간).

18) Dunn, *Paul*, 245.

찾아내지 못했다면, 예수를 주로 "시인하지" 못했을 것이다. 한 가지 실례는 특히 히브리서에서 시편 110:1을 인용한 것이다.[19] 그리스도는 하나님의 뜻과 목적을 수행할 집행자와 권세로, 하나님에 의해 존귀하게 되셔서 그분 "우편"에 앉아계신다(롬 8:34; 엡 1:20; 히 1:3, 13; 참조. 1:5-13). 요엘 2:32의 성취로 "주의 이름을 부르는"이라는 말은 신약성경에서 특별한 위치를 차지하게 되었다(행 2:21; 롬 10:13; 고전 1:2). 제임스 던은 이렇게 설명한다. "주 예수는 이제 주님의 역할을 성취하시는 분으로 생각된다. 요약하면 바울은 종말론적 구원에서 하나님이 맡으신 역할을 부활하신 예수에게 이전시키는 것에 조금도 주저함이 없었던 것으로 보인다." 물론 던이 지나치게 단순화된 해석학을 제시한다고 해서 예수를 야웨와 "동일시"하는 정도까지는 가지 않는다.[20] 고린도전서 8:5-6의 신조 형식은 바울이 특히 신명기 6:4의 쉐마(*Shema*) 배경(삼위일체를 다루는 19.1.에서 추가로 설명할 것이다)에 따라 얼마나 면밀하게 "한 하나님 아버지"를 "한 주 예수 그리스도"와 결합시키는지에 대한 증거를 제공한다.

따라서 불트만의 실존적 접근법은 절반의 진리를 담고 있다. 허타도(Hurtado)는 이렇게 설명한다. "기독교의 최초의 핵심적 혁신은 어떤 존칭이나 다른 기독론적 수사학을 사용한 것에 있지 않았다. 오히려 그 혁신은 초기의 영향력 있는 집단의 종교적 **실천**(*praxis*)의 본질에 있었다."[21] 그럼에도 "그리스도의 선재성은…비합리적일 뿐만 아니라 완전히 무의미하다"는 불트만의 진술은 빌립보서 2:8-11에서 바울의 의도적인 추가와 같은 실례들을 평가절하하고 있다. 이 본문이 바울 이전 전승에 기원을 두고

---

19) D. M. Hay, *Glory at the Right Hand: Psalm 110 in Early Christianity*, SBLMS 18 (Nashville: Abingdon, 1973); L. Cerfaux, *Christ in the Theology of St. Paul*, trans. G. Webb, A. Walker (Freiburg: Herder, 1959), 여러 곳.

20) Dunn, *Paul*, 250, 250, n. 82, on D. B. Capes, *Old Testament Yahweh Texts in Paul's Christology*, WUNT II, 47 (Tübingen: Mohr, 1992), 123. 롬 10:12의 "모든 사람의 주"에 관해서는 Fitzmyer, *Romans*, 593을 보고, Dunn, *Paul*, 250-260도 보라.

21) Hurtado, *One God, One Lord*, 124.

있는지 여부와는 상관없이 말이다.[22] 신적 예정이나 신적 주도권을 강조하기 위해 1세기에 그리스도의 선재성을 등장시켰다는 주장은 주어진 증거를 넘어서는 문제다.

기독론적 진리-주장에 대한 존재론적이고 실존론적 지위를 주장하기 위한 테스트 사례는 세계교회협의회(WCC)가 불트만에게 "예수 그리스도를 하나님이자 구주로 인정하는 교회들"을 판단하는 타당한 원칙이나 기준에 대하여 질문했을 때 주어진 답변에서 나왔다. 불트만은 이 기준을 어떻게 생각하는가? 불트만은 요한복음 20:28에 나온 도마의 신앙고백에서 예수가 분명하게 "하나님"으로 인정받는다는 것을 시인한다. 하지만 다른 곳에서는 그런 말을 전혀 하지 않는다. 세계교회협의회의 물음에 더 구체적으로 답변하면서 불트만은 다음과 같이 선언했다. "'그리스도는 하나님'이라는 정식은 아리우스주의나 니케아 신조나…어느 쪽 의미로든 간에, 하나님이 객관화될 수 있는 실재로 이해되는 경우는 모든 의미에서 거짓이다. 만일 '하나님'이 하나님의 행위 사건으로 이해된다면 그 말은 정확하다고 할 수 있다."[23] 여기서 "결정적 물음"은 예수의 명칭이 우리에게 "그분 스스로 자신의 존재 안에서 자신을 객관화함으로써 예수의 본질에 대해 말하느냐, 아니면 인간들이 자신들의 신앙을 위해 그분의 의미 안에서 그분에 대해 말하느냐"에 있다.[24] 같은 곳에서 불트만은 이렇게 묻는다. "예수는 하나님의 아들이기 때문에 나를 돕는가, 아니면 나를 돕기 때문에 하나님의 아들인가?" 불트만은 자기 참여적인 신앙고백으로 만족하고, 형이상학적인 신앙고백은 사실상 거부한다. 불트만은 예수 그리스도의 인성이나 신성이 "φύσις(푸시스, 본성)로 해석될" 수 없고, 오히려 "나를 위한 그

22) Bultmann, *Kerygma and Myth*, vol. 1, 34-35. Rudolf Bultmann, *Jesus Christ and Mythology* (New York: Scribner, 1958 and London: SCM, 1960), 16-17도 보라.

23) Rudolf Bultmann, "The Christological Confession," *Essays Philosophical and Theological*, trans. C. G. Greig (London: SCM, 1995), 287; 참조. 273-291.

24) Bultmann, *Essays*, 280.

리스도"(*Christus pro me*)로 해석될 수 있다고 주장한다.[25] 이 문장은 불트만의 기독론을 거의 정확하게 표현한 것이라 할 수 있다. 이것은 다양한 방면에서 주장된 "객관화"에 대한 포괄적이고 일반적인 가정의 한 부분이다. 따라서 불트만은 같은 맥락에서 예수 그리스도의 부활이 "믿음과 독립적인" 실재를 전혀 갖고 있지 않다고 주장한다. 부활 사건은 "객관적 사건이 아니라…부활한 자를 믿는 믿음의 부활 **외에 다른 것이 아니다**"(티슬턴 강조).[26]

언어 및 논리적 혼란에 빠지면 재앙적인 결과가 나타나는데, 이것은 처음에 불트만이 주로 신칸트학파와 하이데거에게서 나온 매우 편협한 언어철학에 잘못 의존한 것에서 기인한다. 하나님에 대한 언어, 아니 (더 낫게 말하면) 하나님**에게서 나온** 언어가 자기 참여적인 것은 사실이다. 불트만이 다음과 같이 주장한 것은 옳다. "하나님의 행위에 대해 말하는 것은 동시에 나 자신의 실존에 대해 말하는 것을 의미한다."[27] 신약성경의 많은 부분이 "지금 여기서 하나님에 의해 말해진 우리의 존재"에 관심을 갖고 있다. 아니 사실은 그것을 전달한다.[28] 우리는 이 책의 거의 모든 장에서 자기 참여적이고 형성적이고 변혁적인 언어를 찬성했다. 그러나 그것이 (특별히 칸트철학과 신칸트학파 전통을 제외하고) "하나님의 행위와의 **실존적** 만남이 없으면 하나님의 행위를 세상 속에서 일어난 현상으로 이해하는 것이 허용되지 않는다"는 것을 가리키는가?[29]

내가 다양한 곳에서 여러 번에 걸쳐 주장한 것처럼, 나사렛 예수를 통한 하나님의 부르심과 발언의 진정성은 단순히 주의주의적(voluntarist) 언어 설명에 달려 있는 것이 아니라, **어떤 사건들의 상태가 사실이라는 또**

---

25) Bultmann, *Essays*, 287.
26) Bultmann, *Kerygma and Myth*, vol.1, 42.
27) Bultmann, *Kerygma and Myth*, vol.1, 196.
28) Bultmann, *Kerygma and Myth*, vol.1, 196-197.
29) Bultmann, *Kerygma and Myth*, vol.1, 196.

는 **참되다는 약속**에 달려 있다.[30] 예수는 죄 사함의 권세를 갖고 계시는데, 그것은 이 권세를 하나님**으로부터** 받으셨기 때문이다. 확실히 이 오해는 해석학의 오해인데, 불트만은 이를 부당하게 **진리**에 대한 물음으로 바꿔버렸다. "예수는 주이시다"라는 말의 **해석학적** 통용성이 신자들이 예수를 주로 어떻게 신뢰하고 순종하는지에 따라 가장 잘 파악되는 것은 사실이다. 그러나 이 해석학적 공명의 **기초**는 자기 발생적인 것이 아니다. 그것이 불트만의 "좌파" 비판자들, 곧 칼 야스퍼스, 프리츠 부리(Fritz Buri), 허버트 브라운(Herbert Braun)이 불트만의 진술에 따라, "하나님"이 왜 인간적 가치들에 대한 비객관화된 인간적 투사 또는 암호 이상이어야 하는지를 묻는 이유다.[31]

야스퍼스는 불트만이 신화의 본질을 오해하고, 독단적인 이신칭의 교리를 갖고 있다고 주장한다. 왜 거기서 멈추는가?[32] 파악이 힘들 정도로 많은 학자들이 다음과 같이 주장했다. (i) **묘사**나 **정보**가 필요한 경우를 제외하고, 모든 가능한 삶의 정황(*Sitz im Leben*)을 제안하는 양식비평의 접근법은 개연성이 없다. (ii) 비판자들이 의미의 공적 기준, 사건과 해석의 관계, 비호환적 신화 개념에 대해서 불트만을 압박할 때 단순히 "내가 여

---

30) Thiselton, *New Horizons in Hermeneutics*, 283-303; Thiselton, *Thiselton on Hermeneutics*, 75-117, 131-149; Thiselton, *The Promise of Hermeneutic*, 144-152, 223-240; 그리고 다른 곳.

31) 참조. Fritz Buri, *How Can We Speak Responsibly of God?* trans. H. H. Oliver (Philadelphia: Fortress, 1968); Fritz Buri, *Thinking Faith: Steps on the Way to a Philosophical Theology*, trans. H. H. Oliver (Philadelphia: Fortress, 1968); Karl Jaspers and Rudolf Bultmann, *Myth and Christianity: An Inquiry into the Possibility of Religion without Myth*, trans. R. J. Hoffman (Amherst, NY: Prometheus, 2005).

32) Jaspers and Bultmann, *Myth and Christianity*, Part I을 보라. 탈신화화의 자의적 "범주"(scope)에 대해서는 John Macquarrie, *The Scope of Demythologizing: Bultmann and His Critics* (London: SCM, 1960), 102-244; David Cairns, *A Gospel without Myth: Bultmann's Challenge to the Preacher* (London: SCM, 1960)를 보라.

기 서 있다"고 선언하는 탈신화화 계획은 자의적인 미봉책에 불과하다.[33]
이 모든 것 외에도 불트만은 프리츠 부리와 허버트 브라운이 제창한 일종의 비객관화와, 에버하르트 윙엘이 그의 대화 상대자인 헬무트 골비처 (Helmut Gollwitzer)나 다른 학자들과 그리스도 사건의 유비나 그리스도의 오심의 유비에 대해서 해설하는 가운데 논쟁했던 전혀 다른 정적 객관화에 대한 비판을 구분할 수 없거나 구분하는 데 미온적이었던 것으로 보인다. 이 내용은 신적 초월성의 언어에 대해서 다루는 19.3.에서 논의할 것이다.

그러나 이 모든 사실을 다 말하고 나서야 우리는 불트만이 수많은 기독론적 언어의 **해석학적 "요점"** 가운데 **등한시된 부분**을 구출해냈다고 할 수 있다. 비록 우리가 더 믿을 만한 진리-주장 속에서 그 근거를 찾아야 하기는 해도 말이다.

캐스린 태너(Kathryn Tanner)는 다수의 "현대" 기독론에 어떻게 그리고 왜 비극이 찾아왔는지를 인식론의 본질과 적용에 대한 잘못된 판단의 기초 위에서 날카롭고 건설적인 진단을 제공한다. 태너는 다음과 같이 말한다. "임마누엘 칸트를 따르는 현대신학에서 이처럼 **나를 위함**(*pro me*)을 긍정하는 것은 루터가 사용한 용법에서 이탈하여 주관주의자의 인식론적 왜곡을 일으킨다고 혹자는 말할 것이다.…루터에게 **나를 위함**은 그리스도의 사역의 실재의 한 측면과 관련되었다.…그러나 지금은 **나를 위함**이 단순히 인간적 이해의 한 측면으로 전락하고 있다.…하나님에 관한 비객관화된 언어는…분명히 하나님에 대한 적절한 기독교적 태도의 전제조건이다." 그러나 우리는 이로 말미암아 "외향적"(extrospective) 요소를 상실했다.[34]

---

33) 초기 교회에서 예수를 아는 "지식"의 역할에 대해서는 Graham N. Stanton, *Jesus of Nazareth in New Testament Preaching*, SNTSMS 27 (Cambridge: Cambridge University Press, 1974) 여러 곳을 보라. 양식비평과의 관계에 대해서는 추가로 Giovanni Miegge, *Gospel and Myth in the Thought of Rudolf Bultmann*, trans. Stephen Neil (London: Lutterworth, 1960), 1-61을 보라.

34) Kathryn Tanner, "Jesus Christ," in Colin E. Gunton, *The Cambridge Companion to Christian Doctrine* (Cambridge: Cambridge University Press, 1997), 253, 254;

## 17.2. 예수, 하나님, 인간:
현대의 논쟁 및 구약성경과 유대교에 나타난 이중적 배경

"현대" 기독론의 몇 가지 문제점을 정교하게 다룬 논문에서 캐스린 태너는 주관적인 인간 의식에 지나치게 큰 기반을 둔 인식론을 도입함으로써 발생하게 된 다양한 해로운 결과들을 확인한다. 우리는 이 문제가 불트만에게 어떤 영향을 미쳤는지 이미 지적했다. 그러나 태너가 지적한 것처럼, 이 문제는 슐라이어마허와 "나"의 자기의식에 과도하게 큰 특권을 부여하는 현대의 다른 많은 기독론에도 지대한 영향을 미쳤다. 또한 태너는 예수의 참된 인간성이 "추측컨대 초기 교회의 신조와 고기독론에서 그리스도의 신성을 너무 강조하여 위태롭게 되었다"고 인식하는 "인문주의적이고 현세주의적인 관점"도 추적한다.[35] 이들의 문제점은 예수의 생애, 가르침, 사역의 역사적 재구성에 대한 지나치게 제한적인 기준들과 역사적 조건성에 대한 불충분한 자기 비판적 개념 때문에 생겨난다.[36]

이 문제점 가운데 첫 번째 요점이 바로 여기서 우리가 다루려는 주제다. 태너의 나머지 요점들은 이번 장 다음 부분에서 다시 등장한다. 첫째, 의심할 수 없이 일부 현대 기독론은 예수 그리스도의 참된 인간성을 자세하게 설명한다. 이들은 교회와 강의실에서 그리스도를 보다 대중적으로 묘사하는데, 이는 그동안 전반적으로 무시되었던 그리스도의 인격이라는 특징을 다루기 위해 필수적인 해석학적 교정책을 제공하기 위함이다. 이 실례 가운데 하나가 존 로빈슨의 『하나님의 인간 얼굴』(*The Human Face of God*)이다.[37] 이 책은 앞서 『그리스도, 믿음 그리고 역사』(*Christ, Faith and History*)에서 "예수는 혼종이 아니다"라고 말한 로빈슨의 신념, 즉 예수는

---

참조. 245-272.
35) Tanner, "Jesus Christ," 246.
36) Tanner, "Jesus Christ," 246-251.
37) John A. T. Robinson, *The Human Face of God* (London: SCM, 1973).

"두 이상한 종족의 부자연스러운 결합으로 탄생한 일종의 배트맨 또는 캔타우로스"와 같은 의미에서 "신-인(God-man)"이 아니었다는 사실을 반영한다.[38]

이러한 특별한 관점에서 로빈슨은 신조들의 내용과 일치한다. 우리는 "반은 인간, 반은 하나님"이라고 선언하지 않고, "참 인간, 참 하나님"이라고 선언한다. 따라서 로빈슨은 말하자면 양쪽에 하나씩 있는, 나사렛 예수의 두 왜곡된 형상을 비판한다. 하나는 "변장하신 하나님" 형상이다. 이 형상은 예수의 **인간성**을 몰아낸다. 또 하나는 "완전한 인간으로서의 예수" 형상이다. 왜냐하면 "완전한" 인간은 "우리와 같은 모습"으로 거의 보이지 않기 때문이다.[39] 20세기 후반 대다수 학자들이 갖고 있는 기독론적인 관점과 마찬가지로, 로빈슨도 "각 세대는 그저 자기 세대 자체의 그리스도를 본다"는 슈바이처의 격언을 중시한다. 그런데도 로빈슨은 "비판적으로 통제된" 역사적 학문이 이런 관점을 방비하는 데 필요한 안전장치를 제공할 수 있다고 믿는다.[40]

존 로빈슨은 처음 4, 5세기 동안에 펼쳐진 교리의 발전을 고찰하고, 초기 양자론의 기독론에서 어느 정도 장점을 확인한다. 왜냐하면 최소한 이 기독론은 예수 그리스도의 인성을 양보하지 않았기 때문이다. 그러나 로빈슨은 "신적 **예정**"이 "그리스도의 **선재성**으로 이어지면", 그리스도의 참된 인성에 압박이 가해지기 시작한다고 주장한다.[41] 로빈슨은 교회가 항상 인성이 지나치게 강조되는 것을 경계하는 동안, "신성에 대한 지나친 강조가…정통주의 안에서 안전하게 수용되었다"는 사실을 통탄한다.[42] 따

---

38) John A. T. Robinson, "Need Jesus Have Been Perfect?" in Sykes and Clayton (eds.), *Christ, Faith and History*; 참조. 39-52.

39) Robinson, *Human Face*, 3.

40) Robinson, *Human Face*, 15.

41) Robinson, *Human Face*, 37(티슬턴 강조).

42) Robinson, *Human Face*, 38.

664 제3부 기독교 교리의 주요 주제

라서 로빈슨은 아폴리나리우스(Apollinarius)와 유티케스(Eutyches)가 정죄 받는 동안에 "가현설"이 알렉산드리아 진영의 기독론 전체를 거의 관통했 다고 주장한다.

로빈슨은 알렉산드리아의 클레멘스가 했던 다음 말을 인용한다. "구 속자의 몸이…인간의 일상적 필요를 갖고 있었다고 상상하는 것은 어리 석다."(「스트로마타」 6:9; 참조. 3:7). 로빈슨은 아타나시오스의 다음과 같은 말 도 인용한다. "말씀이 육체 속에 나타나심으로써 자신을 변장하셨다.… 말씀은 몸으로 행하신 일들을 통해 [자신이] 사람이 아니라 말씀, 곧 하 나님임을 증명하셨다"(「성육신론」 16:18). 알렉산드리아의 키릴로스(Cyril of Alexandria)는 예수가 "비록 본성상 눈물을 흘리거나 슬퍼할 수 없었지만" 자신의 육체가 잠시 우는 것을 허용하셨다고 주장했다(「요한복음 주석」 7).[43] 로빈슨은 일반적으로 교부들, 특히 알렉산드리아 학파의 학자들이 "우리 가 인간 실존에 있어 **필수불가결**(*sine qua non*)하다고 여기는 것, 다시 말 해 동료 인간 및 우주와 갖는 생물학적·역사적·사회적 관계의 연계성"을 무시했다고 결론짓는다.[44] 그 결과 예수를 성별이 없는 존재로 보게 되었 다. 로빈슨은 "교회가 예수를 성적 감정이 없는 존재로 제시한 것처럼 보 였다"고 말하고, 이것은 오늘날 대다수 사람들에게 예수는 온전한 인간이 아니었음을 말하는 한 방법이라고 주장한다.[45]

"완전함"(perfection)이라는 속성은 문제를 일으킨다. 우리가 예수를 "그 사람"(11.3.에서 바르트, 브루너, 본회퍼를 언급하면서 다룸)으로 말할 때 이것 은 "역설적으로 예수의 인성을 제거하고…예수를 살과 피를 가진 인간이 아니라 흠 없는 도자기와 같이 정적인 완전함을 가진 비현실적 인물로 만

---

43) 로빈슨은 추가로 Cyril of Alexandria, *De Trinitate* 10:24을 인용한다. 거기 보면 먹는 것은 실제 필요(real need)가 아니라 "용인된 것"(concession)이다. Aquinas, *Summa Theologiae*, III, 15:7, 2도 인용한다(*Human Face*, 40, nn. 13, 14).

44) Robinson, *Human Face*, 41.

45) Robinson, *Human Face*, 64.

든다."[46] 예수 그리스도는 너무 쉽게 "르네상스 인문주의의 완전한 인간, 곧 '어쨌든 그는 다 갖추고 있다'고 말해질 수 있는 만능인간"이 되고 말았다.[47]

히브리서는 예수 그리스도를 성숙함 또는 온전함이 "점차 자라가는" 분으로 제시한다. "예수 그리스도는 고난의 학교에서 순종을 배우셨다"(히 2:10; 5:9; 7:28). 그러나 "정적이고 성별이 없는 예수는 비현실적인 현대판 그리스도의 형상이다."[48] 계속해서 로빈슨은 예수가 일반 사람들과 똑같이 무의식적인 충동과 리비도를 갖고 계셨다고 주장한다. 예수는 실제로 시험을 받으셨다. "실제로 악의 충동을 느끼려면 악을 선보다 더 매력적인 것으로 보아야 한다."[49] 아마 로빈슨은 포사이스가 이것을 단순한 빈말로 치부하는 것을 완강하게 거부할 것이다.[50] 예수는 "당대 유대인의 한 사람"으로서 사회적 소외에 대하여 사랑과 미움을 느꼈다.[51]

로빈슨은 교부들의 모델과 표현을 가차 없이 비판한다. 로빈슨은 다른 시대와 다른 상황에서는 그리스도의 다른 "부분들" 또는 다른 "본성들"이 그리스도의 사역에 작용한다는 개념을 올바르게 비판한다. 이레나이우스는 "그가 시험을 받고 십자가에 못 박히고 죽으셨을 때 로고스는 활동을 멈춘 상태로 존재했다"고 주장하는데, 이것은 성경의 견해를 넘어선 것으로 보인다.[52] 로빈슨은 키릴로스를 "이중 교환의 대가"로 부른다. 키릴로스에게 예수 그리스도는 "아는 것과 모르는 것처럼 보이는 것을 다 갖고 계시는 분이다."[53] 그러나 교부들은 "분할된 인격" 개념을 거부했다. "동일

46) Robinson, *Human Face*, 68.

47) Robinson, *Human Face*, 70.

48) Robinson, *Human Face*, 80.

49) Robinson, *Human Face*, 91.

50) P. T. Forsyth, *The Reason and Place of Jesus Christ* (London: Independent, 1909), 303을 보라.

51) Robinson, *Human Face*, 93.

52) Irenaeus, *Against Heresies* III:19:3; Robinson, *Human Face*, 111.

53) Cyril, *Apologia against Theodoret*, 저주 4.

한 한 분 그리스도는 이중적 존재(*diplous*)가 아니시기 때문이다." 아타나시오스는 "이중 행위"(double agency) 개념을 발전시켰다. "그분[예수]은 사람과 똑같이 침을 뱉으시지만 그의 침은 신성으로 채워져 있었다. 왜냐하면 그 침으로 눈먼 사람의 시력을 회복시키셨기 때문이다."[54]

비록 요점을 너무 맹렬하게 표현하기는 해도, 로빈슨이 과장된 특수성에 대한 이 욕망의 배후에서 플라톤과 아리스토텔레스의 인과 개념을 본 것은 옳다. 그렇다고 해도 로빈슨은 케임브리지 기독론 연구회에서 전개한 "두 이야기" 모델로 되돌아갈 때, 모든 아니 정확히 말하면 대부분의 난점을 해결하지 못했다. 로빈슨은 "두 본성"에 대해 말하기보다 이렇게 선언한다. "우리는 두 언어 곧 인간-언어와 하나님-언어를 사용해야 한다."[55] 그래야만 우리는 "예수를 일종의 켄타우로스나 배트맨으로 만드는 것"을 피할 수 있다.[56] 로빈슨은 "우리가 말하고 있는 것"이 [미국 영어 철자가 아니라 영국 영어 철자로 표현하면] "두 층(storeys)이 아니라 두 이야기(stories)"라고 말한다.[57] "하나님-이야기"(형이상학적 이야기)를 "인간-이야기"(역사적 이야기)와 혼합시키는 것은 "범주의 혼란"을 초래하는 것이다.[58]

그러나 이것은 무심코 속내를 드러낸다. 이것은 비본질적인 다른 안건의 채택을 누설하는 것이다. "위층" 곧 하나님-이야기는 "**역사적-과학적 이야기**"와 반대로, 명백히 "**신화적 이야기**"와 연계되었다. 불트만이 주장한 이 세상과 저 세상, 기록과 발언, 하나님과 역사의 화해할 수 없는 앵글로색슨 판 이원론이 여기에 있다. 아마 초기 기독교 교부들이 로빈슨만큼 미련하지는 않을텐데, 그들은 예수의 "인성"이 만약 **정당성을 입증할 수 있는** (또는 거짓을 입증할 수 있는) **역사의 공적 영역에서** 분리되면, 소위 "신

---

54) Athanasius, *Epistle to Serapion* 4:14.

55) Robinson, *Human Face*, 113.

56) Robinson, *Human Face*, 115; *Christ, Faith and History*, 39에서 반복됨.

57) Robinson, *Human Face*, 117.

58) Robinson, *Human Face*, 118.

화적인 것" 또는 초월적인 것의 침식이 일어나기 시작할 것이라는 두려움 때문에 그렇게 주장한 것으로 보인다. 우리는 절반의 인간이 아니라 온전하고 진정한 인간으로서 나사렛 예수의 형상을 회복시켜야 한다는 로빈슨의 주장에는 쉽게 동조할 수 있다. 이것은 절실하고 엄밀한 관심을 가질 만하다. 로빈슨이 인용하는 이레나이우스, 클레멘스, 키릴로스의 글은 두 본성을 거의 완전히 "분리시키는" 근본적 약점을 드러낸다. 그런데도 또 다른 문제점이 로빈슨의 배후에 잠복하고 있다. 곧 **존재론적 진리-주장의 공적 영역 안에서** 그리스도 안에 계시는 하나님에 대한 "하나님-이야기"의 정박지는 어디인가?

모리스 와일스는 로빈슨의 "두 이야기" 모델이 존재론의 차원에서 약점이 있다는 것을 정확하게 지적한다. 와일스는 두 이야기를 해설할 때, 부분적으로 마치 한 이야기는 "과학"의 시험을 견딜 수 있으나 다른 이야기는 "솔직히 신화적 이야기"인 것처럼 말한다. 그리고 이렇게 평가한다. "어떤 더 깊은 존재론적 정당성을 요구하게 되면…인간적인 역사 이야기와 신적인 신화 이야기를 혼동하는 범주 오류에 굴복하는 일이 벌어질 것이다."[59] 한편 페터 바엘츠(Peter Baelz)는 와일스의 암묵적 이원론을 수정하는 데 힘쓴다. 바엘츠는 이렇게 말한다. "그것들[두 '이야기']이 완전히 서로 분리되어 있거나 둘 사이에 논리적 관계가 전혀 없다고 믿는 것은 잘못이다."[60] 바엘츠는 "과학적" 진리-주장과 "신학적" 진리-주장의 관계에 대하여 와일스나 로빈슨이 제공하는 것보다 더 세련된 설명을 보여준다. 두 "이야기"는 **중첩되어 있다.**

이런 "역사적 적합성"의 특별한 "느슨함"과 신축성이 돈 큐핏의 논문인

---

59) Maurice F. Wiles, "Does Christology Rest on a Mistake?" in Sykes and Clayton (eds.), *Christ, Faith and History*, 11; 참조. 10 (그리고 3-12).

60) Peter Baelz, "A Deliberate Mistake?" in Sykes and Clayton (eds.), *Christ, Faith and History*, 23; 참조. 13-34.

"한 예수, 많은 그리스도들?"에서 나타난다.[61] 물론 "실리(Seeley)나 에르네스트 르낭(Ernest Renan)과 같은 일부 학자들은 예수를 그들 당대의 정신에 동화시킨다.…다른 학자들, 예를 들어 키에르케고르와 슈바이처와 같은 이들은 예수의 생소함을 강조한다"고 주장하는 것은 흔한 일이다.[62] 큐핏은 정확히 캐스린 태너가 제시한 비판(위에서 말한)에 따라 다음과 같이 말한다. "그[예수]가 나를 위한 그리스도가 되는 길은 어떤 다른 사람을 위한 그리스도가 되는 길과 매우 다를 수 있다.…그[그리스도] 자신은 많은 그리스도가 되는 것으로 곤란을 겪지 않는다."[63] 이 실례는 특별히 태너의 요점을 파악하는 데 도움이 된다. 이 책에서 복음서의 내러티브를 읽는 것과 관련된 기준을 보다 상세히 설명하는 과제는 비록 "두 이야기" 모델을 전하는 것이 그의 직접적인 목적에서 벗어나기는 해도, 그레이엄 스탠턴(Graham Stanton)에게 맡겨진다.[64]

존재론적 진리-주장을 부자연스러운 이원론으로 환원시킬 위험, 즉 역사 속 경험적 사건들과 경험적 입증이나 반증으로 환원될 수 없는 그리스도 안에서의 하나님의 행위에 대한 애매하고 막연한 범주로서의 "신화"라는 방법을 받아들이지 않은 채, 로빈슨의 **목표**(신조들에 나타난 "참된 인간"을 진실로 반성하는 것)가 성취될 수 있을까?

나는 이번 장에서 잠정적이고 시험적인 두 가지 길을 제시하고자 한다. 첫 번째 길은 **하나님이자 인간**이신 예수 그리스도의 인격과 사역을 파악하도록 이끄는 해석학적 이해의 지평을 추적하는 것이다. 비록 처음에 이 지평은 **특수한 약속의 기대 내러티브**로 작용하겠지만, 이 지평은 역사

61) Don Cupitt, "One Jesus, Many Christs?" in Sykes and Clayton (eds.), *Christ, Faith and History*, 131-144.
62) Cupitt, "One Jesus," 133.
63) Cupitt, "One Jesus," 143.
64) Graham N. Stanton, "The Gospel Tradition and Early Christological Reflection," in Sykes and Clayton (eds.), *Christ, Faith and History*, 191-204. 더 충분한 설명은 (위에서 인용한) Stanton, *Jesus of Nazareth in New Testament Preaching*을 보라.

와 신화보다 서로 융합된 지평의 개연성을 더 많이 가질 것이다.

(i) **예언적 기대는 예고 없이 성령의 기름 부음을 받은 한 인물**(히브리어 משׁיח, 아람어 משׁיאא, 그리스어 ὁ Χριστός, 기름 부음을 받은 자), 곧 때때로 "모세와 같은" 종말론적 예언자와 동일시된 인물의 오심을 고대했다.

(ii) **묵시적 기대**는 어떤 인간 존재도, 심지어는 기름 부음을 받은 왕조차도 종말론적 하나님의 통치를 이끌어낼 능력을 갖지 못한 것에 실망했다. 그래서 묵시주의자들은 **오직 하나님 자신만이** 새 시대와 새 창조를 시작하는 방법으로 역사 속에 개입하실 수 있다고 믿게 되었다.

두 번째 길은 **신약성경 안에서** 가능한 최고의 고기독론 모델을 찾는 것이다. 이 모델은 **하나님으로서 예수 그리스도의 명백한 정체성**을 비롯해, **같은 책 안에서** 모든 면에서 참 인간의 지위를 성취하는 분으로서 **예수의 인간성에 대한 가능한 최상의 설명과 일치하는** 모델을 찾는 것이다. 명백한 "범주 오류" 또는 범주 혼란 없이 이 두 사실이 함께 나오는 유일한 책은 **히브리서**다. 이 두 접근법은 각각 다음과 같은 이해의 지평과 해석학적 공명을 제공한다.

(1) 첫 번째 약속적 기대의 형태는 주로 예언서에서 나타난다. 몰트만은 이렇게 말한다. "그리스도로서 예수의 역사는 예수 자신과 함께 시작되지 않는다. 이 역사는 **루아흐/성령**과 함께 시작된다. 이 역사는 하나님의 창조의 숨결이신 성령의 오심으로 시작된다. 이 안에서 예수는 '기름 부음 받은 자'(*māŝiach, christos*)로 오시고, 능력으로 천국 복음을 선포하시며, 많은 사람이 새 창조의 표적을 깨닫도록 이끄신다."[65] 예수로 말미암아 해방과 구원을 가져오는 것은 창조적인 하나님의 영의 권능이다. 성령은 예수께서 세례를 받으실 때 "내려오시고"(막 1:10; 평행 본문 마 3:16; 눅 3:22), 메시

---

65) Jürgen Moltmann, *The Way of Jesus Christ: Christology in Messianic Dimensions*, trans. Margaret Kohl (London: SCM, 1990), 73. 『예수 그리스도의 길』(대한기독교서회 역간).

아로서의 사명을 테스트하고 구비시키기 위하여 "시험받도록" 광야로 "예수를 몰아내시거나"(막 1:12) "예수를 이끄셨다"(마 4:1; 눅 4:1). "이스라엘의 메시아에 대한 약속의 역사"는 "모든 기독론의 전제 조건이고", 기독론은 "메시아 약속에 대한 유대교의 윤곽에 따라" 전개된다.[66]

몰트만은 "우리가 이것을 통해 니케아 신조의 기독론 교리에서 등한시된 것, 곧 땅에서 예수의 메시아 사명을 파악하게 된다"고 기꺼이 인정한다.[67] 이 정도로 몰트만은 존 로빈슨의 주된 관심사 가운데 하나를 반영한다. 그러나 성령의 활동은 순전히 현상학적 관점에서가 아니면, 예수 역사의 엄밀한 경험적·"과학적" 재구성의 비판적 구속복 아래에서는 무시될 것이다. 몰트만은 이렇게 지적한다. "이렇게 함으로써 우리는 '역사의 예수'에게 가까이 다가간 것처럼 보인다. 그러나 이런 인상은 속임수다. 복음서는…예수의 부활과 하나님의 영이신 예수의 임재에 비추어 예수의 생애 이야기를 전한다. 나는 심지어 부활에 관해서 침묵하는 Q 자료에 대해서도 같은 점이 언급될 수 있다고 믿는다…".[68] 복음서를 통해 드러나는 것은 "그리스도의 모든 말씀과 행위 속에…그리고 그분의 영 안에서 **전체 그리스도의 임재**" 경험이다.[69]

판넨베르크도 이렇게 천명한다. "하나님의 아들이신 나사렛 예수에 대한 사도들의 선포는 예수께서 이 땅에 오심, 지상에서의 생애 마지막에 있을 그의 운명, 죽은 자 가운데서 그를 살리시는 하나님의 행동과 함께 시작되었다."[70] 예수의 메시아 자격은 "신약성경에서 증언하는 것의 핵심이고, 예수의 인격에 대한 교리적 진술의 기초다."[71] 그러나 하나님이 아들

---

66) Moltmann, *The Way of Jesus Christ*, 73-74.

67) Moltmann, *The Way*, 74.

68) Moltmann, *The Way*, 75.

69) Moltmann, *The Way*, 76(몰트만 강조).

70) Pannenberg, *Systematic Theology*, vol. 2, 278.

71) Pannenberg, *Systematic Theology*, vol. 2, 279.

을 보내신다는 개념은 그 아들의 선재성을 함축하고, 우리는 "예수의 신격에 대한 신앙고백의 기초를 발견하기 위해 예수의 오심에 대한 전체 성격과 예수의 역사"를 등한시할 수 없다.[72] 스티븐 사이크스(Stephen Sykes)는 미래에 이루어질 일과 부활을 포함하는 것이 "위로부터의" 기독론이 된다는 점을 근거로 이 접근법이 "아래로부터의" 기독론을 제시한다고 비판한다.[73] 그러나 이것은 몰트만의 내러티브 문맥에 비춰볼 때, 전혀 결정적이지도 전적으로 설득력 있는 비판도 아니다(17.5.를 보라).

(2) 기름 부음 받은 인간 행위자에 대한 예언적 기대와 하나님의 개입에 대한 묵시적 소망의 명확한 구분은 알베르트 슈바이처의 바울에 대한 작품에서, 그리고 러셀(D. S. Russell)의 묵시에 대한 작품에서 간단하게 소개되었다.[74] 슈바이처는 포로기 이전과 포로기 예언자들이 다윗 계열의 메시아가 지혜와 능력을 구비한 기름 부음 받은 하나님의 통치자로서 큰 나라를 다스리기 위해 오실 것을 기대한다고 말한다. 학개와 스가랴(대략 기원전 550)는 스룹바벨을 이런 지도자로 간주한다.[75] 그러나 다니엘서의 종말론은 이와 다르다. 여기서는 하나님이 직접 우주적 파멸을 일으키신다. 「에녹서」(Enoch)는 이것을 더 상세히 전개한다. 처음에는 묵시적 요소가 예언적 요소를 "밀어제친" 것처럼 보인다. 하지만 이후에 「솔로몬의 시편」(Psalms of Solomon, 대략 기원전 63)은 예언적 요소에 전력을 다한다.[76] 기름 부음 받은 인간 지도자는 예루살렘에서 모든 "로마" 사람을 몰아내고,

---

72) Pannenberg, *Systematic Theology*, vol. 2, 280; 참조. 277-297.

73) Stephen W. Sykes, "Appendix: On Pannenberg's Christology 'From below,'" in Sykes and Clayton (eds.), *Christ, Faith and History*, 72. 이 책에는 유럽 대륙의 기독론과의 상호교류가 거의 나타나 있지 않다.

74) Albert Schweitzer, *The Mysticism of Paul the Apostle*, trans. W. Montgomery (London: Black, 1931), 76-88; D. S. Russell, *The Method and Message of Jewish Apocalyptic 200 BC-AD 100* (London: SCM, 1964), 304-332.

75) Schweitzer, *Mysticism*, 76; 참조. Russell, *Apocalyptic*, 305-306.

76) Schweitzer, *Mysticism*, 78-79; Russell, *Apocalyptic*, 317-319.

"그날에 살아 있을 자는 복이 있을 것이다"(「솔로몬의 시편」 17:44). 예수는 묵시적 소망과 기대에 이 정도로 적절하게 **하나님**의 통치를 전달하고 말씀하신다. 그런데도 "서기관들이 전혀 예상하지 못한 메시아는 처음에 예수의 인격으로 사람들 가운데 겸손하게 산다.…비록 다윗의 자손이기는 해도 메시아는 다윗의 주이시다."[77]

로울리(H. H. Rowley)는 이렇게 설명한다. "묵시주의자들은 한동안 하나님 나라가 인간적 수단을 통해 세워질 것이라고 상상하지 못했다. 하나님 나라는 오직 하나님의 행위를 통해서만 세워질 수 있다고 보았기 때문이다. 하나님 나라는 손대지 아니한 돌이 태산을 이루는 것 또는 인자 같은 이가 하늘 구름을 타고 오시는 일이 될 것이다."[78] "그들은 현재의 악한 힘이 오랫동안 고대하던 아침을 가져올 것이라고 믿지 않았다.…그들의 소망의 원천은 오직 하나님에게 있었다."[79]

그러나 이와 나란히 사명을 받고 기름 부음을 받은 지도자가 길을 예비할 것이라는 생각이 있었다. 칼뱅이 그리스도의 인격과 사역을 중보자 사역을 수행하는 예언자, 제사장, 왕으로 설명하는 것에 많은 비판이 있음에도 불구하고, 쿰란 공동체의 「사독의 문서」(Zadokite Document)는 제사장과 왕의 역할을 할 메시아 곧 "아론과 이스라엘의 메시아"를 고대한다(「사독[또는 다메섹]의 문서」 14:19; 19:10; 참조. 12:23).[80] "제사장 지도자와 왕 지도자를 믿는 믿음은 여호수아와 스룹바벨의 공동 리더십에서 선례를 찾을 수 있다"(슥 3-4장).[81] 이 두 인물(여호수아와 스룹바벨)과 두 직분(제사장 직분과 왕

---

77) Schweitzer, *Mysticism*, 83.

78) H. H. Rowley, *The Relevance of Apocalyptic: A Study of Jewish and Christian Apocalyptic from Daniel to Revelation* (London: Lutterworth, 1944), 157.

79) Rowley, *Apocalyptic*, 153.

80) Russell, *Apocalyptic*, 320-321에서 인용함.

81) Russell, *Apocalyptic*, 321. 추가 실례와 주제들에 대해서는 Joseph Klausner, *The Messianic Idea in Israel: From Its Beginning to the Completion of the Mishnah* 를 보라. W. F. Stinespring이 히브리어 3판으로부터 2-245(구약성경), 246-387(외경

의 직분)이 예수 그리스도 안에 융합되어 성취되는 것은 놀랍지 않을 것이다. 결론적으로 신약성경은 **순종하는** 의로운 종의 **예언자** 전통과 **제물로 살육당하는** 종의 **제사장** 전통(사 53:2-12)이 예수 그리스도의 인격과 사역에서 공동으로 그리고 동반적으로 성취된다고 분명하게 말한다.

**이스라엘 역사의 연속적이고 섭리적인 배열**, 구약성경, 그리고 예언적이고 제사적이고 묵시적인 기대와 약속에서는 "두 이야기" 모델이 충분히 시작되지 않기 때문에, 이 모델의 실패가 나타나기 시작한다. 어떤 경우에 (예컨대 큐핏의 경우에) 그것은 **개인적인 의식과 경험에 대한 단편적인 내러티브로** 환원되고, 창조와 출애굽 사건으로부터 예수의 말씀과 행위를 거쳐 부활과 오순절 사건, 그 이후 사건들에 이르기까지 신적 "배열"에 대한 이야기로서 성경 내러티브의 연속성과 정박지를 완전히 상실한다. 엄밀히 말해 히브리서에서 그리스도를 해석하는 이해의 지평을 제공하는 것은 이 포괄적 내러티브다.[82] 이것이 바로 신약성경에서 히브리서가 최고의 기독론과 인간성에 대한 가장 명확한 강조점을 나란히 두면서도 긴장이나 "범주 오류"가 발생하지 않는 이유다.


## 17.3. 예수, 하나님, 인간: 히브리서의 독보적인 공헌

레이먼드 브라운(Raymond E. Brown)은 『예수, 하나님 그리고 인간』(*Jesus, God and Man*)이라는 세심하고 통찰력 있는 연구서에서 "예수께서 신적 존재임을 **함축하는** 신약성경의 본문들이 다수 있지만, 예수에 대해 명시적

---

과 위경), 388-518(랍비 유대교)을 번역했다(London: Allen & Unwin, 1956).
82) Anthony C. Thiselton, "Human Being, Relationality and Time in Hebrews, 1 Corinthians, and Western Thought," in *Ex Auditu* 13 (1997-1998) 76-95; rpt. in *Thiselton on Hermeneutics*, 727-746을 보라.

으로 **하나님**(θεός)을 사용하는 본문은 세 개밖에 없다"고 결론짓는다.[83] 전자의 본문에는 요한복음 10:30의 "나와 아버지는 하나이니라"와 14:9의 "나를 본 자는 아버지를 보았거늘", 그리고 요한복음 8:24, 28, 56(egō eimi, 곧 "나는 ~이다"의 절대적 용법), 빌립보서 2:6-7의 "그는 근본 하나님의 본체시나"와 골로새서 1:15의 "그는 보이지 아니하는 하나님의 형상이시요"가 포함된다. 그리고 후자의 본문에는 히브리서 1:8-9의 "하나님이여, 주의 보좌는 영영하며…그러므로 하나님 곧 주의 하나님이 즐거움의 기름을 주께 부어", 요한복음 1:1의 "이 말씀은 곧 하나님이시니라", 그리고 요한복음 20:28의 "도마가…이르되 나의 주님이시오, 나의 하나님이시니이다"가 있다.

분명히 말해 요한복음과 히브리서는 "고"기독론의 주된 원천이다. 히브리서에 관해 주목할 만한 것은 다른 신약성경 책들과 비교할 때, 예수 그리스도의 신격에 대한 가장 귀하고 가장 명시적인 선언과 **아울러** 예수 그리스도의 인간성에 대한 가장 명확하고 가장 신중한 표현들이 나타난다는 것이다. 히브리서 저자는 거장 신학자, 민감한 목회자, 구약성경의 본문과 주제에 대한 탁월한 강해 설교자다. 그리스도가 진정한 인간으로 묘사되고, 그에 따라 하나님 앞에서 제사장으로 중보하는 일에 있어 인간을 대표할 수 있고, 또한 똑같이 예언적 중보와 발언을 하는 데 있어 인간 앞에서 하나님을 대표할 수 있는 신격을 소유한 자로 묘사되는 것은 제사장직, 대표, 중보에 관한 히브리서 저자의 신학에 본질적이다. **예수 그리스도는 인간을 위해서는 "상승적인" 중보자이고, 하나님을 위해서는 "하강적인" 중보자이시다.**

그런데도 사실상 이후 신조들과 칼케돈 신조를 예견하게 하는 히브리서 저자는 그 어디서도 예수 그리스도가 반은 인간이고/이나 반은 하나

---

83) Raymond E. Brown, *Jesus, God and Man: Modern Biblical Reflections* (London and Dublin: Geoffrey Chapman, 1968) 23.

님이라는 사실을 암시하지 않는다. 한편으로 참 인간으로서 예수는 연약함을 겪고, 고난으로 순종함을 배우고, 사람들을 자신의 형제로 부르며, 사람들이 하나님을 신뢰할 필요성을 경험하시는 분으로 묘사된다(히 2:7-13). "그러므로 그가 범사에 형제들과 같이 되심이 마땅하도다. 이는 하나님의 일에 자비하고 신실한 대제사장이 되어…"(히 2:17). "그가 시험을 받아 고난을 당하셨은즉"(히 2:18). "우리에게 있는 대제사장은 우리의 연약함을(ταῖς ἀσθενείαις ἡμῶν) 동정하지 못하실 이가 아니요, 모든 일에 우리와 똑같이 시험을 받으신 이로되 죄는 없으시니라(πεπειρασμένον δὲ κατὰ πάντα καθ᾽ ὁμοιότητα χωρὶς ἁμαρτίας)"(히 4:15).

여기서 나아가 히브리서 저자는 훨씬 더 날카롭게 다음과 같이 말한다. "그는 육체에 계실 때에 자기를 죽음에서 능히 구원하실 이에게 심한 통곡과 눈물로 간구와 소원을 올렸고…그가 아들이시면서도 받으신 고난으로 순종함을 배워서"(히 5:7-8). "죄인들이 이같이 자기에게 거역한 일을 참으신 이를 생각하라"(히 12:3). "예수도…성문 밖에서 고난을 받으셨느니라. 그런즉 우리도 그의 치욕을 짊어지고 영문 밖으로 그에게 나아가자"(히 13:12-13). 고전적인 기독론 연구서에서 매킨토시는 이렇게 말한다. "[히브리서 말고] 신약성경 어디서도 그리스도의 인성이 이렇게 감동적으로 선포된 곳은 없다."[84] 빈센트 테일러는 다음과 같이 지적한다. "사도 바울보다 훨씬 더 그[히브리서 저자]는 복음 이야기에 가장 큰 중요성을 부여하는데…그 이유는 그가 그리스도의…온전한 인성이 그분의 사명에 본질적이라고 믿었기 때문이다."[85]

"심한 통곡과 눈물"은 틀림없이 겟세마네 동산에서 있었던 사건을 인용한 것이다(히 5:7; 막 14:32-36; 평행 본문 마 26:36-38). "고난으로 순종함을 배

---

84) H. R. Mackintosh, *The Doctrine of the Person of Jesus Christ* (Edinburgh: T&T Clark, 1913), 79.

85) Vincent Taylor, *The Person of Christ in New Testament Teaching* (New York and London: Macmillan, 1958), 91.

운다"(그리스어 *pathein...mathein...*)는 격언은 하나님의 아들이라고 해서 예수에게 일이 더 쉬워진 것이 아니라는 사실을 보여준다. "예수는 고난을 통해 배운다는 통상적인 법칙에서 면제되지 아니하셨다."[86] 공관복음서에 나오는 메시아 시험들(마 4:1-11; 평행 본문 눅 4:1-13)에서처럼 히브리서에서도 예수는 인간 생활의 일상적인 **압박감**을 똑같이 받으셨다. 이것은 진정한 시험에 대한 경험을 포함한다(*pepeirasmenon*, 4:15, NRSV, 시험받다, 난외주, 유혹받다; NJB, 시험에 놓이다; NIV, AV/KJV, Ellingworth, 유혹받다; Attridge, 시험을 받다).[87] 엘링워스(Paul Ellingworth)가 지적한 것처럼, "**유혹받다**"(*tempted*)라는 표현은 히브리서 저자가 강조하고자 한 것, 즉 예수께서 인간적인 것을 온전히 공유하셨다는 사실에 가장 잘 부합한다. 옛날 주석가인 웨스트코트(B. F. Westcott)는 "무죄한" 사람에게 이런 시험이 실제로 임하는 것에 대해서 회의적인 입장을 취한다. "오직 죄에 굴복하지 않은 자만이 시험의 힘을 가장 충분히 알 수 있다. 왜냐하면 죄를 짓는 자는 시험이 가장 큰 가능한 힘을 드러내기 전에 시험에 굴복하기 때문이고…실족하는 자는 마지막 압박이 있기 전에 굴복하기 때문이다."[88]

시편 8:4-6을 예수에게 적용시키는 히브리서 2:5-18의 내용은 예수를 철저하게 인간으로 묘사한다. 그뿐 아니라 11.3.에서 이미 인용한 칼 바르트의 말에 따르면, "예수는 하나님이 원하시는 그대로 지음 받은 사람이다.…인간 예수의 본질은 인간의 문제를 해결하는 열쇠다. 이 사람은 **인간**

---

86) F. F. Bruce, *The Epistle to the Hebrews* (London: Marshall and Grand Rapids: Eerdmans, 1964), 103.

87) H. W. Attridge, *Commentary on the Epistle to the Hebrews*, Hermeneia (Philadelphia: Fortress, 1989), 140; Paul Ellingworth, *The Epistle to the Hebrews: A Commentary on the Greek Text*, NIGTC (Grand Rapids: Eerdmans and Carlisle: Paternoster, 1993), 268-269.

88) B. F. Westcott, *The Epistle to the Hebrews: The Greek Text* (New York and London: Macmillan, 3d edn. 1903) 4:15.

이다."[89] 역사적 기독론은 때때로 "예수는 진실로 인간이었는가?"라고 묻는다. 그러나 바르트와 히브리서 저자는 질문을 반대로 한다. 곧 예수가 참된 인간성의 패러다임이었음을 감안하면, 독자인 우리는 진실로 인간인가?

그런데도 히브리서의 막대한 공헌은 이 모든 것을 신약성경 전체에서 예수 그리스도의 신격에 대한 "가장 높은" 기독론으로 추정되는 것(요한복음과 함께)과 나란히 두고 있다는 것이다. 잠시라도 예수 그리스도의 신성을 강조하는 것이 그리스도의 인성을 손상시킨다거나, 그리스도의 인성을 강조하는 것이 그리스도의 신성의 가치를 떨어뜨린다는 주장을 한다면, 히브리서가 명백한 긴장 없이 신성과 인성 모두에 대해 가능한 최고의 프로필을 제공하는 일이 어떻게 일어나겠는가? 존 로빈슨이 제시한 요점의 효력은 "고향" 언어 놀이 또는 관점을 구성하는 해석학적 지평으로부터 예수 그리스도의 인격을 제외시키는 것에 의존하는가?

레이먼드 브라운이 선언하는 것처럼, 히브리서 1:8-9의 내용은 예수 그리스도에게 신성을 부여하는 것이 명백하다. "아들에 관하여는 하나님이여, 주의 보좌는 영영하며…"[90] 히브리서 1:3은 깜짝 놀랄 정도로 더 명백하다. "이[예수 그리스도]는 하나님의 영광의 광채시요, 그 본체의 형상이시라(χαρακτὴρ τῆς ὑποστάσεως αὐτοῦ) 그의 능력의 말씀으로 만물을 붙드시며." 여기서 그리스어 단어 χαρακτήρ(형상, 카라크테르)는 각인이나 조각을 의미하고, ὑπόστασις(실체, 휘포스타시스)는 "실재의 본질적·기본적 구조/본성, 실체적 본성, 본질, 실제 존재, 실재"를 의미한다.[91] 몬티피오리(Montefiore)에 따르면, 신성에 대한 이 "철저한 주장"은 단순히 예수께서 하나님의 "어떤 측면들을 닮았음"을 의미하는 것이 아니라 예수가 "하나

---

89) Barth, *Church Dogmatics* III:2, sect. 43, 50.

90) Brown, *Jesus, God and Man*, 23.

91) Bauer-Danker-Arndt-Gingrich, *Greek-English Lexicon*, 3d edn. (2000), 1040; BDAG는 히 1:3을 이 분류 아래 포함시킨다.

님을 하나님 되게 만드는 것"을 표현하고 드러냄을 의미한다.[92] 여기서 이를 불트만의 분별력 없는 진술(17.1.에 나오는)과 비교해보고 싶은 유혹이 생긴다. 불트만은 히브리서 저자가 ὑπόστασις(실체), χαρακτήρ(형상), ἀπαύγασμα(존재, 각인, 반사 또는 광채, 3절) 같은 단어를 사용해서, 마치 예수의 "본래" 모습이 이러이러하다고 말하는 것처럼, 예수를 "하나님"으로 부르는 것은 "거짓"이라고 말한다.

이어지는 히브리서 구절들(히 1:8-14)은 요한복음 서언 부분과 같이, 세상의 창조자로서(히 1:2하) 천사들의 경배를 받고(히 1:6) 왕으로 세움 받은 아들을 통하여 말씀하심으로써(히 1:2상) "하나님이 말씀하셨다"(히 1:1)는 원리를 상술한다. "아들에 관하여는 하나님이여, 주의 보좌는 영영하며 주의 나라의 규는 공평한 규이니이다"(히 1:8). "그것들은 멸망할 것이나 오직 주는 영존할 것이요"(히 1:11). 그리스도는 여기서 "하강적인" 중보자로 묘사되는데, 이것은 예수 그리스도를 신적 지혜와 신적 말씀의 형태로 존재하는 하나님의 "실체"(hypostasis)로 간주하는 지혜 기독론과 두드러지게 공명을 이룬다.[93] 잠언 8:30을 보면 지혜는 하나님이 그를 통해 세상을 창조하는 주 사역자로서 선재적인 임무를 맡아 하나님 곁에 서 있다.

그리스도, 말씀, 지혜 사이의 평행 관계는 "추호도 의심할 여지가 없다."[94] 이 "실체"에는 구약성경과 유대 사상에 나타난 하나님의 **영광**도 포함되는데, 이 영광은 **하나님의 영광의 광채**로서 그리스도 안에서 반사되었다(히 1:3상; 「지혜서」 9:26; 「지혜서」 7:21-27; 9:2도 마찬가지다). 만일 이 고전적

---

92) Hugh W. Montefiore, *A Commentary on the Epistle to the Hebrews* (London: Black, 1964), 35.

93) James D. G. Dunn, *Christology in the Making* (London, Philadelphia: SCM, 1980), 206-207, "지혜 기독론에 대한 인상적인 표현."

94) Barnabas Lindars, *The Theology of the Letter to the Hebrews* (Cambridge: Cambridge University Press, 1991) 31-35. 『히브리서 신학』(한들출판사 역간); 참조. Anthony T. Hanson, *Jesus Christ in the Old Testament* (London: SPCK, 1965), 48-82.

인 본문들을 히브리서 1:1-3, 고린도전서 8:6, 골로새서 1:16-17 곁에 둔다면, 우리는 니케아 신조의 세계로부터 멀리 떨어져 있지 않다. "하나님으로부터 나온 하나님이시요, 빛으로부터 나온 빛이시요, 참 하나님으로부터 나온 하나님이시다.…아버지와 한 존재이시고, 그[그리스도]로 말미암아 만물이 지음 받았다." 윙엘의 인상적인 말로 표현하면, 그리스도는 "하나님에 대해 상상할 수 있는 최고의 지위"로 불려야 한다.[95]

이 문맥에서 "하나님의 우편에"라는 말은 히브리서와 연합 신조들 속에 당당히 한 자리를 차지하고 있다. 엘링워스와 반오이(Vanhoye)는 그 말을 히브리서의 교차대구 구조의 핵심 요소로 본다.[96] 히브리서 저자는 분명히 시편 110:4을 사용한다. 이 본문은 히브리서 1:3-13에 나오는 일곱 개의 구약 인용 본문 가운데 결정적 본문으로서 히브리서 1:13에 나타난다. 관련 주제들이 시편 2:7, 110:1의 인용에서 나타나고, 어떤 이들은 히브리서를 기독론에 비추어 시편 110편의 설교적 반성 또는 미드라쉬(midrash)로 간주한다.[97] 일부 현대 기독론은 "참 하나님"과 "참 인간"을 조화시키는 데 어려움을 느끼지만, 존 매쿼리가 지적한 것처럼 "히브리서 저자는 제사장 개념을 통해…이 두 개념을 조화시키려고 애쓴다."[98]

여기서 우리의 주장에 대한 비판적 요점을 접하게 된다. 곧 예수는 공관복음서에서 명시적으로 "하나님"이라고 불리지 않는다는 것이다. 나는 다른 곳에서 진정한 해방, 능력 부여, 용서, 새 생명, 사명, 약속을 전달하

---

95) E. Jüngel, *God and the Mystery of the World: On the Foundation of the Theology of the Crucified One*, trans. D. L. Guder (Edinburgh: T&T Clark, 1983), 152; 참조. 152-169.

96) Ellingworth, *Hebrews*, 95-98; A. Vanhoye, *Structure and Message of the Epistle to the Hebrews* (Rome: Pontifical Biblical Institute, 1989), 25-76.

97) G. W. Buchanan, *To the Hebrews*, Anchor Bible 36 (Garden City. N.Y.: Doubleday, 1972).

98) John Macquarrie, *Jesus Christ in Modern Thought* (London: SCM and Philadelphia Trinity Press International, 1990), 125.

기 위한 예수의 언어-행위의 효력이 **명시적으로 진술되지 않은 것을** 전제로 한다고 주장했다.[99] 삶의 양식과 행위로 그리고 무엇보다 먼저 십자가와 부활로 공적 영역에서 오직 말씀이 오해 없이 전달될 수 있을 때까지, 예수는 **하나님의 통치에** 초점을 맞추는 데 주력하고 자기 자신에 대해서는 구두로 주장하는 것을 유보하셨다. 초기의 바울 서신은 50년대 초반과 중반에 예수 그리스도에 대하여 중보하시는 창조자와 주(Lord)로서 명시적으로 진술하기 시작한다(고전 8:6; 롬 9:5). 그렇기는 해도 예수 그리스도의 신성에 대한 가장 명백한 또는 유력한 표현은 신약성경 후기의 책들(특히 히브리서, 디도서, 요한복음, 요한1서, 베드로후서)에서 널리 발견된다는 사실은 어떤 문제점을 시사한다. 레이먼드 브라운은 이렇게 말한다. "만일 신약 시대를 기원후 30년에서 100년까지로 산정한다면, 예수에 대하여 '하나님'이라는 말을 사용한 것은 분명히 신약 시대 후반기에 속해 있고, 후반기 끝으로 갈수록 더 빈번하게 나타난다."[100]

어떻게 그럴 수 있을까? 브라운은 이에 대해 설득력 있는 **해석학적** 설명과 이해를 제공한다. "가장 그럴듯한 설명은 초기 기독교 시대에 **구약성경의 지배적인 유산이** '하나님'이라는 명칭을 사용했다는 것이다. 따라서 '하나님'은 **예수에게 적용되기에 너무 좁은 의미를 가진 명칭이었다. 이 명칭은 엄밀하게 예수의 아버지를 가리켰다.** 곧 예수께서 기도하신 아버지 하나님을 의미했다. 점차…'하나님'은 폭넓은 개념으로 확대되어 이해되었다."[101] 하나님은 예수 안에서 자기 자신을 매우 확실하게 계시하

---

99) Thiselton, "Christology in Luke, Speech-Act Theory, and the Problem of Dualism in Christology," in Joel B. Green and Max Turner (eds.), *Jesus of Nazareth: Lord and Christ* (Grand Rapids: Eerdmans, 1994), 453-472; repr. in Thiselton, *Thiselton on Hermeneutics*, 99-166; 추가로 *Thiselton on Hermeneutics*, 117-129 과 "A Retrospective Re-appraisal," 131-149도 보라.

100) Brown, *Jesus, God and Man*, 31.

101) Brown, *Jesus, God and Man*, 33-34.

셨기 때문에 "하나님"이라는 명칭은 성부 하나님과 성자 하나님을 포함할 수 있었다(확실히 포함해야 했다). 예전적인 실천과 경건의 실천으로 말미암아 이 폭넓은 이해가 더욱 촉진되었다. 따라서 로마서 9:5, 디도서 2:13, 베드로후서 1:1, 요한1서 5:20은 송영(영광송)이다. 1.2.와 3.1.에서 우리는 예배와 송영이 근본적이고 일차적인 기독교 교리의 표현을 구성한다고 주장했다.

이런 **해석학적** 이해는 "두 단계" 기독론이 "세 단계" 기독론으로 발전하는 순수한 **역사적** 사변에 정초하는 것이 아니다. 또는 신빙성은 훨씬 덜하지만, 지상에서의 예수에 대한 내러티브를 신화적·형이상학적 관점으로 바꾸는 그리스 세계의 압력의 결과에 정초하는 것도 아니다. 그보다 이 해석학적 이해는 신약성경 자체의 "고향" 지평 안에 더 확실히 닻을 내리고 있다. 확실히 18세기 말, 19세기 전체, 그리고 20세기 처음 3분의 2 기간에 "역사의 예수와 신앙의 예수"에 관한 재앙적인 논쟁이 시작된 것은 엄밀히 말해 이런 사변 때문이었다. 칼 쿠셸(Karl-Josef Kuschel)은 탁월하고 날카로운 비판(한스 큉의 지지를 받은)을 통해 이 논쟁을 "실패한 어제의 대화"로 부른다.[102] 그리스도의 인격 교리에 대한 어떤 접근법도 최소한 현재로서는, 반복되는 실수를 피하고 발생하는 해석학적 물음들에 주목하기 위해서, 이 불행하고 엄청나게 비생산적인 곤경으로부터 어떤 교훈을 발견할 수 있을지를 탐구할 의무가 어느 정도 있다. 교리 해석학에서 해석학적 불편의 원천을 진단하는 것은 적극적인 해석학적 자원과 통찰력을 탐구하는 것만큼이나 중요하다.

---

102) Kuschel, *Born before All Time? The Dispute over Christ's Origin*, trans. John Bowden (London: SCM, 1992), 35-175; 참조. Küng의 서문, xvii-ix. 396.

## 17.4. 역사의 예수와 신앙의 예수:
환원주의적 지평 안에서 벌어진 실패한 논쟁

헤르만 사무엘 라이마루스(Hermann Samuel Reimarus, 1694-1768)와 고트홀트 에프라임 레싱(Gotthold Ephraim Lessing, 1729-1781)이 촉발시킨 이 논쟁은 매우 혼란스럽고 파괴적이었다. 라이마루스는 예수 그리스도를 참 하나님과 참 인간으로 보는 기독교 교리에 극도로 회의적인 시각을 견지하고, 특히 다음과 같은 이유로 예수의 이적 기사를 신뢰할 수 없다고 비판했다. "예수 자신은 사람들이 미리 믿음을 갖고 있지 않으면 이적을 행할 수 없었다.…자기들 마음대로 많은 이적을 날조하는 것보다 더 쉬운 일은 없었다.…교리 또는 역사가 자체의 진리를 증명하기 위해 어쩔 수 없이 이적에 의존하는 것은 언제나 진정성의 깊이를 갖지 못했다는 표시다."[103] 사도들은 "주로 하류 계층에 속한 자들"이었고, "야망에 이끌려…예수를 따랐다." 그리고 "사도들의 새로운 교리는 의심할 여지없이 날조된 거짓말이다."[104] 라이마루스의 『단편들』(Fragments) 54-60 부분은 소위 부활의 "날조"와 조작적인 권력 다툼이 사도교회 출범의 특징이었다고 주장하고 이를 추적한다.

라이마루스는 흄의 회의주의적 요소와 계몽주의 시대의 합리론과 이신론의 내용을 결합시켰다.[105] 레싱은 라이마루스의 미출판 원고를 가족

---

103) Hermann Samuel Reimarus, *Reimarus: Fragments*, ed. Charles H. Talbert, trans. R. S. Fraser (London: SCM, 1971 and Philadelphia: Fortress, 1970), sect. 48, 232-233, sect. 49, 234.

104) Reimarus, *Fragments*, 13, 240-241, 243.

105) 라이마루스에 관해서는 다음 자료들을 보라. Charles H. Talbert, "Introduction," to the *Fragments*, 1-43; Colin Brown, *Jesus in European Protestant Thought, 1778-1860* (Grand Rapids: Baker, 1985), 1-56; Colin Brown, *Miracles and the Critical Mind* (Grand Rapids: Eerdmans and Carlisle: Paternoster, 1984), 170-190; Alister E. McGrath, *The Making of Modern German Christology: From the*

으로부터 입수했고, 1774-1778년에 엄청난 양의 원고 중 일부를 익명으로 출판했다. 레싱은 라이마루스의 견해에 동조하여 예수의 역사적 생애의 사건들에 대한 인간적 증언이 부적합하기에 믿을 수 없다고 주장했다. 1777년에 레싱은 "성령과 능력의 증거에 대하여"(On the Proof of Spirit and Power)를 출판했는데, 이 제목은 오리게네스에게서 연원했다. 오리게네스는 성령과 기독교 신앙의 능력의 진정성이 증명될 수 있다고 주장했다. 레싱은 자신이 "더 이상 오리게네스의 상황과 동일한 상황 속에 있지 않다"고 답변했는데, 그 이유는 그가 "성령과 능력에 대한 인간적 기록"에만 접근했기 때문이다.

그 결과 레싱의 유명한 격언이 생겨났다. "역사적 진리가 증명될 수 없다면, 역사적 진리에 따라 증명될 수 있는 것은 아무것도 없다. 말하자면 **역사의 우연적 진리들은 이성의 필연적 진리들을 결코 증명할 수 없다.…따라서 그것은 내가 건널 수 없는 큰 추한 간극**(der garstige breite Graben)**이다.**"[106]

**필연적**이라는 말과 **우연적**이라는 말은 레싱의 문제점과 사안의 본질이 무엇인지를 드러낸다. **필연적** 진리는 공리의 약속에서 **연역적으로** 따라 나오기 때문에 **논리적으로 확실한** 진리다. 필연적 진리는 **분석적으로 또는 형식적으로 참**이다. 다만 데카르트에서 이신론에 이르는 "높은" 합리론 전통과 레싱이 촉진시킨 전통만이 종교의 진리가 논리적으로 증명할 수 있는 진리와 동일한 질서에 속해야 한다는 사실을 진지하게 예상하고 요청했다.

우리는 앞에서 "기초주의"를 설명 하면서, 높은 합리론의 "강경한" 기초주의와 오류가능주의의 틀 안에서 합리성과 개연성을 주장하는 "약한"

_Enlightenment to Pannenberg_ (Oxford: Blackwell, 1986), 14-19.

106) Gotthold Ephraim Lessing, _Lessing's Theological Writings_, ed. Henry Chadwick (London: Black, 1956), 52-53(티슬턴 강조).

또는 "온건한" 기초주의를 구분하는 것에 문을 열어두었다. 사실 레싱은 이미 분명했던 사실을 정식화한 것이다. 곧 예수의 생애의 역사적 재구성은 사안의 본질상 **연역적** 논리를 가진 **필연적** 진리에 요구되는 기준을 결코 충족시킬 수 없었다. 역사는 우연적·**우발적** 진리를 낳는다. 그러나 우리가 8.1.에서 토랜스의 견해, 8.2.와 8.3.에서 로너간과 판넨베르크의 견해, 그리고 8.4.에서 라카토스와 머피의 견해를 설명한 것에 비추어보면, 레싱의 요청이 얼마나 **비합리적**으로 과장되고 "초합리론"의 성격을 가지고 있는지가 증명된다.

콜린 브라운(Colin Brown)은 레싱의 관심사가 보여준 논법을 잘 포착하지만, 이를 너무 관대하게 보고 심각하게 말하지 않는 것 같다. 브라운은 이렇게 말한다. "역사는 불확실성으로 가득 차 있어 순전히 합리적인 주장의 자명한 설득력과는 비견할 수 없다."[107] 역사가 "불확실성으로 가득 차" 있든 아니든, 역사적 재구성은 결코 논리적 필연성의 진리 또는 확실성과 같은 질서에 속할 수 없다. 『레싱의 "추한 간극"』(Lessing's "Ugly Ditch")이라는 주의 깊은 연구서에서 고든 마이컬슨(Gordon Michalson)은 레싱에게 그 "간극"이 더 넓혀진 것은, 단순히 레싱이 오리게네스를 언급할 때 인용하는 **시간적** 거리 때문만이 아니라 시간적 거리의 문제와 다른 질서에 속해 있는 **형이상학적** 거리 때문이기도 했다는 사실을 증명한다. 이것은 라이프니츠가 우연적 진리와 필연적 진리를 구분한 것과도 관련되어 있다. 그러나 이 간극 또는 간격에 기여하는 세 번째 요소가 존재한다. 레싱은 **종교적 전유**에 어려움이 있는 것이 "**실존적 거리**"가 있기 때문임을 암시한다.[108]

레싱은 예수의 가르침이 예수의 역사나 삶이라고 가정된 것과 다른 질서에 속한 것이라 보았다. 예를 들면, 이적 기사로 체현된 것이 여기에 해

---

107) Brown, *Miracles and the Critical Mind*, 111; 참조. 110-111.
108) Gordon E. Michalson, *Lessing's "Ugly Ditch": A Study of Theology and History* (University Park, PA and London: Pennsylvania State University Press, 1985), 8-20.

당된다. 예수의 생애나 역사에 대하여 레싱은 이렇게 말한다. "나는 예수의 생애나 역사가 최소한 그리스도의 다른 가르침들을 믿는 믿음에 나를 묶어둘 수 있고 또 묶어두어야 한다는 것을 부정한다."[109] 마이컬슨은 여기서 "신학이 점차 남김없이 사실상 **해석학**이 된다"고 설명한다.[110] 레싱의 유명한 격언 속에 요약된 연구의 결론은, 특히 라이마루스의 유사 실증주의적·자연주의적 전제들과 『역사적 예수 탐구』(The Quest of the Historical Jesus)에서 알베르트 슈바이처가 보여준 회의적인 결론이 서로 결부되었을 때, 예수의 생애의 역사적 재구성에 대한 사상가와 학자들의 확신이 흔들렸다는 것이다. 매쿼리가 지적하는 것처럼 역사적 진리는 "진정한 합리주의자가 추구하는 보편성을 갖지 못할 것이다."[111]

쿠셸은 레싱이 확인한 "역사와 신앙"의 현저한 간격도 또 하나의 "추한 간극"을 만든다고 생각한다. 쿠셸은 이렇게 말한다. "레싱은 신약성경의 언어와 교의학의 언어 사이에 놓인 간격을 보았다."[112] 역사와 신앙의 간격은 성경적 학문이 가지고 있는 고유한 담화의 범주와 교리 또는 조직신학이 가지고 있는 고유한 담화의 범주 사이의 간격을 가져왔다. 쿠셸은 "**역사와 신앙의 간격이 모든 현대신학의 문제점**"이라고 선언한다(티슬턴 강조).[113] 쿠셸은 비록 개신교 신학에서 역사와 신앙의 끊김 또는 간격에 대한 전형적인 표현이 발견된다고 해도(예컨대 칼 바르트의 교의학과 루돌프 불트만의 주석 사이에), 이것은 "또한 가톨릭 신학에서도 근본적인 중요성을 갖고 있다"고 지적한다.[114] 핵심은 "그리스도의 선재성을 '문제점'으로 인식하는 것이다. 라너, 큉, 카스퍼, 쉴레벡스, 소브리노(J. Sobrino)는 모두 칼케돈

---

109) Lessing, *Lessing: Theological Writings*, 53.
110) Michalson, *Lessing's "Ugly Ditch*," 18(티슬턴 강조). 참조. Daniel Fuller, *Easter Faith and History* (London: Tyndale and Grand Rapids: Eerdmans, 1965), 27-49.
111) Macquarrie, *Jesus Christ in Modern Thought*, 178.
112) Kuschel, *Born before All Time?* 30.
113) Kuschel, *Born before All Time?* 30.
114) Kuschel, *Born before All Time?* 31.

신조의 두 본성 기독론"이 문제를 가지고 있다고 말한다.

"역사의 예수"와 "신앙의 예수" 논쟁이 연대순으로 전개된 것을 보면, 이 논쟁에서 임마누엘 칸트(1724-1804)는 애매한 인물로 서 있다. 매쿼리는 칸트의 『이성의 한계 안에서의 종교』(*Religion within the Limits of Reason*, 1791)에 따라, 칸트의 접근법을 "합리론적 기독론"으로 올바르게 묘사한다.[115] 그런데도 칸트는 인간 이성의 **한계**와 도덕적 가치의 절대적 위치를 확립하려고 했다. 여기에는 예수의 가르침의 도덕적 가치도 포함되기 때문에 예수의 가르침은 이성의 영역을 초월했다. 확실히 "추론"은 레싱의 이성 개념을 매우 단순한 것으로 드러내는 인간적 구성이나 형성의 한 척도로 작용했다.

칸트는 예수 그리스도를 "원형"(archetype)으로 지칭함으로써 예수의 형상을 엄밀히 경험의 영역 너머에 두었다. 매쿼리가 주장하는 것처럼, 칸트는 그리스도를 "하늘에서 우리에게 **내려와** 우리의 인간성을 취한 원형으로 보고…'계시'가 인정하는 것, 심지어 니케아 신조의 '내려가사'(*descendit*)처럼 '성육신' 같은 내용도 인정하는" 개념을 취했다.[116] 반면에 사고의 한계나 "하나님"과 경험의 영역 간의 분리에 대한 칸트의 확고한 신념은 동시에 가현설 이상의 징후를 남겨놓는다.

프리드리히 슐라이어마허(1768-1834)의 기독론 역시 애매한 부분이 있으나, 그 애매함 속에서도 슐라이어마허의 연구는 최소한 다음과 같은 다섯 가지 건설적인 특징을 체현한다.

(i) 먼저 슐라이어마허는 **그리스도의 인격과 사역**에 관련된 문제들을 **함께 결합시킨다**. 우리는 16.2.에서 안셀무스의 견해를 다룰 때 이 결합의 중요성을 지적했다.

(ii) 슐라이어마허는 그가 초기에 가졌던 경건주의적 확신을 결코 포

---

115) Macquarrie, *Jesus Christ in Modern Thought*, 175-191.
116) Macquarrie, *Jesus Christ in Modern Thought*, 184.

기하지 않았다. 그것은 기독교 신앙과 하나님의 은혜의 중심이 **하나님과 의 인격적 관계를 경험하는 것**에 있다는 신념이었다. 따라서 슐라이어마 허는『기독교신앙』(*The Christian Faith*)에서 이렇게 말한다. "**구속자**(Erlöser) **는 인간적 본성의 정체성으로 보면, 모든 사람과 똑같다. 하지만 하나님-** 의식의 부동의 능력 곧 그분 안에 진정한 하나님의 실존이 있었던 것으로 보면, **다른 모든 사람과 구별된다**"(슐라이어마허 강조).[117]

(iii) 슐라이어마허는 구속자로서 예수를 "모든 죄악에서 벗어나 있는 존재"로 보는 성경 전통을 따른다. 그러나 최근의 일부 학자들과는 반대 로, 그렇게 본다고 해서 예수가 진실로 인간적 존재라는 것을 슐라이어마 허가 의심하는 것은 아니다.

(iv) 슐라이어마허는 "대립적인" 가현설과 에비온주의의 두 오류를 피 하려고 애쓴다. 가현설과 반대로, 예수 그리스도는 "참된 인간적 삶"을 영 위하셨다.[118] 에비온주의와 반대로, 예수의 하나님-의식은 단순히 "나타 나기만" 한 것이 아니라 "불완전한 것이 전혀 없었다."[119] 가현설과 반대로 예수는 "인간으로서 진실로 명백한 의식을 점차 발전시켜야 했다."[120]

(v) 슐라이어마허는 "둘째 아담"이신 예수 그리스도의 정체성과 역할 을 구원론적인 관점에 따라 탐구했다. 예수 그리스도는 "새로운 영적 삶" 을 가져오고 구성한다.[121] 그리스도의 오심은 새로운 창조 사건이다.

슐라이어마허의 연구에 애매한 점이 또 있다면, 이 애매함은 부분적으 로 슐라이어마허가 기독교 교의학에 대한 계몽주의의 비판을 최대한 수 용하려는 강렬한 열망으로부터 나온다(나중에 슈트라우스가 "교회에 충실한 마

---

117) Schleiermacher, *The Christian Faith*, Part II, sect. 94, 385.
118) Schleiermacher, *The Christian Faith*, Part II, sect. 93, 381. 추가로 Part I, sect. 22, 99-101도 보라.
119) Schleiermacher, *The Christian Faith*, Part II, sect. 97, 398; 참조. Part I, sect. 22.
120) Schleiermacher, *The Christian Faith*, Part II, sect. 93, 381.
121) Schleiermacher, *The Christian Faith*, Part II, sect. 94, 389.

　　　제3부 기독교 교리의 주요 주제

지막 기독론"이라고 비판함에도 불구하고). "예수의 생애"와 관련하여 말한다면, 슐라이어마허는 신약성경에 나오는 "하나님의 아들"이라는 말이 신적 본질을 함의한 것이라고 믿지 않았다. 슐라이어마허는 "이적"의 가능성을 부인하지는 않지만, 동시에 이적이라는 말로 때로는 신적 임재나 행동이나 주도권에 대한 **어떤** 표현을 가리키기 위하여 의미의 범주를 확대시키는 경향이 있다. 구속자이신 예수 그리스도께서 "죄로 얼룩진 집단생활" **로부터** 기원한 것이 아니라 그 생활 속으로 "들어가신 것"은 "이적"이라는 말이 적절하게 그리고 폭넓게 정의되었을 경우에만 "기적적인 사실"(eine wunderbare Erscheinung)을 구성한다.[122] 예수의 잉태에서 "남성 활동"의 참여가 배제된다는 의미로 이적을 받아들이면, 슐라이어마허는 기적적인 "동정녀 탄생" 개념을 거부할 것이다.[123]

더 심각한 문제점은 슐라이어마허가 결국 예수의 하나님-의식을 다른 사람들의 하나님-의식과 **단지 정도에 있어서만** 다른 것으로 정의하는 경향이 있다는 것이다. 슐라이어마허는 다음과 같이 말한다. "인간의 본성은 그 자체 속에 신적 요소를 취할 가능성이 틀림없이 존재하고, 이것은 그리스도 안에서 일어난 것과 마찬가지다. 인간의 본성 속에는 이것이 일어날 **가능성**이 있고, 따라서 인간의 본성 속에 실제로 심겨진 신적 요소는 순전히 신적…행위인 것이 틀림없다."[124] 매쿼리는 이 기독론을 "인간주의적" 기독론으로 부른다. 왜냐하면 슐라이어마허는 "성육신을 자연적 사실로 설명한다고 약속했기" 때문이다.[125] 따라서 슐라이어마허는 "두 본성" 기독론을 단호하게 거부한다. 두 본성이 한 인격 속에 공존한다는 것은 있을 수 없기 때문이다. 나아가 기독교 정통주의는 예수 그리스도가 두 본성을 갖고 있음과 **동시에** 삼위일체 하나님으로서 성부 하나님 및 성령 하나님

122) Schleiermacher, *The Christian Faith*, Part II, sect. 93, 381.
123) Schleiermacher, *The Christian Faith*, Part II, sect. 97, 403.
124) Schleiermacher, *The Christian Faith*, Part I, sect. 13. 64.
125) Macquarrie, *Jesus Christ in Modern Thought*, 208.

과 동일한 본질을 갖고 있는 것으로 이해하기 때문에 문제는 훨씬 더 어려워진다.[126] 19.1.에서 우리는 슐라이어마허의 삼위일체 교리가 매우 실망스럽다고 지적할 것이다. 그는 자신의 방대한 작품 마지막 부분에 겨우 20쪽 정도만 삼위일체에 대해 할애하고 있다.

레싱과 칸트가 역사와 신앙의 간격에서 "역사"로부터 닻줄을 풀어줬다면, 슐라이어마허는 기독론을 역사 속에 정박시키려고 심혈을 기울였다. 칸트는 주로 철학자로서 사유하지만, 슐라이어마허의 사고방식은 그가 구약성경을 제외한 거의 모든 신학의 분과를 가르쳤음에도 불구하고, 조직신학자가 아니라 신약학자에 더 가까울 것이다.

헤겔(1770-1831)은 상황을 다시 한 번 역전시킨다. 헤겔은 예수 그리스도의 "위로부터의" 성육신을 절대 정신(Geist)의 역사적 및 변증법적 전개 과정의 결정적 계기로 이해한다. 그리스도 안에서 절대자는 "타자"(Other)가 된다. **영원한 이념**은 나사렛 예수의 인간적 형상에서 구체화된다.

헤겔은 슐라이어마허의 기독론이 너무 "교회에 충실하고" 또 당시의 낭만주의와 너무 밀착되어 있는 점을 반대한다. 헤겔의 견해에 따르면, 당시 낭만주의는 심리적·주관적 과정을 지나치게 강조했다. 단순한 "감정"은 비록 그것이 저 너머에 있는 **것에 대한** 감정이라고 해도, 존재론적 진리-주장에 적합한 것이 될 수 없다. 철학적 반성은 종교가 "표상"(Vorstellungen)에 의존했던 것보다 더 비판적이고 엄격한 방법을 요청한다. 비판적 사유는 개념(Begriff)과 함께 진행된다.

헤겔은 절대자이신 하나님의 생명의 변증법이라는 개념적 용어로 성육신을 이해했다. 헤겔의 **해석학적 이해의 지평**은 『종교철학』(Lectures on the Philosophy of Religion) 제1권의 "종교적 관점의 필연성" 부분에 나타나 있다.[127]

---

126) Schleiermacher, *The Christian Faith*, Part II, sect. 96, 392-398; 참조. sect. 170-172, 738-751.

127) Georg W. F. Hegel, *Lectures on the Philosophy of Religion*, trans. from the 2d German edn. by E. B. Spiers and J. B. Sanderson, 3 vols. (London: Kegan, Paul,

제3부 기독교 교리의 주요 주제

헤겔은 이렇게 말한다. "종교는 감각적이고 유한한 진리나 감각 지각들과 반대로, **즉자대자적으로**(in and for itself) **참된** 것에 대한 의식이다. 따라서 종교는 직접적이고 감각적이고 개인적인 것…위로 올라가…타자에게 나아가는 것이다."[128]

따라서 **진리는 우연적 역사**와 관련되어 있는 것이 아니라 **영 또는 정신**(Geist)**의 변증법**과 관련되어 있다. "영은 유한한 상태에서는 의식이다.…자연은 단지 현상에 불과하다."[129] 그러나 헤겔은 계속해서 다음과 같이 말한다. "이 유한성의 파기가 종교적 관점을 구성하고, 거기서 하나님은 절대 능력으로…점진적 운동에 따라…자연적·영적 우주의 전개를 표상하는 것으로…의식의 객체다."[130] "종교는 인간의 거래가 아니고…그 자체가 아닌 **타자인 것**"과 관련하여, "절대 이념 자체의 의식 안에서…그것 자체다."[131]

헤겔은 이러한 이해의 지평 안에서 예수 그리스도의 성육신을 절대 정신의 전진하는 변증법 안에서 일어나는 **신적 자기 분화** 현상으로 간주한다. 헤겔은 "의심할 여지없이 성육신의 무한한 이념"이 이 변증법적 과정 속에서 "사색의 중심점"을 구성한다고 말한다.[132] 헤겔은 『정신현상학』(*Phenomenology of Mind*)에서 다음과 같이 말한다. "선한 것, 의로운 것, 거룩한 것은…이 중심점을 지지하는데, 신적 본성이 인간적 본성과 같을 [때] 계시된…그러한 사고로 의식이 되돌아갈 때에만 **그렇다**."[133] 피터 하지슨(Peter Hodgson)은 이렇게 설명한다. "이런 성육신의 **가능성**은 '성육신'

Trench, Trübner, 1895), vol. 1, 105-115.

128) Hegel, *Philosophy of Religion*, vol. 1, 106.

129) Hegel, *Philosophy of Religion*, vol. 1, 111.

130) Hegel, *Philosophy of Religion*, vol. 1, 113.

131) Hegel, *Philosophy of Religion*, vol. 1, 206.

132) Hegel, *Philosophy of Religion*, vol. 1, 151.

133) Georg W. F. Hegel, *The Phenomenology of Mind*, trans. J. B. Baillie (New York: Harper, 1967), 759-760.

이 지닌 의미의 일반적인 개념…신적 정신과 인간적 정신의 이상적 연합 또는 함축적 동일화…'보편적인 신적 이념'에 기반을 두고 있다."[134]

이것은 이 땅에서의 이야기가 헤겔과 아무 관련성이 없다는 것을 함의하는 것은 아니다. 예수의 구체적이고 우연적인 삶의 경력은 헤겔 기독론의 한 부분을 구성한다. 그러나 그것이 통용성을 보장하는 이해의 지평은 아니다. **말하자면 하나님은 예수 그리스도 안에서 "타자"가 되신다.** 예수 그리스도의 죽음은 수치스럽고 비극적인 사건이다. 예수 그리스도의 역사(슈트라우스와 반대로)는 "단순히 신화로 간주되지 않고…완전히 역사적인 사건으로 간주된다."[135] "때가 되자 하나님은 자기 아들을 보내셨다. 곧 그때는 정신[성령]이 무한성을 감소시킨 만큼 그 자체 속에 깊이 들어왔을 때다."[136] "그리스도의 죽음은 다른 모든 것이 그 둘레에서 돌고 있는 중심점이다.…그리스도의 죽음은 그리스도의 본성의 인간적 국면을 제거한다.…타자-존재 또는 타자성은…변화되고…**하나님은 죽으셨고, 하나님은 죽으신다.**"[137] 그러나 "하나님은 그 과정 속에서…죽음의 죽음을 드러내신다.…하나님은 다시 삶 속에 오시고 상황은 반전된다."[138] 죽음은 유한성이다. 부활은 **"자연적 유한성의 흡수"**이고, 정신으로서의 정신의 영역에 속해 있다.[139] 정신[성령]의 시대는 그리스도의 고난과 죽음의 반정립 또는 "타자성"을 극복하는 조화로운 종합이다. 가톨릭교회의 전례와 교리에 대한 그의 견해에 따르면, 미사는 부정적인 "반정립"에 빠져 있다고 논박을 서슴지 않지만, 반대로 개신교 신학은 부활, 무한자, 정신[성령]의 영

---

134) Peter C. Hodgson, "Georg Wilhelm Friedrich Hegel," in Ninian Smart et al. (eds.), *Nineteenth-Century Religious Thought in the West*, 3 vols. (Cambridge: Cambridge University Press, 1985), vol. 1, 103; 참조. 81-121.

135) Hegel, *Philosophy of Religion*, vol. 1, 146.

136) Hegel, *Philosophy of Religion*, vol. 3, 112.

137) Hegel, *Philosophy of Religion*, vol. 3, 86, 87, 89, 91.

138) Hegel, *Philosophy of Religion*, vol. 3, 91.

139) Hegel, *Philosophy of Religion*, vol. 3, 93.

역으로 나아간다고 언급된다.

헤겔은 레싱의 "추한 간극"에 따라 기독론을 "위로부터" 온 신적 생명의 신적 전개가 일어나는 사건으로 본다. "신 중심적" 관점에 대한 키에르케고르의 신랄한 비판이 여기서 어느 정도 힘을 갖는다. 비록 헤겔에게 예수의 생애와 죽음이 근본적인 사실로 남아 있기는 해도, 헤겔의 이해의 지평은 주로 정신과 이념에 집중되어 있다. 그럼에도 헤겔의 대담한 환상은 이후의 기독론과 삼위일체론의 확립에 유용한 해석학적 자원을 제공하는 유산으로 남겨졌다. 그리스도, 성령, 성부 하나님의 자기 분화는 이후로 특히 몰트만과 판넨베르크에게서 획기적인 발전을 이루는 데 독보적인 역할을 하고, "죽음의 죽음"은 몰트만의 희망의 해석학과 기독론에 영향을 미치는 추가 자원이 된다. 따라서 헤겔은 교리 **해석학**에서 20세기 말에 그 진가를 인정받은 원리의 선구자로서 우리의 주목을 끈다.

다비트 슈트라우스(1808-1874)의 경우는 다르다. 해석학적 관점에서 보면, 슈트라우스는 자신의 연구를 진행할 때 혼란에서 완전한 파탄으로 나아간다. 슈트라우스의 해석학적 유산은 피해야 할 명백한 함정의 발자국을 남겨놓았다.

포이어바흐를 비롯한 헤겔의 다른 "좌파" 제자 및 비판자들과 공통적으로 슈트라우스도 헤겔의 접근법을 뒤집어놓는다. 처음에 슈트라우스가 제기한 항의는 타당하다. 헤겔은 나사렛 예수의 정체성, 말씀, 행위에 대해 보다 엄격하고 비판적인 역사적 탐구를 행하지 않고, 어떻게 보편적인 절대 정신이 특히 예수 그리스도의 인격에서 새로운 의식이나 사고의 단계 속에 들어갔다고 주장할 수 있었을까? 여기서 추가 다시 한 번 **역사 쪽으로** 흔들렸다. 그렇지만 슈트라우스는 처음에 헤겔에게 동조했고, 심지어 일시적으로 슐라이어마허에게도 공감했다. 그러나 27세라는 젊은 나이에 쓴 유명한 『예수의 생애』(*The Life of Jesus*, 1835-1836) 초판을 출간하면서 그는 자신의 길을 갔다.

슈트라우스는 역사적으로 재구성된 예수의 생애를 **신화**의 범주에 크게 의존하는 것으로 간주했다. 그는 **신화**의 의미를 **역사적 내러티브**라는 형식에 **이념**을 집어넣어 전달하는 것으로 이해했다.[140] 그는 레싱의 추한 간극에서 "역사" 쪽으로부터 설명을 시작했다. 동시에 그는 헤겔이 표현 (Vorstellung)과 개념(Begriff)을 구분한 것에 의존해서 예수의 생애의 역사를 거짓이 없는 엄밀한 기록이나 진정성 있는 역사적 기록이라기보다 이념에 대한 느슨한 "표현"에 따라 결정된 것으로 간주했다. 매쿼리의 말에 따르면, 슈트라우스에게 신화는 "헤겔이 표현(Vorstellung)이라고 부른 것, 곧 그림 사고(picture thinking)의 차원에서…정신의 생산물"이었다.[141] 슈트라우스는 점차 예수의 생애를 둘러싸고 있던 "초자연적" 사건들의 진정성을 비판했다. 그는 이 사건들이 2세기로부터 "되읽혀진" 것이라고 주장했다.

슈트라우스의 관점에 따르면, "역사적 신화"는 역사적 사건들이, 예컨대 예수의 세례 사건에서처럼 경이로운 기적으로 바꿔진 것이다. 역사적 신화는 의식의 발명품이 아니라, 종종 구약성경에서 발견되고 예수가 활동하던 시기에 유대 사상 속에 나타났던 인물, 사건, 기대와 연결된 기적적인 사건들의 렌즈를 통해 예수를 묘사한 것이다. 이 많은 요소들 "배후에" 얼마간 역사적 사실이 존재하지만, 이 요소들을 재구성하는 것은 절대로 추측을 벗어날 수 없다.

이런 설명은 교회 교리의 기독론에서 너무 멀리 나아간 것이다. 그런데도 슈트라우스는 이 요점을 강조한다. 그는 이렇게 말한다. "한 개인 곧 신-인과 관련하여 생각하면, 교회 교리가 그리스도에게 귀속시키는 속성과 기능들은 모순이다."[142] 동정녀 탄생과 이적 행위자 개념은 비신화적인

---

140) David F. Strauss, *The Life of Jesus Critically Examined*, ed. Peter C. Hodgson, Lives of Jesus Series (Philadelphia: Fortress, 1972), sects. 15-16.

141) Macquarrie, *Jesus Christ in Modern Thought*, 225. Alistair McGrath, *The Making of Modern German Christology*, 34-38; Claude Welch, *Protestant Thought in the Nineteenth Century*, 2 vols. (New Haven, CT: Yale University Press, 1972, 1985), vol. 1, 148-149도 보라.

142) Strauss, *Life of Jesus*, sect. 149, 780.

역사적 재구성과 기독교 신앙 모두에 부적합하다. 그러나 자신의 죽음과 부활에서 (신화적 의미로) 자연성과 감각성을 부정하고, 부정의 부정을 통해 인류의 신적 인간 생활에 참여하는 한 개인에 대한 개념은 "영적 생명의 길을 제공한다."[143]

슈트라우스의『예수의 생애』초기판들은 엄청난 파장을 불러일으켰다. 한스 프라이는 다음과 같이 말함으로써 이 파장의 핵심을 찌른다. "슈트라우스는 그것[예수의 생애 탐구와 기독론]이 이후로 갖게 될 관점들을 바꾸어놓았다. 곧 슈트라우스는 전통적 기독론을 공격하면서 개념적 주장에 대한 역사적 주장의 우선권을 확립했다"(티슬턴 강조).[144]

세월이 흐르자 슈트라우스는 비판에 적응하고 자신의 변화된 견해를 표명하기 위해『예수의 생애』를 여러 번에 걸쳐 교정했다. 초판에서 그는 요한복음을 믿을 수 있는 역사적 자료로 인정하지 않았다. 3판(1838-1839)에서는 요한복음이 더러 진정한 역사적 내용을 포함하고 있을 가능성을 인정함으로써, 자신의 작품에 가해진 혹독한 비판을 진정시키기 위한 조치를 취했다. 1846년에 조지 엘리엇(George Eliot)과 매리 앤 에반스(Mary Ann Evans)가『예수의 생애』4판(1840)을 영어로 번역했을 때 슈트라우스는 영어권 독자들에게 더 유명한 인물이 되었다. 엘리엇은 자신의 소설 『미들마치』(Middlemarch, 1871)에서 여주인공 도로시아가 에드워드 카소본에게 유럽 대륙에서 이미 행해진 일을 반복함으로써 건강을 해치지 말라고 경고할 정도로 자신이 유럽 학문의 폭넓은 지식을 의식하고 있음을 암시한다.

1872년경에 슈트라우스는『옛 신앙과 새 신앙』(The Old Faith and the New)에서 "우리가 아직도 그리스도인인가?"라는 질문에 부정적으로 대답

---

143) Strauss, *Life of Jesus*, sect. 149, 780.
144) Hans Frei, "David Friedrich Strauss," in Ninian Smart et al. (eds.), *Nineteenth-Century Religious Thought*, vol. 1, 224; 참조. 215-260.

함으로써 급기야 기독교를 완전히 포기했다. 그가 보기에 예수는 우리를 위해 아무런 결단을 할 수 없는, 멀리 있는 인물이었다. 그는 주된 역사적 기초들이 조금씩 훼손되든 안 되든 상관 없이 예수를 믿는 기독교 신앙을 가질 수 있다는 초기의 낙관주의를 잘못된 것으로 간주하고 거부했다. 알리스터 맥그래스는 슈트라우스가 만들어내고 결국은 슈트라우스를 패퇴시킨 딜레마를 다음과 같이 요약한다. "성육신이라는 교의학의 원리가 구체적인 역사적 개인 곧 나사렛 예수 속에서 충분히 체현되었다는 주장으로부터 분리된다면, 그 신앙은 붕괴되거나 재해석되어야 한다."[145] 슈트라우스는 슐라이어마허의 기독론을 현대 세계가 받아들일 수 있게 하는 마지막 시도, 즉 "교회에 어울리는 그리스도"를 만드는 시도로 간주하고 거부했다. 그러나 그가 "실패한 어제의 대화"를 배제하고 그 자리에 어떤 것을 두는지는 심각하게 의심해봐야 한다.

바우어(1792-1860)는 그의 많은 작품이 슈트라우스가 초기에 출판한 작품들보다 이후에 출판되었음에도 슈트라우스의 스승이었다. 바우어는 특히 슈트라우스의 엄격함이 결여된 역사적 방법에 실망했다. 그 역시 레싱이 말한 "추한 간극"의 **역사적** 측면에서 기독론을 연구했다(신약성경의 책들 가운데 소위 일부 "보편적" 작품들에 대해 그가 후기 연대설을 견지함에도 불구하고). 큄멜 (W. G. Kümmel)은 예수나 바울 또는 후기의 "보편적" 사도행전 및 서신들에 있어서도 바우어의 접근법을 "총체적인 역사적 접근법"으로 묘사한다.[146]

그러나 바우어의 접근법에 대한 반응이 얼마 안 있어 나타났는데, 그 중 가장 급진적인 반응 가운데 하나가 마르틴 캘러(Martin Kähler, 1835-1912)였다. 종종 인용되는 『소위 역사적 예수와 역사적이고 성경적인 그리스도』(Der sogenannte historische Jesus und der geschichtliche, biblische Christus)

---

145) McGrath, The Making of Modern German Christology, 38.

146) W. G. Kümmel, The New Testament: The History of the Investigation of Its Problems, trans. S. M. Gilmour, Howard C. Kee (London: SCM, 1973 and Nashville: Abingdon, 1972), 136; 참조. 127-143.

라는 제목 아래, 캘러는 현대 저술가들의 "역사적" 예수는 "살아계신 그리스도를 우리에게서 감춘다"고 주장했다.[147] "나는 전반적인 예수의 생애 운동을 막다른 골목으로 간주한다."[148] "진정한" 그리스도는 단순한 개연성과 불확실성을 갖고 있는 신약성경의 역사적 학문 대상이 아니다. (우리는 대다수 조직신학자나 철학자들과 달리, 소수의 성경 전문가들이 "이것은 사실이야"라고 말할 때, 이 말에 대한 최고의 찬사는 "이것은 거의 확실하다"라는 캘러의 견해에 동조할 수 있다. 나도 때때로 이 말을 사용하는 것에 대해서 아무런 잘못이 없다고 주장할 수 있는지는 의심스럽다.) 캘러는 그의 유명한 한 격언에서 **"진정한 그리스도는 설교되는 그리스도다"**라고 선언했다(캘러 강조).[149]

캘러는 종교개혁의 신학에 큰 영향을 받았다. 그러면서 캘러는 신약학계를 새로운 "교황주의"로 보았다. 신약학계가 평신도들이 성실하게 믿을 수 있는 것을 통제하는 것처럼 보였기 때문이다. 다른 한편으로 캘러는 역사적 재구성과 가설에 대한 세련된 기법을 능숙하게 다루거나 의존하려는 필요가 지성적 "활동"의 정당성의 한 형식을 구성한다고 믿었다. 이런 관점은 루돌프 불트만의 사상에서 주도적인 역할을 한다. 또한 캘러는 불트만이 **과거** 역사로서의 **히스토리**(historie) 혹은 **객관화된** 역사와, "나에게" 현재의 역사적 **의미**를 전달하는 역사로서의 **게쉬히테**(Geschichte) 사이를 구분하는 길을 준비한다.

히스토리와 게쉬히테의 구분은 우리가 실제로는 캘러의 환상 세계에서 살 수 없다는 것을 보여준다. 기독교 교리는 가현설을 거부하고, 해석학은 우연성, 시간성, 육체화, 그리고 무엇보다 공적 영역에서의 언어적 통용성과 진리-주장을 수반한다. 우리는 이 요점들을 제1부 3장과 4장 2.1., 5.2., 6.2.와 같은 부분에서도 탐구했다. 존 매쿼리가 불트만에 대해 질문하

---

147) Martin Kähler, *The So-Called Historical Jesus and the Historic, Biblical Christ*, ed. and trans. Carl E. Braaten (Philadelphia: Fortress, 1964), 16.

148) Kähler, *The So-Called Historical Jesus*, 16.

149) Kähler, *The So-Called Historical Jesus*, 66.

는 것처럼, 그리스도께서 실제로 죽고 부활하신 것이 아니라면 우리가 어떻게 그리스도의 죽음과 부활에 대해 말할 수 있겠는가?[150]

불트만 말고도 "막다른 골목"으로 판명된 안건을 제시한 인물들 가운데 유일하게 남아 있는 주동자는 알베르트 슈바이처와 그의 저서 『역사적 예수 탐구』(The Quest of the Historical Jesus, 독일어 제목 Von Remarus zu Wrede, 1906)일 것이다. 슈트라우스나 바우어와 마찬가지로, 슈바이처도 레싱의 추한 간극의 두 측면 가운데 "역사"라는 측면에 접근했지만, 동시에 이 접근법이 이루어낼 업적을 믿었던 평신도들의 신뢰를 무너뜨렸다.[151] 슈바이처 자신은 독일에서 진행된 예수의 생애에 대한 연구를 "독일 신학의 최대 업적"으로 믿었지만, 이 업적이 교리에 부정적인 영향을 미쳤음을 인정했다. 예수의 생애 탐구는 "새로운 건물을 짓기 위한 터를 제거했다."[152] 슈바이처는 처음에 라이마루스(대략 1774)에서 브레데(Wrede, 1901)까지 지금 우리가 "첫 번째 탐구"라고 부르는 사상의 모든 주창자가 **주로 자기들이 사전에 갖고 있던 방법, 관심, 가정들에 따라 "역사적" 예수의 형상을 빚어냈다**고 주장했다. 슈바이처는 "라이마루스 이전에는 아무도 예수의 생애에 대한 역사적 개념을 구성하려고 시도하지 않았다"고 주장했다.[153] 슈바이처는 라이마루스의 작품이 힘을 갖고 있다는 것과, 그가 예수의 종말론의 중요성을 인식하고 있었다는 것을 칭송한다. 하지만 그는 종말론을 "정치적" 메시아에 대한 선포로 잘못 이해했다고 주장한다.[154] 또 슈바

---

150) John Macquarrie, "Philosophy and Theology in Bultmann's Thought," in Charles W. Kegley (ed.), *The Theology of Rudolf Bultmann* (London: SCM, 1966), 141.

151) Albert Schweitzer, *The Quest of the Historical Jesus: A Critical Study of Its Progress from Reimarus to Wrede*, trans. W. Montgomery (London: Black, 3d edn. 1854 [1st Eng. edn. 1910]).

152) Schweitzer, *Quest*, 1.

153) Schweitzer, *Quest*, 13.

154) Schweitzer, *Quest*, 16, 23.

이처는 어느 정도 슈트라우스에게 감탄하지만, 그가 교회 교리와의 어떤 타협도 거부하고 교회의 가르침과 기독교 신앙을 포기하는 일에 가담한 것을 상기시킨다.[155] 브루노 바우어(Bruno Bauer)는 문학적 방법을 채택했으나 예수의 "역사"를 요한복음과 공관복음 사이의 "대격전" 속에 갇혀 있는 것으로 보았다. 1840년에 나온 바우어의 작품은 예수의 생애를 "회의적인" 관점에 따라 다루었다.[156] 에르네스트 르낭은 "가톨릭교회를 위한 예수의 생애"를 처음으로 제공했으나 내용을 주로 "예술적 상상에 따라" 구성했다.[157] 르낭은 예수를 생생하게 묘사했으나 당시 낭만주의자의 상상이 반영된 인물, 곧 단순한 갈릴리 출신 랍비로서 "모든 사람에게 용서를 베푼 훌륭한 선생⋯고결한 선구자"로 묘사했다.[158] 르낭은 "과학적" 작품을 쓴다고 고백하지만 엄밀함을 "짙게 채색된 소설가의 말들"로 바꿔버렸다.[159]

슈바이처의 주장에 따르면, 빌헬름 부세와 요한네스 바이스는 무시할 수 없을 정도로 더 심각한 문제를 일으킨다. 이 문제에는 특별히 바이스의 종말론에 대한 평가가 포함되어 있다. 그러나 그들 서로 간의 불협화음의 배후에서 역사적 방법의 한계가 나타나기 시작한다.[160] "역사적" 예수는 "현재의 종교가 찬성할 수 있는 예수 그리스도가 아닐 것이다."[161] 마지막 결론에서 슈바이처는 다음과 같은 유명한 말을 남긴다. "예수는 옛날 호숫가에서처럼 이름도 없이 무명의 사람으로 우리에게 다가오신다.⋯예수는 그때와 똑같이 우리에게도 나를 따르라고 말씀하신다."[162]

슈바이처는 루돌프 불트만을 위한 무대를 마련한다. 한편으로 불트

155) Schweitzer, *Quest*, 68-96.

156) Schweitzer, *Quest*, 137-160.

157) Schweitzer, *Quest*, 181; 참조. 180-192.

158) Schweitzer, *Quest*, 185, 187.

159) Schweitzer, *Quest*, 191.

160) Schweitzer, *Quest*, 241-249; 참조. 222-268.

161) Schweitzer, *Quest*, 396-397.

162) Schweitzer, *Quest*, 401.

만의 『공관복음 전승사』(History of the Synoptic Tradition)는 역사적 재구성에 초점을 맞춘 것처럼 보인다. 그러나 그것은 **예수의 생애**에 대한 재구성이 아니다. 『예수와 말씀』(Jesus and the Word)에서 불트만은 이렇게 말한다. "우리는 지금 예수의 생애와 인격에 대해서는 거의 아무것도 알 수 없다. 왜냐하면 초기 기독교 자료들은 예수의 생애나 인격에 대해 어느 쪽에도 관심이 없다는 것을 보여주고, 관심이 있더라도 단편적일 뿐만 아니라 종종 전설과 같기 때문이다. 그리고 다른 자료들은 존재하지도 않는다."[163] 공관복음 전승들은 역사적 기록 자체를 체현하는 것이 아니라 그것을 증언하고 선포하고 고백하며 선언한다. 불트만은 예수께서 존재하신 **사실**, 예수께서 자기를 따르도록 제자들을 부르신 **사실**, 예수께서 십자가에 못 박히신 **사실**을 믿는 것이 타당한 추론이라고 주장한다. 그러나 더 나아가 내러티브의 "**사실 내용**"은 객관적 역사가 아니라 **케뤼그마**의 영역에 속해 있다. 불트만은 슈바이처의 탁월한 『역사적 예수 탐구』를 읽는 자는 누구든 "이것을 생생하게 깨닫게 된다"고 덧붙인다.[164]

불트만의 접근법에 대한 비판들은 너무 잘 알려져 있어서 지금 더 깊이 반복할 필요가 없다. 우리는 그레이엄 스탠턴의 연구를 이미 언급했는데, 그는 초기 그리스도인들 가운데 오직 누가만이 "우리 중에 이루어진 사실에 대하여 처음부터 목격자와 말씀의 일꾼 된 자들이 전하여 준 그대로 내력…"(눅 1:1-2)을 제공하거나 소유하기를 원했던 사람이었는지를 묻는다.[165] 지금은 문헌이 너무 많아 반복 없이는 인용할 수 없다. 또한 익히 알려진 것처럼, 심지어 불트만의 초기 제자들인 에른스트 캐제만, 보른캄,

---

163) Rudolf Bultmann, *Jesus and the Word*, trans. Louise F. Smith and E. Lantero (London: Collins/Fontana and New York: Scribner, 1958), 14.
164) Bultmann, *Jesus*, 14.
165) Stanton, *Jesus of Nazareth in New Testament Preaching*; 참조. Graham N. Stanton, *The Gospels and Jesus* (Oxford: Oxford University Press, 1989). 『복음서와 예수』(대한기독교서회 역간).

에른스트 푹스도 말씀과 행동이 융합되어 있는 기사들로부터 예수에 대한 추론을 뽑아낼 수 있는지를 놓고 "새로운 탐구"를 시작했다.[166] 캐제만의 논문 "역사적 예수의 문제"(The Problem of the Historical Jesus, 1953)는 특히 가현설을 피해야 할 필요성을 역설했다.

"실패한 어제의 물음"이 보여준 막다른 골목은 해석학적 지평들을 적절하게 검토하지 못한 레싱에서 불트만까지의 다양한 접근법들 가운데 한 실례를 보여준다. 어쨌든 해석학이 중요한 역할을 했지만, 해석은 종종 실증주의적 방법이었던 역사적 방법에 관한 19세기의 가정들에 의해 형성된다고 간주되었다. 실증주의는 "가치중립적인" 역사적 접근법으로 위장되었다. **텍스트와 당대의 해석자 또는 독자라는 이중의** 역사적 조건은 무시되거나 억압되었고, 탐구에서 거의 아니 전혀 역할을 하지 못했다. 사상사 속에 나타난 많은 막다른 골목들처럼, 이 이중의 역사적 조건도 근본적으로 새롭고 다른 접근법을 요구하는 데 일조했다. 이것은 부분적으로 "세 번째 탐구"로 알려지게 된 것 속에서 확인할 수 있으나 특별히 판넨베르크의 접근법에서 더 깊이 확인할 수 있다.


17.5. 포괄적인 해석학적 지평: 세 번째 탐구와 판넨베르크


라이마루스 및 레싱과 함께 시작되고 슈트라우스와 슈바이처를 거쳐 루돌프 불트만까지 이르는 논쟁은 일반적으로 진정한 해석학적 문제를 "과거 말하기"라는 역사 속에 둔다. 그러나 이 논쟁을 추적하는 것은 여전히 신약 기독론의 **필수 지침**(de rigueur)으로 남아 있다. 왜냐하면 그 안에 내

---

166) Ernst Käsemann, *Essays on New Testament Themes*, trans. A. R. Allenson (London: SCM, 1964), 특히 15-47; Ernst Fuchs, *Studies of the Historical Jesus*, trans. A. Scobie (London: SCM, 1964).

재된 가정들이 많기 때문이다. 첫째로 역사적 방법, 둘째로 신화, 셋째로 소위 "유연한" 역사적 예수, 넷째로 "현대인"이 믿을 수 있는 것에 대한 가정들이 여전히 21세기 후반에도 숱한 논란을 일으켰기 때문이다. 여기서 다만 두 가지 실례를 든다면, 논문집『성육신하신 하나님의 신화』(The Myth of God Incarnate, 1977)와 케임브리지 논문집인『그리스도, 믿음 그리고 역사』(Christ, Faith and History)에 수록된 일부 논문들(분명히 전부는 아니더라도)이 있는데, 이 논문의 저자들은 여전히 레싱에서 불트만까지의 개념과 기준이 지배하던 세계에 살고 있는 것처럼 보인다.[167] 『성육신하신 하나님의 신화』에 수록된 많은 논문은 지루하게 이 가정을 "역사적" 학문의 공리로 반복한다.[168] 돈 큐핏이 "이 책의 주제는 새로운 것이 아니다"라고 말했을 때, 그것은 이런 의미에서 한 말이다.[169]

그 사이 곧 1950년대부터 1970년대에 소위 "새로운 탐구"가 등장했는데, 이들은 예수의 행위와 말씀과 사건의 융합을 강조하면서 역사를 더 치열한 논쟁 속으로 끌어들인 것처럼 보였다. 푹스와 에벨링은 하이데거의 투사된 "세계"라는 개념을 통해 해석학 이론을 발전시켰는데, 특별히 예수의 비유에 집중했다. 나는 다른 곳에서 신해석학으로 불리게 된 것을 탐구했기 때문에 여기서는 이 점에 대해서 더 깊이 설명할 필요가 없다고 본다.[170] 그러나 결국 에른스트 푹스는 최소한 부활을 여전히 특정 언어 내

---

167) John Hick (ed.), *The Myth of God Incarnate* (London: SCM, 1977).
168) Hick (ed.), *Myth of God*, 8-9, 37(프란시스 영은 대안적인 이원론으로서 "두 이야기"를 한 번 더 언급한다); 140-141(Don Cupitt); 146-165(Maurice Wiles); 196-200 (Denis Nineham).
169) Don Cupitt, "The Christ of Christendom," in Hick, *Myth of God*, 137; 참조. 133-147.
170) Thiselton, *Thiselton on Hermeneutics*, 417-440, 463-488, 515-521; 그중 첫 번째 부분은 "The Parables as Language Event: Some Comments on Fuchs' Hermeneutics in the Light of Linguistic Philosophy," *Scottish Journal of Theology* 23 (1970) 437-468을 재간행한 것이다. Thiselton, *The Two Horizons*, 205-292, 342-356도 보라.

의 사건으로 간주했다. 비록 푹스와 에벨링이 포괄적인 해석학을 발전시켰다고 해도 그들이 기독론 및 신앙과 역사 논쟁에 공헌한 것은 처음의 약속을 성취한 것이 아니었다. 톰 라이트와 제임스 던은 이 운동이 지속적 가치를 거의 갖고 있지 않다고 인식한다. 하지만 이 운동의 가치를 영속적인 것이 아니라 일시적인 것으로 인식하는 자는 그들만이 아니다.[171]

진정으로 포괄적인 해석학적 지평은 기독론과 관련된 논쟁에 새로운 두 운동을 등장시켜 이 논쟁이 계속 건설적인 방향으로 나아가도록 재조정하는 효력을 갖고 있다. 첫 번째 운동은 "세 번째 탐구"로 알려진 것으로 여전히 진행중이다. 이 운동을 지지하는 톰 라이트는 이 운동의 기원과 대표적 특징을 명확하고 유용하게 설명한다.[172] 라이트는 이 새로운 접근법을 발전시킨 초기 주창자로 조지 케어드, 마르틴 헹엘, 벤 마이어(Ben Meyer), 오토 베츠(Otto Betz), 브루스 칠턴(Bruce Chilton) 등을 포함시킨다. 또한 라이트는 다른 누구보다 E. P. 샌더스, 게르트 타이센(Gerd Theissen), 앤서니 하비(Anthony Harvey), 벤 위더링턴 3세(Ben Whitherington III), 제임스 찰스워스(James Charlesworth)의 최근 작품을 인용한다.[173] 이 학자들은 예수에 관한 역사적 진리를 추구하지만 현대 초기의 학자들보다 더 지혜롭게 비판적 도구와 방법들을 사용한다. 그들은 본문을 "문학적" 또는 "신학적" 본문으로 여긴다고 해서 역사적 자료로서의 위상이 감소하는 것이 아니라는 것과, 확실히 이 세 가지 차원(문학적 차원, 신학적 차원, 역사적 차원)이 함께 고려되어야 한다는 것을 올바르게 인식하고 있다.

여기서 몇 가지 새로운 단계가 중요하다. "옛" 탐구가 하나님의 행위에

171) N. T. Wright, *Jesus and the Victory of God: Christian Origins and the Question of God*, vol. 2 (London: SPCK, 1996), 23-25; Dunn, *Jesus Remembered: Christianity in the Making*, vol. 1 (Grand Rapids and Cambridge: Eerdmans, 2003), 78-85. 『예수와 기독교의 기원』(새물결플러스 역간).
172) Wright, *Jesus and the Victory of God*, 83-124.
173) Wright, *Jesus*, 84은 더 많은 인물들의 이름을 제시한다.

대해 **선험적으로**(*a priori*) 확실한 신학적 이해를 사실상 배제한 채 좁은 의미의 지평 안에서 물음을 던졌다면, "세 번째" 탐구는 복합적인 이해의 지평 안에서 작업한다. 톰 라이트는 그 가운데 몇 가지를 다음과 같이 제시한다. 예수는 유대교에 어떻게 적응했는가? 예수의 목표는 무엇이었는가? 예수는 왜 죽었는가? 초기 교회는 어떻게 시작되었는가?[174] 이 모든 것 외에 그리고 이 모든 것을 **함께** 연관해서 물음을 던지면 다음과 같다. 이 진정한 역사적 탐구는 어떻게 "당대의 교회 및 세계와 관련되어 있는가?"[175] **해석학적 깊이**를 갖고 있는 이러한 이해의 지평들에는 **개방성**이 존재한다. 이 개방성은 가다머, 베티, 리쾨르가 요청하는 개방성과 완전히 부합한다. 그리고 이 점에서 "옛" 탐구의 대다수 사안이 갖고 있는 **폐쇄적** 가정들과는 실질적으로 차이가 있다. 라이트는 이렇게 지적한다. "만일 우리가 적절하게 규칙에 따라 행동한다면, 곧 우리가 그 내용을 알 때까지 '신적'이고 '인간적인' 것의 의미를 미지의 것으로 남겨둔다면, 결과가 어떻게 나타날지 미리 예측할 수 없을 것이다."[176]

"**미리 예측할 수 없을 것**"이라는 말은 정확히 그리고 엄밀하게 가다머의 핵심 관심사를 요약하고 있고, 리쾨르도 이것을 지지한다. 사실 이 말은 거의 가다머에게서 빌려온 것이다. **탐구의 관점에 따라 사전에 구성된 "폐쇄적" 가정들 또는 개념적 문법의 개념적 틀을 선험적으로 부여하지 않고, 우리가 이해하고자 하는 것에 따라 이해하는 개방성**은 『진리와 방법』의 핵심 목적을 묘사하고 성취한다.

제임스 던의 『예수와 기독교의 기원』(*Jesus Remembered*, 2003)은 의미심장하게 "세 번째 탐구"의 발전을 추가한다. 던은 계몽주의 시대의 특징이었던 교리로부터의 해방의 부정적 결과들과 그로 말미암아 "신자유주의

---

174) Wright, *Jesus*, 91-113.
175) Wright, *Jesus*, 117.
176) Wright, *Jesus*, 121.

제3부 기독교 교리의 주요 주제

자"예수로 돌아가게 된 사실을 추적한다. 이신론자인 라이마루스와 슈트 라우스가 **선험적**이라는 이유로 "이적"을 배제한 것은 유효하고 개방적이 고 정확한 역사적 방법의 탐구와는 거의 관련이 없다.[177] 또한 던은 르낭 과 하르낙의 자유주의적인 예수의 "생애"와 슈바이처의 "자유주의적인" 예수의 죽음도 조사한다. 던은 옛 탐구가 미래의 반성을 위한 "표지들" 을 남겨놓았다고 인정하지만, 그는 새로운 자원으로 방향을 돌린다. 라이 트와 같이 던도 예수의 "유대적 성격"(Jewishness)과 **보다 더 개방적인 해 석학적 지평**의 필요성을 인정한다. 해석학을 다룬 실질적인 장에서 던은 가다머의 사상 속에 나타난 역사적 거리, 해석학적 순환, 본문과의 만남, 역사적으로 효과적인 또는 "역사적으로 유효한" 의식을 고려한다.[178]

역사의 예수와 신앙의 예수 사이의 추정된 "간극"에 불필요하게 희생 된 것은 아무것도 없었다. 다른 누구보다 제임스 던과 톰 라이트는 적절하 고 더 포괄적인 해석학적 지평 안에서 연구한다.

성경 전문가들 사이에서 일어난 이 새로운 접근법 안에서 밀접하게 관 련된 운동이나 하위 부분은 성경에 대한 "신학적" 해석의 증가된 관심에 서 나온다. 이것은 의식적으로 성경 연구를 교의학에 흡수시키지 않고, 성 경 본문이 스스로 말하게 하는 방법을 추구한다. 신학 논문집 「들음에서」 (*Ex Auditu*)는 이러한 목적을 반영하고, (지금까지) 국제 성경 및 해석학 시 리즈로 출판된 8권에 이르는 저술도 비슷하게 이 관심사를 촉진시키는 데 목표를 두고 있다.[179] 이 두 집단은 성경 본문을 "현대" 성경 해석자의 형

---

177) Dunn, *Jesus Remembered*, 25-29.
178) Dunn, *Jesus Remembered*, 99-136.
179) 가장 최근에 출판된 두 권의 책은 다음과 같다. Craig G. Bartholomew, Joel
    B. Green, and Anthony C. Thiselton (eds.), *Reading Luke: Interpretation,
    Reflection, and Formation*, Scripture and Hermeneutics 6 (Carlisle, U.K.:
    Paternoster, Grand Rapids: Zondervan, 2005); Craig G. Bartholomew et al.
    (eds.), *Canon and Biblical Interpretation* (Grand Rapids: Zondervan, 2006 and
    Carlisle: Paternoster, 2007).

상으로 만들려고 하기보다 **자기들에 대하여** 변혁적 영향이 나타나도록 텍스트의 형성적 효력을 의식적으로 의도하고 있다. 그러나 이것은 무비판적으로 취해지지 않는다. 리쾨르와 같이 이 두 집단도 의심과 복원의 해석학을 사용하는 데 힘쓴다. 나는 이 책을 저술할 때 세계성서학회(Society of Biblical Literature, 혹은 북미성서학회)가 성경의 신학적 해석에 대하여 이런 집단을 인정하는 과정 속에 있다는 것을 깨달았다.

우리는 이 모든 접근법을 기독론의 특수한 배경 속에서 "세 번째 탐구"라는 포괄적인 항목 아래 두었다. 그러나 오래된 논쟁의 방향을 바꾸는 데 있어 또 다른 결정적인 힘은 판넨베르크의 기독론적 접근법에 있다. 그의 **해석학적 지평**은 역사에 대한 실증주의적 접근을 제외하기 위해 어떤 **선험적** 접근법도 배제함으로써 연구를 시작하는 자들의 제한된 지평보다 **더 크고 넓고 포괄적이다.** 판넨베르크는 소위 경험적 탐구, 창조 질서, 신적 행동의 동연적인(coextensive) 경계들에 대해서 흄 또는 이신론으로부터 나온 회의론을 단호하게 거부한다.

판넨베르크의 기독론의 출발점은 대체로 개방적이다. 판넨베르크는 캘러와 달리 그리스도에 대한 실재를, 역사에 반대되는 그리고 공적 영역에서 드러나는 것과 반대되는 교회의 "선언" 또는 교회의 "신앙"으로 환원시키지 않는다. 또 판넨베르크는 실증주의와 달리 역사에 대한 탐구를 무신론적이거나 자연주의적인 구조나 의미의 지평, 또는 진리-주장 안에서 합당한 것으로만 한정시키지 않는다. 그는 이렇게 말한다. "역사는 기독교 신학의 가장 포괄적인 지평이다. 모든 신학적 물음과 답변은 하나님이 인간에 대해 갖고 계시고, 또 인간을 통해 전체 피조물에 대해 갖고 계시는 역사 곧 세상에는 여전히 숨겨져 있지만 예수 그리스도 안에서 이미 계시된 미래를 향해 나아가는 역사의 관점 안에서만 의미가 있다."[180] 판넨베

---

180) Pannenberg, "Redemptive Event and History," in *Basic Questions in Theology*, vol. 1, 15.

제3부 기독교 교리의 주요 주제

르크는 이 전제가 한편으로는 불트만의 실존주의에 반대하고, "다른 한편으로는 신앙의 진정한 배경은 초역사적이라는…마르틴 캘러가 전개한 전제에 반대하여" 옹호되어야 한다고 말한다.[181]

판넨베르크는 "아래로부터의" 공적 역사라는 배경 속에서 기독론을 설명하기 **시작한다**. 판넨베르크는 이렇게 말한다. "사도들이 나사렛 예수를 하나님의 아들로 선포하는 메시지는 지상에 오신 예수, 땅에서의 생애 마지막에 있을 예수의 운명, 죽은 자 가운데서 예수를 다시 살리시는 하나님의 행동과 함께 시작되었다."[182] 어떤 이들(참조. 각주 73에서 사이크스의 설명)은 부활을 직접 언급하게 되면 "아래로부터의" 기독론이 진정으로 이루어지지 못한다고 주장했다. 그러나 일부 성경학자들의 환원주의적 실증주의에 반대하여 판넨베르크는 "성경 본문을 예수의 오심과 예수의 역사의 전체 성격"과 관련시켜 다룬다고 주장한다.[183] 확실히 우리가 최초 기독교 공동체에서 예수에 대한 해석을 형성시킨 이해의 지평을 고려한다면, 구약성경과 묵시적 기대(우리가 17.2.에서 주장한 것처럼)는 예수에 대한 진정한 이해를 형성하는 데 일익을 담당했고, 부활에 대한 기대, 아니 최소한 신적 확증에 대한 기대도 예수에 관한 진정한 이해를 형성시키는 본질적인 요소다. 우리는 그 지평을 단순히 실증주의나 어떤 다른 "현대" 철학에서 나온 낯선 틀로 대체할 수 없다. 판넨베르크가 초기의 한 논문에서 지적한 것처럼 사건과 의미는 하나의 전체로 **융합되어 있다**.[184]

우리가 방금 언급한 1967년 초 논문은 판넨베르크가 자신의 후기 작품들에서 더 충분히 전개한 체계적인 접근법을 소개한다. 판넨베르크는

---

181) Pannenberg, *Basic Questions*, vol. 1, 15.

182) Pannenberg, *Systematic Theology*, vol. 2, 278.

183) Pannenberg, *Systematic Theology*, vol. 1, 280.

184) Pannenberg, "The Revelation of God in Jesus of Nazareth," in James M. Robinson and John B. Cobb, *New Frontiers in Theology*: vol. 3, *Theology as History* (New York: Harper & Row, 1967), 120; 참조. 101-133.

예수 그리스도가 "하나님의…오심을 기대한 전통에 속해 있었다"고 말한다.[185] 예수 그리스도는 자신의 청자들이 속해 있었던 이스라엘 전통을 공유하셨다. 제자들을 부르셨을 때, "예수는 이유를 말씀하지도 않고 무조건 자신의 인격을 신뢰하라고 요구하지도 않으셨다."[186] 예수의 이런 이해는 구약성경과 유대 사상을 통해 이미 확립된 이해의 지평 안에서 이루어진 그분의 지위에서 나왔다. 또한 이스라엘의 하나님은 세상의 창조자이기 때문에 여기서 보편성에 대한 기대가 등장한다. "하나님을 전혀 모르는 자의 비유대적 개념"은 예수에 의해 형성된 성경의 유산을 통해 "외부로부터" 변화되었으나 유대 전통은 예수에 의해 "내부로부터" 변화되었다.[187]

판넨베르크의 주장의 두 번째 단계는 하나님의 미래 행위로서 하나님의 통치에 대한 기대에서 나온다. **사건들의 진리와 의미는 "오직 종말에 비추어볼 때만 나타난다"**(티슬턴 강조).[188] 예수 그리스도의 부활에서 마지막 때의 **우주적 사건**이 일어났다.[189] 예수와 신적 목적에 대한 예비적 이해는 하나님이 죽은 자 가운데서 살리시는 예수에 대한 예언의 말씀, 사건, 기대, 오심의 상호관계 속에서 가능하게 된다. "역사를 하나의 전체로 묶는 종말론적 사건은 하나님에 대한 최종적 지식을 가져온다."[190] **역사와 신앙 사이에 분리는 없다.** "우리는 오늘날 사실들의 본래적 통일성과 그 의미를 복원시켜야 한다."[191] 나아가 판넨베르크는 이렇게 말한다. "지식은 신앙에서 벗어나 있는 단계가 아니라 신앙 속으로 들어간다."[192] 신앙은 신앙이 지시하는 것에 대한 신뢰성을 그 기초로 한다. 따라서 "기독교

185) Pannenberg, "The Revelation of God in Jesus," 102.
186) Pannenberg, "The Revelation," 103.
187) Pannenberg, "The Revelation," 108.
188) Pannenberg, "The Revelation," 113.
189) Pannenberg, "The Revelation," 114-117.
190) Pannenberg, "The Revelation," 122.
191) Pannenberg, "The Revelation," 127.
192) Pannenberg, "The Revelation," 129.

신앙은 예수에 관한 역사적 지식의 불확실성을 상쇄시킬 것이라는 단순한 주관적 신념과 동일시되어서는 안 된다."[193] 이것은 "신앙의 그리스도" 대 "역사의 예수" 논쟁에 대한 가혹한 평가이자, "두 이야기" 곧 그리 분명하지 않은 둘 사이의 관계로 신앙을 유지하는 것이 충분하다고 생각하는 자들에 대한 가혹한 평가다.

당연히 이 초기 논문을 한 편 살펴보는 것으로는 판넨베르크의 사상을 충분히 정당화하지 못할 것이다. 왜냐하면 판넨베르크는 자신의 후기 작품에서 이 기본 주장에 자격 조건과 추가 내용을 덧붙이기 때문이다. 특히 판넨베르크는 하나님의 계시로서 "전체" 그리스도를 충분히 이해하기 위해 각 단계를 다루기 전에 "아래로부터의 기독론"을 더 크게 강조할 필요가 있다고 인정한다. 판넨베르크는 "아래로부터의 기독론"을 『예수: 하나님과 인간』(Jesus-God and Man)과 『조직신학』에서 힘주어 강조한다.[194]

『조직신학』에서 판넨베르크는 이렇게 말한다. "만일 **아래로부터의 기독론**이 그리스도의 신성에 대한 신앙고백의 실질적 대안을 발전시키려는 수단이 아니라면, 또 이러한 신앙고백과 그로부터 따라 나오는 성육신 개념이 예수의 오심과 역사에 대한 함축적 의미를 적절하게 표현한 것이라면, 이것은 나사렛 예수의 인간적·역사적 실재가 오직 **그분이 하나님에게서 오신 것**에 비추어볼 때만 적절하게 이해될 수 있다는 것을 의미한다."[195] 『조직신학』 다른 곳에서 판넨베르크는 이렇게 말한다. "기독론은 초기 기독교 전통의 신앙고백 진술과 명칭들의 배후로 들어가 이 요점의 기초를 살펴야 한다.…이 기초는 곧 예수의 역사다."[196] 그렇기 때문에 예수 그리스도의 부활은 "기독론의 충분한 이해를 위해 제외될 수 없다"고

---

193) Pannenberg, "The Revelation," 131.
194) Wolfhart Pannenberg, *Jesus-God and Man*, trans. L. L. Wilkins and D. A. Priebe (London: SCM, 1968) and *Systematic Theology*, vol. 2, 277-323.
195) Pannenberg, *Systematic Theology*, vol. 2, 288(티슬턴 강조).
196) Pannenberg, *Systematic Theology*, vol. 2, 281.

판넨베르크는 주장한다.[197] 그는 계속해서 "우리가 예수의 부활에 대한 초기 기독교의 증언을 그의 부활 이전 사역을 정당화하기 위한 것으로 간주할 때만, 또 하나님과의 교제를 형성하기 위해 예수를 다시 살린 것으로 간주할 때만" 사도들의 선포와 예수의 역사 사이의 연계성은 충분한 의미를 얻는다고 말한다.[198] 오직 부활만이 그리스도에게 **퀴리오스**(Kyrios)의 지위를 부여한다. 아들의 "보내심"을 **단순히 신적 기원의 관점에서가 아니라 아들의 선재성의 관점에서** 보게 되는 것은 부활에 비추어볼 때다. 또한 필수적인 이해의 지평은 "예수께서 하나님으로부터 오신 것"도 포함한다.[199] 나의 노팅엄 대학교 박사 과정의 한 제자인 마크 찬(Mark L. Y. Chan)은 기독론, 해석학, 그리고 판넨베르크의 건설적 신학을 함께 묶어 이 문제를 탁월하게 설명했다.[200]

나중에 판넨베르크는 회고하면서, 이 요소들이 1세기 말이나 심지어 2세기에 나온 것으로 보지 않고 이렇게 설명한다. "이 요소들은 이미 **바울 이전 전승과 케뤼그마** 속에 들어 있었다." 나아가 판넨베르크는 이렇게 말한다. "최초 그리스도인들은 예수의 몸이 무덤에 그대로 남아 있었다면 예수의 부활에 대해 성공적으로 설교할 수 없었을 것이다."[201] 부활 사건은 "이미 역사적 사실에 대한 주장을 함축한다.…부활 사건은 이 세상에서, 말하자면 여자들이 찾아가기 전 예루살렘에 있는 예수의 무덤에서 일어났다."[202] **또한** 묵시적 기대의 배경 안에서 부활 사건은 우주적 의미를

197) Pannenberg, *Jesus-God and Man*, 88-106; 참조. *Systematic Theology*, vol. 2, 352-359.
198) Pannenberg, *Systematic Theology*, vol. 2, 283.
199) Pannenberg, *Systematic Theology*, vol. 2, 288.
200) Mark L. Y. Chan, *Christology from Within and Ahead: Hermeneutics, Contingency, and the Quest for Transcontextual Criteria in Christology* (London, Boston: Brill, 2001), 222-260; 참조. 209-222.
201) Pannenberg, *Systematic Theology*, vol. 2, 358; 참조. 359.
202) Pannenberg, *Systematic Theology*, vol. 2, 359, 360.

갖고 있다. "만일 예수가 부활하셨다면 세상의 끝은 시작된 것이다."[203] 판넨베르크는 이 접근법이 "죽은 자는 살아나지 못한다"고 **선험적으로** 미리 선입견을 가지고 본문에 접근하는 실증주의 역사가들의 접근보다 더 적절하게 합당한 역사적 방법을 반영한다고 주장한다.[204]

이상의 많은 주장은 우리가 이번 장 전반부에서 적절한 것으로 제시한 이해의 지평들을 반영한다. 기독론에서 해석학의 역할은 결정적이다. 해석학적 지평은 구약성경의 약속과 유대 사상의 기대에 비추어 땅에서의 예수와 함께 **시작하지** 않을 수 없다. 우리는 특히 제1부에서 이해의 지평이 움직임과 확장이 가능하다고 주장했다. "이해"는 최초의 가정들이 교정되고 재형성되는 **과정**이다. 기독론에 대한 판넨베르크의 접근법은 역사, 신학, 해석학의 관계를 충분히 고려한다. 판넨베르크가 확립한 확장된 이해의 지평 안에서 신앙과 역사의 고질적 문제점은 사라지고 개조된다. 판넨베르크의 기독론은 폭넓고 포괄적인 기독교 신학의 한 부분을 구성한다. 마크 찬은 기독론의 역할을 판넨베르크의 "종말론적 삼위일체 존재론" 안에서 설명한다.[205]

---

203) Pannenberg, *Jesus-God and Man*, 88.
204) Pannenberg, *Jesus-God and Man*, 109.
205) Chan, *Christology from Within and Ahead*, 260.

**18장**

성령:
성경, 역사, 경험, 그리고 해석학

## 18.1. 내재하는 저편에 의해 형성된 지평,
기독론과 종말론에 의해 확장된 지평

많은 학자들이 성령의 "자기를 내세우지 않는" 제한에 대해 말했다. 피슨 (J. E. Fison)은 이렇게 말한다. "그분[성령]의 사역은 성령의 '케노시스'⋯안 에서 자기 자신을 내세우지 않고 숨기는 사역이다."[1] 이것은 성령에 관해 아주 말이 많은 어떤 사람들이 "비기독교적인⋯독단적 확신으로 쉽게 왜 곡시키는 것과" 전혀 다르다고 피슨은 설명한다.[2] 해밀턴(N. Q. Hamilton) 과 헨드리(G. S. Hendry)도 비슷한 지적을 한다. 곧 성령은 전형적으로 자기 자신이 아니라 그리스도에게 빛을 던져주신다.[3] 요한복음의 보혜사 관련 말씀을 보자. "그[성령]가 스스로(ἀφ' ἑαυτοῦ) 말하지 않고⋯그가 내 영광을 나타내리니 내 것을 가지고(ἐκ τοῦ ἐμου, 나로부터) 너희에게 알리시겠음이 라"(요 16:13-14).

이것이 성령에 대한 교리 해석학을 제공하는 데 특별한 어려움을 일 으킬까? 우리는 공적 세계에서 일부 혹은 다수의 사람들이 성령의 행위로 귀속시키는 현상과 진정으로 성령에게서 나온 현상을 어떻게 구별할까? 이러한 내용을 포함한 의미와 이해에 대한 물음을 설명하고자 할 때, 명백

---

1) J. E. Fison, *The Blessing of the Holy Spirit* (London and New York: Longmans, Green, 1950), 22-23; 참조. 72, 210. H. Wheeler Robinson, *The Christian Experience of the Holy Spirit* (London: Nisbet, 1928) 83-84도 보라.

2) Fison, *Holy Spirit*, 15.

3) N. Q. Hamilton, *The Holy Spirit and Eschatology in St. Paul*, Scottish Journal of Theology Occasional Papers (Edinburgh: Oliver & Boyd, 1957), 3-16; G. S. Hendry, *The Holy Spirit in Christian Theology* (London: SCM, 1965), 14-24.

한 필요와 더불어 어려움도 같이 발생한다.

두 번째 단위의 물음들은 히브리어 단어 רוח(루아흐)와 그리스어 단어 πνεῦμα(프뉴마)의 이중적인, 아니 사실은 다중적인 의미에서 나온다. 이 두 말은 종종 **성령**(Spirit, 하나님의 영)으로 번역되지만, 때로는 **영**(spirit, 사람의 영) 그리고/또는 **바람**이나 **숨**으로 번역되기도 한다. 어떤 본문에서는 그 의미가 논란이 된다. 따라서 어떤 성경은 로마서 12:11의 τῷ πνεύματι ζέοντες(토 프뉴마티 제온테스)를 "영의 열정으로"(NEB) 또는 "영[사람의 영]에 열렬하게"(AV/KJV)로 번역한다. 또 다른 성경은 같은 말을 "성령[하나님의 영]으로 뜨겁게"(RSV)로 번역한다. 유감스럽게도 NRSV는 그 말을 "영에 열정적인"으로 번역함으로써 RSV보다 이전 번역으로 되돌아갔다. 마찬가지로 NJB도 이 말을 "열심인 영"으로 번역한다. 그러나 REB는 초기의 NEB의 번역을 발전시켜 "성령으로 타올라"로 번역한다. NRSV와 REB는 각자의 초기 번역본의 번역을 반대 방향으로 뒤집어놓았다. 이것을 더 깊이 조화시키기 위해 호일(R. B. Hoyle)과 BDAG는 πνεῦμα(프뉴마)가 바울 당시 그리스 세계에서 전달할 수 있는 의미가 매우 광범위했다는 사실을 보여준다.[4]

세 번째 요소도 언급할 필요가 있다. 몰트만이 지적한 것처럼, 1970년대 초까지는 성령 교리에 대한 설명이나 책들을 소개할 때 "성령을 소홀히 대하는 태도"가 만연해 있음을 불평하는 내용을 어느 정도 포함시키는 것이 관례였다.[5] 그러나 1970년대 이후로 현재까지 "성령을 소홀히 대하는 태도"는, 비록 이런 말과 문헌 가운데 "성령론의 새 패러다임이 아직 나타나지는 않았다" 해도, 많은 진영에서 "성령에 적극 사로잡히는" 방식으로 바뀌었다.[6] 놀랍게도 성령의 인격에 대한 관심이 다시 폭발하고 있음

---

4) R. Birch Hoyle, *The Holy Spirit in St. Paul* (London: Hodder & Stoughton, 1927), 175-181; BDAG, 832-837.

5) Moltmann, *The Spirit of Life*, 1.

6) Moltmann, *The Spirit*, 1.

제3부 기독교 교리의 주요 주제

에도 불구하고, 우리는 여전히 영어권 진영에서 성령에 대해 말할 때 성령의 호칭으로 중성 대명사 "그것"(it)을 널리 사용하는 것을 본다. 그리고 그리스도에 관한 언어와 성령에 관한 언어의 관계가 전혀 명확하지 않다는 것을 알 수 있다. 심지어 어떤 이들은 "주는 영이시니"(고후 3:17)에서 "이시니"를 주석적 지시 대상이 아니라 동일성 개념으로 이해한다(참조. 출 34:34).[7]

네 번째로 성령에 대한 해석학적 명확성이 결여되어 있는 또 한 가지 이유는 성령의 신학적 "자기 제한" 또는 "케노시스"(자기 비움)와 함께, 이 첫 번째 어려움을 심화시키는 것이 불가시적인 것과 경험적인 것 사이의 개념적 문법 또는 논리의 대조적인 본질 속에 있다는 것이다. 바람과 마찬가지로 성령의 활동도 분명하게 결과로 확인할 수 있다. 바람은 보이지 않으나 배를 움직이고, 나무를 흔들고, 울타리를 쓰러뜨리는 힘을 갖고 있는 것처럼, 성령의 불가시적인 행위도 사랑, 자녀됨의 확신, 새 탄생, 그리스도를 주로 시인하는 능력, 근신, 그리스도인들의 연합과 같은 가시적인 결과를 일으킨다(요 3:5-8; 고전 12:3; 갈 5:25; 엡 4:3). 그러나 만약 성령이 바람과 같이 자신이 원하는 대로(요 3:8) "분다면", 우리는 모든 가능한 사건 속에서 연역적으로 또는 일률적으로 결과에서 원인으로 추론해갈 수 있을까?

다섯 번째로 πνευματικός(성령에게 속한, 신령한)라는 형용사 형태와 πνευματικῶς(성령이 행하신 방법으로, 신령하게)라는 부사 형태는 심각하게 주석적·해석학적 오용을 가져왔다. 확실히 이 말들은 그리스 문헌에서 형용사와 부사 형태로 나타나는데, 거기서 **신령한**은 "육체적인"과 반대되는 사람의 영의 한 속성을 가리킨다(플루타르코스, 「모랄리아」 129C; 히에로클레스, 27, 483). 그러나 댄커(BDAG, 3d edn.)가 설명한 것처럼, 신약성경에서 이

---

7) Hendry, *Holy Spirit*, 14-17; Vincent Taylor, *The Person of Christ in New Testament Teaching* (London: Macmillan, 1958), 54.

말은 "대다수의 경우에 신적 πνεῦμα(프뉴마)를 가리키는 의미로" 쓰인다.[8] 확실히 고린도전서를 보면 고린도 교회 교인들은 "신령한"이라는 형용사를 칭송받을 만한 "높은 수준의" 인간적 성취를 가리키는 의미로 사용하는 경향이 있었다. 그렇지만 바울은 이 말을 성령 하나님의 행위와 형성적 영향력을 가리키기 위한 의미로 재정의하는 경향이 있다.[9] 바울이나 요한에게 "신령함"(영성, spirituality)은 깊은 깨달음에 대한 자기유도적인 느낌의 상태를 결코 가리키지 않고, 오히려 성령의 변혁적 행위의 결과를 의미한다.

성령 교리의 진리와 전달을 위한 적절한 해석학적 이해의 지평은 주로 구약 전통에서 나온다. 따라서 성령 교리의 진리와 전달은 신약성경에서 기독론, 공동체, 종말론의 지평에 따라 수정된다. 구약성경에서 하나님의 영은 스토아학파의 세계영혼과 같이 내재적인 어떤 힘이 아니라 **저편에서 온** 초월적이고 생명을 주는 능력이다. 성령의 임재와 능력은 "내재하시는 저편"(Beyond Who Is Within)으로 올바르게 규정되었다. 바울은 고린도 교회에게 성령이 활력을 주는 세계영혼 또는 "세상의 영"이 아니라, 초월적이면서 거룩한 τὸ πνεῦμα τὸ ἐκ τοῦ θεοῦ 곧 **하나님으로부터**(ἐκ) 온 영(고전 2:12)이심을 상기시킨다.

불트만은 바울에게 있어 **프뉴마**는 그리스의 플라톤적 의미에 입각한 독일어 단어 Geist(영 또는 정신)나 영어 단어 spirit(영)과 동등한 말이 아니라고 말한다. "πνεῦμα는 인간적인 모든 것과 대조되는 기적적인 신적 능력"이다.[10] 마찬가지로 슈바이처(Eduard Schweizer)도 이렇게 말한다. "고린도전서 2:13-15에서 πνευματικός(프뉴마티코스)는 하나님의 영으로 말미암

---

8) BDAG, 837, col. i.

9) 나는 이것을 다음 작품에서 상세히 제시했다. Thiselton, *First Epistle*, 224-295 (2:6-3:4 부분), 900-989 (12:1-11 부분), 1074-1130 (14:1-25 부분), 1257-1280 (15:35-44 부분).

10) Bultmann, *Theology*, vol. 1, 153.

아 하나님의 구원 역사를 알고 있는 사람이지만, ψυχικός(프쉬키코스)는 그 것을 모르고 있는 사람이다."[11]

바울은 구약성경과 유대 사상으로 말미암아 일어난 이해의 지평과 기대 안에서만 충분히 이해될 수 있다. 데이비스는 이렇게 말한다. "바울의 성령 교리는 다가올 시대에 대한 랍비들의 기대를 성령과 성령 공동체의 시대로 비추어볼 때에만 충분히 파악할 수 있다."[12] 구약성경은 "타자성", 초월성, 그리고 이 행위를 규정하는 능력에 따라 하나님의 영의 행위를 인간 행위와 구별한다. 바움게르텔(F. Baumgärtel)은 이사야 31:3의 의미를 인용하는 것으로 구약성경과 유대 사상 속에 나타난 "하나님의 영"에 대한 설명을 시작한다. "애굽은 אדם(아담, 사람)이요 אל(엘, 신)이 아니며 그들의 말들은 בשׂר(바사르, 육체)요 רוח(루아흐, 영)이 아니라." 바움게르텔은 이렇게 설명한다. "בשׂר(바사르, 육체)는 땅의 허약함과 무력함이고, '바사르'를 가진 자는 אדם(아담, 사람)이지만, רוח(루아흐, 영)는 절대적인 능력과 위엄이고, '루아흐'를 가진 자는 אל(엘, 신)이시다."[13] 린지 듀어(Lindsay Dewar)도 이 본문에 대해 비슷한 주장을 펼친다.[14]

이것이 구약성경에 나타난 성령의 행위에 대한 기조를 형성한다. 성령은 초월하는 능력이다. 하나님의 영은 광야를 낙원으로 만들고 공의의 땅으로 만드신다(사 32:15-17). 성령은 광야에서 이스라엘의 가축을 약탈자와 짐승에게서 보호하고, 이스라엘에게 안식을 주셨다(사 63:14). "여호와의 영이 삼손에게 강하게 임하니 그가 손에 아무것도 없이 그 사자를 염소 새끼를 찢는 것같이 찢었으나"(삿 14:6). 또한 "여호와의 영이 삼손에게 갑자

---

11) Eduard Schweizer, "πνεῦμα," in G. Kittel (ed.), *TDNT*, vol. 6, trans. G. W. Bromiley (Grand Rapids: Eerdmans, 1968), 436; 참조. 332-453.

12) W. D. Davies, *Paul and Rabbinic Judaism* (London: SPCK, 2d edn., (1955), 217.

13) Friedrich Baumgärtel, "πνεῦμα(Old Testament and Judaism)" in Kittel, *TDNT*, vol. 6, 365 (참조. 359-368).

14) Lindsay Dewar, *The Holy Spirit and Modern Thought* (London: Mowbray, 1959), 5.

기 임하시매 그의 팔 위의 밧줄이 불탄 삼과 같이 그의 결박되었던 손에서 떨어진지라. 삼손이 나귀의 새 턱뼈를 보고…그것으로 천 명을 죽이고"(삿 15:14-15). 스코트(E. F. Scott)은 이렇게 설명한다. "성령의 효력은 지상적이고 인간적인 질서가 아니라 천상적인 질서에 속해 있었기 때문에 불가해한 현상이었다."[15] 파웰(C. H. Powell)도 비슷한 주장을 펼친다. "성령은 자신의 본래 영역이 바사르[육체]인 자에게 속해 있지 않다."[16]

성령이 어떤 택함 받은 개인들에게 자기 자신의 힘만으로는 할 수 없었던 일을 수행하도록 "임하는"(falls upon) 또는 "주어지는"(given to) 일정한 패턴이 나타나기 시작한다. 때로는 성령께서 리더십이나 군사적 용맹성의 은사를 행사할 수 있도록 하신다. "여호와의 영이 그[옷니엘]에게 임하셨으므로 그가…나가서 싸울 때에 여호와께서…그의 손에 넘겨 주시매…"(삿 3:10). "여호와의 영이 기드온에게 임하시니 기드온이 나팔을 불매"(삿 6:34). 때로는 하나님의 영이 특별한 재능의 은사를 주셨다(브살렐에게; 출 31:3). 성령은 발람에게 지혜 또는 미래를 내다보는 능력을 주셨다(민 24:2). 또 사울이 "예언적 충동 상태"를 경험하도록 하셨다(삼상 19:23). 모세와 70장로는 성령의 선물을 받아 통치력, 지혜, 리더십을 구비하게 되었다(민 11:17). 성령으로 말미암아 요셉은 꿈을 해석할 능력을 얻었다(창 41:38).

몰트만이 특별히 관심을 기울이는 생명의 선물은 하나님의 영을 창조주 하나님과 긴밀하게 관련시킨다. 시편 기자는 이렇게 노래한다. "주의 영을 보내어 그들을 창조하사 지면을 새롭게 하시나이다"(시 104:30). 창세기 1:2에서 수면 위로 운행하신 하나님의 **루아흐**는, 비록 **바람**으로 번역하는 것이 가능하기는 해도, 단순히 **바람**(NRSV, NJB)이 아니라 하나님의 **영**(바레트, 듀어, 판넨베르크 같이)으로 번역하는 것이 더 낫다.[17] 이 구절은 언어

---

15) Ernest F. Scott, *The Spirit in the New Testament* (London: Hodder & Stoughton, 1923), 18.

16) Cyril H. Powell, *The Biblical Concept of Power* (London: Epworth, 1963), 26.

17) 참조. C. K. Barrett, *The Holy Spirit and the Gospel Tradition* (London: SPCK,

유희를 반영하는 것으로 보인다. C. K. 바레트는 여기서 알을 품고 있거나 공중을 날아다니는 새의 이미지를 생각하고(참조. 신 32:11), 하나님의 영이 생명과 질서를 낳기 위해 완전한 혼돈을 품고 있는 것으로 본다.[18] 바우터는 이렇게 설명한다. "신적 몫에 속한 바람은 또한 '수면 위에 운행하시는 하나님의 영[즉 생명을 주는 숨]이 될 것이다."[19] 몰트만은 이 구절을 "성령-신적 생명의 에너지"라는 제목 아래 포함시킨다.[20]

하나님의 영의 초월성은 여러 본문에서 **루아흐**와 **거룩한** 혹은 **거룩함**(ידﬞק, 코데쉬)을 연계시킴으로써 더욱 강조된다. "주의 성령을 내게서 거두지 마소서"(시 51:11)는 히브리서의 "[하나님의] 거룩하심의 영"을 반영한다. 이사야 63:10, 13에서 "그들이 반역하여 주의 성령을 근심하게 하였으므로…그들 가운데에 성령을 두신"은 "분리, 신성함"의 의미를 가진 ידﬞק(코데쉬)를 함축하고 있다. 이 용법의 한 가지 실례는 "장소들이 하나님의 임재로 말미암아 신성한 곳으로 구별되는" 것이다.[21] 동사 ידﬞק(카다쉬)는 "구별하다, 성별하다…신성하게 하다"를 의미한다.[22] 따라서 존 웹스터(John Webster)는 이렇게 말한다. "하나님의 거룩하심은 더 이상 축소시킬 수 없는 그분의 완전한 특성이다. 하나님은 그와 같이 존재하고 그와 같이 행동하신다. 하나님의 이름은 그분의 비견할 수 없음, 그분의 유일성이다."[23]

---

1958), 18; Pannenberg, *Systematic Theology*, vol. 2, 55; Dewar, *Holy Spirit*, 5. 다른 해석에 관해서는 Vawter, *On Genesis*, 40-41; Moltmann, *Spirit of Life*, 40-42을 보라.

18) Barret, *Holy Spirit*, 18.

19) Vawter, *On Genesis*, 41.

20) Moltmann, *Spirit of Life*, 40.

21) Brown-Driver-Briggs, *The New Hebrew-English Lexicon* (1980 edn.), 87에서 인용함; 참조. 871-873.

22) Brown-Driver-Briggs (1980), 872.

23) John Webster, *Holiness* (Grand Rapids: Eerdmans, 2003), 36; 참조. 31-52.

하나님은 왕과 예언자 그리고 특별한 사례로 이사야 42-53장의 고난의 종 및 "메시아"에게 기름을 부으시는데, 이로 말미암아 그들은 성령의 능력으로 거룩한 임무를 수행할 자격을 갖추게 된다. 고난의 종은 하나님이 "내가 나의 영을 그에게 주었"(사 42:1)다고 말씀하시는 종이다. 예수는 누가복음 4:18-19의 회당 설교에서 이사야 61:1-2을 자기 자신에게 적용시킨다. "주의 성령이 내게 임하셨으니 이는 가난한 자에게 복음을 전하게 하시려고 내게 기름을 부으시고 나를 보내사 포로 된 자에게 자유를, 눈먼 자에게 다시 보게 함을 전파하며, 눌린 자를 자유롭게 하고 주의 은혜의 해를 전파하게 하려 하심이라." 호세아 예언자는 "신에 감동받는 자"다(호 9:7). 엘리야에게 주어진 성령이 "엘리사 위에 머물렀다"(왕하 2:15). 미가는 "여호와의 영으로 충만하다"(미 3:8). 다윗 왕조에 대한 고전적인 예언이 이사야 11:1-5에서 발견된다. "그의 위에 여호와의 영 곧 지혜와 총명의 영이요 모략과 재능의 영이…강림하시리니"(사 11:2).

비록 구약성경의 강조점이 특수한 임무를 수행하도록 부름 받은 특정 개인에게 임하는 초월적인 기름 부음이나 권능의 수여로 주어지는 성령의 선물에 있다고 해도, 공동체적 강조점 역시 나타나기 시작한다. 에스겔은 포로로 잡혀간 이스라엘 공동체의 "마른 뼈들"이 하나님의 영으로 말미암아 생명의 몸으로 살아나게 될 것이라고 예언한다(겔 37:9). 또한 하나님의 영은 위로부터 온 영이 "[마음]속에" 두어짐으로써 변화, 부흥, 순종을 가져올 것이다(겔 36:27). 공동체에 대한 다른 언급으로는 이사야 44:3-5과 요엘 2:28이 있는데, 여기서 요엘서 본문은 베드로가 오순절에 성취된 것으로 인용하는 예언이다.

이것이 정확하게 신약성경의 성령 신학을 등장시키는 해석학적 지평이다. 또한 이것은 기독교의 성령 교리의 의미를 전달하기 위한 의사소통의 지평을 구성한다. 신약성경 안에는 보다 개인적인 모델 즉 특정 임무의 수행을 위한 능력 부여로서의 성령의 선물과, 보다 공동체적인 모델 곧 변화되고 갱신된 삶과 삶의 양식을 위한 능력 부여로서의 성령의 선물이 모두 지속되지만, 거기에는 기독론적이고 종말론적인 확장과 제한이 따른다. 플로이드 필슨(Floyd Filson)은 신약성경 속에서 이 연속성에 대해 다음과 같이 말한다. "이와 같이 선택 받은 개인들이 특수한 임무를 위해 성령을 받은 것은 사실이다. 그러나 이것이 어떤 이들은 성령을 받지 않고 남겨졌다는 것을 의미하지 않는다. 각자에게 성령이 주어진다.…이 역시 신약성경의 종말론적 분위기를 반영한다.…이것은 마지막 날에 일어날 일로 기대되었다."[24]

해밀턴은 신약성경을 다루면서 기독론을 "성령론의 열쇠"라고 부른다.[25] 모든 그리스도인이 공동으로 받는 성령의 기름 부음이라는 선물은 하나님의 통치를 실현시키려고 그리스도께서 성령으로 기름 부음을 받으신 기독론적 사건에서 연원한다. 우리는 여기서 히브리어나 아람어 단어인 **메시아**(Messiab)와 그리스어 단어인 **크리스토스**(Christos)가 **기름 부음 받은 자**를 의미한다는 것을 굳이 상기할 필요는 없다. 특수한 임무를 수행하도록 선택 받은 개인에게 주어지는 성령의 선물은 모든 그리스도인의 공동적·개인적 성령 경험의 기독론적인 기초로 존재한다. 따라서 바울의 말에 따르면 다음과 같다. "누구든지 **그리스도의 영이 없으면 그리스도의 사람이 아니라, 또 그리스도께서 너희 안에 계시면**…영은…살아 있는 것이니라. 예수를 죽은 자 가운데서 살리신 이의 영이 너희 안에 거하시면 **그리스도 예수를 죽은 자 가운데서 살리신 이가 너희 안에 거하시는 그의 영으로 말미암아 너희 죽을 몸도 살리시리라**"(롬 8:9-11).

제임스 던은 이렇게 설명한다. "로마서 8:9은 비그리스도인이 성령을 소유하는 것과 그리스도인이 성령을 소유하지 **못하는** 가능성을 **함께** 배제한다."[26] 던은 다른 곳에서 다음과 같이 말한다. "따라서 성령이 그리스

24) Floyd V. Filson, *The New Testament against Its Environment* (London: SCM, 1950), 78.
25) Hamilton, *The Holy Spirit and Eschatology*, 3.
26) James D. G. Dunn, *Baptism in the Holy Spirit: A Re-examination of the New*

도인을 특징짓는 표지로 간주된다는 것을 로마서 8:9은 단도직입적으로 천명한다.…이 구절에서…바울은 가장 근접한 그리스도인의 정의('그리스도의' 사람)를 제공한다."[27] 아들됨과 같이 "그리스도 안에 있음"도 성령의 선물을 받는 것의 기초다. 그러나 바울은 그리스도 안에 있는 것과 성령을 받는 것 사이의 인과관계를 오히려 반대로 제시하는 것처럼 보인다. 정말 중요한 그리스도인됨의 "정의"가 고린도전서 12:3에 나타난다. "성령으로 아니하고는 누구든지 예수를 주시라 할 수 없느니라." 우리는 **로마서 8:9-10이 논리적·신학적 관점에서 인과관계를 표현한다**고 주장할 것이다. 곧 그리스도 안에 있는 것이 성령을 받는 것의 신학적 기초를 구성한다. 그러나 **고린도전서 12:3은 우연적·경험적 관점에서 인과관계를 표현한다.** 곧 성령이 신앙고백을 하고 이 신앙고백에 따라 살도록 그리스도인을 이끌거나 능력을 주시지 않으면, 그리스도인이 자신의 삶에 대한 그리스도의 온전한 주되심을 인정하는 것은 불가능하다.

다른 신약 본문들도 이 상호 관계의 두 측면을 지지한다. 갈라디아서 4:6은 논리적·신학적 인과관계를 표현한다. "너희가 아들이므로 하나님이 그 아들의 영을 우리 마음 가운데 보내사 아빠 아버지라 부르게 하셨느니라." 그리스도인이 성령을 받는 것과 그리스도인이 하나님의 아들이 되는 것은 논리적·신학적으로 기름 부음 받은 자이신 그리스도에게서 그리고 아들이신 그리스도에게서 연원한다. 심지어 여기서도 스위트(H. B. Swete)가 주장하는 것처럼, 암묵적으로 성령은 자녀 의식과 친밀함을 촉진하고 실현한다.[28] 성령은 "그[그리스도]의 인격의 생명 원리"라고 알베르트 슈

---

Testament Teaching on the Gift of the Spirit in Relation to Pentecostalism Today (London: SCM, 1970), 95; 참조. James D. G. Dunn, *Jesus and the Spirit: A Study of the Religious and Charismatic Experience of Jesus and the First Christians as Reflected in the New Testament* (London: SCM, 1975), 310-316.

27) Dunn, *Paul the Apostle*, 423; 참조. 413-441.

28) 참조. Henry B. Swete, *The Holy Spirit in the New Testament* (London: Macmillan, 1922), 204-206.

722                    제3부 기독교 교리의 주요 주제

바이처는 설명한다.[29] 갈라디아서 5:25은 기독교적 실존의 원인뿐만 아니라 **실현**도 성령의 행위에 귀속시킨다. "만일 우리가 성령으로 살면 또한 성령으로 행할지니[인도를 받을지니]"(NEB의 번역은 "삶의 원천"과 "삶의 과정"을 시사한다). 해밀턴은 이렇게 말한다. "성령은 그리스도 안에서 이루어지는 이 온전한 실존의 시작이자 근거다."[30] 에두아르트 슈바이처는 이 문제를 더 분명히 한다. "πνεῦμα(프뉴마, 성령)는 신자의 이러한 실존을 확립하고, 더 이상 단순히 보충적인 이적 능력으로 간주되지 않는다.…이 점에서 왜 이적 현상의 특별한 성질을 더 이상 결정적 기준으로 삼을 수 없는지가 쉽게 확인할 수 있다."[31]

논란이 있는 "성령 세례"에 대한 언급은 이 기독론적인 맥락에 따라 해석할 것을 요구한다. 바울은 이렇게 말한다. "우리가 유대인이나 헬라인이나 종이나 자유인이나 다 한 성령으로 세례를 받아 한 몸이 되었고 또 다한 성령을 마시게 하셨느니라"(고전 12:13). 제임스 던은 이것이 신약성경에서 성령 세례를 명시적으로 언급하는 유일한 본문이라고 지적한다. 던은 이렇게 설명한다. "우리가 의미론적 속임수를 교묘하게 사용하지 않는한…성령 세례가 고린도 교회 교인들을 그리스도의 몸의 지체 곧 그리스도인으로 만든다는 것 외에 다른 결론은 있을 수 없다."[32]

게다가 세례를 **반드시** 물세례로 명기할 필요는 없다. 바울은 때때로 βαπτίζειν(밥티제인)을 문자적으로 물세례를 가리키는 의미로 사용한다. 하지만 때로는 은유적으로 그리스도 안에 있음을 가리키는 의미로 사용하기도 한다.[33] 단연코 던은 여기서나 다른 어느 곳에서도 바울 안에는

---

29) Schweizer, *Mysticism*, 165.

30) Hamilton, *Holy Spirit and Eschatology*, 12-13.

31) Schweizer, "πνεῦμα," *TDNT*, vol. 6, 425.

32) Dunn, *Baptism in the Holy Spirit*, 129; 참조. 127-130.

33) Dunn, *Baptism in the Holy Spirit*, 130.

"성령의 2차 선물에 대한 생각이 전혀" 없다고 결론짓는다.[34]

우리는 초월적 지평과 기독론적 지평에 종말론적 지평을 추가해야 한다. 적어도 여섯 명 이상의 학자들이 "성령은 기독교 종말 교리의 열쇠"라고 주장한다. 또는 "'새 사람'이 발견하는 중간 상황의 모든 긴장은 바울의 성령 교리에서 엄밀하게 표현된다."[35] 해밀턴은 이렇게 지적한다. "성령은 신자들이 미래의 의에 적절한 자가 되도록 기다릴 수 있게 하신다."[36] 따라서 바울은 이렇게 말한다. "그뿐 아니라 또한 우리 곧 성령의 처음 익은 열매를 받은 우리까지도 속으로 탄식하여 양자 될 것 곧 우리 몸의 속량을 기다리느니라(ἀπεκδεχόμενοι, 아페크데코메노이)"(롬 8:23). 이 구절에서 ἀπαρχη(아파르케, 처음 익은 열매)의 용법은 성령의 선물을 "장차 임할 것의 표징"으로 설명한다.[37] 바울은 고린도후서 5:5에서와 똑같이 αρραβών(알라본, 보증 또는 계약금)이라는 말을 사용한다. 하나님은 "보증으로 성령을 우리에게 주셨다." 이 그리스어 단어는 다른 곳에서 "첫 회 납입금"(고후 1:22)으로 번역된다(개역개정은 "보증"으로 번역했다-역자 주). 쿨만은 "성령은 현재에 종말을 예견하는 것 외에 다른 어떤 것이 아니다"라고 말한다.[38] 해밀턴은 이 주제에 대한 장의 제목을 "성령과 종말론적 긴장"으로 정한다.[39]

해밀턴은 이 구절들과 αρραβών(아라본, 첫 회 납입금)과 ἀπαρχή(아파르케, 첫 열매)에 대한 주석에서, 성령과의 관계에 있어 중심은 "미래에 있다"

34) Dunn, *Baptism in the Holy Spirit*, 136; 참조. 137-138.
35) Fison, *Holy Spirit*, 4; Ethelbert Stauffer, *New Testament Theology*, trans. John Marsh (London: SCM, 1955), 166; 참조. Barrett, *Holy Spirit*, 160-161; Weiss, *Earliest Christianity*, vol. 2, 445; Whiteley, *Theology of St. Paul*, 126-127; Hamilton, *Holy Spirit*, 여러 곳.
36) Hamilton, *Holy Spirit*, 34.
37) Schweizer, "πνεῦμα," *TDNT*, vol. 6, 422.
38) Cullmann, *Christ and Time*, 72.
39) Hamilton, *Holy Spirit*, 26-40.

고 말한다.[40] 이것은 성령의 행위로 말미암아 생명력이 주어지고 규정되는 부활의 실존 양식 개념(σῶμα πνευματικόν, 소마 프뉴마티콘, "신령한 몸"; 고전 15:44)에서 절정에 달한다. 나는 "신령한 몸"에 대한 이러한 이해를 고린도 전서 주석에서 상세히 설명했고, 이 접근법에 대한 설득력 있는 지지는 톰 라이트의 연구에서 발견된다.[41] 라이트는 **소마 프뉴마티콘**을 "참 하나님의 영으로 말미암아 생명력을 얻고 활력을 얻는 몸…곧 성령의 역사의 **결과**"로 설득력 있게 그리고 올바르게 정의한다.[42] 판넨베르크도 건설적으로 로마서 8:11을 고린도전서 15:42-44과 나란히 두고 부활의 실존 양식을 "신적 창조자의 영이 온전히 스며들어 있는 생명"(소마 프뉴마티콘)으로 설명한다.[43]

이 세 가지 이해의 지평 곧 초월적 지평, 기독론적 지평, 종말론적 지평은 오늘날 종종 엄격한 비판 없이 흔하게 사용되는 "영성"(신령함)이라는 애매한 개념보다 해석과 전달에 더 확고한 표지를 제공한다. 성령을 경험한다는 것은 간헐적으로 깜짝 놀랄 만한 현상의 "침투"로 이루어지는 것이 아니다. 성령의 능력은 얻어내는 것이 아니라 "주어지는" 것임을 자각하고, 주어지는 능력을 받아 그리스도를 닮는 태도와 행위로 "그리스도-안에 있는-존재"로서의 삶을 사는 것이다.

피슨이 지적한 것처럼, "참된 성령 교리가 없으면, 기독교는 반드시 경화(hard)되거나 연화(soft)된다."[44] 피슨은 이렇게 설명한다. 때때로 율법주의의 방향에서 간접적인 제도에게 의존하는 것, 지나치게 높은 성례주의를 견지하는 것, 또는 교회가 정한 규범에 기반을 둔 권위주의에 빠지는

---

40) Hamilton, *Holy Spirit*, 17-40, 79

41) Thiselton, *First Epistle*, 1257-1301, 특히 1267-1281; N. T. Wright, *The Resurrection of the Son of Christian Origins and the Question of God*, vol. 3 (London: SPCK, 2003), 340-356; 참조. 361-369. 『하나님의 아들의 부활』(크리스챤다이제스트 역간).

42) Wright, *Resurrection*, 354.

43) Pannenberg, *Systematic Theology*, vol. 3, 622.

44) Fison, *Holy Spirit*, 31.

것은 교회를 경화된 집단으로 만들 수 있다. 반면에 도덕적 변혁과 성령의 성화가 없는 자유에 대한 환상은 교회를 방종적 자기 확대에 빠진 연화된 집단으로 만들 수 있다.

바울은 고린도 교회에서 이 두 가지 왜곡, 특히 두 번째 왜곡으로 말미암아 "영성"(신령함)이 자기 날조적인 망상적 현상의 위험에 빠진 것을 발견했다(고전 3:1-4). 계속해서 우리는 성령의 은사, 성령의 인격성과 같은 문제를 비롯해 기독교 교리와 더 명백히 관련되어 있는 다수의 문제들과 나머지 신약성경 및 교부들 속에서 확인되는 다른 문제들을 고찰할 것이다.

## 18.2. 그리스도를 형성하는 성령: 인격성, 공동체, 은사, 거룩함

성령의 역사와 행동은 창조적이고 생명을 주고 형성적이고 변혁적이다. 성령이 "그리스도를 형성하신 것"에 대해 말하는 것은 성령의 사역에 있어서 두 가지 차원을 말하는 것이다. 구약성경과 사복음서의 기대에 맞게, 성령은 하나님의 통치를 실현하고 하나님의 백성의 구속을 위해 죽고 부활하시는 메시아로서의 임무를 수행하도록 예수 그리스도에게 기름을 부으시고, 능력과 "형성"(formation)을 제공하신다. 그리스도의 부활과 오순절 사건 이후로 성령은 하나님의 백성에게 "부어졌고", "그리스도 안에 있는" 자로서 그들 속에 그리스도를 형성하신다. 성령의 사역의 패턴은 요한과 교부들이 강조하는 것처럼 그리스도의 형상화 패턴이다. 교부들은 성령의 인격과 사역을 해석하는 데 있어 점차 삼위일체적인 이해의 지평으로 나아간다.

H. B. 스위트는 예수의 잉태와 탄생을 고찰한 『신약성경에 나타난 성령』(*The Holy Spirit in the New Testament*)이라는 작품에서 자신의 연구를 시작한다. 누가복음을 보면 마리아가 천사에게 질문하자 이런 대답이 주어진다. "성령이 네게 임하시고 지극히 높으신 이의 능력이 너를 덮으시리

니 이러므로 나실 바 거룩한 이는 하나님의 아들이라 일컬어지리라"(눅 1:35).[45] 마태복음은 이 사건을 다른 배경에서 언급하지만, 그런데도 마리아가 "성령으로"(ἐκ πνεύματος ἁγίου, 에크 프뉴마토스 하기우) 아기를 잉태했다고 진술한다(마 1:18-21). 스위트는 이렇게 주장한다. "[마태복음의] 이 전치사구는 누가복음의 어구보다 마리아의 태에 생명을 준 활력적 에너지의 원천이 성령이었음을 훨씬 더 분명하게 제시한다.…성령이 새 창조의 시작을 주관하시는 것으로 확인된다."[46]

예수의 세례 사건은 성령이 역사한 결정적인 한 실례다. 예수의 세례 받으심과 성령의 내려오심은 사복음서 전체에 기록되어 있다(마 3:16; 막 1:10; 눅 3:21-22; 요 1:32-33). 이것은 예수의 생애에서 새로운 시기가 시작된 것의 표시였고, 드디어 성령의 형성적 능력으로 메시아로서의 예수가 사역을 시작했다는 것을 상징했다. 스위트는 다음과 같이 말할 때 이 문제를 조금도 과장하지 않는다. "우리 주님은 성령의 거룩하신 기름 부음을 자기 자신의 필요를 위해 받으셨을 뿐만 아니라 모든 신자에게 주어지도록 하기 위해서도 받으셨다. 이후로 성령의 전체 샘은 그리스도의 샘으로 그리스도의 미래 교회로 흘러들어간다."[47] 몰트만은 이렇게 말한다. "요한복음 3:34은 이 독특한 성령의 부어지심을 '한량없이'라고 묘사한다.…성령은 예수를 '인격 안에 있는 하나님 나라'로 만드신다.…활력을 주는 하나님의 능력이 그리스도에게 주어지는 것은 그리스도 자신을 위해서가 아니라 다른 사람들 곧 병자, 가난한 자, 죄인, 죽어가는 자를 위해서다."[48]

성령은 예수를 테스트하고, 하나님과의 교제, 특히 "메시아"로서 시험하기(마 4:1-11; 막 1:12-13; 눅 4:1-13) 위해 광야로 "몰아내고"(막 1:12) "이끄신다"(눅 4:1). 성령의 인도를 받은 예수는 공개적으로 인정받고 "성공"으

---

45) Swete, *The Holy Spirit in the New Testament*, 24-37.
46) Swete, *The Holy Spirit in the New Testament*, 31-32.
47) Swctc, *The Holy Spirit in the New Testament*, 48.
48) Moltmann, *The Spirit of Life*, 61.

로 가는 지름길을 제공할 "초자연적" 행동 또는 깜짝 놀랄 만한 행동으로부터 멀어지고, **자신의 메시아적 인간성의 제약을 받아들인다.** 예수는 만나를 공급하는 모세의 이적을 재현하지 않을 것이다. 예수는 하나님의 손이 어떤 기적적인 일을 행하도록 이끌기 위해 성전 꼭대기에서 힌놈 골짜기로 뛰어내리지 않을 것이다. 예수는 고통 없이 일을 성취하기 위하여 마귀의 방법을 사용하지 않을 것이다. 요한복음의 신학에 따르면, 성령이 새 생명과 새 탄생을 주실지라도(요 3:1-11), 예수는 성부 하나님의 뜻에 순종하고, 성부 하나님과 성령 하나님의 손에 자신의 "영광"을 맡기신다(요 16:14).

공관복음서에 나타난 예수 안의 성령의 나타나심을 해석하는 두 가지 다른 방법 사이에는 모순은 아닐지라도 어느 정도 긴장이 나타난다. 『예수와 성령』(*Jesus and the Spirit*)에서 제임스 던은 이적의 나타남이 성령의 소유나 임재의 기준이 아님을 인정하지만, 그럼에도 예수의 사역은 "초자연적 능력에 대한 의식"이 특징이라고 주장한다.[49] 예수는 마술사가 아니지만 "은사가 충만하시다." 반면에 C. K. 바레트와 피슨은, 피슨이 성령에 대한 예수의 선언에 있어서 "공관복음서 저자들의 침묵"이라 부르는 것을 설명한다. 바레트는 "공관복음서가 왜 성령에 대해 별로 말하지 않는가?"라고 묻는다.[50]

바레트와 피슨은 기원전 8세기와 7세기 예언자들과 공관복음서 저자들이 성령에 대해 침묵하는 것을 대조시키고, 그들의 성령 경험을 초기 선견자들의 경험과 비교한다. 예를 들어 예레미야는 "자신의 예언적 영감을 성령에게 귀속시키지 않는다."[51] 바레트는 복음서에 하나님 나라의 표지들과 이 표지들을 추구하거나 강조해서는 안 된다는 믿음 사이에 긴장이

---

49) Dunn, *Jesus and the Spirit*, 75; 참조. 68-92.

50) Fison, *Holy Spirit*, 81-102; Barrett, *The Holy Spirit and the Gospel Tradition*, 140-162.

51) Barrett, *Holy Spirit*, 146.

보인다고 말한다.[52] 더구나 예수는 자신의 사역의 "현재"와 부활과 오순절 사건이 성취되는 "그때"를 구분한다. 바레트는 이렇게 결론짓는다. "영광의 결여와 고난의 표지가 그의 메시아적 소명이었고, **그의 가난함 일부는 하나님의 영이 지닌 모든 표징의 부재였다.** 하나님의 영의 표징들은 낮아지신 메시아의 직분과 일치되지 않을 것이다."[53] 자신의 메시아 시험에 대한 예수의 반응은 이 점에 대한 한 가지 암시를 제공한다.

피슨도 바레트의 결론에 동조한다. 예수의 잉태와 세례에 대한 초기의 내러티브를 제외하면, 결정적인 언급이 예수께서 "주 여호와의 영이 내게 내리셨으니…"라는 이사야 61:1-2을 인용할 때 나타난다. 공관복음서 저자들은 성령에 대한 "언급을 자제하는 태도"를 보여준다.[54] 피슨은 뉴턴 플루(Newton Flew)의 연구를 언급하면서, 성령에 대한 언급이 예수가 "말씀과 행위로 그리고 겸손, 고난, 섬김으로" 그리스도의 형상적 메시아 소명을 따라 **살** 때까지 나타나지 않는다는 오해의 소지가 있을 수 있다고 주장한다.[55] 피슨은 오늘날 기독교의 성령 교리는 이 점을 강조해야 한다고 말한다. 오순절은 갈보리 저쪽 편에서만 일어난다. "오순절에 성령은 우리 주님의 생활 패턴을 넘어가지 않는다.…[성령은] 그리스도와 가능한 가장 긴밀한 관계 속에서 [일하신다.]"[56]

요한복음은 이것을 분명히 제시한다. 고별 강화의 보혜사 관련 말씀에서 예수는 제자들에게 다음과 같이 말한다. "아버지께로부터 나오시는 진리의 성령이 오실 때에 그가 나를 증언하실 것이요"(요 15:26). "보혜사 곧 아버지께서 내 이름으로 보내실 성령"(요 14:26), "그가 내 영광을 나타내리니 내 것을 가지고 너희에게 알리시겠음이라"(요 16:14). 성령은 "다른 보혜

---

52) Barrett, *Holy Spirit*, 157.
53) Barrett, *Holy Spirit*, 158.
54) Fison, *Holy Spirit*, 95.
55) Fison, *Holy Spirit*, 94.
56) Fison, *Holy Spirit*, 120, 121.

사"(ἄλλον παράκλητον, 알론 파라클레톤; 요 14:16)가 될 것이다. 성령은 계속 예수를 증언하고 가르칠 것이다(요 14:26). 스위트는 "성령은 아들을 계시하도록 보내심을 받았다"고 설명한다.[57] 따라서 성령의 사역은 그리스도를 닮는 거룩함을 촉진시킬 것이다. "그가(ἐκεῖνος, 에케이노스) 죄, 의, 심판에 대하여 세상을 책망하실(ἐλέγξει, 엘렝크세이) 것이다"(요 16:8-9). 요한복음에서 이것은 특별히 예수 그리스도를 믿지 않는 불신앙의 죄와 그리스도의 의의 정당성을 입증하는 것에 적용된다.[58]

바울은 갈라디아서 5:22-23의 "성령의 열매"에 대한 고전적인 문장에서 이 "그리스도를 닮음" 개념을 성령의 행동과 효력에 적용한다. 사랑으로 시작해서 절제로 끝나는 아홉 가지 성령의 "열매"는 "그리스도 예수의 사람들"의 특징이 되어야 한다(갈 5:24). 우리가 앞에서 로버트 주잇이 갈라디아서에 나타난 "육체"(σάρξ, 사룩스)를 분석한 것에 대해 말할 때 지적한 것처럼, 이와 반대되는 원리는 자유주의 형태를 취하든 율법주의 형태를 취하든 간에 자기과시의 원리다. 이 점에서 "율법 조문은 죽이는 것이요, 영은 살리는 것이다"(고후 3:6). 불트만은 과거의 인과 과정에 대한 속박으로서 율법에 얽매임과 성령의 해방을 바르게 대조시킨다. "자유는 자기 자신이 미래에 의해 결정되도록 진정한 미래에 대해 문을 열어두는 것 외에 다른 것이 아니다. 따라서 성령은 미래에 대한 능력으로 불릴 수 있다."[59] 그러나 앞에서 불트만과 신화에 대해 설명한 것에 비추어보면 우리는 성령이 **이보다 더한 어떤 것이지 그 이하는 아니라고 덧붙여야** 한다.

소위 성령의 은사에 대한 바울의 설명(특히 고전 12:1-11, 27-31; 14:1-40)은 공동체의 배경 안에서 그리스도를 닮는 것(그리스도의 형상화)을 이 은사들의 목적으로 강조한다. 첫째, 바울은 고린도 교회 교인들의 περὶ τῶν

---

57) Swete, *The Holy Spirit in the New Testament*, 153.

58) Swete, *The Holy Spirit*, 157-160.

59) Bultmann, *Theology*, vol. 1, 335.

πνευματικῶν(페리 톤 프뉴마티콘, "신령한" 것이나 사람들이나 은사들에 관한, 남성 또는 중성) 물음을 χαρίσματα(카리스마타, 값없이 주어진 은사들, 조건 없는 은사들; 고전 12:1-11)에 대한 평행 질문에 따라 다시 정의한다. 둘째, 바울은 성령을 받은 것에 대한 기준을 **그리스도의 주되심**을 시인하고 그리스도의 주되심에 따라 실제로 사는 능력에 있다고(고전 12:3하) 지적한다. 확실히 그리스도의 이름으로 상대방을 질투하거나 경멸하여 "저주하는 것"과 같은 개념은 성령으로부터 나오는 것이 될 수 없었다(고전 12:3상). 브루스 윈터 (Bruce Winter)는 최근에 이 인용에 **능동태** 동사가 함축되어 있을 것이라는 점을 증명했다. "예수께서 저주를 허용하실 자라 하지 아니하고."[60]

셋째, 바울의 세 번째 설명은 성령으로 말미암아 모든 신자에게 주어지는 온갖 은사(χαρίσματα, 카리스마타)는 자기 긍정이나 자기 영광을 위한 것이 아니라 "[공동으로] 유익하게 하려고"(πρὸς τὸ συμφέρον, 프로스 토 쉼페론; 고전 12:7), 그리고 "공동체의 덕을 세우도록"(고전 14:26) 주어진다고 지적한다. 이렇게 경쟁을 탈피하고 실제적 관점에서 상호 이익을 주는 개념이 은사들의 원천에 대한 표현 속에 나타나 있다. "성령은 같고⋯주는 같으며⋯하나님은 같으니"(고전 12:4-6). 이 본문에는 의심할 여지없이 "**삼위일체**" 개념이 **함축되어** 있다.[61] 바울은 고린도전서 12:8-10에서 은사의 목록을 제시한 다음, "이 모든 일은 같은 한 성령이 행하사 그의 뜻대로 각

---

60) Bruce Winter, "Religious Curses and Christian Vindictiveness: Cor. 12-14," in Bruce Winter, *After Paul Left Corinth* (Grand Rapids: Eerdmans, 2001) 164-183. 고전 12:3의 번역은 "아무도 하나님의 영의 행위로 말미암아 예수께서 저주를 베푸신다고 말하지 못하리라"가 될 것이다. 그리스어 본문은 통상적으로 "저주를 받다"로 번역되는 동사를 갖고 있지 않고, 단순히 *Anathema Iēsous*로 되어 있다. 최근에 약 27편의 고대 "저주 서판"이 고린도 주변 지역에서 발굴되었고, 이것은 이방 신들이 "사랑이나 사업이나 소송의 경쟁자를 저주하는 일"에 연루되었던 관습을 반영한다.

61) Thiselton, *First Epistle to the Corinthians*, 928-936, 특히 Thiselton, *Thiselton on Hermeneutics*, 287-304. 그리고 G. N. Stanton, B. Longenecker, and S. Barton (eds.), *The Holy Spirit and Christian Origins: Essays in Honour of James D. G. Dunn* (Grand Rapids: Eerdmans, 2004), 207-228을 보라.

사람에게 나누어 주시는 것이니라"(12:11)는 말로 결론을 맺는다.

바울이 사랑의 본질에 대한 반성(고전 13:1-13)을 12장과 14장 사이에 두는 것은 우연이 아니다. 고린도전서 13장의 모든 어구는 고린도 교회의 상황을 반영한 것이므로 바울이 작성한 것이 맞다. 하지만 충분히 오랜 시간을 들여 미리 준비하여 운율 있는 찬송의 형태로 표현했다는 것은 의심할 여지가 없다. 나는 다른 곳에서 이 주제를 다룬 문헌을 언급하면서 이것을 주장했다.[62] "소리 나는 구리"와 "울리는 꽹과리"(고전 13:1)는 고린도 교회 교인들이 "시끄러운 소리"로 자기를 선전하는 정신 상태의 특성을 반영한다. 인내하며 기다리고(13:4; 참조. 11:20-21) "무례한 태도"를 피함으로써 공손함을 실천할(고전 13:5) 필요성은 주의 만찬에서 벌어진 무례한 행동과 공적 예배에서 예언이나 방언의 은사를 행사할 때 너무 오랫동안 말하거나 훼방을 놓는 것(고전 14:27-33)을 반영한다. 황금률은 사랑이다. 곧 **상대방에게 가장 좋은 것을 구하는 것**이다. 이것은 특별히 "공동체의 덕을 세우기 위하여" 성령의 은사를 사용하는 것(고전 14:26)에 적용된다.[63]

우리는 18.4.에서 성령의 특별 은사의 본질에 관한 물음을 다룰 것이다. 여기서 우리의 목적은 그리스도를 닮는 것(그리스도의 형상화)과 성령의 은사의 공동체적 성격을 강조하는 데 있다. 구약 전통에서처럼 성령은 선택 받은 개인들에게 특수한 임무를 수행하도록 능력을 주실 수 있지만 이 은사들은 어디까지나 하나님을 섬기고 하나님의 백성의 공동체의 행복을 위해 주어진 것이다.

성경의 내용을 포함해서 최초의 전통은 성령의 **인격성**에 관한 질문에 어떤 예비적인 답변을 제공하는가? 불트만은 신약성경에서 성령의 행위에 관한 언어가 이중의 형태를 취한다고 바르게 지적한다. 그러나 불트만은 여기서 의심스러운 추론을 이끌어낸다. 불트만은 이렇게 말한다. "물활

---

62) Thiselton, *First Epistle*, 1026-1039.
63) 참조. Thiselton, *First Epistle*, 1131-1168.

론자(animistic)의 사고 속에서 프뉴마는 독립적 행위자, 인격적 능력으로 생각된다.…반대로 동력론자(dynamic)의 사고 속에서 프뉴마는 말하자면 유동체처럼 사람을 채우는 비인격적인 힘으로 나타난다."[64]

첫 번째 형태의 범주에서, 성령은 도우시려고(그리스어 συναντιλαμβάνεται, 쉬난틸람바네타이; 롬 8:26) 오신다. 마찬가지로 성령은 "우리의 영과 더불어 증언하신다"(τὸ πνεῦμα συμμαρτυρεῖ, 토 프뉴마 쉼마르튀레이; 롬 8:16). 반면에 성령은 오순절에 집에 "가득하고"(행 2:2), 술과 같이 신자들을 충분히 "채울" 수 있다(엡 5:18). 불트만이 이것을 각각 구약성경 및 그리스 사상의 배경과 관련시켜 "성령과 관련된 개념의 차이"로 해석하는 것은 유감스럽다.[65] 만약 우리가 이 두 표현 형태가 어떻게 함께 작용하는지를 묻는다면 다른 이해가 나타날 것이다.

만일 우리가 소위 물활론적·인격적 모델과 동력적·비인격적 모델을 개별적으로 고찰한다면, 그 결과는 성령에 대한 준-인격적(subpersonal) 견해 또는 최소한 성령을 한 인격으로 보는 것과 비인격적 힘으로 보는 것 사이를 애매하게 맴도는 견해를 주장하는 것이다. 그러나 이 두 모델을 이안 램지의 모델과 한정사(제1부에서 설명한)의 실례로 간주한다면, 그것은 인격적 행위의 모델이 초-인격적 행위를 암시하는 특수-인격적 특성에 의해 한정되는 것으로 나타난다. 성령은 인격성을 특징으로 가지고 있지만, 성령의 인격성은 인간의 인격성 그 이상이다.

폴 페인(Paul Feine)과 같이 고대 세계가 "우리와 같은" 엄격한 인격 개념을 몰랐다고 주장하는 것은 일종의 아둔한 직역주의다. 하나님, 천사, 또는 인간에게 말하고 또 말을 듣는 능력은 대화 파트너를 인격적 존재로 생각하는 것이 무슨 뜻인지를 전제로 한다. 말하고 대답하는 쌍방적 대화는 시의 문맥에서 자연 현상을 "의인화하는 것" 이상이다. 린지 듀어는 이렇게

---

64) Bultmann, *Theology*, vol. 1, 155(대부분 불트만 강조, 일부는 티슬턴 강조).
65) Bultmann, *Theology*, vol. 1, 155, 157.

선언한다. "그[바울]의 서신들을 주의 깊게 검토해보면, 그가 그분[성령]을 완전한 인격적 존재로 생각했다는 것을 추호도 의심할 수 없다. 곧 성령은 '그것'(it)이 아니라 '그분'(he)으로 표현된다. 그리스어에서 πνεῦμα(영 또는 성령)가 중성 명사인 것은 유감스럽다. 왜냐하면 이것 때문에 AV[KJV]는 αὐτὸ τὸ πνεῦμα를 RV에서는 정확히 번역한 '성령 자신'(the Spirit Himself) 대신에 '성령 자체'(the Spirit itself; 롬 8:16)로 잘못 번역했기 때문이다."[66] (NRSV는 "바로 그 성령"[that very Spirit]으로 번역함으로써 이 문제를 피한다.)

잘 알려진 것처럼 바르트는 **인격**이라는 말을 사용하는 것에 이의를 제기하지만, 이 단어는 삼위일체와 관련된 문제들과 보다 밀접하게 연결되어 있다. 아래의 지적과 상관없이 우리는 이 문제를 다음 장에서 다룰 것이다.[67] 어떤 이들은 보혜사 관련 강화에서 ἐκεῖνος(에케이노스)를 기초로, 그리고 παράκλητος(파라클레토스)의 남성형을 기초로 남성 대명사를 찬성한다. 어떤 이들은 히브리어 רוח(루아흐)가 문법적으로 여성형이라는 것을 기초로 여성 대명사를 찬성한다. 그러나 제임스 바(James Barr)는 말의 문법적 구조가 그 말을 하는 자의 사고 구조를 반영한다는 잘못된 가정의 부적합성을 설득력 있게 예증했다. "…이에 대한 가장 명확한 실례는 문법적 성(gender)이다.…터키 사람들은 그들의 언어에서, 심지어 인칭 대명사에서도 성을 전혀 구분하지 않고 있음에도…그들이 성의 차이의 개념을 결여하고 있다고 누구도 가정하지 않을 것이다. 마찬가지로 프랑스 사람들이 모든 명사를 남성 아니면 여성형으로 만들었다고 해서, 그들의 전설적인 에로틱한 관심을 언어 영역으로까지 확대시켰다고 진지하게 주장할

---

66) Dewar, *Holy Spirit*, 71.
67) Barth, *Church Dogmatics*, I:1, sect. 12, 2, 469-473. 바르트는 삼위일체 하나님을 "세 인격"으로 말하는 것은 삼신론의 위험이 있다는 이유로 "존재 양식"이라는 말을 제안한다. 몰트만은 *The Trinity and the Kingdom of God*, 139-144에서 이것을 결정적으로 비판하고, 판넨베르크는 *Systematic Theology*, 1권, 300-327에서 다른 방식으로 강력히 비판한다.

제3부 기독교 교리의 주요 주제

사람은 아무도 없다."[68] "문법적 성은…사고 패턴을 반영하는 것으로 간주될 수 없다."[69] 잠시만 확인해보면 그리스어에서 τέκνον(테크논, 자녀)이 중성이라는 것을 확인하게 될 것이다. 그러나 이것은 자녀에 대한 준-인격적 또는 비-인격적 관점을 함축하는 것이 아니다. 많은 무생물이 자의적인 문법의 범주 안에서 남성 아니면 여성형이다.

성령에 인격성을 귀속시키는 궁극적 이유는 인격적 행위자로서의 성령과 예수 그리스도, 그리고 성령과 성부 하나님의 독보적인 친밀성 때문이다. 아타나시오스와 바실리오스는 신약성경으로부터 이런 상호 주관적·상호 인격적·상호 침투적인 관계가 심지어 하나님과 **인격화된** 지혜와 말씀, 또는 하나님의 얼굴과 같은 신적 본질들 사이의 관계와도 종류가 다르다는 것을 정확하게 추론해낸다. 우리는 이것을 다음 부분(18.3.)에서 다룰 것이다.

성령 곧 **거룩하신** 영이라는 말은 성화와 윤리적 성품의 형성에 있어 성령의 사역에 주의를 환기시킬 뿐만 아니라, 고린도전서 12:4-6과 같은 본문들에서 성부·성자·성령의 공동 사역을 강조하는 의미를 갖고 있다. **카리스마타**(은사들)의 부여와 배분은 "그것들을 활성화시키는 같은 성령… 같은 주…같은 하나님"의 공동 작정과 수행의 결과다. 몰트만과 판넨베르크는 성령의 은사와 경험을 올바르게 이 삼위일체적인 구조 안에 둔다.[70]

피슨은 성령을 탈인격화하는 실제 결과를 깊이 연구했는데, 이런 결과는 성령이 그리스도를 닮아가도록 거룩함을 성장시키는 형성적 행위자가 되기를 그만둘 때 일어난다. 피슨은 이렇게 말한다. "안전한 그것(It)의 세계에서는 불가피하게 하나님을 객체화하는 경향이 있다. 그 세계는 인간

---

68) James Barr, *The Semantics of Biblical Language* (Oxford: Oxford University Press, 1961), 39.

69) Barr, *Semantics*, 40; 참조. 41-45.

70) Moltmann, *The Spirit of Life*, 39-77; Pannenberg, *Systematic Theology*, vol. 3, 1021.

이 그노시스(영지), 마술, 또는 경험의 법칙으로 조종하고 조작할 수 있는 세계다."[71] 시편 51:11에서는 "성령"이 "주의 임재"와 엄밀하게 병행을 이루고 있다고 피슨은 지적한다.[72] 웹스터의 지적에 따르면, **거룩함**(히브리어 ‏קרש‎, 코데쉬)은 하나님을 **하나님으로** 여기고 **이러한** 하나님으로 설명하는 것이다. 카이사레아의 바실리오스(Basil of Caesarea)에 따르면, 성령은 "하나님의 현존을 갖고 계시고···거룩함의 원천"이다. "성령은 성부 하나님이 본질상 거룩하고, 성자 하나님이 본질상 거룩하신 것처럼, 본질상 거룩하시다(φύσει ἅγιον, 퓌세이 하기온)"[73]

칼 바르트는 성령의 사역과 하나님의 말씀의 효력을 결합시킨다. "성령은···말씀과 분리될 수 없다."[74] 바르트는 이렇게 말한다. "매우 일반적으로 말하면 성령은 하나님 자신이다.···[그러나] 성령은 예수 그리스도 곧 성자 하나님이나 하나님의 말씀과 동일한 분은 아니다."[75] 고린도후서 3:17의 "주는 영이시니"도 "동일화"를 가리키는 말이 아니다. 헨드리(G. S. Hendry)와 테일러를 포함한 다른 학자들이 말하는 것처럼, 그것은 바울이 언급하는 구약 본문(출 34:34)에서 "주"가 영을 가리킨다는 뜻이다.[76] 성령은 신자들이 그리스도 안에 나타난 하나님의 계시를 증언할 수 있도록 하신다.[77] 매우 특이하게도 바르트는 성령이 신약의 교회들에게 "그분의 거룩하심으로 직접" 알려진다고 말한다. "교회는 계속 성령으로 말미암은 그들 자신의 성화에 대해 질문을 받는데···그 이유는 성령이 예수 그리스도

71) Fison, *Holy Spirit*, 38.
72) Fison, *Holy Spirit*, 42.
73) Basil, *Letters* 12:3; Greek from *St. Basil: The Letters*, ed. R. Deferrari, Heb. Classical Library, 4 vols. (London: Heinemann, 1938) vol. 2, 266.
74) Barth, *Church Dogmatics*, I:1, sect. 5, 150.
75) Barth, *Church Dogmatics*, I:1, sect. 12,1, 450, 451.
76) Hendry, *The Holy Spirit*, 24; Taylor, *The Person of Christ*, 54.
77) Barth, *Church Dogmatics*, I:1, sect. 12, 1, 454.

자신의 임재와 행동 외에 다른 것이 아니기 때문이다."[78] 몰트만은 이 "성화"의 과정을 확대시켜 이 과정 속에 "삶의 신성함과 피조물의 신적 신비를 재발견하는 것, 그리고 삶의 조작, 자연의 세속화, 인간의 폭력으로 인한 세상의 파괴에서 피조물을 보호하는 것"을 포함시킨다.[79] 거룩함은 단순히 "개인화된" 삶의 양식이 아니다. "만일 하나님이 만드시고 사랑하는 것이 무엇이든 거룩하다면, 삶 자체도 거룩하고, 사랑과 기쁨으로 삶을 영위하는 것도 삶을 거룩하게 하는 것이다."[80]

## 18.3. 성령의 신성: 교부들과 삼위일체적 지평

신약 시대 이후로 초기의 속사도 교부들은 성령의 사역과 관련된 많은 전통적인 성경 주제들을 해설하지 않고 아예 전제했다. 로마의 클레멘스는 성령의 사역이 성경의 영감을 포함하는 것으로 이해했다. 특별히 이사야 53장 말씀은 그리스도를 가리키도록 감동을 주신 것으로 이해했다. 클레멘스는 "그가 많은 사람의 죄를 담당하며"라는 말씀을 포함한 이사야 53:1-12를 인용하면서, "성령은 그분[그리스도]에 관하여 말씀하셨다"고 선언한다(「클레멘스 1서」 16:2-4). 성령은 시편 34:11-17을 통해 말씀하신다(「클레멘스 1서」 22:1). 클레멘스는 성령이 그리스도인들에게 풍성하게 "부어지는" 것(ἔκχυσις, 에크퀴시스; 「클레멘스 1서」 2:2)에 대해서도 말한다.

이그나티우스도 예수 그리스도의 기적적인 잉태에 관여하신 성령의 역사에 대해 언급한다. "우리 하나님 곧 예수 그리스도는 하나님의 섭리에 따라 한편으로는 다윗의 씨로부터, 다른 한편으로는 성령의 씨로부터(ἐκ

---

78) Barth, *Church Dogmatics*, IV:2, sect. 64, 4, 322-323.

79) Moltmann, *The Spirit of Life*, 171; 참조. 171-179.

80) Moltmann, *The Spirit of Life*, 176.

σπέρματος μὲν Δαυείδ, πνεύματος δὲ ἁγίου, 에크 스페르마토스 멘 다우에이드, 프뉴마 토스 데 하기우) 마리아에게 잉태되셨습니다(ἐκυοφορήθη ὑπὸ Μαρίας, 에퀴오포 레테 휘포 마리아스)"(이그나티우스, 「에베소에 보내는 편지」 18:2).[81] 하나님의 건물 로서 교회는 "성령을 밧줄로 사용하고, 예수 그리스도의 크레인 곧 십자가 로" 하나님께 높이 들려 올라간다(이그나티우스, 「에베소에 보내는 편지」 9:1). 속 사도 교부들의 작품들 가운데 「디다케」는 마태복음 28:19을 제외하고, 세 례에서 삼위일체 하나님의 이름을 삼중으로 사용한 최초의 작품이다. 이 것은 2세기 전반기에 단순히 마태복음 28장을 반복한 것이 아니라 전례에 사용한 것을 반영한다고 스위트는 주장한다.[82]

예수 그리스도의 성육신 사건에 나타난 성령의 행위와 주도권은 마태 복음과 누가복음에서 안디옥의 이그나티우스를 거쳐 초기 기독교 변증 가와 이레나이우스에게까지 이어지는 주제로 남아 있다. 아리스티데스 (Aristides)는 하나님의 아들 예수 그리스도를 "인간을 구원하려고 성령 안 에서 하늘에서 내려오신 분"으로 말한다(아리스티데스, 「기독교 신앙을 위한 변 증」 15; ἐν πνεύματι ἁγίῳ, 엔 프뉴마티 하기오). 유스티누스는 성령이 예언적인 성경책에 영감을 주셨다고 보는 전통을 계속 잇는다(「트리포와의 대화」 7). 성령은 지식을 제공하시는 영이다(「트리포와의 대화」 39).

이레나이우스는 신조 형식에 담긴 사도들의 "신앙의 규칙"을 해설할 때, 이후의 연합 신조들에 등장하는 "예언자들을 통해 말씀하신 성령"이라 는 어구를 예견했다.[83] 「이단 논박」(Against Heresies) 제5권에서 이레나이우 스는 마태, 누가, 이그나티우스, 아리스티데스의 전통을 이어받아 "성령이 마리아에게 임하셨다.…그러므로 마리아가 낳은 것은 거룩하고 지극히 높

---

81) 이 그리스어 원문은 *Apostolic Fathers* (2 vols.), Loeb Classical Library, ed. K. Lake (London: Heinemann, 1915)에서 뽑아온 것이다.

82) Henry B. Swete, *The Holy Spirit in the Ancient Church* (London: Macmillan, 1912), 17-18.

83) Irenaeus, *Against Heresies* I:10:1.

으신 이의 아들이었다"라고 반복한다.[84] 성부 하나님, 성자 하나님, 그리고 성령은 우주를 창조하실 때 동역자였다. 이레나이우스는 영지주의자 발렌티누스에 반대하여 하나님이 "자신의 손으로, 즉 아들과 [성]령으로 [인간을] 만드심으로써" 인간을 자신의 형상으로 창조하셨다고 확언한다.[85] 스위트는 "그분들[아들과 성령]이 하나님의 손으로서 신적 존재이며 동등하다"고 추론한다.[86] 이것이 명시적으로 진술되지는 않았지만 틀림없이 이레나이우스에게 **전제되어** 있었다. 달리 말하면, 이레나이우스로부터 **추론될** 수 있는 내용이다. 성령의 선재성 역시 암묵적으로 전제되어 있다.

이레나이우스를 통해 보존된 이 사도전승은 노바티아누스, 히폴리투스, 키프리아누스로 계속 이어지지만, 영지주의자들, 테르툴리아누스, 오리게네스에게는 문제가 크게 발생했다. 영지주의 작품들은 고린도 교회에서 바울이 사도전승을 거부하고 있다고 오해한 것과 비슷하게 성령에 대해서 잘못 말한다. 영지주의에 따르면, **프뉴마티코스**(신령한 자)가 되는 것은 "평범한"(psychical) 신자들보다 더 높은 지위를 얻는 것이다. 더구나 일부 영지주의 작품들은 성령에 성(性), 대체로 여성의 성을 귀속시키는 탈선에 빠진다. 「빌립복음서」는 "여자"가 여자 안에 자녀를 잉태시킬 수 없다는 것을 이유로 예수의 잉태에 성령이 맡으신 역할에 대한 마태, 누가, 이그나티우스, 그리고 다른 학자들의 전통을 거부한다.[87] 「도마복음서」는 어떤 면에서 성령을 예수의 어머니로 암시한다.[88] 그러나 다른 곳에서는 그때 마리아가 "너희 남자들과 같이 산 영"이 될 수 있다는 것을 근거로 예수께서 "마리아를 남성으로 만드는" 것으로 묘사한다.[89] 영지주의 복음서

---

84) Irenaeus, *Against Heresies* V:1:3.

85) Irenaeus, *Against Heresies* IV:Preface, 4.

86) Swete, *The Holy Spirit in the Ancient Church*, 88.

87) *The Gospel of Philip*, logion 18.

88) *The Gospel of Thomas*, logion 101.

89) *The Gospel of Thomas*, logion 114.

들도 약간은 전통적 요소들을 보존하고 있지만, 분명히 이것은 기독교 성령 교리의 주류 전통에서 벗어난다.

테르툴리아누스가 몬타누스주의자로 활동하면서 몬타누스주의자들과 함께했을 때, **성령과 질서**에 대한 문제가 발생했다. 사도 바울에게 성령의 사역은 질서를 낳고(고전 14:6-12, 20-23, 27-33상, 40), 이것은 성령이 창조 당시에 혼돈에서 질서를 이끌어내는 것(창 1:2; 위를 보라)과 일치한다. 한편 테르툴리아누스는 "성령의 교회"와 "다수의 주교들로 구성된 교회"를 대조시킨다. 여기서 후자 곧 다수의 주교로 구성된 교회가 아니라, 전자 곧 성령의 교회만이 "신령한 사람을 통해…죄를 사할" 수 있다.[90] 몬타누스(Montanus), 브리스길라(Priscilla), 막시밀리안(Maximilian)에게서 나온 "새 예언들"을 뒤엎는 자들(전통과 질서에 대한 관심으로)은 단순히 비-영적이거나 "평범한"(psychical) 사람들이다.[91] 성령은 "더 좋은 것"을 향해 "나아가도록 신자들을 이끈다."[92] 성령은 "방언의 통역이 있을 때마다…황홀함과…환희"를 불어넣으신다.[93] 이 로마의 감독(테르툴리아누스)이 몬타누스주의를 철회하자 프락세아스(Praxeas)는 "로마에서 마귀가 예언을 쫓아내고…보혜사를 도망치게 만들었다"고 떠들었다.[94]

전통적인 관점에 따라 노바티아누스는 구약 예언자들 안에서는 성령이 간헐적으로 역사했다면, 신약의 사도들 안에서는 "항상" 적극적으로 역사하셨다는 가르침을 고수한다. 사도들은 "이 동일한 성령이 교회에…배분되도록 하는" 은사를 받았다.[95] 성령은 새 탄생을 일으킨다.[96] 성령은 하나님의 백성을 성결하게 하고 교회의 질서를 유지하신다. 성령은 "만족을 모르

---

90) Tertullian, *On Modesty* 21.
91) Tertullian, *On Fasting* 1.
92) Tertullian, *On the Veiling of Virgins* 1.
93) Tertullian, *Against Marcion* V:8.
94) Tertullian, *Against Praxeas* 1.
95) Novatian, *Treatise Concerning the Trinity* 29.
96) Novatian, *Treatise Concerning the Trinity* 29.

제3부 기독교 교리의 주요 주제

는 욕심…무모한 충동을 제어하고,…사랑을 연합시키고, 감정들을 하나로 묶고, 분파들을 억누르고, 진리의 법칙을 명하고, 이단을 물리치며…복음을 보호한다.["97)] 성령이 내주하면 거룩하게 된다. 히폴리투스는 테르툴리아누스와 다르고, 몬타누스주의자들과는 근본적으로 다르다. 성령은 특히 교회의 직분을 통해 그리고 "올바르게 믿는" 모든 자를 통해 역사하신다.[98)] 성령은 감독, 장로, 집사의 임직뿐만 아니라 평신도의 임명도 인증하고 그들에게 능력을 주신다. 히폴리투스는 임직할 때 그리고 임직을 위하여 성령을 구하는 기도의 형태로 성령에 대한 기원을 강조한다.[99)]

히폴리투스의 사상 속에 나타난 성령과 교회 질서 사이의 관계와 단일신론자의 삼위일체 견해에 관한 논쟁의 포괄적 배경은 프락세아스, 노에투스, 사벨리우스의 견해와 관련해서 더 깊이 확인할 수 있으며, 가장 편리하게는 스위트와 스탠리 버제스(Stanley Burgess)의 작품에서 확인할 수 있다.[100)] 삼위일체적인 틀 안에서 성령의 신성에 대한 이해를 해설하는 중대한 진전은 부분적이기는 해도, 처음에는 오리게네스에게서 이후에는 아타나시오스와 바실리오스에게서 더 충분히 나타났다.

성령의 신성에 대한 매우 독창적인 견해가 소위 성령 이단론 논쟁(Pneumatomachian controversy)으로 촉진되었고, 이 논쟁은 나지안주스의 그레고리오스와 바실리오스 그리고 상세함은 덜하지만 니사의 그레고리오스의 대응으로 끝이 났다. 우리가 2.2.에서 주장한 믿음의 "성향" 이론의 적합성이 여기서 다시 한 번 드러난다. 이 논쟁들은 단순히 사회-정치적 관점에서만 설명되는 권력 게임의 문제가 아니라 그들이 성령의 신성에

---

97) Novatian, *Treatise Concerning the Trinity* 29.

98) Hippolytus, *The Apostolic Tradition* 1:3-4.

99) Hippolytus, *The Apostolic Tradition* 7:2-5; 참조. 3:1-7.

100) Swete, *The Holy Spirit in the Ancient Church*, 101-102; Stanley M. Burgess, *The Holy Spirit: Ancient Christian Traditions* (Peabody, MA: Hendrickson, 1984), 78-84; 참조. 62-70.

대한 부인에 반응하여 공개적으로 정통적 믿음을 드러낸 표현의 문제였다. 이 상황은 특히 성향적 관점에서 이해될 때, **믿는 것**이 무엇인지에 대한 참된 본질과 부합한다.

오리게네스는 특히 「원리론」(*De Principiis*, 대략 230) I:3과 II:7, 그리고 「요한복음 주석」(*Commentary on John*, 대략 231)의 일부 내용에서 성령의 인격과 사역에 대해 고찰한다. 오리게네스는 사도들이 "성령은 존귀와 존엄에 있어 성부 하나님 및 성자 하나님과 연합되어 있다고 전했다"는 말과 함께 자신의 주된 신학 논문의 설명을 시작한다.[101] 한편 오리게네스는 "성령이 나셨는지(*natus*) 아니면 나지 아니하셨는지(*innatus*), 또는 하나님의 아들로 이해되어야 하는지 아니면 아닌지의 여부"는 아직 명확히 알려져 있지 않다는 것을 인정한다.[102] 그러나 오리게네스는 예배 배경 속에서 성령에 대하여 성부 하나님 및 성자 하나님과 함께 공동으로 삼중 명칭이 사용되는 것을 강조했다. 이것은 바실리오스와 다른 학자들에 이르기까지 이후로 교리 발전의 방향에 중요한 역할을 했다. 성자 하나님이 계시하는 성부 하나님에 관한 모든 지식은 "성령 안에서 우리에게 알려진다." 오리게네스는 이 맥락에서 고린도전서 2:10을 인용한다.

그러나 오리게네스는 아타나시오스와 바실리오스가 성부·성자·성령으로 하나님의 동등한 지위를 확언하는 지점까지 도달할 수 없었고, 또 도달하지 못했다. 마이클 헤이킨(Michael Haykin)이 오리게네스, 아타나시오스, 카파도키아 교부들의 성령론에 대한 세밀하고 건설적인 자신의 연구에서 주장하는 것처럼, 특히 「요한복음 주석」에서 오리게네스의 주관심사는 "성령의 신성을 확증하는 데 있는 것이 아니라 성령의 **구별된 실존**의 실재성을 증명하는 데 있었다."[103] 따라서 헤이킨은 이렇게 말한다. "오

---

101) Origen, *De Principiis* I:Preface, 4 (Greek in Migne, *Patrologia Graeca*, vol. 11, 117C).

102) Origen, *De Principiis* I:3:4 (in Migne, *Patrologia Graeca*, vol. 11, 149A).

103) Michael A. G. Haykin, *The Spirit of God: The Exegesis of 1 and 2 Corinthians*

리게네스에게 성자와 성령은 신적 영역 안에 속해 있으나 분명히 성부보다는 열등하다. 비록 이 열등함이 존재론적 측면이 아니라 경륜적 측면에 해당하기는 해도 말이다."[104] 확실히 신격 안에는 세 구별된 인격이 존재한다. 하지만 오리게네스는 "[나를 보내신] 아버지는 나보다 크심이라"(요 14:28)는 요한의 말을 매우 진지하게 취급하고 싶어한다.[105] 요한복음 서언(요 1:1-14)을 성찰하면서 오리게네스는 이렇게 말한다. "성령은…그리스도를 통해 성부로 말미암아 존재하게 된 모든 것 가운데 첫째 자리를 차지한다."[106] 자신의 철학적·형이상학 체계에 따라 오리게네스는 성자와 성령을 "중간 존재"(middle beings)라고 주장할 수 있었다.[107]

100년 후 아타나시오스와 바실리오스 시대에 트무이스의 감독 세라피온(Serapion)이 아타나시오스에게 성령에 대해 부적절하거나 경멸적인 견해를 취한 일단의 그리스도인들을 알려주려고 편지를 썼을 때, 이처럼 매우 느슨한 성령 이해를 가다듬을 필요가 있었다. 아타나시오스의 답변은 「세라피온에게 보내는 편지들」(기원후 358-359)에 나타나는데, 이 편지의 내용은 기독교 성령 교리의 지표가 되었다. 이 문제적 집단(성령은 창조된 존재라는 견해를 주장하는 자들)에게 "트로피키"(Tropici)와 "프뉴마토마키"(Pneumatomachi)와 같은 명칭이 붙여졌다. 이 문제의 결정적 핵심은 트로피치로 불리는 집단이 성령을 "피조물"(κτίσμα, 크티스마, 피조된 존재)로 주장한 것에 있었다.

「세라피온에게 보내는 첫 번째 편지」에서 아타나시오스는 성령도 그

---

*in the Pneumatomachian Controversy of the Fourth Century, Vigiliae Christianae*, Supplement XXVII (Leiden, New York: Brill, 1994) 15.

104) Haykin, *Spirit*, 16.

105) Origen, *Commentary on John*, 13:25 (Migne, *Patrologia Graeca*, vol. 14, 441B).

106) Origen, *Commentary on John*, 13:25 (Migne, *Patrologia Graeca*, vol. 14, 128B).

107) 참조. Joseph Wilson Trigg, *Origen: The Bible and Philosophy in the Third-Century Church* (London: SCM, 1985 and Louisville: John Knox, 1983), 95-103, 여러 곳.

리스도와 마찬가지로 피조물이 절대로 아니라고 주장한다. 삼위일체 하나님이 어떻게 창조자와 피조물로 구성될 수 있단 말인가? 이것은 하나님의 아들에 대한 모독이다.[108] 이것은 "성령을 나쁘게 말하는 것이다."[109] 아타나시오스는 **책임 있는 주석**과 함께 성경의 지지 본문을 인용한다. 만일 성령이 피조물에 불과하다면, 바울은 고린도전서 12:4-7과 같은 본문에서 성령을 성부 하나님 및 성자 하나님과 나란히 호칭할 수 없었을 것이다. 또한 아타나시오스는 고린도전서 2:11-12, 3:16-17, 10:4, 12:13, 그리고 고린도후서 13:13에 특별히 관심을 기울인다. 아타나시오스는 신약성경의 충실한 해석자로서 그리고 사도전승의 충실한 안내자로서 이 문제를 의도적으로 제시한다.[110] 성령은 성경에서 생명의 샘(πηγή, 페게)과 강(ποταμός, 포타모스)으로, 하나님의 빛(φῶς, 포스)과 광채(ἀπαύγασμα, 아파우가스마)로 묘사된다. 이 이미지들은 기독교 전통에서, 예컨대 히폴리투스에게서 특징적으로 나타난다. "샘-강" 이미지는 성부로부터 나와 성자 안에 있는 존재의 중단되지 않는 연속성을 암시하고, 고린도전서 12:13에서 바울은 신자들을 성령과 신령한 반석인 그리스도를 "마신" 존재로 말한다.

고린도전서 2:12(τὸ πνεῦμα τὸ ἐκ θεοῦ, "하나님께로부터 온 영")과 다른 구절을 기초로 하면 성령은 피조물과 달리 하나님**으로부터** 나온다. 피조물은 "무로부터"(ἐξ οὐκ ὄντων, 엑스 우크 온톤) 창조되었고, 성령은 하나님의 "존재"로부터(ἀλλ᾽ ἐκ τοῦ θεοῦ, 알 에크 투 데우) 나오신다.[111] 따라서 아들이신 **예수 그리스도**는 유일하게 "**지음 받지 않고 나신**" 분으로, 그리고 **성령**은 하나님으로부터 "**나오시는**" 분으로 각각 묘사되는 무대가 마련된다. 아타나시

108) Athanasius, *Letters to Serapion* 3:7 (Migne, *Patrologia Graeca*, vol. 26, 556C). 가장 편리한 영문판은 C. R. B. Shapland (ed.), *The Letters of Saint Athanasius concerning the Holy Spirit* (London: Epworth, 1951)이다.

109) Athanasius, *Letters to Serapion* 3:7 (Migne, *Patrologia Graeca*, vol. 26, 636D).

110) Athanasius, *Letters to Serapion* 1:33 (Migne, *Patrologia Graeca*, vol. 26, 605 C-D).

111) Athanasius, *Letters to Serapion* 3:2 (Migne, *Patrologia Graeca*, vol. 26, 628B).

오스는 단순히 원천으로부터 "나오는" 흐르는 샘 또는 강 이미지에 의존한다. 성령의 거룩하심(고전 3:16-17과 6:11) 역시 성령이 독특하게 홀로 거룩하신 하나님에게서 나온다는 것을 보여준다.[112] 마지막으로 아타나시오스는 고린도전서 12:4-6과 고린도후서 13:13에 함축되어 있는 삼위일체 요소를 이렇게 설명한다. "성령과 성자의 연합 활동에 해당되는 것은 그대로 전체 삼위일체 하나님의 활동에도 해당된다."[113]

바실리오스는 370년에 유세비우스의 뒤를 이어 가이사랴의 감독이 되었다. **프뉴마토마키**(성령이 피조된 존재라는 견해를 견지하는 자들)는 이미 소아시아에서 활동하고 있었는데, 처음에 바실리오스는 이 문제에 개입하지 않고 교회의 분열을 막는 데 온힘을 다했다. 이 일로 바실리오스 자신에게 얼마간 의심이 싹텄다. 바실리오스는 양편의 논쟁 중간에 끼이게 되었다. 아타나시오스는 삼위 하나님의 통일성을 강조했으나, 바실리오스는 무엇보다 먼저 성령의 신적 거룩함을 강조했다. 성령 곧 "거룩하신" 영은 "거룩하신" 하나님과 같은 분이다. 바실리오스의 논문 「성령론」(On the Spirit)은 성령에 대한 주제와 필요성을 깊이 반성한 결과로서 자신의 입장을 분명히 해야 할 필요성에 따라 373년경에 발표되었다.[114] 이 논문은 381년에 콘스탄티노플에서 개최된 교회회의에서 니케아 신조의 세 번째 조항의 내용을 상세히 전개하는 데 결정적인 공헌을 했다.

바실리오스의 「성령론」 1장 마지막 부분은 오늘날 주류 기독교 교회 예배에서 사용되는 "성부와 성자와 성령께 영광을…"이라는 삼중 송영 또는 영광송에 익숙한 사람이라면 누구나 즉각 공감을 표할 것이다. 바실리오스는 이렇게 말한다. "사람들과 함께 기도하며 '성령과 함께 성자와 함

---

112) Athanasius, *Letters to Serapion* 1:31 (Migne, *Patrologia Graeca*, vol. 26, 601B).

113) Haykin, *The Spirit*, 94; 참조. Athanasius, *Letters to Serapion* 1:30 (Migne, *Patrologia Graeca*, vol. 26, 600A-C).

114) 편리한 영문판은 David Anderson (ed. and trans.), *St. Basil the Great: On the Holy Spirit* (Crestwood, NY: St. Vladimir's Seminary Press, 1980)이다.

께'(συν, 쉰)라고…온전한 송영을 노래할 때,…나는 참석한 일부 사람들에게 새롭고…서로 모순된 말을 도입했다는 이유로 비판을 받았다."[115] 바실리오스는 먼저 반대측 견해의 잘못된 기원을 추적하고, 이어서 성경 본문에 대한 주석을 제공함으로써 이 비판에 대응한다. 나아가 세례 의식에서 성부·성자·성령으로 하나님께 삼중 기원을 사용하는 관습도 이 사고의 방향이 타당하다는 것을 확증한다.[116]

일련의 주장 가운데 중요한 한 부분에서, 성령을 하나님"에게서 나오는" 분으로 말하는 것은 요한복음(요 15:26; ἐκ, 에크를 사용함)과 바울 서신(고전 2:10-12; 역시 ἐκ τὸ θεοῦ, 에크 투 데우를 사용함)에서 그 근거가 발견된다고 바실리오스는 지적한다.[117] 또한 그리스도인들은 성령을 **"주와 생명"**으로 그리고 **"생명을 주시는 분"**으로 부르며 간구한다.[118] 바실리오스도 「유노미우스 반박」(Against Eunomius)에서 성령을 **"생명을 주시는 분"**으로 부른다.[119] 바실리오스는 성령이 신적 존재인 것은 성령께서 **오직 하나님에게만 적절히 귀속될 수 있는 모든 행동을 공유**하기 때문이라고 주장한다. "성령은 '하나님의 깊은 것'[고전 2:10-11]을 아시고…성령은 생명을 주시며…그리스도를 죽은 자 가운데서 일으키셨으며…'하나님이 우리에게 은혜로 주신 것들을 알게 하려고'[고전 2:12] 오신다."[120] 성령은 성부 및 성자와 불가분리적이다(고전 12:4-6).[121] 바실리오스는 고린도전서 12:13을 특별히 주목한다. ἐν ἑνὶ πνεύματι ἡμεῖς πάντες εἰς ἓν σῶμα ἐβαπτίσθημεν("[우리가] 다 한 성령으로[또는 한 성령 안에서] 세례를 받아 한 몸이 되었고"). 바실리오스는 이 본문을 성부·성자·성령의 불가분리적인

---

115) Basil, *On the Spirit* 1:3.

116) Basil, *On the Spirit* 15:35.

117) Basil, *On the Spirit* 9:22(요 15:26); 24:56(고전 2:10~12).

118) Basil, *On the Spirit* 13:29; 24:56.

119) Basil, *Against Eunomius* 3:4 (Migne, *Patrologia Graeca*, vol. 29, 665A).

120) Basil, *On the Spirit* 24:56 (Migne, *Patrologia Graeca*, vol. 32, 172C).

121) Basil, *On the Spirit* 16:37.

제3부 기독교 교리의 주요 주제

공동 사역에 대한 결정적인 예증으로 간주한다.[122] 나는 『티슬턴의 해석학』(Thiselton on Hermeneutics)에서 바실리오스와 아타나시오스를 다룰 때 이 본문과 다른 본문을 설명했다.[123]

나지안주스의 그레고리오스, 암브로시우스, 아우구스티누스도 성령과 관련된 주제를 계속 발전시킨다. 아타나시오스와 바실리오스를 따라 이 세 사람도 이 주제가 요한복음의 보혜사 관련 본문, 특히 고린도전서 2:10-15, 그리고 성령과 관련된 바울 서신의 다른 본문들이 지니고 있는 **진정한 주석적 함축 의미**라고 주장한다. 그레고리오스는 "수많은" 성경 본문이 성령의 신성을 지시한다고 주장한다.[124] 성령은 지음 받은 존재가 아니라 성부로부터 "나오신다"(그리스어 πορεύω, 포류오, 나아가다, 나오다; 명사, ἐκπόρευσις, 에크포류시스, 발출, 나오심).[125] 또한 요한복음 15:26과 고린도전서 2:12은 **함께** 이 정식에 영향을 줄 수 있는데, 그 이유는 헤이킨이 다음과 같이 지적하기 때문이다. "요한이 '~부터'(παρά, from) 대신 '~안으로부터'(ἐκ, from within)라는 전치사를 사용한 것은 아마도 고린도전서 2:12의 영향을 반영한 것이라 할 수 있다."[126] 성령의 성부로부터의 "발출"(나오심)은 성자의 "발생"(γέννησις, 겐네시스)과 평행을 이루나 교체 개념은 아니다. 그레고리오스가 사용한 이 말(대략 380)은 381년에 니케아-콘스탄티노플 신조에 들어간다.[127]

서방 교회에서는 암브로시우스와 아우구스티누스가 카파도키아 교부들, 바실리오스, 나지안주스의 그레고리오스(니사의 그레고리오스의 작품은 이 주제에 대하여 내용이 약간 애매하다)와 더불어 많은 주제와 주장들을 공유한다.

---

122) Basil, *On the Spirit* 12:28 (Migne, *Patrologia Graeca*, vol. 32, 117A).

123) Thiselton, *Thiselton on Hermeneutics*, 287-304, 특히 299-304.

124) Gregory of Nazianzus, *Orations* 31:29.

125) Gregory, *Orations* 31:8.

126) Haykin, *The Spirit*, 217.

127) 참조. *Thiselton on Hermeneutics*, 301-302.

암브로시우스는 고린도전서 12:4-6과 12:8-10에 대한 글을 쓰면서 이렇게 선언한다. "만일 성령이 성부 하나님과 동일한 뜻과 역사를 갖고 행하신다면, 성부 하나님과 동일한 본질을 갖고 계실 것이다. 왜냐하면 창조자는 그 행위로 알려지기 때문이다. 따라서 [바울은] '성령은 같고, 주는 같으며, 하나님은 같으니'라고 말한다."[128] 분명 "실체"에 관한 언어를 사용하는 것이 바울의 의미를 넘어갈 수 있지만 암브로시우스는 바울이 진정 그것을 암묵적으로 가정했을 것이라고 생각했다.

아우구스티누스는 암브로시우스와 카파도키아 교부들보다 더 많은 본문에 의지하는데, 아우구스티누스의 사상은 우리가 지금 다루고 있는 주제의 범주와 목적 안에서 진지하게 탐구하기에는 너무 복잡하다. 그러나 아우구스티누스는 확립된 교리 전통의 핵심 요소를 반복한다. 성령은 [창조주이지] 피조물이 아니다. 성령은 "삼위일체 안에서 특별히 '거룩한 영'[성령]으로 일컬어지는 창조자의 영으로…성부·성자·성령으로 이루어진 삼위일체 하나님이신…창조자"(*cum quo est trinitas, pater et filius et spiritus sanctus…creator*)다.[129] 아우구스티누스는 때때로 성령을 마치 성자와 상관없이 나타나는 분으로 "홀로 온전히 충분하신" 것처럼 성찰한다. 그러나 여기에 "분리"는 있을 수 없다. 왜냐하면 하나님과 하나님의 영은 하나이기 때문이다. 곧 성부·성자·성령은 한 분으로 활동한다(고전 12:6).[130]

교부 시대는 성령과 관련된 성경 본문에 대한 책임 있는 주석과 기독교 성령 교리의 전개 사이에 확고하고 안정적인 연속성을 확립했다. 그러나 19세기 말 이후로 테르툴리아누스가 제기한 "교회 질서"와 "성령의 은사"에 대한 초기의 물음들이 새로운 활력과 절박성을 갖고 수면 위로 다시 부상했다. 영적 부흥에 대한 관심의 시대가 포괄적인 맥락에서 시작되

---

128) Ambrose, *On the Holy Spirit* II:12:138-140.
129) Augustine, *The City of God*, 13:24; 참조. 14:4.
130) Augustine, *On the Holy Trinity*, I:8:18; IV:20:29.

었다. 이제 이 맥락으로 시선을 돌려보자.


## 18.4. 오순절의 은사, 그때와 지금: 역사와 해석학의 문제

18.3.은 성령의 교리 해석학이 아니라 단순히 교부들의 성령 교리사를 진술한 것으로 보였을 것이다. 그러나 우리는 신약 시대 이후로부터 아우구스티누스와 카파도키아 교부들에 이르기까지 교회 안에 나타난 주된 이해의 지평들을 주로 신약성경에 기반을 두고 성령의 인격과 사역을 이해하는 발전적이고 안정적인 교리 전통으로 확립할 필요가 있었다. 이 전통의 더 깊은 "발전"은 다른 사람들이 신약성경에 진실로 함축된 교리들을 부정하거나 왜곡시키려는 상황이 벌어졌을 때 등장하는 믿음의 성향 이론과 부합하여 나타났다.

우리가 **이 견고한 표지를 필요로 하는** 것은 지금 일어나고 있는 19세기 마지막 20년과 20세기 처음 10년 동안 미국 부흥 운동의 뿌리로부터 주로(오로지는 아니고) 기원하는 성령의 갱신에 대한 새로운 각성이 이해와 해석의 **새로운** 지평을 가져오는지, 또는 이 각성이 신약성경과 초기 교부들에게서 나온 **"잃어버린"** 지평을 **회복시키는지** 탐구하기 위해서다.

추가로 발생하는 해석학적 물음들이 있다. 처음에 찰스 파함(Charles F. Parham, 1873-1929)과 조셉 윌리엄 시모어(Joseph William Seymour, 1870-1922)를 주축으로 시작된 "오순절 운동"은 새로운 영적 원동력과 거룩함의 필요성을 강조할 뿐만 아니라 사도행전과 고린도전서 12-14장에 명시된 "신령한 은사들"의 회복의 필요성도 강조한다. 특히 파함은 오순절 운동에 "성령 세례"와 병 고침(치유)을 포함시켰다. 이 전통은 "은사 부흥" 운동의 형태로 로마 가톨릭, 영국 성공회, 루터교회, 장로교회, 감리교회, 침례교회 등과 같은 주류 기독교 전통들 속으로 들어왔기 때문에 성령 세례와 병 고침이 **글롯소랄리아**(방언) 및 방언 "통역"을 포함한 다른 은사들과 연계되어 소위 "능력" 전도 현상인 "제3의 물결"에서 강조되었다.

이 20세기 운동은 다음과 같은 물음을 일으켰다. 오순절 운동의 새로운 강조점은 특정 신약 본문들에 대한 **주석**으로부터 나왔는가, 아니면 **교리적** 강조점의 변화와 관련되어 있는가? 오순절 운동은 거룩하신 삼위일체 하나님 안에서 성령의 역할과 지위를 영예롭게 하는가, 아니면 본의는 아니더라도, 성령의 사역을 교부들의 근본 사상이었던 삼위일체적이고 기독론적인 관점으로부터 배제시키는가? 한편 오순절 운동은 특수한 주석이나 교리에 대한 관심보다 성령과 관련해서 **형식에 얽매이지 않는 예배 방식과 현상들**을 계발하는 데 관심을 두고 있는가? 이것은 추가로 다음과 같은 **문화적** 물음을 일으킨다. 오순절 운동의 매력은 더 강하고 진지한 영적 헌신과 역동성에 있는가? 아니면 특히 전통, "제도", "질서" 등을 참지 못하고, 20세기 말에 교회 안까지 들어와 있는 포스트모던 경향과 공명을 이루는 변화, 새로움, 즉흥성을 갈망하는 것에 있는가?

이 모든 물음은 어느 방향에서나 답변이 가능한 열린 물음으로 시작되어야 한다. "그때"와 "지금"의 관계 문제를 비롯해서, 이 가운데 많은 물음이 해석학적 문제에 의해 좌우될 것이다. 단순히 "발생하는"(가다머의 의미에서) 첫 번째 근본적인 요점은 오순절 운동이 성령의 인격과 사역에 대한 관심을 높이는 데 성공했다는 것이다. 우리는 현대 초기의 교리를 해설하면서 성령 교리를 등한시한 것을 통탄했다. 20세기 초 이후로 가톨릭교회와 개신교 진영에서 많은 이들이 성령 교리를 등한시하는 경향을 제고할 것을 촉구했다. 교황 레오 13세(Pope Leo XIII)는 1897년에 목회자와 설교자들이 "교인들에게 성령에 대하여 더 부지런히 그리고 더 충분히 가르칠" 것을 요구했다.[131] 많은 이들이 존 웨슬리와 찰스 웨슬리(Charles Wesley), 그리고 성결 운동에서 간접적으로 연원하고, 드와이트 무

---

131) J. J. Wayne(ed.), *The Great Encyclical Letters of Pope Leo XIII* (New York: Benziger, 1903), 436.

디(Dwight L. Moody)나 찰스 피니(Charles Finney)와 같은 지도자들이 주동한 미국의 혁명적 운동에서 직접적으로 연원하여 갓 출범한 오순절주의의 성령의 사역과 은사에 대한 새로운 관심사를 추적한다.[132]

찰스 파함은 고전적인 오순절주의의 창시자로 널리 인정된다. 1901년 에 파함은 캔자스 주의 토피카에서 개최된 부흥 집회에 참석했다. 그는 거기서 방언과 성령의 "부어지심"을, 기독교 신앙의 결과로 수반되는 "성령 세례"와 "제2의 축복"으로 경험했다. 파함은 오순절주의 신학과 경험의 네 가지 전형적인 표지, 곧 구원, 성령 세례, 병 고침(치유), 그리스도의 "재림" 에 대한 대망을 정식화했다. 그리고 이렇게 선언했다. "우리는…죽은 형식 과 신조들을…살아 있고 실천적인 기독교로 바꾸려 한다."[133] 방언 체험은 사도행전 2:1-12에 서술된 사도들의 경험에 대한 직접적 성취와 재현으로 간주되었다.

또 한 명의 오순절 운동의 지도자인 바레트(T. B. Barrett)는 이렇게 주장 했다. "오순절 운동의 부흥은 모든 면에서 원기독교의 교리, 신앙, 실천을 최대한 복원하기를 바란다.…진정으로 우리가 내세우는 특징은…오순절 에 120명에게 임한 것과 똑같이 성령으로 세례를 받는다는 것, 곧 사도행 전에서 네 번에 걸쳐 언급된 것처럼 방언이 동반된 성령 세례에 대한 명 확한 주장이다"(행 2:1-12; 10:44-48; 11:15-18; 19:1-7).[134]

---

132) Donald Dayton, *The Theological Roots of Pentecostalism* (Lanham, MD: Scarecrow, Grand Rapids: Zondervan/Asbury, 1987), 28-60; Walter J. Hollenweger, *The Pentecostals* (Peabody, MA: Hendrickson, London and SCM, 1972), 4-46.

133) Sarah Parham, *The Life of Charles Fox Parham: Founder of the Apostolic Faith Movement* (Joplin, MO: Hunter, 1930), 158. 오순절 운동 전통의 발전과 신학에 대 한 다수의 자료들을 입수하는 데 있어 나의 노팅엄 대학교 박사 과정 학생인 사라 안 (Sarah Ahn)에게 도움을 받았다.

134) Nils Bloch-Hoell, *The Pentecostal Movement: Its Origins, Development, and Distinctive Character* (Oslo: Universitetsforlaget and London: Allen & Unwin, 1964), 1-2에서 인용함.

최초 사도들의 믿음과 실천을 "회복"하는 것에 관심을 두었기 때문에 이들은 "회복주의자"라는 명칭으로도 불리게 되었다. 파함은 사도행전 2:1-12의 방언이 고린도전서 12:8-10과 14:1-40에 나오는 **글롯소랄리아**(알아들을 수 없는 말)가 아니라 특별히 **크세노랄리아**(외국 말)였다고 믿었다. 그래서 크세노랄리아는 특히 복음 전도에 중요했다. 또한 초기의 오순절주의자는 20세기 후반에 신약학 분야에서 상세히 설명된 주제, 즉 사도행전에서 오순절 사건은 바벨탑 사건의 혼란을 반전시킨 사건으로 제시되거나 인식되었다는 사실을 인정했다.[135]

초기 오순절 운동을 출범시킨 두 번째 원천은 시모어가 제공했다. 미국의 아프리카 출신 노예의 아들인 시모어는 로스앤젤레스의 아주사 거리 선교 교회의 목사로서 1906-1908년에 일어난 아주사 거리 부흥의 역사를 주도했다. 이 부흥은 방언, 그리스도의 재림 대망, 이적에 대한 기대, 성령 세례, 힘찬 찬송이 특징이었다. 또한 이 "흑인" 오순절 운동은 18세기 "대각성 운동"의 전통에 따라 인종차별 폐지와 같은 사회적 관심사를 동반했다.[136]

오순절 운동의 전통은 현재까지 생명력을 유지하고 있지만 다양한 집단으로 갈라졌다. 아주사 거리 선교 운동과 회중주의에 뿌리를 두고 있는 하나님의 성회(Assemblies of God)는 미국에서 가장 큰 오순절 교단이 되었다. 엘림 포스퀘어 복음 교회(Elim foursquare Gospel Chruch)는 장로교회의 뿌리를 갖고 있다. 1960년대 오순절 교회 성령신학의 다양한 특징은 주요 교회들을 외부가 아닌 **내부적으로** 결속시켰다. 그러나 종종 "은사 부

---

135) John C. O'Neil, *The Theology of Acts in Its Historical Setting* (London: SPCK, 1961).

136) Walter J. Hollenweger, "The Black Roots of Pentecostalism," in A. H. Anderson, Walter J. Hollenweger (eds.), *Pentecostals after a Century: Global Perspectives on a Movement in Transition* (Sheffield: Sheffield Academic Press, 1999), 33-64.

흥 운동"의 호칭 아래 결속되었다. 어떤 이들은 이것을 은사주의-오순절 신학과 체험의 "제2의 물결" 또는 신오순절 운동이라 불렀다. 앤드류 워커(Andrew Walker)가 지적한 것처럼, 처음 곧 1960년대에 오순절 운동의 일부 지도자들은 종종 무질서한 아니 사실은 독불장군처럼 설치는 측면이 있었다.[137]

그러나 1970년대에 이르자 좀 더 신중한 반성이 있었고, 로마 가톨릭의 많은 교회도 오순절 운동에 가담했으며, 추기경 쉬넨스(Suenens)가 오순절 운동을 지원했다. 워커는 1970년에서 1980년까지의 10년을 "오순절 부흥 운동의 황금기"로 부른다.[138] 1980년에 킬리안 맥도넬(Kilian P. McDonnell)은 로마 가톨릭, 영국 성공회, 루터교회, 장로교회, 감리교회 전통을 포함하여 많은 제도권 교회들의 교리에 대한 해설과 평가를 담은 3권짜리 저서를 출판했다.[139] 1980년대에 신오순절 운동은 특히 비서구 지역에서 기하급수적으로 성장했다. 1980년대 초에 오순절 부흥 운동 안에 갈등의 조짐이 나타났다. 오순절 부흥 운동 내부에서 많은 이들이 미국 텔레비전의 대담 프로에 출연한 "텔레비전 전도자"의 인격성에 대한 불안감을 표출했고, "초대형교회"의 목회 맹점에 관해서도 물음을 제기했다.[140] 존 윔버(John Wimber)는 "능력전도"(power evangelism)를 새롭게 강조하고, 일부 국가에서는 "회복주의"(Restorationist) 교회들이 교리의 방어"망"을 구축했다.[141] 동시에 다른 국가에서도 오순절 부흥 운동 내부에서 진지한 신

---

137) Andrew Walker, "Pentecostalism and Charismatic Christianity," in Alister McGrath (ed.), *Modern Christian Thought* (Oxford: Blackwell, 1993), 428-434.

138) Walker, "Pentecostalism," in *Modern Christian Thought*, 431.

139) Kilian P. McDonnell (ed.), *Presence, Power, and Praise: Documents on the Charismatic Renewal* 3 vols. (Collegeville, MN: Liturgical Press, 1980).

140) 이런 텔레비전 복음 전도자들로는 지미 스웨거트, 오럴 로버츠, 짐 배커, 태미 배커, 패트 로버트슨 등이 있다.

141) John Wimber, *Power Evangelism* (London: Hodder & Stoughton, 1985). 『능력전도』(나단출판사 역간).

학 및 주석적 반성을 시도하고, 연합을 위한 대화에 참여했다. 피터 와그너(Peter Wagner)는 오순절 부흥 운동 내부에서 일어난 보다 온건하고 반성적이고 연합적인 경향을 "제3의 물결"(third wave)이라고 불렀다.

1990년대와 21세기 초에 이런 교차적 경향들이 다시 시작되었고, 방대한 관련 문헌들이 쏟아졌다. 왓슨 밀스(Watson E. Mills)가 작성한 연구 목록에는 은사주의 운동과 관련된 2천 편이 넘는 연구 논문이 포함되어 있다(1985).[142] 에스더 스찬도르프(Esther D. Schandorff)는 성령과 관련된 두 권짜리 참고 문헌을 편찬했다(1995). 이 책에는 주로 오순절 신학을 다룬 약 7천 권의 책과 논문이 수록되어 있다.[143] 1993년에는 세이지(Sage)에서 발행하는 「오순절 신학 저널」(Journal of Pentecostal Theology)이 창립되었다. 이 논문집에서 최근 이 문제에 대해 다룬 글을 보면 크리스토퍼 스티븐슨(Christopher Stephenson)은 오순절 운동의 신학 방법과 오순절 운동의 **영성, 교리, 신앙의 규칙** 간의 관계를 제시한다.[144] 같은 논문집에서 존 푸아리에(John Poirier)와 스코트 루이스(Scott Lewis)는 포스트모더니즘의 해석학을 오순절 운동의 **해석학**에 적용할 수 없는 이유를 설명한다.[145]

전통이 깊은 제도권 교파들 내부에서 은사주의 운동 또는 "제3의 물결"의 많은 지지자들이 지금은 "성령 세례"를, 믿음을 가진 이후에 갖게 되는 "제2의 단계" 또는 "제2의 축복"으로 부르는 경향이 덜하다. 앞에서 지적한 것처럼, 제임스 던의 『성령 세례』(Baptism in the Spirit)는 바울 서신에

---

142) Watson E. Mills, *Charismatic Religion in Modern Research: A Bibliography* (Macon, GA: Mercer University Press, 1985).

143) Esther Dech Schandorff, *The Doctrine of the Holy Spirit: A Bibliography Showing Its Chronological Development*, American Theological Library Association Bibliography 28, 2 vols. (Lanham, MD: Scarecrow, 1995).

144) Christopher A. Stephenson, "The Rule of Spirituality and the Rule of Doctrine: A Necessary Relationship in Theological Method," *Journal of Pentecostal Theology* 15 (2006), 83-105.

145) *Journal of Pentecostal Theology*, vol. 15 (2006), 3-21.

나타난 성령 세례라는 어구의 용법이 최초의 회심 이후에 후속적으로 이어지는 경험을 암시하지 않는다는 주석적 근거를 결정적으로 증명했다. 한편 모든 기독교 전통의 유수한 학자들이 "새 생명에게 은사의 힘"을 제공하기 위하여 성령의 은사를 받고 적용시키는 것에 문을 열어두고 중요한 의미를 부여했다. 특히 위르겐 몰트만은 『생명의 영』(*The Spirit of Life*)과 다른 작품들에서 이 개방성을 옹호하는, 가장 존경받는 저명한 주창자 가운데 한 사람이다.[146]

몰트만은 이렇게 말한다. "부르심과 은사 곧 **클레시스**와 **카리스마**는 함께 속해 있다.···이것은 비록 많은 이들이 은사를 따라 살지 못한다고 해도 모든 그리스도인은 은사 받은 자라는 것을 의미한다."[147] 로마서 12장은 "**삶을 위한 일상적 은사**"라고 부를 수 있는 은사와 직분을 담고 있다.[148] 이 은사와 직분은 교인들이 공유하는 것이지만, 몰트만은 그것들을 "초자연적" 은사로 부르지 않는다. 분명한 것은 그가 은사의 통일성과 다양성을 동시에 염두에 두고 있는 것이다(고전 12-14장). 몰트만은 이렇게 말한다. "오늘날 오순절 교파와 은사주의 교회들이 도처에서 부흥하고 있는 것은 추호도 의심할 여지가 없다." 그리고 이 은사는 "극도의 고통이 절제되지 않은 통곡으로 표현되거나 극도의 기쁨이 펄쩍펄쩍 뛰거나 춤을 추는 것으로 표현되는 것처럼" 방언(*glossolalia*)으로도 표현될 수 있다.[149] 때때로 몰트만은 형식적인 교회의 예배는 동작의 제한과 함께 자발성과 자유가 결여되어 무기력하다고 주장한다.

계속해서 몰트만은 **예언**이 "적절한 때에" "해방의" 말을 제공할 수 있는 "특별한 **은사**(카리스마)"라고 말한다.[150] 예언에는 개인적 증언이 포함될

---

146) Moltmann, *The Spirit of Life*, 특히 180-197.

147) Moltmann, *Spirit*, 180.

148) Moltmann, *Spirit*, 183(몰트만 강조).

149) Moltmann, *Spirit*, 185.

150) Moltmann, *Spirit*, 186.

수 있다. 또한 은사는 "'모든 것이…가능하다'는 믿음에서 나온다. 하나님이 함께하면 모든 것이 가능하다."[151] 성령의 **은사들**(카리스마타)은 믿음이 두려움을 대신하는 곳에서 나타난다.[152] 나아가 예수께서 많은 병자를 고치신 것처럼(막 1:32-35), 기적적인 병 고침은 고대 세계에서만 흔한 일이 아니었다. "우리는 오늘날에도 기적적인 병 고침을 발견한다."[153] 또한 예수는 모든 병자를 고치신 것이 아니다(막 6:5). 병 고침은 우리가 원하는 대로 "만들" 수 없다. "병 고침은 하나님이 원하실 때 그리고 원하는 곳에서 일어난다. 이런 종류의 병 고침을 위한 방법은 없다."[154] 질병은 때때로 깨진 관계와 정신적 상태와 관련될 수 있지만, 병 고침이 필요한 자는 현대 의학을 의지할 수도 있다. 예수는 "우리의 병을 '짊어지심으로써'" 우리의 병을 고치신다(마 8:17).[155]

몰트만은 자신의 신학에서 가장 중요하고 기념비적인 한 설명에서, "장애가 있는 삶의 **은사들**(카리스마타)"은 인간적 **체현**(embodiment)의 한 부분이라고 지적한다.[156] 하나님은 자신이 원하시는 대로 치유하실 수 있지만, 교회 공동체는 **약한 자와 강한 자를 모두** 포함하고 있다는 정체성을 이해하는 것도 본질적이다. 무력한 자가 교회에 **은사**(카리스마)를 가져오고, 또 은사가 될 수 있다. "**무력한 자가 없는 교회는 무력하게 되고 무력하게 하는 교회다**"(티슬턴 강조).[157] 초기의 오순절주의자들이 주장한 것처럼, 성령의 "부어지심"은 "힘"과 "활력" 곧 확실히 "활력적인 힘"을 가져온다.[158]

의심할 것 없이 몰트만은 오순절 부흥 또는 "은사주의 부흥"의 성령신

---

151) Moltmann, *Spirit*, 187.
152) Moltmann, *Spirit*, 188.
153) Moltmann, *Spirit*, 189.
154) Moltmann, *Spirit*, 190.
155) Moltmann, *Spirit*, 191.
156) Moltmann, *Spirit*, 192-193.
157) Moltmann, *Spirit*, 193.
158) Moltmann, *Spirit*, 195, 196.

제3부 기독교 교리의 주요 주제

학의 핵심을 제도권 기독교 전통이 받아들이고 인정할 수 있는 형태로 표현했다. 그러나 주석적·교리적·해석학적 본질에 대한 일부 염려는 그대로 남아 있다. 이 염려는 어떤 가정들이 충분한 비판적 평가를 받지 못할 때, 또 어떤 가정들이 갱신이나 오순절 신학 자체의 요청이 없는데도 문화적 관습처럼 덧붙여질 때 나타난다.

또 염려가 가능한 요소들을 꼽는다면, 오늘날 방언에 대한 이해가 신약성경에 나오는 "방언의 종류"와 어떻게 관련되어 있는지, 소위 방언 "통역"의 문제나 예언의 본질에 대한 주석적·역사적 증거를 넘어서는 가정들이 문제가 될 수 있다. 종종 이런 문제들은 주어진 해석과 관련해서 강조의 본질이나 정도가 중요하게 다뤄진다. 우리는 먼저 이 강조의 문제들을 고찰하고, 이어서 마지막 부분에서 방언(glossolalia)과 예언에 관한 해석학적 물음들을 다시 고찰하는 것으로 이번 장을 마칠 것이다.

(1) 성령의 사역에 대한 강조는 삼위일체적인 관점에서 제외되거나 벗어나지만 않는다면 신약성경과 기독교 교리를 반영한다. 고린도전서 12:4-7과 요한복음의 보혜사 관련 말씀(요 15:26; 16:12-14)을 보면, 신약성경의 저자들은 성령의 사역을 성부 및 성자 하나님과의 "공동사역"으로 묘사한다. 마찬가지로 교부들도 성령을 기독론적이고 삼위일체적인 맥락과 지평에서 고립시키지 않고 필수적으로 다룬다. **성령의** 갱신이 아니라 **삼위일체적인** 갱신에 대해서 말하는 것이 더 건설적이고 오해가 적을 것이다. 그렇지 않으면 성령을 존중하려는 욕구는 예수 그리스도를 존중하려는 사람들 속에서 "예수론"의 거울 이미지로 빠질 것이다.

(2) 몰트만이 주장하는 것처럼, **생명력, 역동성, 능력, 그리고 에너지**에 대한 경험은 성경과 교부들의 해석을 충실하게 반영한다. 그러나 이것은 **승리주의**를 낳을 수 있다. 그리고 캐제만이 우리에게 경고하는 것처럼, **순례, 기다림, 그리고 자기훈련**의 요소를 상실하는 결과를 초래할 수 있다. 능력과 생명력에서 영광을 찾으면 실현이 끝난 종말론에서 나타날 수 있는 미숙한 "도착" 개념에 관한 경고를 자초하게 된다(고전 4:8-13; 히 4:1-16;

11:13, 39; 12:1-17).

(3) 예수 그리스도로 말미암아 성령 안에서 하나님과의 친밀하고 인격적인 관계를 가질 때 일어나는 즐거움은 로마서 8:14과 갈라디아서 5:22에서 성령의 아들됨에 대한 진정한 증언을 반영한다. 그러나 대다수 오순절 운동과 은사주의 학자들이 인정하는 것처럼, 이것이 내면 지향적인 **개인주의적 경건주의**를 낳아서는 안 되고, 교회와 사회의 행복과 세상에 대한 공통적 관심사를 낳아야 한다. 나아가 이것은 종종 개인적 경건주의와 연계되는 반지성주의나 전비판적 접근법을 함축하는 것도 아니다.

(4) 순간순간 성령 안에서(또는 성령으로 말미암아) 펼쳐지는 **새로운 삶**과 방향은 신약성경과 교부들이 강조하는 변혁과 거룩함을 반영한다. 그러나 현재와 미래, **놀라움과 창조적 새로움에 대한 자각은 전통과 역사를** 무시할 가능성에 대해 경고한다. 성령은 **과거에 행하신 자신의 사역과의 연속성 안에서** 일하신다. 나아가 창조 내러티브(창 1:1-2:25)와 고린도전서 14:40을 보면 성령은 혼돈이 아니라 **"질서"**를 일으킨다.

(5) 성령은 마음의 갱신, 자유, 자발성을 제공하는 동안 **전 인격**을 새롭게 하신다. 정서와 육체적 행동이 그런 것처럼 **지성**도 인간 인격성의 일부를 구성한다. 반지성주의는 갱신과 **필연적인** 연관성이 전혀 없다.

(6) 몰트만이 말하는 것처럼 **병 고침**에 대한 기대는 "하나님이 병 고침을 원하실 때 그리고 원하시는 곳에서" 일어난다. **"기적적"**이라는 전문 용어는 하나님의 전능하신 주권을 전달하는 가장 정확한 방법이 인과 과정 안에서 발생하는지 또는 인과 과정을 통해서 발생하는지, 아니면 하나님이 택하신 다른 과정에 따라 발생하는지의 열린 물음으로 남아 있다. **"초자연적인"** 것을 너무 지나치게 강조하면 "저급"하거나 "자연적인" 수준의 폐쇄적 우주관에 빌미를 주게 된다. 마치 하나님이 주권적 행동을 독자적인 두 방식으로 행하신다는 사실을 함축하는 것처럼 보이기 때문이다. 나는 고린도전서 주석에서 "능력 행함"(ἐνεργήματα δυνάμεων, 에네르게마타 뒤나메온; 고전 12:10)이 **이적 행함**(the working of miracles, NRSV, AV/KJV, NJB)을 의

제3부 기독교 교리의 주요 주제

미하는지, 아니면 **기적적인 능력**(miraculous powers, REB, NIV)을 의미하는 지의 물음을 제기했다. 나는 바울이 명시적으로 사용하는 것보다 더 좁고 더 특수한 의미 범주를 부여하는 것을 피하기 위해 "**매우 유효한 능력 행위**"(actively effective deeds of power)라고 번역했다.[159] "**능력 행위**"는 이적을 **배제하지 않고**, 그렇다고 이적으로 **한정되는** 것도 아니다.

그리스어 에네르게마타(*energēmata*)는 고린도전서 12:6을 반영하는데, 다른 누구보다 칼뱅은 그 말이 **유효한 능력**이 아니라 **이적**을 가리키는지를 의심한다.[160] 병 고침을 너무 경시하게 되면 하나님의 주권에 대한 신뢰가 감소한다. 또 병 고침을 너무 강조하게 되면 의료 수단이 아닌 다른 수단으로는 **치료를 받지 않는 자들**(그리고 그들이 사랑하는 자들)**에게 악과 고난** 문제에 대한 고뇌가 가중된다.

바울은 복수형을 두 번 사용하여 **병 고치는 은사들**(gifts of healings)이라고 표현한다. 이는 그리스어로는 χαρίσματα ἰαμάτων(카리스마타 이아마톤)이다(고전 12:9). 오순절 운동의 전통 안에서 도널드 지(Donald Gee)는 병 고침의 은사가 "의학적 치료에 대한 자비롭고 다양한 역사"로 부른 것을 "배제하지 않는다"고 선언한다.[161] 마찬가지로 벵겔(Bengel)도 병 고치는 은사는 기적적인 것을 포함할 수 있지만, 그렇다고 해서 "자연적 치료"(*per naturalia remedia*)를 배제하는 것은 아니라고 주장한다.[162] 또한 오순절 운동 전통 안에서 (도널드 지와 같이) 데이비드 페츠(David Petts)도 비록 "병 고침"이 고전적 오순절 운동의 표지이기는 해도, 그것을 항상 하나님의 뜻

---

159) Thiselton, *First Epistle*, 939, 952-956.

160) John Calvin, *The First Epistle of Paul to the Corinthians*, trans. D. W. Torrance (Edinburgh: Oliver & Boyd, St. Andrews, 1960), 262; Helmut Thielicke, *The Evangelical Faith*, trans. G. Bromiley, 3 vols. (Grand Rapids: Eerdmans, 1974-1982), vol. 3, 79.

161) Donald Gee, *Spiritual Gifts in the Work of Ministry Today* (Springfield, MO: Gospel, 1963).

162) J. A. Bengel, *Gnomon Novi Testamenti* (Stuttgart: Steinkopf, 1866 [1773]), 652.

으로 인정할 수 있는 것은 아니라고 설명한다. 병 고침을 그리스도의 구원 사역과 연계시키는 본문들(사 53:5)은 고침 받는 것을 보편적 "주장"으로 제시하지 않는다고 설명했다.[163] 맥도넬(McDonell)도 오순절 교회나 에큐메니컬 교회들과 함께 다음과 같은 문장이 포함된 공동 성명을 발표한다. "그러므로 우리는 '신적 병 고침'을 항상 기적적인 역사로 간주하지 않고…아울러 병 고침을 구하는 개인의 믿음에 지나치게 큰 강조점을 둠으로써…잘못된 인상과 불필요한 고통을 주는 것에 대하여 경고하고자 한다."[164] 종말론적 타이밍과 믿음의 공동체적 실천이 두 가지 요소로 작용한다. 나는 그리스어 본문에 대한 주석에서 이 문제들을 다루면서, 이 말을 **총칭적** 복수형(generic plural) 용법에 따라 "다양한 종류의 병 고침의 은사들"(gifts of various kinds of healings)로 번역했다.[165]

(7) 앞에서 지적한 것처럼(지금은 두 번째로), 제임스 던과 다른 학자들은 고린도전서 12:13에서 **성령 세례**가 세례에서 그리스도의 죽음 및 부활과 하나가 되는 동일시 경험(롬 6:7-11)이 아니라 개인적인 오순절 사건의 "제2차 단계"를 가리킨다는 주장의 주석적 기초에 결정적으로 의문을 제기했다.[166] 그러나 이것이 파함, 시모어, 바레트의 주장이 잘못이라는 것을 함축하는가? 우리는 그들이 그렇게 한 것처럼, **성령 세례라는 말**을 사용하는 것의 **주석적 기초**에 관한 주장과, 성령 세례라는 말로 가리킨 **경험의 진정성**에 관한 다른 주장을 구분할 필요가 있다. 때때로 기독교 신자들이

163) David Petts, *Healing and Atonement* (Ph. D. diss., University of Nottingham, 1993).
164) McDonnell (ed.), *Presence, Power, Praise*, 305; 감리교의 진술에 대해서는 vol. 2, 22-36, 182-220, 교황 바오로 6세에 대해서는 vol. 3, 11-13, 70-76, 영국과 아일랜드 침례교 연합에 대해서는 vol. 2, 379-380, 미국의 남 침례교회에 대해서는 vol. 2, 114-115, 그리고 루터교회 전통에 대해서는 vol. 2, 15-21, 307-324을 참조하라.
165) Thiselton, *First Epistle*, 946-951.
166) Dunn, *Baptism in the Holy Spirit*, 109-113, 117-120, 127-131; 참조. Thiselton, *First Epistle*, 997-1001.

처음 믿음을 갖고, 그 다음 단계에서 오순절 사건의 능력과 거룩함의 경험을 "접하는" 것을 부정하는 것은 주제넘은 태도일 것이다. 그러나 "성령 세례"가 이 경험을 묘사하는 데 사용된다면, 이것은 **이 말**에 대한 바울의 용법이 아니다. 그러므로 그런 주장은 잘못된 주석에 기반을 둔 왜곡된 해석학을 내포할 것이다.

## 18.5. 방언과 예언에 대한 주석과 해석학

우리는 마지막으로 방언의 은사와 소위 방언 통역의 은사, 그리고 예언의 은사로 시선을 돌릴 것이다. 우리는 먼저 고린도전서 12:10에서 바울이 방언의 **부류**나 **종류**(그리스어 γένη γλωσσων, 게네 글롯손)에 대해 말하는 것을 지적해야 한다. 바울은 방언의 은사에 하나 이상의 종류가 있다고 본다. 사도행전 2:1-13에 나타난 방언의 은사는 아마 바울이 고린도서에서 언급한 것과 다른 종류의 은사였을 것이다. 어떤 이들은 사도행전 2장에 나오는 방언의 은사가 말하는 자가 아니라 듣는 자를 위한 것이었다고 주장한다(행 2:8).

바울 서신에 대한 학자들의 문헌을 보면 방언에 대한 폭넓은 범주의 이해를 제안한다. 여기서 우리는 그 가운데 다섯 가지 주장을 매우 조심스럽게 선별하여 제시할 것이다. 이 다섯 가지 주장은 고린도전서에서 방언의 은사가 의미하는 바를 다음과 같이 제시한다. (i) 천사의 말로서의 방언(E. Earle Ellis, G. Dautzenberg),[167] (ii) 다른 나라의 언어를 말하는 기적적인 능력으로서의 방언(Chrysostom, Thomas Aquinas, Robert Gundry,

---

167) E. E. Ellis, *Prophecy and Hermeneutic in Early Christianty* (Grand Rapids: Eerdmans, 1978), 6-71; G. Dautzenberg, "Zum religionsgeschichtlichen Hintergrund der διακίσεις πνευμάτων(1 Kor. 12:10)," *Biblische Zeitschrift* 15 (1971) 93-104.

Christopher Forbes),[168] (iii) 전례적이거나 고풍스럽거나 율동적인 말의 형식으로서의 방언(F. Bleek, C. F. G. Heinrici),[169] (iv) 황홀경(무아경)에서 하는 말로서의 방언(Tertullian, S. D. Currie, L. T. Johnson, H. Kleinknecht),[170] (v) 과도하게 통제된 정신에서 나온 예지적인 지각이나 경험을 잠재의식적으로 또는 무의식적으로 "폭발시키는" 해방으로서의 방언(K. Stendahl, G. Theissen, F. D. Machia, 폭넓게 보면 Max Turner, J. Motmann).[171]

나는 고린도전서 그리스어 본문을 주석하면서, 이 다섯 가지 견해 가운데 처음 네 가지 견해에 반대하는 반론들을 포함하여 이 주장들을 다루었다.[172] 내가 1979년 이전부터 오랫동안 옹호했던 방언에 대한 견해는 다섯 번째 견해다. 이 견해는 필론과 요세푸스의 글에 나타난 ἑρμηνεύω(헤르메뉴오)와 διερμηνεύω(디에르메뉴오)라는 말을 연구하는 과정에서 처음 확인했는데, 이때 이 말은 관련 문맥에서 **통역하다**라는 의미보다 **분명히 말**

---

168) Chrysostom, *Homilies on 1 Corinthians*, Hom. 29:5; R. H. Gundry, "'Ecstatic Utterance'(NEB)?" *JTS* 17 (1966) 299-307; C. Forbes, *Prophecy and Inspired Speech in Early Christianity and Its Hellenistic Environment*, WUNT II, 75 (Tübingen: Mohr, 1995), 57-65.

169) C. F. G. Heinrici, *Der erste Sendschreiben des Apostel Paulus an die Korinther* (Göttingen: Vandenhoeck & Ruprecht, 1896), 376-394.

170) Tertullian, *Against Marcion* 5:8; S. D. Currie, "Speaking in Tongues," *Interpretation* 19 (1965) 274-294; H. Kleinknecht, *"pneuma"* (part), in G. Kittel (ed.), *TDNT*, vol. 6, 345-348.

171) Krister Stendahl, "Glossolalia - The NT Evidence," in K. Stendahl, *Paul among Jews and Gentiles* (London: SCM, 1977), 109-124; Gerd Theissen, *Psychological Aspects of Pauline Theology*, trans. J. P. Galvin (Edinburgh: T&T Clark, 1987), 74-114, 292-341; A. C. Thiselton, *First Epistle*, 970-988, 1062-1064, 1094-1130, 특히 984-989; F. D. Macchia, "Groans Too Deep for Words: Toward a Theology of Tongues as Initial Evidence," *Asian Journal of Pentecostal Studies* 1 (1998) 149-173; "Tongues and Prophecy: A Pentecostal Perspective," *Concilium* 3 (1996) 63-60; Max Turner, *The Holy Spirit and Spiritual Gifts: Then and Now* (Carlisle, U.K.: Paternoster, 1996), 227-239, 303-314. 『성령과 은사』(새물결플러스 역간); 참조. Moltmann, *Spirit of Life*, 185.

172) Thiselton, *First Epistle to the Corinthians*, 970-989, 1096-1113.

하다 또는 **말로 나타내다**라는 의미로 더 빈번하게 나타났다.[173] 나는 스텐
달, 타이센, 마키아(F. D. Macchia)의 비슷한 주장과, 특히 로마서 8:26에서
"말할 수 없는 탄식"이라는 어구와 병행을 이루고 있는 것에 비추어, 내 견
해를 가다듬고 수정하려고 애썼다. 또한 내 견해는 앞에서 방언을 형언할
수 없는 고통이나 기쁨, 울음이나 웃음의 분출과 관련시키는 몰트만의 견
해와 비슷하다. 울음과 웃음은 의식과 개념, 그리고 인지적인 정신 이전에
터져 나오고, 순수한 명제적 진술로는 도저히 표현할 수 없는 소리나 몸짓
으로 분출된다. 바울은 이런 깊은 표현들을 억누르지 않고 "다 털어놓게
하는" 성령의 **해방하는 은사**로 방언을 이해한다. 타이센이 바르게 주장한
것처럼, 이렇게 분출시키는 것이 속에 쌓아두거나 못 박아 두는 것보다 더
건강하다.

그런데도 바울은 이 현상이 공적 예배에서보다 하나님과의 교제에서
개인적인 찬양을 드릴 때에 더 중심적이라고 본다(고전 14:2-12). **바울이 말
하는 방언**은 동료 신자들에게 전하는 것이 아니라 특별히 "하나님께" 말하
는 것이다(고전 14:2). 이것이 방언과 **예언의 다른** 점이다. 예언은 확실히 다
른 사람의 덕을 세우는 것에 목표를 두고 있다(14:3-4). 방언의 "통역"은 고
린도전서 14:6-19에서 길게 거론하는 주제다. 여기서 핵심 구절은 고린도
전서 14:13이다. "그러므로 방언을 말하는 자는 통역하기를[REB, 통역하
는 능력을 위하여] 기도할지니." 거의 모든 주요 번역 성경(NRSV, REB, NIV,
NASB, AV/KJV, NKJV)이 여기서 바울이 **방언으로 말하는 자**에게 방언을 알
아들을 수 있는 말로 전하도록 요구한다고 바르게 이해한다. 그리스어 본
문은 τις(티스) 곧 **어떤 사람**이라는 말을 포함하고 있지 않다. "통역하는
자"로 불리는 2인칭 인물이 나타나 있지 않다. 다만 NJB만이 관련 당사자

---

173) Anthony C. Thiselton, "The 'Interpretation' of Tongues? A New Suggestion in
   the Light of Greek Usage in Philo and Josephus," *JTS* 30 (1979) 15-36, repr.
   in *Thiselton on Hermeneutics*, 247-285. 예컨대 Philo, *On the Migration of
   Abraham* 12:73, 81; Josephus, *Jewish War* 5:176, 5:182를 참조하라.

(방언하는 자)에게 2인칭 인물을 통하거나 통하지 않거나 "그가 통역할 수 있도록" 기도할 것을 요구함으로써 대비책을 세운다.

그러면 전통적으로 "방언들 통역함"으로 번역된 말(고전 12:10)이 어떻게 은사들(charismata) 가운데 포함되는가? 분명히 방언의 은사가 하나님에 대한 찬양, 기쁨, 갈망, 열망의 억압된 경험을 분출하는 것을 가리킨다면, 이 표현들을 분출시키거나(방언을 말함으로써) 교회의 **덕을 세우기** 위해 **말로 전할** 수 있을 때, 그것 역시 성령의 진정한 은사를 구성한다. 방언과 방언의 통역, 이 두 은사는 거의 보충 관계에 있다. 이 두 은사가 함께 주어진다면 이들은 사실상 순차적이다. 개인은 의식 이전의 갈망과 열망을 하나님과의 **개인적인 교제**에서 방언을 통해 크게 분출시킬 수 있다. 그러나 **교회**를 배경으로 하면, 신자는 신적 경외와 경이의 감정을 압도적으로 느낄 때, 이 감정의 일부나 전부를 예배에서 다른 신자들과 알아들을 수 있는 말로 공유할 수 있는 의식적인 정신 상태에 이르게 될 텐데 이것 역시 또 하나의 은사다. 따라서 "다 털어놓는" 은사**와** 그것을 알아들을 수 있는 말로 제시하는 은사는 각각 개인적 용도와 공적 용도를 위한 성령의 "은사들"이 된다.

**예언**의 은사도 다양한 통역을 수반한다. 평소 다른 부분에서 보여준 것과 달리, 이 부분에서 다소 약한 비판적 주장과 증거를 제시한 C. K. 바레트는 "예언의 은사가 "흥분 상태에서 어쩌면 무아경에 **빠져** 하는 말이지만 통상적인 말로 말해진" 것이라고 주장한다.[174] 그러나 이것은 포괄적인 맥락에서 보면 기껏해야 하나의 추론으로 명시적인 증거를 벗어나는 견해로 보인다. 어떤 학자들은 예언이 짧고 단음적인 말의 분출이라고 주장한다. 그러나 요한은 요한계시록에서 자신의 강론의 특징을 "**예언**" 또는 "**예언의 말씀**"이라고 7회에 걸쳐 사용한다(계 1:3; 11:6; 19:10; 22:7, 10, 18, 19).

---

174) C. K. Barrett, *A Commentary on the First Epistle to the Corinthians* (London: Black, 2d edn. 1971), 286.

제3부 기독교 교리의 주요 주제

산네스(K. O. Sandnes)는 훨씬 더 간명하게 바울이 사도로서 자신의 개인적 사명을 예언적 사명으로 보고, (그가 말할 때) "주께서 이같이 말씀하시기를"이라는 말에 의존하지 않고, 짧은 단음적인 말에 제약을 받지도 아니하며, 엄밀한 반성을 통해 준비한 것을 전하는 합리적 담화를 포기하지도 않는다고 설득력 있게 증명한다.[175] 예언이 어떤 정해진 길이를 갖고 있거나 항상 무아경에서 나오거나 아무 준비 없이 "자동으로" 나와야 한다는 결정적 증거는 없다. 유일한 보편적 기준이라면 예언은 단순히 말하는 자가 구성하는 것이 아니라 하나님으로부터 나온 메시지나 말씀으로 구성된다는 것이다. 그러나 하나님은 예상치 못한 순간적 계시를 통해 역사하실 수 있는 것처럼 예비적인 반성 과정을 거쳐 역사하실 수도 있다. 후자가 예언의 "통상적" 방식으로 보이는데, 그것은 특히 고린도전서 14:19, 23이 예언을 정신($\nu o \tilde{u} \varsigma$, 누스)의 의식적 사용과 연계시키기 때문이다.

나는 이 본문들을 주석할 때, 예언에 대한 두 가지 추가적인 주의사항을 포함시켰다.[176] 이 두 가지 주의사항은 신약 시대나 오늘날이나 예언의 책임 있는 해석학에 대해 이해의 지평이 얼마나 큰 역할을 하는지를 예증한다. 첫 번째 주의사항은 그리스적 배경이나 묵시적 배경, 구약 배경, 목회 설교로서의 예언, 지도자로서의 예언자와 여예언자, 예언적 의식, 예언의 오류 가능성, 예언의 시험(테스트)에 대한 세부적인 자료와 문서를 고려해야 한다는 것이다. 두 번째 주의사항은 해석학적 관점의 문제, 덕을 세우고 격려하고 위로를 베푸는 것으로서의 예언의 목표, 성경에 대한 창조적이거나 은사적인 해석을 의미하는 것으로서의 예언의 정의, "자발적" 발화 또는 준비된 설교에 대한 각각의 주장, 그리고 예언이 단순히 동료 신자들에게만 전달되는지 또는 폭넓은 세계 속에 전달되는지의 여부와 같

175) K. O. Sandnes, *Paul-One of the Prophets? A Contribution to the Apostle's Self-Understanding*, WUNT II, 43 (Tübingen: Mohr, 1991).
176) Thiselton, *First Epistle*, 956-965, 1087-1094.

은 문제들을 고려해야 한다는 것이다. 고린도전서 14:23-25은 예언이 **비신자나 신앙에 관심이 있는 자들**에게 미치는 영향을 염두에 두고 있다. "다른 방언"에 대한 말씀(고전 14:21-22)은 예배에서 그리스도인들을 마치 그들 자신의 "고향" 곧 그들이 속한 교회에 안전하게 "속해 있지" 않은 것처럼 만들거나, "낯선 사람"이나 외부인처럼 느끼게 할 정도로 매우 비밀스럽고 알아들을 수 없는 것이 없어야 한다는 요점을 전달한다.

우리는 여기서 약 20쪽에 달하는 주장을 또 다시 되풀이할 수는 없다. 여기서 결론은 데이비드 힐, 울리히 뮐러(Ulrich Müller), 토머스 길레스피 (Thomas Gillespie)와 같이 이 문맥에서 길든 짧든, 준비했든 무의식적이든, 그리고 신중한 말로 전달되든 절박한 감정을 갖고 전달되든 상관없이, **예언은 주로 목회적인 복음 설교에 적용된다**는 것이다.[177] 이에 대한 유일한 두 가지 기준은 다음과 같다. (i) 예언은 **하나님으로부터 나온 말씀**으로 하나님에게서 나와야 한다는 것과, (ii) 예언은 **알아들을 수 있고 공적이고 소통이 가능한 행위**여야 한다는 것이다.

막스 터너(Max Turner)는 신약성경에 나타난 성령의 은사들 가운데 예언을 세밀하게 연구하고, 그것을 오늘날의 예언 현상과 공감적으로 그리고 비판적으로 비교했다.[178] 터너는 바울이 사도의 권위와 관련해서 예언의(예언자의) 권위를 "상대적으로 낮게" 보기는 해도, 예언을 자신의 사역의 한 부분으로 보기 때문에 예언이 복음과 관계된 측면을 강화시킨다는 산네스의 주장이 유효하다고 인정한다.[179] 터너는 이렇게 진술한다. "종말론

---

177) David Hill, *New Testament Prophecy* (London: Marshall, 1979), 110-140, 193-213; Ulrich B. Müller, *Prophetie und Predigt im Neuen Testament Formgeschichtliche Untersuchungen zur urchristlichen Prophetie* (Gütersloh: Mohn, 1975); Thomas W. Gillespie, *The First Theologians: A Study in Early Christian Prophecy* (Grand Rapids: Eerdmans, 1994).

178) Max Turner, *The Holy Spirit and Spiritual Gifts: Then and Now* (Carlisle, U.K.: Paternoster, 1996), 185-220 (New Testament), 315-328 (now).

179) Turner, *Holy Spirit*, 215.

적 예언을 제외하면 나머지 예언은 새로운 신학적 계시를 제공하는 것이 아니라 이미 알려진 신학을 특정 상황 속에 적용시키는 목회적인 '말'이 다."[180] 바울은 예배의 요소를 결정해달라는 고린도 교회의 예언자들의 요 구를 묵인하지 않는다.[181]

나는 신약성경의 예언과 오늘날 오순절주의자의 은사주의적 예언을, 비록 둘 다 확실히 하나님이 계시하신 것으로 인식되기는 해도, "신탁"과 같은 예언으로 보는 데 있어서는 터너만큼 확신이 없다.[182] 물론 터너와 나는 예언에 대한 "혼합된" 권위를 인정한다. 왜냐하면 예언은 오류를 범 할 수 있고, 그러므로 검증을 받아야 하기 때문이다.[183] 그러나 신약성경 에 나타난 예언이 주로 목회적인 설교라면, 신약성경의 예언과 오늘날의 예언의 차이가 "중요한 것으로 나타나지 않는" 것은 놀라운 일이다.[184] 부 흥 운동 기간에 일어난 예언 현상이 사도적 교리와 연속성을 갖고 있다고 검증되면, 그것의 **범주**를 "예언"으로 간주하는 것, 그리고 하나님의 생생한 음성을 듣고 전달하려는 욕구를 그 안에 포함하고 있다는 것을 인정하기가 더 쉽다. 우리의 견해가 가깝기는 하지만 아마 강조점은 동일하지 않을 것 이다.

우리는 이미 이처럼 길어진 이번 장의 범위 안에서 사도행전의 관련 본문들을 상세히 검토할 지면이 없다. 그럼에도 여기서 몇 가지 사실을 제 시하고자 한다. 첫째, 오순절에 임한 방언 사건은 **말하는** 방식이 아닌 **듣 는** 방식과 더 관련되어 있다는 것(행 2:6)과 이것은 하나님의 전체 백성을 공통으로 소유하고 있는 성령의 통일성으로 이끄는 관점 안에서 작용했 다는 것이다(행 2:17-21; 참조. 욜 2:28-29). 많은 주석가와 은사 관련 저술가들

---

180) Turner, *Holy Spirit*, 219.
181) Turner, *Holy Spirit*, 220.
182) Turner, *Holy Spirit*, 316.
183) Turner, *Holy Spirit*, 321.
184) Turner, *Holy Spirit*, 327.

이 성령의 은사는 **공동체적이고 종말론적**이라는 사실을 인정할 뿐만 아니라 바벨탑 사건(창 11:1-9)의 반전으로 인식될 수 있다는 것을 인정한다.

둘째, 분명하고 엄밀한 그림을 그리는 과정에서 다수의 어려움이 나타난다. 만일 언어가 주로 소통을 위한 것이었다면, 왜 사도행전 2:9-11에 묘사된 지역에서 온 유대인들이 "이방의 갈릴리"에서 상업적인 언어로 이미 사용되던 코이네 그리스어가 아닌 다른 언어를 필요로 했을까?[185] 술에 취했다는 비난은 아마 방언(*glossolalia*)의 종류가 "외국어 방언"보다 고린도전서 12:10과 14:1-40의 방언과 더 유사하다는 것을 암시할 것이다. 한편 행헨(Ernst Haenchen)은 사도행전 2:4을 "무아경에서 말하는 것이 아니라 엄숙한 또는 감동받은 태도로 말하는 것"을 가리킨다고 해석하는데, 그렇게 해석하는 학자는 행헨만이 아니다.[186]

이 현상들의 **원인과 결과**는 분명하다. 킬리안 맥도넬은『임재, 능력, 찬양』(*Presence, Power, Praise*)에서 사도들과 다른 사람들에게 성령이 권능으로 임한 결과를 잘 요약한다. 터너가 지적한 것처럼, 그리스적 성령 개념과는 거리가 멀게 "누가가 제시한 구원사 안에서 성령은 통일적 모티프이자 추진력이고 선교에 합법성을 부여하는 분이다."[187] 상대적으로 주석가들이 관심과 깊이를 갖고 접근하지 못하는 가장 심각한 해석학적 문제는, 예루살렘에서 로마로 나아가는 이러한 독특한 선교 과정이 이후 세대에게 패러다임으로 제공하려는 의도가 없이 단회적인 "창시적"(founding) 내러티브를 제공하는 것인지에 대한 여부다. 이러한 장르는 분명히 포괄적인 교회 공동체를 위한 패러다임, 모델, 패턴을 제공하는 로마서, 고린도전서,

---

185) 한편 브루스(F. F. Bruce)는 이렇게 말한다. "그들은 자기들 고장의 언어와 방언을 알아들었다. 동쪽 지방에서 온 방문자들은⋯아람어를 알고 있었다. 서쪽 지방에서 온 방문자들은⋯그리스어를 알고 있었다"(F. F. Bruce, *The Book of Act* [London: Marshall, Morgan, & Scott and Grand Rapids: Eerdmans, 1965], 59).

186) Ernst Haenchen, *The Acts of the Apostles: A Commentary*, trans. B. Noble, G. Shinn (Oxford: Blackwell, 1971), 168, n. 3.

187) Turner, *Holy Spirit*, 37.

또는 히브리서의 권면 부분들과는 차이가 있을 것이다.

그러나 누가-행전(누가복음과 사도행전)의 글이 포괄적 교회를 위한 **형성적** 사건을 기록한 것이 아니라 다른 글이라고 추정하는 것은 너무 경솔한 판단일 것이다. 누가는 교회가 "사도의 가르침을 받아 서로 교제하고 떡을 떼며 오로지 기도하기를 힘쓴"(행 2:42) 것을 연속성의 원리로 선언한다. 사도행전에서 누가는 규칙적인 내러티브 패턴들을 보여주면서 반복될 수 없는 단회적인 상황을 넘어서서 말하는 것으로 보인다.『누가 읽기』(Reading Luke)라는 제목의 최근 한 논문집을 보면 누가의 작품들은 정보를 제공할 뿐만 아니라 **형성적이고 변혁적인** 힘도 갖고 있음을 예증하려고 애썼다.[188] 터너는 이 논문집에 "누가와 성령"이라는 제목의 논문을 수록했다. 누가복음은 예수 그리스도와 성령의 관계를 강조한다. 사도행전은 예수의 높아지심과 "누가복음 1-2장에서 기대했던 대로 공동체를 변화시키는 하나님의 통치와 구원의 심화"를 연결시킨다.[189] 이것은 "공동체 안에서 그리고 공동체에 대한 사명**과** 예수의 주되심에 내재된 갱신과 변혁을 감당하기 위한 능력의 수여"를 포함한다.[190]

우리는 신약성경과 오늘날 교회에서 성령과 연관되어 일어나는 많은 **현상들**을 생각해볼 때, 칼 바르트의 핵심적인 초점을 반복하기는커녕 더 나쁜 상태에 빠질 수도 있다. 그것은 우리의 해석학을 이끌어주는 것으로서 결코 잊어서는 안 될 초점이다. 바르트는 고린도전서 12-14장에서 13장의 사랑에 대해 "사랑이 아닌 다른 모든 것은 완전히 폐하여 질 것"이라고 말한다. 따라서 그는 이렇게 선언한다. "우리가 진정으로 관심을 갖고 있는 것은 **현상** 자체가 아니라 그 현상들이 **어디서 왔는지**, 또 **어디로 가**

---

188) Craig G. Bartholomew, Joel B. Green, and Athony C. Thiselton (ed.), *Reading Luke: Interpretation, Reflection, Formation* (Carlisle, U.K.: Paternoster and Grand Rapids: Zondervan, 2005), 3-54(티슬턴), 여러 곳.

189) Max Turner, "Luke and the Spirit," in *Reading Luke*, 280; 참조. 267-293.

190) Max Turner, "Luke and the Spirit," in *Reading Luke*, 281.

는지, 어떤 것을 지시하는지, 무엇을 증언하는지 하는 것이다."[191]

해석학적 관점에서 보면 분명히 18.1.에서 18.3.까지 논의한 이해의 지
평들은 비록 중첩되고 서로 보완하기는 해도, 18.4.와 18.5.에서 언급한 것
들과 같지 않다. 18.4.와 18.5.의 어디서 성령이 교회의 주이신 그리스도
를 영화롭게 하기 위해 자신의 "사역을 선전하지 않고 오히려 숨기는…성
령의 케노시스가 나타나는가?"[192] 여기서 **해석학적 역설**은 성령의 **표징**에
더 깊이 연루되면 될수록 **우리가 성령의 사역의 진정한 목표**(곧 그리스도, 십
자가, 미래의 부활을 복음의 핵심으로 조명하는 것)**를 상실할 위험 속에** 그만큼 놓
이게 된다는 것이다. 이제 더 건전한 신학적 용어로 **삼위일체 하나님**의 해
석학으로 순조롭게 나아감으로써 이에 대해 반응해야 할 시점이다.

---

191) Karl Barth, *The Resurrection of the Dead*, trans. H. J. Stenning (London: Hodder
& Stoughton, 1933).

192) 이번 장 첫 단락에서 인용한 것은 Fison, *The Blessing of the Holy Spirit*, 22-23에서
나왔다.

**19장**
삼위일체 하나님에 대한
교리 해석학

## 19.1. 해석학적 출발점: 경험의 타당성과 애매성

우리는 기독론을 다룬 17장과 성령론을 다룬 18장에서 그리스도의 신성과 성령의 신성에 관한 물음들을 이미 다루었다. 따라서 삼위일체 신학의 많은 기초가 보혜사에 대한 요한복음 14-16장 말씀과 고린도전서 2:10-16과 12:4-7과 같은 바울 서신의 내용에 대한 해석학적 반성을 통해, 그리고 아타나시오스, 바실리오스, 다른 두 카파도키아 교부가 다룬 성경 본문의 주석과 해석을 고찰할 때 다루어졌다. 또한 우리는 성령의 신성에 대한 아타나시오스, 바실리오스, 다른 두 카파도키아 교부의 주장에 대해서는 고린도전서와 고린도후서에 대한 그들의 주석을 탁월하게 연구한 마이클 헤이킨의 작품에 의존했다.[1]

그런데도 이 중 어느 것도 삼위일체 교리의 적절한 해석학적 출발점을 설명하지는 못한다. 하나님의 통일성과 관련된 문제는 지금까지 그리스도와 성령의 신성 및 공동 사역에 관한 언어 문제 가운데 "하나"로 제쳐져 있었다.

폴 피데스(Paul Fiddes)는 많은, 아니 대다수의 평신도를 괴롭게 하는 것처럼 보이는 출발점을 정확하게 지적했다. 피데스는 이렇게 말한다. "[삼위일체] 교리는 하나님이 한 분이심과 동시에 세 존재라는, 아니 사실은 하나님이 '한 인격'이자 동시에 '세 인격'이라는 역설을 진술하는 것이 아니다."[2] 비록 그런 의도가 아니었다고 할지라도 우리가 "한 하나님"에게 강

---

1) Haykin, *The Spirit of God*, 특히 59-201.
2) Paul Fiddes, *Participating in God: A Pastoral Doctrine of the Trinity* (Louisville:

조점을 두고 시작하는 것에 대해, 카이사레아의 바실리오스는 이렇게 말한다. "우리는 숫자가 아닌 본질에 있어서 한 하나님을 고백한다.…**하나님은 수에 있어서는 한 분이 아니시다.**…수는 양과 관련되고…육체적 본질에 속해 있다."[3]

우리는 여기서 두 가지 이상의 유효한 해석학적 출발점을 제공하고, 이어서 해석학적 보충 설명을 추가로 제시할 것이다. 또한 **존재**나 **실체**와 같은 일부 전통적인 용어는 바르트, 윙엘, 그리고 일부 다른 학자들이 올바르게 주장한 것처럼, **행동, 과정, 계시**와 분리될 수 없는 이해의 지평 안에 아주 확고하게 놓여지지 않으면, **해석학적** 관점과 거리가 먼 혼란이나 막다른 골목을 자연스럽게 초래할 것이라고 주장할 것이다.[4] 신학자들 사이에서는 프랭크스(R. S. Franks)가 주장한 것처럼, 기원후 3-5세기에 날카롭게 용어를 구분하는 것에 대한 관심이 증가한 것이 "전문적인 발전"을 구성한 것인지, 아니면 브루너와 같이 당시에는 이런 용어들이 유용했지만 오늘날에는 해석학적 혼란을 초래할 뿐인지에 대해 분명한 판단의 차이가 존재한다.[5]

---

Westminster John Knox, 2000), 4.

3) Basil, *Letters* 8:2.

4) Barth, *Church Dogmatics*, I:2, ch. ii, Part 1, "The Triune God," sects. 8-12; Eberhard Jüngel, *God's Being Is in Becoming: The Trinitarian Being of God in the Theology of Karl Barth. A Paraphrase*, trans. John Webster (Edinburgh: T&T Clark, 2001), 특히 13-53, 75-139 (이 책은 Eberhard Jüngel, *The Doctrine of the Trinity: God's Being Is in Becoming*, trans. Horton Harris [Edinburgh: Scottish Academic Press, 1975]의 개정판이다).

5) Robert S. Franks, *The Doctrine of the Trinity* (London: Duckworth, 1953), 114; Emil Brunner, *The Christian Doctrine of God: Dogmatics* vol. 1, trans. Olive Wyon (London: Lutterworth, 1949), 239. 추가로 다음 자료들을 보라. Vincent Brummer, *Atonement, Christology, and the Trinity: Making Sense of Christian Doctrine* (Aldershot, UK: Ashgate, 2005); John J. O'Donnell, *Trinity and Temporality: The Christian Doctrine of God in the Light of Process Theology and the Theology of Hope* (Oxford: Oxford University Press, 1983); Leonard Hodgson, *The Doctrine*

출발점으로 삼기에 가장 적절한 **처음** 두 가지 해석학적 이해의 지평은 (i) **그리스도인의 경험**이라는 지평, 특별히 기도와 예배를 통해 얻는 성경 계시에 비추어 적절하게 **해석되고 제한되고 한정된** 지평과, (ii) 예수의 아버지이신 하나님과, 예수의 사명과 자기 복종과 부활에 대한 능력으로 기름 부으신 성령과의 공동 행위 속에 있는 예수 그리스도, 이런 지평으로서의 **신약성경의 내러티브**다.

몰트만과 판넨베르크는 보다 정적이면서 때론 복잡한 정식들로 구성된 교부 시대 교회의 언명들과는 달리, 두 번째 출발점을 삼위일체의 주제 속으로 들어가는 길로 인정한다. 몰트만은 이 특징을 간명하게 제시한다. 우리는 (신약성경과 함께) "성부·성자·성령의 역사의 한 부분으로서…성자 예수의 역사"와 함께 삼위일체 교리의 설명을 시작할 수 있었음에도 불구하고, "테르툴리아누스 이후로 기독교의 삼위일체 교리는 항상 신적 실체의 일반 개념, 곧 '한 본질, 세 위격'(*una substantia, tres personae*) 안에 속해 있는 것으로 묘사된 것"이 사실이다.[6] 설상가상으로 초기 교회는 무상함 및 죽음의 고난과 관련된 "무감동성의 원리에 매어 있었다." 이것이 비극이었던 것은 "고난을 겪을 수 없는 하나님은 사랑할 수도 없기" 때문이다.[7]

판넨베르크와 몰트만은 나사렛 예수의 내러티브에서 삼위일체 교리의 뿌리를 찾는다. 나사렛 예수의 내러티브는 예수의 아버지로서의 하나님과의 관계, 그리고 예수의 사명을 위한 성령의 기름 부음 및 능력 수여와의 관계 외에 다른 어떤 것으로 이해될 수 없다.[8] 앞에서 확인한 것처럼 몰트만은 다음과 같이 말한다. **"신약성경은 하나님에 대해 말할 때 내러티브 안에서 성부·성자·성령의 관계를 교제의 관계이자 세상에 대해 문이 열려**

*of the Trinity* (London: Nisbet, 1943); David Brown, *The Divine Trinity* (London: Duckworth, 1985), 특히 219-244, 272-309.

6) Moltmann, *The Trinity and the Kingdom of God*, 16.

7) Moltmann, *Trinity*, 23, 38.

8) Pannenberg, *Systematic Theology*, vol. 1, 259-277.

있는 관계로 선언한다"(몰트만 강조).[9] 내가 다른 곳에서 거듭 주장한 것처럼, 내러티브는 매우 풍성한 해석학을 제공한다. 왜냐하면 내러티브는 투사된 "내러티브 세계" 속으로의 자기 관여와 참여를 자극하고, 말과 행위를 삶과 관련된 방식으로 함께 묶기 때문이다.[10] 먼저 우리는 경험의 지평 안에서 삼위일체 교리의 접근법을 간략히 살펴볼 것이다.

"그리스도인의 경험"은 출발점으로 삼기에 신뢰할 수 있는 또는 적절한 해석학적 지평인가? "경험"은 해석학적 다리를 제공하지만, 만약 성경, 전통, 이성에서 분리된다면, 유감스럽게도 불안정한 또는 다른 해석이 될 수밖에 없다. 슐라이어마허가 경험에서 교리를 이끌어내는 원리는 많은 부분에서 심각한 문제를 드러낸다. 그러나 그 자신은 경험이 삼위일체 교리와의 관계에서 특별히 문제가 있음을 인정한다. 그는 인간의 지성이 경험으로 간주하는 것을 범주화하고 선별하고 형성시키지만, 경험은 전인식적이고 직관적인 차원에서 이런 형성에 대한 비판적 판단을 이끌어내기에는 역부족임을 인정하는 칸트의 초월철학에 정통했다.

슐라이어마허는 이렇게 선언한다. "삼위일체 교리는…그리스도인의 자의식에 관한 직접적인 언명이 아니다.…지존한 존재 안에 영원한 구별이 있다고 말하는 것은 종교적 의식에 관한 언명이 아니다. 왜냐하면 거기로부터는 결코 그것이 드러날 수 없기 때문이다."[11] 그러나 슐라이어마허는 삼위일체 교리의 중요성을 인정함에도 불구하고, 750쪽에 달하는 자신의 글에서 삼위일체 교리에 대해서는 불과 12쪽 정도의 분량만 할애하며, 그곳에서 삼위일체 교리는 후기나 부록 정도에 그치고 만다.[12]

---

9) Moltmann, *Trinity*, 64.

10) Thiselton, *New Horizons in Hermeneutics*, 351-368(리쾨르 부분), 471-508(내러티브 부분), 272-279(자기 참여 부분). 참조. Moltmann, *Trinity*, 61-96; Pannenberg, *Systematic Theology*, vol. 1, 259-336.

11) Schleiermacher, *The Christian Faith*, Part II, sects. 170, 738, 739.

12) Schleiermacher, *The Christian Faith*, Part II, "Conclusion," sects. 170-172, 738-751.

따라서 "경험"은 삼위일체 교리에 다가가는 **잠정적인** 방법으로 간주될 때만 신뢰할 수 있는 해석학적 출발점을 제공하며, 사실상 더 엄격하게 말하면 이해 자체가 아니라 **선이해나 예비적 이해**(Verstehen이 아니라 Vorverständnis)를 낳는 것에 그친다. 경험은 성경 내러티브에 참여하는 "통제"의 문제로 남는다. 몰트만이 말한 것처럼 삼위일체 신학은 신약성경의 "**해석학적**" 설명으로 발생한다.[13]

또한 이 요점은 우리가 19.2.에서 다룰 두 가지 추가적인 문제와 관련이 있다. 첫째, 어떤 "지표"나 "표지"는 우리가 2.1.-2.3.에서 논의했던 **믿음의 성향적 성격**으로부터 발생한 믿음의 왜곡이나 부인에 대한 **반응**으로부터 도출된다. 따라서 차후 우리는 그리스어 οὐσία(우시아)와 ὑπόστασις(휘포스타시스), 라틴어 수브스탄티아(substantia)와 페르소나(persona)와 같은 용어들과 관련된 복잡한 논쟁을 피하려고 애쓰겠지만, 왜 테르툴리아누스가 프락세아스의 "양태론"과 테오도투스(Theodotus)의 "역동적 단일신론" 또는 [성자] 종속설에 그토록 부정적인 반응을 보였는지를 이해하는 것은 오늘날의 해석학에도 여전히 유효하다. 인간의 의식이 신적인 "의식"의 중심으로 경험될 수 있는지 혹은 경험될 수 없는지에 대한 슐라이어마허의 언어는 또한 칼 바르트의 감각을 자극했는데, 바르트는 만약 그러한 언어가 삼위일체로서의 하나님에게 적용된다면, 그것은 기껏해야 "유비적인" 언어에 불과할 것이라고 말했다. 이 문제는 19.2.에서 다루어질 것이다.

경험의 해석학에 대한 건설적인 의존은 1987년에 작성된 영국 성공회 교리 위원회의 보고서인 「우리는 하나님을 믿는다」(We Believe in God)에서 발견된다. 나는 이 위원회의 위원으로 논문을 기고했다.[14] 특히 우리는 그

---

13) Moltmann, *Trinity*, 62-63.

14) Doctrine Commission of the Church of England, "God as Trinity: An Approach through Prayer," in *We Believe in God* (London: Church House Publishing, 1987), 104-121. 우리 모두 이 보고서에 서명했으나 사라 코클리(Sarah Coakley)가

리스도인의 기도의 경험을 통해 삼위일체 교리에 대한 접근법을 탐구했다. 회고해보면 우리는 포괄적인 예배 경험에 대해서 더 많은 말을 할 수 있다. 우리는 조지 린드벡을 명시적으로 언급하지 않았지만, 삼위일체 교리에 대한 어떤 언어적 "규칙"을 아는 것(예컨대 "성부 하나님은 십자가에 못 박혀 죽으시지 않았다"고 말하지 않는 것)이 삶 속에서 하나님을 삼위일체 하나님으로 **인정하는** 것과는 거리가 있다고 말하는 것으로 설명을 시작했다. 어떤 것을 무비판적으로 받아들이는 경향이 있는 대중적인 관점에서 볼 때, 많은 그리스도인들이 삼위일체 교리를 진술하고 있는 신조에 대해 공식적으로 충성을 맹세함에도 불구하고, 처음에는 단지 "일신론자"에 머무르고 있다는 칼 라너의 평가는 그런대로 정확하다.[15]

우리는 기도가 완전히 **인간적인** 행동 혹은 "모든 것이 자기 자신의 행위"라고 생각하고픈 유혹에 빠진다는 것을 인정했다. 그런데도 많은 그리스도인이 성령께서 "우리 **안에서 기도하거나**" "우리를 **통해 기도하는**" 경험을 갖고 있음을 증언한다. 특히 "우리가 마땅히 기도할 바를 알지 못할"(롬 8:26상) 때 그러하다. 충동, 자극, 욕구가 "**저편에 내주하시는**" 성령으로부터 **나오는 것처럼** 솟구치고, **성령께서** 우리의 영과 더불어 증언한다(롬 8:16). 그때 성령은 믿는 그리스도인을 통해 기도하시며, "말할 수 없는 탄식으로 우리를 위하여 친히 간구하신다"(롬 8:26하).[16] 그리스도인들은 말하자면 "기도하는 자 안에서, 그리고 그를 통해 오가는 신적 대화에 사로잡힌다."[17] 그리스도인들은 혼란스럽거나 분명치 못한 갈망에 빠지지만, 성령께서 그들과 함께 기도하면서 자녀의 부르짖음을 들어주시는 아버지 하나님께 증언하신다는 것을 발견한다.

그리스도인의 기도의 대상이자 우리의 아버지이신 하나님과 성령은

---

주로 기초를 다듬었다.

15) Rahner, *Theological Investigations*, vol. 4, 79.
16) Doctrine Commission, "God as Trinity," in *We Believe in God*, 108.
17) Doctrine Commission, "God as Trinity," in *We Believe in God*, 108.

제3부 기독교 교리의 주요 주제

구별된 두 개의 "의식의 중심"으로 지각되거나 이해되지 않는다. 그런데도 예수 그리스도의 가르침에 따르면 우리는 "우리 아버지"에게(마 6:9) 또는 **"아버지"**(눅 11:2)께 기도한다. 동시에 그리스도인들이 하나님께 나아가는 것은 반드시 **"우리 주 예수 그리스도로 말미암아"** 나아가는 것임을 잘 알고 있다(히 4:14-16). 만일 기도할 때 **성령**이 그리스도인의 마음 속에서 역사하신다면, 이 역사는 그리스도를 영화롭게 하는 것(요 16:14), 그리스도를 계시하는 것(요 16:13-15), 예수를 주로 인정하는 것(고전 12:3)에 목표를 두고 있다. 이 모든 과정은 "성육신적인" 기도가 되어 "하나님의 대화에 참여하는 수준"까지 미친다. 그것은 **성령의 역사, 성부 하나님을 향한** 간구, **성자 하나님**의 영광과 **중보**를 포함한다.[18] 기독교 신자들은 성령을 통하여 나사렛 예수께서 기도하실 때 "압바 아버지여"라고 특별히 부르신 외침을 공유한다(막 14:36; 롬 8:15; 갈 4:6; 참조. 마 26:39; 눅 22:42).

사도 바울의 말에 따르면 성령은 "그리스도 안에" 있는 것 또는 "그리스도의 마음을 갖는 것"(고전 2:16)을 현실화한다. 바울은 "이제는 내가 사는 것이 아니요, 오직 내 안에 그리스도께서 사시는 것"이라고 말한다(갈 2:20). 목회자로서 바울의 목표는 교회가 "하나님의 아들의 형상을 본받게 하는 것"에 있었다(롬 8:29). 이 경험과 목표에 대한 갈망은 단순히 개인주의적인 것이 아니다. 함께 기도하고 함께 바라는 것은 성령이 온 교회 안에 거하신다는 말이고, 따라서 이것은 장래의 소망과 영광이 성취될 때 속박에서 해방되기를 바라는 전체 피조물의 우주적 갈망으로 확대된다(롬 8:18-25).[19] 우리는 영국 성공회 교리 위원회 보고서의 결론을 다음과 같이

---

18) Doctrine Commission, "God as Trinity," in *We Believe in God*, 109.

19) 롬 8:19-22은 묵시적 이미지와 시적 독창성을 결합시킨다. 다음 자료들을 보라. Cranfield, *Epistle to the Romans*, vol. 1, 404-420; Ernst Käsemann, *Commentary on Romans*, trans. Geoffrey Bromiley (London: SCM, 1980), 230-239; Ernst Käsemann, *Perspective on Paul*, trans. Margart Kohl (London: SCM, 1971), 122-137.

맺었다. "생물과 무생물을 막론하고 전체 피조물이 이 삼위일체의 흐름을 따른다."[20]

이 해석학적 모델을 탐구하는 목적은 "셋"이나 "하나"라는 숫자에 대한 가설적인 "문제"에 의존하지 않고, 3세기와 4세기에 논란이 된 논쟁과 언명들에도 의존하지 않으며, 삼위일체 교리가 날마다 그리스도인의 삶에서 **평생의 통용성**을 갖고 있다는 것을 증명하는 데 있다. 삼위일체 교리는 추상적이지 않다. 그렇다고 주로 "언어 규칙"(linguistic rules)을 사용하는 법을 배우는 문제도 아니다(린드벡에게는 실례지만). 언어 규칙을 배우는 문제는 신학자들에게 부차적인 문제지 문제의 핵심을 다루는 것은 아니다. 나아가 "경험 지향적"(experience-oriented) 모델도 성경적 뿌리와 분리된 채 작동하는 것이 아니다. 누가복음 24:25-27, 44-48에 나타난 기독론의 경우처럼 성경은 그리스도인의 경험을 해석한다. 따라서 현재의 경험은 성경에 함축되어 있는 것을 해설한다.

## 19.2. 해석학적 출발점:
삼위일체 하나님의 공동 행위에 대한 신약성경의 내러티브

앞에서 지적한 것처럼 몰트만과 판넨베르크가 이러한 접근법을 취한다.[21] 매우 엄격한 비판적 기준을 적용하더라도 **예수**께서 **하나님**의 통치를 선포하신 사실은 부인할 수 없다. 예레미아스는 이렇게 말한다. "예수의 공적 선포의 중심 주제는 하나님의 왕적 통치였다."[22] 심지어 지금은 평가가 그리 좋지 않고 크게 불신받고 있는 차이성 기준에 따르더라도, 하나님의

---

20) Doctrine Commission, "God as Trinity," in *We Believe in God*, 111.

21) Moltmann, *Trinity*, 61-96; Pannenberg, *Systematic Theology*, vol. 1, 259-327.

22) Joachim Jeremias, *New Testament Theology: The Proclamation of Jesus*, trans. John Bowden (London: SCM, 1971), 96.

왕적 통치는 예수 전승의 기반에 놓여 있다.[23] 하워드 마셜 역시 이 주제의 중심성과 중대성을 추적한다.[24] 그러나 개인적 맥락에서 예수께서 하나님에 관해 하신 말씀은, 전부는 아니더라도, 대부분이 하나님을 **아버지**로 지칭한다. 판넨베르크는 이 요점을 다음과 같이 요약한다. "예수는 그분의 통치가 가까이 임한 이 하나님을…(하늘에 계신) 아버지로 부르신다."[25]

스파크스(H. F. D. Sparks)는 공관복음서에 나오는 아버지로서의 하나님에 관한 예수의 말씀을 세밀하고 비판적으로 검토했다.[26] 스파크스는 하나님의 보편적인 아버지상과 인간의 형제 관계에 대한 하르낙의 해석을 거부하고, 윌리엄 맨슨(T. W. Manson)과 같이 예수께서 사용하신 "아버지"라는 말이 주로 친밀하고 인격적인 관계, 종종 메시아적 관계를 특별히 지칭하는 의미로 사용되었다고 주장했다.[27] 이처럼 "메시아적이고" 인격적인 용법은 특히 마가복음에서 두드러지게 나타난다(막 8:38; 13:32; 14:36).[28] 그러나 진정성이 있는 것으로 널리 인정되는 마태복음과 누가복음의 공통 말씀은 최소한 다섯 개가 있고, 이 말씀들 역시 예수와 아버지 하나님 사이의 친밀한 관계를 증언한다. 예수는 "아버지와 자기 사이에 존재하는 친밀하고 유일한 관계를 주목한다."[29] 누가는 누가복음 22:42에서 "압바 아버지여"(막 14:36)라는 호칭을 예수의 핵심 호칭으로 간주한다. 누가복음에만 유일하게 나오는 말씀 속에서 우리는 생애 초기에 소년 예수가 물

---

23) Jeremias, *Proclamation*, 96-108.

24) I. Howard Marshall, *New Testament Theology: Many Witnesses, One Gospel* (Downers Grove, IL: InterVarsity Press, 2004), 59-67, 70-73, 77-82, 133-139.

25) Pannenberg, *Systematic Theology*, vol. 1, 259.

26) H. F. D. Sparks, "The Doctrine of the Divine Fatherhood in the Gospels," in D. E. Nineham (ed.), *Studies in the Gospels: Essays in Memory of R. H. Lightfoot* (Oxford: Blackwell, 1967 [1955]), 241-262.

27) Sparks, "Fatherhood," 258-262.

28) Sparks, "Fatherhood," 242-246.

29) Sparks, "Fatherhood," 246.

으신 질문을 발견한다. "내가 내 아버지 집에 있어야 될 줄을 알지 못하셨나이까?"(눅 2:49). 예수는 십자가에서 기도하실 때 두 번에 걸쳐 하나님을 "아버지"로 부른다(눅 23:34, 46). 마태는 세 개의 마가복음 본문을 본래 그대로 되풀이한다. 마태복음 12:50에서는 마가복음에 나오는 "하나님"이라는 말을 "아버지"로 바꾼다. "내 아버지"라는 말은 대표적으로 마태복음 20:23과 26:29에서 나타난다. 산상수훈에는 하나님을 아버지로 부르는 언급이 10회에 걸쳐 나타난다.[30]

예레미아스는 스파크스가 확인한 이 "친밀하고 유일한" 관계 국면을 확대시켜 설명한다. 예레미아스는 마태복음 11:27과 평행 본문에 대해서 이렇게 말한다. "예수께서 전달하기 원하시는 것은…이것이다. 곧 아버지가 아들에게 말하는 것처럼, 아버지가 아들에게 율법 조문을 가르치는 것처럼, 아버지가 아들에게 잘 준비된 자신의 비법을 전수하는 것처럼, 아버지가 어떤 다른 사람에게 하는 것과 달리 아들에게는 아무것도 숨기지 않고 마음을 여는 것처럼, 하나님도 내게 자기 자신에 대한 지식을 제공하셨다."[31] 예레미아스는 계속해서 다음과 같이 말한다. "우리의 복음서에서 총 다섯 개의 전통이 예수가 하나님을 '내 아버지'로 부르신 것을 만장일치로 긍정한다"[32](이 다섯 전통은 마가복음, Q자료, M자료, L자료, 요한복음이다). 성경을 자신의 기도의 말로 인용한 경우(막 15:34에서)를 제외하고, 예수가 항상 "아버지"나 "내 아버지" 또는 "압바"라는 말로 사용한 것을 이 다섯 전통은 만장일치로 증언한다. 때때로 예수는 "아버지"라는 말의 의미를 확대시켜 하나님의 아버지 같은 보살피심을 포함시키기도 한다. 그러나 이런 경우에는 "너희 아버지"와 같은 다른 용법의 목록이 발견된다. "무엇을 말할까 염려하지 말라.…말하는 이는 너희가 아니라 너희 속에서 말씀하시는

---

30) Sparks, "Fatherhood," 251-255.
31) Jeremias, *Proclamation*, 60.
32) Jeremias, *Proclamation*, 62.

이, 곧 **너희 아버지의 성령**(τὸ πνεῦμα τοῦ πατρὸς ὑμῶν, 토 프뉴마 투 파트로스 휘몬)**이시니라**"(마 10:19-20, 평행 본문 눅 12:12). "너희 아버지"는 여러 번에 걸쳐 특별히 제자들을 청자로 간주한다(마 6:26, 평행 본문 눅 12:24). 아서 웨인라이트는 복음서와 서신서에 나타난 이 부자 관계를 신약성경 안에 나타난 삼위일체 교리를 명료하게 밝히는 기초의 한 부분으로 설명한다.[33]

판넨베르크는 복음서의 내러티브에서 이 부분에 대한 신학적 결론을 다음과 같이 요약한다. 그는 이렇게 말한다. "하나님을 아빠로 부르는 것에 함축된 친밀성이 예수와 하나님 관계의 특징이다.…하나님을 아버지로 부르는 개념은 다른 것으로 대체될 수 있는 자의적 개념이 결코 아니다.… 입양 행위로 형성된 하나님과 왕의 부자 관계는 아버지로서의 하나님 개념에 은유보다 훨씬 더 큰 견고함을 부여했다. 그러나 그것은 단순한 가장의 개념과는 분리되었다."[34] 나아가 "예수의 하나님은 구약성경의 증언에 따르면 유대인이 믿는 하나님과 다른 분이 아니다. 예수의 하나님은 아브라함과 이삭과 야곱의 하나님이시다(막 12:26-27)."[35] 결론적으로 "예수의 입술에서 '아버지'는 하나님을 가리키는 고유한 명칭이 된다."[36]

이 내러티브는 여기서 끝나지 않는다. 하나님은 예수를 죽은 자 가운데서 부활시키심으로써 예수를 자신의 아들로 선언하셨다(롬 1:3-4). 로마서 1:3-4은 의심할 것 없이 바울 이전의 전통에서 나온 것이다.[37]

예수의 사역의 결정적인 순간마다 하나님이 아버지로서뿐만 아니라 성령의 인격 안에서 행하시는 것이 복음서 내러티브의 패턴으로 되풀이되는 것은 정말 놀랍다. 성령은 예수의 잉태에서 창시적 행위자로 일하셨

---

33) Arthur W. Wainwright, *The Trinity in the New Testament* (London: SPCK, 1962), 41-50, 171-195.

34) Pannenberg, *Systematic Theology*, vol. 1, 260, 261.

35) Pannenberg, *Systematic Theology*, vol. 1, 260.

36) Pannenberg, *Systematic Theology*, vol. 1, 262.

37) A. M. Hunter, *Paul and His Predecessors* (London: SCM, 2d edn. 1961), 24-28.

다(마 1:20; 눅 1:35). 결정적으로 성령은 예수가 메시아적 과제를 수행하도록 기름을 붓기 위해 그가 세례 받는 곳에 강림하셨다. 그리고 메시아적 과제는 예수가 받은 메시아적 시험과 함께 시작했다(마 3:16-4:1; 막 1:10-12; 눅 3:21-22; 4:1-2; 요 1:32-34). 몰트만과 판넨베르크가 강조하는 것처럼, 성령의 강림은 "이는 내 사랑하는 아들이요"라는 선언과 긴밀하게 연결되어 있다.[38] "보내심" 공식은 아버지께서 아들을 "보내시는 것"과 아들이 자신의 사역을 위해 성령으로 기름 부음을 받으시는 것을 함께 묶는다(요 2:16, 17; 6:29; 7:29; 8:42; 11:42; 17:3, 8, 18, 21, 23, 25; 행 3:26; 롬 8:3-4; 갈 4:4; 요일 4:9-10). 몰트만은 "보내심 공식"(sending formulas)이 삼위일체 전체 교리의 길을 준비하는 데 무척 중요하다고 주장한다. 몰트만은 이 공식을 도식으로 제시한다. 그는 이렇게 말한다. "성자 하나님의 역사 속에서 삼위일체 하나님의 관계는 다음과 같다.

- 성부는 성령을 통해 성자를 보내신다.
- 성자는 성령의 능력으로 성부에게서 오신다.
- 성령은 성자와 성부의 교제 속으로 사람들을 이끄신다."[39]

이러한 성경 내러티브는 십자가 죽음의 결정적 순간과 부활로 인한 높아지심의 단계에 이르기 전까지 완결되지 않는다. 겟세마네 동산에서 예수의 고뇌는 십자가의 전주곡이고, 이때 예수는 고통과 괴로움을 겪으시지만 자기 아버지를 **압바**로 부르며 간구한다(막 14:32-36). 몰트만은 이 고뇌가 "아버지와의 분리에 대한 두려움, '하나님의 죽음' 앞에서의 공포"로부터 연원한다고 설명한다.[40] 여기서 "잔"은 하나님의 포기를 가리킨다고

---

38) Moltmann, *Trinity*, 65-71; Pannenberg, *Systematic Theology*, vol. 1, 266-268.
39) Moltmann, *Trinity*, 75.
40) Moltmann, *Trinity*, 76.

몰트만은 주장한다. "아버지는 철수하셨고, 하나님은 침묵하신다."[41] 이것은 시편 22:1의 히브리 관용구인 "어찌 나를 버리셨나이까"(עזבתני למה, 라마아자브타니)를 반영한 것이다.[42] 몰트만은 이런 포기와 분리의 순간에도 성자 하나님의 사역과 성부 하나님의 사역을 따로 떼어놓지 않는다. 왜냐하면 그는 다음과 같이 말하기 때문이다. "아버지는 아들의 죽음을 겪으신다. 따라서 아버지의 고통은 아들의 죽음과 대응을 이룬다. 그리고 이러한 음부 강하로 아들은 아버지를 잃고, 이 심판으로 아버지는 아들을 잃는다. 여기서 삼위일체 하나님의 가장 내밀한 생명이 중대 위기에 처한다."[43]

그러나 부활로 말미암은 예수 그리스도의 높아지심에서 부활의 증인들은 예수께서 하나님의 형상으로 나타나고(고후 4:4) "하나님의 영광의 광채이자 그 본체의 형상(χαρακτὴρ τῆς ὑποστάσεως, 카라크테르 테스 휘포스타세오스; 히 1:3)"으로 나타나셨기 때문에 "예수 그리스도의 얼굴에서 하나님의 영광"을 보았다(고후 4:6).[44] 이 높아지심은 성령의 행위와 활동을 통해 일어난다(롬 1:4; 8:11; 벧전 3:18; 참조. 고전 6:14). 몰트만은 이렇게 말한다. "성부는 성령을 통해 성자를 살리신다. 성부는 성령을 통해 성자를 계시하신다. 성자는 성령을 통해…주님으로 등극하신다."[45] 몰트만은 계속해서 성자의 주되심에서 성부와 성령은 공동 행위자이고, 성자의 보내심, 복종하심, 높아지심에서 성부는 행하고, 성자는 받아들이고, 성령은 그 과정을 실현시키는 수단이 된다고 말한다. 이를 요약하면 다음과 같다. "우리는 성부·성자·성령의 삼위일체적인 공동 사역을 발견하지만 사역의 방식은 가변적

---

41) Moltmann, *Trinity*, 77.

42) Weiser, *Psalms*, 220-221은 다음과 같이 주석한다. "그는 자신이 하나님과 분리되어 있는 심연만을 보고, 물음을 명백한 **애가**(lament)로 해석한다. 그러나 때때로 '왜?'라고 묻는 히브리어의 물음은 비난을 표현하기도 한다."

43) Moltmann, *Trinity*, 81.

44) 참조. Moltmann, *Trinity*, 83-88.

45) Moltmann, *Trinity*, 88; 참조. 89-96.

이라는 것을 확인한다."[46]

발타자르는 성경의 복음 내러티브를 삼위일체 교리의 기초로 두는 데 특별한 공헌을 했다. 그는 그리스도의 수난을 가능한 한 가장 포괄적인 이해의 지평 안에 둔다. 발타자르는 다음과 같이 말한다. "성부 하나님은 자기 자신을 주심으로써 **항상 자기 자신이 된다.** 성자 하나님 역시 자신이 성부 하나님에게서 나심으로써, 그리고 성부 하나님이 원하시는 대로 자기를 다루심으로써 항상 자기 자신이 된다. 성령 하나님은 자신의 '나'를 성부와 성자의 '우리'로 이해함으로써, 그리고 삼위 하나님에게 가장 적절한 것을 위해 자기 것을 '다 내놓으심'으로써 항상 자기 자신이 된다."[47] 로완 윌리엄스는 러시아의 대 사상가 세르기우스 불가코프(Sergius Bulgakov)를 인용하면서 다음과 같이 말한다. "하나님의 생명 속에 있는 영원한 **케노시스**의 언어 그 자체가 피조물 속에 포함된 **케노시스**를 가능하게 만들었고,…성부 하나님은 자신의 신적 생명을 남김없이 성자 하나님에게 내주셨다. 성자의 정체성은 이 내어주심의 행위로 구성된다."[48]

복음서의 내러티브를 보면 성 금요일의 고뇌뿐만 아니라 성 토요일의 실재를 통해 십자가로부터 버림받은 절규의 결과가 **케노시스**를 절정으로 이끈다. 성자의 자기 내어줌(self-giving)과 자기 비우심(self-emptying)은 성부 하나님의 자기 내어줌과 **케노시스**의 재현이다. 성 토요일은 하나님의 아들이신 예수께서 성부 하나님과 무한한 거리 속에 있으면서 동시에 성부에게 무한히 순종하며, 잃어버린 자를 대신하는 자리에 서 있는 "원수"로 계시는 것을 발견한다.[49] 성 토요일의 이 "무"(nothingness)와 거리 또는

---

46) Moltmann, *Trinity*, 95.

47) Balthasar, *Theo-drama*, vol. 2, 256.

48) Rowan Williams, "Balthasar and the Trinity," in Edward T. Oakes and David Moss (eds.), *The Cambridge Companion to Hans Urs von Balthasar* (Cambridge: Cambridge University Press, 2004), 38; 참조. 37-50.

49) Balthasar, *Theo-drama*, vol. 4, 319-332; Hans Urs von Balthasar, *Heart of the World*, trans. Erasmo S. Leivà (San Francisco: Ignatius, 1979), 109-110.

차이는 부활절에 시행된 창조와 새 창조의 길을 예비한다. 따라서 우리가 4.2.에서 발타자르로부터 확인한 이 극적인 내러티브는 삼위일체 신학에 대한 해석과 관련된 해석학으로 나타난다.

판넨베르크는 18.3.에서 우리가 이미 확인한 아타나시오스와 카파도키아 교부들 안에서 해석의 기초 본문으로 작용하는 복음서와 서신서의 본문들을 엄밀하게 해설한다. 이 본문들에는 특히 마태복음 28:19의 세례 공식과 삼위일체의 공동 사역의 증언과 관련된 본문들(고전 2:10-16; 12:4-7; 고후 13:13, 그리고 덜 직접적인 본문들인 롬 8:9-16; 고전 8:6; 15:45)이 포함된다.[50] 판넨베르크는 교부 신학의 맥락에서 이 본문들을 해설하면서, "아타나시오스에게서 가장 중요한 주장이라고 부르는 것" 즉 성부는 성자 없이 성부가 되지 못하고, 그러므로 성부에게 성자가 없었던 적은 결코 없었다는 주장을 취한다.[51] **아버지**라는 말은 아들과 같은 "타자"와의 관계를 전제한다. 헤이킨이 지적한 것처럼, 오리게네스는 부분적으로 이러한 내용을 어렴풋이 예견했다. 그는 성부·성자·성령이 일시적인 존재 양식에 대한 형용사적 묘사라는 개념, 즉 단순히 한 하나님이 신적 활동의 다양한 단계, 곧 창조, 구원, 성화의 성취를 수용하신다는 개념을 강력히 거부했다.[52] 삼위일체의 모든 인격은 각 인격의 과정에 구별된 방식으로 참여한다. 웨인라이트는 이렇게 지적한다. "한 가지 사실은 확실하다. 곧 삼위일체의 문제점은 신약성경에서 제기되고 답변된다는 것이다."[53] 웨인라이트가 **물음**(question)이 아니라 **문제**(problem)라는 말을 사용한 것은 유감스럽다. 아마

---

50) Pannenberg, *Systematic Theology*, vol. 1, 267-274.

51) Athanasius, *Against the Arians* 1:29, 참조. 14:34; Pannenberg, *Systematic Theology*, vol. 1, 273.

52) Haykin, *The Spirit of God*, 14. 헤이킨은 다음 자료들을 인용한다. Origen, *Commentary on Romans* 8:5 (Migne, *Patrologia Graeca*, vol. 14, 1169C); *Commentary on Titus* (Migne, *Patrologia Graeca*, 1304D-1305A); *Against Celsus* 8:12 (Migne, *Patrologia Graeca*, vol. 11, 1533A-C).

53) Wainwright, *Trinity*, 266.

틀림없이 웨인라이트는 후대에 "그리스 형이상학"이 미친 영향을 인정하기 때문에 이후의 삼위일체 교리를 "문제"로 인식하게 되었을 것이다.[54]

## 19.3. 해석학적 보충과 샛길: 행동 속에 계시된 하나이신 하나님

그리스도인의 경험과 신약성경의 내러티브로부터 나온 우리의 두 가지 해석학적 출발점은 단지 출발점에 불과하다. 우리의 주장은 이해의 의사소통의 해석학으로서, 이 출발점들은 숫자 퍼즐에 대한 가설이나 클로버와 같은 교육적 이미지들과는 달리, 우리를 올바른 궤도 위에 세운다. 한편 신약성경 내러티브는 구약성경에서 파생되고, 처음에 "유대파" 기독교에서 공유했던 전제들을 전달한다. 신약성경의 내러티브는 그 뿌리가 이스라엘의 내러티브 경험까지 거슬러 올라간다. 지금까지 살펴본 두 출발점은 **이런 내용이 전제된 내러티브가 없으면 삼신론에 빠질 위험**을 갖고 있다. 이스라엘은 하나님의 본질과 정체성을 **쉐마**(*Shema*)에서 표현한다. "우리 하나님 여호와는 오직 유일한 여호와이시니"(신 6:4)라는 신앙고백은 최고의 신앙고백으로 남아 있다. 그러나 히브리어 본문의 יהוה אחד יהוה אלהינו (야웨 엘로헤이누 야웨 에하드)는 다양한 의미로 번역될 수 있다.[55] 고든(C. H. Gordon)은 이렇게 번역한다. "우리 하나님 여호와는 '하나'이시니."[56] 다후드(M. Dahood)는 다음과 같이 번역한다. "우리 하나님 여호와는 유일하시

54) Wainwright, *Trinity*, 267.
55) 히브리어 אחד(에하드)는 **하나**(창1:9; 출 12:49; 수 23:10)를 의미할 뿐만 아니라 **동일함** (창 40:5; 욥 31:15) 또는 **오로지, 홀로**(왕상 4:19; 수 6:11) 또는 **첫째**(창 1:5; 출 39:10)를 의미하기도 한다. Brown-Driver-Briggs, *The New Hebrew-English Lexicon* (new 1980 edn., 25 col. ii-26 col. i).
56) C. H. Gordon, "His Name Is 'One,'" *Journal of Near Eastern Studies* 29 (1970) 198-199.

니."[57] 여기서 "우리 하나님 여호와[YHWH]는 하나이시니"라는 번역이 마가복음 12:29에서 예수가 선언하는 첫째 계명과 정확히 일치한다(참조. 마 22:37과 눅 10:27에서 거의 평행적으로 사용되어 혼란이나 관심이 분리되지 않고 하나님을 사랑하라고 명령하는 것). 여기서 바울 이전에 존재했던 신조 형식으로 보이는 고린도전서 8:6 전반부의 ἀλλὰ ἡμῖν εἷς θεὸς ὁ πατήρ, 곧 "그러나 우리에게는 [오직] 한 하나님 곧 아버지가 계시니"가 나왔을 것으로 추정된다.

이제 해석학은 **하나님을 한 분으로 이해하도록 만들어주는 누적적인 2차 내러티브와 성향적 반응에 의존하는** 믿음의 정식을 결합시키기 시작한다. "하나님은 하나이시니"라는 신조를 손상시킬 수 있는 처음 두 출발점에서, 어떤 이해는 이것이 아브라함과 이삭과 야곱의 하나님을 믿는 믿음, 곧 예수께서 지지하고 확신하며(막 12:29) 바울과 바울 이전의 전통이 확증하는(고전 8:1) 믿음에 대한 구약의 뿌리를 뽑아버리는 역반응을 낳을 수도 있을 것이다.

그러나 비트겐슈타인이 지적한 것처럼, **하나, 같은, 유일한**과 같은 말은 복합적인 논리적·개념적 문법을 갖고 있다. "하나"가 다른 맥락이 아닌 갯수를 나타내는 의미로 사용될 때, 그것은 다른 의미를 가질 수 있다고 비트겐슈타인은 주장한다.[58] **같은**이라는 말은 더 많은 문제점을 가지고 있다. 비트겐슈타인은 이렇게 지적한다. "'사물은 자기 자신과 동일하다.' 무익한 명제에 대한 예로서 이보다 더 훌륭한 것은 존재하지 않는다."[59] 가이사랴의 바실리오스는 우리가 수를 세는 것은 엄밀하게 **물건**이나 "몸"

---

57) M. Dahood, in L. R. Fisher (ed.), *Ras Shamra Parallels* 1 (1972) 361. 추가로 Peter C. Craigie, *The Book of Deuteronomy* (Grand Rapids: Eerdmans, 1976), 168-169 을 보라.

58) Wittgenstein, *Philosophical Investigations*, sects. 552-553.

59) Wittgenstein, *Philosophical Investigations*, sect. 216; 참조. scct. 226 ("같은 것"), 253-254, 556.

을 세는 경우에 해당되므로, "하나"나 "셋"을 하나님께 적용했을 때에는 그것이 수적인 의미를 갖지 않는다고 주장했다.[60] **쉐마**에서 "한 하나님"이 의미하는 바는 무엇인가? 앞에서 이 히브리어 어구는 다양하게 번역될 수 있다는 것을 지적했다. 프리첸(Vriezen)은 동일한 문법 구성이 출애굽기 36:13에서 사용된다고 말한다. "…**한**(a unity) 막을 이루었더라."[61] 마찬가지로 신명기 6:4-6도 실존적 의미를 갖고 있다. "여호와는 **하나이신**(우리는 또한 '단일한'으로 말할 수도 있다) 여호와이시므로, **마음을 다하고** 뜻을 다하고 힘(문자적으로 '많은 것')을 다하여 여호와를 사랑하라는 요청이 이어진다. 하나님의 존재의 단일함(oneness)이 그런 마음을 요청한다."[62] 신명기 6:14에서처럼, 여기서 강조점은 하나님의 "통일성과 유일성"에 있다. "하나님의 통일성은 하나님의 존재의 **유일성**에 뿌리가 놓여 있다"(프리첸 강조).[63] 사실 프리첸은 히브리 예언자들의 시대에 "일신론"(monotheism)이라는 말이 하나님의 유일한 주권을 찬송하는 것으로 적절한지 의심한다.

이 신앙고백은 존재론적·형이상학적 함축성을 갖고 있다. 이런 함축성은 신명기에서 나타난다. "그런즉 너는 오늘 위로 하늘에나 아래로 땅에 오직 여호와는 하나님이시요 다른 신이 없는 줄을 알아 명심하고, 오늘 내가 네게 명령하는 여호와의 규례와 명령을 지키라"(신 4:39-40). 이사야서 40-55장을 보면 이 주제가 충분히 전면에 부각된다. "하나님이 과연 네게 계시고 그 외에는 다른 하나님이 없다 하리라"(사 45:14; 참조. 45:14-25). "나 외에 다른 신이 없나니"(사 45:21). "나는 하나님이라 다른 이가 없느니라"(사 45:22). 이사야 45장 한 장에서 이와 같은 언명이 9번이나 나온다. 그

---

60) Basil, *Letters* 8:2.

61) T. C. Vriezen, *An Outline of Old Testament Theology* (Oxford: Blackwell, 1962), 175, n. 2.

62) Vriezen, *Old Testament Theology*, 175(티슬턴 강조). 추가로 Gerhard von Rad, *Old Testament Theology*, vol. 1, 203-212, vol. 2, 247-250을 보라.

63) Vriezen, *Old Testament Theology*, 177; 참조. 175-180.

런데도 신명기에서처럼, 강조점은 **하나님의 구원 사역과 행동**에 놓여 있다. "나[YHWH]는 공의를 행하며 구원을 베푸는 하나님이라"(사 45:21하). 하나님은 **비견할 수 없는 분**이다(사 40:12-17).

그러나 만일 "하나"가 **살아계신 한 하나님**의 관점에서 **행동**에 적용된다면, 이것은 성부·성자·성령으로서의 하나님이 고린도전서 12:4-7에서 **행동과 자기 내어줌에 있어 하나**라는 **초점의 통일성**과 차이가 전혀 없어진다. 이런 맥락에서 이 본문은 성부·성자·성령의 구별된 행동을 동일한 것으로 간주한다. 신명기 6:4이나 이사야 45:14-25에서 **하나가 수적 개념**이라는 생각은 궤도를 벗어나 부적절한 사변의 길로 우리를 이끈다. 게르하르트 폰 라트는 이스라엘이 한 하나님 안에서 신앙을 고백할 때, "수적 현상의 다수성을 하나로 보는 [세계]관, 즉 **철학적 환원** 속에서도 그분의 존재에 대한 물음은 존재하지 않았다"고 말한다.[64]

따라서 삼위일체 신학은 예수와 구약성경이 같은 뿌리를 공유하고 있음을 부정할 수 없다. 삼위일체 신학은 삼신론의 한 변형이 아니다. 그러나 하나님은 **은혜로우신 행동**에 있어 하나이시다. **쉐마** 해석학은 추상적이거나 수적 사변이라는 근거에 위험을 무릅쓰지 않는다. 따라서 좀 더 파생적이고 높은 추상화의 단계에서 그리고 해석학의 차원에서 **교리**가 요구하는 것이 무엇이든, 판넨베르크가 천명한 두 가지 특수한 결론이 매우 중요하다. 그는 이렇게 말한다. "한 하나님의 본질로부터 삼위 하나님의 복수의 인격을 이끌어내는 것은, 그것이 영으로 간주되든 또는 사랑으로 간주되든, 한편으로는 양태론의 문제를 일으키고, 다른 한편으로는 종속설의 문제를 일으킨다. 그렇게 되면 삼위일체 교리에 대한 의도가 참될 수 없다."[65]

---

64) Gerhard von Rad, *Old Testament Theology*, vol. 1, 211(폰 라트의 요점을 분명히 하기 위한 티슬턴 강조).

65) Pannenberg, *Systematic Theology*, vol. 1, 298. 이것은 단순히 기설적인 진술이 아니다. 어떤 이들은 하나님의 "본질"이나 "통일성"에서 연구를 시작한다. 한 가지 잘 알려

두 번째 지적은 삼위일체 교리를 지나치게 스콜라주의의 정식으로 복잡하게 만든 것에 대한 경고다. 판넨베르크는 이렇게 지적한다. "종교개혁 신학은 높은 스콜라주의가 이룩한 신론을 더 철저히 체계화하는 구조를 만들지 않았다. 왜냐하면 삼위일체는 오직 계시를 통해서만 알려진다는 선언을 너무나 진지하게 취급했기 때문이다. 이것은 종교개혁 신학이 삼위일체에 대한 설명의 기초를 성경에 두었다는 것을 의미한다."[66] 그러나 노팅엄 대학교 동료 교수인 캐런 킬비(Karen Kilby)는 토마스 아퀴나스가 삼위일체 교리를 너무 엄밀하게 정식화하려는 시도를 "한계를 드러내는 신학"으로 간주했다고 주장한다.[67] 킬비의 주장에 따르면, 아퀴나스는 본인이나 우리가 파악할 수 없는 제안들을 그저 고찰하는 것으로 만족했다고 한다.

따라서 삼위일체 교리 해석학에 대한 새로운 물음이 발생한다. 성경의 설명에 우선적으로 기초를 두고 있는 3-4세기의 복잡한 정식들이 오늘날 하나님을 삼위일체 하나님으로서 이해하기 위한 해석학적 자원을 구성하는가? 아니면 해석학적 샛길을 구성하는가? 이것도 아니라면 사실은 해석학적 혼란을 구성하는가? 나는 어느 지점까지는 이것들이 파생적이고 보충적인 해석학적 자원을 제공할 수 있다고 주장할 것이다. 그러나 그 지점을 넘어서면 이것은 혼란이 될 수 있다. 자원이 되는 이후 정식들의 잠재력은 다음의 두 가지 역할로부터 도출될 것이다. 즉 (i) 사도전승에서 유지되어온 믿음을 **부정하거나 왜곡하는 것에 성향적으로 반응함으로써 발생한 믿음의 표현**, 그리고 (ii) 많은 이들이 모든 것을 교회의 한 부분인 신앙고백의 주장에 따라 만들려고 할 때, 포스트모던 시대에 삼위일체 진리-주장의 존재론적 지위를 보호하려는 그들의 역할이 그것이다.

---

진 사례가 G. L. Prestige, *God in Patristic Thought* (London: Heinemann, 1936).

66) Pannenberg, *Systematic Theology*, vol. 1, 289.

67) Karen Kilby, "Aquinas, the Trinity, and the Limits of Understanding," *International Journal of Systematic Theology* 7 (2005) 414-427.

2세기에는 이 존재론적인 정식이 매우 초보적이었다. 테르툴리아누스는 한편으로 역동적 단일신론 또는 테오도투스에게서 나온 종속설에 반대하고, 다른 한편으로는 프락세아스에게서 나온 것으로 보이는 양태론에 반대하여 삼위일체에 대한 글을 썼다. 세월이 흐르자 양태론은 사벨리우스주의로 알려지게 되었다. 사벨리우스가 진정으로 양태론을 믿는 믿음을 가졌는지 또는 양태론에 반대하여 선을 그으려다 양태론으로 바뀌었는지는 우리의 현재 관심사가 아니다. 그것은 교부 전문가들의 논쟁으로 남아 있다.

일부 교리사가들은 성향적 믿음에 입각한 이 반응들을 권력 다투기 논쟁으로 해석한다. 그러나 비록 교부 시대의 많은 주창자들이 명백히 말해 때로는 무자비하게 권력을 추구하는 자들이었다고 해도, 그리고 양편 모두에서 날조가 있었다고 해도, 이것이 신학적 본질의 문제를 퇴색시켰다고 보게 되면, 신학적·해석학적인 요점을 놓치게 된다. 교리를 받아들일 수 없다고 선언하는 자들의 반응에 대한 기록은 주로 억압적이거나 압제적인 행위를 확인하는 데 도움을 주는 것이 아니라, 교리의 발전 과정에서 나타난 "지표와 표지"를 확인하는 데 도움을 준다. 내가 위원과 기고자로 참여했던 영국 성공회 교리 위원회가 발간한 5편의 논문집 가운데 첫 번째 논문집에서, 앤서니 하비(Anthony Harvey)는 "지표와 표지"(Markers and Signposts)라는 논문집의 제목 아래 신학 방법(우리 모두가 지지한)에 관한 논문을 기고했다.[68] 하비(그리고 위원회)는 이렇게 주장했다. "교회는 교인들 속에서 실질적으로 다양한 강조점과 이해가 있다는 것을 인정한다.…그러나 이것은 **인정할 수 있는 정식의 작성**에 제한이 없고, 탐구자가 탐구를 허락받을 수 없는 경계가 없다는 의미가 **아니다**."[69] "불가피한 경계 표시들, 잠정성이 아니라 명확하게…창조적 행동을 가능하게 하는 제한들"이

---

68) Anthony C. Harvey, "Markers and Signposts," in The Doctrine Commission of the Church of England, *Believing in the Church* (위에서 인용, 1981), 286-302.

69) Harvey, "Markers," in *Believing*, 290(티슬턴 강조).

있다.[70)

그러나 해석학의 이런 "지표들"에 대해서는 문제점이 있다. 이 지표들
은 너무 쉽게 "문제들"을 시간과 분리시켜 확인하는 추상적 기준으로 나
타난다. 이 지표들이 처음에 그것을 유발한 물음과 답변의 연쇄 관계에서
분리되면, 잘못된 길로 나아갈 것이다. 따라서 "삼신론"이 금지된 것은 철
학적으로 정초된 일신론을 정당화하지 못했기 때문이라는 사실이 널리
알려졌다. 그러나 에밀 브루너는 성경 전통과 기독교적 반성의 맥락에서
그 이유를 다음과 같이 요약한다. "만일 하나님 자신이 예수 그리스도 안
에서 사람이 되지 아니하셨다면, 하나님의 계시는 계시가 아니다."[71) **하
나의 실체**(*una substantia*)라는 정식은 "존재"(Being)에 관한 어떤 사변과 관
련되어 있는 것이 아니라 계시, 그리고 하나님의 목적과 행동의 통일성과
직접 관련되어 있다. 그러나 브루너는 아타나시오스 신조로 재현된 정통
삼위일체 교리의 "참된 성경적 사상"도 "성경과 동떨어진 철학적 사변"에
의존했다고 덧붙인다. 브루너는 "*una substantia* 개념이 특히 재앙적인
영향을 미쳤다"고 결론짓는다.[72) 하나님을 "실체"[본질]로 생각하는 것은
성경의 절대적 주체 관념을 손상시킨다.…이 치명적 개념은…끔찍한 재앙
이었다."[73)

칼 바르트는 그가 하나님의 "손상 없는 통일성"(unimpaired unity)이라
부르는 개념을 명확하게 설명하기 위해서 역동적이고 적극적인 이해의
지평을 강조한다. 왜냐하면 하나님의 통일성에서 중대한 요소는 "실체"가
아니라 "계시"이기 때문이다. 하나님의 계시는 "손상 없는 통일성을 의미
하지만, 이것은 아울러 계시자, 계시, 계시됨[계시된 것]으로 손상 없는 구

---

70) Harvey, "Markers," in *Believing*, 291.

71) Emil Brunner, *The Christian Doctrine of God: Dogmatics*, vol. 1, trans. Olive
    Wyon (London: Lutterworth, 1949), 222; 참조. 205-240.

72) Brunner, *Doctrine of God*, 239.

73) Brunner, *Doctrine of God*, 239.

별" 안에서의 통일성이다.[74] 적극적 계시의 배경 속에 있을 때 "우리는 삼위일체 교리에 직면한다."[75] "오직 하나님을 통해서만" 알려질 수 있는 하나님은 하나님의 말씀이신 예수 그리스도를 통해서 자신을 알리신다. 이것이 "삼위일체 교리의 뿌리"를 구성한다.[76] 칼 바르트는 다음 부분에서 계속해서 이렇게 말한다. "이런 식으로 자신을 계시하시는 하나님은 그분들 간의 상호 계시에 내재하는 세 구별된 존재 양식, 곧 성부·성자·성령 안에서 하나다. 따라서 하나님은 주님 곧 인간인 나를 만나는 당신이고,⋯ 그 안에서 자신을 인간에게 인간의 하나님으로 계시한다."[77]

결론적으로 바르트가 "실체"를 통한 접근법을 수정한 것은 정말 심원한 **해석학적**인 접근이었다고 에버하르트 윙엘은 지적한다. 윙엘은 이렇게 말한다. "만일 바르트가 생각하는 의미로 '하나님의 존재 **과정**(God's being proceeds)'이라는 주장을 진지하게 취한다면, 하나님의 존재에 관한 물음을 하나님 교리에서 시작하지 않고⋯계시로서의 하나님의 존재에 대한 특수한 길에서 시작해야 할 것이다.⋯이 일이 『교회교의학』(Church Dogmatics)의 기독론에서 일어난다.⋯거기서 자신을 계시하시는 분은 하나님이시기 때문에 삼위일체 교리는⋯'하나님에 관한 교리의 결정적 부분'이다."[78] 분명히 윙엘은 바르트가 여기서 의식적으로 자신의 일련의 언명에서 "가장 큰 적합성을 가진 **해석학적** 판단"을 내리고 있다고 진술한다. 그것은 "해석학적인 문제를 다루는 것"과 관련되어 있다.[79]

---

74) Barth, *Church Dogmatics*, I:1, ch. 2, Part 1, "The Triune God," sect. 8, "God in his Revelation," 295; 참조. 295-304.

75) Barth, *Church Dogmatics*, I:1, sect. 8, 2, 304.

76) Barth, *Church Dogmatics*, I:1, sect. 8, 2, 304-333.

77) Barth, *Church Dogmatics*, I:1, sect. 8, 2, 348.

78) Eberhard Jüngel, *God's Being Is in Becoming: The Trinitarian Being of God in the Theology of Karl Barth, A Paraphrase*, trans. John Webster (Edinburgh: T&T Clark, 2001), 1, 16(윙엘 강조).

79) Jüngel, *God's Being Is in Becoming*, 16(윙엘 강조).

삼위일체 교리를 해설하는 데 사용되는 더 복합적인 모델과 은유들에 대한 해석학적 지위의 한 부분은, 바르트와 윙엘이 강조한 것처럼, **유비적 언어의 지위**에 대한 물음을 일으킨다. 3-5세기에 사용된 전문적 술어들 가운데 얼마나 많은 술어가 인간들에게 적용될 때 언어적 통용성과 **긴밀하게 평행을 이룰까?** 바르트는 모든 곳에 삼위일체의 "흔적"이 있다는 아우구스티누스의 주장, 특히 인간은 "아무리 적을지라도, 삼위일체에 대한 어떤 자취…삼위일체의 어떤 이미지(*quandam trinitatis effigiem*)를 갖고 있다"는 생각을 거북스럽게 여긴다.[80] 아우구스티누스는 지각 과정이 세 가지 구별된 요소를 따른다고 주장한다. 곧 눈이 대상을 본다. 그러면 대상이 감각에 제시된다. 그때 지성은 눈이 보는 것을 주목하고 평가한다. 그것은 한 번에 보는 것이지만 "분명한 구별"이 있다.[81] 바르트는 이것이 **존재의 유비**(*analogia entis*)를 적용한 것이 아니라 "신앙의 유비"를 적용한 것이 아닌지 묻는다. 왜냐하면 존재의 유비는 삼위일체 교리를 그리스도와 기독론에서 온전히 이끌어낸 것이 아니라 "삼위일체 구조로 생각되는 창조 질서의 구조와 하나님의 존재 구조 사이의 유사성"을 전제하거나 상정하기 때문이다.[82] 윙엘은 이것을 "**해석학적인 문제점**"이라고 바르게 부른다(윙엘 강조). 또한 아우구스티누스는 이 유비를 삼위일체 신학을 **예증하는** 한 가지 방식으로 제공하는 것이 아니라, 그것을 **이해하는** 방식으로 제공한다.[83]

켈리는 아우구스티누스가 중요하게 제시한 삼위일체 사랑의 유비를 검토한다. 아우구스티누스는 사랑하는 자(*amans*), 사랑받는 대상(*quod amatur*), 그리고 삼위일체 인격들을 하나로 연합시키는 사랑(*amor*)에 비

---

80) Augustine, *On the Trinity*, XI:1; Barth, *Church Dogmatics*, I:1, sect. 8. 3, 334-335; 참조. 336-347.

81) Augustine, *On the Trinity*, XI:2.

82) Jüngel, *God's Being Is in Becoming*, 17, 참조. 17-27; Barth, *Church Dogmatics*, I:1, sect. 8, 3, "Vestigium Trinitatis," 333-347.

83) Jüngel, *God's Being*, 17. 이 맥락에서 아우구스티누스의 동기 및 관심사에 대해서는 Kelly, *Early Christian Doctrines*, 276-279을 참조하라.

제3부 기독교 교리의 주요 주제

추어 삼위일체 하나님을 설명한다.[84] 아우구스티누스는 자신의 접근법의 기초를 "하나님은 사랑이시고"(요일 4:8), "사랑은 하나님께 속한 것"(요일 4:7)이라는 요한 문헌의 격언에 둔다. 온전한 인간은 아는 것과 사랑하는 것의 도구로 지성, 기억, 자기 지식, 또는 이해, 마음을 갖고 있다. "세 생명이 아니라 한 생명을, 세 지성이 아니라 한 지성"을 갖고 있다.[85] 그럼에도 아우구스티누스는 이 유비들이 발견적 탐구 그 이상은 아니라는 것을 알고 있다. 따라서 윙엘이 우리에게 상기시키는 것처럼, 만약 "그것이 인간 이성을 기초로 탐구하는 변증의 문제가…아니라" **계시**를 기초로 탐구하는 것임을 강조한다면, **이 기초에 따라** 바르트는 아우구스티누스의 접근법 속에 "뭔가"가 있다는 것을 인정한다.[86] 전문 용어로 말하자면, 분명히 윙엘에게 그리고 어쩌면 바르트에게도 이런 접근법은 "해석학적인 보충"(hermeneutical supplement)이라고 할 수 있다. 하지만 만일 그것이 하나님의 자기 계시적 **행동**의 정박지에서 벗어나 정적인 존재론으로 체현된다면, 그것은 해석학적 혼란이 되고 만다.

우리는 바르트의『교회교의학』자체를 통해서뿐만 아니라 바르트에 대한 윙엘의 해설을 통해서, 신약 시대가 끝난 후에 어떤 교리의 발전이 추가로 해석학적인 자원을 제공했는지 도움 받을 수 있다. 그리고 신학적 샛길로 기록하도록 교리사가들에게 보다 쉽게 맡겨질 수 있는 것은 무엇인지 물을 수 있다. 바르트, 브루너, 윙엘, 판넨베르크, 그리고 몰트만은 성경의 그리스도 내러티브를 성부 및 성령과 관련시켜 이해하는 것을 주된 해석학적 자원으로 간주하는 데 있어 동일한 입장을 갖고 있다. 그리스도인의 집단적 경험이 정확하게 성경 증언의 지표들을 반영하는 곳에서는, 이 경험 역시 근본적인 이해의 지평을 규정하며 성경 내러티브의 우선권

---

84) Augustine, *On the Trinity*, VIII:12–IX:2; 참조. Kelly, *Doctrines*, 277.
85) Augustine, *On the Trinity*, X, XVIII.
86) Barth, *Church Dogmatics*, I:1, sect. 8, 3, 341; Jüngel, *God's Being*, 18-22.

에 종속된 해석학적 다리를 구성할 것이다.

1-5세기까지 교회에서 전개된 교리의 발전을 검토해보면 매우 복잡하다. 수많은 전문 술어들을 발전시키고 다듬는 것이 **그 시대에** 요구되었다. 나아가 **쉐마**와 고린도전서 8:6과 같은 초기 신약성경의 신조들 속에 표현된 성경 내러티브의 **전제**는 신약성경의 내러티브들이 **어떤 의미에서** 삼신론 신앙이 아니라 삼위일체 신앙을 함축하는지를 증명하기 위해 해설되어야 했다.

윙엘 작품의 번역자인 존 웹스터는 여기서 윙엘이 자신의 역량을 충분히 발휘한다고 지적한다. 이것은 윙엘이 다음과 같은 삼중의 관심사, 곧 해석학, 은유와 언어의 지위, 그리고 종종 존재론적이고 형이상학적이지만 반드시 체현되거나 명시적으로 언급되지는 않는 **전제들**의 중요성에 관심을 갖고 있기 때문이다. 이 전제들은 내러티브나 신앙고백의 배후에서 작용한다.[87] **신적 존재의 이 통일성이 신적 자기 계시의 적극적 과정의 한 부분으로 이해되지 않으면, "하나님은 하나이시다" 또는 하나의 실체**(una substantia)**와 같은 모든 정식을 탐구하는 것은 해석학적 탈선이 되고 말 것이다.** 따라서 윙엘은 이렇게 말한다. "예수의 역사적 실존이라는 움직임 속에서 하나님이 되기로 하신 하나님의 결정은…하나님의 수난을 수반한다.…'생성'(becoming)이라는 말은 하나님의 존재에 대해서 다음과 같은 신학적 설명을 제공한다. 즉 하나님의 존재에 대한 삼위일체적 설명은 자기 복종 속에 **존재**(be)할 수 있다."[88] 윙엘의 말은 복잡하다. 하지만 우리가 "과정"과 "사건"을 이해하는 의미는 이 맥락에서 특별한 주의와 엄밀함을 필요로 한다. 그의 말들은 이 맥락에서 과정신학적 사유와는 아무

---

87) John Webster, "Translator's Introduction," in Jüngel, *God's Being Is in Becoming*, ix-xxvi.

88) Webster, "Translator's Introduction," in Jüngel, *God's Being Is in Becoming*, xvii. 판넨베르크가 몰트만에 관해 설명하는 것이 부분적으로 평행하는 내용을 제공할 것이다(Pannenberg, *Systematic Theology*, vol. 1, 329).

관련이 없다.

따라서 2세기와 5세기 사이에 초기 교회의 정식들은 중요한 두 가지 출발점을 보충할 수 있는 해석학적 자원들에 대해 균일하지 못한 그림을 제공한다. 어떤 전개들을 통해서는 심지어 우리를 잘못된 노선으로 이끄는 샛길로 빠질 수 있다.

종속설과 양태론에 대한 최초의 반응은 표지로 작용하기에는 너무 초보적이었다. 믿음의 성향 이론의 관점을 통해 보면, 테오도투스의 역동적 단일신론에 반대하는 교회의 반응이나, 정반대로 프락세아스에 반대하는 2세기 교회의 반응은 명확한 표지로 작용할 것이다. 테르툴리아누스는 프락세아스에 반대하여 다음과 같이 선언한다. "프락세아스는 성부 자신이 동정녀에게 잉태되셨고, 동정녀에게서 태어나셨으며, 성부 자신이 고난을 당하셨고, 확실히 성부 자신이 예수 그리스도였다고 말한다."[89] 따라서 테르툴리아누스는 이제 우리가 더 주의 깊게 그리스도에 대한 물음을 탐구해야 한다고 덧붙인다. 마찬가지로 히폴리투스도 노에투스가 제시한 믿음-주장을 거부했다.[90] 받아들일 수 없는 형태로 "양태론"을 배웠든 배우지 않았든 간에, 사벨리우스는 자신이 칼리스투스의 공격 아래 놓여 있음을 알았다.[91] 판넨베르크가 지적한 것처럼, 아타나시오스는 분명히 반대자들을 논박하는 과정에서 획기적인 통찰력을 보여준다. 예를 들어 아타나시오스는 성부 하나님이 성자가 없으면 "아버지"로 생각될 수 없고, 또 성자는 성부가 없으면 "아들"로 생각될 수 없으며, 두 분 다 성령과의 관계 속에 있다고 주장한다.[92]

어떤 전개는 우리를 무익한 길로 이끈다. 앞에서 우리는 바르트가 아

---

89) Tertullian, *Against Praxeas* I:1; 참조. V, VII.

90) Hippolytus, *Against the Heresy of Noetus*, XIV.

91) Kelly, *Early Christian Doctrines*, 121-123과 Franks, *Trinity*, 78-85의 해석을 참조하라.

92) Pannenberg, *Systematic Theology*, vol. 1, 279.

우구스티누스의 삼위일체의 흔적(*vestigium trinitatis*) 개념에 대해서 반은 인정하고 반은 의심하는 상반된 평가를 제공한다고 지적했다. 한편으로 많은 이들은 아우구스티누스의 "심리학적" 삼위일체 해석, 즉 인간들 속에 있는 존재, 지식, 사랑과의 유비를 포함한 해석을 교부학 발전의 최정점으로 간주한다. 다른 한편으로 콜린 건톤은 아우구스티누스의 개념이 삼위일체 교리의 이해에 있어서뿐만 아니라 유신론과 인식론에 미친 부정적 결과들을 추적한다. 건톤은 이렇게 말한다. "아우구스티누스가 그의 후손들에게 물려준 유산은 하나님의 불가지성(unknowability)을 잘못된 위치에 놓은 것이다. 곧 인격적 존재의 타자성에 두지 않고, 물질적·감각적 세계와 '영적'·지성적 세계에 대해 플라톤주의자가 생각하는 타자성—'초월성'—에 놓은 것이다. 그 이유가 무엇이든, 삼위일체 신학은 기존의 주어진 설명, 그리고 외관상 역설적인 교의 진술들에 대한 변증과 설명에 주로 관심이 놓여 있어 평판이 나빠진 것이 사실이다."[93]

그렇다고 해도 건톤은 적절하게 이해만 된다면, 삼위일체 교리는 기독교 유신론의 일관성과 신빙성을 촉진시키는 핵심 요체를 구성할 수 있다고 주장한다. 건톤의 주장에 따르면, 동방교회는 이런 가능성을 견지했지만, 아우구스티누스와 그의 서방교회 계승자들은 "존재는 친교가 아니라 친교를 밑받침하는 그 무엇이라는 헬레니즘 사상으로 은연중에 회귀하는 것을 허용했다. 그리고 그것이 서방교회 '유신론'의 불쾌한 특징들을 낳은 모체가 됐다."[94] 바르트와 라너는 하나님의 "존재"와 하나님의 "생성"이라는 이원론을 우리에게 알려주었다. 건설적인 삼위일체 신학은 "우리의 현실의 모든 차원과 맺는 **관계**를 강조할" 것이라고 건톤은 결론짓는다(티슬턴 강조).[95] 그때야 비로소 우리는 신적 주권과 신적 자유를 재인식할 수 있다.

---

93) Colin Gunton, *The Promise of Trinitarian Theology* (Edinburgh: T&T Clark, 1991), 163; 참조. 1-2.
94) Gunton, *Trinitarian Theology*, 10.
95) Gunton, *Trinitarian Theology*, 119.

칼 라너는 삼위일체 교리의 "고립화"를 통탄하면서 이것과 관련된 사실을 명확히 밝힌다. 삼위일체 교리는 "위격의 원칙"과 관련된 추상적 문제를 근간으로 하는 거의 독자적인 전문적 교리의 하나가 되고 말았다.[96] 라너의 잘 알려진 "공리"(axiom)는 다음과 같이 다르게 표현된다. "삼위일체는 구원의 신비다.…'경륜적' 삼위일체는 '내재적' 삼위일체이고, '내재적' 삼위일체는 '경륜적' 삼위일체다"(라너 강조).[97] "경륜적" 삼위일체는 성부·성자·성령으로서의 하나님이 창조와 구원 과정의 다양한 측면 또는 단계에 있어서 책임을 지시는 것을 교리로 작성한 것이다. 영국 성공회의 1662년 공동 기도서는 「교리문답」(Catechism)에서 이 접근법을 다음과 같은 말로 표현했다. "첫째, 나는 나와 모든 세계를 만드신 성부 하나님을 믿기를 배운다. 둘째, 나는 나와 모든 인간을 구속하신 성자 하나님을 믿기를 배운다. 셋째, 나는 나와 택함 받은 하나님의 모든 백성을 거룩하게 하시는 성령 하나님을 믿기를 배운다." "경륜적 삼위일체"는 적절하든 적절하지 않든 간에 관계적 삼위일체로 존재한다. 곧 하나님과 하나님의 관계, 그리고 하나님과 세상의 관계로 존재한다.

그러나 삼위일체 교리는 창조나 구원에 의존하지 않는다. 따라서 "내재적" 삼위일체는 거룩하신 삼위일체 하나님의 인격들을 창조 및 구속 사역과 관련해서 단순히 외부적으로가 아니라 내재적으로 구별되어 있는 것에 주의를 환기시킨다. 라너가 주장하는 이 둘의 상관관계는 삼위일체 하나님의 인간적 경험과의 관계성을 단순히 삶과 거리가 먼 "고립된" 교리로 무너뜨리지 않고 진정으로 하나님 중심적인 존재론을 보존하려는 노력을 함축하고 있다. 라너는 가능성에 관한 선험적 물음을 제시하지만, 이 물음이 추상화되는 것은 허용하지 않는다.[98] 라너는 이렇게 말한다.

96) Karl Rahner, *The Trinity*, trans. Joseph Donceel (Tunbridge Wells, Kent: Burns & Oates, 1970), 10-15, 24-30.

97) Rahner, *Trinity*, 21, 22.

98) 라너의 초월적 관심에 대해서는 Karen Kilby, *Karl Rahner: Theology and*

"예수는 일반적으로 단순히 하나님이 아니고, [하나님의] 아들이시다.···
따라서 최소한 세상 속에 한 '사명', 한 임재, 구원 역사의 한 실재가 있
다"(라너 강조).[99]

이것은 **존재**(Being)가 또한 생성(becoming)인 하나님을 어떻게 규정해
야 하는지에 대한 물음을 추가로 일으킨다. 윙엘과 바르트는 언어의 한계
에 대해서 물음을 제기했다. 이 물음들은 삼위일체로서의 하나님과 관련
하여 강조된다. 다른 맥락에서 비트겐슈타인은 "그림들"이 다양하게 해석
되고 우리를 속일 수 있다고 경고한다.[100] 클로버 이미지와 비슷한 예증
모델들이 "실체" 개념을 촉진시키는지의 여부는, 비록 그 물음이 합당하다
고 해도, 뒤로 제쳐두어야 한다. 이 이미지와 모델들은 내재하면서 동시에
"저편"에 계시는 하나님을 묘사하는 언어의 한계에 대한 더 심각한 물음
들의 징후다.


## 19.4. 하나님의 초월성의 해석학: 은혜와 거룩한 사랑

이사야 40-55장의 신학은 "거룩하신 이가 이르시되, 그런즉 너희가 나
를 누구에게 비교하여 나를 그와 동등하게 하겠느냐?"(사 40:25)라는 해
석학적 물음에 대한 요약이다. "이는 내 생각이 너희의 생각과 다르며,
내 길은 너희의 길과 다름이니라. 여호와의 말씀이니라. 이는 하늘이 땅
보다 높음같이 내 길은 너희의 길보다 높으며 내 생각은 너희의 생각보
다 높음이니라"(사 55:8-9). 욥기도 하나님의 초월성과 타자성을 강조한
다. "네가 하나님의 오묘함을 어찌 능히 측량하며, 전능자를 어찌 능히 완

*Philosophy* (London and New York: Routledge, 2004).

99) Rahner, *Trinity*, 23.

100) Wittgenstein, *Philosophical Investigations*, e.g., sects. 115-116, 139-140, 291.

전히 알겠느냐? 하늘보다 높으시니 네가 무엇을 하겠으며, 스올보다 깊으시니 네가 어찌 알겠느냐?"(욥 11:7-8). 이런 관점은 구약성경에 한정되지 않는다. 바울도 이렇게 선언한다. "깊도다! 하나님의 지혜와 지식의 풍성함이여, 그의 판단은 헤아리지 못할 것이며 그의 길은 찾지 못할 것이로다. 누가 주의 마음을 알았느냐? 누가 그의 모사가 되었느냐?"(롬 11:33-34). 여기서 그리스어로 ἀνεξεραύνητος(아넥세라우네토스)인 "**헤아리지 못할 것이며**"(unsearchable, NRSV)는 깊이를 잴 수 없는 것을 의미한다. 그리고 그리스어로 ἀνεξιχνίαστος(아넥시크니아스토스)인 "**찾지 못할 것이로다**"(inscrutable, NRSV)는 추적할 수 없는, 파악할 수 없는, **사람의 이해를 넘어서는** 것을 의미한다.

그럼에도 이사야 55:8-9에서 하나님의 타자성, 차이, 또는 전적 초월성을 강조하는 것은 다음 사실을 보여주기 위함이다. 아무리 정상적인 사람이라도 인간은 "악인"을 저버릴 수 있으나, 하나님의 이해할 수 없는 은혜 곧 가치 없는 것에 대한 **자유롭고 주권적인 하나님의 은혜**는 **거룩하신 사랑**으로서 결코 악인을 저버리지 아니하리라는 사실을 보여주기 위함이다. 와이브레이(R. N. Whybray)는 "거룩하신 하나님의 엄위하신 다가오심"과 관련해서 발생할 수 있는 일이 무엇인지를 인간적으로 상상하는 것은 "신적 메시지의 진실성과는 적합하지 않은 것"이라고 설명한다.[101]

"너희가 나를 누구에게 비교하여"(사 40:25)는 언어의 한계와 관련된 해석학적 물음을 일으킨다. 이것은 마치 언어가 생각보다 더 제한적인 것처럼 보이기도 한다. 이 선입견은 엄격한 언어철학에 비추어보면 성립되지 못할 것이다. 비트겐슈타인은 이 물음에 관한 긴 관찰 목록을 제시하면서 이렇게 묻는다. "표현 이전에 존재한 사고는 어디에 있었는가?"[102] 하나님

---

101) R. N. Whybray, *Isaiah* 40-66, New Century Bible Commentary (London: Oliphants, 1975), 193-194; 참조. H. Maldwyn Hughes, *The Christian Idea of God* (London: Duckworth, 1936), 58-79.

102) Wittgenstein, *Philosophical Investigations*, sect. 335; 참조. sects. 327-349.

에 관한 **생각**의 한계는 대체로 하나님에 관한 **언어**의 한계와 동일하다.

교부 시대 이후로는 하나님에 관해 표현할 때 **부정의 길**(*via negativa*)을 고려할 만한 전략으로 간주했다. 알렉산드리아의 클레멘스는 의사소통 행위에 대한 기념비적인 해석학적 모델을 만들어낸다. 그것은 말하는 자는 공을 던질 수 있으나, 만약 듣는 자가 그 공을 기민하게 받지 못하거나 받을 수 없으면 전달은 헛되다는 것이다.[103] 그러나 하나님에 관한 언어를 파악하는 경우에 "우리는 어쨌든 전능자에 대한 개념에 도달할 수 있지만, 그때 그 개념은 전능자인 것(what he is)이 아니라 전능자가 **아닌 것**(what he is not)이 된다."[104] "만물의 통치자는 이해와 파악이 어려운 존재로서, 그에게 다가갈수록 오히려 더 멀어지거나 후퇴하게 된다."[105] 하나님은 말에 함축되거나, 말로 선언될 수 없다.[106] 비유와 같은 장치는 단지 "보조적인 도움"을 줄 수 있을 뿐이다. 그러나 클레멘스는 이 문제의 정곡을 찌른다. "사도 요한이 말하는 것처럼, '본래 하나님을 본 사람이 없으되 아버지 품속에 있는 독생하신 하나님이 나타내셨느니라'"(요 1:18).[107]

부정의 언어를 사용함으로써 하나님의 초월성을 염두에 둘 수 있는 가능성이 기독교 전통 속에 자리를 잡았다. 오리게네스는 하나님을 아는 지식이 하나님의 은혜로 말미암지 않으면 또는 더 구체적으로 말해 성자 하나님을 통하지 않으면 "인간 본성의 범주 너머에 있다"고 선언한다. "아들…외에는 아버지를 아는 자가 없느니라"(마 11:27; 참조. 요 14:9).[108] "하나님은 인간의 이해를 넘어서고, 측량이 불가능한 존재다."[109] 하나님의 존재는 언어를 초월한다고 아우구스티누스는 선언한다. 하지만 아우구스티

---

103) Clement, *Stromata* II:6:2.
104) Clement, *Stromata* V:11:72.
105) Clement, *Stromata* II:2.6.
106) Clement, *Stromata* V:12, 여러 곳.
107) Clement, *Stromata* V:12.
108) Origen, *Against Celsus* VII:44:1, VII:43.
109) Origen, *De Principiis* I:1:5.

누스는 자신의 언어이론에 따라, 비록 "하나님은 생각되는 것보다 더 진실하게 존재하신다"는 말을 덧붙임으로써 부분적으로 보완하기는 해도, "하나님은 말해지는 것보다 더 진실하게 생각된다"고 말하는 데까지 나아간다(또는 잘못 나아간다).[110]

6세기 전반기에 아레오파고의 디오니시우스(Dionysius the Areopagite, 위[僞]디오니시우스)는 언어가 계시에서 나왔다면, 하나님에 대한 긍정의 언어(cataphatic language)가 사용될 수 있다고 인정했다. 하지만 거룩함, 초월성, 타자성을 보호하기 위해서는 부정의 언어(apophatic language)가 사용되어야 한다고 말한다.[111] 위디오니시우스는 하나님을 "초본질적" 또는 초자연적 존재로 말한다. 9세기에 위디오니시우스(또는 데니스)의 저술을 번역한 요하네스 스코투스 에리우게나(John Scotus Erigena, 대략 810-877)는 위디오니시우스의 접근법을 확대시켜 하나님에 관한 긍정적 언명은 은유적 언어이지만, 부정적 언명은 문자적 언어라고 주장했다. 비슷한 주제가 13세기(대략 1260-1327)에 마이스터 에크하르트(Meister Eckhart)에게서 다시 등장했다. 에크하르트의 연구에서 가장 "현대적인" 요소는 하나님이 말과 생각을 넘어서는 분이므로 다양한 언어 전략이 사용되어야 하고, 이 모든 전략은 오류가 있고 잠정적이며, 통상적인 인간적 담화에서 언급되는 "하나님"은 저편에 있는 하나님을 지시해야 한다는 그의 신념이었다. 그렇게 하려면 역설과 변증법이 동원되어야 한다.

마르틴 루터는 하나님의 초월성 주제를 특별히 조명하고, 그와 관련된 생각을 『의지의 속박』(The Bondage of the Will)에 담았다. 우리는 하나님이 "우리에게 선포되고 계시되고 제공되는" 곳에서 "하나님을 설명할 수밖에 없다"고 루터는 말한다. 반면에 "하나님이 자신을 숨기고 우리에게 알려지

---

110) Augustine, *On the Trinity*, VII:4:7.

111) Dionysius, *Of the Divine Name* 1:1. P. Rorem, *Pseudo-Dionysius: A Commentary on the Texts and an Introduction to Their Influence* (New York: Oxford University Press, 1993)를 보라.

지 않기를 바라시는 곳에서 우리는 아무 말도 못한다.…'우리보다 위에[너머에] 있는 것은 우리와 관련이 없다'는 말은 진실로 옳다." 하나님 안에는 "우리에게 선포되지 않고 계시되지 않고 제시되지 않는" 것이 있기 마련이다.[112] 19세기에 키에르케고르는 하나님과 인간의 무한한 질적 차이를 강조했다. 이 차이는 근본적이어서 "신-인"이신 예수 그리스도는 "절대적 역설"을 구성했다.[113] 키에르케고르는 헤겔에 반대하면서 단순한 "방관자" 관점으로는 소위 "신 중심적" 관점을 얻을 수 없다고 주장했다. 오직 "간접적 전달", 역설, 변증법이 기독교적 전달에 적절할 수 있는데, 그 이유는 하나님은 "타자"이고, 인간은 유한하고 우연적인 존재이며 또 너무 쉽게 스스로 속기 때문이다.[114]

20세기 초에 루돌프 오토(Rudolf Otto, 1869-1937)는 다른 각도에서 하나님의 초월성이라는 주제에 접근했다. 말하자면 『성스러움의 의미』(The Idea of the Holy, 독일어판 1917)에서 거룩한 자를 "전적 타자"(wholly other)로 탐구했다.[115] 오토는 루터, 키에르케고르, 바르트와 같이 하나님의 신학이라는 측면이 아니라 하나님에 대한 인간의 경험, 경외, 두려움, 그리고 거룩하신 자에 대한 의식을 통해 하나님의 초월성을 다루었다. 이것은 성경 계시의 내용, 그중에서도 특히 이사야 6:1-5의 말씀과 일치한다. "내가 본

---

112) Luther, *On the Bondage of the Will* (위에서 인용한 판), 170 (Weimar edn., vol. 18, 685).

113) Søren Kierkegaard, *Philosophical Fragments*, ed. and trans. H. V. Hong and E. H. Hong (Princeton, NJ: Princeton University Press, 1985), 37-54, 65-66, 95-105.

114) Søren Kierkegaard, *The Point of View for My Work as an Author*, ed. and trans. H. V. Hong, E. H. Hong (Princeton, NJ: Princeton University Press, 1998); *Training in Christianity and the Edifying Discourse*, trans. Walter Lowrie (Oxford: Oxford University Press, 1941); 참조. *Concluding Unscientific Postscript*, 97-99, *Attack on "Christendom*," 127.

115) Rudolf Otto, *The Idea of the Holy: An Inquiry into the Nonrational Factor in the Idea of the Divine and Its Relation to the Rational*, trans. J. W. Harvey (Oxford: Oxford University Press, 2d edn. 1950).

즉 주께서 높이 들린 보좌에 앉으셨는데…스랍들이 모시고 섰는데…서로 불러 이르되, 거룩하다 거룩하다 거룩하다 만군의 여호와여…내가 말하되 화로다, 나여 망하게 되었도다,…나는…만군의 여호와이신 왕을 뵈었음이로다." 『성스러움의 의미』 전반부는 "타자"의 임재 앞에서 느끼는 무시무시한 경외라는 주제를 해설한다. 후반부는 **거룩한 사랑** 때문에 거룩한 자에게 끌리는 매혹과 매력을 다룬다.[116] 인간성의 신비는 반대되는 것들의 조화 속에서 **두려워 떠는 신비**(*mysterium tremendendum*)와 **매력을 느끼는 신비**(*mysterium fascinosum*)를 함께 포괄한다.

거의 같은 해인 1916년에 『교회교의학』(*Church Dogmatics*) I보다 앞서 출간한 초기의 작품들에서 칼 바르트 역시 하나님을 "전적 타자"로서 설명한다. 정확하게 말하면 1916년에 발표한 논문 "성서 안의 새로운 세계"(The Strange New World within the Bible)에서 바르트는 사실상 해석학적 다리라는 개념을 모두 거부한다. 바르트는 "성경의 내용을 구성하는 것은 하나님에 관한 올바른 인간적 사상들이 아니라 인간에 관한 올바른 신적 사상들이기" 때문에, 우리는 "**우리의**" 물음을 갖고 성경에 다가갈 수 없다고 선언한다.[117] 하나님은 "종교"나 교회 또는 윤리가 아니라 "신비적인 '타자.'"다.[118] 첫 번째 논문 "하나님의 의"(The Righteousness of God, 역시 1916년에 발표)에서 바르트는 이렇게 선언한다. "[하나님의] 뜻은 우리 자신의 뜻을 수정한 속편이 아니다. 하나님의 뜻은 전적 타자로서 우리에게 다가온다."[119] 이 주제는 바르트의 기념비적인 작품인 로마서 주석에서 다루어진다. 로마서 주석에서 바르트는 다음과 같이 말한다. "하나님은…인간과

---

116) Otto, *Idea of the Holy*, 1-5, ch. 6.
117) Karl Barth, "The Strange New World within the Bible," in Barth, Karl, *The Word of God and Word of Man*, trans. Douglas Horton (London: Hodder & Stoughton, n.d.) 43; 참조. 29-50. 『성서 안의 새로운 세계』(대한기독교서회 역간)
118) Barth, "Strange New World," *Word of God*, 45; 참조. 42.
119) Barth, "The Righteousness of God," in *Word of God*, 24; 참조. 9-27.

인간적인 모든 것과 질적으로 구별되고, 결코 우리가 하나님으로…부르거나 경험하는 어떤 것과도 동일시되어서는 안 된다."[120]

하나님의 거룩한 타자성을 강조하는 사상이 오로지 이사야, 예레미야, 바울, 아우구스티누스, 루터, 키에르케고르, 바르트로 이어지는 전통에서만 연원한다고 결론짓는 것은 잘못일 것이다. 폴 틸리히도 이 주제를 크게 강조한다. 틸리히는 만일 우리가 "최고의 존재" 또는 심지어 "지극히 완전하신 존재"와 "가장 능력 있는" 존재와 같은 말을 하나님에게 적용시키면, 곧 "최상급 표현을 하나님께 적용시키면", 하나님은 작은 존재가 되고 만다고 말한다. "그런 말들은 다른 모든 것보다 하나님을 높이기는 하지만, 하나님을 다른 존재들과 같은 차원에 두기 때문이다."[121] 따라서 틸리히는, 심지어 유비도 안 되고, 오직 상징만이 하나님에 대해 말하는 데 사용될 수 있다고 주장한다. 신적 초월성을 위반하지 않는 하나님에 관한 비-상징적인 유일한 진술은 하나님을 "존재 자체"(Being-itself)라고 천명하는 것이다.[122] 다른 사상가들은 또 다른 방식으로 하나님의 초월성을 다룬다.[123]

그러나 우리는 삼위일체 하나님을 "생성으로서의 존재"(Being-as-Becoming, 윙엘) 또는 관계 속의 존재(Being-in-relation, 지지울라스)가 아니라 그냥 "존재"(Being)로 말하는 것은 잘못이라고 주장했다. 그러면 우리는 우리가 이해하고 전달할 수 있는 신적 초월성의 해석학에 어떻게 도달해야 할까?

윙엘과 지지울라스의 사상은 사실상 성경의 전통이 사용하는 언어 가까이로 우리를 이끈다. 첫째, 신약성경을 보면 초월성에 대한 표현이 무엇

---

120) Karl Barth, *The Epistle to the Roman*, trans. from the 6th edn. by E. C. Hoskyns (Oxford: Oxford University Press, 1933, rpt. 1968), 330-331(롬 9:1 부분).

121) Tillich, *Systematic Theology*, vol. 1, 261.

122) Tillich, *Systematic Theology*, vol. 1, 262-271.

123) Edward Farley, *The Transcendence of God: A Study in Contemporary Philosophical Theology* (London: Epworth, 1962)를 보라. 그는 Niebuhr, Tillich, Heim, Hartshorne을 포함시킨다.

보다 성육신하신 하나님의 말씀으로서의 **예수 그리스도의 육화**에서 발견된다. 그분은 **하나님의 영광의 광채이자 그 본체의 형상**(히 1:3; 참조. 요 1:14)이시다. 둘째, 오스카 쿨만이 약 50년 전에 지적한 것처럼, 신약성경의 이미지는 단순히 공간적 이미지(신적 초월성을 표현하기 위하여 "위에"라는 말에 의존하는)가 아니라, 전부는 아니더라도 주로 **시간적이고 종말론적인 이미지**다. 셋째, 구약성경의 살아계신 하나님은 추상적 "속성들"이 아니라 **시간적 내러티브**의 형태로 제시되는 은혜의 행동 속에서 자신을 계시하셨다.

윙엘은 『세상의 신비로서의 하나님』(God as the Mystery of the World)에서 "하나님에 대한 **가화성**(Speakability)"이라는 날카로운 분석으로 이루어진 장을 포함시킨다.[124] 윙엘은 하나님의 초월성, 신비, 그리고 유비 언어의 문제점을 고찰하고, 이에 대한 단순히 추상적이거나 정적인 표현 수단을 모두 거부한다. 바울을 따라 윙엘도 "십자가의 도"에서 기독교 언어의 중심을 본다(고전 1:18-25). 윙엘은 이렇게 말한다. "십자가의 도는 하나님이 말씀하시는 분임을 분명히 인정하는 선언이다.…**십자가의 도는 인간의 언어로 제시한 하나님의 자기 정의이다**"(티슬턴 강조).[125] (다른 기초들이 아니라) 이 기초에 따라 "하나님은 정의가 불가능하다"는 개념을 윙엘은 **거부한다.**[126] 확실히 윙엘은 하나님을 정의하는 것이 불가능하다는 전통의 기원을 기독교 교리가 아니라 소크라테스 이전의 철학 사상, 플라톤, 신플라톤주의로 소급시킨다. 이 전통은 이러한 경로를 거쳐 아레오파고의 디오니시우스의 사상과 중세의 부정의 방법으로 이어진다.[127]

윙엘은 하나님이 신비라는 사실을 인정하지만, "부정적인" 신비의 이

---

124) Eberhard Jüngel, *God as the Mystery of the World: On the Foundation of the Theology of the Crucified One in the Dispute between Theism and Atheism*, trans. D. L. Guder (Edinburgh: T&T Clark, 1983), 226-298.

125) Jüngel, *God as the Mystery*, 229.

126) Jüngel, *God as the Mystery*, 231.

127) Jüngel, *God as the Mystery*, 231-245.

해 방법과 긍정적이지만 억압되어온 신약성경의 신비의 이해 방법을 분리시킨다. 침묵으로서의 신비는 불교적 경건과 더 가까운 신비로서 말을 평가절하한다. 또한 생각을 "질서의 원리"로 그리고 "말을 구성하는 원리"로 이해하지 않는다.[128] 한편 유비의 용법에 의지하는 것은 그 자체로 특별한 어려움을 초래한다. 윙엘은 바르트의 유명한 말을 인용한다(이 인용문은 『교회교의학』 "서문"에 나온다). "나는 존재의 유비를 적그리스도의 날조로 간주한다. 그리고 그로 말미암아 로마 가톨릭 교인이 되는 것도 불가능하다. 내 생각에는 그렇게 하지 않는 것에 대한 온갖 다른 이유들을 대는 것은 근시안적이고 하찮은 것이다."[129]

반면에 윙엘은 유비가 존재의 철학과 분리되어 좀 더 "개신교적인" 방식으로 사용된다면, 그 자체로는 "절대 필수적"이라는 사실을 인정한다.[130] 심지어 아리스토텔레스 안에서도 유비의 한 용법(명칭의 유비, *analogia nominum*)은 단순히 언어의 **은유적** 전달(전용, *epiphora*)을 가리킬 수 있다. 이 용법은 "완전히 다른 두 실재" 사이에서 **관계**의 평형성에 의존한다.[131] 두 번째 용법은 토마스 아퀴나스를 통해 익숙하게 된 용법이다. 곧 **유비적**(analogical) 술어를 **단일한**(univocal) 술어와 **다의적**(equivocal) 술어 사이에 두는 용법이다.[132]

윙엘은 **속성**의 유비와 **비례**의 유비 및 **관계**의 유비를 조심스럽게 구분한다.[133] 결국 윙엘은 오직 "서로 관련되어 있는 것들의 절대적 차이를 보존하고 있는…순전한 관계의 유비를 사용함으로써" 하나님을 "인간화하

---

128) Jüngel, *God as the Mystery*, 253; 참조. 250-255.
129) Jüngel, *God as the Mystery*, 262, n. 1; Barth, *Church Dogmatics*, I:1, "Preface," xiii.
130) Jüngel, *God as the Mystery*, 262, n. 1.
131) Jüngel, *God as the Mystery*, 267.
132) 참조. Aquinas, *Summa Theologiae*, Ia, Q. 13, art. 3-6 (Blackfriars edn., vol. 3, 11-23).
133) Jüngel, *God as the Mystery*, 270-272.

　　　제3부 기독교 교리의 주요 주제

는" 잘못을 피하는 것이 가능하다고 결론짓는다.[134] "유비가 없으면 하나님에 관해 책임 있는 말을 할 수 없다."[135] 그런데도 십자가의 도가 가지고 있는 능력은 십자가를 선포하는 "사건 그 자체의 성격"을 보여준다.[136] 따라서 "존재론적 해방"을 "해석학적으로 가능케 하고" 허용하는 것은 **도래**(advent)**의 유비**"이고(윙엘 강조), 이것이 십자가의 도와 "기독론 사건"의 중심이다.[137] 여기서 은유와 비유는 **말**의 형태를 취할 수 있고, 이것은 하나님과 세상 사이에서 나-당신 관계의 인격성과 관계성을 증언한다.[138]

여기서 문제의 핵심은 그리스도의 십자가 사건 안에서, 그리고 그 사건을 통해 "하나님의 존재를 **다시 생각할 수 있다**"는 것이다.[139] "하나님은 예수의 십자가에서 자기 자신을 사랑으로 정의하셨다. 하나님은 사랑이시다(요일 4:8).…하나님의 '내적 존재'는 '외부'에 있는 것을 향해 돌아서는 것 자체이다."[140] 십자가의 승리는 "창조적으로 '무(nothingness) 속에 들어가서 있는 것'이다.…하나님은 **자기 밖으로 나오신다**는 점에서 영원히 창조적 존재이시다."[141] **이런 의미에서** 하나님을 존재로 말하는 것은 **하나님은 사랑이시라고 이해하고** 선언하는 것이다. 이 기초에 따르면, "하나님은 말씀하시는 분으로 생각할 수 있다."[142] 윙엘은 다른 곳에서 이 문제를 더 깊이 고찰한다. 윙엘은 이 설명 전체를 **해석학**의 설명으로 간주한다. 왜냐하면 윙엘은 하나님을 "생각할 수 있음"이 십자가와 부활에서 똑똑히 보이는 것처럼, 예수 그리스도의 인격과 사역에서 연원하는 것으로 결론짓기

---

134) Jüngel, *God as the Mystery*, 277.
135) Jüngel, *God as the Mystery*, 281.
136) Jüngel, *God as the Mystery*, 287.
137) Jüngel, *God as the Mystery*, 285, 286, 288.
138) Jüngel, *God as the Mystery*, 287-289; 참조. 11, 170-174, 203-204, 290, 253-254.
139) Jüngel, *God as the Mystery*, 111(윙엘 강조).
140) Jüngel, *God as the Mystery*, 220.
141) Jüngel, *God as the Mystery*, 224.
142) Jüngel, *God as the Mystery*, 289.

때문이다.[143]

예수의 **말씀과 행위가 뒤섞여진** 사건적 성격과 내러티브적 성격의 이 "안감"(backing)은 엄밀하게 의미와 해석의 안정성 및 독창성에 관한 비트 겐슈타인의 기준과 일치한다.[144] 틸리히는 상징에만 배타적으로 의존하는 것의 문제점은 상징과 그림이 "다양하게 해석될" 수 있는 점이라고 말한 바 있다. 비트겐슈타인의 직유에 따르면, 인간 생활 속에서 행동은 말과 언어라는 화폐의 통용을 "후원하는" 금과 같다.[145] 예수는 하나님의 사랑에 대해 **말씀하실** 뿐만 아니라 아울러 제자들의 발을 수건으로 닦아주신다. 많은 사람의 대속물이 되실 것에 대해 **말씀하실** 뿐 아니라 동시에 **십자가로 가신다.** "사건"의 언어는 단순히 "명제"가 (결과적으로) 인간 주체성이 되는 것을 위협하는 하이데거적 도피가 아니다. 그것은 상호 주체적인 공적 세계에서 역사와 사태의 **진리-통용성**을 지닌 명제를 제공하는 것이다. 윙엘이 증명하는 것처럼 우리는 **이런** 방식으로 "**하나님은 사랑이라는**" 사실과 하나님의 **은혜**에 유효한 통용성을 부여할 수 있다.

"바울" 복음의 기원에 대한 그의 증언은 하나님에 대한 이해가 그 중심에 놓여 있다. 그 중심에는 하나님의 **은혜**와 하나님께서 "그리스도와 같이" 되셨다는 사실이 놓여 있다. 다른 누구보다 예레미아스와 김세윤(Seyoon Kim)은 "하나님이 '그의 아들을 이방에 전하기 위하여 그를 내 속에 나타내시기를 기뻐하셨을 때' 다메섹 도상에서 바울은 이 복음을 받았다"(갈 1:16-17)고 결론짓는다.[146] 예레미아스는 다메섹 도상에서의 경험을

---

143) Jüngel, "Metaphysical Truth," in *Theological Essays*, vol. 1, 16-72과 "The World as Possibility and Actuality," in *Theological Essays*, vol. 1, 95-123, 특히 112을 보라.

144) Wittgenstein, *Philosophical Investigations*, sects. 7-37; 96-133; 참조. *The Blue and Brown Books*, 20-49.

145) Wittgenstein, *Blue and Brown Books*, 49.

146) Seyoon Kim, *The Origin of Paul's Gospel* (Grand Rapids: Eerdmans and Tübingen: Mohr, 1981), 2; 참조. 3-31, 51-66, 여러 곳. 『바울 복음의 기원』(엠마오 역간).

바울이 하나님의 **은혜** 교리를 재구축한 "바울 신학의 열쇠"라고 말한다.[147]

뭉크(Munck)는 부르심과 회심을 위한 바울의 "심리학적" 준비에 관한 많은 이론들 곧 만연해 있으나 정당한 근거가 없는 이론들을 반대하고, "다메섹 경험은 아무 준비 없이 임했다"는 사실을 설득력 있게 주장했다.[148] 다메섹 경험은 "매우 특별하게 복음을 반대하는 증인이었던 사람"에게 날벼락과 같이 일어난 사건이다.[149] 뭉크는 사도행전의 세 본문(행 9:3-9; 22:6-11; 26:12-18)을 갈라디아서 1:11-24과 나란히 두고, "다메섹 경험 속에는 바울이 이 경험에 대하여 아무 준비가 되어 있지 않았다는 가정 속에서만 이해될 수 있는 강력한 요소가 들어 있다"고 결론짓는다.[150] 뭉크는 사도행전 26:14을 "이제부터 너는 나 곧 그리스도가 지금 네게 맡긴 섬김에서 절대로 벗어나지 못할 것이라는" 사실을 의미하는 것으로 해석한다.[151] 또한 바울은 완전히 압도되어 하나님이 자기를 택하신 것에 대해 이렇게 말한다. "나는 사도 중에 가장 작은 자라. 나는 하나님의 교회를 박해하였으므로 사도라 칭함 받기를 감당하지 못할 자니라. 그러나 내가 나 된 것은 하나님의 **은혜**로 된 것이니"(고전 15:9-10).

갈라디아서에서 하나님의 **은혜**(χάρις, 카리스)는 주로 인간적 관점에서 표현되지만(갈 1:15; 2:9), 전부 그런 것은 아니다(갈 1:6; 5:4). 고린도전후서는 하나님의 은혜를 인간적 관점에서 표현하기도 하지만(고전 3:10; 15:10), 하나님의 포괄적인 선물로 표현하기도 한다(고전 4:7; 12:4-11; 고후 1:12; 4:15; 6:1; 8:1, 6-9; 9:8, 14; 12:9). 하나님의 은혜는 로마서에서 훨씬 더 두드러지게 부각된다(롬 1:5; 3:24; 4:4, 16; 5:2, 15-21; 6:1, 14-15; 11:5-6; 12:3-6; 15:15). 이후

---

147) Joachim Jeremias, *Der Schlüssel zur Theologie des Apostels Paulus* (Stuttgart: Calwer, 1971).

148) Johannes Munck, *Paul and the Salvation of Mankind*, trans. Frank Clarke (London: SCM, 1959), 13.

149) Munck, *Paul*, 15.

150) Munck, *Paul*, 20.

151) Munck, *Paul*, 21.

서신들도 하나님의 은혜라는 주제를 취하는데, 만약 에베소서가 바울의 관심사를 요약하고 있으며 초점을 담고 있는 책으로 인정한다면, 이 서신은 하나님의 은혜에 대한 언급으로 충만하다(엡 1:6-7; 2:5-8; 3:2, 7-8; 4:7, 29).

요한복음은 특별히 하나님의 은혜를 그리스도의 인격 속에 둔다. 로고스는 예수 그리스도 안에서 육화되어 "은혜와 진리가 충만하다"(요 1:14). 그리스도를 통해 하나님으로부터 나온 은혜는 "**은혜**" 위에 "**은혜**"(χάριν ἀντὶ χάριτος, 카린 안티 카리토스; 요 1:16)가 된다. "은혜와 진리는 예수 그리스도로 말미암아 온 것이라"(요 1:17). 요한복음 본론 부분에서는 **사랑**이 지배적인 주제가 된다. 하나님은 세상을 **사랑하신다**(요 3:16). 하나님은 아들을 **사랑하신다**(요 3:35; 참조. 15:9). 예수는 자기 사람들을 **사랑하신다**(요 13:1; 13:34; 14:21).

하나님의 속성을 사건적 **행동** 속에 나타난 **은혜**와 **사랑**으로 규정하는 바울 서신과 요한 문헌의 특징은 하나님이 자신을 이스라엘에게 계시하는 것과 연속선상에 있다. 출애굽기 33:19의 "나는 **은혜 베풀** 자에게 **은혜를 베풀고** 긍휼히 여길 자에게 긍휼을 베푸느니라"는 말씀에서처럼, 또 히브리어 명사 חן(헨)과 동사 חנן(하난)은 이 구절이 암시하는 것처럼, **자유롭게 주권적으로 베풀어지는 은혜**를 의미한다. 브라운-드라이버-브리그스의 『새 히브리어-영어 성구 사전』은 상급자가 하급자에게 **은혜**를 따라 **과분한 호의**를 베푸는 것을 전형적인 배경으로 제시한다.[152] 더 상세한 사전적 설명에서 파브리(H.-J. Fabry)는 구약성경에서 67회 이상 등장하는 חן(헨)의 두 가지 "기본 의미가 '은혜'와 '호의'이고…이것은 J문서가 선호하는 표현"이라고 주장한다.[153] 하나님의 은혜는 **선물**로 주어질 수 있다고 파브리는 설명한다. 무엇보다 먼저 "은혜로움은 하나님의 속성이다. 구약성경에

---

152) Brown-Driver-Briggs, *The New Hebrew-English Lexicon* (new edn., 2000), 335-336.
153) H.-J. Fabry, חנן(chanan), חן(Chen), in Botterweck and Ringgren (eds.), *TDOT*, vol. 5, 22-36.

제3부 기독교 교리의 주요 주제

서 형용사 '한눈'(channûn)은 거의 배타적으로 야웨에게만 사용된다."[154] 야웨는 자비롭고 은혜롭고 노하기를 더디하고 인자와 진실이 많으시다(출 34:6; 대하 30:9; 느 9:17, 31; 시 86:15; 103:8; 111:4; 116:5; 145:8; 욜 2:13; 욘 4:2).

인자(steadfast love)에 대한 언급은 **언약적인 사랑** 또는 **언약적인 은혜**에 해당되는 히브리어 단어 חסד(헤세드)를 상기시키고, 이 말은 KJV/AV에서처럼 종종 친절(kindness) 혹은 자비(loving-kindness)로 번역된다. 구약성경에서 חסד(헤세드)는 245회에 걸쳐 등장하며, 이는 근본적으로 관계적이고 상호 인격적인 단어다.[155] 이 단어는 "헤세드의 활동적 성격을 강조한다.…야웨는 헤세드를 '보내시고'…'헤세드를 크게 하고'…'헤세드를 명하신다'"(시 89:8; 42:9; 렘 31:33).[156] 이 단어는 하나님 자신이 사랑하는 자들을 위해 행동하실 준비가 되어 있음을 가리킨다. 또 이 단어는 하나님이 인자하심을 보여주실 때 진실하시다는 **언약** 개념과 연결되어 있다. 대표적인 한 구절에서 성경 저자는 이렇게 외친다. "여호와의 **인자**(chesed)와 **긍휼**(rach^amîm)이 무궁하시므로 우리가 진멸되지 아니함이니이다. 이것들이 아침마다 새로우니 주의 성실하심이 크시도소이다"(애 3:22-23).

이 두 히브리어 단어 외에도 **사랑**에 해당되는 단어(명사 אהבה, 아하바, 동사 אהב, 아하브)는 매우 빈번하게 등장한다. 종종 이 단어는 사람이 하나님이나 동료 인간들에게 베푸는 인간적 사랑을 가리킨다. 아울러 하나님의 사랑을 가리키기도 한다. 대표적으로는 이스라엘을 향하신 하나님의 사랑을 가리킨다(신 7:8, 13; 23:6; 왕상 10:9; 대하 2:10; 9:8; 사 43:4; 48:14; 렘 31:3; 호 3:1; 9:15; 11:1; 14:5; 말 1:2). 이 세 주요 용어의 용례는 언어 기능(또는 언어 놀이)을 확립하는 말과 행위의 내러티브의 한 부분을 구성한다. 이 언어 기능을 통해 바울, 요한, 그리고 다른 신약성경 저자들은 행동 속에 나타나는 하나

---

154) Fabry, חן, 30.

155) H.-J. Zobel, "חסד"(chesed), in Botterweck, Ringgren (eds.), *TDOT*, vol. 5, 36-64, 특히 46-47.

156) Zobel, "חסד," *TDOT*, 54.

님의 주권적인 은혜와 사랑을, 특히 예수 그리스도의 인격과 행동에 초점이 맞춰져 있고 그 속에서 "사고 가능한" 것으로 묘사한다.

마지막으로 하나님의 **초월성**의 해석학에 기여하는 또 다른 요소가 고찰되어야 한다. 쿨만은 『그리스도와 시간』(*Christ and Time*)에서 이렇게 선언한다. "최초 기독교 신앙과 사고는 여기와 저기라는 공간적 대조에서 시작하지 않고, 이전과 지금과 그때라는 시간적 구분에서 시작했다."[157] 쿨만은 "공간적" 이미지나 은유도 나름 역할을 했다고 인정하지만, **시간적** 대조가 "본질적인 것"이라고 주장한다. 이것은 히브리서 11:1에서 두드러지게 나타난다. 거기서 "보이지 않는 것들"은 "나타나지 않은" 것을 포함한다. 왜냐하면 그것은 **아직 일어나지 않았기** 때문이다. 미래는 "타자"의 한 부분이고, 변화에 대한 약속의 거룩한 원천이다. 이것은 하나님의 초월과 거룩하심에 대해 말함으로 해석학적 자원에 공헌한 윙엘과 다른 학자들의 해석학과 나란히 놓여져야 한다.

**하나님의 내재성**을 표현하기 위한 해석학적 모델이 하나님의 초월성을 감소시키는 방식으로 사용되지만 않는다면, 문제가 된 적이 최근에는 별로 없었다. 하나님의 **페리코레시스**(perichoresis, 상호침투)에 대한 몰트만의 연구는 하나님의 **케노시스**(kenosis, 자기비움) 주제에 대한 발타자르 및 다른 학자들의 통찰과 함께 이 분야에서 가장 독창적인 해석학적 발전의 하나로 간주되어야 한다.[158] 페미니즘 신학의 맥락에서 샐리 맥페이그(Sallie McFague)도 하나님의 내재성의 해석학을 탐구하고, 하나님의 행동에 대한 기계적 모델보다 유기적 모델에 주의를 환기시켰다.[159] 맥페이그

---

157) Oscar Cullmann, *Christ and Time: The Primitive Christian Conception of Time and History*, trans. Floyd V. Filson (London: SCM, 1951), 37. 『그리스도와 시간』 (나단출판사 역간).

158) Jürgen Moltmann, 특히 *God in Creation: An Ecological Doctrine of Creation*, trans. Margaret Kohl (London: SCM, 1985). 또 Balthasar, *Theo-drama*, vol. 4, 319-332.

159) Sallie McFague, *Models of God: Theology for an Ecological, Nuclear Age*

는 자신의 초기 작품 속편에서 기독론과 "체현"을 하나님의 초월성 문제와 함께 묶으려는 목표를 갖고 있다.[160]

특히 『창조 안에 계신 하나님』(God in Creation), 『생명의 영』(The Spirit of Life), 『삼위일체와 하나님의 나라』(The Trinity and Kingdom of God)에서 보여준 **페리코레시스**에 대한 몰트만의 폭넓은 연구에 비추어보면, 우리는 하나님의 내재성의 해석학을 탐구하는 것을 더는 미룰 필요가 없다. 몰트만은 "창조는 삼위일체 하나님의 사역이다. 성부 하나님은 성령 하나님 안에서 성자 하나님을 통해 창조하신다"는 주제로 올바르게 되돌아온다.[161] 이것은 "하나님과 세상의 **차이**"가 유지됨에도 불구하고, "전체 피조물 위에 부어지시는 분이자" "생명의 샘"이신 성령의 인격 속에서 하나님을 이해하는 길을 열어놓는다(몰트만 강조).[162] 몰트만은 세상을 "유지하고" "보존하는" 기계적 모델에서 "내주하고 동정하고 참여하고…즐거워하는" 유기체적·해석적·관계적 모델로 올바르게 나아간다.[163]

여기서 후자의 이미지들은 종종 세상과 인간에게 매우 큰 대가를 치르는 하나님의 **자기 참여**를 보다 쉽게 강조해준다. 따라서 이것은 하나님의 "수난"에 대한 온전한 물음에 다시 문을 열어놓는다. "무감정성, 불가분리성…본질(ousia)…불변성"과 같은 교부들의 고전적인 교리는 분명히 성경의 영향보다는 플라톤 사상의 영향을 더 크게 반영한다.[164] 고전적 견해를 비판하는 글이 이토록 많이 쏟아지는 오늘날, 성경의 내러티브뿐 아니라 몰트만의 선구적인 통찰력을 따르는 소위 "열린 신론"(open theism)이 마치

---

(Philadelphia: Fortress, 1987). 『어머니·연인·친구』(뜰밖 역간).

160) Sallie McFague, *The Body of God: An Ecological Theology* (London: SCM, 1993), 27-64, 159-196.

161) Moltmann, *God in Creation*, 9.

162) Moltmann, *God in Creation*, 11, 13.

163) Moltmann, *God in Creation*, 14.

164) G. L. Prestige, *God in Patristic Thought* (London: SPCK, 1952 [Heinemann, 1936]), 6-13, 25-27, 157-196에서 고전적 설명을 보라.

대담한 혁신인 것처럼 등장하는 것을 보면 놀랍다. 이 주장의 타당성에 대한 열쇠는 "고난당할 수 없는 하나님은 사랑도 할 수 없다"는 몰트만의 확고한 격언뿐만 아니라, 루터와 칼뱅의 신학 중심에 놓여 있는 **언약적** 배경과 **약속의 신학**에도 의존한다.[165] 만일 주권적이고 초월적인 하나님이 스스로 고난당하기로 **자유롭게 선택하거나** 작정하신다면, 이것은 자신이 어떻게 행할지를 선택하시는 하나님의 주권적 자유의 축소가 아니라 오히려 확대다.

하나님을 거룩한 타자로 이해하는 동시에, 은혜 안에서 자유롭고 주권적으로 사랑을 선택하시는 분으로 이해하는 것을 지지하는 해석학, 이런 이해와 일치하는 초월성의 해석학을 정식화하려는 노력이 반드시 필요하다. 이 이해의 지평 안에서, **페리코레시스와 케노시스**에 입각한 하나님의 내재성의 해석학만이 타자로서의 하나님의 주권적 자유를 확대시킬 수 있다. 이것은 이사야 55:7-9과 일치한다. 하나님이 "너그럽게 용서하시는" 것은 엄밀히 말해 다음과 같은 이유 때문이다. "이는 내 생각이 너희의 생각과 다르며 내 길은 너희의 길과 다름이니라. 여호와의 말씀이니라"(사 55:8).

---

165) Moltmann, *Trinity*, 38.

# 20장
## 해석학적 관점에서 본
## 교회와 목회

## 20.1. 해석학적 지평: 집단, 공동체, 신학 및 제도, 송영의 지평

여기서 잠시 제1부와 제3부 앞부분의 내용을 간략하게 회고해보는 것이 좋겠다. 3.1., 4.2.-3., 9.2.에서 우리는 이스라엘과 교회의 삶에 나타난 내러티브 신앙고백과 교리의 다른 표현들에 나타난 공동체적 관점을 이야기했다. 3.1.에서는 신명기 26:5-9의 신앙고백을 살펴보았다. 이 신명기 본문은 1인칭 단수형인 "내 조상은 방랑하는 아람 사람으로서"라는 말로 시작되어 1인칭 **복수형**인 "여호와께서 강한 손[으로]···**우리를** 애굽에서 인도하여 내시고 [**우리를**] 이곳으로 인도하사 이 땅 곧 젖과 꿀이 흐르는 땅을 [**우리에게**] 주셨나이다"로 이어진다.

이 복수형의 논리는 유월절에 낭송했던 것과 똑같다. "후일에 네 아들이 네게 묻기를 우리 하나님 여호와께서 명령하신 증거와 규례와 법도가 무슨 뜻이냐 하거든, 너는 네 아들에게 이르기를 **우리가** 옛적에 애굽에서 바로의 종이 되었더니 여호와께서 권능의 손으로 **우리를** 애굽에서 인도하여 내셨나니"(신 6:20-24). 또한 3.1.에서 폰 라트와 G. E. 라이트가 이 본문들을 자기 관여적인 또는 참여적인 내러티브 낭송으로 이해한다는 사실도 지적했다. 여기서 낭송하는 자들의 **정체성**은 역사적 이스라엘의 **집단적** 정체성과 하나가 된다. 이 낭송은 공동체 축하 의식과 공동체 예배 행위를 구성하고, 옛 하나님의 백성과의 공동체 연대성을 전제로 한다.

21세기 초에 교회의 본질을 탐구하기 위한 이해의 지평은 종종 교회론, 교회 연합 선언문, 지역적 관심사와 같은 당대 문제들에 편협하게 미리 사로잡혀 사라지곤 한다. 평신도들의 관점에서 보면, "교회"는 대부분 그들이 함께 예배하는 지역교회다. 그러나 성경적 지평에서 봤을 때, "명

목적" 기독교가 판을 치고 있는 문화 속에서 "교회"는 지역교회가 모이는 건물과 동의어가 된다. 이런 고찰은 우리가 해석학적 출발점으로서 어떤 물음들이 제기되거나 최소한 다시 형성되어야 할지, 이에 대한 반성의 필요성을 던져준다. 방금 지적한 요점들로부터 발생하는 한 가지 물음으로 설명을 시작해보자.

(1) 우리는 계몽주의 시대로부터 거의 오늘날까지 서양을 특징지었던 **개인주의가 아니라, 성경 저자와 초기 교회의 집단적이고 공동체적인 사고방식에 가까운 교회의 본질에 접근하기 위해 이해의 지평을 확립하거나 회복할 필요가 있는가?**

9.2.에서 우리는 이스라엘의 집단적 연대성의 역할을 탐구했다. 비록 요한네스 페데르센과 휠러 로빈슨의 설명은 이것을 너무 과장하기는 해도, 로저슨과 볼프의 균형 잡힌 설명은 여전히 하나님께서 세상을 다루신다는 수많은 성경적 사고의 집단적 본질을 강조한다.[1] 하나님은 **한 백성**을 부르고 택하셨다. 그래서 신약의 전통들은 이구동성으로 사도 시대 교회가 **공동 소유**와 소속, 하나님의 백성으로서의 **집단적 정체성**, 한 백성으로서의 **집단적 예배**, 세상에 대한 증언과 사명의 **집단적 책임** 같은 소명을 계속 유지하고 있는 것으로 간주한다. 자기 백성을 통해 세상에서 역사하시는 **하나님의** 선교가 이런 공동체적 측면의 기저를 이룬다고 제프리 웨인라이트(Geoffrey Wainwright)는 바르게 주장한다.[2]

신약학 분야에서 최근에 톰 홀랜드는 기독교 신자들을 "한 백성"으로 다루시는 하나님의 역사가 바울 사상 속에 나타난다고 새롭게 강조했다.

---

1) John W. Rogerson, "The Hebrew Conception of Corporate Personality," *JTS* 21 (1980) 1-16, repr. in Lang (ed.), *Anthropological Approaches to the Old Testament* (Philadelphia: Fortress and London: SPCK, 1985), 43-59; Wolff, *Anthropology of the Old Testament*, 214-222.

2) Geoffrey Wainwright, *Doxology: A Systematic Theology-the Praise of God in Worship, Doctrine, and Life* (London: Epworth, 1980), 122-146.

제3부 기독교 교리의 주요 주제

9.2.에서 우리는 "바울 서신이 하나님이 한 그리스도인을 위해 행하신 것 또는 행하고 계시는 것에 대한 내용이 아니고, 자신의 언약 백성인 교회를 위해 행하신 것 또는 행하고 계시는 것에 대한 내용"이라는 홀랜드의 평가를 인용했다.[3] 책 결론 부분에서 홀랜드는 다음과 같이 말한다. "우리는 바울이 일반적으로 파악하는 것보다 훨씬 더 강력하게 공동체적 인간관을 갖고 있다는 것을 확인했다.…이것은 구약성경의 뿌리와 일치한다.… 이 집단적 사고방식에 초점을 맞추면, 우리는 고린도전서 6:12-20이 주장하는 공동체적 측면을 인정하게 된다.…서방교회 학자들의 해설은 개인 신자들의 경험에 초점을 맞추지만 바울의 서신들이 교회를 위해 기록되었다고 말하는 것은 기본 상식이다.…바울 서신의 신학은 교회가 자기들의 하나님에 대하여 겪은 집단적 경험을 제시한다.…이 집단적 관점은 아브라함 언약의 맥락에서…바울의 칭의 교리를 이해하려는 노력의 일환이었다.…이 관점의 직접적 초점은 개인적 칭의가 아니라 야웨께서 자기 백성을 구원하신 방법에 놓여 있다…."[4]

교회론은 "교인"에게 주어진 유익에 대한 민감성을 높여주기 때문에 보수적인 복음주의 저술가인 홀랜드의 이런 접근법은 "친가톨릭적" 영국 성공회 저술가인 J. A. T. 로빈슨의 접근법과 전통적인 영국 성공회의 "고" 교회 소속 저술가인 라이오넬 손턴의 접근법과 비견할 수 있다. 이들은 어떤 문제에 있어서는 자유주의적이고 다른 문제들에 있어서는 보수주의적인 태도를 갖고 있다. 세 사람 모두 동일한 요점을 다른 방식으로 제시한 것이다.

로빈슨은 그리스도의 몸 곧 교회의 "지체"(그리스어 μέλη, 멜레)가 되는 것을 마치 어떤 클럽의 "회원"이 되는 것인 양, 유비로 해석하는 개인주의를

---

3) Tom Holland, *Contours of Pauline Theology*, 40 (9.2.에서 인용함).
4) Holland, *Contours*, 288-289.

비판한다.[5] 그리스도의 "지체"는 그리스도의 몸의 **유형적 구성 요소**이고, "그리스도의 수족"(limbs of Christ)으로 더 잘 이해되며, 그리스도의 수족이라는 은유가 그리스도의 지체에 대한 바울의 의미를 더 잘 말해준다.[6] 존 로빈슨은 바울이 **교회**를 박해하는 동안 그리스도께서 바울에게 나타나 "네가 어찌하여 **나를** 박해하느냐?"(행 9:4-5; 22:7-8; 26:14-15)라고 말씀하셨을 때 바울이 경험한 부르심, 사명, 회심의 중요성을 강조한다. 교회는 하나로서 그리스도 안에 있는 것으로 정의되는 유형적 실체다. 교회는 단순히 동일한 목적지를 향해 가면서 서로 회합과 교제와 지원을 누리는 순례자 동료 집단이 아니다. 존 번연(John Bunyan)의 웅대한 우화 『천로역정』 (*Pilgrim's Progress*)은 개별 그리스도인이 겪는 갈등, 시험, 승리에 대한 이미지를 놀랍게 제시한다. 그렇지만 집단적 실재로서의 교회에 대한 진지하고 성경적인 교리는 결여하고 있다. 이 우화에서는 크리스천의 "동료들"이 무수히 오가는데, 이때 크리스천은 동료 순례자들에게 다양한 지원을 받으며 싸운다.

라이오넬 손턴은 로빈슨 못지않게 교회를 "그리스도 안에" 있는 모든 기독교 신자의 유형적 실체로 보는 수준 높은 교회 교리를 갖고 있다.[7] 코이노니아(κοινωνία; 행 2:42; 고전 1:9; 10:16; 고후 6:14; 8:4; 9:13; 13:13; 빌 1:5; 2:1; 3:10)는 단순히 "교제"를 의미하는 말이 아니라 "공통적 대상에 대한 공통적이고 실질적인 관심과 참여"를 의미한다.[8] 동계 단어인 **코이노노스** (κοινωνός, 마 23:30; 평행 본문 눅 5:10; 고전 10:18, 20; 고후 1:7; 8:23; 몬 1:17; 히 10:33; 벧전 5:1)는 공유하는 것에 참여함으로써 공동 책임과 공동 유익을 담당하

---

5) J. A. T. Robinson, *The Body: A Study in Pauline Theology*, 특히 58, 78-79.
6) 이것은 Thiselton, *First Epistle*, 989-1013에 나온 번역이다.
7) Lionel S. Thornton, *The Common Life in the Body of Christ* (London: Dacre, 3d edn. 1950).
8) Thornton, *Common Life*, 31.

는 **공동 주주**를 가리킨다.[9] 대부분의 신약성경 문맥에서 "교제"보다 "참여"라는 말이 더 적절하게 κοινωνία(코이노니아)의 의미를 전달한다.[10] 최초의 교회 시대에 대해 누가-행전이 제공한 묘사를 보면, 신자들은 "사도들의 가르침을 받아 서로 κοινωνία(코이노니아) 곧 교제하고…떡을 떼며 기도하는 데"(행 2:42) 공동으로 참여했다. 손턴은 이 사실을 그리스도에게 참여하는 자, 성령에 참여하는 자, 하나님의 사랑에 참여하는 자, 그리스도의 승리에 참여하는 자, 그리스도의 아들됨에 참여하는 자라는 주제에 따라 조직화한다. 이 주제들은 교회의 성결, 교회의 부활, 그리고 다른 집단적 주제들로 이어진다. 손턴이 매우 깊이 있게 제시하는 **신학적인** 교회 이해는 다음과 같은 문장 속에 잘 요약되어 있다. "이스라엘의 소망은 무덤 속으로 들어갔다.…메시아가 무덤 속에 계셨을 때 이스라엘도 무덤 속에 있었다.…따라서 드디어…**그리스도께서 부활하셨을 때 교회도 죽은 자 가운데서 부활했다**"(티슬턴 강조).[11]

κοινωνία(코이노니아)에 관한 손턴의 주장은 사전적으로나 주석적으로 건전하다. 나는 고린도전서 1:9과 다른 곳에서 이 말을 "공동체적 참여"라는 말로 번역했고, 하인츠(J. Hainz), 파니쿨람(G. Panikulam)을 비롯한 다른 학자들의 연구도 이것을 지지한다.[12] 몰트만도 이 말이 "성령의 능력으로" 산 "메시아적 삶의 방식"을 가리킨다는 이유로 이 말의 **신학적** 측면을 강조하고, 동시에 "종과 횡을 가로지르는 교인 간의 교제"와 "'풀뿌리'[민초]로부터 나온…우정"이라는 **실천적** 측면도 강조한다.[13] 몰트만은 교회의

---

9) Thornton, *Common Life*, 71-77.

10) Thornton, *Common Life*, 71.

11) Thornton, *Common Life*, 282.

12) Thiselton, *First Epistle*, 103-105; J. Hainz, *Koinonia: "Kirche" als Gemeinschaft bei Paulus*, Biblische Untersuchungen (Regensburg: Pustet, 1982); G. Panikulam, *Koinonia in the New Testament: A Dynamic Expression of Christian Life*, Analecta Biblica 85 (Rome: Pontifical Biblical Institute, 1979).

13) Jürgen Moltmann, *The Church in the Power of the Spirit: A Contribution to*

교제를 원리상 목적과 임무가 있는 "친구들의 교제"로 묘사한다. 그는 다음과 같이 말한다. "교회는 성례 시행의 개혁이나 교회 사역의 개혁을 통해서는 현재의 위기를 극복하지 못할 것이다. 교회는 실천적 교제…그리고 친교의 재탄생을 통해 위기를 극복하게 될 것이다."[14]

(2) 교회의 공동체적·집단적 본질에 주의를 집중시키는 성경 용어와 어구들은 단지 가장 넓은 "보편적" 의미의 교회에만 적용되는가, 아니면 "지역" 교회들에도 적용되는가? 이 두 단위 가운데 어느 하나가 다른 것보다 더 "중요한" 단위인가?

요한의 작품과 서신 전체에서 우리는 **포도나무와 가지**(요 15:1-11), **양과 우리**(요 10:1-18), **남은 자**(롬 9:27; 11:5), **돌 감람나무**(롬 11:17-24), **하나님의 밭, 하나님의 집, 하나님의 성전**(고전 3:9-17), **하나님의 교회**(고전 11:22), **그리스도의 몸**(고전 12:12-26; 엡 1:23; 2:16; 4:4, 12; 골 1:18), **그리스도의 신부**(엡 5:25-26, 32; 계 21:2), 또는 단순히 **교회** 자체(에클레시아; 마 16:18; 행 8:1, 3; 갈 1:13; 엡 1:22; 3:10; 5:23-32; 골 1:18)와 같은 용어와 어구들을 접한다.

확실히 종종 **교회**(에클레시아)는 지역교회를 가리키는 데 사용되기도 한다(마 18:17; 행 13:1; 롬 16:1; 고전 1:2; 16:19; 갈 1:2; 빌 4:15; 살전 1:1; 계 1:4). 때때로 복수형 "**교회들**"은 지역교회의 의미를 강조한다. 그러나 고린도전서 1:2의 τῇ ἐκκλησίᾳ τοῦ θεοῦ τῇ οὔσῃ ἐν Κορίνθῳ(테 에클레시아 투 테우 테 우세 엔 코린토, "고린도에 있는 하나님의 교회")와 이와 거의 병행을 이루는 여러 어구들(겐그레아 교회, 롬 16:1; 데살로니가인의 교회, 살전 1:1)은 좀 애매하다. 이 실례들은 온전한 "교회"가 고린도, 겐그레아, 데살로니가에 존재한다는 것을 함축하는가?

슈미트(K. L. Schmidt)는 비록 그의 관점이 의심과 논쟁에 문이 열려 있

---

*Messianic Ecclesiology*, trans. Margaret Kohl (London: SCM, 1977), 317; 참조. 114-132, 272-275, 314-317.

14) Moltmann, *Church*, 317.

기는 해도, 이 물음에 대해서 부정적인 관점을 취한다. 고린도전서 1:2과 고린도후서 1:1은 "고린도 지역교회"를 의미하지 않고, **"고린도에 있는 것과 같은 교회, 회중, 총회"**를 가리킨다고 슈미트는 주장한다(티슬턴 강조).[15] 그는 고린도서의 많은 주제들이 "단순히 지역교회에 적용되는 것이 아니라 교회 전체에 적용된다"고 주장한다.[16] 슈미트는 이렇게 선언한다. "교인들 개인의 총수가 전체 공동체 또는 교회를 낳는 것이 아니다."[17]

여기서 우리가 슈미트의 관점을 인용하는 것은 아직은 답변을 말하지 않고 물음만을 작성하기 위해서다. 판넨베르크는 이 물음이, 우리가 다음과 같이 물을 때 답변하는 것보다 더 복잡한 물음이라고 지적한다. "엄밀히 말해 교회 생활의 1차 단위에 있어서 '지역교회'라는 말이 갖고 있는 의미는 무엇인가? 우리는 '지역교회'를 말씀 선포와 성례를 위해 지역적으로 회집하는 교회에 적용하는가, 아니면 주교에게 종속되어 있는 교구에 적용하는가?"[18] 세월이 흐를수록 교구의 규모가 커지므로 이것은 더 날카로운 물음이 된다. 우리는 이 물음을 다음과 같이 확대시킬 수 있다. **"주교**는 더 큰 단체인 **주교단**과 별개로 통일성이나 정체성의 진정한 표지인가? 심지어 대교구는 진정한 초지역적 교회인가?

(3) **구원 역사 속에서 하나님의 백성으로서의 교회 또는 그리스도의 몸이나 신부로서의 교회에 관한 신학적 언어는 예배, 봉사, 선교를 위한 하부구조를 구비하고 있는 기관으로서의 교회에 관한 사회학적·경험적·실용적 언어와 어떻게 관련되어 있는가?**

신약성경의 저자들은, 비록 중대한 예외가 있기는 해도, 교회에 관한 일부 현대 저술가의 작품에 나타나 있는 경우보다 종종 더 명확하게 이 두 차원을 결합시키는 것처럼 보인다.

---

15) Karl L. Schmidt, "καλέω κλῆσις κλητός ἐκκλησία," *TDNT*, vol. 3, 506; 참조. 469-536.
16) Schmidt, *TDNT*, vol. 3, 506.
17) Schmidt, *TDNT*, vol. 3, 506.
18) Pannenberg, *Systematic Theology*, vol. 3, 109.

칼 라너, 볼프하르트 판넨베르크, 로버트 젠슨(Robert Jenson)은 모두 제
2차 바티칸 공의회에서 제시한 *"uti sacramentum"* 곧 "성례로서의" 교
회에 대한 건설적 개념과 더 명확하게는 "구원에 대한 보편적 성례로서의
교회" 개념을 언급한다.[19] 교회는 "지나갈 이 세상의 흔적을 전달하는" 가
**시적 표지**이고, 이 표지로 말미암아 경험적 관점에서는 사회 구조로 규정
되고, 또 신학적 관점에서는 최종적인 완성을 향해 가는 도상에 있는 순례
자로 규정된다. 그러나 교회는 하나님 나라나 하나님의 통치와는 구별되
어야 한다.[20] 라너는 교회가 마치 역사가 없었던 것처럼 "단순히 정적이고
불변적인 구원의 도구"가 아니고 "순례자의 공동체"라고 말한다.[21] 그는
계속해서 다음과 같이 말한다. "교회는…항상 교회 자체의 잠정적 지위를
선포하며 살고, 교회가 순례자로서 바라보며 여행하고 있는 도래할 하나님
나라에서 역사적으로 자신의 제거가 앞당겨질 것을 선포하며 살고 있다."[22]

판넨베르크도 미래의 종말론과 현재의 잠정성이라는 맥락에서 교회
와 하나님 나라를 분명히 구별한다. 교회는 오순절에 성령의 부어지심
으로 말미암아 창시되었다(행 2:1-47). 이 창시 사건은 단순히 "집단적 열
광 행위"가 아니라 "십자가에 못 박혀 죽으신 그리스도의 부활과 하나님
의 아들과 주(Kyrios)로서 그리스도의 종말론적 능력의 지위가 시작된 것
에 대한 선포의 출발점"이었다고 판넨베르크는 주장한다.[23] 그는 계속해

19) Vatican II, *Lumen Gentium* (1964년 11월 21일) 1:1, "The Mystery of the Church,"
   in Austin P. Flannery (ed.), *Documents of Vatican II* (Grand Rapids: Eerdmans,
   1975), 350; *Lumen Gentium* 7:48, "The Pilgrim Church," 407; 참조. Robert
   Jenson, "The Church and the Sacraments," in Colin Gunton (ed.), *Cambridge
   Companion to Christian Doctrine*, 202; 참조. 207-225.
20) Vatican II, *Lumen Gentium* 7:48, 408.
21) Karl Rahner, *Theological Investigations*, vol. 6: *Concerning Vatican Council II*,
   trans. Karl H. Kruger, Boniface Kruger (London: DLT, 1969), 298; 참조. 295-312.
22) Rahner, *Theological Investigations*, vol. 6, 298.
23) Pannenberg, *Systematic Theology*, vol. 3, 27.

서 이렇게 말한다. "이로써 하나님 나라와 교회는 단순히 동일한 실재가 아니다."[24] 더 나아가 그는 이렇게 말한다. "교회는…종말론적 공동체로서의 기능, 그러므로 **하나님이 임하실 통치에 대한 예시적 표지**로서의 기능을 빼면 아무것도 아니다."[25] 최종 구원에 대한 **표지** 또는 **성례**로서 교회는 **이 세상 질서의 조건 안에서** 순례를 계속한다. 하나님의 백성의 공동체는 이스라엘의 부르심과 역사 그리고 오순절 사건에 신학적 뿌리를 두고 있으며, 그것이 비록 "하나님의 구원하시는 미래의 임재를 통제하지는 못해도", 확실히 "제도적" 형태를 갖고 있다.[26] 판넨베르크는 교회가 "구원의 비밀 또는 성례"라는 제2차 바티칸 공의회의 선언을 지지한다.[27]

비록 성례로서의 교회 개념을 키프리아누스로 소급시키기는 해도, 루돌프 슈나켄부르크(Rudolf Schnackenburg)의 『하나님의 통치와 나라』(*God's Rule and Kingdom*)는 많은 학자들(제2차 바티칸 공의회와 판넨베르크를 포함하여)이 의존하는 공통 원천이다.[28] 슈나켄부르크는 교회가 하나님의 통치와는 다르다고 주장한다. 하나님 나라는 인간이나 신자들이 "세우는" 것이 아니기 때문이다. 그는 「디다케」를 인용하여 이렇게 기도한다. "당신의 교회를 온갖 악에서 구하소서.…그리고 사방에서 바람을 불게 하여…당신이 교회를 위해 준비한 당신의 나라로 모으소서."[29] 존 로빈슨도 이 요점의 중요성을 강조하고, 종말론의 관점에 따라 교회와 하나님 나라의 관계를 보다 적절하게 파악하지 못한다면 올바른 목회신학을 결코 갖지 못할 것이라고 주장한다.[30] 로빈슨은 교회가 하나님 나라와 그 기능에 종속되어야 하

---

24) Pannenberg, *Systematic Theology*, vol. 3, 30.

25) Pannenberg, *Systematic Theology*, vol. 3, 32.

26) Pannenberg, *Systematic Theology*, vol. 3, 37.

27) Pannenberg, *Systematic Theology*, vol. 3, 38.

28) Rudolf Schnackenburg, *God's Rule and Kingdom*, trans. J. Murray (London: Nelson, 1963), 특히 23-34; Cyprian, *Epistle* 69:6; *On the Unity of the Church* 4.

29) *Didache* 1:5; Schnackenburg, *God's Rule*, 234.

30) John A. T. Robinson, "Kingdom, Church and Ministry," in K. M. Carey (ed.), *The*

고, 목회는 교회의 한 기능이어야 하지만, 교회는 계층 질서를 어기고 목회에 종속되고 말았다고 주장한다. 로빈슨은 "주교가 있는 곳에 교회가 있다"(*ubi episcopus, ibi ecclesia*)는 슬로건을 비판한다.[31]

그러면 만약 교회가 하나님 나라와 반대로 부족함이 있고 흠이 있고 오류가 있으며, 또 세상에서 하나의 "기관"으로 존속한다면, 우리는 구조적 유기체로서의 교회가 지닌 사회적·윤리적·정치적·사회학적 측면들을 무시할 수 없다. 아무리 타계적일지라도 비전은 어떤 것이든 세상 속에서 역할을 감당하도록 실제적 필요와 적합성을 유지시키는 모종의 **하부구조**(infrastructure)를 필요로 한다는 것이 사회학자들의 공리다.

하나의 강력한 사회 분석은 모든 비전의 목표를 이룰 수 있는 **가능성**으로서 하부구조의 다섯 가지 발전 단계를 제시한다. 첫 번째 단계에서 최소 단위의 하부구조는 비전을 수행하는 이들에게 정체성을 부여하고 사명을 주는 것, 그리고 그 비전을 이행하기 위해 적절한 시작과 의사소통을 보장하는 것, 이와 같은 본질적인 요소들을 보증하기 위해 존재한다. 두 번째 단계에서는 비전이 그 안에 더 많은 사람들을 포함할 때, 더 복잡한 하부구조들이 나타난다. 그리고 대체로 세 번째 단계에서 하부구조는 비전과 인사 관리 및 재정 관리를 포함해서 비전을 성취시킬 자원의 정확한 균형을 반영한다. 이어서 많은 경우에 네 번째 단계에서 하부구조는 상부에서 더 무거워지기 시작하고, 심지어 비전을 방해할 수도 있는 상황이 펼쳐진다. 마지막으로 다섯 번째 단계에서는 **하부구조가 그 자체로 목적이 되는** 상황이 발생하고, 그렇게 되면 원래의 비전은 사라지고 망각될 수 있다. 순전히 필요에 의해서 시작된 하부구조가 어느덧 목적 자체로 변해 필

---

*Historic Episcopate in the Fulness of the Church* (London: Dacre, 1954, 2d edn. 1960), 11-22.

31) Robinson, "Kingdom," in *Historic Episcopate*, 18-19. 더 충분한 설명은 Richard P. McBrien, *The Church in the Thought of Bishop John Robinson* (London: SCM, 1966), 44-94을 보라.

요가 갖고 있던 목적을 배반한다.

디트리히 본회퍼와 위르겐 몰트만은 교회가 목적 자체가 되어버린 교회 개념이나 표현을 철저히 비판한다. 본회퍼는 기독론에서 자신의 종말론을 이끌어낸다. 나사렛 예수는 "타자를 위한 인간"(the Man for others)으로 사셨기 때문에, 예수 그리스도의 교회는 종의 교회가 되어야 한다. 본회퍼는 이렇게 말한다. "교회는 오직 인간성을 위해 존재할 때만 자신의 참된 자아가 된다.…교회는 세상의 사회적 삶에 참여하되, 사람들을 지배하는 주인이 되어서는 안 되고 사람들을 돕고 섬겨야 한다. 교회는 사람들에게…그리스도 안에서 사는 것 곧 타자를 위해 존재하는 것이 무엇을 뜻하는지 말해주어야 한다."[32] 이것이 본회퍼의 관심사 배후에 놓여 있는 것인데, 이는 종종 "종교적인 것"을 피하는 것으로 잘못 이해된다. 교회는 예수와 같이 "그[예수]의 치욕을 짊어지고 영문 **밖으로** 그에게 나아가야" 한다(히 13:13).

판넨베르크와 몰트만은 교회가 그리스도의 주되심을 섬기도록 창시되고, 그 목적을 위하여 성령의 감동을 받는 것으로 이해한다. "교회론은 오직 기독론으로부터만 전개될 수 있다"고 몰트만은 말한다.[33] 또 교회는 그리스도 자신의 사명에 참여하기 때문에, 하나님 나라의 도래를 위한 사명도 공유한다.[34] 몰트만은 그의 책 제목이 암시하는 것처럼, 교회의 존재와 능력을 **똑같이** 성령의 행위에 연결시킨다. 사실 그 기초는 "삼위일체적인 십자가 신학"이다. 이 점에서 몰트만은 개혁파 신학에서 그리스도의 십자가를 강조하는 것과 정교회 신학에서 성령의 풍성함을 강조하는 것이 서로 보완될 필요가 있다고 덧붙인다.[35] 몰트만은 자신의 책의 한 부분을

---

32) Bonhoeffer, *Letters and Papers from Prison*, 166.
33) Moltmann, *Church*, 66.
34) Moltmann, *Church*, 75.
35) Moltmann, *Church*, 37.

"하나님의 삼위일체적인 역사 속에 있는 교회"에 할애한다.[36] 중요한 해석학적 의미를 가진 심원한 신학적 진술에서 몰트만은 이렇게 말한다. "**교회는 세상에 대해 성취할 구원의 사명을 갖고 있지 않다. 성부 하나님을 통한 성자와 성령의 사명은 그 길을 가도록 교회를 창조하며, 그 길에 교회를 포함시키는 것이다**"(티슬턴 강조).[37]

몰트만은 이 신학적 진리를 신약성경의 증언에 전적으로 충실하게 교회의 "제도적"·사회학적 차원과 관련시킨다. 그는 계속해서 이렇게 말한다. "성령을 다스리는 것은 교회가 아니다.…성령이 교회를 말씀과 믿음, 성례와 은혜, 직분과 전통의 사건들로 '다스리신다.'"[38] 교회의 "실천적" 사역은 항상 다음과 같은 근거에 따라 진행된다. "사랑은 하나님의 고난의 역사에 참여한다.…참 교회는 '십자가 아래 있는 교회'다. 그러나…교회는 또한 성령 안의 기쁨…하나님의 기쁨의 역사에도 참여한다. 교회론은 이 수준 밑으로 떨어져서는 안 된다."[39]

몰트만은 이 진술에 두 가지 중요한 정당성이 있다고 덧붙인다. 첫째, 슈나켄부르크, 판넨베르크, 로빈슨과 공통적으로 몰트만도 교회가 종말을 향해 나아가고 있고, 아직은 이 종말에 도달한 것이 아니라는 점을 강조한다. 교회는 장차 임할 천국에서 하나님의 통치를 성취해야 한다. 둘째, 교회는 교회 자체를 위해 그리고 교회 자체 때문에 존재하는 것이 아니다. 그리스도께서 자기 자신을 섬기기 위해 오신 것이 아닌 것처럼 말이다. 교회는 세상에 대한 하나님의 사명에 참여하기 위해 존재한다. 이 주제는 이미 『희망의 신학』과 『십자가에 달린 하나님』에서 나타났다. "누구든지 자기 목숨을 구원하고자 하면 잃을 것이요, 누구든지 나와 복음을 위하여 자

---

36) Moltmann, *Church*, 50-65.
37) Moltmann, *Church*, 64.
38) Moltmann, *Church*, 64.
39) Moltmann, *Church*, 65.

제3부 기독교 교리의 주요 주제

기 목숨을 잃으면 구원하리라"(막 8:35).[40]

"기관"으로서의 교회에 대한 이런 신학적 평가는 로마 가톨릭교회 전통의 많은 발전들 중 한 가지 특징인데, 이는 제2차 바티칸 공의회에 앞선 제1차 바티칸 공의회와 19세기 후반에 절정을 이룬 이 공의회의 교회론과 구별된다. 에이버리 덜레스(Avery Dulles)는 이 관점의 변화를 분명하게 추적한다. 덜레스는 제2차 바티칸 공의회 문헌인 「인류의 빛」(Lumen Gentium)이 교회를 "그리스도의 비밀, 성례, 몸, 그리고 하나님의 백성"으로 말하고, 오직 그 목적을 위해서만 "교회 정치의 공식구조"를 제정한다고 지적한다.[41] 반면에 덜레스는 이렇게 설명한다. "제도적 모델에 있어 교회의 수혜자는 교회의 지체들이다. 교회는…교회 지체들의 영원한 구원을 위하여…그들을 가르친다."[42]

덜레스는 "제도적으로" 교회에 접근하는 것에 대한 건설적 특징과 잠재적인 파괴적 특징에 대한 간명한 평가를 제공한다. 건설적 특징으로는 교회 전통의 강조, 기독교 기원들과의 연속성, 집단적 정체성 등이 포함된다. 한편 파괴적 특징으로는 교권주의, 율법의 사법적 국면에 대한 과도한 관심, 권위와 관할권에 대한 지나친 집착, 그리고 승리주의 등이 있다.[43] 라너는 교회의 교권주의에 의심을 표한다. 그는 이렇게 말한다. "특히 고위 성직자의 삶의 양식은 오늘날에도 때때로 세속 사회의 '지배자'와 같은 삶의 양식을 너무 지나치게 따른다."[44]

(4) 예전, 기도, 예배, 성례, 그리고 선포에 있어 교회의 정규 활동은 교

---

40) Moltmann, *The Crucified God*, 15에서 인용.

41) Avery Dulles, *Models of the Church: A Critical Assessment of the Church in All Its Aspects* (Dublin: Gill & Macmillan, 2d edn. 1988), 35. 『교회의 모델』(한국기독교연구소 역간).

42) Dulles, *Models*, 41.

43) Dulles, *Models*, 39-46.

44) Karl Rahner, *The shape of the Church to Come*, trans. Edward Quinn (London: SPCK, 1974) 58.

회의 본질에 대해 무엇을 암시하는가?

만약 사람들이 이미 서 있는 곳을 반영하는 전이해를 해석학의 중요한 특징으로 탐구한다면, 많은 그리스도인들에게 주일 예배의 경험이 가장 가까이 서 있는 곳이 될 것이다. 성경 읽기, 시편 낭송, 베니떼 송가(*Venite*, 시 95편), 떼 데움 찬미가(*Te deum*), 마리아의 노래(*Magnificat*, 눅 1:46-155), 시므온의 노래(*Nunc Dimittis*, 눅 2:29-32), 대영광송(*Gloria*), 그리고 성찬 예식 규범(참조. 고전 11:23하-26)과 같은 규칙적 행위를 집단적으로 반복하는 것은 출애굽 이후 이스라엘과 교회의 역사 속에서 하나님의 구원 행위의 역사에 뿌리를 둔 공동체의 일원으로 말하거나 노래하는 자들의 정체성을 확인시켜준다. 성부·성자·성령 하나님에게 "처음에 그랬던 것처럼 지금도 그리고 영원토록" 영광을 돌리는 수행적인 언어-행위는 찬양하는 자들을 현재 순간의 무상함에서 성도들과 영원하신 하나님 간의 온전한 친교가 만든 영원한 영광의 찬송에 참여하는 것으로 높인다.

날마다 혹은 매주 교회의 예전에 진지하게 참여하는 자들에게는 교회가 우선적으로 재정, 직분, 관리, 그리고 가능한 권력 게임의 우연적인 현재 상황 속에만 갇혀 있는 사회학적·지역적 기관이라는 생각이 덜 할 것이다. 그러나 적어도 서구 개신교에서는 크게 벌어진 해석학적 간격에 다리가 놓일 필요가 여전히 있는 것처럼 보일 것이다. 많은 이들이 심지어 능력을 베푸시는 성령의 역사를 단지 현재 순간과 "우리 공동체"의 국부적 관심사에만 초점이 놓여 있는 것처럼 간주하는 것 같다. 그러나 성령의 역사는 "수직적으로는" 많은 세월에 걸쳐 진행되고, "수평적으로는" 전 세계 교회를 넘나들며 펼쳐진다. 그러나 이것 때문에 우리는 해석학적 출발점에 대한 사실을 벗어나 더 깊은 해설이나 평가를 필요로 하는 주제들로 시선을 옮기게 된다.

## 20.2. 교회 "모델"의 공헌: 신학적·제도적 모델에 대한 더 깊은 고찰

C. K. 바레트는 교회와 성례에 대한 자신의 디즈버리 강좌(Didsbury Lectures)에서 "역설"(paradox)을 제시하는 것으로 시작한다. 바레트는 이렇게 선언한다. "신약성경에서 교회는 중심적인 동시에 지엽적이다." 그는 오류에 빠지지 않는 한 이 역설의 말을 무시할 수 없다고 덧붙인다.[45] 그는 계속해서 이렇게 말한다. "신약성경에서 예수를 따르는 자들의 교제에 어떤 식으로든 중요성을 부여하지 않는 곳은 없다. 그러나 동시에 그들이 누구인지 그리고 어떤 일을 하는 사람인지에 대해서는 잠정적이고 일시적이고 차선적인 태도를 보여준다.…교회가 종말론적 괴물인 것은 사실이다. 곧 교회에 대한 묘사와 정의는 불가사의하고 이해할 수 없다."[46]

판넨베르크는 특별한 "보충 설명"을 통해 조직신학에서 교회론의 위치가 애매하다고 지적한다. 그는 이렇게 말한다. "교회 개념이 구별된 교리 주제여야 한다는 것은 자명한 사실이 아니다."[47] "교회의 표지들"(하나이고, 거룩하고, 보편적이고, 사도적인 특성을 가진 교회)은 예루살렘의 키릴로스의 교리문답 강론(대략 348-350)에 나타나 있지만, 교회 교리는 종교개혁 이전에는 정식으로 분리된 교리 분야로 취급되지 않았다. 교부 시대와 중세 시대의 교회는 대체로 기독론에서 성례로 직접 나아갔다. 판넨베르크는 심지어 칼뱅의 『기독교강요』 초판(1536)도 교회에 대해서는 따로 장을 할애하지 않았다고 지적한다.[48] 하나님 나라는 결정적인 실재이지만 교회는 잠정성을 특징으로 갖고 있다.[49]

---

45) C. K. Barrett, *Church, Ministry and Sacraments in the New Testament* (Exeter, U.K.: Paternoster, 1985), 9.

46) Barrett, *Church*, 13.

47) Pannenberg, *Systematic Theology*, vol. 3, 21; 참조. 21-27.

48) Pannenberg, *Systematic Theology*, vol. 3, 22.

49) Pannenberg, *Systematic Theology*, vol. 3, 25.

앞에서 우리는 엄밀하고 투명하게 언어를 사용하는 것이 어렵게 될때, 이안 램지의 모델과 한정사 개념이 건설적인 자원을 제공한다는 것을 주장한 바 있다. 에이버리 덜레스는 교회의 본질을 이해하고자 할 때 "모델"을 사용하는 것이 가치가 있다고 주장한다. 배타적으로 어떤 **단일한** 주제나 범주 아래 그리스도의 속죄 사역을 이해하고자 하면 어려움이 발생하는 것처럼, 교회론의 경우에도 어떤 단일한 설명 모델에 따라 설명하게 되면 그 모델의 사용자는 교회의 신학을 거의 특정한 방향으로 몰고 갈소지가 있다. 예컨대 20세기 중엽에 영국 성공회 안에 있는 많은 고교회파(앵글로-가톨릭)는 "성육신의 확장"으로서 교회가 잠정성의 지위를 소유했거나 혹은 결여했다고 암시하기 위해 규칙적으로 교회를 그리스도의 몸으로 보는 바울의 모델을 일관되게 강조했다. 이는 영국 성공회 안에서 개신교에 보다 더 가까운 그룹들이 받아들이지 못할 것이었다.

덜레스는 자신의 접근법에 따라 제2차 바티칸 공의회의 지평 안에서 주로 「인류의 빛」 문서에 선포된 교회 모델, 곧 **그리스도의 신비, 성례, 몸,** 그리고 **하나님의 백성**으로서의 개념을 탐구한다. 또한 덜레스는 전달자, 종, 기관, 그리고 종말론적 공동체로서의 교회 개념과 같은 다른 모델들도 설명한다. 덜레스는 다음과 같이 바르게 말한다. "교회의 기본 모델은 역사 속에서 다양한 시대와 문화에 속한 신자와 신학자들의 각기 다른 관점 또는 지평의 결과로 나타났다.…각각의 모델은 자명하게 각자의 용도와 한계를 갖고 있다."[50] 그러므로 덜레스는 다른 모델과 양립하지 않는 것으로 판명되는 것이 어느 모델인지가 더 큰 문제라고 덧붙인다.

또한 덜레스는 우리가 **의심의 해석학**(리쾨르와 같이) 또는 **관심의 해석학**(하버마스와 같이)이라 부를 수 있는 것이 필요하다고 건설적인 평가를 내린다. 그는 다음과 같이 지적한다. "어떤 이들은 어떤 모델에 자동적으로 끌릴 것이다. 교회 직원들은 제도 모델을 더 선호하는 경향이 있다. 교회

---

50) Dulles, *Models*, 190.

연합을 주장하는 자들은 공동체 모델을 선호하고, 사변적인 신학자들은 성례 모델을 선호하며, 설교자와 성경학자들은 케뤼그마 모델을 선호하고, 세속적 활동가들은 종 모델을 선호할 것이다."[51] 속죄 신학과 관련해서 호소했던 문구를 다시 한 번 반복하자면, 덜레스는 이런 모델들이 어떤 사실을 부정하기 위해 취해졌을 때보다 긍정하기 위해 취해졌을 때 더 타당해 보인다는 것을 분명히 한다.

(i) 덜레스에 따르면 **제도 모델**(institutional model)은 교회가 **조직화된 공동체**가 될 필요가 있다는 인식 때문에 가능해진다. 이런 공동체는 공동체 자체의 예배를 주재하고, 용납할 수 있는 반대 의견의 한계를 정해주며, 공식적으로 공동체를 대표하는 권세를 가진 목회 직분을 포함시키는 것이 당연하다고 덜레스는 주장한다.[52]

(ii) **공동체 모델**(community model)은 통일성과 사랑의 관계의 필요성을 강조한다. 우리는 몰트만이 이 측면을 크게 강조한다는 것을 지적했다.

(iii) **성례 모델**(sacramental model)은 성례 자체를 넘어 그리스도와 구원의 실재성을 지시하는 **가시적 표지**와 증언이 되는 교회의 기능에 주의를 집중한다.

(iv) 교회를 복음의 전달자로 보는 **케뤼그마 모델**(kerygmatic model)은 복음 선포와 진리를 믿는 믿음의 전달을 교회의 책임으로 크게 강조한다.

(v) 덜레스가 여전히 "집사" 모델로 부르는 **종 모델**(servant model)은 교회는 교회 자체가 아니라 **타자를 위해**(본회퍼와 몰트만이 강력히 천명하는 것처럼) 존재하고 세상을 섬길 책임을 갖고 있다고 지적한다.

덜레스는 이상의 모델들을 단순히 열거만 하지 않고 이안 램지가 주창한 원리에 일치시키는데, 이 모델들은 어떤 "가격"과 상호작용을 필요로 하기 때문에 개별적으로는 성립될 수 없다고 주장한다. 덜레스는 제도 모

---

51) Dulles, *Models*, 193.
52) Dulles, *Models*, 194.

델이 타당할지라도 그것은 반드시 교회의 공동체적 생활과 사명에 종속 되어야 한다고 주장한다. 반면에 공동체적 특징만을 강조하게 되면 "종교 적 체험이나 뜨거움…관계를 추구하는 데 있어 검증되지 않거나 불건전 한 열광주의 정신을 낳을 수 있고, 거짓 기대와 불가능한 요구들을 낳을 수도 있다."[53] 그러므로 각 모델은 그 자체만으로는 불완전하다.

앞에서 우리는 신약성경의 여러 책들 가운데 교회의 신학적 본질이 공 적 영역에서 교회의 경험적·구조적·사회학적 표현들과 심각한 긴장 없이 연결된다고 주장했다. 고린도전서를 보면 이것은 분명한 사실이다. 앞으 로 주장하겠지만 고린도전서에서 바울은 신학적 관점에서 "교회의 표지" 로 불릴 만한 것을 제시하는 한편, 행정적이고 권징적인 감독의 중요성도 인정한다. 우리는 고린도전서와 바울로 다시 돌아갈 것이다.[54]

반 우니크(W. C. van Unnik)가 1968년에 해석의 "태풍의 눈"으로 간주 한 사도행전은 실제로 복합적인 해석을 계속 제공한다.[55] 최근에 프랑수 아 보봉(François Bovon)은 1950년에서 현재까지의 누가-행전의 연구에 대 한 명확하고 철저한 비판적 설명을 제공했는데, 그 요약과 평가가 700여 쪽에 달한다.[56] 이 시기(1950년대 이후)가 시작될 때, 콘첼만(Conzelmann)은 사도행전의 각 장들이 교회의 탄생을 실제 일어난 역사 그대로 묘사한 것 이 아니라 역사적 거리 의식을 갖고 저자 당시의 관점을 투사시켜 교회의 과거 역사 속에서 다시는 반복될 수 없는 시대에 대한 이상적 그림을 그 린 것이라고 주장했다. 오래전 F. C. 바우어와 같이 콘첼만도 사도행전과

---

53) Dulles, *Models*, 195.
54) 나는 이 요점을 Anthony C. Thiselton, "The Significance of Recent Research on 1 Corinthians for Hermeneutical Appropriation of This Epistle Today," *Neot.* 40 (2006) 91-123에서 전개했다.
55) W. C. van Unnik, in L. E. Keck and J. L. Martyn (eds.), *Studies in Luke-Acts* (London: SPCK, 1968), 18.
56) François Bovon, *Luke the Theologian: Fifty-five Years of Research* (1950-2005), trans. K. McKinney (Waco, TX: Baylor University Press, 2d rev. edn. 2006).

바울 사이에 쐐기를 박는다.[57] 『사도 누가의 신학』(독일어 제목 *Die Mitte der Zeit*, 1954) 이후로 더 깊은 연구에서 콘첼만은 누가-행전을 "제2 바울 서신"인 목회 서신과 긴밀하게 연결시키면서 이렇게 지적했다. "세상이 교회에게 편한 곳이 된다는 개념을 바울은 날카롭게 거부했다."[58] 캐제만도 바울 서신의 종말론적 강조점과 누가-행전 및 히브리서의 순례자로서의 교회 개념을 대조하며 이렇게 설명했다. "만일 누군가 날마다 세상의 끝을 기대한다면 교회사를 쓸 자는 아무도 없을 것이다."[59]

지난 50년 이상 콘첼만의 결론을 반대한 수많은 비판들을 여기서 상세히 열거하는 것은 지루하고 불필요할 것이다. 다만 여기서는 누가-행전 해석자들이 복잡한 문제에 직면한다는 사실을 예증하기 위해 콘첼만의 연구를 언급한 것이다. 콘첼만 이후로 모든 학자들은 누가-행전에 나타난 우리의 교회 이해를 재형성시켰다. 여기서 가장 영향력 있는 학자들은 아래에서 언급한 것처럼, 슈바이처, 슈나켄부르크, 행헨, 예르벨(Jacob Jervell), 롤로프(Roloff), 마셜, 라인하르트(Reinhardt), C. K. 바레트 등이다.[60]

---

57) Hans Conzelmann, *The Theology of St. Luke*, trans. G. Buswell (London: Faber, 1960).

58) Hans Conzelmann, "Luke's Place in the Development of Early Christianity," in Keck and Martyn (eds.), *Studies*, 302-303; 참조. 298-309.

59) Ernst Käsemann, *Essays on New Testament Themes* (London: SCM, 1964), 28.

60) 이번 장과 특별히 관련된 자료들은 다음과 같다. Eduard Schweizer, *Church Order in the New Testament*, trans. F. Clarke (London: SCM, 1961), 34-51; 63-76; 163-230; R. Schnackenburg, *The Church in the New Testament*, trans. W. J. O'Hara (London: Burns & Oate, Freiburg: Herder, 1965), 11-69; 118-196; J. Jervell, *St. Luke and the People of God: A New Look at Luke-Acts* (Minneapolis: Augsburg, 1972); I. H. Marshall, *Luke: Historian and Theologian* (Exeter, U.K.; Paternoster, 1970). 『누가행전』(엠마오서적 역간); *New Testament Theology* (Downers Grove, IL: InterVarsity Press, 2004), 155-208. 『신약성서 신학』(크리스챤다이제스트 역간); Wolfgang Reinhardt, *Das Wachstum des Gottesvolkes* (1995년 미출판 박사 학위 논문, Bovon, *Luke*, 553-554에 요약됨); C. K. Barrett, *A Critical and Exegetical Commentary on the Acts of the Apostles*, 2 vols. (Edinburgh: T&T Clark, 1994, 1998).

보봉은 이 학자들에 대하여 감탄할 만한 평가를 제공한다. 이제껏 제시된 모든 동향, 발전, 반전, 그리고 혼란을 고려해볼 때, 사도행전은 몰트만과 덜레스가 제시한 모든 주요 모델과 주제들을 다양한 강조점과 문맥적 관심사에 따라 반영하고 있다.

(1) 사도행전의 구조는 그리스도와 성령의 **사명**에 참여하는 공동체로 사도적 교회를 드러낸다. 판넨베르크와 같이 교회가 오순절에 그리스도를 주님으로 선포함으로써 탄생했다고 보든(행 2:22-28) 몰트만과 같이 오순절에 성령의 부어지심으로 탄생했다고 보든(행 2:1-13), 아니면 두 사람 모두와 같이 부활하신 그리스도로서 예수의 사명이 지속된 것으로 보든 간에, 예루살렘에서 시작하여 로마로 펼쳐진 운동은 한결같은 복음 전파와 선교에 대해 말해준다. 방해와 박해는 단순히 선교에 충동과 능력을 배가시킬 따름이다. 윌리엄스(Ronald. R. Williams)는 자신이 쓴 대중적인 작은 사도행전 주석의 부제목을『복음을 멈추게 할 수 있는 것은 아무것도 없다』(Nothing Can Stop the Gospel)로 붙였다.[61]

듀퐁(J. Dupont)이 주장한 것처럼 예루살렘에서 로마로 펼쳐진 운동은 유대인에게서 이방인으로 나아간 운동을 표상하는 것이 아니다. 예르벨이 주장한 것처럼 누가는 교회의 유대적 성격을 보존한다. 큄멜은 사도행전이 "선교 명령(행 1:8)에 따라 지리적으로 결정된 다섯 부분으로" 짜여져 있다고 바르게 주장한다.[62] 이 다섯 단계의 확장과 선교는 각각 예루살렘(행 1:13-8:3), 사마리아와 그 연안(8:4-11:18), 안디옥과 안디옥 선교(11:19-15:35), 에게 해 주변의 땅(15:36-19:20), 예루살렘에서 로마까지(19:21-28:31)다. 누가는 박해와 시련에도 불구하고, 교회가 성령의 인도 아래 "담대하게 거침없이"(그리스어 μετά παρρησίας ἀκωλύτως, 메타 팔레시아스 아콜뤼토스; 행 28:31) 하

---

61) Ronald R. Williams, *Acts of the Apostles: "Nothing Can Stop the Gospel"* (London: SCM, 1953).

62) W. G. Kümmel, *Introduction to the New Testament* (London: SCM and Nashville: Abingdon, 1966), 108.

나님과 예수 그리스도의 통치를 선포했다는 사실을 언급하는 것으로 교회의 선교에 대한 설명을 마친다. 징(P. Zingg)은 우발적 사건들을 표시하는 그리스어 부정과거 용법과 달리, 일관적이고 지속적인 성장 과정을 표시하기 위해 그리스어 미완료 용법이 사용된 것(행 2:47; 5:14; 6:7; 9:31; 11:21; 12:24; 13:49; 16:5; 19:20)을 강조한다.[63] 또한 징은 이 선교 과정이 아브라함을 통해 온 땅에 복을 베푸시겠다고 하신 하나님의 약속(창 12:3; 17:4-8; 특히 22:17-18)에서 기원한다고 본다. 교회의 선교는 세상에 대한 이스라엘과 그리스도의 선교를 이어받는다. 프랑수아 보봉은 이렇게 설명한다. "누가의 교회론은…역동적이다. 아니 사실은 이중으로 역동적이다. 첫째는 **공간 속에서**…장벽들을 뚫는다. 그리고 둘째는 시간 속에서…성장이 일어난다"(티슬턴 강조).[64]

3.2.에서 우리는 데이비드 브라운과 존 인지의 작품을 특별히 언급하면서 체현과 **장소**의 해석학적 중요성에 주의를 기울였다. 프란시스 페레이라(Francis Pereira)는 『에베소: 누가-행전에 나타난 보편주의의 절정』 (*Ephesus: Climax of Universalism in Luke-Acts*)을 출판했는데, 이 책에서 페레이라는 사도행전의 선교적 관점 안에서 체현과 장소의 해석학적 중요성을 더 깊이 전개한다.[65] 에베소에서 유대인과 이방인이 처음으로 하나님의 말씀을 함께 듣는다(행 19:9-10; 참조. 19:12-21). 해롤드 달러(Herold Dollar)는 "다민족" 선교 개념을 자신이 "선교학적 해석학"이라고 부르는 것에 따라 더 깊이 전개한다.[66] 마이클 고힌(Michael Goheen)도 데이비드 보쉬

---

63) P. Zingg, *Das Wachsen der Kirche: Beiträge zur Frage der lukanischen Redaktion und Theologie* (Göttingen: Vandenhoeck & Ruprecht, 1974), 3-74.

64) Bovon, *Luke the Theologian*, 460.

65) Francis Pereira, *Ephesus: Climax of Universalism in Luke-Acts: A Redactional Critical Study of Paul's Ministry in Ephesus* (Acts 18:23-21:1) (Anand, India: Gujarat Sahitya Prakash, 1983).

66) H. E. Dollar, *A Biblical-Missiological Exploration of the Cross-Cultural Dimensions in Luke-Acts* (San Francisco: Mellen Research University Press,

(David Bosch)와 대화하면서 자신이 누가-행전의 "선교적 해석학"이라 부르는 것을 정식화한다.[67] 누가가 내러티브 구조를 조직하는 진정한 의도는 세상에 대한 하나님의 목적을 성취하는 데 있어 선교의 역할을 강조하는 것이라고 고힌은 결론짓는다. 보쉬는 이것이 **하나님의 선교**(missio Dei)의 한 부분으로 "복음을 시간 속으로 육화시키는 것"이라고 보았다.[68]

(2) 사도행전은 누가가 초기 교회의 **제도적** 구조나 **경험적** 구조에 관심을 갖고 있다는 사실을 분명히 보여준다. 다시 한 번 여기서 중대한 해석학적 복합성에 직면한다. 사도행전의 후기 연대설을 취하고, 이를 "세상 속에 편하게 거하는"(콘첼만의 표현) 교회의 제도적 유익들을 반영하고 있는 것으로 인식하는 행헨이나 캐제만 같은 학자들은 누가-행전을 목회 서신과 나란히 교회 **구조**에 관심을 가진 책으로 분류한다. 사도행전 첫 부분의 몇 장을 초기 교회 출범에 대한 역사적 서술로 보는 자들은 제도적 측면을 너무 황급히 간과하는 경향이 있다. 누가-행전을 지속적으로 연구하는 가운데, 나는 오랫동안 누가-행전의 주된 초점이 **공적 영역**에 존재하는 것이라고 이해했다.

누가가 **공적이고 가시적이고 체현된 삶의 영역**에 각별한 관심을 갖고 있다는 것은 다양하게 증명된다. 러브데이 알렉산더(Loveday Alexander)가 누가-행전의 서언 부분(눅 1:1-4; 행 1:1-3)을 재평가한 것을 보면 이런 방향이 나타난다. 곧 누가는 목격자들이 **공적으로 인정된** 또는 "검증된" 전통이라고 판명 난 증언, 이렇게 정돈되고 신뢰할 수 있고 공적으로 증명된 기사를 기록한다.[69] 제자도는 **돈과 소유물**을 사용하는 특정한 행동이라든

---

1993).

67) Michael Goheen, "A Critical Examination of David Bosch's Missional Reading of Luke," in C. G. Bartholomew, Joel B. Green, and Anthony C. Thiselton (eds.), *Reading Luke: Interpretation, Reflection, Formation* (Grand Rapids: Zondervan, Carlisle, U.K.: Paternoster, 2005), 229-266.

68) Goheen, in *Reading Luke*, 251-254.

69) Loveday Alexander, *The Preface to Luke's Gospel* (Cambridge: Cambridge

가 중요한 **장소**(콘첼만이 주장하는 것처럼 단순히 상징적인 장소가 아니라)에서 **공적**이고 가시적인 것이 된다. 사건들의 **연대 표기**는 로마 제국, 지방 정부, 종교 지도자와 관련하여 삼중적인 시간 표시 체계에 따라 표현된다(눅 3:1-2). 약한 자와 소외된 자에 대한 태도 역시 기독교 제자도의 **공적** 측면을 보여준다. 스티븐 윌슨(Stephen G. Wilson)이 증명한 것처럼 누가는 (캐제만과 콘첼만이 주장하는 것과 같이) 종말론을 반대하는 것이 아니라 그것의 **내면화**(inwardness)를 반대한 것이다.[70] 누가가 **가시적이고 공적이고 인간적인 구조로서의 교회**에 관심을 두고, 그와 함께 교회를 하나님의 선교 도구로 여기는 것은 바로 내면화를 반대하기 때문이다.

최초의 교회 시대는 지리적 본부인 예루살렘에 초점을 두었다. 처음부터 신자들이 교제에 들어가려면 내적 회개뿐만 아니라 가시적인 세례 행위도 필수적이었다(행 2:18). 세례 행위는 승리주의와 아무 상관이 없다. 슈바이처는 이렇게 말한다. "세례는 [행 2:18에서] 성공하는 교회가 아니라…멸시받는 집단에 속해 있음을 시인하는 것이다."[71] 교회가 유대교와 분리되어 등장하는 결정적 단계는 스데반의 설교와 헬라파 지도자 집단의 등장과 함께 시작된다(행 6:3-6; 7:2-60; 8:15). 비록 제임스 버트첼(James Burtchaell)이 교회는 처음에 자발적으로 회당의 제도적 구조를 반영했다고 주장하기는 해도, 스데반의 설교는 교회가 의식적으로 회당의 부속물이 아닌 다른 집단으로 스스로를 규정할 필요가 있음을 강조하는 데 있어 전환점이 되었다.[72]

---

University Press, 1993).

70) 윌슨은 누가가 완전한 미래주의와 완전히 실현된 종말론을 모두 거부했으나 목회에 유용하기 때문에 종말론적 의식은 보존했다는 것을 증명한다(Stephen G. Wilson, *The Gentiles and the Gentile Mission in Luke-Acts*, SNTSMS 23 [Cambridge: Cambridge University Press, 1973], 59-87).

71) Schweizer, *Church Order*, 41.

72) J. T. Burtchaell, *From Synagogue to Church: Public Services and Offices in the Earliest Christian Communities* (Cambridge: Cambridge University Press, 1992).

여기서 일곱 집사(διακονεῖν τραπέζαις, 디아코네인 트라페자이스, NRSV "접대"; 행 6:2)의 임명이 특히 중요하다. 일곱 집사는 접대 임무를 담당하도록 사도들에 의해 그리고 사도들을 위하여 임명된다(행 6:3). 존 콜린스(John Collins)는 **접대**(to serve at tables)라는 전통적인 영어 번역을 크게 반박하는데, 이 반박은 BDAG 3판에서 추가로 댄커의 지지를 받는다.[73] 콜린스는 사전의 증거와 주석을 기초로 동사 διακονεῖν(디아코네인)과 명사 διακονία(디아코니아)가 주로 **천한 종**이 아니라 **중재자** 개념을 의미한다고 주장한다. 고린도후서 3:7-9을 보면 **디아코니아**는 천하거나 비천한 섬김이 아니라 **중보**와 더 관련되어 있는 것으로 나타난다.[74] 콜린스는 사도행전 6:1-6을 다음과 같이 해석한다. 그리스어를 말하는 과부들은 말씀 사역을 등한시했고(접대하거나 재정 지원을 행하는 일에서가 아니라), 사도들은 말씀을 공적으로 선포하는 일에 더 폭넓게 종사하려고 부차적으로 (식탁에서) **자기들을 대신해서 사역할 수 있는 자들**을 임명하는 것으로 반응했다.[75] 만일 콜린스가 정확하다면 **디아코네인**은 하나님의 말씀보다 음식이나 재정을 관리하는 것에 더 **필수적으로** 관련되어 있는 것은 아니고, **중재자로서 다른 사람 대신 사역을 감당하도록 위임과 권한을 부여받은** 것을 가리킨다.

여기서 콜린스의 주장을 자세히 살필 시간은 없지만, 다양한 종들 각각의 지위와 **디아코노스**(집사)의 지위 사이에 명확한 평행 관계가 있다는 사실은 분명하다. 17.1.에서 우리는 종의 지위에 대해 언급했다. 종의 지위는 종을 사들인 목적과 주인(*Kyrios*)의 태도 그리고 그 성실함에 따라서 높은 존엄과 존경을 받는 지위에서 단순한 "물건"(라틴어 *res*)의 비천한 지위

---

73) John N. Collins, *Diakonia: Reinterpreting the Ancient Sources* (New York and Oxford: Oxford University Press, 1990); John N. Collins, *Are All Christians Ministers?* (Collegeville, MN: Liturgical, 1992), BDAG, 3d edn. (2000), 230-231.

74) Collins, *Diakonia*, 204.

75) Collins, *Diakonia*, 230-231.

에 이르기까지 다양하다. 마찬가지로 **디아코노스**도 자기를 대리인이나 중재자로 내세운 자의 존엄에 참여할 수 있다. 사도행전 6:1-6의 문맥에 따르면 **디아코노스**는 사회적 관리인이 아니라 특수한 배경이나 맥락에서 하나님의 말씀의 선포자로 섬기는 자이다. BDAG 3판(2000년)은 명사 **디아코노스**의 1차 의미로 **중재자로 기능하는 자**(롬 13:4; 고전 3:5; 고후 3:6; 6:4; 살전 3:2; 딤전 1:12; 딛 1:9)를 제시하고, 동사 **디아코네인**의 의미로는 **중보자로 기능하다** 또는 **중재자로 행하다**(마 20:28; 막 10:45; 고후 8:19; 벧전 1:12)를, **디아코니아**의 의미로는 **중재 능력에 따라 행해진 섬김**(롬 15:31; 고후 9:12)을 제시한다. 또 사도행전 6:2의 번역은 "특별한 문제"가 있다고 설명하고 단어의 의미로는 **보살피다, 돌보다**를 대안으로 제시한다.[76] BDAG는 이렇게 덧붙인다. "**접대하다**는 식탁에서 식사를 시중드는 것으로 이해할 수 있다.…그러나 행정적 책임을 가리키는 것으로 보는 것이 더 개연성 있다.… 그것은 회계 업무를 의미할 수 있다."[77] 또한 BDAG는 **디아코노스**의 경우 **상급자의 명령에 따라 어떤 일을 행하는 자**라는 다른 의미를 포함시키고, **디아코니아**의 경우 **섬김의 수행**이라는 의미를 포함시킨다.

이 복잡한 설명과 연구의 취지는 사도행전 6:1-6이 봉사적·목회적·행정적 짐을 덜어주기 위해 어떤 책임을 **위임하는** 사도들의 결정을 상술한다는 사실을 제시하는 데 있다. 그것은 분명히 **훌륭한 경영의 결정**이다. 그것은 필수적인 하부구조의 시작을 표시하고, 동시에 사도들에게까지 책임의 범주가 미친다. 집사 후보자의 결정은 전체 교인의 의논을 거쳐 이루어졌으나("너희 가운데서…택하라"; 행 6:3상), 임명권과 위임권은 사도들이 갖고 있었다("우리가 이 일을 그들에게 맡기고"; 행 6:3하). 이때 임명은 **협력과 합의**를 거쳤고 성령의 행위와 제도적 필요가 결합되었다. 슈바이처는 일곱 집사의 특징으로 선교를 위한 설교의 은사를 강조하지만, 일곱 집사가 열두

---

76) BDAG, 229-231. 이것은 분명히 1979년 2판(BAGD)으로부터 바뀐 것이다.
77) BDAG, 230, col. i.

제자에게 종속되지 않았다는 슈바이처의 주장은 **중재자**와 **중보자**에 대한 사전적 연구를 앞서간다.[78]

기도, 안수, 성령의 선물을 통해 사마리아 지역의 선교를 "정례화하기" 위해 베드로와 요한을 파송한 것(행 8:14-17)은 복음에 대한 **신학적** 관심과, 사도들 및 예루살렘 모교회와 하나님의 역사에 대한 사마리아인의 새로운 반응 사이의 구조적 연속성에 대한 **제도적** 관심을 함께 묶는다. 이 본문은 다양한 해석을 불러일으켰고, 종종 해석자가 속해 있는 교파의 신념이 사전에 반영되곤 했다. 애들러(N. Adler)는 예루살렘 모교회, 사도들의 안수, 사마리아인들 간의 연계성을 강조한다.[79] 캐제만은 사도적 권위를 강조하지만 그 권위를 누가의 후기 편집 활동에만 적용시킨다. 람페(Lampe)는 세례와 성령의 선물 사이의 연계성을 강조한다. 하지만 슈바이처는 안수 행위가 성령을 "전달한다는" 개념을 강하게 거부한다. 성령은 사효적으로(ex opere operato) 임하는 것이 아니라 순전한 선물로 임한다.[80]

프랑수아 보봉은 사도행전 8:14-17, 8:18-20(시몬 마구스), 10:44-47(고넬료), 11:16과 13:3, 18:24-28, 19:2-6(에베소에서 세례 요한의 제자들)에서 성령과 안수 사이에 어느 정도 연속성이 존재한다고 지적한다. 각 본문은 성령 또는 성령의 선물을 구하는 기도 문맥에서 "어떤 인간적 의식"을 포함하고 있다. 누가는 성령이 "[기독교 유산의] 전달 자체 속에서 역사하는" 것으로 본다(행 1:2).[81] 다시 말하면 누가는 그리스도의 주되심 아래 성령의 사역에 참여하는 교회의 신학적 성격과 세상 속에서 교회의 "공적" 측면을 구성하는 "제도적"·가시적·경험적 현상을 결합시킨다.

---

78) Schweizer, *Church Order*, 49.

79) N. Adler, *Taufe und Handauftegung: Eine exegetisch Theologische Untersuchung von Apg. 8:14-17* (Münster: Aschendorf, 1951).

80) G. W. H. Lampe, "The Holy Spirit in the Writings of St. Luke," in D. E. Nineham (ed.), *Studies in the Gospels: Essays in Memory of R. H. Lightfoot* (Oxford: Blackwell, 1955), 159-200; Schweizer, "πνεῦμα," in *TDNT*, vol. 6, 413-415.

81) Bovon, *Luke the Theologian*, 261-262, 270-271.

바울은 이 두 측면을 특히 고린도전서에서 명확하게 결합시킨다. 교회는 초지역적 실재다("성도라 부르심을 받은 자들과 또 각처에서 우리의 주 곧 그들과 우리의 주되신 예수 그리스도의 이름을 부르는 모든 자들에게"; 고전 1:2). 교회는 하나님께 속해 있고(소유의 소유격 용법; 고전 1:2상), 미래의 구원으로 나아가는 도중에 있다(1:7. 그리고 1:18-25의 분사들). 교회는 하나님의 집이자 하나님의 밭이고(고전 3:9), 성령의 전이다(3:16. 이 본문에서 성전은 집단적 개념으로, 집단적 개념과 개인적 개념이 모두 포함된 6:19과 대조된다).[82] 교회는 그리스도의 피에 공동으로 참여하는 것을 함축하고(고전 10:16), 이스라엘의 선교를 계속한다("우리 조상들이…"; 10:1-13). 앤더스 에릭손이 잘 지적한 것처럼 교회는 공통적인 바울 이전 사도전승 위에 세워진다(고전 11:2; 11:23; 15:3).[83] 성령의 과분한 은사들(그리스어 Χαρίσματα, 카리스마타)로부터 통일성과 다양성의 변증법이 나타난다(고전 12:4-11, 27-31; 14:1-40). 교회는 그리스도의 몸이다(고전 12:12-26). 집단적 실재로서 교회는 소위 "더 약한" 수족이나 지체를 없애거나 불필요하다고 여길 수 없다(고전 12:21-26). 반면에 진정한 그리스도인은 다른 약한 지체를 열등하거나 불필요하다고 느끼지 않는다(고전 12:14-20). 단조롭고 철저하게 획일적인 유기체는 "몸"이 **아닐** 것이다(고전 12:19). 반면에 그 자체로 다툼 속에 있는 유기체는 몸으로 살아가지 못할 것이다. 우리가 다 "한 성령을 마시게 하셨느니라"(12:13).[84]

그럼에도 바울은 적절한 "관리"(management)의 필요성을 인정한다. ἀρχιτέκτων(아르키테크톤, 건축자; 고전 3:10)으로서 바울은 첫 세기 그리스-로마 세계의 사업 방식에 따라 건축 계약을 맺고 시행하며, 노동력을 통

---

82) Thiselton, *First Epistle*, 301-318; 참조. 474-475.

83) Anders Eriksson, *Traditions as Rhetorical Proof: Pauline Argumentation in 1 Corinthians* (Stockholm: Almqvist & Wiksell, 1998), 여러 곳.

84) 고린도전서에 나타난 몸에 대해서는 Thiselton, *First Epistle*, 989-1024; Dale Martin, *The Corinthian Body* (New Haven, CT: Yale University Press, 1993), 3-61, 94-103을 보라.

합시키고, 건축 작업을 감독하고 주관하는 사람의 역할을 떠맡는다. **아르키테크톤**은 종종 "동역자"로 이루어진 작은 팀을 두고 있었고, 이것은 엄밀히 말해 협력적 리더십에 대한 바울 자신의 관점이었다. 소위 고린도전서 12:1-14:40에 묘사된 은사들은 수고해서 얻는 것이 아니라는 의미에서 오직 "은사"다. 어떤 은사들은 "자발적" 측면이 있을 수 있지만, 내가 ἀντιλήμψεις(안틸렘프세이스, "서로 돕는 것"; 고전 12:28)를 **행정적 지원의 일종**(kind of administrative support)이라고 번역한 것은 거의 정확하다고 볼 수 있다.[85] 이것은 엄밀하고 일관되게 12:28에 나오는 κυβερνήσεις(퀴베르네세이스, "다스리는 것"; 고전 12:28)와 연결되고, 나는 이 말을 (교회를 위하여) **전략을 세우는 능력**(the ability to formulate strategies)으로 번역했다.[86] 이 말에서 파생되어 나온 명사는 **조종사** 또는 **파일럿**을 의미한다(참조. 행 27:11; 계 18:17). 마거릿 미첼은 이 말이 종종 "지배력"(rulership)을 의미한다고 주장하고, 고든 피(Gordon Fee)는 이 말이 관리 업무를 가리킬 수 없다고 설명하는데 이는 받아들일 만한 근거가 없다.[87]

다소 논란이 적은 "관리"라는 용어는 바울이 고린도전서 4:1-2에서 ὑπηρέτης(휘페레테스, "일꾼"), 특히 οἰκονόμος(오이코노모스, "맡은 자")를 사용할 때 나타난다. 여기서 **휘페레테스**라는 말은 첫 세기에 **집안일을 하는 하인**에서 **하급 직원** 또는 **부하**(REB)에 이르기까지 다양하게 섬김에 종사하는 사람을 가리킨다. **오이코노모스**라는 말은 빈번하게 **청지기**로 번역되지만, 오늘날 이 의미는 바울이 강조한 요점에서 벗어나 있다. 당시의 파피루스 사본을 보면, 이 그리스어 단어는 종종 **재산 관리인, 회계 담당자**, 또

---

85) Thiselton, *First Epistle*, 1019-1021.
86) Thiselton, *First Epistle*, 1021-1022.
87) Margaret M. Mitchell, *Paul and the Rhetoric of Reconciliation* (Tübingen: Mohr, Louisville: Westminster/Knox, 1992), 163; 참조. Gordon D. Fee, *First Epistle to the Corinthians* (Grand Rapid: Eerdmans, 1987), 622.

는 가계 예산을 관리하는 책임을 맡고 있는 사람을 가리킨다.[88] BDAG(3판, 2000년)는 οἰκονόμος의 1차 의미를 가족이나 재산의 관리인, 청지기, 지배인으로 본다(눅 12:42; 고전 4:2; 눅 16:1, 3; 부정한 청지기). 심지어 2차와 3차 의미도 회계 담당자와 관리 행정을 위임받은 자다.[89] 또한 BDAG는 οἰκονόμια(오이코노미아)의 뜻으로 관리 책임, 가족 관리,…재산 관리인의 일을 제시한다.[90]

비록 이번 장 다음 부분과 마지막 부분에서 목회 서신을 다루기는 해도, 우리는 여기서 목회와 관련해서 바울 서신을 더 깊이 탐구할 지면이 없다. 선교와 기관 모델에 대해 살펴보았지만, 에이버리 딜레스가 제시한 다른 모델들, 이를테면 공동체, 성례 또는 가시적 표징, 케뤼그마 전달자, 세상을 위한 종 모델과 내용이 이미 중첩된다.

분명히 공동체 모델은 사도행전과 바울 서신에서 주된 역할을 한다. 사도행전 2:42의 "그들이 사도의 가르침을 받아 서로 교제하고 떡을 떼며 오로지 기도하기를 힘쓰니라"와 2:44의 "믿는 사람이 다 함께 있어 모든 물건을 서로 통용하고"는 사도행전 1:15-8:3에 등장하는 예루살렘 교회의 진정한 모습이었다. 예루살렘 회의(행 15:6-31)는 공동체적 연대성을 보존하고, 구조적·제도적 통일성을 유지하는 데 도움을 주었다. 마찬가지로 바울도 교회에 해당되는 자들을 "형제를 사랑하여 서로 우애하고 존경하기를 서로 먼저 하는" 자로 부른다(롬 12:10). 바울은 이렇게 선언한다. "만일 [몸의] 한 지체가 고통을 받으면 모든 지체가 함께 고통을 받고, 한 지체가 영광을 얻으면 모든 지체가 함께 즐거워하느니라"(고전 12:26). 유명한 사랑의 찬가 또는 묵상(고전 13:1-13)은 바로 이 문제를 고린도 교회에 전달

---

88) Moulton and Milligan, *Vocabulary of the Greek Testament*, 442-443; Thiselton, *First Epistle*, 335-337.

89) BDAG, 698.

90) BDAG, 697-698.

한다.[91]

　**서로 돕는 공동체로서의 교회 모델**은 신약성경 전체를 관통하고 있다. 레이먼드 브라운이 지적하는 것처럼 요한의 작품들을 보면 "그들도 하나 가 되게 하려 함이니이다"(요 17:22)라는 예수의 기도는 동료 신자들의 공 동체를 지시하지만, 그들에 대한 사랑은 요한복음 15:12에서뿐만 아니라 요한복음 13:12-15, 17:11에서도 나타나고, 양 떼 비유(요 10:16)에서도 나 타난다. 요한1서 2:19에서는 기독교 공동체에서 나간 자들을 적그리스도 로 묘사한다.[92] 스티븐 스몰리(Stephen Smalley)는 요한1서 4:7-5:4의 주제 를 그리스도인들끼리의 사랑으로 간주한다.[93] 적대적인 세상 속에서 서로 도우며 **순례하는 하나님의 백성**으로서의 교회 개념은 히브리서에서 분명 한 표현이 발견된다. 에른스트 캐제만과 로버트 주잇은 각자 다른 방식으 로 이런 교회 개념을 설명한다.[94]

　요한의 신학과 히브리서에는 **교회 질서**에 대한 언급도 나타나 있다. 레이먼드 브라운이 상기시키는 것처럼 요한복음 21:15-17에서 베드로는 양 떼를 치는 목회를 위임받는다. 요한복음 4:35-38과 12:20에서 제자들 은 선교에서 감당할 역할이 있다. 그리고 요한복음 20:23에서 사도들로 대표되는 교회는 죄를 그대로 두거나 사하는 권세를 받는다.[95] 히브리서 13장을 보면 공동체 안에서 이루어져야 할 사랑(히 13:10)에 더해 "인도하 던 자들을 생각하며…너희를 인도하는 자들에게 순종하고 복종하라. 그들

---

91) Thiselton, *First Epistle*, 1027-1030, 1046-1060.

92) Raymond E. Brown, *The Gospel according to John*, Anchor Bible, 2 vols. (London: Chapman, 1971, New York: Doubleday, 1966), cviii-cix.

93) Stephen S. Smalley, *1, 2, and 3 John* (Waco, TX: Word, 1984), 232-272.

94) Ernst Käsemann, *The Wandering People of God: An Investigation of the Letter to the Hebrews*, trans. R. A. Harrisville and I. L. Sandberg (Minneapolis: Augsburg, 1984), 17-24, 48-63, 167-173; Robert Jewett, *Letter to Pilgrims: A Commentary on the Epistle to the Hebrews* (New York: Pilgrim, 1981), 특히 1-17.

95) Brown, *Gospel*, vol. 1, cx.

850 제3부 기독교 교리의 주요 주제

은 너희 영혼을 위하여 경성하기를 자신들이 청산할 자인 것같이 하느니라"(히 13:7, 17)라는 명령이 보충으로 주어진다.

"모형들"의 포괄적 범주는 덜레스가 제시한 모형들을 넘어 훨씬 더 크게 확대될 수도 있다. 우리는 아직 정경 가운데 "교회론"을 가장 잘 다룬 에베소서를 언급하지 않았다. 에베소서는 교회의 특징들을 중심 주제로 다룬다. 에베소서 1:23에서 교회는 **그리스도의 몸**이자 "만물 안에서 만물을 충만하게 하시는 이의 충만함"으로 간주된다. 에베소서 2:12-16에서 교회는 **한 백성**이다. 교회 안에서 "원수된 것 곧 중간에 막힌 담"(2:14)이 허물어졌고, 그래서 **한 몸**이 되었다(2:16). 에베소서 2장 나머지 부분은 다양한 추가 이미지와 모형들을 사용해서 교회를 설명한다. 곧 교회는 그리스도인들의 "**집**"(home)이다. 그리스도인들은 다음과 같다. "성도들과 동일한 **시민**이요 **하나님의 권속**이라…사도들과 선지자들의 터 위에 세움을 입은 자라…그[그리스도]의 안에서 건물마다 서로 연결하여 주 안에서 **성전**이 되어 가고…**하나님이 거하실 처소**가 되기 위하여 그리스도 예수 안에서 함께 지어져 가느니라"(엡 2:19-22). 그리스도는 은사를 베푸셔서 관련 사역들을 구분하신다. "그가 어떤 사람은 사도로, 어떤 사람은 선지자로, 어떤 사람은 복음 전하는 자로, 어떤 사람은 목사와 교사로 삼으셨으니 이는 성도를 온전하게 하여 봉사의 일을 하게 하며 그리스도의 몸을 세우려 하심이라"(엡 4:11-12). 우리가 "봉사의 일을 하며"라는 어구를 어떤 식으로 이해하든, 고린도전서 12:12-26에서 말한 것처럼 **교회**가 되기 위해서는 이 모든 역할과 사역들이 하나로 기능해야 할 필요가 있다. 왜냐하면 무엇인가를 **세우려는** 공동의 목표는 하나님 나라의 최종적 완성까지 계속되는 진보 속에 있기 때문이다.

이제 마지막으로 **성례**로서의 교회 모형에 대해서 설명해야 한다.[96] 우리는 다음 장 곧 21장에서 성례의 본질을 다룰 것이다. 여기서 교회는 내

---

96) *Lumen Gentium* 1:1, 7:48에서와 같다.

적이고 영적인 복음의 진리를 지시하고 해설하는, 경험적이고 가시적이고 체현되고 공적인 실재를 가리키기 위한 가장 넓은 의미의 성례로 작용한다. 교회의 기능이 복음의 진리에 대한 증인으로, 즉 정확하게는 **교회 자체를 넘어서는 것을 지시함으로** 복음을 체현하는 것이라는 개념에 어떤 개신교인도 예외를 두지 않을 것이다. 확실히 성례 모델은 틸리히와 다른 학자들이 교회는 하나님의 궁극성을 지시하는 "궁극 이전"의 지위를 갖는다고 보는 점에서 상당히 "개신교적인" 모형을 생각나게 한다.[97] 만일 이에 대한 신약성경의 지지가 필요하다면, 다만 교회는 그리스도와 십자가의 증인(눅 24:48; 행 1:8; 5:32; 히 12:1), 그리스도를 다른 사람들에게 전달하는 사신(고후 5:20), 그리고 캐제만의 말에 따라(위에서 언급한), 제자도를 믿을 수 있고 전달할 수 있도록 하는 그리스도의 몸이라는 점을 상기하기만 하면 된다.

## 20.3. 교회의 "표지"와 교회의 목회: 사도권

교회의 표지에 관한 물음을 목회에 관한 물음으로부터 분리시키려는 시도는 불가능하다. 혹은 그 반대의 경우 역시 해석학적으로 불가능하다. 다른 누구보다 라너, 판넨베르크, 몰트만은 목회에 관한 물음을 교회에 관한 물음에 올바르게 예속시킨다. 몰트만과 판넨베르크는 교회에 대한 우리들의 신앙고백이 콘스탄티노플 교회회의(313)의 "니케아" 신조에 포함된 "하나의, 거룩하고, 보편적이고, 사도적인" 교회, 즉 교회의 네 가지 "표지"(라틴어 *notae*)라고 다시금 일깨워준다.[98] 초기 교회의 연합 신조 가운데 목회

---

97) 교회의 잠정성에 대해서는 Rahner, *Theological Investigations*, vol. 6, 298도 참조하라.
98) Moltmann, *The Church in the Power of the Spirit*, 337-338; Pannenberg, *Systematic Theology*, vol. 3, 405-406.

의 본질에 관한 신앙고백으로서 이와 비견할 만한 것은 없다.

애초부터 사도들과 장로들의 목회는 하나의 교회로 교회의 **정체성**을 유지했고, 사도들의 경우 교회의 공교회성과 보편성을 증언함으로써 초상황적·초지역적 감독권을 행사했다. 그리고 그들은 설교와 가르침을 통해 교회의 거룩함과 사도적인 교리와 전통에 대한 신실함을 기르는 역할을 했다.

고린도전서는 교회의 네 가지 표지에 대한 사도들과 목사들의 양육 패러다임을 구성한다. 몰트만은 이 "표지들"이 거룩하지 못한 교회는 교회로 불릴 수 없다는 의미에서 단순히 "기준"이 아니라고 말한다. 그것은 **"믿음의 진술"**로서 교회의 본질로 제시된 특징이다(몰트만 강조).[99] 교회의 표지는 교회의 주인이신 그리스도에게서 연원하고, "연합하고 성결하고 이해하고 명령하는 그리스도의 주되심"을 인정한다는 점에서 교회의 본질적 특징이다.[100]

이것은 **사도권**의 본질에 대한 최근의 신약성경 연구와 엄밀하게 부합한다. 사도는 그리스도에게서 임무를 부여받은 사람이다. 그러나 이것이 반드시 권위적인 특징을 부여하는 것은 아니다. 고린도전서 1:1을 주석할 때 나는 이렇게 썼다. "사도라는 말은 [바울] 자신의 개인적 욕구나 주도권으로부터 분리된 말이다.…**사도**라는 말은 단순히 지식이나 교리에 관한 것이 아니라, 그리스도의 죽음과 부활에 따라 실제로 살고 있다는 의미에서 그리스도의 증인을 가리킨다."[101] 사도권에 대한 연구는 다음과 같은 사상 발전 단계들을 포함한다.

(i) 근대의 신약성경 연구사를 보면, 바우어(1792-1860)는 소위 "베드로"파와 "바울"파의 추정된 갈등을 근본적으로 사도권 주장에 기반을 둔

---

99) Moltmann, *Church*, 338.
100) Moltmann, *Church*, 338.
101) Thiselton, *First Epistle*, 55-56.

권력 게임의 하나로 간주했다.[102] 이 권력 게임 접근법은 사라지는 데 오랜 시일이 걸렸다.

(ii) 1930년대에 렝스토르프(K. L. Rengstorf)는 사도권을 다른 사람을 대신해 파견된 사람, 즉 공식 대표자 또는 대리인(חֵילשָׁ, 샬리아흐)과 관련된 랍비 배경의 유비에 따라 해석했다.[103] 렝스토르프는 대행자 모델이 사도로서의 부르심과 예언자로서의 부르심 사이의 대행자라는 2차 유비로 보충되어야 한다고 인정했다. 그러나 "어떤 사람의 **샬리아흐**는 그 사람 자신과 같다"(탈무드 「베라코트」 3:5)는 랍비 격언은 1940년대에 그레고리 딕스(Gregory Dix)와 허버트(A. G. Hebert)가 제창한 "사도적 계승"(apostolic succession) 개념에 근거를 제공하는 것으로 이해되었다.[104]

(iii) 예상대로 이 해석에 반대하는 반응이 모스벡(Mosbeck), 리고(Rigaux), 한스 폰 캄펜하우젠, 바레트의 결정적 비판과 함께 시작되었다.[105] 1942년 초에 캐제만은 사도권의 "적법성"(legitimacy)에 대한 긴 논문을 발표했다. 고린도전후서에서 바울의 "은사주의" 반대자들은 바울이 사도의 "표지"를 결여하고 있다고 비난했다. 여기에 대한 반응으로 바울은 사도권의 "표지"가 교회적이거나 "기적적인" 것이 아니라 **기독론적인** 것

---

102) F. C. Baur, "Die Christuspartei in der Korinthischen Gemeinde..." *Tübinger Zeitschrift für Theologie* 4 (1831) 61-206.

103) Karl L. Rengstorf, "ἀποστολος," in *TDNT*, vol. 1, 398-447, 특히 407-447.

104) Dom Gregory Dix, "Ministry in the Early Church," in Kenneth Kirk (ed.), *The Apostolic Ministry: Essays on the History and Doctrine of Episcopacy* (London: Hodder & Stoughton, 1946), 183-303; A. G. Hebert (Kirk, Ministry, 493-533에서).

105) Hans von Campenhausen, *Ecclesiastical Authority and Spiritual Power in the Church of the First Three Centuries*, trans. J. A. Baker (London: Black, 1969), 30-54; H. Mosbeck, "Apostolos in the New Testament," *Studia Theologica* 2 (1949-1950) 166-200; C. K. Barrett, *Signs of an Apostle* (London: Epworth, 1970), 12-16.

이라고 주장한다.[106] 사도권은 그리스도의 마음(사고방식 또는 정신자세)을 보여주는 것에 따라 옹호된다(고전 2:16). 캐제만은 이렇게 말한다. "사도권의 참된 표지는 능한 행위도 아니고 황홀한 체험도 아니다.…그것은 십자가를 따라 사는 섬김이다."[107]

(iv) 캐제만의 과거 제자인 존 쉬츠(John H. Schütz, 1975)는 캐제만의 접근법을 취하려고 애쓸 뿐만 아니라, 막스 베버가 제시한 카리스마적 권위와 제도적 권위의 사회학적 구분에 따라 연구한다. 쉬츠는 바울의 사도권의 십자가적 본질에 대한 캐제만의 전제를 적극적으로 견지하지만, 바울이 성령에 대한 의존을 사실상 반대자들과 동일한 근거에 따라 주장했다는 의심스러운 주장으로 결론을 맺는다. 결국 바울은 결론이 없는 순환 논증을 제공했다.[108]

(v) 루돌프 슈나켄부르크(1970)는 명확한 기준이 갖추어진 사도권에 대한 일관된 개념을 바울이 전혀 몰랐다고 주장한다. 그러나 "카리스마적" 권위와 "제도적" 권위를 서로 대립시키려는 시도는 거부한다. 왜냐하면 이것은 신약성경에 시대착오적인 개념이나 범주들을 강요하기 때문이다.[109] 그러나 슈나켄부르크는 사도권에 대한 몇 가지 지침을 인정한다. 사도들은 그리스도의 부활의 증인이었고, 금방 "응집력 있는 집단"이 되었다. 이 집단은 안드로니고와 유니아(전통적으로 유니아스로 알려진 인물, 롬 16:7. 유니아에 대해서는 엘든 에프의 최근 설명을 보라)와 같은 인물들도 포함할 정도로 확대된다.[110] 캐제만과 같이 슈나켄부르크도 정확하게 고린도후서 3:1-6과

---

106) Ernst Käsemann, "Die Legitimität des Apostels," *ZNW* 41 (1942) 33-71.

107) Käsemann, "Die Legitimität," 40, 61

108) John H. Schütz, *Paul and the Anatomy of Apostolic Authority*, SNTSMS 26 (Cambridge: Cambridge University Press, 1975), 249-286.

109) Rudolf Schnackenburg, "Apostles before and during Paul's Time," in Ward Gasque and R. P. Martin (eds.), *Apostolic History and the Gospel: Essays Presented to F. F. Bruce* (Exeter, U. K.: Paternoster, 1970), 287-303.

110) Eldon Jay Epp, *Junia: The First Woman Apostle* (Minneapolis: Fortress, 2005)은

12:11이 다음과 같은 사실, 즉 사도가 되는 것은 그리스도의 증인으로서 적절한 **행동**을 수반했다는 사실을 함축한다고 믿는다. 사도의 "신임장"은 **삶의 양식**을 포함한다.

(vi) 벵트 홀름베르크(Bengt Holmberg, 1978)는 사도들의 사역의 **협력적 본질**을 강조한다. 사도들의 권위는 사도들 간의 초상황적인 감독의 네트워크를 형성하는 데까지 미쳤다.[111] 이것은 초기 바울 서신 당시에 **공유적·공동적 사도전승**이 공통 교리와 윤리의 기초로 작용했다는 앤더스 에릭손의 중요한 연구와 전적으로 일치한다.[112] 그러나 사도들의 "공유된 리더십"은 "민주주의"의 사회-정치적 개념과는 차이가 있다. 회중교회 소속인 P. T. 포사이스는 비록 자신이 속한 교회의 입장에 충실하려고 민주주의를 십자가에 비추어 "통제할" 필요가 있다고 말하기는 했지만, 사도들의 리더십을 교회론의 한 부분으로 추론하려고 애썼다.[113]

(vii) 어니스트 베스트(Ernest Best, 1986)는 아마 가장 최근의 연구 성과를 반영할 것이다. 물론 베스트의 연구 내용은 주로 1970년에 바레트가 예견한 것이고, 또 이후에 크래프톤(J. A. Crafton, 1991)과 다른 학자들이 사실상 지지한 것이다.[114] 베스트는 사도권이 "권위"에 초점을 맞춘 이해의 해석학 안에만 놓여진다면 오해가 일어날 것이라고 주장한다. 그럼에도 사도들의 사역의 근거는 [교회] 공동체의 **"창시자"**로서 그리고 **초지역적**

---

롬 16:7의 **유니아**를 이해하는 데 강력한 증거를 제공한다.

111) B. Holmberg, *Paul and Power: The Structure of Authority in the Primitive Church as Reflected in the Pauline Epistles* (Lund: Gleerup, 1978), 특히 204-207.

112) Eriksson, *Traditions as Rhetorical Proof*, 위에서 인용.

113) P. T. Forsyth, *Lectures on the Church and the Sacraments* (London: Longmans, Green, 1917), 9-25.

114) Ernest Best, "Paul's Apostolic Authority," *JSNT* 27 (1986) 3-25; Barrett, *The Signs of an Apostle*, 36-46; J. A. Crafton, *The Agency of the Apostle*, JSNTSS 51 (Sheffield: Sheffield Academic Press, 1991), 53-103.

감독자로서 구별된 사도적 지위에서 연원한다. 결론적으로 "사도권의 '문법'은 사도들이 위임받은 것에 대한 이 [사도적] 증언의 투명성과 효력에 달려 있다."[115] 크래프톤은 사도적 **행위자**의 인격성이 아니라, 사도적 **행위**의 투명성을 강조한다. 사도들은 그리스도를 보게 하는 투명한 "창문"이다.

이런 사도적 사역은 교회의 다음 네 가지 "표지"를 보존하는 데 절대적으로 필수적이다. 초지역적 통일성을 드러내는 교회, 거룩함이 자라가는 공동체, 동일한 역사와 운명과 충성을 공유하는 사람들, 공통된 사도전승과 교리 그리고 기독론적이고 십자가적인 성품을 가진 삶의 양식에 기반을 둔 공동체가 그것이다. 그리스도의 죽음과 부활에 대한 최초의 창립 증인들이 없었다면, 교회의 **정체성과 연속성**은 위험에 처하게 되었을 것이다. 제임스 스마트(James Smart)는 성경을 통해 전달된 사도들의 증언이 없으면, "곧 기억 속의 그리스도는 상상 속의 그리스도가 되고 말 것이다"라고 지적한다.[116] 기독론을 다룰 때 우리는 17.2.와 17.4.에서 현대의 많은 이들이 "많은 그리스도들" 개념에 비교적 마음이 상하지 않았다고, 아니 사실은 그 개념을 조장하는 것처럼 보였다고 지적했다.

전통적으로 사도행전에서 "열두 제자"의 역할의 특징은 창립 증인으로서의 사역이라고 추정되었다. 캄펜하우젠은 누가가 "열두 제자"를 예수의 생애와 가르침의 증인으로 강조한 것과 바울이 사도 직분의 포괄적 개념을 강조한 것을 구분했다.[117] 로제(E. Lohse)는 사도 직분이 첫 번째 발전 단계에서는 렝스토르프가 제시한 **샬리아흐**(대리인)로서의 회당 직원 개념과 유사하고, 이어서 두 번째 단계에서는 좀 더 제도적인 사역이 되었다고

---

115) Thiselton, *First Epistle*, 673; 참조. 55-68, 663-675.

116) James D. Smart, *The Strange Silence of the Birth of the Church* (London: SCM, 1970), 25. 『왜 성서가 교회 안에서 침묵을 지키는가?』(컨콜디아사 역간).

117) Hans von Campenhausen, "Der urchristliche Apostelbegriff," *Studia Theologica* 1 (1947) 96-130.

주장한다.[118] 맛디아의 선택(행 1:15-26)과 관련된 해석은 논란이 많다. 많은 이들이 열두 번째 사도는 교회의 "창립 집단"의 일원으로 열한 명과 함께 섬기도록 택함 받았다고 주장한다. 클라인(G. Klein)은 열두 제자에 대한 "제도적" 이해에 찬성한다. 그는 사도행전에서 바울의 부르심과 회심에 대해 세 번이나 설명한 것이 바울을 독립적인 "프리랜서" 복음 전도자로 보는 관념을 깨뜨리기 위한 누가의 노력이라고 본다.[119]

그렇지만 갈라디아서 1:11-24에서 이런 그림을 뽑아내는 것은 심각한 잘못일 것이다. 왜냐하면 바울은 일관되게 자신이 공통적이고 사도적인 이전의 전통들을 받아 전달한다고 주장하기 때문이다(참조. 롬 1:3-4; 4:24; 10:9; 고전 11:23-26; 15:3-5; 빌 2:6-11; 살전 4:1).[120] 폭넓은 선교를 위해 바울을 선교사로 인정하고 비준하고 위임할 때 안디옥 교회가 보여준 행동(행 13:1-3)을, 하나님에게서 "직접" 부르심 받은 사도로 깨닫고 있었던 것(갈 1:12-17. 렘 1:4-5을 반영함)과 대립시킬 하등의 이유가 없다. 부르심에 대한 이중적 원천, 즉 교회의 인정과 확인을 거쳐야 하는 하나님의 직접적 위임에 대한 의식은 성직자나 어떤 다른 소명으로 위임받은 많은 사람들, 아니 대부분의 사람들이 경험하는 "부르심"의 특징이었다. 누가는 사도행전 9:3-9, 22:6-11, 26:12-19에서 **두 가지를 모두** 상세히 제시한다. 곧 갈라디아서의 내용과 일치하는 "날벼락 같은" 바울의 부르심과, 바울이 교회로 인해 구별되어 세움을 받은 것인데, 후자는 공유되고 전달된 사도전승을 존중하는 누가의 마음과 일치한다. 누가는 이 두 측면을 쉽게 결합시킨다.

여기서 애매한 말은 "터"(foundation)라는 말이다. 바울은 **그리스도를**

---

118) E. Lohse, "Ursprung und Prägung des christlichen Apostolates," *Theologische Zeitschrift* 9 (1953) 259-275.

119) G. Klein, *Die Zwölf Apostel: Urspung und Gehalt einer Idee* (Göttingen: Vandenhoeck & Ruprecht, 1961).

120) Eriksson, *Traditions as Rhetorical Proof; A. M. Hunter, Paul and His Predecessors* (London: SCM, 2d edn. 1961)를 보라.

유일한 터로 언급한다(고전 3:11). 따라서 사도 직분은 **교회의 존재가 사도들의 이전 실존에 의존한다**는 의미가 아니고, 교회의 인정할 만한 정체성과 연속성을 "사도전승"으로 보존하고 전달하기 위한 가시적이고 공적인 **기초를 제공한다**는 의미에서 "터"(엡 2:20. 참조, 고전 12:28)로 작용한다.

롤로프는 최근에 사도행전에 나타난 사도권에 대한 연구에서 사도 직분 자체가 먼저 그리스도의 주되심과 사명, 그리고 복음 자체의 본질에 근거가 두어져 있다고 주장한다. 따라서 그리스도의 사명과 구원 역사에 참여함으로써 사도권이 만들어내는 구체적인 연속성은 주의 만찬 제도와 사도전승에서 가시화된다.[121] 사도직의 "계승"은 제도적이고 구조적인 연속성이 아니라 **신학적이고 기독론적인 연속성**이다. 여기서 요지는 많은 학자들이 바울 서신 안에 나타난 사도와 누가-행전 안에 나타난 **사도** 사이를 과장해서 벌려놓은 큰 간격을 좁히는 것에 있다. 또 롤로프는 사도권을 그리스도 중심적인 διακονία(디아코니아, 섬김)에 따라 **사는 것**으로 올바르게 강조한다. 롤로프는 누가가 "열두 제자"를 강조하게 된 것이 부분적으로 초기의 영지주의가 은밀하고 비의적인 전통에 의지했기 때문이라고 덧붙인다.

바울은 고린도전서 3:5-23에서 **목회에 대한 매우 높은 견해와 매우 낮은 견해 사이**에서 상보적인 균형을 보여준다. 바울의 주장은 사도 직분과 다른 폭넓은 사역 모두에 대한 근본적인 이해의 지평을 제공해준다. 바울은 아볼로나 자기 자신과 같은 사도들을 **중성**대명사로 지칭하는 것으로 설명을 시작한다. "그런즉 아볼로는 **무엇이며**[그리스어 중성명사 τί, 티] 바울은 무엇이냐? 그들은 **주께서** 각각 주신 대로 너희로 하여금 믿게 한 **사역자들**(διάκονοι, 디아코노이)이니라"(고전 3:5). 따라서 바울은 사역자들의 우발적이고 구체적인 일련의 행동(그리스어 부정과거 형태로 전달된)과 오직 하

---

121) J. Roloff, *Apostolat, Verkündigung, Kirche: Ursprung, Inhalt und Funktion des Kirchlichen Apostelamtes nach Paulus, Lukas, und den Pastoralbriefen* (Gütersloh: Gütersloher Verlagshaus/Mohn, 1965).

나님만이 하실 수 있고 교회에 생명을 주는 근본적이고 연속적인 과정(그리스어 미완료 형태로 전달된)을 결합시킨다. "나는 심었고 아볼로는 물을 주었으되 오직 하나님께서 자라나게 하셨나니"(고전 3:6). 이어서 바울은 요점을 이렇게 제시한다. "그런즉 심는 이나 물 주는 이는 아무것도 아니로되 오직 자라게 하시는 이는 하나님뿐이니라"(고전 3:7). 그 이유는 3:4에서 발견된다. "어떤 이는 말하되 나는 바울에게라 하고 다른 이는 나는 아볼로에게라 하니 너희가 육의 사람이 아니리요."[122]

또한 바울은 고린도 교회 교인들이 자기들이 따르고 [자기들이 개인적으로] 듣기 원하는 사역자를 스스로 선택함으로써 **본질적인 목회의 원천**에서 벗어나 "자기 자신을 속이고 있다"고 염려한다. 이 원천들은 성장을 위한 도구적 조건으로 필수적이다. "아무도 자신을 속이지 말라.…바울이나 아볼로나 게바나 세계나 생명이나…다 너희의 것이요, 너희는 그리스도의 것이요, 그리스도는 하나님의 것이니라"(고전 3:18, 22-23). 한편으로 사역자들은 단순한 도구이고, 모든 것은 하나님의 것이다. 다른 한편으로 사역자들은 교회 안에서 성장과 "집을 세우기" 위한 실제 조건을 제공한다(고전 3:9하-17). 오직 그리스도만이 터가 되신다(3:11). 그러나 집을 세우는 과정은 목회적이고 신학적이고 전략적인 감독자(ἀρχιτέκτων, 아르키테크톤, "건축자"; 위와 3:10을 보라)와 사역의 다양한 필요를 충족시키는 사역자들의 다양한 역할을 필요로 한다.

이러한 이해의 해석학 안에서 만일 교회가 **하나이고 거룩하고 보편적이고 사도적** 존재가 되거나 그런 상태로 존재한다면, 적절한 권세를 통해 사명을 받고 인정을 받은 자들의 사역은 본질적인 요소가 된다. 고린도전서의 이런 이해에 따르면, 사역자들은 지역교회 안에서 시장-소비자 경쟁의 기초에 따라 사람들에게 선택받는 것이 아니다. 나는 다른 곳에서 이것

---

122) Thiselton, *First Epistle*, 286-303.

이 고린도 교회가 지닌 목회 신학의 주된 문제라고 주장했다.[123] 고린도는
경쟁이 매우 치열한 도시로, 성공, 사업, 시장소비주의, 경쟁적 웅변술에
사로잡혀 있었다. 고린도 교회도 여전히 이런 문화에서 나온 가치들에 흠
뻑 젖어 있었다. 고린도 교회의 많은 교인들은 "자율성"을 신봉했고, 자신
의 지도자, 자신의 윤리, 자신의 신학, 복음에 대한 자신의 승리주의적 해
석, 그리고 "신령함"(영성)에 대한 자신의 기준을 선택하고 싶어했다. 바울
은 고린도 교회 교인들이 갖고 있던 신학적 개념들, 특히 "자유하다", "모
든 것이 가하다", "우리는 왕으로 다스린다", 그리고 "신령하다"와 같은 말
들을 다시 정의해야 했다. 앞서 언급했던 논문에서 인용된 최근 연구의 수
많은 실례 가운데, 포골로프(Pogoloff, 1992), 무어스(Moores, 1995), 브라운
(Brown, 1995), 홀(Hall, 2004), 웰본(Welborn, 2005)은 바울의 십자가에 대한
재선포가 어떻게 고린도 "세계"를 변화시키고 "교회를 하나의, 거룩하고,
보편적이고, 사도적인 것으로 이해"하게 되었는지를 증명한다.[124] 데이비
드 홀은 이렇게 진술한다. "고린도전후서에 나타나는 대조는 두 개의 복음
과 두 개의 삶의 양식 사이에서 연원하는 것"이고, "다른 영"에 대해 언급
한 성령 이해로부터 연원한다.[125]

---

123) Thiselton, "The Significance of Recent Research on 1 Corinthians," in *Neot.* 40, n. 2 (2006), 91-123.

124) Thiselton, *Neot.* 40(2006) 91, Stephen Pogoloff, *Logos and Sophia: The Rhetorical Situation of 1 Corinthians* (Atlanta: Scholars Press, 1992)를 인용함; John Moores, *Wrestling with Rationality in Paul: Romans 1-8 in a New Perspective*, JSNTMS 82 (Cambridge: Cambridge University Press, 1995); Alexandra Brown, *The Cross and Human Transformation: Paul's Apocalyptic Word in 1 Corinthians* (Minneapolis: Fortress, 1995); David R. Hall, *The Unity of the Corinthian Correspondence*, JSNTSS 251 (London and New York: T&T Clark, 2005); L. L. Welborn, *Paul, the Fool of Christ: A Study of 1 Corinthians 1-4 in the Light of Comic-Philosophical Traditions*, JSNTSS 293 (London and New York: T&T Clark, 2002).

125) Hall, *Unity*, 163, 183.

기독교 사상의 역사를 보면, 교회의 네 가지 "표지"는 때로는 매우 날카로운 날을 가진 기준으로 과장되었고, 때로는 너무 무디게 다루어지기도 했다. 이것은 교회의 네 가지 특징 각각에 해당된다.

어떤 진영에서는 교회의 연합 또는 하나됨이 "그리스도 안에" 있는 모든 자에 대한 순전히 신학적이고 불가시적인 표지로 간주되었다. 이 개념의 문법 가운데 한 부분은 다음과 같다. "몸이 하나요 성령도 한 분이시니…한 소망 안에서…주도 한 분이시요, 믿음도 하나요, 세례도 하나요, 하나님도 한 분이시니…"(엡 4:3-6). 그러나 에베소서는 독자들에게 이 연합이 둘로 갈라지지 않도록 각별한 관심을 기울일 것을 권면한다. σπουδάζοντες τηρεῖν τὴν ἑνότητα τοῦ πνεύματος(스푸다존테스 테레인 텐 헤노테타 투 프뉴마토스, "성령이 하나 되게 하신 것을 힘써 지키라"; 엡 4:3). 로버트 넬슨(Robert Nelson)은 이 연합 개념을 자세히 설명한다.[126] 교회의 연합은 주어진 것인 동시에 따라 살아야 하는 것이다. 손턴은 "자람으로 연합되는" 것에 대한 바울의 본보기(롬 11:17)로 과실나무의 접붙임 비유를 인용한다.[127] 어떤 학자들은 마치 그리스도 안에서 사전에 주어진 하나됨으로 말미암아 그리스도인들이 일상생활 속에서 그것을 가시적으로 보여줄 모든 의무에서 당연히 해방되어 있는 것처럼 의심스러운 해석학을 전개한다. 또 어떤 학자들은 마치 다른 특권들이 폐기 처분된 것처럼 교회 연합 사상에 강박적으로 사로잡혀 이 요점을 가장 앞머리에 둔다.

또한 교회의 거룩함도 정반대 방향에서 두 개의 잘못된 해석을 낳았다. 청교도에 버금가는 집단으로 보이기를 바라는 도나투스파는 거룩함에 대한 정당성 요청을 배타성과 분리를 명령하는 힘으로 바꿔버렸다. 다른 한편으로, 어떤 전통은 거룩함을 오로지 도덕주의적 관점에서만 해석

---

126) J. Robert Nelson, *The Realm of Redemption: Studies in the Doctrine of the Church in Comtemporary Protestant Theology* (London: Epworth, 1951), 200-210.

127) Thornton, *Common Life*, 61-65.

862    제3부 기독교 교리의 주요 주제

하고, 하나님의 교회를 유사-세속적 사회봉사 단체에 포함시키려고 애쓰는 것처럼 보인다. 만일 전자의 경향을 지나치게 강조해서 그렇게 하지 못하는 교회들에게서 "교회의 지위를 빼앗는다면", 이것은 교회에 속해 있는 자들을 "의인이자 죄인"(simul iustus et peccator)으로 인정하는, 은혜로 얻는 이신칭의 진리를 손상시킬 것이다. 만일 후자의 경향이 의심할 바 없이 인정된다면, 거룩함은 하나님의 임재와 영광을 투명하게 전달하는 능력이 되지 못할 것이다.

영국 성공회 교리 위원회는 「교회를 믿음」(Believing in the Church)이라는 보고서에서 중도의 길을 추구하고 교회가 교회로서의 정체성을 상실하지 않으려면 경계선과 제한들이 정해져 있어야 한다고 주장했다(참조. 고전 5:1-5; 딤전 4:1-16; 요일 4:1-21). 그러나 종종 이 경계선과 제한들은 날카롭고 엄격하게 지켜지기보다는 흐려지고 쉽게 넘어설 수 있는 것이 되고 만다. 이 경계선과 제한들은 인정할 수 있는 교회의 정체성과 신뢰성을 유지하는 데 긍정적인 역할을 한다. 이 경계선과 제한들이 만약 같은 마음을 갖지 않는 사람은 무조건 배제시키고, 그리하여 교회가 교인들에게 아무런 도전을 주지 못하고 그저 자기 긍정을 제공하는 집단으로 남겨진다면, 교회는 목적을 달성하지 못하고 실패하게 될 것이다. 존 매쿼리는 이 보고서에 수록된 "영국 성공회의 신학적 전통"(The Anglican Theological Tradition)이라는 제목의 논문에서 영국 성공회 교리 위원회의 이 연구를 배경에 두고 내용을 설명한다.[128]

우리는 이미 누가-행전과 바울 서신에 나타난 **사도권**을 특별히 언급함으로써 **사도성**의 본질을 고찰했다. 또한 특별히 고린도의 "지역적" 자율 개념에 대한 바울의 불안과 관련해서, **보편성**의 초상황적이고 초지역적인 의미도 지적했다. 그러나 여러 세기를 거치며 이 당시 교회에서 두 용어

---

128) John Macquarrie, *Theology, Church, and Ministry* (London: SCM, 1986), 91-104.

(사도성과 보편성)의 실제적 통용성은 종종 논란이 되었다.

사도성은 보통 성경에 계시된 대로 사도적 교리에 대한 충실함에 따라 해석되었고, 또 공유된 교회 전통들과 성령의 인도를 받은 이성의 책임 있는 사용에 비추어 해석되었다. 논란의 한 가지 원인은 다음 물음에 대한 다양한 답변에 있었다. (i) "사도들의 권위는 양도할 수 있는가?" (ii) "사도들이 죽으면 그들의 권위에 어떤 일이 일어나는가?" 여기서는 브루너의 정식으로 답변해보겠다.[129] 브루너는 첫 번째 물음에 대해서 개신교의 답변을 확고하게 제시한다. 곧 "양도는 안 된다." 그리고 두 번째 물음에 이렇게 대답한다. "사도 직분은 한 가지 형태에서만 타당성을 갖는다. 그것은 기록으로 고정된 원전통의 규범, 곧 신약성경의 원증언의 규범으로서만 타당성을 갖는다."[130] 비단 초기 가톨릭교회의 전통만이 사도직의 계승에 기계론적인 이론을 견지했던 것이 아니라, 제2차 바티칸 공의회 역시 여전히 계승자의 사도적 역할이 지속되는 것에 주의를 기울인다. 제2차 바티칸 공의회 문서는 다음과 같이 천명한다. "사도들은 계층 구조로 구성된 이 사회 속에서 계승자를 임명하는 데 심혈을 기울였다.…사도들은 자기들이 죽을 때 다른 증명된 사람이 자기들의 사역을 인수하도록 지시했다."[131] 「교회 안에서 주교들의 목회 직분에 대한 법령」(The Decree on the Pastoral Office of Bishops in the Church)은 더 상세히 진술한다. "주교들은 또한 목회자로서 사도들을 대신하도록 성령에 의해 지정되었다."[132]

판넨베르크는 비록 "누가 타당한 임직을 베풀 권위가 있는지"에 대한

---

129) Emil Brunner, *The Christian Doctrine of the Church, Faith, and the Consummations: Dogmatics* vol. 3, trans. David Cairns (London: Lutterworth, 1962), 49.

130) Brunner, *Doctrine of the Church*, 50, 51.

131) Vatican II, *Lumen Gentium* (1964년 11월 21일), 29:20, in Flannery (ed.), *Documents of Vatican II*, 371.

132) Vatican II, *Decree of the Pastoral Office of Bishops in the Church*, *Christus Dominus*, 1965년 10월 28일, 2, in Flannery (ed.), *Documents of Vatican II*, 564.

864    제3부 기독교 교리의 주요 주제

문제는 여전히 임직할 때 무엇이 "전달되거나" "나누어지는지"를 포함하여 상당한 어려움을 낳는다는 것을 인정하기는 해도, 다양한 교회 전통 속에 나타나 있는 목회 본질의 차이가 "지금은 극복할 수 없는 것은 아닌 듯하다"고 말한다.[133] 판넨베르크의 견해에 따르면, **사도성**은 그리스도의 사명에 대한 참여를 한 요소로 포함하기 때문에 "교회의 거룩함은 교회의 사도성과 매우 밀접하다.…그것은 예수 그리스도이신 하나님의 계시에 대한 보편적이고 명확한 진리성을 증언한다."[134] 여기에는 확실히 교회의 보편성도 포함된다.

레슬리 뉴비긴(Lesslie Newbigin)은 머리가 아니라 가슴으로 다음과 같은 사실을 인정했다. 교회의 전통은 보편적이고 사도적인 믿음의 연속성을 사실상 경쟁적인 세 관점 가운데 어느 한 방식으로, 즉 (i) 감독의 계승을 통한 "제도적" 또는 "계급적" 연속성이라는 방식으로, (ii) 성경에 계시되고 충실하게 다시 선포된 사도적 교리에 대한 신실함이라는 방식으로, (iii) 성령의 역사의 표징들에 대한 생생한 경험과 표현이라는 방식으로 정의하려는 경향이 있다.[135] 뉴비긴은 이 세 가지 관점을 각각 로마 가톨릭, 개신교 종교개혁, 오순절교회의 견해와 연결시켰다. 그러나 50년 후에 각 전통은 어느 정도 다른 전통의 요소들을 받아들이면서 변화되었고, 이 전통들은 더 이상 교회의 사도성과 보편성의 연속성을 보호하고 식별하기 위한 유일한 대안으로 이해되지 않고, 서로 간에 보완적인 방법으로 이해되고 있다.

만일 우리가 신약성경으로부터 역사적 전통들로의 전환을 보다 면밀하게 정당화할 수 있는 **해석학**을 추구한다면, 신약성경 속에서 목회 사역에 관한 추상적 "문제들"(problems)을 보지 말고, 목회 사역이 **실제로 어떻게 수행되었는지**를 보라는 앤서니 핸슨(Anthony T. Hanson)의 조언에 귀를

---

133) Pannenberg, *Systematic Theology*, vol. 3, 399; 참조. 398; 397-431.

134) Pannenberg, *Systematic Theology*, vol. 3, 406.

135) Lesslie Newbigin, *The Household of Faith: Lectures on the Nature of the Church* (London: SCM, 1953), 여러 곳.

기울일 필요가 있다.[136] 예를 들어 우리가 갈라디아서 1:11-24에서 받을 수 있는 사변적 인상이 무엇이든지 간에, 결국 바울은 바나바, 실라, 아볼로, 디모데, 디도, 에바브라, 마가, 누가, 브리스길라, 아굴라, 그리고 다른 많은 인물들을 포함한 수많은 동역자와 협력하면서 사역을 감당했다. 이 중 아홉 명은 복수형으로 "사도들"로 지칭된다.[137]

우리가 사도들과 **에피스코포이**(감독들) 사이의 엄밀한 관계에 대해 어떤 관점을 취할 수는 있다고 해도, 사도들과 감독들은 한 도시, 마을, 또는 지방의 배경을 넘어서 감독자로 사역한 것으로 보인다. 사도들과 감독들은 초지역적 "질서"를 옹호하고 보존한다. 그리스어 성구 사전 BDAG 3판(2000)은 이렇게 설명한다. "**에피스코포스**는 기독교 공동체 안에서 사도들의 전통을 수호하는 데 특별한 관심을 두고 **감독자** 또는 **감독관**으로 섬긴 자를 가리키는 말이었다(이레나이우스, 오리게네스, 히폴리투스…행 20:28; 빌 1:1; 딛 1:7)."[138] BDAG(댄커)는 로마 가톨릭, 러시아 정교회, 루터교회, 영국 성공회, 감리교회, 그리고 다른 교파들이 **에피스코페**라는 말을 각기 다른 제도적 방식과 관점에 따라 사용한다는 사실에 비추어보면, "**주교**"(bishop)라는 말은 오늘날 너무 많은 의미가 부가되어 **정확한** 동등어로 기능할 수 없다고 설명한다. 그럼에도 신약성경과 초기 교부들의 문헌에 나타난 **에피스코포스**의 핵심 기능은 특히 "주교단"이나 "감독자들"의 일원으로서 **사도적 믿음을 수호하는 것**이었다(딛 1:7).

게르트 타이센은 "공동체 조직자"와 "순회 은사주의자"라는 이름으로 알려진 대조를 통해 이 물음에 대한 대답을 널리 대중화시켰다. 이 대조는 부분적으로 베버가 **카리스마**(은사), 직분, 그리고 기능 이론 사이를 대조시킨 것에서 파생했다.[139] 내 견해로 "순회" 사역은 "제도적 질서"와 노골적

---

136) Anthony T. Hanson, *The Pioneer Ministry* (London: SCM, 1961), 46.

137) 롬 16:3, 9, 21; 고전 3:9; 고후 8:23; 빌 2:25; 4:3; 골 4:11; 살전 3:2; 몬 1:24.

138) BDAG, 379.

139) Gerd Theissen, *The First Followers of Jesus: A Sociological Analysis of*

제3부 기독교 교리의 주요 주제

인 대조 관계에 있지 않고 오히려 그 반대였다. 목회자로서 순회 사역자들은 교리, 전례, 삶의 양식에 대한 초지역적·"보편적 질서"를 가르쳤다. 타이센의 이론은 바울 시대보다 바울 이전 시대에 적용시켜야 가능하다. 그러나 너무 많은 학자들이 무비판적으로 타이센의 이론을 첫 세기 중반과 후반에 적용시킨다.

아무튼 모든 사건에서 목회 서신이 초기 바울 서신으로부터의 퇴조만을 구성하지는 않는다. 첫 단계에서 로마서, 고린도전후서, 갈라디아서, 그리고 다른 초기 문헌은 복음의 본질과 관련된 핵심 문제들을 명확히 제시했고, 다음 단계로 목회 서신은 이처럼 힘들게 지켜온 전통을 **보존하는** 일을 맡았다. 이 단계는 선교에 대한 **대안**이 결코 아니며, 선교를 계속하기 위해서 비전을 보존하는 조건들의 한 부분일 뿐이다. 따라서 목회 서신의 ἐπίσκοπος(에피스코포스, 감독)는 가르치는 일에 능숙해야 한다(διδακτικός, 디다크티코스; 딤전 3:2. 이것은 「클레멘스 2서」 2:36; 이레나이우스의 「이단 논박」 IV: 26:2; 그리고 이후로 설교와 관련해서는 크리소스토모스의 「성직론」 VII:4:5에서 반복된다). **에피스코포스는 신중하거나 안정적이고**(νηφάλιον, 네팔리온; 딤전 3:2), **은혜롭거나 정중해야**(ἐπιεικής, 에피에이케스; 딤전 3:3) 한다. 또 **다툼을 싫어하는 사람**(ἄμαχος, 아마코스; 딤전 3:3)이어야 한다. 또한 **에피스코포스는** κοσμιος(코스미오스, "단정")해야 하는데, 이 말은 **교회를 장식하는 것** 또는 **질서 있는 마음과 습관**을 의미할 수 있다(두 의미가 모두 가능하다; 딤전 3:3). 이런 성품들은 모두 지방 사역자 혹은 작은 지역에서 사역을 하는 목회자보다는, 더 공적인 주목을 받고 초지역적인 곳에서 다른 목회자들을 감독하는 주임 목사나 주교에게 적합하다. "주교"는 사도적 믿음을 능숙함, 지혜, 성실함으로 **가르칠 수 있어야만** 한다. 이런 사람은 다툼을 일으키는 상충된 의견과 태도 또는 "교리의 강풍" 앞에서도 **안정된 모습**을 가져야 한다. 다툼을 싫어

---

*the Earliest Christianity* (London: SCM, 1978); 미국판: *Sociology of Early Palestinian Christianity* (Philadelphia: Fortress, 1978).

하는 자로서 갈등 해결 능력이 요구되고, "주교들"의 신학적 역할은 반드시 실제로는 아니라 할지라도, 최소한 원리상으로 여러 세기 동안 이어진 통일성의 초점을 일관되게 인지해야 한다.[140]

지금까지 우리는 신약성경 안에서와 신학의 발전 초기에서 원칙적으로 교회의 신학적 측면과 제도적 측면 사이에 긴장 관계가 전혀 없었다는 것을 증명하는 교회 교리의 해석학을 제공하는 데 심혈을 기울였다. 어떤 종류의 하부구조는 하나님의 선교를 공유하고 제도적 요소들에 작용하는 신학적 비전을 촉진시키라는 하나님의 부르심을 이행해야 한다. 그리고 여기서 제기되는 심각하고 비판적인 물음은 언제 어떻게 상층부가 너무 무거워져 하부구조가 불안정해질지, 그런 다음 하위기관 자체가 목적이 되어 자기 자신만을 섬기게 될지와 관련되어 있다.

---

140) 목회 서신에서 감독(*episkopoi*), 장로(*presbuteroi*), 집사(*diakonoi*)에게 요구되는 자질에 대한 도식적인 목록은 특히 William D. Mounce, *Pastoral Epistles*, WBC 46 (Nashville: Nelson, 2000), 155-160을 보고, 149-152에 나오는 유용한 참고 문헌도 참조하라.

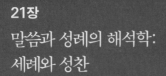

**21장**

말씀과 성례의 해석학:
세례와 성찬

## 21.1. 성례를 이해하는 다섯 가지 해석학적 물음

### (i) "성례"라는 용어의 등장

**성례**(sacrament)라는 말은 신약성경에 나오지 않는다. C. K. 바레트는 비록 이 사실이 논란의 여지가 없고 익히 알려져 있다고 해도, 성례를 설명할 때 이 사실의 중요성이 크게 간과되고 있다고 바르게 주장한다.[1]

성례라는 말은 대략 기원후 200년에 기독교 안에 들어와 처음으로 사용되는데, 이는 테르툴리아누스의 논문 「세례론」(*On Baptism*)이 발표된 시기와 비슷하다. 「세례론」 1:1의 전통적 번역은 다음과 같이 시작된다. "여기 우리의 물 성례가 있다. 죄가 씻어짐으로 우리는 해방된다…"(라틴어 *De sacramento aquae nostrae qua ablutis pristinae caecitatis in vitam aeternam liberamur*). 그러나 어니스트 에반스(Ernest Evans)는 1964년 비판 정본(critical edition)에서 이 문장을 이렇게 번역한다. "우리의 죄가…씻기고, 영원한 생명을 위하여 우리를 해방시키는 그 물의 **성결한 의미**는…."[2] 이런 설명에도 불구하고, 에반스는 자신의 책 서론에서 이렇게 주장한다. "테르툴리아누스는 *sacramentum aquae nostrae*(우리의 물 성례)란 말로 세례 성례를 가리킨다." 에반스는 이것을 추가로 지지하려고 테르툴리아누스의 다른 자료를 인용한다.[3] 「마르키온 논박」(*Against Marcion*)에서 테르툴리아누스는 이렇게 말한다. "결혼한 사람들은 세례와 성찬 성례 외에 다

---

1) Barrett, *Church, Ministry, and Sacraments*, 55-57.
2) Ernest Evans (ed.), *Tertullian's Homily on Baptism: Introduction, Translation, and Commentary* (London: SPCK, 1964), 4.
3) Evans (ed.), *Homily on Baptism*, "Introduction" xxxviii.

른 것은 인정하지 않는다…"(nec alibi coniunctos ad sacramentum baptismatis et eucharistiae admittens nisi…).[4] 다른 곳에서 테르툴리아누스는 하나님이 모든 장로가 항상 성례의 의무를 감당할 준비가 되어 있기를 바라신다고 한다(omnes nos deus ita vult dispositos esse ut ubique sacramentis obeundis apti simus).[5]

어떤 이들은 이러한 **성례**의 의미와 대응하거나 동등한 그리스어의 기원을 μυστήριον(뮈스테리온)에서 찾는다. 그러나 람페의 『교부 그리스어 사전』이 확증하는 것처럼, 이런 의미로 이 말이 최초로 사용된 것은 4세기 유세비우스 때부터다.[6]

여기저기 산재된 교부들의 언급은 비록 그것이 금방 공인된 합의에 이르기는 해도, 세례와 성찬 곧 주의 만찬의 성경적 이해에 대한 회고적 해석에 비추어보면 오직 성경적 기초에서 연원한다. 이런 사도 이후 시기의 전통들은 당연히 타당하지만, 그렇다고 그 전통들이 분명한 해석학적 출발점을 구성할 수는 없다. "성례"로서의 성례 신학은 어떤 것이든 세례와 성찬의 본질에 관한 사전 결론들에 달려있다. 또한 성례 신학은 영적 실재, 사건, 진리를 지시하기 위해 물리적이거나 경험적인 것을 사용하는 "체현된" 말이나 행동, 또는 발화행위의 사용에 대해 신약성경으로부터 도출된 추론들에도 달려 있다.

성경에 실제로 **성례라는 말**이 없다는 사실은 우리가 시작하고자 하는 해석학에 오히려 도움을 줄 것이다. 또한 보다 긍정적으로, 발화행위의 통용성과 그것의 효과적인 기능을 수행하기 위한 전제조건에 관한 기호학과 언어철학의 더 확실하고 포괄적인 물음들은 성례의 해석학을 위한 출

---

4) Tertullian, *Against Marcion* IV:35.
5) Tertullian, *On Exhortation to Chastity* 7.
6) G. W. H. Lampe, *A Patristic Greek Lexicon* (Oxford: Clarendon, 1961), 891-893, 특히 892-893, section F: Eusebius, *Demonstratio Evangelica* 9:6 (세례 부분); Cyril of Jerusalem, *Catecheses* 19:1; Basil, *On the Spirit*, 66.

발점을 제공해준다. 최근에 마빈 더피(Marvin Duffy)는 오스틴, 하버마스, 루이-마리 쇼베(Louis-Marie Chauvet)의 화행론에 비추어 "의례와 성례가 작동하는 방식"에 대해 세밀한 비판적 연구를 제공했다.[7] 더피는 도널드 에반스, 리처드 브리그스, 장 라드리에르(Jean Ladrière)의 작품을 포함해서 광범위한 화행론에 의지한다. 장 라드리에르의 작품은 노팅엄 대학교에서 나의 또 다른 철학 박사 후보생인 데이비드 힐본(David Hillborn)의 연구 주제였다.[8] 더피는 특히 "창설 공동체 및 그때와 지금 사이 세대들과의 현재 유대 관계를 기념하는 자들"의 맥락에서 성례의 "자기함축성"(self-implication; 참조. 에반스의 "자기관련성"[self-involvement])을 바르게 강조한다.[9] 쇼베가 지적하는 것처럼, 이것은 교회의 보편성을 강화시킨다. 우리가 1부에서 언급한 "공손 이론"과 마찬가지로, 더피도 화행론의 사회적 근거와 사회적 결과를 탐구한다.

## (ii) 당당한 사전 분류와 개념 피하기

우리는 가다머가 **개방성**을 강조하고, 우리가 이해하고자 하는 물음과 주제에 대한 강압적인 사전 분류와 개념을 피하려 했다는 것을 살펴봤다. 가다머는 주제가 **자기 방식으로** 말하게 해야 한다고 주장한다. "성례는 몇 개가 있는가?"와 같은 형태를 취하는 물음은 세례, 성찬, 임직(서품), 결혼의 관계를 바라보는 전체 방식 그리고 상징적 대상과 관찰 가능한 사건들의 포괄적 사용을 **전제한다**. 여기서 논증은 반대 방향으로 진행되어야만 한다. 곧 정의(definition)를 내리는 문제와 같이 우연적이고 특수한 것으로

---

7) Marvyn Duffy, *How Language, Ritual, and Sacraments Work according to John Austin, Jürgen Habermas, and Louis-Marie Chauvet*, Tesi Gregoriana Serie Teologia 123 (Rome: Pontifical Gregorian University, 2005).

8) David Hilborn, *The Pragmatics of Liturgical Discourse* (Carlisle, U.K.: Paternoster, 근간).

9) Duffy, *Language, Ritual, and Sacraments*, 178; 참조. 175-180.

부터 결론으로 진행되어야 한다.

비트겐슈타인은 "특수 사례"와 일반화 속에 스며들어 있는 "한 방울의 문법"이 어떻게 사물을 바라보는 전체 방식을 불러 일으킬 수 있는지에 대한 평행적 요점을 제시한다. 비트겐슈타인은 괄호로 묶어 다음과 같이 지적한다. "(철학의 전체 구름은 한 방울의 문법으로 응축되었다.)"[10] 우리가 3장부터 6장까지에서 다룬 "분류"(classifying)나 "범주 귀속"(category-ascribing) 방법은 린드벡과 같이 존경받는 사상가들이 이 방법을 채택해야 할 필요성에 대해서 과도하게 강조하기는 했어도, 이러한 방법은 해석학과 전혀 맞지 않는 방식으로 교리에 접근하는 것이라고 주장했다. 만일 이것이 서론이나 출발점을 형성한다면 손해가 발생하고, 문법 한 방울은 돌이킬 수 없을 정도로 망각된 전제로서 이해의 지평 속에 스며들게 된다. 비트겐슈타인은 이처럼 스며든 요소를 "교환으로부터 제거된" 것으로 보지만, 그럼에도 그것이 "우리의 사고의 뼈대에" 속해 있다고 말한다.[11]

이런 이유로 타당한 이해의 해석학은 추상적으로 "성례는 몇 개가 있는가?"라고 묻지 않고, "성례는 어떻게 기능하고, **다음과 같은 맥락 안에서** 성례의 본질과 지위는 어떻게 되는가?"라고 물어야 할 것이다. (a) 일곱 성례체계 안에서, (b) 두 "주님의"(dominical) 성례체계 안에서, (c) 성례체계로서의 "성육신적인" 삶 안에서, (d) 세례신학과 관련하여, (e) 성찬신학과 관련하여, (f) 임직(서품)과 결혼에 관한 물음과 관련하여 **등등**. 이 방법을 따르는 것은 해석학적 특수성을 존중하고, 추상적 "문제점"을 물려받는 것이 아니라 오히려 자력으로 **발생하는 물음**에 답변하는 것이다.

## (iii) 최초의 이해 지평: 세례

일부 이해의 지평들은 어느 정도 성경신학과는 일치하지 않는 대중 정신

---

10) Wittgenstein, *Philosophical Investigations*, II:xi, 222.
11) Wittgenstein, *On Certainty*, sects. 210, 211.

속에 스며들어 있다. 루돌프 슈나켄부르크는 거의 완벽한 고전적 연구서인 『바울 사상 속에 나타난 세례』(*Baptism in the Thought of Paul*)에서 이에 대한 실례 한 가지를 제시한다. 이 작품에 가톨릭교회의 *Nihil Obstat*("인쇄 출판 허가"라는 뜻)과 *Imprimatur*("출판 인허"라는 뜻)가 찍혀 있고, 또한 영국 침례교회의 주도로 영어로 번역되었다는 것은 이 작품의 공정함을 그대로 증명한다.[12] 슈나켄부르크는 다음과 같은 세 가지 주제 아래 특별히 바울 안에 나타난 세례의 신학적 의미를 탐구한다. 정화와 갱생으로서의 세례, 그리스도와의 연합으로서의 세례, 그리스도와 함께 죽고 부활하는 구원 사건으로서의 세례가 그 주제들이다. 여러 요소들을 결합시켜보면 **"씻음"** 곧 **"깨끗함"**은 다른 두 주요 주제보다 상대적으로 덜 중요하다는 것이 드러난다.

슈나켄부르크는 이렇게 말한다. "죄를 씻어내는 것이 그리스도인됨의 전체 의미를 표상하는 것은 아니다."[13] 초기의 일부 성경 본문은 세례를 "죄 사함을 위한" 것으로 말하지만(행 2:38), "그리스도의 이름으로" 세례를 받는 것이 더 두드러지고 중심적인 강조점이다. 확실히 이 주제에 대한 한 가지 문제점은 "세례에서 깨끗함을 얻는다는 생각이 또한 고대의 이교 사상에 널리 만연된 세례 견해에 다리를 놓는다"는 것이다.[14] 이런 생각에 대해 슈나켄부르크는 조심스럽게 말하지 않는다. 그는 강조점의 균형이 다른 곳에서 발견된다고 적절하게 주장한다. 이것은 많은 이들에게 세례의 의미를 해석하기 위해 일반적으로 널리 알려진 전이해를 교정할 필요가 있음을 암시할 것이다.

---

12) Rudolf Schnackenburg, *Baptism in the Thought of Paul*, trans. G. R. Beasley-Murray (Oxford: Blackwell, 1964).

13) Schnackenburg, *Baptism*, 7.

14) Schnackenburg, *Baptism*, 8.

(iv) 유아세례에 관한 평행적인 해석학적 물음

많은 이들이 신자세례와 유아세례에 관한 논쟁들에서 각각 자기들의 관점을 옹호했다. 이에 대한 고전적인 논쟁은 1960-1962년에 두 신약학자, 곧 요아킴 예레미아스와 쿠르트 알란트(Kurt Aland) 사이에서 벌어졌다.[15] 예레미아스는 개종자 세례의 배경과 루디아(행 16:15), 빌립보 감옥의 간수(행 16:31-33), 스데바나(고전 1:16; 참조. 고전 16:15)를 포함한 가족 세례의 **오이코스**(집) 공식을 검토한 연구서를 출판했다. 예레미아스는 또 다른 신약 본문들도 연구하고, 3세기 말에 이르기까지 신자세례와 유아세례의 발전도 검토했다.[16]

　알란트는 세례를 받은 이 "가족들"(household) 속에 어린 자녀가 반드시 포함된 것이 아니고, 오히려 문맥으로 보면 종과 다른 어른들이 포함되었다는 주장으로 예레미아스의 주장에 맞섰다. 알란트는 처음 두 세기 동안 교회는 세례를 받을 때 나이를 제한했고, 유아세례는 단지 기원후 200-203년경에 새로 도입되었다고 주장했다.[17] 예레미아스는 두 번째 연구로 알란트에게 대응하고, 가족세례에 대한 문제와 처음 두 세기 동안 세례 때 나이 제한을 두었다는 알란트의 주장을 공통 안건으로 삼고 면밀히 검토했다. 예레미아스는 어린 자녀의 세례가 유보된 것에 대해서 알란트가 제시한 추정적 이유와 기원후 200년경에 세례 정책이 바뀌었다는 알란트의 주장에 이의를 제기했다. 예레미아스는 유대인 개종자의 세례와 그리스의

---

15) Joachim Jeremias, *Infant Baptism in the First Four Centuries*, trans. David Cairns (London: SCM, 1960), 새로운 내용과 함께 1958년 독일어판으로부터 번역; Kurt Aland, *Did the Early Church Baptize Infants?* trans. G. R. Beasley Murray (London: SCM, 1962); Joachim Jeremias, *The Origins of Infants Baptism: A Further Study in Reply to Kurt Aland*, trans. D. M. Burton (London: SCM, 1963).

16) 이 본문들은 Jeremias, *Infant Baptism*, 19-87의 세 주요 장과 광범위하게 대응을 이룬다.

17) Aland, *Did the Early Church Baptize Infants?* 53-74, 87-94, 101-102.

신비주의 의식에 관한 문제에 대한 상황적 중요성을 재확인했다.[18]

역사적 자료와 주석에 의존하는 것으로는 결론이 나올 수 없다고 볼 수 있다. 왜냐하면 양편 모두 각각의 입장을 주장하는 데 동일한 자료를 사용하는 경향이 있기 때문이다. 실제 문제는 더 깊다. 그것은 **해석학적** 문제다. 왜냐하면 예레미아스가 주장하는 것처럼, 이 논쟁은 궁극적으로 **세례에 대한 두 가지 다른 이해**가 중심이기 때문이다. 그러나 다시 말하지만 **정화**로서의 세례에 일차적인 관심을 두는 것은 문제를 혼동하는 것이다. 알란트는 세례가 씻음이나 정화를 의미하기 때문에 최초의 교회에서는 그것이 유아들에게 불필요했다고 주장함으로써 불확실한 것에 의존한다. 알란트는 이렇게 말한다. "어린 자녀는 [죄가 무엇인지 모르는] 무구한 상태에 있기 때문에 세례를 받을 필요가 없다. 어린 자녀는 자신이 죄인인 것을 깨달을 때에만 세례를 필요로 한다."[19] 예레미아스는 아무런 어려움 없이 "씻음"이 단지 세례의 한 측면에 불과하고, 아마도 세례의 중심 측면이 아닐 것이라고 주장한다.

휠러 로빈슨과 오스카 쿨만이 각각 제시한 두 가지 다른 모델 또는 이해 간에 이와 평행적인 해석학적 구분이 나타난다. 로빈슨은 "신자들의 세례"가 "초기 기독교의 관습으로 단순히 돌아가는 것"이라고 주장한다. 로빈슨은 이렇게 추론한다. "세례는 **죄에서 깨끗하게 되는 것**을 의미한다"(로빈슨 강조). "신자세례는…**회심의 필연성과 개별성**을 강조한다"(로빈슨 강조). "세례는 신자가 자신의 권세를 **의식적으로** 받아들이는 것이다"(로빈슨 강조).[20]

반면에 쿨만은 세례를 **새 창조**의 관점에서 그리스도와 함께 죽는 것으로 말하는 로마서 6:1-11의 세례신학과 함께 설명을 시작한다. 세례는 단

---

18) 개종자 세례에 대해서는 Jeremias, *Infant Baptism*, 37을 참조하라.

19) Aland, *Did the Early Church Baptize Infants?* 106.

20) H. Wheeler Robinson, *Baptist Principles* (London: Carey Kingsgate, 4th edn. 1960), 11, 13, 17, 23.

순한 "개인"이 아니라 "공동체 안의 개인"과 관련되어 있다.[21] 신약성경은 "의식"(consciousness)을 요구한다는 로빈슨의(그리고 바르트의) 가정과는 반대로, 쿨만은 "인식"(cognitio)이 연루되어 있든 아니든 그리스도의 구원 행동에 강조점이 있다고 주장한다.[22] 세례는 "정보를 알리는"(informing) 행위가 아니다. 무엇보다 쿨만은 이렇게 주장한다. "믿음이 하나님의 행위에 대한 반응으로 **뒤따라와야** 하는 것은 [하나님의 은혜의] 본질에 속해 있다." 믿음은 은혜 언약의 수납을 위한 "전제 조건"이 아니다. 그렇게 되면 **은혜는** 세례가 증언하는 **은혜가 되지 못할 것이다.**[23] 부당하게 등한시된 한 연구에서 피에르 마르셀(Pierre Marcel)도 은혜의 우선성, 언약과 언약의 표징에 대한 신학, 그리고 말씀과 성례의 평행적인 효력이 유아세례 논쟁의 핵심에 놓여 있다고 주장한다.[24]

쿨만은 증거의 "해석"에 대한 문제에 있어서 침묵을 통한 논증이 오직 한 방향을 지시한다는 개념을 거부한다. 쿨만은 이렇게 말한다. "그러므로 유아세례의 성경적 특징을 논박하는 자들은 **그리스도인 부모에게서 태어난 아들과 딸들의 성인세례가…유아세례보다 신약성경의 증명이 훨씬 더 약하다**는 사실을 유념해야 한다"(쿨만 강조). 여기서 역사적 상황의 변화가 해석학적 이해를 어떻게 재형성하는지에 관한 판단은 피할 수 없는 것이 된다.

이 단락의 명시적인 목표는 이 논쟁의 한쪽 편 주장을 반대하기 위해서 맞은편의 주장을 강조하는 것에 있지 않고, 서로 다른 이해의 전통들 밑에 놓여 있는 근원적인 **해석학적** 복합성을 드러내는 데 있었다. 유아세

---

21) Oscar Cullmann, *Baptism in the New Testament*, trans. J. K. S. Reid (London: SCM, 1950), 29.

22) Cullmann, *Baptism*, 31

23) Cullmann, *Baptism*, 33.

24) Pierre C. Marcel, *The Biblical Doctrine of Infant Baptism: Sacrament of the Covenant of Grace*, trans. Philip E. Hughes (London: Clarke, 1953), 34-98, 여러 곳.

례 논쟁을 "증거"에 대한 물음으로 환원시키게 되면, 우리는 **세례가 무엇을 의미하는지**에 대한 해석학을 통해 이 문제의 핵심으로 훨씬 더 가까이 나아간다는 요점을 무시하게 된다.

(v) 성찬에 대한 이해는 복합적인 해석학적 문제들을 전제한다.

성찬의 의미에 관한 나 자신의 확신과 믿음에 대해서 한 가지 실례를 들겠다. 다른 많은 학자와 같이 나도 **유월절 내러티브가 성찬과 성찬 제정의 말씀을 해석하는 적절하고 필수적인 이해의 지평을 구성한다**고 믿는다. 내 생각에 "이것은 내 몸이니라.···이것은 나의 피니라"(마 26:26-28; 막 14:22-24; 눅 22:19-20[20절의 변형, "이 잔은 내 피로 세우는 새 언약이니"]; 고전 11:24-25[누가복음 본문과 비슷함])의 의미는 유월절 예식 **세데르**(Seder)에서 낭송하는 평행 어구 "이것은 고통의 떡이니"에 따라 결정된다.[25] 여기서 τοῦτο μού ἐστιν τὸ σῶμα τὸ ὑπὲρ ὑμῶν(투 무 에스틴 토 소마 토 휘페르 휘몬, "이것은 너희를 위하는 내 몸이니"; 고전 11:24)의 주석은 특수한 맥락이나 의미의 지평 속에서 수행하는 것으로 판단되는 **해석학적** 기능과 분리될 수 없다. 우리는 21.3.에서 이것을 더 깊이 다룰 것이다.

동일한 원리가 밀접하게 관련된 다수의 다른 주석 및 교리적 문제에도 적용된다. "주의 몸을 분별하지 못하고"(고전 11:29)라는 어구는 고린도에

---

25) 나는 이것을 Thiselton, "Was the Last Supper a Passover Meal? Significance for Exegesis," in *First Epistle to the Corinthians*, 871-882에서 주장했다. 또 F. J. Leenhardt, "This Is My Body," in Oscar Cullmann and Leenhardt, *Essays on the Lord's Supper*, trans. J. G. Davies (London: Lutterworth, 1958), 39-40도 보라. 더 폭넓게는 다음 자료들을 보라. Otfried Hofius, "The Lord's Supper and the Lord's Supper Tradition: Reflections on 1 Cor. 11:23b-25," in Ben F. Meyer (ed.), *One Loaf, One Cup: Ecumenical Studies of 1 Cor. 11 and Other Eucharistic Texts*, Cambridge Conference of August 1988 (Macon, GA: Mercer University Press, 1988), 75-115; Joachim Jeremias, *The Eucharistic Words of Jesus*, trans. Norman Perrin (London: SCM, 1966), 41-105. Oscar Cullmann, F. J. Leenhardt, *Essays on the Lord's Supper* (London: Lutterworth, 1958)에서 특히 린하르트의 논문도 보라.

있는 교회로서의 그리스도의 몸을 가리키는가, 아니면 떡의 거룩한 요소로 상징되거나 표상되는 것으로서의 그리스도의 몸을 가리키는가, 아니면 둘 다를 가리키는가, 또는 다른 어떤 것이나 그 외의 다른 것을 가리키는가? 우리는 생명의 떡을 "먹는 것"(요 6:35-37, 48-51)에 대한 요한의 개념이 특별히 "성찬"을 가리키는 것인지, 아니면 생명의 떡이신 그리스도를 먹는 것에 대한 암시가 단지 넓은 의미에서 상징적인 것이거나 "성례적인" 것인지 확인할 수 있을까? 다시 말하지만 우리는 주석과 해석학을 분리시킬 수 없다.

성찬 곧 주의 만찬에 있어서 조금도 논란의 여지가 없이 명확한 몇 가지 주제 가운데 하나는 **통일성** 또는 **하나됨**이라는 주제다. 모든 시대, 모든 교회에서 성찬 예식과 관습은 고린도전서 10:16-17의 교리 및 전례적 중요성을 전제로 한다. "축복의 잔"은 "그리스도의 피에 참여함이 아니며 우리가 떼는 떡은 그리스도의 몸에 참여함이 아니냐, **떡이 하나요 많은 우리가 한 몸이니 이는 우리가 다 한 떡에 참여함이라.**" 성찬 본문에서 변형된 많은 표현들은 이 본문(고전 10:16-17)이나 「디다케」 9:4에서 뽑힌 말, 즉 "이 부서진 빵이 산들 위에 흩어졌다가 그때 함께 모여 하나가 되듯, 당신의 교회도 하나로서 함께 모이게 하소서"라는 말을 포함하고 있다.

사실상 모든 전통이 이 주제의 주석과 강조점에 동조한다. 하지만 **해석학적 적용**에 관해 더 말해질 내용이 있는가? 이 주제에 대해서 존 지지울라스가 날카롭게 설명한다. 지지울라스는 **하나**가 되는 것이 **사회적 분리**와 관련되어 있을 뿐만 아니라 "**자연적 분리**(나이, 인종 등과 같은)와도 관련되어 있다.…[초기 교회 안에는] 특별히 어린아이들 또는 학생들을 위한 성찬 예식이 없었다. 또는 사적으로나 개인적으로 행해질 수 있는 성찬 예식도 없었다. 이런 일은 엄밀히 말해 **예전**(leiturgia), 즉 한 도시의 **모든** 그리스도인이 참여하는 '공적 활동'이었던 성찬의 보편성을 파괴할 것이다."[26] 이것은

---

26) Zizioulas, *Being as Communion*, 151-152(지지울라스 강조).

자명한 말처럼 보이지만 이 **해석학적 적용**은 크게 무너진 듯하다. "청년회를 위한" 또는 "어머니회를 위한" 성찬 예식을 주재하는 것에 대한 물음을 받거나 "혼자만의 제단"을 갖고 있다는 말을 동료 사제에게 듣는 것은 전적으로 부적절하다. 그럼에도 그런 일이 일어난다. 아마 이것은 **실천과 삶을 형성하는 교리 해석학**의 필요성에 더욱 큰 힘을 실어줄 것이다.

## 21.2. 해석학과 하나님의 말씀, 그리고 말씀과 성례에 관한 문제

정상적인 과정을 거친다면 이 주제를 다루는 것은 그 자체로 방대하고 민감한 주제이기 때문에 이 책에서 가장 긴 한 장이 될 것이다. 칼 바르트는 14권으로 이루어진 방대한 영문판 『교회교의학』에서 두 권을 하나님의 말씀 교리에 할애했다. 이 부분은 매우 폭넓은 신학적·해석학적 이해의 지평에 대한 해설을 포함하고 있다. 이 지평 안에서 "하나님의 말씀"은 특히 하나님의 자기 계시의 주도권과 은혜에 초점을 두고 해석되어야 한다. 나중에 바르트가 『교회교의학』 II/1에서 설명하는 것처럼 "하나님은 하나님을 통해, 오직 하나님을 통해서만 알려지신다."[27] 바르트는 하나님의 말씀을 교리 곧 교의학의 기준으로 해설하고 그 말씀을 **예수 그리스도 안에서 성육신하신 하나님**이라는 1차 의미, 기록된 하나님의 말씀으로서의 **성경의 증언**이라는 2차 의미, 그리고 복음 **선포**를 통한 교회의 그리스도에 대한 증언이라는 3차 의미로 구분한다.[28]

현재의 주제와 관련해서 내가 500쪽에 달하는 『두 지평』, 700쪽에 달하는 『해석의 새로운 지평』, 800쪽에 달하는 『티슬턴의 해석학』에서 이미

---

27) Barth, *Church Dogmatics*, II:1, sect. 27, 1, p. 179.
28) Barth, *Church Dogmatics*, II:1, sects. 1-2: pp. 3-45; 더 특별하게는 sects. 3-4, pp. 47-124을 보라.

발표한 내용을 되풀이하는 것은 적절하지 않기 때문에, 여기서는 성경과 성경 본문의 교리 해석학에 대해서 몇 가지 내용을 제공하는 것으로 그칠 것이다. 그렇다고 해도 이 제목 아래 말해야 할 것이 있으므로 먼저 나는 방금 언급한 세 권의 책에서 충분히 말할 수 없었던 바르트 연구에 대해서 아주 간략하게 예비적인 설명을 제공하고, 이어서 하나님의 말씀 그리고 하나님의 말씀과 성례의 관계 해석학에 대한 몇 가지 근본 원리를 선별해서 제시할 것이다.

바르트는 그에 대한 대중의 잘못된 판단과는 반대로, 하나님이 예컨대 "러시아 공산주의, 플루트 콘서트, 활짝 꽃이 핀 관목, 또는 죽은 개를 통해" 말씀하시는 것을 포함해서 다양한 형태로 우리에게 **말씀하실** 수 있다고 선언한다.[29] 하나님의 말씀은 설교를 포함하고, 또 (바르트의 말에 따르면) "성례"의 형태를 취한다. 하나님의 말씀은 "말하자면 성경적 계시의 증언에 의해 설교의 부속물과 확증으로 지시되어 교회 안에서 수행되는 상징적 행위"의 형태를 취한다.[30] 하나님의 말씀은 설교자나 신학자에게 초점을 맞춘 "자기 해설"이 **아니다**. 또는 사제관이나 목사관에서 나온 자서전적인 이야기도 아니다.[31] 성경은 하나님의 과거 계시에 대한 "회상"을 제공할 뿐만 아니라 "하나님의 미래 계시에 대한 기대"도 제공한다.[32] 하나님의 "발언"은 단순한 "담화"가 아니다. "**하나님의 말씀은 그 자체로 하나님의 행위다**"(티슬턴 강조).[33] 하나님의 말씀은 **행동** 속에서, 곧 "선택, 계시, 부르심, 분리, 새 탄생", 그리고 "하나님의 다스리시는 행동"에 있어 "우연적인 동시대성"의 형태를 취한다.[34] 하나님의 말씀은 "약속, 심판, 주장"을

---

29) Barth, *Church Dogmatics*, II:1, sect. 3, 1, p. 55.
30) Barth, *Church Dogmatics*, II:1, sect. 3, 1, p. 56.
31) Barth, *Church Dogmatics*, II:1, sect. 3, 1, p. 64.
32) Barth, *Church Dogmatics*, II:1, sect. 4, 3, p. 111.
33) Barth, *Church Dogmatics*, II:1, sect. 5, 3, p. 143.
34) Barth, *Church Dogmatics*, II:1, sect. 5, 3, pp. 145, 148.

규정한다.[35] 나아가 하나님의 말씀은 **하나님의 임재**와 분리될 수 없다.[36] 바르트는 지지울라스 및 정통파 전통과 마찬가지로 하나님의 말씀이 관계성 또는 관계 속에서 하나님과의 **친교**를 이끌고 가능하게 한다는 사실을 강조한다.[37] 그러나 말씀을 통한 계시는 간접적이고 변증법적이다. 왜냐하면 하나님은 비록 그리스도를 통해 자신이 정하신 방법으로, 그리고 자신이 정하신 때에 알려질 "준비가" 되어 있기는 해도 숨어계시기 때문이다.[38]

하나님의 말씀 교리에 대한 바르트의 또 다른 해설은 그가 삼위일체적인 구조를 필수적으로 강조하는 것에 있다. 바르트에 대한 최근의 해설자 가운데 텔퍼드 워크(Telford Work)는 초기에 주어졌던 설명의 진부한 궤도를 따르지 않고, 해석학적으로 민감한 하나님의 말씀 교리를 소생시키기 위해 발타자르, 아타나시오스, 아우구스티누스의 자료에 의존할 뿐만 아니라 바르트의 사상에 있어 이 측면에도 의존한다.[39]

이제 성례와 특별하게 관련된 하나님의 말씀에 대한 교리 해석학의 측면들을 보다 광범위하게 고찰해보자.

(a) 말씀과 성례는 똑같이 그리스도와 복음을 **중대한 법령 또는 행동**으로 증언한다. 말씀은 단순히 인식적 성찰이지만 성례는 행동이라는 생각은 사실이 아니다. 특히 **중대한 사건에 대한 기대** 의식은, 그것이 성찬이든 세례든, 성례의 전례만큼이나 **말씀의 전례에도 속해야 한다.** 말씀과 성례는 똑같이 심판과 은혜의 행동이자 **사건**이다. 바르트, 불트만, 푹스, 에벨링은 "사건" 또는 "언어사건"에 상대적으로 더 충분한 이유를 갖고 매

---

35) Barth, *Church Dogmatics*, II:1, sect. 5, 3, p. 150.
36) Barth, *Church Dogmatics*, II:1, sect. 8, 1, pp. 295-304.
37) Barth, *Church Dogmatics*, I:1, ch. 2, sects. 9-12, pp. 348-489; 참조. Zizioulas, *Being as Communion*, 101-122.
38) Barth, *Church Dogmatics*, I:2, sect. 13-14, 1-121, sect. 19, 457-537.
39) Telford Work, *Living and Active: Scripture in the Economy of Salvation* (Grand Rapids: Eerdmans, 2002).

달린다. 그러나 나는 일관되게 자기 참여적인 **발화행위**의 원리와 용법을 탐구하는 데 더 주력할 것이다. 왜냐하면 발화행위는 여전히 **존재론적으로 사실**인 언어 외적 사건들의 어떤 상태에 영향을 미치는 효력에 명백하게 좌우되기 때문이다.[40] 불트만, 푹스, 에벨링이 하이데거의 언어관에 지나치게 큰 영향을 받아 단지 언어의 실존적 힘만을 보거나(불트만의 경우) 또는 단지 단일 언어 내의 세계만을 보는 것(푹스의 경우)은 하나님의 말씀의 역동성에 대한 모델로서 부적합하다. 하나님의 말씀은 비록 "생성으로서의 존재" 안에서이기는 해도 존재론에 기반이 두어져 있다.

그러므로 성찬과 세례에서 그리스도의 임재의 **엄숙함**(gravitas)을 중시하고 확대시키려는 고상한 열망을 갖고 있는 많은 교회가 종종 부지불식간에 마치 말씀의 전례가 성례의 전례보다 저급한 것처럼 생각하고서는 그것을 깎아내린다. 그러나 이 둘은 서로 보완적이고, 다만 같은 것이 다른 형태로 행해지는 것이다. 이것이 사제들이 "성찬" 예복을 입는 것에 대해서 영국 성공회 안에서 개신교 교리 전통에 속한 자들이 저항한 한 가지 이유다. 이 예복은 일상적 직분을 감당할 때 늘 입는 평상복이나 백의보다 중요성과 화려함을 더 크게 부각시키려는 의도로 착용했기 때문이다. 공식 전례 행위의 하나로서 의례적으로 강단에 성경을 비치하는 스코틀랜드의 일부 개신교 교회의 관습은 존중과 부러움의 대상이 되고 있다. 바르트와 슐라이어마허는 둘의 차이가 어떠하든지 간에, 설교에서 일어나는 하나님의 말씀과의 **결정적이고 변혁적인 만남**에 대한 **기대감**을 높이려고 애썼다.

(b) 해석학 전문가들 가운데 폴 리쾨르는 성경적 담화의 **다양한 형태**를 상기시켰다.[41] 리쾨르는 우리가 빈번하게 다른 모형들보다 **교훈 모형**

---

40) 이 연구들에 대해서는 Thiselton, "Hermeneutics and Speech-Act Theory," in *Thiselton on Hermeneutics*, 51-149을 보라.

41) Ricoeur, *Essays on Biblical Interpretation*, 73-95.

과 **예언** 모형에 특권을 부여하는 경향이 있다고 지적한다. 우리는 "가르침 받기"를 바란다. 우리는 자극받고 직면하고 때때로 교정 받고 책망받기를 바란다. 그럼에도 **시편**과 찬송 문헌은 **하나님께 말하고**, 그로 말미암아 "당신"으로서의 하나님과 **대화**와 **친교**를 시작하거나 지속한다. 이 친교는 상호인격적이고 상호주관적이다. **지혜** 문헌은 **탐구하고, 물음**을 던지고, 때로는 "대답"하고, 열려진 결론으로 독자를 초대한다. 이때 물음은 독창적인 생각과 깊은 참여를 자극할 것이다. 바이스만(Waismann)은 이렇게 말한다. "첫 단계에서 물음은 새 지평을…손으로 더듬으며 찾도록 한다.… 그런 다음 전통적 견해의 장벽 너머로 우리를 이끈다."[42] 성경에서 **내러티브**는 우리가 들어가 거주할 수 있는 "세계"를 투사한다. 그리고 "우리의" 내러티브를 세상을 다루시는 하나님에 대한 포괄적이고 웅대한 내러티브 속에 집어넣을 때, 그 내러티브 속에서 우리는 우리 자신의 개인적인 "소소한" 내러티브의 의미를 발견하게 된다.

그리고 두 가지 결과가 이어진다. 첫째, 우리가 이 다양한 양식을 발화 행위와 관련시킬 때, 하나님 말씀의 다양한 변혁적 효력에 대한 우리의 기대가 높아진다. 심지어 근대 이전에도 윌리엄 틴데일(William Tyndale)은 성경에서 약 18개의 발화행위가 수행된 것을 확인했다. 틴데일은 성경이 **약속하고, 이름을 부르고, 지명하고, 선언하고, 주고, 정죄하고, 저주하고, 묶고, 죽이고, 절망으로 이끌고, 전달하고, 용서하고, 삶을 보살피고, 상처를 입히고, 복을 베풀고, 치료하고, 고치고, 각성시킨다**고 말했다.[43] 둘째, 시편(그리고 다른 문헌들)에서 이처럼 하나님께 말하는 것은 신-인 대화를 배

---

42) F. Waismann, *The Principles of Linguistic Philosophy* (London: Macmillan, New York: St. Martin's Press, 1965), 405.

43) William Tyndale, "A Pathway into the Holy Scripture," *Doctrinal Treatises and Introduction to Different Portions of the Holy Scripture*, Parker Society Edition (Cambridge: Cambridge University Press, 1948), 8-12, 15, 17-18, 21-23; 참조. 7-29.

양하고, 따라서 신-인 **친교**도 촉진시킨다. 바로 이것이 엄밀히 말해 칼뱅, 바르트, 지지울라스, 그리고 최근의 젠스 짐머만이 성경 읽기의 주된 목표로 간주하는 것이다.[44] 만일 히브리서 1-12장이 설교로 간주된다면 히브리서는 설교의 다면성에 대한 놀라운 모형을 제공할 것이다. 히브리서 1:1-13은 **신조, 신앙고백, 찬송, 찬양, 환호, 논증, 송축**과 함께 구약 본문에 대한 **해설**을 담고 있다. 확실히 "권면"이나 "가르침"이 전부가 아니다. 슐라이어마허의 은유를 사용하자면, 그것은 불이 붙고 "음악을 연주하는 것"이다.[45]

(c) **성경을 읽고 하나님의 말씀에 주목해야 한다. 다만 가능하면 자기 이득을 물리치려는 의심의 해석학을 가지고 읽어야 한다. 여기에는 변화가 없는 자기 긍정과 자기 인정의 나르시시즘적 욕망이 포함된다.** 해석학의 주된 주창자 가운데, 가다머, 리쾨르, 하버마스는 이 주제를 제시하는 매우 독창적인 사상가들이다. 만일 독자가 자기들의 사전 기대와 사전 이해의 지평을 성경 본문에 **부여한다면**, 특별히 자기 긍정과 하나님의 인정에 대한 욕구는 환상과 왜곡만을 낳고 말 것이다.

리쾨르와 하버마스는 인간의 자기기만, 인간 의지의 오류 가능성, 그리고 자기 인정적인 인간적 "관심"의 역할에 대해서 폭넓게 글을 썼다. 리쾨르는 비록 프로이트의 기계론적 세계관을 유신론의 관점에서 통렬하게 비판하기는 해도 프로이트의 견해에 의지하여 이 원리를 증명한다. 가다머는 텍스트의 독자로서 우리가 얼마나 쉽게 "미숙한 동화"(premature assimilation)를 통해 텍스트를 우리 자신의 이미지로 재형성할 수 있는지를 증명한다. 이로 말미암아 우리는 "타자"에 참여할 때 주어지는 변혁적이고 형성적인 결과를 상실한다. 나는 5.1.에서 "형성"에 대한 가다머의 접근법

---

44) 추가로 Zimmermann, *Recovering Theological Hermeneutics*, 18-19, 23-25(바르트 부분), 34(칼뱅 부분), 63(루터 부분), 87-89, 99을 보라.
45) F. D. E. Schleiermacher, *On Religion: Speeches to Its Cultured Despisers*, trans. John Oman (New York: Harper & Row, 1958), 119-120.

과 "나르시시즘"을 피하는 리쾨르의 처방을 탐구했다.

이제 이 부분을 마치기 전에, 특히 **성례**의 수와 범주에 관해 우리가 처음에 잠정적으로 제시한 설명에 비추어 몇 가지 일반적인 사실을 덧붙이는 일이 남아 있다. 우리는 전문적으로 신학적이고 전례적인 의미에서 **성례**라는 말이 기원후 200-203년경에 테르툴리아누스에게서 처음 나타났다고 지적했다. 성례를 가리키는 라틴어 *sacrametum*은 일률적으로 **서약** 또는 **맹세**를 의미한다. 그러므로 기독교의 성례는 곧 하나님이 자신의 언약적 **약속**에 충실하실 것이라는 **서약**, 그리고 특히 세례와 성찬에서 충성을 다짐하는 기독교 신자들의 서약과 관련된다.

종교개혁자들은 할례와 유월절에 대한 구약의 언약 표징들과의 평행 또는 유비에 따라 성례를 언약의 약속에 대한 가시적 보증으로 특별히 강조했다. 아우구스티누스는 성례를 불가시적인 은혜의 가시적 형태 또는 표징으로 정의했다.[46] 영국 성공회의 1662년 공동 기도서는 「교리문답」에서 성례를 "우리가 똑같은 것을 받는 수단으로 그리고 그것을 우리에게 보장하는 보증으로, 그리스도께서 친히 정하신 것으로, 우리에게 주어진 내적이고 신령한 은혜의 외적이고 가시적인 표징"으로 정의한다. 그 다음 물음은 "성례는 몇 부분으로 이루어져 있는가?"다. 이 물음에 주어진 답변은 이것이다. "성례는 두 부분으로 이루어져 있다. 한 부분은 외적인 가시적 표징이고, 다른 한 부분은 내적인 신령한 은혜다." 내가 알고 있는 한, 영국 성공회는 1662년 교리문답을 교체하기는커녕 아직까지 "개정된" 어떤 교리 문답도 공식적 대안으로 인정하지 않았다.

아우구스티누스와 아퀴나스는 성례의 본질과 기능을 각각 자기들의 표징 이론의 맥락에 따라 이해했다. 아우구스티누스는 추가로 성례를 다음과 같이 정의했다. "표징들은 신적 사실들을 가리킬 때 '성례'로 불린

---

46) 다양한 평행 요소가 Augustine, *City of God*, X:6과 *On Christian Doctrine*, II:1에서 발견된다.

다"(*Signa, cum ad res divinas pertinent, sacramenta apellantur*).[47] 노팅엄 대학교의 동료인 로버트 마커스(Robert Markus)는 아우구스티누스의 표징 이론과 그 이론의 의미 이론과의 관계에 대해서 날카롭고 사려 깊은 설명을 제공했다.[48] 마커스는 아우구스티누스와 교황 그레고리우스 1세의 200년 기간 사이에 표징 이론이 실질적인 변화를 거쳤고, 따라서 그 이론이 대략 400년과 600년 사이의 세계관의 변화를 반영한다고 설득력 있게 주장했다. 아우구스티누스는 「기독교교리」(*On Christian Doctrine*) 제2권에서 표징의 본질을 다룬다. 거기서 아우구스티누스는 관습적 표징의 애매함으로 인해 종종 오해가 빚어질 수 있다는 사실을 인정한다. 성경의 경우 말의 표징들을 해석하려면 성경의 언어에 대한 연구와 기독교적 지혜가 함께 필요하다.[49] 성례는 자연적 표상이 아니라 관습적 표상에 기초를 두고 있고, 심지어 이 표상들도 해석을 요한다.

때가 되자 칼뱅은 이 원리를 발전시키고 확대시켜 성례가 말씀의 동시 사역이 없이 거행되어서는 안 된다고 주장한다. 칼뱅은 성경에서 "어떤 표징도…반드시 교리를 불가분리적으로 수반했고, 교리가 없으면 우리의 눈은 어리둥절하게 아무 의미 없는 대상만 바라보게 될 것이다"라고 주장한다.[50]

성 빅토르의 휴(Hugh of St. Victor)는 12세기에 성례신학에 대한 고전적인 논문을 발표했다. 휴는 모든 표징이 성례, 심지어 성서나 성상이나 성화로 불릴 수 있는 것은 아니라고 주장했다. 휴는 이렇게 말한다. "성례는 형상을 통해 재현하고, 제도를 통해 의미하며, 성화를 통해 포함함으로써,

---

47) Augustine, *Epistles*, 138.
48) Robert A. Markus, *Signs and Meanings: World and Text in Ancient Christianity* (Liverpool: Liverpool University Press, 1996), 특히 3-4장.
49) Augustine, *On Christian Doctrine*, II:1-16.
50) Calvin, *Institutes*, IV:14:4. 추가로 Ronald S. Wallace, *Calvin's Doctrine of the Word and Sacrament* (Edinburgh: Oliver & Boyd, 1953), 72-81을 보라.

어떤 불가시적이고 영적인 은혜를 외적 의미로 내놓는 물리적·물질적 요소다."[51] 가시적인 것은 닮음이나 유비를 통해 불가시적인 것을 표상하거나 전달한다. 가시적인 것은 적절한 권세를 통해 이 전달 행위를 상징하도록 규정하거나 "제정한다." 성 빅토르의 휴는 이로써 아우구스티누스가 말하는 성례 표징들의 포괄적인 관점을 "좁히거나" 더 구체적인 관점으로 만든다. 아우구스티누스의 견해의 포괄성은 그가 다음과 같이 말하는 것에 나타나 있다. "신약성경의 성례는 구원을 제공한다. 구약성경의 성례는 구주를 약속한다"(sacramenta Novi Testamenti dant salutem, sacramenta Veteris Testamenti promiserunt Saluatorem).[52]

성 빅토르의 휴와 거의 동시대 인물인 페트루스 롬바르두스(Peter Lombard)는 휴의 정의를 수정해서 성례의 수가 7개로 정해지는 중세 시대의 성례 기준을 마련했다. 각 성사마다 은혜를 전달하는 7성례는 세례성사, 견진성사, 성체성사, 고백성사, 종부성사, 서품성사, 혼인성사다.[53] 롬바르두스는 "형상"(likeness)과 목적에 대한 기초로 아우구스티누스의 표징 이론을 폭넓게 취하지만 물리적·가시적 요소를 중시하지는 않는다. 토마스 아퀴나스는 "7성례"를 찬성하고, 이것은 13세기 교회에서 광범위하게 받아들여졌다.[54] 트리엔트 공의회는 **누구든 이 일곱 가지보다 많거나 적다**(aut esse plura vel pauciora quam septem)고 주장하는 자는 **파문**(anathema)을 당할 것이라며 정죄했다.[55]

"7"에 대한 이런 교의적인 집착은 우리가 지적한 것처럼 **성례**에 대한 특수한 이해와 정의를 전제로 한다. 언뜻 보면 영국 성공회의 공동 기도

---

51) Hugh of St. Victor, *On Sacraments*, IX:2.
52) Augustine, *Commentary on the Psalms*, 73.
53) Peter Lombard, *Libri Sententiarum*, IV:1:4, ii.
54) Aquinas, *Summa Theologiae*, 3a, Q. 60-65, 특히 Q. 61:3 (Blackfriars edn., vol. 56). 세례와 성찬을 포함하고 있는 3a, Q. 66-83을 참조하라.
55) *Council of Trent*, session 7, sect. 1.

서는 **2성례**를 주장함으로써 굉장히 교의적인 것처럼 보인다. 그럼에도 공동 기도서는 성례라는 말이 다른 의미로 사용될 수 있는 여지를 남겨둠으로써 명확한 설명을 제공한다. 공동 기도서는 한정적인 어구를 사용한다. **"몇 개의 성례를 그리스도는 자신의 교회에 정하셨는가?"**라는 교리문답 물음에 이렇게 대답한다. **"일반적으로 구원에 필수적인 성례로는 오직 두 가지가 있는데, 그것은 세례와 주의 만찬이다."** 어느 누구도 혼인이나 서품을 구원에 필수적인 것으로 주장할 수 없었다. 따라서 일곱 가지 안에서 두 가지를 "주님의"(dominical) 성례 또는 "복음" 성례로 암묵적으로 구별하는 것을 인정한다. 따라서 성례의 참여자는 각각 "물"이나 "떡과 포도주"를 "외적이고 가시적인 표징"으로 간주한다. 제2차 바티칸 공의회 문서들 속에서 "믿음의 성례"는 다음과 같은 한정된 표현으로 언급된다. "특히 말하자면 다른 모든 성례의 중심축인, 세례로 [그리고]…성찬의 거룩한 신비로…"[56]

이제 특정한 교리적 믿음과 관계없이 **"성례"라는 말의 세 가지 다른 용법이 구별되어야 한다**는 사실이 더욱 분명해졌다.

(i) 대다수(아니 적어도 많은) 개신교 교회는 **두 개의 "주님의" 성례를 성경의 역사적 배경** 속에서 **그리스도가 제정하고** 규정하신 성례라고 말한다.

(ii) 다른 범주에 있는 많은 이들이 **성례적**이라는 말을 사용할 때, 그것은 하나님이 계시와 이해의 은혜를 말씀하고 전달하신다고 자기들이 믿는 **어떤 경험적·물리적·물질적 대상이나 사건**을 가리키는 매우 폭넓은 뜻으로 사용된다. 깨어 있도록 씻거나 물을 끼얹는 행위는 촉각적이고 가시적인 경험을 통해 깨끗하게 하시는 하나님의 은혜에 대한 구체적인 표징을 전달하는, 폭넓지만 확산된 의미에서 "성례적"일 수 있다. 하지만 어느 누구도 이것이 "엄격한" 의미에서 "성례적"이라고 주장하지는 못할 것

---

56) Vatican II, "Sacred Liturgy," *Inter Oecumeneci* (1964년 9월 26일), "Principles," 6, in Flannery (ed.), *Documents*, 46.

이다. 그러나 이것은 여전히 애매함을 불러 일으킬 수 있다. 요한복음은 성찬적이고 세례적인 언급들을 전달한다는 의미에서 "성례적"인가, 아니면 예수 그리스도의 이적 행위에 대한 표징이 그 자체를 넘어 영적인 실재를 지시하기 때문에 표징의 책(요 2:1-12:50)으로 사용되었다는 넓은 의미에서 "성례적"인가?

(iii) 가톨릭교회와 동방 정교회에서는 중세 시대의 성례신학의 발전에 따라 **성례**라는 말을 사용한다. 서품과 혼인이 "성례적"**인지에** 대한 **추상적** 논쟁은, 그것을 통해 "은혜"가 전달된다고 말할 수 있는 해석학적 근거가 있기 전까지는 피하는 것이 상책이다. 오히려 다음과 같은 다른 물음들이 이해의 지평에 공헌할 것이다. 성례적 물건 또는 극적인 성례적 행동은 은혜를 전달하는가? 또는 성례적 행동을 수반하는 기도는 은혜를 전달하는가? 기도와 동반된 성례적 행동이 공동으로 은혜를 전달하는가? 자기 관여적이고 참여적인 영역이나 믿음을 통한 적응의 역할은 무엇인가?

틀림없이 이상의 설명에는 한 가지 예외가 있을 수 있다. 루터는 **고해**가 의례 수행에 기초하지 않고 **하나님께로 돌아선다는** 성경적인 회개의 의미로 돌아가기만 한다면, 성례로 간주될 수 있는 개념이라고 인정했다. 루터는 그리스어 μετανοεῖν(메타노에인)이 **돌아서다**를 의미하는 히브리어 שׁוּב(슈브)를 반영한 말이라고 주장했다.

루터, 멜란히톤, 칼뱅, 그리고 다른 종교개혁자들은 성례를 **하나님의 약속에 대한 보증 또는 효과적 표징**으로 이해했다. 이 점에서 성례는 하나님의 말씀으로 작용했고, 하나님의 말씀과 다른 것이 아니었다. 필립 멜란히톤(Philip Melanchthon)은 이렇게 말했다. "복음은 은혜에 대한 약속이다. **표징의 자리는 우리에게 약속을 상기시키는 보증**이므로 약속과 매우 긴밀하게 관련되어 있다. 하나님이 약속하신 것을 확실히 받을 것이라고 증언한다면, 우리는 우리를 향하신 하나님의 뜻에 대한 확실한 증인이다."[57]

---

57) Philip Melanchthon, *Loci Communes Rerum Theologicarum*, trans. and ed.

칼뱅은 성례를 "주께서 우리의 연약한 믿음을 지탱시켜주시려고 우리를 향하신 하나님의 선하신 뜻의 **약속들**을 우리의 양심에 **인 치시는** 외적 표징이고, 이로써 우리는 하나님을 향한 우리의 경건을 증명한다"고 정의한다(티슬턴 강조).[58] 칼뱅은 약속과 하나님의 말씀의 역할을 강조한다. 칼뱅은 이렇게 말한다. "선행하는 약속이 없으면 성례도 절대 있을 수 없다."[59] 또 하나님의 진리는 이미 확실해서 보충할 필요가 없지만, 우리의 연약한 믿음으로 말미암아 성례가 "일종의 부록처럼" 추가된다고 덧붙인다.[60] 성례는 "마술적인 주문"이 아니라 표징을 동반하는 복음의 선포로서, "말씀과 표징"으로 함께 구성된다.[61]

그리고 여러 가지 실제적인 예전의 효력이 뒤따른다. 성례는 "성결 공식을 중얼거리는 것"으로 거행되어서도 안 되고, 라틴어를 알지 못하는 교인에게 라틴어를 사용하거나 "천박한 푸념"을 늘어 놓는 것으로, 또는 하나님의 말씀 선포와 분리되어 거행되어서도 안 된다. 여기에는 아우구스티누스가 라틴어 단어 *sacramentum*을 그리스어 단어 μυστήριον(뮈스테리온)의 대응어로 인식해 결국 "약속은 성례로 보증된다.…성례는 가장 분명한 약속을 가져온다"는 개념을 왜곡시킨 배경이 있다.[62] 기독교의 성례는 구약의 언약의 표징들과 평행을 이룬다. 거기서 할례는 "인"(seal)이다(롬 4:11). 무엇보다 구약의 언약의 표징들은 "말씀에 의해 시행되고 규정된…언약의 성례적 표징들…언약의 상징들"이다.[63] 성례는 "주의 은혜의 담보

---

Wilhelm Pauck, *Melanchthon and Bucer*, Library of Christian Classics 19 (London: SCM and Philadelphia: Westminster, 1969).

58) Calvin, *Institutes*, IV:14:1 (Beveridge edn., vol. 2, 491-492).
59) Calvin, *Institutes*, IV:14:3 (Beveridge edn., 492).
60) Calvin, *Institutes*, IV:14:3 (Beveridge edn., 492).
61) Calvin, *Institutes*, IV:14:4 (Beveridge edn., 493).
62) Calvin, *Institutes*, IV:14:5; 참조. 3-4 (Beveridge edn., 493-494).
63) Calvin, *Institutes*, IV:14:6 (Beveridge edn., 494).

물"이다.[64]

이것은 마르틴 부처(Martin Bucer)와 피터 마터(Peter Martyr)가 강조하는 개념, 즉 성례를 "가시적인 말씀"으로 보는 개념과 큰 차이가 없다. 주의 만찬의 본질에 대한 루터와 츠빙글리 사이에 벌어진 심각한 논쟁(21.3.을 보라)에 직면해서 마르틴 부처는 종교개혁 교리들을 결합시키려고 애썼다. 어쩔 수 없이 유럽 대륙을 떠나 피신한 마터는 1547년에 옥스퍼드로 갔고 마르틴 부처는 1549년에 케임브리지로 갔는데, 둘 다 대주교 토머스 크랜머의 초청을 받아 간 것이었다. 크랜머는 에드워드 6세 치세에 1552년판 공동 기도서를 준비할 때 부처 및 마터와 공동 작업을 했고, 이 공동 기도서로 영국 성공회 안에 "개신교" 교리가 중대한 위치를 차지하게 했다. 부처와 마터는 아우구스티누스가 영향을 받은 플라톤의 폭넓은 전통 안에서 "표징"을 조심스럽게 검토했을 뿐만 아니라 특별히 구약의 언약 표징, 신약의 표징, 세례와 성찬의 성례도 면밀하게 검토했다. 조셉 맥렐란드(Joseph McLelland)와 피터 스티븐스(Peter Stephens)는 마터와 부처의 견해가 갖고 있는 신학적 중요성을 상세히 설명한다.[65] 부처의 견해에 따르면, "내적 말씀"은 성령의 행동에 의존하고, "외적 말씀"은 곧 설교의 "선포된 말씀"과 세례와 성찬의 "가시적 말씀"이다.[66] 그렇다고 외적 말씀이 "벌거벗은 표징"은 아니고, "그것이 보여주고자 하는 것을 제공해준다."[67] 따라

---

64) Calvin, *Institutes*, IV:14:7 (Beveridge edn., 495). 성례와 말씀의 명확한 선포와의 관계에 대해서는 추가로 Ronald S. Wallace, *Calvin's Doctrine of the Word and Sacrament*, 133-142을 보라.

65) 특히 다음 자료들을 보라. Joseph C. McLelland, *The Visible Words of God: A Study in the Theology of Peter Martyr 1500-1562* (Edinburgh: Oliver & Boyd, 1957); W. P. Stephens, *The Holy Spirit in the Theology of Martin Bucer* (Cambridge: Cambridge University Press, 1970). 그중에서도 특히 "The Sacraments-the Visible Words," "Baptism-the Visible Word (1)," "Holy Communion-the Visible Word (2)," 213-259을 보라.

66) Stephens, *Martin Bucer*, 208-220.

67) Martin Bucer, *Ephesians*, 104 (Stephens, *Martin Bucer*, 219에서 인용).

서 공동 기도서는 "효과적인" 표징에 대해서 말한다.

게르하르트 에벨링과 볼프하르트 판넨베르크는 더 예리한 두 가지 해석 포인트를 제시한다. 첫째, 종교개혁자들이 **약속**에 강조점을 두는 것은 현재 성례가 "제공하는" 것을 애매하게 만드는가? 판넨베르크가 (에벨링을 인용하여) "세례와 성찬에서 그리스도와 하나님 나라의 성례적 현존이 지시하는 본질은 '아직 [완성되지] 아니한' 기독교적 삶의 표현"이라고 말할 때, 이는 루터의 관심사를 충실하게 반영한 것이다.[68] 21.3.과 21.4.에서 주장하겠지만, 주의 만찬은 "주께서 오실 때까지"라는 **종말론적** 차원을 갖고 있다. 세례는 최후의 심판에 대한 예견으로 간주될 수 있다. 은혜로 말미암아 얻는 칭의에서와 같이 "지금"과 "아직"이라는 이중 요소가 있고, 종교개혁자들은 제의적인 "지금 여기"에 너무 큰 강조점을 두게 되면 성례의 **약속**으로서의 성격이 등한시되거나 상실될 수 있다는 점을 염려했다.

둘째, 종교개혁자들은 성례를 무엇보다 **그리스도와 복음을 선포하는 것**으로 보았다. 그러나 표징과 성례를 **부각시키고** 성례 자체의 엄숙함과 신비를 강조하게 되면, 알게 모르게 표징 자체에 너무 큰 주의를 기울임으로써 그리스도를 희미하게 만들 수 있었다. 멜란히톤은 그리스도야말로 **바로** 성례 자체라고 지적한다. 그래서 판넨베르크도 이런 지나친 강조는 "예수 그리스도 자신이 지닌 성례적 특징(sacramentality)과 그분의 수난에 대한 생각을 뒷배경으로 밀어 넣는 것"이라고 지적한다.[69]

루터교회와 개혁교회는 성례를 하나님의 약속에 대한 담보물로서, 그리고 말씀과 성례의 건설적 연속성을 밑받침하는 가시적 말씀으로서 강조한다. 루터교회와 개혁교회 진영에서 이 측면은 계속 강조되고 있다. 예컨대 로버트 젠슨과 다니엘 밀리오리는 이 주제를 우리 시대에 맞게 잘

---

68) Pannenberg, *Systematic Theology*, vol. 3, 353; Gerhard Ebeling, *Word of God and Tradition*, trasn. S. H. Hooke (London: Collins, 1968), 225-235.

69) Pannenberg, *Systematic Theology*, vol. 3, 348.

설명해준다. 물론 최근에 보다 포괄적으로 연구를 한 젠슨은 이 주제를 더 광범위하게 다루었다.[70] 한편 우리는 여기서 두 가지 조건을 지적할 수 있다. 첫째, 성례의 공동체적·집단적 본질은 만약 우리가 그리스도, 성경, 선포로서 **하나님의 말씀**이 **공동체** 곧 전체 교회와 전체 교인에게 **동등하게 전해지는 것**을 상기하기만 한다면, 이 주제 안에서 유지된다. 둘째, 성례에 참여할 때는 시각을 포함하여 오감이 각각 연루된다. 이 **온전한** 전달 능력은 또한 이해의 전의식적 차원과 전인식적 차원을 포함하는데, 이것을 융, 야스퍼스, 틸리히, 리쾨르는 **상징**의 능력에 기여하는 것으로 이해한다. 영국 성공회 출신 종교개혁자들은 하나님의 행위와 약속, 그리고 은혜의 **효과적인 표징**에 대해 말함으로써 성례적 표징의 영향을 강조했다.

## 21.3. 성찬에 관한 해석학적 문제: 성경 및 역사적 전통

먼저 용어를 정확하게 설명하는 것으로 시작하자. 성경에서 파생된 세 용어 곧 **유카리스트**(Eucharist), **거룩한 친교**(Holy Communion), **주의 만찬**(Lord's Supper)은 교회론의 다양한 범주 가운데 어떤 "입장"과 연관되어 등장했는데, 이것은 전통의 발전에 있어 유감스러운 사건이 아닐 수 없다. 또한 **미사**(Mass)라는 말은 교회론적 라틴어 대응어인 *missa*에서 연원했는데, 이는 로마 가톨릭의 유카리스트(성찬)가 끝날 때 "해산"을 가리키는 용어였다. 따라서 미사라는 말은 너무 두드러지게 로마 가톨릭 전통에 속

---

70) Robert Jenson, *Visible Words: The Interpretation and Practice of Christian Sacraments* (Philadelphia: Fortress, 1978); Migliore, *Faith Seeking Understanding*, 211; 참조. 211-230; 최근 작품으로는 Robert Jenson, "The Church and the Sacraments," in C. Gunton (ed.), *Cambridge Companion to Christine Doctrine*, 215-225을 보라.

해 있기 때문에 보다 폭넓은 교회 일치적 용법으로 사용하기가 힘들다. 다른 세 용어(유카리스트, 거룩한 친교, 주의 만찬)는 **유카리스트**라는 말을 선호하는 영국 성공회 내의 가톨릭교회 전통이나 자유주의적인 가톨릭교회 전통으로부터, **거룩한 친교**라는 말을 선호하는 "중심적"·포괄적 에큐메니컬 전통을 거쳐, **주의 만찬**이라는 말을 선호하는 보수적·복음주의적 전통이나 독립적인 전통에 이르기까지 실제로 교회론의 광범위한 범주나 영역 안에서 사용되었음을 암시한다. 그러나 이 세 용어에는 각각 적법하고 성경적인 실례가 존재한다. 그리스어 εὐχαριστήσας(유카리스테사스)는 바울 이전 사도전승(고전 11:24), 공관복음서, 대다수 성찬 예전 관련 본문의 성찬 제정 말씀에서 두드러지게 사용된다. **친교**(communion)라는 말은 "그리스도의 피에…그리스도의 몸에 **참여함**"(κοινωνία, 코이노니아)이라는 말에서 연원한다. **주의 만찬**이라는 용어는 바울에 의해서 사용되고 고린도 교회 안에서 통용된 말이다(κυριακὸν δεῖπνον, 퀴리아콘 데이프논; 고전 11:20). 거기서 **데이프논**은 시기에 대해서 특별한 언급을 하지는 않지만 보통 고린도 교회의 배경에서 저녁에 일을 마치고 먹는 하루의 주된 식사를 가리킨다. 영어 단어 dinner는 두 가지 면에서 모두 비교가 된다.

21.1.에서 우리는 복잡한 해석학적 물음 가운데 가장 중심적인 것이 "이것은 내 몸이니라"와 "이것은 내 피니라"(마 26:26-28; 막 16:22-24; 눅 22:19-20; 고전 11:24-25), 또는 누가와 바울의 변형 표현인 "이 잔은 내 피로 세운 새 언약이니라"와 이와 관련된 "기념"(remember)이라는 포괄적인 문맥에서 의미를 해석하는 이해의 배경 혹은 지평과 관련된 것이라고 주장했다. 공관복음서의 τοῦτό ἐστιν τὸ σῶμά μου(투토 에스틴 토 소마 무, "이것은 내 몸이니라")는 바울 서신의 τοῦτό μού ἐστιν τὸ σῶμα(투토 무 에스틴 토 소마, "이것은 내 몸이니")와 동일하고, 바울 서신과 누가복음에서는 τὸ ὑπὲρ ὑμῶν(토 휘페르 휘몬, "너희를 위하는")이라는 말이 추가된다. 최근에 앤더스 에릭손과 에릭손 이전의 호피우스는 이 말들이 바울 이전의 공통적 사도전승에 스며들어 있었고, 곧바로 공식적인 예전 문구의 하나가 되었다는 사실을 증

명했다.[71]

우리는 여기서 이 문제의 핵심을 설명하기 전에 한 가지 잠재적인 혼란에 대해 말할 필요가 있다. 1920년에서 1960년대 사이에 한스 리츠만 (Hans Lietzmann)의 작품 『미사와 주의 만찬』(*Mass and Lord's Supper*, 초판 1926년. 1979년까지 계속 출간되고 증보됨)은 전연 다른 두 성찬 전통의 개념을 촉진시키는 데 상당히 큰 영향을 미쳤다.[72] 리츠만은 성찬에 본래 두 개의 "원초적 형태"가 있었다고 주장한다. 히폴리투스의 로마 가톨릭 예전은 "주의 죽으심을 전하는 것"(고전 11:26)에 강조점을 둔 "바울 유형"에서 연원했다. 리츠만은 "예루살렘 유형"도 제시했는데, 이 유형은 식탁의 교제에서 즐거운 축하 분위기를 반영하고, 부활하고 살아계신 그리스도와의 친교에 강조점을 두었다. 이 유형은 대략 사도행전 2:46에 묘사되고 초기 이집트 문헌과 세라피온에게 스며들어 갔다. 리츠만은 **하부라**(*Haburah* 또는 *Chaburah*) 식사에서 이 두 번째 유형의 기원을 찾는다.[73]

히긴스(A. J. B. Higgins)는 비록 두 "유형" **모두** 매우 이른 시기까지 거슬러 올라간다고 생각하기는 하지만, 리츠만의 주장의 수정된 형태를 지지한다고 말한다.[74] 영어권인 영국 성공회 진영에서 그레고리 딕스는 당시에 이러한 일반적 접근을 증진시키는 데 상당한 영향력을 미쳤다.[75] 히긴

---

71) Eriksson, *Traditions as Rhetorical Proof: Pauline Argumentation in 1 Corinthians* (위에서 인용), 100-134; Hofius, "The Lord's Supper and the Lord's Supper Traditions," in Meyer (ed.), *One Loaf, One Cup*, 75-115. A. B. McGowan, "Is There a Liturgical Text in This Gospel? The Institution Narratives and Their Early Interpretative Communities," *JBL* 118 (1999) 73-87도 보라.

72) Hans Lietzmann, *Mass and Lord's Supper: A Study in the History of the Liturgy*, R. D. Richardson의 서론과 추가 탐구 내용을 덧붙임 (Leiden: Brill, 1979), 특히 172-186.

73) Lietzmann, *Mass and Lord's Supper*, 193-209.

74) A. J. B. Higgins, *The Lord's Supper in the New Testament* (London: SCM, 1952), 특히 13-63.

75) Gregory Dix, *The Shape of the Liturgy* (London: SCM, 1943, 2d ed. 1945), 특히

스는 이 접근법에서 긍정적인 결론을 이끌어냈다. 그는 예수가 메시아 공동체로서의 교회 공동체와 함께, 자신의 죽음에 대한 기념과 자신의 부활한 현존에 대한 축하로서 새 유월절을 **함께** "창시했다"고 주장한다. 성찬에서 그리스도의 "실제적 임재"는 성찬 요소로부터 연원하는 것이 아니라, 그리스도의 희생적 죽음을 한 사건으로 기억하는 데서 연원한다. 성찬은 하나님 나라의 최종적 도래를 고대한다.[76]

리츠만의 가설은 전혀 다른 두 갈래 길로 전개되었다. 에른스트 로마이어는 "갈릴리" 유형(리츠만의 "예루살렘" 유형과 비슷한)과 "예루살렘" 유형(리츠만의 "바울" 유형과 비슷한)이라는 본래적 이원론을 주장했다.[77] 이것은 에릭슨, 호피우스, 그리고 다른 학자들이 보다 정확하게 이해했던 단일한 공통의 사도전승을 둘로 쪼개 놓았다는 것을 의미한다. 반면에 히긴스는 비록 자신의 출발점이 증명되지 않는 상태에 있기는 해도, 이 두 "형태"를 하나로 묶으려고 애쓴다.

물론 이 모든 것은 기껏해야 가설에 불과하다. 리츠만이 자신의 이론의 토대로 삼고자 했던 기초들에 대해서 정당한 의심을 제기하는 최근의 학자 가운데 중요한 인물은 바로 예레미아스다. 특히 예레미아스는 **하부라** 식사와 관련된 주장에 의심을 표한다. 리츠만은 이 식사를 "종교적 엄숙함"이 있는 식사라고 말했다. 그러나 예레미아스는 이렇게 설명한다. "식사 때마다 늘 은혜를 이야기했기 때문에 모든 식사는 '종교적 엄숙함'을 갖고 있었다." 또 예레미아스는 이렇게 선언한다. "유감스럽게도 여기서 다시 한 번 우리는 절대로 증거가 없는 순전한 추측에 의존하고 있다고…말하지 않으면 안 된다."[78] 예레미아스의 연구 이후에는 특히 하워드

---

50-70.

76) Higgins, *Lord's Supper*, 89.

77) Ernst Lohmeyer, "Das Abendmahl in der Urgemeinde," *JBL* 56 (1937) 217-252.

78) Joachim Jeremias, *The Eucharistic Words of Jesus*, 30; 참조. 16-36.

제3부 기독교 교리의 주요 주제

마셜이 리츠만에 대한 이 비판을 찬성했다.[79]

예레미아스는 주의 만찬을 해석하는 가장 건설적인 이해의 지평이 유월절 배경이라는 사실을 증명하기 위해 더 효과적인 출발점으로 시선을 돌린다.[80] 앞에서 지적한 것처럼 린하르트(1958)와 호피우스(1988)는 이 접근법을 강력히 지지했고, 나 역시 고린도전서 그리스어 본문에 대한 상세한 주석에서 이 접근법을 찬성했다. 「미쉬나」(Mishnah)는 유대교의 유월절, 곧 유월절 세데르(Seder)의 준수를 위한 "순서" 또는 예전을 제시한다. 유월절 내러티브(출 12:1-51)는 우리들을 내러티브 세계의 참여자로 만드는 극적 행동의 형식을 취하고, 사실상 구속받은 하나님의 백성으로서 새로운 삶을 살도록 애굽의 속박에서 탈출시키는 하나님의 해방 드라마를 "다시 체험하게" 만든다. 이스라엘은 하나님의 구원하시는 해방 행위의 이 역사를 낭송하고 축하한다(신 26:5). 출애굽기 12:25-27은 이렇게 선언한다. "너희는 여호와께서 허락하신 대로 너희에게 주시는 땅에 이를 때에 이 예식을 지킬 것이라. 이 후에 너희의 자녀가 묻기를 이 예식이 무슨 뜻이냐 하거든, 너희는 이르기를 이는 여호와의 유월절 제사라…" 「미쉬나」는 이렇게 선언한다. "사람은 마치 자신이 애굽에서 직접 나온 것처럼 자신을 간주해야 한다"(「미쉬나 페사힘」 10:5).[81]

공관복음의 전승에 따르면 예수는 제자들에게 함께 유월절 음식을 먹도록 준비하라고 지시하신다(마 26:17-19; 막 14:14; 눅 22:7-13; 참조. 눅 22:15).[82] 린하르트는 유월절 세데르를 성찬 제정의 말씀에 맞추어 설득력 있게 설명한다. 유대교의 「하가다」(Haggadah, 나는 로트판을 따름)는 유월절 예식

---

79) I. Howard Marshall, *Last Supper and Lord's Supper* (Grand Rapids: Eerdmans, 1980) 108-123.

80) Jeremias, *Eucharistic Words*, 41-105.

81) 이 본문은 Herbert Danby (ed.), *The Mishnah: Translated from the Hebrew with Introductions and Notes* (Oxford: Oxford University Press, 1933)에서 편하게 찾아볼 수 있다. 영송(Tract) *Pesahim*은 136-151에 있고, *Pesahim* 10:6은 151에 있다.

82) 참조. Jeremias, *Eucharistic Words*, 41-49.

을 다음과 같은 송영과 함께 시작한다. "오, 주여, 우리 하나님, 우주의 왕, 포도 열매의 창조자이신 당신에게 복이 있나이다. 당신에게 복이 있나이다…."[83] 유대인에게 "은혜"에 대응하는 상대어는 "축복하시고"(NRSV, after blessing [it]; 마 26:26; 막 14:22)나 "감사기도 하시고"(눅 22:19, 고전 11:24)라는 어구다. 변명할 것 없이 NRSV가 그리스어 원문에는 없는 "그것"(it)이라는 말을 집어넣는 것은 본문 자체의 권위로 보아 유감스럽다. 누가복음과 바울 서신의 평행 본문과 일치되게 예수는 유대적인 "은혜" 또는 감사기도로서 떡을 떼어 **하나님께 축복하신다**. 이것을 성찬 요소의 "축성"(consecration, 로마 가톨릭에서 사람이나 물건을 하나님께 봉헌하여 성스럽게 하는 행위-편집자 주)으로 이해하는 것은 시대착오적인 주석이다. NIV는 마태복음과 마가복음 본문의 번역에서도 **감사하시고**로 번역하는데 이것이 더 나은 의미를 제공한다. NJB는 신중하게 그리스어 원문을 반영하여 "복을 말씀하시고"로 번역한다.

은혜나 "축도" 후에 먹는 **카르파스**(유월절 식사의 전채요리 같은)는 소금물이나 식초에 적셔지고, 또 첫 번째 유월절 희생제물의 피로 적셔진 우슬초를 "상기시키는" 방식으로 분배된다. 이때 "오, 주여, 우리 하나님…당신에게 복이 있나이다"라는 축복 기도가 두 번째로 낭송된다. 그런 다음 「하가다」는 다음과 같이 낭송된다. "이것은 우리 조상들이 이집트 땅에서 먹었던 고통의 떡이니이다"(הא לחמא עניא די־אכלו אבהתנא בארעא דמצרים, 하 라흐마 아느야 디 아칼루 아바하타나 베아르아 데미츠라임). 린하르트는 이것을 최후의 만찬 장면으로 묘사한다. 이어서 그는 이 내용이, 예수께서 계속 어떻게 말씀할지에 대한 제자들의 예상에서 갑자기 벗어난다고 지적한다. 그래서 **"이것은 내 몸이니"**라는 말씀은 제자들에게 "놀라움"으로 다가온다. 유월절 예식 세데르에서 이 말은 "이것은 고통의 떡이니"라는 말로 대체된

---

83) Cecil Roth, *The Haggadah: New Edition with Notes*, Hebrew and English (London: Soncino, 1934), 8; 참조. Jeremias, *Eucharistic Words*, 49-54.

다.[84] 이것이 이 말들을 이해하는 배경이다.

유월절 세데르를 통해 유대인 가족들은 **마치 자기들이 "거기" 있었던 것처럼** 유월절 구원에 **참여할 수 있다.** 성찬을 통해 그리스도인들은 **마치 자기들이 "거기" 있었던 것처럼** 십자가 구원에 **참여할 수 있다.** 그리스도인들은 그 드라마에 **동시대인으로 참여하는 자**다. 흑인 영가 "거기 너 있었는가?"는 이런 분위기를 잘 포착하고 있다.

이것은 τοῦτο ποιεῖτε εἰς τὴν ἐμὴν ἀνάμνησιν(투토 포이에이테 에이스 텐 에멘 아남네신, "이것을 행하여 나를 '기념하라'"; 고전 11:24; 11:25; 눅 22:19)이라는 말을 더 깊이 이해하는 해석학적 지평을 제공한다. 그리스어 ἀνάμνησις 와 히브리어 זכר(제케르, 기념 또는 자카르, 기념하다)의 의미는 오랫동안 논란의 원천이었다. 비록 **상기하다**는 의미를 포함하기는 해도 히브리어 단어 זכר(자카르)는 빈번하게 **상황을 변화시킴으로써 어떤 것을 현재 속으로 끌어들이는 보다 객관적이고 준공적인 행위**를 가리킨다. 이스라엘이 하나님께 "그의 종의 고초를 기억하소서"(애 3:19; 참조. 출 32:13; 신 9:27; 시 20:4)라고 기도할 때, 이 기도는 하나님께 **행하실 것을 탄원한다.**[85]

이 해석이 문제를 일으키는 유일한 경우는, 벤첸(A. Bentzen), 후크(S. H. Hooke), 모빙켈(Mowinckel)과 같은 학자들이 자기들의 구시대적인 "신화와 의례" 접근법을 이처럼 보다 "객관적인" 국면에 애매하게 사용하는 경우다. 벤트젠은 "기념"(remembrance)을 사실상 제의적 **재현**(reenactment)으로 제시한다. 말할 것도 없이 이것은 전통적인 가톨릭의 미사 개념과 그리스도의 희생의 본질을 ἐφάπαξ(에파팍스, "단번에"; 롬 6:10; 히 7:27; 9:12; 10:10), 즉 "**단회적인**" 것으로 이해하는 개신교의 치열한 논쟁으로 시계를 되돌리는 것이다.[86] 최근에는 양편에서 그리스도의 실제 속죄 제사가 **단회적**이지만

---

84) Leenhardt, "This Is My Body," in Cullmann, Leenhardt, *Essays*, 39-40.

85) Brown, Driver, Briggs, *Hebrew-English Lexicon* (new edn. 1980), זכר, 269-271.

86) A. Bentzen, *King and Messiah*, trans and ed. G. W. Anderson (Oxford: Blackwell, 2d edn. 1970), 12, 72-80; 참조. Mowinckel, *Psalmstudien*, 6 vols.

성찬에서 이 제사의 적용은 츠빙글리가 제시했던 의미, 곧 단순한 정신적 회상보다는 더 큰 의미가 있는 교회의 "현실적 동시대성"을 포함한다는 요지로 의견이 확실히 수렴되었다.[87]

이러한 수렴은 1971년 영국 성공회와 로마 가톨릭 국제위원회(ARCIC)의 "윈저" 성명서("Windsor" Statement)에서 어느 정도 발견된다. 영국 성공회와 로마 가톨릭 위원들이 작성한 이 "협정서"는 그리스도의 속죄 제사에 대해서 다음과 같이 선언한다. "그리스도의 대속적 죽음과 부활은 역사상 단 한 번 일어났다. 그리스도의 십자가 죽음은…세상 죄에 대한 유일하고 완전하고 충분한 속죄 제사였다."[88] 이것은 거의 영국 성공회 공동 기도서의 내용을 글자 그대로 옮겨 말한 것이다. 이 협정서는 계속해서 이렇게 말한다. "따라서 그리스도로 말미암아 단번에 이루어진 것을 반복하거나 어떤 것을 추가하거나 할 수 없다.…성찬은 이 근본 사실을 애매하게 만들어서는 안 된다."[89] 그렇다고 해도 성찬에서 그리스도의 속죄 사역은 "선포되고, 교회의 삶 속에서 유효하다. 그리스도 당시에 유월절 행사에서 이해된 대로 **기념**에 대한 개념—즉 **과거 사건을 현재 속에서 효력 있게 하는 것**—은 그리스도의 속죄 제사와 성찬의 관계를 더 분명히 이해하는 길을 열어놓았다."[90] 성찬식의 기념은 단순히 과거 사건이나 과거 사건의 의미에 대한 회고가 아니라 하나님의 능하신 행위에 대한 교회의 효과적인 선포다.[91]

이 위원회의 협정서는 우리가 21.2.에서 성례 행동의 "**효과적 표징**"에 대하여 언급했던 언어를 계속 사용한다. 이 협정서는 이렇게 선언한다.

(Oslo: Kristiania, 1921-1924).

87) H. R. McAdoo and Alan Clark(공동의장), Anglican/Roman Catholic International Commission, *Agreed Statement in Eucharistic Doctrine* (Windsor, 1971), II, 5.

88) ARCIC, *Agreed Statement*, II, 5.

89) ARCIC, *Agreed Statement*, II, 5.

90) ARCIC, *Agreed Statement*, II, 5(티슬턴 강조).

91) ARCIC, *Agreed Statement*, III, 6.

"[성찬에서] 그리스도께서 임재하고 활동하신다. 그리스도의 임재는 떡과 포도주로 효과적으로 표시된다."[92] 또 조심스럽게 이렇게 천명한다. "떡과 포도주는 성령의 활동으로 말미암아 그리스도의 살과 피가 된다." 이 협정서는 비록 믿음의 적용에 적절한 지위를 부여하기는 해도 성령의 활동 **양식**을 구체적으로 명시하지는 않는다. 한편 제2차 바티칸 공의회는 개신교인들에게 그리 고무적이지 못했고 오히려 깊은 실망을 안겨주었다. 이 공의회는 화체설을 재천명하고 신실한 자는 "거룩한 희생제물을 제공한다"고 선언한다.[93]

유월절은 주의 만찬을 **언약적** 배경 속에 놓기 때문에 **약속의 보증** 개념 역시 두드러진 지위를 갖고 있다. 언약의 각 참여자는 자유로운 행동 선택을 제한하겠다는 **서약**을 한다. 곧 하나님은 자신의 언약적 약속에 신실하기로 정하신다. 신자들은 그리스도의 주되심을 진지하게 인정하겠다고 서약한다. 따라서 바울은 그것이 만일 주의 만찬에 참여하는 동력이 아니라면, 거짓 서약의 가능성에 대해서 가차 없이 경고한다(고전 11:27-33). 그것은 거짓 증언과 같다. 첫 세기 고린도에 대한 연구, 특히 고린도 교외에 있는 아나플로가의 두 로마 주택에 대한 고고학적 연구는 통상적인 로마의 식사 관습에 따라 주의 만찬을 준비함으로써 실제로 통일성과 연합을 위한 이 의식이 정반대의 효과를 가져왔고, 결국 그 의도를 얼마나 크게 손상시켰는지에 대해서 큰 빛을 던져준다. 어떤 이들은 식객이나 하급 시민으로 취급받고 안마당에 자리가 주어졌으며, 거기서 가장 값싼 떡과 포도주를 받았을 것이다.[94]

---

92) ARCIC, *Agreed Statement*, III, 10.

93) Vatican II, *Instruction on the Worship of the Eucharistic Mystery, Eucharisticum Mysterium* (1967년 5월 25일), 3C; 참조. 3F (Flannery, Documents, 104).

94) Thiselton, *First Epistle to the Corinthians*, 849-899, 특히 858-866; J. Muiphy-O'Connor, *St. Paul's Corinth: Texts and Archaeology* (Wilmington, DE: Glazier, 1983), 154-155(주택 계획 포함); J. Wiseman, "Corinth and Rome, I," in *Aufstieg und Niedergang der römischen Welt* 2:7:1 (1979), 특히 528; 참조. 438-548; Bruce

바울은 그리스도의 중심성이 손상된 것에 대해 교회에 경고했다. 한 몸으로서 온 교회의 목표는 (i) 그리스도께서 죽으셨다는 것(떡을 떼어냄), (ii) 그리스도께서 "나를 위하여/우리를 위하여" 죽으셨다는 것(떡을 떼고 먹음)을 "선포"할 수 있게 하는 것이다.[95] "주의 몸을 분별하지 못하고"(고전 11:29)라는 어구는 "그리스도의 몸으로서의 교회를 존중하지 않는다"는 의미로 환원되어서는 안 된다. 비록 문맥은 이것이 그 의미의 **일부일 수 있**다고 할지라도 말이다. 이 어구는 주의 만찬이 무엇을 **의미하는지, 그리고** 무엇에 **대한** 것인지를 이해하지 못하는 것을 가리킨다. 그것은 바로 사회적 모임이 아니라 주의 만찬이다(고전 11:17, 20, 26, 33-34상). 그리스도의 죽음과 속죄 사역에 진정한 **"참가자"로 참여하는** 자들에게 그것은 **은혜, 언약의 약속, 연합의 결속력에 대한 효과적인 표징**으로 남아 있다(참조. 고전 10:16-17). 그리스도의 죽음에 참여하는 것은 그로 말미암아 부활에도 참여하는 것이므로(롬 6:1-11), 주의 만찬은 부활하신 그리스도의 임재를 축하하는 것이기도 하다.

성찬과 관련된 해석학적 물음에 대한 이 탐구를 마치기 전에 우리는 간단하게라도 특히 종교개혁 이후로 교회를 갈라놓은 해석의 역사적 전통을 고찰해야 한다. 여기서는 네 가지 혹은 다섯 가지 "고전적" 입장들을 구분하는 것이 통례적이다. 이전에는 이 입장들이 전통에 갇혀 있었으나 지금은 다시 활동하고 있음을 보여주는 다수의 사례가 있다.

---

W. Winter, "Secular and Christian Responses to Corinthian Famines," *Tyndale Bulletin* 40, no. 1 (1989년 5월), 86-106. 일부 학자들은 고린도의 상황에 대한 이 해석을 거부지만 대다수 학자는 이 해석을 옹호한다. 타키투스는 떡과 포도주의 출산지와 등급이 다양한 식사 관습들을 증언한다.

95) Thiselton, *First Epistle*, 886-888; 전체 본문과 이 본문의 목회적 함축성에 관해서는 Anthony C. Thiselton, *1 Corinthians: A Shorter Exegetical and Pastoral Commentary* (Grand Rapids: Eerdmans, 2005), 179-191을 보라.

## (i) 토마스 아퀴나스(1225-1274)와 트리엔트 공의회(1545-1563)

아퀴나스는 대체로 아리스토텔레스의 철학 범주를 적용시켜 **화체설**을 공식적으로 작성했다. 아리스토텔레스는 대상의 **실체**(substance)와 **우유성**(accidents)을 구분했다. 대상은 가시적이고 우연적인 속성들이 내재된 실체 또는 본질을 갖고 있다고 말해질 수 있다. 아퀴나스는 다음과 같은 딜레마를 설명하기 위해 자신이 아리스토텔레스의 범주들과 인과론을 사용했다는 것을 인정한다. "떡이 그리스도의 몸으로 변화되는 것은 가능해 보이지 않는다."[96] 그러나 아리스토텔레스에게 **변화**는 아직 가능태 속에 있는 것의 "현실화"다. 따라서 한편으로 "떡의 온전한 **실체**는 그리스도의 몸의 온전한 **실체**로 변화되고, 포도주의 온전한 **실체**는 그리스도의 피의 온전한 **실체**로 변화된다."[97] 그러나 이 "변화"는 **형식**(*formalis*)**의 변화가 아니고** 실체(*substantialis*)의 변화다. 그러므로 **가시적인 우유성**(visible accidents)은 떡과 포도주로 존재한다. "속임수는 없다.…우리의 감각의 적절한 대상인 우유성(*accidentia*)은 거기 그대로 있다."[98]

아퀴나스는 변화의 계기를 성찬대에 놓인 요소들의 "축성"에 귀속시킨다. 이 이후로 "떡의 실체적 형태는 더 이상 남아 있지 않다."[99] 트리엔트 공의회는 아리스토텔레스와 아퀴나스의 실체와 우유성 구분을 사용하는 이 화체설을 지지했다(1551). 제2차 바티칸 공의회는 이 관점을 여전히 찬성하는 것으로 보인다. 제2차 바티칸 공의회는 이렇게 선언한다. "심지어 보류된 성례에서도 그분[그리스도]은 경배받아야 하는데, 그 이유는 그분이 **실체적으로** 가장 적절하게 화체(transubstantiation)로 불리는…떡과 포도주의 변화를 통해 거기 임재하시기 때문이다."[100]

---

96) Aquinas, *Summa Theologiae*, 3a, Q. 75, art. 4 (Blackfriars edn., vol. 58, 69).

97) Aquinas, *Summa Theologiae*, 3a, Q. 75, art. 4 (Blackfriars edn., vol. 58, 73).

98) Aquinas, *Summa Theologiae*, 3a, Q. 75, art. 4 (Blackfriars edn., vol. 58, 77).

99) Aquinas, *Summa Theologiae*, 3a, Q. 75, art. 4 (Blackfriars edn., vol. 58, 79).

100) Vatican II, *Instruction on the Worship of the Eucharistic Mystery, Eucharisticum*

## (ii) 마르틴 루터(1483-1546)

주의 만찬에 대한 루터의 견해는 아퀴나스의 견해와 구별되면서 다른 한 편으로는 칼뱅 그리고 특히 츠빙글리의 견해와 구별되어야 한다. 루터는 처음에 실체와 우유성 이론이 비성경적인 철학에 의존하고, 사변적이고 가설적이며 불필요한 이론이라는 이유로 화체설을 반대했다. 루터는 초기 작품들(1520)에서 화체설을 반대했다. 루터는 화체설이 **필연적** 교리의 지 위를 가질 수 없다고 말하는 정도였는데 다른 종교개혁자들은 화체설에 대해선 루터보다 더 적대적이었다.[101]

칼뱅, 크랜머 또는 츠빙글리와 달리, 루터는 성찬에서 떡과 포도주가 "그리스도의 진정한 살과 진정한 피"라는 사실을 강조했다. 그러나 아퀴나 스에 반대하여 루터는 동시에 그것이 "진정한 떡과 진정한 포도주"로 남 아 있다고 주장했다.[102] 그리고 루터는 츠빙글리를 비판하면서 "이것은 내 몸이니"에서 "이니"(혹은 *est*)는 제유법이라고 주장한다. 곧 그리스도의 실 재는 떡과 포도주의 매개물과 거의 동일시되기 때문에 떡과 포도주는 와 전(misrepresentation) 없이 그리스도의 실재와 동일시될 수 있다고 주장한 다.[103] 루터는 자신의 견해가 성찬에서 그리스도의 실제 임재에 대한 로마 교회의 견해와 다르지 않고, 다만 그리스도의 임재 양식이 규정된 교리로 서 그렇게 구체적으로 기술될 수 있는지에 대해서만 견해가 다르다고 생

---

*Mysterium* (1967년 5월 25일), 3G (Flannery ed., Documents, 104). 한편으로 교 회 연합에 대한 논의는 지속된다. Alan Clark and Colin Davey (eds.), *Anglican/ Roman Catholic Dialogue: The Work of the Preparatory Commission* (London, New York: Oxford University Press, 1974)과 이후 문서들을 참조하라. 다른 한편으 로 John Lawrence et al., *A Critique of Eucharistic Agreement* (London: SPCK, 1975)를 참조하라.

101) 이 요점은 Pannenberg, *Systematic Theology*, vol. 3, 296-298에 상세히 나와 있다.

102) Martin Luther, *On the Babylonian Captivity of the Church* (1520) in Henry Wace and Carl Buchheim (eds.), *Luther's Primary Works* (London: Murray, 1883, Hoodder & Stoughton, 1896), 147-148에 나옴.

103) 참조. Weber, *Foundations of Dogmatics*, vol. 2, 624-625.

제3부 기독교 교리의 주요 주제

각했다.

루터는 츠빙글리를 더 신랄하게 비판했다. 그는 다음과 같이 말한다. "지금 광신자들을 통해 우리를 공격하는 자들은 마귀와 똑같다.…그들은 단순한 떡과 포도주를 상징과 기념물로 만들기를 좋아한다.…비록 '먹으라, 이것은 내 몸이니'라는 분명하고 명확한 말씀이 거기 있음에도 불구하고, 그들은 주의 몸과 피가 임재한다는 사실을 인정하지 않을 것이다.…그들은 '이니'(is)라는 말이 츠빙글리가 말하는 것처럼 '표상하니'(represents)와 같은 의미가 틀림없다고 주장한다.…[그러나] 그들이 인용하는 본문에…표상에 대한 증거는 전혀 없다."[104]

### (iii) 장 칼뱅(1509-1564)

21.2.에서 이미 지적한 것처럼 칼뱅은 말씀과 성례가 은혜의 수단으로서 동등하다고 주장했다. 말씀은 성례에 수반되어야 하는데 그 이유는 그래야 성례가 효력이 있기 때문이다. 그럼에도 "성례에 관해 말한다면, 성례는 그리스도를 우리에게 더 분명하게 제시한다.…성찬은 우리가 구속받았음을 증언한다."[105] 그러나 그리스도는 단지 주의 만찬에서만 "자신을 주시는" 것이 아니다. "그리스도는 자신이 십자가에 못 박히셨기 때문에 복음의 말씀으로 우리가 자신의 몸에 참여하도록 허락하실 때, 성찬의 거룩한 신비를 통해 제공하는 것을 인 치실 때, 그리고 외적으로 지시하는 것을 내적으로 이루실 때, 날마다 자신을 주신다."[106] 칼뱅은 복음의 모든 적용이 살아계신 그리스도의 행동이 아닌 성령의 역사에만 귀속될 때는 "만족하지 않았다."[107]

---

104) Martin Luther, *Luther's Works*, ed. J. Pelikan and H. J. Lehman, 55 vols. (Philadelphia: Fortress, 1943-1986 ["미국판"]), vol. 37, 18-19.

105) Calvin, *Institutes*, IV:14:22 (Beveridge edn., 507).

106) Calvin, *Institutes*, IV:17:5 (Beveridge edn., 560).

107) Calvin, *Institutes*, IV:17:7 (Beveridge edn., 561).

칼뱅은 그리스도의 임재를 어떤 위치나 요소들과 결부시키는 유치하고 지엽적인 개념은 무조건 피한다. 거리가 떨어져 있다고 해서 그리스도의 임재와 행동이 방해받는 것은 아니다.[108] 칼뱅은 논란이 많은 화체설을 논박하는 데 상당한 지면을 할애한다. 거기서 루터와의 차이가 가장 명확히 드러난다. 화체설은 성찬 요소들의 "거짓" 변화를 기초로 떡을 "단순한 가면"으로 만든다.[109] 화체설을 주장하는 자들은 "사탄의 속임수에 어리석게 기만당하고 있다." 화체설은 그리스도 자신을 "육체의 입을 통해 배 속으로 들어가는 것으로 묘사한다.…이처럼 야만적인 상상의 원인은 축성을 마치 마술적인 주문과 동일한 효력을 갖고 있는 것으로 본 것에 있었다."[110] 루터는 로마 가톨릭의 화체설을 단순히 너무 특수적인 것으로 파악하지만, 칼뱅은 화체설을 거짓되고 저급한 것으로 이해한다. 화체설은 믿음으로 받아들여야 하는 약속의 말씀으로서의 성례의 본질을 손상시킨다.

심지어 「제네바 신앙고백」(Geneva Confession, 1536)에서 칼뱅은 주의 만찬을 긍정적 관점에서 "우리가 그의 몸과 피로 갖는 참된 신령한 친교"로 해설할 뿐만 아니라, 논쟁적 관점에서 "성찬의 신비를…하나님이 정죄하시는 우상 숭배로 뒤엎음으로써 사악하고 마귀적인 규례가 된 교황주의의 미사"와는 다른 것으로 해설한다.[111] 「제네바 교리문답」(The Geneva Catechism, 1545)은 주의 만찬을 훨씬 더 긍정적 관점에서 묘사한다. 곧 주의 만찬은 "우리 영혼의 음식일" 뿐만 아니라 "그리스도께서 거기서 우리에게 주시는 **약속들** 그리고 동시에 그것을 실행할 수 있는 능력"도 가져다준다.[112]

---

108) Calvin, *Institutes*, IV:17:10 (Beveridge edn., 563-564).

109) Calvin, *Institutes*, IV:17:13-14 (Beveridge edn., 565-566).

110) Calvin, *Institutes*, IV:17:15 (Beveridge edn., 567).

111) John Calvin, *The Genevan Confession of Faith* (1536), in J. K. S. Reid (ed.), *Calvin: Theological Treatises*, Library of Christian Classics 22 (London: SCM, 1954), Art. 16, 30.

112) Calvin, *The Catechism of the Church of Geneva*, "Concerning the Sacraments,"

## (iv) 훌드리히(또는 울리히) 츠빙글리(1484-1531)

성찬에 대한 츠빙글리의 견해는 기독교 신자들에게 주어지는 모든 은혜의 선물이 성령의 행위를 통해 임한다는 그의 신념과 그리스도의 성육신에 기초를 둔 교회론을 배경으로 펼쳐졌다. 두 경우 모두에서 츠빙글리는 "내적" 내용과 외적 형식을 구분했다. 츠빙글리는 그리스도께서 성찬 요소들에 **문자적으로** 임한다고 주장하는 것은 성경의 지지가 없다고 주장했다. 자신의 신학 전체 체계에 따라 츠빙글리는 칼뱅과 같이 하나님의 주권과 성경의 우월성을 크게 강조했다.[113] 1525년 취리히에서 로마 교회의 미사가 폐지되었고, 츠빙글리는 이 결정을 옹호하는 두 개의 성찬 관련 논문을 썼다. 츠빙글리의 견해는 가톨릭 당국과 루터의 똑같이 격렬한 반대에 직면했다.

「성찬론」(On the Lord's Supper)에서 츠빙글리는 "우리는 그리스도의 몸과 피에 문자적으로 참여한다"고 믿는 "세 집단"을 구분한다.[114] 첫 번째 집단은 떡과 포도주가 "물질적인 몸과 피로 변한다"고 믿는다. 다른 한 집단은 떡이 떡으로 남아 있다는 것을 인정하지만 "우리가 떡 아래 그리스도의 몸을 먹는다고 말한다." 또 다른 집단은 "우리가 부활 안에 있음으로 그리스도의 몸을 먹는다"고 말한다.[115] 결론적으로 이 세 집단은 각각 로마교회, 루터교회, "르네상스"의 견해를 가리킨다. 츠빙글리는 이 세 집단의 견해를 모두 성경에서 벗어난 "거짓말"로 간주하고 거부한다. "성경에서 벗어났다"는 힐난은 루터를 크게 화나게 했다. 루터는 "이것이 내 몸이니"가 단순하게 이해되는 문구라고 보았다. 확실히 츠빙글리는 "이것은 내

---

in Reid (ed.), *Calvin*, 137; 참조. 88-139.

113) G. W. Bromiley, "Introduction," in *Zwingli and Bullinger*, Library of Christian Classics 24 (Philadelphia: Westminster and London: SCM, 1953), 31-40, 176-184.

114) Huldrych Zwingli, *On the Lord's Supper*, Bromiley (ed.), *Zwingli and Bullinger*, art. 1, 188; 참조. 185-238.

115) Zwingli, *On the Lord's Supper*, loc. cit., art. 1, 188.

몸이니"라는 말을 "나는 참 포도나무요"(요 15:1)라는 말, 그리고 "이니"의 다른 비유적·은유적·상징적 용법들과 비교한다.[116] 츠빙글리는 이것이 가톨릭교회의 견해와 루터의 견해에 대한 답변이라고 주장한다.[117] 츠빙글리의 결론적 주장은 표징과 표징이 지시하는 것 사이에는 차이가 있다는 것이다. 만일 성례가 **표징**이라면, "표징은 우리 주 예수 그리스도의 진정한 몸과 피는 아니다."[118]

「성찬론」 조항 2에서 츠빙글리는 다른 성경 본문들을 검토한다. 츠빙글리는 요한복음 6:52-59을 보면 그리스도의 "살을 먹는 것"이 그리스도를 믿는 것을 의미하는 것이 분명하다고 주장한다.[119] 확실히 요한은 외적 형식이 부적합하다는 것을 증명한다. "육은 무익하니라"(요 6:63). 오직 성령의 행동만이 물리적인 것 또는 물질적인 것을 은혜의 수단으로 변화시킬 수 있다. 조항 3은 예컨대 "보라 세상 죄를 지고 가는 하나님의 어린 양이로다"(요 1:29)와 같이 상징과 이미지에 대한 성경의 용법을 더 깊이 탐구한다. 조항 4는 가능한 반증들을 제시한다. 츠빙글리는 이러한 견해가 성경 및 신조들과 연속성 속에 서 있다고 주장한다.[120]

## (v) 영국 성공회의 교리

지금 다루고 있는 종교개혁 기간 동안 영국 성공회의 성찬 교리를 언급하는 최고의 문서는 공동 기도서 두 판본에 들어 있다. 첫 번째 공동 기도서는 1549년판이고, 두 번째 공동 기도서는 마터와 부처 그리고 크랜머의 영향을 받아 "개신교 사상"을 더 많이 반영한 1552년 개정판이다. 이 두 공동 기도서는 「에드워드 6세의 1차 및 2차 기도서」 본문과 쉽게 비

---

116) Zwingli, *On the Lord's Supper*, loc. cit., art. 1, 190.
117) Zwingli, *On the Lord's Supper*, loc. cit., art. 1, 191-93.
118) Zwingli, *On the Lord's Supper*, loc. cit., art. 1, 193.
119) Zwingli, *On the Lord's Supper*, loc. cit., art. 2, 199.
120) Zwingli, *On the Lord's Supper*, loc. cit., art. 14, 235-238.

교될 수 있다.[121] 1552년 개정판 공동 기도서는 1549년 공동 기도서의 성찬 관련 내용에 보존되었던 **에피클레시스**(*epiklesis*) 곧 성령 청원을 거부했다. 1552년 2차 공동 기도서 역시 죽은 자를 위한 기도와 미사 예복 내용을 제거했다. 이 2차 공동 기도서는 그리스도께서 단번에 속죄 제물을 **제공하신 것**과, 말씀과 성례가 서로 다른 종류의 것이라고 주장했다. 반면에 1549년 공동 기도서는 다음과 같이 선언했다. "**그리스도는 유월절 어린 양으로서 십자가에서 우리의 죄를 자신의 몸에 짊어지셨을 때 우리를 위하여 단번에 바쳐진다.**"[122] 이 "속죄 제물"은 "찬송의 제물"이었다. 그리스도가 아니라 "우리 자신의" 제물이었다. 성찬에서 하나님은 "가장 보배로운 몸과 피의 신령한 양식으로…우리를 먹이고자 하셨다…."[123]

1549년 공동 기도서는 그 이전의 사룸(Sarum) 예전의 많은 세부들을 생략했다. 이렇게 생략된 것으로는 "성모송"(Hail Mary!), 성소에 나아갈 때의 의식, 성찬 요소들을 성별하기 전에 분향하고 손을 씻는 것, 복음서와 성찬대에 입맞춤을 하는 것, 성도들의 공로를 언급하는 것, 성체로 십자가 표시를 긋는 것, 그리고 이와 비슷한 다양한 변화들이 포함되었다. 1552년 공동 기도서는 성찬식 끝에 "블랙 루브릭"(검은 예배 규정)을 도입했다. 이 예배 규정은 성찬식에서 무릎을 꿇는 것이 오직 "**그리스도의 유익에 대해서 겸손하고 감사하는 마음을 갖는 것**"으로서만 허용될 수 있으며, "**성찬의 떡이나 포도주에게…어떤 경배를 행하는 것…또는 그리스도의 자연적 살과 피가 그곳에 임하는 본질적 임재**"를 의미하는 것은 아니라고 진술한다.[124]

영국 성공회의 신학은 항상 **과정** 속에 있었다. 비록 「39개조 신앙고

---

121) *The First and Second Prayer Books of Edward VI* (New York: Dutton and London: Dent, 1910).

122) *The First and Second Prayer Books*, 224.

123) *The First and Second Prayer Books*, 227.

124) *The First and Second Prayer Books*, 393.

백」이 일정한 특징들을 정의하기는 해도 영국 성공회의 신학은 어떤 특정 신학자나 유명한 신앙고백과 연계되어 있지 않고, 언제나 성경이 권위적인 안내자로 남아 있다. 1553년에 메리 여왕은 1552년 공동 기도서를 폐지시켰으나 엘리자베스 1세 여왕은 1559년에 내용을 완화시켜 이 기도서를 복원시켰다. 엘리자베스 여왕 치세에 리처드 후커(Richard Hooker)가 성찬 교리를 해설했는데, 거기서 후커는 "진정한 임재"가 축성된 떡과 포도주의 요소들에서 나오는 것이 아니라 기독교 신자들이 이 요소들을 **통해** 하나님의 **약속의 말씀을 이해하고 받아들이고 적용시키는** 데서 나온다고 주장한다. 후커는 이렇게 말한다. "그러므로 가장 복된 그리스도의 몸과 피의 진정한 임재는 성례 자체가 아니라 성례에 합당하게 참여하는 것에서 찾아져야 한다."[125] 이것은 "그리스도의 몸과 피에 참여할 때 맺어지는 성찬의 열매"(고전 10:16-17)로 보아 성경의 증언과 일치한다고 후커는 주장했다.[126] 루터, 멜란히톤, 칼뱅과 같이 후커도 "그리스도께서 자신의 약속을 어떻게 수행하시는지"에 강조점을 둔다.[127] 피터 브룩스와 윌리엄 크로켓도 크랜머와 영국 성공회 전통에 대한 유용한 내용을 제공한다.[128]

많은 영국 성공회 학자들이 공동 기도서를 1960년대 "유행"에 맞게 "하향 평준화"시켰다고 대체로 생각하는 1980년 ASB(*Alternative Service Book*)를 간단히 살펴보면, 현재 공인된 영국 성공회의 **공동 예배서** (*Common Worship*, 2000)는 아직도 1662년 공동 기도서의 권위와 사용을 인정하고 있으며, 아울러 현대 영국에서 시행되는 성찬과 다른 예전 부분에

---

125) Richard Hooker, *The Works of Mr. Richard Hooker*, ed. John Keble, 3 vols. (Oxford: Clarendon, 7th edn. 1888), vol. 2, Book V, ch. 67, sect. 5, 352.

126) Hooker, *Works*, Book V, 67, 6, 353.

127) Hooker, *Works*, Book V, 67, 12, 361.

128) Peter Brooks, *Thomas Cranmer's Doctrine of the Eucharist: An Essay in Historical Development* (New York: Seabury, 1965); William R. Crockett, "Holy Communion," in Stephen W. Sykes and John Booty (eds.), *The Study of Anglicanism* (London: SCM and Philadelphia: Fortress, 1988), 272-283.

있어서도 다양한 규정을 제공한다. 그러나 교리 내용은 여전히 공동 기도서를 광범위하게 그대로 반영하고 있다.

## 21.4. 세례: 다양한 전이해와 해석의 문제점

21.1.에서 우리는, 해석학적 관점에 따르면 유아세례와 신자들의 세례에 대한 각각의 주장이 신약성경이나 초기 교회의 다양한 관습의 증거에 대한 직접적 논쟁이 아니라 세례의 본질에 대한 근본적인 이해의 차이에 의존한다고 지적했다. 예컨대 세례 의식은 주로 언약과 약속으로 체현된 말씀과 효과적인 은혜의 표징으로 이해되어야 하는가, 아니면 공적 증인을 통해 표현된 기독교의 제자도에 대한 증언으로 이해되어야 하는가? 주된 강조점이 하나님의 주도권과 은혜의 표징으로서의 세례에 있는가, 아니면 그 은혜에 대한 인간적 반응의 표징으로서의 세례에 있는가? 세례는 하나님에게서 온 말씀과 병행해서 작용하는가, 아니면 신앙고백으로 작용하는가? 분명히 많은 사람들은 이 물음들에 대한 엄격한 양자택일을 피하고 싶을 것이다. 하지만 양자택일은 강조점의 방향을 분명히 한다.

　　여기서 우리는 성경 내용과 함께 설명을 시작했다. 루돌프 슈나켄부르크는 특히 바울 서신에 나타난 세 가지 각기 다른 이해의 지평 또는 신학적 강조점을 유용하게 구분했다.[129] 첫 번째는 **"정화"**(그리스어 ἀπολούεσθαι, 아폴루에스타이, **씻어내다, 씻다**; λουτρόν, 루트론, **씻음, 목욕**)로서의 세례 개념과 관련되어 있다. 두 번째는 **"그리스도에게 할당됨", "그리스도의 몸에 연합됨"**(βαπτίζειν εἰς Χριστόν, 밥티제인 에이스 크리스톤, 이 말의 번역은 논란이 분분하다) 개념과 관련되어 있다. 세 번째는 **"구원 사건으로서의 세례"**(σὺν Χριστω, 쉰 크리스토, **그리스도와 함께**, "그의 죽으심과 합하여 세례를 받음으로 그와 함

---

129) Rudolf Schnackenburg, *Baptism in the Thought of Paul*(위에서 인용함), 3-82.

께 장사되었나니"; 롬 6:4) 개념과 관련되어 있다.

슈나켄부르크는 정당하게 두 번째와 세 번째 주제를 더 중시하고 첫 번째 주제는 덜 중시한다. 침례교 학자들 다수는 문제가 세례 받는 자들의 정화에 있을 때에는 "정화" 개념을 강조하고, 세례 방식에 있을 때에는 (정당하게) 그리스도와 함께 장사됨을 강조한다. 그럼에도 세 가지 주제 중 첫 번째 주제에 대한 슈나켄부르크의 주석적 기초는 어떻게 신뢰할 수 있는가?

표면적으로 보면 슈나켄부르크는 세 개의 주요 본문, 곧 고린도전서 6:11, 에베소서 5:26, 디도서 3:5에 쉽게 의지한다.[130] 그러나 이 가운데 어느 본문도 추가로 해석적 가정들에 의존할 필요가 없을 정도로 세례에 대하여 명백히 또는 명시적으로 말하지 않는다. 고린도전서 6:11은 ἀπολούεσθαι를 사용하고, NJB는 그리스어 복합 동사의 힘을 끌어내기 위해 이 말을 올바르게 "너희는 깨끗하게 씻음 받았느니라"로 번역한다. 많은 주석가들이 이것을 "세례의" 부정과거 상태의 한 사례로 설명하고, 구지(H. L. Goudge)에게서 발견되는 과감한 가정을 반복한다. "너희는 곧 세례에서 씻음 받았느니라."[131] 그러나 문맥은 확실히 다양한 차원에서, 곧 그리스도의 피로 말미암아, 하나님의 말씀으로 말미암아, 세례로 말미암아 또는 가장 개연성 있게는 이 세 가지 전부로 말미암아 "정화"[깨끗함]를 일으키는 기독교 신앙의 전체적인 포괄적 사건과 경험을 암시한다. 따라서 적절한 연구를 통해 제임스 던은 우리가 여기서 너무 좁게 "세례" 문맥이 아닌 "회심-입회"(conversion-initiation) 문맥으로 말해야 한다고 주장한다.[132] 고린도전서 6:11은 세례의 본질과 신학에 대해서보다는 그리스도인이 되는 것에 대해 말한다. 그러나 1970년까지 학자들은 단순히 주석적 관습에 기초를 둔 통상적 가정을 반복했다.

---

130) Schnackenburg, *Baptism*, 3-17.
131) H. L. Goudge, *The First Epistle to the Corinthians*, Westminster (London: Methuen, 1903, 4th edn. 1915), 45.
132) James D. G. Dunn, *Baptism in the Holy Spirit*, 104; 참조. 120-123, 116-131.

에베소서 5:26도 고린도전서 6:11과 평행적인 시나리오를 제공한다. 에베소서 5:26은 물에 대해서 말하지만 깨끗하게 하는 행위자는 공동으로 물과 하나님의 말씀이다. 에베소서 5:26도 고린도전서 6:11만큼이나 세례에 대한 구체적인 언급이 나타나 있지 않다. 언급된 이미지는 개별자가 아니라 교회 전체에 적용되고, (미턴의 말을 인용하면) "신부의 결혼 준비의 한 부분은 깨끗하게 목욕하는 것이고…그 깨끗함 또한 **말씀**을 필요로 한다."[133] 레슬리 미턴(C. Leslie Mitton)이 에베소서 5:26의 이미지 전체에서 세례에 대한 언급을 보는 것은 의심할 여지없이 옳다고 할 수 있지만, 세례 신학은 이 이미지의 전체적인 영향에 따라 형성된 요점의 역학 관계 안에 포섭되어야 한다.

디도서 3:5도 형편이 더 나은 것은 아니다. 윌리엄 마운스는 매우 상세한 자신의 주석에서 대다수 학자들이 이 본문을 세례에 대한 언급으로 보는 것을 인정하지만 이에 반대하면서 이렇게 말한다. "디도서 3:5의 신조는 세례를 생각하고 있지 않다. λουτρόν(루트론) 곧 '씻음'은 세례 의식을 염두에 두지 않고서…여러 번 사용되었고, παλιγγενεσία(팔링게네시아) 곧 '중생'은 전문적으로 '재탄생'이 아니며, 요한3서와 베드로전서에 대한 언급은 부적합하다.…어디서도 그것[즉 세례]이 중생의 동인은 아니었다."[134]

슈나켄부르크는 이 맥락에서 베드로전서 3:21을 언급한다. 우리가 예상할 수 있는 것처럼 베드로전서 3:21은 자연스럽게 세례와 물을 충분히 결합시킨다. 틀림없이 베드로전서는 세례 받고 얼마 되지 않은 그리스도인들에게 주어진 편지일 것이다. 그러나 여기서 물의 기능은 **깨끗하게 하는 것**에 있는가? 문맥(벧전 3:20)은 **노아가 물로 말미암아 구원을 얻은 것**에

---

133) C. Leslie Mitton, *Ephesians*, New Century Bible (London: Oliphants, 1976).

134) William D. Mounce, *Pastoral Epistles*, WBC (Nashville: Nelson, 2000), 448. 바레트는 여기서 세례를 "정화"가 아니라 "죽음과 부활" 그리고 "그리스도로 옷 입는 것"으로 본다(C. K. Barrett, *The Pastoral Epistles*, New Clarendon Series [Oxford: Clarendon, 1963], 142).

대해서 말한다. 노아에게 홍수는 심판 아래 있던 이전의 불행한 실존에서 하나님의 위대한 구원 행위로 주어진 새로운 삶으로의 전환을 의미했다. 노아의 "구속"은 베드로전서 1:18-21에 설명된 대속과 평행 관계에 있었다. 기독교 신자들의 구속받은 상태로의 전환에는 "정결"(벧전 1:22), 순종, 새 탄생(1:23), 그리고 살아 있는 하나님의 말씀에 대한 적극적 행위(1:23-25) 등이 포함된다. 여기서 결론적 강조점은 바로 이것이다. "오직 주의 말씀은 세세토록 있도다"(1:25). 셀윈(E. G. Selwyn)은 그리스어 본문을 주석하는 가운데 이렇게 지적한다. "여기서 기독교의 **세례**에 대한 언급을 **새로운 출애굽으로** 보는 것이 합리적이다. 직후(19절)에 이어지는 '흠 없고 점 없는' 어린 양의 언급에 비추어보면 더욱 그렇다."[135]

우리는 이 요점들을 더 이상 강조할 필요가 없다. 슈나켄부르크는 이 주제(정화)를 올바르게 탐구하지만, 주석을 살펴보면 이 부분에서 해석학이 얼마나 검증되지 않은 주석 전통들에 의존하는지를 보여준다. 슈나켄부르크는 다른 두 주요 주제를 설명할 때에는 더 강력한 기반 위에 서 있다. 곧 "그리스도에게 할당됨"은 특별히 βαπτίζειν εἰς Χριστόν(밥티제인 에이스 크리스톤)이라는 어구와 관련시키고, "구원 사건"으로서의 세례는 특히 로마서 6:1-11의 그리스도와 함께(σὺν Χριστῷ, 쉰 크리스토) 죽고 장사되고 부활하는 것과 관련시킨다.

슈나켄부르크는 비록 전치사 εἰς(에이스)가 일반적으로 목표를 향한 움직임을 가리킨다고 해도 이 세례 문맥에서는 움직임이 없는 **방향**이라는 의미에서 πιστεύειν εἰς(피스튜에인 에이스, ~을 믿다)와 더 긴밀하게 평행을 이룬다고 올바르게 주장한다.[136] 이것은 갈라디아서 3:27의 어구가 로마서 6:3에서의 용법과 어떻게 일치하는지를 설명한다. 갈라디아서 3:27

---

135) E. G. Selwyn, *The First Epistle of Peter: The Greek Text* (London: Macmillan, 1947), 144(티슬턴 강조).

136) Schnackenburg, *Baptism*, 22-23.

에서 세례 받은 자는 새 옷처럼 그리스도로 **"옷 입는다."** 바울은 로마서 13:14, 에베소서 4:22-24, 골로새서 3:9-10, 그리고 다른 곳에서 그리스도로 "옷 입는 것"의 이미지를 사용한다. 세례에서 세례를 받은 자는 옛것을 "벗고" 새것을 "입는다." 이 관점은 전통적으로 신자들의 세례를 지지하는데 사용되었다. 이미 신자인 부모에게서 자녀가 태어났을 때에는 이 관점이 어떻게 적용될 수 있을지 모르지만, 우리가 첫 세대 교회에서 이런 해석이 규범이 되었을 것이라고 예상하기는 어렵다. 마귀의 역사를 끊기 위해 서쪽으로 향하고 그리스도로 옷 입기 위해서 동쪽으로 향했던 고대의 예전 전통은 오늘날에도 세례에서 신조를 낭송할 때 동쪽으로 향하는 널리 퍼진 관습으로 존속된다. "벗는 것"과 "입는 것"은 세례 교리의 핵심을 표현한다.

많은 역본들이 "그리스도로 세례를 받은"(baptized into Christ)과 같은 어구에서 전치사 εἰς(에이스)를 "~로"(into)의 뜻으로 번역한다(NRSV, NIV, KJV/AV가 εἰς Χριστόν ἐβαπτίσθητε를 그렇게 번역한다; 갈 3:27. 하지만 REB는 "그리스도와 합하기 위하여 세례를 받은"으로 번역하고, NJB는 능숙하게 구문을 재구성한다). (개역개정은 REB와 같이 "그리스도와 합하기 위하여 세례를 받은"으로 번역한다-역자 주.) 그러나 슈나켄부르크는 이렇게 주장한다. "그리스도는 우리가 빠져 들어가는 어떤 '영역'이 아니라, 인격적인 그리스도, 자신에게 일어난 모든 것과 함께하시는 분이다. '그리스도에 대한' 우리의 세례는 우리를 그리스도와 연합시키고, 그리스도에게 일어난 모든 것과 연합시키는 목표를 갖고 있다."[137] 다른 학자들, 예컨대 플레밍턴(Flemington)은 "~로"(into)의 의미를 옹호한다. 그러나 슈나켄부르크는 세례에 대한 각각의 언급을 문맥에 따라 파악해야 한다고 주장한다.[138]

---

137) Schnackenburg, *Baptism*, 25.
138) W. F. Flemington, *The New Testament Doctrine of Baptism* (London: SPCK, 1957), 59-61.

여기서는 슈나켄부르크의 모든 주석적 결론을 살펴볼 만한 지면이 없다. 슈나켄부르크는 고린도전서 12:13을 "그리스도의 몸으로의(into) 연합"이라는 특별한 한 가지 사례로 간주한다.[139] 세례에 참여하는 것을 그리스도와 함께 죽고 장사되고 부활하는 것으로 이해하는 슈나켄부르크의 설명은 늘 인용되는 로마서 6:1-11의 상투어(locus classicus)를 충실하게 해설한다. 해석학의 관점에서 볼 때 이 본문은 세례가 어떻게 "우리를 위한" 혹은 "나를 위한" 그리스도의 죽음과 부활로써 그리스도와 하나가 되는 사건이 되는지, 또한 새 정체성이 **시작되는** 삶을 사는 과정을 의미하는지 설명해준다. 이것이 바로 이 문제의 핵심이다.[140]

그리스도에게 **충성**을 서약한다는 개념이 이 맥락에서 바로 떠오른다. 확실히 "그리스도의 이름으로" 받는 세례(고전 10:2에서 모세에 대한 충성으로 받은 세례와 평행을 이루는)는 부분적으로 eis to onoma("~의 이름으로")라는 어구에서 전치사 εἰς(에이스)의 용법을 설명해줄 수 있다. 세례는 기독론적이고 구원과 관련되어 있다. 슈나켄부르크는 다음과 같이 바르게 지적한다. "죄의 권능으로 말미암아 초래된 파멸에 대해서는 죽고 하나님을 위하여 새 생명을 따라 사는 목표는 신비 종교에서 말하는 '새 탄생'과는 차원이 다르다."[141]

귄터 바그너(Günter Wagner)는 신약성경에서 세례가 헬레니즘이나 동양의 신비 종교에서 연원하거나, 그것에 의해 형성되거나, 그것들과 평행을 이루는 것으로 추정된다고 주장하는 잘못된 견해들을 싸잡아 비판한다.[142] 바울이 신의 운명과 숙명에 참여한다는 개념을 "빌려왔다"는 라이첸슈타인과 웬드랜드(H. Wendland)의 오래된 이론은 언어 문제와 연대

---

139) Schnackenburg, *Baptism*, 26.
140) Schnackenburg, *Baptism*, 26-29.
141) Schnackenburg, *Baptism*, 59.
142) Günter Wagner, *Pauline Baptism and the Pagan Mysteries*, trans. J. P. Smith (Edinburgh: Oliver & Boyd, 1967), 여러 곳.

문제를 관련시키면 그대로 무너지고 만다. 바그너는 바울 서신에서 그리스도교 신자가 신비 종교들의 관념과 달리 다음과 같다고 말한다. "[신자는] 그리스도와 함께 시작된 '역사'에 포함된다.…그리스도-사건에 의해 결정되는 것은 진실로 십자가와 부활의 종말론적 사건에 연루된다는 것을 의미한다(고후 5:14; 골 3:3-4).…바울은 '날마다 죽는다'(고전 15:31; 참조. 고후 4:11-12; 11:23).…그리스도 안에 있는(ἐν Χριστῷ) 생명은 모든 측면에서 그리스도의 생명에 참여하고…그리스도와 함께 십자가에 못 박히고(롬 6:6; 갈 2:19) [그리고] 그리스도와 함께 일으키심을 받는다(골 2:12; 3:1; 엡 2:6)."[143]

모울(C. F. D. Moule)은 "성례에 나타난 심판 주제"(The Judgement Theme in the Sacraments)라는 자신의 논문에서 이 주제를 종말론적 관점에 따라 설명한다.[144] 모울은 이렇게 말한다. "만일 세례가 자발적인 죽음이라면, 세례는 또한 죄책의 탄원, 곧 죄의 선고를 받아들이는 것이다."[145] 그러나 세례는 그리스도께서 무효화하고 십자가에 못 박으신 심판의 선고를 받아들이는 것이다(골 2:14). 공관복음서에서 그리스도는 자신에게 임할 죽음을 세례로 표현하신다(막 10:38; 눅 12:50). 그리스도 자신의 세례는 "순종의 성례―예견된 죽음―였다. 우리의 세례는 우리의 죄로 말미암아 초래된 상황과 죄에 대한 승리의 상황을 액면 그대로 받아들이는 것이다."[146] 모울은 세례가 미래를 내다보고 **보증과 약속**을 체현하는 "잠정적" 제도라는 루터의 견해를 받아들인다. 한때 노팅엄 대학교의 내 선임자였던 앨런 리처드슨도 동일한 견해를 견지한다. 그는 이렇게 말한다. "죄에 대한 하

---

143) Wagner, *Pauline Baptism*, 291-292.

144) C. F. D. Moule, "The Judgement Theme in the Sacraments," in W. D. Davies and D. Daube (eds.), *The Background to the New Testament and Its Eschatology: In Honour of C. H. Dodd* (Cambridge: Cambridge University Press, 1936), 464-481.

145) Moule, "Judgement Theme," in *Background*, 465.

146) Moule, "Judgement Theme," in *Background*, 466-467.

나님의 심판은 그리스도께서 겪으신 죽음의 세례에서 시행되었다. 세례를 받는 것은 하나님의 '유죄' 판결을 받아들이는 것이고 따라서 대법정과 최후의 '심판'을 통과하는 것이다."[147]

사복음서 전체가 세례를 이 종말론적 맥락에 따라 묘사한다. 세례 요한은 최후의 심판을 대비한 사람들에게 세례를 베푼다(마 3:1-12; 막 1:4-8; 눅 3:1-17; 요 1:19-27). 예수의 세례는 이런 배경 속에서 일어난다(마 3:13-17; 막 1:8-11; 눅 3:18-22; 요 1:29-36). 오스카 쿨만은 "그리스도의 사역에서 세례의 정박지"에 대해서 이렇게 바르게 말한다. "예수는 죄 사함을 가져오는 자신의 죽음을 위하여 세례를 받으신다.…예수는 자신을 자신의 전체 백성과 연합시키기 위해 요단강으로 들어가셔야 한다.…예수의 세례는 십자가를 미리 지시한다."[148] 따라서 "내가 받는 세례를 너희가 받을 수 있느냐?"(막 10:38)는 말씀은 죽음을 가리킨다.

우리가 세례를 공동체적 배경에 속해 있다고 생각하는지, 아니면 개인적인 방향을 갖고 있다고 생각하는지에 따라 또 다른 해석의 문제가 발생한다. 우리는 앞에서 톰 홀랜드의 바울에 대한 "공동체적" 설명을 주목했고 이 공동체적 설명은 분명히 세례에도 적용된다.[149] 공동체적 배경은 유아세례에 더 쉽게 적용시킬 수 있다. 그러나 핵심 요점은 예수 그리스도께서 정하신 두 성례 사이의 평행 관계에 있다. **두 성례 모두 그리스도의 죽음을 선포하고, 복음을 십자가의 도에 고정시킨다**(롬 6:1-11; 고전 11:23-26; 특히 26절). 두 성례는 모두 종말을 고대한다.

147) Alan Richardson, *Introduction to the Theology of the New Testament* (London: SCM, 1958), 341.
148) Cullmann, *Baptism in the New Testament*, 14, 18, 19.
149) Holland, *Contours of Pauline Theology*, 141-156.

22장

종말론:
궁극적이고 결정적인 해석학적 의미의 지평

## 22.1. 네 가지 해석학적 출발점: 약속, 공동체, 새 창조, 묵시

종말론의 성경적 이해 지평과 오늘날 일상생활 속에서 많은 사람들이 채택한 출발점 사이에 네 가지 중대한 차이가 발생했고, 이로 말미암아 마지막 일들에 대한 성경적이고 기독교적인 교리에 있어 네 가지 구별된 해석학적 출발점이 형성되었다. 성경 저자들은 종말론을 이해하거나 믿을 때 인간의 자아 또는 인간 의식의 잠재성에서 시작하지 않는다. 성경의 기대와 소망은 무엇보다 먼저 **하나님의 약속**에 대한 해석학과 함께 시작한다.

(i) 성경적 이해의 지평은 하나님의 미래 행위와 인간의 운명에 대한 기대와 소망의 근거를 **하나님이 약속하신 것과 지금까지 일어난 것 사이의 인지된 간격**에 둠으로써 다른 포괄적인 "종교적" 관점들과 차이가 있다. 만일 하나님이 아직 일어나지 않은 일을 행하거나 제공하기로 스스로 서약하셨다면, 이로부터 도출될 수 있는 직접적 추론은 성취가 **아직** 이루어지지 않았다는 것이지, 취소되었다는 것이 아니다. 이것이 성경과 기독교 종말론의 "**아직 아니**"(not yet) 사상의 근본 기초를 구성한다. 이것이 미래를 향해 **소망**을 투사한다.

앞에서 지적한 것처럼 몰트만은 이 주제에 관해 적절하고 건설적인 설명을 제공한다. 몰트만은 이렇게 말한다. "추측은 우리가 하나님에게 바라는 것의 성취를 미숙하게 자기 뜻에 따라 예견하는 것이다. 절망은 우리가 하나님에게 바라는 것의 성취가 불가능하다고 미숙하게 자의적으로 예단하는 것이다. 두 가지 희망 없음의 상태, 즉 성취를 예견하거나 소망을 포기하는 것은 희망이 지닌 여행적인 성격을 소멸시킨다. 이 두 상태는 희망으로 약속의 하나님을 의지하는 인내를 거부한다."[1] "기대 사고"(expectation thinking)는 현재의 일에 대한 철학적인 사고와 달리 세상에 대한 새로운 종류의 사고로서 미래와 "새 일"을 지향한다고 몰트만은 설명한다.[2]

비록 맥락은 다르더라도 칼 라너도 자신의 논문인 "종말론적 진술의 해석학"(The Hermeneutics of Eschatological Assertions)에서 광범위하게 평행적인 요점을 제시한다.[3] 미래의 종말론적 사건을 묘사하는 해석학은 마치 그 사건이 지속적 연대기나 역사를 미리 보여줌으로써 "인간 자신을 탈종말화한다"고 라너는 지적한다. 라너는 이렇게 말한다. "…종말론적 메시지는 지금 이 순간에는 우리가 전혀 접하지 못하는 진술이 된다.…만일 명백한 본질에 대한 **선험적** 지평을 갖고 있지 않다면 우리는 성경이 진정으로 말하고자 하는 것을 말하고 있다고 인정하지 못할 것이다."[4] 라너는 계속해서 이렇게 말한다. "미래는 진정으로 거기 있어야 한다. 말하자면 미래는 아직 다가올 [것으로]…바라보아져야 한다."[5]

(ii) 17세기와 18세기 이래로 수많은 서구 사상의 **개인주의적** 초점과 성경적 종말론의 특징인 **세상, 피조물, 공동체**에 대한 초점 사이에 두 번째 실질적인 이해 지평의 차이가 있다.

이 대조를 잘 다룬 20세기 중반의 초기 작품들 가운데 하나가 존 로빈슨의 『종말의 하나님』(In the End, God...)이다. 서구 세계에서 미래의 운명에 대한 사상과 반대로 로빈슨은 이렇게 말한다. "한편으로 신약성경에서 희망과 관심이 둘러싸고 있는 요점은 죽음의 순간이 아니라 파루시아의

---

1) Moltmann, *Theology of Hope*, 23.

2) Moltmann, *Hope*, 35.

3) Rahner, "The Hermeneutics of Eschatological Assertions," *Theological Investigations*, vol. 4, 323-346.

4) Rahner, "Hermeneutics," *Investigations*, 4, 328-329.

5) Rahner, "Hermeneutics," *Investigations*, 4, 333.

날, 곧 그리스도께서 자신의 나라의 영광 속에서 나타나시는 날이다."[6] 로빈슨은 또 다음과 같이 지적한다. "헬레니즘 문화는 신약성경의 메시지에 접했을 때, 그 메시지에 비종말론적 역사관과 개인주의적 영혼 교리를 집어넣었고…이 강조점의 변화로 말미암아 근대적 관점이 나왔다. 최초의 기독교적 사고 속에서는 개인의 죽음의 순간이 완전히 주의 큰 날과 최후의 심판에 종속되었지만, 이후의 사고 속에서는 죽음의 순간이 결정적인 것이 된다."[7] 심지어 죽음, 심판, 천국, 지옥과 같은 네 가지 전통적인 "마지막 일들"도 **파루시아, 최후의 심판, 죽은 자의 부활이라는 우주적이고 세계적인 사건**에 중점이 있는 신약성경의 "중대한 마지막 일"이 아니고, 개인적인 것에 초점이 맞추어진다.

윌리엄 맨슨도 1950년대에 비슷한 요점을 제시했다. 맨슨은 신약성경 종말론의 "본질"이 개인의 죽음 이후에 벌어지는 일련의 사건들을 연대순으로 투사하는 것이 아니라 "모든 역사와 모든 삶을 궁극적인 초월적 사건, 곧 하나님의 심판과 자비 아래 세상이 빠르게 향해 가고 있는 종말과 관련시켜 생각하도록 우리를 재촉하는" 포괄적 이해라고 설명한다.[8]

몰트만은 이러한 관점을 더 깊은 **신학적** 이해 속에 위치시켰다. 이 대조는 개인적 요점과 공동체적·우주적 요점의 대조 이상이다. 몰트만은 이 성경적 관점을 "하나님의 신실하심에 대하여 일어나는 종말론적 사건"으로 정의한다. 몰트만은 이렇게 말한다. "…이 성경적 관점은 그 자체를 넘어, 심지어 예수를 넘어 장차 임할 하나님의 영광의 계시를 지시한다.…예수…부활하신 분으로 나타나는 주님은…장차 임할 약속된 하나님의 영광

---

6) John A. T. Robinson, *In the End, God…: A Study of the Christian Doctrine of the Last Things* (London: James Clarke, 1950), 10.

7) Robinson, *In the End, God*, 11.

8) William Manson, *Eschatology*, Scottish Journal of Theology Occasional Papers (Edinburgh: Oliver & Boyd, 1953), 1.

22장 종말론: 궁극적이고 결정적인 해석학적 의미의 지평          925

의 전조로 나타나신다."[9] 몰트만은 성경적 증언의 "해석학"이 "세상과 모든 사람을 위한 하나님의 보편적 미래"와 관련되어 있다고 덧붙인다.[10] 동시에 몰트만은 맨슨과 라너가 확인하는 요점을 더 폭넓게 제시한다. 성경적 증언의 해석학은 인간이 처한 현재의 상호작용을 "**미래와의 관계 속에서**" 조명한다(몰트만 강조).[11] 우리는 18.1.에서 성령의 사역을 "종말론적 긴장"의 상황 안에서 고찰했다. 성령은 약속된 미래의 "첫 열매"를 구성한다. 그것은 현재 맛보는 성령의 경험과 종류는 비슷하나 영광은 더 큰 열매다.

(iii) **죽은 자의 부활**에 대한 소망, 기대, 약속의 본질은 모든 의심을 뛰어넘어 이 해석학적 대조를 명확히 한다. 플라톤은 영혼의 본질이 비지상적이고 비우연적이기 때문에 영원한 형상과 이데아의 세계에 속해 있다는 것을 근거로 영혼의 불멸성을 주장했다. 그러나 바울은 부활을 믿는 믿음의 근거를 완전히 다른 기초 위에 둔다. 고린도 교회에서 부활에 대해 혼란이 일어난 것(고전 15:2; εἰκῇ, 에이케, 헛되이[적절한 고려 없이])은 교회 안에 있는 자들이 "하나님을 알고 있지 못한"(고전 15:34) 것에 기인했다. 믿음의 근거는 **부활 생명에 적합한 실존 양식을 새로 창조하시는 창조주 하나님의 무한한 자원**, 그리고 증인들이 증언한 것처럼(고전 15:3-6; 35-44) **예수 그리스도를 부활시킨 하나님의 행위**에 있다.[12]

(iv) 이 세 가지 해석학적 지평, 즉 **약속**(그리고 약속의 성취에 대한 계시)의 지평, **공동체와 우주**의 지평, 주권적인 **하나님의 창조 능력**과 새 창조의 지평은 묵시적 사고의 주된 특징으로 종말론 안에서 하나로 결합된다. 이러한 사고 패턴은 예수와 바울의 종말론에 영향을 미쳤고, 아울러 신약성

---

9) Moltmann, *Hope*, 201.
10) Moltmann, *Hope*, 283.
11) Moltmann, *Hope*, 283.
12) Thiselton, *First Epistle to the Corinthians*, 1169-1313, 특히 1183-1206, 1253-1281; 참조. Barth, *The Resurrection of the Dead*, 18; H. A. A. Kennedy, *St. Paul's Conception of the Last Things* (London: Hodder & Stoughton, 1904), 243; 참조. 222-341.

경의 다른 내용에도 영향을 미쳤다.

어떤 이들이 묵시에 대한 의존을 의심하는 것은 이해할 수 있다. 아마도 그것은 부분적으로 요한네스 바이스나 알베르트 슈바이처가 펼친 주장과 관련된 헛된 기대 때문이고, 또 부분적으로는 클라우스 코흐(Klaus Koch)가 비신학적인 묵시의 특징을 "불안을 조성하는 것"이라고 불렀기 때문일 것이다.[13] 때때로 슈바이처의 이단적인 주장은 최소한 리츨과 하르낙이 제공한 자유주의적 예수 상을 의심하는 데 도움을 주고, 또 월터 라우셴부쉬(Walter Rauschenbusch)가 훗날 예수의 "사회 복음"을 세우기 위해 애쓰게 될 사상의 기초를 따져보도록 만들기도 했다.[14] 바이스는 바울 해석을 통해 바울이 강조하는 새 창조, 묵시적 기대의 두 시대, 성숙함과 소망에 대한 전망적 관점을 회복시켰다.[15] 역사는 하나님의 뜻에 따라 전진한다. 약속된 미래는 아직 일어나야 한다(고전 13:12). 그리고 주의 영광은 미래에서 현재 속으로 침투할 준비가 되어 있다.

몰트만은 바이스와 슈바이처가 새로운 시작을 이끌기에는 "무력하다"고 주장하는데, 이것은 주로 그들이 "약속의 언어로 이루어진 기독교 종말론"을 제대로 탐구하지 못했기 때문이다.[16] 따라서 많은 이들이 묵시가 예수와 바울에게 갖는 역할에 단서를 붙인 것은 놀라운 일이 아니다. 그럼에도 묵시의 역할은 회복되었다. 에른스트 캐제만, 울리히 빌켄스(Ulich Wilckens), 마틴(J. L. Martyn), 크리스티안 베커는 신약학의 범주 안에서 묵시적 특징들을 확인했고, 또 위르겐 몰트만, 볼프하르트 판넨베르크, 게르하르트 자우터(Gerhard Sauter)는 조직신학의 범주 안에서 묵시적 특징들을

---

13) Klaus Koch, *The Rediscovery of Apocalyptic*, trans. Margaret Kohl (London: SCM, 1972), 112-122.

14) 연구 역사에 대해서는 Norman Perrin, *The Kingdom of God in the Teaching of Jesus* (London: SCM, 1963), 14-57을 보라. 『하나님의 나라』(솔로몬 역간).

15) Weiss, *Earliest Christianity*, vol. 2, 433-435, 523-545.

16) Moltmann, *Hope*, 41; 참조. 37-42.

설명했다.[17] 코흐는 이렇게 지적한다. "몰트만은 전문 학자들이 자주 결여하고 있는 묵시에 대한 통찰력을 깊이 있게 보여준다."[18]

성경 전문가들은 자주 묵시라는 말이 갖고 있는 애매함에 대해 불평한다.[19] 그러나 예수와 바울의 가르침의 많은 요점들이 기독교 종말론의 핵심 주제들과 공명을 이루고, 적어도 처음에는 이 요점들이 당시의 묵시 문헌에 익숙하게 나타나는 원리들에서 파생되어 나온다. 예를 들어 슈바이처는 "바울에게 예수의 부활은 고립된 사건이 아니다.…[예수의 부활은] 죽은 자 전체의 부활의 최초 사건"이라고 지적한다.[20] 게다가 예수와 바울은 인간 개혁이 아닌 새 창조에 대해서 말한다(막 2:21-22; 평행 본문 마 9:16-17; 눅 5:36-38; 고후 5:17). "낡은 옷"(막 2:21)은 "이 세상에서 없어질" 것(고전 2:6)과 같은 것이다. 예수는 마귀의 세력에 대해 말씀하고, 오직 "강한 자만이 집에 들어가 세간을 강탈할 수 있다"고 천명하신다(막 3:22-27; 평행 본문 마 12:25-29; 눅 11:16-22). 바울은 "이 세상의 신이 믿지 아니하는 자들의 마음을 혼미하게 하여"(고후 4:4)라고 선언한다. 그리스도는 학대받는 양 떼를 보살피는 구원자로(마 15:24; 눅 19:10), 병자를 고치시는 의사로 오신다(막 2:17). 바울은 "악한 세대"에 대하여 말하며(갈 1:4), 그리스도를 "우리를 흑암의 권세에서 건져내사(ἐρρύσατο, 에뤼사토) 그의 사랑의 아들의 나라로 옮기시는(μετέστησεν, 메테스테센)" 분으로 제시한다(골 1:13).

---

17) Ernst Käsemann, "On the Subject of Primitive Christian Apocalyptic," in Ernst Käsemann, *New Testament Questions of Today*, trans. W. J. Montague (London: SCM, 1969), 108-139; Beker, *Paul the Apostle*, 11-19, 135-181; Pannenberg, "The Revelation of God in Jesus of Nazareth," in Robinson and Cobb (eds.), *New Frontiers in Theology, III: Theology as History*, 101-133, 그리고 위에서 인용한 다른 작품들; 참조. *Systematic Theology*, vol. 3, 531-545.

18) Koch, *Rediscovery*, 108.

19) Barry B. Matlock, *Unveiling the Apocalyptic: Paul's Interpreters and the Rhetoric of Criticism*, JSNTSS 127 (Sheffield: Sheffield Academic Press, 1996).

20) Schweitzer, *Mysticism of Paul*, 98.

제3부 기독교 교리의 주요 주제

이 모든 것이 묵시의 풍조 및 지위와 얼마나 긴밀하게 부합되는지 증명할 필요는 거의 없다. 로울리가 지적하는 것처럼 묵시주의자들이 현재와 인간의 상황에 주목한 것은 "내일에 대한 갈망을 일으키기 위해서가 아니었다.…묵시주의자들의 소망의 원천은 오직 하나님께 있었다.…묵시주의자들은 인간이 자신의 죄를 디딤돌로 삼아 자신의 존재의 목표를 향해 굳게 전진한다는 관념을 전혀 몰랐다.…인간은 하나님의 능력을 통해서만 일어설 수 있었다."[21]

기독교 종말론에 대한 이런 사고방식의 중요성은 위에서 확인한 세 가지 이해의 지평, 특히 그중에서 **자신의 주권적 선택에 따라 성취하시는** 하나님의 **약속**에 대한 이해의 지평을 강조하고 확증한다는 것에 있다. 따라서 종말론은 미래에 따라 그리고 인내하는 현재의 기다림에 따라 하나님을 바라보는 것을 함축한다. 게다가 침투하는 미래의 **새로움**—성령에 의해(불트만의 표현에 따르면) "미래성의 힘"이라고 일컬어지는—은, 몰트만이 상대적으로 새로운 것과 "**새로운 범주**" 사이의 차이로 인식한 것에 이르게 된다.[22] 몰트만은 이렇게 말한다. "부활하신 그리스도가 십자가에 못 박히고 죽으신 그리스도로부터 **나오지** 않는 것처럼, *novum ultimum*—궁극적으로 새로운 것—도 옛것의 역사로부터 **나오지** 않는다."[23] 그러나 이 *novum*, 곧 이 새로운 것에 대해서 어떤 유비도 없는 것은 아니다. 그렇지 않으면 우리는 상대적으로 우리가 바라는 **새로운 것**을 생각할 수 없기 때문이다. "종말론적으로 새로운 것은 옛것을 폐기시키지 않고 옛것

21) H. H. Rowley, *The Relevance of Apocalyptic: A Study of Jewish and Christian Apocalypses from Daniel to Revelation* (London: Lutterworth, 1944), 141, 155-156; 참조. D. S. Russell, *The Method and Message of Jewish Apocalyptic, 200 B.C.-A.D. 100* (London: SCM, 1964), 104-151, 205-303; Koch, *Rediscovery*, 73-111.

22) Jürgen Moltmann, *The Coming of God: Christian Eschatology*, trans. Margaret Kohl (London: SCM, 1996), 27-29. 『오시는 하나님』(대한기독교서회 역간).

23) Moltmann, *Coming*, 28.

을 함께 모아 그것을 새롭게 만드는 것이므로 그 자체로 연속성을 창조한다.…'이 죽을 본성은 죽지 아니함을 입을 것이다'(고전 15:53). 부활하신 그리스도는 십자가에 못 박히신 그리스도 외에 다른 분이 아니고, 십자가에 못 박히신 그리스도가 변화된 모습으로 계시는 것이다."[24] 하나님은 자신의 피조물에 신실하신 분으로 존재하신다.

이상의 설명은 종말론적 희망을 조명해줄 뿐 아니라 아울러 우리가 몰트만과 판넨베르크의 묵시론적 사고의 패턴을 각각 활용할 때 둘 사이에 때때로 서로 다른 관점이 놓여 있음을 보여준다. 최근의 연구에서 클라우스 코흐와 마이클 길버트슨(Michael Gilbertson)은 몰트만이 상대적으로 옛 창조와 새 창조 사이의 대조와 불연속성에 더 큰 강조점을 두는 반면, 판넨베르크는 옛 창조와 새 창조 사이의 연속성과 일관성을 더 강조한다고 주장한다. 길버트슨은 이렇게 말한다. "판넨베르크는 역사의 종합적 통일성과 일관성을 하나님의 자기 계시로…[그리고] 모든 사건을 확인하는 궁극적 지평[으로] 강조하는 데 관심을 둔다. 반면에 몰트만은 장차 임할 하나님의 실재와 현재의 역사적 실재 사이의 **대조 관계**를 강조하는 데 관심을 둔다"(길버트슨 강조).[25]

확실히 판넨베르크는 오직 끝[종말]이 되어야만 현재의 참된 의미가 밝혀질 수 있는 하나님의 주권적 목적에 따라 역사의 연속성을 인식한다. **현재 의미의 잠정성**("때가 이르기 전에는 아무것도 판단하지 말라"; 고전 4:5)이 묵시의 근본 주제다. 왜냐하면 어떤 일들은 현재에는 숨겨져 있고, 명확한 평가는 공적 이해를 위해서 오직 완전한 그림이 나타날 마지막 때를 기다리고 있기 때문이다. 판넨베르크도 묵시로부터 이스라엘과 교회의 역사를 초월하는 **보편적** 차원의 역사와 해석학을 이끌어낸다. 그러나 몰트만이

---

24) Moltmann, *Coming*, 29(몰트만 강조).
25) Michael Gilbertson, *God and History in the Book of Revelation: New Testament Studies in Dialogue with Pannenberg and Moltmann*, SNTSMS 124 (Cambridge: Cambridge University Press, 2003), 143-144; 참조. Koch, *Rediscovery*, 101-111.

조심스럽게 제시한 *novum*(새로운 것)에 관한 진술 속에 "모순"이 함축되어 있는가? 몰트만은 대체로 세상, 옛것 또는 역사의 **변혁**에 대해서 말하기를 좋아한다. 코흐와 길버트슨은 이 점에서 몰트만과 판넨베르크가 단지 정도의 차이만 있다고 지적한다. 판넨베르크와 몰트만은 서로 상충되는 것이 아니라 보완적이다. 두 사람은 각각 예상하지 못한 방식으로 하나님의 약속이 성취될 것이기 때문에 **새로움과 놀라움**의 가능성을 강조한다. 그러나 동시에 각각 하나님이 자신의 약속에 진실하시기 때문에 하나님의 **신실하심**도 강조한다.


## 22.2. 추가된 세 가지 해석학적 지평:
소망, 기대의 문법, 시간-파루시아의 "임박성"

(v) **기다림의 인내는 미래에 대한 열렬한 기대와 결부되어 있다.** 이러한 해석학적 이해는 사회-경제적 소비주의, 거대한 금융 신용의 유효성, 점증하는 "포스트모던" 정신적 경향이 복합적으로 작용해서 생겨난 **즉시성, 즉각성, 그리고 순간적인 욕구 충족**의 충동과는 완전히 거리가 멀다. 오늘날 대부분은 한계가 없는 신용에 의존하며 살고, 현재 순간의 욕망을 위해 불확실한 미래를 허비한다. 부유한 서구뿐만 아니라 개발도상국의 수많은 문화 속에서도 이런 경향은 많은 이들이 미래 세대를 지속시킬 토대를 구축하는 데 목표를 두었던 빅토리아 시대 영국의 분위기나 초기의 미국, 유럽, 일본의 산업 경제 시대의 풍조와는 근본적으로 대립된다. 이처럼 견실한 사고방식은 21세기에 들어서자 사라지고, "지금은 맛있게 먹고, 돈은 나중에 내라"는 식의 단기 철학(short-term philosophy)이 판을 치고 있다. 이런 지평은 기다림이라는 것이 단지 원한(resentment)의 성격을 갖고 있는 것이 아니라 앞에 놓여 있는 것에 대한 열렬한 기대를 특징으로 하는 "아직 아니"의 종말론이라는 것과 쉽게 연계되지 않는다. 포스트모던 시대의

소비주의 문화는 "기다림"을 견딜 수 없는 것으로, 그리고 원한의 원천, 기껏해야 절망으로 인한 체념의 원천으로 간주한다.

신약성경의 저자들은 아직 임해야 할 것의 "영광"을 종종 제시했지만 현재에 대한 과도한 승리주의를 드러내는 것은 주저했다. 바울은 다음과 같이 외친다. "생각하건대 현재의 고난은 장차 우리에게 나타날 영광과 비교할 수 없도다. 피조물이 고대하는 바는(그리스어 ἡ γὰρ ἀποκαραδοκία τῆς κτίσεως, 헤 가르 아포카라도키아 테스 크티세오스) 하나님의 아들들이 나타나는 것이니…그 바라는 것은 피조물도 썩어짐의 종노릇한 데서 해방되어 하나님의 자녀들의 영광의 자유에 이르는 것이니라. 피조물이 다 이제까지 함께 탄식하며 함께 고통을 겪고 있는 것을 우리가 아느니라. 그뿐 아니라 또한 우리 곧 성령의 처음 익은 열매(τὴν ἀπαρχήν, 텐 아파르켄)를 받은 우리까지도 속으로 탄식하여 양자 될 것 곧 우리 몸의 속량을 **기다리느니라.** 우리가 소망으로…보는 것을 누가 **바라리요**"(롬 8:18-25).

그리스어 성구 사전을 참조하면 로마서 8:19에서 ἀποκαραδοκία(아포카라도키아)는 빌립보서 1:20에서 사용되는 것과 같이 간절한 기대를 의미하는 것으로 확인되고, 여기에 상상적인(δοκέω) 시나리오를 묘사하는 뉘앙스가 추가되어 있다.[26] 그림-다이어(Grimm-Thayer)는 ἀποκαραδοκία라는 희귀한 단어 속에 여러 가지 은유가 내재되어 있다고 보는데, κάρα(카라)는 "머리"를 의미하고, δοκέω(도케오)는 "상상하다 또는 지켜보다"를 의미하며, 여기에 방향 또는 강조 복합어 ἀπο(아포)가 붙었다고 간주한다. 이 요소들을 한꺼번에 취하면 이 동사는 "죽 뻗은…머리로 지켜보다"(학수고대)라는 의미를 갖는다.[27] 이것은 단순히 제임스 바가 단어의 의미보다 단어의 역

---

26) BDAG, 112; J. H. Moulton, G. Milligan, *Vocabulary of the Greek Testament* (London: Hodder & Stoughton, [1930] 1952), 63은 이렇게 말한다. "무덤(하데스) 속에 있는 자들은 그리스도의 재림을 간절히 바라고 있다."

27) J. H. Thayer, *Greek-English Lexicon of the New Testament* (Edinburgh: T&T Clark, 4th edn. 1901), 62-63.

932     제3부 기독교 교리의 주요 주제

사에 대해 더 많이 말해서는 안 된다고 우리에게 상기시켰던 "어원 연구"의 일종이 아니다. 왜냐하면 당대의 독자들은 이 은유적 의미를 의심 없이 취할 것이기 때문이다. 그러므로 우리는 피조물이 신자들 **속에** 어떤 영광이 계시될지를 목 **빠지게 지켜본다**고 말할 수 있다.

바울은 **미래**에 대한 이런 간절한 기대의 태도를 고린도 교회 교인의 **미성숙한** 기대의 "주제넘은 태도"(몰트만이 그렇게 부르는 것처럼)와 대립시켜 제시한다. "너희가 이미 배부르며 이미 풍성하며 우리 없이도 왕이 되었도다. 우리가 너희와 함께 왕노릇하기 위하여 참으로 너희가 왕이 되기를 원하노라. 내가 생각하건대 하나님이 사도인 우리를 죽이기로 작정된 자 같이 끄트머리에 두셨으매, 우리는 세계 곧 천사와 사람에게 구경거리가 되었노라"(고전 4:8-9). "비방을 받은즉 권면하니 우리가 지금까지 세상의 더러운 것과 만물의 찌꺼기같이 되었도다"(고전 4:13).[28] 바레트는 이렇게 설명한다. "고린도 교회 교인들은 마치 다 자라 이미 완성된 자처럼, 성도들이 이미 나라를 얻은 것처럼(단 7:18) 행세하고 있다. 왜냐하면 그들에게는 실현된 종말론의 '이미'를 제한하는 '아직 아니'의 개념이 없기 때문이다."[29]

즐거운 기대와 단련된 인내, 이 이중의 태도는 어떻게 설명될까? 판넨베르크는 믿음과 같이 희망도 **하나님의 약속에 대한 신뢰**에 의존한다는 것을 근본적 요점으로 제시하는데, 이는 "**지금처럼 인생이 불완전하다는 의식**은…하나님의 약속 안에 있는 가능한 성취에 대한 확신과 관련되어 있다"는 사실과 함께한다.[30] "하나님과 그분의 약속을 신뢰하는 믿음은 결코 희망으로부터 분리되지 않는다."[31] 신뢰하는 믿음과 앞을 내다보는 희망의 상호 관계는 아브라함의 믿음(창 15:6과 롬 4:3)에서 패러다임 사례가 발견

---

28) Thiselton, *First Epistle to the Corinthians*, 344. 이 번역은 345-368에서 옹호되고 설명된다.

29) C. K. Barrett, *First Epistle to the Corinthians* (London: Black, 2d edn. 1971), 109.

30) Pannenberg, *Systematic Theology*, vol. 3, 173.

31) Pannenberg, *Systematic Theology*, vol. 3, 173.

된다. 대체로 많은 시편이 신뢰하는 희망에 대해서 표현하고 있다(시 43:5; 71:5, 14; 119:114). 신자들은 "하나님의 영광을 바라고 즐거워하고"(롬 5:2), "의의 소망을 기다린다"(갈 5:5). 객관적으로 보면, 그리스도인들이 바라는 것은 "하늘에 [그것들을] 쌓아두는" 것이다(골 1:5; 참조. 히 6:11, 18; 벧전 1:3, 21; 3:15; 요일 3:3). "믿음은 바라는 것들의 실상(assurance)이다"(히 11:1).

또한 "아직 아니"의 단계는 하나님의 통치가 진행될 때 앞에 놓여 있는 것에 적응하는 윤리적·실천적 동력을 제공한다. 이 원리는 최초의 구약성경 속에 등장한다. "강하고 담대하라…너는 내가…맹세하여 그들에게 주리라 한 땅을 이 백성에게 차지하게 하리라…"(수 1:3, 9, 11).

판넨베르크는 이 원리를 이해하는 특별한 기독교적 지평에 대해서 상술한다. 에른스트 블로흐(Ernst Bloch)는 이렇게 말한다. "물리적 과정들의 경향성과 잠재성 속에서 억압적인 '아직 아니'의 단계가 생명, 갈망, 꿈에 대한 충동적 본질의 존재론적 기초를 구성한다. 그러나 이런 경향성…속에 멸망도 생성과 같이 그 기초를 두고 있다."[32] 다시 말하면 심지어 일상생활 전체의 흐름 속에서도, "아직 아니"에도 불구하고 앞으로 나아갈 필요성이 동기와 동력을 제공한다. 랍비 사상 속에 등장하는 **예체르 하라**(악한 충동)와 **예체르 하토브**(선한 충동)의 "충동" 간에 어느 정도 평행성이 있을수 있다. 그러나 하나님의 약속을 벗어나면, 인간이 얻고자 분투하고 갈망하고 애쓰는 것은 환멸적이고 실망스럽고 망상적인 것으로 판명되고, 결국 먼지로 사라지고 말 것이다. 그리스도인들에게 바울은 이렇게 선언한다. "소망이 우리를 부끄럽게 하지 아니함은 우리에게 주신 성령으로 말미암아 하나님의 사랑이 우리 마음에 부은바 됨이니"(롬 5:5).

이 맥락에서 N. Q. 해밀턴이 성령에 대해 "미래를 현재 속으로 침투"시키는 존재 혹은 끌고 오는 것으로 말하는 것은 충분히 납득이 간다.[33] 성

---

32) Pannenberg, *Systematic Theology*, vol. 3, 175.
33) Hamilton, *The Holy Spirit and Eschatology*, 24.

령은 처음 익은 열매(ἀπαρχή, 아파르케)다. 곧 미래에 풍성하게 있을 것을 현재에 조금 미리 맛보는 것이다(롬 8:23). 성령은 미래에 더 충분히 임할 것에 대한 "저당물", "계약금", "보증"(ἀρραβών, 아라본)이다(고후 1:22; 5:5; 참조. 엡 1:14). 따라서 이와 같이 "성령도 우리의 연약함을 도우시나니…오직 성령이 말할 수 없는 탄식으로 우리를 위하여 친히 간구하시느니라"(롬 8:26). 성령을 받는 것은 미래에 그리스도와 함께 부활한다는 보증을 받는 것이다(롬 8:11).

심지어 공관복음서에서 예레미아스가 예수의 "반전들"로 부르는 것을 개관해보면, 이 반전들이 각각 세 가지 특별한 방법 가운데 어느 하나 또는 그 이상의 방법으로 이해될 수 있음을 암시한다. 어떤 집단은 예수 그리스도의 사역, 죽음, 부활로 **성취가 이루어진다.** 다른 집단은 **최초의 성취 과정**이 시작되었으나 주의 재림(Parousia)과 죽은 자의 부활이 있을 때까지는 충분한 성취에 이르지 못한다. 세 번째 집단은 마지막 날까지 "아직 아니"를 기다리고 있다. 모든 것이 **하나님의 약속**으로부터 연원하지만 또한 모든 것이 **하나님의 시간**에 의존한다. 이 "반전들"에 대해 예레미아스는 이렇게 말한다. "상황이 반전된다. 곧 감추인 것이 드러나게 된다(마 10:26). 가난한 자는 부요하게 된다(눅 6:20). 나중 된 자가 먼저 된 자가 된다(막 10:31). 자기를 낮추는 자가 큰 자가 된다(마 18:4). 우는 자가 웃는 자가 된다(눅 6:21). 애통하는 자가 위로를 발견한다(마 5:4). 맹인이 보며 못 걷는 사람이 걸으며 나병환자가 깨끗함을 받으며 못 듣는 자가 듣는다(마 11:5). 포로 된 자와 눌린 자가 자유롭게 된다(눅 4:18). 자기를 낮추는 자는 높아진다(마 23:12; 눅 14:11; 18:14). 온유한 자는 다스리는 자가 된다(마 5:5). 적은 무리가 왕이 된다(눅 12:32). 그리고 죽은 자는 살아난다(마 11:5)."[34]

(vi) 이 모든 것에 대한 적절한 이해의 지평은 **기대에 대한 개념적 문**

---

34) Joachim Jeremias, *The Parables of Jesus*, trans. S. H. Hooke (London: SCM, rev. edn. 1963), 221-222. 『예수의 비유』(분도출판사 역간).

법의 판단에 의존한다. 역사는 달력의 특정한 날에 주의 날이 임할 것으로 기대하고 스스로 자기 기만에 빠진 "천년왕국 추종" 집단의 희망이 미몽에 지나지 않았음을 증언한다. 그렇지만 **영원히 불명확한** 소망이나 기대가 진정 신약성경에서 찾아볼 수 있는 것과 같은 기쁨과 간절함과 절박함을 고취시킬 수 있겠는가?

많은 신약 전문가들은 여전히 예수와 바울이 첫 세대 그리스도인들이 살아 있는 동안에 파루시아가 있을 것으로 "기대했으나" 결국 잘못된 것으로 판명되었다는 구시대적인 주제를 반복하고 있다. 이에 대한 증거는 불확실하다. 조지 케어드는 자신이 "비판적 교리"라고 불렀던 이런 식의 교리를 결코 인정하지 않았고, 그의 갈급함은 그가 "세상 끝 날 은유"라고 부른 것을 깊이 있게 탐구하도록 이끌었다. 1960년대에 케어드는 이 주제를 옥스퍼드 대학교에서 의미론을 가르쳤던 동료 교수 스티븐 울만(Stephen Ullmann)과 공동으로 연구했다. 케어드는 신약성경이 종종 이런 맥락에서 은유를 사용했다고 결론을 내리지만, 많은 신약 전문가들의 결론은 종말론에서 은유의 사용에 대한 이해나 민감성이 거의 없었다고 주장했다. 예수는 **부활 이전** "세계"의 종결 또는 한 국가로서의 **이스라엘** "세계"의 종결을 예언하셨다. 유감스럽게도 케어드 연구의 많은 부분은 그가 불시에 세상을 떠나기 4년 전인 1980년 『성경의 언어와 이미지』(*The Language and Imagery of the Bible*)가 나올 때까지 출판되지 않았고, 옥스퍼드 대학교에서 가르쳤던 구두 강의가 책으로 출판되기까지는 많은 세월이 걸렸다.[35] 케어드는 이렇게 말한다. "성경 저자들은…지금은 세상 끝이 아니라는 사실을 그들이 알았기 때문에 일률적으로 세상 끝이라는 말을 은유적으로 사용했다."[36]

케어드는 예수의 "실수"를 주장하는 것이 의문의 여지가 있다는 불트만

---

35) George B. Caird, *The Language and Imagery of the Bible* (London: Duckworth, 1980), 131-200, 243-271.
36) Caird, *The Language and Imagery*, 256.

의 주장을 별 어려움 없이 폭로한다. 한편으로 불트만은 예수가 임박한 파루시아를 예상했으나 "역사가 계속되었기" 때문에 실수한 것으로 판단했다고 주장한다. 다른 한편으로 불트만은 이렇게 주장한다. "종말의 시간적 임박성을 믿는 믿음은 현재 판단의 궁극적이고 초월적인 기능을 표현하는 것 외에 다른 기능은 없다."[37] 그러나 불트만이 "임박하다"는 말을 사용하는 것은 시간적 의미에서인가, 아니면 비시간적 의미에서인가? 불트만은 자신의 말의 의미를 바꾸지 않고 어떻게 두 가지를 다 논증할 수 있을까?

우리는 이 평행적 요점을 바울의 말과 관련시켜 주장할 수 있다. "주께서 강림하실 때까지 **우리** 살아남아 있는 자도 자는 자보다 결코 앞서지 못하리라"(살전 4:15). 여기서 바울이 "**너희** 살아남아 있는 자도" 혹은 심지어 "살아 있는 **너희들**"이라고 말했다면, 어떻게 바울은 "기대"를 진지하게 취급할 수 있었을까? 어니스트 베스트는 이런 주장을 단호하게 거부한다.[38] 그러나 문법과 구문이 **두 가지 가능한 작업 가정** 가운데 어느 하나를 **함축하는 것이 틀림없고**, 다른 가정에 따라서는 표현될 수 없었다는 것을 감안하면, **가설적인 가정이 명제 또는 주장의 지위를 가져서는 안 된다.** 스트로슨은 다른 맥락에서 이 점을 엄격하게 주장했다. 무어(A. L. Moore)는 이것을 굳게 확신하고, 바울이 자신이 살아 있는 동안에 파루시아가 있을 것으로 기대했던 믿음은 "건전한 증거를 통해서가 아니라 빈번한 언급으로 말미암아" 잘못 받아들여진 것으로 간주한다.[39] 바울은 자신이 **포악한 죽음**에 자주 직면했던 것을 알고 있었다(고후 11:23-27). 바울은 "**우리가 살아도 주를 위하여 살고 죽어도 주를 위하여 죽나니 그러므로 사나 죽으나 우리가**

---

37) Caird, *The Language and Imagery*, 254.

38) Ernest Best, *The First and Second Epistles to the Thessalonians* (London: Black, 1972), 194-196.

39) A. L. Moore, *1 and 2 Thessalonians* (London, Camden, NJ: Nelson, 1969), 70; A. L. Moore, *The Parousia in the New Testament*, Supplements to Novum Testamentum 13 (Leiden: Brill, 1966), 108-110도 보라.

주의 것"이라는 열린 가정도 똑같이 역설했다(롬 14:8; 참조. 고후 5:9; 빌 1:20-21).

이런 반응들은 타당하지만 확실히 이 가상 논쟁의 핵심에 도달하지는 못한다. "**기대하는 것**"은 "**정신 상태**"일 뿐인가? 더 정확히 말해 기대하는 것은 **주로** 정신 속에서 진행되는 심리적 과정이고 **필수적으로 연대순** 계산이나 예측을 포함하는가? **기대**의 개념적 문법에 대한 비트겐슈타인의 지적은 그렇지 않음을 암시한다.

**믿는 것**이 무엇인지가 **태도, 행위, 성향**과 밀접하게 관련되어 있는 것처럼, **기대하는 것**도 "기대하는 일이 일어나는 상황 속에 깊이 뿌리박혀 있다."[40] 비트겐슈타인은 계속해서 이렇게 말한다. "이 상태들의 문법을 이해하기 위해서는 다음과 같이 묻는 것이 필수적이다. '어떤 사람이 이 상태에 있는 것의 기준으로 간주되는 것은 무엇인가?'"[41] 하나의 생각, 태도 또는 행동이 전체 이야기를 말해주지는 못한다. 그러나 비트겐슈타인은 4시에 차를 마시기 위해 친구를 기대하는 것과 같은 상황을 상상한다. 여기에는 다음과 같은 상황이 포함될 수 있다. (i) 일기장에서 친구의 이름을 보는 상황, (ii) 차를 두 잔 준비하는 상황, (iii) 친구가 담배를 피우고자 재떨이를 찾을지 생각해보는 상황, (iv) 담뱃불을 끄는 상황, (v) 친구가 도착하지 않았을 때 4시 30분경, 조급한 마음이 들기 시작하는 상황. "이 모든 것을 '기대하는 것'이라 할 수 있다.…그리고 이 기대 과정에는 무수한 변화가 들어 있다.…이 모든 것에는 한 가지 공통적인 특징이 있다."[42] 기대를 정신 과정으로 보는 "심리학적" 이해가 거짓은 아니지만, 이런 이해는 "사소하고" "결정적으로 중요한 점"(*Punctum saliens*)을 빠뜨린다.[43]

---

40) Wittgenstein, *Zettel*, sect. 67.

41) Wittgenstein, *Philosophical Investigations*, sect. 572.

42) Wittgenstein, *The Blue and Brown Books: Preliminary Studies for the "Philosophical Investigations"* (Oxford: Blackwell, 2d edn. 1969), 20. 『청색책 갈색책』(책세상 역간).

43) Wittgenstein, *Zettel*, sect. 66.

만일 기대했던 사람이 반가운 사람 이상으로 절친한 친구라면, 기대는 아마 위에서 묘사한 행동을 하기 며칠 전부터 **기분 좋은 일**로 나타날 것이다. 때때로 **기대하는 것**은 어떤 명백한 명제적 믿음을 갖는 것이 아니라 단순히 "만일 그가 오지 않았다면 놀라움"을 느끼는 것이다.[44] 근본적으로 **기대하는 것**이 무엇인지는 "**주변 환경**"과 행동에 의존한다.[45]

이것은 신약성경 저자들이 얼마나 하나님의 약속의 성취, 예수 그리스도의 파루시아, 마지막 날에 있을 하나님의 영광의 계시를 "기대하는" 것처럼 보이는지를 묘사한다. 신약성경 저자들은 분명하게 "기대하는 것"이 연대기적인 방식으로 계산하는 것과 관련된다는 개념을 거부한다(막 13:32; 살전 5:2; 벧후 3:8-10). **종말**을 **기대하는** 것의 논리적 통용성은 그리스도인들이 어떻게 **사느냐**에 따라 확인된다. 그리스도인들은 하나님에 대해 책임과 책무를 다하는 자로 인생을 산다. 그리스도인들은 칭의에 대한 자기들의 정당성과 최종적인 보장을 약속된 미래 속에 두고 있는 자로 인생을 **산다**. 그리스도인들은 십자가에 못 박히신 그리스도의 영광에 대한 계시를 고대하는 자로 인생을 **산다**. 그러나 만일 이것이 사실이라면, 다시 말해 이것이 연대기적 지속에 관한 명제들을 믿는 것을 함축하지 않는다면, 어떻게 **실천적 행동**에 "실수"라는 말을 적용해서 의미를 만들어 낼 수 있겠는가?

예수는 단순히 "그날과 그때는 아무도 모르나니"라고만 말씀하시지 않고 "하늘에 있는 천사들도, 아들도 모르고 아버지만 아시느니라"고 덧붙인다(막 13:32; 평행 본문 마 24:36). 예수는 기대를 **태도와 행동**에 따라 말씀하신다. "그러므로 깨어 있으라. 어느 날에 너희 주가 임할는지 너희가 알지 못함이니라"(마 24:42; 참조. 눅 12:46). 바울은 데살로니가 교회 교인들에게 **파루시아**에 대한 사변적 생각에 사로잡히지 말라고 경고한다(살후 2:2-3). 임신

---

44) Wittgenstein, *Philosophical Investigations*, sect. 582.
45) Wittgenstein, *Philosophical Investigations*, II:x, sects. 191-192과 sects. 572-586; *Zettel*, sects. 58-68, 71-77; Ludwig Wittgenstein, *Philosophische Bemerkungen* (Oxford: Blackwell, 1964), sects. 21-31을 보라.

한 경우와 같이 임박한 사건의 징조들이 있을 수 있으나 이것이 놀라움에 사로잡히는 것과 양립하지 못하는 것은 아니다(살전 5:1-4). 그리스도인은 어떤 소문이 있거나 없거나 간에 근본적으로 그리스도를 만날 준비가 되어 있는 자들이다(살전 5:5-11).

(vii) 마지막으로 **시간의 지평**은 믿음과 소망을 이해하는 해석학적 지평을 제공하는 데 있어 공간적 은유보다 더 큰 중요성을 갖는다. 오스카 쿨만은 히브리서 11:1에 나오는 믿음의 정의에 대해서 탁월한 설명을 제공한다. 쿨만은 이렇게 말한다. "초기 기독교의 믿음과 사고는 '여기'와 '저기'의 공간적 대조에서 시작되지 않고, '이전'과 '지금'과 '그때'의 시간적 구별에서 시작된다."[46] 쿨만은 가시적인 것과 불가시적인 것의 공간적 대조가 존재함을 인정하지만 "본질적인 것"은 시간적 차원이라고 주장한다. 따라서 히브리서 11:1에서 믿음은 "**바라는** 것들의 실상(assurance)"이고 "보이지 않는 것들의 증거(conviction)"다. 여기서 "보이지 않는" 것은 **그것이 아직 일어나지 않았기 때문에** "보이지" 않는 것에 대한 믿음의 판단을 가리킨다.

존 마쉬(John Marsh), 제임스 바, 그리고 다른 학자들(우리가 22.5에서 거론하는)이 제시한 시간에 대한 다양한 관점들이 무엇이든 간에 이 출발점은 히브리서의 종말론과 일치하고 공관복음서 및 바울 서신과도 대부분 일치한다.[47] 이 출발점은 **존재**에만 배타적으로 적용되는 정적 범주들과 달리, 윙엘의 설명과 관련하여 19.2.와 19.3.에서 제시했던 요점들 즉 신적 초월성의 **사건으로서의 성격**과 직접 관련된다.[48] 내가 다른 곳에서 언급

---

46) Oscar Cullmann, *Christ and Time: the Primitive Christian Conception of Time and History*, trans. F. V. Filson (London: SCM, 1951). 37.

47) 참조. John Marsh, *The Fullness of Time* (London: Nisbet, 1952); James Barr, *Biblical Words for Time* (London: SCM, 1962).

48) Eberhard Jüngel, *The Doctrine of the Trinity: God's Being Is in Becoming*, trans. Horton Harris (Edinburgh: Scottish Academic Press, 1976), 5-41; *God as the Mystery of the World*, 특히 152-298 (105-152과 대조적임).

한 것처럼 히브리서는 비록 저자가 중보와 "나아감"이라는 공간적 이미지로 보완하기는 해도, 시간적 용어로 정식화된 전진하는 **내러티브**의 요소를 가지고 있다.[49] **언약**이 히브리서의 중심 주제 가운데 하나를 구성하기 때문에 우리가 예상하게 되는 것처럼, 히브리서에는 **약속**의 상관적 개념 역시 두드러지게 나타난다. 그러나 판넨베르크가 지적하는 것처럼 **약속에 대한 신실함**은 오직 일정 시간이 지나야 드러난다. 하나님이 증명하신 신실하심이나 독자가 입증한 신실함은 **시간을 거치지 않으면** 절대로 유효한 통용성을 얻을 수 없다. 판넨베르크는 이렇게 말한다. "많은 세월이 흘러야만 지킬 수 있는 약속을 하는 자는…그 약속을 만족시키려면 자기들의 정체성을 보존해야 한다. 행동의 통일성은 행동 주체의 **시간과 연결된** 정체성에 의존한다."[50]

히브리서는 여행 중에 있는 순례자의 "아직 아니"의 단계에 대한 취약성과 제약성을 "견고한 닻"(히 6:19), 미래의 소망(히 6:19), 맹세에 대한 이중의 보증(히 6:17)과 결합시킨다. 히브리서 11:1-39은 아직 때가 이르지 못해 "약속된 것을 받지 못한"(히 11:39) 증인들을 시간적 연속성에 따라 감동적으로 묘사한다. 예수는 이런 맥락에서 그들의 믿음의 본보기로 남아 있다. 왜냐하면 예수는 겟세마네 동산에서 "심한 통곡과 눈물로" 간구하셨고(히 5:7), 하나님을 의지할 필요에서 제외되지 아니하셨기(히 2:13) 때문이다. 하나님께 인간을 중보하는 대표자로서 예수는 인간의 선구자 또는 개척자(archēgos)였다. 캐제만과 로버트 주잇은 영지주의 우주론에서 주장한 위와 아래의 공간적 차원이 아니라 순례와 여행의 시간적 차원을 강조한다.[51] **천국**을 준비하는 것은 **본향**을 향해 여행하는 것이다.

---

49) Anthony C. Thiselton, "Human Being, Relationality and Time in Hebrews, 1 Corinthians, and Western Tradition," *Ex Auditu* 13 (1997) 76-95.

50) Pannenberg, *Systematic Theology*, vol. 2, 202(티슬턴 강조).

51) Robert Jewett, *Letter to Pilgrims: A Commentary on the Epistle to the Hebrews* (New York: Pilgrim, 1981); Ernst Käsemann, *The Wandering People of God*

바레트는 이 주제를 자신의 논문인 "히브리서의 종말론"(The Eschatology of the Epistle to the Hebrews)에서 설명한다.[52] 바레트는 "[안식일] 안식에 들어가는 것"(히 4:3)이 현재 시제지만 미래의 의미도 갖고 있다고 지적한다. "'안식'은 엄밀히 말해 하나님의 안식이므로 현재와 미래를 망라한다. 사람들은 안식에 들어가고 또 들어가기 위해 애써야 한다.…이것은 히브리서가 모든 초기 기독교 종말론과 공유하고 있는 역설이다."[53] 이 여행의 동기 때문에 바레트는 자신의 논문의 한 부분에 "멸망의 성에서 천상의 성으로 나아가는 순례자의 길"이라는 제목을 붙인다.[54] 현세에서 그리스도인들은 "영구한 도성이 없으므로 장차 올 것을 찾는다"(히 13:14). 하나님은 그리스도인들을 위하여 한 성을 "예비하셨다"(히 11:16). 그리스도인들은 자기들 앞에 놓여 있는 경주를 위해 참고 인내할 필요가 있다(히 12:1). 그러나 미래에 "터가 있는 성"은 **하나님의 약속**에 따라 앞에 있다. 히브리서에서 아브라함에게 주신 **언약의 약속**(예를 들어 히 11:13, 17, 33, 39)은 로마서 4:13-25에서 그것 못지않게 바울에게도 믿음과 소망의 패러다임이다. 바레트는 이렇게 설명한다. "**약속**은 **믿음** 속에서 상관성을 찾는데 이것은 마치 **도시**가 **순례** 가운데 자신과의 상관성을 찾는 것과 같다"(바레트 강조).[55] 바레트는 이렇게 결론을 맺는다. "새 시대의 여명은 밝았다. 하지만 아직 한낮은 오지 않았다."[56]

쿨만은 신약성경 전체와 관련시켜 이와 병행하는 지점을 제시한다. 그

(Minneapolis: Augsburg, 1984).

52) C. K. Barrett, "The Eschatology of the Epistle to the Hebrews," in W. D. Davies and D. Daube (eds.), *The Background of the New Testament and Its Eschatology: Studies in Honour of Charles Harold Dodd* (Cambridge: Cambridge University Press, 1956), 363-393.

53) Barrett, "Eschatology," *Background*, 372.

54) Barrett, "Eschatology," *Background*, 373-383.

55) Barrett, "Eschatology," *Background*, 380.

56) Barrett, "Eschatology," *Background*, 391.

는 이렇게 말한다. "지속된 죄로 말미암아 교회 안에서 시간의 긴장이 나타나지만, 그럼에도 죄는 성령에 의해 이미 패배당했다."[57] "따라서 성령은 현재 속에서 종말을 예견하는 것 외에 다른 것이 아니다."[58] 우리가 확인한 것처럼 이것은 성령의 "처음 익은 열매"(롬 8:23; 참조. 고후 1:22; 5:5)와 같은 말로 표현된다. 마치 신약학 강의실에서 전문적·비판적 교의를 단편적으로 쉽게 말하고 되풀이하는 것처럼 그토록 많은 학자들이 그럴싸하게 "지금"과 "아직 아니"에 대하여 말하는 것은 유감스럽다. 최초 그리스도인들에게는 마지막 때와 부활이 유보되어 있는 것이 "온전함"과 성령에 대한 더 충분한 경험을 갈망하는 것과 함께 보증된 소망과 행동의 강력한 원동력을 암시했다. 이 원동력은 오늘날 회복될 수 있다.

## 22.3. 부활에 관한 언어의 해석학: 부활의 실존 양식

앞에서 설명한 모든 이해의 지평은 죽은 자의 부활에 대한 소망과 미래의 현실과 의미를 해석하는 데 적용된다. 무엇보다 먼저 부활은 인간 자아의 어떤 본래적인 능력에 달려 있는 것이 아니라 **약속되고 주권적이고 은혜롭고 창조적인 하나님의 행위**에 달려 있다. 부활은 순전한 은혜의 행위다. 왜냐하면 은혜로 말미암아 얻는 칭의와 같이 부활도 순전히 선물로 주어지기 때문이다. 죽어 시체가 된 자들은 자신의 부활에 아무런 도움을 줄 수 없다. "하나님이 그 뜻대로 그에게 형체를 **주시되**(δίδωσιν, 디도신)"(고전 15:38; 참조. 롬 4:16-25), "그 약속은 은혜에 달려 있다"(롬 4:16). 부활은 주권적 행위다. 왜냐하면 하나님이 부활의 실존 양식을 "그 뜻대로"(καθὼς ἠθέλησεν, 카토스 에텔레센, 어떤 학자는 이것을 "주권의 부정과거"라고 불렀다; 고전 15:38) 부여

---

57) Cullmann, *Christ and Time*, 155.
58) Cullmann, *Christ and Time*, 72.

하시기 때문이다. 또 부활은 **확실하다**. 왜냐하면 희망의 궁극적 근거를 하나님이 이미 증명하신 엄청난 능력에 따라 새로운 부활 환경에 적합한 양식을 창조하기 위한 신적 지혜와 능력의 무진장한 자원들 속에 두고 있기 때문이다. 하나님은 이 다양하고 다면적인 피조물을 존재하게 하셨을 때 그것을 증명하셨다(고전 15:34-44).

또한 더 직접적인 희망의 근거는 성령의 역사로 말미암아 죽은 자 가운데서 예수 그리스도를 살리실 때 드러난 하나님의 증명된 능력이다. 이 능력이 죽은 자의 최종적 부활에서 일어날 것에 대한 보증 또는 약속을 구성한다. "예수를 죽은 자 가운데서 살리신 이의 영이 너희 안에 거하시면, 그리스도 예수를 죽은 자 가운데서 살리신 이가 너희 안에 거하시는 그의 영으로 말미암아 너희 죽을 몸도 살리시리라"(롬 8:11). 예수 그리스도의 부활의 실재성은 바울 이전의 사도전승을 통해 그리고 많은 증인들을 통해 증명된다(고전 15:3-8).

신약성경 안에서 부활을 다루는 **표준 본문**은 고린도전서 15장이다. 따라서 여기서 통상적인 해석학적 절차는 바울이 고린도 교회에서 우선적으로 중요하게 생각했던 것, 즉 고린도 교회의 일부 교인들이 **제기한 물음이 무엇인지**를 먼저 정확하게 파악하는 것이다. 그러나 바울이 고린도 교회에서 제기된 물음이나 의문들을 언급하고 있다고 해서 이 본문이 단순히 그저 그렇게 답변될 물음이라는 사실을 함축하는 것은 아니다. 고린도전서에 대한 백여 년에 걸친 연구를 보아도 고린도전서 15장이 "고린도전서 전체의 결말이자 면류관을 구성할 뿐만 아니라, 고린도전서 전체에 빛을 비추어 그 의미를 이해하는 열쇠를 제공한다"는 루터, 칼뱅, 바르트의 신념은 폐기되지 않았다.[59] 루터는 이렇게 선언한다. "이 기사를 부인하는 자는 누구든 동시에 다음 사실…요컨대 하나님이 하나님이라는 사실을

---

59) Barth, *The Resurrection of the Dead*, 11.

훨씬 더 부정해야 한다."[60] 사람은 죽은 자의 부활을 받아들이거나 "복음과 그리스도와 하나님에 대해 선포되는 모든 것을 일괄적으로 부정하거나 해야 한다"고 루터는 설명한다.[61]

(i) 고린도 교회 안의 한 집단은 어떤 식으로든 사후 실존을 믿지 않았을 것이라고 어떤 이들은 주장한다. 그로티우스(Grotius, 1645), 데 베테(M. L. de Wette, 1845), 그리고 최근에 슈미탈스(W. Schmithals, 1965)가 이 견해를 옹호했다.[62] 여기서 한 가지 주된 주장은 "내일 죽을 터이니 [오늘] 먹고 마시자"(고전 15:32)라는 에피쿠로스학파의 격언에 대한 바울의 비판과 "우리가 바라는 것이 다만 이 세상의 삶뿐이면 모든 사람 가운데 우리가 더욱 불쌍한 자이리라"(고전 15:17, 19)는 바울의 진술이다. 1세기 그리스-로마 세계에서 사후 실존을 믿지 않는 것은 아마 어떤 사람들이 추정하는 것보다 훨씬 더 폭넓게 만연해 있었을 것이다.

(ii) 크리소스토모스 이후로 루터의 지지와 함께 많은 이들이 고린도 교회 다수의 교인들이 부활을 마치 어떤 "내적" 경험이었던 것처럼 이미 지나간 사실로 믿었다(딤후 2:18)고 주장했다. 이 견해를 지지하는 학자들의 이름을 들자면 매우 많으나 그 가운데 뭉크, 윌켄스, 캐제만, 바레트, 베커 등이 포함되어 있다.[63] 어떤 이들은 거기서 "정신적" 부활이 함축된 원영지주의 사상의 영향을 포착해낸다. 다른 이들은 완전히 실현된 종말론과

---

60) Martin Luther, *Luther's Works*, vol. 28: *Commentaries on 1 Corinthians 7 and 15 and Lectures on 1 Timothy*, ed. H. C. Oswald (St. Louis: Concordia, 1973), 95.

61) Luther, *Works*, vol. 28, 94. John Calvin, *First Epistle to the Corinthians*, 312도 참조하라.

62) W. M. L. De Wette, *Kurze Erklärung der Briefe an die Korinther* (Leipzig: Weldmannsche Buchhandlung, 2d edn. 1845), 7; W. Schmithals, *Gnosticism in Corinth*, trans. John Steely (Nashville: Abingdon, 1971), 156.

63) Munck, *Paul and the Salvation of Mankind*, 165; Wilckens, *Weisheit und Torheit*, 11; Käsemann, *New Testament Questions*, 125-126; Barrett, *First Epistle*, 109; J. Becker, *Auferstehung der Toten in Urchristentum* (Stuttgart: Katholisches Bibelwerk, 1976), 74-76.

결부시킨다(고전 4:8-13). 그러나 이것이 문제를 **철저히** 설명하는지는 의심스럽다. 왜냐하면 만일 엄밀하게 이것이 문제라면, 고린도전서 15:12에서 "부활이 **없다**"는 격언에 대한 인용이 매우 부적당해 보이기 때문이다.[64]

(iii) 많은 이들이 고린도에 만연한 헬레니즘의 유사-철학적 가정들로 말미암아 **육체의** 부활이라는 개념을 인정하기가 어려웠을 것이라고 주장한다. 이것이 고린도 교회에서 제기된 의심 가운데 주된 역할을 한 것이라고 보는 학자로는 머피-오코너, 스트로벨(Strobel), 호프만(Hoffmann), 데일 마틴이 있다.[65] 피미 퍼킨스(Pheme Perkins)는 이 문제를 철학적 신념과 관련시켜 해설한다.[66] 이러한 관점에 대해서 어떤 이들은 신적 주권과 약속으로 시작하기보다는 인간 중심적인 관점으로 시작해서 생긴 문제라고 보는 것이 개연성 있다고 한다. 다른 이들은 약간 개연성이 떨어지게, 고린도 교회 일부 교인들이 "몸"을 σῶμα(소마)에 대한 완전히 물리적인 해석으로 간주한 것을 문제 삼는다. 이것은 바울과 고린도 교회 일부 교인들 사이에서 일어난 어떤 혼란에 **영향을 미친 요소**를 드러낼 것이다. 예레미아스가 주장하는 것처럼, 바울에게 문제는 육체적 존재 양식이 비육체적 존재 양식으로 변화되는 것이 아니라, 죄로 얼룩진 것이 거룩한 것으로 변화되는 것의 필요성에 있었다.[67]

(iv) 고린도 교회 안에 있는 다양한 집단들은 다양한 문제 요소를 찾

---

64) D. W. Kuck, *Judgement and Community Conflict: Paul's Use of Apocalyptic Judgement Language in 1 Cor. 3:5-4:5* (Leiden: Brill, 1992), 27을 보라.

65) 예를 들면 다음 자료들이 있다. P. Hoffmann, *Die Toten in Christus* (Münster: Aschendorff, 1966), 241-243; A. Strobel, *Der erste Brief an die Korinther*, Zürcher Bibelkommentare (Zürich: Theologischer, 1989), 226-227; Martin, *The Corinthian Body*, 104-136.

66) Pheme Perkins, *Resurrection: New Testament Witnesses and Contemporary Reflections* (London: Chapman, 1984), 221-227, 431-446.

67) J. Jeremias, "Flesh and Blood Cannot Inherit the Kingdom of God'(1 Cor. 15:50)," *New Testament Studies* 2 (1955) 151-159.

아낸 것처럼 보인다. 확실히 그들의 이해 지평이 22.1.과 22.2.에서 고찰한 것과 다른 지평이었다면, 두 번째(ii)와 세 번째 설명(iii)이 죽은 자의 부활을 믿는 믿음을 이해하고 적용시키기 어려운 전반적 분위기를 더 촉진시켰다고 해도 놀랄 것은 하나도 없다. 이것은 바울이 고린도를 떠난 후에 그리스도인이 된 자들에게 적용될 것이다. 루터가 비록 두 번째 접근법을 선호했다고 해도 고린도 교회 안에 있는 다양한 집단들이 다양한 문제들에 직면했다고 주장하는 점에 있어서는 현대 학문의 경향을 예견했다. 최근에는 마거릿 미첼과 앤더스 에릭손이 이 견해를 옹호했다.[68] **해석학**에 비추어보면 바울의 답변은 한 가지 이상의 물음을 함축하고서 수반된 물음에 답변하는 것까지 포함하고 있다. 바울은 공통적인 사도전승의 핵심 요소에 대해서 해설한다.

비록 다른 성경 내용이나 역사 및 현대 기독교 사상과의 대화가 있기는 해도 여기서 우리는 바울이 고린도전서 15장에서 설명하는 부활 신학으로 돌아갈 것이다.

(1) 바울은 죽은 자의 부활에 대한 약속의 근거와 기초를 **하나님의 약속과 주권적 능력에 두지만 무엇보다 먼저 하나님이 예수 그리스도를 다시 살리신 것에서 이것을 예증한다.** 예수 그리스도의 부활은 죽은 자의 전체 부활에 앞서 일어난 부활의 한 사례이고 공적 세계에서 공적 증언의 대상이 되었다.

달(M. E. Dahl)이 지적하는 것처럼 바울이 일관되게 그리스도의 부활을 염두에 두고 있는 곳에서 **수동태**를 사용한다는 사실을 지적하지 않으면, 우리는 바울의 논리를 크게 오해할 수 있다. 달은 이렇게 말한다. "신약성경에서 **하나님**은 실제로 항상 '부활' 동사의 주어로 나타난다.…타동사

---

68) Luther, *Luther's Works*, vol. 18, 59 (독일어판, Weimar edn., vol. 36, 482); Margaret Mitchell, *Paul and the Rhetoric of Reconciliation*, 177, 287; Erlksson, *Traditions as Rhetorical Proof*, 236-237.

와 능동사의 의미를 가진 ἐγείρω(에게이로)와 ἀνίστημι(아니스테미)와 관련
된 대다수 본문들이 하나님을 주어로, 그리스도나 사람을 목적어로 갖고
있다(행 3:15; 4:10; 5:30; 10:40; 13:30, 37; 롬 4:21; 8:11[2회]; 10:9; 고전 6:14; 15:15[2
회]; 고후 4:14; 갈 1:1; 골 2:12; 살전 1:10).…거의 모두 다른 경우에 이 동사는 수
동태—또는 중간태—이다."[69] 바레트, 오트켐퍼(F. J. Ortkemper), 퀴네트(W.
Künneth) 역시 이 근본적 요점을 옹호하고 해설한다.[70] 다만 요한복음(요
6:39-40, 54)만이 예수 그리스도께서 "하나님이 자기에게 주신 자"를 살리실
것이라는 언급을 갖고 있다("내가 그를 다시 살리리니"; 54절). 심지어 요한복음
에서도 그리스도께서 **자기 자신**을 살리는 것에 대해 말하지 않고, 포괄적
인 문맥은 예수의 행위를 성부 하나님의 행위와 결합시킨다. 그 문맥은 부
활 자체보다 **기독론**에 관심을 두고 있고, 부활 사건의 유효한 원인이나 원
천보다는 부활 사건의 매개적 원인 또는 통로를 언급한다.

　이러한 기초 위에서 보면 부활이 인간 자아의 본래적 능력으로부터 도
출된다는 생각은 있을 수 없다. 심지어 그리스도의 경우에도 그리스도를
다시 살리시는 것은 성령으로 말미암은 하나님의 능력이다. "그리스도 안
에 있는" 기독교 신자들의 경우는 그렇다. "예수를 죽은 자 가운데서 살리
신 이의 영이…너희 죽을 몸도 살리시리라"(롬 8:11).

　에릭손이 적절하게 주장하는 것처럼 고린도전서 15:3-11에서 바울은
자기 이전에 형성된 사도적 **케뤼그마**와 신조에 대한 공유적 믿음과 전제
들에 호소한다.[71] 계속 이어지는 일련의 동사들, 곧 "죽으시고…장사 지

---

69) M. E. Dahl, *The Resurrection of the Body* (London: SCM, 1962), 96-97.

70) Barrett, *First Epistle*, 341; F. J. Ortkemper, *1 Korintherbrief* (Stuttgart: Verlag
　　Katholisches Bibelwerk, 1993), 145; Walter Künneth, *The Theology of the
　　Resurrection*, trans. J. W. Leitch (London: SCM, 1965), 111-149.

71) 이 원리에 대한 탁월한 설명은 Eriksson, *Traditions as Rhetorical Proof*, 86-97,
　　232-278을 보라. 다음 자료들도 보라. J. N. D. Kelly, *Early Christian Creeds*, 16-29;
　　Neufeld, *The Earliest Christian Confessions*, 42-51; Oscar Cullmann, *The Earliest
　　Christian Confessions*, trans. J. K. S. Reid (London: Luttreworth, 1949), 10-47; R. P.

948　　　　　제3부 기독교 교리의 주요 주제

낸바 되셨다가…다시 살아나사…보이시고"($\dot{\alpha}\pi\acute{\epsilon}\theta\alpha\nu\epsilon\nu$…$\dot{\epsilon}\tau\acute{\alpha}\phi\eta$…$\dot{\epsilon}\gamma\acute{\eta}\gamma\epsilon\rho\tau\alpha\iota$… $\H{\omega}\phi\theta\eta$; 고전 15:3-5)는 로마서 4:24-25, 8:34, 10:9, 14:9에 반영된 전승 곧 **파라도시스를 표상한다.** 해석학적 관점에서 보면 **이 동사들은 동시에** 공적 세계에 그리스도에 관한 **명제적 진리-주장** 또는 사건 상황을 **강력히 제시하고,** 사도 공동체와 이 진리-주장들을 고백하는 자들의 **자기 관계적이고 참여적인 언어-행위로 작용한다.**[72]

여기서 우리가 언급했던 "공적 세계"는 불트만, 한스 콘첼만, 마르크젠 (W. Marxsen)이 제시한 그리스도의 부활 해석과 직접 충돌하게 된다. 반면에 퀴네트, 판넨베르크, 톰 라이트는 "공적" 사건이 일어났다는 견해를 공유한다. 마르크젠은 살아계신 그리스도에 대한 인식이 일어났고, 심지어 **그 인식 방식이** 구체적으로 명시되지 않았어도 매우 넓은 의미에서 그리스도의 부활을 부인하지는 않는다.[73] 심지어 마르크젠은 증인들에 대한 언급도 애매하고 불명확하다고 주장한다. "보다"(see)라는 말은 "오, 알겠다(Oh, I see)!"와 같은 인식적 판단을 가리킬 수도 있다. 부정과거 수동태 동사 $\H{\omega}\phi\theta\eta$(오프테)가 신현을 가리켰던 사례들을 언급하면서 마르크젠은 (콘첼만과 같이) 그 말이 여기서 공적 세계와 상관없는 실존적 인식만을 의미할 수 있다고 주장한다. 또 마르크젠은 (불트만과 같이) 그 말은 믿음을 불러일으키는 것 외에 다른 것을 함축하지 않는다고 믿는다. 마르크젠은 "그 경험의 엄밀한 성격"이 불분명하다고 말한다.[74] 마르크젠의 견해에 따르면, 강조점은 과거의 사건이 아니라 현재의 믿음에 두어진다.[75]

퀴네트, 판넨베르크, 그리고 톰 라이트는 이 맥락에서 얼마간 날카로

---

C. Hanson, *Tradition in the Early Church* (London: SCM, 1962), 8-17.

72) Thiselton, *First Epistle to the Corinthians*, 1187-1190을 보라.

73) W. Marxsen, *The Resurrection of Jesus of Nazareth*, trans. Margaert Kohl (Philadelphia: Fortress, 1970), 72.

74) Marxsen, *Resurrection*, 77, 106, 116-117, 124-125.

75) 나는 마르크젠을 *First Epistle*, 1197-1203에서 좀 더 상세히 설명했다.

운 주석뿐만 아니라 역사와 믿음의 관계에 대해서도 엄밀한 설명을 제공한다. 이 학자들은 각자 [부활 후] "나타나심" 전승을 "빈 무덤" 전승과 굳게 결합시킨다. 판넨베르크는 이렇게 말한다. "최초 그리스도인들은 예수의 몸이 무덤 속에 그대로 남아 있었다면 예수의 부활을 성공적으로 전파하지 못했을 것이다.…우리는 예수의 무덤이 실제로 비어 있었다고 가정하지 않으면 안 된다."[76) 판넨베르크는 빈 무덤 자체가 부활의 "증거"가 아니라고 주장한다. 왜냐하면 이론상으로 얼마든지 빈 무덤에 대해 다른 원인들이 포함될 수 있기 때문이다. 그럼에도 빈 무덤은 "환각" 이론이나 다른 주관적 해석에 대해서도 난점을 일으킨다.[77) 주류 사도전승 안에서 예수의 장사를 언급하는 것은 예수의 생애 및 진정한 죽음과 관련해서 가현설을 반대할 뿐만 아니라 예수의 부활과 관련해서 "반가현설"을 강화시키는 역할도 한다. 부활은 변혁적 사건이다. 그러나 부활은 또한 "이 세상에서 여자들이 찾아오기 전 예루살렘의 예수의 무덤에서 일어났다.…사건이 과거에 일어났다는 어떤 주장도 역사적 주장을 함축하고 검증에 노출된다."[78)

퀴네트는 하나님이 그리스도를 다시 살리신 사건을 전체 생명이 달려 있는 생명의 이적 사건의 맥락 속에 둔다. 그는 이렇게 말한다. "예수의 부활은 세상 창조와 같은 근원적 기적이다."[79) 이것은 고린도전서 15:35-49에서 바울이 부활의 신학적 근거에 대해 설명하는 것과 엄밀하게 일치한다. 퀴네트의 견해에 따르면 바로 이것 때문에 예수의 부활을 일단의 개인들에게 나타나신 주관적 신현으로 단순하게 말하는 것은 문제가 있게 된

---

76) Pannenberg, *Systematic Theology*, vol. 2, 358-359; N. T. Wright, *The Resurrection of the Son of God: Christian Origins and the Question of God*, vol. 3 (London: SPCK, 2003), 12-31, 312-329, 685-719도 보라. 『하나님 아들의 부활』(크리스챤다이제스트 역간).

77) Pannenberg, *Systematic Theology*, vol. 2, 359.

78) Pannenberg, *Systematic Theology*, vol. 2, 360.

79) Künneth, *The Theology of the Resurrection*, 75.

다. 톰 라이트도 퀴네트와 비슷한 요점을 제시한다.[80] 예수의 부활은 황홀
경, 환상, 또는 신현과 동일한 질서에 속하는 일이 아니다. 라이트는 예수
의 빈 무덤 기사가 복음서뿐만 아니라 최초의 사도전승에도 포함되었다
고 주장한다.[81] 라이트는 예수의 빈 무덤 기사가 "육체 부활에 대한 구체
적인 관심과⋯부활에 대한 중대한 선언을 증발시켜버리는 모든 심령화
경향을 반대하는 분명한 안전장치를 표현한다"고 주장한다.[82]

(2) 바울은 죽은 자의 부활을 복음의 참된 본질과 일치하는 순전한
선물과 순전한 은혜로 설명한다. 이 측면은 특히 루터와 바르트의 부활
개념을 설명할 때 충분히 제시했다.[83] 바르트는 이 은혜의 선물의 기초
를 그가 "하나님의" 것으로 부르는 것, 곧 분명히 고린도전서 전체의 "은
밀한 중추"를 구성하는 것 속에 둔다(고전 4:5).[84] 순전한 선물로서의 은
혜 개념은 로마서보다는 고린도전서에서 특히 더 두드러진다. 예를 들
어보자. "네게 있는 것 중에 받지 아니한 것이 무엇이냐?"(고전 4:7). "영성"
은 어떤 성취와 관련된 것이 아니고, 고린도 교회 교인들이 좋아하는 "신
령한 것"(πνευματικά)이라는 말보다 바울이 좋아하는 말인 성령의 은사들
(χαρίσματα)을 가져오는 성령의 선물과 관련된 문제다(고전 12:1-14:40).

이것이 바로 몰트만이 지적하는 것처럼 부활이 "없는 것을 있는 것으
로 부르시는"(롬 4:17) 것과 관련되어 있는 이유다.[85] 죽은 것은 자신의 부

---

80) N. T. Wright, *The Resurrection of the Son of God*, 20-31, 312-329; 참조. Künneth,
*The Theology of the Resurrection*, 84-86.

81) Künneth, *The Theology of the Resurrection*, 93.

82) Künneth, *The Theology of the Resurrection*, 97.

83) Anthony C. Thiselton, "Luther on Barth on 1 Corinthians 15: Six Theses for
Theology," in W. D. Stephens (ed.), *The Bible, the Reformation, and the Church:
Essays in Honour of James Atkinson*, JSNTSS 105 (Sheffield: Sheffield Academic
Press, 1995), 258-289, repr. in *Thiselton on Hermeneutics*, 769-792.

84) Barth, *Resurrection*, 18.

85) Moltmann, *Theology of Hope*, 145.

활에 기여할 수 없다. 다시 말해 부활은 "살아나는" 것의 문제가 아니라 "일으킴을 받는" 문제다. 따라서 몰트만은 올바르게 "죽음의 사망…곧 신의 버리심(god-forsakeness)의 극복"에 대해서 말한다.[86] 죽음에서, 특히 십자가의 죽음에서 우리는 소망의 "아직 아니"의 단계를 경험한다.[87] 몰트만은 다른 곳에서 이렇게 말한다. "부정적인 것의 고통을 붙들지 못하면 기독교적 희망은 실현되거나 효력을 가질 수 없다."[88] 쿨만은 이렇게 말한다. "최초 그리스도인들과 같이 죽음의 공포를 붙들고 죽음을 죽음으로 진지하게 취급하는 자만이 초기 기독교 공동체의 부활의 환희를 경험하고 신약성경의 전체 사고가 부활을 믿는 믿음으로 지배되고 있음을 이해할 수 있다."[89]

부활은 **하나님**의 주권적 은혜에 초점을 맞추고 있지만 믿음을 통해 은혜로 얻는 칭의의 선물과 같이 부활의 선물의 효력도 **그리스도와의 연합**을 통해 **약속**으로 현실화된다. 몰트만이 말한 것처럼 "예수의 십자가 경험은…참담한 절대적 허무(nihil)의 경험을 의미한다.…십자가에 못 박히신 분이 살아계신 주로 나타나는 경험은…신에게 버림받은 자 가운데 하나님의 가까우심…곧 전체적인 '허무'를 **절멸시키는** 새로운 총체성을 의미한다."[90]

이것이 부활과 칭의 사이의 가능한 한 가장 가까운 평행 관계를 드러내는 해석학적 이해의 지평이다. 각각의 경우에 그것은 "내 손에 갖고 오는 것은 아무것도 없다. 나는 단순히 당신의 십자가를 붙들 뿐이다"라고 말하는 것이다. 어느 경우든 하나님의 은사와 은혜를 "보충하는" 것은 불

---

86) Moltmann, *Theology of Hope*, 211.

87) Moltmann, *Theology of Hope*, 172.

88) Moltmann, *The Crucified God*, 5.

89) Oscar Cullmann, *Immortality of the Soul or Resurrection of the Dead? the Witness of the New Testament* (London: Epworth, 1958), 26-27.

90) Moltmann, *Theology of Hope*, 198.

가능하지만 두 경우 모두 "십자가의 저쪽 측면"은 그리스도의 부활에 참여하는 것에서 연원한다. 그리스도는 "우리가 범죄한 것 때문에 내줌이 되고 또한 우리를 의롭다 하시기 위하여 살아나셨다"(롬 4:25). 은혜로 말미암아 얻는 칭의는 엄밀하게 최후의 심판을 예견하는 종말론적 사건이다. 이 점에서 은혜로 말미암아 얻는 의의 근본 의미는 신자를 하나님과 **올바른 관계** 속에 두는 의일 뿐만 아니라 **"바로잡는"** 의이기도 하다. "의"는 그 자체로 진가를 발휘한다. 다소 의심스러운 주장들을 담고 있음에도 불구하고 호세 미란다가 『마르크스와 성경』(*Marx and the Bible*)에서 은혜로 말미암아 얻는 칭의가 "사실을 바로잡는" 사회적·구조적·공동체적 성격을 갖고 있다고 해설하는 것은 타당하다.[91]

루터는 그리스도의 부활이 없으면 "너희가 여전히 죄 가운데 있을 것이요"(고전 15:17)라고 말하는 바울의 진술을 중시한다.[92] 한편 약속된 부활의 선물에 비추어 바울은 다음과 같이 외친다. "사망아, 너의 승리가 어디 있느냐? 사망아, 네가 쏘는 것이 어디 있느냐? 사망이 쏘는 것은 죄요, 죄의 권능은 율법이라. 우리 주 예수 그리스도로 말미암아 우리에게 승리를 주시는 하나님께 감사하노니"(고전 15:55-57).[93] 이에 대해 루터는 이렇게 말한다. "우리 주 그리스도는 마귀의 독액과 물어뜯음을 소멸시키고 완전히 삼켜버리셨고…마귀에게서 모든 힘과 능력을 빼앗아버리셨다."[94] 슈바이처도 묵시 속에서 율법과 종말론은 양립할 수 없다는 것을 증명했다. 그리스도와 함께 다시 사는 것은 압제적인 죄의 권능을 비롯해서 죄, 율법, 죽음의 인과 관계에서 벗어나 새 피조물로 일으킴 받는 것이다(참조. 롬 6:6-11).

---

91) José P. Miranda, *Marx and the Bible: A Critique of the Philosophy of Oppression*, trans. John Eagleson (London: SCM, 1977, New York: Orbis, 1974), 160-250.

92) Luther, *Luther's Works*, vol. 28, 102 (WA, 36, 536).

93) Luther, *Luther's Works*, vol. 28, 102 (WA, 36, 681).

94) Luther, *Luther's Works*, vol. 28, 102 (WA, 36, 681).

칼 바르트도 비슷한 요점을 제시한다. 바르트는 다음과 같이 말한다. "부활 사건은 심판에서 집행되는 하나님의 선고, 아들을 주실 정도로 값없이 베푸시는 그 사랑의 자유로운 결심…그리고 그로 말미암아 드러나는 그분의 심판에서의 의…곧 사람에게도 임한 의에 대한 계시다."[95] 칭의 사건과 마찬가지로 부활 사건도 "인간에게 호의를 베푸시는 하나님의 선언이고…'일어나 걸으라'는 하나님의 능력의 말씀이다."[96] 심지어 초기에 불트만도 바르트가 『죽은 자의 부활』(Resurrection of the Dead)에서 이 측면들을 서로 연결시키는 것을 충분히 받아들였다. 불트만은 이렇게 말한다. "죽음은 우리가 경건한 사고방식을 갖는 것으로 극복되는 것이 아니다." 믿음은 "약속된 것을 기다리는 것"이다.[97]

지금까지 설명한 내용은 고린도전서 15장의 수사적 구조 속에서도 확증된다. 바울은 먼저 부활의 실재를 그리스도의 부활에서 예증되고 증언된 하나님의 주권적 행위로 확립한다(고전 15:1-11). 이어서 부활을 부인하는 복음의 치명적이고 용납할 수 없는 결과들을 제시함으로써 첫 번째 논박(Refutatio)을 진행하고(고전 15:12-19), 그런 다음 그리스도의 부활을 현재의 믿음과 수고 그리고 종말론적 약속의 근거로 보는 첫 번째 확증(Confirmatio)을 제시한다(고전 15:20-34). 이 부분은 지금까지 우리가 제시한 요점 (1) 및 (2)와 대응을 이룬다. 마지막으로 고린도전서 15:35-58에서 바울은 다음 물음을 뽑아낸다. "'몸의 부활'을 어떻게 이해하고 **생각할 수 있는가?**" 두 번째 논박과 확증은 이 물음을 중심으로 구성된다.[98]

---

95) Barth, *Church Dogmatics*, IV:1; sect. 61, 1, 514.

96) Barth, *Church Dogmatics*, IV:1, sect. 61, 1, 514.

97) Rudolf Bultmann, "Karl Barth, The Resurrection of the Dead," in R. Bultmann, *Faith and Understanding* vol. 1, trans. L. P. Smith (London: SCM, 1969), 68; 참조. 66-94.

98) 수사적 구조에 관해서는 다음 자료들을 보라. Thiselton, *First Epistle*, 1176-1178; Eriksson, *Traditions as Rhetorical Proof*, 89-97; Mitchell, *Rhetoric*, 283-288; Insawn Saw, *Paul's Rhetoric in 1 Corinthians 15* (Lewiston, NY: Mellen, 1995),

(3) 부활의 실존 양식은 새로 일으킴을 받은 인간성 안에 그리스도를 닮음, 거룩함, 영광을 증진시키는 성령의 충만한 역사로 말미암아 규정된 "육체적" 정체성과 소통 능력을 동반한다.

이번 장에서 이미 확인한 다수의 해석학적 이해의 지평들 외에도 추가적인 문제가 제기된다. 첫 번째 물음은 다음과 같다. (a) 바울이 **자연 질서와 창조 질서의 창조자로서의 하나님**께 호소하는 역할은 무엇이고(15:35-41), 이것은 **대조, 연속성, 변화**의 세 원리와 어떻게 관련되어 있는가?(고전 15:50-57) 두 번째 물음은 다음과 같다. (b) 고린도전서 15:44에서 "신령한 몸"(σῶμα πνευματικόν)의 엄밀한 의미는 무엇이고, 그것은 성령의 행위 및 마지막 아담이신 그리스도의 형상을 입는 것과 어떻게 관련되어 있는가?(고전 15:49)

(a) **창조자로서의 하나님에 대한 호소**(고전 15:35-41). 바르트는 이 부분에 대한 바울의 주장이 부활의 **논리적 가능성**과 관련되어 있는데, 이 가능성은 우리가 부활의 상태를 상상할 수 있는지와는 아무런 상관이 없고 **하나님**의 풍성하신 창조 능력이 이 부활의 실존 양식을 일으키는 일에 적합한지와 전적으로 관련되어 있다고 올바로 인식한다.[99] 루터도 넓게는 이와 비슷한 주장을 개진한다.[100] 그는 이렇게 말한다. "그분[하나님]은 이전에 우리를 무로부터 창조하셨기 때문에 또 다시 우리를 무덤에서 살려내 우리의 몸에 새로운 형태를 주실 수 있다."[101] 바울은 "하나님을 알지 못하는 자가 있기로"(고전 15:34)라고 선언할 때, 부활에 대한 신앙이나 불신앙이 하나님의 주권적 능력에 대한 신앙이나 불신앙의 징후라는 것을 암시한다.

---

99) Barth, *Resurrection*, 194-195; A. Robertson and A. Plummer, *A Critical and Exegetical Commentary on the First Epistle of St. paul to the Corinthians* (Edinburgh: T&T Clark, 1914), 368에서 비슷한 접근법을 참조하라.

100) Luther, *Luther's Works*, vol. 28, 99 (WA, 35, 530).

101) Luther, *Luther's Works*, vol. 28, 99 (WA, 36, 650).

하나님의 창조 행동에 대한 유비와 창조의 본질은 세 가지 적용을 제공한다. 첫째, 고린도전서 15:23에서 하나님의 작정과 창조의 "질서" 개념은 그리스도께서 **부활하신** 것과 신자들이 **부활하리라는** 것을 믿는 것이 이상하거나 변칙적인 것이 전혀 아니라는 것을 암시한다. 왜냐하면 하나님은 "각각 자기 차례대로 [다시 살리시는데]…먼저는 첫 열매인 그리스도요, 다음에는 그가 강림하실 때에 그리스도에게 속한 자요, 그 후에는 마지막이니…맨 나중에 멸망 받을 원수는 사망…"이기 때문이다(고전 15:23-26). 창조 때와 마찬가지로 하나님의 목적에는 질서가 있고 이것은 정해진 순서대로 펼쳐진다.

둘째, 창조 질서 자체는 **대조, 정체성의 연속성, 변화**의 삼중 과정을 보여준다. "네가 뿌리는 씨가 죽지 않으면 살아나지 못하겠고 또 네가 뿌리는 것은 **장래의 형체를 뿌리는 것이 아니요**"(고전 15:36-37). 이것 때문에 우리는 "**형체**"(body; 고전 15:38-44)를 단지 육체적인 몸으로 해석하기를 주저하게 된다. 땅에 속한 형체와 다시 살아난 부활의 "형체"(σῶμα, 소마) 사이에 분명한 차이와 대조가 존재한다. 그럼에도 땅에 속한 피조물을 관찰해보면 **정체성의 연속성이 형태의 변화를 통해 존재한다**는 사실이 확인된다. 만일 씨가 곡식으로 변하고 유충이 나비로 변하고 도토리 열매가 상수리 나무로 변한다면, 변화를 일으키고 **그 정체성을 보존하는** 것은 바로 그 실체다. 그러나 동시에 **변화**의 극적 본질(예를 들어 유충이 나비가 되는 것, 도토리 열매가 상수리나무가 되는 것)도 도외시되어서는 안 된다. 또한 인간적 실존 양식은 "욕된 것으로 심고 영광스러운 것으로 다시 살아나는…" 것이다(고전 15:43). 연속성이나 근본적 변화 중 어느 하나를 양보하는 것은 잘못일 것이다. 루터는 이렇게 말한다. "그것은 진정으로 하나님의 사역이다. 하나님은 우리를 하나님 자신과 같이 영광스럽고 찬란한 존재로 만드실 것이다."[102]

---

102) Luther, *Luther's Works*, vol. 28, 99 (WA, 36, 637); *Works*, 28, 190-191 (WA, 36, 662).

셋째, 고린도전서 15:38-42은 **창조주 하나님이 증명됐음을 강조하면서 동시에 그분의 끝없는 자원을** 강조한다. 하나님은 이미 어떤 환경과 어떤 필요를 위한 적합한 존재 양식을 창조하시는 데 있어 자신의 탁월한 능력을 증명하셨다. 곧 바다에 대해서는 물고기를 만드시고, 하늘에 대해서는 새를 만드시고, 땅을 따뜻하게 하기 위해 태양을 만드시고, 밤을 위하여 달을 만드시고, 창공에서 운행하도록 행성을 만드시고, 색상 스펙트럼을 위해서는 다양한 광도와 공간에 타오르는 기체를 만드셨다. "해의 영광이 다르고 달의 영광이 다르며 별의 영광도 다른데 **별과 별의 영광이 다르도다**"(고전 15:41). 하나님이 적절한 다양성을 보증하실 수 없는 분인가? 하나님이 인간의 얼굴이나 목소리를 이미 무수한 대상들에게서 분별해낼 때 정체성의 문제를 도외시할까? 심지어 개개의 별도 다른 별을 정확히 복사한 것이 아니다.

고린도전서 15장이 고린도전서에서 별개의 논문을 구성한다는 한스 콘첼만의 주장에도 불구하고, 고린도전서 15장의 모든 내용은 고린도전서 나머지 부분의 필수 구성 요소다.[103] 바울은 성령을 통해 주어진 은사들의 통일성과 다양성에 대해서도 똑같이 말하지 않았는가? "각각 하나님께 받은 자기의 은사가 있으니"(ἕκαστος ἴδιον ἔχει χάρισμα ἐκ θεοῦ, 헤카스토스 이디온 에케이 카리스마 에크 테우; 고전 7:7). "[성령이] 그의 뜻대로 각 사람에게 나누어 주시는 것이니라"(διαιροῦν ἰδίᾳ ἑκάστῳ καθὼς βούλεται, 디아이룬 이디아 헤카스토 카토스 불레타이; 고전 12:11). 따라서 15:38도 마찬가지다. "하나님이 그 뜻대로 그에게 형체를 주시되 **각 종자에게 그 형체를**(ἴδιον σῶμα, 이디온 소마) 주시느니라."

바울은 모든 사람의 눈앞에 있는 이 교훈을 적용하지 않고 거부하는 것을 완고한 어리석음의 한 징후로 간주한다. 바울의 말 "어리석은 자여!

---

103) H. Conzelmann, *1 Corinthians: A Commentary*, Hermeneia (Philadelphia: Fortress, 1975), 249.

네가"(ἄφρων σύ, 아프론 쉬; 고전 15:36)는 강력한 수사적 감탄(exclamatio) 용법이다. 바레트와 NRSV는 이 말을 "바보여!"로 번역한다. REB의 번역 "얼마나 어리석은 물음인가!"와 NJB/NIV의 번역 "얼마나 어리석은가!"는 "네가"(σύ)의 힘을 축소시킨다. 케네디(Kennedy)는 만약 우리가 어떤 기초에 따라 땅에 속한 인간의 자아와 다시 살아난 부활의 자아 사이에 존재하는지를 묻는다면, 바울은 "우리가 기대할 수 있는 유일한 답변을 제공하는데 그 답변은 '하나님의 주권적 능력'이다"라고 지적한다.[104] 정체성 또는 종의 구별과 피조물의 다양성은 창세기 1:11-12에 표현되어 있다. 리처드 헤이스의 설명에 따르면, 바울이 독자에게 제시하고자 했던 것은 하나님의 창조 능력을 기초로 하면 **다양한 존재 질서를 충분히 상상할 수 있다는 것**이다. 따라서 하나님은 "**완전히 우리의 현재 경험 밖에서···어떤 종류의 형체**"든 창조하실 수 있다.[105]

(b) 우리는 이제 고린도전서 15:44에 나오는 "신령한 몸"(σῶμα πνευματικόν, 소마 프뉴마티콘)의 의미를 더 구체적으로 살펴볼 수 있다. 우리는 3.2.에서 그리고 특히 11.3.에서 "몸"(σῶμα, 소마)의 의미의 범주를 설명했다. 거기서 우리는 바울에게 σῶμα(소마)는 주로 **공적·상호 주관적 배경 속에서 갖는 실존**을 가리키고, 이것은 개인의 정체성과 "의사소통 능력"에 대한 표현과 인정을 포함한다는 캐제만의 견해에 동조했다.[106] "육체적" 실존이 주어진다는 것은 **볼 수 있고, 소통할 수 있고, 이해할 수 있다는** 관점에서 기독교 제자도의 신뢰성과 주 그리스도에 대한 순종을 가능하게 하는 공적 존재 양식에 따라 삶을 산다는 것이다. 이런 삶은 "개인적"·내적·유아독존적·나르시시즘적 정신상태 또는 "영"으로 주어질 수 없다.

관계적이고 상호 주관적인 삶의 이 특징들과 대응을 이루는 천상적 특

---

104) H. A. A. Kennely, *St Paul's Conceptions of the Last Things* (London: Hodder & Stoughton, 1904), 243; 참조. 222-341.

105) Richard B. Hays, *First Corinthians* (Louisville: Knox, 1997), 271.

106) Käsemann, *New Testament Questions of Today*, 135.

958        제3부 기독교 교리의 주요 주제

징들이 구체적으로 존재할 수 있는지는 상상할 수 없다. 그러나 이것은 이 부활의 실존 양식을 계획하고 창조하시는 일을 행하는 당사자가 인간이 아니라 하나님이시므로 그리 중요하지 않다. 루터는 사려 깊게 이렇게 선언한다. "하나님이 이것을 어떻게 행하실지 또는 어떤 형태의 몸을 받게 될지 묻지 말고, 하나님이 행하실 것에 대하여 듣는 것으로 만족하라. 그런 다음 그것이 어떻게 될지는 하나님께 맡겨라."[107]

바울에게 더 절박한 문제는 죄 있는 인간이 어떻게 거룩하신 하나님의 직접적 임재 속에 들어가는 것이 적합할 수 있느냐에 있었다. 확실히 신자들은 그리스도와의 연합으로 마지막 날에 "책망할 것이 없는" 자가 될 것이다(고전 1:8). 그러나 바울은 변화된 인간의 완전한 상태에 대하여 말한다. 바울은 부활할 때에 대해 다음과 같이 말한다. "썩을 것으로 심겨진 것이 썩을 것의 반대로 살아나며, 욕된 것으로 심겨지고 영광스러운 것으로 다시 살아나며, 일반적인 인간의 몸으로 심겨지고 성령으로 구성된 몸으로 다시 살아나나니, 인간적 영역을 위한 몸이 있다면 성령의 영역을 위한 몸도 있느니라.…마지막 아담은 생명을 주시는 영이 되었나니"(고전 15:42-45, 티슬턴 번역).[108]

부활 생명의 역동적이고 진행적인 성격에 대한 고찰은 이번 장의 마지막 부분을 위해 남겨놓았다. 그러나 여기서 $\dot{\epsilon}\nu$ $\phi\theta o\rho\hat{q}$(엔 프토라)와 $\dot{\epsilon}\nu$ $\dot{\alpha}\phi\theta\alpha\rho\sigma\dot{\iota}q$(엔 아프타르시아; 고전 15:42)를 "썩을 것으로"와 "썩지 아니할 것으로"로 번역하는 것(NRSV, NJB, REB, NIV)은 너무 정적인 번역이라는 점을 지적하지 않을 수 없다. 그리스어 단어 **프토라**는 약함이 증가하고 강함이 감소하여 고갈과 침체가 일어나는 것을 의미한다. 이 말은 히브리어 단어 תחש(샤하트) 및 הבל(헤벨)과 대응을 이룬다. 만일 이것이 정확하다면, 이 단어의 어의적 반대말은 정적 개념인 "썩지 아니할 것"이 아니라 생명을 자

---

107) Luther, *Luther's Works*, vol. 28, 180 (WA, 36, 647).
108) Thiselton, *First Epistle to the Corinthians*, 1270-1284에서 이 번역을 옹호했다.

라게 하는 능력의 증가가 되어야 할 것이다.[109] BDAG 3판(2000)은 φθορά 의 일차 의미를 "유기적 물질의 붕괴, 해체, 악화"로 생생하면서도 유용하게 제시하는데, 이것이 아마 엔트로피의 법칙에 비추어 "통상적인 인간의 몸"의 본질을 엄밀하게 포착하고 있는 정의일 것이다.[110] BDAG는 ἀφθαρσία를 올바르게 "썩음에 매어 있지 않는"으로 정의하지만 여기에 "썩음에 매어 있지 않은 상태"라는 한정어를 추가한다.[111] 어의적인 반대말을 인정하게 되면 전자의 단어는 **과정**을, 후자의 단어는 **상태**를 의미하여 대칭 관계가 무너진다. 그러나 φθορα 아래 기재된 정의는 2판(BDAG, 1958)의 정의보다 낫다.[112]

두 번째 대조인 "욕된 것[치욕]으로"(ἐν ἀτιμίᾳ, 엔 아티미아)와 "영광스러운 것[영광]으로"(ἐν δόξῃ, 엔 독세; 고전15:43)는 육체 자체의 비천함을 함의하지 않는다. 바울은 이런 개념을 찬성할 수 없었을 것이다. 이 단어는 땅에 속한 몸이 과거에 오도된 욕망의 도구로 사용되었던 것과 연관되는 것을 상기시킬 수 있고, 또는 단순히 땅에 속한 몸의 낮은 지위나 **뒤틀린 상태**를 가리킬 수 있다(참조. 빌 3:21에서 "낮은 몸"). 중요한 용어는 어의적 반대말인 **영광**이다. **영광**이라는 말의 성경적 용법은 **무거움** 또는 **인상적임**을 함의하는 히브리어 단어 כבד(카보드)를 반영한다. 그러나 이 그리스어 단어는 무엇이 **그것을 인상적인 것으로 만드는가**에 따라 다양한 형태를 가진다. 이 단어는 "행복한" 결혼식에서 신부의 얼굴처럼, 또는 밝게 **빛나는** 연인의 얼굴처럼, 기쁜 얼굴의 **광채**를 가리킬 수 있다.[113] 바울은 방금 전 별의 광채를 가리키는 데 이 말을 사용했다. 하지만 가장 전형적으로 이 말

---

109) 나는 1964년에 런던 대학교 석사 논문(미출판)에서 이것을 주장했다.
110) BDAG, 1054-1055.
111) BDAG, 135.
112) BDAG, 2d edn. 1958, 856. 이 판은 **아프달시아**를 주로 "썩지 아니함, 불멸성"을 가리키는 의미로 해석한다(125).
113) BDAG, 3d edn. 256-258.

은 **하나님을 직접 대면했을** 때 얼굴을 가득 채우는 영광을 가리킨다(고후 3:7-11, 18; 참조. 빌 3:21).

이것은 **약한 것…강한 것** 그리고 **육의 몸…신령한 몸**[영의 몸]으로 이어지는 두 단위의 대조(고전 15:44)를 해석하는 데 확실한 증거를 제공한다. 여기서 마지막 말, 곧 "신령한 몸"은 **성령의 행위와 거룩하게 하시는 역사로 활성화되고 규정되는 상호 주관적 실존 양식**을 가리킨다. NRSV는 "신령한 몸"(σῶμα ψυχικόν, 소마 프쉬키콘)의 어의적 반대말을 **물리적 몸**으로 번역함으로써 이 대조를 평계할 수 없을 정도로 손상시켰다. 하지만 이것은 엄밀히 말해 바울의 요점이 **아니었고**, 고린도전서 2:6-16과 3:1-4에 맞지 않게 새로운 의미를 집어넣은 것이다. 고린도전서 2:14에서 NRSV는 ψυχικός를 **신령하지 못한 사람**(unspiritual)으로 정확히 번역했다. 나는 이 말을 **철저히 인간적 수준에 따라 사는 사람**으로 번역했다. 두 본문의 대조는 **성령의 능력과 행동에 대한 개방성**을 조건으로 한다. 성령의 사역은 그리스도를 주님으로 영화롭게 하는 데 있으므로(참조. 고전 12:3), 이것 역시 고린도전서 2장과 16장 그리고 고린도전서 15:45-49의 기독론적인 주장을 설명해준다.

부활의 실존 양식을 성령으로 말미암아 유지되고 활성화되는 것으로 보는 것은 성령이 그리스도의 부활의 행위자라는 견해(롬 8:11)와 완전히 일치한다. 또한 그것은 죽은 자의 부활 사건의 변혁적 결과를 강조하고, 아울러 예레미아스가 고린도전서 15:50을 죄와 거룩함이라는 용어로 해석하는 것과도 대응을 이룬다. 나아가 그것은 부활 실존 양식의 **역동적** 성격을 **영광**에서 **영광**에 이르는 움직임으로 간주하고 설명한다. 최근에 이 본문들을 이런 식으로 설명하기까지 이런 해석이 상대적으로 적었던 것은 놀랄 만하다. 그것은 아마 "프뉴마-실체"에 대한 오토 플라이더러와 같은 옛날 학자들의 가망 없는 연구와 구약성경보다 헬레니즘의 관점을 통해 읽어낸 것에 기인한 허술한 구조 때문일 것이다.

여러 교부들이 주목했던 것을 현대의 많은 주석가들은 놓쳐버렸다. 이레나이우스는 "신령한 자"가 되는 것이 "하나님의 작품"이 되는 것이라고 말했고, 아타나시오스와 나지안주스의 그레고리오스도 이와 병행하는 요점을 제시했다.[114] 최근의 학자들 중에는 바레트와 톰 라이트가 이런 타당한 해석을 제공하는 소수의 학자들 가운데 하나다. 라이트는 고린도전서 15:44에서 바울이 "참되신 하나님의 영이 생명력과 활력을 준 몸"을 가리키고 있다고 주장한다.[115] 바레트는 **소마**를 "하나님의 영으로 살리심을 받은 새로운 몸"으로 설명한다.[116]

## 22.4. 파루시아와 최후의 심판에 대한 논쟁적 해석

역사의 과정 속에서 인간에 의해 이루어진 심판의 오류 가능성, 애매성, 그리고 바로잡아야 할 잠정성과는 달리, 최후의 심판에서 시행될 하나님의 마지막 판결은 모든 생명에 대한 되돌릴 수 없는 결정적 평가로 나타난다. "최종성"(finality)이라는 개념은 하나님의 판결에 해당하는 지위를 가지지는 못하더라도 판넨베르크의 말에 따르면 "결정적 의미의 최종적 지평, 곧 모든 사물과 모든 사건의 본질에 대한 최종적 지평"을 암시한다.[117]

구약성경과 신약성경은 공히 완결되지 못한 것의 확증과 성취의 최종 행위에 대한 기대들을 증언한다. 우리는 이미 22.2.에서 "파루시아의 임박성"에 대한 "기대"와 혼란의 논리를 살펴보았다. 일어날 것으로 예상되는 확증과 성취 또는 "종결"의 엄밀한 형태에 대한 논쟁이 계속 발생하고, 일부 학자들은 그것이 완결을 의미하는 상징적 개념이라기보다 심지어 실

---

114) Irenaeus, *Against Heresies* V:6:1. 참조. Athanasius, *Letters to Serapion* 1:22.

115) N. T. Wright, *The Resurrection of the Son of God*, 354. 탁월한 설명은 347-356을 보라.

116) Barrett, *First Epistle to the Corinthians*, 372.

117) Pannenberg, *Systematic Theology*, vol. 3, 531.

제 "사건"인지를 의심한다. 앞에서 주장한 것처럼 만일 희망이 하나님이 약속하신 것과 하나님이 지금까지 행하신 것 사이의 인지된 간격에서 나온다면, 이것은 이 약속이 최종적으로 성취되고 하나님의 왕권이 **명백히 가시화되는** 마지막 때에 대한 기대를 수반한다.

구약성경의 기대에 따르면 "주의 날"은 하나님의 왕권이 잘못된 것을 바로 잡는 상황 속에서 가장 분명하게 가시화될 때, 그것은 공적 사건으로 인식된다. 자기기만은 종종 죄를 지은 것보다 죄를 짓지 않은 것에 대한 망상적 인식을 강화시킨다. 아모스는 이스라엘이 주의 날을 갈망하는 이러한 망상을 폭로한다. "화 있을진저 여호와의 날을 사모하는 자여…그 날은 어둠이요 빛이 아니라"(암 5:18; 참조. 5:20). 마찬가지로 요엘도 주의 날을 다음과 같이 묘사한다. "어둡고 캄캄한 날…많고 강한 백성이 이르렀음이라…불이 그들의 앞을 사르며…그 앞에서 땅이 진동하며 하늘이 떨며…해와 달이 캄캄하며…여호와의 날이 크고 심히 두렵도다"(욜 2:2-5, 10-11). 그러나 요엘의 말에 따르면 주의 날에는 다음과 같은 일도 벌어진다. "내가 내 영을 만민에게 부어 주리니 너희 자녀들이 장래 일을 말할 것이며…"(욜 2:28).

주석과 해석 논쟁이 벌어지는 주된 원인이 바로 여기에 있다. 베드로는 오순절에 전한 설교에서 요엘을 통해 예언된 것이 이 "말세에" "모든 육체에게" 성령이 부어지는 것으로 성취된다고 선언한다(행 2:17-21; 욜 2:10, 28의 인용). 고대했던 기대와 약속들 가운데 얼마나 많은 것이 지금 예수 그리스도의 사역과 죽음과 부활에서 그리고 오순절 사건에서 성취되는가? 최후의 공적인 "파루시아"가 있을 때까지 얼마나 두드러지게 성취될까?

우리는 이미 종말론과 파루시아에 대한 요한네스 바이스와 알베르트 슈바이처의 가정들을 고찰했고, 아울러 그들에 대한 몰트만의 비판도 고찰했다. 또한 예레미아스가 "**실현 과정** 속에 있는 종말론"이라는 범주를 사용하는 것도 고찰했다. 나아가 예레미아스가 확인한 일련의 "반전들"도 제시했다. 이 반전들 가운데 어떤 것은 예수의 사역으로 성취되었고 어떤 것은 성취 과정 속에 있으나, 또 다른 어떤 것은 아직 마지막 때에 성취를 기다리고 있다. A. L. 무어는 "숨겨진 주되심과 계시된 주되심의 대조에서 나오는 긴장"을 "'지금'과 '그때'의 긴장"으로 말한다.[118]

도드가 "실현된 종말론"을 강조할 때 다음과 같은 가설을 제창했다는 것은 잘 알려져 있다. 즉 예수는 복음서 저자들과 교회가 "파루시아"의 위기에 적용시킨 "위기에 대한 많은 비유들"을 자신의 설교의 "위기"에 적용시키셨다는 것이다. 도드는 마가복음 1:15의 "하나님 나라가 가까이 왔으니"(ἤγγικεν ἡ βασιλεία τοῦ θεοῦ, 엥기켄 헤 바실레이아 투 데우)라는 말씀을 "가까이 왔으니"보다 "하나님 나라가 **임했으니**"를 의미하는 것으로 해석했다.[119] 심지어 마가복음 9:1("여기 서 있는 사람 중에는…")의 난해한 선언도 이미 **임한** 하나님 나라의 선언으로 간주된다.[120] 위기의 비유들로 분류되는 이 비유들에는 신실한 종과 신실하지 못한 종 비유(마 25:14-30; 눅 19:12-27), 슬기로운 처녀와 미련한 처녀 비유(마 25:1-13), 밤에 오는 도둑 비유(마 24:43-44; 눅 12:39-40), 그리고 기다리는 종의 비유(마 24:45-51) 등이 있다. 이 모든 비유를 "파루시아"의 대비를 위한 필요성으로 다시 적용시킨 당사자는 예수가 아니라 초기 교회라고 도드는 주장한다.[121] 예레미아스는 수정을 거쳐 도드의 견해를 따랐다.[122]

다른 누구보다 노먼 페린(Norman Perrin)이 이런 견해에 대해서 조심스럽지만 설득력 있는 비판을 제공했다.[123] 예를 들어 하나님 나라의 도래에 수반된 "반전들"이 이미 다 이루어졌다는 것은 사실이 아니다. 깨어 있어야 할 필요는 그대로 남아 있다. "지금"과 "아직 아니"의 종말론은 위기의

---

118) Moore, *The Parousia in the New Testament*, 16-17.
119) C. H. Dodd, *The Parables of the Kingdom* (London: Nisbet, 1936), 44.
120) Dodd, *Parables*, 54.
121) Dodd, *Parables*, 54, 174.
122) Jeremias, *Parables*, 48-63, 169-180.
123) Perrin, *The Kingdom of God*, 64-78, 81-86.

비유들을 현재뿐만 아니라 미래에도 적용시키는 이중적 적용을 가능하게 만들고 또 그것을 **요청한다**. 초기 교회와 복음서 저자들이 예수의 의도를 완전히 오해한 것은 아니었다. 게다가 성장 비유(누룩 비유; 마 13:13; 눅 13:20-21)와 겨자씨 비유(막 4:30-32; 마 13:31; 눅 13:18-19)를 보면 천국 확장은 예수의 사역에서 배타적으로 일어났다고 말할 수 없다. 가이(H. A. Guy)의 말에 따르면 천국 확장의 "절정"은 미래에 남아 있다.[124]

존 로빈슨의 『예수와 예수의 오심』(*Jesus and His Coming*)은 당시에 고전과 같은 지위를 차지했다.[125] 로빈슨은 도드와 글라손(T. F. Glasson)의 전통에 의존해 다음과 같이 결론지었다. "'파루시아'의 기대가 사도적 기독교의 최초의 지층 한 부분을 구성했다는 증거는 발견되지 않는다."[126] 로빈슨은 예수가 자신의 "두 번째" 오심을 예상하지 않았다고 주장한다. 로빈슨은 "실현 과정 속에 있는 종말론"의 한 형식으로 "충분히 **시작된** 종말론, 곧 모든 것이 아직 완성되지 않았지만 완성되어야 할 모든 것이 지금 활동 속에 있다는 사상"에 대해서 말했다.[127] 그리스도께서 이루신 사역은 아직 전개되어야 한다.

존 로빈슨은 종말론적 기대를 세 가지 요소로 세분한다. 그는 예수가 "파루시아"를 **입증**(vindication) 행위와 **방문**(visitation) 사건으로 함께 이해했다고 주장한다. 로빈슨은 이렇게 말한다. "예수는 분명히 하나님이 최고의 구원 행위를 통해 자신을 입증하실 것이라고 주장하고 계신다."[128] 도드와 같이 로빈슨도 종종 파루시아를 암시하는 것으로 여겨지는 일부 본문들이 다른 의미를 갖고 있다고 해석한다. 그러나 로빈슨은 마가복음

---

124) H. A. Guy, *The New Testament Doctrine of Last Things* (London: Oxford University Press, 1948), 49.

125) Robinson, *Jesus and His Coming: The Emergence of a Doctrine* (London: SCM, 1957).

126) Robinson, *Jesus*, 29.

127) Robinson, *Jesus*, 29-30.

128) Robinson, *Jesus*, 44.

14:62(평행 본문 마 26:64; 눅 22:69)의 "인자가 권능자의 우편에 앉은 것과 하늘 구름을 타고 오는 것을 너희가 보리라"는 말씀은 더 이상 거부할 수 없을 만큼 파루시아의 의미를 요청한다고 주장한다.[129] 그럼에도 로빈슨은 이렇게도 주장한다. "예수는 여기서 자신이 **하나님에게서 온 것**에 대해 말하는 것이 아니다.…예수는 자신의 **입증**을 확언한다."[130] 이것은 "절박한" 입증이다. "산헤드린은 극적인 판단의 반전을 증언하고 있다."[131] "구름 타고 오시는 것"은 내려오심이 아니라 **올라가심**이고 그것이 바야흐로 일어나려고 한다. 따라서 로빈슨은 이 신적 입증 행위를 **즉위**(등극)로 결론짓는다. 그것은 "두 번째" 오심(재림)에 적용되지 않고 "예수의 **부활** 이후의 시간에 적용된다. 왜냐하면 예수께서 **두 번째** 오실 때에만 승리 속에 들어가신다는 암시가 결코 없기 때문이다."[132]

이것은 신약성경 전체에 두루 적용되는가? 로빈슨은 "초기 교회가 예수께서 하늘에서 구름 타고 내려오시는 것을 **기대했고** 공관복음서 저자들도 그 믿음을 공유했다"는 것을 인정한다(티슬턴 강조).[133] 그러나 이것이 예수께서 기대한 것인지에 대해서는 의심을 표한다. 로빈슨의 주장에 따르면, 예수는 **부활**이 자신의 **입증**을 구성하고 "우리와 함께하시는 하나님" 즉 자신의 **지상 사역**은 신적 **방문**을 구성한다고 이해했다. 또한 로빈슨은 공관복음서 저자들 및 바울보다 앞선 교회의 최초 **케뤼그마**(행 3:19-21에서와 같이)는 예수의 이런 의도를 반영한다고 주장한다. 로빈슨의 주장에 따르면, 이것이 "두 번째" 오심을 가리킬 수 없는데, 그 이유는 이 본문에서 "예수는 단지 그리스도로 선택받은 자일 뿐이고, 메시아 시대는 앞으로 시

---

129) Robinson, *Jesus*, 43.

130) Robinson, *Jesus*, 45.

131) Robinson, *Jesus*, 46.

132) Robinson, *Jesus*, 51.

133) Robinson, *Jesus*, 52.

작되어야 하기" 때문이다.[134)

로빈슨의 주장에서 한 가지 다른 요소는, 내가 보기에는 믿을 수 없는 것이지만, 큰 영향을 미치는 견해로 남아 있다. 그것은 바로 **마라나타** 곧 "우리 주여 오시옵소서"(고전 16:22)에서 "주 예수여 오시옵소서"(계 22:20)에 이르기까지, 예수 그리스도의 오심이 "거의 확실히 초기 성찬 예식을 배경으로 하고 있다"는 주장이다. 로빈슨은 "볼지어다! 내가 문 밖에 서서 두드리노니…내가 그에게로 들어가 그와 더불어 먹고 그는 나와 더불어 먹으리라"(계 3:20) 역시 "성찬 본문"으로 간주한다.[135) 이것은 예수의 "오심"을 탈종말화하고 "그리스도께서 다시 오시리라!"는 성찬 구호를 필수적인 것이 아니라 도리어 미심쩍은 것으로 만든다.

로빈슨의 주장은 심각한 비판을 받을 만큼 취약하고, 나는 이 비판을 1976년에 발표한 초기 논문에서 네 가지로 작성했다.[136) 첫째, 우리는 인자의 입증에 관한 예수의 **어떤** 종말론적 말씀(예를 들어 막 9:1)이 부활과 오순절 사건(혹은 둘 중 하나)을 가리킨다는 것을 의심하지 않는다. 또 어떤 말씀은 예루살렘의 멸망에 대한 예언을 가리킬 수 있다(이를테면 막 13:1-23. 하지만 막 13:23-32은 아닐 것이다). 그럼에도 한편으로 볼 때 예수가 일련의 연속적인 "위기들"을 통해 비유적 경고를 했고, 그 위기는 예수가 공적 입증과 영광 속에서 "오시는" 사건으로 절정을 이루는데, 예수가 그것을 이중적 혹은 다중적으로 적용될 수 있다고 볼 여지가 전혀 없는 것은 아니다. 조지 케어드는 종말론적 언어의 의미론을 면밀하게 탐구하는 데 20년 이상의 세월을 보냈다(1962-1984). 이 탐구를 통해 케어드는 슈바이처, 도드, 예레미아스, 불트만, 그리고 다른 학자들이 내세운 주장의 문제점을 추적

---

134) J. A. T. Robinson, "The Most Primitive Christology of All," in J. A. T. Robinson, *Twelve New Testament Studies* (London: SCM, 1962), 144: 참조. *Jesus*, 28-29.

135) Robinson, *Jesus*, 27.

136) Anthony C. Thiselton, "The Parousia in Modern Theology: Some Questions and Comments," *Tyndale Bulletin* 27 (1976) 27-54, 특히 41-44.

한다.[137] 22.2.에서 지적한 것처럼 케어드는 성경 저자들은 "세상 끝 날"에 대한 언어를 다중적인 적용에 따라 사용할 수 있었고, 또 실제로 그렇게 사용했다고 주장한다.[138] 마가복음 13:1-37과 마태복음 24:1-44의 묵시론적 언어는 예루살렘의 멸망이나 인자의 공적 오심을 포함할 세상 끝 날에 대해서도 잘 적용될 것이다.[139]

둘째, 로빈슨의 사도행전 3:19-21 주석은 훨씬 더 신뢰하기 어렵다. 모울은 다음과 같이 결론을 내린다. "확실히 이 중대한 말씀은 예수께서 마지막 때에 세상으로 **다시 돌아가도록** 보내심을 받을 그리스도…그분은 **사전에** 예정된 그리스도로서 **이미** 인정받은 분이라는 의미로 해석하는 것이 더 정직하다"(모울 강조).[140] 비슬리-머리(G. R. Beasley-Murray)는 마가복음 14:62과 다른 중요 본문들에 대한 로빈슨의 주석에 의심을 품었다.[141] 래드(G. E. Ladd)의 핵심 주장은 종말론의 "이제"와 "아직 아니"가 신약성경 전체를 통일시키는 주제라는 것이다.[142]

셋째, "숨겨진" 것과 "드러난" 것의 대조는 내적이고 개인적인 것과 **공적이고 보편적인** 것의 대조로 가장 잘 이해된다. 22.1.과 22.2.에서 특히 묵시론적 배경에 따라 설명된 여러 가지 이해의 지평들은 그리스도의 부활과 오순절 사건에서 남김없이 철저히 성취된 것으로 설명될 수 없었던 기대를 증언한다. 확실히 그리스도의 부활과 오순절 사건은 엄청난 전환점이지만 모든 사람에게 보편적으로 가시화되는 공적 전환점은 아니다.

---

137) Caird, *The Language and Imagery of the Bible*, 243-256.

138) Caird, *Language*, 256-257.

139) Caird, *Language*, 263-266.

140) C. F. D. Moule, "The Christology of Acts," in L. E. Keck and J. L. Martyn (eds.), *Studies in Luke-Acts* (London: SPCK, 1968), 168.

141) G. R. Beasley-Murray, "Critical Review," *JTS* 10 (1959) 134-140.

142) G. E. Ladd, *A Theology of the New Testament* (London: Lutterworth, 1974), 193-212, 298-310, 550-570, 619-632; Ladd, "Eschatology and the Unity of New Testament Theology," *Expository Times* 82 (1971) 307-309.

로빈슨이 최초의 서신(기원후 50년)으로 인정한 책들을 보면 "호령"과 "하나님의 나팔소리"의 상징은 이런 공적 측면을 포함한다(살전 4:16-17). 로빈슨은 갈라디아서, 에베소서, 빌레몬서, 요한2서와 요한3서를 제외하고, 모든 서신에서 그리스도의 나타나심에 대한 소망이 담겨 있음을 충분히 인정한다.[143] 로빈슨은 "우리 주 예수 그리스도의 **나타나심**"과 "우리 주 예수 그리스도의 날"(고전 1:7-8)과 같은 신약성경의 언어를 사용하길 좋아한다. "**나타나심**"(ἀποκάλυψις, 아포칼립시스)이라는 말은 데살로니가후서 1:7, 베드로전서 1:7, 13, 4:13에서 나오고, ἐπιφάνεια(에피파네이아)라는 말은 데살로니가후서 2:8, 디모데전서 6:14, 디모데후서 4:1, 8, 디도서 2:13에 나온다. "**그리스도의 날**(ἡμέρα, 헤메라)"은 마태복음 24:50, 마가복음 13:32, 누가복음 17:22-3, 고린도전서 1:8, 5:5, 고린도후서 1:14, 빌립보서 1:6, 10, 2:16, 데살로니가전서 5:2-4, 데살로니가후서 2:2에 나온다. 로빈슨은 비록 바울 서신과 베드로후서에서 "주의 오심(강림)"과 "주의 날"(살전 4:15-5:11; 벧후 3:1-10)이 동등한 개념이라는 것과 히브리서는 그리스도께서 "구원에 이르게 하기 위하여…자기를 바라는 자들에게 두 번째 나타나실"(히 9:28) 것에 대해 말한다는 것을 인정하기는 해도, **오심**(coming)이라는 말이 **파루시아**를 가리킨다는 것에 대해서는 여전히 유보적이다.[144]

넷째, 고린도전서 16:22과 같은 본문에서 예수의 **오심**을 "성찬"에서의 오심과 임재로 규정하는 것은 증거를 벗어나는 것이다. 비록 리츠만, 보른캄, 캐제만이 이 견해를 견지한다고 해도 모울과 앤더스 에릭손은 이 견해를 단호하게 거부한다.[145] 이에 대한 "증거"를 유일하게 암시하는 것은 「디

---

143) Robinson, *Jesus*, 16-17.

144) Robinson, *Jesus*, 19.

145) C. F. D. Moule, "A Reconsideration of the Context of Maranatha," in *New Testament Studies* 6 (1959-1960), 302-310; Eriksson, *Traditions*, 279-298. 폭넓은 기록은 Thiselton, *First Epistle to the Corinthians*, 1334-1335, 1347-1352을 보라.

다케」10:6-7과 9:1의 소위 평행 본문이다. 그러나 성찬 배경을 "배후에 두고 이해하는" 것은 "세례의 부정과거"를 모두 믿음으로 나아가는 사건을 언급하는 것으로 이해한 옛날의 의심스러운 관습보다 더 나을 것이 없다. 성례 신학은 이런 의심스러운 주장을 필요로 하지 않는다. 성례 신학은 자기 발로 설 수 있다. 모울은 자신이 예수 그리스도의 미래의 **파루시아**에 적용시키는 요한계시록 22:20에도 이 비판을 적용시킨다.

A. L. 무어는 이 주제에 대한 자신의 책에서 **파루시아**를 언급하는 신약 본문들에 대해서 건설적인 문맥적 주석을 제공한다.[146] 무어는 올바르게 다음과 같이 결론짓는다. "바울은 반드시 **파루시아**가 명확한 시기 안에 확실히 임하리라는 것을 믿지 않고 가까이 다가왔다고 믿었다. 그러므로 깨어 있으라고 당부할 수 있었다."[147] 이것은 로마서 13:11-17, 15:19, 23, 고린도전서 7:26, 15:12-34, 고린도후서 5:1-10, 빌립보서 3:20, 4:5, 데살로니가전후서, 또한 마가복음 9:1, 13:30, 14:15 그리고 다른 곳에도 동등하게 적용된다.[148] 이것은 22.2.에서 비트겐슈타인이 제시한 기대의 개념적 문법에 대한 우리의 설명과도 딱 들어맞는다.

무어는 핵심 요점을 다음과 같이 적절하게 요약한다. "예수와 초기 교회 전체는 종말이 예수 그리스도 안에 있고(비록 감추어져 있지만), 그러므로 **명백하고 명확하고 보편적 형태로 드러날 종말은 멀리 있을 수 없다**는 확신 위에 자신들의 미래에 대한 기대를 형성했다. 그러나 그들은 이 가까움이라는 의식이 명확한 기한 내에 종말이 임할 것이라는 믿음으로 바뀌는 것을 완고하게 거절했다.…그들은 은혜 모티프에 따라 판단했고, 회개와 믿음의 시간은 사람이 정할 수 있는 것이 아니며, 하나님이 공급하시는 긍휼은 측량하거나 예측할 수 없다는 것을 깨달았다."[149]

---

146) Moore, *The Parousia in the New Testament*, 특히 108-218.

147) Moore, *Parousia*, 117.

148) Moore, *Parousia*, 108-159.

149) Moore, *Parousia*, 207-208(티슬턴 강조).

이렇게 책임 있는 주석에 기반을 둔 건전하고 균형 잡힌 접근법은 마치 자기만의 특별한 종말론적 강조점이 유일한 관점이라도 되는 것처럼 신약성경 안에 있는 다양한 전통을 무시하지 않는다. 존 로(John Lowe)는 바울 서신 안에서 "실현된 종말론"을 전개한 도드의 이론을 비판한 초기 논문에서 바울의 강조점이 목회적인 필요에 따라 다양하다는 것을 증명한다.[150] 종말론적 기대는 후기 바울 서신인 옥중 서신에서도 사라지지 않는다. 빌립보서는 종말론적 기대로 가득 차 있다(빌 1:6, 10; 2:16; 4:5). 반면에 초기 바울 서신인 갈라디아서는 종말론적 기대를 거의 아니 전혀 반영하지 않는다. 여기에 종말론의 "꾸준한 진화"는 없다.[151] 앞에서 지적한 것처럼 스티븐 윌슨도 누가-행전의 종말론에 대해서 비슷한 설명을 제공한다. 누가는 수신자들의 목회 상황과 각각의 이해에 좌우되는 "이미"와 "아직 아니"의 단계에 주의를 기울인다.

여기서 성경에 대한 주석적 물음과 해석학으로부터 현대신학으로 관심을 돌리면, 선의든 악의든 간에 **파루시아**와 최후의 심판에 대한 포괄적인 재해석이 이루어지는 것을 종종 발견하게 된다. 테이야르 드 샤르댕(Teilhard de Chardin)은 자신이 진화 과정의 "오메가 포인트"라 부르는 것의 통합적 초점을 강조한다. 한편으로 이 오메가 포인트는 하나님이 "만유의 주"(고전 15:28)가 되시는 보편성과 온전함을 상기시킨다. 오메가 포인트는 수렴과 통합의 초점을 제공한다.[152] 다른 한편으로 샤르댕은 파루시아나 최후의 심판이 "만물이 그[그리스도] 안에 함께 섰느니라"(골 1:17; 참조. 엡 1:10)는 말씀 속에 함축되어 있음을 암시하기는 해도 파루시아나 최후의 심판 자체에 대해서는 거의 말하지 않는 듯하다.

---

150) John Lowe, "An Examination of Attempts to Detect Developments in St. Paul's Theology," *JTS* 42 (1941), 129-141.

151) Lowe, "Developments," *JTS* 42 (1941), 141.

152) Pierre Teilhard de Chardin, *The Phenomenon of Man* (New York: Harper & Row 1965); *The Future of Man* (New York: Harper & Row, 1964).

예상할 수 있는 것처럼 폴 틸리히는 이런 종말론적 언어를 상징으로 이해한다. 한편으로 이 종말론적 언어는 "시간적인 것과 영원한 것의 관계에 대한 상징적 표현"이다. 이 상징은 피조물로서의 인간이 지닌 갈망의 성취, 그리고 잠정성과 애매성의 종결을 지시한다.[153] 다른 한편으로 이 종말론적 언어는 "시간과 공간 속에서 일어날 대사건"과는 아무 관련이 없다. 이 종말론적 언어는 "영원한 것에 직면하는 모든 순간에서 우리의 지위에 대한 표현"이다.[154] 그러나 다시 말하면 "우리는 역사의 끝을 미리 내다보아야 한다."[155] 브라이언 헤블스웨이트(Brian Hebblethwaite)가 지적하는 것처럼, 틸리히에게 **파루시아**는 "세상과 역사에 대한 하나님의 주권의 충분성과 온갖 자기애의 힘에 대한 하나님 사랑의 최종적 우월성"에 대한 상징이다.[156]

제임스 마틴(James P. Martin)은 칸트, 헤겔, 그리고 계몽주의 시대 이후로 진행된 종말론과 최후의 심판에 대한 신학이 지속적으로 해체되고 있는 이유를 검토하는 데 많은 연구를 할애한다. 마틴은 이 해체가 19세기 중후반에 리츨에게서 정점에 달했다고 주장한다. 마틴은 먼저 배경으로, 그리고 대조를 통해 전통적인 개혁파 정통주의와 신앙고백적 후기 개혁파 정통주의를 개관한다. 마틴은 이렇게 말한다. "**파루시아**와 최후의 심판은 한 사건으로 간주되었다.…이것은 신조의 패턴을 따른 것이다."[157] 그럼에도 마틴에 따르면 종교개혁자들은 **묵시**라는 장르를 등한시하는 경향이 있었다. 그는 훗날 묵시라는 장르가 의심 아래 놓이고 침식당했을 때, 보다 쉽게 정통주의 종말론이 유지될지도 모른다고 주장했다. 또한 마틴

---

153) Tillich, *Systematic Theology*, vol. 3, 421.

154) Tillich, *Systematic Theology*, vol. 3, 421.

155) Tillich, *Systematic Theology*, vol. 3, 422.

156) Brian Hebblethwaite, *The Christian Hope* (London: Marshall, Morgan & Scott, 1984), 150.

157) James P. Martin, *The Last Judgement in Protestant Theology from Orthodoxy to Ritischl* (Edinburgh: Oliver & Boyd, 1963), 4.

은 종교개혁 종말론의 가장 긍정적인 특징이, 종말론이 심판자이자 구주이신 그리스도와 매우 밀접한 관계 속에 있다는 사실을 강조한 것이라고 말한다. 칼뱅은 만물의 완성을 가리키는 데 **"영화"**(glorification)라는 말을 사용하기를 좋아했다.[158] 종말론과 밀접하게 관련된 또 다른 주제는 **숨겨졌던 것의 드러남**이다.

숨겨진 것과 드러난 것의 변증법으로 말미암아 우리는 **최후의 심판에 대한 타당한 개념적 문법**을 갖게 된다. 최후의 심판은 흔히 이해하듯이 상과 벌을 주는 보응의 문제가 아니라 자기기만과 유오한 판단이 벗겨지고 진리가 공적으로 드러나는 것이다. 왜냐하면 더 이상 사적인 개인주의 뒤에 숨거나 그것을 위장해서 숨기는 것이 불가능하기 때문이다. 한스 큉의 말에 따르면 "존재하는 모든 것은…잠정적인 성격을 갖고 있다.…나의 불투명한 애매한 실존과 별로 조화롭지 못한 인간성의 역사는 최후의 투명성, 곧 명확한 의미에 대한 계시를 요청한다."[159]

이것은 죄에 대해 신자들과 세상을 "책망하시는" 성령의 처음 사역 과정(요 16:7-11)과, 지금까지 오직 **믿음으로만** 미리 적용되었던 "옳은 상태" 또는 "칭의"에 대한 공적 선언과 연속선상에 있다. 동시에 종교개혁의 정통성은 역사 속에서 또는 현재에도 통전적인 기대를 통해 최후의 심판을 증발시키지 않았고 고린도전서 3:13과 고린도후서 5:10과 같은 본문에서 미래에 대한 명백한 언급들에 호소했다.

칼뱅은 최후의 심판에 대한 성찰을 주로 위협과 두려움의 원천으로 인식하지 않았다. 대신 신자들과 다른 사람들이 자기들이 하는 "일"의 무가치함을 깨닫고, 그리하여 믿음을 통해 순전한 은혜로 말미암아 칭의를 받기 위해 그리스도께 도피하게 하는 **은혜**의 수단으로 인식했다. 칼뱅은 이

---

158) Martin, *Last Judgement*, 6; Calvin, *Institutes*, III:9:5; III:25, 1-12.

159) Hans Küng, *Eternal Life?* trans. Edward Quinn (London: Collins, 1984), 261; 참조. 259-264.

렇게 말한다. "우리의 양심은 하나님의 심판대 앞에 불려가야 한다.…오직 그때에만 분명히 우리의 행위의 가치가 어떠한지 인식하게 될 것이다."[160] 그리스도는 심판자의 역할을 담당하시는데, 그것은 그분이 왕이시기 때문만이 아니라 그리스도 안에 있는 신자들을 그들의 죄에서 석방시키시기 때문이다. 칼뱅은 모울과 앨런 리처드슨이 은혜와 세례로 주어진 칭의는 최후 심판의 사전 행위와 같다고 설명한 주제를 거의 예견하고 있다. 모울은 이렇게 말한다. "세례는 죄책의 탄원이다.…그것은 마지막 날에 있을 대심판, 곧 최후의 심판을 이미 과거에 치룬 것이다."[161]

15.2.에서 우리는 "진노"가 사랑의 표시가 될 수 있는지를 고찰했다. 사랑의 반대말이 진노라는 것은 널리 인정되고 있다. 그러나 우리는 사랑의 반대말이 **진노가 아니라 무관심**이라고 주장했다. 사랑받는 자녀가 스스로를 해치는 행동을 고집할 때, 할 수 없다는 듯 어깨를 한 번 으쓱거리고 마는 부모보다는 강하게 반대하는 부모가 사랑의 관심을 더 크게 보여주는 법이다. 때때로 자녀가 실수를 통해 배울 필요가 있다고 느낄 때에는 자녀에 관한 관심을 일부러 숨길 수도 있다. 진노의 **은혜**라는 개념이 오늘날 거의 사라지기는 했어도, 이 개념은 하나님이 자기 파괴적인 행동에는 관심이 없다는 개념을 방비하는 역할을 한다.

마틴은 이신론과 계몽주의 시대 이후로 종말론과 심판에 대한 실재들이 철학적 이유뿐만 아니라 사랑과 양립하지 않는 것 같다고 느껴진다는 이유로 어떻게 증발했는지를 추적한다. 마틴은 이런 경향이 알브레히트 리츨에서 절정에 달한 것으로 본다. 비록 마틴은 리츨에게서 절정에 달했다고 주장하기는 하지만, 판넨베르크도 계몽주의 시대에서 헤겔과 슐라이어마허에 이르기까지 종말론이 쇠락해간 궤도를 추적한다.[162] 마틴은 이

---

160) Calvin, *Institutes*, III:12:5 (Beveridge edn., vol. 2, 64).

161) C. F. D. Moule, "The Judgement Theme in the Sacraments," in Davies and Daube (eds.), *Background to the New Testament*, 465, 467.

162) Pannenberg, *Systematic Theology*, vol. 3, 532-536; Martin, *Last Judgement*, 129-

렇게 말한다. "19세기에 종말론의 방법론적 쇠락은 알브레히트 리츨의 신학에서 절정에 달했다. 리츨의 신학 속에는 최후의 심판이 들어 있지 않다. 아니 사실은 심판 개념이 전혀 들어 있지 않다.…리츨에게 하나님 나라는 이 세상 안에 내재하는 실재다.…리츨은 신약성경에 나타난 거룩 개념을 거부함으로써 신약성경에 나타난 진노 개념도 거부한다."[163]

계몽주의 시대로부터 헤겔과 슐라이어마허를 거쳐 리츨에 이르기까지 "마지막 일들"에 대한 역사는 적절한 해석학적 이해의 지평이 없으면 종말론을 이해하는 데 어려움이 많다는 것을 그대로 증명한다. 우리가 22.1.과 22.2.에서 확인한 다수의 지평들을 따라 판넨베르크와 몰트만의 사상 속에서 묵시의 지평이 진정으로 회복된 것이 결정적인 전환점이 되었다.

몰트만은 구약성경뿐만 아니라 묵시 문헌에 널리 퍼져 있는 **심판자** 개념을 회복하는 것이 근본적으로 중요하다는 것을 결정적으로 증명한다(이 용어가 특별히 성경적 의미로 사용되기는 하지만). 심판자는 **"사실을 바로잡는"** 자로, 이것은 약한 자, 압제받는 자, 과부와 고아, 그리고 자신의 힘으로는 문제를 올바르게 할 힘이나 제도적 자원을 갖고 있지 못한 모든 자에게 특별히 절실하다.[164] 14.1.과 14.2.에서 우리는 **사사** 시대에 이스라엘을 구원한 **사사가 되는 것**이 무슨 의미였는지를 언어적으로 명료하게 고찰함으로써 **"구원하는 것"**과 **"구원자가 되는 것"**에 대한 의미의 개념적 통용성과 그것의 일관된 역사적 형성 과정을 추적했다.

몰트만은 다음과 같이 말한다. "원래 최후의 심판에 대한 소망은 세상 역사의 희생자들이 소중히 여긴 소망이었다. 곧 하나님의 공의가 자기들의 압제자와 살인자들을 물리치고 승리할 것을 믿는 소망이었다."[165] 몰

---

208.

163) Martin, *Last Judgement*, 196, 199, 203.

164) Moltmann, *The Coming of God*, 235-256.

165) Moltmann, *Coming*, 235.

트만은 하나님에 대한 개념이 너무 자주 망가졌기 때문에 이렇게 지적한다. "지금은 **하나님의 심판의 복음**을 발견하고, **장차 임할 하나님의 정의와 공의 안에서 누릴 기쁨**을 일깨우기 좋은 시기다"(몰트만 강조).[166] 하나님은 최후의 심판에 깊이 **가담**하시는데, 이때 "하나님은 '만유의 주'로서 *apokatastasis pantōn* 곧 만물의 회복을 이루신다. 그리하여 '모든 무릎을 예수의 이름에 꿇게 하시고 모든 입으로 예수 그리스도를 주라 시인하여 하나님 아버지께 영광을 돌리게 하셨느니라'(빌 2:10-11)."[167] 이것이 **모든 것이 하나님의 손에 달려 있다고 보는 신뢰의 정점이다.**

## 22.5. 시간의 변혁, 그리고 약속된 영광의 누림에 대한 상징

"하늘" 영광의 공유라는 부활의 실존 양식(이것이 우리에게 약속된 운명이다)을 조금이라도 보여줄 수 있는 상상력을 해방시키는 해석학적 조건들 속에서, 상징의 본질과 시간 개념들에 대한 재평가는 해석의 다른 지평들과 위치를 나란히 차지한다. 로버트 건드리는 이렇게 말한다. "상징 언어는 다른 묵시 문헌을 채우고 있는 것과 마찬가지로 요한계시록을 가득 채우고 있다. 그러므로 우리는 요한계시록 21:1-22:5에서 새 예루살렘에 대한 묘사가 상징으로 이루어져 있다고 추정할 수 있다. 어디를 들여다보아도 전무후무한 규모에 달하고, 각각의 문이 하나의 진주로 구성되어 있으며, 금으로 포장되어 있는 등, 새 예루살렘 성이 하늘에서 내려오는 것을 묘사한 글을 읽을 때 우리의 추정이 옳음을 알 수 있다. 이런 언어는 상징적 해석을 요한다."[168] 상징은 전인식적인 차원에서 자아의 심층과 공명을 이루

---

166) Moltmann, *Coming*, 235.

167) Moltmann, *Coming*, 236-238.

168) Robert H. Gundry, "The New Jerusalem: People as Place, Not Place as People," in Robert H. Gundry, *The Old Is Better: New Testament Essays in Support of*

고, 그것 자체를 넘어 개념적 정식을 초월할 수 있는 어떤 것을 지시한다.

그러나 상징을 사용할 때는 두 가지 위험이 수반된다. 한 가지는 성경 전통에서 벗어나는 것을 비롯해 보증되지 않은 환상에 빠지지 않도록 상대적 "통제"를 제공하는 설명 혹은 의심의 해석학적 축이 필요하다는 것이다. 다른 한 가지 위험은 모형론이나 내러티브와는 달리 상징의 "무시간적" 본질에서 나온다. 우리는 여기서 약속된 영광과 시간의 관계를 물어볼 필요가 있다.

천상의 영광은 성읍 생활의 이미지 아래 상징적으로 제시된다. 천상의 영광은 정적 안식이 아니라 역동적이고 진행적인 움직임을 암시한다. 확실히 히브리서는 이 모형을 제한하는 변증법적 한정사를 제공한다. "안식할 때가 하나님의 백성에게 남아 있도다"(히 4:9; 참조. 4:4, 8, 10). 지친 순례자가 영원토록 여행한다는 생각은 만일 안식에 대한 약속이 없었다면 약속된 영광의 배반으로 보일 것이다.[169] 미래의 영광이 어떻게 행동이자 안식일 수 있을까?

플라톤의 무시간적 형상, 곧 이데아의 정적 영역 안에서 누리는 **영원한** 안식은 "새 일"을 행하시는 **살아계신 하나님**의 자기 계시적 본질과 일치하지 않을 것이다. 플라톤의 개념은 성경적 비전을 제시하지 않는다. 의인화의 유비를 지나치게 강조하게 되면, 그것은 영화, 영상 또는 드라마의 마지막 장면 속에 영원히 갇힌 것 같은, 용납할 수 없고 불명예스러운 권태의 실존적 망령을 일으킬 수 있다.

몰트만은 부활의 실존 양식과 "새 하늘과 새 땅"의 특징이, 단순히 옛 것"에서는 자라지 않는" **새로운 것**(novum)의 새로움이라고 상기시켜준다. 부활의 실존 양식은 새 창조다. 그럼에도 부활의 실존 양식은 옛것을 **폐기하는 창조가 아니라 오히려 "취하고" 변화시키는 창조다.** 길버트슨도 요

---

*Traditional Interpretations* (Tübingen: Mohr Siebeck, 2005), 399; 참조. 399-411.
169) 참조. H. W. Attridge, "Let Us Strive to Enter That Rest," *HTR* 73 (1980) 279-288.

한계시록의 종말론을 비슷하게 설명한다. "비록 옛 땅과의 불연속성이 있기는 해도 분명히 연속성도 존재한다."[170] 부활의 존재 양식은 **우리가 알고 있는 인간적 시간이나 시공간과의 연속**을 암시하거나 혹은 **완전한 중단이나 파괴**를 암시하는 것으로는 파악될 수 없다.

**영원한 것**의 본질에 관한 논쟁이 있기는 하지만, 이것은 **하나님**의 영원성과의 관계와 영생의 영원성과의 관계 모두에 있어 전개가 가능함을 암시한다. 전통적으로 영원성에 대한 세 가지 철학적 관점이 제시되었다.[171] "하나님은 시간 속에서(*in tempore*) 세상을 창조하신 것이 아니라 시간과 함께(*cum tempore*) 세상을 창조하셨다"는 아우구스티누스의 타당한 격언에 비추어 많은 이들이 영원성을 **무시간성**(timelessness)으로 추론한다. 시간과 시공간은 창조 질서의 영역에 속해 있고, 창조 질서는 철학적 관점에서 보아 우연한 것과 경험적인 것을 함축한다. 그러나 이것은 하나님의 존재가 **개념적으로** 이 영역 안에 위치할 수 있는지에 관한 물음을 일으킨다.

어떤 이들은 "무시간적" 견해가 상대성 이론에서 시간과 공간은 동일한 실재의 두 차원이라는 사실로 확증된다고 믿는다. 상대성 이론에 따르면 **시간**은 극한의 속도 속에 있는 물체의 경우 **공간적** 운동의 방향 및 정도에 따라 가속되거나 감속된다. 만일 공간이 어떤 신적 창조 행위 이전에 "거기" 있었던 것으로 생각할 수 없다면, 시간에 관해 다른 어떤 것을 주장하는 것이 가능하겠는가?

교부 시대에는 당시 그리스-로마 세계의 환경으로 말미암아 시간과 변화가 "단순한 현상"의 영역에 귀속된다는 사고가 촉진되었고, 이것은 하나님은 "불변하다"는 신학적 교리와 결부되었다. 추정컨대 하나님 안에서

---

170) Gilbertson, *God and History in the Book of Revelation*, 107.
171) 간단하지만 유용한 철학적 설명 두 가지가 William L. Craig, "God, Time, and Eternity," *Religious Studies* 14 (1979) 497-503과 E. Stump, N. Kretzmann, "Eternity," *Journal of Philosophy* 78 (1981) 429-458에서 발견된다.

제3부 기독교 교리의 주요 주제

어떤 변화가 일어난다면 그것은 하나님의 이전 상태나 이후 상태가 "완전하지" 않다는 것을 함축하는 의미로 파악될 수 있었다. 플라톤에게 실재는 "생성"(becoming)이 아니라 "존재"(Being)였다. 그러나 이것은 약속하시고 (출 12:25; 신 1:11), 목적을 제시하시고, 행동 계획을 재고하고 교정하시는(삿 2:18; 렘 15:6) 하나님에 대한 히브리-기독교의 관점과 불편하고 거북스러운 관계에 있다. 따라서 윙엘은 (내가 보기에 올바르게) 하나님에게 "존재는 생성 속에 있다"는 주제를 설명한다.

만일 우리가 철학적 논의로부터 성경 전문가들의 주장으로 시선을 옮긴다면, 철학자들의 논의만큼이나 성경 전문가들에게서도 많은 불일치를 발견할 수 있을 것이다. 우리는 쿨만, 존 마쉬, 제임스 바의 견해를 견본으로 제시할 수 있다. 오스카 쿨만은 영원한 실재에 대해서 **시간적 영속성**(temporal everlastingness) 개념을 옹호하고 "무시간적" 해석을 거부한다. 쿨만은 플라톤에게는 시간이 단순히 "영원의 **모사**"에 불과하다고 주장하면서 다음과 같이 설명한다. "초기 기독교는 무시간성에 대해서 전혀 몰랐다.…하나님의 속성의 하나로 가능한 영원성은 오직 시간뿐이다. 또는 더 낫게 말하면 우리가 '시간'이라고 부르는 것은 하나님의 시간이 지닌 이 동일하고 끝없는 지속의…한 부분에 지나지 않는다."[172] 이 **시대**(αἰών, 아이온)는 제한된 시간 구분을 가리킨다. 영원은 "영속적으로 지속되는 시간"이다. 시간은 "제한된 시간"이다.[173] "시간과 영원은 이러한 시간의 속성을 공유한다.…'영원하신' 하나님은…'이제도 계시고 전에도 계셨고 장차 오실 이이시다'(계 1:4)."[174]

그러나 다른 성경 전문가들은 쿨만과 견해를 달리한다. 존 마쉬는 히브리 시인들이 **영원**을 가리키기 위해 시간을 가리키는 용어인 עלם(올람, 그

---

) Cullmann, *Christ and Time*, 61, 62.

173) Cullmann, *Christ and Time*, 62.

174) Cullmann, *Christ and Time*, 63; 참조. 64-68.

리스어 αἰών에 대응하는 단어)을 사용했다는 사실로 잘못 나아가서는 안 된다고 주장한다.[175] 복수형 관용구 "시대들의 시대 속으로"(into the ages of the ages)는 시간이 아닌 어떤 것을 가리키기 위해 부적절한 상징을 사용하려는 시도에 불과하다. 마쉬는 "영원은…시간과 질적으로 다르다"고 선언한다.[176] 요한복음은 "영원이 시간 속으로 침투하는 것"에 대해서 묘사하고, 영원한 것은 시간적 방식이 아닌 다른 방식으로 시간과 관련된다.[177] 요한계시록의 환상은 "창세 이후로…죽임을 당한 어린 양"(계 13:8)에 대한 것이다.[178]

제임스 바는 쿨만과 마쉬 모두 연구의 기초를 성경의 **진술**이 아닌 **단어** 연구에 두고 있다고 비판한다. 바는 쿨만이 αἰών(아이온), καιρός(카이로스), χρόνος(크로노스)에 대한 연구에서 적합하지 못한 결론을 이끌어냈다고 주장한다.[179] 마쉬와 존 로빈슨도 동일한 방법론적 비판 아래 처한다.[180] "쿨만은 자신의 비판자인 마쉬와 똑같은 잘못을 범하고 있다."[181] 제임스 바는 창세기에서 하나님이 우주를 창조하셨을 때 시간도 창조하신 것을 함축하고 있는 것 같다고 개연성 있게 주장하고, 이것이 쿨만의 견해를 무너뜨린다고 생각한다.[182] 그렇다고 해서 영원에 대한 바의 견해가 단순히 "무시간성"을 옹호하는 견해라고 추론하는 것은 부당할 것이다. 바는 창세 "이전에는 시간 외에 다른 어떤 것이 존재한 것이 아니라, 다른

---

175) John Marsh, *The Fullness of Time* (London: Nisbet, 1952), 29-32. 그러나 훨씬 더 폭넓은 의미 목록을 보려면 Brown-Driver-Briggs, *Hebrew-English Lexicon* (new eds. 1980), 761-763을 참조하라.

176) Marsh, *Fullness*, 139.

177) Marsh, *Fullness*, 143, 144.

178) Marsh, *Fullness*, 147.

179) James Barr, *Biblical Words for Time* (London: SCM, 1962, 2d edn. 1969), 47-81(1st edn.), 50-85(2d edn.).

180) Barr, *Word for Time*, 20-46(1st edn.), 21-49(2d edn.).

181) Barr, *Word for Time*, 30(1st edn.), 85(2d edn.).

182) Barr, *Word for Time*, 145 (1st edn.), 151(2d edn.).

종류의 시간이 존재했다"고 주장한다. 비록 이런 결과를 산출한 성경의 증거를 제시하기는 어렵다.[183] 최소한 영원을 "시간이 아닌 다른 실재로" 생각하는 데 도움을 주는 "몇 가지 사례"는 존재한다.

이 내용을 더 깊이 탐구하기 전에 철학 사상 속에서 발견되는 영원에 대한 세 가지 주된 개념을 고찰해야 한다. 헨리 채드윅(Henry Chadwick)의 말에 따르면 보에티우스는 다음과 같이 주장한다. "시간과 영원의 관계는 원과 원의 중심과 같다.···우리에게 사건들은 과거, 현재, 미래의 시간으로 나누어진다. 하나님은 시간 밖에 계신다. 하나님에게 시간적 사건들에 대한 지식은 모든 것이 동시적 현재라는 의미에서 영원한 지식이다."[184] 아퀴나스도 이 길을 따른다. 아퀴나스는 "그분[하나님]의 영원성은 모든 시간을 포함한다"고 말한다.[185] 이것이 아마 다수의 견해일 것이다. 왜냐하면 이 견해는 아퀴나스가 보존하기를 바라는 하나님의 불변성 개념을 수용하기 때문이다. 그럼에도 각각의 견해들은 강력하게 옹호된다.

그러나 종말론의 해석을 위한 이해의 지평 안에서 옛 창조와 새 창조의 연속성과 차이에 대한 개념은 **무시간성**도 아니고 **영속성**도 아닌, **우리가 알고 있는 인간의 시간이 하나님의 시간 속으로 들어감으로써 인간의 시간이 변혁된다**는 사실을 보여준다. 몰트만은 올바르게 "초월적 시간의 조건 속에서의 변화"에 대해 말한다.[186] 우리는 이전 장들과 22.3.에서 **육체적** 실존, 육체성, 목적, 내러티브, 시간성에 대해서 말했던 모든 내용 속에서 "무시간적" 실존이 온갖 모험, 새로운 목적, 기억과 희망, 기대, 발전, 흥분, 놀라움을 결여한다면 **축소된** 실존 양식이 될 것이라고 말한 바 있다. 이것이 과연 살아계신 하나님이 "**영광스러운 것으로 다시 살아나며 강한 것으로 다시 살아나는**"(고전 15:43) 자기 백성과 자신의 피조물을 위해

183) Barr, *Word for Time*, 앞의 인용문.
184) Henry Chadwick, *Boethius* (Oxford: Clarendon, 1981), 242, 246.
185) Aquinas, *Summa Theologiae*, Ia, Q. 10, art. 2.
186) Moltmann, *The Coming of God*, 26.

준비하신 것일 수 있겠는가?

**영속성**(everlastingness)도 더 나은 것이 없다. 영속성 개념도 하늘의 영광을 "촉진시키는 것"이 찬양의 노래를 영원히 반복하는 것에 불과할 것이라는 두려움을 몰아내는 데 실패할 것이다. 이런 시나리오로 말미암아 일어난 실존적 절망 개념과 상관없이 하나님이 우주를 시간 및 시공과 "함께" 창조한 것이 아니라 시간과 시공 "안에서" 창조하셨다고 생각하는 것은 개연성이 없다. 우리가 과연 천체들과 같은 대상이 있기 전에 연대기적·"자연적" 시간을 가능하게 만드는 **측정된** 시간을 생각할 수 있을까?

"**하나님의 시간**"은 내러티브 경험, 연속, 목적, 새로움, 신실함, 그리고 위에서 언급한 "시간적 가치들"의 전제 조건을 구성할 것이다. 엄밀히 말해 **시간성**(Zeit[시간]과 대립하는 Zeitlichkeit[시간성])과 같은 시간의 선험적 조건들에 대해 말하는 것이 더 정확할 것이다.[187] 이것이 완전히 이론적이거나 사변적인 것으로 나타나지 않도록 우리는 일상생활 속에서 천문학적으로 측정된 "시계의 시간" 외에도, 시간의 변형과 개념들을 얼마나 많이 경험하는지를 상기해야 한다. 나는 이것을 다른 곳에서 설명했다. 따라서 여기서는 간단히 요약하는 것으로 그친다.[188] 시모어 채트먼과 제라르 주네트는 "시계의 시간"과 소설, 연극, 또는 리쾨르가 재형성된 내러티브라고 부르는 것에서 플래시백, 플래시포워드, 속도 변화 등과 같은 장치들 속에 있는 **내러티브 시간**의 차이가 지닌 결정적 중요성을 증명했다. 마가복음은 베드로가 예수를 그리스도로 고백하는 장면인 8:27-38의 전환점에 이를 때까지 매우 빠른 속도로 전개된다. 그 이후 부분은 좀 더 일정한 속도로 진행된다. 그리고 수난 내러티브는 십자가 사건을 아주 천천히 느린 속도로 말한다. 마가는 엄밀하게 동등한 속도나 간격으로 "자연적" 또

---

187) Heidegger, *Being and Time*, 351-352 (독일어판, 304-305).

188) Anthony C. Thiselton, with Roger Lundin and Clarence Walhout, *The Promise of Hermeneutics* (Grand Rapids: Eerdmans and Carlisle, U.K.: Paternoster, 1999), 183-208.

는 "연대순" 시간을 사용하지 않는다. 왜냐하면 마가는 예수의 수난이 예수의 사역의 목적과 자신의 내러티브 관점을 지배하고 있다는 것을 보여주고 싶어하기 때문이다. 사회학 및 사회-경제학적인 관점에서 보면, 우리가 하루를 구분하고, 시간을 인식하며, 고용 관계 속에서 누가 누구를 기다려야 하는지와 같은 방법은 사회적·경제적 지위를 충분히 표현한다.[189]

우리가 알고 있는 시간과 공간의 특징은 천상적 영광이 지닌 차원의 특징과 전혀 같지 않다. 왜냐하면 새 창조는 변화된 실존 양식이기 때문이다. **하나님의 시간으로 변혁된 시간**은 **육체적 실존 양식** 속에서의 삶과 함께 현재와 같은 제약이 없이 "육체성"의 가능성을 체현할 것이다. 이것이 **희망**의 중심이 될 수 있는데 그 이유는 영광의 양식을 **축소시키지 않고 확대시키기** 때문이다. **영광에서 영광에** 이르는 것은 경이와 찬양의 영원한 **포르티시모**(매우 세게)가 아니라 **크레센도**(점점 세게)일 것이다. 우리가 이전 장들에서 확인한 것처럼 "몸"에 근본적인 것은 상호주관적 인식, 상호주관적 정체성, 상호주관적 소통을 수반하는 **상호주관적 관계성**을 위한 능력이다. 우리는 고린도전서 15:38-49을 탐구할 때 변화된 자아가 죄와 수치에서 구원받게 되고, 그러므로 어떤 인식이든 두려워할 것이 없다고 말했다. 또 바울이 창조에서 뽑아온 유비에 비추어보면, 도토리에서 상수리나무가 나오는 것처럼 정체성의 연속성을 보존할 수 있는 **변혁된** 자아가 될 것이라는 사실을 확인했다.

건드리는 "새 예루살렘"의 **공동체적** 본질을 어떤 거주지가 아니라 하나님의 백성으로 설명한다. 새 예루살렘은 구속받은 성도들 자신을 가리킨다고 주장한다. 새 예루살렘은 어린 양의 신부다(계 19:7-8). 그리스도의 신부(계 18:23; 21:2, 9; 22:17; 참조. 엡 5:25-28)는 고난을 겪으며 "아멘! 주 예수

---

189) 특히 Robert H. Lauer, *Temporal Man: The Meaning and Uses of Social Time* (New York: Praeger, 1981), 1-51과 여러 곳을 보라. 추가로 W. E. Moore, *Scarce Resource: Man, Time and Society* (New York: Wiley, 1963)와 Alvin Toffler, *Future Shock* (New York: Random, 1970)을 참조하라.

여 오시옵소서"(계 22:20)라고 외치는 성도들로 간주된다.[190] 새 예루살렘은 성령의 형성적 행위를 통해 변화된(고전 15:44) 온전한 하나님의 백성을 가리키기 때문에(계 21:2, 8; 22:11-15) **거룩하다**. 상징으로 표현된 특성들이 성도들에게 **인격**으로 적용된다. 건드리는 이렇게 설명한다. "새 예루살렘 성의 특징은 순전한 행복이다. 눈물이나 고통 또는 죽음, 즉 짐승을 통해 죽음의 박해에 직면한 자들에게 특히 쓰라린 것으로 작용하는 옛 창조의 요소들이 전혀 없는 행복 말이다(계 21:4; 참조. 7:12-17)."[191]

새 예루살렘에 관한 언어는 개념적 유비나 직유를 넘어 인간 영혼의 심연에까지 이르는 상징들의 목록에 의존한다. 융, 틸리히, 리쾨르는 이 상징 능력이 인간 정신의 전의식적이고 전개념적인 차원에까지 미친다고 설명했다.[192] 노스롭 프라이(Northrop Frye)는 이렇게 말한다. "성(城), 산, 강, 동산, 나무, 기름, 샘, 떡, 포도주, 신부, 양…이 자주 반복됨으로써 분명히 어떤 통일적 원리를 지시한다."[193]

마티아스 리시(Mathias Rissi)는 특히 요한계시록 21:1-7과 22:1-5에 나오는 이 상징들의 용법에 대해서 구약성경과 묵시 문헌의 배경을 탐구한다.[194] **산**은 이사야 2:1-4을 배경으로 하고, 산의 확장은 이사야 60:11-14과 다른 본문들을 배경으로 한다. 새 예루살렘과 같이 산도 "하나님과의 지속적 만남의 장소가 될 것이다. '다시는 낮에 해가 네 빛이 되지 아니하

---

190) Gundry, "The New Jerusalem," *The Old Is Better*, 401-402.

191) Gundry, "The New Jerusalem," 404.

192) 예컨대 다음 자료들을 보라. Wayne Rollins, *Jung and the Bible* (Atlanta: John Knox, 1983), 18-20; Paul Tillich, *Dynamics of Faith* (London: Allen & Unwin, 1957), 42-47; Ricoeur, *Freud and Philosophy*, 93-94, 420, 여러 곳; *Interpretation Theory*, 55-57; *The Conflict of Interpretations*, 287-334.

193) Northrop Frye, *The Great Code: The Bible and Literature* (New York and London: Harcourt Brace Jovanovich, 1982), xiii.

194) Mathias Rissi, *The Future of the World: An Exegetical Study of Revelation 19:11-22:15* (London: SCM, 1972), 특히 41-83.

며 달도 네게 빛을 비추지 않을 것이요. **오직 여호와가 네게 영원한 빛이 되며 네 하나님이 네 영광이 되리니**'(사 60:19)."[195] 22.1.에서 우리가 제시한 해석학과 일치되게 리시는 이렇게 말한다. "이 소망의 핵심과 중심은 자기 백성들 가운데 거하시는 하나님의 임재에 대한 언약의 약속이다."[196] 많은 묵시 문헌과 신구약 중간기의 다른 작품들 속에서 영광에 대한 **상징들**은 마치 다면적인 보석들, 곧 남보석[사파이어], 녹보석[에메랄드], 금, 녹옥, 홍보석[루비]으로부터 빛이 발산되는 것처럼, 영광을 발산하시는 실재 곧 **하나님 자신**을 지시한다. 성의 "거리들"이 "할렐루야!"를 외친다(「토비트」 13:16-18). 찬양의 기초는 언약적 약속의 성취이고(「바룩 2서」 4:3-6), 이 약속은 곧 하나님 자신의 거처가 인간과 함께 그리고 인간 속에 있다는 것이다.

요한계시록 21:1-2은 이사야 65:17을 배경으로 취한다. 바다가 사라진 것(계 21:1)은 혼란, 고립, 원초적 바다 괴물인 리워야단 또는 적그리스도, 그리고 사망의 폐지를 상징한다.[197] 이사야 65:16-17은 "이전 환난이 잊어졌고"라고 선언한다. 따라서 요한계시록 21:16의 환상은 다음과 같이 계속된다. "하나님이 그들과 함께 계시리니…모든 눈물을 그 눈에서 닦아 주시니 다시는 사망이 없고 애통하는 것이나 곡하는 것이나 아픈 것이 다시 있지 아니하리니 처음 것들이 다 지나갔음이러라"(계 21:3-4). 리시는 이렇게 말한다. "교회의 확신은 하나님 자신의 약속에 근거를 두고 있다. 하나님은 보는 자에게 이 말씀이 믿을 수 있다는 것을 확증하라고 명백히 명하신다.…또한 이 동일한 진술은 친히 '하나님의 말씀'이신 예수의 말씀의 특징이기도 하다(계 1:5: 3:7, 14: 19:13)."[198] 새 예루살렘의 보석들은 **하나님**

---

195) Rissi, *Future of the World*, 43.

196) Rissi, *Future of the World*, 46.

197) George B. Caird, *The Revelation of St. John the Divine* (London: Black, 1966), 262; David E. Aune, *Revelation 17-22* (Nashville: Nelson, 1998), Rissi, *Future of the World*, 457.

198) Rissi, *Future of the World*, 58.

의 영광을 발산하기 때문에 투명한 빛을 비춘다. 이 찬란한 영광은 부활하여 온전하게 된 성도들이 사는 환경이다. 에스겔 43:1-17의 성취인 하나님의 영광은 멀리까지 빛이 미쳐 성전을 가득 채우고, 산을 거룩하게 한다.

물의 선물은 만족을 찾는 가장 깊은 갈망을 강력하게 표현한다. "내가 생명수 샘물을 목마른 자에게 값없이 주리니"(계 21:6). "생명"수 또는 절대로 마르지 않고 흐르는 물은 동양의 사막에서 말라버릴 수 있는 저수지보다 더 소중했다. 초월적인 하나님의 임재의 상징인 높은 산은 "하나님의 영광과 지극히 귀한 보석 같고 벽옥과 수정같이 맑은 그 성의 빛"(계 21:11)을 표현한다.

하나님의 약속과 마찬가지로 이 가운데 흔들릴 수 있는 것은 하나도 없다. 왜냐하면 견고한 성곽이 그 산을 에워싸고 보호하기 때문이다(계 21:14). "만물의 회복"은 마지막 때에 생명나무로 나아가는 길을 연다. "그 나무 잎사귀들은 만국을 치료하기 위하여 있더라"(계 22:2). 새 예루살렘의 상징(21:1-27)은 낙원의 전형적인 상징(계 22:1-5), 곧 해로운 것은 어떤 것도 들어갈 수 없는(계 22:3) 즐거움과 행복의 동산의 상징으로 전개된다. 죽음도, 슬픔도, 고통도, 그리고 나르시시즘적인 외로움과 자기도취에 빠진 미혹된 주관성 속에서 하나님이나 다른 사람들과 단절이 일어나는 경우도 없다.

리시는 이렇게 말한다. "만일 죽음의 끝 이후에 영생이 있다면, 근심과 슬픔도 끝없이 계속되어서는 안 된다.…만일 우리가 죽은 자가 부활을 겪는다고 믿는다면 우리는 소망으로 두려움의 심연에서 벗어나 자유롭게 된다. 우리는 우리의 삶 속에서 무덤과 사별을 넘어 '모든 눈물을 닦아주시고', '다시는 사망이 없게 하실' 미래의 하나님을 바라본다."[199] 그러나 그 모든 것의 영광을 유지시키는 것은 살아계시고 전진하시고 주권적이고 은혜로우신 하나님의 영광이다. 성도들과 천사들은 하나님이 이미 그리스

---

199) Rissi, *Future of the World*, 125.

도로 말미암아 그리고 성령을 통해 행하신 것과 모든 상상을 초월하는 하나님이 앞으로 행하실 것에 대해 그분을 찬송하고 경배해야 할 것이다.

레위기 6:24-26의 제사장 아론의 놀라운 축복 기도는 이렇게 시작된다. "여호와는 네게 복을 주시고 너를 지키시기를 원하며, 여호와는 **그의 얼굴을 네게 비추사** 은혜 베푸시기를 원하며." 데이비드 포드는 "얼굴"에 대한 설명을 제공한다. 그는 다음과 같이 말한다. "우리의 얼굴은 주어진 것이다. 우리가 얼굴에 대해 선택권을 갖고 있는 것이 아니라 사회적 형성과 함께 물려받은 것이 우리의 얼굴을 크게 결정한다. 그러나 우리는 얼굴에 대해 어느 정도 자유를 갖고 있는 것처럼 보이고 어쩌면 결국은 우리의 삶의 습관을 통해 중대하게 얼굴을 형성한다.…각자의 얼굴은 개인적이지만 또한 타인 및 세상과 관계된 최우선적인 장소이기도 하다. 타인과 관계를 이루고 환영하고 협동하는 역할을 하는 얼굴은 사회생활에 근본적이다.…얼굴은 서로에게 활력을 주는 동시에, 더 충분히 그리고 더 구별되게 자기 자신이 될 수 있다."[200]

모든 성도가 서로 활력을 주는 얼굴 속에서 하나님을 "대면하여" 보는 것은 하나님의 영광을 누리는 것이다. 포드의 말에 따르면 하나님의 "풍성한" 구원은 "사랑하는 얼굴"과 "노래하는 자아"에서 역력히 드러난다.[201] 따라서 우리는 대면하여 보게 되고(고전 13:12) "수건을 벗은 얼굴로…주의 영광을 보매 그와 같은 형상으로 변화하여 영광에서 영광에 이를"(고후 3:18) 것이다. "그가 나타나시면 우리가 그와 같을 줄을 아는 것은 그의 참모습 그대로 볼 것이기 때문"이다(요일 3:2).

---

200) David F. Ford, *Self and Salvation: Being Transformed* (Cambridge: Cambridge University Press, 1999), 19.

201) Ford, *Salvation*, 119, 120.

Abraham, William J., *Waking from Doctrinal Amnesia* (Nashville: Abingdon, 1986).

Aland, Kurt, *Did the Early Church Baptize Infants?* translated by G. R. Beasley-Murray (London: SCM, 1962).

Alexander, Loveday, *The Preface to Luke's Gospel* (Cambridge: Cambridge University Press, 1993).

Allenbach, J., Benoît, A., and Bertrand, D. A., et al. (eds.), *Biblia Patristica: Index des Citations et Allusions Bibliques dans la Littéature Patristique*, 7 vols. to date (Paris: Éditions du Centre National de la Recherche, 1975-2000).

Alston, William P., *Divine Nature and Human Language* (Ithaca and London: Cornell University Press, 1989).

Alter, Robert, *The Art of Biblical Narrative* (New York: Basic Books, 1981). 『성서의 이야기 기술』(아모르문디 역간).

Anderson, A. H., and Hollenweger, Walter J. (eds.), *Pentecostals after a Century: Global Perspectives on a Movement in Transition* (Sheffield: Sheffield Academic Press, 1999).

Anderson, David (ed. and trans.), *St. Basil the Great: On the Holy Spirit* (Crestwood, NY: St. Vladimir's Press, 1980).

Anselm, *Why God Became Man*, in E. R. Fairweather (ed.), *A Scholastic Miscellany: Anselm to Ockham*, Library of Christian Classics 10 (London: SCM and Philadelphia: Westminster, 1956). 『인간이 되신 하나님』(한들출판사 역간).

Aparece, Pederito A., *Teaching, Learning, and Community: An Examination of Wittgensteinian Themes Applied to the Philosophy of Education*, Tesi Gregoriana

22 (Rome: Pontifical Gregorian University, 2005).

Apel, Karl-Otto, *Towards a Transformation of Philosophy*, translated by G. Adey and D. Frisby (London and Boston: Routledge & Kegan Paul, 1980).

____, *Understanding and Explanation: A Transcendental-Pragmatic Perspective*, translated by Georgia Warnke (Cambridge, MA: MIT Press, 1984).

*Apostolic Fathers*, edited by K. Lake, Loeb Classical Library, 2 vols. (London: Heinemann, 1915).

Aquinas, Thomas, *Summa Theologiae*, Latin and English, Blackfriars edn., 60 vols. (London: Eyre & Spottiswood and New York: McGraw & Hill, 1963 onward). 『신학대전』(바오로딸 역간).

Astley, Jeff, *The Philosophy of Christian Religious Education* (Birmingham, AL: Religious Education Press, 1994).

Atkinson, James, *Martin Luther: Prophet to the Church Catholic* (Grand Rapids: Eerdmans and Exeter, U.K.: Paternoster, 1983).

Attridge, H. W., "Let Us Strive to Enter That Rest," *HTR* 73 (1980) 279-88.

____, *Commentary on the Epistle to the Hebrews*, Hermeneia (Philadelphia: Fortress, 1989).

Aulén, Gustaf, *The Faith of the Christian Church*, translated by E. H. Wahlstrom and G. E. Arden (London: SCM, 1954).

____, *Christus Victor: An Historical Study of the Three Main Types of the Idea of the Atonement*, translated by A. G. Hebert (London: SPCK and New York: Macmillan, 1931, rpt. 1970).

Austin, John L., *How to Do Things with Words*, edited by J. O. Urmson (Oxford: Clarendon, 1962). 『말과 행위』(서광사 역간).

Avis, Paul D. L., *The Church in the Theology of the Reformers* (London: Marshall, Morgan & Scott, 1981).

Baillie, Donald M., *God Was in Christ: An Essay on Incarnation and Atonement*

(London: Faber & Faber, 1948).

Bakhtin, Mikhail M., *The Dialogic Imagination: Four Essays*, edited by Michael Holquist and translated by Caryl Emerson and Michael Holquist (Austin: University of Texas Press, 1981).

____, *Problems of Dostoevsky's Poetics*, edited and translated by Caryl Emerson (Minneapolis: University of Minnesota Press, 1984).

Balla, Peter, *Challenges to New Testament Theology: An Attempt to Justify the Enterprise* (Peabody, MA: Hendrickson, 1997).

Balthasar, Hans Urs von, *Heart of the World*, translated by Erasmo S. Leivà (San Francisco: Ignatius, 1979).

____, *The Glory of the Lord: A Theological Aesthetics*, translated by A. Louth and others and edited by Joseph Fessio and John Riches, 6 vols. (Edinburgh: T&T Clark, 1984-91).

____, *Truth Is Symphonic: Aspects of a Christian Pluralism*, translated by G. Harrison (San Francisco: Ignatius, 1987).

____, *Theo-Drama: Theological Dramatic Theory*, translated by G. Harrison, 5 vols. (San Francisco: Ignatius, 1988-98).

Barbour, Ian G., *Religion in the Age of Science* (London: SCM, 1990).

____, *Religion and Science: Historical and Contemporary Issues* (London: SCM, 1998).

Barfield, Owen, "Poetic Diction and Legal Fiction," in Max Black (ed.), *The Importance of Language* (Englewood Cliffs, NJ: Prentice-Hall, 1962).

Barr, James, *The Semantics of Biblical Language* (Oxford: Oxford University Press, 1961).

____, *Biblical Words for Time* (London: SCM, 1962; 2d edn. 1969).

Barrett, C. K., "The Eschatology of the Epistles to the Hebrews," in W. D. Davies and D. Daube (eds.), *The Background of the New Testament and Its Eschatology:*

*Studies in Honour of Charles Harold Dodd* (Cambridge: Cambridge University Press, 1956), 363-93.

____, *The Holy Spirit and the Gospel Tradition* (London: SPCK, 1958).

____, *The Signs of an Apostle* (London: Epworth, 1970).

____, *A Commentary on the Second Epistle to the Corinthians* (London: Black, 1973).

____, *Church, Ministry and Sacraments in the New Testament* (Exeter, U.K.: Paternoster, 1985).

____, *A Critical and Exegetical Commentary on the Acts of the Apostles*, 2 vols. (Edinburgh: T&T Clark, 1994 and 1998).

Barth, Karl, *The Word of God and the Word of Man*, translated by Douglas Horton (London: Hodder & Stoughton, 1928).

____, *The Resurrection of the Dead*, translated by H. J. Stenning (London: Hodder & Stoughton, 1933).

____, *Church Dogmatics*, edited by G. W. Bromiley and T. F. Torrance, 14 vols. (Edinburgh: T&T Clark, 1957-75). 『교회교의학』(대한기독교서회 역간).

Barth, M., *Was Christ's Death a Sacrifice?* Scottish Journal of Theology Occasional Papers (Edinburgh: Oliver & Boyd, 1961).

Bartholomew, Craig G., Green, Joel B., and Thiselton, Anthony C. (eds.), *Reading Luke: Interpretation, Reflection, and Formation*, Scripture and Hermeneutics 6 (Carlisle, U.K.: Paternoster and Grand Rapids: Zondervan, 2005).

____ et al. (eds.), *Canon and Biblical Interpretation*, Scripture and Hermeneutics 7 (Grand Rapids: Zondervan, 2006 and Carlisle, U.K.: Paternoster, 2007).

Bartsch, Hans-Werner (ed.), *Kerygma and Myth*, translated by R. H. Fuller, 2 vols. (London: SPCK, 2d edn., vol. 1, 1964 and vol. 2, 1962).

Bauckham, Richard J., *Bible and Mission: Christian Witness in a Postmodern World* (Carlisle, U.K.: Paternoster, 2003). 『세계화에 맞서는 기독교적 증언』(새물결플러스 역간).

_____, and Drewery, Benjamin (eds.), *Scripture, Tradition and Reason: A Study in the Criteria of Doctrine, Essays in Honour of Richard P. C. Hanson* (London and New York: Continuum/T&T Clark, 2004).

Bauer, W., and Danker, F. W., *A Greek-English Lexicon of the New Testament and Other Early Christian Literature*, translated, edited, and revised by W. F. Arndt, F. W. Gingrich, and F. W. Danker [BDAG] (Chicago: University of Chicago Press, 3d edn. 2000).

Bauman, Zygmunt, *Hermeneutics and Social Science: Approaches to Understanding* (London: Hutchinson, 1978).

Beauvoir, Simone de, *The Second Sex*, "Introduction," reprinted in E. Marks and Isabelle de Courtivron (eds.), *New French Feminisms: An Anthology* (New York: Schocken, 1981), 41-56.

Becker, J., *Auferstehung der Toten in Urchristentum* (Stuttgart: Katholisches Bibelwerk, 1976).

Beilby, James, *Epistemology as Theology: An Evaluation of Plantinga's Religious Epistemology* (Aldershot, U.K. and Burlington, VT: Ashgate, 2005).

Beker, J. Christiaan, *Paul the Apostle: The Triumph of God in Life and Thought* (Edinburgh: T&T Clark, 1980).

Bellah, Robert N., *Habits of the Heart: Individualism and Commitment in American Life* (Berkeley, CA: University of California Press, 1996).

Benko, Stephen, *The Meaning of Sanctorum Communio* (Naperville, IL: Allenson and London: SCM, 1964).

Bercovitch, Sacvan, *The Rites of Assent: Transformation in the Symbolic Construction of America* (New York: Routledge, 1993).

Berkhof, Hendrikus, *Christian Faith: An Introduction to the Study of the Faith*, translated by S. Woudstra (Grand Rapids: Eerdmans, 1979). 『교의학 개론』(크리스 챤다이제스트).

Berkouwer, G. C., *Man: The Image of God*, translated by D. W. Jellema, Studies in

Dogmatics (Grand Rapids: Eerdmans, 1962).

____, *Sin*, translated by Philip Holtrop, Studies in Dogmatics (Grand Rapids: Eerdmans, 1971).

Best, Ernest, "Paul's Apostolic Authority," *Journal for the Study of the New Testament* 27 (1986) 3-25.

Betti, Emilio, *Die Hermeneutik als allgemeine Methodik der Geisteswissenschaften* (Tübingen: Mohr, 1962).

____, *Auslegungslehre als Methodik der Geisteswissenschaften* (Tübingen: Mohr, 1967, abridged in one vol.).

Bicknell, E. J., *The Christian Idea of Sin and Original Sin in the Light of Modern Knowledge* (London and New York: Longmans, Green, 1923).

Bloch-Hoell, Nils, *The Pentecostal Movement: Its Origins, Development, and Distinctive Character* (Oslo: Universitetsforlaget and London: Allen & Unwin, 1964).

Bonhoeffer, Dietrich, *Creation and Fall/Temptation: Two Biblical Studies*, translated by J. C. Fletcher and E. Bethge (New York: Macmillan and London: SCM, 1959). 『창조와 타락』(대한기독교서회 역간).

____, *Letters and Papers from Prison*, edited by E. Bethge and translated by Reginald Fuller (London: SCM, 3d enl. edn. 1971). 『저항과 복종』(대한기독교서회 역간).

____, *Meditating on the Word*, translated by D. M. Gracie (Cambridge, MA: Cowley, 1986).

Bonsirven, Joseph, *Theology of the New Testament*, translated by J. F. Tye (London: Burns & Oates, 1963).

Botterweck, G. J., Ringgren, H., and Fabry, H.-J. (eds.), *Theological Dictionary of the Old Testament*, translated by J. T. Willis (Grand Rapids: Eerdmans, 1974 onward).

Bourdieu, Pierre, *Language and Symbolic Power*, edited by J. Thompson and translated by G. Raymond (Cambridge, MA: Harvard University Press, 1991). 『언

어와 상징권력』(나남 역간).

Bovon, François, *Luke the Theologian: Fifty-five Years of Research (1950-2005)*, translated largely by K. McKinney (Waco, TX: Baylor University Press, 2d rev. edn. 2006).

Bowker, John, "Religions as Systems," in Doctrine Commission of the Church of England, *Believing in the Church: The Corporate Nature of Faith* (Carlisle, U.K.: SPCK, 1981), 159-89.

Boyd, Richard, "Metaphor and Theory Change: What Is Metaphor For?" in A. Ortony (ed.), *Metaphor and Thought* (Cambridge: Cambridge University Press, 1979), 356-408.

Briggs, Richard S., *Words in Action: Speech Act Theory and Biblical Interpretation, Toward a Hermeneutic of Self-Involvement* (Edinburgh and New York: T&T Clark, 2001).

Brooks, Peter, *Thomas Cranmer's Doctrine of the Eucharist: An Essay in Historical Development* (New York: Seabury, 1965).

Brown, Alexandra, *The Cross and Human Transformation: Paul's Apocalyptic Word in 1 Corinthians* (Minneapolis: Fortress, 1995).

Brown, Clifford A., *Jung's Hermeneutic of Doctrine: Its Theological Significance*, American Academy of Religion Dissertation Series 22 (Chico, CA: Scholars Press, 1981).

Brown, Colin, *Miracles and the Critical Mind* (Grand Rapids: Eerdmans and Carlisle, U.K.: Paternoster, 1984).

_____, *Jesus in European Protestant Thought 1778-1860* (Grand Rapids: Baker, 1985).

Brown, David, *The Divine Trinity* (La Salle, IL: Open Court and London: Duckworth, 1985).

Brown, David, *God and the Enchantment of Place: Reclaiming Human Experience* (Oxford: Oxford University Press, 2004).

Brown, F., Driver, S. R., and Briggs, C. A. (eds.), *The New Hebrew and English Lexicon* (Lafayette, IN: Associated Publishers, 1980).

Brown, Penelope, and Levinson, Stephen C., *Politeness: Some Universals in Language Usage*, Studies in Interactional Sociolinguistics 4 (Cambridge: Cambridge University Press, 1987).

Brown, Raymond E., *Jesus, God and Man: Modern Biblical Reflections* (London and Dublin: Geoffrey Chapman, 1968).

____, *The Gospel according to John*, Anchor Bible, 2 vols. (London: Chapman, 1971 and New York: Doubleday, 1966). 『앵커바이블 요한복음 1, 2』(기독교문서선교회 역간).

Bruce, F. F., *The Epistle to the Galatians*, NIGTC (Grand Rapids: Eerdmans and Carlisle, U.K.: Paternoster, 1982).

Brueggemann, Walter, *The Land: Place as Gift, Promise and Challenge in Biblical Faith* (London: SPCK, 1978). 『성경이 말하는 땅』(기독교문서선교회 역간).

Brummer, Vincent, *Atonement, Christology, and the Trinity: Making Sense of Christian Doctrine* (Aldershot, UK: Ashgate, 2005).

Brunner, Emil, *Man in Revolt: A Christian Anthropology*, translated by Olive Wyon (London: Lutterworth, 1939).

____, and Barth, Karl, *Natural Theology*, translated by P. Fraenkel (London: Centenary, 1946). 『자연신학』(한국장로교출판사 역간).

____, *The Christian Doctrine of God: Dogmatics I*, translated by Olive Wyon (London: Lutterworth, 1949).

____, *The Christian Doctrine of Creation and Redemption: Dogmatics II*, translated by Olive Wyon (London: Lutterworth, 1952).

____, *The Christian Doctrine of the Church, Faith, and the Consummation: Dogmatics III*, translated by David Cairns (London: Lutterworth, 1962).

Buber, Martin, *Between Man and Man*, translated by R. Gregor Smith (London: Collins, 1961).

_____, _I and Thou_, translated by Ronald Gregor Smith (Edinburgh: T&T Clark, 1984). 『나와 너』(문예출판사 역간).

Bultmann, Rudolf, _Theology of the New Testament_, translated K. Grobel, 2 vols. (London: SCM, 1952 and 1955). 『신약성서신학』(성광문화사 역간).

_____, "The Christological Confession," in _Essays Philosophical and Theological_, translated by C. G. Greig (London: SCM, 1955), 273-91.

_____, _Jesus and the Word_, translated by Louise F. Smith and E. Lantero (London: Collins/Fontana and New York: Scribner, 1958).

_____, _Jesus Christ and Mythology_ (New York: Scribner, 1958 and London: SCM, 1960). 『예수 그리스도와 신화』(한국로고스연구원 역간).

_____, _Existence and Faith: Shorter Writings of Rudolf Bultmann_, edited by Schubert Ogden (London: Collins/Fontana, 1964).

_____, "Karl Barth, The Resurrection of the Dead," in R. Bultmann, _Faith and Understanding_, vol. 1, translated by L. P. Smith (London: SCM, 1969).

_____, "Tew Testament and Mythology: The Problems of Demythologizing the New Testament Proclamation," in Rudolf Bultmann, _New Testament and Mythology and Other Basic Writings_, selected, edited, and translated by Schubert M. Ogden (Philadelphia: Fortress, 1984).

Burgess, Stanley M., _The Holy Spirit: Ancient Christian Traditions_ (Peabody, MA: Hendrickson, 1984).

Buri, Fritz, _How Can We Speak Responsibly of God?_ translated by H. H. Oliver (Philadelphia: Fortress, 1968).

_____, _Thinking Faith: Steps on the Way to a Philosophical Theology_, translated by H. H. Oliver (Philadelphia: Fortress, 1968).

Burnaby, John, _The Belief of Christendom: A Commentary on the Nicene Creed_ (London: SPCK, 1959).

Burtchaell, J. T., _From Synagogue to Church: Public Services and Offices in the Earliest Christian Communities_ (Cambridge: Cambridge University Press, 1992).

Caird, George B., *The Language and Imagery of the Bible* (London: Duckworth, 1980).

____, with Hurst, L. D., *New Testament Theology* (Oxford: Clarendon, 1994).

Cairns, David, *The Image of God in Man* (London: SCM, 1953).

Calvin, John, *The Genevan Confession of Faith* (1536), in J. K. S. Reid (ed.), *Calvin: Theological Treatises*, Library of Christian Classics 22 (London: SCM, 1954).

____, *Institutes of the Christian Religion*, translated by H. Beveridge, 2 vols. (London: James Clarke, 1957). 『기독교강요』(생명의말씀사 역간).

Campbell, C. A., *On Selfhood and Godhood* (London: Allan & Unwin and New York: Macmillan, 1957).

Campenhausen, Hans von, "Der urchristliche Apostelbegriff," *Studia Theologica* 1 (1947) 96-130.

____, *Ecclesiastical Authority and Spiritual Power in the Church of the First Three Centuries*, translated by J. A. Baker (London: Black, 1969).

____, "Das Bekenntnis im Urchristentum," *ZNW* 63 (1972) 210-53.

Capes, D. B., *Old Testament Yahweh Texts in Paul's Christology*, WUNT II, 47 (Tübingen: Mohr, 1992).

Capps, Donald, *Pastoral Care and Hermeneutics* (Philadelphia: Fortress, 1984).

Carr, Wesley, *Angels and Principalities: The Background, Meaning, and Development of the Pauline Phrase* 'hai archai kai hai exousiai,' SNTSMS (Cambridge: Cambridge University Press, 1981).

Cerfaux, L., *Christ in the Theology of St. Paul*, translated by G. Webb and A. Walker (Freiburg: Herder, 1959).

Chadwick, Henry, *Boethius* (Oxford: Clarendon, 1981).

Chan, Mark L. Y., *Christology from Within and Ahead: Hermeneutics, Contingency, and the Quest for Transcontextual Criteria in Christology* (London and Boston: Brill, 2001).

Chardin, Pierre Teilhard de, *The Phenomenon of Man* (New York: Harper & Row, 1965). 『인간현상』(한길사 역간).

Charles, R. H., *A Critical History of the Future Life in Israel, in Judaism, and in Christianity* (London: Black, 2d edn. 1913).

Childs, Brevard S., *Myth and Reality in the Old Testament* (London, SCM, 1960, 2d edn. 1962).

____, *Exodus: A Commentary* (London: SCM, 1974).

____, *Old Testament Theology in a Canonical Context* (Philadelphia: Fortress and London: SCM, 1985). 『구약 신학』(크리스챤다이제스트 역간).

Clark, Alan, and Davey, Colin (eds.), *Anglican/Roman Catholic Dialogue: The Work of the Preparatory Commission* (London and New York: Oxford University Press, 1974).

Clark, Katrina, and Holmquist, Michael, *Mikhail Bakhtin* (Cambridge, MA: Harvard University Press, 1984).

Clayton, John P., *The Concept of Correlation: Paul Tillich and the Possibility of a Mediating Theology* (Berlin: Walter de Gruyter, 1980).

Clines, David, J. A., "The Image of God in Man," *Tyndale Bulletin* 19 (1968) 53-103.

Collins, John N., *Diakonia: Reinterpreting the Ancient Sources* (New York and Oxford: Oxford University Press, 1990).

____, *Are All Christians Ministers?* (Collegeville, MN: Liturgical Press, 1992).

Corrington, Richard S., *The Community of Interpreters: On the Hermeneutics of Nature and the Bible in the American Philosophical Tradition*, Studies in American Biblical Hermeneutics 3 (Macon, GA: Mercer University Press, 1987).

Crafton, J. A., *The Agency of the Apostle*, JSNTSS 51 (Sheffield: Sheffield Academic Press, 1991).

Craig, William L., "God, Time, and Eternity," *Religious Studies* 14 (1979) 497-503.

Craigie, Peter C., *The Book of Deuteronomy* (Grand Rapids: Eerdmans, 1976).

Cranfield, Charles E. B., *The Epistle to the Romans: A Critical and Exegetical Commentary*, 2 vols., ICC (Edinburgh: T&T Clark, 1975 and 1979).

Croatto, J. Severino, *Exodus: A Hermeneutics of Freedom*, translated by Salvator Attanasio (Maryknoll, NY: Orbis, 1981). 『엑소더스: 해방의 해석학』(한국신학연구소 역간).

Crockett, William R., "Holy Communion," in Stephen W. Sykes and John Booty (eds.), *The Study of Anglicanism* (London: SCM and Philadelphia: Fortress, 1988), 272-83.

Crowe, Frederick E., *Lonergan* (London: Geoffrey Chapman, 1992).

Cullmann, Oscar, *The Earliest Christian Confessions*, translated by J. K. S. Reid (London: Lutterworth, 1949).

____, *Baptism in the New Testament*, translated by J. K. S. Reid (London: SCM, 1950).

____, *Christ and Time: The Primitive Christian Conception of Time and History*, translated by Floyd V. Filson (London: SCM, 1951). 『그리스도와 시간』(나단 역간).

____, and Leenhardt, F. J., *Essays on the Lord's Supper* (London: Lutterworth, 1958).

____, *Immortality of the Soul or Resurrection of the Dead? The New Testament Witness* (London: Epworth, 1958).

____, *Christology of the New Testament*, translated by S. C. Guthrie and C. A. M. Hall (London: SCM, 1959, 2d edn. 1963). 『신약의 기독론』(나단 역간).

Curtis, William A., *A History of Creeds and Confessions of Faith in Christendom and Beyond* (Edinburgh: T&T Clark, 1911).

Dahl, M. E., *The Resurrection of the Body* (London: SCM, 1962).

Dalferth, Ingolf U., *Religiöse Rede von Gott* (Munich: Christian Kaiser, 1981).

Danby, Herbert (ed.), *The Mishnah: Translated from the Hebrew with Notes* (Oxford: Clarendon, 1933).

Danker, Frederick W., *Creeds in the Bible* (St. Louis: Concordia, 1966).

Dautzenberg, G., "Zum religionsgeschichtlichen Hintergrund der διακρίσεις πνευμάτων (1 Kor. 12:10)," *Biblische Zeitschrift* 15 (1971) 93-104.

Davies, W. D., *Paul and Rabbinic Judaism* (London: SPCK, 2d edn. 1955).

Dayton, Donald, *The Theological Roots of Pentecostalism* (Lanham, MD: Scarecrow and Grand Rapids: Zondervan/Asbury, 1987).

Denney, James, *The Death of Christ: Its Place and Interpretation in the New Testament* (London: Hodder & Stoughton, 1912).

Descartes, René, *The Philosophical Writings of Descartes*, edited and translated by J. Cottingham and others, 3 vols. (Cambridge: Cambridge University Press, 1984-91).

Dewar, Lindsay, *The Holy Spirit and Modern Thought* (London: Mowbray, 1959).

Dibelius, M., and Greeven, H., *James: A Commentary on the Epistle of James*, translated by M. Williams, Hermeneia (Philadelphia: Fortress, 1975).

Dilthey, Wilhelm, *Gesammelte Schriften*, Bd. V: Die Geistige Welt: Einleitung in die Philosophie des Lebens (Leipzig and Berlin: Teubner, 1927).

_____, *Gesammelte Schriften*, Bd. VII: *Die Aufbau der Geschichtlichen Welt in den Geisteswissenschaften* (Leipzig and Berlin: Teubner, 1927). 『정신과학에서 역사적 세계의 건립』(아카넷 역간).

_____, *Selected Writings*, edited and translated by H. P. Rickman (Cambridge: Cambridge University Press, 1976).

Dimock, Nathaniel, with Grey, H. G., *The Doctrine of the Death of Christ: In Relation to the Sin of Man, the Condemnation of the Law, and the Dominion of Satan* (London: Stock, 1903).

_____, *The Doctrine of the Sacraments in Relation to the Doctrines of Grace* (London and New York: Longmans, Green, 1908).

Dix, Gregory, *The Shape of the Liturgy* (London: SCM, 1943, 2d edn. 1945).

_____, "Ministry in the Early Church," in Kenneth Kirk (ed.), *The Apostolic Ministry:*

*Essays on the History and Doctrine of Episcopacy* (London: Hodder & Stoughton, 1946).

Doctrine Commission of the Church of England, *Believing in the Church: The Corporate Nature of Faith* (London: SPCK, 1981).

____, "God as Trinity: An Approach through Prayer," in *We Believe in God* (London: Church House Publishing, 1987).

____, *Being Human: A Christian Understanding of Personhood with Reference to Power, Money, Sex, and Time* (London: Church House Publishing, 2003).

Dodd, Charles H., *The Apostolic Preaching and Its Developments* (London: Hodder & Stoughton, 2d edn. 1944).

Duffy, Marvyn, *How Language, Ritual, and Sacraments Work according to John Austin, Jürgen Habermas, and Louis-Marie Chauvet*, Tesi Gregoriana Serie Teologia 123 (Rome: Pontifical Gregorian University, 2005).

Dulles, Avery, *Models of the Church: A Critical Assessment of the Church in All Its Aspects* (Dublin: Gill & MacMillan, 2d edn. 1988). 『교회의 모델』(한국기독교연구소 역간).

Dunn, James D. G., *Baptism in the Holy Spirit: A Re-examination of the New Testament Teaching on the Gift of the Spirit in Relation to Pentecostalism Today* (London: SCM, 1970).

____, *Jesus and the Spirit: A Study of the Religious and Charismatic Experience of Jesus and the First Christians as Reflected in the New Testament* (London: SCM, 1975).

____, *Christology in the Making* (London and Philadelphia: SCM, 1980).

____, "The New Perspective on Paul," *Bulletin of the John Rylands Library* 65 (1983) 95-122.

____, *Romans*, 2 vols., Word Biblical Commentary (Dallas: Word Books, 1988). 『로마서』(솔로몬 역간).

____, *The Theology of Paul the Apostle* (Edinburgh: T&T Clark and Grand Rapids:

Eerdmans, 1998). 『바울신학』(크리스챤다이제스트 역간).

\_\_\_\_, *Jesus Remembered: Christianity in the Making*, vol. 1 (Grand Rapids and Cambridge: Eerdmans, 2003). 『예수와 기독교의 기원』(새물결플러스 역간).

Dupont, J., *La réconciliation dans la thélogie de Saint Paul* (Paris and Bruges: Desclée de Brouwer, 1953).

Eastwood, Cyril, *The Priesthood of All Believers: An Examination of the Doctrine from the Reformation to the Present Day* (London: Epworth, 1960).

Ebeling, Gerhard, *Word and Faith*, translated by James W. Leitch (London: SCM, 1963).

\_\_\_\_, *Word of God and Tradition*, translated by S. H. Hooke (London: Collins, 1968).

\_\_\_\_, *Introduction to a Theological Theory of Language*, translated by R. A. Wilson (London: Collins, 1973).

Eissfeldt, Otto, "The Ebed-Jahweh in Isaiah xl-v," *Expository Times* 44 (1933) 261-68.

Ellis, E. E., *Prophecy and Hermeneutic in Early Christianity* (Grand Rapids: Eerdmans, 1978).

Epp, Eldon Jay, *Junia: The First Woman Apostle* (Minneapolis: Fortress, 2005).

Eriksson, Anders, *Traditions as Rhetorical Proof: Pauline Argumentation in 1 Corinthians*, Coniectanea Biblica, New Testament Series 29 (Stockholm: Almqvist & Wiksells, 1998).

Evans, Donald D., *The Logic of Self-Involvement: A Philosophical Study of Everyday Language with Special Reference to the Christian Use of Language about God as Creator* (London: SCM, 1963).

\_\_\_\_ (ed.), *Tertullian's Homily on Baptism: Introduction, Translation, and Commentary* (London: SPCK, 1964).

Fairweather, E. R., "Incarnation and Atonement: An Anselmian Response to Aulén's

Christus Victor," *Canadian Journal of Theology* 7 (1861) 167-75.

Farley, Edward, *The Transcendence of God: A Study in Contemporary Philosophical Theology* (London: Epworth, 1962).

Feyerabend, Paul, *Against Method* (London: Verso, 3d edn. 1993).

Fiddes, Paul, *Participating in God: A Pastoral Doctrine of the Trinity* (Louisville: Westminster/John Knox, 2000).

Fison, J. E., *The Blessing of the Holy Spirit* (London and New York: Longmans, Green, 1950).

Fitzmyer, Joseph A. (ed.), *The Biblical Commission's Document "The Interpretation of the Bible in the Church": Text and Commentary* (Rome: Editrice Pontificio Instituto Biblico, 1995); also text only, Pontifical Biblical Commission *The Interpretation of the Bible in the Church* (Sherbrooke, QC: Éditions Paulines, 1994).

Flannery, Austin P. (ed.), *Documents of Vatican II* (Grand Rapids: Eerdmans, 1975).

Flemington, W. F., *The New Testament Doctrine of Baptism* (London: SPCK, 1957).

Flew, R. Newton, *Jesus and His Church: A Study of the Idea of the Ecclesia in the New Testament* (London: Epworth, 1938).

Forbes, C., *Prophecy and Inspired Speech in Early Christianity and Its Hellenistic Environment*, WUNT II, 75 (Tübingen: Mohr, 1995).

Ford, David F., *Self and Salvation: Being Transformed* (Cambridge: Cambridge University Press, 1999).

Forsyth, P. T., *The Cruciality of the Cross* (London: Independent Press, 1909).

____, *The Person and Place of Jesus Christ* (London: Independent Press, 1909).

____, *Lectures on the Church and the Sacraments* (London: Longmans, Green, 1917).

Foucault, Michel, *Madness and Civilization*, translated by R. Howard (New York: Pantheon, 1965). 『광기의 역사』(나남출판 역간)

\_\_\_\_, *The Order of Things*, translated by A. Sheridan (New York: Random, 1970). 『말과 사물』(민음사 역간).

\_\_\_\_, *History of Sexuality*, vol. 1: An Introduction, translated by R. Hurley (New York: Pantheon, 1978). 『성의 역사 1』(나남출판 역간).

\_\_\_\_, *Discipline and Punish*, translated by A. Sheridan (New York: Pantheon, 1977). 『감시와 처벌』(나남출판 역간).

\_\_\_\_, *Power/Knowledge: Selected Interviews and Other Writings 1972-77*, edited by Colin Gordon (New York: Random, 1981).

Fowl, Stephen E., *The Story of Christ in the Ethics of Paul: An Analysis of the Function of the Hymnic Material in the Pauline Corpus*, JSNTSS 36 (Sheffield: Sheffield Academic Press, 1990).

\_\_\_\_, *Engaging Scripture: A Model for Theological Interpretation* (Oxford: Blackwell, 1998).

Franks, Robert S., *The Doctrine of the Trinity* (London: Duckworth, 1953).

\_\_\_\_, *The Work of Christ: A Historical Study of Christian Doctrine* (London and Edinburgh: Nelson, 1962).

Frei, Hans, *The Eclipse of Biblical Narrative: A Study in Eighteenth and Nineteenth Century Hermeneutics* (New Haven, CT: Yale University Press, 1974). 『성경의 서사성 상실』(한국장로교출판사 역간).

Frei, Hans, *Types of Christian Theology* (New Haven, CT: Yale University Press, 1992).

Frye, Northrop, *The Great Code: The Bible and Literature* (New York and London: Harcourt Brace Jovanovich, 1982). 『성서와 문학』(숭실대학교출판부 역간).

Fuchs, Ernst, *Studies of the Historical Jesus*, translated by A. Scobie (London: SCM, 1964).

Fuller, Daniel, *Easter Faith and History* (London: Tyndale and Grand Rapids: Eerdmans, 1965).

Funk, Robert W., *Language, Hermeneutic and Word of God* (New York: Harper & Row, 1966).

Gadamer, Hans-Georg, *Kleine Schriften*, 4 vols. (Tübingen: Mohr, 1967-77).

____, *Philosophical Hermeneutics*, translated and edited by David E. Linge (Berkeley: University of California Press, 1976).

____, *Dialogue and Dialectic: Eight Hermeneutical Studies on Plato* (New Haven, CT: Yale University Press, 1980).

____, *Reason in the Age of Science*, translated by F. Lawrence (Cambridge, MA: MIT Press, 1981). 『과학 시대의 이성』(책세상 역간).

____, *Truth and Method*, translated by J. Weinsheimer and D. G. Marshall (London: Sheed & Ward, 2d rev. Eng. edn. 1989). 『진리와 방법』(문학동네 역간).

____, *Hans-Georg Gadamer on Education, Poetry, and History: Applied Hermeneutics* (Albany, NY: State University of New York Press, 1992).

____, "Reflections on My Philosophical Journey," in Lewis E. Hahn (ed.), *The Philosophy of Hans-Georg Gadamer* (Chicago and La Salle: Open Court, 1997), 3-63.

____, *Hermeneutics, Religion, and Ethics*, translated by J. Weinsheimer (New Haven, CT and London: Yale University Press, 1999).

Gee, Donald, *Spiritual Gifts in the Work of Ministry Today* (Springfield, MO: Gospel, 1963).

Geffré Claude, *The Risk of Interpretation: On Being Faithful to Christian Tradition in a Non-Christian Age*, translated by David Smith (New York: Paulist, 1987).

Gehring, Hans-Ulrich, *Schriftprinzip und Rezeptionsästhetik: Rezeption in Martin Luther's Predigt und bei Hans Robert Jauss* (Neukirchen-Vluyn: Neukirchener, 1999).

Genette, Gérard, *Narrative Discourse: An Essay in Method*, translated by J. E. Lewin (Ithaca, NY: Cornell University Press 1980).

\_\_\_\_, *Narrative Discourse Re-Visited*, translated by J. E. Lewin (Ithaca, NY: Cornell University Press, 1988).

George, Timothy, *Theology of the Reformers* (Nashville: Broadman, and Leicester: Apollos, 1988).

Gerkin, Charles V., *The Living Human Document: Re-Visioning Pastoral Counselling in a Hermeneutical Mode* (Nashville: Abingdon, 1983).

Gilbertson, Michael, *God and History in the Book of Revelation: New Testament Studies in Dialogue with Pannenberg and Moltmann*, SNTSMS 124 (Cambridge: Cambridge University Press, 2003).

Gillespie, Thomas W., *The First Theologians: A Study in Early Christian Prophecy* (Grand Rapids: Eerdmans, 1994).

Godsey, John D., *The Theology of Dietrich Bonhoeffer* (London: SCM, 1960). 『디트리히 본회퍼의 신학』(대한기독교서회 역간).

Goheen, Michael, "A Critical Examination of David Bosch's Missional Reading of Luke," in C. G. Bartholomew, Joel B. Green, and Anthony C. Thiselton (eds.), *Reading Luke: Interpretation, Reflection, Formation* (Grand Rapids: Zondervan and Carlisle, U.K.: Paternoster, 2005), 229-66.

González, Justo L., *A Concise History of Christian Doctrine* (Edinburgh: Alban Books, 2006 and Nashville: Abingdon, 2005). 『간추린 기독교 교리사』(컨콜디아사 역간).

Gordon C. H., "His Name Is 'One,'" *Journal of Near Eastern Studies* 29 (1970) 198-99.

Green, Garrett, *Imagining God: Theology and the Religious Imagination* (Grand Rapids: Eerdmans, 1989). 『하나님 상상하기』(한국장로교출판사 역간).

Green, Joel B., *The Theology of the Gospel of Luke* (Cambridge: Cambridge University Press, 1995).

\_\_\_\_, and Baker, Mark D., *Recovering the Scandal of the Cross: Atonement in New Testament and Contemporary Contexts* (Downers Grove, IL: InterVarsity, 2000).

Grenz, Stanley J., and Franke, John R., *Beyond Foundationalism: Shaping Theology in a Postmodern Context* (Louisville: Westminster/John Knox, 2001).

Grenz, Stanley J., *The Social God and the Relational Self: A Trinitarian Theology of the Imago Dei* (Louisville and London: Westminster John Knox, 2001).

Grillmeier, A., "The Reception of Chalcedon in the Roman Catholic Church," *Ecumenical Review* 22 (1970) 383-411.

Grobel, Kendrick, *The Gospel of Truth: A Valentinian Meditation on the Gospel, Translation from the Coptic and Commentary* (London: A. & C. Black and Abingdon, 1960).

Gundry, Robert H., *Sōma in Biblical Theology with Emphasis on Pauline Anthropology*, SNTSMS 29 (Cambridge: Cambridge University Press, 1976).

_____, "The New Jerusalem: People as Place, Not Place as People," in Robert H. Gundry, *The Old Is Better: New Testament Essays in Support of Traditional Interpretations* (Tübingen: Mohr Siebeck, 2005), 399-411.

Gundry-Volf, Judith, "Gender and Creation in 1 Cor. 11:2-16: A Study of Paul's Theological Method," in J. Adna, S. J. Hafemann, and O. Hofius (eds.), *Evangelium, Schriftsauslegung, Kirche: Festschrift für Peter Stuhlmacher* (Götingen: Vandenhoeck & Ruprecht, 1997), 151-71.

Gunton, Colin E., *The Actuality of Atonement: A Study of Metaphor, Rationality and the Christian Tradition* (Edinburgh: T&T Clark, 1988), 1-26.

_____, *The Promise of Trinitarian Theology* (Edinburgh: T&T Clark, 1991).

_____, "The Doctrine of Creation," in Colin Gunton (ed.), *The Cambridge Companion to Christian Doctrine* (Cambridge: Cambridge University Press, 1997), 145-57.

Guy, H. A., *The New Testament Doctrine of Last Things* (London: Oxford University Press, 1948).

Haber, Honi Huber, *Beyond Postmodern Politics: Lyotard, Rorty, Foucault* (New York and London: Routledge, 1994).

Habermas, Jürgen, *The Theory of Communicative Action: The Critique of Functionalist Reason*, translated by T. McCarthy, 2 vols. (Cambridge: Polity,

1987). 『의사소통행위이론』(나남출판 역간).

Hainz, J., *Koinonia: "Kirche" als Gemeinschaft bei Paulus*, Biblische Untersuchungen (Regensburg: Pustet, 1982).

Hall, David R., *The Unity of the Corinthian Correspondence*, JSNTSS 251 (London and New York: T&T Clark, 2005).

Hamilton, N. Q., *The Holy Spirit and Eschatology in St. Paul*, Scottish Journal of Theology Occasional Papers (Edinburgh: Oliver & Boyd, 1957).

Hanfling, Oswald, *Wittgenstein's Later Philosophy* (London: Macmillan, 1989).

Hanson, Anthony T., *The Pioneer Ministry* (London: SCM, 1961).

___, *Jesus Christ in the Old Testament* (London: SPCK, 1965).

___, *Grace and Truth: A Study in the Doctrine of the Incarnation* (London: SPCK, 1975).

Hanson, R. P. C., *Tradition in the Early Church* (London: SCM, 1962).

Harnack, Adolf von, *What Is Christianity?* translated by T. B. Saunders (London: Ernest Benn, 5th edn. 1958). 『기독교의 본질』(한들출판사 역간).

Hart, H. L. A., "Are There Any Natural Rights?" *Philosophical Review* 64 (1995) 175-91.

Harvey, Anthony C., "Markers and Signposts," in *The Doctrine Commission of the Church of England, Believing in the Church* (cited above, 1981), 286-302.

Hauerwas, Stanley, *A Community of Character: Towards a Constructive Christian Ethic* (Notre Dame, IN: University of Notre Dame Press, 4th edn. 1986).

Hay, D. M., *Glory at the Right Hand: Psalm 110 in Early Christianity*, SBLMS 18 (Nashville: Abingdon, 1973).

Haykin, Michael A. G., *The Spirit of God: The Exegesis of 1 and 2 Corinthians in the Pneumatomachian Controversy of the Fourth Century*, Supplement to Vigiliae Christianae 27 (Leiden and New York: Brill, 1994).

Hays, Richard B., *The Faith of Jesus Christ: The Narrative Substructure of Galatians*

*3:1-4:11* (Grand Rapids: Eerdmans, 2002).『예수 그리스도의 믿음』(에클레시아북스 역간).

Hebblethwaite, Brian, *The Christian Hope* (London: Marshall, Morgan & Scott, 1984).

Hegel, Georg W. F., *Lectures on the Philosophy of Religion*, translated by E. B. Spiers and J. B. Sanderson, 3 vols. (London: Kegan Paul, Trench, Trübner, 1895).『종교철학』(지식산업사 역간).

____, *The Phenomenology of Mind*, translated with Notes by J. B. Baillie (New York: Harper & Row, 1967).『정신현상학』(한길사 역간).

Heidegger, Martin, *An Introduction to Metaphysics*, translated by Ralph Manheim (New Haven, CT and London: Yale University Press, 1959).『형이상학 입문』(문예출판사 역간).

____, *Being and Time*, translated by J. Macquarrie and E. Robinson (Oxford: Blackwell, 1962).『존재와 시간』(까치 역간).

____, *On the Way to Language*, translated by P. Hertz (New York: Harper & Row, 1971).『언어의 도상에서』(나남출판 역간).

____, "The Origin of the Work of Art," in *Heidegger, Poetry, Language, and Thought*, translated by A. Hofstadter (New York: Harper & Row, 1971), 15-87.

Heim, Karl, *The Transformation of the Scientific World View*, translated by N. H. Smith (London: SCM, 1953).

Heisenberg, Werner, *Physics and Philosophy: The Revolution in Modern Science* (London: Allen & Unwin, 1959).

Henderson, Ian, *Myth in the New Testament* (London: SCM, 1952).

Hendry, G. S., *The Holy Spirit in Christian Theology* (London: SCM, 1965).

Hengel, Martin, *Judaism and Hellenism: Studies in Their Encounter in Palestine during the Early Hellenistic Period, translated by John Bowden* (London: SCM and Philadelphia: Fortress, 1974).『유대교와 헬레니즘』(나남출판 역간).

\_\_\_\_, *The Cross of the Son of God*, translated by John Bowden (London: SCM, 1986).

\_\_\_\_, with Deines, Roland, *The Pre-Christian Paul*, translated by J. Bowden (London: SCM, 1991).

\_\_\_\_, and Deines, Roland, "E. P. Sanders, 'Common Judaism', Jesus and the Pharisees," *JTS* 46 (1995) 1-70.

Heyduck, Richard, *The Recovery of Doctrine in the Contemporary Church: An Essay in Philosophical Ecclesiology* (Waco, TX: Baylor University Press, 2002).

Hick, John (ed.), *The Myth of God Incarnate* (London: SCM, 1977).

Higgins, A. J. B., *The Lord's Supper in the New Testament* (London: SCM, 1952).

High, Dallas M., *Language, Persons and Beliefs: Studies in Wittgenstein's Philosophical Investigations and Religious Use of Language* (New York: Oxford University Press, 1967).

Hill, David, *Greek Words and Hebrew Meanings: Studies in the Semantics of Soteriological Terms*, SNTSMS 5 (Cambridge: Cambridge University Press, 1967).

\_\_\_\_, *New Testament Prophecy* (London: Marshall, 1979).

Hill, Edmund, *Being Human: A Biblical Perspective* (London: Chapman, 1984).

Hobbes, Thomas, *Leviathan*, edited by M. Oakshott (Oxford: Blackwell, 1960). 『리바이어던』(나남출판 역간).

Hodge, Charles, *Systematic Theology*, 3 vols. (New York: Scribner, 1871).

Hodgson, Leonard, *The Doctrine of the Trinity* (London: Nisbet, 1943).

Hoffmann, P., *Die Toten in Christus* (Münster: Aschendorff, 1966).

Hofius, Otfried, "The Lord's Supper and the Lord's Supper Tradition: Reflections on 1 Cor. 11:23b-25," in Ben F. Meyer (ed.), One Loaf, *One Cup: Ecumenical Studies of 1 Cor. 11 and Other Eucharistic Texts*, Cambridge Conference of August 1988 (Macon, GA: Mercer University Press, 1988), 75-115.

Holland, Tom, *Contours of Pauline Theology: A Radical New Survey of the Influences on Paul's Biblical Writings* (Fearn, Scotland: Mentor/Focus, 2004). 『바

울신학 개요』(크리스찬다이제스트 역간).

Hollenweger, Walter J., *The Pentecostals* (Peabody, MA: Hendrickson and London: SCM, 1972).

Holmberg, B., *Paul and Power: The Structure of Authority in the Primitive Church as Reflected in the Pauline Epistles* (Lund: Gleerup, 1978).

Holmquist, Michael, *Dialogism: Bakhtin and His World* (London and New York: Routledge, 1990).

Hooker, Richard, *Of the Laws of Ecclesiastical Polity*, arranged by John Keble and revised by R. W. Church, 3 vols. (Oxford: Clarendon, 7th edn. 1888).

Hoyle, R. Birch, *The Holy Spirit in St. Paul* (London: Hodder & Stoughton, 1927).

Hughes, H. Maldwyn, *The Christian Idea of God* (London: Duckworth, 1936).

Hume, David, *A Treatise of Human Nature*, edited by L. A. Selby-Bigge (Oxford: Clarendon, 1951). 『인간 본성에 관한 논고』(서광사 역간).

Hunsinger, Deborah van Deusen, *Theology and Pastoral Counselling: A New Interdisciplinary Approach* (Grand Rapids: Eerdmans, 1995).

Hunsinger, George, *How to Read Karl Barth: The Shape of His Theology* (New York and Oxford: Oxford University Press, 1991).

Hunter, A. M., *Paul and His Predecessors* (London: SCM, 2d edn. 1961).

Hurtado, Larry W., *One God, One Lord: Early Christian Devotion and Ancient Jewish Monotheism* (London and New York: T&T Clark, 2d edn. 1998).

____, *Lord Jesus Christ: Devotion to Jesus in Earliest Christianity* (Grand Rapids: Eerdmans, 2005). 『주 예수 그리스도』(새물결플러스 역간).

Inge, John, *A Christian Theology of Place* (Aldershot, UK: Ashgate, 2003).

Jaspers, Karl, and Bultmann, Rudolf, *Myth and Christianity: An Inquiry into the Possibility of Religion without Myth*, translated by R. J. Hoffman (Amherst, NY: Prometheus, 2005).

Jauss, Hans Robert, "The Alterity and Modernity of Mediaeval Literature," in *New*

*Literary History* 10 (1978-79) 181-229.

____, *Toward an Aesthetic of Reception*, translated by T. Bahti, Theory and History of Literature 2 (Minneapolis: University of Minnesota Press, 1982).

____, *Question and Answer: Forms of Dialogic Understanding*, translated by M. Hays, Theological History of Literature 68 (Minneapolis: University of Minnesota Press, 1989).

____, *Wege des Verstehens* (Munich: Fink, 1994).

Jenson, Robert, *Visible Words: The Interpretation and Practice of Christian Sacraments* (Philadelphia: Fortress, 1978).

____, "The Church and the Sacraments," in Colin Gunton (ed.), *Cambridge Companion on Christian Doctrine* (Cambridge: Cambridge University Press, 1997), 207-25.

Jeremias, Joachim, *Infant Baptism in the First Four Centuries*, translated by David Cairns (London: SCM, 1960).

____, *The Origins of Infant Baptism: A Further Study in Reply to Kurt Aland*, translated by D. M. Burton (London: SCM, 1963).

____, *The Parables of Jesus*, translated by S. H. Hooke (London: SCM, rev. edn. 1963). 『예수의 비유』(분도출판사 역간).

____, *The Central Message of the New Testament* (London: SCM, 1965).

____, *The Eucharistic Words of Jesus*, translated by Norman Perrin (London: SCM, 1966).

____, *New Testament Theology: Part I, The Proclamation of Jesus*, translated by John Bowden (London: SCM, 1971). 『신약신학』(크리스챤다이제스트 역간).

____, *Der Schlüssel zur Theologie des Apostels Paulus* (Stuttgart: Calwer, 1971).

Jewett, Paul K., *Man as Male and Female* (Grand Rapids: Eerdmans, 1975).

____, *Infant Baptism and the Covenant of Grace* (Grand Rapids: Eerdmans, 1978).

Jewett, Robert, *Paul's Anthropological Terms: A Study of their Use in Conflict*

*Settings*, Arbeiten zur Geschichte des antiken Judentums und des Urchristentums 10 (Leiden: Brill, 1971).

____, *Letter to Pilgrims: A Commentary on the Epistle to the Hebrews* (New York: Pilgrim, 1981).

Johnson, A. R., *The One and the Many in the Israelite Conception of God* (Cardiff, Wales: Cardiff University Press, 1961).

Johnston, Paul, *Wittgenstein: Rethinking the Inner* (London and New York: Routledge, 1993).

Jonas, Hans, *The Gnostic Religion* (Boston: Beacon, 2d rev. edn. 1963).

Jones, Malcolm, *Dostoevsky and the Dynamics of Religious Experience* (London: Anthem, 2005).

Jones, O. R. (ed.), *The Private Language Argument* (London: Macmillan, 1971).

Jüngel, Eberhard, *God as the Mystery of the World: On the Foundation of the Theology of the Crucified One in the Dispute between Theism and Atheism*, translated by D. L. Guder (Edinburgh: T&T Clark, 1983).

____, "Jüngel," in Jürgen Moltmann (ed.), *How I Have Changed My Mind: Reflections on Thirty Years of Theology*, translated by John Bowden (London: SCM, 1997).

____, *Theological Essays*, edited by John B. Webster, 2 vols. (Edinburgh: T&T Clark, 1989 and 1995).

____, *God's Being Is in Becoming: The Trinitarian Being of God in the Theology of Karl Barth. A Paraphrase*, translated by John Webster (Edinburgh: T&T Clark, 2001).

Kähler, Martin, *The So-Called Historical Jesus and the Historic, Biblical Christ*, edited and translated by Carl E. Braaten (Philadelphia: Fortress, 1964).

Kant, Immanuel, *Groundwork of the Metaphysics of Morals*, translated by Mary Gregor (Cambridge: Cambridge University Press, 1998). 『윤리형이상학 정초』(아카넷 역간).

Käsemann, Ernst, "Die Legitimität das Apostels," *ZNW* 2 (1942) 33-71.

\_\_\_\_, *Essays on New Testament Themes*, translated by A. R. Allenson (London: SCM, 1964).

\_\_\_\_, "On the Subject of Primitive Christian Apocalyptic," in E. Käsemann, *New Testament Questions of Today*, translated by W. J. Montague (London: SCM, 1969), 108-37.

\_\_\_\_, *Perspectives on Paul*, translated by Margaret Kohl (London: SCM, 1971).

\_\_\_\_, *The Wandering People of God: An Investigation of the Letter to the Hebrews*, translated by R. A. Harrisville and I. L. Sandberg (Minneapolis: Augsburg, 1984).

\_\_\_\_, *Commentary on Romans*, translated by G. W. Bromiley (Grand Rapids: Eerdmans, 1980). 『국제성서주석34: 로마서』(한국신학연구소 역간).

Kelly, J. N. D., *Early Christian Creeds* (London: Longman, 3d edn. 1972).

Kelsey, David, *The Uses of Scripture in Recent Theology* (London: SCM, 1975).

Kennedy, H. A. A., *St. Paul's Conceptions of the Last Things* (London: Hodder & Stoughton, 1904).

Kepnes, Steven, *The Text as Thou: Martin Buber's Dialogical Hermeneutics and Narrative Theology* (Bloomington, IN: Indiana University Press, 1993).

Kerr, Fergus, *Theology after Wittgenstein* (Oxford: Blackwell, 1986).

Kertelge, Karl, *Rechtfertigung bei Paulus: Studien zur Struktur und zum Bedeutungsgehalt des Paulinischen Rechtfertigungs Begriffs* (Münster: Aschendorff, 2d edn. 1967).

Kierkegaard, Søren, *Concluding Unscientific Postscript to the Philosophical Fragments*, English translation by D. Swenson and W. Lowrie (Princeton: Princeton University Press, 1941).

\_\_\_\_, *The Sickness unto Death*, translated by W. Lowrie (Princeton, NJ: Princeton University Press, 1941). 『죽음에 이르는 병』(한길사 역간).

\_\_\_\_, *The Concept of Dread*, translated by M. Lowrie (Princeton, NJ: Princeton

University Press, 1944).『불안의 개념』(한길사 역간).

____, *Philosophical Fragments*, edited and translated by H. V. Hong and E. H. Hong (Princeton, NJ: Princeton University Press, 1985).『철학적 조각들』(집문당 역간).

____, *The Point of View for My Work as an Author*, edited and translated by H. V. Hong and E. H. Hong (Princeton, NJ: Princeton University Press, 1998).

Kilby, Karen, *Karl Rahner: Theology and Philosophy* (London and New York: Routledge, 2004).

____, "Aquinas, the Trinity, and the Limits of Understanding," *International Journal of Systematic Theology* 7 (2005) 414-27.

Kim, Seyoon, *The Origin of Paul's Gospel* (Grand Rapids: Eerdmans and Tübingen: Mohr, 1981).『바울 복음의 기원』(엠마오 역간).

Kittel, Gerhard, and Friedrich, Gerhard, *Theological Dictionary to the New Testament*, translated by G. W. Bromiley, 10 vols. (Grand Rapids: Eerdmans, 1964-76).

Klausner, Joseph, *The Messianic Idea in Israel: from Its Beginning to the Completion of the Mishnah*, translated from the third Hebrew edition by W. F. Stinespring (London: Allen & Unwin, 1956).

Klein, G., *Die Zwölf Apostel: Urspung und Gehalt einer Idee* (Göttingen: Vandenhoeck & Ruprecht, 1961).

Knowles, Robert, *Anthony Thiselton and the Grammar of Hermeneutics: The Search for a Unified Theory* (University of Cardiff Ph.D. contracted with Ashgate for publication).

Koch, Klaus, *The Rediscovery of Apocalyptic*, translated by Margaret Kohl (London: SCM, 1972).

Kort, Wesley A., *Story, Text and Scripture: Literary Interests in Biblical Narrative* (University Park, PA and London: Pennsylvania State University Press, 1988).

Kramer, Werner, *Christ, Lord, Son of God* (London: SCM, 1966).

Kretzmann, N., "Eternity," *Journal of Philosophy* 78 (1981) 429-58.

Kripke, Saul A., *Wittgenstein on Rules and Private Language* (Oxford: Blackwell, 1982). 『비트겐슈타인 규칙과 사적 언어』(철학과현실사 역간).

Krister Stendahl, "The Apostle Paul and the Introspective Conscience of the West," *HTR* 56 (1963) 199-215, reprinted in Krister Stendahl, *Paul among Jews and Gentiles* (London: SCM, 1977).

Kuhn, Thomas S., *The Structure of Scientific Revolutions* (Chicago: Chicago University Press, 2d rev. ed. 1970 [1st edn. 1962]). 『과학혁명의 구조』(까치 역간).

____, *The Essential Tension: Selected Studies in a Scientific Tradition and Change* (Chicago: University of Chicago Press, 1977).

Kümmel, W. G., *The New Testament: The History of the Investigation of Its Problems*, translated by S. M. Gilmour and Howard C. Kee (London: SCM, 1973 and Nashville: Abingdon, 1972).

Küng, Hans, *Eternal Life?* translated by Edward Quinn (London: Collins, 1984).

____, and Tracy, David (eds.), *Paradigm Change in Theology: A Symposium for the Future*, translated by Margaret Köhl (Edinburgh: T&T Clark, 1989). 『현대신학은 어디로 가고 있는가』(한국신학연구소 역간).

____, *Credo, the Apostles's Creed Explained for Today*, translated by John Bowden (London: SCM, 1993). 『믿나이다』(분도출판사 역간).

Künneth, Walter, *The Theology of the Resurrection*, translated by J. W. Leitch (London: SCM, 1965).

Kuschel, H.-J., *Born before All Time? The Dispute over Christ's Origin*, translated by John Bowden (London: SCM, 1992).

LaCugna, Catherine Mowry, *God for Us: The Trinity and Christian Life* (San Francisco: Harper, 1992). 『우리를 위한 하나님』(대한기독교서회 역간).

Ladd, G. E., "Eschatology and the Unity of New Testament Theology," *Expository Times* 82 (1971) 307-9.

\_\_\_\_, *A Theology of the New Testament* (London: Lutterworth, 1974). 『신약신학』(은 성 역간).

Laeuchli, Samuel, *The Language of Faith: An Introduction to the Semantic Dilemma of the Early Church* (London: Epworth, 1962).

Laidlaw, John, *The Bible Doctrine of Man* (Edinburgh: T&T Clark, 1895).

Lakatos, Imre, and Musgrave, Alan (eds.), *Criticism and the Growth of Knowledge* (Cambridge: Cambridge University Press, 1970). 『현대 과학철학 논쟁』(아르케 역간).

\_\_\_\_, *Proofs and Refutations: The Logic of Mathematical Discovery*, edited by J. Worrall and E. Zahar (Cambridge: Cambridge University Press, 1976, with additional material from 1963-64). 『수학적 발견의 논리』(아르케 역간).

\_\_\_\_, *Mathematics, Science, and Epistemology: Philosophical Papers*, edited by J. Worrall and Gregory Currie, 2 vols. (Cambridge: Cambridge University Press, 1978), vol. 2. 『수학, 과학 그리고 인식론』(민음사 역간).

\_\_\_\_, and Feyerabend, Paul, *For and Against Method: Including Lakatos's Lectures on Scientific Method and the Lakatos-Feyerabend Correspondence*, edited by M. Motterlini (Chicago and London: University of Chicago Press, 1999).

Lampe, G. W. H., "The Holy Spirit in the Writings of St. Luke," in D. E. Nineham (ed.), *Studies in the Gospels: Essays in Memory of R. H. Lightfoot* (Oxford: Blackwell, 1955), 159-200.

\_\_\_\_, *A Patristic Greek Lexicon* (Oxford: Clarendon, 1961).

Larvor, Brendan, *Lakatos: An Introduction* (London and New York: Routledge, 1998).

Lash, Nicholas, *Change in Focus: A Study of Doctrinal Change and Continuity* (London: Sheed & Ward, 1973).

\_\_\_\_, "That Might Martyrdom Mean?" in Nicholas Lash, *Theology on the Way to Emmaus* (London: SCM, 1986), 75-92.

Laurer, Robert H., *Temporal Man: The Meaning and Uses of Social Time* (New York: Praeger, 1981).

Lawrence, John, et al., *A Critique of Eucharistic Agreement* (London: SPCK, 1975).

Leenhardt, F. J., "This Is My Body," in Oscar Cullmann and Leenhardt, *Essays on the Lord's Supper*, translated by J. G. Davies (London: Lutterworth, 1958), 39-40.

Lessing, Gotthold Ephraim, *Lessing's Theological Writings*, edited by Henry Chadwick (London: Black, 1956).

Lewis, H. D., *The Elusive Mind* (London: Allan & Unwin and New York: Macmillan, 1969).

Lietzmann, Hans, *Mass and Lord's Supper: A Study in the History of the Liturgy*, with Introductions and Further Inquiry by R. D. Richardson (Leiden: Brill, 1979).

Lin, Hong-Hsin, *The Relevance of Hermeneutical Theory in Heidegger, Gadamer, Wittgenstein, and Ricoeur for the Concept of Self in Adult Education* (Nottingham Ph.D. diss., August 1998).

Lindbeck, George A., *The Nature of Doctrine: Religion and Theology in a Postliberal Age* (Philadelphia: Westminster Press and London: SPCK, 1984).

Locke, John, *An Essay Concerning Human Understanding*, edited by Peter H. Nidditch (Oxford: Clarendon edn., Oxford University Press, 1975). 『인간지성론』(한길사 역간).

_____, *Two Treatises of Government*, edited by P. Laslett ([1790]; Cambridge: Cambridge University Press, 1988). 『통치론』(까치 역간).

Lohse, E., "Ursprung und Prägung des christlichen Apostolates," *Theologische Zeitschrift* 9 (1953) 259-75.

Lonergan, Bernard, *Method in Theology* (London: Darton, Longman & Todd, 1972).

_____, *Insight: A Study of Human Understanding* (New York and London: Harper & Row, 1978. 『신학 방법』(가톨릭출판사 역간).

Longenecker, Bruce W. (ed.), *Narrative Dynamics in Paul: A Critical Assessment* (Louisville and London: Westminster/John Knox Press, 2002).

Lovatt, Mark F. W., *Confronting the Will-To-Power: A Reconsideration of the*

*Theology of Reinhold Niebuhr* (Carlisle, U.K.: Paternoster, 2001).

Lowe, John, "An Examination of Attempts to Detect Developments in St. Paul's Theology," *JTS* 42 (1941) 129-41.

Lundin, Roger, *The Culture of Interpretation: Christian Faith and the Postmodern World* (Grand Rapids: Eerdmans, 1993).

Luther, Martin, *Luther's Works*, edited by J. Pelikan and H. J. Lehman, 55 vols. (Philadelphia: Fortress, 1943-86).

_____, *A Commentary on St. Paul's Epistle to the Galatians*, translated by Philip S. Watson (London: James Clarke, 1953).

_____, *The Bondage of the Will*, translated by J. I. Packer and O. R. Johnston (London: Clark, 1957).

_____, "Preface to the Complete Edition of Luther: Latin Writings," in *Luther's Works*, vol. 34: *The Career of the Reformer*, edited and translated by Lewis W. Spitz (Philadelphia: Muhlenberg Press, 1960) 327-38.

_____, *Luther: Early Theological Works*, translated and edited by James Atkinson, Library of Christian Classics 16 (London: SCM and Philadelphia: Westminster, 1962).

_____, *The Schmalkald Articles*, translated by W. R. Russell (Minneapolis: Augsburg/ Fortress, 1995).

Lyotard, Jean-François, *The Postmodern Condition: A Report on Knowledge*, translated by G. Bennington and B. Massumi (Manchester: Manchester University Press, 1984). 『포스트모던적 조건』(서광사 역간).

_____, *The Differend: Phrases in Dispute*, translated by Georges Van Den Abbeele (Manchester: Manchester University Press, 1988). 『쟁론』(경성대학교출판부 역간).

Macchia, F. D., "Groans Too Deep for Words: Toward a Theology of Tongues as Initial Evidence," *Asian Journal of Pentecostal Studies* 1 (1998) 149-73.

_____, "Tongues and Prophecy: A Pentecostal Perspective," *Concilium* 3 (1996) 63-69.

Mackintosh, H. R., *The Doctrine of the Person of Jesus Christ* (Edinburgh: T&T Clark, 1913).

Macquarrie, John, *An Existentialist Theology: A Comparison of Heidegger and Bultmann*, London: SCM, 1955, rpt. 1973).

____, *The Scope of Demythologizing: Bultmann and His Critics* (London: SCM, 1960).

____, *Principles of Christian Theology* (London: SCM, 1966; 2d edn. 1977).

____, *Studies in Christian Existentialism* (London: SCM, 1966).

____, *In Search of Humanity: A Theological and Philosophical Approach* (London: SCM, 1982).

____, *Theology, Church, and Ministry* (London: SCM, 1986).

____, *Jesus Christ in Modern Thought* (London: SCM and Philadelphia: Trinity Press International, 1990).

Manson, William, *Eschatology*, Scottish Journal of Theology Occasional Papers (Edinburgh: Oliver & Boyd, 1953).

Marcel, Pierre C., *The Biblical Doctrine of Infant Baptism: Sacrament of the Covenant of Grace*, translated by Philip E. Hughes (London: Clarke, 1953).

Mascall, Eric L., *The Importance of Being Human: Some Aspects of the Christian Doctrine of Man* (London: Oxford University Press, 1959).

Markus, Robert A., *Signs and Meanings: World and Text in Ancient Christianity* (Liverpool: Liverpool University Press, 1996).

Marsh, John, *The Fulness of Time* (London: Nisbet, 1952).

Marshall, Bruce D., *Trinity and Truth* (Cambridge: Cambridge University Press, 2000).

Marshall, I. Howard, *The Origins of New Testament Christology* (Leicester: Inter-Varsity Press, 1976).

____, "The Meaning of Reconciliation," in R. A. Guelich (ed.), *Unity and Diversity in New Testament Theology: Essays in Honour of G. E. Ladd* (Grand Rapids: Eerdmans, 1978), 117-32.

\_\_\_\_, *Last Supper and Lord's Supper* (Grand Rapids: Eerdmans, 1980). 『마지막 만찬 과 주의 만찬』(솔로몬 역간).

\_\_\_\_, *New Testament Theology: Many Witnesses, One Gospel* (Downers Grove, IL: InterVarsity Press, 2004). 『신약성서 신학』(크리스챤다이제스트 역간).

Martin, Bernard, *Paul Tillich's Doctrine of Man* (London: Nisbet, 1966).

Martin, Dale B., *Slavery as Salvation* (New Haven, CT: Yale University Press, 1990).

\_\_\_\_, *The Corinthian Body* (New Haven, CT and London: Yale University Press, 1995).

Martin, James P., *The Last Judgement in Protestant Theology from Orthodoxy to Ritschl* (Edinburgh: Oliver & Boyd, 1963).

Martin, Ralph P., *Reconciliation: A Study of Paul's Theology* (London: Marshall, Morgan, & Scott, 1981).

Marxsen, W., *The Resurrection of Jesus of Nazareth*, translated by Margaret Kohl (Philadelphia: Fortress, 1970).

Matlock, Barry B., *Unveiling the Apocalyptic: Paul's Interpreters and the Rhetoric of Criticism*, JSNTSS 127 (Sheffield: Sheffield Academic Press, 1996).

McAdoo, H. R., and Clark, Alan (Co-Chairmen), Anglican/Roman Catholic International Commission, *Agreed Statement in Eucharistic Doctrine* (Windsor, 1971).

McBrien, Richard P., *The Church in the Thought of Bishop John Robinson* (London: SCM, 1966).

McDonnell, Kilian P. (ed.), *Presence, Power, and Praise: Documents on the Charismatic Renewal*, 3 vols. (Collegeville, MN: Liturgical Press, 1980).

McFadyen, Alistair I., *The Call to Personhood: A Christian Theory of the Individual in Social Relationships* (Cambridge: Cambridge University Press, 1990).

McFague, Sallie, *Models of God: Theology for an Ecological*, Nuclear Age (Philadelphia: Fortress, 1987). 『어머니·연인·친구』(뜰밖 역간).

＿＿, *The Body of God: An Ecological Theology* (London: SCM, 1993).

McGrath, Alister E., *The Making of Modern German Christology: From the Enlightenment to Pannenberg* (Oxford: Blackwell, 1986).

＿＿, *The Genesis of Doctrine: A Study in the Foundations of Doctrinal Criticism* (Oxford: Blackwell, 1990).

＿＿, *A Scientific Theology*, vol. 1: Nature (Edinburgh and New York: T&T Clark, 2001).

McIntyre, John, *St. Anselm and His Critics: A Re-interpretation of the Cur Deus Homo* (Edinburgh: Oliver & Boyd, 1964).

McLelland, Joseph C., *The Visible Words of God: A Study in the Theology of Peter Martyn 1500-1562* (Edinburgh: Oliver & Boyd, 1957).

Melanchthon, Philip, *Loci Communes Rerum Theologicarum*, translated and edited by Wilhelm Pauck, in Melanchthon and Bucer, Library of Christian Classics 19 (London: SCM and Philadelphia: Westminster, 1969).

Michalson, Gordon E., *Lessing's "Ugly Ditch": A Study of Theology and History* (University Park, PA and London: Pennsylvania State University Press, 1985).

Miegge, Giovanni, *Gospel and Myth in the Thought of Rudolf Bultmann*, translated by Stephen Neill (London: Lutterworth, 1960).

Migliore, Daniel L., *Faith Seeking Understanding: An Introduction to Christian Theology* (Grand Rapids: Eerdmans, 1991). 『기독교 조직신학 개론』(새물결플러스 역간).

Migne, J. P. (ed.), *Patrologiae Cursus Completus*, Patrologia Graeca (Paris: Garnier, 1857-66).

Miranda, José P., *Marx and the Bible: A Critique of the Philosophy of Oppression*, translated by John Eagleson (London: SCM, 1977 and New York: Orbis, 1974). 『마르크스와 성서』(일월서각 역간).

Moberly, R. W. L., "Yahweh Is One: The Translation of the Shema," *Supplements to Vetus Testamentum* 41 (1990) 209-15.

____, *Prophecy and Discernment* (Cambridge: Cambridge University Press, 2006). 『예언과 분별』(새물결플러스 역간).

Moltmann, Jürgen, *Theology of Hope*, translated by J. Leitch (London: SCM, 1967). 『희망의 신학』(대한기독교서회 역간).

____, *The Crucified God: The Cross of Christ as the Foundation and Criticism of Christian Theology*, translated by R. A. Wilson and John Bowden (London: SCM, 1974). 『십자가에 달린 하나님』(한국신학연구소 역간).

____, *Man: Christian Anthropology in the Conflicts of the Present*, translated by John Sturdy (London: SPCK, 1974). 『인간』(대한기독교서회 역간).

____, *The Church in the Power of the Spirit: A Contribution to Messianic Ecclesiology*, translated by Margaret Kohl (London: SCM, 1977). 『성령의 능력 안에 있는 교회』(한국신학연구소 역간).

____, *The Open Church: Invitation to a Messianic Lifestyle*, translated by M. Douglas Meeks (London: SCM, 1978); also published as *The Passion for Life: A Messianic Lifestyle* (Philadelphia: Fortress, 1978).

____, *The Trinity and the Kingdom of God: The Doctrine of God*, translated by Margaret Kohl (London: SCM, 1981). 『삼위일체와 하나님의 나라』(대한기독교서회 역간).

____, *God in Creation: An Ecological Doctrine of Creation*, translated by Margaret Kohl (London: SCM, 1985). 『창조 안에 계신 하나님』(한국신학연구소 역간).

____, *The Way of Jesus Christ: Christology in Messianic Dimensions*, translated by Margaret Kohl (London: SCM, 1990). 『예수 그리스도의 길』(대한기독교서회 역간).

____, *History and the Triune God: Contributions to Trinitarian Theology*, translated by John Bowden (London: SCM, 1991). 『삼위일체와 하나님의 역사』(대한기독교서회 역간 ).

____, *The Spirit of Life: A Universal Affirmation*, translated by Margaret Kohl

(London: SCM, 1992). 『생명의 영』(대한기독교서회 역간).

____, *The Coming of God: Christian Eschatology*, translated by Margaret Kohl London: SCM, 1996). 『오시는 하나님』(대한기독교서회 역간).

____, *Experiences in Theology: Ways and Forms of Christian Theology*, translated by Margaret Kohl (London: SCM, 2000).

Moore, A. L., *The Parousia in the New Testament*, Supplements to Novum Testamentum 13 (Leiden: Brill, 1966).

Moore, W. E., *Scarce Resource: Man, Time and Society* (New York: Wiley, 1963).

Moores, John, *Wrestling with Rationality in Paul: Romans 1-8 in a New Perspective*, JSNTMS 82 (Cambridge: Cambridge University Press, 1995).

Morley, Georgina, *The Grace of Being: John Macquarrie's Natural Theology* (Bristol, IN: Wyndham Hall Press, 2001 and Aldershot: Ashgate, 2003).

Morris, Leon, *The Apostolic Preaching of the Cross* (London: Tyndale, 1955).

____, "The Meaning of ion in Romans 3:25," *New Testament Studies* 2 (1955-56) 33-43.

____, *The Cross in the New Testament* (Exeter, U.K.: Paternoster and Grand Rapids: Eerdmans, 1965). 『신약의 십자가』(기독교문서선교회 역간).

Morson, Gary Saul, and Emerson, Caryl, *Mikhail Bakhtin: Creation of a Prosaics* (Stanford, CA: Stanford University Press, 1990).

Mosala, Itumeleng J., *Biblical Hermeneutics and Black Theology in South Africa* (Grand Rapids: Eerdmans, 1989).

Mosbeck, H., "*Apostolos* in the New Testament," *Studia Theologica* 2 (1949-50) 166-200.

Moule, C. F. D., "The Judgement Theme in the Sacraments," in W. D. Davies and D. Daube (eds.), *The Background to the New Testament and its Eschatology: In Honour of C. H. Dodd* (Cambridge: Cambridge University Press, 1936), 464-81.

____, "The Christology of Acts," in L. E. Keck and J. L. Martyn (eds.), *Studies in Luke-Acts* (London: SPCK, 1968).

Moulton, J. H., and Milligan, G., *Vocabulary of the Greek Testament* (London: Hodder & Stoughton, [1930] 1952).

Mounce, William D., *Pastoral Epistles*, WBC 46 (Nashville: Thomas Nelson, 2000). 『목회서신』(솔로몬 역간).

Moxon, Reginald S., *The Doctrine of Sin: A Critical and Historical Investigation into the Views of the Concept of Sin Held in Early Christian, Mediaeval and Modern Times* (London: Allen & Unwin, 1922).

Müller, Ulrich B., *Prophetie und Predigt im Neuen Testament: Formgeschichtliche Untersuchungen zur urchristlichen Prophetie* (Gütersloh: Mohn, 1975).

Munck, Johannes, *Paul and the Salvation of Mankind*, translated by Frank Clarke (London: SCM, 1959).

Murphy, Nancey, *Theology in the Age of Scientific Reasoning*, Cornell Studies in the Philosophy of Religion (Ithaca and London: Cornell University Press, 1990).

____, *Beyond Liberalism and Fundamentalism: How Modern and Post-Modern Philosophy Set the Theological Agenda*, Rockwell Lecture Series (London and New York: Continuum/Trinity International, 1996).

Murphy-O'Connor, Jerome, *Becoming Human Together: The Pastoral Anthropology of St. Paul* (Wilmington: Glazier, 1982).

Nelson, J. Robert, *The Realm of Redemption: Studies in the Doctrine of the Nature of the Church in Contemporary Theology* (London: Epworth, 1951; 6th edn. 1963).

Neufeld, Dietmar, *Reconceiving Texts as Speech Acts: An Analysis of 1 John*, Biblical Interpretation Monograph Series 7 (Leiden and New York: Brill, 1994).

Neufeld, Vernon H., *The Earliest Christian Confessions*, NTTS 5 (Leiden: Brill and Grand Rapids: Eerdmans, 1963).

Neunheuser, Burkhard, *Baptism and Confirmation*, translated by J. J. Hughes (London: Burns & Oates and Freiburg: Herder, 1964).

Newbigin, Leslie, *The Household of Faith: Lectures on the Nature of the Church* (London: SCM, 1953).

Newlands, George, *Theology of the Love of God* (London: Collins, 1980).

Niebuhr, Reinhold, *Moral Man and Immoral Society* (London: SCM, 1963 [also New York: Scribner, 1932]). 『도덕적 인간과 비도덕적 사회』(문예출판사 역간).

____, *Moral Man and Immoral Society: A Study in Ethics and Politics* (London: SCM, 1963 and New York: Scribner, 1932).

____, *The Nature and Destiny of Man: A Christian Interpretation*, 2 vols. (London: Nisbet, 1941). 『인간의 본성과 운명』(종문화사 역간).

Nineham, Denis, E., *The Use and Abuse of the Bible: A Study of the Bible in an Age of Rapid Cultural Change* (London: Macmillan, 1976).

Nürnberger, Klaus, *Theology of the Biblical Witness* (Münster and London: LIT, 2002).

Nygren, Anders, *Commentary on Romans*, translated by C. C. Rasmussen (London: SCM, 1952).

____, *Meaning and Method: Prolegomena to a Scientific Philosophy of Religion and a Scientific Theology* (London: Epworth, 1972).

O'Donnell, John J., *Trinity and Temporality: The Christian Doctrine of God in the Light of Process Theology and the Theology of Hope* (Oxford: Oxford University Press, 1983).

O'Donovan, Joan Lockwood, "A Timely Conversation with The Desire of Nations in Civil Society, Nation and State," in Craig Bartholomew, J. Chaplin, Robert Song, and Al Wolters (eds.), *A Royal Priesthood, A Dialogue with Oliver O'Donovan*, Scripture and Hermeneutic Series 3 (Grand Rapids: Zondervan and Carlisle, U.K.: Paternoster, 2002).

O'Donovan, Oliver, *The Desire of Nations: Rediscovering the Roots of Political Theology* (Cambridge: Cambridge University Press, 1996).

O'Meara, T. A., and Weisser, C. D. (eds.), *Paul Tillich in Catholic Thought* (London: Darton, Longman & Todd, 1965).

Orr, James, *God's Image in Man and Its Defacement in the Light of Modern Denials*

(London: Hodder & Stoughton, 2d edn. 1905).

Osborne, Grant R., *The Hermeneutical Spiral: A Comprehensive Introduction to Biblical Interpretation* (Downers Grove, IL: InterVarsity Press, 1991).

Otto, Rudolf, *The Idea of the Holy: An Inquiry into the Nonrational Factor in the Idea of the Divine and Its Relation to the Rational*, translated by J. W. Harvey (Oxford: Oxford University Press, 2d edn. 1950). 『성스러움의 의미』(분도출판사 역간).

Pagels, Elaine, *The Johannine Gospel in Gnostic Exegesis: Heracleon's Commentary on John* (Nashville and New York: Abingdon, 1973).

Panikulam, G., *Koinonia in the New Testament: A Dynamic Expression of Christian Life*, Analecta Biblica 85 (Rome: Biblical Institute Press, 1979).

Pannenberg, Wolfhart, "The Revelation of God in Jesus of Nazareth," in James M. Robinson and John B. Cobb, *New Frontiers in Theology: III, Theology as History* (New York: Harper & Row, 1967), 101-33.

_____, *Jesus-God and Man*, translated by L. L. Wilkins and D. A. Priebe (London: SCM, 1968).

_____, *Basic Questions in Theology*, translated by G. H. Kehm and R. Wilson, 3 vols. (London: SCM, 1970-73).

_____, *Theology and the Philosophy of Science*, translated by F. McDonagh (Philadelphia: Westminster, 1976). 『신학과 철학』(한들출판사 역간).

_____, *Anthropology in Theological Perspective*, translated by M. J. O'Connell (London and New York: T&T Clark/Continuum, 1985 and 2004). 『인간학』(분도출판사 역간).

_____, *Systematic Theology*, translated by G. W. Bromiley, 3 vols. (Grand Rapids: Eerdmans and Edinburgh: T&T Clark, 1991-98). 『판넨베르크의 조직신학』(은성 역간).

_____, "Theological Appropriation of Scientific Understandings," in C. R. Albright and J. Haugen (eds.), *Beginning with the End: God, Science, and Wolfhart Pannenberg* (Chicago: Open Court, 1997).

Pattison, George, *A Short Course in Christian Doctrine* (London: SCM, 2005).

Peacocke, A. R., *Creation and the World of Science* (Oxford: Clarendon, 1979).

_____, *Theology for a Scientific Age: Being and Becoming - Natural and Divine* (Oxford: Blackwell, 1990).

Perkins, Pheme, *Resurrection: New Testament Witnesses and Contemporary Reflections* (London: Chapman, 1984).

Perrin, Norman, *The Kingdom of God in the Teaching of Jesus* (London: SCM, 1963). 『예수의 가르침 속에 나타난 하나님의 나라』(솔로몬 역간).

Peters, Ted, *God - The World's Future: Systematic Theology for a Postmodern Era* (Minneapolis: Fortress, 1992). 『하나님 세계의 미래』(컨콜디아사 역간).

Petts, David, *Healing and Atonement*, University of Nottingham Ph.D. (Nottingham: University of Nottingham, 1993).

Plantinga, Alvin, and Wolterstorff, Nicholas, *Faith and Rationality* (Notre Dame, IN: University of Notre Dame Press, 1983).

Plaskow, Judith, *Sex, Sin and Grace: Women's Experience and the Theologies of Reinhold Niebuhr and Paul Tillich* (Lanham, MD: University Press of America, 1980).

Pogoloff, *Logos and Sophia: The Rhetorical Situation of 1 Corinthians* (Atlanta: Scholars, 1992).

Polkinghorne, John, *The Way the World Is* (London: Triangle, 1983).

_____, *Science and Creation: The Search for Understanding* (Boston, MA: Shambhala, 1988 and London: SPCK, 1988).

_____, *Quarks, Chaos, and Christianity: Questions to Science and Religion* (London: Triangle, 1994). 『퀴크, 카오스 그리고 기독교』(SFC출판부 역간).

_____, *Science and Theology: An Introduction* (London: SCM and Minneapolis: Fortress, 1998).

_____ (ed.), *The Work of Love: Creation as Kenosis* (London: SPCK and Grand Rapids: Eerdmans, 2001). 『케노시스 창조이론』(새물결플러스 역간).

_____, *Belief in God in an Age of Science* (New Haven, CT: Yale University Press, 2003). 『과학시대의 신론』(동명사 역간).

Porter, J. R., "The Legal Aspects of Corporate Personality in the Old Testament," *Vetus Testamentum* 15 (1965) 361-68.

Powell, Cyril H., *The Biblical Concept of Power* (London: Epworth, 1963).

Prestige G. L., *God in Patristic Thought* (London: SPCK, 1952).

Price, H. H., *Belief*, Muirhead Library of Philosophy (London: Allen & Unwin and New York: Humanities, 1969).

Quash, Ben, "Hans Urs von Balthasar," in David F. Ford (with Rachel Muirs), *The Modern Theologians* (Oxford: Blackwell, 3d edn. 2005), 106-23.

_____, *Theology and the Drama of History*, Cambridge Studies in Christian Doctrine (Cambridge: Cambridge University Press, 2005).

Rad, Gerhard von, *Old Testament Theology*, translated by D. M. G. Stalker, 2 vols. (Edinburgh and London: Oliver & Boyd, 1962), vol. 1. 『구약성서 신학』(분도출판사 역간).

Rahner, Karl, *Theological Investigations*, 22 vols. (English, London: Darton, Longman & Todd and New York: Seabury/Crossroad, 1961-91).

_____, *The Church and the Sacraments* (New York: Herder & Herder, 1963).

_____, *The Trinity*, translated by Joseph Donceel (Tunbridge Wells and London: Burns & Oates, 1970).

_____, *The Shape of the Church to Come*, translated by Edward Quinn (London: SPCK, 1974).

_____, *Foundations of Christian Faith: An Introduction to the Idea of Christianity*, translated by W. V. Dych (New York: Crossroad, 1978 and 2004). 『그리스도교 신앙 입문』(분도출판사 역간).

_____, and Thüsing, Wilhelm, *A New Christology*, translated by David Smith and V. Green (London: Burns & Oates, 1980).

Räisänen, Heikki, *Challenges to Biblical Interpretation: Collected Essays 1991-2000*, Biblical Interpretation Series 59 (London and Boston: Brill, 2001).

Ramsey, Ian T., *Religious Language: An Empirical Placing of Theological Phrases* (London: SCM, 1957).

____, *Models for Divine Activity* (London: SCM, 1973).

____, *Words about God* (London: SCM, 1971).

Readings, Bill, *Introducing Lyotard: Art and Politics* (London: Routledge, 1991).

Reid, J. K. S., *Our Life in Christ* (London: SCM, 1963).

Reimarus, Hermann Samuel, *Reimarus: Fragments*, edited by Charles H. Talbert and translated by R. S. Fraser (London: SCM, 1971 and Philadelphia: Fortress, 1970).

Rengstorf, Karl L., "ἀπόστολος" (*apostolos*), in G. Kittel (ed.), *TDNT*, vol. 1, 398–447.

Rhees, Rush, *Discussions of Wittgenstein* (London: Routledge and Kegan Paul, 1970).

Richardson, Alan, *Creeds in the Making: A Short Introduction to the History of Christian Doctrine* (London: SCM, 1935).

____, *Introduction to the Theology of the New Testament* (London: SCM, 1958).

Richmond, James, *Ritschl: A Reappraisal, A Study in Systematic Theology* (London and New York: Collins, 1978).

Ricoeur, Paul, *The Symbolism of Evil* (New York: Harper & Row, 1967 and Boston: Beacon, 1969). 『악의 상징』(문학과지성사 역간).

____, *Freud and Philosophy: An Essay on Interpretation*, translated by D. Savage (New Haven, CT and London: Yale University Press, 1970). 『해석에 대하여』(인간 사랑 역간).

____, *The Conflict of Interpretations: Essays in Hermeneutics*, edited by Don Ihde (Evanston, IL: Northwestern University Press, 1974). 『해석의 갈등』(아카넷 역간).

____, *Interpretation Theory: Discourse and the Surplus of Meaning* (Fort Worth: Texas Christian University Press, 1976). 『해석이론』(서광사 역간).

_____, *Essays on Biblical Interpretation*, edited by Lewis S. Mudge (London: SPCK, 1981 and Minneapolis: Fortress, 1980).

_____, *Hermeneutics and the Human Sciences*, edited and translated by John B. Thompson (Cambridge: Cambridge University Press, 1981). 『해석학과 인문사회과학』(서광사 역간).

_____, *Time and Narrative*, translated by K. McLaughlin and D. Peliauer, 3 vols. (Chicago and London: University of Chicago Press, 1984-88). 『시간과 이야기』(문학과지성사 역간).

_____, *Oneself as Another*, translated by Kathleen Blamey (Chicago and London: University of Chicago Press, 1992). 『타자로서 자기 자신』(동문선 역간).

_____, "Intellectual Autobiography," in Lewis E. Hahn (ed.), *The Philosophy of Paul Ricoeur* (Chicago and La Salle, IL: Open Court, 1995), 3-53.

Ridderbos, *Paul: An Outline of His Theology* (Grand Rapids: Eerdmans, 1975). 『바울신학』(개혁주의신행협회 역간)

Rissi, Mathias, *The Future of the World: An Exegetical Study of Revelation 19:11-2:15* (London: SCM, 1972).

Ritschl, Albrecht, *The Christian Doctrine of Justification and Reconciliation: The Positive Development of the Doctrine*, translated by H. R. Mackintosh and A. B. Macaulay (reprint, Clifton, NJ: Reference Book Publishers, 1966).

Robinson, H. Wheeler, *The Christian Experience of the Holy Spirit* (London: Nisbet, 1928).

_____, *The Christian Doctrine of Man* (Edinburgh: T&T Clark, 1911).

_____, *Baptist Principles* (London: Carey Kingsgate, 4th edn. 1960).

Robinson, James M., "Hermeneutics Since Barth," in James M. Robinson and John B. Cobb Jr. (eds.), *New Frontiers in Theology: II, The New Hermeneutic* (New York and London: Harper & Row, 1964), 1-77.

Robinson, John A. T., *In the End, God ... A Study of the Christian Doctrine of the Last Things* (London: James Clarke, 1950).

_____, *The Body: A Study in Pauline Theology* (London: SCM, 1952).

_____, "Kingdom, Church, and Ministry," in K. M. Carey (ed.), *The Historic Episcopate in the Fulness of the Church* (London: Dacre, 1954, 2d edn. 1960), 11-22.

_____, *Jesus and His Coming: The Emergence of a Doctrine* (London: SCM, 1957).

_____, "The Most Primitive Christology of All," in J. A. T. Robinson, *Twelve New Testament Studies* (London: SCM, 1962), 144.

_____, "Need Jesus Have Been Perfect?" in Stephen W. Sykes and J. P. Clayton (eds.), *Christ, Faith and History: Cambridge Studies in Christology* (Cambridge: Cambridge University Press, 1972), 39-52.

_____, *The Human Face of God* (London: SCM, 1973).

Rogerson, John W., "The Hebrew Conception of Corporate Personality," *JTS* 21 (1980) 1-16, reprinted in Lang (ed.), *Anthropological Approaches*, 43-59.

Rollins, Wayne, *Jung and the Bible* (Atlanta: John Knox, 1983). 『융과 성서』(분도출판 사 역간).

Roloff, J., Apostolat, Verkündigung, *Kirche: Ursprung, Inhalt und Funktion des Kirchlichen Apostelamtes nach Paulus, Lukas, und den Pastoralbriefen* (Gütersloh: Gütersloher Verlagshaus/Mohn, 1965).

Rorem, P., *Pseudo-Dionysius: A Commentary on the Texts and an Introduction to Their Influence* (New York: Oxford University Press, 1993).

Rorty, Richard, *Philosophy and the Mirror of Nature* (Princeton, NJ: Princeton University Press, 1979). 『철학 그리고 자연의 거울』(까치 역간).

_____, *Truth and Progress: Philosophical Papers*, vol. 3 (Cambridge: Cambridge University Press, 1998).

Roth, Cecil, *The Haggadah: New Edition with Notes*, Hebrew and English (London: Soncino, 1934).

Rowley, H. H., *The Relevance of Apocalyptic: A Study of Jewish and Christian Apocalypses from Daniel to Revelation* (London: Lutterworth, 1944).

Ruether, Rosemary Radford, *Sexism and God Talk: Toward a Feminist Theology* (Boston: Beacon, 1983). 『성차별과 신학』(대한기독교서회 역간).

Rupp, Gordon, *The Righteousness of God: Luther Studies* (London: Hodder & Stoughton, 1953).

____, and Watson, Philip S. (eds.), *Luther and Erasmus: Free Will and Salvation*, Library of Christian Classics (Philadelphia: Westminster, 1969).

Rush, Ormond, *The Reception of Doctrine: An Appropriation of Hans Robert Jauss' Reception Aesthetics and Literary Hermeneutics*, Tesi Gregoriana, Serie Teologia 19 (Rome: Pontifical Gregorian University, 1997).

Russell, D. S., *The Method and Message of Jewish Apocalyptic 200 B.C.-A.D. 100* (London: SCM, 1964).

Russell, Letty, *The Future of Partnership* (Philadelphia: Westminster, 1979). 『인간화』 (이화여자대학교출판부 역간).

Russell, Robert J., Murphy, Nancey, and Isham, C. J. (eds.), *Quantum Cosmology and the Laws of Nature: Scientific Perspectives on Divine Action* (Berkeley, CA: Center for Theology and the Natural Sciences and Vatican City: Vatican Observatory Publications, 2d edn. 1996).

Ryle, Gilbert, "Systematically Misleading Expressions," *Proceedings of the Aristotelian Society* 32 (1931-32) 139-70.

____, *The Concept of Mind* (London: Hutchinson, 1949 and Penguin Books, 1963). 『마음의 개념』(문예출판사 역간).

Saiving, Valerie, "The Human Situation: A Feminine View," *Journal of Religion* 40 (1960) 100-112.

Salmon, George, *The Infallibility of the Church* (London: John Murray, 1888, 2d edn. 1890).

Sanders, E. P., *Paul and Palestinian Judaism: A Comparison of Patterns of Religion* (London: SCM, 1977).

Sandnes, K. O., *Paul - One of the Prophets? A Contribution to the Apostle's Self-*

*Understanding*, WUNT II (Tübingen: Mohr, 1991).

Sarot, Marcel (ed.), *The Future as God's Gift: Explorations in Christian Eschatology* (Edinburgh: T&T Clark, 2000).

Saw, Insawn, *Paul's Rhetoric in 1 Corinthians 15* (Lewiston, NY: Mellen, 1995).

Sawyer, John F. A., *Semantics in Biblical Research: New Methods of Defining Hebrew Words for Salvation* (London: SCM, 1972).

Scalise, Charles J., *Hermeneutics as Theological Prolegomena: A Canonical Approach*, Studies in American Hermeneutics 8 (Macon, GA: Mercer University Press, 1994).

Schandorff, Esther Dech, *The Doctrine of the Holy Spirit: A Bibliography Showing Its Chronological Development*, ATLA Bibliography 28, 2 vols. (Lanham, MD: Scarecrow, 1995).

Schillebeeckx, E., *Christ, the Sacrament of Encounter with God* (London: Sheed & Ward, 1963).

Schilling, Harold K., *The New Consciousness in Science and Religion* (London: SCM, 1973).

Schleiermacher, F. D. E., *On Religion: Speeches to Its Cultured Despisers*, translated by John Oman (New York: Harper & Row, 1958). 『종교론』(대한기독교서회 역간).

_____, *Hermeneutics: The Handwritten Manuscripts*, edited by H. Kimmerle and translated by J. Duke and J. Forstman; AAR Text and Translation 1; (Missoula: Scholars. 1977).

_____, *The Christian Faith*, translated by H. R. Mackintosh and J. S. Stewart (Edinburgh: T&T Clark, rpt. 1989). 『기독교신앙』(한길사 역간).

Schmidt, Karl L., "καλέω, κλῆσις, κλφτός, ἐκκλφσία," in G. Kittel (ed.), *TDNT*, vol. 3, 469-536.

Schmithals, W., *Gnosticism in Corinth*, translated by John Steely (Nashville: Abingdon, 1971).

Schnackenburg, Rudolf, *God's Rule and Kingdom*, translated by J. Murray (London: Nelson, 1963).

____, *Baptism in the Thought of Paul*, translated by G. R. Beasley-Murray (Oxford: Blackwell, 1964).

____, *The Church in the New Testament*, translated by W. J. O'Hara (London: Burns & Oates and Freiburg: Herder, 1965).

____, "Apostles before and during Paul's Time," in Ward Gasque and R. P. Martin (eds.), *Apostolic History and the Gospel: Essays Presented to F. F. Bruce* (Exeter, U.K.: Paternoster, 1970).

Schnelle, Udo, *The Human Condition: Anthropology in the Teachings of Jesus, Paul, and John*, translated by O. C. Dean (Edinburgh: T&T Clark, 1996).

Schülz, John H., *Paul and the Anatomy of Apostolic Authority*, SNTSMS 26 (Cambridge: Cambridge University Press, 1975).

Schweitzer, Albert, *The Mysticism of Paul the Apostle*, translated by W. Montgomery (London: Black, 1931). 『사도 바울의 신비주의』(한들출판사 역간).

____, *The Quest of the Historical Jesus: A Critical Study of Its Progress from Reimarus to Wrede*, translated by W. Montgomery (London: Black, 3d edn. 1954 [1st Eng. edn. 1910]).

Schweizer, Eduard, *Church Order in the New Testament*, translated by F. Clarke (London: SCM, 1961).

____, "πνεῦμα," in G. Kittel (ed.), *TDNT*, vol. 6, translated by G. W. Bromiley (Grand Rapids: Eerdmans, 1968), 332-453.

Scott, C. Anderson, *Christianity according to St. Paul* (Cambridge: Cambridge University Press, 1927, 2d edn. 1961).

Scott, Ernest F., *The Spirit in the New Testament* (London: Hodder & Stoughton 1923).

Scroggs, Robin, *The Last Adam: A Study in Pauline Anthropology* (Philadelphia: Fortress, 1966).

Searle, John, *Intentionality: An Essay in the Philosophy of Mind* (Cambridge: Cambridge University Press, 1983). 『지향성』(나남출판 역간).

Seeberg, A., *Der Katechismus der Urchristenheit* (1903; reprinted, Munich: Kaiser, 1966).

Selwyn, E. G., *The First Epistle of Peter: The Greek Text* (London: Macmillan, 1947).

Shapland, C. R. B. (ed.), *The Letters of Saint Athanasius concerning the Holy Spirit* (London: Epworth, 1951).

Shedd, Russell P., *Man in Community: A Study of St. Paul's Application of Old Testament and Early Jewish Conceptions of Human Solidarity* (London: Epworth, 1958).

Shults, F. LeRon, *Reforming Theological Anthropology: After the Philosophical Turn to Relationality* (Grand Rapids and Cambridge, U.K.: Eerdmans, 2003).

Simon, Ulrich, *Heaven in the Christian Tradition* (London: Rockliff, 1958).

_____, *The Ascent to Heaven* (London: Barrie & Rockliff, 1961).

_____, *The End Is Not Yet: A Study in Christian Eschatology* (London: Nisbet, 1964).

Skemp, J. B., *The Greeks and the Gospel* (London: Carey Kingsgate, 1964).

Smalley, Stephen S., *1, 2, 3 John*, WBC (Waco, TX: Word, 1984). 『요한 1, 2, 3서』(솔로몬 역간).

Smart, James D., *The Strange Silence of the Birth of the Church* (London: SCM, 1970). 『왜 성서가 교회 안에서 침묵을 지키는가』(컨콜디아사 역간).

Smith, C. Ryder, *The Bible Doctrine of Salvation: A Study of the Atonement* (London: Epworth Press, 2d edn. 1946).

_____, *The Bible Doctrine of Sin and the Ways of God with Sinners* (London: Epworth, 1953).

Sobrino, Jon, *Christology at the Crossroads: A Latin American Approach*, translated by John Drury (London: SCM, 1978).

Soskice, Janet Martin, *Metaphor and Religious Language* (Oxford: Clarendon, 1985).

Sowers, Stanley K., "Paul on the Use and Abuse of Reason," in D. L. Balch, E. Ferguson, and Wayne Meeks (eds.), *Greeks, Romans, and Christians: Essays in Honor of J. Malherbe* (Minneapolis: Augsburg, 1990) 253-86.

Sparks, H. F. D., "The Doctrine of the Divine Fatherhood in the Gospels," in D. E. Nineham (ed.), *Studies in the Gospels: Essays in Memory of R. H. Lightfoot* (Oxford: Blackwell, 1967 [1955]).

Sponheim, Paul, *God - The Question and the Quest* (Philadelphia: Fortress, 1985).

____, Ruether, Rosemary Radford, and Fulkerson, Mary McClintoch, "Women and Sin: Responses to Mary Elise Lowe," *Dialog* 39 (2000) 229-36.

Stanley, Christopher D., *Paul and the Language of Scripture: Citation Technique in the Pauline Epistles and Contemporary Literature*, SNTSMS 69 (Cambridge: Cambridge University Press, 1992).

Stanton, Graham N., *Jesus of Nazareth in New Testament Preaching*, SNTSMS 27 (Cambridge: Cambridge University Press, 1974).

____, *The Gospels and Jesus* (Oxford: Oxford University Press, 1989). 『복음서와 예수』 (대한기독교서회 역간).

Stauffer, Ethelbert, *New Testament Theology, translated by John Marsh* (New York and London: Macmillan, 1955).

Stendahl, Krister, "The Apostle Paul and the Introspective Conscience of the West" (1961 and 1963), reprinted in K. Stendahl, *Paul among Jews and Gentiles* (London: SCM, 1977 and Philadelphia: Fortress, 1976).

____, "Glossolalia - The NT Evidence," in K. Stendahl, *Paul among Jews and Gentiles* (London: SCM, 1977).

Stephens, W. P., *The Holy Spirit in the Theology of Martin Bucer* (Cambridge: Cambridge University Press, 1970).

Stephenson, Christopher A., "The Rule of Spirituality and the Rule of Doctrine: A Necessary Relationship in Theological Method," *Journal of Pentecostal Theology* 15 (October 2006) 83-105.

기독교 교리와 해석학

Sternberg, Meir, *The Poetics of Biblical Narrative: Ideological Literature and the Drama of Reading* (Bloomington: Indiana University Press, 1985).

Stewart, Jacqui A., *Reconstructing Science and Theology in Postmodernity: Pannenberg, Ethics, and the Human Sciences* (Aldershot, U.K. and Burlington, VT: Ashgate, 2000).

Strauss, David F., *The Life of Jesus Critically Examined*, edited by Peter C. Hodgson, Lives of Jesus (Philadelphia: Fortress, 1972).

Strobel, A., *Der erste Brief an die Korinther*, Zürcher Bibelkommentare (Zürich: Theologischer, 1989).

Strong, A. H., *Systematic Theology*, 3 vols. (1907; reprinted, London: Pickering & Inglis, 1965).

Stroup, George, *The Promise of Narrative Theology* (London: SCM, 1984 [John Knox, 1981]).

Stuhlmacher, P., *Gerechtigkeit Gottes bei Paulus* (Göttingen: Vandenhoeck & Ruprecht, 1965).

Stump, E., "Eternity," *Journal of Philosophy* 78 (1981) 429-58.

Swete, Henry B., *The Holy Spirit in the Ancient Church* (London: Macmillan, 1912).

_____, *The Holy Spirit in the New Testament* (London: Macmillan, 1921).

Swinburne, Richard, *The Existence of God* (Oxford: Oxford University Press, 1979).

_____, *The Coherence of Theism* (Oxford: Oxford University Press, rev. edn. 1997).

Sykes, S. W., and Clayton, J. P. (eds.), *Christ, Faith and History: Cambridge Studies in Christology* (Cambridge: Cambridge University Press, 1972).

Tanner, Kathryn, "Jesus Christ," in Colin E. Gunton, *The Cambridge Companion to Christian Doctrine* (Cambridge: Cambridge University Press, 1997), 245-72.

Taylor, John Randolph, *God Loves like That: The Theology of James Denney* (London: SCM, 1962).

Taylor, Vincent, *The Atonement in New Testament Teaching* (London: Epworth,

1940).

\_\_\_\_, *The Person of Christ in New Testament Teaching* (New York and London: Macmillan, 1958).

Temple, William, *Nature, Man, and God* (London: Macmillan, 1940).

Tennant, Frederick R., *The Origin and Propagation of Sin* (Cambridge: Cambridge University Press, 2d edn. 1908).

\_\_\_\_, *The Concept of Sin* (Cambridge: Cambridge University Press, 1912).

Thayer, J. H., *Greek-English Lexicon of the New Testament* (Edinburgh: T&T Clark, 4th edn. 1901).

Theissen, Gerd, *The First Followers of Jesus: A Sociological Analysis of the Earliest Christianity* (London: SCM, 1978); American edition: Sociology of Early Palestinian Christianity (Philadelphia: Fortress, 1978).

Thielicke, Helmut, *Man in God's World*, translated by J. W. Doberstein (London: Clarke, 1967).

\_\_\_\_, *The Evangelical Faith*, translated by G. Bromiley, 3 vols. (Grand Rapids: Eerdmans, 1974-82), vol. 3.

\_\_\_\_, *Theological Ethics*, edited by W. H. Lazareth, 3 vols. (Grand Rapids: Eerdmans, 1979).

Thiselton, Anthony C., "The Parousia in Modern Theology: Some Questions and Comments," *Tyndale Bulletin* 27 (1976) 27-54.

\_\_\_\_, *The Two Horizons: New Testament Hermeneutics and Philosophical Description* (Grand Rapids: Eerdmans and Exeter, U.K.: Paternoster, 1980). 『두 지평』(IVP 역간).

\_\_\_\_, *New Horizons in Hermeneutics: The Theory and Practice of Transforming Biblical Reading* (Grand Rapids: Zondervan and Carlisle, U.K.: Paternoster, 1992). 『해석의 새로운 지평』(SFC출판부 역간).

\_\_\_\_, "Christology in Luke, Speech-Act Theory, and the Problem of Dualism in

Christology," in Joel B. Green and Max Turner (eds.), *Jesus of Nazareth: Lord and Christ* (Grand Rapids: Eerdmans, 1994).

\_\_\_\_, *Interpreting God and the Postmodern Self: On Meaning, Manipulation, and Promise* (Edinburgh: T&T Clark and Grand Rapids: Eerdmans, 1995).

\_\_\_\_, "Luther on Barth on 1 Corinthians 15: Six Theses for Theology," in W. P. Stephens (ed.), *The Bible, the Reformation, and the Church: Essays in Honour of James Atkinson*, JSNTSS 105 (Sheffield: Sheffield Academic Press, 1995), 258-89; reprinted in *Thiselton on Hermeneutics*, 769-92.

\_\_\_\_, with Lundin, Roger, and Walhout, Clarence, *The Promise of Hermeneutics* (Grand Rapids: Eerdmans and Carlisle, U.K.: Paternoster, 1999).

\_\_\_\_, *The First Epistle to the Corinthians: A Commentary on the Greek Text*, NIGTC series (Grand Rapids: Eerdmans and Carlisle, U.K.: Paternoster, 2000).

\_\_\_\_, "'Reading Luke' as Interpretation, Reflection and Formation," in Craig Bartholomew, Joel B. Green, and Anthony C. Thiselton (eds.), *Reading Luke: Interpretation, Reflection, Formation*, Scripture and Hermeneutics Series 6 (Carlisle, U.K.: Paternoster and Grand Rapids: Zondervan, 2005), 3-52.

\_\_\_\_, *1 Corinthians: A Shorter Exegetical and Pastoral Commentary* (Grand Rapids: Eerdmans, 2006). 『고린도전서』(SFC출판부 역간).

\_\_\_\_, "The Significance of Recent Research on 1 Corinthians for Hermeneutical Appropriation of This Epistle Today," in *Neot.* 40 (2006) 91-123.

\_\_\_\_, *Thiselton on Hermeneutics: Collected Works and New Essays, Contemporary Thinkers on Religion* (Aldershot, U.K.: Ashgate and Grand Rapids: Eerdmans, 2006).

Thomson, John B., *The Ecclesiology of Stanley Hauerwas: A Christian Theology of Liberation* (Aldershot and London, and Burlington, VT: Ashgate, 2003).

Thornton, L. S., *The Common Life in the Body of Christ* (London: Dacre, 3d edn. 1950).

Tilley, Terrence W., *The Evils of Theodicy* (Washington, DC: Georgetown University

Press, 1991).

Tillich, Paul, *Systematic Theology*, 3 vols. (Chicago: University of Chicago Press, 1951-64 and London: Nisbet 1953-64). 『조직신학』(한들출판사 역간).

_____, *Dynamics of Faith* (London: Allen & Unwin, 1957). 『믿음의 역동성』(그루터기 하우스 역간).

_____, *Theology of Culture* (New York: Galaxy, 1964). 『문화의 신학』(대한기독교서회 역간).

_____, *Ultimate Concern: Dialogues with Students*, edited by D. Mackenzie Brown (London: SCM, 1965). 『폴 틸리히 현대청년과의 대화』(대한기독교서회 역간).

Todorov, Tzvetan, *Mikhail Bakhtin: The Dialogical Principle*, translated by W. Godzich, Theory and History of Literature 12 (Minneapolis: University of Minnesota Press, 1984).

Torrance, Alan J., *Persons in Communion: Trinitarian Description and Human Participation* (Edinburgh: T&T Clark, 1996).

Torrance, Thomas F., *Theological Science* (London and New York: Oxford University Press, 1969).

_____, *God and Rationality* (London and New York: Oxford University Press, 1971).

_____, *The Trinitarian Faith: The Evangelical Theology of the Ancient Catholic Church* (Edinburgh: T&T Clark, 1988).

_____, *Divine Meaning: Studies in Patristic Hermeneutics* (Edinburgh: T&T Clark, 1995).

Tovey, Derek, *Narrative Art and Act in the Fourth Gospel*, JSNTSS 151 (Sheffield: Sheffield Academic Press, 1997).

Tracy, David, *The Analogical Imagination: Christian Theology and the Culture of Pluralism* (London: SCM, 1981).

_____, *Plurality and Ambiguity: Hermeneutics, Religion, Hope* (London: SCM, 1987). 『다원성과 모호성』(크리스천헤럴드 역간).

\_\_\_\_, *Blessed Rage for Order: The New Pluralism in Theology* (San Francisco: Harper & Row, 1988 and Chicago: University of Chicago Press, 1996).

\_\_\_\_, "Hermeneutical Reflections in the New Paradigm," in Hans Küng and David Tracy (eds.), *Paradigm Change in Theology*, cited above, 34-62.

Travis, Stephen H., *Christ and the Judgment of God: Divine Retribution in the New Testament* (London: Marshall Pickering, 1986).

Trible, Phyllis, *God and the Rhetoric of Sexuality* (Philadelphia: Fortress, 1978). 『하나님과 성의 수사학』(태초 역간).

Trigg, Joseph Wilson, *Origen: The Bible and Philosophy in the Third-Century Church* (London: SCM, 1985 and Louisville: John Knox, 1983).

Turner, Max, *The Holy Spirit and Spiritual Gifts: Then and Now* (Carlisle, U.K.: Paternoster, 1996). 『성령과 은사』(새물결플러스 역간).

Turner, Philip, "Tolerable Diversity and Ecclesial Integrity: Communion or Federation?" in *The Journal of Anglican Studies* 1:2 (2003) 24-46.

Tyndale, William, *Doctrinal Treatises and Introduction to Different Portions of the Holy Scripture*, Parker Society Edition (Cambridge: Cambridge University Press, 1948).

Van den Brink, Gijsbert, *Almighty God: A Study of the Doctrine of Divine Omnipotence* (Kampen: Kok Pharos, 1993).

VanGemeren, W. A. (ed.), *New International Dictionary of Old Testament Theology and Exegesis*, 5 vols. (Grand Rapids: Zondervan, 1997).

Vanhoozer, Kevin (ed.), *The Trinity in a Pluralistic Age: Theological Essays on Culture and Religion* (Grand Rapids: Eerdmans, 1997).

\_\_\_\_, *Is There a Meaning in This Text?* (Grand Rapids: Zondervan, 1998). 『이 텍스트에 의미가 있는가?』(IVP 역간).

\_\_\_\_, *The Drama of Doctrine: A Canonical-Linguistic Approach to Christian Theology* (Louisville: Westminster/John Knox Press, 2005).

Van Huyssteen, J. Wentzel, *Essays in Postfoundationalist Theology* (Grand Rapids and Cambridge: Eerdmans, 1997).

Vatican II, *Lumen Gentium* (21 November 1964), in Austin P. Flannery (ed.), *Documents of Vatican II* (Grand Rapids: Eerdmans, 1975).

____, *Decree of the Pastoral Office of Bishops in the Church, Christus Dominus* (28 October 1965), in Austin P. Flannery (ed.), *Documents of Vatican II* (Grand Rapids: Eerdmans, 1975).

____, *Instruction on the Worship of the Eucharistic Mystery, Eucharisticum Mysterium* (25 May 1967), in Austin P. Flannery (ed.), *Documents of Vatican II* (Grand Rapids: Eerdmans, 1975).

Vawter, Bruce, *On Genesis: A New Reading* (New York: Doubleday, 1977).

Vriezen, T. C., *An Outline of Old Testament Theology*, translated by the author (Oxford: Blackwell, 1962). 『구약신학개요』(크리스챤다이제스트 역간).

Wagner, Günter, *Pauline Baptism and the Pagan Mysteries*, translated by J. P. Smith (Edinburgh: Oliver & Boyd, 1967).

Wainwright, Arthur W., *The Trinity in the New Testament* (London: SPCK, 1962).

Wainwright, Geoffrey, *Doxology: A Systematic Theology: The Praise of God in Worship, Doctrine, and Life* (London: Epworth, 1980).

Walker, Andrew, "Pentecostalism and Charismatic Christianity," in Alistair McGrath (ed.), *Modern Christian Thought* (Oxford: Blackwell, 1993) 428-34.

Wallace, Ronald S., *Calvin's Doctrine of the Word and Sacrament* (Edinburgh: Oliver & Boyd, 1953). 『칼빈의 말씀과 성례전 신학』(장로회신학대학교출판부 역간).

Warnke, Georgia, *Gadamer: Hermeneutics, Tradition and Reason* (Cambridge: Polity, 1987). 『가다머』(민음사 역간).

Watson, Francis, *Paul and the Hermeneutics of Faith* (London and New York: T&T Clark and Continuum, 2004).

Watson, Philip S., *Let God Be God: An Interpretation of the Theology of Martin*

기독교 교리와 해석학

*Luther* (London: Epworth, 1947).

Wayne, J. J. (ed.), *The Great Encyclical Letters of Pope Leo XIII* (New York: Benziger, 1903).

Weber Otto, *Karl Barth's Church Dogmatics: An Introductory Report on Volumes I:1 to III:4*, translated by A. C. Cochrane (London: Lutterworth, 1953).

_____, *Foundations of Dogmatics*, translated by D. L. Guder, 2 vols. (Grand Rapids: Eerdmans, 1981 and 1983).

Webster, John B., *Eberhard Jüngel: An Introduction to his Theology* (Cambridge: Cambridge University Press, 1986).

_____, *Holiness* (Grand Rapids: Eerdmans, 2003).

Weinsheimer, Joel C., *Gadamer's Hermeneutics: A Reading of Truth and Method* (New Haven, CT and London: Yale University Press, 1985).

Weiser, A., *The Psalms: A Commentary*, translated by H. Hartwell (London: SCM, 1962). 『국제성서주석: 시편』(한국신학연구소 역간).

Weiss, Johannes, *Earliest Christianity* (earlier English title, History of Primitive Christianity), English edited by F. C. Grant, 2 vols. (New York: Harper, 1959).

Welborn, L. L., *Paul, the Fool of Christ: A Study of 1 Corinthians 1-4 in the Comic-Philosophic Tradition*, JSNTSS 293 (London and New York: Continuum and T&T Clark, 2005).

Welch, Claude, *Protestant Thought in the Nineteenth Century*, 2 vols. (New Haven: Yale, 1972 and 1985).

Wells, Samuel, *Improvisation: The Drama of Christian Ethics* (London: SPCK, 2004).

Wengst, K., *Christologische Formeln und Lieder des Urchristentums* (Gütersloh: Gütersloher, 1972).

West, Angel, *Deadly Innocence: Feminism and the Mythology of Sin* (New York and London: Continuum, 1996).

Westermann, Claus, *Genesis 1-11: A Commentary*, translated by J. Scullion (London:

SPCK, 1984).

Whitehouse, W. A., "Karl Barth on 'the Work of Creation,'" in Nigel Biggar (ed.), *Reckoning with Barth* (London and Oxford: Mowbray, 1988), 43-57.

Whiteley, D. E. H., *The Theology of St. Paul* (Oxford: Blackwell, 2d edn. 1974).

Whybray, R. N., *Isaiah 40-66*, New Century Bible (London: Oliphants, 1975).

Wiedemann, Thomas, *Greek and Roman Slavery* (London: Groom, Helm, 1981).

____, *Slavery: Greece and Rome*, New Surveys 19 (Oxford: Oxford University Press, 1997).

Wikenhauser, A., *Pauline Mysticism: Christ in the Mystical Teaching of St. Paul*, translated by J. Cunningham (Freiberg: Herder, 1960).

Wiles, Maurice F., "Does Christology Rest on a Mistake?" *Religious Studies* 6 (1970) 69-76.

Williams D. J., *Paul's Metaphors - Their Context and Character* (Peabody, MA: Hendrickson, 1999).

Williams, N. P., *The Ideas of the Fall and Original Sin: A Historical and Critical Study* (London and New York: Longmans, Green, 1929).

Williams, Rowan, *On Christian Theology* (Oxford: Blackwell, 2000).

____, "Balthasar and the Trinity," in Edward T. Oakes and David Moss (eds.), *The Cambridge Companion to Hans Urs von Balthasar* (Cambridge: Cambridge University Press, 2004), 37-50.

Williamson, Hugh, *The Lord Is King: A Personal Rediscovery* (Nottingham: Crossway, 1993).

Wilson, Roy McL., *The Gnostic Problem: A Study of the Relations between Hellenistic Judaism and the Gnostic Heresy* (London: Mowbray, 1958).

Wilson, Stephen G., *The Gentiles and the Gentile Mission in Luke-Acts*, SNTSMS 23 (Cambridge: Cambridge University Press, 1973).

Wimber, John, *Power Evangelism* (London: Hodder & Stoughton, 1985).『능력 전도』

(나단 역간).

Wink, Walter, *The Bible in Human Transformation: Toward a New Paradigm for Biblical Study* (Philadelphia: Fortress, 1973).

Winter, Bruce, "Religious Curses and Christian Vindictiveness: 1 Cor. 12-14," in Bruce Winter, *After Paul Left Corinth* (Grand Rapids: Eerdmans, 2001), 164-83.

Wittgenstein, Ludwig, *Philosophische Bemerkungen* (Oxford: Blackwell, 1964).

_____, *Philosophical Investigations*, German and English (Oxford: Blackwell, 2d edn. 1967). 『철학적 탐구』(책 세상 역간).

_____, *The Blue and Brown Books: Preliminary Studies for the "Philosophical Investigations"* (Oxford: Blackwell, 2d edn. 1969). 『청색책 갈색책』(책세상 역간).

_____, *Zettel*, edited and translated by G. E. M. Anscombe and G. H. von Wright, German and English (Oxford: Blackwell, 1967). 『쪽지』(책세상 역간).

_____, *On Certainty - Über Gewissheit*, edited by G. E. M. Anscombe and G. H. von Wright, German and English (Oxford: Blackwell, 1969). 『확실성에 관하여』(책세상 역간).

_____, *Culture and Value*, German and English translated by Peter Winch, edited by G. H. von Wright (Oxford: Blackwell, 2d edn. 1978). 『문화와 가치』(책세상 역간).

_____, *Remarks on the Philosophy of Psychology*, edited by G. E. M. Anscombe, G. H. von Wright, and H. Nyman, translated by A. E. M. Anscombe, C. G. Luckhardt, and M. A. E. Aue, 2 vols. (Oxford: Blackwell, 1980).

_____, *Wittgenstein's Lectures on Philosophical Psychology, 1946-47* (Hemel Hempstead, U.K.: Harvester Wheatsheaf, 1988).

_____, *Philosophical Occasions: 1912-1951*, edited by J. Klagge and A. Nordmann (Indianapolis and Cambridge: Hackett, 1993).

Wolff, Hans Walter, *Anthropology of the Old Testament*, translated by Margaret Kohl (London: SCM, 1974). 『구약성서의 인간학』(분도출판사 역간).

Wolterstorff, Nicholas, *Divine Discourse: Philosophical Reflections on the Claim that*

*God Speaks* (Cambridge: Cambridge University Press, 1985).

____, *John Locke and the Ethics of Belief* (Cambridge: Cambridge University Press, 1996).

Wood, W. Jay, *Epistemology: Becoming Intellectually Virtuous* (Downers Grove: InterVarsity Press and Leicester: Apollos, 1998).

Work, Telford, *Living and Active: Scripture in the Economy of Salvation* (Grand Rapids: Eerdmans, 2002).

Wright, G. Ernest, *God Who Acts: Biblical Theology as Recital* (London: SCM, 1952). 『구약성서신학입문』(대한기독교서회 역간).

Wright, N. T., "How Can the Bible Be Authoritative?" *Vox Evangelica* 21 (1991) 1-20.

____, *Jesus and the Victory of God: Christian Origins and the Question of God*, vol. 2 (London: SPCK, 1996). 『예수와 하나님의 승리』(크리스챤다이제스트 역간).

____, *The Resurrection of the Son of God: Christian Origins and the Question of God*, vol. 3 (London: SPCK, 2003). 『하나님 아들의 부활』(크리스챤다이제스트 역간).

____, *Paul: Fresh Perspectives* (London: SPCK, 2005). 『톰 라이트의 바울』(죠이선교회 역간).

Young, Frances, *The Art of Performance: Towards a Theology of Holy Scripture* (London: Darton, Longman & Todd, 1990).

Ziesler, John A., *The Meaning of Righteousness in Paul: A Linguistic and Theological Enquiry*, SNTSMS 20 (Cambridge: Cambridge University Press, 1972).

Zimmermann, Jens, *Recovering Theological Hermeneutics: An Incarnational-Trinitarian Theory of Interpretation* (Grand Rapids: Baker Academic, 2004).

Zingg, P., *Das Wachsen der Kirche: Beiträge zur Frage der lukanischen Redaktion und Theologie* (Göttingen: Vandenhoeck & Ruprecht, 1974).

Zizioulas, John D., "Human Capacity and Human Incapacity: A Theological Exploration of Personhood," *Scottish Journal of Theology* 28 (1975) 401-48.

____, *Being as Communion: Studies in Personhood and the Church*, Contemporary

Greek Theologians 4 (Crestwood, NY: St. Vladimir's Seminary Press, 1985). 『친교로서의 존재』(삼원서원 역간).

Zwingli, Huldrych, *On the Lord's Supper*, translated and edited by Geoffrey W. Bromiley, in *Zwingli and Bullinger*, Library of Christian Classics 24 (Philadelphia: Westminster and London: SCM, 1953), 185-238.

르스 폰) 30, 67, 97-98, 146-149, 151-156, 158-160, 165, 205, 254-256, 320, 359, 631-2, 637, 786-787, 816, 883

Barr, James (바, 제임스) 734, 932, 940, 979-980

Barrett, C. K. (바레트, C. K.) 186, 497, 567-568, 578-9, 590-591, 607, 718-719, 724, 728-729, 764, 854-6, 839, 854, 856, 871, 915, 933, 942, 945, 948, 958, 960, 962

Barrett, Cyril (바레트, 시릴) 68, 310

Barrett, T. B. (바레트, T. B.) 751, 760

Barth, Karl (바르트, 칼) 30, 41, 137, 138, 146, 152-153, 159, 184, 208, 212, 249, 274, 287, 320, 322, 351, 355-356, 359, 363-365, 372, 374-376, 379-381, 396, 406-410, 412, 414-415, 421-422, 424, 436, 438-439, 445, 450, 518-521, 526, 529-530, 565-566, 623, 628, 631, 637, 665, 678, 686, 734, 736-737, 745-747, 769, 774, 777, 794-797, 799, 800, 802, 806-808, 810, 878, 880-884, 886, 944, 950, 954-955

Basil the Great (대 바실리오스[Basil of Caesarea; 카이사레아의 바실리오스]) 80-81, 369, 378, 735-736, 741-743, 745-747, 773-774, 789, 790, 872

Bauckham, Richard J. (보컴, 리처드 J.) 238-239, 249

Bauer, Walter (바우어, 월터) 91, 96-97, 150-151

Baumgärtel, Friedrich (바움게르텔, 프리드리히) 717

Baur, F. C. (바우어, F. C.) 88, 399, 696, 698, 838, 853-854

Bavinck, H. (바빙크, H.) 528

Beardslee, William A. (비어슬리, 윌리엄 A.) 656

Beauvoir, Simone de (보부아르, 시몬 드) 439

Becker, J. (베커, J.) 945

Behm, J. (벰, J.) 462

Beilby, James (베일비, 제임스) 245, 309,

Beker, J. Christiaan (베커, J. 크리스티안) 235-236, 238, 927

Bellah, Robert (벨라, 로버트) 337

Benedict XVI (베네딕트 교황) 232

Bengel, J. A. (벵겔, J. A.) 759

Bentham, Jeremy (벤담, 제레미) 180, 337

Bentzen, A. (벤첸, A.) 901

Bercovitch, Sacvan (버코비치, 색번) 336-337

Berger, Peter (버거, 피터) 207

Berkeley, G. (버클리, G.) 126

Berkouwer, G. C. (베르카워, G. C.) 320, 507, 528

Best, Ernest (베스트, 어니스트) 856, 937

Betti, E. (베티, E.) 154, 169, 176-179, 184, 191-192, 194, 202, 206, 222, 230, 231, 289, 293, 326, 704

Betz, Otto (베츠, 오토) 703

Bicknell, E. J. (빅넬, E. J.) 517-518

Black, Max (블랙, 막스) 210

Bleek, F. (블릭, F.) 762

Bloch-Hoell, Nils (블로흐-홀, 닐스) 751

Boethius (보에티우스) 981

Bohr, Niels (보어, 닐스) 263, 273, 306

Bonhoeffer, Dietrich (본회퍼, 디트리히) 30, 292-293, 396-397, 421, 424, 437-438, 521-522, 526, 544-545, 584, 665, 831, 837

Bonsirven, Joseph (본스벤, 조셉) 468

Bornkamm, Günther (보른캄, 귄터) 398-399, 700

Bosch, David (보쉬, 데이비드) 841-842

Boso, Abbot (보소, 아보트) 424-425, 624, 627

Bourdieu, Pierre (부르디외, 피에르) 185-186

Bousset, Wilhelm (부세, 빌헬름) 50, 540, 699

Bovon, François (보봉, 프랑수아) 838, 840-841, 846

Bowker, John (보커, 존) 26, 261-262

Boyd, Richard (보이드, 리처드) 553

Braithwaite, R. B. (브레이스웨이트, R. B.) 210, 300

Braun, Herbert (브라운, 허버트) 661-622

Briggs, C. A. (브리그스, C. A.) 55, 814

Briggs, Richard S. (브리그스, 리처드 S.) 46-47, 873

Brock, Rita Nakashima (브록, 리타 나카시마) 581

Brooks, Peter (브룩스, 피터) 912

Brown, Alexandra (브라운, 알렉산드라) 861

Brown, Clifford A. (브라운, 클리퍼드 A.) 186

Brown, Colin (브라운, 콜린) 683, 685

Brown, David (브라운, 데이비드) 122-124, 841

Brown, Penelope (브라운, 페넬로페) 132

Brown, Raymond E. (브라운, 레이먼드 E.) 674-675, 678, 681, 850

Bruce, F. F. (브루스, F. F.) 578-579, 677, 768

Brueggemann, Walter (브루그만, 월터) 123

Brunner, Emil (브루너, 에밀) 379, 407-408, 418-419, 438, 494, 503, 511-512, 520-521, 632, 635-636, 665, 774, 794, 797, 864

Buber, Martin (부버, 마르틴) 88, 321, 353, 410-412

Bucer, Martin (부처, 마르틴) 893, 910,

Büchsel, F. (뷕셀, F.) 557

Bühler, Karl (뷜러, 칼) 165

Bulgakov, S. (불가코프, S.) 786

Bultmann, Rudolf (불트만, 루돌프) 41, 51, 82, 87, 91, 110, 121, 165, 235, 289, 293, 450-451, 453-456, 470, 513, 543, 584, 607, 652-663, 667, 679, 697-702, 707, 716, 730, 732-733, 883-884, 929, 936-937, 949, 954, 967

Bunyan, John (번연, 존) 824

Burgess, Stanley M. (버제스, 스탠리 M.) 741

Buri, Fritz (부리, 프리츠) 661-662

Burtchaell, J. T. (버트첼, J. T.) 843

Bushnell, Horace (부쉬넬, 호러스) 164

Byrne, B. (번, B.) 112

## C

Caird, George (케어드, 조지) 357, 563, 646, 703, 936, 967-968, 985

Cairns, David (케언스, 데이비드) 418, 661

Callistus (칼리스투스) 799

Calvin, John (칼뱅, 장) 138, 218, 246, 275, 299, 320, 322, 329, 351, 371-372, 418, 449, 475, 487-490, 494, 505-507, 509-511, 521, 523, 528, 620, 626, 636, 639-648, 673, 759, 818, 835, 886, 888, 891, 892, 906-912, 944, 973-974

Campbell, C. A. (캠벨, C. A.) 429-430

Campenhausen, Hans von (캄펜하우젠, 한스 폰) 52, 109, 854, 857

Camus, Albert (카뮈, 알베르) 454

Cappadocian Fathers (카파도키아 교부들) 412, 415, 479, 742, 747-749, 773; Basil the Great; Gregory of Nazianzus; Gregory of Nyssa를 보라.

Capps, D. (캡스, D.) 327, 417

Caputo, John (카푸토, 존) 231

Carr, Wesley (카, 웨슬리) 644-645

Celsus (켈수스) 538

Chadwick, Henry (채드윅, 헨리) 981

Chan, Mark L. Y. (찬, 마크 L. Y.) 710-711

Charlesworth, James H. (찰스워스, 제임스 H.) 474, 703

Chatman, Seymour (채트먼, 시모어) 145, 982

Chauvet, Louis-Marie (쇼베, 루이-마리) 873

Childs, Brevard (차일즈, 브레바드) 139, 264-265, 356-357

Chilton, Bruce (칠턴, 브루스) 703

Chrysostom (크리소스토모스) 504, 761-762, 867, 945

Clark, Katrina (클라크, 카트리나) 263

Clement of Alexandria (알렉산드리아의 클레멘스) 59, 61, 96, 100-101, 475, 477, 502, 620-622, 633, 665, 804

Clement of Rome (로마의 클레멘스) 99, 101, 616, 737

Clifford, W. k. (클리포드, W. K.) 244

Clines, David J. A. (클라인스, 데이비드 J. A.) 395

Collier, G. D. (콜리어, G. D.) 469

Collingwood, R. G. (콜링우드, R. G.) 38, 198, 201, 278

Collins, John N. (콜린스, 존 N.) 844

Congar, Y. (콩가르, Y.) 202-203

Conzelmann, Hans (콘첼만, 한스) 838-839, 842-843, 949, 957

Corrington, Robert S. (코링턴, 로버트 S.) 249

Crafton, J. A. (크래프톤, J. A.) 856-857

Craigo-Snell, Shannon (크레이고-스넬, 섀넌) 181

Cranfield, Charles E. B. (크랜필드, 찰스 E. B.) 431, 498, 500-501, 565-6, 575, 592-593, 597, 779

Cranmer, Thomas (크랜머, 토마스) 169, 193, 893, 906, 910, 912

Crites, Stephen (크라이테스, 스티븐) 145

Croatto, J. Severino (크로아토, J. 세베리노) 557-558

Crockett, William R. (크로켓, 윌리엄 R.) 912

Crossan, John Dominic (크로산, 존 도미닉) 609-611

Crowe, Frederick E. (크로우, 프레더릭) 277

Culler, Jonathan (컬러, 조나단) 174

Cullmann, Oscar (쿨만, 오스카) 46-49, 52, 55, 66, 657, 724, 809, 816, 877-878, 920, 940, 942, 952, 979-980

Culpepper, R. (컬페퍼, R.) 145

Cupitt, Don (큐핏, 돈) 293, 668-669, 674, 702

Currie, S. D. (커리, S. D.) 762

Cyprian (키프리아누스) 629, 739, 829

Cyril of Alexandria (알렉산드리아의 키릴로스) 665-666, 668

**D**

Dahl, M. E. (달, M. E.) 947-948

Dahood, M. (다후드, M.) 788-789

Dalferth, Ingolf U. (달페르트, 잉골프 U.) 553

Danker, Frederick W. (댄커, 프레더릭 W.) 54, 150-151, 715, 844

Darwin, Charles (다윈, 찰스) 511

Dautzenberg, G. (다우젠베르크, G.) 761

Davids, Peter H. (데이비즈, 피터 H.) 608

Davies, W. D. (데이비스, W. D.) 495, 717

Deines, Roland (데인스, 롤런드) 545

Deissmann, Adolf (다이스만, 아돌프) 558-559, 601

Denney, James (데니, 제임스) 567-568, 585, 594

Derrida, Jacques (데리다, 자크) 231, 459

Descartes, R. (데카르트, R.) 24, 110, 126, 174, 176, 242-244, 247, 277, 308, 311, 321, 416, 426-8, 431, 452, 459, 460, 628, 684

Dewar, Lindsay (듀어, 린지) 717-718, 733-734

Dewey, John (듀이, 존) 247, 249, 521

Dibelius, M. (디벨리우스, M.) 608

Diem, Hermann (디엠, 헤르만) 287

Dilthey, Wilhelm (딜타이, 빌헬름) 125-129, 131, 146, 177, 179, 211, 223, 232, 288-289, 293, 326

Dionysius the Areopagite (아레오파고의 디오니시우스) 805, 809

Dix, Dom Gregory (딕스, 그레고리) 854, 897

Dodd, Charles H. (도드, 찰스 H.) 53, 590-593, 595-596, 964-965, 967, 971

Dollar, H. E. (달러, H. E.) 841

Dostoevsky, F. (도스토예프스키) 253-254, 263, 454

Driver, S. R. (드라이버, S. R.) 464-465, 556, 562, 590, 719, 814, 901

Droysen, J. G. (드로이젠, J. G.) 128

Duffy, Marvin (더피, 마빈) 873

Dulles, Avery (덜레스, 에이버리) 833, 836-838, 840, 849, 851

Dunn, James D. G. (던, 제임스 D. G.) 54, 334, 398, 400, 497-8, 501, 543, 565, 592-593, 598, 602, 656-659, 703-705, 721-724, 728, 754, 760, 914

Duns Scotus, J. (둔스 스코투스, J.) 290, 371

Dupont, J. (뒤퐁, J.) 564, 840

## E

Ebeling, Gerhard (에벨링, 게르하르트) 289, 293, 544, 702-703, 883-4, 894

Eckstein, H.-J. (엑스타인, H.-J.) 473

Eddington, A. (에딩턴, A.) 273

Eichhorn, J. G. (아이히호른, J. G.) 515

Eichrodt, Walther (아이히로트, 발터) 333, 596, 598

Einstein, Albert (아인슈타인, 알버트) 263, 272, 302

Eissfeldt, Otto (아이스펠트, 오토) 331, 357

Ellingworth, Paul (엘링워스, 폴) 677, 680

Ellis, E. E. (엘리스, E. E.) 761

Emerson, Caryl (에머슨, 캐릴) 252-254

Epictetus (에픽테토스) 149

Epp, Eldon (엡, 엘돈) 855

Erasmus (에라스무스) 456, 487

Erigena (에리우게나) 805

Eriksson, Anders (에릭손, 앤더스) 109, 847, 896, 898, 947-948, 969

Eusebius (유세비우스) 745, 872

Eutyches (유티케스) 665

Evans, Donald D. (에반스, 도널드 D.) 605, 873

Evans, Ernest (에반스, 어니스트) 871

## F

Farley, Edward (팔리, 에드워드) 185, 559, 808

Feine, Paul (페인, 폴) 733

Ferré, Frederick (페레, 프레더릭) 210

Feuerbach, L. (포이어바흐, L.) 693

Feyerabend, Paul (파이어아벤트, 파울) 228, 297, 301, 310-311

Fichte, J. G. (피히테, J. G.) 252, 413

Fiddes, Paul (피데스, 폴) 773

Filson, Floyd V. (필슨, 플로이드) 721

Finney, Charles (피니, 찰스) 751

Fish, Stanley (피시, 스탠리) 312

Fison, J. E. (피슨, J. E.) 713, 724-725, 728-729, 735-736, 770

Flacius (플라키우스) 289

Flemington, W. F. (플레밍턴, W. F.) 917

Flew, Newton (플루, 뉴턴) 729

Foerster, Werner (푀르스터, 베르너) 120, 360, 367, 563

Forbes, C. (포베스, C.) 762

Ford, David (포드, 데이비드) 421, 987

Forsyth, P. T. (포사이스, P. T.) 585, 666, 856

Foucault, Michel (푸코, 미셸) 123, 343-347, 457

Fowl, Stephen E. (파울, 스티븐 E.) 46, 48

Franks, Robert S. (프랭크스, 로버트 S.) 630, 634-635, 637-638, 774

Frei, Hans W. (프라이, 한스 W.) 26, 145-146, 164, 207-208, 211-212, 218, 221, 307, 327, 456, 494, 652, 695

Freud, Sigmund (프로이트, 지그문트) 174, 176, 270, 459, 531-532, 886

Frye, Northrop (프라이, 노스롭) 984

Fuchs, Ernst (푹스, 에른스트) 241, 274, 289, 293, 701-703, 883-884

Funk, Robert W. (펑크, 로버트 W.) 274, 611

Furnish, Victor P. (퍼니시, 빅터 P.) 567, 576

# G

Gadamer, Hans-Georg (가다머, 한스-게오

르그) 23-24, 27, 30-31, 37-40, 45, 128, 131-132, 151, 154, 169-174, 176-179, 182, 184-185, 187-190, 192-194, 197-198, 200-202, 206-207, 214-216, 220, 222-223, 230-232, 242, 246-248, 259-260, 269-274, 278-280, 282-284, 287-289, 293, 304-305, 308, 318, 326, 389, 455-456, 458, 541, 704-705, 750, 873, 886

Gärtner, Bertil (개르트너, 베틸) 120, 366

Gee, Donald (지, 도널드) 759

Geffré, Claude (제프레, 클로드) 216

Gehlen, Arnold (겔렌, 아놀드) 386

Genette, Gérard (주네트, 제라르) 145, 588, 982

Gerkin, Charles V. (거킨, 찰스 V.) 417

Giddens, Anthony (기든스, 앤서니) 123

Gilbertson, Michael (길버트슨, 마이클) 930-931, 977-978

Gilkey, Langdon (길키, 랭던) 207

Gillespie, Thomas W. (길레스피, 토머스) 766

Glasson, T. F. (글라손, T. F.) 965

Godsey, John D. (갓세이, 존 D.) 544-545

Goheen, Michael (고힌, 마이클) 841-842

Gollwitzer, Helmut (골비처, 헬무트) 662

González, Justo L. (곤잘레스, 후스토 L.) 40-45, 138-139, 352

Gordon, C. H. (고든, C. H.) 106, 788

Goudge, H. L. (구지, H. L.) 914

Green, Garrett (그린, 개릿) 573

Green, Joel B. (그린, 조엘 B.) 580, 594

Gregory of Nazianzus (나지안주스의 그레고리오스) 396, 962

Gregory of Nyssa (니사의 그레고리오스) 479-480, 508, 560, 645, 741, 747

Gregory the Great (교황 그레고리우스 1세)

기독교 교리와 해석학

Hill, David (힐, 데이비드) 591-592, 766

Hippolytus (히폴리투스) 366, 368, 620, 739, 741, 744, 799, 866, 897

Hobbes, Thomas (홉스, 토마스) 335

Hodge, Charles (하지, 찰스) 42, 144, 164, 298, 509, 594

Hodgson, Peter C. (하지슨, 피터 C.) 691-692

Hoffmann, P. (호프만, P.) 946

Hofius, Otfried (호피우스, 오트프리트) 108, 896, 879, 897-899

Holland, Tom (홀랜드, 톰) 333, 822-823, 920

Holmberg, B. (홀름베르크, B.) 856

Holmquist, Michael (홈퀴스트, 마이클) 263-264

Holtzmann, H. J. (홀츠만, H. J.) 398

Hooke, S. H. (후크, S. H.) 901

Hooker, Richard (후커, 리처드) 262, 336, 912

Hoyle, R. Birch (호일, R. 버취) 714

Hubble, Edwin P. (허블, 에드윈 P.) 387

Hugh of St. Victor (성 빅토르의 휴) 888-889

Hume, David (흄, 베이비드) 126, 247, 277, 294, 296, 309, 311, 342, 397, 401, 427, 429-430, 683, 706

Hunsinger, Deborah van Deusen (훈싱거, 데보라) 327

Hunsinger, George (훈싱거, 조지) 407

Hunter, A. M., (헌터, A. M.) 54, 783, 858

Hurtado, Larry W. (허타도, 래리 W.) 49-50, 658

Husserl, E. (후설, E.) 209, 259, 458

Hutcheson, Francis (허치슨, 프랜시스) 337

Huyssteen, J. Wentzel van (후이스틴, J. 웬

첼 반) 245, 309, 311

## I

Ignatius of Antioch (안디옥의 이그나티우스) 56, 90, 95, 99, 121, 617-618, 737-739

Inge, John (인지, 존) 123-124, 841

Irenaeus (이레나이우스) 48, 57-59, 95, 97, 100-101, 119, 121, 125, 246, 261, 319, 342, 365-368, 376, 395, 423, 475-476, 494, 502-503, 505, 617, 620-622, 644, 666, 668, 738-739, 866-867

## J

James, William (제임스, 윌리엄) 247-279

Jaspers, Karl (야스퍼스, 칼) 454, 458, 661, 895

Jauss, Hans Robert (야우스, 한스 로버트) 197-206, 213, 215-216, 222

Jefferson, Thomas (제퍼슨, 토머스) 336

Jenson, Robert (젠슨, 로버트) 828, 894-895

Jeremias, Joachim (예레미아스, 요아힘) 547, 572-574, 577, 579-580, 608, 780-782, 812, 876-877, 898-899, 935, 961, 963-964, 967

Jervell, J. (예르벨, J.) 839-840

Jewett, Paul (주잇, 폴) 412

Jewett, Robert (주잇, 로버트) 398-399, 470-471, 850, 941

John Paul II (요한 바오로 2세) 232

Johnson, Aubrey (존슨, 오브리) 331

Johnson, Luke T. (존슨, 루크 T.) 114, 570

Johnston, Paul (존스턴, 폴) 68, 71

Jones, Malcolm (존스, 말콤) 262-263

Josephus (요세푸스) 762

Jung, Carl G. (융, 칼 G.) 174, 186, 189, 261, 328, 528, 895, 984

Jüngel, Eberhard (윙엘, 에버하르트) 30, 98, 141, 404, 554, 573, 583-584, 586, 662, 680, 774, 795-798, 802, 808-812, 816, 940, 979

Justin (유스티누스) 48-49, 95, 99-100, 365, 538, 618-619, 738

## K

Kafka, Franz (카프카, 프란츠) 454

Kähler, Martin (캘러, 마르틴) 696-697, 706-707

Kant, Immanuel (칸트, 임마누엘) 39, 126, 128, 180, 221, 230, 273, 277, 280, 298, 321, 338, 514-515, 628, 652, 660, 662, 687, 690, 776, 972

Käsemann, Ernst (캐제만, 에른스트) 110-112, 116, 425, 431, 446, 500, 548, 700-701, 757, 839, 842-843, 846, 850, 852, 854-855, 927, 941, 945, 958, 969

Kasper, W. (카스퍼, W.) 686

Kelly, J. N. D. (켈리, J. N. D.) 47-48, 53-55, 186, 796-797, 799, 948

Kelsey, David (켈시, 데이비드) 94, 169, 193

Kennedy, H. A. A. (케네디, H. A. A.) 655, 926, 958

Kerr, Fergus (커, 퍼거스) 68, 76

Kertelge, Karl (케르텔게, 칼) 607

Kierkegaard, Søren (키에르케고르, 쇠렌) 133, 171, 205, 252-253, 257-258, 271, 321, 383, 418, 520, 526-527, 669, 806, 808

Kilby, Karen (킬비, 캐런) 413, 792, 801

Kim, Seyoon (김, 세윤) 812

Klein, G. (클라인, G.) 858

Kleinknecht, H. (클레인크네흐트, H.) 762

Knowles, Robert (놀즈, 로버트) 31, 75

Koch, Klaus (코흐, 클라우스) 927-929, 930-931

Kort, Wesley A. (코트, 웨슬리) 145, 589

Kramer, Werner (크레이머, 베르너) 50-51, 54

Kuhn, Thomas S. (쿤, 토머스 S.) 228, 287, 296, 300-302, 306-308, 310

Kümmel, W. G. (큄멜, W. G.) 696, 840

Küng, Hans (큉, 한스) 147, 227-228, 377, 386-388, 529, 560, 682, 686, 973

Künneth, Walter (퀴네트, 발터) 948-951

Kuschel, Karl-Josef (쿠셸, 칼-요제프) 682, 686

## L

Lacan, J. (라캉, J.) 459

Lactantius (락탄티우스) 319-320, 403

LaCugna, Catherine Mowry (라쿠나, 캐서린 모우리) 415-416

Ladd, G. E. (래드, G. E.) 968

Ladrière, Jean (라드리에르, 장) 873

Laeuchli, Samuel (라우칠리, 새뮤얼) 119-120

Laidlaw, John (레이드로, 존) 42

Lakatos, Imre (라카토스, 임레) 208, 228, 295-297, 299-300, 302-313

Lamb, Matthew (램, 매튜) 228

Lampe, G. W. H. (람페, G. W. H.) 476, 846, 872

Lash, Nicholas (래쉬, 니콜라스) 234

Leenhardt, F. J. (린하르트, F. J.) 108, 879, 899-901

Leibniz, G. W. (라이프니츠, G. W.) 126

Leo XIII (레오 13세) 750

Lessing, Gotthold Ephraim (레싱, 고트홀트 에프라임) 683-687, 690, 693-694, 696, 698, 701-702

Lévinas, Emmanuel (레비나스, 엠마뉘엘) 321, 411

Levinson, Stephen C. (레빈슨, 스티븐 C.) 132-133

Lévy-Bruhl, L. (레비-브륄, L.) 331

Lewis, H. D. (루이스, H. D.) 429-430

Lewis, Scott (루이스, 스콧) 754

Lietzmann, Hans (리츠만, 한스) 109, 897-899, 969

Lin, Hong-Hsin (린, 홍신) 187, 190

Lindbeck, George A. (린드벡, 조지 A.) 25, 29, 94, 155, 157, 164-166, 169, 207-209, 211-212, 240, 281, 778, 780, 874

Linnemann, Eta (린네만, 에타) 610

Loader, William (로더, 윌리엄) 112

Locke, John (로크, 존) 126, 242-245, 247, 308, 321, 335-336, 416

Lohmeyer, Ernst (로마이어, 에른스트) 109, 898

Lohse, E. (로제, E.) 857

Lonergan, Bernard (로너간, 버나드) 28, 207, 209, 211, 232, 234, 244, 260, 270, 276-287, 292, 295, 318, 430, 685

Longman, Tremper (롱맨, 트렘퍼) 266

Lovatt, Mark F. W. (로바트, 마크 F. W.) 402, 441-442

Lowe, John (로, 존) 971

Lukács, Gyorgy (루카치, 게오르그) 299

Lukes, Steven (루크스, 스티븐) 330

Lundin, Roger (런딘, 로저) 336-337, 982

Luther, Martin (루터, 마르틴) 127, 163, 193, 202, 290, 400, 405, 417-418, 441, 456, 472, 483, 485-489, 502, 505, 507, 523, 524, 545-547, 593, 597, 600, 620, 637-639, 644, 647-648, 657, 662, 805-806, 808, 818, 886, 891, 893-894, 906-910, 912, 919, 944-945, 947, 951, 953, 955-956, 959

Lyotard, Jean-François (리오타르, 장-프랑수아) 144, 239, 312, 326, 457

# M

Macchia, F. D. (마키아, F. D.) 762-763

Machiavelli, Niccolò (마키아벨리, 니콜로) 441

Mackintosh, H. R. (매킨토시, H. R.) 515, 676

Macmurray, John (맥머레이, 존) 412

Macquarrie, John (매쿼리, 존) 377, 386, 428, 432, 435, 450, 455, 510, 526, 680, 686-687, 689, 694, 697-698, 863

Manson, William (맨슨, 윌리엄) 781, 925-926

Marcel, Gabriel (마르셀, 가브리엘) 353, 458

Marcion (마르키온) 58, 117, 122, 159, 235, 365-366, 368, 476, 622

Markus, Robert A. (마커스, 로버트 A.) 888

Marsh, John (마쉬, 존) 940, 979-980

Marshall, I. Howard (마셜, I. 하워드) 94, 540, 781, 839, 899

Martin, Bernard (마틴, 버나드) 329

Martin, Dale B. (마틴, 데일 B.) 334, 426, 559, 946

Martin, James P. (마틴, 제임스 P.) 972-975

Martin, Ralph (마틴, 랄프) 566-567

Martyn, J. L. (마틴, J. L.) 113, 838, 927, 968

Marx, Karl (마르크스, 칼) 252, 262, 531, 953

Marxsen, W. (마르크젠, W.) 949

Mascall, Eric L. (마스칼, 에릭 L.) 428

Maximilian (막시밀리안) 740

Maxwell, James (맥스웰, 제임스) 273

McClendon, James (맥클랜던, 제임스) 309, 312

McConville, Gordon (맥콘빌, 고든) 266

McDonnell, Kilian P. (맥도넬, 킬리안 P.) 753, 768

McFadyen, Alistair I. (맥퍼딘, 알리스테어 I.) 374, 380, 419-420, 526

McFague, Sallie (맥페이그, 샐리) 816-817

McGrath, Alister E. (맥그래스, 알리스터 E.) 44, 90, 92, 94, 144-145, 377, 386, 683, 694, 696

McLelland, Joseph C. (맥렐란드, 조셉 C.) 893

Mead, G. H. (미드, G. H.) 386

Meeks, Wayne (믹스, 웨인) 235

Melanchthon, Philip (멜란히톤, 필립) 891, 894, 912

Melito of Sardis (사르디스의 멜리토) 100, 620

Merklein, H. (머클라인, H.) 463

Merleau-Ponty, M. (메를로-퐁티, M.) 185, 458

Methodius (메토디우스) 501

Meyer, Ben (마이어, 벤) 703

Michalson, Gordon E. (마이컬슨, 고든 E.) 685-686

Michelson, Albert (마이컬슨, 알버트) 306

Migliore, D. (밀리오리, D.) 329, 351, 411-412, 630, 894-895

Mill, J. S. (밀, J. S.) 337

Mills, Watson E. (밀스, 왓슨 E.) 754

Miranda, José P. (미란다, 호세 P.) 603, 953

Miskotte, Kornelis (미스코테, 코르넬리스) 163

Mitchell, Margaret M. (미첼, 마거릿 M.) 334, 848, 947, 954

Mitton, C. Leslie (미턴, C. 레슬리) 915

Moffatt, J. (모펏, J.) 590

Moltmann, Jürgen (몰트만, 위르겐) 22, 30, 98, 116, 141, 152-153, 163, 319-320, 322, 329, 353, 364, 375-381, 386, 396, 413-415, 420, 428, 435, 444, 522, 526, 538-539, 545, 550-551, 581, 587, 593, 596-597, 620, 623, 629, 637, 641, 648-649, 652, 670-672, 693, 714, 718-719, 727, 734-735, 737, 755-758, 762-763, 775-777, 780, 784-786, 797-798, 816-818, 825-826, 831-833, 837, 840, 852-853, 923-931, 933, 951-952, 963, 975-977, 981

Montanus (몬타누스) 740

Montefiore, Hugh W. (몬티피오리, 휴 W.) 678

Moody, Dwight L. (무디, 드와이트 L.) 750

Moore, A. L. (무어, A. L.) 937, 964, 970

Moores, John (무어스, 존) 861

Morley, Georgina (몰리, 조지나) 386

Morris, Leon L. (모리스, 레온 L.) 549, 575, 591-592

Morson, Gary Saul (모슨, 게리 사울) 251-254

Mosbeck, H. (모스벡, H.) 854

Moule, C. F. D. (모울, C. F. D.) 919, 968-970, 974

Mounce, William D. (마운스, 윌리엄 D.) 186, 867, 915

Mowinckel, S. (모빙켈, S.) 901

Moxon, Reginald S. (목슨, 레지널드 S.) 342, 482, 509-510, 514-515

Mozley, J. K. (모즐리, J. K.) 515

Müller, C. (뮐러, C.) 607

Müller, Ulrich B. (뮐러, 울리히 B.) 766

Munck, Johannes (뭉크, 요하네스) 813, 945

Murphy, Nancey (머피, 낸시) 208, 294-299, 307-313, 585, 685

Murphy-O'Connor, Jerome (머피-오코너, 제롬) 403-404, 422, 946

Musgrave, Alan (머스그레이브, 앨런) 300-301

# N

Nelson, Robert (넬슨, 로버트) 862

Neufeld, Dietmar (노이펠트, 디트마르) 46, 55-56, 66, 73, 121

Neufeld, Vernon H. (노이펠트, 베르논 H.) 46, 51-52, 54-55, 66, 73-74, 78, 109

Newbigin, Leslie (뉴비긴, 레슬리) 865

Newman, John Henry (뉴먼, 존 헨리) 172

Newton, Sir Isaac (뉴턴, 아이작) 273, 306

Nicholas of Cusa (쿠사의 니콜라우스) 379

Niebuhr, Reinhold (니버, 라인홀드) 212, 342-343, 402, 441, 509, 521-527, 532

Nietzsche, Friedrich (니체, 프리드리히) 120, 532

Nineham, Denis E. (니느햄, 데니스 E.) 450, 702

Noetus (노에투스) 741, 799

Norden, Eduard (노르덴, 에두아르트) 109

Novatian (노바티아누스) 96, 739-741

Nygren, Anders (니그렌, 안더스) 210, 575, 590

# O

O'Donovan, Joan Lockwood (오도너반, 제인 록우드) 339-340

O'Donovan, Oliver (오도너반, 올리버) 339-340

O'Dowd, Ryan (오다우드, 라이언) 266

Oetinger, Friedrich (외팅거, 프리드리히) 379

Ogden, Schubert (오그덴, 슈베르트) 207

Oppenheimer, R. (오펜하이머, R.) 273

Origen (오리게네스) 61, 80, 246, 319-320, 368, 395, 426-427, 477-478, 515, 538, 560, 620, 645, 684-685, 739, 741-743, 787, 804, 866

Orr, James (오르, 제임스) 428, 515

Ortkemper, F. J. (오트켐퍼, F. J.) 948

Otto, Rudolf (오토, 루돌프) 510, 806-807

# P

Pagels, Elaine (페이절스, 일레인) 119

Panikulam, G. (파니쿨람, G.) 825

Pannenberg, Wolfhart (판넨베르크, 볼프하르트) 24-25, 30-31, 82, 88, 98, 137-138, 140, 151-152, 211, 214, 221, 236-238, 240, 246, 259, 269, 286-297, 309-311, 318-320, 322, 329, 338-339, 341-342, 351, 353, 356, 361-362, 364, 375-377, 381-386, 399-400, 404-405, 413-415, 420-421, 427-428, 444-445, 449, 469, 473, 493, 503, 507, 511, 525-526, 530-534, 541-542, 551-552, 568, 573, 587, 593, 598, 637, 652, 671-672, 685, 693, 701, 706-711, 718-719, 725, 734-735, 775-776, 780-781, 783-784, 787, 791-792, 797-799, 827-829, 831-832, 835, 840, 852, 864-865, 894, 906, 927-928, 930-931, 933-934, 941, 949-950, 962, 974-975

Papias (파피아스) 90

Parham, Charles F. (파함, 찰스 F.) 749, 751-752, 760

Parsons, Talcott (파슨스, 탈콧) 259-260

Pattison, George (패티슨, 조지) 133-134, 374

Peacocke, Arthur, R. (피콕, 아서, R.) 271,

기독교 교리와 해석학

Reitzenstein, R. (라이첸슈타인, R.) 398, 918

Renan, Ernest (르낭, 에르네스트) 669, 699, 705

Rendtorff, Rolf (렌토르프, 롤프) 265

Rengstorf, Karl L. (렝스토르프, 칼 L.) 854, 857

Richard of St. Victor (성 빅토르의 리샤르) 412

Richardson, Alan (리처드슨, 앨런) 47, 422, 539, 604, 919-920, 974

Richmond, James (리치먼드, 제임스) 53, 512, 514-515

Ricoeur, Paul (리쾨르, 폴) 24, 27, 31, 98, 142-144, 154, 158, 162, 169, 174-177, 179, 189, 194, 201-203, 206-207, 211, 216-219, 222-223, 230-232, 269-270, 272, 275, 282, 293, 326-327, 352-353, 444, 450, 458-460, 526, 528, 553, 573, 652, 704, 706, 836, 884, 886-887, 895, 982, 984

Ridderbos, H. (리델보스, H.) 591

Rigaux, B. (리고, B.) 854

Rissi, Mathias (리시, 마티아스) 984-986

Ritschl, Albrecht (리츨, 알브레히트) 53, 512-515, 520, 578, 635, 637, 643, 646, 927, 972, 974-975

Robinson, H. Wheeler (로빈슨, H. 휠러) 42, 330-331, 433, 713, 822, 877-878

Robinson, James M. (로빈슨, 제임스 M.) 274

Robinson, John A. T. (로빈슨, 존 A. T.) 235, 333, 399, 470, 663-669, 671, 678, 823-824, 829-830, 832, 924-925, 965-969, 980

Rogerson, John W. (로저슨, 존 W.) 330-331, 822

Roloff, J. (롤로프, J.) 839, 859

Rolston, Holmes (롤스턴, 홈스) 389-390

Rorty, Richard (로티, 리처드) 246-249, 307-308, 310, 312, 384

Rosenzweig, Franz (로젠츠바이크, 프란츠) 411

Rouse, Joseph (로즈, 조셉) 343

Rowley, H. H. (로울리, H. H.) 673, 929

Royce, J. (로이스, J.) 249

Ruether, Rosemary Radford (류터, 로즈마리 래드포드) 412

Rush, Ormond (러쉬, 오르몬) 202-204, 213

Russell, Bertrand (러셀, 버트런드) 628

Russell, D. S. (러셀, D. S.) 672-673, 929

Russell, Letty (러셀, 레티) 412

Russell, Robert J. (러셀, 로버트 J.) 361

Rutherford, Ernest (러더퍼드, 어네스트) 273, 306

Ryle, Gilbert (라일, 길버트) 72, 188, 192, 428, 599, 626

## S

Sabellius (사벨리우스) 741, 793, 799

Saiving, Valerie (세이빙, 발레리) 525

Sanders, E. P. (샌더스, E. P.) 235, 470, 496, 513, 540, 543-545, 548, 703

Sanders, J. T. (샌더스, J. T.) 46, 265

Sandnes, K. O. (산네스, K. O.) 765-766

Sartre, Jean-Paul (사르트르, 장-폴) 321, 454

Sauter, Gerhard (자우터, 게르하르트) 927

Scalise, Charles J. (스칼리즈, 찰스 J.) 141

Schandorff, Esther Dech (스찬도르프, 에스더 데크) 754

Schillebeeckx, E. (스킬레벡스, E.) 124, 234

Schiller, Friedrich (실러, 프리드리히) 338

Schüssler-Fiorenza, Francis (피오렌자, 프랜시스 쉬슬러) 279-280, 285

Shklovsky, V. (슈클로프스키, V.) 199

기독교 교리와 해석학

Swete, Henry B. (스위트, 헨리 B.) 722, 726-
727, 730, 738, 741

Swinburne, Richard (스윈번, 리처드) 389

Sykes, S. W. (사이크스, 스티븐) 672, 707

# T

Tanner, Kathryn (태너, 캐스린) 662, 663,
669

Tatian (타티아노스) 100, 101, 502

Taylor, John Randolph (테일러, 존 랜돌프)
568

Taylor, Vincent (테일러, 빈센트) 547, 549,
577, 578, 583, 676

Teilhard de Chardin, P. (테이야르 드 샤르댕,
P.) 971

Temple, William (템플, 윌리엄) 124

Tennant, Frederick R. (테넌트, 프레더릭 R.)
516-517, 520

Tertullian (테르툴리아누스) 59-61, 95, 100-
101, 122, 261, 319, 366-368, 395, 426-
427, 476-477, 507-508, 620, 621, 622,
629, 635, 739-741, 748, 777, 793, 799,
871-872, 887

Thayer, J. H. (다이어, J. H.) 932

Theissen, Gerd (타이센, 게르트) 703, 763,
866, 867

Theodore of Mopsuestia (몹수에스티아의
테오도루스) 501

Theodoret (테오도레투스) 501

Theodotus (테오도투스) 777, 793, 799

Thielicke, Helmut (틸리케, 헬무트) 336,
340, 428

Thiemann, Ronald (티만, 로널드) 145

Thiselton, Anthony C. (티슬턴, 앤서니 C.)
26, 39, 41, 47, 50, 75, 88, 108, 112, 114,
125, 126, 132, 140, 142, 149, 164, 181, 199,

205, 221, 235, 238, 241, 260, 265, 293, 299,
334, 363, 410, 432, 450, 469, 511, 555, 576,
600, 653, 655, 661, 674, 681, 702, 725, 731,
747, 762, 776, 824, 838, 847-850, 884,
903-904, 926, 941, 949, 954, 967, 969, 982

Thomas Aquinas (토마스 아퀴나스) 138,
154, 246, 277, 290, 370-371, 384, 397,
403, 483-485, 792, 810, 887, 889, 905-
906, 981

Thornton, Lionel S. (손턴, 라이오넬 S.) 334,
587, 823, 824, 825, 862

Tilley, Terrence W. (틸리, 테런스 W.) 44-45

Tillich, Paul (틸리히, 폴) 212, 221-222, 327-
329, 455-457, 510, 525, 527-528, 606,
607, 808, 812, 852, 895, 971, 972, 984

Torrance, Thomas F. (토랜스, 토마스 F.)
269-276, 372, 387, 509, 685

Toulmin, Stephen (툴민, 스티븐) 301

Tovey, Derek (토베이, 데렉) 145

Tracy, David (트레이시, 데이비드) 29, 147,
164, 201, 203, 207-222, 227, 228, 231,
271, 307

Trible, Phyllis (트리블, 필리스) 396

Troeltsch, E. (트뢸치, E.) 288, 292

Turner, H. E. W. (터너, H. E. W.) 92, 97

Turner, Max (터너, 막스) 766-769

Turner, Philip (터너, 필립) 169, 170, 193

Tyndale, William (틴데일, 윌리엄) 885

# U

Ullmann, Stephen (울만, 스티븐) 936

Unnik, W. C. van (우니크, W. C. 반) 838

# V

Van den Brink, Gijsbert (반 덴 브링크, 히스
베르트) 440-442

Winter, Bruce (윈터, 브루스) 731

Witherington, Ben (위더링턴, 벤) 703

Wittgenstein, Ludwig (비트겐슈타인, 루트비히) 30, 31, 46, 63-76, 82, 83, 86, 110, 125-132, 146, 162, 164, 165, 172-194, 205, 206, 208, 222, 238, 241, 246, 247, 297, 305, 308, 310, 317, 342, 401, 555, 562, 605, 648, 789, 802, 803, 812, 874, 938, 970

Wolff, Hans Walter (볼프, 한스 발터) 332, 353, 356, 358, 433, 822

Wolterstorff, Nicholas (월터스토프, 니콜라스) 82, 146, 207, 243-245, 250, 336

Wood, W. Jay (우드, W. 제이) 250, 309

Work, Telford (워크, 텔퍼드) 883

Wrede, W. (브레데, W.) 698

Wright, G. Ernest (라이트, G. 어네스트) 107, 821

Wright, N. T. (라이트, N. T.) 158-159, 182, 496, 546, 703-705, 725, 949, 951, 962

Würthwein, E. (뷔르트바인, E.) 463

# Y

Young, Frances (영, 프랜시스) 169, 193

# Z

Ziesler, John A. (지슬러, 존 A.) 604

Zimmermann, Jens (짐머만, 젠스) 230-232, 886

Zingg, P. (징, P.) 841

Zizioulas, John D. (지지올라스, 존 D.) 415, 530, 808, 880, 883, 886

Zwingli, Huldrych (츠빙글리, 훌드리히) 893, 902, 906, 907, 909-910

기독교 교리와 해석학

34:2 557
34:6 815
34:14 596
34:34 715, 736
36:13 790
39:10 788

레위기
4:2 464
4:2이하 464
4:22 464
4:27 464
5:16 464
6:24-26 987
16:2 590
16:13 590
25:25-28 556
25:29-34 556
25:47-49
26:1 395

민수기
7:89 590
9:6 427
9:7 427
9:10 427
11:17 718
15:27 464
15:28 464
24:2 718
33:52 395

신명기
1:11 979
4:16 395
4:24 395, 596

4:39-40 790
5:8 395
6:4 106, 658, 788, 791
6:4-6 790
6:7 106
6:8 106
6:20-24 107, 821
7:8 557, 815
7:13 815
9:26 557
9:27 901
12:11 594
13:5 557
14:23 594
16:11 594
17:12 332
21:23 99, 538, 618, 640
23:6 815
25:5 331
26:5 899
26:5-9 107, 821
26:5-10 332
27:26 99, 578, 618
28:9 156
32:8 494
32:10 41
32:11 719
33:29 561
34:10 569

여호수아
1:3 934
1:9 934
1:11 934
6:11 788
7:24-26 331-332

23:10 788

사사기
2:11 561
2:13-23 561
2:14 561
2:15 561
2:16 464
2:18 979
2:19 561
3:1-11 561
3:7-11 561
3:9 561
3:10 718
3:15-30 561
4:4-5:31 561
6:1-8:25 561
6:34 718
9:1-59 561
10:1-2 561
10:3-5 561
11:1-12:7 561
11:29-30 331
13:1-16:31 561
14:6 562
15:14-15 718
20:16 464

사무엘상
14:6 562
16:1-14 358
17 358
17:47 562
19:23 718
21:1 332
25:26 561

기독교 교리와 해석학

103:13-14 354
103:14 354
104:26 356
104:30 718
106:2 382
106:3 595
106:6 465
106:10 556
106:8 595
107:20 570
110:1 680
110:4 680
111:4 815
115:1 595
116:5 815
119:1 156
119:114 934
119:117 561
119:134 557
121:2 40
128:1 156
139:13-14 351
145:8 815
148:7-8 41

## 잠언
8:5-11 570
8:22-30 570
8:30 679
12:8 466

## 전도서
4:9-10 436
7:20 486
9:4 433

## 아가서
5:4 434
8:6-7 115

## 이사야
2:1-4 984
2:12 524
2:17 524
6:1-5 806
11:1-5 720
11:2 720
12:4 595
14:10-11 524
22:12-13 463
26:3 524
27:1 356
30:15 463, 561
31:3 717
31:11 557
32:15-17 717
34:11 41
40-65 365
40-55 549, 790, 802
40:6 434
42-63 331
42-53 720
42:1 720
42:1-4 571
42:5 365
42:5-7 360, 362
43:1 365, 556
43:2 360
43:4 815
43:11 561
43:19 382
43:27 465

44:3-5 720
44:23 556
44:24하-28 365
45:7 382
45:14 790
45:14-25 790-791
45:15 561
45:17 561
45:21 790-791
45:22 561
48:14 815
48:20 556
49:1-6 571
50:6-11 571
51:9 356
53 571
53:1-12 737
53:2-12 674
53:4 637
53:5 641
53:5-7 616
53:6 575
53:7 99, 622
53:9 575
53:10 641
55:7-9 818
55:8-9 802-803
55:10-11 570
57:15 595
59:13 465
60:11-14 984
60:19 985
61:1-2 720, 729
63:9 556, 570
63:10 719
63:10-11 570

기독교 교리와 해석학

기독교 교리와 해석학

15:17 945, 953
15:19 945
15:20-28 385
15:20-34 954
15:22 334, 497, 548, 601-602
15:23 334, 385, 548, 956
15:23-26 956
15:28 971
15:31 919
15:32 945
15:34 363, 926, 955
15:34-44 944
15:35 362
15:35-41 955
15:35-44 382, 926
15:35-49 950
15:35-58 954
15:36 958
15:36-37 956
15:38 363, 943, 957
15:38-42 957
15:38-44 956
15:38-45 385
15:38-49 983
15:39 469
15:39-42상 362
15:41 957
15:42 959
15:42-44 725
15:42-45 959
15:43 956, 981
15:44 427, 725, 955, 958, 961-962, 984
15:45 418, 787
15:45-49 548, 961

15:49 394, 955
15:49-52 334
15:50 961
15:50-57 955
15:53 930
15:55-57 953
16:15 876
16:19 826
16:22 967, 969

고린도후서
1:1 827
1:7 824
1:9 442, 470
1:12 813
1:14 969
1:22 724, 935, 943
2:4 435
3:1-6 855
3:6 730
3:7-9 844
3:7-11 961
3:10 394
3:17 81, 715, 736
3:18 987
4:4 43, 394, 785, 928
4:4-6 422
4:5 656
4:6 570, 785
4:11-12 919
4:14 54, 948
4:15 813
5:1-10 970
5:5 935, 943
5:9 938
5:10 973

5:14 919
5:14-15 54
5:17 567, 601, 928, 945
5:18-19 551
5:18-20 566
5:19 548, 598, 945
5:20 852
5:21 575, 578, 641
6:1 813
6:4 845
6:14 824
6:18 441
8:1 813
8:4 824
8:6-9 813
8:19 845
8:23 824
9:8 813
9:12 845
9:13 824
9:14 813
11:1-12:10 150
11:23 919
11:23-27 937
12:1-7 601
12:9 442, 813
12:11 855
13:13 60, 744-745, 787, 824

갈라디아서
1:1 948
1:2 826
1:4 537, 928
1:6 813
1:8 537

1:11-24 813, 858, 865
1:12-17 858
1:13 826
1:15 813
1:16-17 812
1:18 537
2:9 813
2:19 919
2:20 779
3:1 399
3:1-3 400
3:10 578
3:13 99, 557, 578, 584, 618, 622, 640
3:19 571
3:20 571
3:22 466
3:27 602, 916-917
4:1-7 558
4:4 640
4:4-5 579
4:5 54, 557
4:6 722, 779
4:13 469
5:1 558
5:4 813
5:5 934
5:16 156, 469, 471
5:19 489
5:22 758
5:22-23 730
5:24 730
5:25 715, 723
6:1 468
6:12-13 469
6:13 471

6:13-14 471
6:14 471

**에베소서**

1:6-7 814
1:7 557, 646
1:10 971
1:14 557
1:20 658
1:22 826
1:23 826
2:3 489, 506
2:5-8 814
2:6 919
2:12-16 851
2:14 851
2:16 826, 851
2:19-22 851
2:20 858
3:2 814
3:7-8 814
3:9 359
3:10 826
4:3 715, 862
4:3-6 862
4:4 826
4:5 54
4:5-6 48
4:7 814
4:11-12 851
4:12 826
4:18 531
4:22-24 394, 917
4:29 814
4:30 557
5:2 156

5:14 482
5:16 557
5:18 733
5:23-32 826
5:25-26 826
5:25-28 983
5:26 914-915
5:32 826

**빌립보서**

1:1 866
1:5 824
1:6 971
1:10 971
1:20 932
1:20-21 938
1:23 468
2:1 824
2:5-11 46, 48, 51-52, 54, 380
2:6-7 422, 675
2:6-11 46, 657, 858
2:8-11 658
2:9 657
2:10-11 976
2:16 971
3:3-4 469
3:3-7 470
3:6 472
3:9 513
3:10 49, 824
3:12-4:3 150
3:20 970
3:21 394, 960-961
4:5 970-971
4:13 601

기독교 교리와 해석학

2:5-18  677

2:6-9  394

2:7-13  676

2:9  424

2:10  364, 424, 666

2:10-18  424

2:11  424, 572

2:13  424, 572, 941

2:14  424

2:17  424, 572, 589, 676

2:18  424, 676

3:1-6  572

3:13  467

4:1-16  757

4:3  942

4:4  977

4:8  977

4:9  977

4:10  977

4:14-16  779

4:15  46, 424, 572, 640, 676

4:16  572

5:7  572, 941

5:7-8  424, 676

5:8  424

5:9  666

6:11  934

6:17  941

6:18  934

6:19  941

7:19  475

7:27  901

7:28  666

8:6  571

9:1-10:18  576

9:5  590, 592

9:12  576, 646, 901

9:15  557, 571

9:25  589

9:28  969

10:10  901

10:22  475

10:33  824

11:1  934, 940

11:1-39  941

11:13  756, 942

11:16  942

11:17  942

11:33  942

11:39  756, 941-942

12:1  852, 942

12:1-17  756

12:2  538

12:3  676

12:24  571

13:7  851

13:10  850

13:12-13  676

13:13  831

13:14  942

13:17  851

## 야고보서

1:12  425

1:19-27  425

1:27  443

2:14  600, 607

2:14-17  608

2:14-26  425

2:17  600

2:18  600

2:19  608

2:21-26  608

3:9  394

3:9-18  425

4:4-10  425

5:8-11  425

## 베드로전서

1:3  934

1:7  969

1:12  845

1:13  969

1:18  557

1:18-21  916

1:21  934

1:22  916

1:23  916

1:23-25  916

1:25  916

2:22  99, 576, 617

2:24  99, 617

3:15  934

3:18  785

3:20  915

3:21  915

4:13  969

5:1  824

## 베드로후서

1:1  682

1:4  440, 495

3:1-10  969

3:8-10  939

## 요한1서

1:2  74

1:3  156

기독교 교리와 해석학

기독교 교리와 해석학

# 기독교 교리와 해석학

교리, 삶, 공동체의 지평융합에 관한 해석학적 성찰

Copyright ⓒ 새물결플러스 2016

1쇄발행_ 2016년 2월 12일
2쇄발행_ 2017년 10월 27일

지은이_ 앤서니 C. 티슬턴
옮긴이_ 김귀탁
펴낸이_ 김요한
펴낸곳_ 새물결플러스
편    집_ 왕희광·정인철·최율리·박규준·노재현·한바울·신준호·정혜인·김태윤
디자인_ 김민영·이지훈·이재희·박슬기
마케팅_ 임성배·박성민
총    무_ 김명화·이성순
영    상_ 최정호·조용석·곽상원

아카데미_ 유영성·최경환·이윤범

홈페이지 www.holywaveplus.com
이메일 hwpbooks@hwpbooks.com
출판등록 2008년 8월 21일 제2008-24호
주소 (우) 07214 서울특별시 영등포구 양평로 11, 4층(당산동5가)
전화 02) 2652-3161
팩스 02) 2652-3191

ISBN 979-11-86409-43-5  93230
책값은 뒤표지에 있습니다.

이 도서의 국립중앙도서관 출판예정도서목록(CIP)은 서지정보유통지원시스템 홈페이지(http://seoji.nl.go.kr)와 국가자료공동목록시스템(http://www.nl.go.kr/kolisnet)에서 이용하실 수 있습니다(CIP제어번호: CIP2016003025).